Henning Köhler

Helmut Kohl

Ein Leben für die Politik

DIE BIOGRAFIE

QUADRIGA

Dieser Titel ist auch als E-Book erschienen

Originalausgabe

Dieses Werk wurde vermittelt durch die Literaturagentur
von Dirk Rumberg, Ultreya GmbH.

Die Orthografie der Zitate wurde angepasst an die Regeln
der neuen deutschen Rechtschreibung.

Copyright © 2014 by Bastei Lübbe AG, Köln

Textredaktion: Dr. Ulrike Brandt-Schwarze, Bonn
Umschlaggestaltung: fuxbux, Berlin
Umschlagmotiv: © Konrad R. Müller / Agentur Focus
Satz: fuxbux, Berlin
Gesetzt aus der Stempel Garamond
Druck und Einband: GGP Media GmbH, Pößneck

Printed in Germany
ISBN 978-3-86995-076-1

1 3 5 4 2

Sie finden uns im Internet unter www.quadrigaverlag.de
Bitte beachten Sie auch www.luebbe.de

INHALT

VORWORT

Helmut Kohls Lebensweg ist von Gradlinigkeit bestimmt. An einmal für richtig erkannten Zielen hielt er unerschütterlich fest, auch wenn der Zeitgeist inzwischen neue Prioritäten gesetzt hatte. Die Einheit der Nation stellte er nie infrage, mochten die Medien auch immer nachdrücklicher ihre Aufgabe empfehlen. Aber er hatte nicht nur dieses eine, im Grunde nationale Ziel. Für ihn stellte Europa zugleich die zweite große Herausforderung dar, die für ihn untrennbar mit der Wiedervereinigung verbunden war. Das waren, wie er immer wieder betonte, die zweiten Seiten einer Medaille. Nur diese doppelte Zielsetzung machte es möglich, mit dem Fall der Mauer die einmalige Chance in Deutschland und Europa erfolgreich zu nutzen.

Die vielleicht größte Leistung Helmut Kohls ist im Grunde gar nicht darstellbar. Sie besteht in dem unablässigen Bemühen um den deutschen Einigungsprozess. Der Kanzler wusste, dass das Zeitfenster knapp bemessen war und schnelle Lösungen notwendig machte. Als Regierungschef musste er dabei die internationale wie die nationale Seite stets im Auge haben und dafür Sorge tragen, dass die komplizierten innerdeutschen Entscheidungen rechtzeitig erfolgten. Das ist ihm in einzigartiger Weise gelungen.

Helmut Kohls Ringen um Lösungen auf der europäischen Ebene waren wichtige Schritte auf dem Weg zur politischen Union Europas, die alle Mühen und Zugeständnisse aufwogen. Er wollte unbedingt diese Union erreichen, ja, er musste sie aus seiner Sicht erreichen, sollte in Europa der Frieden erhalten bleiben.

Helmut Kohl ist lange unterschätzt worden. Schon am 16. Mai 1967 schrieb die »Frankfurter Rundschau«: »Helmut Kohls Stern beginnt zu verblassen.« Und richtig – ist man versucht zu sagen –, kaum waren drei Jahrzehnte vergangen, sollte er seine erste Wahl verlieren und wegen einer Spendenaffäre der Verdammung anheimfallen. An Fehlurteilen über diesen Kanzler ist kein Mangel. Was die Medien in mehr als dreißig Jahren an Bildern und Zerrbildern vermittelt haben, ist kaum zu überblicken. Dennoch wird hier der Versuch unternommen, das Leben des Staatsmannes Helmut Kohl aus historischer Sicht und nicht aus der Zeitgenossenperspektive darzustellen.

Die Aktenpublikation des Kanzleramts zur deutschen Einheit gibt wertvolle Einblicke in die Politik des Kanzlers während des »deutschen Jahres«, auch wenn manche Stücke vermisst werden. Mitunter ist auch die bewährte, mittlerweile etwas vernachlässigte Methode der Quellenkritik heranzuziehen, um die Überlieferungen richtig einordnen zu können, da die Bekundungen der Akteure mit anderen Zeugnissen nicht immer übereinstimmen. Das zeigt zum Beispiel die Entstehungsgeschichte des Zehn-Punkte-Programms. Der Historiker pflegt gemeinhin auf schriftliche Quellen zu vertrauen. Im Zeitalter von Telefon und Computer werden Entscheidungen aber oft nicht mehr auf eine Weise dokumentiert, dass sie schließlich im Archiv landen können. Zudem gibt es dort feste Sperrfristen. Deshalb gestaltete sich die Quellensuche für dieses Buch nicht ganz einfach. Die Auswertung der Presse und das Befragen von Zeitzeugen waren wichtige Bestandteile der Arbeit.

Auf zentrale Aktenbestände oder wichtige Nachlässe in staatlichen Archiven konnte nicht zurückgegriffen werden. Die Protokolle der CDU/CSU-Bundestagsfraktion, die erstmals systematisch ausgewertet wurden, bilden eine rühmliche, außerordentlich wichtige Ausnahme. So ist umfangreiches Material erschlossen worden, das vermuten lässt, dass neue, später zugängliche Quellen kaum wesentliche Veränderungen des hier gezeichneten Bildes herbeiführen werden.

Helmut Kohls Leben für die Politik fand – mit der Spendenaffäre als in Erinnerung bleibendem Schlusspunkt – ein Ende, das er nicht verdient hat. Eine kritische, aber um Objektivität bemühte Geschichtsschreibung sollte bestrebt sein, die Politik dieses Kanzlers zu erforschen und das allgegenwärtige, von den zeitgenössischen Medien gezeichnete Bild zu hinterfragen. Um nichts anderes habe ich mich in den vergangenen Jahren beim Schreiben dieses Buches bemüht.

Berlin, im Sommer 2014   *Henning Köhler*

I.
DIE ANFÄNGE
1945–1958

Als die Besatzungsmächte 1945 durch eine Neugliederung die Grenzen des Landes Rheinland-Pfalz festlegten, wurden Gebiete zusammengebracht, die nie zueinander gehört hatten. Das Ergebnis wurde denn auch abschätzig als »Kunstgebilde«, als »Land aus der Retorte« bezeichnet. Das neue Land Rheinland-Pfalz brauchte Jahrzehnte, bis seine Bürger sich endgültig mit ihm identifiziert hatten. Den Westmächten war es bei der Aufteilung in erster Linie darum gegangen, dem französischen Partner eine Besatzungszone abzutreten, die möglichst nur Gebiete umfassen sollte, die wie Eifel, Hunsrück und Westerwald wirtschaftlich nicht besonders ertragreich waren. Das neue Rheinland-Pfalz war ein armes Land mit wenig Industrie, zudem schlecht erschlossen.

Nach der Festlegung der Besatzungszonen hatte der Norden des heutigen Rheinland-Pfalz – die Regierungsbezirke Koblenz und Trier –, der zu der ehemaligen preußischen Rheinprovinz gehört hatte, mit dem wirtschaftlich starken Nordrhein-Westfalen geliebäugelt. In Rheinhessen hätte man sich eine Vereinigung mit dem von den Amerikanern geschaffenen Land Hessen gut vorstellen können, und in der ehemals bayerischen Pfalz, vor allem in deren Süden, gab es Tendenzen, sich über den Rhein nach Baden zu orientieren – schließlich waren Heidelberg und später Mannheim für Jahrhunderte die Residenz der Kurfürsten von der Pfalz gewesen.

Bereits im Jahre 1815 war auf dem Wiener Kongress eine Neugliederung im Westen beschlossen worden, die auf historisch gewachsene Strukturen keine Rücksicht genommen hatte. Unter dem frischen Eindruck der napoleonischen Kriege galt es, eine Abwehr gegen künftige französische Angriffe zu organisieren. Preußen musste widerwillig – es hätte lieber Sachsen annektiert – weite Teile des Rheinlandes als Eckpfeiler der Verteidigung übernehmen. Mainz, das älteste deutsche Erzbistum, verlor den Rang als Erzdiözese und wurde zur Festung des Deutschen Bundes degradiert. Der größte Teil der Pfalz wurde Bayern zugeschlagen, um auch diesen Staat am Rhein zu engagieren. Die hier geschaffene Ordnung hatte weit über hundert Jahre Bestand gehabt. Die Bewohner hatten sich an die bestehende Verwaltungsgliederung gewöhnt. Zudem hatte die Industrialisierung Veränderungen bewirkt, auf die man nicht leichtfertig verzichten wollte. Kein Wunder, dass viele Bewohner im Jahr 1945 im neuen Land Rheinland-Pfalz mehr Nachteile als Vorteile erkennen konnten. Damals war nicht abzusehen, dass die Pfalz einmal zum Kraftzentrum des Landes würde und seine Bürger sich gar nicht mehr vorstellen könnten, dass ihr Land einmal als »Kunstgebilde« gering geschätzt worden war.

Helmut Kohl ist in die Geschichte dieses Landes seit seiner Gründung, seit dem politischen Neuanfang nach 1945 einbezogen. Die Schwäche des Landes, das so viele Gegner in den eigenen Reihen hatte, kam ihm zugute. Für ihn war Rheinland-Pfalz der gegebene Rahmen für den ersten Abschnitt seines politischen Wirkens, nie aber Selbstzweck. Als Pfälzer besaß er ein ausgeprägtes Geschichtsbewusstsein, das bestimmt war von der Erinnerung an die Pfalz als dem Kernland des Reiches, das durch die Kaiserdome und den Trifels machtvoll in die Gegenwart hineinragte, aber auch an die Gefährdung als Grenzland, an die Burg- und Schlossruinen überall erinnern.

»Ohne geistige Enge« – das Elternhaus

Als drittes Kind des Ludwigshafener Finanzbeamten Hans Kohl
wurde Helmut Kohl am 3. April 1930 in Friesenheim geboren,[1]
einem einstigen Dorf auf dem westlichen Rheinufer, das schon
vor der Jahrhundertwende von der rasant wachsenden Chemiemetropole Ludwigshafen eingemeindet worden war. Hans Kohl
war kein Pfälzer; er stammte aus Franken, aus einer kinder-
reichen Bauernfamilie in Greußenheim in der Nähe von Würzburg. In seiner Jugend hatte der für Bauern schlimmste Schick-
salsschlag seine Familie getroffen: Der Bauernhof brannte ab,
und sie stürzte ins Elend. Der Junge wurde bei einem Müller
untergebracht und entschloss sich später, zum Militär zu gehen.
Das bedeutete damals den Eintritt in die bayerische Armee,
denn nach der Verfassung von 1871 gehörte das Heerwesen in
Friedenszeiten zu den Belangen der Einzelstaaten. Hans Kohls
Regiment lag in Landau in der bayerischen Pfalz.

Der Militärdienst stellte im Kaiserreich eine oft genutzte
Chance zum sozialen Aufstieg dar und half zugleich, die trost-
lose Existenz des Fabrikarbeiters zu vermeiden. Nicht die Liebe
zum Kriegshandwerk war für Leute wie Hans Kohl ausschlaggebend, wenn sie Soldat wurden. Der Dienst im bunten Rock
eröffnete einem armen Bauernsohn wie ihm eine durchaus attraktive Möglichkeit. Nach Beendigung der aktiven Dienstzeit
und bei entsprechender Eignung war nämlich die Übernahme
als Beamter möglich. Angesichts des hohen Sozialprestiges als
Staatsdiener war dies eine interessante Perspektive. Für Hans
Kohl sollte sie sich auch bewahrheiten: Er bewährte sich im Ersten Weltkrieg, wurde zum Leutnant befördert und am Ende als
Oberleutnant verabschiedet.

Hier zeigt sich eine überraschende Parallele zu Konrad Adenauer. Auch dessen Vater war Berufssoldat und wurde nach dem Krieg gegen Österreich 1867 zum Leutnant befördert. Nach seiner Entlassung wurde er in die mittlere Beamtenlaufbahn übernommen. Es gibt nur einen kleinen, aber bezeichnenden Unterschied: Adenauers Vater konnte damals noch zum Offizier ernannt werden, nachdem er sich bis zum Feldwebel hochgedient hatte. Im Ersten Weltkrieg, zu Hans Kohls Zeiten, wäre eine solche Beförderung in Preußen nicht mehr möglich gewesen – es kam nur noch die Ernennung zum Feldwebelleutnant infrage. Und dies war eine Zwitterstelle, denn ein solcher übte zwar die Funktion eines Leutnants aus, blieb aber im Unteroffiziersstand mit der entsprechenden Uniform, war also kein »richtiger« Offizier. Dagegen betrieb die bayerische Armee keine solch verkrustete konservative Personalpolitik wie die preußische, mit der man vermeiden wollte, dass es nach dem Krieg zu viele Offiziere gab, die nicht als »standesgemäß« galten. In Bayern wurde militärische Führungsqualität mit der Beförderung zum Offizier belohnt.

Nach dem Krieg trat Hans Kohl seinen Dienst in der Finanzverwaltung an, er wurde Sekretär und schließlich Steuerobersekretär. Mehr Beförderungsmöglichkeiten gab es damals nicht, eine Übernahme in die höhere Laufbahn war im Bereich der Finanzverwaltung nicht möglich. Diese Undurchlässigkeit muss die Kritik Hans Kohls hervorgerufen haben. Nicht nur mit Kollegen, sondern auch zu Hause wird er darüber diskutiert haben. Und sein Sohn Helmut lernte viel aus diesen Gesprächen. Schon als Fraktionsvorsitzender, ohne jemals im Öffentlichen Dienst tätig gewesen zu sein, erwies sich dieser als gewiefter Beamtenpolitiker, der sich wiederholt für die pflegliche Behandlung der Beamtenschaft einsetzte und darüber hinaus stets die Bedeutung des »Stellenkegels« hervorhob. Das hieß nichts anderes als eine Auflockerung des Stellenplans. Nach Helmut Kohls Ansicht sollte es in einer Behörde nicht länger nur wenige höhere Beamte und eine große Zahl von mittleren Beamten mit geringen Beförderungschancen geben. Stattdessen sollten bei entsprechender Leistung mehr Beförderungen möglich sein, die Aussichten eröffneten, eine Stufenleiter erklimmen zu können. Die Vorstellungen sind seit den Siebzigerjahren verwirklicht – zwanzig Jahre zuvor waren sie noch heftig umstritten gewesen.

Eine andere Möglichkeit, sich hochzuarbeiten, praktizierte sein Großvater – den Aufstieg durch Bildung, durch den Beruf des Volksschullehrers. Kohls Mutter Cäcilie war eine geborene Schnur. Ihr Vater Josef kam aus dem Hunsrück und hatte in Trier die Präparandenanstalt besucht. So hieß damals die Institution, die Volksschullehrer ausbildete – noch nicht pädagogische Akademie oder pädagogische Hochschule. Um in die Präparandenanstalt aufgenommen zu werden, musste man lediglich die achtjährige Volksschule absolviert haben. Die Ausbildung dauerte vier Jahre; danach kamen die Absolventen in der Regel als Gehilfen in den Schuldienst.

Die Lehrerbesoldung war keineswegs einheitlich. Das Schulwesen lag in der Zuständigkeit der Kommunen, und da diese damals noch über eigene Steuerquellen verfügten, konnten sie die Lehrergehälter – wie übrigens auch die ihrer Beamten – selbst festsetzen. Eine Stadt, die Wert auf gute Schulen legte, konnte dieses Ziel erreichen, indem sie durch bessere Bezahlung Lehrer von anderen Städten oder Gemeinden abwarb. In den Dörfern, die im Einzugsbereich schnell wachsender Großstädte lagen, boten sich für tüchtige Lehrer besonders gute Chancen. Die Einwohnerzahl stieg, die Schulen mussten vergrößert werden. Der Gemeinderat stand vor vielen Problemen, die erörtert und gelöst werden mussten. Da die Gemeindeverwaltung erst in Ansätzen existierte, nahmen vielerorts die Lehrer eine wichtige Rolle als Ratgeber und auch Vermittler ein. Sie waren Respektspersonen, deren Urteil etwas galt.

In dieser Stellung muss man sich den Großvater Josef Schnur

vorstellen. Er kam aus der preußischen Rheinprovinz in das
Dorf bei Ludwigshafen, das schon wenige Jahre später, 1892,
dorthin eingemeindet wurde. Als Rektor der Volksschule gelangte er in die für ihn erreichbare Spitzenposition. Er leitete zudem den Kirchenchor und war allseits als führende Persönlichkeit in Friesenheim anerkannt. Noch 1970 – vierzig Jahre nach
seinem Tod – war die Kirche voll, als die Seelenmesse für ihn
gelesen wurde, weil er seinen Schülern im Gedächtnis geblieben
war. Zum Beispiel pflegte er mit der achten, der Abschlussklasse,
zwei Wanderungen durchzuführen: die eine nach Worms, die
andere nach Speyer. Mit der Bahn fuhr die Klasse hin, und zu
Fuß ging es nach Besichtigung der Dome wieder zurück. Das
war ein Bildungserlebnis und zugleich eine Gemeinschaftser-
fahrung, die haften blieben. Noch 1969, als Helmut Kohl zum
rheinland-pfälzischen Ministerpräsidenten gewählt worden war,
sagte ein SPD-Abgeordneter zu ihm, auch er habe ihm seine
Stimme gegeben, allerdings keineswegs aus Zustimmung zu seiner Politik, sondern in Erinnerung an seinen Großvater. Eine
späte, aber desto erstaunlichere Anerkennung für den Rektor
Schnur.² In der Schule eine Autorität, zudem außerordentlich
musisch begabt und auf vielen anderen Gebieten geübt, war
es Josef Schnur nicht schwergefallen, eine Frau zu finden. Er
heiratete eine Bauerntochter aus Friesenheim, die ein Grund-
stück und eine stattliche Mitgift in die Ehe brachte, sodass ein
geräumiges Haus mit sieben Zimmern gebaut werden konnte.
Ein großer Garten mit über vierzig Obstbäumen, Bienenzucht
und Kleintierhaltung kamen hinzu.

Die Tochter Cäcilie hatte schon vor dem Ersten Weltkrieg
Hans Kohl kennengelernt. Aber erst 1920 wurde geheiratet. 1922
wurde die Tochter Hildegard geboren, 1926 der Sohn Walter,
und am 3. April 1930 kam Helmut zur Welt. Seinen Großvater
hat dieser nicht mehr kennengelernt. Cäcilie und Hans Kohl
zogen mit ihren Kindern in das Haus des Großvaters ein. Da-

mit war die Lebenshaltung im Grunde festgelegt. Der Garten spielte eine wichtige Rolle, seine Pflege und die übrigen Aufgaben bis hin zur Futtersuche für die Kaninchen erforderte von allen disziplinierte Mitarbeit. Die Feststellung, Helmut Kohls Zuhause sei »ein typischer kleiner Beamtenhaushalt, also wie Millionen anderer«[3] gewesen, trifft daher nicht zu. Abgesehen von der Schreckensvorstellung, dass es damals schon Millionen von Beamten gegeben haben könnte, war es gerade kein typischer Beamtenhaushalt, denn das geräumige Haus schuf eine Behaglichkeit des Wohnens, die viele, selbst höhere Beamte in ihren Wohnungen vermissen mussten. Der große Garten machte zwar zu seiner Erhaltung und Pflege jene »Sekundärtugenden« wie Fleiß und Zuverlässigkeit notwendig, die Jahrzehnte später seit den Studentenunruhen von manchen verächtlich gemacht wurden, aber er bot deutliche materielle Vorzüge: Da die Lebensmittelpreise in Deutschland damals hoch waren, senkten die Erzeugnisse des Gartens die Lebenshaltungskosten. Ein Teil der Früchte wurde für den Winter eingeweckt.

Seine Mutter Cäcilie, die Tochter des Rektors Schnur, verdient besondere Aufmerksamkeit. Sie war eine Hausfrau im besten Sinne des Wortes, eine Frau, die unermüdlich tätig war, um Haus und Garten in Schuss zu halten. Aber sie war keine Nur-Hausfrau. Sie nahm regen Anteil an dem, was in der Nachbarschaft, der Kirchengemeinde, der Stadt, aber auch in der Politik vorging. Um sie herum entstand ein vorpolitisches Netzwerk, das aber schon in den politischen Raum hineinreichte. Sie war eine bemerkenswerte Persönlichkeit. Ihr Sohn charakterisiert sie als »eine großartige Frau, die mit großer Güte und zugleich mit Autorität und Entschiedenheit für ihre Familie gelebt und gewirkt hat«. Sie sei das eigentliche Zentrum der Familie gewesen: »Klug, intelligent, musisch sehr begabt und eine treue, praktizierende katholische Christin, war ihr jede geistige Enge fremd«[4], auch in konfessioneller Hinsicht. So habe sie, berichtet

Kohl, im Radio die evangelischen Gottesdienste bevorzugt, weil »in ihnen gründlicher, tiefer und besser gepredigt« wurde.[5]

Das politische Klima im Elternhaus Helmut Kohls suchte seinesgleichen. Die Eltern waren katholisch, aber ohne klerikale Begrenztheit, und zugleich waren beide politisch interessierte Anhänger der Zentrumspartei. Beim Vater ist eine mehr national gefärbte Haltung festzustellen, die sich auch aus seiner Soldatenzeit herleitet. An der Ablehnung Hitlers und des Nationalsozialismus besteht kein Zweifel. Die feste katholische Einbindung hatte die Eltern immun gemacht. Vater Kohl trat selbst aus dem »Stahlhelm« aus, nachdem dieser im Sommer 1933 gleichgeschaltet worden war. Gegenüber den Kindern waren die Eltern mit politischen Äußerungen zurückhaltend – das verstand sich in einer Diktatur ganz von selbst. Aus aufgeschnappten Bemerkungen kannten Helmut und seine Geschwister jedoch die Grundeinstellung der Eltern, ohne dass diese ihnen erklärt worden war.

Helmut Kohl verlebte in Friesenheim eine glückliche Kindheit. In den Ferien besuchte man die fränkische Verwandtschaft, wie überhaupt der Kontakt dorthin nicht abriss. Wenn er Jahrzehnte später in der Gegend Versammlungen abhielt, erschien eine zahlreiche Verwandtschaft, um ihn zu begrüßen.[6]

Mit dem Krieg und den sich mehrenden Bombenangriffen änderte sich das Leben grundlegend. Helmut Kohls Vater hatte kurz vor Ausbruch des Krieges ein ungewöhnliches Maß an Weitsicht gezeigt. Er kaufte für alle Familienmitglieder neue Fahrräder und dazu eine Ersatzbereifung. Außerdem ließ er im Garten eine Pumpe bohren. Ob er schon damals überzeugt war, dass Deutschland den Krieg verlieren würde, ist nicht sicher. Auf jeden Fall sah er eine längere Kriegsdauer voraus mit ähnlichen oder noch schlimmeren Versorgungsmängeln als im Ersten Weltkrieg. Bevor die Kriegsbewirtschaftung einsetzte, hatte er vorgesorgt, denn Fahrräder wurden rasch zu Mangelware.

Doch nicht nur der schnelle Entschluss zum Kauf ist bemerkenswert. Höher einzuschätzen ist das finanzielle Engagement.
Fünf neue Fahrräder entsprachen mehreren Monatsgehältern;
es war also eine erhebliche Summe, die Hans Kohl bezahlte. Es
gab gewiss Menschen, die trotz aller Propaganda skeptisch in
die Zukunft schauten, aber mit Sicherheit nur sehr wenige, die
aus dieser mangelnden Zuversicht heraus Konsequenzen zogen,
etwa in der richtigen Einschätzung, dass Fahrräder im Kriegs-
alltag ungeheuer wichtig waren.

Vater Kohl selbst wurde bei Kriegsausbruch sofort als Oberleutnant eingezogen und war in Polen und Frankreich stationiert.
In Polen erlangte er so viel Kenntnis von den dort verübten Verbrechen, dass ihm vor der Zukunft grauste. 1943 wurde er aus
Gesundheitsgründen aus der Wehrmacht entlassen. Nur wegen
des drückenden Offiziersmangels hatte er – Jahrgang 1887 – so
lange dienen müssen. Für ihn schien der Krieg zu Ende zu sein.
Ein Jahr später traf die Familie ein schwerer Schlag. Walter,
der ältere Bruder, fiel im November 1944 in Westfalen einem
Tieffliegerangriff zum Opfer. Die Nachricht löste bei Helmut
eine schwere Erschütterung aus. Hatte sich Walter doch mit
den Worten vom Bruder verabschiedet: »Pass auf dich auf, ich
komme nicht wieder. Und kümmere dich vor allem um Mama.«[7]

Die Situation in Ludwigshafen wurde bald unhaltbar. Als ein
wichtiges Zentrum der chemischen Industrie und damit der
Kriegswirtschaft war die Stadt das Ziel schwerer Bombenan-
griffe. Die Schulen schlossen 1944. Die älteren Schüler wurden zum Arbeitsdienst oder gleich zur Wehrmacht eingezogen,
die Fünfzehn- bis Siebzehnjährigen taten Dienst als Flakhelfer.
Die Jüngeren wurden am Gymnasium in Speyer provisorisch
unterrichtet. Ende des Jahres wurde Helmut Kohl mit seinen
Mitschülern nach Berchtesgaden verfrachtet. Neben eher küm-
merlichem Schulunterricht erhielten sie eine vormilitärische
Ausbildung und mussten schanzen, und das bei zunehmend

schlechterer Ernährung. Eine Unterbrechung des stumpfsinni-
gen Alltags boten nur die Fahrten auf dem Lkw nach München,
wo sie Materialien aus Parteidienststellen abzuholen hatten. Das
Wichtigste bei diesen Fahrten war der Stopp am Bahnhof in
Rosenheim. Dort konnten sie eine Zusatzration Wurst und Brot
fassen. Das Gefühl, einmal satt geworden zu sein, war aber nur
die angenehme Seite. Im Frühjahr 1945 wurden solche Fahrten
gefährlich. Bei einem Tieffliegerangriff auf der Autobahn lernte
der junge Helmut Kohl Todesangst kennen.

Das Kriegsende in Berchtesgaden vermittelte ihm den denkbar gründlichsten Anschauungsunterricht über das Ende des
Dritten Reiches. Ein schwerer britischer Bombenangriff, der
auch den Berghof des »Führers« in Schutt und Asche legte, das
sich ausbreitende Chaos, verursacht durch die in die angebliche
Alpenfestung drängenden Dienststellen und Truppenteile, und
der Terror der fliegenden SS-Standgerichte boten ein Unter-
gangsszenario, das haften blieb. In dieser Situation, als fast alles
zusammenbrach, funktionierte aber noch eines: die Post. Sie
überbrachte Kohl eine Geldüberweisung über 1000 Reichsmark.
Das war damals noch eine Menge Geld, da die Preise eingefro-
ren waren. Wieder hatte sein Vater Weitsicht gezeigt. In dem
Durcheinander des Kriegsendes konnte Geld – und zwar viel
Geld – eine große Hilfe sein, um überhaupt etwas Essbares oder
eine Fahrgelegenheit zu ergattern oder um sich aus einer heiklen
Situation herauszuwinden. Was waren schon 1000 Mark, wird
sich der Vater gesagt haben, wenn ich dafür dem letzten Sohn
eine Überlebenschance verschaffe! Auf Helmut aber hatten das
viele Geld und die elterliche Mahnung »Pass auf dich auf!« eine
Wirkung wie ein »Donnerschlag«, denn es schien ihm wie »ein
Abschied auf immer zu sein«.[8] Auf eigene Faust schlug er sich
mit Gefährten durch Bayern, Württemberg und Baden in Richtung Heimat durch.

Es war eine Irrfahrt, die wochenlang dauerte. Endlich am

Rhein in Mannheim angekommen, hatte die Zeit der Prüfungen noch kein Ende. Mannheim war amerikanische, Ludwigshafen französische Zone. Der amerikanische Posten ließ sie auf ihre flehentlichen Bitten auf die Behelfsbrücke, das französische Gegenüber ließ sich jedoch nicht erweichen und schickte sie zurück. Erst am nächsten Morgen konnten sie nach Entlausung und mit Passierschein auf das westliche Rheinufer überwechseln. Als Helmut Kohl im Juni 1945 endlich zu Hause anlangte, wollte er als Erstes ein Glas Pfirsiche verspeisen – ein Symbol für die lang vermisste Heimat.

Kohl selbst schildert seine Erlebnisse bei Kriegsende eher zurückhaltend. Er überschreibt das Kapitel »Gezeichnet«. Sein Bericht vermittelt keinerlei Begeisterung für das Militär. Den Tränen war er oft näher als durchaus verständlichen Trotz- und Protestreaktionen. Die Zeit von den Aufräumarbeiten nach den Luftangriffen, als er als Mitglied eines Schülerlöschtrupps zum ersten Mal mit Tod und Zerstörung konfrontiert war, der Tod seines Bruders und schließlich die Schrecken des Kriegsendes in Berchtesgaden haben bei diesem gerade fünfzehn Jahre alt gewordenen Jungen tiefe Spuren hinterlassen. Es überzeugt, wenn er rückblickend feststellt, die Lehre aus den damaligen Erfahrungen könne er mit den Worten »Sehnsucht nach Frieden und Freiheit«[9] umschreiben.

Helmut Kohls politisches Leben sollte Zeugnis davon ablegen, dass diese Maxime für ihn stets die Leitlinie gewesen ist. Ohne Zweifel hatten viele Menschen im Krieg Schlimmeres erlebt; sie mögen diese Erlebnisse aber verdrängt oder ihnen sogar positive Seiten abgewonnen haben. Kohl dagegen hatte den Krieg als eine Grenzerfahrung erlebt, die ihn nicht wieder losließ. Jedenfalls hatten für ihn die Worte »Nie wieder Krieg!« nicht die Bedeutung eines propagandistischen Schlagwortes, sondern waren Ausdruck seiner tiefsten Überzeugung.

Eine politische Schuljugend 1945–1950

Kohls Schulzeit zerfällt in zwei deutlich voneinander unterschiedene Teile. Der erste umfasst die Volksschulzeit und seit Ostern 1940 die ersten Jahre auf der Friesenheimer Oberrealschule, bis die Schule wegen des Bombenkriegs geschlossen wurde. Nach Kriegsende dauerte es einige Zeit, bis die Schulen halbwegs wieder hergerichtet waren und der Schulbetrieb erneut aufgenommen werden konnte. Im August 1945 nahm Helmut Kohl eine Auszeit und begann eine landwirtschaftliche Lehre in Düllstadt, einem Ort in der Nähe von Kitzingen. Das mag nicht besonders überraschen, wenn man bedenkt, dass sein Vater ein Bauernsohn war und die Familie häufig die Ferien bei den Verwandten in Franken verlebt hatte. Aber das reicht zur Erklärung nicht aus. Man wird wohl nicht fehlgehen, wenn man psychische Gründe für maßgebend hält. Das Kriegsende in Oberbayern und die wochenlange Irrfahrt durch Süddeutschland hatten vermutlich tiefere Spuren hinterlassen. Das zerbombte Ludwigshafen, in dem selbst die Schulen noch geschlossen waren, musste fremd auf ihn wirken und die Sehnsucht nach heiler Welt aufkommen lassen.

Doch das Leben auf dem Bauernhof war hart. Man nahm wenig Rücksicht auf den Fünfzehnjährigen und ließ ihn beispielsweise mit Ochsen pflügen. Das war alles andere als einfach. Kohls Kampf mit den Ochsen ist bei den Bewohnern von Düllstadt unvergessen. Als er sich einmal eine Pause gönnte, schlief er rasch ein, aber die Ochsen zogen weiter und richteten einiges Unheil an. Die Berufsaussichten in der Landwirtschaft waren miserabel, gab es doch viele Landwirte aus dem Osten, die alles verloren hatten und sich selbst als Knechte verdingten. Schließlich entschied der junge Helmut Kohl, nach Ludwigshafen zu-

rückzukehren. Die Auffütterung auf dem Lande hatte ihm jedoch körperlich gutgetan, denn das Längenwachstum hatte
eingesetzt. In den unteren Klassen hatte er zu den kleineren
Schülern gehört, während er nun in seine gewaltige Körpergröße hineinwuchs, die ihn fast schon allein zu einer Führerrolle
prädestinierte.

Helmut Kohl selbst räumt ein, er sei »ein eher widerwilliger
und schlechter Schüler« gewesen. Der Widerwille wird sich gegen die Schulzucht gerichtet haben, zu der der temperament-
volle Schüler ein gespanntes Verhältnis hatte. Die schlechten
Leistungen ergaben sich aus seiner Abneigung gegen die Mathematik, die ihm ein »Gräuel« gewesen sei. Erschwerend kam
hinzu, dass seine Oberrealschule nach ihrer Wiedereröffnung
eine stärker naturwissenschaftliche Ausrichtung erhielt, was die
Situation komplizierte. Latein war nicht mehr verpflichtend,
das Latein-Angebot in den Morgenstunden war freigestellt, und
der Schüler Kohl nahm es nur sehr zögerlich wahr. Beim Abitur
1950, das entsprechend dem französischen System als Zentralabitur abgehalten wurde, soll Kohl landesweit in Mathematik
die schlechteste Note erzielt haben.[10] Mit sehr guten Leistungen
in Deutsch konnte er das jedoch ausgleichen. Daneben waren
Geschichte und Geografie seine Lieblingsfächer.

Es ist jedoch schwer vorstellbar, dass er wegen der schlechten
Leistung in Mathematik im Abitur gescheitert wäre, denn er
nahm in der Klasse eine einzigartige Stellung ein.[11] Er war nicht
nur nominell der Klassensprecher, der schüchtern Bitten vortrug, sondern der Chef, der mit Schulleiter und Lehrern über
verschiedene Dinge zu verhandeln und sie durchzusetzen
pflegte – ob es um die Instandsetzung des Klassenraumes mit
selbst organisierten Baumaterialien, den Besuch der Klasse bei
den Wiesbadener Festspielen – Paul Claudels »Seidene Schuhe«
standen auf dem Programm – oder gar um die Sondervorstel-
lung des Mannheimer Nationaltheaters für die Ludwigshafener

Oberschulen, einschließlich des Mädchengymnasiums, ging, als dort »Götz von Berlichingen« aufgeführt wurde.[12]

Es wird berichtet, dass bei der ersten Wahl eines Klassensprechers eine Konfrontation entstanden war. Zwei Schülergruppen hätten sich gegenübergestanden. Kohl habe sich »als Verfechter einer neuen demokratischen Ordnung« zu erkennen gegeben und sei dabei auf die Ablehnung von Mitschülern gestoßen, die »den Zusammenbruch des Deutschen Reiches als Übel und Katastrophe betrachteten«.[13] Da die beiden Gruppen sich nicht auf einen Sprecher einigen konnten, fand man einen Kompromisskandidaten. Dieser Ausweg sei von Kohl vorgeschlagen worden, der bald darauf der unbestrittene Sprecher der Klasse geworden sei.

Trifft die Geschichte zu, sind zwei Aspekte von Interesse. Zum einen hätte Kohl schon sehr früh einen entschieden demokratischen Standpunkt eingenommen und nicht dem Ressentiment gegen die französische Besatzung nachgegeben. Zum anderen – und das ist interessanter – zeigt sich schon zu diesem frühen Zeitpunkt ein Grundzug seines politischen Verhaltens: Einer politischen Konfrontation wich er aus; er hielt nicht viel von Redeschlachten und Abstimmungssiegen, wenn kein wirklich überzeugender Erfolg erreichbar war. Stattdessen setzte er auf die Zukunft in der Erwartung, dass das Problem in der Zwischenzeit sich mehr oder weniger von selbst löste. Eine solche aufgeschobene Auseinandersetzung konnte lange dauern, wie es später das zähe Ringen in Rheinland-Pfalz mit dem rheinland-pfälzischen Ministerpräsidenten Peter Altmeier[14] oder dann auf Bundesebene mit Franz Josef Strauß zeigen sollte.

Am 15. September 1946 fanden in Rheinland-Pfalz Kommunalwahlen statt. Es waren die ersten demokratischen Wahlen nach 1933. Wie überall in den westlichen Besatzungszonen fingen die Wahlen auf der untersten Ebene an, um politische Risiken durch unliebsame Wahlergebnisse zu vermeiden. In der französischen

Zone ging zudem alles etwas langsamer. Auf Helmut Kohl übten diese ersten Wahlen eine ganz außergewöhnliche Wirkung aus. Es war die erste Wahl, an der er teilnahm, als er seine Eltern zur Stimmabgabe ins Wahllokal, seine alte Volksschule, begleitete. Der Wahlvorgang als solcher faszinierte ihn. Er blieb den ganzen Tag dort und war auch beim Auszählen der Stimmen anwesend. Ein Gemeindepfarrer sah das ungewöhnliche Interesse, mit dem der Junge den ganzen Vorgang beobachtete, und schlug ihm vor, er solle sich bei dem Dekan Johannes Finck in Limburgerhof, einem anderen Ortsteil von Ludwigshafen, vorstellen, der eine Gruppe junger Leute um sich versammelt habe und mit ihnen politisch arbeite.

Das war eine ganz wichtige Empfehlung. Gewiss wäre Kohl auch ohne diesen Geistlichen zur CDU gekommen und hätte in der Partei Karriere gemacht. Die Nähe zu dieser Partei verstand sich von selbst, hatte doch sein Vater die Partei in Friesenheim mitbegründet, nachdem die französische Besatzungsmacht die CDU für die Pfalz am 5. März 1946 zugelassen hatte. Man kann durchaus der Meinung sein, dass die Faszination, die ein so nüchternes Geschehen wie ein Wahltag im Wahllokal ausgestrahlt hat, so etwas wie eine Initialzündung bei Kohl darstellte. Hier äußerte sich ein ganz außergewöhnliches politisches Interesse, das mit der Empfehlung an den Dekan Finck zugleich in die richtigen Bahnen gelenkt wurde.

Die Gründung der CDU in der Pfalz hatte eine komplizierte Vorgeschichte, denn vor 1933 hatten zwei katholische Parteien, das Zentrum und die Bayerische Volkspartei, heftig und nicht immer fein um katholische Wählerstimmen geworben. Daher war die Gründung der Union hier mit einigen Schwierigkeiten verbunden. Da gab es Befürworter einer neuen katholischen Partei; sie leisteten gegen eine interkonfessionelle Gründung zähen Widerstand, wie auf der anderen Seite evangelische Kreise das Zusammengehen mit Katholiken ablehnten und eine eigene

Partei gründeten. Einer der energischsten Vorkämpfer für die schließlich genehmigte interkonfessionelle Partei war der Dekan Finck. Er war die treibende Kraft, die zur Gründung der CDU führte. Man kann durchaus sagen, dass sein Pfarrhaus in Limburgerhof »eine Geburtsstätte der christdemokratischen Partei« darstellte.[15] Hier trafen sich schon während des Krieges Regimegegner, um die politische Situation und die notwendigen Schritte nach Kriegsende zu erörtern. Bereits 1944 vertrat Finck im kleinen Kreis die Überzeugung, dass das Nebeneinander von Zentrum und BVP ein Ende haben müsse und an deren Stelle »eine ganz neue Partei auf überkonfessioneller Grundlage«[16] zu bilden sei.

Johannes Finck war in der Weimarer Zeit in der Pfalz ein weithin bekannter politischer Kopf gewesen. Ein Foto zeigt ihn in den 1920er-Jahren mit seinem Bruder Albert, der Chefredakteur einer Zentrumszeitung und bayerischer Landtagsabgeordneter war, in Berlin vor dem Bismarck-Denkmal mit dem Reichstag als Hintergrund. Nicht alle Zentrumsgeistlichen hätten sich vor diesem Hintergrund fotografieren lassen. Aber für diese pfälzischen Katholiken war Bismarck der Reichsgründer, den man trotz seiner Missgriffe im Kulturkampf achtete und für die der Reichstag keine Zwingburg des Berliner Zentralismus, sondern die deutsche Volksvertretung war.

Die Bemühungen um eine neue christliche Partei hatten im August 1945 eingesetzt. Auf einer nachträglich als illegal deklarierten Versammlung am 3. Dezember 1945 in Neustadt war Finck zum vorläufigen Vorsitzenden einer christlichdemokratischen Partei gewählt worden. Für den Patrioten Finck gab es im Gegensatz zu vielen anderen süddeutschen und rheinischen Politikern keine Scheu oder Vorbehalte, auch mit den CDU-Gründern in Berlin gute Beziehungen zu unterhalten. Das betraf vor allem den Kontakt zu Jakob Kaiser, dem Mitbegründer der Partei in der sowjetischen Besatzungszone.

Ebenso hatte Johannes Finck schon 1945 mit dem Zentrums-
politiker Adam Stegerwald in Würzburg Kontakt aufgenommen, der bereits 1921 mit seinem Essener Programm für eine
überkonfessionelle Partei eingetreten war. Dass Finck den für
katholische Ohren etwas fremd klingenden Begriff Union akzeptiert hatte, der seit dem Reformationszeitalter protestantisch
geprägt war, geschah aus Gründen der Zweckmäßigkeit. Ihm
ging es vor allem um die Verbindung mit den anderen Zonen
Deutschlands und den inzwischen an verschiedenen Orten erfolgten Parteigründungen. Ein Brief vom 20. Februar 1946
bringt dies klar zum Ausdruck: »Wir stehen in der Pfalz doch in
besonders großer nationalpolitischer Gefahr. Wir legen deshalb
ganz besonderes Gewicht auf die Beziehungen zum rechtsrhei-
nischen Deutschland. Aus diesem Grund haben wir auch den
Namen CDU angenommen, ohne dass wir für den Namen selbst
besonders begeistert waren.«[17] Für einen Mann wie Finck, der
schon früh um die Einheit Deutschlands besorgt war und der
sich für die Gründung einer wirklich überkonfessionellen Partei bereits unmittelbar nach Kriegsende mit allem Nachdruck
eingesetzt hatte, war jede Kirchtumspolitik fremd. Er blickte
bereits über Zonengrenzen hinweg, als die meisten Menschen
lediglich darüber jammerten. So traf er auch mit einem evangelischen Außenseiter zusammen, der aus dem Ruhrgebiet kam
und den ganz ähnliche Sorgen umtrieben: Gustav Heinemann,
der Finck in Limburgerhof besucht hatte.[18] Über die menschliche Nähe zu Finck erklärt sich leicht der gute Kontakt, den der
Ministerpräsident von Rheinland-Pfalz in späteren Jahren zum
Bundesjustizminister und Bundespräsident Heinemann unterhielt.

Helmut Kohl hat bei Johannes Finck mit Sicherheit mehr
über Politik gelernt als im Studium bei den Politologen. Seine
Bereitschaft, in der CDU mitzuarbeiten, ergab sich gleichsam
von selbst. Er war nicht nur ein Oberschüler, der einen Nach-

mittag in der Woche zum Dekan Finck ging, sondern bei ihm traf alles zusammen: das Seminar im Limburgerhof, die Schule, die Partei und andere Interessen, nicht zu vergessen der Sport, wo er im Fußball weniger durch Technik als mit seiner physischen Präsenz Wirkung erzielte. Die Jugendlichen dieser Jahre entbehrten vieles, aber eines hatten sie: Zeit, über die sie frei verfügen konnten. Niemals kümmerten sich Eltern weniger um das, was ihre Kinder trieben, als in der Nachkriegszeit. Die häuslichen Pflichten einschließlich der Gartenarbeit mussten erfüllt werden, aber was der Nachwuchs sonst anstellte, interessierte die mit dem Haushalt ohnehin überbeanspruchten Mütter nur wenig.

Wann ist Helmut Kohl in die CDU eingetreten? Verschiedene Daten geistern durch die Literatur; zumeist wird das Jahr 1946 genannt. Kohl selbst gibt in seinen Memoiren den Beginn des Jahres 1947 als Eintrittsdatum an. Tatsächlich aber verzeichnet die Mitgliederkartei des Kreisverbandes Ludwigshafen ein anderes Datum: Es ist der 1. August 1948. Kohl erhielt die Mitgliedsnummer 540246.[19] Dieses Datum entspricht auch der Bestimmung in der Satzung der Pfälzer Partei, die das Mindestalter auf achtzehn Jahre festsetzte. Das Datum ist aber im Grunde nebensächlich, denn Kohl war in der Partei schon viel früher aktiv geworden. Die mehr theoretische Schulung bei Dekan Finck verlangte bei einem Menschen wie Kohl auch die Betätigung in der Praxis. So kam es zu einer losen Verbindung von jugendlichen Aktivisten, die eine Vorform der Jungen Union darstellte. Deren große Bewährungsprobe erfolgte mit dem Wahlkampf für die ersten Landtagswahlen in Rheinland-Pfalz, die am 18. Mai 1947 stattfanden. Kohl betätigte sich hier als Plakatkleber. Das war etwas anderes als Diskussionen unter Schülern. Ludwigshafen war eine sozialdemokratische Hochburg, die aber darüber hinaus einen starken kommunistischen Anhang besaß. Das war nicht untypisch für ein Zentrum der chemischen Industrie, deren Arbeiter durch den relativ hohen Lohn angezogen wurden, wofür sie auch gesundheitliche Gefährdungen in Kauf nahmen, aber das Unbehagen an ihrer Situation im politischen Radikalismus abreagierten.

Mit den gegnerischen Klebekolonnen begegnete dem Oberschüler aus der bürgerlichen Vorstadt eine ganz andere politische Realität. Im Kampf um Plakatierflächen oder beim Überkleben der gegnerischen Plakate kam es nicht selten zu Handgreiflichkeiten, bei denen Kohl durch Größe und Kampfeseifer von selbst in den Vordergrund rückte. Dies war sein Einstieg in die Ludwigshafener Kommunalpolitik. Ihr blieb er in den folgenden Jahrzehnten verbunden, auch wenn er auf Landes- und Bundesebene wichtigere politische Ämter innehatte. Von 1960 bis 1969 war er Stadtrat in Ludwigshafen, wo er unverdrossen als Mitglied der schwachen CDU-Fraktion ohne Chancen auf den Gewinn der Mehrheit die sozialdemokratische Übermacht herausforderte. Er kandidierte für den Landtag wie für den Bundestag immer im Wahlkreis Ludwigshafen. Es gibt nur wenige Politiker, die so lange und so hartnäckig an ihrem Heimatkreis festgehalten haben, auch wenn sie nicht das Mandat erringen konnten.

Kohl hätte sich später leicht einen sicheren Wahlkreis besorgen können, wie das häufig geschieht. Willy Brandt beispielsweise wohnte als Regierender Bürgermeister von Berlin im gutbürgerlichen Bezirk Zehlendorf, führte aber stets im Wedding, der SPD-Hochburg, die Liste an. Hätte er an seinem Wohnort kandidiert, hätte er zusätzliche bürgerliche Stimmen gewinnen können; aber daran lag ihm wohl weniger. Für Kohl dagegen lag in dem Ludwigshafener Wahlkreis ein Aspekt von Heimat, gleichsam die politische Ausformung von Heimat. Heimat bedeutete ihm aber unendlich viel. Rückblickend bekennt er: »Wichtig war für mich vor allem, geistig auf dem Boden der Heimat zu stehen. In Ludwigshafen bin ich aufgewachsen, in der Pfalz habe ich meine ersten Schritte getan und meine elementaren Erfahrungen gesammelt; dort wird immer mein Zuhause sein, dort werde ich begraben liegen.«[20]

Zur Heimat gehören auch die Menschen, mit denen man sich in vielfacher Hinsicht verbunden weiß. Auch wenn sie in ihrer Mehrheit eine andere, aus Kohls Sicht natürlich irrige politische Einstellung hatten, konnte das nur heißen, dass man sich umso mehr anstrengen musste, um auch diese Menschen zu gewinnen. Der Kampf um die Wähler in Ludwigshafen hatte deshalb für Kohl eine besondere Bedeutung. In seiner Heimatstadt fand er eine politische Konstellation vor, die für Rheinland-Pfalz einzigartig, im übrigen Bundesgebiet jedoch häufiger anzutreffen war. In industriellen Ballungszentren gab es starke sozialdemokratische Mehrheiten; CDU-Politiker hatten dort einen schweren Stand. Sich in Ludwigshafen zu behaupten und den Stimmenanteil dort langsam zu steigern, war so etwas wie die politische Reifeprüfung, ein Ausweis für die Tauglichkeit auch auf Bundesebene. Man hat häufig den Provinzialismus Kohls kritisiert. Das ist letztlich eine Glaubensfrage. Der Aufstieg in Ludwigshafen war für ihn auch im parteiinternen Kräftemessen von Bedeutung. Ein junger Politiker, der in einem so schwierigen Umfeld erfolgreich agierte, wurde ganz anders eingeschätzt, als wenn er einen ländlich-katholischen Wahlkreis vertreten hätte.

Kommunalpolitik in Ludwigshafen und erst recht die hemdsärmeligen Auseinandersetzungen im Wahlkampf bedeuteten Konfrontation, auch grobe Polemik und ein Feindbild, das auf Außenstehende krasser wirkte, als es tatsächlich gemeint war. Wenn sein Schäferhund etwa auf die Anweisung, den »Soz« zu suchen, prompt knurrte und die Haare sträubte, hieß das nicht, dass er auf Sozialdemokraten abgerichtet war, sondern dass hier grober, nicht unbedingt geschmackvoller, eben pfälzischer Humor im Spiel war.

Sozialdemokraten waren in Ludwigshafen die Gegner, nicht nur beim Plakatekleben, sondern auch im Weltanschaulichen. Hier stießen christliche Positionen auf doktrinären Marxismus. Es spricht für Kohls intellektuelle Neugier, dass er sein Urteil über die Sozialdemokraten keineswegs aus den Auseinandersetzungen auf der Straße gebildet hatte. Um Kurt Schumacher, den bekanntesten Politiker der ersten Nachkriegsjahre, der auch außerhalb der SPD auf Zustimmung stieß, im Dezember 1947 in Mannheim auf einer Großveranstaltung erleben zu können, scheute Kohl keine Mühe und besorgte sich den damals noch notwendigen Passierschein, um über den Rhein in die amerikanische Zone zu gelangen. Persönlichkeit wie Rhetorik Schumachers beeindruckten ihn tief.

Aber auch der Marxismus schreckte ihn nicht ab, jedenfalls nicht in der Form, wie er ihm nahegebracht wurde. Das geschah durch seinen Mathematiklehrer Otto Stamfort, der mittwochnachmittags eine freiwillige Arbeitsgemeinschaft eingerichtet hatte, die sich mit Philosophie und Marxismus beschäftigte.[21] Stamfort war aktives Mitglied der KPD. Als Jude und Marxist doppelt gefährdet, war er nach Frankreich emigriert und nach 1945 nach Deutschland zurückgekehrt und in den Schuldienst eingetreten. Bei ihm lernte Kohl sogar Max Reimann, den Vorsitzenden der KPD, kennen. Stamfort muss ein guter Pädagoge gewesen sein; ungeachtet seiner politischen Überzeugung verstand er es, die Lehren von Marx verständlich zu machen, ohne dabei aufdringlich Propaganda zu betreiben. Kohl hat diesen Lehrer offenbar sehr gemocht. Er blieb mit ihm in brieflichem Kontakt, nachdem Stamfort 1948 in die Sowjetzone übergesiedelt war. Dort aber passte der Altkommunist nicht in die stalinistische SED, wurde politisch kaltgestellt und erhielt schließlich eine Professur in Jena.

Es gab im Deutschland nach 1945, als die Informationsmöglichkeiten sehr begrenzt und Bücher rar waren, wohl nur sehr wenige Gelegenheiten, dass ein Oberschüler zur gleichen Zeit Unterricht und Information außerhalb der Schule in christlicher Politik und in Marxismus erhalten hat, und es ist charakteristisch für Kohls Wissensdurst, dass er diese beiden so ganz verschiedenen Bildungsangebote intensiv wahrgenommen hat.

Die so erworbenen Kenntnisse kamen ihm gewiss bei seiner politischen Tätigkeit zustatten, die neben der Schule ungebremst weiterging und bereits über Ludwigshafen hinausreichte. Am 1. Mai 1948 kandidierte er für den Vorsitz der Jungen Union in der Pfalz, scheiterte aber knapp. Ob er daraus bewusst eine Lehre zog oder ob es sich einfach so ergab, ist nicht zu entscheiden. Wichtig ist, dass er sich in der Folgezeit bei der Jungen Union »nie mehr um ein Amt beworben« hat.[22] Er konzentrierte sich also auf die Partei und kämpfte sich dort nach oben. Er versuchte nicht, als Funktionär der Jungen Union gleichsam eine Art Seiteneinstieg zum Aufstieg in der Partei zu finden, indem er als derjenige auftrat, der primär nur die Interessen der Jugendorganisation wahrzunehmen vorgab, dabei aber auch den eigenen Aufstieg im Auge hatte.

Eintritt in die Junge Union

Als Vertreter der Jungen Union wurde Kohl zum ersten Mal »aktenkundig«. Am 28. Mai 1948 nahm er an einer Ludwigshafener Kreisausschusssitzung teil und erklärte den Anwesenden, dass die Junge Union eine Untergliederung der CDU sei, und bat darum, dass Erstere »Vertreter in die entsprechenden Ausschüsse« senden könne.[23] Hier trat ein junges, überaus aktives Parteimitglied auf, das sich nicht vorsichtig zurückhielt, sondern bei den verschiedenen Aktivitäten derart energisch mitmachte, dass ihm schnell eine führende Rolle zufiel.

Beim Wahlkampfauftakt der CDU für die erste Bundestagswahl am 21. Juli 1949 auf dem Heidelberger Schloss war Kohl keineswegs nur ein interessierter Zuschauer, sondern er hatte eine besondere Aufgabe. Er gehörte zu dem »Begleitkommando«, das den prominentesten evangelischen Politiker, der dort das Wort ergriff, den Essener Oberbürgermeister Gustav Heinemann, zum Schloss hinauf »lotste«.²⁴ Die CDU verfügte als lose Vereinigung von Landesverbänden über eine nur schwache Organisation und benötigte für eine derartige Großveranstaltung wie in Heidelberg Helfer, wo immer sich solche fanden. Da Ludwigshafen nicht weit entfernt lag und hier eine Veranstaltung mit Spitzenpolitikern aus den verschiedenen Teilen Westdeutschlands bevorstand, ergab sich das Engagement Kohls gleichsam von selbst.

Die Heidelberger Veranstaltung ist vor allem dadurch bekannt geworden, dass der CDU-Vorsitzende Konrad Adenauer den Wahlkampf mit einer scharfen Abrechnung mit der SPD eröffnete. Er unterstellte dieser Partei, sie habe sich zum »Helfershelfer« der britischen Besatzungsmacht gemacht und deutsche Interessen verraten. Die Reaktion der SPD war tiefe Empörung. Der Polemiker Kurt Schumacher schloss aus den Äußerungen Adenauers, die Heidelberger Rede berechtige, »den Namen Adenauer in Lügenauer umzuändern«.²⁵ Helmut Kohl blieb von alledem unbeeindruckt. Der spätere Wahlkämpfer hatte noch kein Verständnis dafür, auf welche Weise Adenauer mit seiner massiven Attacke auf den politischen Gegner bewusst eine Wahlkampfatmosphäre erzeugt hatte, um einen Kontrapunkt zur Politik in den Ländern zu setzen, die von einer Politik der Gemeinsamkeit und Großen Koalitionen bestimmt war.

Im Rückblick bekennt Kohl, Adenauer sei ihm damals »einfach als zu alt« erschienen. Mit dieser Einschätzung habe er nicht allein gestanden: »Wir Jungen in der Union setzten damals mehr auf Jakob Kaiser und auf Karl Arnold, den Ministerpräsidenten von Nordrhein-Westfalen.«²⁶ Beide Männer waren

Gegner Konrad Adenauers. Aber das meinte Kohl nicht, denn die politischen Gegensätze, die zwischen Adenauer und diesen Kontrahenten bestanden, waren noch nicht so bekannt. Kaiser und Arnold hatten für Kohl andere Vorzüge. Bei Jakob Kaiser imponierten ihm seine gesamtdeutsche Ausrichtung und sein Kampf gegen den kommunistischen Druck in der sowjetischen Besatzungszone, der ihn vorübergehend als christlichen Arbeiterführer erscheinen ließ. Karl Arnold wiederum stand als Ministerpräsident des aufgrund seines Kohlereichtums wirtschaftlich stärksten Landes und als führende Figur des linken Flügels der CDU bei Gründung der Bundesrepublik auf dem Höhepunkt seines Ansehens.

Es ist verständlich, dass der CDU-Vorsitzende der britischen Zone in Heidelberg keine starke Wirkung auf Kohl ausgeübt hat, denn Adenauer war kein fesselnder Redner, der schon als solcher wirkte. Ihm fehlte noch die Aura der Macht des späteren Kanzlers. Wie Kohl hatten auch die anderen Zuhörer in Heidelberg in ihm nicht den künftigen Kanzler gesehen, obwohl er in seiner Rede auffallend deutlich auf dessen Machtstellung aufmerksam gemacht hatte. Bei der Sympathie für Leitfiguren wie Kaiser und Arnold wird man bei Kohl eine gemäßigt linke Einstellung annehmen dürfen. Das erklärt auch, weshalb die heftigen Ausfälle Adenauers gegen die SPD auf ihn nicht stark wirkten; wahrscheinlich hat er sich die Kritik »sachlicher« gewünscht. Oberschülern liegt die soziale Gerechtigkeit immer mehr am Herzen als die Wahrnehmung wirtschaftlicher Interessen. Kohl war da keine Ausnahme.

Die Begegnung Kohls mit dem späteren Bundeskanzler in Heidelberg war nicht die einzige. In der letzten Woche vor der Wahl, am 9. August 1949, kam Konrad Adenauer in die Pfalz nach Landau, um auch dort um Stimmen für die CDU zu werben. Das Land Rheinland-Pfalz sollte bei dieser ersten Bundestagswahl mit 49,1 Prozent für die CDU eine ganz entscheidende

Rolle spielen, denn diese Stimmen halfen der Union nach dem enttäuschend schwachen Abschneiden der CSU ganz wesentlich, den knappen Vorsprung vor der SPD zu behaupten.²⁷ Aber das wurde natürlich erst klar, als die Stimmen ausgezählt waren. Kohl hatte tagelang zuvor mit einem Lautsprecherwagen in der Südpfalz für diese Veranstaltung geworben, denn für ihn ging es nicht nur um Adenauer und die CDU, sondern auch und viel mehr noch um den veranstaltenden Politiker: Albert Finck, den Bruder seines »politischen Ziehvaters« Johannes Finck, der dem Parlamentarischen Rat in Bonn als Mitglied angehört hatte und in der Pfalz als einflussreicher Politiker galt.

Dass die Veranstaltung in Landau stattfand, spielte eine nicht unwesentliche Rolle. War doch die alte Reichsstadt im Zuge der Expansionspolitik Ludwigs XIV. Frankreich zugeschlagen und zur Festung ausgebaut worden. In französischen Augen konnte sie immer noch als französische Stadt gelten, die auf dem Wiener Kongress dann bedauerlicherweise der Pfalz zugeteilt worden war. Das Problem des Separatismus war zwar 1949 nicht mehr aktuell, aber als Bedrohung immer noch unvergessen. Die Begrüßung durch Albert Finck hatte Konrad Adenauer jedoch nicht gefallen. Es sei eine »ganz nichtsnutzige Rede«²⁸ gewesen, die der Herr Finck gehalten habe, klagte er hinterher, denn dieser hatte ihn als den künftigen Bundespräsidenten begrüßt, was Adenauer gerade nicht werden wollte.

Für Kohl wie für die Anwesenden in der überfüllten Halle war etwas anderes von weit größerer Bedeutung: In Gegenwart der französischen Offiziere stimmte Finck zum Schluss das Deutschlandlied an, das vom Publikum mit Inbrunst mitgesungen wurde. Man kann sich leicht vorstellen, welches Echo dieses Ereignis nach all den Befürchtungen, von Deutschland abgetrennt zu werden, in der Pfalz hervorrief.

Adenauer hatte sich nicht nur über die »nichtsnutzige Rede« Fincks geärgert, sondern zugleich auch die emotionale Wirkung zur Kenntnis genommen, die das Deutschlandlied bei den Menschen in Landau gezeigt hatte. Ein gutes halbes Jahr später stattete er als Kanzler seinen ersten Besuch in Berlin ab, kam in Kontakt mit der Bevölkerung und sprach mit der politischen Führung und den westlichen Stadtkommandanten. Schließlich hielt er eine Rede im Titania-Palast, dem größten Saal der Westsektoren, grüßte dort »unsere Menschen in der Ostzone« und forderte die Zuhörer auf, die dritte Strophe des Deutschlandliedes zu singen. Damit nicht die bekanntere, aber problematischere erste Strophe gesungen wurde, hatte er den Text vorsorglich auf die Sitze legen lassen. Über die Motive Adenauers ist viel gerätselt worden, aber das nationale Anliegen, aus dem bedrohten Berlin ein Zeichen der Zusammengehörigkeit zu setzen, ist nicht wegzudiskutieren.[29]

Eine Episode aus dem Wahlkampf 1949 ist noch nachzutragen. Am Freitag vor dem Wahltag hielt Kohl zum ersten Mal in Mutterstadt, in der Nachbarschaft von Ludwigshafen, selbst eine Rede. Sie galt aber nicht primär dem Wahlerfolg der CDU, sondern seiner Freundin. Hannelore Renner, seine spätere Frau, wohnte in Mutterstadt. Die beiden hatten sich kennengelernt, als Kohl im Herbst zuvor mit seiner Klasse eine Tanzstunde besucht hatte, und daraus war die erste und zugleich dauerhafte Liebe entstanden. Er wollte Hannelore mit seinem Auftritt imponieren, aber sie kam nicht. Dem Flüchtlingsmädchen aus Leipzig, das genug Schwierigkeiten hatte, mit dem täglichen Leben zurechtzukommen, war die Politik noch fremd, und eine Wahlversammlung, auf der ihr Freund sogar reden sollte, ein wenig unheimlich. Da blieb sie lieber zu Hause.

Das im Juni 1950 abgelegte Abitur, als Zentralabitur wie in Frankreich organisiert, war für einen politisch so stark engagierten Menschen wie Kohl eher etwas Nebensächliches. Es fiel auch recht mäßig aus; 12,5 Punkte waren nach diesem System nötig, um die Hochschulreife zu erlangen. Kohl schaffte 13 Punkte.[30]

Das genügte ihm, um studieren zu können. Es gab zwar für die Universität Zulassungsbeschränkungen, aber kein starres System des Numerus clausus, für das gute Noten erforderlich waren.

Das politische Engagement Kohls während seiner letzten Schuljahre zeigt eindeutig, was ihn wirklich interessierte. Fast zeitgleich mit der Gründung der CDU in der Pfalz war er zu dieser Partei gestoßen. Betrachtet man den politischen Zuschnitt seines Elternhauses, war er gleichsam in sie hineingeboren. Die Partei wurde rasch sein Lebenselement. Vor dem Hintergrund des Kriegsendes und seiner Schrecknisse hatte der junge Kohl den Weg in die CDU auf zwei verschiedenen Ebenen gefunden: Es war zum einen ein Weg der Schulung und Kenntnisvermittlung über demokratische und zugleich christliche Politik durch den Dekan Finck, aber auch die Begegnung mit dem Marxismus durch seinen kommunistischen Mathematiklehrer. Beide halfen, sein politisches Weltbild zu formen. Zugleich zog ihn aber die politische Praxis magisch an. Er scheute auch nicht die Niederungen politischer Auseinandersetzungen bis zur Knochenarbeit des Plakateklebens mit all seinen Weiterungen. Ein Abiturient mit intellektuellem Rüstzeug, praktischen Erfahrungen und einer ungeheuren Neugier auf Menschen begann seinen Weg in die deutsche Politik.

Der »junge Kohl« – die Fünfzigerjahre

Die Jahre von 1950 bis 1960 brachten für Helmut Kohl den Durchbruch. Kriegsbedingt verspätet hatte er die Schule 1950 mit dem Abitur verlassen – zehn Jahre später war alles aufgeholt; er war von nun an immer der Jüngste. In diesem Jahrzehnt hat er erstaunlich viel erreicht: 1958 promovierte er zum Doktor der Philosophie mit einer historischen Arbeit, 1959 errang er einen Sitz im rheinland-pfälzischen Landtag, und 1960 heiratete er. »Erst die Pfarre, dann die Quarre«, pflegte man in Pommern früher zu sagen – erst das Examen und die berufliche Stellung, danach Hochzeit und Familiengründung. Was sich so leicht anhört, war tatsächlich nur dank einer erstaunlichen Energieleistung zu schaffen. Dem Zufall blieb nicht viel überlassen; wohlüberlegt folgte ein Schritt dem anderen.

Die Politik stand an erster Stelle. Helmut Kohl hatte eine »fast naturhafte Verbundenheit mit dem Parteileben«, wie ein Weggenosse es formulierte.³¹ Da konnte das Studium nicht im Vordergrund stehen. Viel bemerkenswerter ist jedoch die Tatsache, dass Kohl es überhaupt erfolgreich abgeschlossen hat, und zwar mit dem einzigen Abschluss, der für ihn infrage kam – der Promotion. Damals gab es noch kein Magisterexamen. An der Philosophischen Fakultät bestand nur die Alternative zwischen Staatsexamen und Promotion. Das Staatsexamen aber war die Eingangsprüfung für den Staatsdienst. Was wollte man mit einem solchen Abschluss, wenn man gar nicht in den Schul- oder Archivdienst eintreten wollte? Die Promotion verlieh dem Absolventen zudem den Doktortitel, der viel galt, denn es wurde bei Weitem nicht mehr so viel promoviert wie in früheren Jahrzehnten, und die breit angelegte Doktorandenförderung späterer Jahrzehnte war noch unbekannt.

Helmut Kohl begann sein Studium im Herbst 1950 in Frankfurt. In Mainz zu studieren, kam für ihn nicht infrage. Als Hauptfach wählte er Jura, aber er legte sein Studium breit an, mit einem sozialwissenschaftlichen Schwerpunkt. Ganz bewusst ging er keinem Brotstudium nach. Seine Interessen waren vielseitig, die intellektuelle Neugier beträchtlich. Das Studium war damals noch wenig verschult; Vorlesungen standen im Mittelpunkt, und er hörte bei vielen bekannten Professoren.

Nach einem Jahr in Frankfurt, zum Wintersemester 1951/52, setzte er sein Studium an der Universität Heidelberg fort. Während seiner Studienzeit wohnte er weiterhin bei den Eltern in Friesenheim, schon allein aus Kostengründen. In den Semesterferien arbeitete er bei der BASF. Die Universität in erreichbarer Nähe von Ludwigshafen hatte für ihn zugleich eine politische Bedeutung. Als Student in Bonn oder Göttingen hätte er nur bei gelegentlichen Wochenendbesuchen in Ludwigshafen auftauchen können. Um dort Politik zu machen, musste er aber in der Stadt präsent und verfügbar sein.

Die Junge Union in Ludwigshafen war seine Hausmacht, wenn dieser Begriff nicht schon zu hoch gegriffen ist. Er selbst hatte unermüdlich für sie geworben und viele Mitglieder gewonnen, was ebenso für die Partei galt. Und dieser Ortsverband der Jungen Union musste beschäftigt werden. Eine solche Organisation konnte nur gedeihen, wenn dort Interessantes geboten wurde. Veranstaltungen mussten vorbereitet und Kontakte zu anderen Gruppen aufgebaut werden. Schon früh fiel Kohls Geschick in Debatten auf, in denen er Kontrahenten schlagfertig zusetzen konnte. Aber auch als Redner tat er sich mehr und mehr hervor. Indem er auswärts bei Parteifreunden sprach, gewann er selbst wiederum interessante Vortragende für eigene Veranstaltungen. Wie erfolgreich Kohl bei dieser Basisarbeit war, ständigen Kontakt hielt, Menschen ansprach, Mitglieder gewann und sie durch interessante Veranstaltungen bei der Stange zu halten verstand, zeigt die Tatsache, dass die Junge Union Ludwigshafen Mitte der Fünfzigerjahre 400 Mitglieder zählte und damit zu den größten Ortsverbänden in der Bundesrepublik gehörte.[32] Vergegenwärtigt man sich, dass Ludwigshafen eine SPD-Hochburg war und die CDU als ewige Oppositionspartei ihren Mitgliedern nur wenig Chancen bieten konnte, so ist das ein überzeugender Beweis politischer Mobilisierung, der sich nicht nur in der Pfalz schnell herumsprach.

Zu dieser Zeit formierte sich in der Union eine eigenartige Schlachtordnung, aus der Kohl seinen Nutzen zog. An der

Spitze herrschte Geschlossenheit, aber die hinteren Reihen kamen durcheinander. Die Politik Konrad Adenauers wurde von wachsender Zustimmung getragen. Sein Kurs stand für Sicherheit, das Bündnis mit dem Westen und das Wirtschaftswunder. Die Wahlen von 1957, die dem Bundeskanzler die absolute Mehrheit brachten, gewann er mit den Slogans »Keine Experimente« und »Wohlstand für alle«. Alles sollte so weitergehen wie bisher. Dieser Erfolgskurs fand volle Zustimmung. Der Parteinachwuchs machte da keine Ausnahme und half bei den erfolgreichen Wahlkämpfen nach Kräften mit. Konrad Adenauer, der alte Mann an der Spitze, der 1956 drei Tage lang seinen achtzigsten Geburtstag feierte, war die unumstrittene Führungsfigur.

Weiter unten jedoch rumorte es in der Partei. Hier begann der Kampf der Jungen gegen die Alten. Es war aber nicht der bekannte Generationsgegensatz im Sinne des Vater-Sohn-Konfliktes, der seit den Sechzigerjahren die politische Landschaft der Bundesrepublik verändert hat. Helmut Kohl hat es die »Großvater-Enkel-Beziehung« genannt, die sich damals herausbildete und die ihm entscheidend auf dem Weg nach oben geholfen hat.[33] Damit wird folgender Sachverhalt umschrieben: Die Parteigründer von 1945 hatten ihre ersten politischen Erfahrungen zum großen Teil in der Weimarer Republik gemacht und waren nach 1933 abgetaucht. Nach Kriegsende hatten sie als die Männer der ersten Stunde die politischen Führungspositionen in der Partei auf den verschiedenen Ebenen besetzt. Sie konnten sich etliche Jahre weitgehend ungestört ihrer Ämter erfreuen, denn sie brauchten sich nicht um ihre Wiederwahl zu sorgen. Aus unterschiedlichen Gründen gab es vorerst keine nachrückende Konkurrenz: Die Kriegsverluste wogen schwer, dann fielen die aus, die der NSDAP angehört und dort irgendwelche Posten besetzt hatten, und schließlich machte sich bei vielen Menschen auch Politikverdrossenheit bemerkbar, die sie vor dem Eintritt in Parteien Abstand nehmen ließ. Die fehlende Zwischengeneration war für die Jungen die große Chance. So konnten die Enkel beginnen, die Großväter aus ihren Ämtern zu verdrängen. Sie sahen in den Alten ein Kartell der Posteninhaber, das sie zunehmend zur Kritik herausforderte und das es abzulösen galt.

Nun saß die Gründergeneration in keinem Bundesland so fest im Sattel wie in Rheinland-Pfalz. Das begann mit dem Ministerpräsidenten Peter Altmeier, seit 1947 im Amt, und setzte sich fort bis zu Honoratioren auf der Kreis- und Ortsebene. Die Kritik der Jungen, deren bekanntester und berüchtigtster Wortführer Helmut Kohl hieß, richtete sich vor allem gegen die mangelnde Aktivität der Führung. Sie sei in zu vielen Gremien vertreten und stütze sich gegenseitig. Dann wurden die fehlende innerparteiliche Diskussion und das Desinteresse bei der Mitgliederwerbung beklagt, die das Honoratiorentum geradezu verfestige. Wenn Kohl rhetorisch donnerte: »Haben wir noch den Elan und die Dynamik der Jahre 1945, 1946, 1947?«[34], so stand für ihn die Antwort natürlich fest, dass dies nicht mehr der Fall sei.

Hatte er aber recht damit? Das ist die Frage, denn von Elan und Dynamik war in den Anfangsjahren der Bundesrepublik auch nicht viel zu merken gewesen. Allein die Verkehrs- und Kommunikationsprobleme der unmittelbaren Nachkriegszeit hatten enge Grenzen gesetzt. So betonte etwa der Versammlungsbericht über die erste Versammlung der CDU in Ludwigshafen, diese sei nach dem Abspielen verschiedener Musikstücke und der Rede des Referenten, die »sehr günstig aufgenommen« worden sei, insgesamt »absolut ruhig« verlaufen.[35]

Auch wenn man Zweifel über den Elan haben konnte, war es taktisch sehr geschickt, die Vergangenheit zu verklären. Diese lag zwar erst wenige Jahre zurück, aber man konnte sie bereits für die eigenen Ziele in Anspruch nehmen, ohne dass es bestritten wurde. Es war fast unvermeidlich, dass die Angriffe gegen die Parteioberen, die in der Regel einen konservativ-bürger-

lichen Hintergrund hatten, einen linken Anstrich bekamen. So
heißt es einmal, Kohl habe einen sogenannten linken Flügel vermisst.[36] Und zu kritisieren gab es immer etwas. Kohl äußerte
dies nicht im Sinne von Verbesserungsvorschlägen, sondern
meldete sich bei den Parteiversammlungen möglichst bald, nachdem der Referent des Abends glücklich zum Ende gekommen
war, zu Wort, um lauthals und polemisch, oft mit ironischem
Unterton, was die Angegriffenen nur umso mehr reizen konnte,
seine ganz andere Sicht der Dinge darzulegen. Weil er dies ohne
ideologische Scheuklappen und ohne intellektuelle Verklemmt-
heit tat, dabei sogar witzig sein konnte, gab es auch eine Menge
älterer Zuhörer, die ihm zustimmten oder zumindest seine Attacken amüsiert zur Kenntnis nahmen.

Diese Daueropposition des Studenten Kohl muss die Parteioberen ungeheuer gereizt haben. Sie hörten aus der Kritik, die
er an allem Möglichen übte, nur das eine heraus, nämlich, dass
er bei nächster Gelegenheit selbst an ihre Stelle zu rücken gedachte. Wie Kohl in dieser Situation auf seine Kontrahenten
wirkte, hat er selbst plastisch zum Ausdruck gebracht: »Als
ich mich bei einer CDU-Versammlung wieder einmal stürmisch
einschaltete, prägte der Ludwigshafener Kreisvorsitzende den
unvergesslichen Satz: ›Das Wort hat der junge Herr Kohl‹ – und
knurrend fügte er nach einer kleinen Pause hinzu: ›Einem bösen
Hund gibt man ein Stück Brot mehr.‹«[37]

Helmut Kohl beließ es jedoch nicht bei der Kritik an den
politischen Altvorderen. Er eröffnete eine zweite, für ihn ungleich gefährlichere Front. Er scheute mit despektierlichen Äußerungen auch nicht vor den kirchlichen Autoritäten zurück,
indem er beispielsweise das bischöfliche Ordinariat von Speyer
in der Öffentlichkeit ungeniert als »Kalkwerk« bezeichnete.
Eine solche ins Lächerliche gehende Kritik stieß auf geharnischte Abwehr. Seine fromme Mutter musste in ihrer Friesenheimer Kirche anhören, was ein Domkapitular alles an dem

jungen Kohl auszusetzen hatte.[38] Die geistliche Rüge fiel – sehr zum Kummer der Mutter – recht massiv aus. Kohls Kritik blieb jedoch glaubhaft, weil er ein treuer Sohn der Kirche war, in ihrer Gemeinschaft lebte und sich von ihr getragen fühlte. Jahrzehnte später sagte er einmal: »Ich blieb dabei, obwohl es die Kirchengeschichte gibt.«[39] Was er aber nicht hinnehmen wollte und wogegen er protestierte, war die Einflussnahme von hohen Amtsträgern der Kirche in die Politik. Er war nicht der Meinung, dass die Autorität der Bischöfe sich auch auf das Gebiet der Politik erstrecke.

Mit diesen Angriffen bewegte er sich auf vermintem Gelände. Über diese Frage hatte es in Deutschland schon heftige Auseinandersetzungen gegeben. Zu Beginn des 20. Jahrhunderts hatte der »Modernismusstreit« scharfe Frontstellungen hervorgerufen. In dem Disput ging es unter anderem um die Frage, ob christliche, interkonfessionelle Gewerkschaften zu akzeptieren seien oder ob katholischen Arbeitervereinen der Vorzug zu geben sei. Die konservative Auffassung, nach der die kirchliche Autorität auch in politischen und sozialen Bereichen die letzte Entscheidung haben müsse, wurde als Integralismus bezeichnet. Kohl wird bei Johannes Finck von diesen Kämpfen gehört haben. Er blieb lebenslang ein Gegner dieser Tendenzen. In diesen Jahren seines politischen Aufstiegs hatte der Integralismus in der Politik eine ganz konkrete Ausformung. Ministerpräsident Peter Altmeier und sein Staatssekretär Fritz Duppré galten in den Augen Kohls und seiner politischen Freunde als Integralisten. Beide vertraten vor allem in der Schul- und Bildungspolitik eine ebenso konservative Auffassung wie die kirchlichen Oberen und suchten sich mit diesen stets abzustimmen.[40] Hier zeichnet sich bereits die Frontstellung ab, die die Jahre bis 1969, bis zur Wahl Helmut Kohls zum rheinland-pfälzischen Ministerpräsidenten, bestimmen sollte.

Aufstieg im Landesverband

Im Jahre 1953 gelang Kohl ein erster wichtiger Einbruch in die Front der Honoratioren. Im November fanden Wahlen zum Geschäftsführenden Vorstand des CDU-Bezirksverbandes Pfalz statt. Wie das Land Rheinland-Pfalz insgesamt, war auch der CDU-Landesverband in Bezirke aufgeteilt. Von diesen war der Bezirksverband Pfalz parteipolitisch am wichtigsten. Überraschend meldete Kohl seine Kandidatur für das Amt des Schriftführers an. Das klang harmlos, aber es war eine Kampf-kandidatur, denn der bisherige Amtsinhaber, Alois Krämer, kandidierte ebenfalls und war alles andere als ein Leichtgewicht. Für Kohl war das ein riskantes Unternehmen, aber es war ein kalkuliertes Risiko, denn sein Gegner entsprach dem »Feind-bild« Kohls und seiner Freunde. Krämer galt als »stockkon-servativ« und »kirchenhörig«,[41] war Oberbürgermeister von Landau, besaß eine Druckerei und war Verleger einer Parteizei-tung. Er betrachtete den Posten im Bezirksvorstand unter dem Gesichtspunkt, auch in diesem wichtigen Gremium präsent zu sein. Mit dem Anspruch, der bessere und weitaus aktivere Kan-didat zu sein, gewann Kohl die Abstimmung – wenn auch knapp, mit einer Stimme Mehrheit. Er war zwar durch eine Kampfab-stimmung in dieses Amt gelangt, aber er betrachtete sich im Vorstand nicht als Stimme der Opposition und erst recht nicht als Vertreter einer ideologisch fixierten Position, sondern ganz einfach als Politiker, der in diesem Gremium interessiert und effektiv mitarbeitete. Zehn Jahre später sollte er Bezirksvor-sitzender werden – eine wichtige Etappe auf dem Weg zum Lan-desvorsitzenden.

Im April 1954 wurde Helmut Kohl zum stellvertretenden Landesvorsitzenden der Jungen Union gewählt. Anders als beim Pfälzer Bezirksvorstand war das nicht unmittelbar eine Position, um größeren Einfluss in der Partei zu gewinnen, denn er wollte nicht als Vertreter der Jungen Union abgestempelt werden. Aber wie sein eigener Anhang in Ludwigshafen zu einem großen Teil zur Jungen Union gehörte, so waren auch in den anderen Landesteilen Beziehungen zu den Jungen naturgemäß enger als zu anderen Mitgliedern. Hier entstand die tragende Schicht der späteren Parteimehrheit. Kohl selbst hatte bei der Jungen Union keine Ambitionen. Er wollte aber in deren Spitze dabei sein und so den Kontakt zu Gleichgesinnten in den andern Bezirken stärken, die ebenfalls damit beschäftigt waren, sich nach oben zu kämpfen.

In der Folgezeit erfuhr die Situation an der Spitze der Jungen Union eine zufriedenstellende Regelung. Der Landesvorsitzende Peter Josten konzentrierte sich auf sein Bundestagsmandat, und Kohls »treuer Weggefährte« Heinrich Holkenbrink aus Trier übernahm den Vorsitz; er fand sich später im Kabinett Kohl als Wirtschafts- und Verkehrsminister wieder. Unter den führenden Vertretern der Jungen Union befanden sich eine Reihe von Politikern, die auch später in der Umgebung Kohls zu finden sind. Neben Holkenbrink sind hier der spätere Innenminister Heinz Stark zu nennen, der Chef der Staatskanzlei Willibald Hilf, aber auch der langjährige Bundestagsabgeordnete Albert Leicht.[42]

Im Januar 1955 landete Kohl auf dem Landesparteitag einen Coup, der mehr jugendlichen Übermut als sorgfältig kalkuliertes Risiko zeigte: Er kandidierte auf dem Parteitag, der in Ludwigshafen stattfand, für einen Sitz im Präsidium der Landes-CDU. Vorgeschlagen hatte ihn sein väterlicher Freund Gustav Hülser. Der Landesvorstand hatte jedoch einstimmig einen Vorschlag präsentiert, der fünf Kandidaten umfasste. Ein solches Paket pflegt im Allgemeinen anstandslos gewählt zu werden. Hülser schlug dennoch Kohl als sechsten Kandidaten vor und begründete seinen Antrag mit dem Argument, dass auch »ein

Sprecher aus der jungen Generation mitverantwortlich« im obersten Parteigremium vertreten sein solle.[43]

In der historischen Forschungsliteratur wird die Kandidatur Kohls so verstanden, als sei er gegen den Bundesfamilienminister Franz-Josef Wuermeling angetreten, diesem aber ehrenvoll unterlegen. So sahen es jedenfalls seine Anhänger. Möglicherweise galt bei ihnen Wuermeling als derjenige Kandidat, den Kohl am leichtesten verdrängen konnte, denn er schien als Bonner Minister der Landespolitik schon etwas entrückt zu sein. Tatsächlich hatte Kohl keine Chance, denn die große Mehrheit der Delegierten wählte die fünf im Paket vorgeschlagenen Kandidaten. Er erzielte einen Achtungserfolg, der immerhin zeigte, dass ihm viel Sympathie entgegengebracht wurde. Viele Delegierte mochten ihn und hatten für ihn gestimmt, obwohl seine Kandidatenrede einigermaßen befremdlich geklungen hatte. Darin prangerte er die »Verbürgerlichung« der Partei und eine zunehmende »Laxheit« an, kritisierte die mangelnde Gelegenheit zur Diskussion auf dem Parteitag, vermisste eine Flügelbildung innerhalb der Partei und die daraus entstehenden »echten Spannungen« und klagte auch noch darüber, dass »Deutschland ohne die sozialdemokratische Partei ... diese neue Wehrmacht« aufbauen müsse. Mit solchen Bekenntnissen konnte er die Delegierten wohl kaum begeistern. Denn wer wünschte sich außer Kohl »echte Spannungen« im Parteileben?[44]

Es war wohl mehr die Art, wie er seine Kritik vortrug, der jugendliche Schwung, der Wirkung erzielte. Der Parteitagspräsident Eduard Orth hatte ihm bestätigt, sein Beitrag sei »maßvoll« gewesen. Wahrscheinlich hatte Orth schon viel schärfere Attacken von Kohl erlebt, dass er so nachsichtig urteilen konnte. Entscheidend war wohl Kohls Bekenntnis am Schluss, das ihm viele Sympathien sicherte, bezeichnete er sich doch als »jungen Menschen, der seit Jahr und Tag in dieser Christlichen Union versucht, seine Pflicht zu tun, der glaubt, in dieser neuen deut-

schen Demokratie seine politische Welt gefunden zu haben und
in dieser christlich demokratischen Union seine Heimat. Ich
meine, wir sollten gemeinsam dieses Haus der deutschen Zukunft bauen«.

Aber er konnte auch anders. Jahre später erinnerte er sich:
»Ich habe hier heute noch von dem einen oder anderen darunter
zu leiden, dass ich als junger Mensch, junger Kerl damals von
den großen Alten einen Stein in die Hand gedrückt bekam und
hab den zielsicher jemandem an den Kopf geworfen. Ich war der
Täter, aber ich war nicht der intellektuelle Urheber.«[45]

Dass Ministerpräsident Altmeier damals in Kohl schon den
kommenden Gegner sah, ist nicht wahrscheinlich. Die Erkenntnis, dass ihm mit Kohl ein gefährlicher Rivale heranwuchs, wird
sich erst später entwickelt haben, als dieser mit der Übernahme
des Fraktionsvorsitzes im Landtag eine Art Gegenregierung
zu Altmeiers Kabinett bildete. An der Universität Heidelberg
begannen aber schon Gerüchte die Runde zu machen, die von
Kohl als dem kommenden Ministerpräsidenten sprachen. Das
alles ist mit Vorsicht zu bewerten. Es ist aber durchaus wahrscheinlich, dass Helmut Kohl bei seiner außergewöhnlich stark
ausgebildeten Fähigkeit, für die Zukunft zu planen und sich
selbst Vorgaben zu machen, seit 1955 die Möglichkeit im Auge
hatte, Altmeier einmal abzulösen, auch wenn er dafür einen längeren Zeitraum einplante.

In das Jahr 1955 fällt auch ein Ereignis, das die Politik in
Rheinland-Pfalz beeinflusste und den Rahmen der üblichen
Landespolitik sprengte. Das war die Volksabstimmung an der
Saar. Im Oktober 1954 hatte der Bundeskanzler mit dem französischen Ministerpräsidenten Pierre Mendès France in Paris
eine Regelung für die Saar ausgehandelt. Sie wollten damit einen
Streitpunkt beseitigen, der die deutsch-französischen Beziehungen belastet hatte. Die Bevölkerung der Saar sollte sich fortan
voller demokratischer Freiheiten erfreuen, die sie bis dahin ent-

behren musste, aber weiterhin von Deutschland getrennt bleiben. Die Franzosen wollten jedoch sichergehen, dass die Saarländer dieses neue Statut auch tatsächlich akzeptierten, und
hatten deshalb eine Volksabstimmung durchgesetzt, die vor
dem Inkrafttreten des Saar-Statuts stattfinden sollte. Als die
Regelung bekannt wurde, zweifelten weder Befürworter noch
Gegner des Abkommens daran, dass das Statut bei der Volksabstimmung eine klare Mehrheit finden würde. Die Volksabstimmung war auf den 23. Oktober 1955 festgesetzt.

Als aber drei Monate vor diesem Termin die Zensur aufgehoben und die deutschen Parteien zugelassen wurden, änderte sich
das Bild schlagartig. Nun wurde der Ruf nach Ablehnung des
Statuts und der Rückkehr nach Deutschland immer lauter. Die
Saar-CDU fand nachhaltige Unterstützung in Rheinland-Pfalz.
Ministerpräsident Altmeier, ein gebürtiger Saarbrücker, der über
die Stimmung an der Saar genau informiert war, widersprach
Konrad Adenauer entschieden, als dieser seinen Unwillen über
die Saarländer äußerte, die seiner Westpolitik Schwierigkeiten
bereiteten.[46] Die berüchtigte Bochumer Rede des Bundeskanzlers am 2. September 1955, in der er für die Annahme des Statuts
warb und damit großen Protest hervorrief, war aber bereits von
dem Bestreben diktiert, das Klima für neue Verhandlungen
mit dem französischen Partner vorzubereiten und nicht durch
nationale Rhetorik zu belasten. Denn zu diesem Zeitpunkt war
die Ablehnung des Statuts schon als sicher anzunehmen.

Helmut Kohl stimmte mit der Saarpolitik Adenauers nicht
überein. Er hatte schon vor der Eröffnung des Wahlkampfes im
Juli 1955 die damals noch illegale Saar-CDU unterstützt, indem
er Broschüren des Ministeriums für Gesamtdeutsche Fragen in
das Saargebiet brachte. Dessen Minister Jakob Kaiser war ständig bemüht gewesen, auch mit diesem Teil Deutschlands und
nicht nur mit der sowjetischen Besatzungszone die politischen
Kontakte aufrechtzuerhalten, obwohl er damit den Ärger

des Kanzlers hervorrief. Wer beim Transport von Informations-
material in das Saargebiet gefasst wurde, lief zwar kein so hohes
Risiko wie im Falle der DDR, wo Zuchthausstrafen drohten,
aber mit der französischen Polizei war auch nicht zu spaßen.

Kohl schmuggelte das Material im Auto in das Saargebiet.
Um das Risiko einzudämmen, machte er einen Umweg, indem
er erst nach Lothringen fuhr und von dort aus die Grenze zum
Saargebiet an kleinen Übergängen passierte. Am Steuer saß
seine Freundin Hannelore, die dem gelangweilten Posten nicht
nur einen erfreulichen Anblick bot, sondern sogar mit ihm
auf Französisch parlieren konnte, was den Argwohn ungemein
minderte. Später half Kohl der Jungen Union und war beim
Aufbau der saarländischen Parteiorganisation und bei der Durchführung von Schulungskursen tätig.

Der Einsatz für die Rückkehr der Saar war für Kohl selbstverständlich. Das geschah nicht aus einem antifranzösischen
Affekt heraus, sondern war für die ihn geradezu selbstverständliche Reaktion auf eine politische Konstellation, die er für nicht
gerechtfertigt hielt. Frankreich war für ihn immer der Nachbar,
mit dem es auszukommen galt. Schon 1950 gehörte er zu einer
Delegation junger Pfälzer, die nach Paris fuhr und sogar am
Quai d'Orsay von Robert Schuman, dem damaligen französischen Außenminister, empfangen wurde. Der Kontakt mit
Frankreich, die Bereitschaft zum Leben über die Grenze, war
bei ihm stets vorhanden und damit das Gefühl, mit den Bewohnern jenseits der Grenze ein gemeinsames Schicksal zu tragen
und sich auch gemeinsam als Opfer der politischen Gegensätze
beider Staaten zu verstehen. Konrad Adenauer hat zwar unendlich viel für die deutsch-französische Verständigung getan, aber
er war kein Frankophiler. Bei ihm stand das rationale Kalkül im
Vordergrund, dass in erster Linie dem französischen Sicherheitsbedürfnis Rechnung zu tragen sei. Bei Kohl hingegen entstand
im Laufe der Zeit ein Gefühl der Vertrautheit. Das hatte wenig

zu tun mit dem oberflächlichen Bekenntnis zu Frankreich und seiner Lebensweise, das mit schwarzen Zigaretten, Käse und Rotwein zum Ausdruck gebracht wurde. Vor allem der Europagedanke spielte bei ihm eine zentrale Rolle. Denn mit dem vereinten Europa hatten die Menschen ein neues Ziel vor Augen, auf das es zuzugehen galt. Die gemeinsame Zukunft in Europa war wichtiger als das gegenseitige Aufrechnen der Vergangenheit.

Geschichte statt Politik

Im Mai 1955 fanden in Rheinland-Pfalz Landtagswahlen statt, die der CDU zum ersten Mal die absolute Mehrheit im Landtag einbrachten. Kohl war wie gewohnt im Wahlkampf aktiv und hätte wohl auch ein Mandat bekommen können. Aber er winkte ab. Er wollte mit seinem Studium vorankommen. Denn wäre er schon 1955 in den Mainzer Landtag eingezogen, hätte dies wohl den Verzicht auf einen erfolgreichen Studienabschluss bedeutet. Das wollte er nicht, konnte es aber auch seinem Vater nicht antun. Denn der alte Herr war schon wenig erbaut darüber gewesen, dass sein Sohn das Jurastudium aufgegeben und in Heidelberg auf Geschichte als Hauptfach umgesattelt hatte. Vater Kohl hätte es wie viele mittlere Beamte lieber gesehen, wenn sein Sohn als Jurist die höhere Beamtenlaufbahn eingeschlagen und so eine solide Ausbildung gehabt hätte. In die Politik konnte er dann immer noch gehen. Er selbst war schon pensioniert, aber weiterhin als Steuerberater kleinerer Betriebe tätig.

Kohls Entscheidung für das Studium der Geschichte überrascht ein wenig. Wäre es für einen angehenden Politiker nicht viel naheliegender gewesen, politische Wissenschaft zu studieren, zumal das Fach in Heidelberg mit Dolf Sternberger einen glänzenden Vertreter aufzubieten hatte? Und wäre sein Dissertationsthema über die Gründung der politischen Parteien in der

Pfalz nach 1945 nicht erst recht ein Thema für die Politologen gewesen angesichts der Tatsache, dass die Historiker noch für lange Zeit das Jahr 1945 als Grenzstein betrachteten, jenseits dessen die Politikwissenschaft die Zuständigkeit übernahm? Für manche Historiker waren in den Fünfzigerjahren selbst Weimarer Republik und Drittes Reich noch nicht historisch genügend abgeklärt. So entschied Franz Schnabel, der Münchner Ordinarius für Neuere Geschichte und profunde Kenner der Geschichte des 19. Jahrhunderts, dass Zeitgeschichte bei ihm nicht gelehrt wurde, und lehnte deshalb das Angebot von Mitarbeitern des Instituts für Zeitgeschichte dankend ab, Lehrveranstaltungen zur NS-Geschichte anzubieten.

Tatsächlich ist Kohls Entscheidung, Geschichte und nicht Politologie als Hauptfach zu studieren, weniger erstaunlich, als es auf den ersten Blick erscheinen mag. Da ist zunächst seine Einstellung zu Sternberger. Er mochte ihn nicht, diesen von der Publizistik herkommenden Professor mit Sendungsbewusstsein, der in der luftigen Höhe der Theorie lehrte, den Deutschen den Begriff »Verfassungspatriotismus«[47] schenkte, aber die politische Realität gering schätzte. Die Abneigung war gegenseitig. »Durchaus mit Stolz« habe Dolf Sternberger Helmut Kohl eröffnet, er habe noch nie an einem Parteitag teilgenommen. Die beiden passten nicht zusammen. Mit Sternbergers Assistenten verbanden Kohl gemischte Erfahrungen. Er spottete über den »roten Assistentenhaufen«[48], aber er konnte unterscheiden. Da war ein Assistent namens Bernhard Vogel, der auch durchaus links eingestellt war, aber dennoch zur CDU gehörte und den er weiterhin im Auge behielt.

Kohl erschien in der Universität eher wie ein Außenseiter. Er trat auf als ein »bekennender Schwarzer«, als die Universität und vornehmlich die Philosophische Fakultät – die Studenten wie die bekannten und einflussreichen Professoren – »links« standen. Das war nicht im Sinne eines parteipolitischen Engagements zu verstehen, sondern als Ausdruck eines Lebensgefühls und einer politischen Gesinnung, die ungefähr der Linie des »Spiegel« entsprach. Der SPD stand man als einer sterilen Funktionärspartei kritisch gegenüber, aber eine Nähe oder gar Mitgliedschaft bei der CDU war im Grunde gar nicht vorstellbar. Das Meinungsklima war eindeutig nach links hin ausgerichtet: Kohl musste mit Befremden zur Kenntnis nehmen, dass es unter seinen Kommilitonen auch CDU-Mitglieder gab, die ihre Mitgliedschaft verleugneten.

Bei den Politologen konnte man diskutieren; daran bestand kein Mangel. Man konnte sich auch im Seminar von Sternberger in Szene setzen – der Meister am Kopfende eines langen Tisches, während Kohl an seinem unteren Ende demonstrativ die Gegenposition einnahm und seine Pfeife rauchte. Er wurde auch an einer Studie über die Kandidatenaufstellung bei der Bundestagswahl im Jahre 1957 beteiligt. Die von der Deutschen Forschungsgemeinschaft finanzierte Untersuchung brachte Kohl vorübergehend ein kleines Stipendium ein. Es war wie nicht selten bei der DFG eine Forschungsförderung ohne Wert, denn publiziert wurde die Studie erst 1961. Da war die Kandidatenaufstellung für die nächste Bundestagswahl längst über die Bühne gegangen, und Kohl selbst hatte die Universität schon lange verlassen.

Sein Dissertationsthema hatte Helmut Kohl selbst gewählt. Er ging von dem aus, was er kannte, und das war die Parteienlandschaft der Pfalz. Als er anfing, sich näher mit dem Thema zu beschäftigen, lagen die Anfänge der Parteien erst zehn Jahre zurück. Manche der Gründer kannte er persönlich, so den Dekan Johannes Finck, und er hatte bald herausgefunden, bei welchen Zeitzeugen aus der Anfangszeit noch Material vorhanden war. Viele lebten noch, die er befragen konnte. Es war klug, das gesamte Parteienspektrum bis hin zur KPD einzubeziehen und nicht nur die komplizierte Vorgeschichte der CDU ausführlich zu behandeln. Der umfassende Ansatz erleichterte die Quellensuche, da auch die anderen Parteien daran interessiert waren, eine angemessene Berücksichtigung zu finden.

Es war ein im Kern historisches Thema, aber aus der allerjüngsten Vergangenheit, mit der sich Historiker noch nicht beschäftigten, schon weil es dafür kaum bereits zugängliche Quellen gab. Kohl hatte ein zwar ausgefallenes, aber durchaus adäquates Thema für eine Doktorarbeit gewählt. Er nahm sich einen Stoff vor, der bis dahin wissenschaftlich noch nicht bearbeitet worden war. Nun benötigte er aber auch einen Doktorvater, der die Arbeit betreute. Er fand ihn in Walter Peter Fuchs, einem Historiker, der sich hauptsächlich mit dem 19. Jahrhundert beschäftigt hatte und als Ranke-Forscher Ansehen genoss. Er war damals außerplanmäßiger Professor, der 1957 auf einen Lehrstuhl an die TH Karlsruhe berufen wurde und von dort 1962 nach Erlangen ging. Zu Fuchs unterhielt Kohl lebenslang gute persönliche Beziehungen.

In den Fünfziger- und Sechzigerjahren gab es zwischen Ordinarien und Nichtordinarien deutliche Kompetenzunterschiede. Ein Nichtordinarius wie Fuchs, der den Doktoranden betreut hatte, schrieb zwar das Fachgutachten, aber es war ein ordentlicher Professor vonnöten, um für die Fakultät das Hauptgutachten zu erstatten, auch wenn er von dem Thema nicht viel Ahnung hatte. So streng waren die Bräuche. Für Letzteres gewann Kohl den Mediävisten Fritz Ernst. Zu ihm hatte er einen persönlichen Kontakt gefunden, als er ihm einmal über seine politische Arbeit berichtet und zugleich seine Schwächen in Latein gestanden hatte, sodass Ernst ihn im Seminar mit Latein verschonte. Zwei Professoren also ohne jeden Bezug zu den Sozialwissenschaften, ein Historiker des 19. Jahrhunderts und ein Mittelalterfachmann hatten Kohl akzeptiert, der sich selbst rückblickend als »seltsamen Verschnitt zwischen einem Studenten und einem Politiker«[49] bezeichnete. Die beiden Professoren hatten in den Jahren nach dem Krieg viele Kandidaten mit verschiedenen Schicksalen betreut und dabei gelernt, auf die Substanz zu achten.

Das Ordinariengutachten schrieb schließlich nicht Ernst, sondern der inzwischen für Neuere Geschichte nach Heidelberg berufene Werner Conze, der als Pionier der modernen Sozialgeschichte die Geschichtswissenschaft ungemein angeregt hat. Die Arbeit wurde mit »gut«, mit »cum laude« bewertet. Am 28. Juli 1958 war der Tag der mündlichen Prüfung. Da noch kein Druckzwang herrschte, brauchte Kohl nur die vorgeschriebene Zahl maschinenschriftlicher Pflichtexemplare bei der Fakultät abzuliefern. Den Text hatte seine Freundin Hannelore geschrieben.

Der politische Aufstieg und die gleichzeitig abgelegte Promotion stellen eine respektable Arbeits- und Energieleistung dar. Der erfolgreiche Abschluss seines Studiums neben der politischen Arbeit zeigt zugleich eine Fähigkeit Helmut Kohls, die für seine gesamte Laufbahn charakteristisch werden sollte. Er besaß die Fähigkeit abzuschalten und konnte so das Nebeneinander von Studium und Promotion auf der einen Seite und dem Dauerstress des politischen Lebens auf der anderen Seite relativ problemlos durchhalten. An einem Tag war er von der Politik voll in Anspruch genommen, aber am nächsten Tag konnte er wissenschaftlich arbeiten, ohne dass seine Konzentration darunter litt und ihm noch ständig Gedanken und Probleme politischer Natur durch den Kopf gingen. Zum Zeitpunkt der Promotion war Kohl politisch als Mitglied des Pfälzer Bezirksvorstandes und des CDU-Landesvorstandes sowie als rührigster Parteiaktivist in Ludwigshafen fest etabliert. In Parteikreisen galt er als kommender Mann mit vielfältigen Verbindungen in der Partei.

Mit dem Abschluss des Studiums rückten für Helmut Kohl zwei Ziele in den Vordergrund: der Gewinn eines Mandats bei den Landtagswahlen, die im April 1955 stattfanden, und ein

Broterwerb. Von der Politik allein konnte man damals noch nicht leben. Denn ein Landtagsmandat in Rheinland-Pfalz galt nicht als Ganztagsbeschäftigung und wurde bescheiden honoriert. Der Erwerb des Doktortitels war in seiner Situation deshalb sehr wichtig. Vergleichsweise wenige Studenten erreichten in der Nachkriegszeit die Promotion. Die meisten wollten damals möglichst schnell das Studium hinter sich bringen und in das Berufsleben eintreten. Das kam Kohl zugute; zugleich war es für ihn der Nachweis bürgerlicher Respektabilität, gleichsam der Ausgleich für sein oft provozierend formloses Auftreten in der Politik. Zudem stellte die Promotion eine wissenschaftliche Qualifikation dar, die ihn in die Nähe der Universität rückte, die damals auf dem Höhepunkt ihres öffentlichen Ansehens stand.

Abgeordneter im Mainzer Landtag

Mit seinem akademischen Titel und seinem Bekanntheitsgrad in Ludwigshafen bereitete es Kohl keine Schwierigkeit, eine berufliche Stellung zu finden. Für ihn selbst gab es nur eine Bedingung: Er wollte nicht abhängig werden. Das war eines seiner »Lebensprinzipien«. Deshalb lehnte er bewusst eine Stellung bei der BASF ab und begann 1958 als Direktionsassistent bei einem mittelständischen Unternehmen, der Eisengießerei Willi Mock. Zum 1. April 1959 wechselte er als Referent zum rheinland-pfälzischen Landesverband der Chemieindustrie. Dessen Vorsitzender, Udo Giulini, war der Chef eines renommierten Familienunternehmens der pfälzischen Chemiebranche; später wurde er CDU-Bundestagsabgeordneter. Es war ein Geschäft auf Gegenseitigkeit. Kohl erhielt ein auskömmliches Gehalt und setzte sich für Belange des Verbandes ein, behielt aber so viel zeitlichen Spielraum, dass er nicht nur in der Politik aktiv bleiben, sondern seine Aktivitäten sogar erheblich ausweiten konnte.[50]

Referent im Chemieverband zu sein, bedeutete aber für Helmut Kohl keineswegs, dass er eine Art Erfüllungsgehilfe für den Chemiegiganten in Ludwigshafen abgegeben hätte. Ein Beispiel mag das belegen. Als es darum ging, dass die Stadt eine chemisch-technische Lehranstalt gründen wollte, lehnte Kohl dies mit der Begründung ab, als kommunale Einrichtung würde die Lehranstalt »eine Schule der BASF« werden: »Dann würde der Ausbildungsleiter der BASF der unausgesprochene Oberdirektor eines solchen Chemotechnikums werden, und das sei für die anderen Betriebe, insbesondere für die kleineren und mittleren, sehr schlecht.«[51] Kohl sprach sich daher für eine staatliche Schule aus, die der Einflussnahme der BASF weniger ausgesetzt war.

Die Bedenken, die ihn vier Jahre zuvor von der Kandidatur zurückgehalten hatten, bestanden nun nicht mehr. Ernsthafte Schwierigkeiten, als Kandidat aufgestellt zu werden, sind nicht bekannt. Es gab nur das übliche »Kandidatengerangel«[52], das nicht zuletzt aus dem geltenden Wahlrecht entstand. In Rheinland-Pfalz wurde damals nach dem Verhältniswahlrecht gewählt. Ludwigshafen gehörte zu einem Wahlkreis, der die gesamte Vorderpfalz umfasste. Dafür gab es eine eigene Wahlkreisorganisation, deren Vorsitzender Helmut Kohl war. Dennoch ergab sich aus dieser Konstellation nicht gleichsam von selbst, dass Kohl die CDU-Kandidatenliste anführte. Er stand an zweiter Stelle, und das »Gerangel« ging um einen der weiteren sicheren Listenplätze.

Im Wahlkampf ragte vor allem ein Ereignis hervor: der Auftritt des Bundeskanzlers am 3. April 1959 in Ludwigshafen. Hier stellt sich die Frage, wer es geschafft hat, Adenauer nach Ludwigshafen zu bringen, zu seiner einzigen Veranstaltung in diesem Wahlkampf. Man könnte denken, dass Kohl die treibende Kraft dabei gewesen sei. Bei den vielfältigen Kontakten zu einer Reihe von Unionspolitikern könnte er auch schon einen Draht nach Rhöndorf gehabt haben. Aber im dortigen Archiv wie im Bundeskanzleramt gibt es dafür keine Belege.

Wahrscheinlicher ist, dass Ministerpräsident Peter Altmeier selbst den Anstoß dazu gegeben hat. Er hatte im Bundesvorstand über die mangelnde Beteiligung von Bundestagsabgeordneten im Wahlkampf Klage geführt. Daraufhin hatte der Fraktionsvorsitzende Heinrich Krone seine Kollegen zur Teilnahme aufgefordert. Wahrscheinlich wollte der Bundeskanzler mit gutem Beispiel vorangehen und gab seine Zusage, am 3. April in Ludwigshafen zu sprechen, bevor er wenige Tage später zu seinem Urlaub nach Cadenabbia aufbrach.

Adenauers Erscheinen in Ludwigshafen veranlasste Kohl, eine Großveranstaltung aufzuziehen, die größte, die die Stadt in der Nachkriegszeit erlebt hatte. Dafür wurde eigens ein Zelt gemietet, das normalerweise auf dem Dürkheimer Wurstmarkt Verwendung fand und Platz für mehr als achttausend Menschen bot. Um die Unkosten zu decken, musste Kohl den Leuten sogar Eintritt abnehmen – ganz ungewöhnlich für eine Veranstaltung der Union im Wahlkampf.[53] Aber das Risiko hatte sich gelohnt: Es kamen mehr Menschen, als das Zelt fassen konnte.

Des Kanzlers Auftritt in Ludwigshafen war etwas Besonderes. Er stand damals auf dem Höhepunkt seines Ansehens kurz vor der von ihm selbst verursachten Beschädigung durch seine Kandidatur für das Amt des Bundespräsidenten. Die Menschen kamen, um von dem Staatsmann in einer Zeit internationaler Spannungen stärkende Worte zu hören. Denn im April war das Chruschtschow-Ultimatum noch nicht abgelaufen. Der Sowjetführer hatte im November 1958 angekündigt, West-Berlin in eine »freie«, entmilitarisierte Stadt umzuwandeln. Niemand konnte sagen, welchen Ausgang die Krise um Berlin nehmen würde.

Die Botschaft Adenauers war unmissverständlich: Der Sowjetführer erstrebe die Weltherrschaft, der Westen müsse jetzt zusammenhalten und »volle Übereinstimmung« in den eigenen Reihen herstellen. Die Notwendigkeit zum Zusammenstehen beherzige aber die deutsche Sozialdemokratie nicht; deren führende Vertreter reisten nach Moskau und hätten einen Deutschlandplan mit ganz abenteuerlichen Vorstellungen vorgelegt. Angesichts dieser Situation ergab sich für den begnadeten Wahlkämpfer Adenauer nur eine Konsequenz. Die Menschen in Rheinland-Pfalz müssten bei den Landtagswahlen ein Bekenntnis ablegen, »ob sie zum freien Westen gehören oder ob sie den Weg nach Pankow gehen wollen, den die Sozialdemokratie uns weisen will«.[54] Die Zuhörer dankten dem Kanzler mit donnerndem Applaus.

Dem Kandidaten Kohl blieb als Wahlkreisvorsitzendem das Schlusswort vorbehalten. Er nutzte es auf ganz eigene Art. Nach allgemeinen Dankesworten erinnerte er an den verstorbenen Kultusminister Albert Finck – denselben Finck, der mit Adenauer zehn Jahre zuvor in Landau beim ersten Bundestagswahlkampf zusammengetroffen war. Kohl tat das Gleiche wie Finck damals in Landau: Er schloss die Versammlung mit dem Deutschlandlied. Der Auftritt Adenauers machte in der Pfalz gewiss Furore und brachte den Wahlkreiskandidaten Kohl verstärkt ins Gespräch. Aber die politischen Gewichte konnten dadurch in Ludwigshafen kaum geändert werden: Die CDU gewann zwar fast 4 Prozent, aber die SPD konnte zugleich ihre Mehrheit auf 52 Prozent ausbauen.

Die Kandidatur zum Landtag hatte keine Probleme gemacht; es schien, als ob das Landtagsmandat für Kohl eine Selbstverständlichkeit gewesen wäre. In der Stadt Ludwigshafen lagen die Dinge freilich anders. Hier hatte er in seiner Partei mit erheblichen Schwierigkeiten zu kämpfen, und es zeigte sich, dass sein Aufstieg keineswegs so glatt verlief, wie es der Eindruck vermittelt, er sei jeweils der Jüngste gewesen. Ausgerechnet in seiner Heimatstadt musste er kämpfen.

Eigentlich hatte für ihn keine Notwendigkeit bestanden, den CDU-Vorsitz in Ludwigshafen anzustreben. Denn für ein Landtagsmandat war es nicht notwendig, in Ludwigshafen selbst die Spitzenposition einzunehmen. Das war bei den Landtags- und Bundestagsabgeordneten vor ihm und nach ihm auch nur selten der Fall gewesen. Mit einem loyalen Mann als Kreisvorsitzenden hätte er als Landtagsabgeordneter in Mainz wirken können, ohne sich um die Basis daheim Sorgen machen zu müssen.

Es ist daher abwegig zu vermuten, dass Helmut Kohl Kreisvorsitzender werden, also die Parteiorganisation Ludwigshafen hinter sich haben musste, gleichsam als Voraussetzung für die Mandate im Landtag und im Stadtrat.[55] Derartige Überlegungen waren ihm fremd. Das politische Engagement in seiner Heimatstadt ergab sich aus einem ganz elementaren Bedürfnis und nicht aus taktischem Kalkül. Es war seine Stadt, in der er schon seit mehr als zehn Jahren politisch aktiv gewesen war. Auch wenn die SPD in Ludwigshafen die absolute Mehrheit besaß und den Oberbürgermeister stellte sowie die wichtigsten Posten in der Stadtverwaltung besetzte, hieß das für Kohl nicht, die Stadt politisch links liegen zu lassen. Vielmehr war es für ihn ein Anlass, sich zu engagieren, Flagge zu zeigen und die Konfrontation mit der SPD zu suchen. Sein Leben lang hat er den Grundsatz vertreten, dass Parteien auf Dauer nur erfolgreich sein können, wenn sie auch in den Rathäusern präsent sind. Die CDU in seiner Stadt nach vorn zu bringen, war daher für ihn eine Selbstverständlichkeit, für die er gern zusätzliche Belastungen in Kauf nahm. Man kann es auch so sagen: Er wollte in seiner Stadt mitmischen, zugleich aber die Partei als politische Kraft aufbauen, ohne den Ehrgeiz zu haben, in der Stadt den Vorsitz zu übernehmen.

Das Problem bestand nur darin, dass die örtlichen Honoratioren ihn im Grunde gar nicht in der Kommunalpolitik haben wollten. Im Kreisvorstand wie in der Stadtratsfraktion der CDU waren die Leute mit dem zufrieden, was ihnen die SPD zukommen ließ; sie dachten nicht an eine energische Oppositionspolitik, wie Kohl sie forderte.

Im Januar 1958 kam es zu einem heftigen Zusammenstoß, der deutlich machte, wie weit die Positionen auseinanderlagen. Ludwig Reichling, der langjährige Bürgermeister, also der Stellvertreter des Oberbürgermeisters von Ludwigshafen, wollte zurücktreten. Damit stand der höchste Posten, den die CDU in der Stadt besetzen konnte, zur Neubesetzung an. In einer solchen Situation werden nicht nur personalpolitische Begehrlichkeiten geweckt, sondern die bisherige Politik wird auf den Prüfstand gestellt und Überlegungen angestellt, welcher politische Kurs in Zukunft eingeschlagen werden soll. Bürgermeister Reichling hatte eine Politik der Zusammenarbeit mit der SPD betrieben. In der Fraktion hatte dieser Kurs Unterstützung gefunden. Mit der Wahl seines Nachfolgers stellte sich nicht nur die Frage nach dem geeigneten Kandidaten, sondern auch nach dem zukünftigen Kurs in der Kommunalpolitik. Mit Reichlings Kooperationsbereitschaft, die auf Kritik gestoßen war, sollte nun Schluss sein. Diese Meinung vertrat jedenfalls eine Gruppe von neun Mitgliedern, die die Einberufung einer Versammlung des Kreisvorstandes und der CDU-Stadtratsfraktion gefordert hatten. Es erübrigt sich fast der Hinweis, dass hinter dieser Gruppe Kohl stand, denn die bisher akzeptierte Rolle in der Partei, mehr oder weniger Juniorpartner der SPD zu sein, passte ihm überhaupt nicht.

Die Sitzung für die Neuwahl des Bürgermeisters fand am 15. Januar 1958 statt.[56] In den Diskussionen zeigten sich die tiefen Risse und Gegensätze in diesem Führungsgremium der Ludwigshafener CDU. Der scheidende Bürgermeister konstatierte Mängel und forderte: »So kann es nicht weitergehen!« Ein anderer sprach von einem »Unglück, weil der menschliche Kontakt nicht gepflegt« würde. Vor allem die Fraktion wurde von verschiedenen Seiten kritisiert; dort fehle jegliche Klarheit, es herrsche »kein Frieden mehr«. Man begegnete der Fraktion mit Misstrauen, weil sie, um ihre kleinen Forderungen durchzusetzen, die Kooperation mit der SPD höher einschätzte als die Konfrontation, die nach außen wirkte, der Fraktion in der alltäglichen Arbeit aber wenig einbrachte.

Kohl stand im Zentrum der Kontroversen der fast bis Mitternacht dauernden Diskussion. Auch an ihm wurde in verschiedener Hinsicht Kritik geübt. Er wehrte sich energisch, predigte Härte gegenüber der SPD – man dürfe sich »in keiner Weise die Handlungsweise von der SPD aufzwingen lassen« –, zeigte aber auch Wirkung gegenüber den Angriffen. Er erklärte trotzig, er »klebe nicht an einem Posten in der Partei«, er habe so etwas gar nicht nötig, denn er habe sogar »Stipendien von Dr. Finck seinerzeit abgelehnt«. Damit meinte er den Kultusminister Albert Finck, den Bruder von Johannes Finck.

Was die Auseinandersetzungen auf dieser denkwürdigen Versammlung zusätzlich verschärfte, war die Behauptung Kohls, dass es nicht nur um die Suche nach einem Nachfolgekandidaten für Reichling gehe, sondern um weit mehr. »Der Landtagswahlkampf hat schon begonnen«, donnerte er und erhob den schwerwiegenden Vorwurf, dass tatsächlich um Landtagsmandate geschachert werde: »Es werden jetzt schon Landtagslisten von Stadträten für die kommende Wahl gemacht.« Der Aufdeckung dieser Machenschaften ließ Kohl die Drohung folgen: »Es hätten manche Stadträte allen Grund ruhig zu sein, anstatt gegen mich Stellung zu nehmen.«

Auch in dieser scharfen Debatte tauchte der Gegensatz zwischen den Jungen um Kohl und der Gründergeneration wieder auf, eine Auseinandersetzung, die seinen Aufstieg bis hin zur Ablösung Peter Altmeiers im Jahre 1969 begleiten sollte. Kohl erinnerte daran, dass sich die Jungen bei den letzten Landtagswahlen 1955 uneigennützig für die damaligen Wahlkreiskandidaten eingesetzt hätten. Das sei wohl vergessen, und nun hieße es, »dass die JU zu radikal sei«. Das war noch nicht alles, denn plötzlich stehe die Behauptung im Raum: »Ein neuer Parteivorsitzender muss her, der Schwarze Peter soll aber der JU zugeschoben werden.«

Die Schuldzuweisungen zeigen überdeutlich, dass zwischen der etablierten »alten« Führungsschicht in der Stadtratsfraktion und Kohl und seinen Anhängern massive Gegensätze bestanden. Sie waren durch eine klärende Aussprache offensichtlich nicht aus der Welt zu schaffen. Kohl stellte daher den Antrag auf Einberufung einer Kreisversammlung zur Neuwahl des Vorstandes, dem mit großer Mehrheit zugestimmt wurde. Neuer Vorsitzender wurde Eckard Augustin, ein »Junger«, der zu Kohls politischen Freunden gehörte. Er war in der pfälzischen CDU als Bezirksvorsitzender der Jungen Union in der Pfalz kein Unbekannter. Es ist sehr wahrscheinlich, dass Augustin sein Amt als Kreisvorsitzender mit Zustimmung Kohls antrat.[57]

Mit dem neuen Vorsitzenden war der interne Streit keineswegs beigelegt, denn über die Nachfolge Ludwig Reichlings als erstem Beigeordneten gab es lange quälende Debatten, die bis zum September 1958 dauerten. Dann hatte man endlich einen geeigneten Kandidaten, einen Rechtsrat aus Freiburg, gefunden.

In all diesen Sitzungen zeigte Eckard Augustin keine Führungskraft. Während Kohl in der Beigeordnetenfrage drängte, zeigte sich der CDU-Vorsitzende wenig entschlossen und eher ausweichend. Erstaunlich viel Engagement ließ er hingegen erkennen, als es um die »Atomdebatte« ging. Im Jahre 1958 brach bekanntlich die erste bundesdeutsche Massenhysterie aus, als die SPD die Aktion »Kampf dem Atomtod« startete, die bei den Sozialdemokraten in Ludwigshafen und insbesondere beim Betriebsrat der BASF ein starkes Echo fand. Mit seinem Vorschlag, vonseiten der CDU Material für eine Atomdebatte zu sammeln, bewies Augustin in dieser Situation wenig Sinn für Realität. Helmut Kohl dagegen hatte angesichts der hektischen Betriebsamkeit der SPD verächtlich gefragt, ob der besonders eifrige SPD-Oberbürgermeister Friedrich Wilhelm Wagner »vielleicht die Todesstrafe einer Volksbefragung unterwerfen wolle«.[58]

Im Herbst 1958 hatte sich Kohl entschlossen, bei den im Januar stattfindenden Parteiwahlen selbst für den Vorsitz des CDU-Kreises Ludwigshafen-Stadt zu kandidieren. Wahrscheinlich sah er darin die einzige Möglichkeit, dass wieder Ruhe und Geschlossenheit in der Partei einkehrten. Die Wahlen fanden auf der Kreisgeneralversammlung am 19. Januar 1959 statt. Kohl, der gegen Augustin kandidierte, setzte sich mit 61 Stimmen gegen den Kontrahenten durch, der immerhin 44 Stimmen erhielt – das Wahlergebnis zeigt das Ausmaß der Gegensätze in der Partei. Zu stellvertretenden Vorsitzenden wurden auf Antrag Kohls der Bundestagsabgeordnete Gerhard Fritz und der Landtagsabgeordnete Ludwig Schuster gewählt – gestandene Politiker, auf die Kohl sich verlassen konnte.[59]

Bei dem Kohl-Biografen Klaus Dreher wird aus der Abwahl Eckard Augustins ein sentimentales Rührstück.[60] Dieser habe gar nicht begriffen, »wer in der Ludwigshafener CDU die Macht hatte« – als ob das Wahlergebnis nicht gezeigt hätte, wie umkämpft der Posten des Vorsitzenden in Wirklichkeit war. Der Autor beklagt, dass aus den Friesenheimer Nachbarskindern Kohl und Augustin Gegner geworden seien. Augustin erscheint als reiner Tor, der in Kohls Politik nur »Postenschieberei« sehen konnte – tatsächlich ging es bei dieser Auseinandersetzung nicht um Machtfragen, sondern um die Funktionsfähigkeit der Ludwigshafener Partei. Diese war zerstritten und durch Personalquerelen gelähmt. Dergleichen kommt im Parteileben immer wieder vor; entscheidend ist nur, wie man eine solche Krise überwindet. Unter dem Vorsitz von Helmut Kohl fand das interne Gerangel ein Ende. Die neue Geschlossenheit der Partei zeigte sich bei den nächsten Parteiwahlen, als der Kreisvorsitzende einstimmig im Amt bestätigt wurde.

Bei den Kommunalwahlen 1960 wurde Kohl auch in den Stadtrat gewählt, was zugleich bedeutete, dass er Vorsitzender der CDU-Fraktion wurde. Von nun an herrschte in der Kommunalpolitik ein anderer Wind. Die Opposition zur übermächtigen SPD wurde fortan großgeschrieben, die Konfrontation mit den Genossen gesucht, auch wenn sie sich politisch nicht in spektakulären Wahlerfolgen niederschlug. Schon 1962 gab Kohl den Kreisvorsitz ab – er hatte die Partei in Ludwigshafen wieder auf Kurs gebracht.

Familiengründung

Nach dem beruflichen Einstieg in Ludwigshafen und dem Einzug in den Mainzer Landtag stand nur noch eines zur Gründung einer bürgerlichen Existenz aus: die Eheschließung. Seine Wahl hatte Helmut Kohl längst getroffen und nie bereut. Am 27. Juni 1960 heiratete er Hannelore Renner, seine Tanzstundendame aus dem Jahre 1948, um deren Hand er schon 1953 ganz traditionell »angehalten« hatte und mit der er seit 1958 – nach der Promotion – verlobt war. Bei Hannelore war es in der Tanzstunde »Liebe auf den zweiten Blick«[61] gewesen, doch diese erwies sich als dauerhaft und konnte durch die Belastungen eines Politikerlebens nicht erschüttert werden.

Hannelore Renner hatte einen ganz anderen Hintergrund als Helmut Kohl. Sie kam nicht aus einer Beamtenfamilie. Ihre Eltern hatten sich in Berlin kennengelernt und geheiratet. Beide waren von der Weltstadt Berlin angezogen. Wilhelm Renner stammte aus der Pfalz und war Elektroingenieur, seine Frau Irene eine Bremer Bürgertochter, eine blonde Schönheit, modern und sportlich, die sogar vorübergehend als Sprecherin

beim Rundfunk gearbeitet hatte. Ihre einzige Tochter Hannelore wurde am 7. März 1933 geboren. Sie bewohnten in Berlin-
Lankwitz eine Wohnung in einer modernen Angestelltensied-
lung.

Bald darauf, zum Januar 1934, siedelte die Familie nach Leipzig über, wo Wilhelm Renner eine wesentlich besser bezahlte
Stellung bei der HASAG antrat. Das metallverarbeitende Unternehmen hatte bereits im Ersten Weltkrieg Granaten hergestellt.
Nach 1933 wurde es rasch ausgebaut, sodass dort im Krieg neben Granaten auch die »Panzerfaust« produziert werden konnte.
Der Betrieb war ausgesprochen nationalsozialistisch ausgerichtet. Renner war schon vor seinem Eintritt in die HASAG in die
NSDAP eingetreten und stieg später zum Direktor für Soziales
auf. Diese Stellung in einem Unternehmen, das im Krieg in
hohem Maße Zwangsarbeiter und Kriegsgefangene beschäftigt
hatte, machte ihn nach 1945 automatisch verdächtig.

Nachdem die Familie in Leipzig ausgebombt worden war,
wurden Mutter und Tochter evakuiert. Zum Schluss lebten sie
in Döbeln, einer kleinen Stadt 40 Kilometer östlich von Leipzig.
Von dort brachen Hannelore und ihre Mutter am 5. Mai 1945 in
Richtung Leipzig auf, einen Tag bevor die Rote Armee die
Stadt kampflos einnahm. Das nächste Lebenszeichen von Mutter und Tochter datiert vom 23. Mai 1945. Es ist eine von der
US-Besatzung in Taucha, einem östlichen Vorort von Leipzig,
ausgestellte Aufenthaltsbescheinigung. Leipzig selbst war bereits am 20. April von US-Truppen eingenommen worden, die
anschließend weiter nach Osten bis zur Mulde vordrangen und
dort stehen blieben.[62] Zwischen den amerikanischen und den
sowjetischen Linien bestand eine Art Niemandsland ohne deutsche Truppen. Sowjetische Patrouillen durchstreiften das Gebiet. Was mit deutschen Flüchtlingen geschah, die in ihre Hände
fielen, bedarf keiner näheren Schilderung. Wann Hannelore und
ihre Mutter in Taucha angekommen sind, ist unbekannt, ebenso,

wie es ihnen im Mai und Juni 1945 dort erging. Hannelore Kohl hat nie erzählt, unter welchen Umständen sie den ersten amerikanischen Soldaten begegnet ist – eigentlich war das ein Erlebnis, das kein Kind vergessen hat. Mutter und Tochter waren nach Taucha geflohen, weil sich Wilhelm Renner dort aufhielt – die Leitung der HASAG war in diesen Leipziger Vorort ausgelagert worden. Was genau Hannelores Vater in dieser Zeit gemacht hat, ist nicht mehr nachzuweisen.

Des Weiteren ist von der Familie nur bekannt, dass Wilhelm Renner mit Frau und Tochter am 2. Juli 1945 Leipzig mit dem Auto verließ. Einen Tag zuvor – und das war die entscheidende Wendung – hatten die Amerikaner Leipzig und die Teile von Sachsen und Thüringen geräumt, die sie bis Kriegsende besetzt hatten, die aber nach dem Londoner Protokoll vom September 1944 zur sowjetischen Besatzungszone gehörten. Sehr wahrscheinlich wird Vater Renner mit seiner Familie den abrückenden Amerikanern gefolgt und vor den sowjetischen Truppen geflohen sein, da er sich vorstellen konnte, was ihm als Direktor eines Rüstungsbetriebes bevorstand, wenn er den Sowjets in die Hände gefallen wäre.

Für Hannelore bedeuteten Kriegsende und Flucht ein traumatisches Erlebnis, über das sie nie gesprochen hat. Mit der Flucht war zudem eine weitreichende materielle Veränderung verbunden: War die Familie in Leipzig einen gehobenen Lebensstandard gewohnt gewesen, musste sie sich mit ärmlichen Verhältnissen zufriedengeben. In Mutterstadt bei Ludwigshafen fand sie bei Verwandten ein bescheidenes Unterkommen. Dank seiner technischen Fähigkeiten – er reparierte Autos und Landmaschinen – konnte Wilhelm Renner seine Familie unterhalten, denn er erhielt in der Regel Lebensmittel als Bezahlung. Erst 1950 gelang es ihm, eine Anstellung in der Textilbranche zu bekommen, doch schon 1952 erlag er einem Herzinfarkt.

Hannelore hatte 1951 ihr Abitur bestanden, mit erheblich besseren Noten als ihr Freund Helmut. Sie hatte ihm bei der Vorbereitung für die Mathematikprüfung helfen wollen, aber da war alle Mühe vergebens gewesen. Ein Studium kam für sie nicht infrage. Das erschien den Eltern, die selbst noch nicht wirtschaftlich Fuß gefasst hatten, zu unsicher. Also besuchte die Tochter das renommierte Dolmetscher-Institut in Germersheim, denn sie zeigte Interesse und Begabung für Fremdsprachen, vor allem für Französisch. Umfangreiche Kenntnisse zu erwerben, Vokabeln und Grammatik zu lernen, war ihr kein Gräuel, sondern machte ihr Spaß. Sie studierte mit großem Eifer, aber das Schicksal machte es ihr nicht möglich, in Germersheim ihren Abschluss zu erwerben. Mit dem Tod des Vaters fiel für Mutter und Tochter die Existenzgrundlage weg; Rentenansprüche gab es nicht. Hannelore begann eine Tätigkeit als Sekretärin und Fremdsprachenkorrespondentin bei der BASF.

Hannelore Kohl behielt ihr Leben lang eine gewisse Distanz zur Politik. Sie unterstützte ihren Mann in vielfacher Hinsicht und sehr erfolgreich in seiner politischen Arbeit, aber sie blieb bei der Meinung, dass in der Politik »viel zu viel geschwätzt, aber zu wenig sachgerecht gearbeitet« werde.[63] Das war nur eine milde Umschreibung für ihr Verhältnis zur Politik, das im Laufe der Jahre immer negativer wurde.

Am 27. Juni 1960 heiratete sie Helmut Kohl, im kleinen Rahmen, denn das junge Paar hatte schon den Hausbau im Blick. Hannelore zeigte für technische Dinge viel Verständnis und kontrollierte scharfsichtig Architekten und Bauleute – alles Dinge, die Helmut fremd waren. Aber dies waren Gegensätze von der produktiven Art, die eine Partnerschaft beleben. Bald nach den Flitterwochen konnte der schmucke Neubau in der Tiroler Straße bezogen werden. Seine Finanzierung ruhte auf zwei Säulen: die eine war das Sparbuch bei der Bayerischen Staatsbank, das Kohls Vater als ehemals bayerischer Beamter für seinen Sohn bei diesem Institut eingerichtet hatte, die andere das

zinsgünstige Darlehen, auf das Hannelore und ihre Mutter als
Flüchtlinge und Bombengeschädigte Anspruch hatten. Nimmt
man hinzu, dass Kohl mit seiner festen Anstellung, zudem als
Landtagsabgeordneter und als stadtbekannte Persönlichkeit
kein Kreditrisiko darstellte, bedurfte es eigentlich nicht des
»Bankers, der uns auf unsere blauen Augen das Geld geliehen
hat«, wie Kohl im Rückblick erzählte.

Helmut Kohl hatte nun drei Etappenziele erreicht – 1958 die
Promotion, 1959 das Landtagsmandat und 1960 die Heirat. Dies
bedeutete einen wichtigen Einschnitt, es war ein Abschluss und
Neubeginn zugleich. Denn nun stand die erste große politische
Aufgabe seines Lebens vor ihm: Er wollte Rheinland-Pfalz modernisieren. Kohls Ziel war es, dieses Land aus seiner Rückständigkeit zu befreien. Es sollte nicht länger das belächelte
Schlusslicht mit Zwergschulen und klerikaler Einflussnahme
sein.

II.
DIE MODERNISIERUNG VON RHEINLAND-PFALZ 1959–1969

Parlamentarier sind keine Schnellstarter. Es dauert, bis ein Neuer im Kreis der eigenen Fraktion Profil gewonnen und im Schlagabtausch mit dem politischen Gegner so viel Aufsehen erregt hat, dass er für die wenigen Ämter, die eine Fraktion zu vergeben hat, infrage kommt. Im Mainzer Landtag gestaltete sich das alles noch etwas schwieriger: Der Fraktionsvorsitz war in festen Händen, und die Bezirksorganisationen der Partei pochten darauf, dass ihre Abgeordneten in möglichst vielen Ausschüssen vertreten waren, wobei die Qualifikation nicht an erster Stelle stand. Der Ministerpräsident selbst wirkte wie ein Felsen der Stabilität. Er schien so wenig zu altern wie Anzeichen von Amtsmüdigkeit zu zeigen. Schließlich war er seit 1947 im Amt. Bewegung war nicht angesagt.

Und dennoch – innerhalb von zwei Jahren gelang es Helmut Kohl, faktisch der Vorsitzende der CDU-Landtagsfraktion zu werden. Es ist müßig, darüber nachzudenken, ob man diesen rasanten Aufstieg mit seinen überragenden politischen Fähigkeiten erklären oder die besondere Reformbedürftigkeit von Rheinland-Pfalz ins Feld führen will. Das eine passt zum anderen.

Unter den Ländern der alten Bundesrepublik nahm Rheinland-Pfalz eine Sonderstellung ein – aufgrund seiner Entstehung wie seiner Wirtschafts- und Sozialstruktur. Es gehörte zu jenen Bundesländern mit wenig Industrie, einer ausgedehnten, aber strukturschwachen Landwirtschaft und verkehrsfeindlichen geografischen Gegebenheiten. Die Besatzungsmacht Frankreich hatte sich erst spät und nur zögerlich zur Gründung dieses Landes entschlossen, stellte sie doch nur so etwas wie einen Trostpreis dar im Vergleich zu den hochgesteckten sicherheitspolitischen Forderungen, die seit 1944 erhoben worden waren, aber immer weniger in die Welt des sich ausbildenden Ost-West-Gegensatzes gepasst hatten. Die politische Entwicklung in den anderen Zonen Deutschlands hatte stets das Tempo vorgegeben; nur widerstrebend war die französische Zone gefolgt. Daher fand dort alles mit zeitlicher Verzögerung statt.

Die Eigentümlichkeit des französischen Vorgehens beleuchtet ein Vergleich. Großbritannien war im Juni 1946 zur Gründung des Landes Nordrhein-Westfalen geschritten und hatte damit zugleich den französischen und sowjetischen Ambitionen auf eine Internationalisierung des Ruhrgebietes einen Riegel vorgeschoben. Vor der offiziellen Verkündung hatte die britische Regierung die Vorsitzenden der zwei großen Parteien ihrer Zone, Konrad Adenauer von der CDU und Kurt Schumacher von der SPD, in ihr Hauptquartier nach Berlin geflogen und ihnen den Beschluss dort vorab eröffnet und ihnen zugleich Gelegenheit zu einer Stellungnahme gegeben.

In der französischen Zone dagegen durften die politischen Kreise den Beschluss zur Landesgründung der Verordnung Nr. 57 mit Datum vom 30. August 1946 entnehmen, die im »Journal officiel«[64] der französischen Regierung erschien und neben der Tatsache der beabsichtigten Gründung gleichzeitig Mainz als künftige Landeshauptstadt bestimmte.

An diesem Detail lässt sich die Widersprüchlichkeit der französischen Politik deutlich aufzeigen. Der Beschluss stellte einen mühsam errungenen Kompromiss innerhalb der französischen Führung dar, die ganz unterschiedliche Ziele verfolgte.[65] Der Militärgouverneur General Marie-Pierre Kœnig hing noch den alten Wunschträumen von Autonomie und Hinwendung des

Rheinlandes zu Frankreich an. Am Pariser Quai d'Orsay dagegen bestand mehr Einsicht in die Unvermeidlichkeit der Landesgründung, nachdem in der britischen und amerikanischen Zone die Gründung von Ländern bereits abgeschlossen war. Ein Zeichen dafür, dass die alten Ziele dennoch nicht ganz aufgegeben worden waren, mochte die Festlegung von Mainz als Landeshauptstadt sein. Dies sollte wohl daran erinnern, dass die Tage der Mainzer Republik und ihres Freiheitsbaumes von 1792 nicht vergessen werden sollten.

Es ist charakteristisch für die französische Besatzungspolitik, dass die voraussehbaren Reaktionen auf deutscher Seite keine Berücksichtigung fanden. Denn fortan waren die Gegner der Landeshauptstadt Mainz zahlreicher als ihre Befürworter. Es war keine Frage der Zweckmäßigkeit mehr, ob Mainz akzeptabel sei. Aufgrund der französischen Vorgabe verengte sich die Diskussion in Deutschland auf die Alternative, ob man dieser Anweisung folgen solle oder nicht. Allerdings bestand in dieser Frage kein akuter Handlungsbedarf, denn im stark zerstörten Mainz gab es keine Räumlichkeiten, um Landesregierung, Parlament und Ministerien unterzubringen. Aus diesem Grund musste das weniger zerstörte Koblenz zeitweilig als rheinland-pfälzische Hauptstadt dienen.

Ähnliche Gegenreaktionen auf einseitige französische Entscheidungen richteten sich auch gegen die Gründung der Universität Mainz. Man betrachtete die Hochschule als Hebel der französischen Kulturpolitik und lehnte sie deshalb ab. Helmut Kohl hätte im Jahre 1950 niemals sein Studium dort aufgenommen, zumal damals noch kolportiert wurde, die Landesregierung habe den Abiturienten den Besuch dieser Universität vorgeschrieben.[66]

Der Beginn des politischen Lebens in Rheinland-Pfalz hatte mit größeren Schwierigkeiten zu kämpfen als in den anderen Westzonen. Der französischen Besatzungsmacht war daran ge-

legen, alles äußerst kleinteilig einzurichten, um eine einheitliche
politische Willensbildung im prodeutschen Sinne nach Möglichkeit zu vermeiden. So kamen die Dinge nur langsam und mühsam in Gang. Beispielsweise wurde der CDU-Landesverband,
also die Organisation der Partei auf Landesebene, erst im Februar 1947 zugelassen, nachdem Parteiorganisationen auf Bezirks-
ebene schon seit mehr als einem Jahr bestanden hatten.

Bei allem Ärger über den Besatzungsalltag gab es aber auch
politisch-ideologische Gemeinsamkeiten. Frankreich hatte die
»Entpreußung« des Landes als politisches Kernziel verkündet.
Das traf in den Reihen der CDU durchaus auf Zustimmung.
Dort gab es noch Anhänger der großdeutschen Lehren des Bis-
marckgegners Constantin Frantz, die schon der Reichsgründung von 1871 kritisch gegenübergestanden hatten und nun von
Berlin nichts mehr wissen wollten. Als Gegner Preußens profi-
lierte sich schon früh der Koblenzer CDU-Politiker Peter Altmeier, der in Hitler nur den Nachfolger der Junker Ostelbiens
sehen wollte.[67] Überhaupt galten die Koblenzer Parteifreunde
vornehmlich den Politikern aus der Pfalz in nationalen Fragen
als unsichere Kantonisten. Die Reserviertheit gegenüber Koblenz sollte bei Helmut Kohl noch lange bestehen bleiben. Aber
all diese föderalistischen Traumtänzereien und die scheinbare
Übereinstimmung mit französischen Vorstellungen eines »rheinischen Staates« dürfen nicht darüber hinwegtäuschen, dass in
der Praxis von den schönen Worten wenig übrig blieb. Wenn es
darum ging, die Interessen des eigenen Landes gegenüber französischen Forderungen zu vertreten, pflegte die Frankophilie
rasch ein Ende zu haben.

Das neue Land Rheinland-Pfalz bestand aus Teilen Preußens,
Bayerns und Hessens, die bis dahin nicht viel miteinander zu
tun gehabt hatten. Ein wichtiges Unterscheidungsmerkmal kam
hinzu: Die nördlichen, preußischen Teile waren überwiegend
katholisch. Bis 1933 war dort die Zentrumspartei vorherrschend

gewesen und mit ihr die lange Tradition der Schul- und Kulturpolitik mit ihren oft heftigen Auseinandersetzungen. Dagegen
war die Pfalz konfessionell ausgewogen; das bedeutete, dass ein
großer Teil der evangelischen Bevölkerung sozialdemokratisch
oder liberal wählte. Es herrschte also insgesamt eine andere
politische Atmosphäre als im Nordteil des Landes, die aber
auch gelegentliche Erfolge rechtsextremistischer Parteien nicht
ausschloss.

Das konfessionelle Nord-Süd-Gefälle sollte in der Grün-
dungsphase des Landes erhebliche Bedeutung gewinnen, zumal
mit Koblenz als vorläufiger Landeshauptstadt das politische
Gewicht des Nordens zunahm. Der politische Katholizismus
nahm in der Stadt am Deutschen Eck eine besondere Stellung
ein, was mit ihrer jüngeren Geschichte zu tun hatte. Die ein-
heimische katholische Bevölkerung und besonders ihre Honoratioren hatten sich durch die Dominanz von preußischer Verwaltung und preußischem Militär beeinträchtigt gefühlt. Denn
Koblenz war lange ein wichtiges Verwaltungszentrum gewesen,
hier residierten der Oberpräsident der Rheinprovinz und eine
Reihe ihm unterstellter Behörden. Zugleich war es eine bedeutende Garnison und Sitz eines Armeekorps. Das preußisch-pro-
testantische Element war in gesellschaftlichen Kreisen vorherrschend, sodass in der eingesessenen katholischen Bevölkerung
Irritationen im Schwange waren, die 1919 sogar separatistische
Neigungen erkennen ließen.

Mit Koblenz als politischem Zentrum und der CDU als weitaus stärkster Partei des neuen Landes eröffneten sich nun jedoch
ganz neue Perspektiven, die auch zielstrebig wahrgenommen
wurden. Das zeigte sich bereits bei der neuen Verfassung. Die
Federführung bei ihrer Ausarbeitung übernahm Adolf Süsterhenn[68], ein »integraler« Katholik. Sein Ziel war es, »eine Art
christlicher Idealverfassung zu schaffen«, in der die katholischen Essentials »verankert« werden sollten.[69] Das Ergebnis war

beachtlich. In direkter Zusammenarbeit und Abstimmung mit den Rechts- und Schulexperten der Erzdiözese Köln und der Diözesen von Trier, Mainz und Speyer gelang es, die Bekenntnisschule in der Verfassung als Regelschule zu verankern. In keinem anderen Bundesland hat es eine solche Bestimmung gegeben. Damit schien ein strategisches Ziel der katholischen Kirche erreicht, nämlich der Bekenntnisschule eine sichere gesetzliche Grundlage zu geben.

Das Reichskonkordat von 1933 hatte in dieser Hinsicht erstaunliches Entgegenkommen gezeigt. Nach 1945 war dieser Staatsvertrag mit dem nationalsozialistischen Deutschland keineswegs außer Kraft gesetzt worden; man berief sich aber in der Öffentlichkeit nicht mehr ausdrücklich darauf. Mit der Verankerung der Bekenntnisschule in der Verfassung war die optimale Lösung erreicht, selbst wenn es in der Praxis zu Abschwächungen kam. Natürlich gab es auch eine Gegnerschaft gegen das katholische Schulprogramm. Neben den Sozialdemokraten und den Liberalen war Kritik auch aus den Reihen der CDU-Fraktion vernehmbar. Überraschenderweise waren es schließlich die Franzosen, die im Interesse einer möglichst breiten Zustimmung zu der Verfassung auf eine Abschwächung der Schulartikel hinwirkten.

Das Plebiszit über die Verfassung fiel jedoch miserabel aus; unter normalen demokratischen Verhältnissen hätte man den Text wahrscheinlich zurückgezogen. Bei der Abstimmung am 18. Mai 1947 gab es insgesamt nur 53 Prozent Ja-Stimmen, in der Pfalz sogar eine glatte Ablehnung mit nur 40,3 Prozent Ja-Stimmen. Die ebenfalls zur Abstimmung gestellten Schulartikel fanden dort noch weniger Zustimmung: Sie erhielten 36 Prozent.[70]

Das Zustandekommen der Verfassung und ihrer Schulartikel kann als Beispiel für eine spezifische rheinland-pfälzische Befindlichkeit dienen: Die Hälfte der Bevölkerung wollte diesen Staat nicht und noch weniger seine Schulverfassung. Dem musste die Politik der Regierung durch das Bemühen um Ausgleich Rechnung tragen. In der Praxis wurde manches abgemildert, Schulkämpfe wie in der Weimarer Zeit waren völlig undenkbar. Man nahm die bestehenden Verhältnisse hin. Aber die Schulpolitik musste die von der Verfassung vorgegebene Konfessionalisierung des Schulwesens umsetzen. Die Volksschule blieb Regelschule, obendrein oft nur einklassig. Die Lehrer erhielten ihre Ausbildung in konfessionell ausgerichteten Hochschulen. Gewiss gab es Kritik an den bestehenden Zuständen, aber das System zu ändern, war nur durch eine Verfassungsänderung möglich. Für eine solche waren SPD und FDP immer zu haben, die in Fragen der Schul- und Kulturpolitik ähnliche Ziele verfolgten. Allerdings verfügten die beiden Parteien nicht entfernt über die verfassungsändernde Mehrheit. Sicher gab es auch in der CDU manche, die nicht mit den bestehenden Verhältnissen einverstanden waren, aber eine solche Haltung blieb folgenlos, denn die Vorstellung, gemeinsame Sache mit FDP und SPD gegen einen Teil der eigenen Fraktion zu machen, verbot sich von selbst.

Die Konfessionalisierung bedeutete jedoch nicht, dass das Schulwesen stark vernachlässigt worden wäre. Im Laufe der Fünfzigerjahre wurden zahlreiche Verbesserungen vorgenommen, und es wäre verfehlt, im Rheinland-Pfalz der damaligen Zeit desolate Zustände zu vermuten. Doch das System verhinderte wirksame, tief greifende Verbesserungen. Es ging darum, welche Prioritäten gesetzt werden sollten: Wer dafür plädierte, dass das tradierte Schulwesen und mit ihm seine Bildungsziele erhalten blieben, dass ein Dorf seine Schule hatte, die bei überwiegend katholischer Bevölkerung eine Bekenntnisschule war, bei geringer Schülerzahl aber nur einklassig sein konnte, hatte den Status quo zu akzeptieren. Wollte man dagegen eine stärker differenzierende Schulausbildung durch die Schaffung von Mittelpunktschulen, musste die konfessionelle Zuordnung aufgegeben werden. Dies war aber, wie gesagt, letztlich nur durch eine Verfassungsänderung möglich.

Die Verwaltungsstruktur von Rheinland-Pfalz wies erhebliche Unterschiede auf. Im größeren Nordteil, der früheren preußischen Rheinprovinz, galt das preußische Verwaltungsrecht, in der Pfalz das bayerische, während der kleinere rheinhessische Teil nach hessischem Recht verwaltet wurde. Die Folgen dieser komplizierten Verhältnisse waren relativ hohe Personalkosten und unterschiedlich große Verwaltungseinheiten. Die Landkreise in der ehemals bayerischen Pfalz waren kleiner als die in der preußischen Rheinprovinz.

Aber wie konnte das geändert werden? Verwaltungsreformen werden in der Regel von fremden Eroberern angeordnet und durchgesetzt. Hier stellte sich die Sache jedoch ganz anders dar: Es ging um eine Verwaltungsreform im Frieden, zumal in einem Land, das trotz Strukturschwächen am allgemeinen Aufstieg teilhatte und in dem keineswegs ein Krisenbewusstsein herrschte. Was sollte denn überhaupt durch eine Verwaltungsreform erreicht werden? Diese bedeutet ja immer auch eine Reform innerhalb der Bürokratie, was naturgemäß den Widerstand der davon Betroffenen hervorruft. Verwaltungsangestellte stehen der Veränderung der gegebenen Verhältnisse üblicherweise reserviert bis ablehnend gegenüber und sind nicht geneigt, die Notwendigkeit von Veränderungen zu akzeptieren. Hinzu kommt, dass auch die Bevölkerung Neuerungen oft mit Skepsis begegnet.

In Rheinland-Pfalz gingen die Uhren nicht anders, nur etwas langsamer. Vielleicht noch wichtiger war die Tatsache, dass dieser Zustand nicht auf wachsende Kritik, sondern auf breite Zustimmung stieß, die der CDU die absolute Mehrheit an Mandaten einbrachte. Die SPD hatte sich mit der Unabänderlichkeit ihrer Oppositionsrolle abgefunden. Nur die »Jungen« in der CDU und ihr Anführer Helmut Kohl waren nicht zufrieden, aber das wurde an höherer Stelle kaum zur Kenntnis genommen.

Wie ist diese Zufriedenheit zu erklären in einem Land, das derart große Unterschiede zwischen dem Rheinland im Norden und der Pfalz im Süden aufwies, in dem auch das Trierer Land auf seine Besonderheit Wert legte? Die Ursache dafür ist zu einem erheblichen Teil in der Persönlichkeit Peter Altmeiers und in seinem Regierungsstil zu suchen. Seit 1947 Ministerpräsident, war er ein Regierungchef, der zu Rheinland-Pfalz passte und der sich nichts anderes vorstellen konnte, als sein Land zu regieren und dessen Wohlergehen durch eine vorsichtig abwägende Politik zu fördern.[71]

Als gebürtiger Saarländer war er schon als Kind nach Koblenz gekommen, wo sein Vater im katholischen Verbandswesen tätig gewesen war. Für diesen hatte eine bescheidene Stellung im Dienst der Stadt Koblenz schon sozialen Aufstieg bedeutet. Sein Sohn war von diesem Milieu tief geprägt worden; er betätigte sich schon früh politisch. 1933 verlor er als Stadtverordneter der Zentrumspartei und überzeugter Katholik seine Stellung und arbeitete fortan im Lebensmittelhandel. Beides waren zwei wichtige Voraussetzungen für seinen politischen Karrierestart im Jahre 1945. Er hatte politisch eine reine Weste und verstand etwas von der Lebensmittelversorgung. Bei seiner eminent politischen Begabung war sein Aufstieg deshalb vorprogrammiert.

Bezeichnend für Altmeier war die Konstellation, in der er 1947 zum Ministerpräsidenten gewählt wurde. Sein Vorgänger, der erste, 1946 von den Franzosen ernannte Ministerpräsident, war Wilhelm Boden, ein Rheinländer wie Altmeier, aber von ganz anderem Zuschnitt. Boden war Jurist aus großbürgerlichem Hause, der gern seine humanistische Bildung hervorkehrte. Er war Mitglied des CV, des Cartellverbandes der katholischen deutschen Studentenverbindungen, dem junge Männer aus dem gehobenen Bürgertum angehörten. Der Beamtensohn Adenauer war dagegen im KV, dem Kartellverband katholischer deutscher Studentenvereine, aktiv geworden, dem Dachverband der Verbindungen für Studenten mit schmaleren Monatswechseln. Wilhelm Boden war zudem ein engagierter Vertreter des spezifisch rheinischen Katholizismus. Bereits seit 1919 Mitglied der Zentrumspartei, entwickelte er als Landrat des Kreises Altenkirchen im Westerwald ein derart starkes politisches Profil, dass er 1933 aus dem Amt gejagt wurde und massive politische Verfolgung erdulden musste.

Nach den ersten Landtagswahlen im Mai 1947 wurde Boden zum ersten Ministerpräsidenten von Rheinland-Pfalz gewählt, scheiterte aber bei der Regierungsbildung. Das lag in erster Linie an der SPD, die ihn aus verschiedenen Gründen ablehnte, aber nicht an ihr allein, gab es doch »Querverbindungen«[72] zur CDU, in deren Reihen Wilhelm Boden zahlreiche Gegner hatte, die ihn ebenfalls nicht als Ministerpräsidenten sehen wollten. Die Gründe dafür waren vielfältiger Natur. Ihm wurde Führungsschwäche nachgesagt[73], doch diese pflegt in der Regel erst dann aufzufallen, wenn eine stärkere Führungsfigur zum Vergleich herausfordert. Nach Bodens Rücktritt am 9. Juli 1947 wurde umgehend Peter Altmeier von den anwesenden Abgeordneten einstimmig gewählt und bildete sogleich eine Allparteienregierung.

Der gestürzte Boden landete übrigens glimpflich. Er wurde später CDU-Fraktionsvorsitzender im Landtag und Präsident der Landeszentralbank von Rheinland-Pfalz, was ihm ein fast ebenso hohes Einkommen sicherte wie das des Ministerpräsidenten. So blieben die beiden wichtigsten Männer des Neubeginns weiterhin an der Spitze des Landes, der eine als Regierungschef, der andere als Vorsitzender der Mehrheitsfraktion.

Peter Altmeier war aber nicht nur der Mann der Stunde, sondern er war ein Mann von Dauer – es gelang ihm, mehr als zwanzig Jahre das Land zu regieren, bis er mit mehr oder minder starkem Druck von Helmut Kohl abgelöst wurde. Altmeier hatte 1947 genau in das damalige politische Umfeld gepasst, unterschied er sich doch in Herkunft und Bildung nicht von dem Gros der Abgeordneten. Wilhelm Boden dagegen erschien als eine Nummer zu groß. Er war ein Politiker von großbürgerlichem Zuschnitt mit einer Verwaltungserfahrung, die ihnen weitgehend abging. Mit Boden sollte der Neuling Kohl seine ersten parlamentarischen Erfahrungen machen.

Das, was ihm fehlte, versuchte Peter Altmeier durch enormen Arbeitseinsatz, sorgfältiges Aktenstudium und stetes Bemühen zum Ausgleich wettzumachen.[74] Er hatte in seiner Fraktion gewichtige Gegner, die ihm noch lange seine Avancen in den ersten Nachkriegsjahren gegenüber der französischen Politik vorhielten. Doch am Ende mussten auch sie einsehen, dass er in seiner ausgleichenden Art unersetzlich war.

Altmeiers ausgeprägtes Misstrauen bewahrte ihn vor Fehlentscheidungen in Personalfragen. Er hatte in der katholischen Kirche eine sichere Unterstützung, und der Integralist Adolf Süsterhenn fungierte in seinem ersten Kabinett gleich als Doppelminister, als Minister für Justiz und Kultur. Darüber hinaus verfügte Altmeier über einen weiteren wichtigen Verbündeten – die rheinland-pfälzische Presse. Diese war mit dem Ministerpräsidenten zufrieden, denn sie wurde von ihm in angenehmer Weise respektiert. Es bestand daher kein Grund, sich für einen Wechsel einzusetzen. Das Element der Unruhe, das von jenem in die Länge geschossenen Parteijüngling aus Ludwigshafen ausging, der bewährte Politiker der eigenen Partei häufig kritisierte und ständig Reformen forderte, nahm die etablierte Presse nicht zur Kenntnis. Es war viel bequemer, die guten Kontakte zur Regierung und ihrem Chef zu pflegen, als den Aufstieg Kohls zu verfolgen.

Peter Altmeier war tief von der Würde seines Amtes durchdrungen. Zu Beginn seiner Amtszeit stellte ein Ministerpräsident etwas Besonderes dar; bis zum Inkrafttreten des Grundgesetzes gab es keine höhere deutsche Regierungsinstanz. Als am

1. Juli 1948 mit den »Frankfurter Dokumenten« die alliierte Aufforderung an die westdeutschen Ministerpräsidenten erging, einen Staat zu gründen, empfand Altmeier dies als Höhepunkt seines politischen Wirkens: Er hatte erreicht, dass die über die Staatsgründung beratende Konferenz in Rheinland-Pfalz tagte, und zwar in dem bei Koblenz gelegenen Hotel »Rittersturz«. Unter dem Namen Rittersturz-Konferenz ist sie in die bundesrepublikanische Geschichte eingegangen. Als Gastgeber fiel Peter Altmeier der Vorsitz der Konferenz zu, den er mit Würde wahrnahm. Parteipolitiker wie Konrad Adenauer von der CDU und Erich Ollenhauer von der SPD, die darauf drängten, nicht vor der Tür warten zu müssen, sondern an den Beratungen teilzunehmen, wehrte Altmeier mit dem Argument ab: »Hier tagen die Ministerpräsidenten.«[75] Das war für ihn das Höchste.

Auch in späteren Jahren zeigte er sich nicht als der folgsame CDU-Politiker. Wenn es um die Wahrnehmung oder Verteidigung der Länderrechte ging, kannte er selbst Kanzler Adenauer gegenüber keine Rücksicht. Als dieser 1959 ein Regierungsfernsehen installieren wollte – und das ohne Beteiligung und Mitsprache der Länder – fand er in Altmeier einen unbeugsamen Gegner, der sich auch durch Drohungen nicht einschüchtern ließ. Als das Bundesverfassungsgericht im Februar 1961 über die Fernsehpläne Adenauers ein vernichtendes Urteil fällte, war der Weg frei für das ZDF. Es war kein Zufall, dass die Länder in Anerkennung der Verdienste Altmeiers um die Behauptung der Kulturhoheit der Länder die zu gründende Fernsehanstalt in Mainz ansiedelten. Damit hatte Peter Altmeiers Landeshauptstadt nicht nur einen neuen gewichtigen Arbeitgeber, sondern überhaupt an Respektabilität gewonnen. Es war vielleicht der größte Erfolg, den er für sein Land verbuchen konnte. Es ist daher doch erstaunlich, dass sein Nachfolger Kohl in seinen »Erinnerungen« mit keinem Wort darauf einging.

Je länger Altmeier regierte, desto mehr begann er, sich selbst und seine Politik historisch zu sehen und immer stärker auf das Erreichte abzuheben. Das hieß zugleich, die Erfolge des Wiederaufbaus herauszustreichen, sich dadurch bestätigt zu fühlen und auf diesem Weg fortzuschreiten. Neuerungswünschen begegnete der Ministerpräsident nur mit Vorsicht. Und seinen Wählern gefiel diese Bedächtigkeit im Regieren. Überdruss an Altmeiers Regierungsstil stellte sich nicht ein, im Gegenteil, auch nach der dritten Legislaturperiode befanden sich die CDU und mit ihr der Ministerpräsident im Aufwind. Alles sah so aus, als ob sich daran nichts ändern würde.

Wie tief verwurzelt die Vorstellung von der immerwährenden Herrschaft Altmeiers war, lässt sich am besten an der Tatsache ablesen, dass der Wechsel an der Spitze erst zehn Jahre nach Kohls Einzug in den Landtag 1959 zustande kam. Dabei ist davon auszugehen, dass Letzterer mit der Absicht, Altmeiers Nachfolger zu werden, in den Landtag eingezogen war. Mit Sicherheit hätte der junge Herausforderer jedoch die Ablösung auch 1969 noch nicht geschafft, wenn ihm nicht ein tief greifender Wandel in der deutschen Gesellschaft zu Hilfe gekommen wäre, der neue Prioritäten setzte.

Blitzstart in verkrustetem Gelände

Als Helmut Kohl 1959 in dem überalterten rheinisch-pfälzischen Landtag erschien, war er ein Außenseiter, obwohl zur gleichen Zeit rund ein Dutzend weiterer jüngerer Abgeordneter in das Landesparlament eingetreten war. Den Fraktionsvorsitz der CDU hatte seit 1951 Wilhelm Boden unangefochten inne. Die Fraktion hatte bis dahin keine Schwierigkeiten gemacht. Dazu trug auch die regelmäßige Teilnahme Altmeiers an den Fraktionssitzungen bei; er zeigte sich immer gut informiert, sodass die

Kontrolle sichergestellt war. Wie in der Schule standen die Abgeordneten auf, wenn der Regierungschef eintrat. Überhaupt war der Zuschnitt des politischen Lebens damals hausväterlich sparsam. Die Regierung umfasste nur sechs Minister; mehr glaubte Altmeier, seinen Landsleuten nicht zumuten zu können. Der Chef seiner Staatskanzlei wurde erst in den späten Jahren seiner Regierung zum Staatssekretär ernannt. Wie bescheiden der Lebensstil war, mag ein Detail verdeutlichen: Die Fraktion machte Helmut Kohl zur Hochzeit nicht ein pompöses Geschenk, sondern sie half bei der Einrichtung seines Hauses, indem sie ihm als Beitrag zum Kauf eines Tisches 200 D-Mark schenkte.[76] Allerdings muss hinzugefügt werden, dass dieser Betrag damals der guten Hälfte eines Monatslohnes entsprach.

Über Kohls Anfänge gibt es widersprüchliche Aussagen. Sie beziehen sich auf die Frage, welchem Ausschuss er angehörte. Die langjährige Abgeordnete Susanne Hermanns berichtet, der Fraktionsvorsitzende Boden habe sich mächtig über die Unverschämtheit Kohls geärgert, der als Neuling sofort Mitglied in dem besonders wichtigen Haushalts- und Finanzausschuss werden wollte.[77] Der Kohl-Biograf Klaus Dreher schmückt das noch aus: Er weiß zu berichten, Kohl sei auf »diesen Wunsch so fixiert (gewesen), dass er es schaffte, in den Ausschuss hineinzukommen«, obwohl Wilhelm Boden und sogar Ministerpräsident Altmeier, um gerade das zu verhindern, »alle Hebel in Bewegung gesetzt« hätten.[78] Das klingt unglaubwürdig, denn demnach müsste Kohl über übernatürliche Kräfte verfügt haben.

Helmut Kohl selbst stellt die Sache ganz anders dar: Nachdem er während der Fraktionssitzung diese Forderung erhoben hatte, habe Boden ihn angesehen, als hätte er »eine Todsünde begangen«. Danach habe der Fraktionsvorsitzende eine Pause gemacht und dann hinzugefügt: »Sie sind der Jüngste.« Und: »Sie sind Mitglied des Haushalts- und Finanzausschusses.«[79]

Die Aussage von Susanne Hermanns passt mit der Erinnerung Kohls durchaus zusammen. So mochte sich Boden über den Wunsch Kohls zuerst aufgeregt haben; aber er war ein alter und kranker Mann. Er wird sich gesagt haben, statt die Wahl dieses ungestümen Menschen in den Ausschuss verhindern zu wollen, sei es wirksamer, ihn durch komplizierte und wenig aufregende Aufgaben wie das Beamtenrecht oder Abwasserprobleme ruhigzustellen. Boden schickte sich in das Unabänderliche und dachte sich hinsichtlich der Verkündung seines Entschlusses eine Überraschung aus. Schließlich war der Mann Rheinländer. Die Disziplinierung durch Arbeitsüberlastung, der Kohl auf diese Weise unterzogen wurde, war zwar anstrengend, aber auf die Dauer war sein politischer Betätigungsdrang dadurch nicht zu bremsen.

Natürlich wurde Kohl von den Aufgaben, die ihm Wilhelm Boden stellte, nicht voll in Anspruch genommen, sondern kümmerte sich auch um viele andere Dinge. Er hatte in der Fraktion innerhalb kurzer Zeit eine solche Stellung erworben, dass er im Dezember 1959, also nicht einmal ein Jahr nach seinem Einzug in den Landtag, schon als Mitglied im Fraktionsvorstand auftaucht.[80] Wie es dazu kam, ist nicht bekannt; wahrscheinlich ist er in eine frei werdende Stelle nachgerückt. Dieser schnelle Aufstieg in das Leitungsgremium der Fraktion, in das Abgeordnete normalerweise erst nach längerer Erfahrung im Parlamentsbetrieb gelangen, zeigt, welch außerordentliche Dynamik Helmut Kohl in der Fraktion entwickelt hatte.

Über seine »Jungfernrede« wird viel Unsinn verbreitet. Es bestehen Unklarheiten über das Datum wie über den Inhalt. Genau genommen hat Kohl eine solche Rede überhaupt nicht gehalten. Jungfernreden bieten vielleicht Gesprächsstoff für Parlamentsjournalisten und dienen als Lückenfüller in ereignisarmen Zeiten. Für Kohl war solch ein Ritual sinnlos, wenn man an seinen Spitzenplatz in der Fraktion denkt.

Seine erste große Rede im Landtag, die als Jungfernrede bezeichnet und missverstanden wird, hatte ein gewichtiges Thema: den Nationalsozialismus und die Bedrohung von rechts. Klaus Dreher urteilt über diese Rede: »Peinlicher hätte Kohls Jungfernrede nicht ausfallen können.«[81] Er begründet seine Kritik vor allem mit stilistischen Mängeln; seine Beanstandungen hätten einem überaus peniblen Deutschlehrer alle Ehre gemacht. Der tatsächliche Gehalt der Rede Kohls und ihr politischer Stellenwert entgehen ihm dabei völlig.

Mit den Landtagswahlen von 1959 war auch Hans Schikora, ein Vertreter der rechtsextremen Deutschen Reichspartei, gewählt worden. Für ihn hatte Oberst Hans-Ulrich Rudel, der hochdekorierte Schlachtflieger und unverbesserliche Nazi, in überfüllten Sälen unermüdlich geworben.[82] Schikoras Wahlerfolg hatte erheblichen Wirbel verursacht, und die demokratischen Parteien überboten sich mit empörten Distanzierungen. Ministerpräsident Altmeier war hinsichtlich der Empörung recht weit gegangen: Um die rechtsextreme Gesinnung Schikoras zu verdeutlichen, hatte er in seiner Regierungserklärung dessen entlarvende Aussage zitiert, »dass die Demokratie der Inbegriff aller Heuchelei und die Futterkrippe des Pöbels« sei.[83] Das Landgericht Koblenz hatte aber in einer einstweiligen Verfügung Altmeier die Verwendung dieses Zitats untersagt, denn es stammte aus Materialien, die beschlagnahmt und Gegenstand eines Verfahrens waren, zu dem Altmeier keinen Zugang haben durfte.

Altmeier selbst war über diese Entscheidung des Gerichtes tief betroffen, besonders darüber, dass der Richter ihn nicht einmal angehört hatte. Die Ursache für dessen Verhalten stand für ihn fest. Er bezeichnete ihn als »alten Kämpfer und 131er«, der erst 1952 in den Landesdienst gekommen sei. Vor diesem Hintergrund war der Vorgang geeignet, darin mehr als nur eine zufällige Entgleisung zu sehen. Kohl erinnerte in der Fraktion an historische Beispiele, bei denen »Politiker mit prozessualen Mitteln fertiggemacht worden seien«, und forderte, im Landtag müsse am nächsten Tag »eine klare Aussprache geführt werden«.[84]

Es war Helmut Kohl selbst, der diese Aufgabe mit aller wünschenswerten Deutlichkeit und der vollen Zustimmung des Hauses wahrnahm.[85] Er rechnete mit dem Rechtsradikalismus scharf ab, zitierte Phrasen der führenden DRP-Funktionäre und wies die verlogene Taktik des Aufrechnens entschieden zurück. Sogar auf den mehr als problematischen Staatsrechtler Carl Schmitt kam er zu sprechen, und selbst von der Antisemitin Mathilde Ludendorff und ihrer völkischen Weltanschauungssekte war noch die Rede. Kohl schilderte das Elend des Jahres 1945, würdigte die Opfer des NS-Regimes, zeichnete das Bild der Menschen, die den Wiederaufstieg in Angriff genommen hatten, und beschwor die Notwendigkeit der wehrhaften Demokratie. Er kritisierte falsche Personalentscheidungen und wünschte sich ein Verbot der »Landser«-Hefte. Schließlich forderte er die demokratischen Parteien auf, »die anständige Gesinnung unserer Mitbürger zu mobilisieren«, und schloss mit einem eindrucksvollen Satz aus den Papieren des Kreisauer Kreises.

Oft wurde er von Beifall unterbrochen; »starker und anhaltender Beifall des Hauses« dankte dem Redner. Seine Rede hatte nichts mit dem oft hohl klingenden Pathos von Gedenkreden zu tun, sondern zeigte einen jungen Politiker, der nicht nur über umfassende historische Kenntnisse, sondern auch über ein sicheres Urteil verfügte. In einer für die CDU nicht einfachen Situation – es ging ja auch um ihren Ministerpräsidenten –, hatte Kohl eine wirkungsvolle Rede gehalten. Sie zeigte Format und trug dazu bei, in ihm nicht nur den burschikosen Kritiker und gewieften Parteitaktiker zu sehen. Hier leuchtete ein politisches Talent auf, mit dem es zu rechnen galt.

In der Folgezeit widmete sich Helmut Kohl zunehmend der

Bildungspolitik, denn diese stellte die offene Flanke der CDU dar. Seine Partei musste sich mit dem wachsenden Druck der Opposition auf diesem Gebiet auseinandersetzen. Die einschlägigen Verfassungsbestimmungen von 1947 boten der Opposition ein dankbares Angriffsziel, dessen Verteidigung zunehmend schwieriger wurde. Daher war es naheliegend, dass sich Kohl, der in der Fraktion und ihrem Vorstand immer mehr zur Allzweckwaffe wurde und auf vielen Gebieten zu Hause war, verstärkt auch dieser Thematik annahm.

Die Bildungspolitik bereitete aber nicht nur wegen der Angriffe der Opposition Unbehagen. Diese Attacken ließen sich mit Hinweisen auf die Verhältnisse in anderen, sozialdemokratisch regierten Ländern abfangen. Kohl entwickelte dabei eine Mischung aus freundlichem Entgegenkommen und munterer Ironie, stets bemüht, auf diese Weise den mitunter emotional aufgeladenen Angriffen der Opposition die Spitze zu nehmen. Aber bei allem Geschick in der Abwehr wusste er doch, dass es für ihn ein massives Hindernis gab, um eine wirklich zeitgemäße Bildungspolitik zu entwickeln. Im Landtag selbst hatte er bestenfalls in Andeutungen darüber gesprochen.

Das Hindernis bestand im Ministerpräsidenten und seinem Anhang, die nicht die geringste Bereitschaft zeigten, bei den Schulartikeln gewissen Anpassungen zuzustimmen. Neue Lösungsvorschläge waren vor allem bei der Lehrerbildung notwendig. Hier leistete sich das arme Land konfessionell ausgerichtete pädagogische Hochschulen. Im März 1960 hatten Kohl und seine Leute das Problem in der CDU-Fraktion vorsichtig angesprochen, aber die Entgegnung Peter Altmeiers ließ nicht den geringsten Zweifel daran, dass dieser zu keiner Konzession bereit war.

Dieser Schlagabtausch bietet ein Beispiel dafür, in welchen Bahnen die innerparteiliche Auseinandersetzung verlief. Kohls Freund Heinz Schwarz begann den Angriff mit der Feststellung,

»wenn auf dem Lande etwas von Kultur erhalten bleiben soll, so müsse der Lehrer eine möglichst gute Ausbildung haben«. Damit wollte Schwarz andeuten, dass dies im konfessionell getrennten und entsprechend kleinen Hochschulen nicht erreicht werden könne. Kohl stieß sofort mit der These nach, »es gehe bei der Lehrerbildung um unsere Zukunft«. Das sollte in knappster Form zum Ausdruck bringen, dass die Partei scheitern würde, käme es im Schulwesen nicht zu grundlegenden Reformen.[86]

Solche Appelle prallten an Altmeier ab. Als es im Mai wieder um die Lehrerbildung ging, erklärte er ungerührt, diese sei im Artikel 36 der Verfassung »umfassend und abschließend geregelt«. Darüber hinaus drückte er seine Zufriedenheit darüber aus, »dass alles, was die Lehrerbildung betreffe, so umfassend in der Verfassung stehe«. Schließlich seien diese Grundsätze damals mit »Herzblut« geschrieben worden.[87]

Damit war alles gesagt, der Dissens war offensichtlich, und dabei blieb es. Aber nicht ganz. Denn Kohl konnte einen Widerspruch nicht unterdrücken. Um die Reform der Lehrerbildung zu verwirklichen, die Ministerpräsident Altmeier so entschieden abgelehnt hatte, würde es »früher oder später doch zu einem Gesetz kommen«, und damit würde sich die Politik des Ministerpräsidenten verändern. Viel wichtiger aber sei etwas anderes. Mit Blick auf die kommenden Auseinandersetzungen warnte er: »Wir sollten uns angewöhnen, nicht hinter jedem, der anderer Meinung« ist, »zu argwöhnen, dass dessen CDU-Standpunkt nicht fest genug sei.«

Im Herbst des folgenden Jahres wurde ein Platz im kulturpolitischen Ausschuss des Landtages frei. Der Vorschlag, dass Helmut Kohl diesen einnehmen sollte, traf auf den zähen Widerstand Altmeiers; er trug weit hergeholte Argumente vor: dass Doppelmandate nicht zulässig seien und dass man einen Präzedenzfall befürchten müsse. Das alles war wenig überzeugend und sollte nur dazu dienen, um den gefährlichen Aufsteiger Kohl zu bremsen.

Im Herbst 1961 hatte sich die Situation in der Fraktion personalpolitisch akut zugespitzt. Wilhelm Boden – über 70 Jahre alt und seit Langem krank, ohne aber deshalb an Rücktritt zu denken – war am 18. Oktober seinem Krebsleiden erlegen. Sein Stellvertreter Hermann Matthes war von ihm als sein Nachfolger empfohlen worden. Dem zu entsprechen war nicht schwer, denn Matthes hatte keine Feinde. Er war ein um Ausgleich bemühter Vorsitzender, der aus der evangelischen Sozialarbeit kam und mittlerweile ein Alter erreicht hatte, das ihm eine weniger aufreibende Tätigkeit empfehlenswert machte. Es kam also auf seinen Stellvertreter an, denn der konnte in dieser Situation viel bewirken.

Für Altmeier stand fest, dass Kohl verhindert werden musste. Als Vertreter von Matthes schlug er Heinz Korbach vor, einen Koblenzer, der als sein Gefolgsmann galt und den er für fähig hielt, Kohl aufzuhalten. Kohl wollte keine Entscheidung um jeden Preis – er konnte auch damals schon warten. Daher ließ er dem Regierungschef mitteilen, man könne doch zwei Vertreter, also ihn und Korbach, wählen. Altmeier lehnte jedoch ab und wünschte stattdessen, dass die Wahl schriftlich erfolgen solle. Er muss sich von der schriftlichen Abstimmung einen Vorteil versprochen haben.

Beide Seiten hatten die Fraktionsmitglieder heftig umworben; es soll sogar ehrenwörtliche Verpflichtungen gegeben haben.[88] Das Ergebnis der Abstimmung war knapp, aber eindeutig. Kohl siegte mit sechs Stimmen Vorsprung vor Korbach. Im Nachkarten, auf der Suche nach den »Verrätern«, glaubte Altmeier, die weiblichen Abgeordneten als die Schuldigen an seiner Niederlage ausgemacht zu haben. Da lag er wahrscheinlich richtig, denn Kohl hatte auch damals schon die Frauen in der Partei nachhaltig gefördert. Der unterlegene Korbach machte aber keinen gebrochenen Eindruck. Später ging er in die Exekutive, zuerst als Landrat, dann als Regierungspräsident. Man sagte ihm nach, dass er in diesen Ämtern beachtliche Fähigkeiten zur Repräsentation entwickelt habe. Seine Niederlage bewirkte bei Altmeier jedoch kein Einlenken; man verharrte weiter in einem Zustand des beziehungslosen Neben- und Gegeneinanders. Auf jeden Fall stand nun Helmut Kohl als Herausforderer des Ministerpräsidenten fest, und die Frage war nur, wann es zur offenen Konfrontation kommen würde.

Networking nach allen Seiten

Als tatsächlicher Chef der Fraktion, als Mitglied im Haushalts- und Finanzausschuss mit seinen vielfältigen und oft schwierigen Materien und als Mitglied des kulturpolitischen Ausschusses und damit tatsächlich als der Sprecher der CDU-Fraktion in der Bildungspolitik konnte Kohl über Beschäftigungsmangel nicht klagen. Nur mit einem strikt eingehaltenen Terminplan, den er sorgfältig ausarbeitete und konsequent einhielt, war eine solche Belastung zu bewältigen. Das hinderte ihn allerdings nicht daran, sich auch mit anderen Fragen zu beschäftigen. So richtete er weiter sein Augenmerk auf die Beamtenpolitik und die Probleme des »Stellenkegels«, der die Leistungsbereitschaft der Beamten steigern sollte. Im Januar 1963 zeigte eine Darlegung über die ärztliche Altersversorgung in Rheinland-Pfalz vor der Fraktion, wie gründlich sich Kohl mit der Materie beschäftigt hatte. Er machte einen sinnvollen Verbesserungsvorschlag und mahnte, nicht den Gesichtspunkt aus den Augen zu verlieren, dass »mit der Ärzteschaft verfeindet zu sein, kein anzustrebendes Ziel sei«.[89]

Das Netz der politischen Beziehungen Helmut Kohls darzustellen, ist unmöglich. Dazu ist es zu vielfältig. Daher soll hier nur auf einige persönliche Verbindungen aus der frühen Zeit hingewiesen werden. Heinrich von Brentano kannte er schon seit den Fünfzigerjahren, gleichsam über den Rhein hinweg. Kurt Georg Kiesinger machte er 1957 in Ludwigshafen ausfindig, als dieser dort eine Klinik aufgesucht hatte. Mit Gerhard Stoltenberg, damals Ministerpräsident von Schleswig-Holstein, kam er schon 1959 über Fragen der Lebensmittelchemie in Kontakt. Zu dem langjährigen Bundesverkehrsminister Hans-Christoph Seebohm unterhielt er intensive Beziehungen, wegen seiner Kompetenz als Verkehrsfachmann, der viel zur Verkehrs-erschließung von Rheinland-Pfalz beigetragen und für Wünsche aus diesem Bundesland in der Regel ein offenes Ohr hatte. Deshalb setzte sich Kohl energisch dafür ein, dass Seebohm auch im ersten Kabinett von Ludwig Erhard Minister blieb.

Bei den Sozialpolitikern der Union kannte Kohl keine Berührungsängste. Er hatte einen guten Draht zu Josef Stingl und duzte sich mit dem Vorsitzenden der Sozialausschüsse, Hans Katzer, von dem er sich wünschte, »dass auch ein Teil der neu zu gewinnenden Aktivität der Sozialausschüsse uns hier zugutekommt«.[90] Mit der Bundeswehr, die in Koblenz ihre größte Garnison hatte, fand ein reger Austausch statt. Schon als Fraktionsvorsitzender wurde Kohl zu Manövern eingeladen. Einmal war er behilflich, Gemälde mit preußisch-militärischen Motiven für das Offizierskasino in Koblenz aufzutreiben. Den Kommandierenden General lud er 1966 zur Großen Prunksitzung des ZDF ein. Aber General Albert Schnez musste verzichten – ihn rief die Pflicht nach Bonn.[91]

Ein wichtiger Verbündeter Kohls war der Freiherr Karl Theodor von und zu Guttenberg, ein Franke und von Hause aus Abgeordneter der CSU, der aber als Erbe des berühmten Weingutes Buhl in Deidesheim auch in der Pfalz ansässig war und den Buhl'schen Weinkeller wie den »Deidesheimer Hof« als Begegnungsstätte der besonderen Art zur Verfügung stellte.[92] Mit der

Bekanntschaft Kohls mit zu Guttenberg verknüpfte sich zugleich schon sehr früh die Frontstellung zu Franz Josef Strauß. Dieser hatte Guttenberg durch den CSU-Landesvorstand in brutaler Weise unter Druck gesetzt, denn der Freiherr hatte es gewagt, in der »Spiegel«-Krise 1962 den Kontakt zur SPD zu knüpfen, um die Möglichkeit der Großen Koalition zu sondieren. Diese Koalitionsmöglichkeit hatte freilich zur Voraussetzung, dass der amtierende Verteidigungsminister, also Strauß, verschwinden musste, was dieser als parteiwidriges Verhalten bestraft wissen wollte. Indem sich Kohl auf die Seite Guttenbergs stellte, zeichnete sich zugleich die Distanz zu dem pfälzischen CDU-Abgeordneten Werner Marx ab, dem späteren Vorsitzenden des Auswärtigen Ausschusses, dessen dogmatischen Antikommunismus Kohl nie geteilt hat.[93]

Auf lange Sicht wurde die Bildungspolitik zur wichtigsten Aufgabe in der Landespolitik. Nur mit einer Abkehr von der starren Altmeier-Linie konnte die CDU ihre Stellung in Rheinland-Pfalz dauerhaft behaupten. Für diesen politischen Wandel war aber Zeit nötig, denn Altmeiers Anhänger, deren Zahl nicht gering war, mussten – wenn schon nicht in der Sache bekehrt – so doch von der politischen Notwendigkeit der Modernisierung des Bildungswesens überzeugt werden. Auf keinen Fall durfte es innerhalb der Partei zu einem Bruch kommen; diesen hätte man sofort Kohl angelastet.

Kohls Rede zum Haushalt des Kultusministers vom 10. Dezember 1962 zeigte vorsichtig, aber schon deutlich erkennbar die Richtung an. Seine Kenntnis der Materie stellte er mit der konkreten Darlegung der erzielten Fortschritte und einem Feuerwerk an Zahlen unter Beweis, die Rheinland-Pfalz in der Bildungspolitik einen guten Mittelplatz unter den Bundesländern zuwiesen. Dann nahm er sich die Positionen der Landes-SPD vor, die in Bezug auf die Bekenntnisschule sich sogar zu der Behauptung eines »konfessionellen Mauerbaus« verstiegen hatte, und setzte sie mit Zustimmungserklärungen prominenter Genossen zu Elternrecht und Bekenntnisschule matt. So zitierte er genüsslich, was Adolf Arndt, der hoch angesehene Jurist und Kulturpolitiker der SPD, im »Spiegel«-Gespräch dazu gesagt hatte. Der SPD-Politiker wollte offensichtlich etwas für die Wählbarkeit seiner Partei in katholischen Gegenden tun und hatte deshalb sein volles Verständnis mit Eltern gezeigt, »die der Geschlossenheit der Erziehung zu einem aus ihrem Glauben geformten Ganzen den Vorrang geben«. Da konnte Kohl nur hinzufügen: »Das ist vollinhaltlich auch unsere Stellungnahme.«[94]

In der Sache aber rückte er behutsam, doch unübersehbar von den Grundsätzen der bisher praktizierten Schulpolitik ab. Er versicherte, dass »für uns in der CDU« – er sprach bewusst nicht von der Partei insgesamt – bestimmend sei, »dass die Bildungschancen und damit auch die sozialen Chancen der Familie und der Kinder auf dem Lande und in den vielen kleinen Gemeinden unseres Landes auf alle Fälle zu verbessern« seien. Die dafür notwendigen Mittelpunktschulen umschrieb er vorsichtig, indem er von »Schulverbänden« sprach, die man »nicht schematisch dekretieren« könne, sondern die »jeweiligen örtlichen Gegebenheiten zugrunde legen« müsse. Das hatte nichts mehr mit dem »Herzblut« zu tun, mit dem nach Ministerpräsident Altmeier die Lehrerbildung in der Verfassung verewigt worden war.

Hier kündigte sich ein Wandel an. Das wussten im Landtag Koalition wie Opposition. In der CDU-Fraktion kam geradezu Begeisterung auf, als Kohl weit von der Landespolitik abhob und auf die mit internationalen Vergleichen geführte Reformdebatte in der Bildungspolitik einging. Auch auf diesem Niveau konnte er mithalten. Er zeigte sich überzeugt davon, dass die Zahl der Ingenieure eines Landes das weltpolitische Ringen um die Zukunft nicht entscheiden werde. Damit grenzte er sich selbstbewusst von den Unheilspropheten einer heraufziehenden »Bildungskatastrophe« ab, die ihr Hauptargument aus den sowjetischen Statistiken ableiteten, die eine weit höhere Zahl von Abiturienten und Ingenieuren in der Sowjetunion behauptete, ohne auf den Gedanken zu kommen, diese Zahlen kritisch zu überprüfen. Die Perspektive, die er aufzeigte, war realistischer. Für ihn hatten »das Staatssystem und das Volk für die Zukunft die größeren Chancen, das die meisten gut gebildeten und auch ausgebildeten Bürger in allen Lebensbereichen in seinen Grenzen vereint«.

Die Rede fand bei den Abgeordneten der Regierungskoalition großen Beifall. Sogar Bravorufe verzeichnet das Protokoll. Die Begeisterung der Abgeordneten war verständlich, denn Kohl hatte eine überzeugende Rede gehalten und die Regierungskoalition endlich in die Offensive gebracht, statt immer nur mit der SPD über die leidigen Schulprobleme zu streiten. Ein Aufbruch zu neuen Ufern in der Bildungspolitik war etwas, das von dem amtierenden Kultusminister nicht verlangt werden konnte. Eduard Orth verwaltete sein Ressort solide, aber für die immer wichtiger werdende Bildungspolitik hatte der wirtschaftspolitisch erfahrene Minister, zudem Teilhaber einer Möbelfabrik, keine Antenne.

Kohl kannte Orth schon lange aus dem Bezirksvorstand Pfalz, den Kohl von diesem im Jahre 1963 übernehmen sollte. Ihr Verhältnis zueinander und ihre Fähigkeiten zu pragmatisch kurzgeschlossenem Vorgehen beleuchtet trefflich die Geschichte von der Einrichtung eines Lehrstuhls für Publizistik an der Mainzer Universität und seine schließliche Besetzung.

Die Lehrstuhlgründung hatte eine verzweigte Vorgeschichte,[95] kam aber zu einem eindeutigen und sehr positiven Abschluss. Da gab es 1960 im Bundesinnenministerium Pläne zur Gründung eines Instituts für Film- und Fernsehforschung. Dabei hatte der Referent im Ministerium für das zu gründende Institut an die Mainzer Universität gedacht. Das Echo aus der Mainzer Staatskanzlei war entsprechend positiv. Es schien, als habe man nur darauf gewartet. Es lägen schon »eigene Erwägungen« in sehr konkreter Form vor. Kultusminister Orth hatte nämlich – unabhängig von den Bonner Planungen – bereits die Errichtung eines Lehrstuhls für Publizistik im Auge, für dessen Besetzung er auch schon klare Personalvorstellungen hatte. Für den Posten vorgesehen war der Chefredakteur der »Mainzer Allgemeinen Zeitung«, Dr. Heinrich Tötter, der sich bei dem Nestor der Zeitungsforschung, Emil Dovifat, habilitiert hatte. Wichtiger als die Habilitation war wohl die Tatsache, dass Tötter ein Kriegskamerad von Orth gewesen war, der ihn nun aus der Tretmühle des Zeitungsmachens herauslösen und auf die Höhen der Wissenschaft befördern wollte.

Was lag näher, diesen Mainzer Vorschlag mit den in Bonn angestellten Überlegungen für ein Institut für Film- und Fernsehforschung zu verbinden, wenn man dafür schon einen Kandidaten hatte? Es bestand also aus Mainzer Sicht »eine erstaunliche Übereinstimmung«, wie der Chef der Staatskanzlei, Fritz Duppré, schrieb, der als graue Eminenz und *mastermind* von Peter Altmeier in Mainzer Politikerkreisen hoch respektiert, aber auch gefürchtet war. Doch plötzlich kam Sand in das Berufungsgetriebe – es ging das Gerücht um, auch Professor Karl Holzamer habe »starkes Interesse« an diesem Projekt bekundet. Die Magie des Fernsehens zog noch weitere Interessenten an. Die geplante Berufung des alten Bekannten Tötter kam ins Schwimmen.

Daher nahm Duppré nun den Standpunkt ein, nicht sogleich an die Gründung eines Institutes zu gehen, sondern zunächst einmal für das Haushaltsjahr 1962 ein »Ordinariat für Publizistik« zu schaffen. Am 3. Oktober 1961 war aber nur noch von einem Extraordinariat die Rede, von dem es hieß, »dass die Angelegenheit im Landtag auf keinerlei Schwierigkeiten« stoße. Das war eine ganz neue Situation: nur noch eine außerordentliche Professur, die aber im Parlament schnell bewilligt werden könnte. Da stellte sich die Frage: War der ursprüngliche Mainzer Kandidat nicht mehr im Rennen? Außerordentlicher Professor zu werden, konnte Tötter nicht reizen, denn das hieß, bei einem geringeren Gehalt als dem eines Chefredakteurs vor allem viel Aufbauarbeit zu leisten.

Der Hinweis von Duppré, dass die schmalere Lösung im Landtag glatt durchgehen würde, lässt aufhorchen. Denn die sich abzeichnende Interessenlage mit Holzamer als möglichem Kandidaten und den Vorstellungen eines Instituts für Fernsehforschung ließ die Kandidatur Tötters blass aussehen. Im Haushalts- und Finanzausschuss hätte sie wahrscheinlich Bedenken hervorgerufen. Schließlich war Kohl Mitglied in diesem Ausschuss.

Viel wichtiger war jedoch etwas anderes. Helmut Kohl selbst hatte für diese Professur schon einen eigenen Kandidaten in Aussicht genommen, genauer, eine Kandidatin: Elisabeth Noelle-Neumann, die Leiterin des Allensbacher Instituts für Demoskopie. Dort war Kohl kein Unbekannter, und sehr wahrscheinlich war er es selbst, der auf die Idee kam, eine Professur für Publizistik zu schaffen, die aber nur als Extraordinariat ausgelegt war. Das niedrige Profil war klug gewählt. Eine solche Professur konnte nicht zur Befriedigung von persönlichem Ehrgeiz oder anspruchsvollen Institutsplänen dienen. So wurde Elisabeth Noelle-Neumann nur zu einem Vortrag nach Mainz eingeladen; danach teilte ihr Erich Welter, Professor für Volkswirtschaftslehre an der Universität Mainz und Mitherausgeber der »Frankfurter Allgemeinen Zeitung«, mit, dass der Vortrag – man höre und staune – als Bewerbung verstanden und sehr positiv bewertet worden sei. Nun nahm das Berufungsverfahren seinen Gang. Es musste nur noch der Kultusminister überzeugt werden. Kohl fragte Elisabeth Noelle-Neumann, ob sie auch schon vormittags Wein vertrage, und als sie dies leicht befremdet bejahte, zogen sie gemeinsam zu dem Pfälzer Eduard Orth, der einer mit Pfälzer Wein besiegelten Berufung nichts in den Weg stellen wollte.

Diese Art des Vorgehens mag Jahrzehnte später abenteuerlich klingen und wirkt angesichts der späteren Überbürokratisierung wie ein Märchen aus alten Zeiten. Das abgekürzte Berufungsverfahren hatte aber mehrere Nutznießer. Elisabeth Noelle-Neumann bekam die Chance, der Demoskopie an der Universität eine wissenschaftliche Heimat zu schaffen und in beispielhafter Form Lehre und Forschung miteinander zu verbinden. Dass ihre Professur nach kurzer Zeit in eine ordentliche Professur umgewandelt wurde, versteht sich fast von selbst. Die Studenten erhielten ein neues interessantes Fach in den Sozialwissenschaften. Helmut Kohl schließlich konnte seine Beziehungen zum Allensbacher Institut und ihrer Leiterin intensivieren.

Es entstand eine lebenslange freundschaftliche Verbindung, die für Kohl sehr wichtig war. Denn sein gesamtes politisches Wirken war von Planung bestimmt. Er ließ die Dinge nicht auf sich zukommen, um dann darauf zu reagieren, sondern er plante im Voraus. Das bedeutete in der Politik, über die Einstellung des Souveräns, des Wählers, möglichst genaue Daten zu erhalten. Das galt in erster Linie vor den Wahlen; aber auch das Meinungsklima während der Legislaturperioden musste beobachtet werden. Im Allensbacher Institut stellte Kohl sein unglaubliches Gespür für die Stimmung der Bevölkerung im »Instituts-Toto« regelmäßig unter Beweis; seine Voraussagen kamen den »tatsächlichen Ergebnissen am nächsten«.[96]

Von Verwaltungsreformen war in der 1963 zu Ende gehenden Legislaturperiode kaum die Rede gewesen. Für Kohl hatte diese Frage noch nicht im Vordergrund gestanden. Im Herbst 1962 war das Thema einmal im Fraktionsvorstand kurz zur Sprache gekommen, aber nur, um das Problem auf die nächste Legislaturperiode zu verschieben. Verwaltungsreform bedeutete zu diesem Zeitpunkt mehr eine Geste guten Willens gegenüber dem bürokratiekritischen Bürger als das, was in der nächsten Legislaturperiode Gestalt annehmen sollte: eine Reform, die diesen Namen auch wirklich verdiente.

Kohl hatte in seiner ersten Legislaturperiode einen rasanten Start hingelegt. In den Fraktionsvorstand war er schon nach weniger als einem Jahr aufgerückt. Dem wichtigen Haushalts- und Finanzausschuss gehörte er seit Beginn an. Das Stühlerücken nach dem Tod des langjährigen Fraktionsvorsitzenden Wilhelm Boden hatte er zur Kampfkandidatur um die Führung der Fraktion genutzt und mit seiner Wahl zum stellvertretenden Fraktionsvorsitzenden unübersehbar ein Zeichen gesetzt: Damit stand er als Herausforderer von Ministerpräsident Peter Altmeier fest. Jetzt musste er durch eigene Leistungen zeigen, dass er diesem Anspruch auch gerecht wurde.

Der Fraktionsvorsitz als Machtbasis

Im parlamentarischen System ist der Fraktionsvorsitzende der Regierungspartei der verlängerte Arm der Regierung; denn er organisiert ihre Unterstützung und seine Bedeutung bemisst sich an seiner Fähigkeit, auch widerstrebende Teile der Fraktion zu überzeugen oder wenigstens zu neutralisieren. Helmut Kohl passt in dieses Schema nicht hinein. Er gewann als Fraktionsvorsitzender eine Stellung, die weitaus gewichtiger war. Natürlich verteidigte er auch die Regierung gegenüber der Opposition, aber das war eher nebensächlich. Tatsächlich gab er der Landesregierung politische Leitlinien vor und sorgte zugleich auf vielfältige Weise für ihre Verwirklichung. Als Fraktionsvorsitzender schuf er sich eine Stellung, die ihm mehr Macht und Einfluss verschaffte, als sie der Ministerpräsident eigentlich für sich in Anspruch nehmen konnte.

Am 31. März 1963 fanden in Rheinland-Pfalz Landtagswahlen statt. Sie brachten der CDU ganz unerwartet eine empfindliche Niederlage ein, den Verlust der absoluten Mehrheit. Der Machtverlust drohte, denn SPD und FDP hatten zusammen die Mehrheit. Was lag in dieser Situation näher, als dass diese beiden Parteien über die Gemeinsamkeiten in der Schul- und Bildungspolitik zueinanderfanden?

Kohl hatte nicht mit dem Einbruch seiner Partei gerechnet. Noch am 12. März 1963 bekundete er in einem Brief an Bundestagspräsident Eugen Gerstenmaier, der als Hauptredner für die Schlusskundgebung des Wahlkampfes in Ludwigshafen vorgesehen war, erheblichen Optimismus.[97] In der Landespolitik war im Grunde nichts schiefgelaufen, und der beginnende Kampf um die Macht zwischen Altmeier und Kohl war in der Öffentlichkeit noch nicht zur Kenntnis genommen worden, hatte also bei den Wahlen keine Rolle gespielt. Tatsächlich war die Ursache für die Wahlniederlage in Bonn zu suchen.[98] Der Kampf um die Kanzlernachfolge, Konrad Adenauers Weigerung, den Platz endlich für den ungeliebten Nachfolger Ludwig Erhard frei zu machen, hatte im März an Schärfe zugenommen und die Wähler verstimmt.

Die Wahlschlappe wirkte sich für Kohl vorteilhaft aus, denn die Niederlage beflügelte diejenigen, die etwas in der Partei verändern wollten. Zunächst einmal wurde er zum Vorsitzenden der Fraktion gewählt, denn der bisherige Vorsitzende Hermann Matthes hatte den Platz frei gemacht und war als Staatssekretär in das Sozialministerium eingetreten. Die Fraktion wählte Kohl einstimmig, was ihn nach der Kampfabstimmung zwei Jahre zuvor zu Recht mit Stolz erfüllte.[99] Allerdings fehlten einige Abgeordnete; vielleicht waren sie der Wahl ferngeblieben, weil sie es nicht fertigbrachten, den in ihren Augen viel zu fortschrittlichen jungen Politiker zu wählen. Geschlossenheit aber war das Gebot der Stunde. Kohl galt als der Mann, der für die kom-

mende »harte Legislaturperiode«[100] besonders qualifiziert erschien. Er selbst wollte die Niederlage als »heilsamen Schock«
verstanden wissen. Er hatte bei den Koalitionsverhandlungen
erfahren müssen, »dass es sehr wohl möglich ist, dass auch die
CDU in diesem Land in die Opposition geraten kann«[101]. Tatsächlich sollte diese Befürchtung erst 25 Jahre später Wirklichkeit werden, dann allerdings für viele Jahre.

Die Erneuerung der Koalition mit der FDP war weitgehend
Kohls Verdienst. Bei der FDP bemerkte man rasch, dass er in
der Schulpolitik »den Liberalen näher stand als dem eigenen
Ministerpräsidenten«. Sie erkannten, dass auch mit Kohl und
der CDU die notwendigen Reformen in der Bildungspolitik erreicht werden konnten – es war also gar nicht notwendig, auf
den vertrauten Koalitionspartner zu verzichten und eine Koalition mit der SPD einzugehen. Mit Peter Altmeier als tonange-
bendem Verhandlungspartner wäre die Koalition kaum erneuert
worden. Aber Kohl stand bei den Verhandlungen in der Mitte,
zwischen der FDP und den Konservativen der eigenen Partei.
Das eröffnete ihm einen erheblichen Verhandlungsspielraum.
Wie er rückblickend feststellte, hat er bei dieser Gelegenheit »die
hohe Schule der Verhandlungsführung« gelernt. Hier erscheint
er zum ersten Mal in einer Mittlerposition, die er in den nächsten Jahrzehnten immer wieder wahrnehmen musste. Dabei ist
der Hinweis wichtig, dass die FDP von Kohl nicht nur als Koalitionspartner und Mehrheitsbeschaffer betrachtet wurde, sondern dass ihn mit diesem Partner auch ein beachtliches Maß an
politischer Übereinstimmung verband.

Trotz aller Bereitschaft zum Ausgleich, die Kohl signalisierte,
gestalteten sich die Verhandlungen außerordentlich schwierig.
Das hing mit den Forderungen der FDP zusammen. Kohl musste
die Erfahrung machen, dass bei der Vergabe von Ministerposten
»Tendenzen offenbar« wurden, »die vorher niemand für möglich gehalten hätte«.[102] Es waren halt seine ersten Koalitionsver-

handlungen. Weitaus schwieriger und für ihn selbst politisch gefährlicher war der eigentliche Durchbruch bei diesen Verhandlungen, der in der Abkehr von der Bekenntnisschule bestand. Von dieser tatsächlich entscheidenden Wendung in der Schulpolitik wurde nicht viel Aufhebens gemacht. Erst recht wurden keine Fristen gesetzt, aber über die Tragweite dieser Entscheidung bestand keine Unklarheit.

Die Schulpolitik war aber eine Herzensangelegenheit von Ministerpräsident Altmeier, für die er sich stets eingesetzt hatte, seit er 1947 Regierungschef geworden war. Obwohl er als der zukünftige Ministerpräsident feststand, musste er es geschehen lassen, dass von der Bekenntnisschule Abschied genommen wurde. Für Kohl war dies nicht unproblematisch, denn ein Teil der Fraktion wie der Partei und der Wählerschaft stand in dieser Frage durchaus hinter Altmeier. Es konnte daher für Kohl gefährlich werden, wenn sich in der Partei Widerstand regte und Behauptungen die Runde machten, Kohl habe durch eine verfassungsändernde Mehrheit, die sich auf seinen Anhang in der Partei sowie auf Liberale und Sozialdemokraten stützte, die bewährte katholische Schulpolitik Altmeiers torpediert.

Solche parteiinterne Kritik durfte gar nicht erst aufkommen, obwohl erhebliche Risiken bestanden. Die Abschaffung der Bekenntnisschule bedeutete die Liquidierung einer Bastion des politischen Katholizismus, die in Rheinland-Pfalz durch Peter Altmeier und Adolf Süsterhenn besonders stark ausgebildet war. In Koblenz, der Heimatstadt Altmeiers, waren im Jahre 1965 von 28 Volksschulen 27 Konfessionsschulen. Mit Sicherheit hätten etliche von ihnen als christliche Gemeinschaftsschulen dem Verhältnis der Konfessionen innerhalb der Schülerschaft mehr entsprochen. An einem solchen Detail lässt sich ablesen, dass Schulfragen auch Machtfragen sind.

Der neue Fraktionsvorsitzende Helmut Kohl machte umgehend Druck. Er setzte gegen Altmeiers zögerlichen Protest durch, dass die Regierungserklärung sehr umfangreich wurde und eine Vielzahl von Einzelpunkten aufführte. Damit wollte er diese von vornherein als CDU-Politik »anbieten«. Denn für ihn stand fest, »dass eine Regierungserklärung die Magna Charta der Regierungspolitik für vier Jahre sei«.[103]

Bald kam aber zur Sprache, was die Einigung mit den Liberalen tatsächlich für die Schulpolitik bedeutete. Es kam zu einem ersten Antrag auf Änderung der Schulartikel der Verfassung. Man fing dabei scheinbar bescheiden an. Zur Debatte stand der Antrag, im Artikel 29 einen Halbsatz zu streichen, »nach dem auch die einklassige Volksschule einen geordneten Schulbetrieb gewährleistet«[104]. Daran entzündete sich in der Fraktion noch einmal die Grundsatzdebatte über das Elternrecht, das der anwesende Trierer Domkapitular Josef Hansen »tangiert«, also beeinträchtigt sah. Kohl reagierte auf diese Kritik mit bemerkenswerter Entschlossenheit. Entschieden verwahrte er sich gegen den Vorwurf, er verletze das Elternrecht, und ging selbst zum Angriff über. Die Partei sei verpflichtet, hielt er dagegen, »die großen Entscheidungen der nächsten zehn Jahre so vorzubereiten, ... dass man später nicht sagen könnte, die CDU sei seinerzeit nicht auf der Höhe der Zeit gewesen«. Dieser Standpunkt müsse auch in der Öffentlichkeit bekannt gemacht werden, nämlich, »dass die CDU an der Spitze einer Entwicklung stehe, absolut aufgeschlossen und frei für die Zukunft, unter Beibehaltung ihrer Prinzipien«.

So begannen die konkreten Schritte zur Modernisierung des Schulwesens – vom Gesetz über die Volksschule über die Reform der Lehrerbildung und damit der pädagogischen Hochschulen, die nun nicht mehr konfessionell orientiert waren, bis hin zur Neustrukturierung des katholischen Privatschulwesens. An deren Anfang stand – und darauf kommt es in diesem Zusammenhang an –, die Entschlossenheit Kohls, die Gunst der Stunde nach der Wahlniederlage und die dadurch entstandene

Verunsicherung in den eigenen Reihen zu nutzen und mit der Reform zu beginnen.

Darüber, was er als Fraktionsvorsitzender bewirken wollte, hatte Kohl von Anfang an feste Vorstellungen. Am 22. Juli 1963 trug er der Fraktion sein Programm vor, das keine Sachfragen anschnitt, sondern die Stellung der Fraktion und ihre Aufgaben gegenüber der Regierung wie der Partei umriss. Es war wohlgemerkt kein »Regierungsprogramm«, sondern ein Konzept, das mit simpler Fraktionsarbeit auch nur wenig zu tun hatte. Es ging um ein neues Problembewusstsein.

Diese Rede Kohls, die sogar in hektografierter Form überliefert ist,[105] vermittelt interessante Einblicke in seine politische Strategie. Ziel der politischen Arbeit sei die Wiedergewinnung der absoluten Mehrheit. Aber auf das Wie käme es an. Es gelte, stärker als bisher, Politik in die Zukunft hinein zu gestalten und nicht nur auf die alten Erfolge zu bauen, denn: »Es gibt uns heute kaum noch einer in der Wählerschaft etwas dafür, dass wir in den großen Fragen der Nation in den Jahren 1950, 1951, 1952 und 1953 die richtige Linie erkannt und durchgesetzt haben.« Die grundlegenden Entscheidungen dieser Jahre seien für junge Wähler bereits Geschichte, als politische Erfahrung also nicht mehr nachvollziehbar. Deshalb taugten sie nicht als Motiv, auch heute oder morgen die CDU zu wählen. Aus einer nicht lange zurückliegenden demoskopischen Umfrage – sicher aus Allensbach – gehe hervor, dass in der jungen Generation »heute immer noch der höchste Anteil der Wähler beiderlei Geschlechts der CDU sich zugehörig« fühle. Auf diesen höchst erfreulichen Befund müsse man die Politik ausrichten. Es gelte daher, gerade für diese jungen Menschen »Leitbilder für heute und morgen« zu entwickeln. Kohl warnte eindringlich davor, »Fett anzusetzen« und den Rückschlag bei den Wahlen auf die leichte Schulter zu nehmen. Eine solche Haltung hielt er für »tödlich«.

Der Nachdruck, mit dem er auf die Notwendigkeit hinwies,

die Jüngeren für die Politik zu gewinnen, ist bemerkenswert. Er hatte erkannt, dass die nachwachsende Generation anders war. Sie hatte die großen Erfolge Konrad Adenauers nicht mehr miterlebt – Kohl hätte auch hinzufügen können: auch nichts mehr vom Krieg und den Hungerjahren danach. Sie hatte ein anderes Lebensgefühl, war aber noch politisch für die Union erreichbar. Daher müsse man eine Politik machen, die für die Nachwachsenden glaubwürdig war.

Kohl selbst war als Führer der »Jungen« in der Politik groß geworden, aber selbst in seiner neuen Position als einflussreicher Politiker hatte er sich ein Gefühl dafür bewahrt, dass in der Jugend und im politischen Diskurs sich Wandlungen vollzogen, auf die man reagieren musste. Darauf wollte er aufmerksam machen, damit die Partei diesen Herausforderungen begegnen konnte. Ein Teil dieser Jugend machte einige Jahre später freilich als »Achtundsechziger« eine scharfe Wendung nach links und war für die CDU nicht mehr erreichbar. Aber das war nicht die Mehrheit. Das bildungspolitische Engagement Kohls verfolgte auch das Ziel, einem größeren Teil der nachwachsenden Generation die CDU als politische Heimat zu erhalten, die keineswegs so überwiegend »links« eingestellt war, wie es das Bild der gewalttätigen Demonstrationen vermittelt.

Der CDU-Landtagsfraktion wies Kohl eine geradezu strategische Rolle zu. Sie sollte als Plattform und zugleich als Schaltzentrale dienen, von der Impulse in die Partei, aber auch in die Regierung ausgingen. Welche Bedeutung er der Fraktion zumaß, spiegelt seine eigentümlich gestelzte Wortwahl wider: Er sah sie als den »vornehmsten Ort und den Hort der Landespolitik der CDU«. Er hatte ihr die Rolle als politische Leitungsinstanz zugedacht, mit engen Kontakten zur Landespartei. Das war die eine Stoßrichtung. Die andere ging nach oben, zur Regierung hin. Die Fraktion sollte auch »Heimat« der CDU-Minister bleiben. Er ermahnte diese, nicht zu der Partei auf Distanz zu gehen oder sich in ihren Ministerien einzuigeln. Es müsse ein gegenseitiges Vertrauensverhältnis vorhanden sein. Und es fehlte nicht der Hinweis, dass die Mitglieder der Regierung »aus dem Schoß der Fraktion« hervorgegangen seien und auch das Vertrauen der Fraktion benötigten. Den Ministern gab Kohl noch eine weitere Warnung mit auf den Weg. Sie sollten gegenüber der »sogenannten Ministerialbürokratie« vorsichtig sein und nicht zu viel auf den »Rat der Herren ihres Hauses« geben und nicht von ihnen abhängig werden. An diesem Konzept hielt er fest. Fast wörtlich sollte er zwanzig Jahre später, nach seinem triumphalen Wahlsieg am 6. März 1983, diese Warnung wiederholen.

Noch kritischer ging Kohl mit einer spezifischen Gruppe der Ministerialbeamten um, die er als »politisch nahestehend« charakterisierte. Hier kamen bittere Erfahrungen der jüngsten Koalitionsverhandlungen zum Ausdruck. Mit diesen angeblich der Partei »Nahestehenden« habe man »totalen Schiffbruch« erlitten. In dieser Gruppe sei unschöner Opportunismus aufgekommen mit der Tendenz, auch in einer anderen Koalition die Karriere mit politischem Rückenwind fortsetzen zu können. Für Kohl bedeutete es nichts, wenn Leute ihre »Zugehörigkeit zu dieser oder jener studentischen Verbindung, zu dieser oder jener gesellschaftlichen Vereinigung« hervorkehrten und deshalb bevorzugt werden wollten. Solchen Postenjägern erteilte er eine klare Absage. Da wurden auch soziale Ressentiments sichtbar, etwa gegenüber dem CV, dem Cartellverband der katholischen deutschen Studentenverbindungen. Stattdessen wollte Kohl lieber Beamte fördern, die qualifiziert waren, der CDU angehörten und sich in der Öffentlichkeit auch zu dieser Partei bekannten.

Eine Person kam in Kohls Rede praktisch nicht vor: Ministerpräsident Peter Altmeier. Politisch nahm er ihn nicht mehr zur Kenntnis. Altmeier erschien mehr wie ein Mieter, der ein Wohnrecht hatte und dem man deswegen nicht kündigen konnte. Und je weniger dieser in der Lage war, Kohls Politik zu verhindern, desto deutlicher brachte er seine Ablehnung zum Ausdruck. Mitunter stimmte Altmeier in der Fraktion als Einziger gegen einen Beschluss oder enthielt sich demonstrativ der Stimme.

Es war wohlüberlegt von Kohl, dass er in seiner Rede vor der Fraktion keine Regierungserklärung in dem Sinne abgab, dass er auf die Regierungsarbeit selbst einging und ankündigte, was alles konkret erreicht werden sollte. Auf das Arbeitstempo der Ministerien hatte er ja keinen direkten Einfluss. Ihm kam es auf etwas anderes an: der Fraktion die Strategie aufzeigen, die er der politischen Arbeit zugrunde legen wollte. Ihm ging es um intensive Kommunikation auf allen Ebenen. Die häufig anzutreffende Abschottung sollte gar nicht erst aufkommen. In der Fraktion kam alles zusammen; das »Fraktionszimmer« – wie die Bezeichnung sagte, kein Sitzungssaal – erzeugte das Gefühl der Zusammengehörigkeit. Hier sollten Diskurs und Auseinandersetzung über die verschiedenen politischen Probleme stattfinden. Gewiss hätte Kohl auch zur Sache sprechen können, aber das hätte Diskussionen um die Bekenntnisschule und den dornigen Punkt der Verfassungsänderung ausgelöst, die er gerade vermeiden wollte, weil damit nur Gräben aufgerissen worden wären.

Er wählte daher ein anderes Vorgehen. Der Zusammenhalt innerhalb der Fraktion sollte gestärkt und das Binnenklima so positiv ausgebildet werden, dass die heiklen Fragen der Schulpolitik in einem Geist gegenseitigen Verständnisses behandelt werden konnten. Zu diesem Zweck wollte er auch Klausurtagungen der Fraktion nutzen. Sie sollten außerhalb von Mainz stattfinden und nicht nur der konzentrierten Fraktionsarbeit, sondern daneben als Gelegenheit dienen, Land und Leute kennenzulernen. In den folgenden beiden Jahren fanden sechs solcher Tagungen statt, an kleinen Orten wie Diez oder Kyllburg. Das war für die Fraktionsmitglieder anregend und für die örtlichen Mandatsträger der Partei, die Spitzen der Verwaltung und

die Vertreter der Wirtschaft eine interessante Form der Kontakt-
aufnahme.

Kohls Strategie lief auf eine »Regierung aus der Fraktion« hinaus, die ihrem Vorsitzenden eine Schlüsselstellung einräumte.
Es ist naheliegend, dass eine solche Position ihm weit wichtiger
war als die Übernahme eines Ministerpostens. So bekam die
Fraktion immer mehr Ähnlichkeit mit einer erweiterten Kabinettssitzung; denn auch die CDU-Minister waren häufig dort
anwesend, legten ihre Positionen dar und konnten auf Unterstützung oder auch auf Kritik bei den Abgeordneten rechnen.
Die beherrschende Figur aber war der Fraktionsvorsitzende, der
in der Regel um Ausgleich bemüht war, aber auch entschieden
seinen eigenen Standpunkt vertreten konnte. So etwas hatte es
noch nicht gegeben.

Seine Position als Mittelpunkt von Fraktion und CDU-Mi-
nistern bot Kohl entscheidende Vorteile. Wenn er etwa mit den
Fraktionsvorsitzenden der beiden anderen Parteien verhandelte,
war er in dieser Funktion viel beweglicher und damit einflussreicher als der Regierungschef. Solche Treffen verliefen unbürokratisch und sachbezogener als ein Termin in der Staatskanzlei
und waren nicht durch Prestigefragen belastet. Denn Einigungs-
bedarf bestand in erheblichem Maße zwischen den drei Land-
tagsparteien. In der Bildungs- und Schulpolitik mussten die
Hindernisse beseitigt werden, die auf dem Weg hin zu den notwendigen Verfassungsänderungen lagen. Nur so konnte im März
1967 die Verfassungsänderung beschlossen werden; der Antrag
war von allen drei Fraktionen eingebracht worden zum Zeichen
dafür, dass es in dieser wichtigen Frage keine Sieger und Besiegte gab.

Zugleich prägte dieses bewegliche Politikmachen aus einem
Zimmer heraus mit Willibald Hilf als Fraktionsgeschäftsführer
und zwei Schreibkräften Kohls weitere Laufbahn als Politiker.
Man kann auch sagen, hier bildete sich ein politischer Stil aus,

den er sein Leben lang beibehielt. Er wollte einen kleinen politisch geprägten Kreis von Mitarbeitern um sich haben, dem er voll vertraute. Politiker, die etwas bewirken wollen, entwickeln in der Regel ein gespanntes Verhältnis zur Bürokratie, die ihrer Meinung nach nicht fähig oder willens ist, ihre Pläne mit der gewünschten Schnelligkeit zu verwirklichen. Bei Konrad Adenauer etwa war Kritik an der Bürokratie ein Dauerthema. Bei Kohl war das nicht der Fall. Er kam zwar aus der Partei, er war buchstäblich mit ihr groß geworden, und er blieb sein Leben lang mit seiner Partei und ihren Mitgliedern auf den verschiedenen Ebenen viel enger verbunden, als dies bei Spitzenpolitikern der Fall zu sein pflegt, die im Laufe der Jahre die Bindung an die Partei als eher lästig empfinden. Die Nähe zur Partei entstand bei ihm aber nicht aus der Abneigung gegen die als feindlich empfundene Bürokratie. Da hatte er keine Berührungsängste, schließlich war er ein Beamtensohn.

Die Priorität der Partei ergab sich ganz einfach aus Kohls rasantem Aufstieg, der nur über die CDU lief, bis er als Fraktionsvorsitzender erkannte, wie viel beweglicher und effektiver er sein konnte, wenn er Politik machte, ohne durch einen bürokratischen Apparat beeinträchtigt zu sein. Deshalb fiel bei ihm das sattsam bekannte Imponiergehabe mit Vorzimmern und Referenten weg; es hat sich auch später nie bemerkenswert entwickelt. Doch es gab etwas anderes, das er ständig zu benutzen lernte: das Telefon. Der Aufstieg Kohls lässt sich durchaus mit dem Ausbau des Selbstwählverkehrs in Verbindung setzen. Er konnte mit dem Telefon schnell erreichen, wen er wollte: Parteifreunde, um über die Partei informiert zu sein; Beamte in den Ministerien, bei denen er sich energisch nach dem Stand ihrer Arbeiten erkundigte, was in der Regel viel mehr Wirkung zeigte als ein Brief an das jeweilige Ministerium; Leute aus der Wirtschaft, vor allem des Mittelstandes, für die er immer ein offenes Ohr hatte, denn in wirtschaftspolitischen Fragen war er ein

Mann Ludwig Erhards und wie dieser ein Gegner wirtschaftlicher Machtzusammenballung.

Das Team entsteht

Gewiss hatte auch Kohl in seinem Umfeld Personalbedarf, aber er ließ sich mit der Auswahl Zeit. Er wollte die richtigen Leute finden. Schon im Juli 1963 hatte er die Herausgabe einer Fraktionspressekorrespondenz angekündigt, für die Partei eine absolute Neuheit, denn Pressearbeit war bisher ein Fremdwort gewesen. Die Korrespondenz sollte es möglich machen, »dass wir an die maßgeblichen Leute unserer Partei auch auf örtlicher Ebene herankommen und darüber hinaus einen breiten Kreis von Interessenten … ansprechen«[106]. Dabei dachte Kohl an Bauernverbände, Lehrerverbände, Kammern aller Art, aber auch an die Geistlichen beider Konfessionen.

Den richtigen Mann für die Pressearbeit zu finden, war aber nicht einfach. Der Zufall half. Am Rande des Bundesparteitags 1964 in Hannover traf Kohl beim Frühstück im Hotel Hannes Schreiner. Beide waren »ziemlich angeschlagen«, denn »bei den Parteitagen damals ging es ja nachts ziemlich munter zu. Es wurde viel schwadroniert und noch mehr getrunken.«[107] Schreiner war einige Jahre lang Pressereferent der hessischen CDU-Landtagsfraktion gewesen und im Begriff, die Stellung zu wechseln. Bei einem Gespräch in Mainz wurde er dann von Kohl regelrecht eingefangen. Ihn faszinierte die Vision, die dieser entwickelte, »vom Aufbruch eines Bundeslandes, das damals als ›Land hinter dem Mond‹ galt, in eine wirtschaftliche und industrielle Zukunft«. Schreiner hatte den Eindruck, als sei Kohl »von dieser Aufgabe geradezu besessen«.

Schreiner arbeitete sich im Laufe des Jahres ein und trat Anfang 1965 die Stelle als Fraktionssprecher an. Er vermittelte

Kohl den Kontakt zu den Vertretern der überregionalen Presse. Das war eine geschickte Umgehung der Nichtbeachtung durch die Landespresse. Die Korrespondenten von Blättern wie der »Frankfurter Allgemeine Zeitung«, der »Süddeutschen Zeitung«, dem »Spiegel« und »Christ und Welt« machten in großen Artikeln auf die neue politische Begabung aufmerksam, die erstaunlicherweise in Rheinland-Pfalz herangewachsen war. Fortan begleitete Schreiner den Aufstieg Helmut Kohls und sorgte umsichtig für das publizistische Erscheinungsbild. Zudem wurde er zu einem wichtigen Berater, da er auch die Fähigkeit zu perspektivischer Planung besaß und Kohl darin durchaus ähnlich war. 1969 wurde er Pressesprecher der Landesregierung. Als Kohl 1976 nach Bonn ging, blieb er aber als Staatssekretär in Mainz.

Zum ersten Mal hatte Kohl eine feste Verbindung zur Presse. Auf dem Trierer Parteitag im August 1964 zeigte der Umgang mit Schreiner Wirkung. Kohls Äußerungen über die Presse wirkten fast wie eine Liebeserklärung. Selbstkritisch räumte er das »unbewältigte Problem in der Geschichte der CDU« ein, dass die Partei sich als unfähig erwiesen habe, einen »vernünftigen Kontakt zur öffentlichen Meinung herzustellen«. Er forderte die Presse sogar »zu einer offenen Kritik« auf und mahnte die Politiker, sich »dieser Kritik nicht zu entziehen«.[108] Kohl war bis dahin keineswegs pressescheu gewesen, aber die Medien seines Landes hatten nicht viel Notiz von ihm genommen. Nun sah er die Möglichkeit, dieses Handicap mit Schreiners Hilfe zu überwinden. An dessen Seite entwickelte er ein unverkrampftes Verhältnis zur Presse, das ihn jedoch später, als sein bundespolitisches Profil stärkere Konturen gewann, nicht vor bitteren Enttäuschungen bewahrte.

Den Lehrermangel in den Sechzigerjahren, der besonders stark in Rheinland-Pfalz fühlbar wurde, bekam Kohl auf mittelbare Art selbst zu spüren. Eine seiner Sekretärinnen hatte gekündigt, um im Rahmen der Aktion »Vertragslehrer« eine verkürzte Ausbildung in diesem Beruf zu beginnen. Kohl hielt Ausschau nach Ersatz und wurde im Innenministerium fündig. Er hatte sich für Juliane Weber entschieden, die in der Gesundheitsabteilung des Innenministeriums beschäftigt war, »eine langjährige Verwaltungserfahrung« mitbrachte »und eine sehr gute Sekretärin sein« sollte.[109] Die Vorabinformation erwies sich als richtig, denn Juliane Weber blieb für über vierzig Jahre die Sekretärin und spätere Büroleiterin des Kanzlers. Sie war eine Mitarbeiterin, die mit den Aufgaben wuchs – wie es auch bei Kohl selbst der Fall war. Aus den Anfängen als Mitglied eines ganz kleinen Kreises von Mitarbeitern bewahrte sie sich eine unbürokratische Frische und zugleich eine Unbefangenheit gegenüber Politikern. Sie hatte schließlich ihre Tätigkeit an einer Stelle begonnen, wo stets politische Spannung herrschte und wo sie studieren konnte, wie Politiker in verschiedenen Situationen reagieren.

Seit er Mitte der Fünfzigerjahre begann, auch außerhalb seiner engeren Heimat aufzutreten, übte Helmut Kohl Kritik an den Zuständen innerhalb der CDU und forderte Reformen in der Partei. Vor allem beanstandete er die Organisation der CDU, die er mitunter als Gemisch von verknöcherten Honoratioren und Karteileichen beschrieb. Als er im Oktober 1963 den Vorsitz im Bezirksverband Pfalz übernahm, sorgte er dafür, dass die Kreisgeschäftsführer seines Bezirks auf ihre Aufgabe vorbereitet wurden. Er schickte sie zur Ausbildung in die Bundesgeschäftsstelle der CDU nach Bonn und in die Akademie Eichholz der Konrad-Adenauer-Stiftung.

Als Kohl 1966 zum Landesvorsitzenden gewählt wurde, stellte sich das Problem eines neuen Landesgeschäftsführers. Auch hier hörte Kohl sich sorgfältig um. Ihm wurde der Geschäftsführer des CDU-Kreisverbandes Oberhausen, Hans Terlinden, empfohlen, der bereits politische Erfahrungen in der Kommunalpolitik gesammelt hatte.[110] Terlinden gehörte – wie auch Schreiner – der gleichen Altersgruppe an wie Kohl. Terlinden machte sich nun daran, buchstäblich den ganzen Landesverband umzukrempeln, indem er eine Beitragsreform durchführte. Er stärkte die Kontrolle über die Kreisorganisationen, indem der Landesverband die Kreisgeschäftsführer einstellte, bezahlte und dafür sorgte, dass diese sich vor allem um die Organisation kümmerten und nicht zu viel eigenen politischen Ehrgeiz entwickelten. Zugleich setzte Terlinden in freundlich gehaltenen und nicht zu beanstandenden Rundschreiben Beitragserhöhungen durch und veranlasste die Kreis- und Bezirksorganisationen, dass die von ihnen abgeführten Beiträge auch mit der vorher gemeldeten Mitgliederzahl übereinstimmten. Durch Satzungsänderungen wurde die Zahlungsmoral verbessert. Parteitagsdelegierte durften ihr Stimmrecht nur ausüben, wenn ihr Kreisverband die festgesetzten Beiträge an den Landesverband abgeführt hatte. Da das nicht immer der Fall war, konnte Terlinden auf Parteitagen eine Reihe von Schecks kassieren. Sonderbeiträge für Mandatsträger oder politische Beamte waren hoch – 1972 musste ein Staatssekretär einen monatlichen Sonderbeitrag von 300 D-Mark zahlen. Wenn die Reformarbeit Terlindens Schule gemacht hätte, lässt sich jedenfalls erschließen, hätte die CDU nie ein Schulden- und Spendenproblem gehabt.

Helmut Kohl hatte einen vollgepackten Arbeitstag und einen gefüllten Terminkalender mit Verabredungen in Mainz, in der Pfalz, den anderen Landesteilen, aber auch in zunehmendem Maße in Bonn. Er wohnte weiterhin in seinem Haus in der Tiroler Straße in Ludwigshafen. Kein Gedanke, in die Landeshauptstadt umzuziehen, war er doch noch immer auch Fraktionschef der CDU im Stadtrat von Ludwigshafen. Zudem war er für seine Pünktlichkeit bekannt und hasste jegliche Verspätung – man muss sich fragen, wie er das alles bewältigen konnte.

Eine wesentliche Voraussetzung dafür war ein Fahrzeug und – noch wichtiger – ein Chauffeur dieses Wagens, der in der Lage

und willens war, für Kohls ausgedehntes Fahr- und Arbeitsprogramm zur Verfügung zu stehen. Er fand ihn in Eckhard Seeber, einem ehemaligen Stabsunteroffizier der Bundeswehr, den
er dem Ludwigshafener Industriellen Udo Giulini abgeworben
hatte. Wahrscheinlich trug der Chemieverband die Kosten.
Auch hier sieht man, mit welcher Sorgfalt Kohl Personalentscheidungen traf. »Ecki« Seeber und seine Frau Hilde wurden
zu freundschaftlich verbundenen Helfern der Familie Kohl.

Dauerbrenner Bekenntnisschule

Ein knappes Jahr nach Übernahme des Vorsitzes ging Kohl bereits in die Offensive. Der Landesparteitag in Trier im August
1964 diente ihm zur Abrechnung mit seinen Gegnern, also mit
Ministerpräsident Altmeier und seinem Anhang. Er erinnerte
sie daran, »dass die CDU keine Kirchenpartei« sei, und verwies
auf das Wort des von ihm hochgeschätzten Wiener Kardinals
König, dass nicht die Kirchenfahne, sondern »christliche Verantwortung« in der Politik vonnöten sei.[111] Solch christliche
Verantwortung sei eben bei der »wichtigsten Entscheidung« gefragt, nämlich bei der geplanten Schulreform. Empört wies er
die Unterstellungen seiner Gegner als unsinnig zurück, die behaupteten: »In Mainz gibt man Prinzipien auf, um Ministerses-
sel zu retten.« Mit Prinzipien war die Bekenntnisschule gemeint.

So begannen die konkreten Schritte zur Modernisierung des
Schulwesens. Kohls Gegner waren unfähig zu erkennen, dass
auch aus konservativer Sicht die Bildungspolitik nicht mehr
einfach fortgesetzt werden konnte. Es war unmöglich, dass fast
90 Prozent der Schüler in Rheinland-Pfalz nur die Volksschule
durchliefen. Eine Realschule musste in diesem Land erst eingerichtet werden. Die einklassigen Dorfschulen waren nur allmählich umzuwandeln. Lehrermangel und die Finanzlage setzten

Grenzen, aber es galt, entschlossen mit der Reform zu beginnen. Wie beschränkt die Möglichkeiten waren, zeigt das damalige schulpolitische Nahziel des Ausbaus der Volksschuloberstufe mit Einführung einer neunten Klasse.

Den geringen Handlungsspielraum mag ein Beispiel verdeutlichen. Walter Dirks, der einflussreiche katholische Publizist, hatte in Mainz einen Vortrag über den »Bildungsauftrag der Hauptschule« gehalten. Kultusminister Eduard Orth meinte, Dirks habe übertrieben und sei davon ausgegangen, »dass man mehr als 200 Prozent fordern müsse, um wenigstens etwas zu erhalten«. Kohl dagegen hielt das von Dirks aufgeworfene Problem »für eine zentrale Frage der Kulturpolitik überhaupt«, ließ in der Fraktion Kopien des Vortrags verteilen und wollte die Frage noch in einer Sitzung erörtern, zu der auch »die Schulreferenten der Diözesen« eingeladen werden sollten.[112] Denn hier vor allem vermutete er den Widerstand gegen die Reform.

Das Elternrecht stellte in der katholischen Schulpolitik ein kampferprobtes Mittel zur Abwehr unerwünschter staatlicher Einflussnahmen dar. Kohl war das wohl bekannt, und aus diesem Grund hatte er immer wieder betont, dass die von ihm vertretene Reform das Elternrecht respektiere. Er wusste, dass die in der öffentlichen Diskussion genannten Zahlen über das allgemeine Bildungsniveau auch katholische Eltern erschreckten. Auf dem Trierer Parteitag hielt er mit diesem Zahlenmaterial, das die Politiker »nicht nur zum Nachdenken, sondern vor allem zum Handeln zwingen« müsse, nicht hinter dem Berg, denn Rheinland-Pfalz lag weit unter dem Durchschnitt. Er sprach bewusst die Katholiken an, wenn er ihnen vorhielt, dass 46 Prozent der Bevölkerung katholisch seien, »aber nur 35 Prozent der gesamten Studentenzahl sich zur katholischen Konfession bekennen«.[113] Da stand die Frage im Hintergrund, ob Katholiken dümmer seien; immer mehr katholische Eltern wollten die Rückständigkeit nicht länger hinnehmen und waren bereit, ihr Elternrecht im Sinne der Verbesserung der Schulbildung ihrer Kinder auszuüben. Ohne diesen stillschweigenden Wechsel in der Einstellung zu Bekenntnisschule und Bildungsreform wäre auch ein Politiker vom Durchsetzungsvermögen Kohls vermutlich gescheitert.

Auf dem Parteitag in Trier jedoch kam sein Plädoyer gut an. Sehr wahrscheinlich aber wussten weder Kohl noch die Delegierten, was es bedeutete, wenn zehn Jahre später »die Zahl der Absolventen an weiterführenden Schulen auf 23 bis 25 Prozent erhöht« sein würde – nämlich Senkung des Niveaus beim Abitur, Arbeitslosigkeit bei Hochschulabsolventen und eine wachsende Zahl von Studienabbrechern. Damals stand das Nahziel im Vordergrund, endlich den Rückstand zu den anderen Bundesländern aufzuholen. Dass die Reformpolitik Kohls bei den Delegierten ankam, zeigte das schlechte Wahlergebnis für Peter Altmeier. Er bekam bei der Wahl zum Landesvorsitzenden weniger Stimmen als die nach ihm gewählten Mitglieder des Landesvorstandes.[114]

Die Wachablösung

Der nächste Schritt musste die Ablösung Peter Altmeiers sein. Kohls Plan sah vor, auf dem Landesparteitag 1966 in Koblenz zum Vorsitzenden gewählt zu werden und nach den Wahlen von 1967 Altmeier als Ministerpräsident abzulösen. Diese Planung ließ sich jedoch nicht durchhalten. Der Widerstand gegen einen so raschen Wechsel war zu stark. Es setzte ein Nervenkrieg ein, mehr um Kleinigkeiten als um die zentralen Fragen. In der Fraktion kam der wachsende Dissens im Oktober 1965 gemäßigt, aber deutlich zur Sprache. Ausgangspunkt war eine Beschwerde Altmeiers, dass er eine Einladung zur Fraktionsvorstandssitzung nicht rechtzeitig erhalten habe.[115] Kohl ärgerte sich über die aus seiner Sicht ungerechtfertigte Kritik, nahm sie aber zum Anlass für eine bemerkenswerte Neuerung. In der sich anschließenden Fraktionssitzung führte er den Brauch ein, für einen Monat im Voraus einen Terminplan zu verkünden. Dieser enthielt die Termine für Plenar-, Fraktions-, Ausschutzsitzungen sowie Sitzungen von Parteigremien oder von Arbeitskreisen.

Was als Reaktion auf die Beschwerde des Ministerpräsidenten begonnen hatte, gehörte seitdem zu den Regularien der Fraktionssitzungen wie später der Kabinettssitzungen. Es war gewissermaßen ein Auszug aus Kohls persönlich geführtem Notizbuch, das außer den normalen Daten auch Namen von interessanten Personen sowie Zeitangaben enthielt, wann ein Projekt abgeschlossen sein sollte. Dieses Detail sagt viel aus über Kohls Politikentwurf, der weit mehr von Planung bestimmt war, als dies gemeinhin der Fall ist.

Der Ärger über die angeblich nicht erhaltene Einladung war eher vordergründig. Weinbauminister Oskar Stübinger, der dienstälteste Minister, der bereits dem von der Besatzungsmacht ernannten Kabinett im Jahre 1946 angehört und Adenauer beispielsweise schon 1948 mit Wein versorgt hatte, fühlte sich veranlasst, das grundsätzliche Problem anzusprechen. »Der Grund der Verstimmung läge jedoch tiefer«, sagte er, »deshalb sei es notwendig, dass bald einmal grundsätzlich darüber gesprochen werden sollte«.[116] Als Kohl darauf nicht eingehen wollte, wurde Stübinger direkter und erklärte, »dass es zurzeit an dem notwendigen Vertrauen zwischen Ministerpräsident und Fraktionsvorsitzenden fehle«. Das war vorsichtig ausgedrückt, aber Kohl war zu einer Diskussion über sein Verhältnis zu Altmeier nicht bereit und schob die Misshelligkeiten auf »Kreise innerhalb des Kabinetts«. Wie sollte er auch über Vertrauen sprechen, das nie bestanden hatte?

Das Jahr bis zum Landesparteitag am 5. März 1966 in Koblenz bedeutete politische Schwerarbeit. Kohl zog durch das Land und warb in Kreisverbänden und Mitgliederversammlungen für seine Politik. Denn die Voraussetzung für den Gewinn der Mehrheit war die Unterstützung auch der älteren Mitglieder und der von ihnen gewählten Delegierten. Die Abgeordneten mussten das Gefühl haben, dass mit dem Wechsel zu Kohl ihre Wiederwahl nicht gefährdet wurde. Die Jungen stimmten ohnehin für Kohl, aber die Alten, die viele Jahre mit Altmeier zufrieden gewesen waren, mussten die Notwendigkeit der Reform einsehen und ihr zustimmen. Da war aber Vorsicht geboten, Kampfabstimmungen waren zu vermeiden. Die älteren Delegierten mussten selbst zu der Erkenntnis kommen, dass Kohl jetzt an der Reihe sei.

Das Schwinden seiner Anhängerschaft war Peter Altmeier nicht verborgen geblieben. Anfang Januar 1966 kam es zu einem Gespräch unter vier Augen zwischen Kohl und Altmeier, in dem der Ministerpräsident zusicherte, nicht abermals kandidieren zu wollen, doch später rückte er wieder davon ab. Schließlich musste der geschäftsführende Landesausschuss Kohl zum Landesvorsitzenden vorschlagen.[117] Die Abschiedsrede von Altmeier wie die darauf bezogenen Bemerkungen Kohls auf dem Parteitag muten eigenartig an. Der Ministerpräsident erklärte in dürren Worten, er und Kohl hätten »im Bewusstsein unserer beiderseitigen Verantwortung zufriedenstellende Gespräche geführt«. Kohl seinerseits gestand seine Befangenheit vor den Delegierten ein und flüchtete sich in den Ausruf: »Es war ein großer Augenblick der Geschichte der Union dieses Landes.«[118] Mehr kam dann nicht. Kein persönliches Wort, sondern nur die trockene Feststellung: »Wir haben versucht … manches … zu bereinigen, zu einem vernünftigen Kompromiss zu kommen.« Für Pfälzer ist so viel Kühle und Reserviertheit ohne jede Verbindlichkeit ausgesprochen selten – ein Zeichen dafür, wie tief der Gegensatz zwischen den beiden Männern war und wie erbittert der Kampf um die Macht geführt wurde. Aber er zeigt zugleich auch, mit welcher Selbstbeherrschung Kohl als Herausforderer agierte. Der »vernünftige Kompromiss« war im Landesausschuss bis zuletzt umstritten gewesen. Er sah vor, dass Kohl auch der Nachfolger im Amt des Ministerpräsidenten sei – »als Repräsentant der jungen Generation« – und Altmeier »zu gegebener Zeit« im Amt als Ministerpräsident folgen werde. Diese Formel schien noch interpretationsfähig zu sein, war es aber tatsächlich nicht.

Durch den Besuch Konrad Adenauers erhielten der Parteitag und damit der dort zelebrierte Stabwechsel ein unerwartet starkes Medienecho. Die Rede des CDU-Parteichefs machte Schlagzeilen, kritisierte er doch scharf die Außenpolitik des Kabinetts Erhard und seines Außenministers Gerhard Schröder und stellte fest: »Die heutige außenpolitische Lage ist die schlechteste, die wir seit 1945 gehabt haben.«[119] Das war zwar eine grandiose Übertreibung, sorgte aber für beträchtliche Aufregung in den Medien. Ansonsten war Adenauers Rede mehr heiter-besinnlich ausgerichtet, denn er selbst wollte auf dem Bundesparteitag im nächsten Monat sein Amt als Vorsitzender abgeben. Er lobte Peter Altmeier mit Blick auf die vergangenen Zeiten und spendete Helmut Kohl ein eigenartig klingendes: »Ich habe ihn … weil ich ahnte, welche Veränderungen hier vor sich gehen werden, seit geraumer Zeit, na, ich will nicht sagen beobachtet (lebhafte Heiterkeit), aber ich habe doch zugesehen, welche Wege er geht. Und ich glaube, er wird unsere Partei einen guten Weg hier in Rheinland-Pfalz führen.«

In der Tat hatte sich in den letzten Jahren eine persönliche Beziehung zwischen Kohl und Adenauer entwickelt, wahrscheinlich durch die gemeinsame Mitgliedschaft im Bundesvorstand. Kohl wird dem Alten durch seine temperamentvollen Diskussionsbeiträge aufgefallen sein. Es spricht für den wachen

Sinn Adenauers für politische Begabungen, dass er sich nicht durch die von Kohl vertretenen Forderungen nach Parteireformen abschrecken ließ, sondern seine Substanz erkannte und den Pfälzer wiederholt in Rhöndorf empfing.

Kohl feiert rückblickend in Adenauer den großen Europäer und lobt dessen Besorgnis um die damals entstehenden Spannungen im deutsch-französischen Verhältnis.[120] Kritik an Adenauer hat bei einer solchen Würdigung keinen Platz. So viel Pietät ist jedoch nicht ganz einzusehen, denn Kohl selbst äußert verschiedentlich Kritik. So erschien ihm Adenauer schon bei der Wahlkampferöffnung 1949 auf dem Heidelberger Schloss als zu alt. Das Eintreten des Kanzlers für das Saarstatut 1955 – also das Eintreten für die weitere Trennung der Saar von Deutschland ganz im Gegensatz zu allen deutschen Parteien – hatte niemals die Zustimmung Kohls gefunden, der im Gegenteil damals die noch illegale CDU unterstützt hatte. Vollends unbegreiflich war ihm das Verhalten Adenauers nach dem »Tag des Mauerbaus« am 13. August 1961, als dieser nicht nach Berlin fliegen wollte.

Über Jahre muss Adenauer für Kohl fast so etwas wie ein Ärgernis gewesen sein, zieht man in Betracht, welche Bedeutung der Zustand der Partei und die daraus sich ergebende Forderung nach Reformen für Kohl besaß, eine Forderung, die er fast seit Beginn seiner politischen Tätigkeit vertreten hatte. Doch er musste mehr und mehr zur Kenntnis nehmen, dass der Kanzler im Grunde ein Gegner solcher Bestrebungen war. Adenauer betrachtete solche Reformforderungen nicht zu Unrecht als Hebel, um seine Macht einzuschränken und ihn aufs Altenteil zu schicken.

Seit Adenauers Kandidatur für das Amt des Bundespräsidenten im Sommer 1959 war der Gegensatz zwischen ihm und Ludwig Erhard offenkundig geworden. Es gibt keinen Zweifel, dass Kohl – wie viele andere junge Unionspolitiker – auf der Seite Erhards stand. Vollends deutlich wird die Distanz zu Adenauer, wenn man das Verhältnis Kohls zu Josef-Hermann Dufhues betrachtet. Dieser redete nicht nur über die Reform der Partei, sondern packte sie auch an, musste aber dafür die scharfen Angriffe Adenauers hinnehmen, der Dufhues, den ihm aufgezwungenen Geschäftsführenden Vorsitzenden der CDU, nicht zum Zuge kommen lassen wollte.[121] Kohls Verhältnis zu Dufhues war uneingeschränkt positiv und voller Vertrauen. Wenn Kohl ihn rückblickend als einen »meiner wichtigsten Bonner Förderer« bezeichnet, ist das nur so zu verstehen, dass sich beide auch in der Kritik an Adenauer einig waren.

Zum Landesparteitag im März 1966, als Adenauer auf Kohls, nicht auf Altmeiers Einladung nach Koblenz gekommen war, gab es natürlich keine kritischen Zwischentöne, denn Adenauers Anwesenheit gab dem Sieg Kohls auf diesem Parteitag sein besonderes Gewicht. Bei seiner Wahl zum Vorsitzenden hatte Kohl nur 29 Gegenstimmen erhalten. Das zeigte, dass keine ernsthafte Opposition vorhanden war.

Eine Einzelheit am Rande des Parteitags sagt eine Menge über den politischen Wandel aus, der in Koblenz zum Ausdruck kam. Denn es kam nicht nur zum Wechsel an der Spitze. Er bedeutete auch das politische Ende von Adolf Süsterhenn, dem »Schöpfer« der rheinland-pfälzischen Verfassung und ihrer konfessionellen Einseitigkeiten. Süsterhenn hatte mit der Aktion »Saubere Leinwand« auch in CDU-Kreisen so viel Ablehnung hervorgerufen, dass er »nur noch um der Meinungsfreiheit willen Gehör« fand.[122] Die Ära Altmeier schien abgeschlossen.

Um aber wirklich sicher zu sein, dass der Wandel an der Spitze tatsächlich eine Weichenstellung darstellte, war der Wahlsieg bei den nächsten Landtagswahlen im Jahr darauf, die am 23. April 1967 stattfanden, unbedingt Pflicht. Hier zeigten der neue Landesvorsitzende und sein Landesgeschäftsführer zusammen mit den »Kohlianern«, seiner Truppe junger Politiker, was sie konnten. Ein zündender Wahlslogan half ihnen: »Rheinland-

Pfalz – junges Land mit Zukunft«. Wahlforscher wurden eigens beauftragt, und die Demoskopie lag in bewährten Händen. Die Wahlen fanden bundesweit erhöhte Aufmerksamkeit; sie galten als Test, ob die Wähler die Bildung der Großen Koalition unter Kanzler Georg Kiesinger akzeptierten.

Im Wahlkampf setzte die CDU ein neues Verfahren ein, um die Kandidaten mit den Wählern bekannt zu machen. Das war das aus den Vereinigten Staaten stammende *canvassing*[123]. Der CDU-Politiker und Weingutbesitzer Elmar Pieroth hatte der Partei dieses Verfahren nahegebracht, das er selbst bei der Weinvermarktung kennengelernt hatte. Für die Durchführung wurde ein Mitarbeiterstab angeheuert; der Ablauf von Hausbesuchen und die Verteilung von Werbematerial wurde umsichtig organisiert. Aktionen wie das Putzen von Windschutzscheiben sollten in der Öffentlichkeit Aufmerksamkeit wecken. Eine große, gut vorbereitete Pressekonferenz sorgte für eine durchweg positive Berichterstattung auch in der überregionalen Presse. Das Wahlergebnis zeigte, dass die Schramme von 1963 fast ausgeglichen war. Die CDU erreichte 46,7 Prozent der Stimmen und 46 Abgeordnete, während SPD und FDP Stimmenverluste hinnehmen mussten. Der Wahlerfolg wurde jedoch durch die Anwesenheit von vier NPD-Abgeordneten im Landtag getrübt, die die CDU die absolute Mehrheit gekostet hatten. Bundespolitisch war jedoch der Nachweis gelungen, dass die Große Koalition von den Wählern akzeptiert wurde. Dennoch ist es eigenartig, dass Kohl rückblickend kein Wort über den Einsatz Kiesingers im Wahlkampf selbst verloren hat.

Am Wahlabend gab es für Kohl eine unliebsame Überraschung. Peter Altmeier hatte vor den Fernsehkameras erklärt, er betrachte sich als für die volle Legislaturperiode gewählt und gedenke diesen Wählerauftrag auch zu erfüllen. In der Fraktion kam es zu der unvermeidlichen Auseinandersetzung.[124] Für alle Fälle hatte Kohl schon den Landesausschuss einberufen, um

Altmeier zur Einhaltung der ein Jahr zuvor getroffenen Vereinbarung zu veranlassen. Da dieser nicht bereit war, seine Erklärung zurückzunehmen, und sich stattdessen auf die Verfassung
berief, war wieder einmal Weinbauminister Stübingers Vermitt-
lungstalent gefragt. In einem Dreiergespräch erreichte er, dass es
bei der Verabredung blieb, »zur gegebenen Zeit« – und das hieß
1969 – die Verantwortung an den Jüngeren abzugeben. Im Rückblick erinnert sich Kohl dankbar an die Rolle Stübingers. In
manchen schwierigen Auseinandersetzungen, so schreibt er, sei
dieser »sehr, sehr hilfreich« gewesen.[125]

Für die Regierungsbildung plante Kohl eine Überraschung.
Er wollte nicht mehr warten, bis er als Regierungschef selbst
notwendige Umbesetzungen im Kabinett vornehmen konnte.
Diese vollzog er bereits bei der Kabinettsbildung nach den Neuwahlen. Seine Personalvorschläge trugen erheblich zur Verjün-
gung und zur Qualitätssteigerung des Kabinetts bei. Kohl wollte
einen neuen Kultusminister haben, der in der Lage war, die Bildungspolitik überzeugend voranzubringen und die begonnenen
Reformen, deren Umsetzung in geltendes Schul- und Hochschul-
recht nicht einfach war, in der Verwaltung auch durchzusetzen.

Das Sozialministerium war ein Ressort, das bisher von einem
anderen Minister mitverwaltet wurde, was allein schon seinen
Stellenwert zum Ausdruck brachte. Auch das wollte Kohl ändern. Dabei leiteten ihn aber nicht wahltaktische Motive oder
gar politische Effekthascherei. Die Fraktionsprotokolle zeigen
in erstaunlichem Maße, wie stark Kohl an sozialen Problemen
Anteil nahm und sich immer wieder um die Versorgung Behin-
derter, vor allem der Kinder, kümmerte. So hatte er einmal den
Experten Hans Konrad Biesalski vor der Fraktion einen eindrucksvollen Vortrag über »hör- und sprachgestörte Kinder«
halten lassen.[126] In dem Bewusstsein, dass der Sozialarbeit wachsendes Gewicht zukam, sollte das Sozialministerium eine neue
überzeugende Spitze erhalten. Ursprünglich hatte er Bernhard

Vogel dafür vorgesehen, seinen alten Bekannten aus dem Sternberger-Seminar, der inzwischen auch promoviert, in der Heidelberger CDU Fuß gefasst hatte und in der katholischen Sozialarbeit tätig war. 1965 hatte Vogel für den Wahlkreis Neustadt-Speyer das Direktmandat errungen. Kohl hatte die Delegiertenversammlung geleitet, auf der Vogel nicht ohne Schwierigkeiten aufgestellt worden war. Er hielt weiter Kontakt zu Kohl und besuchte ihn in Mainz, wenn er auf dem Wege nach Bonn war.

Als Kohl interessante Informationen über einen anderen jungen Abgeordneten erhielt, der ebenfalls 1965 in den Bundestag gekommen war, änderte er sein Personaltableau. Der vielversprechende Politiker war Heiner Geißler, ursprünglich ein Mitglied des Jesuitenordens, der diesen jedoch vor der Priesterweihe verlassen hatte, in die Politik gegangen und als persönlicher Referent des Stuttgarter Sozialministers tätig gewesen war. Von verschiedenen Seiten hatte Kohl von den Fähigkeiten Geißlers erfahren; so hatte beispielsweise Hannes Schreiner berichtet, der junge Mann habe die Gabe, »Zuhörer stark zu emotionalisieren«[127]. Geißler ist der erste Fall einer ganzen Reihe von Politikern, die von Norbert Blüm bis zu Richard von Weizsäcker reicht, die Kohl nach Rheinland-Pfalz holte und ihnen mit seiner gezielten Unterstützung später auch eine Karriere in der Bundespolitik ermöglichte.

Günther Gaus, der in diesen Jahren stundenlange Gespräche mit Kohl geführt hatte, notierte sich ein Wort, das ihm für Kohl charakteristisch schien: »Ich bin immer auf Talentsuche.«[128] Schon damals, in der frühen Phase seiner Modernisierungspolitik, die durchaus linke Züge trug, wurde Kohl bewusst, wie dünn die Personaldecke war. Was er benötigte, waren Politiker, vor allem junge Politiker, die bereit waren, glaubhaft für eine neue Politik einzutreten.

Das kann als Leitmotiv für die Personalpolitik Kohls überhaupt gelten. Mit dem glücklich gefundenen Geißler als Sozialexperten war die Besetzung des Sozialressorts geklärt. Für Vogel hatte er stattdessen das Kultusministerium vorgesehen, für das er keinen Besseren hätte finden können. Charakteristisch für Kohls Personalpolitik war es, dass er zwar indirekt die Eignung seiner Kandidaten im Gespräch mit anderen und bei Diskussionen in seinem vertrauten Kreis angesprochen hatte, dass aber niemand wirklich wusste, wen er im Auge hatte. Als Kohl Bernhard Vogel und Heiner Geißler während des Wahlkampfes eröffnete, welche Absichten er mit ihnen hatte, waren sie so überrascht, dass sie »in Geißlers Zimmer in Bonn eine ganze Nacht darüber berieten«.[129]

Es ist naheliegend, dass Kohls Kandidaten nicht die Zustimmung Altmeiers fanden. Normalerweise wäre das ein schweres Hindernis gewesen, denn gemeinhin werden die Minister vom Regierungschef ausgewählt, zumindest aber akzeptiert, wenn aus Gründen der Parteiräson eine unerwünschte Personallösung hingenommen werden muss. Das von Kohl praktizierte Verfahren hatte aber mit solchen Überlegungen nichts zu tun. Was er praktizierte, lief auf einen Verfassungswandel hinaus, in dem er die Fraktion die Minister vorschlagen und sie von ihr wählen ließ. Das stärkte die Legislative, konkret die Mehrheitsfraktion zulasten der Exekutive. Kohl zwang den Ministerpräsidenten, seine Lösung zu akzeptieren, indem er die Fraktion einschaltete. Alle Minister, die neuen wie die alten, wurden von der Fraktion nominiert. Altmeiers Koblenzer Bezirksverband hatte gegen Vogel und Geißler Gegenkandidaten aufgestellt, die aber weit abgeschlagen endeten. Dieses Nominierungsverfahren war eine Demonstration der Macht der Fraktion, besonders aber ihres Vorsitzenden: Sie bestimmten, wer Minister werden sollte und nicht, wie es dem parlamentarischen Brauch entsprach, der Regierungschef, der seine Minister dem Parlament präsentierte. Für die nächsten beiden Jahrzehnte wurde diese Praxis in Mainz beibehalten.

Bei der ersten Fraktionssitzung nach der Wahl hatte Kohl der Fraktion »vier Jahre in harter Arbeit« angekündigt. Wirklich hart sollten vor allem die ersten beiden Jahre werden. Denn der Fraktionsvorsitzende wollte die großen Reformen möglichst weit voranbringen, bevor er selbst zum Ministerpräsidenten gewählt wurde. Denn Reformen, die ihren Namen verdienten, brauchten Zeit. Sie erforderten ein hohes Maß an legislativer Geschicklichkeit, aber auch viel Überzeugungsarbeit, um die Menschen für den Wandel zu gewinnen. Der Plan, die Reformen vor seinem Regierungsantritt auf den Weg zu bringen, beruhte auf einem ganz ähnlichen Verfahren, wie er es bei der Ernennung von Vogel und Geißler praktiziert hatte, mit denen er bereits die Kabinettsumbildung vorwegnahm, die sonst erst nach seiner Wahl stattgefunden hätte. Auf diese Weise konnte er in zwei Ressorts bereits zwei Minister installieren, die schon ganz in seinem Sinne neue Akzente setzen konnten. Das war eine Art gleitender Übergang.

Es kann nicht verwundern, dass der überraschende Aufstieg von zwei »landesfremden« Politikern zu Ministerwürden auf den Hinterbänken und in Parteikreisen auch Unzufriedenheit und Kritik auslöste. Das ist bei Personalentscheidungen dieser Art unvermeidlich und deshalb auch unbeachtlich. Allein die Tatsache jedoch, dass der Korrespondent der »Frankfurter Rundschau« für seinen Artikel über die Feinde, die sich Kohl gemacht habe, die Überschrift wählte: »Helmut Kohls Stern beginnt zu verblassen«[130], verdient andächtige Aufmerksamkeit. Es ist die erste und sehr frühe Überschrift, der in den nächsten dreißig Jahren unzählige weitere folgen sollten, die den Niedergang Kohls vorhersagten. Solche Prophezeiungen konnten unterschiedlich motiviert sein: Wunschdenken wie hier, dass dem schnellen Aufstieg der Fall folge, oder Enttäuschung über vermeidbare Fehler. Im Abstand von einigen Jahren schwoll der Chor der Kritiker an, die das nahe Ende ankündigten und dann verstummten, wenn es nicht eingetreten war, um nach einiger Zeit wieder mit der Klage zu beginnen.

Zwei große Reformen waren in der vergangenen Legislaturperiode auf den Weg gebracht, aber noch nicht vollendet worden. Die eine, die Schulreform, war wegen der Verfassungsänderung politisch komplizierter und bei ihr entfalteten auch ganz andere Faktoren politische Wirkung. Die drei Parteien hatten sich vor den Wahlen 1967, um das Thema im Wahlkampf auszusparen, auf eine Vorlage zur Änderung des Artikels 29 der Landesverfassung und ein neues Volksschulgesetz geeinigt. Kohl begrüßte am 24. März 1967 ausdrücklich diese Einigung. Tatsächlich war aber zu dieser Zeit ein neuer Gegner an der Schulfront erschienen: Der Apostolische Nuntius war »im Zusammenhang mit Auslegungsfragen und Berührungspunkten des neuen Artikels 29 mit dem Reichskonkordat an die Landesregierung herangetreten«[131].

Kohl zeigte sich überzeugt, dass die Verfassungsänderung »konkordatsgemäß« sei, aber er tat sich dabei ungewohnt schwer. Es war wahrhaftig eine kühne Behauptung. Die Bischöfe des Landes und der Nuntius waren da ganz anderer Meinung. Die Gegenposition des Episkopats zwang Kohl zur Vorsicht. Daher fiel seine Begründung einigermaßen dürftig aus. »Der Fluss der Geschichte, der Tradition und der Entwicklung von über hundert Jahren mit all dem an Gewicht, was hundert Jahre ausmacht«, musste als Metapher herhalten. Auf der einen Seite bekannte sich Kohl als überzeugter Anhänger eines dynamischen Elternrechts, das das Recht der Eltern auf Bestimmung der Schulart ihrer Kinder bekräftigte. Er fügte aber zugleich die »Pflicht der Eltern zur bestmöglichen Ausbildung ihrer Kinder« hinzu. Tatsächlich entsprach diese von Kohl betonte Pflicht keineswegs der katholischen Schultradition, denn das katholische Bildungsdefizit hing nicht zuletzt mit der Verdrängung einer solchen »Pflicht« zusammen. Aber das wollte er nicht vertiefen.

Denn auf der anderen Seite beschwor er die »nicht gänzlich vergessene Zeit des Kulturkampfes«. Damit wollte er zeigen, dass er die Tradition hochhielt. Die Gültigkeit des Reichskonkordats von 1933 stellte er jedoch nicht infrage, war aber dabei sehr zurückhaltend. Es sei als »internationaler Vertrag« zu respektieren, dennoch bekannte er sich zu der Auffassung, »dass eine moderne Schule, die damals ein anderes Bild haben musste als etwa heute, im Jahre 1967, auch ins Bild dieses Konkordats passen muss«[132].

Die Intervention des Vatikans hatte langwierige Verhandlungen zur Folge. Ihr Ergebnis beruhte im Grunde auf einem Vorschlag, den Kohl schon am 14. März 1967 vor der Fraktion präsentiert hatte. Damals hatte er die Meinung geäußert, man solle für die Privatschule eine »großzügige staatliche Dotierung« schaffen. Gäbe es Schwierigkeiten mit der Organisation katholischer Schulen, könnten diese als Privatschulen mit staatlicher Unterstützung geführt werden. So geschah es auch, und Rheinland-Pfalz wurde das Land mit den höchsten Privatschulkosten.

Ein Kraftakt – die Verwaltungsreform

Das andere große Reformwerk war die Verwaltungsreform. Sie barg unendliche Schwierigkeiten im Detail, die aber – so der Planer Kohl – bis zu seinem Einzug in die Staatskanzlei überwunden sein sollten. In den Beratungen kam der Gesichtspunkt, dass man 1968 damit fertig sein müsste, immer wieder zur Sprache. So ganz schaffte Kohl es nicht; erst im März 1969 war die Arbeit getan.

Für die Verwaltungsreform waren mehrere Gesichtspunkte maßgebend: Es ging um die Vereinheitlichung des Landesrechts, man wollte endlich zu einem einheitlichen Rechtszustand kommen und nicht mehr im nördlichen Teil preußisches Recht, in der Pfalz bayerisches Recht und in Rheinhessen noch besondere Varianten haben. Deshalb galt es, ein neues Gemeindeverfassungsrecht zu schaffen, das bestimmte Grundtypen von Gemeinden festlegte. Schließlich mussten Landkreise, Regierungsbezirke und Gerichtsbezirke daraufhin überprüft werden, inwiefern ihre Größe und ihre personelle Ausstattung moderner Zweckrationalität entsprachen. Das alles waren Dinge, über die schon seit Jahren gesprochen wurde, ohne dass etwas geschehen war.

Der Vorgang kann zugleich als Anschauungsunterricht für den Regierungsstil Peter Altmeiers dienen. Am 7. Dezember 1964 konstituierte sich ein Sonderausschuss für Verwaltungsreform im Landtag. Wie nicht anders zu erwarten, gehörte Kohl zu den Mitgliedern, übernahm aber nicht den Vorsitz. Einen Monat später, möglicherweise beunruhigt durch die Gründung dieses Gremiums, versandte die Landesregierung den »Entwurf eines Landesgesetzes über die Verwaltungsvereinfachung« – aber nur an den Landtagspräsidenten und die drei Fraktionsvorsitzenden. Der Entwurf wurde nicht veröffentlicht, was unter den Abgeordneten Unmut auslöste. Altmeier reagierte darauf mit der Feststellung, dass die Öffentlichkeit »entsprechend einer 17-jährigen Praxis« durch die Pressekonferenz ausreichend informiert gewesen sei, wobei sich noch die Belehrung anschloss, dass dieses Verfahren »im Übrigen der Praxis in allen demokratischen Staaten« entspreche.[133]

Altmeiers Weigerung, die Vorlage den Abgeordneten zugänglich zu machen, war verständlich. Auch nach Beginn der Ausschussarbeit blieb sie unter Verschluss. Man wollte die öffentliche Aufregung und Empörung über die geplanten Änderungen so lange wie möglich hinausschieben. Der Ausschuss begann zuerst mit der relativ einfachen Frage der Aufhebung der Ein-Mann-Amtsgerichte. Da war der Protest noch auszuhalten. Nur feinsinnige Zeitgenossen wie der Publizist Johannes Gross bezeugten ihre Sympathie für diese Gerichte und sahen in ihrer

Abschaffung ein Stück heile Welt dahinschwinden. Gross setzte sich besonders für das Amtsgericht Meisenheim ein, dessen Einzugsbereich »unschwer durch Hineinnahme einiger pfälzischer Dörfer vergrößert« werden könne. Er beklagte die »Rigorosität« der Reform und plädierte dafür, dass auch »Aspekte der Tradition und sozusagen der historischen Ästhetik ihr Recht haben«, anstatt nur immer »vulgärsten Gewerbefleiß« zu begünstigen.[134] Das klingt alles sehr sympathisch, aber Modernisierung mit Augenmaß war mit solchen Vorstellungen nicht erreichbar. Als späterer Chefredakteur der Zeitschrift »Capital« sollte sich Gross' Einstellung zum »Gewerbefleiß« grundlegend ändern.

Im Jahr 1967 standen Landtagswahlen an; es wurde streng darauf geachtet, dass die Reform nicht Gegenstand des Wahlkampfes wurde. Kohl hatte auf dem Wahlparteitag in Mainz das Thema bewusst heruntergespielt. Als Ergebnis der Verwaltungsreform habe man herausgefunden, so erklärte er, »dass zur Erteilung der Erlaubnisscheine für das Sammeln von Weinbergschnecken die Bezirksregierung zuständig war«, bat dann aber, mit dem Briefeschreiben aufzuhören nach der Melodie: »Komm ja nicht mehr, nachdem das Einmanngericht aufgelöst wurde, durch unseren Ort.«[135] Kohl beantwortete Briefe schnell und zuvorkommend, hatte aber bei der Verwaltungsreform viel auszuhalten und klagte: »Die Gleichung, wer für den Fortbestand des Landes Rheinland-Pfalz ist, muss auch für den Fortbestand des Kreises Zell sein«, fand er zwar »wenig überzeugend«, aber er musste solche Gleichsetzungen in vielen Spielarten zur Kenntnis nehmen.

Der Wähler durfte nicht beunruhigt werden. Deshalb kam die Verwaltungsreform in den »Leitsätzen der CDU zur Landtagswahl 1967« praktisch nicht vor. Im Vordergrund standen Fragen der »Verbesserung der Berufschancen und Verdienstmöglichkeiten«; in diesem Zusammenhang hatte die Verkehrserschließung des Landes Priorität.

Der Bürger sollte in Ruhe gelassen werden, aber die Ministerialbürokratie bekam zu tun. Denn der Ausschuss für die Verwaltungsreform arbeitete nicht in der Weise, dass er von den Beamten Vorlagen erhielt, die er anschließend diskutierte. Mit dem Ende der Legislaturperiode war dann aber alles vorbei – das Mandat wie die Ausschussarbeit. Nach Konstituierung des neuen Landtages musste alles wieder von vorn beginnen – falls dazu noch die Bereitschaft bestand.

Fritz Duppré, der Chef der Staatskanzlei, hatte Kohl auf die Möglichkeit hingewiesen, die »Diskontinuität« zu durchbrechen, also die Arbeit des Ausschusses fortzusetzen und damit den Abschluss der Arbeiten zu beschleunigen. Das musste allerdings mit verfassungsändernder Mehrheit beschlossen werden. Kohl war einverstanden, obwohl er die Last hatte, die Mehrheit durch Überzeugungsarbeit zu beschaffen. Kaum eine Woche später konnte Duppré im Kabinett berichten, dass der Ausschuss dem Verfahren zugestimmt hatte, und er fügte hinzu, »auf einen derartigen Beschluss habe man gar nicht zu hoffen gewagt«.[136] Anders ausgedrückt, er hatte Kohl nicht zugetraut, dass dieser die Parlamentsroutine so rasch durchbrechen könnte. Dass man ihn nicht selten unterschätzte, war eine der wichtigsten Aufstiegshilfen Kohls.

Auch in der neuen Legislaturperiode erwies sich Kohl als der Motor für die Verwaltungsreform. In dem von ihm dominierten Landtagsausschuss liefen die Fäden zusammen. Gewiss steuerten die Ressorts ihr Fachwissen bei, wenn es um die Neueinteilung von Landkreisen oder die Auflösung von Finanzämtern, Eichämtern, Katasteramtsnebenstellen und ähnlich vielen anderen auf der mittleren und unteren Verwaltungsebene vorhandenen Ämtern ging. Doch Helmut Kohl war die entscheidende Kraft. Er zeigte eine verblüffende Kenntnis von Land und Leuten, aber auch von der Verwaltung in all ihren Verästelungen und war zugleich in der Lage, die großen Gesichtspunkte im

Auge zu behalten und an der politischen Machbarkeit orientiert zu bleiben. Gleichzeitig drückte er auf das Tempo, um sich nicht in den zahllosen Einzelheiten zu verlieren. Vor den Parlamentsferien sollte der Landtag die Verwaltungsreform verabschiedet haben. Das war sein Ziel, aber intern hatte er sich schon etwas mehr Zeit bis zum Abschluss vorbehalten. Es kam ihm darauf an, die im Frühjahr 1969 fälligen Kommunalwahlen im Rahmen der neuen Gemeindestruktur durchzuführen.

Die Reform der Kommunalverfassung war im Grunde politisch nicht umstritten, machte aber viel Ärger. Um eine effektivere Verwaltung zu erhalten, wurde die Verbandsgemeinde eingeführt. Sie hatte zwar Ähnlichkeit mit der alten preußischen Ämterverfassung, aber darüber redete niemand. Vom »Amt« war nicht mehr die Rede, das klang nach Obrigkeit. Die Zwerggemeinden unter 300 Einwohnern sollten mit staatlicher Nachhilfe zu größeren Einheiten zusammengeschlossen werden. Statt fünf Regierungsbezirken und ihren entsprechenden Regierungen sollte es nur noch drei geben. Noch einschneidender war die Reform auf der Ebene der Landkreise. Ursprünglich gab es 39 Landkreise, zum Schluss waren es 24. Es wurden 30 Landkreise aufgelöst und 15 neu gebildet.[137] Welches Ausmaß an Ärger und Arbeit diese Gebietsreform nach sich gezogen hat, ist leicht vorstellbar, wenn man allein die Erbitterung der funktionslos gewordenen Landräte in Rechnung stellt.

Auf umfangreich erarbeitete Vorlagen aus den Ministerien wollte Kohl nicht warten. Im Juni 1967 erklärte er im Ausschuss zur »praktischen Abwicklung«, »dass man so formlos wie möglich handeln« solle. Als »wichtigste Arbeitswerkzeuge« bezeichnete er »Arbeitspapiere und konkrete Ratschläge«.[138] Hier sieht man wieder ein ähnliches Vorgehen Kohls wie bei der Übernahme des Fraktionsvorsitzes. Im Ausschuss spielte die Musik, und er bestimmte das Tempo. Er wollte nicht auf die Vorlagen der Bürokratie warten und von ihr abhängig sein, sondern setzte selbst die Agenda fest. Statt um Vorlagen ging es ihm um »Arbeitspapiere und konkrete Ratschläge«; Letztere holte er sich oft selbst telefonisch bei den betreffenden Beamten ein, was deren Arbeitstempo, aber auch ihre Motivation steigerte.

Als Ministerpräsident hätte Kohl die Reform keineswegs effektiver durchführen können, wahrscheinlich sogar weniger effektiv. Als Abgeordneter war er beweglicher, konnte sich Zugang zu allen möglichen Regierungsstellen verschaffen und vor allem mit den Vertretern der anderen Parteien schnell über Verfahrens- oder Sachfragen eine Einigung erzielen. Denn auch die oppositionelle SPD stand der Verwaltungsreform als einer entscheidenden Modernisierung des Landes positiv gegenüber, hatte aber im Einzelnen andere Vorstellungen und in manchen Bereichen auch andere politische Interessen. In der nüchternen Arbeitsatmosphäre des Ausschusses war eine Einigung viel reibungsloser zu erzielen als im prestigegeladenen Gegenüber von Regierung und Opposition.

Von den bescheidenen Vorstellungen, die Altmeier 1965 im Landtag mit der Verwaltungsreform verbunden hatte, war wenig übrig geblieben. Das Ergebnis stellte, wie Kohl selbstbewusst im Rückblick urteilte, eine »echte Jahrhundertreform« dar.[139] Aber diese musste hart erarbeitet werden, zumal sie auch in dem selbst gesetzten Zeitrahmen verabschiedet werden sollte. Am Beispiel der Verwaltungsreform lässt sich exemplarisch das methodische Vorgehen Kohls studieren, viel deutlicher als bei späteren Reformvorhaben, die nicht so gut dokumentiert sind, dafür aber komplexer und von der politischen Gesamtkonstellation stärker beeinflusst waren. Die wesentlichen Fähigkeiten des Reformers Kohl waren die Beherrschung der Materie, die Einbindung der Partei und die feste Terminsetzung, wann das Projekt abgeschlossen sein musste. *Respice finem*, bedenke die Folgen – dieser Satz, den schon die Römer anmahnten, hatte in Kohls politischem Wirken stets eine außerordentliche Bedeutung.

In der Ausschusssitzung vom 18. Juni 1968 zählte der sozial-demokratische Vorsitzende all die Punkte auf, die noch zu erledigen waren. Kohl entgegnete, das »sei das Arbeitsprogramm des Ausschusses für die nächsten Jahre«.[140] Ihm käme es auf etwas ganz anderes an, nämlich, die wichtigen Bestandteile wie die Reform der Landkreise möglichst rasch in den Landtag zu bringen. Entscheidend sei dafür die zweite Lesung der Gesetzesvorlage, denn diese sei »die Stunde der Wahrheit. Zuvor werde alles Mögliche gefordert, aber wenn es zur zweiten Lesung käme, wüssten die Leute, nun würde es ernst und man werde mit Sicherheit erfahren, dass die eine oder andere Stadt, Amt oder Gemeinde sich anders entscheidet, wie das bis jetzt der Fall ist, weil man aus Gründen der Loyalität, um nicht unangenehm aufzufallen … mit dem Strom geschwommen ist.« Die bevorstehenden Sommerferien sollten wie eine Karenzzeit wirken; die Anhörung der Betroffenen werde schließlich zeigen, was sie tatsächlich wollten. So selbstbewusst konnte nur einer sprechen, der tatsächlich Land und Leute kannte und seiner Sache sicher war. Dazu musste auch die Information der Partei in ihren Gliederungen ganz erheblich beitragen. Zuerst hatte Kohl selbst in einer strapaziösen Versammlungskampagne die Grundsätze der Reform erläutert. Dann bereisten zwei Gruppen von Landtagsabgeordneten die von der Reform betroffenen Landkreise, und schließlich gab es noch eine fraktionsinterne Anhörung der von der Verwaltungsreform berührten Kreise. Dennoch wusste Kohl, dass der Widerstand gegen die Reform noch nicht erloschen war. Er kündigte deshalb im Landesvorstand an, dessen Mitglieder naturgemäß auch von der aufmuckenden Basis beeinflusst sein konnten, dass die Fraktion mit 49 Stimmen, also einstimmig, der Reform zustimmen werde. Man solle sich also keine Hoffnung auf Änderungen machen.

Damals war er sich der Abgeordneten sicher. Rückblickend hat er die Überzeugung geäußert, dass diese Reform heutzutage

»kaum noch durchsetzbar wäre. Sie würde vor allem an der opportunistischen Haltung vieler Volksvertreter scheitern«.[141]

Es war eine notwendige und erfolgreich durchgeführte Reform, die zu einem Zeitpunkt erfolgte, als es noch keine Bürgerinitiativen gab. Wohl gab es zum Teil heftige politische Proteste, die Kohl sehr ernst nahm. Er stellte sich in unzähligen Versammlungen berechtigten oder eingebildeten Befürchtungen der Bürger und versuchte sie zu überzeugen. Das ist sicher nicht immer gelungen. Die Auseinandersetzung zwischen den Politikern, die die Verantwortung dafür trugen, und den Bürgern wurde aber noch nicht durch jene organisierte Kraft des Protests verhindert, die dann schließlich bei den Grünen ihre politisch-ideologische Heimat finden sollte.

Die Gesetze, die der Landtag 1968/69 verabschiedete, umfassten nicht die gesamte Reform. In den folgenden Jahren folgten mehr als ein Dutzend weiterer Gesetze, doch die Grundlage wurde in den Jahren zwischen 1965 und 1968 gelegt mit Kohl als der treibenden Kraft.

Es war der Höhepunkt und zugleich der spektakuläre Abschluss eines politischen Wirkens, das 1961 mit der Kampfkandidatur um den stellvertretenden Fraktionsvorsitz begonnen hatte. Zwei Jahre später übernahm Helmut Kohl als Fraktionsvorsitzender zielbewusst die politische Führung und begann eine energische Reformpolitik. Gegen erhebliche Widerstände sorgte er für die Öffnung in der Bildungs- und Schulpolitik und packte schließlich die Verwaltungsreform an.

Tobte sich hier – um das gängige Klischee zu bedienen – der Machtmensch Kohl aus? Das hieße, seine Motivation misszuverstehen. Denn Ministerpräsident hätte er auch ohne solche Reformkraftakte werden können. Ihm ging es um die Modernisierung seines Landes, um die Aufbrechung der Verkrustung. Dazu bedurfte es nicht der Eroberung etablierter Machtpositionen. Im Gegenteil, er wurde in Landtagsausschüssen tätig, die gemeinhin nicht als Machtzentren angesehen werden, aber in denen er etwas bewirken konnte. Als gläubigem Katholiken war ihm die Überwindung der schulpolitischen Stagnation ein echtes Anliegen. Gewiss war es für ihn hilfreich, dass der politische Diskurs der Sechzigerjahre der Bildung einen hohen Stellenwert einräumte und dadurch seine Reformpolitik erleichterte.

Ganz abwegig ist jedoch die Annahme, Kohl wäre behände auf den fahrenden Zug der Bildungsreform aufgesprungen und hätte dabei den Fortschritt für seine Partei reklamiert. Für ihn war vorrangig, dass die Kinder in Rheinland-Pfalz dieselben Chancen wie ihre Altersgenossen in anderen Bundesländern erhielten. Die Risiken seiner Reformpolitik waren ihm wohl bewusst. Deshalb ging er sehr überlegt vor. Er vermied Provokationen, die nur die Konservativen reizen konnten. Aber zugleich hielt er vorsichtig Abstand von den Bildungsaposteln, die in den Medien hofiert wurden. Das Ergebnis konnte sich sehen lassen.

In den Jahren bis zur Ablösung Peter Altmeiers hatte Kohl eine Fähigkeit gezeigt – womöglich in dieser Zeit auch ausgebildet –, die er in späteren Jahren bitter nötig haben würde. Es war die Fähigkeit, warten zu können oder genauer, warten zu müssen. Es hatte gewiss viele Spannungen zwischen ihm und Altmeier gegeben, aber es war zu keinen offenen Konflikten gekommen, obwohl Kohl seine Politik der Modernisierung durchsetzte, die der Ministerpräsident und ein Teil der eigenen Partei nicht billigten. Diese hier zum ersten Mal bewiesene Fähigkeit zum Warten, die er später auch in den quälenden Jahren der Auseinandersetzung mit Franz Josef Strauß zeigte, hatte nichts mit Abwarten, erst recht nichts mit Aussitzen zu tun. Helmut Kohl war in der Lage, Spannungen auszuhalten, weil er wusste, dass Konflikte nur kontraproduktiv wirken. Dafür nahm er es auch in Kauf, als entscheidungsschwach zu gelten, denn er rechnete letztlich mit seinem Erfolg.

Ministerpräsident von Rheinland-Pfalz

Das Jahr 1969 ist in die Geschichte der Bundesrepublik als das Jahr des Machtwechsels eingegangen. Zwanzig Jahre Regierung der Union – sei es als Koalitions- oder als Alleinregierung – waren zu Ende. Mit Willy Brandt als Kanzler der sozialliberalen Koalition begann eine neue Ära. Mit dem Schlagwort »Mehr Demokratie wagen« wurde das Ruder nach links umgelegt.

Fast ein halbes Jahr zuvor war in Mainz mit der Wahl Helmut Kohls zum Ministerpräsidenten ebenfalls ein Führungswechsel erfolgt. Das Wort Machtwechsel passt hier nicht, hatte doch der neue Ministerpräsident schon als Fraktionsvorsitzender zunehmend die Politik bestimmt. Dennoch war es ein Führungs- und Generationswechsel, der eine Zäsur in der rheinland-pfälzischen Geschichte bedeutete. Ein neuer Politikstil hielt Einzug und veränderte das Land.

Der 19. Mai 1969 war der Tag der Regierungsübergabe, der Wahl zum Ministerpräsidenten. Peter Altmeier hatte noch versucht, den Termin hinauszuschieben, aber schließlich eingelenkt. Nach der betulichen Ansprache des scheidenden Ministerpräsidenten folgte der Wahlakt. Kohl erhielt 57 Stimmen; das entsprach der Stimmenzahl der Koalition. Da aber, wie Kohl selbst berichtet,[142] auch der SPD-Abgeordnete Herbert Müller ihm in dankbarer Erinnerung an seinen Großvater, den Schulmeister, seine Stimme gegeben hatte, musste ein Abgeordneter der Koalition mit Nein gestimmt haben.

Peter Altmeier hatte sich schon einige Tage vor der Wahl seines Nachfolgers verabschiedet – von der Prominenz des Landes wie von seinen Anhängern, die in langer Schlange warteten, um ihm noch einmal dankbar die Hand zu schütteln. Freunden und Weggenossen hatte er seinen Dank abgestattet, aber kein Wort über seinen Nachfolger verloren, der die ganze Zeit »unbewegt und verschlossen weit abseits« stand.[143]

Natürlich wurde nach vollzogener Wahl gefeiert. Es ging wie fast immer bei solch wichtigen Anlässen im Leben Kohls »feucht fröhlich und in angemessener Feierlaune«[144] zu. Allerdings stand der Weinkeller in der Staatskanzlei noch nicht zur Verfügung. Kohl selbst hatte kurz vor seiner Wahl das Gebäude der Staatskanzlei gründlich inspiziert. Dabei war ihm ein Keller aufgefallen, der zur Ablage von Altpapier genutzt wurde. Daraus entstand schließlich nach mehr als einjähriger Bauzeit der Weinkeller. Dieser wurde ein nicht wegzudenkendes Element des Kohl'schen Regierungsstils in den Mainzer Jahren. Es war die Fortsetzung der Politik mit spezifisch landeseigenen Mitteln.

Auch ohne Weinkeller ging es am 19. Mai 1969 beschwingt zu. Kohl feierte seine Wahl in der Staatskanzlei im Kreis seiner engsten Mitarbeiter, politischen Freunde und Berater. Ein Teilnehmer erinnert sich, wie in vorgerückter Stunde der riesige Kohl und der kleine Johannes Gross sich auf dem Flur begegneten und weinselig umarmten.

Die Altmeier-Getreuen verabschiedeten sich auf ihre Weise – sie nahmen die Akten mit. Kohl fand ein »absolut leeres Büro vor«.[145] Ähnliches sollte sich 1982 im Bundeskanzleramt wiederholen. Damit wollte man ihn wohl in Verlegenheit bringen, was aber kaum gelungen sein dürfte. Bürokraten benötigen Akten wie Fische das Wasser. Kohl war auf diese Weise nicht zu treffen, solange er ein Telefon hatte.

Die Regierungserklärung, die er als neuer Ministerpräsident am nächsten Tag abgab, war nüchtern gehalten. Da war nichts von dem Pathos zu verspüren, das lang erstrebte Ziel nun endlich erreicht zu haben. Denn tatsächlich hatte Kohl die politische Führung längst inne, die jetzt den institutionellen Rahmen erhielt. Sein kleiner Stab aus der Fraktion zog mit ihm in die Staatskanzlei ein: Juliane Weber als Büroleiterin, Willibald Hilf als Staatssekretär, Hannes Schreiner als Pressesprecher und zugleich auch mit politischer Planung beauftragt. Hinzu kam der Ludwigshafener Schulkamerad Waldemar Schreckenberger; er übernahm die Gesetzgebungsabteilung. Hier zeigt sich zum ersten Mal eine Schwäche Kohls, nämlich, die Sympathie für einen Freund und den Respekt vor dessen intellektuellen Fähigkeiten mit der Eignung für bestimmte Ämter zu verwechseln. Schreckenberger interessierte sich für die »juristische Grundlagenforschung«, was immer das sein mochte, und habilitierte sich in der Rechtsphilosophie. In Kabinettssitzungen brillierte er mit einem bissigen Humor; in der Gesetzgebungsabteilung war aber ein effektiver Praktiker gefragt. Politische Fähigkeiten erwartete von ihm jedoch niemand.

Das Kabinett wurde nicht verändert, nachdem Helmut Kohl seine Kandidaten Bernhard Vogel und Heiner Geißler schon zwei Jahre zuvor in die Regierung eingebaut hatte. Sie standen ihm nun als eingearbeitete Kabinettsmitglieder zur Verfügung.

Zurück zur Regierungserklärung.[146] Sie war kaum von der Landespolitik geprägt, sondern setzte sich engagiert mit der politischen Situation in der Bundesrepublik auseinander. Diese war von den Unruhen an den Universitäten und den gewalttätigen politischen Protesten auf der Straße gegen die Notstandsgesetzgebung bestimmt. Die Absage an die radikale Linke war überdeutlich. Kohl hielt ihr vor, nur Kritik zu üben, bei der lediglich in einem Ziel Klarheit bestünde, »nämlich die bestehende Ordnung umzustürzen und nichts darüber unseren Mitbürgern zu sagen, was an Stelle der bestehenden Ordnung zu setzen ist«. Davon hielt er nichts. Aus der Wendung gegen die radikale Linke erfolgte jedoch kein Appell an den Staat, die von diesen Kreisen bedrohte Ordnung entschieden zu verteidigen. Im Gegenteil, Kohl wollte eher vermeiden, dass sich die staatliche Seite durch autoritäres Imponiergehabe unnötiger Kritik aussetzte. An seiner Bereitschaft, den Rechtsstaat entschlossen zu verteidigen, ließ er jedoch keinen Zweifel. Wie ernst es ihm damit war, verdeutlicht ein Hinweis auf die deutsche Teilung: »Dieser unser freiheitlicher Staat ist auch die Hoffnung für jenen Teil unseres Volkes, der bis zur Stunde über sein eigenes politisches Schicksal nicht frei entscheiden kann.« Deshalb dürfe er nicht durch leichtfertige Manöver aufs Spiel gesetzt werden. Diese Wendung war kein Zufall. Die Teilung Deutschlands war in den Reden Kohls immer präsent – ähnlich wie die europäische Dimension. Sie erschien nicht als leere Floskel, sondern stets als innere Verpflichtung.

Die Sozialpolitik nahm einen wichtigen Platz in der Regierungserklärung ein. Hier zeigte sich, dass mit dem neuen Minister Geißler, den Kohl zwei Jahre zuvor in das Kabinett geschoben hatte, auch ein neuer Stil in der Sozialpolitik Einzug gehalten hatte. Programmatisch verkündete er: »Sozialpolitik hat gesellschaftspolitischen Charakter.« Sie war auf die Zukunft ausgerichtet, auf die alternde Gesellschaft und ihre Probleme.

Den abschließenden Höhepunkt bildete die Kulturpolitik, insbesondere die Hochschulpolitik. Kohl kündigte ein neues Hochschulgesetz an. Das war nichts Neues; das geschah damals in fast allen Bundesländern. Mehr Interesse verdient jedoch die Ankündigung, »die Universität Trier-Kaiserslautern zu gründen«. Dass daraus schließlich zwei Hochschulen werden sollten, war damals noch nicht abzusehen.

Aber nicht nur Neues sollte geschaffen, auch Bestehendes sollte ausgebaut werden. Dies betraf den Ausbau der Hochschule für Verwaltungswissenschaften in Speyer, mit der Kohl ehrgeizige Ziele verfolgte. Die Hochschule sollte »zu einer Fortbildungsstätte für die Führungskräfte der Verwaltung« umgestaltet werden. Dieses Institut, 1947 von den Franzosen für die Ausbildung des höheren Verwaltungspersonals ihrer Zone gegründet, hatte seit den Fünfzigerjahren eine eher bescheidene Rolle im Rahmen der Aus- und Weiterbildung des höheren

Dienstes gespielt. Durch die Studentenrevolte aber, als die Freiheit von Lehre und Forschung durch die radikale Linke an manchen Universitäten immer mehr infrage gestellt wurde, bot sich mit einer Hochschule wie Speyer eine attraktive Alternative. Auf diese Entwicklung setzte Kohl und hatte noch weitergehende Pläne. Für die Fortbildung von Beamten, etwa zur Übernahme in den höheren Dienst, war damals eine Bundesakademie für öffentliche Verwaltung in der Diskussion. Kohl setzte sich intensiv dafür ein, dass diese Akademie nach Speyer kam. Damit hatte er allerdings keinen Erfolg, denn Meckenheim erhielt den Zuschlag – vor allem wegen der größeren Nähe zur Bundeshauptstadt. Wenn Speyer dieser Sprung nach oben auch versagt blieb, so konnte die Hochschule doch mit tatkräftiger Unterstützung durch die Landesregierung eine beachtliche Aufwärtsentwicklung verzeichnen. Zu den profilierten Professoren, die nach Speyer kamen, gehörte Roman Herzog. Er hatte der Freien Universität Berlin den Rücken gekehrt.

Kohl setzte große Hoffnung auf diesen Trend. Vor dem Verwaltungsrat der Hochschule erklärte er: »Zurzeit« ist »die Aussicht, erstklassige Leute für die Hochschule zu gewinnen, außerordentlich günstig.«[147]

Die Pläne, die er mit der Verwaltungshochschule in Speyer verfolgte, und die Aussagen, die Kohl zum Verhältnis des Staates gegenüber der rebellischen Jugend machte, könnten den Eindruck erwecken, als habe er eine Position vorsichtigen Abwartens eingenommen. Der Staat solle nicht provozieren, solle autoritäres Gehabe unterlassen und auf den Bürger zugehen. Damit vermeide man unnötige Konfrontationen. Zugleich gelte es, aus der aktuellen hochschulpolitischen Situation Nutzen zu ziehen und Professoren zu gewinnen, die sonst nie einen Ruf nach Rheinland-Pfalz angenommen hätten. War aber Kohl tatsächlich nur der kühle Beobachter der bundesdeutschen Hochschullandschaft – die Universität Mainz machte ohnehin keine

Schwierigkeiten –, dem es ausschließlich darum ging, das Beste für Rheinland-Pfalz herauszuholen?

Die Achtundsechziger und das Hochschulgesetz

Eine solche Interpretation greift zu kurz. Kohl war in weit stärkerem Maße von der Hochschulrevolte betroffen, als es von einem CDU-Politiker gemeinhin zu erwarten war. Um seine Haltung zu verstehen, gilt es, etwas weiter auszuholen. Er war als ein Politiker angetreten, für den es keine Alternative zur parlamentarischen Demokratie gab. Aber er wusste aus der historischen Erfahrung auch um ihre Gefährdung. Daraus ergab sich die Neigung, all das zu kritisieren, was den Verdacht des Undemokratischen erregte, und dafür zu sorgen, dass Derartiges abgestellt wurde. Während der Jahre seines politischen Aufstiegs hatte Kohl immer Kritik geübt, meist an den Verhältnissen innerhalb seiner Partei; letztlich war es die Sorge um die parlamentarische Demokratie, die ihn zum ständigen Appell veranlasste, sich nicht auf Verdiensten auszuruhen.

Auf dem Trierer Landesparteitag 1968 gab er dieser Befürchtung offen Ausdruck.[148] Für ihn zählte zu den »sicherlich bedenklichen Punkten der gegenwärtigen deutschen Demokratie, dass knapp 3 Prozent der Wähler ... als Parteimitglieder ... die Möglichkeit haben, den Auswahlprozess der Kandidaten überhaupt zu beeinflussen«. In seinen Augen war das nicht viel. Weitaus problematischer erschien ihm die Tatsache, wie gering die Bereitschaft innerhalb der Partei zu aktiver Mitarbeit war. Da würde man bei der CDU bestenfalls auf »knapp 10 Prozent der Mitglieder« kommen. Die Aktiven wären also nur eine kleine Gruppierung, die aber unbedingt ausgebaut werden müsse. Denn für Kohl war es »ganz sicher, dass die Zukunft der deutschen Demokratie entscheidend davon« abhänge. Das Regierungssystem erschien ihm also keineswegs so sicher, wie es den Anschein hatte.

Gewiss war bei Kohls Kritik auch jugendliche Angriffslust im Spiel, aber man darf diese Besorgnis um das demokratische Ganze nicht gering schätzen. Von seinem ganzen politischen Werdegang her betrachtete er sich als Vertreter der jungen Generation. Daher fühlte er sich von dem Geschehen an den Universitäten direkt angesprochen.

Der Studentenprotest ließ ihn nicht unberührt; er zeigte sogar ein unerwartet großes Verständnis dafür. Obwohl er selbst an der Universität viel Entgegenkommen bei den Professoren gefunden hatte, muss er doch Verschiedenes als überaltert und nicht mehr zeitgemäß empfunden haben. Die mangelnde Kontrolle der Professoren, die keine Vorgesetzten hatten und von unten, von den Studenten, nicht kritisiert werden konnten, muss seinem demokratischen Empfinden widersprochen haben. Noch im Rückblick ist Kohl der Meinung, dass der »Muff von tausend Jahren« ein zutreffender Befund gewesen sei: »Seit meiner Studentenzeit wusste ich, wie sehr die Hochschulen obrigkeitsstaatlich organisiert waren und wie dringend sie innerer Reformen bedurften.«[149]

Die Universitäten mögen viele Fehler gehabt haben, aber obrigkeitsstaatlich waren sie nicht ausgerichtet; vielleicht genossen sie zu viele Freiheiten und lehnten ein strenger reguliertes Studium ab. Was aber dem kritikgewohnten und im Aufdecken von Missständen geradezu routinierten Studenten Kohl aufgefallen sein mag, ist der großen Masse seiner Kommilitonen mit Sicherheit verborgen geblieben. Bei ihm jedoch blieb ein Stachel zurück. Es war das Gefühl, von den Professoren nicht in seinem wahren Wert erkannt worden zu sein. Während er selbst – durchaus mit einigem Recht – seine politische Tätigkeit als Beitrag zur Festigung der Demokratie wichtig nahm, betrachteten ihn manche Professoren wie ein exotisches Wesen, im Grunde als eine unakademische Erscheinung, die sich auf die Universität verirrt hatte. Eine solche Einschätzung ließ bei dem Betroffenen kein Gefühl der Solidarität entstehen.

Als im Jahre 1968 die Krise in den Universitäten, angefacht vom Kampf gegen die Notstandsgesetze, die Gesellschaft schockierte und politische Gegensätze hervorrief, die längst als überwunden gegolten hatten, meldete sich auch Kohl zu Wort. Denn die Schulreform hatte ihn mit den Problemen der Bildungspolitik vertraut gemacht, und als ein Politiker mit ausgeprägtem Durchsetzungsvermögen war ihm die Vorstellung nicht fremd, dass er selbst durchaus das Zeug hatte, auf die Studentenrevolte politisch Einfluss nehmen zu können. Aufgrund seiner eigenen Erfahrungen hielt er einen Großteil der Kritik von studentischer Seite für berechtigt.

Gewiss trat er nicht als »Achtundsechziger« auf, und er soll auch hier keineswegs dazu gemacht werden. Es ist aber zur Beurteilung seiner Politik wichtig, zu wissen, welches Maß an Entgegenkommen er ursprünglich gezeigt hat. Das hat sich später gewandelt, als die Studentenbewegung, die auf dem Höhepunkt ihrer Aktivitäten nie viel mit einer Studienreform im Sinn gehabt hatte, durch zunehmende Radikalisierung ins politische Abseits driftete und in die verschiedenen K-Gruppen – Organisationen marxistischer, marxistisch-leninistischer oder noch linkerer Prägung – zersplitterte.

Kohl zeigte anfangs viel Verständnis für die Forderungen der Studenten, die zudem von den Medien grundsätzlich positiv dargestellt wurden. Aber es gab auch klare Distanzierungen. Er konnte die Jungen geradezu in Schutz nehmen, wenn er im Landtag etwa erklärte: »Jahrelang haben wir der deutschen Studentenschaft gesagt: Entfernt euch von der sogenannten Fachidiotie, engagiert euch in der Gesellschaft.«[150] Daher sei es ein »begrüßenswerter Vorgang«, wenn sie dies nun täten. Die Hochschulreform sei nämlich längst überfällig gewesen, »schon seit über fünfzig Jahren« habe sie auf der Tagesordnung gestanden. Das war schlicht unsinnig, denn fünfzig Jahre zuvor, also zur Zeit der Novemberrevolution von 1918, war von Hochschulreform nicht die Rede gewesen. Es klingt nach bloßem Schwadronieren, wenn Kohl behauptete, »dass wir aus einer falsch verstandenen Rücksichtnahme auf diese Dinge in den letzten zwanzig Jahren nicht zu jenen Entscheidungen kamen, die wir hätten treffen müssen«.

Es gab gewiss viele, die wie Kohl sagten, eine »lautstark randalierende Gruppe« könne nicht »mit der ganzen jungen Generation gleichgesetzt« werden, aber Kohl ging weiter und fand es »beispielsweise nicht falsch …, wenn in der öffentlichen Diskussion junger Leute auch eine moralische Position zu den Schrecken des Krieges in Vietnam deutlich wird«. Hier scheint ihn die eigene Erinnerung an den Krieg nachsichtig gestimmt zu haben, denn in der Agitation gegen den Vietnam-Krieg standen durchaus andere als moralische Positionen im Vordergrund.

Im Landtag kam Kohl bei verschiedenen Anlässen auf die Studenten zu sprechen. Seine Äußerungen haben oft spontanen Charakter, zeigen dafür aber ganz unverstellt seine damaligen Vorstellungen. Im Juni 1968, als es im Landtag um Fragen des Wahlalters ging, war er voller Verständnis für die Probleme der jungen mit der älteren Generation. Voll – wenn auch wenig realistisch – stand er auf ihrer Seite, er nahm sie geradezu in Schutz, wenn er argumentierte: »Solange die Tatsache besteht, dass in vielen Elternhäusern die Jungen von den Alten nicht politische Überzeugungskraft vorbildlich vorgelebt bekommen und ein klares Bekenntnis im eigenen Leben zum demokratischen Rechtsstaat dort erfahren, darf man von den Jungen nicht erwarten, dass sie schon alle die Dinge durchdringen, die die Generation ihrer eigenen Eltern bis zum Lebensende gelegentlich nicht bewältigen.«[151] Hier ist er wohl zu stark von seinen eigenen Erfahrungen im Elternhaus und der Situation unmittelbar nach

dem Krieg ausgegangen, als tatsächlich der Generationsgegensatz nur geringe Bedeutung hatte und politische Gegensätze
unter dem Druck der Not an Schärfe verloren. Aber das war
Vergangenheit und hatte nichts mit den aktuellen Vater-Sohn-
Konflikten zu tun, wenn etwa ein Vater, der sich emporgearbeitet hatte und stolz auf das Erreichte war, sich von seinem Sohn
marxistische Phrasen über den Kapitalismus anhören musste!
Das hatte mit »vorbildlich vorgelebter Überzeugungskraft«, die
Kohl anmahnte, nichts zu tun.

Als die Osterunruhen 1968 für Betroffenheit sorgten, mahnte
Kohl in einer Presseerklärung zur Besonnenheit. Er warnte
davor, »durch unversöhnliche und von Emotionen getragene
Äußerungen ... eine auf Jahre unüberbrückbare Kluft zwischen
der Gesellschaft und der jungen Intelligenz aufzureißen«.[152] Mit
einer Entschiedenheit, als ob er schon der Regierungschef wäre,
verkündete er, es sei »bei der gegenwärtigen Sachlage unzulässig, emotionsgeladene Pauschalurteile über die Studenten auszusprechen«. Damit stand er Gustav Heinemann viel näher als
der Führung seiner eigenen Partei. Es ist im Grunde erstaunlich,
wie lange Kohl – keineswegs blind, aber doch gefühlsmäßig aufseiten der Jungen – eine eher linke Position eingenommen hat.

Gelegentlich meldeten sich auch Bedenken. So fand er es im
Dezember 1968 »erschreckend«, wie mit dem »Schlagwort der
Demokratisierung« umgegangen wurde. Da hielt er es doch für
notwendig, die Dinge zurechtzurücken: »Gerade in einer Leistungsgesellschaft gibt es Bereiche, in denen die Leistung vorrangig ist und nicht das Prinzip der Gleichheit. Es gibt Bereiche, in
denen man Leistungen durch Prüfungen nachzuweisen hat, in
denen sich nicht mit Mehrheiten beschließen lässt, dass man in
einer Sache gut und hinreichend ausgebildet ist.«[153]

Im Laufe des Jahres 1968 hatte sich der »Arbeitskreis Kulturpolitik« der CDU-Landtagsfraktion mit »Grundzügen einer
Hochschulreform« beschäftigt.[154] Er umfasste Parlamentarier

wie Politiker und Sachverständige der Partei. Arbeitskreise sollten nach Kohls Vorstellung Gremien sein, die die Verbindung
zwischen der Fraktion und sachkundigen Persönlichkeiten innerhalb der Partei herstellten. Kultusminister Bernhard Vogel,
der noch nicht dem Landtag angehörte, dürfte im Arbeitskreis
den Vorsitz übernommen haben, und Kohl war mit Sicherheit
bei diesen Diskussionen, wenn nicht immer präsent, so doch
über den Lauf der Beratungen im Bilde.

Diese »Grundzüge« sind in mehrfacher Hinsicht interessant.
Sie enthielten klare Positionen zu den heftig umstrittenen Fragen einer veränderten oder »reformierten« Personalstruktur der
Universität. Sie zeigten zugleich, wie ein künftiges Hochschulgesetz in seinen Grundzügen aussehen sollte. Es war freilich
eine sehr einseitige Reform, die hier angestrebt wurde. Sie folgte
den Schuldzuweisungen, wie sie damals im Schwange waren.
Die Professoren erschienen als die im Grunde Schuldigen an der
gegenwärtigen Hochschulmisere. Das wird so deutlich nicht
gesagt, ergibt sich aber aus der Umverteilung von Funktionen
innerhalb der zu gründenden Fachbereiche. Da gab es keine Unterscheidung mehr zwischen Professoren, das heißt Ordinarien,
und anderen Habilitierten wie Wissenschaftlichen Räten oder
Privatdozenten. Fortan sollten alle Habilitierten gleichberech-
tigt zusammenarbeiten. Die Professoren hatten in der Selbstver-
waltung nicht mehr allein das Sagen, sondern allen an Forschung
und Lehre beteiligten Gruppen sowie den Studenten stand »eine
funktionsgerechte Mitsprache« zu, die allerdings nicht weiter
erklärt wurde. Die Studenten wurden pfleglich behandelt; sie
erhielten einen neuen Rechtsstatus, mehr noch, ihnen wurde ein
»umfassendes Mitspracherecht ... bei der Festlegung von Stu-
dien- und Prüfungsordnungen« eingeräumt, und selbst bei Be-
rufungen, der wichtigsten Frage hinsichtlich der Aufrechterhaltung des wissenschaftlichen Niveaus, sollten sie beteiligt werden,
allerdings nur in »abgestufter« Form.

Die Assistenten freilich waren die Nutznießer der Reform. Es wird überaus deutlich, welchen Hintergrund die Verfasser des Papiers hatten. Schließlich war Kultusminister Vogel vor wenigen Jahren noch Assistent in Heidelberg gewesen und hatte bei Dolf Sternberger sicherlich bunte und wechselvolle Erfahrungen mit der Herrschaft der ordentlichen Professoren gemacht. Daher sollte nun für die Assistenten die Leidenszeit unter den Ordinarien zu Ende sein. Fortan unterstanden sie nicht mehr einem Professor, sondern wurden Instituten und Fachbereichen zugeordnet, um eine »selbstständige Forschungstätigkeit« sicherzustellen.

Bei der Habilitation gab es jedoch für die freien, nicht länger von einem Professor ausgebeuteten Assistenten Schwierigkeiten. Welche Professoren sollten die in freier Forschung entstandenen Arbeiten begutachten? Auf dem Papier war das zu regeln, nicht aber in der Praxis. Man schrieb einfach vor, dass auf die Zulassung zum Habilitationsverfahren ein Rechtsanspruch bestehe. Wie aber diesen einlösen bei Professoren, auf deren Mithilfe und Förderung bei wissenschaftlichen Arbeiten verzichtet wurde? Da wurde einfach diktiert, es gäbe auch einen »Anspruch auf Betreuung durch einen Hochschullehrer«. Wie solche Regelungen wirksam werden sollten, wurde freilich nicht mitgeteilt.

Das war auch nicht nötig, denn dieses Papier bot keine praktischen Lösungen an, sondern beleuchtete die Illusionen, die in dem Kreis um Kohl auf dem Höhepunkt der Auseinandersetzungen des Jahres 1968 bestanden. Bernhard Vogel wird hier den größten Einfluss ausgeübt haben. Diese »Grundzüge« hätten auch in einer SPD-Landtagsfraktion beraten werden können. Schließlich darf man nicht vergessen, dass das berüchtigte Berliner Hochschulgesetz von 1969, später als grob verfassungswidrig befunden, in der SPD-Fraktion des Abgeordnetenhauses und nicht in der Senatsverwaltung entstanden ist.

Auf dem kulturpolitischen Kongress der CDU/CSU in Bad

Godesberg am 28. Februar 1969 klang Kultusminister Vogel schon deutlich differenzierter, als er einen Vortrag über hochschulpolitische Probleme hielt.[155] Nun räumte er ein, dass im vergangenen Jahr »viele hofften, die radikale Welle in der Studentenschaft habe sich gebrochen und die Atmosphäre würde sich klären«. Das sei aber nicht der Fall gewesen, vielmehr habe sich »die Fahrt vieler Universitäten in ein allgemeines Chaos ... beschleunigt«. Er setze künftig seine Hoffnung auf den Ausbau und die Erweiterung bestehender und die Gründung neuer Hochschulen als realistischer Möglichkeit, die Hochschulmisere in den Griff zu bekommen. Das Papier von 1968 ist in den Ausführungen Vogels nur noch in Ansätzen erkennbar – ein Zeichen dafür, dass in Mainz der Wille vorhanden war, sich an der hochschulpolitischen Realität zu orientieren und lieb gewordene Vorstellungen aus Assistententagen zumindest teilweise zu revidieren.

Der neue Ministerpräsident Kohl verfolgte im Kabinett in Hochschulfragen zunächst eine zurückhaltende Linie. Bemerkenswert ist seine Reserve gegenüber disziplinarischen Maßnahmen gegen Studenten. Was er darüber in Bonn gehört hatte, gefiel ihm nicht. »Vor allem die vorgesehene Form des Hochschulordnungsrechts« hielt er »für unglücklich«[156] und sprach sich für die Einbeziehung des Ordnungsrechts in ein umfassendes Hochschulgesetz, also für eine landespolitische Regelung aus. Er hatte etwas gegen die Härte, mit der Bundesinnenminister Ernst Benda, einst ein studentischer Gründer der Freien Universität, gegen die Radikalen vorgehen wollte.

Wenn Kohl Bendas Entschlossenheit zum Durchgreifen nicht behagte, könnte man vermuten, dass die neue Regierung unter Willy Brandt wenigstens in hochschulpolitischer Hinsicht bei Kohl auf Sympathie gestoßen sei. Das war aber nicht der Fall. Im Gegenteil, mit »Erstaunen« musste Kohl zur Kenntnis nehmen, einen »wie harten Standpunkt« der Bundeskanzler gegenüber den Studenten einnahm. Für Kohl war das »der falsche Weg«.[157]

Kohl hatte Brandts Standpunkt auf einer Konferenz der Ministerpräsidenten mit dem Bundeskanzler kennengelernt. Das hatte sich ihm tief eingeprägt. Dabei war Brandt eigentlich alles andere als ein Scharfmacher, sondern stets auf Ausgleich bedacht, mit viel Verständnis für die studentische Jugend. Dagegen hatte Helmut Schmidt, bis 1969 Fraktionsvorsitzender der SPD, eine weitaus härtere Position bezogen. Er machte aus seiner Verachtung gegenüber den Studenten keinen Hehl. Im April 1968, auf dem Höhepunkt der APO-Bewegung, der Außerparlamentarischen Opposition, hatte er auf einer SPD-Veranstaltung in Heidelberg gesprochen und musste sich mit zahlreichen studentischen Zwischenrufern und Sprechchören auseinandersetzen. Als er auf die Aufbauleistung nach dem Krieg zu sprechen kam, würdigte er die »unglaubliche Leistung der Frauen«, erntete dafür aber nur höhnische Zwischenrufe und Gelächter. Schmidts Reaktion überraschte jedoch die Störer, als er ihnen antwortete: »Es tut mir leid, dass Sie für Ihre Mütter nicht mehr Stolz haben.« Mit dieser Wendung hatten sie nicht gerechnet.[158] Das war kaltblütiges Kontern, der gezielte Schlag auf eine empfindliche Stelle, der die Zwischenrufer verstummen ließ.

Zu einer solchen Reaktion war Kohl nicht in der Lage. Hier wird der Gegensatz deutlich, der auch für die Auseinandersetzungen zwischen Bundeskanzler Schmidt und Oppositionsführer Kohl nach 1976 in Bonn charakteristisch werden sollte. Kohl war von Natur aus weicher und gefühlvoller, er fühlte sich der Studentengeneration noch nahe und glaubte, sie vielleicht doch beeinflussen zu können, während Schmidts kalte Analyse vor allem die Defizite, Widersprüche und Verlogenheiten der Achtundsechziger wie später der Jungsozialisten aufzeigte.

Am 9. Dezember 1969 legte Kohl dem Kabinett »Thesen zu einem neuen Hochschulgesetz in Rheinland-Pfalz« vor. Sie stießen in der Ministerrunde zum Teil auf Kritik. Die FDP-Minister zeigten offen ihre Skepsis. Kohl selbst bezeichnete die »Thesen« zurückhaltend als »gute Diskussionsgrundlage«, was als Zeichen zu verstehen war, dass von den Thesen bis zum Gesetz noch ein weiter Weg zurückzulegen sei. Auch Bernhard Vogel vertrat den Standpunkt, dass »möglichst viele Wege für die zukünftige Entwicklung« offen gehalten werden müssten.[159]

Die im Kabinett bezeugte Übereinstimmung zwischen dem Ministerpräsidenten und seinem Kultusminister täuschte jedoch. Tatsächlich hatte es zuvor zwischen beiden eine heftige Auseinandersetzung gegeben. Kohl hatte Vogel deutlich zu verstehen gegeben, dass die Hochschulpolitik nicht linkslastig werden dürfe.[160] Wie ist das zu verstehen? An der Sympathie Kohls für die Studentenbewegung und seiner Neigung, die Exzesse des Jahres 1968 mild als Übertreibungen abzutun, kann kein Zweifel bestehen. Insofern bestand kein Gegensatz zu Vogel, auch wenn dieser in der Hochschulpolitik radikalere Positionen vertreten haben mag. Kohl hatte aber früher als Vogel das Illusionäre der Studentenbewegung erkannt. Der Realpolitiker sah die Gefahren und stoppte seinen Minister. Die »Thesen zum Hochschulgesetz« verschwanden in der Versenkung. Ohne öffentliches Aufsehen zu erregen, ruderten beide zurück.

Am Ende entstanden in Rheinland-Pfalz Hochschulen, die so angelegt waren, dass sie den Fehler vermieden, durch zu großes Entgegenkommen an den linken Zeitgeist ihre Arbeitsfähigkeit zu beeinträchtigen. Bei der Verabschiedung des Hochschulgesetzes entstand eine überraschende Situation. Denn die FDP, der im Grunde loyale Koalitionspartner, machte plötzlich nicht mit. Den Liberalen gingen die Eingriffsmöglichkeiten des Staates in die Hochschulen zu weit. Hier kollidierte liberale Grundsatztreue mit dem Willen, die Hochschulen nicht sich selbst zu überlassen und notfalls zu intervenieren. Zum Koalitionsbruch kam es aber nicht, nicht einmal zur handfesten Krise, denn ausgerechnet die Abgeordneten der NPD verhalfen der Regierung zur Mehrheit, ohne dass die Presse davon viel Aufhebens machte. Das war das Ergebnis einer geschickten Pressepolitik, die Kohl in späteren Jahren oft vermissen musste.

Der Niedergang der Studentenbewegung und ihre Aufsplitterung in verschiedene kommunistische Organisationen war für Kohl ein Lernprozess. Er sah ihr Scheitern und zog daraus seine Schlüsse. Hinzu kam, dass die Junge Union wie auch der RCDS, der Ring Christlich Demokratischer Studenten, ebenfalls einen Linkstrend zeigten. Daraus entstanden zwar keine spektakulären Konflikte, aber es hatte ein Prozess der Entfremdung eingesetzt. So konnte ein Pressebericht über den Kongress der Jungen Union die Überschrift tragen: »Die Liebe zu Kohl ist erkaltet.«[161] Ganz so schlimm war es dann doch nicht, aber der Eindruck blieb, dass die Nachwuchsorganisation der Partei zu linken Ufern strebte. Es wiederholte sich das alte Spiel, dass die Jungen gegen die Alten, die an der Macht waren und zu denen jetzt auch Kohl gehörte, eine verklärte Vergangenheit ins Feld führten. Hatte Kohl 1955 vorwurfsvoll gefragt, ob die Dynamik der Jahre 1945, 1946, 1947 noch vorhanden sei und diese Frage natürlich verneint, so wurde nun eine Rückbesinnung auf das Ahlener Programm von 1947 und die Düsseldorfer Leitsätze von 1949 gefordert. Das war Opposition um der Opposition willen und weniger eine Distanzierung von der Wirtschaftspolitik, für die die Union zwanzig Jahre lang die Verantwortung getragen hatte.

Regierungsalltag und Glanzlichter

Landespolitik ist selten spektakulär und schlagzeilenträchtig. Das galt auch für den Regierungsalltag in Mainz. Das Land hatte eine sehr ehrgeizige politische Führung, verfügte aber nur über

knappe Ressourcen. Sein Steueraufkommen war vergleichsweise gering; es musste durch Transferzahlungen der reichen
Länder aufgebessert werden. Die Minirezession von 1966 hatte
bereits zu einem fühlbaren Rückgang dieser Einnahmen geführt.
Die Aufholjagd zu den prosperierenden Nachbarn in Nordrhein-Westfalen, im Rhein-Main-Gebiet und in Baden-Württemberg beanspruchte jedoch erhebliche Mittel. Der liberale
Finanzminister Hermann Eicher hatte Mühe, die Forderungen
der Ressorts zurückzuweisen. Für ihn hatte das Land eine »unzureichende Finanzausstattung«, und er klagte, dass es »in der
Abhängigkeit der reichen Länder« stehe.[162] Die Bildungsreform
verursachte erhebliche Kosten, denn die stark steigenden Perso-
nalausgaben wogen schwer. Schon im Dezember 1969 mussten
daher die Stellenpläne gekürzt werden. Im weiteren Verlauf
hatten vor allem die Minister Vogel und Geißler erhebliche Abstriche an Stellen und Sachmitteln hinzunehmen. Dieser Kraftakt, nämlich den beiden Jungstars im Kabinett die Flügel zu
stutzen, gelang aber erst Eichers Nachfolger Johann Wilhelm
Gaddum (CDU). Das geschah sicher im Einverständnis mit dem
Ministerpräsidenten. Kohl musste ein Interesse daran haben,
dass die rabiat vorgetragenen Forderungen, die vor allem Geißler ohne jedes Verständnis für die Gesamtlage vortrug, auf ein
finanzierbares Maß reduziert wurden.

Doch die Landespolitik konnte auch auf Glanzlichter verweisen. Hoher Besuch war ein willkommener Anlass, den Alltag
zu unterbrechen. Das traf beispielsweise auf den Antrittsbesuch
von Bundespräsident Gustav Heinemann zu. Aber mit diesem
hatte es auch eine besondere Bewandtnis, bei der es um seine
Vorgeschichte ging.

Auf der Sitzung des CDU-Bundesvorstands am 20. Juni 1969,
also noch vor der heißen Phase des Bundestagswahlkampfes,
hatte Kurt Georg Kiesinger gewarnt, die SPD habe für Heinemann »sorgfältig eine Reisekampagne ... vorbereitet«. Er sah

bei den Antrittsbesuchen des Bundespräsidenten »fürchterlichen Ärger« voraus und forderte, die CDU-Ministerpräsidenten
müssten verhindern, dass diese Besuche vor den Bundestagswahlen stattfänden. Denn das hieße nur, Propaganda für den
Gegner zu machen. Deshalb vertrat Kiesinger den Standpunkt,
man dürfe sich »nicht auf eine so unverschämte Weise missbrauchen lassen«.[163]

Wer aber dieses Machtwort des Kanzlers und Parteivorsitzenden nicht zur Kenntnis nahm und Gustav Heinemann zu einem
sorgfältig vorbereiteten und ausgesprochen herzlich verlaufen-
den Besuch einlud, war Helmut Kohl. Er hatte sich nicht um die
Parteiräson gekümmert, denn für Kohl war Heinemann auch
nach seinem Austritt aus der CDU 1950 und nach seinem Eintritt in die SPD 1957 ein im Wortsinne »christlicher Demokrat«
geblieben. Auf dem Mainzer Landesparteitag von 1967 hatte er
von ihm als einem Mann gesprochen, »der an der Wiege unserer
Partei stand« und ihr »einige Jahre in wichtiger Funktion treu
diente«.[164] Das mochte sich auch auf die Beziehung Heinemanns
zu Johannes Finck in der unmittelbaren Nachkriegszeit beziehen wie überhaupt auf sein gesamtdeutsches Engagement. Mit
Sicherheit stimmte Kohl mit Heinemann überein, als dieser im
Frühjahr 1968 zur Besonnenheit und zum Verständnis für die
aufrührerische Jugend aufgerufen hatte.

Das Besuchsprogramm hatte Kohl selbst abgeändert. Bei dem
auf einem Rheinschiff vorgesehenen Empfang hatte er die Zahl
der beamteten Würdenträger reduziert und stattdessen »Kran-
kenschwestern, Friseusen, sog. Volk« eingeladen.[165] Heinemann
soll dies als Anregung aufgegriffen und daraufhin seine Emp-
fänge in Bonn ebenfalls sozial aufgelockert haben.

Seit seinem Antrittsbesuch in Rheinland-Pfalz blieb der Kontakt zu Bundespräsident Heinemann erhalten. Es entstand eine
»gute persönliche Beziehung«[166], die für CDU-Politiker alles
andere als selbstverständlich war. Wenn Kohl rückblickend

schreibt, dass manche in der CDU/CSU »darüber sehr verwundert« waren, ist das noch zurückhaltend formuliert – bei der weit verbreiteten Abneigung gegen Heinemann hätte man es auch schärfer fassen können. Kohl stand jedenfalls mit seiner Sympathie für diesen Bundespräsidenten ziemlich allein in der Union, ein Beispiel für die Unabhängigkeit seines Urteils.

Seit 1963 hatte Kohl den Fraktionsvorsitz zur politischen Schlüsselstellung ausgebaut. Sie kann als »Regierung aus der Fraktion« bezeichnet werden. War dieses »System« überflüssig geworden, nachdem der Fraktionschef zum Ministerpräsidenten gewählt worden war? Mitnichten, denn es zeigte sich rasch, dass die Stärkung der Fraktion nicht bloß ein Notbehelf oder gar eine Aufstiegshilfe gewesen war, die mit dem Einzug in die Staatskanzlei nicht mehr benötigt wurden. Die volle Einbeziehung der Fraktion, in der die wichtigen Punkte der Tagesordnung des Kabinetts vorher beraten wurden, erfuhr sogar noch eine Ausweitung. Nun sollten auch die der CDU angehörenden Staatssekretäre an den Fraktionssitzungen teilnehmen. Ihre Einbindung erleichterte die Regierungsarbeit beträchtlich. Pannen gab es nicht. Die Vorklärung in der Fraktion und ihre Einbeziehung in die Entscheidungsprozesse verhinderten, dass Ärger aufkam, dessen Ursache in mangelnder Information zu suchen war.

Kohls Nachfolger im Fraktionsvorsitz bürgte dafür, dass die Fraktion nicht an politischem Gewicht verlor. Es war Johann Wilhelm Gaddum, der wirtschaftlich unabhängig und in der Lage war, die eigenständige Rolle der Fraktion zu behaupten, sie aber zugleich auf der Linie Kohls zu halten. Auch im Landesvorstand der CDU wurden wichtige Themen zur Diskussion gestellt, denn Kohl wollte keine einsamen Beschlüsse, sondern die Partizipation der wichtigen Parteigremien. Nur mit dieser politischen Einstellung hatte er die Reformen in der Verwaltung und der Schule durchführen können. Nun baute er diese Methode der Motivation durch Information noch aus. Als Ministerpräsident lud er die Spitzen der Ministerialverwaltung, vom Abteilungsleiter aufwärts, Regierungspräsidenten und Leiter der obersten Landesbehörden, insgesamt rund 80 Personen, zur Unterrichtung und Diskussion über die Schwerpunkte der Landespolitik ein. Dass eine solche Veranstaltung mit ihrem Appell an die gemeinsame Bewältigung der vor ihnen liegenden Aufgaben ausgesprochen positiv wirkte, ist einsichtig. Kohl wollte so den Schwung, den er als Fraktionsvorsitzender bei den Reformen entwickelt hatte, nun auch auf die Regierungsarbeit übertragen. Mit einiger Berechtigung hat er rückblickend sein Bemühen um die Motivierung der Spitzen von Verwaltung und Partei und die ständige Kontaktpflege als »System Kohl«[167] bezeichnet, das mit dem Zerrbild freilich, das die Medien in den späteren Jahren seiner Kanzlerschaft verbreiteten, nichts zu tun hat.

Die erfolgreiche Verzahnung der Entscheidungsprozesse konnte wahrscheinlich nur deshalb so erfolgreich sein, weil der spezifische Regierungsstil Kohls noch frisch und nicht durch Routine abgenutzt war. Zudem gab es für Kohl nach Inbesitznahme der Mainzer Staatskanzlei kein entspanntes Zurücklehnen mehr, denn er sah bereits größere Aufgaben in Bonn auf sich zukommen. Bevor es aber so weit war, musste in Rheinland-Pfalz der Nachweis der höheren Eignung erbracht werden. Es galt also, auf den eingeschlagenen Wegen der Landespolitik energisch fortzuschreiten.

Von dieser Arbeit zeugen die zahlreichen Einzelgesetze, die die Verwaltungsreform abrundeten. Auch in der Sozialpolitik gab es Neuerungen: vom Kindergartengesetz, übrigens dem Ersten seiner Art in der Bundesrepublik, bis zur Einrichtung von Sozialstationen. Der Ausbau des Verkehrsnetzes hatte Priorität, um die Ansiedlung von Industrie zu erleichtern. Um die nötigen Mittel zu erlangen, bedurfte es zäher Überzeugungsarbeit in Bonn. Mit der Ansiedlung des Lkw-Werkes von Daimler-Benz im südpfälzischen Wörth konnte Kohl einen persönlichen Erfolg erzielen. Die Entscheidung wurde nicht zuletzt durch seine persönlichen, freundschaftlich gefärbten Beziehungen zu dem Vorstandsmitglied Hanns Martin Schleyer beeinflusst, der am Ausbau des Nutzwagengeschäftes interessiert war und mit Kohl auf der politischen Seite einen ebenso verlässlichen wie durchsetzungsfähigen Partner gefunden hatte.[168]

Kultur ist Ländersache – Kohl machte sie zur Chefsache. Da gab es spektakuläre Aktionen wie den Erwerb und Ausbau des Bahnhofs von Rolandseck zu einem lebendigen Kulturzentrum. Das war ein kompliziertes Unternehmen, dessen Reiz vor allem darin bestand, dass es im Einzugsbereich Bonns lag und damit auf das Publikum der Bundeshauptstadt abzielte.[169] Erhebliches Engagement zeigte Kohl auch bei dem Kauf der Pfälzer Ludwigshöhe, die dem Hause Wittelsbach gehörte. Ohne über seine Pläne etwas verlauten zu lassen, lud er seinen Finanzminister ein, mit ihm nach München zu fahren. Dort verhandelten sie mit dem Chef des Hauses Wittelsbach und erwarben das Schloss schließlich zu einem moderaten Preis.[170] Kohl wollte das Gebäude zu einer »repräsentativen Landeseinrichtung« umgestalten. Das gelang ihm vor allem durch den Erwerb des umfangreichen Nachlasses von Max Slevogt, einem der wichtigsten Vertreter der Berliner Secession, der seine letzten Jahre in der Pfalz zugebracht hatte. Zuvor hatte er bereits eine umfangreiche Grafiksammlung Slevogts für das Land sichern können. Auf diese Weise gelang es ihm, einen beachtlichen kulturellen Anziehungspunkt in der Pfalz zu schaffen. Dabei hatte er in Wolfgang Bergsdorf eine unauffällige, aber wirksame Hilfe, denn dieser hielt zu verschiedenen intellektuellen und künstlerischen Milieus engen Kontakt.

Zeigte Kohl auf künstlerischem Gebiet eine instinktive Sicherheit des Urteils und die Fähigkeit, bei sich bietenden Gelegen-

heiten rasch zuzugreifen, so war er bei den Intellektuellen, zu
denen er eine Brücke bauen wollte, weniger erfolgreich. Dieser
Menschenschlag zog ihn an; er wollte von ihm zumindest als
Gesprächspartner anerkannt werden. Er fühlte sich diesem
Kreis zugehörig, hatte er doch nicht nur wie linke Studenten
wöchentlich den »Spiegel« gelesen, sondern sich als Bildungs-
reformer auf der Höhe des Zeitgeistes bewegt und bereits in
die Wirklichkeit umgesetzt, was die Matadoren des öffentlichen
Diskurses wie Ralf Dahrendorf oder Georg Picht nur forderten.
Er sah durchaus die Kluft, die zwischen den Intellektuellen und
der CDU bestand, wollte aber lange Zeit nicht wahrhaben, dass
man mit dieser Spannung würde leben müssen. Er glaubte vielmehr, dass sich das Verhältnis verbessern ließe – ganz ähnlich,
wie es durch die geschickte Vermittlung seines Pressesprechers
mit den Beziehungen zur Presse geschehen war. Mit Heinrich
Böll führte er einmal ein langes Gespräch. Dies hatte ihn wenig
befriedigt, denn der Schriftsteller zeigte keine Bereitschaft, die
zahlreichen eigenen Vorurteile und Ressentiments infrage zu
stellen.

Kohl hatte eine eigenartige Vorstellung von Intellektuellen.
Für ihn waren es diejenigen, »die Kultur schaffen, verbreiten
und anwenden …, die die symbolische Welt des Menschen kon-
struieren«.[171] Er wollte die Entfremdung zwischen der CDU
und den Intellektuellen überwinden, denn er sah die Beziehung
als »produktiven Konflikt« und plädierte für ein »neues, besseres Verhältnis zu den Intellektuellen«. Er stellte sich dies als ein
»Verhältnis wechselseitiger Kritik« vor – eine Art Partnerschaft.
Der Wille zu einem solchen Geben und Nehmen war bei Kohl
sicher vorhanden, aber die Umstände verhinderten dies – Kohl
schwebte die Verbindung zu Persönlichkeiten und Gruppen vor,
die nicht extrem nach links orientiert waren.

Der Brückenschlag zu den Intellektuellen konnte nicht gelingen – im Gegenteil, der Graben sollte sich durch Kohls poli-

tischen Aufstieg zum Parteivorsitzenden und Kanzler immer mehr vertiefen. Seine luftige Definition des Intellektuellen traf nicht den Punkt. Mochten sie auch ein loser, oft zerstrittener Haufen sein, so verbanden sie doch gemeinsame Überzeugungen wie ein moralisch getöntes Politikverständnis oder Kritik an der bestehenden Wirtschafts- und Gesellschaftsordnung. Ein CDU-Politiker konnte bei ihnen bestenfalls vorübergehend Aufmerksamkeit erwecken, mehr nicht.

Schon durch sein Erscheinungsbild erregte der junge Ministerpräsident bei Anhängern wie Gegnern Aufsehen. Er entsprach nicht dem Bild, das man sich vom Chef einer Landesregierung machte. Sein Bekanntheitsgrad in Rheinland-Pfalz war schon 1970 mit 84 Prozent beachtlich hoch. Bei ihm gab es keinen Versuch, den Landesvater zu spielen, eher das Gegenteil. So wunderte sich der »Spiegel«, dass der neue Mann so gar nicht den Vorstellungen eines CDU-Politikers entsprach. Ein bewusst differenzierender Artikel entdeckte bei ihm »willkürliche Bonhomie und unbeherrschte Spottlust«, die Fähigkeit, »wechselweise liberal und erzkonservativ zu agieren«, und einen »Aufgeklärten, der die Ungerechtigkeiten dieser Gesellschaft zumindest sieht wie ein junger Linker von der Jungen Union«.[172]

Für den durchsetzungsstarken Ministerpräsidenten bürgerte sich das Wort vom »schwarzen Riesen« ein. Das war keine negative Charakterisierung, sondern die Umdeutung der Waschmittelreklame vom »weißen Riesen« als eines Sympathieträgers, der die Popularität Kohls zum Ausdruck brachte. Sie erwies sich als stärker als das Pfeifenraucher-Image, das Kohl sich und seinen Gefährten zur Profilierung verordnet hatte und das in vielen Karikaturen seinen Niederschlag fand.

Lebensmittelpunkt Rheinland-Pfalz

Ein Umzug nach Mainz kam für Kohl nicht infrage. Er blieb mit der Familie in Ludwigshafen. Diese hatte sich inzwischen vergrößert. 1963 war Walter geboren worden, zwei Jahre später folgte Peter, eine nicht ganz leichte Geburt, die Mutter und Kind noch einige Zeit belasten sollte. Die Kinder wurden katholisch erzogen. Das war schon bei der Hochzeit so ausgemacht worden und entsprach dem Geist des Kohl'schen Elternhauses und seiner Einbettung in die Friesenheimer Pfarrgemeinde St. Joseph. Erich Ramstetter, der kurz nach der Eheschließung Kohls dort Pfarrer geworden war, wurde mit der Zeit zu Kohls geistlichem Ratgeber. Der sonntägliche Kirchgang der Familie war selbstverständlich, wie überhaupt Kohl, der während der Woche in Mainz, Bonn und anderswo Termine wahrnehmen musste, größten Wert darauf legte, das Wochenende im Kreis der Familie zu verbringen.

Kohls Arbeitstag war genau geregelt. Kurz nach acht Uhr traf er morgens in der Staatskanzlei ein. Dann kam die kleine Morgenlage mit dem Staatssekretär und zwei Sekretärinnen, bei der das Telefon eine wichtige Rolle spielte. Die Post wurde durchgesehen und möglichst rasch durch Anrufe in den Ministerien erledigt. Kohl liebte es, die mit dem jeweiligen Vorgang unmittelbar Befassten telefonisch zu erreichen und auf rasche Erledigung zu drängen. Zum Mittagessen kehrte er in das Restaurant des Landtags ein. Der Nachmittag war dem Aktenstudium und Besuchern gewidmet. Gegen zwanzig Uhr traf er sich mit seinen Vertrauten bei »Bruno«, einem Italiener, mit dem schon frühzeitig die Pizza in Mainz Einzug gehalten hatte. Bei diesem Gericht, das im Laufe der Jahrzehnte zur Grundverpflegung der Deutschen aufsteigen sollte, pflegte sich Kohl jedoch nicht lange aufzuhalten, da das süße Dessert das wahre Objekt seiner Begierde darstellte. Auch beim Essen ging es um Politik. Das Gespräch berührte meist politische Themen; Kohl verhielt sich eher rezeptiv, pflegte jedoch hin und wieder gezielte Fragen zu stellen.

Statt einen repräsentativen Wohnsitz in der Landeshauptstadt zu beziehen, mietete der Ministerpräsident ein kleines Apartment in der Staatskanzlei. Bald gesellte sich infolge der immer häufigeren Inanspruchnahme in Bonn eine weitere Übernachtungsmöglichkeit in der dortigen Landesvertretung hinzu. Doch Ludwigshafen blieb der Lebensmittelpunkt der Familie. Das konnte nicht deutlicher zum Ausdruck gebracht werden als durch die Tatsache, dass er 1970 dort ein neues Haus baute. Dies bot nicht nur der Familie ein Heim und für Hannelores Mutter eine Einliegerwohnung, sondern es war schon das Haus des Ministerpräsidenten, das eine gepflegte Gastlichkeit von der Art erlaubte, wie es Adenauer einmal als Oberbürgermeister ausgedrückt hatte, dass er nämlich in der Lage war, »mehr als 16 Leute bei sich zu Tisch sitzen zu lassen«.[173]

Das Haus wurde in Oggersheim gebaut, einer kleinen Stadt, die in den Dreißigerjahren nach Ludwigshafen eingemeindet worden war. Das war ein völlig unspektakulärer Vorgang, wie er sich in unzähligen Städten vollzog, als das Wachstum der Städte auf das Umland ausgriff und Dörfer und Städte um ihre Selbstständigkeit brachte. Nicht so im Falle Kohls. Oggersheim wurde in den Medien zur Chiffre, die das Provinzielle im Denken und der Erscheinung Helmut Kohls zeigen sollte. Rational nachvollziehbar ist diese Zuordnung nicht. Warum soll der Villenvorort einer reichen Industriestadt der Inbegriff von Provinzialität sein? Natürlich war das nicht so gemeint. Die Häme, die sich mit dem Namen Oggersheim verband, zielte auf etwas anderes. Es war das selbstbewusste Festhalten an der Heimat, der Wille, sich nicht verbiegen zu lassen, die Neigung, eine Weste einem Jackett vorzuziehen, vor allem aber die offen ge-

zeigte Abneigung gegen Bonn und seine Gerüchteküche, seine
Intrigen und den Party-Tratsch.

Kohls Zeit als Ministerpräsident kann auch als eine Zeit des permanenten Wahlkampfes bezeichnet werden. 1969 standen Kommunalwahlen an, die sich durch Nachwahlen 1970, die durch die
Verwaltungsreform bedingt waren, in die Länge zogen. Sie bestätigten die führende Rolle der Union. Was wichtiger war: Sie
zeigten auch, dass die Verwaltungsreform akzeptiert war. Im
März 1971 ging es bei den Landtagswahlen dann um mehr. Da
hieß es nicht nur, die Attraktivität der Reformpolitik Kohls auf
den Prüfstand zu stellen, sondern ein klarer Wahlsieg musste
her, um die bundespolitischen Ambitionen des Ministerpräsidenten wirkungsvoll zu unterstreichen. Denn die Wiederwahl allein
stellte für Kohl kein Problem dar, aber der Sieg musste hoch
ausfallen, um auch außerhalb des Landes Wirkung zu zeigen.
Das waren Unwägbarkeiten, die Kohl nervös machten. In seiner
Umgebung soll man mit Verwunderung, fast mit Besorgnis registriert haben, »dass er statt zum Weinglas immer häufiger zur
Milchflasche« griff.[174] Das war sicher übertrieben, wurde doch
bereits die Lagebesprechung am Montagvormittag mit schweren Spätlesen befeuchtet. Aber die Stimmungslage war doch getroffen.

Das Erreichen von 50 Prozent der Stimmen bei der Landtagswahl 1971 und damit der absoluten Mehrheit schufen tiefe Befriedigung. Das Ergebnis bedeutete zugleich die Alleinregierung
der CDU. Kohl hatte an der Fortsetzung der Koalition mit der
FDP ein klares Interesse gezeigt, denn für ihn war es die »Stunde
der langfristigen Strategie«[175]. Er wollte gegenüber der sozialliberalen Koalition in Bonn signalisieren, dass es für die Liberalen durchaus eine Alternative gab, dass die Partei auch mit der
CDU zusammengehen könnte. Das gelang zwar nicht, denn die
FDP lehnte ab, aber Kohl hatte dennoch ein Zeichen gesetzt. Er

brachte den Liberalen und Altersgenossen Hans Friderichs, der 1969 nicht wieder in den Bundestag gewählt worden war, als Staatssekretär im Landwirtschaftsministerium unter. Diesen Posten behielt Friderichs auch, nachdem die FDP in Mainz aus der Koalition ausgeschieden war. Damit hatte Kohl seiner Koalitionspräferenz, die er mit Rücksicht auf die Bonner Koalitionspolitik 1971 nicht zum Zuge kommen lassen konnte, klaren Ausdruck verliehen.

Die vorgezogenen Bundestagswahlen im November 1972 brachten der CDU auch in Rheinland-Pfalz deutliche Verluste ein. Bei der Landtagswahl von 1975 konnte Kohl jedoch mit 53,9 Prozent den größten Wahlsieg seines landespolitischen Wirkens verbuchen. Er selbst freilich war zu diesem Zeitpunkt schon zu neuen Ufern aufgebrochen.

Vor der CDU/CSU-Bundestagsfraktion erstattete er am Dienstag nach der Wahl Bericht. Für ihn, so erklärte er, habe es schon immer ein »Traumziel« gegeben, nämlich das Ergebnis der Bundestagswahl von 1957, das »Adenauer-Ergebnis«, zu übertreffen, und dies sei gelungen. Darauf habe er »einen Gewaltigen getrunken«. Doch auch im Augenblick dieses großartigen Sieges blieb er Realist und warnte davor, »Fett anzusetzen«. Das war seine Standardbeschwörung, mit der er verhindern wollte, dass die CDU sich nicht zur Staatspartei entwickelte und im Elan nachließ.[176]

Aber noch galt es, die Nachfolge zu regeln. Als neuen Landesvorsitzenden hatte Kohl ursprünglich den Sozialminister Heiner Geißler favorisiert, aber die Delegierten des Landesparteitages, die dessen Schwächen kannten, bewahrten ihn vor einem Fehlgriff und wählten im September 1974 Bernhard Vogel. Zwei Jahre später folgte dieser Kohl als Ministerpräsident.

Die Position des Ministerpräsidenten erlaubte Kohl zuweilen Ausflüge in das Gebiet der Außenpolitik. Rheinland-Pfalz war das Land mit der stärksten Konzentration von US-Truppen in

Europa. Ihre Anwesenheit ergab vielfältige Kontakte. Das Kabinett reiste sogar nach Heidelberg zu gemeinsamen Sitzungen mit dem US-Hauptquartier. Kohl pflegte gelegentlich zu scherzen, dass in seinem Land mehr US-Bürger als in manchem nordamerikanischen Bundesstaat lebten, er also den Titel eines Gouverneurs beanspruchen könnte.

Auch zu Frankreich gab es Beziehungen. Dort stellte die Region Burgund den Partner dar. Schon Kohls Vorgänger Peter Altmeier hatte den Kontakt sorgfältig gepflegt. Für Kohl war diese Partnerschaft attraktiv – wegen der ausgezeichneten Küche, der exquisiten Weine und vor allem der Begegnung mit französischen Politikern. Zu ihnen gehörte noch nicht der Sozialistenführer François Mitterrand, der damals mit dem »Programme Commun«, der gemeinsamen Plattform mit den Kommunisten, an die Macht kommen wollte. Leider sind die Akten nicht mehr erhalten, die Auskunft geben könnten, welche französischen Politiker Kohls Gesprächspartner waren.

Seit 1973 hatte sich Kohls Verhältnis zu den Medien radikal verändert. Es verschlechterte sich. In der Mitte der Sechzigerjahre hatte er die Aufmerksamkeit der kritischen Öffentlichkeit als ein junger, vielversprechender Nachwuchspolitiker erregt, der die etablierten Gewalten in erfrischender Weise herausforderte. Insbesondere der »Spiegel« hatte über ihn häufig, natürlich in »Spiegel-Manier«, aber doch positiv berichtet.

Mit der Wahl zum Bundesvorsitzenden der Partei und damit zum wahrscheinlichen Kanzlerkandidaten der Union änderte sich das Bild. Nun stellte ihn das Hamburger Magazin als »Gulliver im fröhlichen Weinberg«[177] vor, als einen Politiker des Mittelmaßes, der nur deshalb so schnell hochgekommen sei, weil die normalerweise vorhandene Konkurrenz in diesem seltsamen Land der »Reben, Rüben und Retorten« fehle. So konnte er »permanent mit Heimvorteil« spielen – aber eben nur in der schwächsten, der »Regionalliga Südwest«. Kohl präsentiere sich als eine »Mischung aus Biedermann und Supermann, enorm menschlich und immer eine bis zwei Nummern zu groß«, hieß es. Als »einer vom Stamm der Macher« habe er nichts Substanzielles mitzuteilen: »Wenn er Grundsätzliches aufsagt, so tut er es mit der bemühten Redlichkeit jener Leute, die am Straßenrand den ›Wachtturm‹ feilhalten.« Bei einem derart minderbemittelten Mann sei gar nicht zu erwarten, dass er tatsächlich in Bonn seine Karriere fortsetzen und nach der Macht greifen wolle. Um zu verdeutlichen, wie Kohl wirklich tickte, bemühte der Autor Hermann Schreiber sogar psychologischen Tiefsinn. Er entdeckte bei ihm »die Weigerung ... aus einem Bezugssystem auszubrechen, in dem er selber das Maß setzt«. Das sei Kohls »wahrer Provinzialismus«. Er wollte also im Grunde aus seinem weinseligen Land gar nicht fort, denn instinktiv wisse er, dass er gar keine »große Befähigung« habe, sondern nur »Glück oder Abwesenheit eines ernsthaften Rivalen (oder beides)«. Diese Konstellation habe ihn erfolgreich gemacht, aber damit sei es zu Ende, wenn er tatsächlich Kanzler werden wolle; dann habe er »bestimmt« einen Gegenkandidaten, und an ihm werde er – das war die stillschweigende Schlussfolgerung – scheitern.

An diesem Artikel ist zweierlei bemerkenswert. Aufgrund seiner positiven Erfahrungen hatte Kohl ein begründetes Vertrauen zur Presse im Allgemeinen und zum »Spiegel« im Besonderen. Deshalb hatte er sich auch sehr um den »Spiegel«-Redakteur Hermann Schreiber bemüht, als dieser einen größeren Artikel über ihn plante. Er führte ihm Haus und Familie vor und flog ihn mit dem Hubschrauber über das Land, um ihm Interessantes und Wissenswertes zu zeigen – immer in der Annahme, dass fair darüber berichtet würde. Dass der Artikel ganz anders ausfiel, bedeutete für Kohl so etwas wie einen Wendepunkt. Sein Misstrauen war geweckt, und damit änderte sich auch die Einstellung zu den, wie er sich ausdrückte, »Hamburger Magazinen«.

Zum anderen begegnet man hier zum ersten Mal einer Technik zur Präsentation von Person und Politik Helmut Kohls, die Zukunft haben sollte. Es wurde ein Bild entworfen, das bewusst negativ gehalten und auf Geringschätzung ausgelegt war. So wurden die Leistungen, die Kohl in reichem Maße vorweisen konnte, ironisch verfremdet und lächerlich gemacht. Das ging leicht von der Hand und wurde für richtig gehalten, denn wenige wussten etwas von der Modernisierungspolitik, die er in Rheinland-Pfalz durchgesetzt hatte. Da war es simpel, ihn als Provinztölpel abzustempeln, der nicht nach Bonn gehörte.

Der »Spiegel«-Artikel ist noch in anderer Hinsicht wichtig. Mit seinem Erscheinen begann die konsequente Verzeichnung der Person und Politik von Helmut Kohl. Mehr noch: Es war die Kampfansage eines Blattes, das beschlossen hatte, seine publizistische Macht einzusetzen, um einen Politiker herunterzumachen. Das geschah nicht, weil Kohl ein nachweisbar gestörtes Verhältnis zur demokratischen Ordnung gehabt hätte, in Finanzaffären verwickelt oder in moralischer Beziehung ins Abseits geraten wäre. Gegen den Mann lag nichts vor, nur dass seine politisch gemäßigte Richtung bestimmten Leuten nicht passte. Dabei ging es bei dieser Dauerkampagne des »Spiegel« nicht primär um Hilfe und Entlastung für die sozialliberale Koalition, sondern es war die Machtfrage, die die Angriffe beflügelte – neben der Aussicht auf die Steigerung der Auflage.

Mit der festen Absicht, Kohl aus Bonn fernzuhalten, hatten die Medien bekanntlich keinen Erfolg. Er konnte sich behaupten, aber es gelang ihnen, Kohl und Rheinland-Pfalz so darzustellen, dass seine tatsächlichen Leistungen nicht wahrgenommen wurden. Der politische Gegner, die SPD, die Kohl ständig beobachtete und sich mit ihm kritisch auseinandersetzte, hatte freilich ein anderes Urteil. »Ein Baum unter Büschen« – so bezeichnete ihn der Oppositionsführer Wilhelm Dröscher. Der SPD-Politiker war keineswegs ein Bewunderer Kohls und hatte sich nach Kräften bemüht, der CDU das Leben schwer zu machen. Daher darf sein Urteil mehr Glaubwürdigkeit beanspruchen als das Herunterschreiben eines Journalisten, dessen Blatt Brandt und die sozialliberale Koalition offen unterstützte und an einem um Objektivität bemühten Urteil nicht interessiert war.

Im April 1974 hatte sich Kohl zum letzten Mal mit Rudolf Augstein und seinem Chefredakteur Erich Böhme zum Essen getroffen.[178] Es sollte ihr letztes Gespräch sein. Die Gegensätze waren unüberwindbar, und die Journalisten schieden mit der Ankündigung, dass Kohl Schiffbruch erleiden werde. Über das Gespräch wurde nichts bekannt, selbst Kohls engste Umgebung wusste nichts davon. Zehn Jahre später kam er selbst auf das Treffen zu sprechen und kündigte an, die beiden Journalisten »aus Anlass des Jahrstages« wieder einzuladen. Ob es dazu gekommen ist, bleibt offen. Wahrscheinlich bestand nicht viel Neigung bei den Herren aus Hamburg.

III.
POLITIK AUF BUNDESEBENE
1962–1972

Für einen Parteipolitiker sind der Bundesparteitag seiner Partei und die Beschlussorgane, die er einsetzt, die höchsten Instanzen. Auf dem großen Treffen der Gesamtpartei dabei zu sein, dort bekannt zu werden oder gar etwas zu bewirken, ist das legitime Bestreben aller, die in einer Partei etwas erreichen wollen.

Für einen Politiker wie Helmut Kohl traf das auch zu, aber es gab darüber hinaus eine dialektische Spannung. Er war ein höchst erfolgreicher Parteipolitiker, aber er war mit seiner Partei ganz und gar nicht einverstanden und hielt mit seiner Kritik an ihr nicht zurück. Bei jeder Gelegenheit setzte er sich für Reformen ein und mahnte, die CDU dürfe sich nicht auf ihren vergangenen Erfolgen ausruhen, sondern müsse zukunftsorientiert sein und für junge Wähler attraktiv bleiben.

Politik auf Bundesebene hieß bei Kohl aber noch etwas anderes. Es umschreibt das Ziel, das er seit Mitte der Sechzigerjahre im Auge hatte. Denn spätestens seit dieser Zeit stand für ihn fest: Er wollte Bundeskanzler werden. Wer alles schon zu einem früheren Zeitpunkt den künftigen Bundeskanzler in ihm sah, mag offenbleiben. Hans-Dietrich Genschers Gespür für kommende Begabungen verdient hier jedoch gebührende Anerkennung – er hatte bereits 1962 als Fraktionsgeschäftsführer der FDP Kohls Zukunft richtig eingeschätzt. Einem Besucher, der ihn damals nach dem Mann fragte, der soeben sein Zimmer verlassen hatte, erklärte er: »Das ist Helmut Kohl. Der wird einmal Bundeskanzler.«[179]

Das ist nicht so zu verstehen, als hätte Kohl sein Ziel in der Öffentlichkeit in der Weise bekannt gemacht wie der Soziologe Ralf Dahrendorf, der bei seinem Start als FDP-Politiker erklärt hatte, er wolle Bundeskanzler werden. Dies zeigte nur die Naivität des Außenseiters. Ein Vollblutpolitiker wie Kohl hielt sich da zurück, denn dieses Karriereziel hätte nur Irritationen und höhnische Kommentare hervorgerufen. Kohl pflegte im vertraulichen Gespräch – häufig mit Journalisten – seine persönlichen Pläne zu erörtern. Seine Rechnung war im Grunde einfach. Er hatte Geduld, er konnte warten. Er sah sich als Nachfolger Kurt Georg Kiesingers; als ernsthaften Konkurrenten erkannte er früh Rainer Barzel. Kohls Engagement in der Bundespolitik, im CDU-Bundesvorstand wie auf den Bundesparteitagen, ist daher stets unter dem Blickwinkel seiner langfristigen Ziele zu betrachten.

Der Reformer im Bundesvorstand

Der Dortmunder Parteitag im Juni 1962 war Helmut Kohls Debüt auf der Bühne der Bundespartei. Es war eine Tagung voller dramatischer Spannung, da die Fraktion etwas Bestimmtes von Konrad Adenauer erwartete: Indem er Ludwig Erhard zu seinem Nachfolger bestimmte, sollte der Kanzler ein Zeichen setzen, dass er in absehbarer Zeit tatsächlich zurücktreten werde. Aber diesen Gefallen tat »der Alte« dem harmoniesüchtigen Parteivolk nicht. Bundestagspräsident Eugen Gerstenmaier hatte in kunstvollen Wendungen von der »angemessenen Behandlung und Lösung« des Nachfolgeproblems gesprochen, ohne freilich selbst konkret zu werden. Ein Delegierter brachte recht unverblümt seine Überzeugung zum Ausdruck, wann der Rücktritt des Bundeskanzlers erfolgen sollte: »Lieber zwei Jahre früher als nötig, als einen Tag zu spät.« Das war zu einfältig – so ging es nicht.

Zum offenen Aufstand waren die Delegierten nicht bereit, aber bei Adenauers Wiederwahl zum Vorsitzenden zeigten sie ihren Unmut; er erhielt das schlechteste Ergebnis seit seiner ersten Wahl zum Vorsitzenden im Jahre 1950. Etwas anderes konnte Adenauer aber nicht verhindern, nämlich die Wahl von Josef Hermann Dufhues zum Geschäftsführenden Vorsitzenden, der, wie Bruno Heck in einem Interview erklärte, »alle Vollmachten, die er hätte, wenn er Vorsitzender wäre«[180], erhalten, also die Partei de facto führen sollte.

Diese Aufgabenstellung für Dufhues entsprach voll und ganz den Vorstellungen Kohls. Auf dem Parteitag hatte er mit Nachdruck erklärt, dass Dufhues mit »politischer Macht« auszustatten sei, »dass er auf keinen Fall zu einem Erfüllungsgehilfen« werden dürfe, »sondern dass er eigenständig … zur Übernahme politischer Führungsaufgaben sich bereitfinden« könne, »ja bereitfinden« müsse.[181] Denn die Partei müsse sich erheblich verändern. Es gelte, mehr Raum für Diskussionen zu schaffen und offen über die Lage der Partei zu sprechen, bestünde doch »eine gewisse Unruhe unter unseren Freunden und Mitgliedern im ganzen Lande über den Weg der CDU«.

Eine Voraussetzung dafür sei jedoch, dass wichtige Papiere wie die Wahlanalyse Rainer Barzels von der letzten Bundestagswahl nicht unter Verschluss gehalten und erst unmittelbar vor Diskussionsbeginn den Delegierten in einer Kurzfassung zugänglich gemacht würden. Dies sei nur unnötige Geheimniskrämerei. Für sich selbst hatte Kohl vorgesorgt und in der CDU-Bundesgeschäftsstelle ein Exemplar ergattert. Zur Begründung hatte er angeführt, er rechne damit, »dass die Leitsätze des Barzel'schen Gutachtens in Kürze im ›Spiegel‹« veröffentlicht würden«; daher befand er: Es wäre »nicht ganz unbillig, wenn ich auch einmal den authentischen Text studieren könnte«.[182]

Mit der Wahl von Josef Hermann Dufhues schien für Kohl eine positive Entwicklung der Partei einzusetzen. In einem Brief an den neuen Geschäftsführenden Vorsitzenden gab er der Hoffnung Ausdruck, dass es diesem »mit allseitiger Unterstützung gelingen möge, aus dem Wahlverein der CDU eine den Anforderungen der Zukunft entsprechende moderne Partei zu gestalten«.[183]

Seit diesen Tagen entwickelte sich zwischen den beiden Männern eine enge persönliche Beziehung. Dufhues wurde für Kohl ein väterlicher Förderer, bei dem er auf Rat und Hilfe rechnen konnte. Sie einte das Bemühen, die CDU zu reformieren. Am gleichen Strang zog der Schwabe Bruno Heck, damals noch Parlamentarischer Geschäftsführer der CDU/CSU-Bundestagsfraktion, der 1966 in das neu geschaffene Amt des Generalsekretärs der Partei gewählt werden sollte. Alle drei Männer waren sich darin einig, die CDU modernisieren und die Krise überwinden zu wollen, die die Partei in den Jahren der Kanzlerschaft Ludwig Erhards lähmte. Zu ihnen stieß mit Eugen Gerstenmaier ein Politiker, den die Schlagkraft der Parteiorganisation weniger interessierte, denn er pflegte sich mehr auf die Macht seines Wortes zu verlassen. Aber er suchte den Kontakt zu den Pragmatikern der Parteipolitik, die die CDU genau kannten. Die vier Politiker trafen sich regelmäßig in Gerstenmaiers Jagdhütte im Hunsrück.

Kohls politisches Nahziel bestand darin, einen Sitz im Bundesvorstand der Partei zu erhalten. In Dortmund hatte er 1962 noch nicht für einen Sitz kandidiert, aber zwei Jahre später auf dem Bundesparteitag in Hannover stellte er sich zur Wahl, fiel jedoch durch. Die Ursache für sein Scheitern lag auf der Hand: Er hatte wieder seine Platte abgespielt, die Unzufriedenheit der jungen Generation mit der Partei beklagt, gesellschaftspolitische Leitlinien für die Politik gefordert und energisch die Parteireform verlangt – alles Dinge, die dem Harmoniebedürfnis der Delegierten zuwiderliefen. Kohl musste aber nicht bis zum nächsten Parteitag warten; durch den Tod eines Vorstandsmitglieds konnte er wenig später nachrücken.

Im Bundesvorstand ergriff Kohl auf der Sitzung am 27. November 1964 zum ersten Mal das Wort. Sein Auftritt erinnerte an die turbulenten Zeiten des »jungen Kohl«, denn er unterbrach den Parteivorsitzenden Adenauer mit der Forderung, er wolle »zur Geschäftsordnung« sprechen, ein bewährtes Mittel von Außenseitern, sich außerhalb der Rednerliste Gehör zu verschaffen.[184] Seine Intervention machte Furore. Energisch kündigte er an, dass es mit dem bisherigen Schlendrian nicht weitergehen dürfe. Er wolle sicherstellen, dass das »uralte CDU-Rezept« nicht wieder praktiziert würde, wegen überlanger Referate keine Zeit mehr zur Diskussion zu haben. Darüber hinaus präsentierte Kohl seinen Kollegen eine unangenehme Wahrheit: Der Bundesvorstand sei nach der Satzung »ein führendes Gremium der Partei«, tatsächlich aber sei er völlig passiv und seltener zusammengetreten, als es selbst die Satzung verlangte. Mit diesem Auftritt hatte Kohl seine politische Strategie im Bundesvorstand für die nächsten Jahre umrissen: mehr Aktivität des Vorstandes, mehr Diskussion und die Reform der Partei.

Welch unterschiedliche Vorstellungen damals in der CDU im Schwange waren, zeigte der Beitrag Ludwig Erhards. Dieser hatte Vorstellungen zur Struktur der Partei geäußert, im Grunde genommen ein Bekenntnis abgelegt, das von den Vorstellungen Kohls und seiner Freunde meilenweit entfernt war. Ganz unbefangen hatte der Kanzler erklärt: »Mitglieder sind ganz schön, aber im Grunde wollen wir keine Mitgliederpartei werden. Wir wollen nämlich nicht die Apparaturen herrschen lassen.«[185] Also bloß keine leistungsfähige Parteiorganisation, sondern der liberale Traum von der alle Probleme lösenden Einzelpersönlichkeit sollte ausreichen, mit den wachsenden Schwierigkeiten der Partei fertig zu werden.

Kohl dagegen war ständig bemüht, die Schlagkraft der CDU zu erhöhen und das Niveau der Funktionäre zu heben. Er forderte solidarisches Handeln und beklagte die Zerstrittenheit der Partei, den Streit zwischen »Atlantikern« und »Gaullisten«, der die Wahlchancen erheblich minderte. Es störte ihn ungemein, dass die Wortführer der Auseinandersetzung, Franz Josef Strauß und Gerhard Schröder, nicht anwesend waren. Überhaupt fiel seine Kritik an der CSU und ihrem Vorsitzenden auf. Kohl stieß sich an der bayerischen Neigung zur »Sonderposition«; auch die CSU müsse »an einem gemeinsamen Strang« ziehen. Derartige freimütige Äußerungen des »Newcomers« Kohl werden in München sorgfältig registriert und mit negativen Vorzeichen vermerkt worden sein.

Die parteiinternen Auseinandersetzungen wollte er mit brachialen Mitteln beenden. Er stellte den Antrag, dass auf Verlangen von »drei Landesverbänden unverzüglich eine Bundesvorstandssitzung einzuberufen« sei mit dem Ziel, »hier bei jedem, ungeachtet der Persönlichkeit, der eventuell aus der Reihe tanzt, ein Exempel (zu) statuieren«. Wie dieses auszusehen habe, sagte er allerdings nicht. Der Eindruck drängt sich auf, Kohl habe mit seiner vielfältigen Kritik, aber mit der gleichzeitigen Aufforderung zum Zusammenstehen, zur offenen Diskussion, ohne die Dinge »mit einem großen UHU-Eimer zuzukleistern«, beim Vorstand tatsächlich einige Wirkung erzielt. Denn solch einen Auftritt, der ohne Hemmungen die Probleme der Parteiführung ansprach, hatte man noch nicht erlebt.

Als Kohl zum wiederholten Mal die mangelnde Präsenz der Mitglieder kritisierte, fand er bei Adenauer überraschende Zustimmung. Aus dem alten Herrn brach es förmlich heraus: »Herr Kohl … ich beklage wie Sie, dass die verehrlichen Mitglieder des Parteivorstandes hier einfach nicht durchhalten. Bitte, sehen Sie, wie der Tisch vor Ihnen aussieht. Die Herren gehen weg; ich habe keine Möglichkeit, sie zu halten. Das mache ich jetzt nicht zum ersten Mal mit. Früher war das anders.«[186] Das war tatsächlich der Fall gewesen. Als Kanzler hatte Adenauer einen umfassenden Überblick über die politische Lage gegeben und der Außen- und Sicherheitspolitik besondere Aufmerksamkeit geschenkt. Auch bei den anderen Punkten der Tagesordnung war er gut vorbereitet gewesen und hatte sich aktiv an den Diskussionen beteiligt, wenn er sie nicht gar beherrschte. Das machte die Vorstandssitzungen für die Mitglieder interessant, denn sie erhielten vom Kanzler im Originalton politische Informationen verschiedener Art.

Von Ludwig Erhard jedoch war nicht viel zu hören, nichts über die Außenpolitik und allenfalls Klagen über die Maßlosigkeit der Interessenvertreter. Dadurch wurden die Sitzungen uninteressant. Da konnte Kohl an den Kanzler appellieren: »Wir wollen das Gefühl haben, dass Sie führen« – aber eine nennenswerte Wirkung hatte das nicht.

Der überraschende Sieg Ludwig Erhards bei den Bundestagswahlen im September 1965 konnte keine dauerhafte Entlastung bringen. Die überaus komplizierte Regierungsbildung ließ die positive Wirkung seines Erfolges schnell verpuffen. Für die Partei wurde es schwierig, als der »Volkskanzler« mit seiner starken Aversion gegen Parteien, der nicht einmal bei der CDU Mitglied geworden war, im März 1966 zum Parteivorsitzenden gewählt werden sollte. Da seine mangelnde Fähigkeit zur Führung der Partei kaum noch angezweifelt wurde, war es von großer Bedeutung, wie die Parteispitze zusammengesetzt war.

Die Mitglieder des Präsidiums mussten über die nötige Erfahrung verfügen und zugleich Engagement nachweisen, um die immer zerstrittener wirkende Partei zusammenzuhalten. Über die Zusammensetzung des Präsidiums war man sich nicht einig. Daher wurde eigens eine Kommission eingesetzt, in der geklärt werden sollte, wer dem Parteitag als Mitglied vorzuschlagen sei. Auf zwei Sitzungen hatte der Bundesvorstand ausführlich darüber diskutiert. Bei diesem zähen Tauziehen, das um die Fragen ging, wie viele Mitglieder das Gremium überhaupt umfassen solle, wie der Konfessionsproporz und die Vertretung der Landesverbände zu gestalten sei, wurde Kohl als Kandidat nie infrage gestellt. Rainer Barzel stand als Erster Stellvertreter fest, wobei aber der Hinweis zu hören war, dass damit noch nicht über den nächsten Kanzlerkandidaten entschieden sei. Denn dem agilen Fraktionsvorsitzenden stand der Ehrgeiz für das Spitzenamt ins Gesicht geschrieben. Neben ihm war Kohl der einzige jüngere Kandidat, dem es aber, anders als Barzel, in erster Linie um die Partei ging. Wer Kohls temperamentvolles, immer auf das Wohl der Partei zielendes Engagement im Vorstand verfolgt hatte, musste davon ausgehen, dass dieser reformorientierte Kraftprotz dem Präsidium einfach angehören musste.

Auf dem Parteitag geschah jedoch das Unerwartete: Kohl fiel durch. Mehrere Ursachen konnten für seine Niederlage angeführt werden: die Kandidatenliste habe zu viele Katholiken enthalten, und kein Parteifreund aus Berlin war auf ihr vertreten. Aber das waren keine stichhaltigen Gründe.

Am Tage nach dem Debakel schrieb Kohl einen langen Brief an Josef Hermann Dufhues,[187] seinen Freund und Förderer, der selbst – gesundheitsbedingt – aus der Führung der Partei ausschied. Der Briefschreiber wollte kühl und distanziert wirken, aber seine tiefe Betroffenheit schimmert durch. Er räumte zwar freimütig ein, dass ihn die Niederlage nicht umwerfe, und verwies auf ihm »wirklich Nahestehende«, die der Meinung seien, sie werde seinem »persönlichen Werdegang gut« tun. Das war sicherlich seine Frau Hannelore gewesen, die ihm diese bittere Wahrheit mitgeteilt hatte. Wichtiger sei aber die Tatsache, dass kein Vertreter der jungen Generation in das Präsidium gelangt sei, die inzwischen »schon fast die Hälfte aller Wähler« stelle. Was Kohl aber am bedenklichsten erschien, war die Tatsache, dass sich hier der Landesverband Nordrhein-Westfalen mit seinem Spitzenkandidaten Barzel durchgesetzt hatte. Das bleibe nicht ohne Folgen für die Gesamtpartei: »Das Fehlen Bayerns als Landesverband der CDU führt zu einem Übergewicht Nordrhein-Westfalens und muss, falls es dort an Klugheit und Weitsicht der maßgeblichen Leute fehlt, zu starken Spannungen führen.« Doch gerade an der Klugheit mangele es, schrieb Kohl, denn ihm sei bekannt geworden, »dass einflussreiche Sprecher der nordrhein-westfälischen CDU schon Tage vor der Wahl im Hause Nordrhein-Westfalen das Ergebnis ziemlich genau vorhersagten«. Der Südwesten habe das »Nachsehen, wie schon bei den letzten Kabinettsbildungen. Er sei als »fünftes Rad« behandelt worden, und das dürfe so nicht weitergehen.

Einen Durchschlag seines Briefes an Dufhues hatte er an Bundeskanzler Erhard geschickt, der ihm ausführlich antwortete. Es war ein typischer Erhard-Brief, ein Bekenntnis zu Vertrauen und Freundschaft. Der Kanzler geißelte das Scheitern Kohls als »völlig unverständliche Entscheidung« und klagte dann über die Intrigen, die gegen ihn, den Kanzler, in Gang gesetzt worden seien. Am schlimmsten sei die Parole gewesen, die CDU dürfe keine »liberale Wirtschaftspartei« werden. Das sei »überflüssig und dumm« gewesen. Von wem das Wort stammte, sagte er allerdings nicht, aber für Kohl stand der Urheber fest: kein anderer als Konrad Adenauer.

Kohl hatte sich mit dem Brief an Erhard an einen Leidensgefährten gewandt. Denn der Kanzler war mit dem Verlauf des Parteitages, auf dem er zum Parteivorsitzenden gewählt wurde, höchst unzufrieden. Er fühlte sich durch die Behandlung tief verletzt. Für ihn stellte sich die Niederlage Kohls als ein Akt der Rache an einem getreuen Gefolgsmann dar. »Ich weiß«, schrieb er seinem jungen Freund, »dass Sie sich mit Ihrer ganzen Person für mich als den neu zu wählenden Vorsitzenden eingesetzt haben«. Umso mehr sei er ihm für seine Gesinnung und Treue »aufrichtig dankbar«. Geradezu rührend klang es, als Erhard versicherte, dass er »in gegenseitiger Verbundenheit alles tun werde«, um mit Kohl »und anderen bewährten jungen Kräften die CDU aus einer Honoratiorengesinnung herauszuführen«.[188]

Es bleibe dahingestellt, inwieweit Kohl solche Beteuerungen ernst nahm, denn es wird ihm schwergefallen sein, sich Erhard als Parteireformer vorzustellen. Etwas anderes berührte ihn weit mehr. Das war die menschliche Verbundenheit, die der Kanzler ihm gegenüber bezeugte. Kohl kannte Erhard seit langer Zeit. Er hatte schon 1949 im Bundestagswahlkampf mit dem Lautsprecherwagen Propaganda gemacht. Seitdem hatte er immer wieder, zuletzt im Bundestagswahlkampf von 1965, erleben können, »was für eine ungewöhnlich große Sympathiewelle« Ludwig Erhard »entgegenschlug«. Was Erhard zufiel, als er in nachtwandlerischer Sicherheit die Chance der sozialen Marktwirtschaft erkannt und in unzähligen Versammlungen dafür geworben hatte, war nicht zu kopieren. Das war Kohl bewusst, brauchte er doch selbst in einem politisch schwieriger gewordenen Umfeld eine lange Anlaufzeit, bis auch er Marktplätze füllen und die elementaren Besorgnisse und Wünsche der Menschen wirkungsvoll ansprechen konnte. Geblieben war seine Hochachtung für Erhards Fähigkeit, jene emotionale Bindung zu den Menschen herzustellen, die die Massenwirksamkeit des Politikers erst ausmacht.

Bestätigt wurde Kohls Sicht der Dinge über das Parteitagsgeschehen mit einiger Verzögerung durch die »Frankfurter Allgemeine Zeitung«; das Blatt schrieb, Barzels »Hausmacht«, darunter auch die Sozialausschüsse, habe die Wahl Kohls verhindert. Die Ursache dafür habe nicht in kleinlichem Partei-Hickhack gelegen. Vielmehr habe Barzel ihn »als einen seiner schärfsten Konkurrenten für höchste Parteiämter erkannt und gebremst«.[189] Das war sicher richtig gesehen.

Es ist überhaupt bemerkenswert, wie früh Kohl als Konkurrent ausgemacht wurde. Schon ein Jahr als Mitglied im Bundesvorstand hatte gezeigt, dass hier ein Bewerber erschienen war, der gefährlich werden konnte. Denn keiner vertrat so entschieden wie Helmut Kohl die Forderung nach Modernisierung und Aktivierung der Partei. So begann im Frühjahr 1966 ein Kampf um die Führung der CDU, der erst sieben Jahre später mit dem Rücktritt Rainer Barzels entschieden werden sollte.

Mit Sicherheit hätte Kohl als Präsidiumsmitglied den Niedergang der Koalition der CDU mit der FDP und das Scheitern Ludwig Erhards nicht verhindern können. Aber selbst der stets planende und vorausberechnende Kohl wird nach seiner Niederlage nicht erwartet haben, dass die südwestdeutsche CDU noch im selben Jahr die Führung übernehmen könnte – mit dem von ihr präsentierten Kanzlerkandidaten Kurt Georg Kiesinger und Helmut Kohl als einem der rührigsten Königsmacher.

Seit dem Sommer 1966 war das Scheitern Erhards absehbar. Damit stellte sich die Frage nach dem Nachfolger. In der Presse wurden verschiedene Namen gehandelt. Neben Barzel wurde häufig Eugen Gerstenmaier, der auf außenpolitischem Gebiet einiges Profil gewonnen hatte, als Kanzlerkandidat genannt. Von Kiesinger als Kanzlerkandidaten war zu diesem Zeitpunkt noch nicht die Rede. Aber der baden-württembergische Ministerpräsident hatte in der Muße seines Sommerurlaubs die Möglichkeit erkannt, die sich ihm bei der Nachfolge Erhards allerdings nur dann bot, wenn es ihm gelingen würde, seine Kandidatur nicht zu früh in der Öffentlichkeit bekannt werden zu lassen. Mit den schwäbischen Parteifreunden ventilierte er aber schon seine Chancen. Es ist schwer vorstellbar, dass Kohl darüber nicht informiert wurde.

Unauffällig sondierte Kiesinger bei der CSU. Die Aussichten schienen günstig. Am 27. Oktober 1966 brach die Krise um Erhard mit dem Austritt der FDP-Minister aus der Bundesregierung offen aus. Zur gleichen Zeit erklärte Kiesinger in Bonn einem Kreis vertrauter Politiker seine Bereitschaft, »den Kampf um das Kanzleramt aufzunehmen«.[190]

Am 1. November fand im Ettlinger Nobelrestaurant »Erbprinz« ein hochpolitisches Treffen statt. Die Vorsitzenden der vier baden-württembergischen Landesverbände, Kohl als Landesvorsitzender von Rheinland-Pfalz sowie der stellvertretende Landesvorsitzende der Saar-CDU, Werner Zeyer, hatten Wichtiges zu besprechen. Kohl hatte die Zusammenkunft anberaumt. Er wollte Flagge zeigen und deutlich machen, dass die CDU des Südwestens nicht mehr das »fünfte Rad« am Wagen der Gesamtpartei sei, sondern dass ihre Spitzen bereit seien, einen Politiker aus dem Südwesten zum Kanzler zu machen. Zur Dokumentation ihrer Zusammenkunft sandten sie ein Telegramm an den Fraktionsvorsitzenden Barzel, in dem sie baten, vor der für den 8. November 1966 vorgesehenen Sitzung des Bundesvorstandes »keine die Partei präjudizierenden Beschlüsse zu fassen«.[191] Sie waren misstrauisch und wollten verhindern, dass schon vor der Vorstandssitzung Entscheidungen getroffen wurden.

Kein anderer als Kohl war es dann, der auf dieser Sitzung beherzt die Kandidatenfrage ansprach. Man solle nicht immer davon reden, so sein Standpunkt, es müsse »alles anders werden«, sondern jetzt gelte es, »schlicht und einfach die Namen auf den Tisch zu bringen«, also die Kandidaten zu benennen. In alphabetischer Reihenfolge seien dies die Herren Rainer Barzel, Eugen Gerstenmaier, Kurt Georg Kiesinger und Gerhard Schröder.

So etwas hatte es in der Union noch nicht gegeben; denn entweder war es um die Wiederwahl Adenauers gegangen oder um die von seinen Gegnern geforderte Wahl Erhards zum Kanzler, also immer um einen einzigen Kandidaten, nicht aber um mehrere. Diese neue Situation löste Kohl auf seine Art: Er stellte die in der Öffentlichkeit gehandelten Kandidaten im Bundesvorstand parteioffiziell fest. Über die Wahl des Kanzlerkandidaten hatte dann die Bundestagsfraktion zu bestimmen.

Es zeugt von der allgemeinen Ratlosigkeit, dass gegen Kohls Auftreten keinerlei Widerspruch laut wurde. Schließlich war er der Jüngste, der zudem bei der Wahl zum Präsidium gescheitert war, also keineswegs so etwas wie ein Stimmführer. Franz Josef Strauß als Gast hatte Kohl unterstützt und vorgeschlagen, dass die genannten Kandidaten auch ihr Einverständnis bekundeten. Wie diese auf die Aufforderung reagierten, war umwerfend: Barzel und Schröder nahmen es eher geschäftsmäßig nüchtern, Gerstenmaier dagegen wand sich in Bescheidenheitsfloskeln, und Kiesinger wollte gar nicht zugeben, dass er als Kandidat angetreten sei. Er entgegnete: »Von Bewerbung kann keine Rede sein. Wir sind ins Spiel gekommen.«[192]

Die Sitzung hatte im Kanzlerbungalow stattgefunden. Ludwig Erhard hatte ihn errichten lassen – mitten im Park des Palais Schaumburg, des Kanzleramtes von Adenauer. In seiner Modernität wirkte der Neubau wie ein Fremdkörper und war in der öffentlichen Meinung heftig umstritten. Der Hausherr hatte die Sitzung mit dem Satz eröffnet: »Man spricht von einer Regierungskrise« – als ob das Ende seiner Regierung nur etwas Herbeigeredetes, kein Faktum sei. Tatsächlich hatte aber die eigene Partei ihm die Unterstützung aufgekündigt. In der Sitzung war es folgerichtig um seine Nachfolge gegangen. Als mit der Nennung der Kandidaten der eigentliche Zweck der Sitzung erfüllt war, leerte sich der Bungalow unglaublich schnell. Kohl hatte so etwas geahnt und schon während der Sitzung vorausgesagt, wohin die Sitzungsteilnehmer gehen würden: »In der Regel hat doch jeder eine Verabredung. Die Freunde aus der Bundestagsfraktion fragen doch: Was habt ihr eigentlich besprochen?« Und so geschah es. Kohl sah sich plötzlich mit dem deprimierten Hausherrn allein. Dieser bat ihn zu bleiben. Bei einer Flasche Wein hing jeder seinen Gedanken nach.

Die Bundestagsfraktion wählte den Kanzlerkandidaten zwei Tage später. Das Ergebnis löste erhebliche Überraschung aus.

Nur drei Kandidaten hatten zur Wahl gestanden: Barzel, Kiesinger und Schröder; Gerstenmaier hatte schon vorher verzichtet. Im dritten Wahlgang wurde mit der absoluten Mehrheit von 137 Stimmen Kurt Georg Kiesinger gewählt. Der Anhang Rainer Barzels war auseinandergelaufen – er endete mit kümmerlichen 26 Stimmen. Gerhard Schröder erhielt 81 Stimmen.

Kiesinger steuerte nun mit vollen Segeln auf die Große Koalition zu, was dem Mehrheitstrend in der Partei entsprach. Die Regierungsfähigkeit der Sozialdemokratie war kein Thema mehr. Seit der »Spiegel«-Krise, als Adenauer die Spitzen der SPD zu einem Gespräch über eine gemeinsame Koalition im Kanzleramt empfangen hatte, um die Liberalen mit dieser Möglichkeit in Existenzangst zu versetzen, war der Gedanke des Bündnisses mit der anderen großen demokratischen Partei in den Reihen der Union nicht mehr verschwunden. In einer solchen Koalition konnten liegen gebliebene Projekte wie die Notstandsgesetzgebung und die Reform der Finanzverfassung verabschiedet und zugleich das Wahlrecht geändert werden. Das erschien der Partei wie ein Aufbruch zu neuen Ufern.

Gegen Große Koalition und Mehrheitswahlrecht

Bundesvorstand und Fraktion folgten den Befürwortern einer Koalition mit den Sozialdemokraten. Mit wie vielen Zweifeln und Hintergedanken sie dies taten, sei dahingestellt. Einer der frühen und ganz entschiedenen Skeptiker gegenüber einer solchen Koalition war Helmut Kohl. Schon in der Sitzung am 8. November 1966 hatte er zur Koalitionsfrage Stellung bezogen: Er »sehe überhaupt keine Chance für die CDU, in einer Großen Koalition ihre Position zu verbessern.« Vielmehr entstünde der Eindruck, dass die Partei »jetzt die Sozialdemokraten als Nothelfer« hereinhole. Was ihn aber noch mehr störte, war der bei seinen Parteifreunden überwiegend positiv beurteilte Plan, durch Einführung des Mehrheitswahlrechts »noch eine bestehende Partei ... wie die FDP qua Wahlgesetz abzuschaffen«. Auf der nächsten Vorstandssitzung drei Wochen später wiederholte Kohl seine Warnung vor der »Ermordung einer noch präsenten Partei«[193] mit großem Nachdruck und rief dadurch Unruhe und Protest hervor. Schließlich stammte von ihm die einzige Gegenstimme gegen den Vorstandsbeschluss, der die Große Koalition billigte. Am 1. Dezember 1966 wurde Kurt Georg Kiesinger Bundeskanzler der ersten Großen Koalition auf Bundesebene.

Kohls Kritik an der Änderung des Wahlrechts war im Bundesvorstand immer wieder zu hören. Er hatte schon früh die politischen Fußangeln des Projekts erkannt. So wies er den Bundeskanzler auf die Folgen hin, wenn die Wahlrechtsänderung liegen bleibe, denn der »Prestigeverlust ... – auch Ihr persönlicher, Herr Bundeskanzler – kann gar nicht negativ genug veranschlagt werden«. Ganz schlecht sei es aber, das neue Wahlrecht erst 1973 einzuführen. Mit bemerkenswertem Scharfsinn wies Kohl auf die politischen Konsequenzen hin: Die Verschiebung würde zugleich »eine Aussage für die Koalition nach 1969« bedeuten, »denn eine FDP, die 1969 ... gerade noch in den Bundestag hineinkommt, hat noch eine Gnadenfrist von vier Jahren«. Wie würde sie diese jedoch nutzen? Für Kohl war das eindeutig: »Sie wird alles tun bei den Koalitionsverhandlungen im Jahre 1969, diese Sache irgendwie aus den Angeln zu heben.«[194] Im Klartext bedeutete dies: Die FDP würde eine Koalition mit den Sozialdemokraten anstreben. Trotz dieser, wie sich herausstellen sollte, zutreffenden Vorhersage unterhielt Kohl weiterhin enge Kontakte zur FDP-Führung. Vor allem zu Hans-Dietrich Genscher wurden Beziehungen »diskret und beharrlich gepflegt«.

Bei der Wahlrechtsdiskussion störte Kohl wohl am meisten die Unentschlossenheit seiner Partei. Dort war die fatalistische Neigung weit verbreitet, den Befürwortern der Wahlrechtsreform in der Hoffnung zu folgen, dass das Unternehmen glimpflich ablaufen würde.

Im November 1966 hatte Kiesinger vollmundig angekündigt, er wolle mit der Einführung des Mehrheitswahlrechts »einen der Grundfehler der deutschen Demokratie von 1919 korrigieren«; die geplante Reform hatte er sogar als einen »revolutionären Schritt« bezeichnet. Im Juni 1968 klang er ganz anders; da hieß es nur noch: »Wir müssen es machen, wenn es irgendwie geht.« Zu diesem Zeitpunkt war die SPD von der Wahlrechtsreform bereits abgerückt und hatte interessante Kontakte zu FDP-Politikern geknüpft. Die SPD erschien nun den entscheidenden Leuten in der FDP als die politische Kraft, die der Partei nicht nur das Überleben sicherte, sondern auch eine faszinierende Koalitionsperspektive aufzeigte.

Die Einführung des Mehrheitswahlrechts war nicht der einzige Kritikpunkt Kohls. Er wollte der trägen Mehrheit des Bundesvorstandes gleichsam einen Spiegel vorhalten, indem er ihnen unangenehme Dinge sagte – ob es um die mangelnde Beschlussfähigkeit der Gremien oder um die traurigen Parteifinanzen ging. Die niedrigen Mitgliedsbeiträge und die miserable Zahlungsmoral besonders bei arrivierten Parteifreunden störten ihn gewaltig. Er hielt es für »eine ausgesprochene Schande, Mitglied zu sein und nichts zu zahlen, nicht einmal einen Beitrag«, den er »beinahe in einzelnen Fällen als unsittlich bezeichnen« würde. Er ging sogar so weit, die CDU als demokratische Partei infrage zu stellen, da ihre Einnahmen aus den Mitgliedsbeiträgen so lächerlich gering seien, dass man damit nicht einmal die Portokosten für Posteinladungen bezahlen könne. Das war keine billige Rhetorik, denn in Kohls eigenem Landesverband hatte er Abhilfe geschaffen und durch hohe Beiträge und strikte

Zahlungsdisziplin für eine solide Finanzlage gesorgt. Eine derart heterogene Partei wie die CDU aber zu sparsamem Wirtschaften anzuhalten, war eine Aufgabe, die in den Kanzlerjahren selbst Kohls Kraft übersteigen sollte.

Bei aller Neigung zur Kritik war Kohl aber stets bereit, mit anzupacken und schwierige Aufgaben zu übernehmen. So leitete er die Programmkommission, die nach ausgiebiger Diskussion in den Parteigremien einen Entwurf für den Bundesparteitag ausarbeiten sollte, der im November 1968 in Berlin stattfand. Mit der Arbeit an diesem Programm, das der Parteitag als »Berliner Programm« einstimmig verabschiedete, war Kohls Name im Parteivolk fest verankert.

Dieser Berliner Parteitag war jedoch im öffentlichen Bewusstsein durch ein anderes Ereignis besetzt: die Ohrfeige der Journalistin Beate Klarsfeld für Bundeskanzler Kiesinger, um gegen dessen frühere Mitgliedschaft in der NSDAP zu protestieren. Mittlerweile wissen wir, dass dieser Zwischenfall sich nicht vor »laufenden Kameras« ereignete. Es gibt überhaupt kein Bild von dem Vorfall. Aber Kohl stand – man ist versucht zu sagen, typisch für ihn – in der Nähe und war sogar »einer der ersten, die die rabiate Dame vom Bundeskanzler wegzerrten«. Kohls Verachtung für diese hysterisch-denunziatorische Aktion ist auch im Rückblick nicht gemildert. Für ihn war es eine Tat, »die die ganze Intoleranz und Brutalität der aggressiven Linken deutlich machte«.[195]

Zu dieser Zeit befand er sich bereits in der Spitzengruppe der Politiker seiner Partei. Das mochte in der Öffentlichkeit noch nicht immer wahrgenommen worden sein. Was ihn jedoch von den meisten Honoratioren dieses Gremiums unterschied, war sein rastloser Einsatz für die Partei – sei es in ihren Führungsgremien, im Rahmen seiner Landespartei und vor allem in den Wahlkämpfen, die irgendwo immer stattfanden und wo ein

Wahlkämpfer von seiner Durchschlagskraft stets hochwillkommen war. In den Jahren der Großen Koalition, vornehmlich zu ihrem Ende hin, war Kohls Position so stark, dass er nach dem Rücktritt von Paul Lücke das Angebot, Bundesinnenminister zu werden, ausschlug und sogar dementieren ließ, dass überhaupt an ihn gedacht worden sei.

Mit Blick auf die Wahl des Bundespräsidenten, die 1969 anstand, ergriff Kohl eine überraschende Initiative. Eine Zeit lang gab es Überlegungen, mit dem katholischen Sozialdemokraten und Gewerkschaftsboss Georg Leber einen gemeinsamen Kandidaten aufzustellen, aber bald erwies sich die Parteiräson auf beiden Seiten als stärker. Mit dem amtierenden Verteidigungsminister Gerhard Schröder war schnell ein Kandidat gefunden, den stets ein gutes Verhältnis zu den Freien Demokraten ausgezeichnet hatte und der zudem die Unterstützung der CSU erhielt. Das war allerdings keineswegs ein Zeichen besonderer Wertschätzung – Strauß wollte Schröder als amtierenden Verteidigungsminister oder gar als Konkurrenten für die Kanzlernachfolge loswerden.

Helmut Kohl dagegen hatte die politische Umorientierung der FDP genau verfolgt und wusste, dass die Liberalen unter ihrem neuen Vorsitzenden Walter Scheel den CDU-Kandidaten Schröder ablehnten. Die FDP war aber in der Bundesversammlung das Zünglein an der Waage; auf sie musste Rücksicht genommen werden. Kohl präsentierte deshalb einen anderen Kandidaten, von dem er glaubte, er würde bei der FDP auf mehr Zustimmung stoßen als Gerhard Schröder.

Sein Kandidat hieß Richard von Weizsäcker. Dieser war, was seine Parteikarriere betraf, ein lupenreines Ergebnis Kohl'scher Förderung. Ohne Kohl hätte es einen CDU-Politiker von Weizsäcker nie gegeben. Denn schon im Oktober 1964 hatte er die Partei verlassen. Als er bei der Firma Boehringer in Ingelheim eine Spitzenposition übernahm, hatte er sich ordnungsgemäß von seinem Düsseldorfer Kreisverband abgemeldet. Zugleich aber hatte er erklärt, er sei als Präsident des Kirchentages so stark in Anspruch genommen, dass, so wörtlich, »ich … zur Zeit eine Übernahme meiner bisherigen Mitgliedschaft in der für meinen neuen Wohnsitz zuständigen Kreispartei nicht beantragen kann«.[196] Ein Mitglied jedoch, das sich nicht an seinem neuen Wohnsitz anmeldet, hat damit seine Mitgliedschaft faktisch beendet. So wäre es auch mit Weizsäcker geschehen, wenn nicht Kohl von der Angelegenheit erfahren hätte. Er veranlasste Weizsäcker nicht nur, in der Partei zu bleiben, sondern bemühte sich trotz heftigem parteiinternem Widerstand, einen Wahlkreis für die Bundestagswahl 1965 für ihn zu finden.

Aus beruflichen Gründen musste Weizsäcker aber auf diese Chance verzichten. Er scheint dann Mitglied in Kohls Ludwigshafener Kreisverband geworden zu sein. 1967 nahm er als Delegierter am Braunschweiger Parteitag teil und wurde dort auf Anhieb mit einer hohen Stimmenzahl in den Bundesvorstand gewählt. Wenn man sich vergegenwärtigt, dass Kohl 1964 als Kandidat gescheitert war und erst als Nachrücker in den Bundesvorstand gelangte, überrascht dieser reibungslose Aufstieg umso mehr. Kohl wird die entscheidende Vorarbeit bei der Gewinnung der Delegiertenstimmen geleistet haben. Den Rest besorgte Richard von Weizsäckers prominenter Status als Kirchentagspräsident, sein trotz grauer Haare jugendlicher Charme und eine gestelzte Diktion, die simple Aussagen ungemein geistvoll erscheinen ließ.

Zweifellos war Weizsäcker für die neue FDP-Mehrheit ein attraktiverer Präsidentschaftskandidat als Gerhard Schröder – aber nicht attraktiv genug für die eigene Partei, und das war ausschlaggebend. Kohl hatte seinen Vorschlag Bundeskanzler Kiesinger unterbreitet, der zustimmte, weil er selbst erhebliche Vorbehalte gegen Schröder hatte. Das Parteigremium, das den

Unionskandidaten für die Präsidentenwahl bestimmte, entschied sich mit großer Mehrheit für Schröder. Weizsäcker erhielt von 85 Stimmen lediglich 20 Stimmen.

In der Literatur besteht die Neigung, im Rückblick auf die Präsidentenwahl Weizsäcker größere Chancen auszurechnen als Schröder und über die sich daraus ergebenden Alternativen zu reflektieren.[197] Das ist gewiss reizvoll, aber dabei wird das banale Faktum übersehen, dass sich die eigene Partei überaus deutlich gegen Weizsäcker entschieden hatte. Viel aufschlussreicher ist in dieser Hinsicht das Verhalten des Kandidaten selbst.

Die Mehrheit für Gerhard Schröder hatte sich schon vor der eigentlichen Abstimmung abgezeichnet. Kohl wollte seinen Kandidaten Weizsäcker daher schonen und riet ihm, seine Bewerbung zurückzuziehen. Er argumentierte, dass eine Kampfabstimmung »aussichtslos und politisch unklug« sei.[198] Erfahrungsgemäß sieht es ein Parteigremium lieber, dass sich ein Kandidat, der voraussichtlich unterliegen wird, vor der Abstimmung zurückzieht und sich nicht erst von der Mehrheit bestätigen lässt, dass seine Anhänger deutlich in der Minderheit waren. Diese politische Alltagsweisheit kollidierte jedoch mit den Ansichten Weizsäckers, der den Vorschlag Kohls als »Zumutung« und als eine »Wetterfahnenorientierung« empfand und ablehnte.[199] Wichtiger, weil für die Zukunft bedeutsam: Der Gegensatz zwischen dem gut gemeinten Ratschlag Kohls und seiner Zurückweisung durch Weizsäcker lässt zum ersten Mal das Maß an Selbstüberschätzung sowie die unterschiedlichen Charaktere der beiden hervortreten, was ihr Verhältnis in den kommenden Jahrzehnten immer stärker belasten und schließlich zum Bruch führen sollte.

Am 5. März 1969 war es mit dem Rätselraten, wer der günstigere CDU-Kandidat gewesen wäre, vorbei. Im dritten Wahlgang wurde Gustav Heinemann (SPD) mit sechs Stimmen Mehrheit gewählt. Die FDP hatte nicht geschlossen gestimmt, aber schließlich – und das gab den Ausschlag – hatten sich einige Wahlmänner mehr für Heinemann als für Schröder entschieden. Es war eine sehr knappe Abstimmung, die aber dennoch den Trend widerspiegelte, den Kohl schon frühzeitig vorausgesagt hatte.

Seine genauen Kenntnisse über die Einstellung der FDP erhielt Kohl durch eine Reihe von liberalen Politikern, die in dem Ministerpräsidenten von Rheinland-Pfalz keinen politischen Gegner sahen. Zwar gab es in der CDU/CSU, vor allem in deren Bundestagsfraktion, eine tief sitzende Abneigung gegen die FDP, aber Kohl hatte diese nie geteilt. Er galt bei den Liberalen als zuverlässiger Koalitionspartner. So hatten Walter Scheel und Hans-Dietrich Genscher den jungen Fraktionsvorsitzenden schon in Mainz besucht, wie auch der Kontakt zu ihnen in Bonn nicht abriss.

Im Herbst 1968 erlebten Helmut Kohl und Walter Scheel eine reizvolle Begegnung. Eine große Baufirma hatte zur Jagd in einem traumhaften Revier im Salzkammergut geladen – eine vor allem in Deutschland gern genutzte Gelegenheit, neben dem edlen Waidwerk diskrete, von der Öffentlichkeit nicht beobachtete Kontakte zu pflegen. Bereits der Besitz einer Jagdhütte oder die Einladung zum Treffen in einer solchen vermittelt bekanntlich das Gefühl von Exklusivität. Kohl traf bei dieser Jagd auf den FDP-Vorsitzenden. Da beide keine Jäger waren, aber die Natur liebten, trafen sie sich zur Naturbetrachtung, bei der zugleich genügend Zeit für das politische Gespräch blieb. Kohl muss bei dieser Gelegenheit auch von seinem Fernziel, dem Amt des Bundeskanzlers, gesprochen haben. Daraufhin hielt Scheel seinerzeit auch nicht mit seinen Zukunftsplänen hinter dem Berg und erklärte beiläufig, »dass er spätestens der übernächste Bundespräsident sein werde«. Kohl wurde von Kiesinger, Heck und Dufhues ausgelacht, als er ihnen von dem Plan Scheels erzählte, aber für Kohl stand fest, dass Scheel »damals einen weitsichtigen und langfristigen Plan verfolgte, der – wie eigentlich immer bei ihm – auch seinen persönlichen Vorteil berücksichtigte«.[200]

Im Laufe des Jahres 1969 rückte Kohl in Bonn immer mehr ins politische Zentrum. Als neuer Ministerpräsident, der stets in der Hauptstadt anwesend war, wenn wichtige Beratungen in der Unionsspitze anstanden, gehörte er wie selbstverständlich zur Umgebung des Bundeskanzlers. So war es auch am Wahlabend des 28. September. Kiesinger wollte die Große Koalition fortsetzen und glaubte, mit Herbert Wehner als politischem Partner mit der SPD im Einverständnis zu sein. Kohl dagegen wusste, dass Scheel eine Koalition mit der Sozialdemokratie anstrebte, wenn das Wahlergebnis dies möglich machte. Scheel selbst hatte dies Kohl vor der Wahl eigens bestätigt.

Zunächst aber schien die Stimmenauszählung die Fortsetzung der Großen Koalition zu erlauben. Die Fernsehberichterstattung am Wahlabend bestärkte diese Annahme. Kiesinger erschien als strahlender Sieger; das Weiße Haus hatte bereits ein Glückwunschtelegramm gesandt. Aber die Freude währte nicht lange, und es trat das ein, was Kohl schon lange befürchtet hatte. Er erhielt von Kiesingers persönlichem Referenten Hans Neusel, dem späteren Staatssekretär, einen Zettel, auf dem das vorläufige amtliche Endergebnis festgehalten war, das eine SPD/FDP-Koalition möglich erscheinen ließ. Durch seine Kontakte zur FDP wusste Kohl, was das bedeutete. Deshalb bemühte er sich energisch, den Kanzler von den Mikrofonen wegzumanövrieren, um ihm die Unglücksbotschaft ohne Zeugen mitteilen zu können.

Wie er das bewerkstelligte, ist ein Musterbeispiel für seinen Umgang mit Menschen und seine Fähigkeit, in Ausnahmesituationen instinktiv das Richtige zu tun. Kiesinger verließ schließlich, unangenehm berührt von der »penetranten Intervention«

Kohls, das Fernsehstudio, ließ sich von diesem in eine Seiten-
straße fahren und musste dann das vorläufige amtliche Endergebnis zur Kenntnis nehmen. Für Kohl war es »eine der brutals-
ten Erfahrungen, die einem Politiker widerfahren können: in
einem Moment als strahlender Sieger gefeiert, im nächsten ein
politischer K.-o.-Schlag«.[201]

Kohl versuchte noch am Wahlabend gegenzusteuern. Er
nahm Kontakt zu FDP-Fraktionsgeschäftsführer Genscher auf
und ventilierte mit ihm in der rheinland-pfälzischen Landesvertretung die Möglichkeit einer Koalition mit der FDP. Sogar
das Außenministerium für Scheel bot er an, natürlich ohne jeden Verhandlungsauftrag. Aber es half nichts, der Zug zur sozialliberalen Koalition war bereits abgefahren. Dennoch war das
Gespräch nicht bedeutungslos. Es hatte Symbolwert. Beide Politiker hegten keine Abneigung gegen eine bürgerliche Koalition
von Union und FDP. Für den Augenblick war sie nicht mehr
erreichbar, aber für die Zukunft nicht ausgeschlossen. Sie kannten sich seit Langem. Genscher wusste, dass Kohl stets ein fairer
Partner der FDP gewesen war. Dreizehn Jahre später konnte es
nicht überraschen, dass Kohl dem FDP-Vorsitzenden Genscher
versprach, dieser werde nicht ohne Netz turnen, wenn er zum
Koalitionswechsel bereit sei.

Kohls Versuche, noch am Wahlabend die Koalition mit der
FDP zu retten, hatten seine Stellung in der Öffentlichkeit aufgewertet. Schon durch seine schiere Körpergröße, aber auch durch
sein umsichtiges Auftreten in Bonn, erschien der Ministerpräsident aus Mainz wie ein Fels in der Brandung. Es war daher
fast unvermeidlich, dass er zunehmend als Kanzlerkandidat der
Union betrachtet wurde. Seine Antworten auf Fragen, die in
diese Richtung gingen, waren eher ausweichend, aber nicht ablehnend.

Diese Einstellung kam besonders deutlich im Oktober 1970
in dem Fernsehinterview mit Günter Gaus in dessen Reihe »Zur

Person« zum Ausdruck.²⁰² Frager und Befragter kannten sich lange und hatten in der Zeit, als Gaus beim Südwestfunk in Baden-Baden tätig war, intensive Gespräche geführt. Gaus fragte direkt, ob Kohl sich zutraue, das Amt des Bundeskanzlers zu übernehmen. Er erhielt eine vielschichtige Antwort. Zuerst kam eine Reaktion der Abwehr. Es sei ein Amt, das »voller Eiseskälte der Distanz« sei »und sehr stark die menschliche Nähe und die menschliche Wärme« einschränke. Er habe dies »bei guten Freunden gut beobachten« können. Kohl sagte aber nicht, ob er damit Erhard oder Kiesinger oder beide meinte. Auf der anderen Seite jedoch gab er zu erkennen, was ihn besonders an dem Amt reize, nämlich »die Chance des Gestaltens, die in diesem Amte nach unserer Verfassung ganz unvergleichlich liegt«. Auf die nachbohrenden Fragen von Gaus, wie er sich den Weg zu diesem Amte vorstelle, blieb er reserviert. Er erklärte lediglich, dass er »unter bestimmten Umständen zum Parteivorsitzenden« kandidieren wolle. Als Gaus nicht locker ließ und möglichst einen Zeitplan erfahren wollte, winkte Kohl ab: »Meine Chance besteht darin …, dass ich enorm viel Zeit habe – ich bin vierzig Jahre alt.« Das war eine Antwort, die in Zukunft immer wieder zu hören sein würde.

Mit diesem Interview hatte Helmut Kohl vor einem Millionenpublikum immerhin sein Fernziel offengelegt. Das hieß jedoch nicht, dass die Öffentlichkeit ihn auch als Kanzlerkandidaten betrachtete. Vorerst stand weiterhin Rainer Barzel im Vordergrund.

Nach dem Machtverlust:
Wer wird Parteivorsitzender?

Das Ende der Großen Koalition hatte Kohl nicht – wie viele andere seiner Parteifreunde – zu Untergangsvisionen veranlasst, aber das hieß nicht, dass er bereits eine Strategie für die kommenden Oppositionsjahre entwickelt hatte. Der »Machtwechsel« hatte die bisherige Führung, vor allem Kurt Georg Kiesinger, schlecht aussehen lassen. Das gab der innerparteilichen Kritik Auftrieb. Mit der umstrittenen Frage der Mitbestimmung glaubte sie, ihr Profil zu schärfen, zumal die Regierung Brandt/Scheel hier Zurückhaltung übte. Die FDP hatte bei den Koalitionsverhandlungen durchgesetzt, dass diese sozialdemokratische Forderung schlicht ausgeklammert wurde. Was lag näher, als sich dieses Themas zu bemächtigen? Für die CDU-Spitze entstand daraus eine schwierige Lage. Als Opposition konnte sie auf diesem Gebiet nicht viel bewirken, wenn die Regierungsmehrheit nicht mitmachte. So wurde die paritätische Mitbestimmung fast zwangsläufig zum innerparteilichen Streitobjekt. Sie war innerhalb der Partei heftig umstritten und wurde mehrheitlich abgelehnt.

Auf dem Düsseldorfer Parteitag der CDU im Januar 1971 kam es über diese Frage zum Schlagabtausch. Es ging im Wesentlichen um zwei Vorlagen, die große Ähnlichkeit aufwiesen, deren Verfasser jedoch deutlich voneinander abweichende Ziele verfolgten. Die eine wurde vom Bundesvorstand präsentiert und hatte den Mitbestimmungsexperten Kurt Biedenkopf zum Autor, der schon unter Kiesinger eine Kommission zur Mitbestimmung geleitet hatte. Die andere war etwas konservativer; die Landesverbände Hessen und Schleswig-Holstein hatten sie vorgelegt. Sie ging auf den hessischen Landesvorsitzenden

Alfred Dregger zurück. Es konnte nicht überraschen, dass der Wirtschaftsflügel der Partei diese Vorlage unterstützte. Beiden Entwürfen lag nicht die volle Parität, sondern das Verhältnis von sieben Anteilseignern und fünf Arbeitnehmervertretern zugrunde. Der Biedenkopf-Entwurf zeigte jedoch Modifikationen bei den leitenden Angestellten. Es ging also um keinen großen sachlichen Gegensatz. Man kann es auch so sagen: Weil es um nichts ging, weil der disziplinierende Druck einer Sachentscheidung fehlte, entwickelte sich ein Schaukampf der beiden Lager. Emotionen wurden angeheizt, und die Mitbestimmungsfrage wurde vor allem dazu genutzt, um die Stärkeverhältnisse in der Partei aufzuzeigen.

In dieser aufgewühlten Stimmung spielte Kohl eine mehr als unglückliche Rolle. Er hatte die Brisanz der Situation unterschätzt und die Vorstandsvorlage mit wenig Entschiedenheit vertreten. Dadurch war der Eindruck entstanden, dieses Papier sei ihm nicht so wichtig. Er hatte dann den Saal verlassen und war erst wieder hereingekommen, als die Abstimmung schon im Gange war. In der Eile orientierte er sich am Abstimmungsverhalten seiner neben ihm sitzenden Vorstandskollegen Kurt Georg Kiesinger und Bruno Heck und merkte zu spät, dass diese nicht für ihre eigene Vorlage – also für die des Vorstands, wie eigentlich anzunehmen war – stimmten, sondern für das Dregger-Modell, das dann auch die Mehrheit bekam. Ob Kiesinger und Heck bewusst gegen die eigene Vorlage stimmten oder einfach nicht aufgepasst hatten, was bei der Hektik der Abstimmung verständlich erscheint, muss offenbleiben. Kohl war seinen Kollegen blind gefolgt und war nun der Blamierte. Noch im Rückblick bekennt er, es sei der »dümmste Fauxpas gewesen«, der ihm in seinem »politischen Leben je passiert war«.[203]

Im Herbst 1971 stand in der CDU die Wahl des Vorsitzenden an. Rainer Barzel und Helmut Kohl befanden sich schon in den Startlöchern, konnten aber ihre Kandidatur nicht anmelden, da

Kurt Georg Kiesinger, seit 1967 Bundesvorsitzender, noch nicht seinen Verzicht erklärt hatte. Kiesinger hoffte auf die Wiederwahl. In dieser Situation gab es zwischen den Kandidaten hässliche Reibungen. Barzel streute, Kohl sei bereit, gegen Kiesinger zu kandidieren. Das sollte Kohl diskreditieren, denn so etwas machte man nicht. Wie er auf dieses Manöver reagierte, war für ihn charakteristisch. Er schrieb Barzel einen langen Brief mit Widerlegungen, aber ohne jede polemische Schärfe. Gerade, dass er einmal schrieb, er habe Barzels Machenschaften »sehr aufmerksam zur Kenntnis genommen«.[204] Nach diskreten Sondierungen musste Kiesinger schließlich einsehen, dass seine Wiederwahl aussichtslos erschien. Auf der Vorstandssitzung am 5. Juli 1971 präsentierte er Barzel und Kohl als Bewerber für den Parteivorsitz.

Rainer Barzel, der langjährige Fraktionsvorsitzende und die parlamentarische Gegenfigur zu Willy Brandt, war in die Rolle des Oppositionsführers hineingewachsen und hatte mit seinem »So nicht!« zu den Ostverträgen einen Bekanntheitsgrad erreicht, der ihn zum Kanzlerkandidaten prädestinierte. Es lag ganz auf dieser Linie, wenn er mit Blick auf das Kanzleramt für das Amt des Bundesparteivorsitzenden kandidierte. Denn ein Kanzler kann aus unterschiedlichen Gründen auf die Übernahme des Parteivorsitzes verzichten. Für den Oppositionsführer dagegen ist die Vereinigung beider Ämter in einer Person naheliegend, wenn nicht zwingend, um in der Öffentlichkeit wie in der eigenen Partei Führungsstärke zu demonstrieren. Von daher war es nur folgerichtig, dass Rainer Barzel die Führung der Partei anstrebte.

Welche Motive hatte Kohl, um gegen Barzel zu kandidieren? Dass zwei Bewerber antraten, war ein Novum für die Partei. Bisher hatte es immer nur einen Kandidaten gegeben. Kohl hatte schon relativ früh seine Bereitschaft kundgetan. Er wolle in diesem Amt die Partei »durchorganisieren«, näher an die Wähler heranführen, ließ er verlauten. Wahrscheinlich rechnete er im Jahre 1971, wenn nicht mit dem Sieg, so doch mit einem achtbaren Ergebnis. Er hatte die geheime Wahl zur Bedingung gemacht. Das war eine wichtige Neuerung. Damit wollte er verhindern, dass die Landesfürsten ihre Delegierten als geschlossene Stimmblöcke dirigieren konnten. Außerdem setzte er auf die Befragung der Kandidaten. Auch das war neu. Die Parteitagsdelegierten als Wähler sollten von dem Kandidaten einen lebendigen Eindruck bekommen.

Es war verständlich, dass Kohl die Konfrontation suchte. Barzel war spätestens seit 1966 sein Gegner. Er wollte nicht warten, bis dieser abgewirtschaftet hatte, sondern ihn gleich bei der ersten Gelegenheit stellen. Vielleicht spürte er, dass Barzel nicht so stark war, wie es sein Bild in der Öffentlichkeit nahelegte – schon 1966 hatte er bei der Kandidatur für das Kanzleramt eine böse Niederlage hinnehmen müssen. Als Sprungbrett für die Kanzlerkandidatur betrachtete Kohl den Parteivorsitz nicht, aber bei »BILD« hatte der »schwarze Riese« keinen Hehl daraus gemacht, dass das Kanzleramt sein »Fernziel« war.

Im Sommer 1971 änderte sich das Szenario. Nun gab es plötzlich gegen Barzel nicht nur den Mitbewerber Kohl, sondern das »Zweiergespann« Schröder/Kohl, wie der Publizist Jürgen Tern verwundert feststellte.[205] Kohl hatte Gerhard Schröder für diese Kombination gewonnen. Der frühere Innen-, Außen- und Verteidigungsminister sollte für den Parteivorsitz kandidieren. Das war als erster Schritt zur Erringung der Kanzlerkandidatur für Schröder gedacht. Kohl sollte in diesem Gespann als geschäftsführender Vorsitzender die Partei führen. Das war allerdings eine komplizierte und wenig praktikable Konstruktion. Einen Politiker wie Gerhard Schröder zum Vorsitzenden vorzuschlagen, der zwar wichtige Ressorts geleitet hatte, der Partei aber distanziert gegenüberstand und seit seiner Herzattacke im Sommer 1967 nicht mehr als voll einsatzfähig galt, konnte nicht überzeugen. Vor allem stand auch Gerhard Schröder selbst nicht dahinter. Ohne Rücksprache mit Kohl zu nehmen, erklärte er seinen Verzicht. Sein »Partner« erfuhr es aus den Nachrichten. Dessen Enttäuschung führte zu »heftigen Auseinandersetzungen« mit Schröder. Denn nun war Kohl gezwungen, »um nicht als Kneifer dazustehen«, selbst für den Vorsitz zu kandidieren.[206] Das hieß zugleich, dass er für die Trennung von Parteivorsitz und Kanzlerkandidatur eintreten musste, obwohl er mit Schröder als Galionsfigur noch für das Gegenteil eingetreten war.

Kohl war bewusst, dass er auf dem im Oktober 1971 in Saarbrücken stattfindenden Parteitag keine Chance haben würde. Er machte auch keinen Hehl daraus. In einer Pause blieb er als Einziger auf dem Podium sitzen und macht sich Notizen. Auf die Frage eines Journalisten, warum er dies tue, erklärte er, er schreibe seine Kandidatenrede.[207] So locker hörte sich diese dann auch an. Ganz unbeschwert bekannte er: »Ich wende mich ... immer gegen den Satz alles oder nichts«, und erntete dafür lebhaften Beifall.

Am Ende gewann Barzel haushoch; Kohl bekam nur 174 Stimmen. Ärgerlich war dabei nur, dass ihm versprochene Stimmen aus Nordrhein-Westfalen – die Absprache hatte in einer pfälzischen Autobahnraststätte stattgefunden – tatsächlich zu den stärkeren Bataillonen Barzels übergegangen waren.

Kohl und sein Anhang fühlten sich nicht besiegt. In einem Hotel in der Westpfalz traf sich der Ministerpräsident nach dem Parteitag mit seinen Freunden zu leiblicher Stärkung und temperamentvoller Manöverkritik. Die Truppe wirkte »wie die Belegschaft eines kleinen Betriebes nach einem strapaziösen, aber dennoch gelungenen Ausflug – erschöpft, doch gelöster Stimmung«.[208]

Kohl wusste, er hatte in Saarbrücken seinen Hut in den Ring geworfen – mehr nicht. In der Partei standen die nächsten regu-

lären Wahlen erst für 1973 auf der Tagesordnung. Die Turbulenzen des Jahres 1972 – das verlorene Misstrauensvotum und
Neuwahlen – sollten jedoch den Zeitplan umwerfen. Als Oppositionsführer stand Barzel immer noch im Vordergrund. Zu ihm
hatte Kohl ein »Nichtverhältnis«, um es milde auszudrücken.
Aber es war charakteristisch für ihn, der Kameradschaft und
Freundschaft auch in der Partei immer hochhielt, dass in der
Ausnahmesituation des Jahres 1972 die persönliche Animosität
gegenüber der gemeinsamen Sache zurücktrat. Er wartete nicht
das Ende Barzels ab, sondern stand dem Oppositionsführer zur
Verfügung. Als Rainer Barzel vor dem konstruktiven Misstrauensvotum seinen Rat suchte, bestärkte ihn Kohl »voll und ganz«,
das »unvermeidliche Risiko« einzugehen.

Im Wahlkampf für die auf den 9. November 1972 vorgezogenen Bundestagswahlen engagierte sich Kohl mit voller Kraft. Er
ragte als einer der »eifrigsten Wahlkämpfer aus der Spitzengar-
nitur seiner Partei« heraus. Hier zeigte sich zum ersten Mal, was
im Wahlkampf von 1980 mit Franz Josef Strauß als Kanzlerkandidaten mit Respekt, aber auch mit Unverständnis zur Kenntnis
genommen wurde: Kohl kämpfte für den Sieg seiner Partei, unbeschadet der Tatsache, dass die Spitzenkandidaten der Union
in beiden Fällen politische wie persönliche Gegner waren. Bis
zur »politischen Selbstverleugnung« habe er sich 1972 eingesetzt, stellte ein Journalist, der ihn im Wahlkampf beobachtet
hatte, verwundert fest.[209]

Nach der empfindlichen Wahlniederlage der Union kam allerdings die Ernüchterung. Die CSU hatte ihre Stimmenzahl
ungefähr gehalten, während die CDU Mandate verloren hatte.
Das gab der Schwesterpartei Auftrieb und ließ sie Front machen
gegen die Linkstendenzen in der CDU. Auch Kohl schonte Barzel nicht. Er kündigte seine Kandidatur für den Parteivorsitz an
und hielt Barzel, gestützt auf Allensbach-Ergebnisse, vor, dass
er als Spitzenkandidat Stimmen gekostet hätte. Die CDU/CSU-

Bundestagsfraktion zeigte dem Verlierer die kalte Schulter. Nur auf ein Jahr wählte sie ihn zum Vorsitzenden, und das mit einer bedenklich niedrigen Stimmenzahl.[210]

Mit Franz Josef Strauß an der Spitze der CSU hatte sich das Bild von der kleineren, aber immer wieder die Führung beanspruchenden Schwesterpartei als dauerhafter Störfaktor allgemein festgesetzt. Das ist im Ganzen sicher richtig; weitgehend in den Hintergrund ist aber die Tatsache getreten, dass Barzel es zugelassen hatte, dass die CDU, vom Zeitgeist beeinflusst, seit 1971 nach links gerückt war. Die Sozialausschüsse unter Hans Katzer hatten ein zuvor nie gekanntes Machtbewusstsein entwickelt. Die feindselige Reaktion, die Kohl nach seiner Abstimmungspanne beim Düsseldorfer Parteitag im Januar 1971 entgegengeschlagen war und fortan das Verhältnis zu ihm bestimmte, zeigte beispielhaft, wie empört die Parteilinke auf eine aus ihrer Sicht unqualifizierte Entscheidung reagierte.

Rainer Barzel, als Verlierertyp abgestempelt, der zudem die Linke hochkommen ließ und ihrem Anführer Katzer schließlich die Funktion eines »Chef-Koordinators« einräumen wollte, verlor rasant an Boden. Er machte Fehler, die nicht mehr zu übersehen waren. So sorgte eine umfangreiche Kostenaufstellung einer Urlaubsreise Barzels für mehr als Befremden.[211]

Eine zweitrangige Frage brachte das Ende. Am 6. Mai 1973 ging es um die Frage des UNO-Beitritts beider deutscher Staaten. Die unionsgeführten Länder hatten dem im Bundesrat bereits zugestimmt, und es war Kohl gewesen, der dort den Beschluss begründet hatte. Als Barzel vor der Fraktion um Zustimmung in derselben Frage bat, stimmte die Mehrheit gegen ihn. Es ging nicht um die Sache, sondern um die Person. Er zog die einzig mögliche Konsequenz und trat als Fraktionsvorsitzender zurück; der Rücktritt als Parteivorsitzender erfolgte erst einige Tage später. Die Begründung dafür war wenig einleuchtend, aber für Rainer Barzel typisch. Er habe mit der Verzögerung sicherstellen wollen, formulierte er in seinem Brief an den Vorstand, dass »die CDU durch einen gewählten Parteivorsitzenden voll handlungsfähig bleiben« könne. Nur so wäre zu vermeiden gewesen, »dass die Krise ausuferte«.[212] Das hörte sich gut an, hatte aber keinen Sinn, denn die Partei war nicht kopflos, verfügte sie doch über fünf gewählte Stellvertreter.

Kohl hatte mit dem Sturz Barzels nichts zu tun. Der Fraktionsvorsitzende war nicht an seinem Konkurrenten, sondern an der Konfrontation gescheitert, die sich innerhalb der Fraktion zwischen der CSU und den Sozialausschüssen aufgebaut hatte. In der Union wurden Kräfte stärker, die die Partei in verschiedene Richtungen zu drängen versuchten. Mit den Sozialausschüssen verbanden sich Tendenzen, die Partei auf paritätische Mitbestimmung sowie Reformen der beruflichen Bildung und des Bodenrechts festzulegen. Das rief den konservativen Widerstand vor allem aus Bayern hervor, der zusätzlich durch die Ablehnung der Ostverträge geprägt war.

Auf dem Bundeskongress der Sozialausschüsse im Mai 1973 in Bochum erlebte Kohl hautnah das ganze Ausmaß der Wut über das Scheitern Barzels. Dass er selbst eine »Dregger-Strauß-Marionette« sei, war noch eine der harmloseren Invektiven, die »kübelweise« über Kohl ausgegossen wurden. Dieser wehrte sich nach Kräften und wies seine Gegner darauf hin, dass ihr prominenter Vertreter Norbert Blüm nur durch ihn in den Bundestag gekommen sei. Er ließ sich nicht provozieren und blieb bei seinem Angebot »zu enger, kameradschaftlicher Zusammenarbeit auch mit den Sozialausschüssen«, was diese schließlich akzeptierten. Über den Zustand der Partei hatte er keine Illusionen; er sprach von einer »bis zum Zerreißen gespannten Situation«.[213]

Die Linke fühlte sich damals stark, in ihren Reihen wuchs die Bereitschaft, die Machtfrage zu stellen. Der Abgeordnete Wolfgang Voigt, der Vorsitzende der rheinischen Sozialausschüsse, traute sich sogar, im »Spiegel« zu drohen: Er wolle einen »Bruch mit der CSU in Kauf nehmen« und in der Trennung von der CSU »einen Gewinn für die CDU sehen, weil sie ... aktionsfähiger« würde.[214] Solche Kraftsprüche eines Außenseiters mochten nicht viel bedeuten, zeigten aber die Tendenz. Richard von Weizsäcker konnte sich vor der Presse sogar vorstellen, dass ein CDU-Vorsitzender einmal einen offiziellen Besuch in Ost-Berlin machen könnte.

Die Fraktion überwand die Führungskrise rasch. Zum neuen Vorsitzenden wurde Karl Carstens gewählt, ein parlamentarischer Neuling, der erst im November 1972 in den Bundestag gekommen war, aber als Staatssekretär im Auswärtigen Amt, im Verteidigungsministerium und im Bundeskanzleramt erhebliche politische Erfahrung gesammelt hatte. Es kam zu einer Kampfabstimmung, in der sich Carstens mit 131 von 219 Stimmen durchsetzte. Der Gegenkandidat der Linken war Richard von Weizsäcker gewesen. Er erhielt 58 Stimmen, während Gerhard Schröder für den geschrumpften evangelischen Flügel Flagge zeigte und nur 26 Stimmen verbuchen konnte. Wie so häufig war die Linke tatsächlich nicht so stark, wie sie sich zuvor gegeben hatte.

Die Gegensätze innerhalb der Fraktion und in der Partei bestanden jedoch weiter. Wie sollte Kohl als Parteivorsitzender damit fertig werden? Er stand in der Mitte, fühlte sich beiden Flügeln nicht zugehörig, stand aber auch nicht im Gegensatz zu ihnen. Die Mitbestimmung betraf die Großindustrie; ihr stand Kohl eher reserviert gegenüber, denn sein Hauptinteresse galt der mittelständischen Industrie, und für diese kam die Mitbestimmung nicht infrage. Bei der Ostpolitik sah er weniger Bedrohliches als viele seiner Parteifreunde, aber er hütete sich, auf diesem verminten Gelände aufzufallen.

Die Union war zerstritten; nach dem Scheitern Barzels wurde Kohl als sein Nachfolger keineswegs einhellig begrüßt. Auf die linken Forderungen, vor allem in der Frage der Mitbestimmung, musste eine Antwort gefunden werden. Probleme und Ärger stauten sich auf. Aber es sollte sich eine ganz überraschende Lösung finden.

Kohl und die sozialliberale Ostpolitik

Kein Thema hat die Bundesrepublik seit den leidenschaftlich umkämpften Westverträgen der Ära Adenauer so bewegt wie die Ostpolitik der Regierung Brandt/Scheel. Die sozialliberale Koalition mochte viele Angriffsflächen bieten, aber nichts erregte die Union wie ihre Anhänger so sehr wie das, was seit Januar 1970 bei den Moskauer Verhandlungen geschah und am 12. August mit der Vertragsunterzeichnung endete. Da gab es Egon Bahrs misstrauisch beäugte Gespräche in der sowjetischen Hauptstadt und das in der Öffentlichkeit heftig umstrittene »Bahr-Papier« sowie den arroganten Verzicht der Koalition auf die Einbeziehung und Information der Opposition – unnachahmlich durch Herbert Wehner zum Ausdruck gebracht. Hinzu kamen die wachsenden Befürchtungen, es komme zu einem Ausverkauf deutscher Interessen, die Regierung wolle die Oder-Neiße-Linie anerkennen oder gar auf die Möglichkeit der Wiedervereinigung verzichten. All das gab vielen Oppositionspolitikern Anlass zu heftigen Stellungnahmen, Polemik und Protest.

Von Helmut Kohl sind Äußerungen, die eine entschiedene Ablehnung der Ostpolitik zeigen, nicht bekannt. Er hatte »Bedenken« und sah in der unterschiedlichen Auslegung von Vertragsbestimmungen »möglicherweise« sogar eine Gefährdung des Friedens. Gleichzeitig beeilte er sich aber, gegen »jegliche Verteuflung« Stellung zu nehmen und billigte jedem zu, »ein guter Deutscher, ein Patriot« zu sein – unabhängig davon, wie er zu den Verträgen stehe.[215]

Auch in Kohls »Erinnerungen« ist kaum etwas über die Ostpolitik und seine Einstellung zu finden. Liegt die Ursache dafür in der Tatsache, dass er im Gegensatz zur großen Mehrheit seiner Partei und ihrer Wähler die Ostpolitik nicht ablehnte, sondern – gewiss mit Einschränkungen und Vorbehalten – grundsätzlich billigte? Richard von Weizsäcker schärfte beispielsweise sein politisches Profil, indem er die Verträge positiv beurteilte und ihnen im Bundestag zustimmte. Er war faktisch so etwas wie ein Dissident, aber das wurde von seiner Partei respektiert und von den Medien gebührend gewürdigt. Die Gegnerschaft der CSU nahm er in Kauf.

Helmut Kohl dagegen, bereits auf dem Sprung zum Vorsitz der Partei, konnte in einer solch zentralen, die Partei bewegenden Frage nicht anderer Meinung sein als die Mehrheit. Das bereitete ihm auch keine Mühe. Denn in der Oppositionsrolle war Kritik an der Regierungspolitik ohnehin selbstverständlich, und abfällige Bemerkungen über alles Mögliche zu äußern, war ihm noch nie schwergefallen. Zudem hatte er das abschreckende Beispiel seines Konkurrenten Rainer Barzel vor Augen und sah, welche Schwierigkeiten dieser mit der Ostpolitik gehabt hatte. Der Fraktionsvorsitzende war keineswegs ihr entschiedener Gegner gewesen, sondern traute sich zu, als Kanzler nach dem gewonnenen Misstrauensvotum in Moskau noch Verbesserungen aushandeln zu können, mochten diese auch die Substanz der Verträge nicht berühren.

Wahrscheinlich hat es bei Kohl in der Beurteilung der Ostpolitik so etwas wie eine Entwicklung gegeben. Im Frühjahr 1970 mag er auf die Haltung der Regierung und ihrer Politik der vollendeten Tatsachen ohne jede Rücksicht auf die Opposition schärfer reagiert haben als in der Folgezeit. Mit Sicherheit war ihm aber stets bewusst, welches Risiko jeder Spitzenpolitiker der Union einging, wenn er in Bezug auf den Osten – und das hieß, gegenüber der von der Sowjetunion ausgehenden Bedrohung, ihrem System der Unterdrückung und des Mangels – die in Jahrzehnten ausgebildeten Bahnen der Ablehnung verließ. Da konnte etwas haften bleiben.

Bereits nach dem gewaltsamen Ende des Prager Frühlings im Sommer 1968, als die späteren Streitpunkte der Ostpolitik noch keine Rolle spielten, war Kohls von der Parteimehrheit abweichende Position erkennbar geworden. Nach dem Einmarsch der Sowjets in die Tschechoslowakei am 21. August 1968 hatte er im CDU-Bundesvorstand einen denkbar eindrucksvollen Anschauungsunterricht erhalten, wie die Mehrheit sich verhielt, wenn der Versuch gemacht wurde, auf die sowjetische Politik mit mehr Nüchternheit und weniger Emotionen zu reagieren. Auf der Sitzung am 2. September sollte der Vorstand eine Protesterklärung gegen den Einmarsch abgeben. Der Entwurf dazu brachte den Protest und die Ablehnung gegenüber dem sowjetischen Vorgehen drastisch zum Ausdruck. Da war von »Überfall« die Rede, Walter Ulbrichts »Gewaltregime« wurde verurteilt und demgegenüber energisch die Stärkung der NATO gefordert – alles Dinge, die schon immer in solchen Erklärungen gestanden hatten.

Diesmal wurde aber wirkliche Kritik geäußert, und zwar von keinem Geringeren als dem Parteivorsitzenden selbst. Bundeskanzler Kiesinger hatte – weitgehend in Übereinstimmung mit seinem Außenminister Brandt – die Entspannung in Europa und die langfristige Besserung der Beziehungen zur Sowjetunion im Auge und wollte diese Politik nicht durch verbale Kraftakte gefährdet sehen.[216] So wandte er sich gegen den Begriff »kommunistischer Zwangsstaat« und vertrat den Standpunkt, wichtig sei nicht »eine harte Sprache, sondern eine differenzierte Politik«. Man könne doch, »bei aller emotionellen Teilnahme am Schicksal der Tschechen … nicht immer wieder diesen Schritt verurteilen«. Das waren ungewohnte Worte im Spitzengremium der CDU, die für lebhafte Unruhe und offenen Widerspruch sorgten. Es war vor allem Eugen Gerstenmaier, der sich zum Wortführer des Protestes aufschwang.

Zum Ende der scharf geführten Auseinandersetzung meldete sich auch Kohl zu Wort. Er trat für eine mittlere Linie bei der Entschließung ein, die »nicht nur die Stimmungslage nach außen«, also die abgewogene außenpolitische Stellungnahme, »sondern auch die Stimmungslage nach innen«, die Ablehnung kommunistischer Gewaltpolitik, berücksichtigen müsse. Deshalb gehöre ein Satz in die Erklärung hinein, »der aus der Sicht der größten deutschen Partei in einer spezifischen Tradition der CDU gesehen wird. Es soll kein Blabla und auch kein nationalistisches Gerassel sein, aber doch sozusagen die moralische Qualifikation der Position zeigen«, auf der die Partei stehe.[217]

Hier begegnet einem schon der künftige Parteivorsitzende Kohl in einer für ihn charakteristischen Haltung: volle Billigung der Position Kiesingers und seiner auf Entspannung gerichteten Politik, aber zugleich die Besorgnis, die Partei nicht zu überfordern. Der Parteipolitiker Kohl spürte, dass bei Kiesinger die Realpolitik etwas zu stark betont wurde. Das war der Partei nicht zu vermitteln; deshalb erschien Kohl die Versicherung notwendig, dass bei aller Offenheit in außenpolitischen Fragen die kommunistische Gewaltpolitik nicht vergessen werden dürfe. Im Kern sind hier die Grundzüge der Ostpolitik Kohls zu erkennen. Diese war pragmatisch auf dauerhaften Ausgleich angelegt, was bei Kohl zugleich das Offenhalten der deutschen Frage bedeutete.

Als Ministerpräsident hatte Kohl sich von Amts wegen mit den Ostverträgen zu befassen, mussten diese doch auch vom Bundesrat gebilligt werden. In der Länderkammer hatte der Ministerpräsident von Rheinland-Pfalz rasch eine wichtige Funktion übernommen. Er war so etwas wie der Fraktionsvorsitzende der CDU/CSU-Länder, der die Sitzungen vorbereitete und mit den Kollegen alle möglichen Absprachen traf.

Die Behandlung der Ostverträge durch die Länder wurde im Bundesrat geradezu zelebriert. Gleichsam als Lockerungsübung hatte Kohl wenige Tage vor der Lesung in Bonn eine Regierungserklärung im rheinland-pfälzischen Landtag zu den Ostverträgen abgegeben. Sie war sorgfältig formuliert, verbindlich im Ton und listete eine Fülle von Bedenken auf, die seine Regierung zur Ablehnung veranlassen müssten, würden sie nicht rechtzeitig ausgeräumt werden.

Die erste Lesung der Verträge im Bundesrat rückte die sonst eher unauffällig arbeitende zweite Kammer am 9. Februar 1972 plötzlich in das grelle Licht der Fernsehkameras, denn der Kanzler und sein Außenminister waren gekommen, um für die Verträge einzutreten.

Kohl äußerte wiederum Bedenken, fasste sich allerdings kürzer als im Mainzer Landtag und monierte vor allem die »Mehrdeutigkeit«, die »Kautschukbegriffe und zwielichtigen Formulierungen«.[218] Dies sei umso beunruhigender, als die östlichen Vertragspartner »den entscheidenden politischen Schlüsselbegriffen … einen weltrevolutionären und klassenkämpferischen Inhalt« gäben. Mit diesem Griff in die Mottenkiste des Kalten Krieges wollte er zeigen, dass er nicht davor zurückschreckte, auch weit hergeholte Bedenken anzuführen. Am Schluss lehnte er die Verträge nicht ab, sondern gab lediglich der Befürchtung Ausdruck, die Verträge würden »den Frieden viel, viel unsicherer« machen. Wichtiger als die Summe seiner geäußerten Befürchtungen war ihm offenbar die Sorge um eine dauerhafte Verschlechterung des innenpolitischen Klimas. Mit dem Hinweis auf die Weimarer Republik warnte er vor der Ausbildung »eines Freund-Feind-Verhältnisses in zentralen Fragen der Politik«. Daher war es für ihn selbstverständlich, beiden Seiten, Anhängern wie Gegnern, eine patriotische Einstellung zu bescheinigen.

Kein aufmerksamer Zuhörer konnte bei den Ausführungen

Kohls den Eindruck gewinnen, hier habe ein Gegner der Verträge das Wort ergriffen. Ebenso wenig konnte ein entschiedener Gegner, der in den Verträgen nur teuflisches Blendwerk sah, Kohl des Verrats bezichtigen, hatte er doch genügend Vorbehalte geäußert. Obwohl er sich um Ausgewogenheit bemühte, ist es bezeichnend, dass er mit seiner Position auf linksliberale Kritik stieß. Mit seiner »Haltung zur Ostpolitik« sei er ins »Zwielicht« geraten, bemängelte die »Süddeutsche Zeitung«: »Hier hatten viele von ihm mehr befürwortendes Engagement erwartet.«[219] Das bestätigt die politische Grundlinie, die er zuvor eingenommen hatte.

Im Tauziehen um die Verträge hatte die Behandlung im Bundesrat mehr dekorativen Charakter. Sie zeigte eher das Bemühen der Länderkammer, auch einmal im Licht der Öffentlichkeit zu stehen. Friedrich Karl Fromme berichtete für die »Frankfurter Allgemeine Zeitung« »vom großen Tag der Länderkammer«. Dem für seine Detailgenauigkeit bekannten Journalisten fiel bei der Sitzung etwas Besonderes auf: Der Kanzler Willy Brandt habe den Eindruck vermittelt, »zeitweise ganz intensiv nach innen zu schauen. Ein plötzliches Zusammenzucken mit nachfolgendem angestrengten Aufreißen der Augen legte dem Beobachter die äußerst respektlose Frage nahe, ob der Bundeskanzler die Konzentration bis zu einem leichten Ausruhen getrieben haben könnte.«[220]

Weniger in Bezug auf die Bundesratssitzung als auf die Rede Kohls ist noch eine weitere, nicht unwichtige Anmerkung zu machen. Die Ausführungen Kohls im Landtag wie im Bundesrat weisen eine gewisse Eleganz des Stils auf, vor allem aber zeigen sie eine souveräne Beherrschung der Materie. Ostpolitische Experten waren in der Mainzer Staatskanzlei damals noch nicht zu finden, was sich jedoch ändern sollte.

Im Jahr 1972 begann Horst Teltschik seine Zusammenarbeit mit Helmut Kohl. Teltschik hatte an der Freien Universität Politische Wissenschaften studiert und war Mitarbeiter bei dem faszinierenden sozialistischen Theoretiker Richard Löwenthal gewesen. Beim Studium am Otto-Suhr-Institut hatte er seit 1966 hautnah erleben können, wie linksradikale Studentengruppen den Geltungsbereich des Grundgesetzes wie des Strafgesetzbuches aufhoben oder zumindest einschränkten – ganz zu schweigen von einem auch nur halbwegs normalen Lehrbetrieb.

Nach seinem Abschied von der Freien Universität arbeitete Teltschik in der Bundesgeschäftsstelle der CDU in Bonn. Sie diente damals auch als eine Art Auffangbecken für Universitätsabsolventen, die von hier aus ihren Weg in die Politik suchten. Dort gab es eine »Außenpolitische Kommission«, die sich vor allem mit der Ostpolitik beschäftigte. Teltschik wurde ihr Geschäftsführer. So hatte er Anfang Januar 1972 als Ergebnis der Kommissionsarbeit ein Papier geschrieben, das darlegte, wie die »Ostpolitik in den bevorstehenden Wahlkämpfen« einzusetzen sei.[221] Es handelte sich um eine Gegenüberstellung von Positionen der Bundesregierung und deren Widerlegung, wobei nicht verschwiegen wurde, dass manche Punkte der CDU-Argumentation auch als problematisch zu bezeichnen waren. Diese Ausarbeitung war für die politische Praxis von erheblichem Nutzen.

Für Helmut Kohl war Teltschik ein Glücksfall. Er gewann mit ihm einen Mitarbeiter, dessen Hauptinteresse bei der Außenpolitik lag und der damit auf einem Feld tätig wurde, das für Kohl damals noch weitgehend eine Terra incognita war, aber zunehmend an Interesse gewann. Er hatte bereits mehrere USA-Reisen absolviert und sogar das strategische Hauptquartier in Cheyenne besucht. Teltschik konnte nun von der Mainzer Staatskanzlei aus aktiv werden, außenpolitische Kenntnisse erwerben und ein Netzwerk von diplomatischen Kontakten aufbauen. Er war weder den Zwängen einer Karriere im auswärtigen Dienst ausgeliefert, noch war er gezwungen, sich von parteinahen Institutionen aus einen Zugang in die Außenpolitik zu verschaffen. In Mainz besetzte er vorerst eine Nische, die jedoch ausbaufähig war und schon mit dem Umzug nach Bonn, als Kohl Oppositionsführer wurde, eine ganz andere Dimension erhielt. Denn der Kanzlerkandidat der Union musste auch im Ausland bekannt werden, was der Reiselust Kohls und seiner Neugier auf Menschen ungemein entgegenkam, seinen jungen Mitarbeiter jedoch auf die Probe stellte, die er mit Glanz bestand. Teltschik verstand sich allerdings nicht nur als außenpolitischer Experte, sondern gehörte auch zur engsten Umgebung Kohls; er war stets bei der Morgenlage präsent und immer derjenige, der für frischen Wind sorgte und neue Ideen vortrug.[222]

Es war ein mehr als glücklicher Zufall, dass Kohl zu dem Zeitpunkt, als er mit seiner Darlegung zu den Ostverträgen zum ersten Mal einen Ausflug in das Gebiet der Außenpolitik unternahm, einen Mitarbeiter fand, der am Beginn seines Berufslebens stand und in die Außenpolitik wollte. Von unterschiedlichen Positionen aus näherten sie sich einem Tätigkeitsgebiet und wuchsen gemeinsam in dieses für die deutsche Politik ausschlaggebende Feld hinein.

Teltschik gelangte nach dem Umzug der Regierung ins Kanzleramt und seiner Ernennung zu dem für die auswärtigen Beziehungen zuständigen Ministerialdirektor in eine komplizierte Nachbarschaft zum Auswärtigen Amt, denn er war keineswegs so etwas wie ein Verbindungsmann zu diesem Ministerium und wurde deshalb mehr als misstrauisch beäugt. Horst Teltschik nahm eine in der Geschichte der deutschen Diplomatie einzigartige Stellung ein. Man könnte ihn mit Herbert Blankenhorn vergleichen, jenem Diplomaten aus der Wilhelmstraße, der in den Aufbaujahren der Bundesrepublik ein unentbehrlicher Gehilfe Konrad Adenauers gewesen war, bevor das Auswärtige Amt wiederbegründet wurde. Vorher waren Innen- wie Außenpolitik vom Kanzleramt aus, dem Palais Schaumburg, betrieben worden. Aber Blankenhorn blieb ein Gehilfe, was keineswegs abwertend gemeint ist, der in den auswärtigen Dienst zurückstrebte, während Teltschik zum Alter ego des Kanzlers auf außenpolitischem Gebiet aufstieg.

Kohl und Teltschik trafen zusammen, als es um die Ostverträge ging. Achtzehn Jahre später sollten beide – am 17. Juli 1990 – in Moskau Generalsekretär Michail Gorbatschow gegenübersitzen und von ihm das entscheidende Wort hören, nämlich sein Einverständnis mit der Bündnisfreiheit von Gesamtdeutschland. Das war der Höhepunkt einer einmaligen Zusammenarbeit.

Im Jahre 1972 war ein solches Happy End noch nicht vorstellbar. Damals befielen Kohl Anwandlungen von Pessimismus. Er befürchtete, die Ostpolitik könne das Ergebnis haben, dass die Zweiteilung Deutschlands festgeschrieben würde, und bezweifelte, »ob die derzeit lebende, in Fragen der Wiedervereinigungspolitik zunehmend resignierte Generation« das Recht habe, die kommenden Generationen in dieser Frage überhaupt zu binden.[223] Die Zweifel gingen vorüber, aber die Überzeugung, dem Zeitgeist widerstehen und an der deutschen Einheit festhalten zu müssen, wurde immer stärker.

IV.
ZEHN HARTE JAHRE: PARTEIVORSITZENDER – KANZLERKANDIDAT – OPPOSITIONSFÜHRER 1973–1982

Die Jahre als Parteivorsitzender und Oppositionsführer waren für Helmut Kohl eine Zeit des Kampfes und bitterer Enttäuschungen. Bis dahin war es immer nur nach oben gegangen – rasch und manchmal mittels Nachhilfe durch die Ellbogen. Nun musste er ganz andere Erfahrungen machen. Sein Aufstieg in Rheinland-Pfalz hatte sich im Rahmen der Regierungspartei abgespielt, die meist sogar im Besitz der absoluten Mehrheit war. Der Machtwechsel in Bonn 1969 hatte ihn persönlich nicht berührt, denn mit dieser Möglichkeit hatte er schon vorher gerechnet. Die Erschütterung mancher Parteifreunde, die mit der ungewohnten Oppositionsrolle Schwierigkeiten hatten, war ihm fremd – nicht, weil er weiterhin Ministerpräsident war, sondern weil es ihm um die politische Arbeit ging, die in der Regierungsverantwortung ebenso wie in der Opposition zu leisten war. Die Oppositionsrolle gewann noch dadurch an Farbe, dass die regierende SPD/FDP-Koalition zunehmend Angriffsflächen bot.

Eine ganz andere Sache waren jedoch die Tiefschläge, die von den eigenen Parteifreunden ausgingen. Kohl hat sich immer als »Mann der Mitte« bezeichnet. Man kann hinzufügen, dass er tendenziell etwas links von der Mitte stand – in jüngeren Jahren etwas mehr, später etwas weniger. Als Parteivorsitzender und Oppositionsführer musste er erleben, dass er als Mann der Mitte auch im Zentrum innerparteilicher Auseinandersetzungen stand. Immer wieder erfuhr er, wie schwer es war, die Position der

Mitte zu behaupten, wenn die Flügel konträre Positionen entwickelten. Als Mann der Mitte musste er auf Ausgleich bedacht sein; Kompromisse aber haben es oft an sich, dass sie die streitenden Parteien nicht befriedigen. Und der Friedensstifter bezieht von beiden Seiten Prügel.

Kohls Stellung als Parteivorsitzender in der Union muss auch vor dem Hintergrund der allgemeinen Parteienentwicklung gesehen werden. Die lange Zeit vorherrschende Vorstellung von den pragmatisch agierenden Volksparteien wurde faktisch immer mehr infrage gestellt. Die seit den Sechzigerjahren einsetzende Ideologisierung der Politik hatte fast alle Parteien erfasst und vor erhebliche Probleme gestellt. Die von der Studentenbewegung ausgehende Radikalisierung, die im parteipolitischen Raum als Erste die Jungsozialisten erfasste, sollte die SPD innerhalb von fünfzehn Jahren in eine andere Partei verwandeln. Auch die Junge Union entwickelte sich nach links. Die Sozialausschüsse erhielten Auftrieb. Sie wirkten zwar in der Öffentlichkeit oft stärker, als sie in Wirklichkeit waren, hatten aber innerparteilich an Gewicht gewonnen. Linkstrends bedeuteten bei SPD und FDP eine Verlagerung ihres Schwerpunktes auf Kosten des rechten Flügels, der an Einfluss verlor, wenn er nicht, wie bei der FDP nach 1969, durch Übertritte zur CDU weitgehend verschwand. In der CDU war eine ähnliche Entwicklung festzustellen. Dem fordernd auftretenden linken Flügel stand ein eher hilfloser Konservatismus gegenüber, der durch Politiker wie Alfred Dregger repräsentiert wurde.

In der CDU zeigte die Gewichtsverlagerung nach links jedoch keine große Wirkung, denn die Union bestand aus zwei Parteien. Die bayerische Schwesterpartei unterschied sich deutlich von allen anderen Parteien. Die CSU kannte keinen Linkstrend und keine Flügelbildung, sondern erschien als die Volkspartei schlechthin – innerhalb des Freistaates Bayern. Sie vereinigte unter ihrem Dach Arbeitgeber und Arbeitnehmer,

Industrie wie Landwirtschaft. Der Mittelstand fand sich gefördert, und die Industrie honorierte die unternehmerfreundliche Politik der CSU durch vermehrte Ansiedlungen und Investitionen, die in Bayern die Zukunftsindustrien heimisch werden ließen. So entwickelte sich Bayern im Laufe der Jahrzehnte zu einem Land mit geringer Arbeitslosigkeit, wenig Schulden und hohem Pro-Kopf-Einkommen.

Franz Josef Strauß war die beherrschende Figur der CSU. Er darf als eines der stärksten Talente bezeichnet werden, die nach 1945 den Weg in die deutsche Politik gefunden haben. Es ist bezeichnend für ihn, dass er als bedeutendster bayerischer Politiker sein Wirkungsfeld nicht in München, sondern bereits seit 1949 in Bonn fand – die Bayern hätten ihn in München auf Dauer wohl ebenso wenig ertragen wie er seine Landsleute. In Bonn dagegen wurde Strauß zur bayerischen Heldenfigur, die dem Rest der Welt eine Vorstellung von bayerischer Politik vermittelte. Diese rief allerdings verbreitet Erinnerungen an frühere Zeiten hervor, begeisterte aber die eigenen Anhänger und fand auch in der CDU – selbst unter den Bundestagsabgeordneten – Anklang. Als Strauß nach der »Spiegel«-Affäre von 1962 zum Rücktritt gezwungen wurde, belohnten die bayerischen Wähler die CSU zum ersten Mal mit der absoluten Mehrheit im Landtag, die im Laufe der Jahre immer mehr zunahm und erst zwanzig Jahre nach seinem Tod verloren ging.

Strauß hatte große politische Erfolge vorzuweisen. Der Aufbau der Bundeswehr und zugleich die Sicherung des Primats der Politik in den Streitkräften als Verteidigungsminister stellten eine respektable Leistung dar, die er allerdings durch Skandalgeschichten und unbeherrschtes Auftreten infrage stellte. Ebenso verdiente er sich als Bundesfinanzminister in der Großen Koalition hohe Anerkennung durch die von ihm energisch vorangetriebene Finanzreform. Bei der Frage der Aufwertung der

D-Mark lag er allerdings gegenüber seinem SPD-Kollegen Karl Schiller politisch falsch, was sich bei der Bundestagswahl 1969 negativ auswirken sollte.

Als Redner suchte Franz Josef Strauß seinesgleichen. Leidenschaftlich, mal ironisch, mal schneidend aggressiv griff er den politischen Gegner an: Von der Sowjetunion samt Marxismus-Leninismus bis zur deutschen Sozialdemokratie einschließlich Herbert Wehners erstreckte sich die Front dieser politischen Gegner, die er immer wieder mit rhetorischer Erbarmungslosigkeit angriff. Die Schärfe seiner Diktion, verbunden mit dem nicht überall willkommenen bayerischen Akzent, verursachten bei empfindsamen Gemütern nördlich der Main-Linie Beklemmungen. Die linksliberalen Medien, angeführt vom »Spiegel«, pflegten das Anti-Strauß-Ressentiment und suggerierten, dass seine Redeweise seiner Denkweise entsprach. Das war eine bewusste Fehlinterpretation, denn wenn es um Taten ging, war Strauß oft die Vorsicht selbst. Oft zauderte er; kritisch eingestellte Parteifreunde waren sogar der Ansicht, er sei mitunter einfach feige gewesen.

Man täusche sich jedoch nicht. Wenn auch seinen publizistischen wie politischen Gegnern und auch vielen Zuhörern bewusst war, dass Strauß vorsichtiger zu handeln als zu reden pflegte, blieb sein Störpotenzial beunruhigend. Niemand konnte vorhersagen, ob er in einer ernsten innenpolitischen Krisenlage auch nur schimpfen würde. Er allein hätte die Kraft und das Geschick gehabt, das ganze Ausmaß von Hass und Verbitterung, das Studentenbewegung und APO ausgelöst und das in den Linkstendenzen der frühen Siebzigerjahre seinen Höhepunkt erlebt hatte, in einer machtvollen Rechtsbewegung zu sammeln.

Er tat es nicht; der historische Befund legt nahe, dass er weder den Willen noch die Kraft zu einem extremistischen Aufbruch besaß. Unter den Zeitgenossen löste er jedoch Besorgnisse dieser Art aus, was sich äußerst nachteilig für die Union auswirkte.

Die Wähler zogen es vor, das Risiko Strauß zu meiden und FDP statt CDU zu wählen. Und die ihm angeblich so treu ergebene CSU ließ ihn in entscheidenden Situationen im Stich. Damit ermöglichte sie Lösungen, die schließlich Helmut Kohl den lang erkämpften Erfolg bescherten.

Franz Josef Strauß wurde für Kohl zum Schicksal. Denn der Bayer betrachtete sich als der für das Kanzleramt in jeder Hinsicht Geeignetere und konnte später nicht begreifen, dass Kohl und nicht er Kanzler wurde. Er verfügte über eine stupende Intelligenz und ein ungeheuer breites Wissen, aber er war nicht klug im Sinne der Fähigkeit zur Reflexion des eigenen Tuns. Nachsichtig ausgedrückt, beherrschte er meisterhaft das »spontane Schwierigsein«[224], das seinen Landsleuten nachgesagt wird – jene Mischung aus Begriffsstutzigkeit und Rechthaberei, die den Umgang der Schwesterparteien miteinander so kompliziert machen sollte. Strauß fehlten entscheidende Voraussetzungen, die für die Übernahme einer wirklichen Führungsposition unabdingbar waren. Die Fähigkeit, Beschlüsse umsichtig vorzubereiten und sie auch gegen innerparteiliche Widerstände durchzusetzen, gehörte nicht zu seinen Stärken. Ebenso mangelte es ihm an der Disziplin, wenn es galt, sein überschäumendes Temperament zu zügeln und das eigene Leben so zu organisieren, wie es ein politisches Spitzenamt erforderte. Friedrich Zimmermann, sein Stellvertreter und engster Vertrauter über Jahrzehnte, hat überzeugend Strauß' Ansicht widersprochen, Kohl sei »der geringere Geist«[225], denn Strauß habe vor allem die »Härte und das Durchstehenkönnen« gefehlt, die für das Kanzleramt nötig waren. Das hatte Zimmermann oft genug zu seinem Leidwesen erfahren müssen.

Die wichtigste politische Differenz zwischen Kohl und Strauß betraf die Einstellung gegenüber der FDP. Kohl setzte auf die Liberalen, um die Union zurück an die Macht zu bringen. Er hatte mit der FDP als Koalitionspartner gute Erfahrungen gemacht. Er wusste, wie schwer es schon in Rheinland-Pfalz war, die absolute Mehrheit zu erreichen, und hielt dies bei Bundestagswahlen für wenig wahrscheinlich. Daher zielte seine Strategie darauf ab, zuerst die sozialliberale Koalition zu beenden. Die FDP musste, aus welchem Grunde auch immer, selbst zum Wechsel bereit sein. Ohne die FDP ging es nicht.

Strauß dagegen war seit 1962, als die FDP ihn im Zusammenhang mit der »Spiegel-Affäre« aus dem Kabinett gedrängt hatte, ein erbitterter Gegner dieser Partei und setzte deshalb auf die absolute Mehrheit der Union oder auf die Rückkehr zur Macht durch eine Vierte Partei. Damit war entweder die Ausdehnung der CSU in andere Bundesländer oder die Gründung einer weiteren, mit der CSU eng verbundenen Partei gemeint. Das waren jedoch unerreichbare politische Ziele, die Strauß auch gar nicht mit letzter Konsequenz verfolgte. Der Wille zur Macht oder – anders ausgedrückt – die Überzeugung, dass ihm die Macht zufallen müsse, war bei ihm nicht so stark ausgeprägt, dass er seine ganze Existenz auf dieses Ziel ausgerichtet hätte.

Die Auseinandersetzung um die Führung geschah in der Erwartung, dass der jeweilige Kandidat als der Bessere dann auch als Sieger daraus hervorgehen würde. Es wurde nur nicht öffentlich darüber geredet. Hinter dem Stichwort Kanzlerkandidatur, das ständig für Aufregung sorgte, verbarg sich ein Tauziehen zwischen beiden Seiten um das Thema, wann der richtige Zeitpunkt wäre, um diese zentrale Frage zu stellen. Taktieren gehört zur Politik. Da sich hier die Taktik im Belauern und in der bissigen Kritik hinter dem Rücken Kohls erschöpfte, schadete das jedoch beiden Seiten.

Helmut Kohl war überzeugt, dass nur die Koalition mit der FDP den Weg in die Regierung öffnete. Er wartete auf diese Chance und verhielt sich so, wie es ihm seine Gegner später vorwerfen sollten. Er musste das Problem Strauß aussitzen.

Der neue Parteivorsitzende
und sein Generalsekretär

Als Helmut Kohl Rainer Barzel im Mai 1973 als Parteivorsitzender ablöste, entstand für die CDU eine neue Konstellation. Mit Kohl trat ein Bewerber in Erscheinung, der schon in den Jahren zuvor zu erkennen gegeben hatte, dass mit ihm zu rechnen sei. Auf dem Saarbrücker Parteitag 1971 war er Barzel deutlich unterlegen gewesen, was aber nicht bedeutete, dass er zwei Jahre später automatisch an der Reihe war.

Zum Vorsitzenden einer Partei gewählt zu werden, wenn kein Gegenkandidat aufgestellt ist, sollte eigentlich keine Schwierigkeiten bereiten. Es gab auch keine, denn auf dem Bonner Parteitag am 11. und 12. Juni 1973 wurde nur gewählt. Die ungelösten und umstrittenen politischen Fragen sollten auf dem eigens im November 1973 anberaumten Programmparteitag in Hamburg behandelt werden. So ging Kohls Wahl in Bonn mit großer Mehrheit über die Bühne.

Die Parteilinken gaben sich aber noch nicht geschlagen. Norbert Blüm – der allein mit Hilfe Kohls über die rheinland-pfälzische Landesliste in den Bundestag gelangt war, aber als Hauptgeschäftsführer der Sozialausschüsse einen prononcierten Linkskurs eingeschlagen hatte – äußerte im »Spiegel« Optimismus und Kampfbereitschaft mit Blick auf Hamburg.[226]

Kohl selbst bekannte im Rückblick, dass er sich nach der Kampfansage von zwei großen Landesverbänden, nämlich von Rheinland und Westfalen, damit abgefunden habe, nur vier Monate als Parteivorsitzender zu amtieren.

Der Hamburger Parteitag im November 1973 nahm jedoch einen ganz anderen Verlauf, als Kohl und seine Gegner befürchtet oder erhofft hatten. Die überraschende Wende war vor allem

einem Mann zu verdanken: Kurt Biedenkopf. Der frisch gewählte Generalsekretär, bis dahin ohne jedes Parteiamt, hatte
das Ruder umgelegt. Es war sein spektakulärer Einstieg in die
Parteipolitik, der er für mehr als dreißig Jahre in unterschiedlichen Funktionen mit Erfolgen und etlichen Niederlagen verbunden sein sollte.

In den Jahren zuvor hatte Biedenkopf eine Bilderbuchkarri-
ere hingelegt. Er wurde im gleichen Jahr wie Helmut Kohl in
Ludwigshafen geboren. Sein Vater war Chefingenieur bei der
IG Farben und wurde 1938 in das Leuna-Zweigwerk Schkopau
versetzt, das in der DDR mit seinen Produkten »Plaste und
Elaste« bekannt werden sollte. Der Sohn Kurt konnte so zum
ersten Mal sächsisches Lebensgefühl kennenlernen. 1945 flüchtete die Familie nach Hessen, wo er 1949 das Abitur machte und
anschließend als Austauschstudent in die USA ging. In München und Frankfurt studierte er dann Jura. Während seiner As-
sistententätigkeit hatte er wiederholt Studien- und Forschungs-
aufenthalte in den USA eingeschoben.

Kurt Biedenkopf unterschied sich völlig vom landläufigen
Bild des Juristen, der nach dem Referendar- das Assessorexamen
ablegt, zwischendurch oder danach noch die Promotion zustande bringt und bestrebt ist, mit dem Zitieren höchstrichter-
licher Entscheidungen Kompetenz anzuzeigen. Im Gegensatz
dazu verkörperte er schon sehr früh und ungemein wirkungsvoll einen anderen Typ des Juristen; er wirkte wie ein Sozial-
ingenieur, der Probleme präsentierte und umsichtig auseinan-
dernahm, um aus den Bestandteilen in anderer Reihenfolge eine
einleuchtende Lösung zusammenzubasteln. Er hantierte nicht
mit Paragrafen herum, sondern trat mehr wie ein rechtskundiger
Soziologe oder Politologe auf.

Eine Professur zu erhalten, war bei der damaligen Nachfrage
für ihn eine Selbstverständlichkeit. Bei seiner Wahl zum Rektor
der Ruhr-Universität Bochum während der Studentenrevolte

1967 zeigte er bereits mediale Fähigkeiten, denn es gelang ihm, ideologisch nicht festgelegte Studentenvertreter in ausgedehnten Verhandlungsrunden zur Mitwirkung bei so trockenen Vorhaben wie Satzungsreformen zu bewegen. Zwei Jahre Rektor in Bochum waren aber genug; die nächste Station bestand in einer Managertätigkeit beim Waschmittelkonzern Henkel.

Bereits 1965 war Biedenkopf in die CDU eingetreten, ohne jedoch in der Partei aktiv zu werden. Sein Nachbar in Bochum war eine Zeit lang Josef Hermann Dufhues gewesen, der sich als geschäftsführender Parteivorsitzender stets für die Reform der Partei eingesetzt hatte. Dufhues war von Biedenkopf fasziniert. Wie diesem ehrlichen Westfalen ging es einer wachsenden Zahl von CDU-Mitgliedern und Anhängern, die das Glück gar nicht fassen konnten, dass dieser kleine, so überzeugend argumentierende Professor ihrer Partei angehörte. Er wirkte wie einer jener Intellektuellen, die, ähnlich scharfsinnig wie er, in den Medien erschienen, jedoch der SPD nahestanden. So konnte die Begeisterung für Biedenkopf nur wachsen, wenn ein aggressiver SPD-Intellektueller wie Peter Glotz ihn scharf attackierte und ihm vorwarf, er treibe »Zitatenakrobatik nahe an der Grenze zur Fälschung«[227].

Biedenkopf wirkte durch das gesprochene Wort. Das Fernsehen war eine große Hilfe, um ihn bekannt zu machen. Von Bundeskanzler Kiesinger zum Vorsitzenden einer Gutachterkommission über die Mitbestimmung ernannt, verfasste Biedenkopf ein Gutachten, das auch die Gegner lobten, ihm selbst aber die Möglichkeit eröffnete, in zahlreichen Vorträgen, mehr noch im Fernsehen, seine Sicht der Dinge darzulegen. Er wurde ein gesuchter Diskussionspartner bei allen möglichen Anlässen. Seine Stärke war die Verständlichkeit, mit der er über komplizierte politische, wirtschaftliche und soziale Fragen sprach. Seine Zuhörer folgten ihm und fühlten sich ungemein bestärkt in dem Gefühl, dass hier ein CDU-Politiker mindestens ebenso überzeugend und intellektuell anspruchsvoll seine Sache vertreten konnte wie linke Intellektuelle.

Kohl kannte Biedenkopf, wie nicht anders zu erwarten, schon
seit Langem. Wann er beschloss, ihn zu seinem Generalsekretär
zu machen, ist nicht bekannt. Zum Saarbrücker Parteitag 1971
schrieb Biedenkopf schon ein umfangreiches Gutachten, indem
er entschieden für die Trennung von Fraktionsvorsitz und Parteivorsitz eintrat. Es sollte also der Unterstützung Kohls dienen.

Kohl versprach sich von seinem Generalsekretär eine Stärkung seiner Position. Deshalb kündigte er schon Wochen vor
dem Hamburger Parteitag 1973 seine Entscheidung für Biedenkopf an, um damit möglichen Widerstand abzubauen. Ein Vorstandsmitglied bemerkte, als er von Kohls Plan hörte, damit sei
»das Rennen so gut wie gelaufen«.[228]

Der neue Generalsekretär stellte sich eindrucksvoll in einer
kurzen, blendend formulierten Rede auf dem Parteitag vor. Er
kündigte an, was er alles in der Partei verbessern werde. In der
künftigen Zusammenarbeit mit Kohl sah er kein Problem: »Aus
vielen Gesprächen mit Helmut Kohl weiß ich, dass wir die gleichen Ziele haben, die gleiche Sprache sprechen und das gleiche
Vertrauen haben in die Kraft und die Zukunft der CDU.«[229] In
einem seiner zahlreichen Interviews sagte er – und viele Zeitungen stellten ihn damals ihren Lesern vor: »Helmut Kohl gehört
zu den wenigen Politikern, die in der Lage sind, zuzuhören und
Gehörtes politisch umzusetzen.«[230] Dieser aber hat wahrscheinlich in der Freude, einen so attraktiven Generalsekretär präsentieren zu können, nicht auf Zwischentöne geachtet, die auf
Schwierigkeiten hindeuteten. Kohl galt nie als einer, der zuhören konnte. Kündigten sich nicht Probleme an, wenn Biedenkopf avisierte, die »Belebung und Gestaltung unserer Grundsatzdiskussion« als »großes Aufgabengebiet« zu betrachten,
oder wenn er das Konrad-Adenauer-Haus, die Parteizentrale,
die Kohl nach Möglichkeit mied, weil viele Mitarbeiter ihm po

litisch nicht passten, als einen Ort bezeichnete, »wo aus Initiativen, Ideen und Hoffnungen Politik« werde? Vielleicht glaubte Kohl, mit Karlheinz Bilke und Dorothee Wilms zwei zuverlässige und zugleich tüchtige Kräfte neben Biedenkopf platziert zu haben, die die Partei vor Turbulenzen bewahren konnten.[231]

Der Parteitag in Hamburg wurde, allen Unheilsprognosen zum Trotz, ein eindrucksvoller Erfolg des neuen Führungsduos. Die Vorlage des Vorstandes in der Mitbestimmungsfrage war zuvor noch leicht poliert worden und fand eine übergroße Mehrheit. »Kohl im Glück« und »Hans Katzer erlebte sein Waterloo« meldete die Presse.[232]

Kurt Biedenkopfs Rede war das eigentlich Neue. Sie führte die Delegierten in eine andere Welt, in der Vorständen und Aufsichtsräten und möglichen Pattsituationen, um die zuvor so heftig gestritten worden war, wenig Bedeutung zugemessen wurde. Biedenkopf mag den Delegierten wie ein ehrlicher Makler in Sachen Mitbestimmung erschienen sein – tatsächlich stand er der Unternehmerseite näher. Einem besorgten Karstadt-Vorstandsmitglied schrieb er: »Entscheidend wird für die CDU sein, Mitbestimmungsregeln zu verhindern, die zu endgültigen Mitbestimmungsbesitzständen führen.«[233] Die Hauptaufgabe sah er in der Reform des Unternehmensrechts, das bedeutete nichts anderes als die Verschiebung auf unbestimmte Zeit.

Biedenkopf lehrte seine Zuhörer, dass anderes wichtig, viel wichtiger sei. Es gelte »Begriffe zu besetzen«. Das sei das Entscheidende. In der Gegenwart vollziehe sich eine »Revolution neuer Art«. Denn revolutionäre Umwälzungen spielten sich nicht mehr ab durch die »Besetzung der Zitadellen staatlicher Macht«. Revolutionen verliefen ganz anders: »Statt der Gebäude der Regierungen« würden »die Begriffe besetzt«. Das habe weitreichende Folgen: Diese »neuen Begriffe« verlören »die Fähigkeit, Lebenssachverhalte als Sachverhalte menschlicher Solidarität zu beschreiben« und damit auch zu lösen.[234] Ob dies tatsächlich der Fall war, stand auf einem anderen Blatt. Auf jeden Fall beeindruckte es die Delegierten. »Begriffe besetzen« – das war eine Losung, die haften blieb.

Über dem Entwerfen von Visionen vergaß Biedenkopf keineswegs, als Generalsekretär tätig zu werden. Das tat er auf allen Ebenen der Partei und gewann viele Sympathien durch seine angenehmen Umgangsformen. Im Konrad-Adenauer-Haus gründete er einen Planungsstab, er straffte die Arbeit und suchte, Einfluss auf die politische Linie der Partei zu nehmen. So bemühte er sich um einen engeren Kontakt zum Fraktionsvorsitzenden Karl Carstens. Es ging ihm um die »Koordination der Zusammenarbeit zwischen Fraktion und Partei« – nicht mehr und nicht weniger. Ob nicht auf der nächsten Klausurtagung der Fraktion auch über die Ostpolitik gesprochen werden sollte, fragte er einmal bei Carstens an, denn die Partei müsse »Antwort auf die Fragen geben, welche Rolle die Ostverträge in unserer Außenpolitik spielen werden«.[235] Das war eine nebulose Frage, typisch für Biedenkopf, aber ohne jeden Realitätsgehalt. Ob Carstens das ebenso sah, sei dahingestellt. Ebenso wird der Staatsrechtler Carstens Schwierigkeiten gehabt haben, Biedenkopfs Vorschlag zu akzeptieren, im Öffentlichen Dienst sensible und weniger sensible Bereiche zu unterscheiden, um so den Radikalenerlass aufzuweichen. Carstens notierte an den Rand »Schulen?«[236], womit alles gesagt war. Denn es waren nicht die Finanzbeamten oder die Eisenbahnbeamten, unter denen Verfassungsfeinde aktiv waren, sondern vornehmlich Lehrer und Hochschullehrer machten Probleme.

In einer anderen Frage ließ Kohl seinem Generalsekretär freie Hand, denn mit deren Erledigung wollte er möglichst wenig zu tun haben. Es ging um die Versorgung Rainer Barzels. Kohl selbst hatte sich häufig als Parteisoldat bezeichnet, der geduldig die Pflichten schulterte und der Partei diente. Barzel hatte ein anderes Verständnis von seiner Stellung in der Partei. Er schätzte sich eher als Parteigeneral ein, der Anspruch auf entsprechende Behandlung und natürlich auch Bezüge hatte. Im Dezember 1972 hielt ein Vermerk von ihm fest, »dass es irgendeine Versorgung für Vorsitzende der Fraktion nicht« gebe. Das war sicher zutreffend. Denn er war der Erste, bei dem sich diese Frage stellen konnte. Als Fraktionsvorsitzender erhielt er eine Vergütung, die dem Gehalt eines Spitzenbeamten entsprach. Eine Regelung für den Ruhestand war nicht vorgesehen. Bei dem aufwendigen Lebensstil Barzels, der selbst mit dem eines Spitzenbeamten wenig gemein hatte, musste in der Tat die Frage entstehen, wie seine Versorgung nun aufgezogen werden sollte.

Biedenkopf hatte das Problem beim Rücktritt Rainer Barzels Mitte Mai 1973 sofort erkannt. Es gelte, schrieb er an Kohl, »zu vermeiden, dass Herr Dr. Barzel zu einem ›sozialen Fall‹« werde.[237] Er wollte also den Sturz abfedern. Wenn man sich den Ärger vergegenwärtigt, den Barzel von Zeit zu Zeit später noch verursachen sollte, wird dieses Bemühen verständlich. Eine großzügige Versorgung konnte die Verbitterung des Gescheiterten vielleicht mäßigen.

In diesen Jahren hatte sich die Firma Flick zur Anlaufstelle für Parteien und Politiker entwickelt, die Finanzprobleme hatten. Biedenkopf schrieb am 8. Juni 1973 an Eberhard von Brauchitsch, den Generalbevollmächtigten der Flick KG, er habe Barzel aufgesucht und ihm gegenüber angedeutet, dass man »in jeder Hinsicht bemüht sein« werde, »Auffangpositionen für ihn zu entwickeln«.[238] Und man entwickelte diese. 1984 zitierte der »Spiegel«[239] zum ersten Mal aus staatsanwaltschaftlichen Akten, die im Zusammenhang mit dem Flick-Untersuchungsausschuss angelegt wurden, in denen auch über Barzels Versorgung gehandelt wurde. Demnach war Rainer Barzel als Mitarbeiter in einer Frankfurter Anwaltskanzlei tätig geworden. Er hatte in dieser Eigenschaft für Flick Gutachten angefertigt und erhielt dafür ein Honorar. Dessen Höhe bewegte sich im Bereich der Besoldung eines Ministers und wurde ordnungsgemäß versteuert. Es überrascht, wie widerwillig gezahlt wurde. Schon Ende 1973 befand Brauchitsch, dass die Berichte »ausgesprochen dünn« seien. Flick zog sich 1979 zurück, sodass weitere Industrielle, darunter Rudolf August Oetker und Konrad Henkel, an der Versorgung beteiligt wurden. Es passt irgendwie zu Rainer Barzel, dass selbst sein goldener Fallschirm nicht richtig aufging. Am Ende stand wieder ein Sturz, diesmal vom Sitz des Bundestagspräsidenten.

Die Lösung des »sozialen Falles« Barzel war bei Biedenkopf in den richtigen Händen. Da musste Kohl nicht aktiv werden, höchstens konnte das Maß seiner Ablehnung gegenüber solchen Politikern noch zunehmen. 1968 hatte er in Rheinland-Pfalz auf einem Landesparteitag moralische Grundsätze beschließen lassen, die ein Politiker zu erfüllen habe.

Dem frisch gewählten Parteivorsitzenden Kohl stand, wie nicht anders zu erwarten, Ärger von allen Seiten ins Haus. Daher war es sein verständliches Bestreben, politischen Schwierigkeiten aus dem Wege zu gehen. Darin unterscheidet er sich von keinem anderen Politiker. Es erstaunt aber, was er alles vermeiden wollte. So erhielt er einen bitterbösen Brief von Gerhard Löwenthal, dem Leiter des ZDF-Magazins, der sich von Kohl gegenüber der Leitung des ZDF im Stich gelassen fühlte, als ihm diese seine Sendezeit halbieren wollte. Löwenthal klagte, »der Freundeskreis der CDU-Mitglieder im Fernsehrat« habe nichts für ihn getan, und auch Kohl habe zwar ein Gespräch in Aussicht gestellt, aus dem aber nichts geworden sei«.[240] So kam es zu der eigenartigen Konfrontation, dass das CDU-Mitglied Löwenthal mithilfe einer Unterschriftensammlung, die zumeist von CDU-Mitgliedern stammte, gegen die CDU-Oberen des Senders agieren wollte, wobei der CDU-Vorsitzende selbst in Deckung ging. Hier scheint bei Kohl liberales Wunschdenken über die Rücksichtnahme auf die konservative Basis gesiegt zu haben.

Die Reaktion auf den Rücktritt Willy Brandts

Im Laufe des Jahres 1973 nahm die politische Entwicklung in der Bundesrepublik eine unerwartete Wendung. Die SPD war nicht in der Lage, den Erwartungen ihrer Wähler gerecht zu werden. Wachsender Druck der Parteilinken, denen Willy Brandt nur halbherzig Widerstand leistete, konjunkturelle Überhitzungserscheinungen und schließlich der Ölschock des November 1973 änderten radikal das politische Klima. Die »Willy«-Wähler, die der SPD ihren großen Wahlsieg ermöglicht hatten, beklagten die Führungsschwäche des Kanzlers und begannen abzuwandern.[241] Bei den Landtagswahlen in Hamburg verlor die SPD mehr als 10 Prozent, und überzogene Lohnforderungen des Öffentlichen Dienstes zeigten die Schwäche des Kanzlers. Von seinem Superminister Helmut Schmidt allein gelassen, der auf Reisen war, musste Brandt mit der ÖTV verhandeln und war zu hohen Zugeständnissen gezwungen. Die Verhaftung des Kanzlerspions Günter Guillaume gab ihm den Rest: Am 6. Mai 1974 erklärte er seinen Rücktritt. Damit ging eine Ära zu Ende, die mit viel Pathos und Schwung begonnen, aber in allgemeiner Desillusionierung geendet hatte. Ein solches Ende hatte niemand erwartet.

Der CDU-Vorsitzende Kohl nahm am Tage nach Brandts Rücktritt dazu vor der Bundestagsfraktion Stellung. Für ihn stand fest, dass der Sturz des Kanzlers kein Anlass für hämische Rechthaberei sein dürfe. Das würde sich auch bei den kommenden Wahlen nicht auszahlen. Vielmehr komme es darauf an, dass »in dieser kritischen Lage unseres Landes die CDU/CSU ihre besondere Verantwortung für unseren gemeinsamen Staat« erkenne. Die Partei müsse unbedingt den Eindruck vermeiden, dass man »Schadenfreude in dieser Situation« empfinde. Man solle sich auch hüten, schlüpfrige Einzelheiten des Rücktritts zu kolportieren, »die in die Chronique scandaleuse passen«.[242]

Kohls unmittelbare Reaktion auf das Scheitern Willy Brandts verdient Respekt. Sie war gewiss auch von parteipolitischen Gesichtspunkten bestimmt, aber im Vordergrund stand das Bestreben, die politische Katastrophe – dass der Bundeskanzler zurücktrat, weil ein DDR-Agent in seiner nächsten Umgebung verhaftet wurde – nicht zur billigen Polemik zu missbrauchen.

Die Koalition sah das anders. Nach dem Prinzip »Haltet den Dieb« empörte sie sich über die Union, als sei diese am Scheitern Brandts schuld. Wenige Tage später verwahrte sich Kohl in einem Schreiben an den SPD-Vorsitzenden Brandt dagegen, dass die Koalitionsparteien den Rücktritt des Bundeskanzlers »zum Angriff auf die Unionsparteien nehmen, die mit den Grundregeln demokratischer Auseinandersetzung unvereinbar seien«. Da sei von »Hetzkampagne oder kaltem Staatsstreich« die Rede gewesen. Er warnte: »Es vergiftet die politische Atmosphäre und bedeutet eine Aufkündigung der Solidarität der Demokraten, wenn politische Gegnerschaft als Feindschaft dargestellt wird.«[243] In der Politik ist von der Solidarität der Demokraten recht häufig die Rede; der Begriff erscheint etwas abgenutzt. Nicht so bei Kohl, für ihn war es ein zentraler Inhalt seines politischen Denkens. Er war noch von der Nachkriegszeit und ihrer Auseinandersetzung mit der Vergangenheit geprägt. Deshalb forderte er immer wieder die Solidarität der Demokraten vom politischen Gegner ein.

Der Brief an Willy Brandt könnte den Eindruck erwecken, als habe Kohl damit nur der Pflicht des Parteivorsitzenden genügt. Die Vorgeschichte des Schreibens macht jedoch deutlich, dass Kohl unmittelbar nach dem Rücktritt Brandts jeden Anflug von billigem Triumph von sich gewiesen hatte. Seine Partei sollte auch in dieser Situation zeigen, dass sie »die Alternative deutscher Politik« sei, »und Alternative« heiße »in diesem Fall nicht Schadenfreude, sondern Mitarbeit«.

Willy Brandt gab zu erkennen, dass er Kohls Motive verstand und anerkannte. Einen Monat später konnte Kohl der Fraktion berichten, dass Brandt »einen viel tieferen Groll gegenüber seinen eigenen Leuten als gegenüber der Opposition« trage. So habe er ihm »klar und deutlich gesagt, er hätte sehr wohl zur Kenntnis genommen, dass eine Reihe führender Repräsentanten der Unionsparteien in den kritischen Tagen bei aller Härte der Auseinandersetzung die menschlich vernünftige und anständige Form gewahrt hätten«.[244]

Vergegenwärtigt man sich das raue Klima, das zwischen Regierung und Opposition herrschte, wirkt die Äußerung Brandts überraschend. Denn sie vermittelte eine menschliche Verbundenheit, die von ihm nicht zu erwarten war – nach allem, was er seit Adenauer an Tiefschlägen hatte hinnehmen müssen. In Unionskreisen galt er als negative Symbolfigur, hatte er doch oft ihren Zorn hervorgerufen. Wenn er etwa als »Friedenskanzler« gefeiert wurde, rückten ihn seine politischen Gegner in die Nähe von Krieg und Unfrieden. Auch Brandts Behauptung »Demokratie findet nur im Sozialismus ihre Erfüllung« musste bei Kohl auf scharfen Widerspruch stoßen. Das galt auch für Brandts These, dass der Sieg der Opposition ein »Sicherheitsrisiko« darstelle. Da war von der »Solidarität der Demokraten« kaum noch etwas zu spüren.

Für Kohl gab es jedoch einen Unterschied: Er wies zwar derartige Ausfälle des politischen Kampfes energisch zurück und war dabei in seiner Wortwahl auch nicht fein. Dennoch blieb das Bewusstsein des Verständnisses füreinander erhalten. Ganz anders bei Helmut Schmidt. Da gab es keine Ebene menschlicher Verbundenheit. Kohl stand dem kaltschnäuzigen Zynismus des Hamburgers letztlich hilflos gegenüber.

Den Rücktritt Brandts betrachtete Kohl keineswegs als sicheres Indiz für den weiteren Niedergang der sozialliberalen Koalition. Die SPD hatte zwar bei den Bürgerschaftswahlen 1974 in Hamburg im März eine schwere Niederlage hinnehmen müssen, aber das bedeutete noch keineswegs, dass sich dieser Trend bei den kommenden Landtagswahlen fortsetzen würde. Die nächste Wahl stand am 9. Juni in Niedersachsen an. Mit Blick auf diesen Termin warnte der demoskopisch versierte Parteivorsitzende: »Die Wahl in Niedersachsen ist überhaupt nicht gewonnen.« Es sei »ein großer Irrtum zu glauben, dass das Rennen durch die Ereignisse der letzten Tage gelaufen« sei. Und es folgte die unvermeidliche Aufforderung des Wahlkämpfers Kohl, es gelte, »um jede Stimme zu kämpfen«. Er selbst ging mit gutem Beispiel voran, und das Ergebnis war beachtlich. Die CDU wurde mit 48,8 Prozent stärkste Partei, aber es reichte nicht ganz, um die sozialliberale Koalition in Hannover abzulösen. Das Wahlergebnis schuf jedoch die Voraussetzung für den Regierungswechsel zwei Jahre später.

Wie Kohl als Wahlkämpfer in Niedersachsen agierte, verdient erhebliches Interesse, denn sein Auftreten unterschied sich deutlich von dem harten Stil der Opposition im Bundestag. Er machte einen »Anti-Wahlkampf«, bei ihm gab es »keine Versprechungen«, »kein demagogisches Spiel mit Inflationsängsten«. Vielmehr rief er »zur Solidarität mit den Randgruppen« auf und »plädierte für Geschichtssinn, der Auschwitz und den 20. Juli einschließen müsse«. Sogar von »Vaterland« und »Vaterlandsliebe« war die Rede.

In diesem SPD-Land sei Kohl gut angekommen, »starken Beifall« habe es gegeben, »Ovationen freilich nicht«. Dem Journalisten, der dies alles staunend festhielt, aber nicht in den Verdacht geraten konnte, ein hoffnungsloser Konservativer zu sein, fiel noch etwas anderes auf: Für ihn stand fest, dass Kohl »Brandts politischen Abgang zu diesem Zeitpunkt mit Erleichterung aufgenommen hat«.[245] Mit anderen Worten: Kohl sprach die Menschen ganz ähnlich wie Brandt an und war damit erstaunlich erfolgreich. Noch im Rückblick, ein knappes Jahr später, zeigte er, wie stark er immer noch auf Brandt fixiert war. Einem Journalisten vertraute er an: »Der Brandt, wenn er nur gewollt hätte, wäre nicht zu schlagen gewesen.«[246] Er wollte dieselbe Botschaft den Menschen vermitteln, mit der Willy Brandt so überaus erfolgreich gewesen war, als er plakatieren ließ: »Deutsche, ihr könnt stolz sein auf unser Land!« Ein solcher unprätentiöser Patriotismus lag ganz auf der Linie Kohls, und es ist kein Zufall, dass er darauf noch in seinen »Erinnerungen«[247] zu sprechen kam.

Es bedarf keiner lebhaften Fantasie, um sich vorzustellen, wie gern Kohl 1990 ein ähnliches Wort verwendet hätte, wenn die Deutschen in Ost und West auf eine solche Losung damals ansprechbar gewesen wären.

Kurt Biedenkopfs Wahlkampf in Niedersachsen war anders – mit weniger Bodenhaftung, aber mit mehr intellektuellem Anspruch. Er führte »einen pikfeinen Wahlkampf« plus »Höhenflug«. Sein ausgeprägtes Selbstwertgefühl befähigte ihn dabei zur »Umsetzung von Reflexion in Führungsemotion«. Darüber hinaus hatte er für sein Auftreten eine umwerfende Erklärung parat: »Sie haben diese Sicherheit nur, wenn Sie überzeugt sein können, dass Sie sich nicht widersprechen.«[248] In diesem vor Selbstbewusstsein strotzenden Satz ist Aufstieg und Fall des Politikers Biedenkopf bereits umrissen. Politik ist widersprüchlich, und Politiker kommen nicht umhin, sich in Widersprüchen zu bewegen. Biedenkopf entwickelte in der Folgezeit beachtliche Fähigkeiten, die Widersprüche, in die er immer wieder selbst geriet, notdürftig auszubügeln, wobei seine Glaubwürdigkeit oft auf der Strecke blieb. Auf jeden Fall zeigte sein Auftreten im niedersächsischen Wahlkampf, dass er eine Solopartie spielte – unabhängig vom Parteivorsitzenden. Er verbreitete intellektuellen Glanz, während Kohl sich mühte, seine politische

Linie, die nicht widerspruchsfrei sein konnte, verständlich zu machen.

Der Sieg in Niedersachsen im Juni 1974 war eindrucksvoll ausgefallen. Am folgenden Tag gab es in der Bundestagsfraktion nicht nur die übliche Kurzanalyse des Wahlergebnisses. Der Parteivorsitzende nahm die Gelegenheit wahr, vor dem Bundesvorstand und der Bundestagsfraktion seine Strategie vorzutragen. Zu Beginn seiner Ausführungen traf Kohl eine wichtige Unterscheidung, die aufhorchen ließ. Das »alte Klischee« sei falsch, »dass die Opposition ›draufhauen‹ müsse«.[249] Viel wichtiger sei »eine argumentierende konstruktive Politik«. Das habe die Niedersachsenwahl deutlich gemacht. Aber passte Kohls Kampagnestil generell zu der Partei und den bevorstehenden Wahlkämpfen? Zweifel sind erlaubt.

Bezüglich der FDP nahm Kohl eine Haltung ein, die nicht überall gebilligt wurde. Sie war von Zurückhaltung und der Hoffnung bestimmt, dass die bei den Liberalen in Gang kommende Orientierungsdebatte Früchte tragen werde. Er plädierte dafür abzuwarten und schlug vor: »… dass wir kein Liebeswerben um die FDP veranstalten und ihr nicht nachlaufen, dass wir aber auch nicht ohne Not mit dicken Nägeln die Tür zunageln.« So viel Geduld mit den Liberalen war beispielsweise bei Karl Carstens nicht zu finden, der selbst im Rückblick noch Zweifel an dieser Position äußerte.[250]

Der »natürliche Gegner« blieb die SPD. Dem neuen Kanzler Helmut Schmidt gegenüber nahm Kohl eine kritische, aber zugleich abwartende Haltung ein. Während Willy Brandt ihm als »der Kanzler der Integration ohne Führungskraft« erschienen war, sei Helmut Schmidt nun »der Kanzler mit Führungskraft, aber ohne Integrationsfähigkeit«. Die positiven Reaktionen, die Schmidt in bürgerlichen Kreisen auslöste, blieben ihm nicht verborgen: »Wer heute im Unternehmerlager die bewundernden Stimmen hört, der kann sich nur wundern über den Mangel an politischer Weitsicht.« Das war ein Dilemma, das Kohl zwar erkannte, aber nicht überwinden konnte. Der forsche Kommandoton Schmidts traf bei Leuten, die anordnen konnten und nicht zu diskutieren brauchten, auf unverhohlene Sympathie.

Im Sommer 1974, also ein Jahr nach dem Bonner Wahlparteitag, war das Verhältnis zwischen Kohl und Biedenkopf bereits gestört, wenn auch noch nicht viel nach außen drang. Anfang September verschickte Kohl »strategische Überlegungen«, die aufgrund des Inhalts wie der Wortwahl Biedenkopf als Autor ausschließen.[251] Es war kein parteioffizielles Schreiben, das sich an bestimmte Funktionsträger richtete. Kohl argumentierte als Parteivorsitzender, der langfristige Ziele verfolgte; wieder ließ er eine deutliche Distanz zur »parlamentarischen Opposition« erkennen. Diese sei vom »Kontra« zur Regierung bestimmt. Das sei ein Tagesgeschäft, während der politische Erfolg der Partei »sich nicht in Wochen, sondern in Jahren« entscheide. Die Wähler müssten die »politische Idee« der Partei verstehen. Aber die Menschen hätten – wie Umfrageergebnisse zeigten – »noch ein fundamentaleres Verlangen«: Es bestünde in der Partei eine Sehnsucht nach »klarer Führung« und »einer Entlastung von politischer Überproblematisierung«. Vor allem aber gebe es die »Sehnsucht nach einem Ende der Polarisierung«. Eine eher kurzatmige Auseinandersetzung mit Helmut Schmidt sei deshalb wenig hilfreich. Es gelte, nicht die Frage zu »strapazieren, wie Schmidt politisch beizukommen« sei. Wichtiger sei, »die eigene Linie herauszuarbeiten und der Bevölkerung das Bild von ideenreicher Beständigkeit zu bieten«. Das klang ähnlich anspruchsvoll wie Kohls Vorstellung von der »argumentierenden konstruktiven Politik«, von der er am 10. Juni nach den Landtagswahlen in Niedersachsen gesprochen hatte. Aber wie sollte das verwirklicht werden? Davon war nicht die Rede. Hier tritt ein Widerspruch hervor, denn die Menschen schreckten vor Überproblematisierung und Polarisierung eher zurück. Das passte nicht zusammen. Hier kündigen sich bereits die Schwierigkeiten an, die auf Kohl als Oppositionsführer im Bundestag zukamen.

Von dem »Besetzen der Begriffe«, Biedenkopfs Zauberformel auf dem Hamburger Parteitag 1973, wurde in den »strategischen Überlegungen« vorsichtig Abstand genommen und gewarnt: »Nicht die Sprache macht den Erfolg, sondern der Erfolg die Sprache.« Es war weniger eine Strategie als ein Aufruf zu Geduld und langem Atem. Eine solche Politik aber war für eine Partei wie die CDU nur schwer zu realisieren. Dort sehnte man sich nach griffigen Handlungskonzepten. Das Papier beleuchtet eher die Schwäche Kohls, theoretischen und grundsätzlichen Erklärungen auch die nötige begriffliche Schärfe zu geben. Zum Schluss räumte er ganz lakonisch ein: »Ich weiß, dass die Union zurzeit der Bevölkerung kein geschlossenes Bild bietet. Wir müssen und werden dieses Problem lösen.« Dieser etwas dürftige Ausblick unterstreicht noch einmal eine gewisse Ratlosigkeit. Möglicherweise ist das ein Hinweis darauf, dass in der Führung Opposition gegen Kohl entstanden war, weil er sich nicht zur Frage der Kanzlerkandidatur äußern wollte. Die Kritiker saßen vornehmlich im Parteipräsidium. Dieses war mit Gegnern Kohls gut bestückt, was sich bis zum Ende seiner Amtszeit nicht ändern sollte. Kohl lernte, damit umzugehen, weil er wusste, dass er auf dem Parteitag immer eine Mehrheit besaß.

Kurze Zeit später erschien im »Stern« zum ersten Mal ein Artikel, der von ernsten Meinungsverschiedenheiten zwischen Kohl und Biedenkopf sowie allgemein von Kritik an Kohl handelte.[252] Diesem Artikel sollte im Laufe der Jahre eine Reihe weiterer folgen. Sie beruhten in der Regel auf Indiskretionen und Politklatsch und verfolgten das Ziel, Kohl als unfähig darzustellen und jeweils sein baldiges Ende zu prophezeien. Wie das Magazin in der Materialbeschaffung vorging, verdient einige Aufmerksamkeit: Ein CDU-Funktionär, seines Zeichens Pressewart des Bonner CDU-Kreisverbandes, wurde als Redakteur eingekauft und konnte so seine Erkenntnisse über das Innenleben der Partei optimal verwerten.

Das waren Anzeichen dafür, dass nicht nur bei den Sozialdemokraten, sondern auch im eigenen Lager die Spannungen zunahmen. Sie sollten für Kohl einen wohl kaum für möglich gehaltenen Härtetest bedeuten. Seine Reaktion auf den Rücktritt Willy Brandts im Mai 1974 hatte eine bisher wenig bekannte Seite Kohls beleuchtet. Bei aller Gegensätzlichkeit in den politischen Tagesfragen und den politischen Kontroversen gab es zwischen den beiden Männern eine tiefe Übereinstimmung im Verständnis von Politik und darin, wie man die Menschen erreichen und überzeugen müsste. Diese innere Nähe kam im Laufe der Jahre auch in ihrem persönlichen Verhältnis zum Ausdruck und führte schließlich zu regelmäßigen Besuchen Brandts bei Kohl im Kanzleramt.

Das Ringen um die Kanzlerkandidatur

Im Frühjahr 1975 musste die Entscheidung über die Kanzlerkandidatur fallen. Die CDU hatte sich im Grunde für Kohl entschieden, obwohl auch der schleswig-holsteinische Ministerpräsident Gerhard Stoltenberg noch im Gespräch war. In der Partei hatte sich mittlerweile die Gewohnheit ausgebildet, dass jeder halbwegs erfolgreiche Ministerpräsident in der Presse als Kanzlerkandidat ins Gespräch gebracht wurde. Der so Beförderte sonnte sich im Glanze der dadurch entstandenen Publicity, war aber gar nicht ernsthaft interessiert. So verhielt es sich auch bei Gerhard Stoltenberg, dem Ministerpräsidenten von Schleswig-Holstein, der unbestritten qualifiziert war, aber die Kandidatenfrage mit großer Nüchternheit anging.

Doch ein weiterer CDU-Kandidat als möglicher Konkurrent war nicht das Problem für Kohl. Die Schwierigkeit lag bei Franz Josef Strauß, denn der CSU-Vorsitzende ging davon aus, dass er Kanzlerkandidat werden müsse. Aber er schob die Entscheidung vor sich her und wurde selbst nicht aktiv. In der CSU-Führung wurde allerdings »sehr ernsthaft« erwogen, ihn als Kanzlerkandidaten aufzustellen.[253]

Am 9. März 1975 fanden in Rheinland-Pfalz Landtagswahlen statt. Ein schlechtes Ergebnis – und schlecht war bei den hochgesteckten Erwartungen bereits die »ordinäre« absolute Mehrheit – musste die Aussichten Kohls auf die Kanzlerkandidatur gefährden. Strauß hatte sogar wenige Tage vor der Wahl erklärt, wenn Kohl »die 55 Prozent in Rheinland-Pfalz nicht erreiche, habe er die Wahl verloren«.[254] Bei Helmut Kohl löste dieser künstlich geschürte Erwartungsdruck erhebliche Nervosität aus. Er mahnte die Partei zu erhöhter Anstrengung, denn es sei noch »keineswegs gelungen, die große Mehrheit der Wähler von der besonderen Wichtigkeit« der Wahlen zu überzeugen.[255] Das war eine bezeichnende Verwechslung der Interessenlage: Was für Kohl entscheidend war – ein hoher Wahlsieg als Aufbruch in Richtung Bonn –, bewegte die Bürger weniger, denn das hieß nichts anderes, als dass sie ihren hervorragenden Ministerpräsidenten, den mittlerweile 97 Prozent seiner Bürger kannten, an die Bundespolitik verlieren würden. Dennoch war Kohls Besorgnis unbegründet: Er erzielte mit 53,9 Prozent den höchsten Wahlerfolg in der Geschichte seines Landes und nahm auf den Sieg einen »gewaltigen Schluck«, wie er der Bundestagsfraktion erleichtert mitteilte.

Der Wahlsieg schien ein gelungener Auftakt für die Nominierung als Kanzlerkandidat zu sein. Doch eine vom »Spiegel« fast zeitgleich veröffentlichte Politsensation schuf ein völlig verändertes politisches Umfeld. Die Konfrontation zwischen Regierung und Opposition erhielt schärfere Konturen. Allerdings beförderte der »Spiegel« damit, was sicher nicht seine Absicht gewesen war, indirekt die Kandidatur Kohls.

Was war geschehen? Das Stichwort lautete »Sonthofen«. Der »Spiegel« hatte das Wortprotokoll einer Rede von Franz Josef Strauß veröffentlicht, deren radikaler Ton in der Öffentlichkeit ungeheures Aufsehen erregte. Da war die Rede davon, dass die »Baader-Meinhof-Verbrecher« Sympathisanten in der SPD- und FDP-Fraktion hätten.[256] Der Staat sei unfähig zur Verbrechensbekämpfung, und die politische und wirtschaftliche Lage müsse sich noch weiter verschlechtern, bis die Leute merkten, welcher Sorte von Politikern sie aufgesessen waren.

Die Regierungskoalition war vollauf damit beschäftigt, die Terrorismusbekämpfung zu organisieren und die wirtschaftlichen Probleme halbwegs in den Griff zu bekommen. Sie befand sich in einem Stimmungstief und musste deutliche Niederlagen bei den Landtagswahlen hinnehmen. Daher war ihr diese hasserfüllte Suada des CSU-Vorsitzenden hoch willkommen. Sie benutzte das Stichwort »Sonthofen« bei jeder Gelegenheit, und die Medien verstärkten die Wirkung der Kritik. Das öffentliche Ansehen von Strauß sank auf einen Tiefpunkt.

Es wird immer wieder behauptet, dass seine Rede, die er bei einer Tagung der CSU-Landesgruppe am 19. November 1974 in Sonthofen gehalten hatte, heimlich mitgeschnitten und dann an den »Spiegel« verkauft worden sei.[257] Demgegenüber wird vonseiten der CSU berichtet, die Aufnahme der Rede sei nichts Außergewöhnliches gewesen. Es war üblich, dass bei solchen Veranstaltungen ein Tonband mitlief. Bei dieser Tagung habe ein Abgeordneter, dem die Rede von Strauß besonders gefallen hatte, um den Text gebeten. Da Strauß frei gesprochen habe, gab es nur das eine Tonband, das nun abgeschrieben werden sollte. Der nicht bearbeitete Text wurde den Abgeordneten in die Fächer gelegt. Ein Exemplar davon gelangte zum »Spiegel«.[258]

Für die meisten Abgeordneten war die Rede nichts Besonderes. Sie wussten, dass sich Strauß in solcher Weise äußern konnte, wenn er sich wütend geredet hatte. Als der »Spiegel« im März 1975, fast fünf Monate nach der Rede in Sonthofen, den Text abdruckte und das Magazin am Wochenende vor dem Erscheinen des Heftes eine sensationell aufgemachte Vorabmeldung brachte, wusste man bei der CSU zuerst überhaupt nicht, um was es sich handelte. Auf der Pressekonferenz am folgenden Montag gingen die CSU-Funktionäre, die das Ganze hätten erklären können, dann auf Tauchstation. So kam die ungeheure Wirkung dieser »Geheimrede« zustande. Da die Betroffenen schwiegen, bestätigten sie damit die Richtigkeit des Textes und seine vor Übertreibungen nicht zurückschreckende Auslegung.

Wie steht es mit seiner Echtheit? Die Vorlage war bearbeitet worden. Das war allein schon notwendig, um das gesprochene Wort ins Schriftdeutsche zu übertragen. Darüber hinaus waren die Aussagen mitunter zugespitzt worden, von Fälschung konnte aber keine Rede sein.

Die »Spiegel«-Veröffentlichung traf auf eine zutiefst verunsicherte Öffentlichkeit. Wenige Tage zuvor war Peter Lorenz, Spitzenkandidat der Berliner CDU für das Amt des Regierenden Bürgermeisters, freigelassen worden, nachdem er am 27. Februar 1975 von der RAF in Berlin entführt worden war. Was schwerer wog: Der Staat hatte sich von den Terroristen der Rote Armee Fraktion erpressen lassen. In dieser Situation wirkte die Rede von Strauß, der mit den Terroristen »bis zum Rest dieses Jahrhunderts« aufzuräumen versprach, ungemein polarisierend.

Es ist wenig wahrscheinlich, dass der CSU-Vorsitzende nach »Sonthofen« selbst noch an der Kanzlerkandidatur interessiert war. Deshalb hatte er versucht, Karl Carstens zur Kandidatur zu veranlassen. Dieser reagierte anfangs durchaus positiv, lehnte aber nach reiflicher Überlegung das Angebot ab, da er »in der CDU keine Mehrheit gegen Kohl« finden würde.[259]

In der CDU bemühte man sich, die Strauß-Rede als typisches Produkt des »Spiegel« abzutun und sie nach Möglichkeit nicht zur Kenntnis zu nehmen. Denn in den Chor der Kritiker von Strauß einzufallen, kam nicht infrage. Das verlangte die Solidarität mit der bayerischen Schwester, obwohl die CSU ihrerseits es gerade daran oft fehlen ließ.

Die CDU schwieg, aber einer handelte: Kurt Biedenkopf. Er nutzte die Schwächung von Strauß, um in der Frage der Kanzlerkandidatur zu einer Entscheidung zu kommen. In der Öffentlichkeit empörte er sich zwar pflichtgemäß über die »politische Hysterie« der Koalition und vertrat den Standpunkt, bei der Rede handele es sich um »aus dem Zusammenhang gerissene Auszüge aus Diskussionsbeiträgen, von Dritten zum Teil aus dem Gedächtnis aufgezeichnet«.[260] Das war unsinnig und diente lediglich zur Beruhigung der Partei. Ihm ging es um etwas anderes.

In den Landtagswahlkämpfen musste sich die CDU immer wieder damit auseinandersetzen, wann die Frage der Kanzlerkandidatur endlich entschieden würde. Sich für Kohl zu erklären, hieß zugleich, auf Distanz zu Strauß zu gehen, was vor allem der rheinische Landesvorsitzende Heinrich Köppler gefordert hatte. Am 4. Mai 1975 standen in Nordrhein-Westfalen und im Saarland Landtagswahlen an, und da konnte die Ankündigung, dass Kohl der Kandidat sei, noch entlastend wirken. Schließlich war der CSU-Vorsitzende Strauß bei der katholischen Arbeitnehmerbevölkerung in beiden Ländern nicht allzu populär.

Den quälenden Stillstand in der Kandidatenfrage beendete Biedenkopf mit einem wohlüberlegten Manöver, das in einer Art Kettenreaktion Strauß, den CDU-Bundesvorstand und das CDU-Präsidium einbezog. Zuerst schrieb er einen Brief an Strauß und bat ihn um Zustimmung, noch vor dem Wahltermin und früher als eigentlich vorgesehen, Kohl als Kanzlerkandidat der CDU vorzuschlagen. Aus München kam umgehend die Ablehnung, aber das störte den agilen Generalsekretär nicht, denn damit hatte er gerechnet.[261] Zwei Tage später gab er eine Erklärung ab, in der er ankündigte, dem CDU-Bundesvorstand zu »empfehlen«, Kohl »zum Kanzlerkandidaten der CDU zu nominieren«. Diesem Antrag folgte der Bundesvorstand in seiner Sitzung am 12. Mai und stimmte einstimmig, ohne Gegenstimmen und Enthaltungen, für Kohl. Das CDU-Präsidium hatte die Aufgabe, das CSU-Präsidium von dieser Entscheidung offiziell ins Bild zu setzen. Damit hatte die CDU ihre Entscheidung getroffen, ohne darauf zu warten, bis die bayerische Schwesterpartei zu einer gemeinsamen Nominierung des Kanzlerkandidaten bereit wäre. Biedenkopf hatte vollendete Tatsachen geschaffen.

Der Parteivorsitzende hatte in der Vorstandssitzung nicht sich selbst gewählt, sondern an der Abstimmung nicht teilgenommen. Aber Kohl war über alles informiert. Biedenkopf hatte »nach Absprache« das Vorgehen entwickelt, das zur Kanzlerkandidatur Kohls führte.

Nach diesem Alleingang der CDU nominierte die CSU Strauß als ihren Kandidaten. Die beiden Parteipräsidien verhandelten dann in einer mehr als unterkühlten Atmosphäre, bis Altkanzler Kiesinger zu später Stunde am 19. Juni 1975 das gemeinsame Kommuniqué verlesen konnte, in dem der umwerfende Satz stand – auf dem die CSU bestanden hatte –, dass Strauß der »geeignete Kandidat« sei, obwohl sich beide Seiten auf Kohl als den gemeinsamen Kanzlerkandidaten geeinigt hatten.

Dieser kaum verhüllte Dissens sollte fortan das Verhältnis der beiden Parteien zueinander bestimmen. Er konnte an Schärfe nachlassen, mitunter auch dramatisches Gewicht erhalten. Eine Entscheidung gab es vorerst nicht. Strauß stand für ein hervorragendes Wahlergebnis in Bayern. Er musste deshalb wie ein Naturereignis hingenommen werden. Aber er war keine Regionalgröße, sondern hatte über Bayern hinaus bis nach Schleswig-Holstein als ebenso polarisierender wie wortgewaltiger Redner eine beträchtliche Anziehungskraft. Auch ein gutes Drittel der CDU/CSU-Bundestagsfraktion zählte zu seinen Anhängern.

Nach dem Streit um die Kanzlerkandidatur war es verständlich, dass der vom 23. bis 25. Juni 1975 in Mannheim stattfindende CDU-Parteitag ein seltenes Bild der Geschlossenheit bot. Denn anders als zwei Jahre zuvor schlug Helmut Kohl nach den Demütigungen durch die CSU eine Woge der Sympathie entgegen. Alte Gegensätze verloren an Schärfe. Auch die ihm kritisch Gegenüberstehenden, die »schiefe Schlachtordnung von CDU-Linken, Junger Union und Parteifrauen«[262] akklamierten dem Vorsitzenden, denn der Parteitag stellte ein Thema in den Mittelpunkt, das die Delegierten begeisterte.

Helmut Kohl erzielte bei seiner Wiederwahl mit 98,44 Prozent ein Traumergebnis, von dem er »lange zehrte«[263]. Das eigentliche Ereignis aber war die Präsentation der »Neuen Sozialen Frage«, die als »Mannheimer Erklärung« einstimmig angenommen wurde. Kein anderer als Kurt Biedenkopf trug sie auf dem Parteitag vor, wie er überhaupt auf dem Parteitag Furore machte. Hans Ulrich Kempski, der Chefreporter der »Süddeutschen Zeitung«, wunderte sich, wie Biedenkopf auftrat: »Als Einziger das Rauchverbot ignorierend, führt er mithilfe trabender Kuriere die Regie, unübersehbar machend, dass er nicht der Prokurist des Parteiapparates ist, sondern dessen Meister.«[264]

Was Biedenkopf als »Neue Soziale Frage« verkaufte, war ein seltsames Produkt. Es passte überhaupt nicht in die politische Landschaft. Das Jahr 1975 erscheint im historischen Rückblick als ein Schlüsseljahr. Das »Wirtschaftswunder« – starkes Wachstum bei Vollbeschäftigung und steigenden Löhnen – war definitiv zu Ende; Arbeitslosigkeit, Schulden und wachsende Probleme bei der Altersversorgung hießen die wirtschaftspolitischen Bestimmungsfaktoren, die von nun an maßgebend waren.

Kohl selbst hatte im Bundestag die dramatische Veränderung der Situation beschworen. Gestützt auf die exakten Angaben

seines Mainzer Finanzministeriums hielt er dem Bundeskanzler
Helmut Schmidt das ganze Ausmaß der Verschlechterung vor:
»Den um 50 Prozent gestiegenen Steuereinnahmen« stünden
»im gleichen Zeitraum rund 96 Prozent gestiegene Ausgaben
gegenüber«.[265] Auch Franz Josef Strauß hatte auf dem Parteitag
zu Recht vor einer Ausgabenpolitik gewarnt. Der greise Ludwig
Erhard protestierte öffentlich gegen die von Biedenkopf vorge-
nommene Umformung der Sozialen Marktwirtschaft. Wie sollten angesichts rasant steigender Schulden weitere beträchtliche
Mittel für die Lösung der »Neuen Sozialen Frage« bereitgestellt
werden?

Das alles beeinträchtigte die Harmonie des Parteitages jedoch
nicht. Kohl war in seiner Parteitagsrede auf das neue Zauber-
wort zwar eingegangen, ohne ihm aber besonderes Gewicht zu
verleihen, denn er dachte nicht daran, seinem Generalsekretär
den Donner zu stehlen. Ob er von dessen These überzeugt war,
steht auf einem anderen Blatt.

Biedenkopfs »Neue Soziale Frage« klang überraschend. Seine
Rede erweckte den Eindruck, als habe Heiner Geißler bei der
Entwicklung des Konzeptes die Feder geführt. Denn schon 1974
hatte der rheinland-pfälzische Sozialminister in einer »Problem-
skizze« über »die neuen sozialen Konflikte« gehandelt.[266] Biedenkopf hatte nun die Benachteiligung gesellschaftlicher Gruppen ohne »Gruppenmacht« zum Thema gemacht. Diese würden
zu Opfern von »sozialen Konflikten«. Der ursprüngliche Konflikt von Kapital und Arbeit schien gelöst zu sein, aber neue
Konfliktfelder seien entstanden – etwa »zwischen den Macht-
ausübenden und Machtunterworfenen«, etwas einfacher ausgedrückt, zwischen organisierten und nicht organisierten Interessen. Letztere seien die Verlierer.

Biedenkopfs Ausführungen waren ein bisschen langatmig und
klangen wenig überzeugend. Sie weckten aber Zustimmung und
Begeisterung, als er die Frage nach den Gewinnern stellte. Für

ihn gab es keinen Zweifel: »Seit Helmut Schmidt die Richtlinien der Politik bestimmt, ist für alle deutlich geworden: Die SPD ist die Partei der neuen Privilegierten, der Funktionäre, der Bürokraten, der wachsenden Zahl derer, die von unserer aller Arbeit leben, aber keinen erkennbaren Beitrag für unsere Zukunft leisten.«[267] Biedenkopf hatte einen Coup gelandet, der bei den Medien gut ankam. Das allgegenwärtige Unbehagen über die Macht der Interessenvertreter hatte er genutzt und die Union in eine Position gebracht, aus der sie die SPD links überholen und in der Öffentlichkeit mit der Behauptung werben konnte, sie habe auf Missstände aufmerksam gemacht, die den Sozialdemokraten entgangen waren.

Mit der »Neuen Sozialen Frage« und den Diskussionen, die sie auslöste, hatte Biedenkopf den Höhepunkt seines Wirkens innerhalb der Partei erreicht, wenn nicht schon überschritten. Er war weit mehr als ein Generalsekretär, tatsächlich ein Spitzenmann der CDU, der seinen eigenen Weg ging und nicht gewahr wurde, von welcher Seite ihm Gefahren drohten.

Schon eine Woche vor dem Parteitag hatte der »Stern« eine Sensation aufgetischt: Er druckte ein Telefongespräch zwischen Kohl und Biedenkopf ab, das fast ein Jahr zuvor, am 3. Oktober 1974, stattgefunden hatte. Es ist ein pressegeschichtlich interessantes Stück, das zugleich die Verwilderung der Sitten zeigt, denn die Publikation missachtete massiv die Persönlichkeitsrechte der Betroffenen, aber das blieb folgenlos. Ausführlich beschäftigte sich das Blatt mit der Frage, wer denn das Abhören veranlasst haben könnte, aber nur alliierte Geheimdienste konnte sich der »Stern« vorstellen. Tatsächlich war es die Stasi.[268] Nun konnte jedermann lesen, dass Biedenkopf Kohl Führungsschwäche vorgeworfen und ihm empfohlen hatte: »Du sollst durchstarten, um die Kanzlerkandidatur bald zu klären.« Kohl nahm das nicht tragisch und sagte seinerseits, dass er gehört habe, Biedenkopf sei »unzufrieden mit der Art und der Dimension« seines Amtes. Er fügte hinzu, dass manche Leute in der Partei sogar davon redeten, dass »der Biedenkopf Kanzlerkandidat werden« könne.

Kohl zeigte sich von der Kritik nicht weiter beeindruckt, sondern riet Biedenkopf, selbst für Aufklärung zu sorgen: »Du musst klar und deutlich sagen, was dein Auftrag ist, deine Aufgabe in der CDU, und musst ... sagen, wo du deine Erfüllung in diesem Job siehst.«[269] Damit hatte Kohl einen Punkt angesprochen, der zwischen ihnen nicht zum ersten Mal eine Rolle gespielt haben dürfte.

Was dem Generalsekretär nachgesagt wurde, nämlich, er habe Ambitionen auf das Kanzleramt, ging zumindest in die richtige Richtung. Biedenkopf wollte für sich selbst eine politische Stellung schaffen, von der aus er auch das Spitzenamt ins Visier nehmen konnte. Im Frühjahr hatte er für Kohl noch den Minenhund gespielt, indem er unbekümmert über die allgemeine Rücksichtnahme auf Strauß und die CSU die Nominierung Kohls in Gang gebracht hatte. Das änderte sich nun.

Der Gegner, der alles lähmte und der Union fortwährend Schwierigkeiten bereitete, war Strauß. Was lag für Biedenkopf näher, als den direkten Schlagabtausch mit ihm und seinem Anhang zu suchen? In einem »Spiegel«-Gespräch zur Politik der Union äußerte er zwei Punkte, die Strauß provozieren mussten.[270] Als Erstes bezeichnete Biedenkopf das Ahlener Programm der CDU von 1947, das die christlichen Sozialisten in der Partei damals ruhigstellen sollte und sogar Verstaatlichungen für selbstverständlich hielt, als eine »wesentliche Grundlage der CDU-Politik«, die er »heute mit größerem Nachdruck als je zuvor« vertrete, obgleich er wusste, dass Franz Josef Strauß selbst eine vorsichtige Erwähnung des Programms energisch zu bekämpfen pflegte. Nicht anders als Provokation konnte auch die zweite These verstanden werden. Biedenkopf vertrat den Standpunkt, dass bereits der Kanzlerkandidat, nicht erst der Bundeskanzler, die »Richtlinien-Kompetenz« haben müsse. Es sei notwendig, Kohl schon als Kanzlerkandidat in die Lage zu versetzen, die »strategische und politische Konzeption seiner zukünftigen Regierungszeit« zu entwickeln. Das musste in den Augen von Strauß nichts anderes bedeuten, als den Kanzlerkandidaten, den er ohnehin für unfähig hielt, noch zu stärken. Strauß selbst schwieg, aber der »Bayernkurier« besorgte die Antwort, die einen »Trennungsstrich« zu Biedenkopf bedeutete, denn das Blatt schrieb: »Der ehrgeizige, auf seine Karriere bedachte Generalsekretär der CDU« scheine dazu beizutragen, »dass Kohl in der Rolle des Kanzler-Kandidaten verharre und nicht in jene des Kanzlers versetzt« werde.[271]

Der Publizist Johannes Gross erklärte sich das Verhalten Biedenkopfs mit einer langfristigen Perspektive. Die Attacke gegen Strauß sei nötig gewesen, um die rheinische CDU und die Sozialausschüsse auf seine Seite zu bringen. Mit ihrer Unterstützung sei es ihm möglich, auch im Falle einer Niederlage bei den Bundestagswahlen eine neue Karriere in Nordrhein-Westfalen zu starten. Das würde ihn »für zukünftige Aufgaben innerhalb der Bundespartei als einen der ersten Männer« ausweisen.[272] Und so geschah es. Biedenkopf errang nicht nur Platz eins auf der Landesliste, sondern meldete im Frühjahr 1976 auf dem westfälischen Landesparteitag in Bünde seinen Führungsanspruch auch im Landesverband an. Die empörten Reaktionen nach Biedenkopfs »Spiegel«-Äußerungen schienen wenig bewirkt zu haben. Es wurden zwischen Kohl und Strauß Gesprächstermine vereinbart. Am 16. Oktober fand unter »strengster Geheimhaltung« ein solches Treffen in Wildbad Kreuth statt, bei dem laut Münchner Parteileitung »in allen in der Öffentlichkeit kontrovers dargestellten Fragen volle Übereinstimmung« erzielt worden sei.[273] Das war weniger als die halbe Wahrheit.

Tatsächlich fand ein erbitterter Kampf zwischen Kohl und Strauß statt. »Mit äußerster Härte« sei um die Vierte Partei gerungen worden, erinnerte sich Kohl ein Jahr später. Der mühsam gefundene Kompromiss bestand darin, dass »eine gemeinsame demoskopische Untersuchung über die Chancen einer Vierten Partei« in Auftrag gegeben werden sollte, die dann allerdings keinerlei Bestätigung der Thesen von Strauß erbrachte.[274]

Mit ebenso harten Bandagen wurde bei der Aufstellung der »Kernmannschaft« für die Bundestagswahl 1976 gekämpft. Das ist normalerweise eine Veranstaltung des Vorwahlkampfes, eine Art Schaulaufen bekannter Politiker, die auch für Ministerposten infrage kommen. Hier brachte Kohl alle seine Kandidaten gegenüber der CSU durch – auch Biedenkopf.

In dem Bewusstsein, in der Auseinandersetzung mit Strauß nicht wählerisch sein zu dürfen, hatte Kohl auch dem »Spiegel«-Chefredakteur Erich Böhme über die mühsame Einigung mit Strauß berichtet. »Das ganze Ding war nicht leicht«, zitierte der Journalist den Parteivorsitzenden und unterließ auch nicht den Hinweis: »Kohl darf als Informant nicht genannt werden.«[275] Dieser hatte seine Abneigung gegen das Hamburger Magazin überwunden, das ihn stets als schwach und hilflos gegenüber Strauß darzustellen pflegte, weil er die genaue Information des Blattes für wichtiger hielt.

An der Brüchigkeit der Einigung mit Strauß konnte Kohl nicht zweifeln. Anfang Dezember 1975 schrieb die gut informierte »Süddeutsche Zeitung«, die Unionsparteien seien »nie näher an einer Spaltung gewesen« als in den zurückliegenden Monaten. Die CSU habe »ihre organisatorischen Vorbereitungen für CSU-eigene Listen und Kandidaten in Nordrhein-Westfalen, Niedersachsen, Hamburg und Bremen bereits getroffen«; sogar ein ehemaliger CDU-Ministerpräsident gehöre zu den prominenten CSU-Gründern.[276]

Zur gleichen Zeit erfuhr Kohl, dass Strauß Industrielle »vornehmlich aus Nordrhein-Westfalen« getroffen habe. Der Bayer habe sich überzeugt gezeigt, dass eine Vierte Partei »ein Plus von etwa 2 Prozent« und damit die absolute Mehrheit erreichen könne. Strauß setzte seine Hoffnung auf rechte Wähler der FDP, die »zu einer bundesweiten CSU überlaufen würden«. Was für Kohl am wichtigsten war: Strauß habe eingesehen, »dass es keinen Zweck habe, noch für den jetzigen Bundestagswahlkampf die CSU auf Bundesebene auszudehnen«. Wenn es aber zur Mehrheit nicht reichen sollte, war für die Zeit danach die Ausdehnung der CSU geplant – wie es in Wildbad Kreuth im November 1976 beschlossen werden sollte.

Die Partei litt schwer unter diesen Auseinandersetzungen. Die Landesgeschäftsführer der CDU, also die Funktionäre, die die Organisation am besten kannten und wussten, was in der Partei vorging, berichteten auf ihrer Konferenz am 5. November 1975 über »tief gehenden Missmut an der Parteibasis« und bezweifelten, »ob es der Union gelingen werde, zu einer geschlossenen Haltung und Führung zurückzufinden«. Sie sähen sich »kaum noch in der Lage, die Last der Argumentation zu tragen, die durch mangelnde Solidarität in der Führung der Unionsparteien … entstanden« sei.[277]

Das waren mahnende Worte, die mehr über den Zustand der Partei aussagten als die Situationsberichte in der Presse oder Analysen von Politikwissenschaftlern.

Kohl hatte während der Auseinandersetzungen geschwiegen. Hing das damit zusammen, dass er in solchen Situationen einfach wegtauchte, um sich Ärger zu ersparen? Oder traf zu, was Johannes Gross aufgefallen war? Der Publizist hatte sich gewundert, dass Biedenkopf schon für Kohl als Kandidaten die Richtlinienkompetenz gefordert hatte. Er verstand den Sinn dieser Forderung nicht, denn Kohl neige doch »gar nicht zu konkreten politischen Aussagen«.[278] In der Tat hatte Kohl in den Auseinandersetzungen um Biedenkopf und die Kanzlerkandidatur nicht Stellung bezogen. Aber drückte sein Schweigen tatsächlich so etwas wie Abneigung aus, sich konkret politisch zu äußern? Das war ein Irrtum, der zeigt, dass auch persönlich und politisch Nahestehende Tatsachen manchmal nicht zur Kenntnis nehmen. Der Fraktionsvorsitzende Karl Carstens hatte da mehr Durchblick. Kohls »Führungsstil«, schrieb er an Biedenkopf, sei »der der Beratung mit dem Ziel der Herbeiführung eines Konsenses«.[279]

Im Juni 1974 hatte Kohl vor der Bundestagsfraktion in einer Tour d'horizon viele Dinge angesprochen. Zum Verhältnis von CDU und CSU sagte er: »Wer Personen und Akteure kennt, weiß, wo die Probleme liegen und dass es natürlich Probleme gibt.« Er hätte hinzufügen können, dass man am besten über diese Probleme möglichst wenig reden sollte. Ironisch bemerkte er zum Thema Nummer eins der Parteipolitik: »Keine Sache regt die Fantasie der Menschen mehr an als Personalfragen: Wer mit wem kann, wer gerade die Messer gezückt hat, wer hinter den Büschen liegt und schießt – das alles gehört dazu.« Auf die eigene Partei bezogen fehlte nicht der Hinweis, diese habe »eine große Tradition in Querelen«, und es sei nicht zu verwundern, »dass die jetzt aktive Generation der CDU-Führung entsprechend betrachtet« werde.[280]

Ohne dass er konkret über die Probleme Bescheid wusste, die in Zukunft auf ihn zukommen sollten, gleichsam in einer Schönwetterphase, wird hier die Grundeinstellung des Parteivorsitzenden in leicht ironischer, aber doch durchaus ernst gemeinter Form deutlich. Helmut Kohl stand für die Mitte der Partei und musste bestrebt sein, diese Mitte stabil zu erhalten, die Parteibasis nicht zu entmutigen und Auseinandersetzungen einfach hinzunehmen, wenn er sie doch nicht verhindern konnte. Was hätte es gebracht, wenn er für Biedenkopf Stellung bezogen und Beifall von Weizsäcker, Blüm und den Sozialausschüssen erhalten hätte? Die Auseinandersetzung mit der CSU hätte nur an Erbitterung zugenommen, ohne in der Sache etwas zu verändern. Stattdessen hieß es für ihn, ausgleichend tätig zu sein.

Eine zerstrittene Partei, die in der Opposition auf der Stelle tritt, glaubt nicht an den eigenen Erfolg und wirkt auch auf den Wähler nicht attraktiv. Kohl war bisher stets ein Mann der Exekutive gewesen, der durch aktives Regierungshandeln politisch Einfluss nehmen konnte. Der Bundestagswahlkampf 1976 setzte neue Maßstäbe. Mit einer engagiert um Wählerstimmen ringenden Partei und einem Parteiführer, der sich mit letzter Hingabe einsetzte und seine stupende Erfahrung als Wahlkämpfer voll in den Dienst der Sache stellte, konnten die bestehenden Querelen, wenn nicht überwunden, so doch in den Hintergrund gedrängt werden.

Das Wahljahr 1976

Vergegenwärtigt man sich das Geschehen rund um wichtige Parlamentswahlen, gibt es wohl kaum eine Parallele zu den dramatischen Höhen und Tiefen, die die Union in diesem Jahr durchlebte. Ein spannender, den amtierenden Kanzler und die Koalition zunehmend in Bedrängnis bringender Wahlkampf führte zu einem großartigen Wahlsieg der Union, die jedoch die absolute Mehrheit knapp verpasste. Darauf folgte das bayerische Satyrspiel um die Beendigung der Fraktionsgemeinschaft von CDU und CSU im Bundestag. Beim Wahlerfolg wie beim Erhalt der Union spielte Helmut Kohl die ausschlaggebende Rolle. Ohne ihn hätte die Entwicklung der Demokratie in Deutschland eine andere Richtung genommen.

Die Ausgangslage für diesen Wahlkampf war einigermaßen verwirrend. Zu Beginn des Jahres sah Kohl nach den schweren internen Auseinandersetzungen in der Motivierung der eigenen Partei das Hauptproblem. Überall traf er auf mangelnde Entschlossenheit und Zuversicht. Es wird »zu viel bei uns geredet, ob die Wahl überhaupt zu gewinnen ist, ob Helmut Schmidt schlagbar ist. Das ist der entscheidende Punkt!«, klagte er.[281] Er kündigte an, dass er im Wahlkampf als persönlicher Herausforderer von Helmut Schmidt auftreten wolle und sich dabei entsprechende Chancen ausrechne – ganz im Gegensatz zu seinen kleingläubigen Parteifreunden, die jammerten: »Der Mann ist kaum zu schlagen.«

Was bewog Kohl, derart optimistisch in die Zukunft zu blicken? Die Union hatte bei den Umfragen spürbar aufgeholt und lag gleichauf mit der Koalition. Wichtiger und ganz neue Zukunftsperspektiven aufweisend war jedoch ein anderes Ereignis: Ernst Albrecht war überraschend zum niedersächsischen Ministerpräsidenten gewählt worden. Es war das erste Mal, dass bei den Sozialdemokraten jene Form der heimlichen Opposition gegen die eigene Partei praktiziert wurde, bei der sie die eine, entscheidende Stimme bei der Wahl des eigenen Kandidaten kostete. So hatte der CDU-Kandidat Albrecht die Wahl gewinnen und schließlich sogar eine Koalition mit der FDP bilden können.

Der Regierungswechsel in Hannover passte hervorragend in Kohls Konzept. Der langjährige CDU-Landesvorsitzende Winfried Hasselmann hatte zur Kenntnis nehmen müssen, dass er als Oppositionsführer die Partei nicht mehr geschlossen hinter sich hatte. Kohl war von der Notwendigkeit überzeugt, dass ein neues Gesicht wie der zuvor in Brüssel tätig gewesene Ernst Albrecht für die CDU chancenreicher sei. Es ging ihm dabei nicht nur um Niedersachsen. Der Wechsel in Hannover war zugleich eine Bestätigung für die Richtigkeit seines Vorhabens, durch die Koalition mit den Liberalen die Macht zurückzugewinnen. »Was jetzt ansteht«, erklärte er vor der Fraktion, »ist … die Chance, überhaupt regierungsfähig zu sein im Sinne Konrad Adenauers: flexibel und Politik durchzusetzen, wenn sich die Möglichkeit ergibt«.[282] Mit dem Hinweis auf Adenauer wollte er sagen, es gelte nun, das politisch Richtige zu tun und überflüssige Grundsatzdiskussionen zu vermeiden, ob »die FDP Blockpartei« sei »oder nicht«.

Der Warschauer Vertrag

Eine Koalition aus Union und Freien Demokraten in Hannover konnte aber auch in außenpolitischer Hinsicht eine Schlüsselrolle spielen und beweisen, dass eine solche Konstellation durchaus die Ostpolitik der sozialliberalen Koalition fortsetzen und sogar verbessern könnte. Um diese Zeit lag dem Bundestag ein deutsch-polnisches Vertragswerk zur Beschlussfassung vor. Es enthielt verschiedene Verträge, so über einen Finanzkredit, ein Rentenabkommen und ein Protokoll – keinen Vertrag – über die Ausreise von rund 125 000 Deutschen aus Polen. Dieses Ausreiseprotokoll sollte eine – unzureichende – Ergänzung des Warschauer Vertrages von 1970 sein, in dem die Frage der Ausreise der Deutschen zwar angeschnitten, aber so unpräzise formuliert worden war, dass die polnische Seite sich daran nicht gebunden fühlte. Das Ganze war nichts anderes als eine massive Finanzspritze für den polnischen Staat. Neben Krediten mit langer Laufzeit und niedrigen Zinsen stand das Rentenabkommen. Dies bedeutete keineswegs, dass polnische Arbeiter für die Jahre ihrer Tätigkeit in Deutschland eine Rente erhielten, sondern die früher gezahlten, ohnehin minimalen Beiträge waren nur ein Vorwand für die Zahlung einer Pauschale in Milliardenhöhe. Als Gegenleistung war die polnische Seite bereit, einer großen, aber begrenzten Zahl von Deutschen die Ausreise zu gestatten. Allerdings sollten keineswegs alle ausreisewilligen Deutschen die Möglichkeit erhalten, das Land zu verlassen.

Bundeskanzler Schmidt maß dem Vertragswerk hohe Bedeutung zu. Er betrachtete es als Fortsetzung der Brandt'schen Ostpolitik und wollte es zugleich als Ergebnis seiner persönlichen Diplomatie mit dem polnischen Parteichef Edmund Gierek verstanden wissen. Man war sich einig. Schmidt hatte ihm versichert, dass er »trotz allem Geheul der Wölfe« – damit waren die kritischen Pressestimmen und die Opposition gemeint – den Vertrag im Parlament durchsetzen werde.[283]

Die große Mehrheit der CDU/CSU-Bundestagsfraktion war gegen das Vertragswerk. Seine offenkundigen Mängel wie die Begrenzung der Zahl der Aussiedler und die geringere Rechtsqualität, dass die Ausreisefrage nur in Protokollform und nicht in Vertragsform geregelt worden war, bewog die Fraktion zur Ablehnung. Helmut Kohl bezog im Bundestag in eindrucksvollen Reden Stellung. Er ließ keinen Zweifel an seinem Willen zur Versöhnung mit Polen, aber die »Ausgewogenheit der Interessen« müsse gewahrt bleiben, und das sei hier nicht der Fall. Seine Kritik an der auf 125 000 Menschen begrenzten Zahl der Ausreisenden bei gleichzeitig hohen finanziellen Zugeständnissen verpackte er sehr geschickt. Er zitierte die »ZEIT«, die nicht in den Verdacht einer entspannungsfeindlichen Haltung oder Schlimmerem kommen konnte. Dort hieß es: »Es ist ja nicht ganz ausgeschlossen, dass man in Polen für die nächsten 125 000 deutschstämmigen Aussiedler auch die nächste Tranche nach der Zahlung von 2,3 Milliarden DM haben möchte. Dies wäre schlimm, weil dann die Vokabel ›Menschenhandel‹ und die Vokabel ›Erpressung‹ nachträglich gerechtfertigt würden.«[284]

Dieses Zitat war gut gewählt, denn es wies auch auf scharfe Gegensätze in der Leitung der »ZEIT« hin. Chefredakteur Theo Sommer hatte den Vertrag vorbehaltlos gebilligt und damit den Widerspruch der Gräfin Dönhoff hervorgerufen. Sie kritisierte den Leitartikel Sommers scharf, denn der, so argumentierte sie, hätte auch in der polnischen Parteizeitung »Trybuna Ludu« stehen können: »Nur der polnische Aspekt und kein Wort aus deutscher Sicht – das fand ich falsch.« An Helmut Schmidt schrieb sie: »Die Polen haben noch größere Fähigkeiten als die Juden, kalkulierten Nutzen aus unserem schlechten Gewissen zu ziehen, und kein Mensch darf ihnen das übel nehmen – nur muss man da gelegentlich gegenhalten.«[285] Das waren bemerkenswerte Erkenntnisse; es blieb aber meist bei dem Vorsatz, und man appellierte lieber an das schlechte Gewissen, das die Deutschen haben müssten, als auf Übertreibungen der Gegenseite hinzuweisen. Diese Haltung entsprach auch der Überzeugung der intellektuellen Lesergemeinde des Blattes.

Mit dem Koalitionswechsel in Niedersachsen ergab sich plötzlich die Möglichkeit für die Union, über den Bundesrat auf das Vertragswerk Einfluss zu nehmen. Im Bundestag hatte es zwar eine deutliche Mehrheit erhalten, aber die Annahme durch den Bundesrat war äußerst unsicher. Bundeskanzler Schmidt hatte sich nicht viel Mühe zur Einbindung der Opposition gegeben, sodass sogar der Eindruck entstehen konnte, »er lasse den Vertrag scheitern, um so die Konfrontation mit der Opposition zu verschärfen und die Reihen der eigenen Koalition zu schließen«. Wenn man den Vertrag ratifiziert sehen wollte, musste die Regierung auf die Opposition zugehen. Schmidt tat das Gegenteil und malte im Falle des Scheiterns ein Katastrophenszenario aus. Nachverhandlungen zur Verbesserung des Vertrages erklärte er kategorisch für »unmöglich« und drohte, das Scheitern des Vertrages würde »zu einem schweren Rückschlag in den deutsch-polnischen Beziehungen« führen.[286]

Außenminister Hans-Dietrich Genscher dagegen erwies sich als weit flexibler. Er wollte das Vertragswerk retten. Das gebot ihm sein professioneller Ehrgeiz als Außenminister, der nichts gegen Verbesserungen selbst in letzter Minute einzuwenden hatte. Mindestens genauso wichtig war für ihn jedoch der Koalitionsgesichtspunkt. Denn die FDP in Niedersachsen hatte die Koalition gewechselt. Der neue Partner, die CDU, war bereit, in der Frage des Polenvertrages der FDP und damit ihrem Vorsitzenden Genscher entgegenzukommen. Nachdem aber die CDU/ CSU-Bundestagsfraktion mehrheitlich den Vertrag abgelehnt hatte, konnte Ernst Albrecht mit seinem Koalitionspartner im Bundesrat nicht einfach gegen die anderen unionsgeführten Länder stimmen.

Es war ein kompliziertes Spiel. Der Vertrag, genauer das Protokoll, musste verbessert werden, damit die CDU/CSU-Bundesratsstimmen gewonnen werden konnten. Die FDP brauchte die Bestätigung, dass auch eine Koalition mit der CDU möglich und politisch effektiv wäre, und die CDU/CSU-Länder mussten in der Lage sein, die Verbesserung der Ausreisebedingungen als großen Erfolg für sich zu reklamieren, der nur durch ihre Haltung möglich geworden war.

Helmut Kohl hatte sich, wie gesagt, im Bundestag gegen die Annahme des Vertragswerkes ausgesprochen. In seinen Reden hatte er deutlich unterschieden zwischen allen Bemühungen um Ausgleich und Versöhnung mit Polen und der unzureichenden Ausreiseregelung. Seine Einstellung zeigt eine gewisse Ähnlichkeit zu seinem Verhalten gegenüber der Ostpolitik in der Ära Brandt: Er entfernte sich nicht von der Mehrheit seiner Partei, ließ aber erkennen, dass ihm parteimäßige Enge fremd war. Mit der Wahl Albrechts zum Ministerpräsidenten entstand nun die Möglichkeit, bei einer tatsächlichen Verbesserung dem Vertrag zuzustimmen und auf diese Weise etwas für die Menschen zu tun, die nach dem Krieg ein härteres Schicksal hatten erleiden müssen als die meisten Westdeutschen.

Hans-Dietrich Genscher erweckt in seinen Erinnerungen den Eindruck, als sei die Annahme der Polenverträge in erster Linie sein Werk und das Albrechts gewesen. Dabei lässt er aber den Mann etwas zu sehr in den Hintergrund treten, der tatsächlich die Partner zusammenbrachte. Das komplizierte diplomatische Geschäft betrieb Genscher; er übermittelte ein Schreiben mit den deutschen Forderungen nach Warschau, das die polnische

Regierung nach anfänglichem Zögern »entgegenzunehmen« bereit war.[287] Dass das deutsche Anliegen schließlich akzeptiert wurde, lag an der Geschlossenheit der unionsregierten Länder und an der dringend benötigten deutschen Finanzhilfe, die die polnische Seite konzessionsbereit machte.

Es war jedoch die Leistung Helmut Kohls, diese Geschlossenheit hergestellt zu haben. Tag und Nacht steckte er in Verhandlungen oder telefonierte. Er hatte als Voraussetzung für die Zustimmung zum Vertrag die Forderung erhoben, dass *alle* Deutschen aus Polen ausreisen konnten. Der Text durfte keine Formulierung enthalten, die Verzögerung oder Schikanen der polnischen Behörden ermöglichten, wie es nach 1970 der Fall gewesen war. Es gab nur die Alternative: Entweder der Vertrag scheiterte im Bundesrat, oder Kohls Forderung wurde erfüllt. Das war aber alles andere als selbstverständlich, denn einen bereits unterzeichneten Vertrag zu ändern, gelingt äußerst selten. Daneben musste Ernst Albrecht klug geführt werden, denn er war mit den Bonner Verhältnissen noch wenig vertraut. Nur Kohl konnte als »Vorsitzender« der unionsgeführten Länder im Bundesrat schließlich die gemeinsame Linie durchsetzen. Der baden-württembergische Ministerpräsident Hans Filbinger war ursprünglich ein Gegner des Vertrags, ließ sich aber von Albrecht und dem saarländischen Ministerpräsidenten Franz-Josef Röder nach langer Diskussion überzeugen. Der bayerische Ministerpräsident Alfons Goppel war unauffindbar, stieß aber kurz vor Mitternacht zu seinen Kollegen und schloss sich dem Votum der CDU-regierten Länder an. Strauß hatte am selben Abend eine CSU-Präsidiumssitzung einberufen, die die CSU auf ein Nein festlegte; den Ministerpräsidenten hatte er aber nicht mehr erreichen können. Strauß spielte bei dem Polenvertrag eine ausgesprochen destruktive Rolle.[288]

So geschah am 12. März 1976 das nicht für möglich Gehaltene; die Verträge passierten einstimmig den Bundesrat. Helmut

Schmidt konnte nicht mehr für sich allein in Anspruch nehmen, die Ostpolitik mit neuem Leben erfüllt zu haben. Kohl dagegen wusste, dass er »für die Menschen ... für viel Geld das denkbar Beste herausgeholt« hatte.[289]

Als ironische Pointe sei angemerkt, dass die Polen diese Milliarden nicht sinnvoll ausgaben. Bei seinem Besuch in Bonn im Januar 1989 klagte Ministerpräsident Mieczysław Rakowski, der nicht projektgebundene Milliardenkredit habe mehr Schaden als Nutzen verursacht, denn später drückten die Rückzahlungsverpflichtungen. Für Helmut Kohl dagegen zählte vor allem eines: Die Einheit der Unionsparteien war demonstriert worden – eine wichtige Voraussetzung für das Wahljahr 1976, die bei dem gespannten Verhältnis zur CSU alles andere als selbstverständlich war.

Aus seinem Erfolg der Verbesserung des Polenvertrages konnte Kohl jedoch nur wenig unmittelbaren politischen Nutzen ziehen. Dafür war die Sachlage zu kompliziert und eignete sich nicht für griffige Erfolgsparolen. Im Ringen um den Warschauer Vertrag hatte er jedoch Erfahrungen gesammelt, die haften blieben. Sie bestimmten fortan sein Verhältnis zu Bundeskanzler Schmidt. Dieses war nie gut gewesen, nun war es nur noch als miserabel zu bezeichnen. Nicht nur die hamburgische Schnoddrigkeit und Arroganz ärgerten Kohl, denn in seiner süddeutschen Art fiel es ihm schwer, darauf auf gleicher Ebene zu kontern. Es gilt aber zu differenzieren. Man hat mitunter den Eindruck, dass Kohl manches Kraftwort von Schmidt im Grunde für richtig hielt, auch wenn er die Form ablehnte. So berichtete er einmal von einer Ministerpräsidentenkonferenz; dort habe Helmut Schmidt »mit Stentorstimme nach Art eines Oberstabsfeldwebels der Wehrmacht bestimmte Ministerpräsidenten angeschnarrt«. Kohl fügte aber hinzu, dass der Kanzler »in der Sache häufig recht hatte«.[290] Es erschütterte ihn auch nicht, dass der Union nahestehende Unternehmer eine Schwäche für Schmidt hatten und in der Verlängerung seiner Amtszeit durchaus Vorteile erblickten. Es hieß, sie wünschten zwar eine möglichst starke CDU/CSU, die »das Gröbste ... unterbinden« sollte, während Schmidt die Aufgabe zugedacht war, »die Gewerkschaften in Schach zu halten«. Das war für Kohl Ausdruck politischer Naivität, mit der er leben musste.

Die lächerliche Schulmeisterei, die Helmut Schmidt gegenüber seinem Herausforderer, dem »Herrn aus Mainz«, betrieb, konnte diesen nicht treffen, denn das war so kleinkariert, dass selbst die linken Medien davon nicht viel Aufhebens machten. Andererseits war Kohl bewusst, dass Schmidts öffentliches Auftreten und seine geschliffene Rhetorik aufgrund ausgefeilter Redemanuskripte in der Öffentlichkeit wirkten. Die Art, wie er sich präsentierte, ließ Franz Josef Strauß vom »Staatsschauspieler« sprechen. Es unterschied sich vorteilhaft von manchen Verlautbarungen Kohls, die unscharf waren, weil er mehr Gedanken zum Ausdruck bringen wollte, als in einen Satz hineinpassten.

Die tief sitzende Abneigung gegen Schmidt war durch Verhaltensweisen hervorgerufen worden, die für Kohl wesensfremd und schlechthin inakzeptabel waren. Für ihn stellte das menschlich korrekte Verhältnis zwischen Politikern gleich welcher Parteizugehörigkeit und jenseits des politischen Kampfes eine Selbstverständlichkeit dar. Und gerade in diesem Bereich menschlichen Anstands erlebte Kohl bei Schmidt tiefe Enttäuschungen.

Im Zusammenhang mit dem Warschauer Vertrag hatte Kohl als Oppositionsführer vor Beginn des Ratifikationsverfahrens ein Gespräch mit Schmidt und Genscher, den Spitzen der sozialliberalen Koalition, geführt. Es bewegte sich in allgemeinen Bahnen über Polen, die Geschichte und das Vertragswerk. Als später Unsicherheit aufkam, ob der Vertrag im Bundesrat eine Mehrheit finden würde, behauptete Schmidt, Kohl habe das

Passierenlassen des Vertrages mehr oder weniger deutlich angekündigt, was Kohl jedoch sofort und mit überzeugenden Argumenten zurückwies.[291] Als die Mehrheitsbeschaffung nach dem Regierungswechsel in Hannover im Bundesrat überraschende Perspektiven eröffnete, Schmidt aber die Annahme der Verträge nicht mehr für wahrscheinlich hielt, ließ er durch Mitarbeiter des Bundeskanzleramtes wie des Bundespresseamtes streuen, Kohl sei so naiv, dass er ohne Zeugen in das Gespräch gegangen sei.[292] Vor der Fraktion zeigte Kohl seine ganze Empörung über diese Unterstellung. Was Schmidt treibe, sei »eine Politik der verbrannten Erde«. Er selbst wolle »in einem Staat nicht leben«, in dem es nicht möglich sei, »dass man sich irgendwo einmal zusammensetzt (und) ein vernünftiges Wort über alle nur denkbaren Fragen redet«.

Die Frage nach dem Zeugen wurde für Kohl zum Schlüsselerlebnis. Er fühlte sich an Gangstermethoden erinnert: Man wolle doch »nicht die Technik der Mafia-Bosse einführen, ... die immer ihre Abhörgeräte dabei haben«.

Schmidt dagegen beließ es nicht bei dieser einen Charakterprobe, sondern erhob die Frage nach dem Zeugen zur Maxime seines politischen Verhaltens gegenüber Kohl. Bei einer Diskussion zwei Jahre später im Bundestag zwischen Schmidt, Kohl und dem rheinland-pfälzischen Finanzminister Johann Wilhelm Gaddum ging es um eine Zusage des Kanzlers in Sachen Umsatzsteuer. Als Kohl darauf beharrte, dass Schmidt ihm diese Zusage gemacht habe, fragte dieser zurück: »Haben Sie dafür einen Zeugen?« Als Kohl verneinte, antwortete Schmidt: »Typisch für Sie.«[293]

Hier zeigte sich der fundamentale Unterschied zwischen Kohl und Schmidt. Kohl war vom Beginn seines politischen Lebens immer der Anführer gewesen, der an der Spitze stand und weitgehende Anerkennung fand. Er konnte sich auf ein gegebenes Wort verlassen. Schmidt dagegen, schon zur Schulzeit als »kleiner Kampfhund« gehänselt, passte nicht in die SPD, musste sich durchbeißen und durch Höchstleistungen auf Gebieten, die den Genossen weniger lagen, unentbehrlich werden: Als Wehrpolitiker in den Fünfzigerjahren, als Fraktionsvorsitzender in der Großen Koalition, als Verteidigungsminister und schließlich als Finanzminister gelangte er in die Position, in der er das Scheitern Willy Brandts abwarten und manchmal noch etwas beschleunigen konnte, bis er schließlich selbst an der Macht war. Den Platz an der Spitze wollte er nicht verlieren und war bedenkenlos bereit, auch mit fragwürdigen Mitteln sich durchzusetzen.

Wie war Kohls Verhältnis zu den beiden anderen Mitgliedern der »Troika«, die in unterschiedlichen Funktionen die SPD führten? Ganz anders als zu Schmidt gab es im Verhältnis zu Willy Brandt Übereinstimmungen, die nicht offen zutage traten, aber dennoch vorhanden waren. Zu Herbert Wehner jedoch, dem aggressiv-polternden Zuchtmeister der SPD-Fraktion, war das Verhältnis von anderen Maßstäben bestimmt. Natürlich fehlten nicht polemische Ausfälle in den Bundestagsdebatten, aber die waren eher der Hitze des Kampfes geschuldet. Tatsächlich bestimmte gegenseitiger Respekt ihr Verhältnis. Nur selten sagte Kohl etwas über Wehner. Wenn dies der Fall war, waren es wohlüberlegte Urteile.

Als im September 1981 die Rede vom möglichen Rückzug des Fraktionsvorsitzenden aufkam, traf Kohl einige grundsätzliche Feststellungen, die seine Hochachtung für Wehner zeigten. Er sei der große Gegenspieler der Union gewesen. Die Tatsache, »dass wir heute hier als Oppositionsfraktion sitzen, verdanken wir neben manchen eigenen Dummheiten vor allem Herbert Wehner«. Das zu sagen, gebiete »der Respekt vor diesem Mann«. Kohl zeigte keine parteipolitische Enge, sondern Verständnis für die zurückliegenden Jahre, wenn er von Wehner sagte, er habe »in kritischer Zeit seine Sache, seine Partei und seine Fraktion zusammengehalten«.[294] Unauffällig hatte er zu ihm Kontakt gehalten und »gelegentlich« eine Flasche Wein mit ihm getrunken. Beide Männer verband ein großes gemeinsames Ziel – die deutsche Einheit.[295]

Das Verhalten Schmidts verletzte in den Augen Kohls einen Grundsatz von demokratischer Politik, der für ihn ungemein wichtig war: die Solidarität der Demokraten, unabhängig von ihrer Parteizugehörigkeit. Kohl war mit der Vorstellung groß geworden, Demokraten müssten gegen ihre Feinde zusammenhalten. Das Ende der Weimarer Republik stand ihm immer vor Augen. Aber Helmut Schmidt, mitunter auch Willy Brandt, verletzten im Wahlkampf 1976 diesen Grundsatz bewusst und vorsätzlich. Im Wahlkampf von 1957 hatte Adenauers Tiefschlag – der Ausspruch: ein Sieg der SPD bedeute den Untergang Deutschlands – für helle Empörung bei den Sozialdemokraten, aber auch in der Öffentlichkeit gesorgt. Seitdem galten derartige Entgleisungen als unvereinbar mit dem politischen Stil in der Demokratie. Die linke Ideologisierung seit Ende der Sechzigerjahre hatte die Situation jedoch verändert. Nun wurden bei den Linken wieder Vorstellungen lebendig, die man für längst überwunden gehalten hätte. Sie zielten darauf ab, die Union mit rechten Tendenzen der Vergangenheit in Verbindung zu bringen. Schmidt zeigte in der Hitze des Wahlkampfes wenig Hemmungen. Bei der Union erblickte er das »Erbe der Harzburger Front«, das »Erbe der Deutsch-Nationalen-Volkspartei, der Reaktion«. In Böblingen steigerte er sich noch und erklärte, Kohl wolle zwar keinen Dritten Weltkrieg, aber: »Herr Kohl ist zu schwach, denen, die nach Zurückschießen rufen, das Maul zu stopfen, und deswegen ist er eine Gefahr.«[296]

Kohl dachte nicht daran, auf diesem Niveau zu antworten. Ihm ging es nicht um Polemik, sondern um Glaubwürdigkeit. Die ihn begleitenden Journalisten beobachteten staunend, wie das Publikum ihm darin folgte und ihn als Herausforderer des Kanzlers anerkannte. Er schaffe ein »Wir-Gefühl über die Unionsgrenzen hinweg«. Deshalb stoße er auch nicht auf eine »Mauer der Feindseligkeit«.[297]

Dieser Wahlkampf 1976 zeigte ein anderes Bild als 1972. Damals war die SPD der CDU/CSU weit überlegen gewesen, was Engagement und Bekennertum ihrer Anhänger betraf. Diesmal waren ihre vielfältigen Aktivitäten ausgeglichen. Dennoch blieb das politische Interesse erstaunlich hoch.

Der Wahlkampf kommt in die heiße Phase

Als Auftakt des Wahlkampfes auf Bundesebene konnten die Landtagswahlen in Baden-Württemberg am 4. April 1976 gelten. Die CDU gewann haushoch und verschaffte damit ihrem schon von der CSU benutzten Wahlslogan »Freiheit oder Sozialismus« in Unionskreisen eine solche Zugkraft, dass dieses Motto zum Schlüssel für den Sieg bei den Bundestagswahlen erschien. Aber es gab auch Gegenstimmen. Die dadurch ausgelöste Diskussion in der CDU führte – wie nicht anders zu erwarten – zu einem Kompromiss. Nun hieß es »Freiheit statt Sozialismus«; es sollte eine kleine Distanzierung von der Südschiene sein und das Unbehagen mildern, das diese markige Losung in der Partei und in großen Teilen der Medien hervorgerufen hatte.

Auch Helmut Kohl war mit diesem, nur ungeschickt abgemilderten Spruch keineswegs einverstanden gewesen und hatte sich entsprechend dagegen gewehrt. Sein Konzept lief auf Integration, nicht auf Konfrontation hinaus. »Es war und ist nicht sein Bier«, grollte sein Mainzer Vertrauter Hannes Schreiner, und Hans Katzer hoffte, »dass sich der dumme Slogan bald verflüchtigen« werde.[298] Kohl selbst hatte in seiner langatmigen Rede auf dem CDU-Bundesparteitag in Hannover nicht eigens darauf Bezug genommen. Die wütende Reaktion der SPD ließ aber seine Bedenken schwinden. Tatsächlich zeigte das Motto innerhalb kurzer Zeit eine ungeahnte Wirkung. Die SPD reagierte empört, die linken Medien spotteten oder gifteten darüber, doch der Wahlkämpfer Kohl erkannte schnell seinen Wert. Er freute sich über den »Schock« beim politischen Gegner, »der ja in einer Weise sich diesen Schuh angezogen hat, wie« er »nie zu hoffen gewagt habe«. Denn man habe die SPD nun »in diesem Punkt in die Defensive gebracht«, und das sei sehr hilfreich gewesen. In seinen zahlreichen Veranstaltungen, die sich eines großen Zulaufs erfreuten – »größer noch als bei Adenauer« –, erlebte Kohl selbst, wie das Publikum begeistert zustimmte, wenn er seinen Standardsatz brachte: »Wir werden nicht zulassen, dass kommunistische Lehrer gegen den Willen der Eltern unsere Kinder verführen.«

Die Formel »Freiheit oder Sozialismus« wurde in den Medien weiterhin abgelehnt. Eine Umfrage des Instituts Allensbach fand aber heraus, dass »bei geringer Variierung der Fragestellung ... eine auffallende Verschiebung der Ergebnisse« eintrat. Fragte man nämlich, ob es »auf lange Sicht um die Entscheidung zwischen Freiheit und Sozialismus« gehe, fiel die Antwort wesentlich positiver aus.[299] Denn es gab viele Linkstendenzen, die die Menschen beunruhigten, neben der Schule samt den hessischen »Rahmenrichtlinien«, die Politisierung des Alltags mit den antiautoritären Kinderläden, ferner die Situation an den Universitäten bis zu der wachsenden Linkstendenz in der SPD.

Kohl konnte mit dem Verlauf des Wahlkampfes zufrieden sein. Schon Ende Juli wusste er, dass die von ihm angestrebte persönliche Auseinandersetzung mit dem Kanzler, die er zu Anfang des Jahres ein wenig zögerlich angekündigt hatte, ein voller Erfolg geworden war. Hans Ulrich Kempski hatte in der »Süddeutschen Zeitung« in seinem Wahlkampfbericht eine hohe Akzeptanz des Herausforderers festgestellt, als er mit leichter Verwunderung von der »kollektiven Ekstase ... einer Menge«

berichtete, »die es drängt, ihrer Sehnsucht nach einem Machtwechsel in Bonn tumultuösen Ausdruck zu geben«.[300]

In der Mitte der Siebzigerjahre hatte sich der Zeitgeist mit der
Dauer der deutschen Teilung und mit der Hinnahme der Zweistaatlichkeit abzufinden begonnen; die nationale Frage geriet
mehr und mehr in den Hintergrund. Nicht so bei Kohls Wahl-
veranstaltungen. Da wurde an schwarz-rot-goldenen Fahnen
nicht gespart, stets wurden die Menschen daran erinnert: »Es
geht um unser deutsches Vaterland«, und zum Schluss wurde
die Nationalhymne gesungen. Die positive Wirkung war unbestreitbar. Selbst Nina Grunenberg von der »ZEIT« räumte ein:
»Der Kanzlerkandidat macht Gefühle locker, um die sich alle
möglichen intelligenten Leute bei ihren Zuhörern vergeblich
bemühen.«[301]

Der Wahlausgang blieb offen, ganz anders als 1972, als die
CDU/CSU zu keinem Zeitpunkt eine Siegeschance hatte. Die
Union hatte aufgeholt – 1976 war sie so stark wie SPD und FDP
zusammen, aber ein klarer Vorsprung war nicht zu erkennen. Es
hatten sich ungefähr zwei gleich große politische Lager herausgebildet. Kohl wusste um das »stärkste Defizit« seiner Partei:
die Frauen zwischen 18 und 45 Jahren.[302] Er kannte die Ursache,
sprach sie aber nicht aus. Es war die Problematik des Paragrafen 218, bei dem die Parteigremien den »Intentionen des Episkopats folgten, die von der Mehrheit der Wähler desavouiert
wurden«.[303] Bis 1972 waren die Frauen die treuesten Wähler der
Partei gewesen. Der »entscheidende Zuwachs«, den die Partei
seit dem Spätherbst 1972 verzeichnete, war ein »Zuwachs an
Männern«, der die Partei an die 50-Prozent-Grenze herange-
bracht hatte. Die Hinwendung zur Union zeigte auch die erstaunliche Zunahme der Mitgliederzahl. Diese hatte im Juni
1976 mit 900 000 Mitgliedern fast die der SPD erreicht. Deutlicher konnte die Entwicklung vom Kanzlerwahlverein zur Mitgliederpartei nicht sichtbar gemacht werden. Im Herbst sollte

die CDU vor der SPD zur mitgliederstärksten Partei in Deutschland werden.

Für Kohl musste der kämpferische Einsatz der Partei im Wahlkampf das wettmachen, was bei den Frauen verloren ging. Für ihn stand fest: »Ob wir diese Wahl gewinnen oder verlieren, das wird das Entscheidende sein, ob es uns möglich ist, die weit über eine Million Mitglieder, enge Freunde und Anhänger der Union wirklich auf die Straße zu bringen, dass sie draußen um jede Stimme kämpfen.«[304] Zugleich schwang bei Kohl immer die Sorge mit, ob auch die Parteigremien, die Vorstände auf den verschiedenen Ebenen, in gleicher Weise wie das Parteivolk mitziehen würden, »ob alle Stabsoffiziere auch von der Chance des Sieges gleichermaßen überzeugt« seien.

Das Engagement der Basis war beachtlich, aber es reichte nicht. Mit 48,6 Prozent der Stimmen fehlten der CDU 100 000 Stimmen zum Gewinn der absoluten Mehrheit, aber es war der größte Sieg, den die Partei nach dem Sieg Konrad Adenauers im Jahr 1957 erzielt hatte. Das Interesse der Bevölkerung, der starke Besuch der Versammlungen und schließlich die Wahlbeteiligung von 90,7 Prozent – fast so hoch wie bei der Bundestagswahl 1972 – zeigten ein Maß an Politisierung, das heute kaum noch nachvollziehbar ist. Eine Wahlbeteiligung wie in den Jahren 1972 und 1976 ist vorher und nachher in Deutschland nie erreicht worden.

Die Demoskopen in Allensbach machten in ihrer Nachwahlanalyse auf ein interessantes Detail aufmerksam. Bei Personen, die oft politische Fernsehsendungen sahen, bildete sich schon früh die Gewissheit aus, die SPD/FDP-Koalition werde die Wahl gewinnen. Wie politische Sendungen gemacht und präsentiert werden, habe bei der Wahl eine geringfügig erscheinende, aber wichtige Rolle gespielt, denn Siegeszuversicht wirkt ansteckend.[305] Kohl wird sich durch diesen Befund bestätigt gesehen haben, denn schon vor Beginn des Wahlkampfes hatte er selbstkritisch eingeräumt, hinsichtlich des Fernsehens Fehler

gemacht zu haben. Man habe bei den »medienpolitischen Personalentscheidungen zu viel auf Intendanten und Chefredak-
teure geschaut und zu wenig auf die, die wirklich die Sendungen
gemacht haben«. Der »Hauptfehler« habe darin bestanden,
»dass wir bei der Wahl der oberen Etage viel leidenschaftlicher
gekämpft haben als bei der Durchsetzung und bei der Ausbildung ... von vernünftigem Nachwuchs ... auf den unteren Eta-
gen, wo wirklich Sendung gemacht wird«.[306] Diese Erkenntnis
versachlichte in der Folgezeit sein Verhältnis zu diesen Medien.
Es blieb aber seine Forderung nach solider Ausbildung des
Nachwuchses. Er gewöhnte sich an, die ihn weithin ablehnenden Medien als »verfasste öffentliche Meinung« zu bezeichnen.
Der großartige Wahlsieg ohne Gewinn der Mehrheit veranlasste Kohl, eine ungewohnte Rolle zu übernehmen. Er trat
nicht bedauernd von der Bühne ab, nachdem die Fernsehkameras ausgeschaltet waren, sondern beanspruchte als Führer
der stärksten Partei für sich den Auftrag zur Regierungsbildung.
Das klang so, als ob der Bundespräsident dazu verpflichtet sei,
ihm diesen zu erteilen. Denn es konnte keinen Zweifel geben,
dass die bisherige Regierungskoalition, zwar mit geschrumpfter
Mehrheit, dennoch die Zusammenarbeit fortsetzen wollte. Diese
Geste des öffentlichen Aufbegehrens war Mitarbeitern und Helfern geschuldet, die sich im Wahlkampf mit allen Kräften eingesetzt hatten. Der »Schwung einander verschworener Freunde,
Mitglieder und der Wähler« hatte wesentlich zum Erfolg beigetragen. Es war bezeichnend, dass es nach Bekanntwerden des
Wahlergebnisses keine Enttäuschung gab. Im Gegenteil, im
Konrad-Adenauer-Haus herrschte, »vom Souterrain bis hoch
unter das Dach ein einziger Jubel«.[307]
Bei der ersten Fraktionssitzung am 7. Oktober 1976 zeigten
sich aber bereits deutliche Risse. Kohl fasste sich relativ kurz;
seine Freude über den Wahlsieg begleitete er mit Mahnungen, es
dürfe »keine gegenseitigen Herabsetzungen geben«. Das »Ge-

rede um die 4. Partei« müsse ein Ende finden, es gelte, »was die Fraktion« angehe, »zwischen CDU und CSU … klare Abmachungen und Absprachen für die nächsten vier Jahre zu treffen«.[308]

Getrennte Schwestern? –
Der CSU-Beschluss in Wildbad Kreuth

Nach Helmut Kohl sprach Franz Josef Strauß auf der Fraktionssitzung. Es lohnt sich, auf dessen Rede etwas näher einzugehen, denn sie ist ungemein aussagekräftig – für seine Argumentation, seine Rhetorik ebenso wie für seine Irrtümer. Er begann mit der Feststellung, dass die CDU/CSU »den Sieg verfehlt« habe, und machte den Erfolg noch kleiner, indem er behauptete, man habe »in nunmehr sieben Jahren Opposition den Ausgangspunkt von 1969 in etwa wieder erreicht«. Das war eine völlige Fehleinschätzung, aber dann legte er den Finger auf die Wunde: Die norddeutschen Länder hätten versagt. Das Motto »Freiheit oder Sozialismus« sei im Norden nicht mit dem notwendigen Nachdruck vertreten worden. Bohrend fragte er: »Hat man sich rechtzeitig und überzeugend genug für dieses Thema überall in den Unionsreihen entschieden?« Natürlich nicht, fuhr Strauß fort, denn es habe sowohl die volle Überzeugung gefehlt als auch das »erforderliche geistige Rüstzeug und die damit zu verbindende sprachliche Ausdrucksfähigkeit in der Öffentlichkeit« – was immer das sein mochte.

Die FDP stand im Zentrum seiner Betrachtungen. Zwei Drittel ihrer Wähler seien Linke, und das restliche Drittel stellten liberale Stammwähler dar, die die CDU/CSU aber »ums Verrecken nicht wählen« würden. Das hieß nichts anderes, als dass man auf die FDP-Wähler insgesamt nicht rechnen könne. Aus diesem Sachverhalt ergab sich für Strauß eine überraschende Schlussfolgerung: »Die Strategie heißt weder Fraktionstren-

nung noch 4. Partei; die Strategie heißt 249 Mandate!« Das war
die absolute Mehrheit, aber er sagte nicht, wie sie zu erreichen
sei. Ob das tatsächlich seine Überzeugung war, muss offenbleiben.

Immer wieder kam er auf die FDP zu sprechen, und darauf,
wie oft er schon in seinem Urteil über diese Partei recht gehabt
hätte. Mehrfach thematisierte er die Frage: »Wann und wie sollen Wahlen noch gewonnen werden?« Einen Lösungsvorschlag
hatte er nicht zu bieten, stattdessen strebte er von diesem gars-
tigen Gegenstand weg auf das weite Meer der Außenpolitik.
Dort boten sich ganz andere Perspektiven, die ihn allerdings
ebenfalls zu höchster Besorgnis veranlassten. In Italien stehe der
»Machtantritt des Herrn Berlinguer«, also der Eurokommunis-
mus, auf der Tagesordnung. In Frankreich habe der französische
Staatspräsident keine Aussicht, die Wiederwahl gegen die Linke
zu gewinnen; die Partei Giscards habe es sogar unterlassen, der
CSU zum Wahlsieg zu gratulieren – gefährliche »Verschiebun-
gen« in Westeuropa seien also zu erwarten mit der Folge, dass
man »eingeklemmt« sei »zwischen dem militanten Sowjetkom-
munismus und einer aggressiven DDR auf der einen Seite, Volks-
frontverschiebungen in Frankreich und Italien« auf der anderen
Seite. Mit »50 Prozent Wahrscheinlichkeit« sah Strauß diese
Dinge kommen: »Wenn wir bis dahin nicht die politische Führung in Deutschland haben, gehen die Dinge in Europa über uns
hinweg.« Das Ende sei die Katastrophe. Nun verwies Strauß auf
seine Reisen in die Volksrepublik China und seine persönlichen
Gespräche mit dem Vorsitzenden Mao Zedong. Dort habe man
ihn vor der Gefahr eines Dritten Weltkriegs gewarnt, und das
sähen die Chinesen durchaus richtig. Von Moskau drohe Gefahr,
»denn diese verdammte Verschuldung des Ostens in Höhe von
100 Milliarden Mark« werde »bestimmt nicht mehr zurückge-
zahlt«: »Dafür ist eine Rüstungsmaschine auch mit deutscher
Hilfe aufgebaut worden, deren Ingangsetzung eines Tages es

ersparen wird, die Kredite zurückzahlen zu müssen.« Das sei der »internationale Aspekt«, der zur »historischen Gesamtschau« dazu gehöre. Mit diesem »langen Atem der historischen Dimension müssen alle Überlegungen getroffen werden«.

Die Anwesenden dankten ihm mit »starkem, lang anhaltendem Beifall«. Letzteres ist das eigentlich Bemerkenswerte; denn es befremdet einigermaßen, wie erfahrene Politiker – zumindest ein beträchtlicher Teil von ihnen – von einer Rede begeistert sein konnten, die nicht einmal den Ansatz zur Lösung des Problems – der Rückkehr zur Macht – aufzeigte, sondern in außenpolitische Spekulationen auswich und zum Schluss ein apokalyptisches Szenario heraufbeschwor.

Mit dieser Rede befand sich Franz Josef Strauß bereits auf dem Wege nach Wildbad Kreuth. Der Zauderer war aber noch nicht zu einem Entschluss gekommen. Aber er wollte sich nicht mit der ernüchternden Tatsache abfinden, dass man Geduld haben, auf Zeit spielen müsse. Nach dem Wahlerfolg, der den Machtwechsel in greifbare Nähe gerückt hatte, schreckte die Rückkehr in den Alltag der Opposition.

Seit Jahren geisterte in der CSU das Projekt der Vierten Partei herum und sorgte immer wieder für Spannungen mit der CDU. Das war auch nach dem Wahltag der Fall, jedoch mit dem Unterschied, dass in der Öffentlichkeit darüber nicht diskutiert wurde. Auch Strauß hatte in seiner Rede vor der Fraktion die Erörterung dieser Frage vermieden. Am 18. November 1976 trat die Landesgruppe der CSU in Wildbad Kreuth zu einer Klausurtagung zusammen, die der Vorbereitung der Arbeit in Bonn dienen sollte. Von Trennung sprach dort vorerst niemand. Strauß begann in seiner Eröffnungsrede, langatmig über landespolitische Themen zu sprechen; selbst die Lehrerbildung, ein unerschöpfliches Thema, fand Berücksichtigung. Nur langsam bewegte sich die Aussprache auf die Bundespolitik zu, bis der Abgeordnete Franz Handlos, der spätere Gründer der Republi-

kaner, der auch »Hirnlos und Handlos« genannt wurde, schließlich die Frage nach der Trennung von der CDU stellte. Das Verhalten von Strauß hatte Methode: Er schlug nichts vor, sondern
lenkte die Diskussion in die von ihm gewünschte Richtung.
Vorsichtige Zweifel beseitigte Generalsekretär Gerold Tandler,
der im Falle der Trennung für die CSU alle negativen Konsequenzen mit Entschiedenheit ausschloss. Das ließ die Skeptiker
verstummen.

Die Abstimmung fand am nächsten Morgen statt, nicht in der
Hitze einer bis in die Nacht dauernden Diskussion. Am späten
Abend war zwar deutlich geworden, wie das Ergebnis aussehen
würde. Der CSU-Abgeordnete Max Streibl konnte Kohl deshalb schon über den voraussichtlichen Beschluss informieren.
Das außergewöhnliche Engagement der Landesgruppe ließ sich
an der Tatsache ablesen, dass es »nicht eine einzige Skat- oder
Schafskopfrunde« in jener Nacht gegeben hatte.[309] Die Abstimmung mit 30 zu 19 Stimmen für die Trennung fiel dennoch alles
andere als überzeugend aus. Nach Ende der Sitzung hatte es
Strauß eilig. Er drückte sich vor der Information des CDU-Vorsitzenden und bemühte sich in der anschließenden Pressekonferenz, den Beschluss herunterzuspielen.

Der Trennungsbeschluss, verbunden mit dem Eingeständnis
der CSU-Führung, dass Helmut Kohl darüber nicht informiert
worden sei, war für die wartenden Journalisten an diesem Frei-
tagnachmittag die Riesensensation, die das Wochenende beherrschte. »Ahnungslos saß Kohl am Schreibtisch«, meldete
»BILD« – nicht ganz zutreffend, aber eindrucksvoll. Der düpiert
erscheinende CDU-Vorsitzende war jedoch alles andere als überrascht. Auf diese Möglichkeit war er vorbereitet gewesen. Was
ein Jahr zuvor drohend die zähen Verhandlungen mit Strauß
überschattet hatte, war nun eingetroffen. Dennoch machte es
ihn betroffen, dass diese schon lange sich abzeichnende Möglichkeit nun doch Wirklichkeit zu werden schien.

Kohl war sich der Bedeutung des Trennungsbeschlusses voll bewusst. Seine Realisierung bedeutete eine politische Weichenstellung von kaum zu unterschätzender Bedeutung. Für ihn war es eine »geschichtliche Stunde«. Vor der Fraktion erklärte er, es sei zwar richtig, dass keine »Weimarer Verhältnisse« herrschten. Aber man »wisse schon, dass eine solche Entwicklung ins Haus« stehe. Darum käme es darauf an, »jeden Schritt klug und vernünftig zu bedenken«. Für Empfindlichkeiten sei kein Platz. Verbale Entgleisungen seien unbedingt zu vermeiden. Es sei nicht »die Stunde für Einzelgänger«; es gelte, die Worte zu »wägen«.[310]

Hat Kohl hier unnötig dramatisiert? Auch im historischen Rückblick bestätigt sich seine Einschätzung. Denn die Auflösung der Fraktionsgemeinschaft war nur der Beginn eines Prozesses, der zum Start einer Rechtspartei geführt hätte, die das Parteiensystem grundlegend verändert hätte, mit dem Ergebnis, dass die große Volkspartei CDU ihre Fähigkeit verlieren würde, das Wählerpotenzial in der Mitte und rechts von ihr zu binden. Die Folgen waren abzusehen: dauernde Schwächung und erbitterte Auseinandersetzungen. Zugleich kritisierte Kohl den »miesen Stil im Umgang unter alten Freunden und Weggenossen«. Er machte eindringlich klar, was die bundesweite Ausdehnung der CSU bedeutete. Die historischen Beispiele schreckten. In der Weimarer Republik hatte es in der Pfalz ein Nebeneinander von Zentrum und Bayerischer Volkspartei gegeben. Das Ergebnis sei eine politische »Lähmung« gewesen. An der Saar hatte es nach 1955 den »Bruderkrieg« zwischen der CVP, der Christlichen Volkspartei des Saarlandes, und der CDU gegeben, der bis in die Familien hineinreichte. Die bundesweite CSU bedeute in der Praxis weit mehr als das frostige Nebeneinander zweier Parteien, nämlich das Gegeneinander im lokalen Bereich, im Pfarrgemeinderat, der Kolpingsfamilie und auch bei den verschiedenen Berufs- und Wirtschaftsvereinigungen. Da die mit ihrer bisherigen Partei Unzufriedenen als Erste zur Konkurrenz wechselten, würde hauptsächlich schmutzige Wäsche gewaschen werden, denn das Durchhecheln von Personalien gehöre nun einmal zum Parteileben.

Der CDU-Bundesvorstand hatte einen Beschluss gefasst, der Kohls Linie klar zum Ausdruck brachte: maßvoll in der Sprache, aber entschieden in der Konsequenz. Käme es nicht zu einer »satzungsmäßig verbindlichen Form« der Wiederherstellung der Einheit, wäre die CDU gezwungen, »auch in Bayern zu kandidieren«. Vorbereitungen würden getroffen »zur Bildung eines Landesverbandes der CDU in Bayern«. Den Landesgeschäftsführer hatte Kohl mit Hans Terlinden schon ausgesucht. Unter der Hand ließ er in München nach einem Gebäude als Sitz für den künftigen Landesverband suchen – das heizte die Gerüchteküche wirkungsvoll an.

Der Druck auf Strauß nahm zu; nicht nur durch die maßvolle Haltung der CDU-Führung, die sich nicht provozieren ließ, sondern mehr noch durch die Verwirrung, die der Beschluss von Wildbad Kreuth in den eigenen Reihen hervorgerufen hatte. Vor dem Landesausschuss der Jungen Union Bayerns ließ Strauß Dampf ab. Zu vorgerückter Stunde rechnete er in der »Wienerwald«-Zentrale – nicht mehr ganz nüchtern – mit allen möglichen Versagern und »Pygmäen« ab und wurde schließlich gegen Kohl ausfallend. Höhnisch sagte er ihm voraus, niemals Bundeskanzler zu werden: »Er ist total unfähig, ihm fehlen die charakterlichen, die geistigen und die politischen Voraussetzungen … Er wird in 90 Jahren die Memoiren schreiben: ›Ich war vierzig Jahre Kanzlerkandidat. Lehren und Erfahrungen aus einer bitteren Epoche‹.«[311]

Strauß' Wutausbruch war die unfreiwillige Anerkennung seiner Niederlage. Denn die bayerischen Wähler und auch die Mehrheit der CSU-Mitglieder folgten ihm nicht. Allensbach ermittelte in einer Blitzumfrage, dass »die Hälfte der Wahlberech-

tigten in Bayern und die absolute Mehrheit der CSU-Wähler ...
den Beschluss ›nicht gut‹« fänden.[312] Dieser Meinung schloss
sich die CSU-Fraktion des bayerischen Landtags auf ihrer Sitzung am 26. November 1976 an, die überaus turbulent verlief.
Die Angst vor dem Einmarsch der CDU, der naturgemäß manchen Abgeordneten um sein Mandat zittern ließ, führte zum
Aufbegehren gegen Strauß und seinen engsten Mitstreiter Friedrich Zimmermann, der sogar ausgebuht wurde.[313] Verklausuliert,
aber noch hinlänglich deutlich, beschloss die Fraktion vier
Punkte, von denen einer in Erinnerung rief, dass die CSU satzungsgemäß auf Bayern beschränkt, die Ausdehnung der CSU
also gar nicht möglich sei. Das war ein sorgsam verpacktes Veto.
Von diesem Beschluss bis zur Wiederherstellung der Fraktionsgemeinschaft vergingen aber noch zwei Wochen voll zäher und
erschöpfender Verhandlungen, in der die alten Streitfragen und
Vorwürfe immer wieder durchgekaut wurden.

Am 13. Dezember 1976 war es schließlich so weit, dass die
gemeinsame Fraktion Helmut Kohl bei nur acht Gegenstimmen
zu ihrem Vorsitzenden wählte. Das Ergebnis war eine erneute
Patt-Situation. Die alten Gegensätze dauerten an. Strauß war
nur durch die eigenen Leute zum Einlenken gezwungen worden – nicht durch die Einsicht, dass eine Vierte Partei oder die
Ausdehnung der CSU auf Bundesebene keineswegs das erfolgreichere Konzept darstellte. Der alte Gegensatz bestand weiter – nur mit dem Unterschied, dass auch Kohl in dieser Krise
Schaden genommen hatte. Der psychologische Auftrieb des
Wahlsieges vom 3. Oktober war verpufft.

Es gab auch Lichtblicke in dieser mühsam überstandenen Krise.
Stimmen aus Bayern signalisierten Unterstützung. Am wichtigsten war der Positionswechsel des Medienunternehmers
Leo Kirch. Bis zur Tagung des CSU-Landesgruppe in Wildbad
Kreuth hatte er Franz Josef Strauß unterstützt. Die bundesweite

Ausdehnung der CSU lehnte er jedoch entschieden ab und wurde zum verlässlichen Bündnispartner Helmut Kohls.

Mit der Wiederherstellung der Fraktionsgemeinschaft und damit der stärksten Fraktion im Bundestag stellte sich die Frage, wen die Union für das Amt des Bundestagspräsidenten nominieren sollte. Einstimmig sprach sich die Fraktion für Karl Carstens aus. Zuvor hatte es jedoch einigen Ärger gegeben. Denn Rainer Barzel hatte sich ebenfalls Hoffnungen gemacht und reagierte überaus bitter, als ihm bedeutet wurde, dass er für dieses Amt nicht infrage käme. Sein Verhalten ist ein drastisches Beispiel dafür, zu welchen Reaktionen Politiker fähig sind, wenn angeblich sichere Zusagen nicht erfüllt werden. Barzel war zutiefst enttäuscht: »Ich bin unter die Räuber gefallen«, klagte er. Kohl habe ihn schon im Februar 1975 gebeten, »da die Republik mir etwas schulde«, sich »als Bundestagspräsident zur Verfügung zu stellen«.[314] So stellte er in der Rückschau die Sache dar. Tatsächlich hatte sich Kohl aber anders entschlossen und darüber mit Strauß Einigung erzielt. Auf Barzels bohrende Frage erklärte ihm Strauß, »dass die CDU/CSU im norddeutschen Raum die Wahl nicht zuletzt deshalb verloren habe, weil CDU/CSU (Kohl und Strauß) als süddeutsch-katholisch im Gegensatz zu Helmut Schmidt als norddeutsch-evangelisch sich in der öffentlichen Meinung dargestellt hätten.« Von solcher Begründung keineswegs beeindruckt, vergaß Barzel in einem Brief an den NRW-Fraktionsvorsitzenden Heinrich Köppler jedes Maß. Für ihn war Kohl nun ein »offenkundiger Verbrecher«, dem »katholisch und sozial mehr für Wahlkämpfe« gelten würden »als für Gesinnung und Haltung«.

Kohl hat als Politiker gewiss mehr als einmal Hoffnungen geweckt und Enttäuschungen verursacht, wenn die Erwartung auf politische Ämter nicht erfüllt wurde. Das sind unvermeidliche Begleiterscheinungen der Politik. Bei Barzel nahm jedoch das Wunschdenken bizarre Züge an. Wie hatte er darauf rechnen können, dass ausgerechnet ihm das einzige politisch gewichtige Amt zufallen würde, über das die Union damals zu entscheiden vermochte? Denn Kohl hatte ihm zwar lange vor der Wahl eine Zusage gemacht, die Barzel aber selbst aufgrund eigener politischer Erfahrung und angesichts seiner keineswegs positiven Beziehungen zu Kohl nicht sehr hoch einschätzen konnte.

Karl Carstens war dagegen als Fraktionsvorsitzender im Bundestag durch seine scharfen Attacken einer breiten Öffentlichkeit aufgefallen. Als »norddeutsch-evangelische« Persönlichkeit mit einer ausgeprägten Fähigkeit zur Repräsentation war er für dieses Amt hervorragend geeignet. Seine Amtsführung erwies sich als so erfolgreich, dass die SPD später eine üble Kampagne vom Zaun brach, um seine Wahl zum Bundespräsidenten drei Jahre später zu verhindern.

Die Wahl des Bundestagspräsidenten war nur ein Zwischenspiel. Die Hauptschwierigkeit bestand darin, wieder zu einer gemeinsamen Politik zurückzufinden. Es bedurfte unendlicher Mühe, den Bruch zu kitten. Bei den Verhandlungen mit der CSU hatte Kohl eine klug ausgewählte Kommission zur Seite: den bisherigen Fraktionsvorsitzenden Karl Carstens, der in gleichsam richterlicher Unabhängigkeit die Klagen der CSU-Spitze abwog, den konservativen süddeutschen Hans Filbinger, bei dem durchaus Verständnis für bayerische Belange vorhanden war, der aber an der Fraktionsgemeinschaft festhielt, schließlich den glanzvollen Debattierer und Formulierungskünstler Kurt Biedenkopf und den rheinischen Hitzkopf Hans Katzer, der für die sozialen Belange zuständig war.

Die Berichte, die Kohl und Carstens vor der Fraktion erstatteten, spiegeln anschaulich die Schwierigkeiten der Verhandlungen wider, deren Tonart »offen und sehr hart« gewesen war.[315] Für die CSU-Seite besonders empörend war die Konsequenz aus dem eigenen Trennungsbeschluss, nämlich dass die CDU daraufhin auch einen Landesverband in Bayern gründen würde.

Diese selbstverständliche Folge der Aufkündigung der Fraktionsgemeinschaft wurde von der CSU als »Strafexpedition« denunziert, als ob der Einmarsch des Feindes in ein friedliches Land geplant worden sei. Kohl stellte die Dinge richtig: »Wer Ja sagt zur Trennung nach dem Kreuther Beschluss und die Fraktion trennt, … der muss von der Logik der Geschichte reden, die uns zwingt, nach Bayern zu gehen und einen eigenen Landesverband zu machen.«[316] Das Argument war einleuchtend, wie weit es aber von der Gegenseite akzeptiert wurde, bleibe dahingestellt.

Auf jeden Fall hatte die überfallartige Aktion von Franz Josef Strauß in Wildbad Kreuth und die zähen Bemühungen, den in seinen politischen Auswirkungen kaum zu überschätzenden Beschluss zu revidieren, dem neuen Fraktionsvorsitzenden einen miserablen Start verschafft.

Tatsächlich war es noch mehr, was Kohl belastete. Bei der ersten Fraktionssitzung nach der Wahl am 7. Oktober hatte er erklärt: »Ich bin bereit, nach Bonn zu kommen.« Das Protokoll vermerkt an dieser Stelle: »Starker Beifall, der lange anhält«. Das war eine ganz seltene Formulierung. Der ungewohnt große Applaus verriet die Erleichterung, die diese Ankündigung bei den Abgeordneten auslöste. Kohl würde also Wort halten auch für den Fall, dass er nicht als Sieger ins Kanzleramt einzog, sondern als Oppositionsführer auch unter wesentlich ungünstigeren Bedingungen nach Bonn käme. Für ihn war das viel mehr als bloß der Wechsel von Mainz an den Rhein. Er musste auch die Abneigung seiner Frau gegen Bonn überwinden und dafür eine Lösung finden.

Der Journalist Hans Ulrich Kempski hatte Kohl im Wahlkampf begleitet und erlebt, wie Hannelore Kohl bei Dutzenden von Großkundgebungen »strahlend an seiner Seite« stand, eine Frau, »der niemand ansieht, dass sie in Wahrheit leidet«. Die Vorstellung, nach Bonn übersiedeln zu müssen, erschien ihr so

»bedrückend, dass sie, um nicht ihre Fassung zu verlieren, den Gedanken auch nur zu erörtern« ablehne.[317]

Mit dem knapp verpassten Sieg erschien Hannelore Kohl die Bonner Perspektive noch weniger verlockend. Als ihr Mann in Mainz Abschied nahm, flossen bei den Getreuen die Tränen. Hatte er nicht eine Aufgabe übernommen, an der er auch scheitern konnte? Zum Feiern war da kein Anlass, und Helmut Kohl wusste eines: Seine Entscheidung für Bonn hatte »die größte Krise in seiner Ehe heraufbeschworen«.[318]

Die Kärrnerarbeit als Oppositionsführer 1976–1979

Im Juni 1974 hatte Kohl in einer wichtigen Rede vor dem CDU-Bundesvorstand und der CDU/CSU-Bundestagsfraktion aufschlussreiche Bemerkungen gemacht über die Fraktion und die Schwierigkeit, mit ihr umzugehen. Sie sei die »Summe von Eigenexistenzen und eigenwilligen Persönlichkeiten«. Ein Vorsitzender, der versuche, »mit dem Holzhammer zu hantieren, wäre ein Mann, der die Sache in die Luft sprengt und nicht über die Runden kommt«. Solch ein rabiates Vorgehen war von Kohl gewiss nicht zu erwarten. Er fügte dann eine Bemerkung an, von der er damals noch nicht ahnen konnte, wie sehr sie auf ihn selbst zutreffen würde: »Eine Fraktion zusammenzuhalten, die ganz nahe vor dem Ziel steht, ist viel leichter als eine Fraktion, die gerade in die Wüste Gobi einzieht.«[319] Der Vergleich passt durchaus zur Situation am Anfang der neuen Legislaturperiode. Erschwerend kam noch hinzu, dass die Fraktion nicht allein eine Versammlung hoch entwickelter Individualitäten mit teilweise jahrzehntelanger Erfahrung darstellte, die Kohl natürlich fehlte. Weitaus schwieriger und für den Marsch durch die Wüste belastender war die Tatsache, dass in der Truppe keine Einigkeit über die Marschrichtung herrschte – sollte man auf die FDP warten und der Koalition mit den Liberalen entgegenarbeiten oder ohne diese Partei allein oder mithilfe einer vierten Partei die Mehrheit erkämpfen? Die Geschlossenheit konnte aber auch erschüttert werden, wenn die Abgeordneten die Erfolgsaussichten skeptisch beurteilten: Bot der neue Fraktionsvorsitzende tatsächlich hinlängliche Sicherheiten für die eigene Wiederwahl? All das waren Fragen, die im Alltag der Oppositionspolitik ihre Antwort finden mussten.

Beim Start im Bundestag hatte Kohl Glück. Der mühsame Beginn der eigenen Fraktion wurde von den Schwierigkeiten der Regierungskoalition überdeckt. Das von der Bundesregierung zu verantwortende »Rentendebakel« beherrschte die Schlagzeilen. Im Wahlkampf 1976 hatte die sozialliberale Koalition unter Helmut Schmidt immer wieder versichert, dass die für Juli 1977 vorgesehene Rentenerhöhung um 10 Prozent – wohlgemerkt auf den Bruttolohn bezogen – kommen werde. Diese Ankündigung entsprach nicht der Finanzlage. Bundeskanzler Schmidt hatte schon im Sommer 1976 von seinem Finanzminister Hans Apel erfahren, dass die Rentenerhöhung nicht finanzierbar sei. Das hinderte aber den auf seine Wirtschaftskompetenz pochenden Kanzler keineswegs daran, im Wahlkampf das Gegenteil zu behaupten. Er wies sogar die Kritik von Teilen der Union als unchristlich zurück: »Vom Christen wird nämlich erwartet, dass er den Menschen Hoffnung macht und nicht, dass er sie in Angst und Schrecken jagt.« In einem Wahlspot hatte er geworben: »Solange Sozialdemokraten regieren, so lange sind die Renten und die Sozialleistungen sicher.«[320] Das war – historisch gesehen – wohl die erste deutsche »Rentenlüge«, der in den nächsten Jahrzehnten weitere folgen sollten. Der Arbeitsminister Walter Arendt hatte die politischen Folgen zu tragen; er wurde »das öffentliche Opfer auf der Schlachtbank des Rentendebakels«.[321] Sein Rücktritt erfolgte nach der Kanzlerwahl, die – wie einst bei

Adenauer, jedoch in völlig anderem Kontext – mit nur einer Stimme über der absoluten Mehrheit denkbar knapp über die Bühne ging.

Helmut Schmidts Regierungserklärung vom 16. Dezember 1976 wurde allgemein als schwach beurteilt. Da sei kein Aufbruch verkündet, sondern nur ein »Zweieinhalb-Stunden-Referat« abgehandelt worden. Die allgemeine Kritik am Kanzler erleichterte dem neuen Oppositionsführer seine Aufgabe. Die Aufräumarbeiten nach dem Kreuth-Zusammenstoß hatten Kohl wenig Zeit zur Vorbereitung gelassen. Seine Entgegnung auf die Regierungserklärung des Bundeskanzlers klang mehr wie eine Pflichtaufgabe, aber die Regierungsparteien, vornehmlich die SPD, waren vom Fehlstart der Koalition so mitgenommen, dass es an der Angriffslust gegen den neuen Oppositionsführer mangelte.[322]

Ein eigenes Konzept zur Führung der Fraktion hatte Kohl nicht entwickelt. Er stellte sich vor, seinen Mainzer Führungsstil auch in Bonn zu praktizieren. Das hieß konkret: »Führung auf breiter Ebene, durch Diskussionen, Auseinandersetzungen kanalisieren und sich im richtigen Augenblick einschalten«.[323] Die Mainzer Verhältnisse waren aber auf Bonn nicht übertragbar. Die schiere Größe der Fraktion, das Selbstbewusstsein ihrer erfahrenen Mitglieder sowie das politische Umfeld machten die Dinge komplizierter. Hinzu kam die Einstellung der Bonner Presse. Kohl spürte – ganz anders als in Mainz – den »publizistischen Gegenwind«. Die Kampagne des »Spiegel« zeigte Wirkung. Obwohl Kohl mit der Überwindung des Trennungsbeschlusses von Wildbad Kreuth eindrucksvoll seine Durchsetzungsfähigkeit unter Beweis gestellt hatte, blieb er für das Hamburger Magazin auch weiterhin der von Strauß abhängige Schwächling. Die drastische Darstellung seiner Unfähigkeit, die Strauß ihm in der »Wienerwald-Rede« bescheinigt hatte, traf bei vielen Medienvertretern auf gläubige Akzeptanz.

Im Bundeshaus in Bonn richtete sich der Oppositionsführer in den Räumlichkeiten ein, die dem Fraktionsvorsitzenden zustanden. Schon Rainer Barzel und Karl Carstens hatten dort amtiert. Kohl ließ einige Umbauten vornehmen, um seine engsten Mitarbeiter unterzubringen. Das waren Horst Teltschik, Juliane Weber und Eduard Ackermann. Letzterer war bereits fast zwanzig Jahre als Pressesprecher der Fraktion tätig; er brachte das mit, was den aus Mainz Hinzugekommenen fehlte, nämlich eine stupende Kenntnis der Bonner Personalverhältnisse.

Ackermann konnte auf manchen durch seine starke Brille zuerst etwas abweisend wirken, aber das täuschte. Schon Barzel hatte auf die skeptische Frage Adenauers nach dessen Eignung die klassische Antwort gegeben: »Der Ackermann sieht schlecht, hört aber alles und weiß sehr viel.« Im Laufe der Jahre hatte dieser es gelernt, auf der »Klaviatur der Medien« zu spielen.[324] Einmalige Fähigkeiten entwickelte er bei der Informationsbeschaffung. Seine Tür stand für Journalisten immer offen. Die Kollegen, auch die mit abweichenden politischen Überzeugungen, mochten ihn; er verstand es, sie auszuhorchen. So erzählten sie ihm Interna aus ihrem Umfeld, die er sonst schwerlich erfahren hätte.

Für Kohl wurde Ackermann unersetzlich: Vom morgendlichen Pressevortrag bis zum Abendessen bei einem der verschiedenen Godesberger Italiener blieb er in Reichweite des Oppositionsführers, den er zuverlässig mit Informationen versorgte und der gleichzeitig seine Neugier befriedigte. In der Beratungsrunde am Morgen waren Ackermann wie Teltschik und Juliane Weber ständige Teilnehmer; hinzu kamen Philipp Jenninger, damals Erster Parlamentarischer Geschäftsführer, Wolfgang Bergsdorf und der CDU-Sprecher Günther Henrich.

Es war verständlich, dass Kohl im Bundeshaus seinen Sitz nahm, denn das Parlament war seine wichtigste Wirkungsstätte. Aber er war auch der Vorsitzende der CDU; das Konrad-Ade-

nauer-Haus war nicht weit entfernt. Doch dorthin zog es
ihn wenig. Er mied es eher. Sein Büroleiter dort war Wolfgang
Bergsdorf, der aber mehr die Rolle einer Stallwache spielte, sogar Zeit zum wissenschaftlichen Arbeiten fand.

Die Distanz zur CDU-Zentrale ist nicht zufällig und für Kohl
charakteristisch. Es gab vor ihm und nach ihm keinen Parteivorsitzenden, der ein so enges Verhältnis zur Partei hatte. Das
große Gebäude an der Friedrich-Ebert-Allee, dessen Errichtung
Anfang der Siebzigerjahre einiges finanzielles Kopfzerbrechen
verursacht hatte, ließ er jedoch nach Möglichkeit links liegen.
Da mögen politische Differenzen mit dem Mitarbeiterstab eine
Rolle gespielt haben, aber es war wohl mehr der große Betrieb,
die unvermeidliche Bürokratie, der er aus dem Weg ging. Kohls
Führungsstil – in Mainz erprobt und den Bonner Verhältnissen
angepasst – zielte in die umgekehrte Richtung. Er mochte nicht
den imponierenden Großbetrieb des Parteigebäudes, sondern
stützte sich lieber auf den kleinen Kreis von ebenso zuverlässi-
gen wie leistungsfähigen Mitarbeitern. Da konnten die Räumlichkeiten eng sein; der Aktenhaltung wurde keine Priorität eingeräumt. Wichtig war vor allem, dass die Kommunikation im
engsten Kreis reibungslos ablief.

Die Umbauten in Kohls Bürotrakt waren noch nicht beendet,
als die Nachricht vom Rücktritt Kurt Biedenkopfs als Generalsekretär für einige Überraschung sorgte. Sie hielt sich jedoch in
Grenzen, da dieser Schritt nach Lage der Dinge absehbar gewesen war. Der Parteivorsitzende verharmloste den Verlust
und zeigte Verständnis für den Wunsch seines scheidenden Generalsekretärs, seine »wissenschaftlichen Arbeiten weiterzutrei-
ben«.[325] In Bonner Kreisen war aber die Rede davon, »dass sich
Kohl und Biedenkopf bis in den persönlichen Bereich hinein
auseinandergelebt« hatten.[326]

Seit dem Frühjahr 1976 war das Bestreben Biedenkopfs, eine

Spitzenposition in Nordrhein-Westfalen einzunehmen, unübersehbar geworden. Die Fortsetzung seiner Tätigkeit als Generalsekretär war damit nicht vereinbar. Im Bundestagswahlkampf hatte er bereits im Ruhrgebiet Akzente zu setzen versucht. Er bestritt dort eine aufwendige Kampagne mit der These, es bestehe im Revier eine »Filzokratie« zwischen SPD und Gewerkschaften. Er vertrat die Meinung, »in den Großbetrieben an der Ruhr habe kaum ein Arbeitnehmer eine Chance, einen Kindergartenplatz für den Familiennachwuchs, eine Werkswohnung für sich oder einen Altenheimplatz für die Eltern zu ergattern, wenn er nicht zuvor der SPD oder einer Gewerkschaft beitrete«.[327] In der überregionalen Presse fand seine Kritik ein breites Echo, nicht jedoch bei den Wählern im Revier. Denn Biedenkopf mochte mit seinen Anklagen vielleicht recht haben, aber die Betroffenen legten nicht den geringsten Wert darauf, in der Öffentlichkeit als Opfer roter Unterdrückung dazustehen. Das war mit der Mentalität der Menschen an Rhein und Ruhr nicht vereinbar. Dafür hatte der Theoretiker der »Neuen Sozialen Frage« allerdings kein Gespür gezeigt.

Dem Parteivorsitzenden Kohl konnten die Bestrebungen seines Generalsekretärs, sich in Nordrhein-Westfalen eine Hausmacht zu verschaffen und von dort an die Spitze zu kommen, schon seit Längerem nicht gleichgültig sein. Lange Zeit drangen jedoch keine Einzelheiten nach draußen. Im Zusammenhang mit seinem Bericht in der »Süddeutschen Zeitung« über den Düsseldorfer Parteitag im März 1977 konnte Hans Ulrich Kempski jedoch ein interessantes Detail mitteilen. Er schrieb, Kohl habe Biedenkopf verdächtigt, »aktiv gegen ihn zu agieren, und zwar in heimlicher Kumpanei mit Strauß«.[328] Diese Nachricht hatte Kempski wahrscheinlich von Kohl selbst erhalten. Denn in seinen »Erinnerungen« schreibt dieser, Biedenkopf habe ihm gegenüber einen »Vertrauensbruch« begangen, und zwar zu Ostern 1976. Der Generalsekretär habe nach einem

Treffen mit Kohl in dessen Urlaubsort in den Alpen Station bei Franz Josef Strauß in München gemacht. Der CSU-Vorsitzende habe daraufhin Kohl vor seinem wichtigsten Mitarbeiter gewarnt: »Pass auf mit deinem Generalsekretär! Der is net sauber! Glaub net, dass der dein Mann is!«[329]

Auf dem Parteitag selbst machte Biedenkopf deutlich, dass das Tischtuch mit Kohl zerschnitten war. Das geschah nicht im frontalen Angriff in Form einer Abrechnung, sondern sorgsam verpackt, aber für die Presse kenntlich gemacht. Denn der Generalsekretär sprach davon, dass »die Entscheidung politischer Konflikte« in Zukunft nicht mehr »hinter verschlossenen Türen« stattfinden werde. Vielmehr forderte er: »... dass wir die Fragen, die wir als Problem erkennen, in unserer Partei darlegen müssen.«[330] Das war keine Aufforderung zur Geschlossenheit der Partei, sondern die Ankündigung kontroverser Debatten, die Umwandlung der Partei in ein permanentes Diskussionsforum. Ob der Parteitag diesen Positionswechsel Biedenkopfs von der Spitze in die Gegnerschaft zum Vorsitzenden Helmut Kohl verstanden hat, muss offenbleiben. Sein Name hatte jedoch noch so viel Zugkraft, dass er mit der dritthöchsten Stimmenzahl in den Vorstand gewählt wurde.

Beobachter glaubten, bei Kohl einen gewissen Zermürbungsprozess wahrzunehmen. Er wirkte selbst auf dem Presseabend nervös und ohne die sonst bei ihm anzutreffende ironische Distanz. Auf die Frage, ob er mittlerweile den Umzug von Mainz nach Bonn bereue, soll er »bösartig schroff« reagiert haben. Aber das Parteivolk hielt weiter zu ihm. Bei seiner Wiederwahl erhielt er rund 95 Prozent der Stimmen. Der »Stern« hatte zur Eröffnung des Parteitages orakelt: »Ist Kohl schon am Ende?«[331] Da äußerte sich Wunschdenken. Aber auch nach Abschluss des Parteitages blieb der Eindruck der Unentschiedenheit, eines nur bedingten Erfolges für Kohl. In der Presse wurde vermutet, ihm sei lediglich eine Frist gesetzt worden. Das Problem, das er zu lösen habe, sei die Verbindung des Parteivorsitzes mit der Führung der Fraktion und »ihren kleinen Königen und ihren sich härter darstellenden Gruppierungen«.[332] Er habe zwei Jahre Zeit erhalten – mehr nicht.

Die Opposition im Bundestag war kein Erfolgserlebnis. Sie bot viel Anlass zur Kritik, wenn etwa Abgeordnete sich um die Präsenz im Bundestag nicht kümmerten und so verhinderten, dass die Regierung eine Abstimmungsniederlage hinnehmen musste. Kohl hörte Vorwürfe von der Basis: Die Opposition habe »noch bei keiner einzigen Abstimmung unter Beweis gestellt, dass die Koalition nur zehn Mandate mehr« besitze.[333] Immer wieder forderte der Oppositionsführer bei der Finanz- und Rentenpolitik, aber auch bei der Frage der Arbeitslosigkeit und Energiepolitik von der Fraktion gründliche Vorbereitung, um die Debatte mit »äußerster Härte und Schärfe« führen zu können. Kohl hoffte sogar, dass die Opposition im Laufe des Jahres 1977 »das Gesetz des Handelns hier im Hause« an sich reißen könne.[334] Es blieb bei der Hoffnung. Mitunter gab die Fraktion im Bundestag ein »unglaubliches Bild« ab.

Ein weiteres Problem, mit dem Kohl zu kämpfen hatte, war die Kritik von Fraktionsmitgliedern, die nachträglich gegenüber Journalisten an Beschlüssen der Fraktion geübt wurde. Wiederholt hatte sich Kohl dagegen gewandt und gefordert: »Wer Kritik hat, hat sie hier in diesem Raum zu üben.«[335] Aber das war in den Wind gesprochen. Die Versuchung, im Pressegespräch den Ärger loszuwerden, war stärker. Kohl selbst hielt es für illusorisch, Interviews »mit diesem oder jenem Organ der verfassten öffentlichen Meinung« zu machen. Es nutze nichts, sich mit diesen Leuten zusammenzusetzen und ihnen besondere Informationen zu geben. Seine Skepsis war begründet. Er erinnerte seine Kollegen an Umfragen vom August 1976, aus denen klar hervorginge, dass »zwei Drittel der befragten leitenden Journalisten verschiedenster Art – Rundfunk, Fernsehen, Presse – damals den Sieg der Regierungskoalition wünschten«. Ein halbes Jahr später kämpfte die Regierung »ums nackte Überleben«. Das schmerzte die Journalisten, die sie unterstützten. Diese mussten dauernd über den Ärger in der SPD berichten, etwa über konservative Genossen wie den Münchner Oberbürgermeister Georg Kronawitter, der im Unfrieden aus der Partei ausschied, oder den Juso-Vorsitzenden Klaus Uwe Benneter, der als Propagandist der Theorie vom »staatsmonopolistischen Kapitalismus« für Unruhe sorgte. Was sich diese Journalisten von einem Gespräch mit frustrierten CDU-Abgeordneten erhofften, war für Kohl vollkommen einsichtig: »Die warten doch auf ein Gottesgeschenk aus dem Lager der Union, damit wir die entsprechende Entlastung bieten.«

Kohl musste darauf bedacht sein, die Glaubwürdigkeit der Unionspolitik zu erhalten, und durfte nicht zulassen, dass die Fraktion und damit auch ihr Vorsitzender als Ziel für Heckenschützen dienten. Denn ein solches Verhalten zeige »eigentlich mehr Todessehnsucht als vernünftige Überzeugung«.[336]

Die Kritiker und Gegner Kohls blieben in Deckung und dachten nicht daran, der Aufforderung des Vorsitzenden zu folgen und ihre Beschwerden in der Fraktion vorzutragen. Nur ein Abgeordneter machte eine Ausnahme. Es war Jürgen Todenhöfer aus Rheinland-Pfalz. Schon am 8. Februar 1977 hatte er kritische Fragen zum Abschluss der Koalition in Niedersachsen gestellt. Er wollte wissen, was für »Nebenabreden« mit der FDP dort getroffen worden seien, und bemühte sich nach Kräften, die Koalition mit den Liberalen schlecht zu machen. Dabei zielte er nicht nur auf Ernst Albrecht, sondern auch auf den Fraktionsvorsitzenden Kohl selbst. Todenhöfer äußerte die Befürchtung, dass die Koalitionspolitik mit der FDP dazu führe, die nächste Zerreißprobe – anders als die gerade überstandene Krise mit der CSU – »innerhalb der CDU selbst« heraufzubeschwören. Das war eine ungeheure Drohung, die direkt aus dem CSU-Lager zu kommen schien. Kohl ließ sich auf keine Diskussion ein und bot Todenhöfer die Einsicht in das Koalitionsabkommen an, was naturgemäß auf wenig Interesse stieß. Denn es war dem Abgeordneten nur um die Polemik gegen die FDP gegangen.

Todenhöfer gab jedoch keine Ruhe; er begnügte sich nicht mit Hintergrundgesprächen, sondern erklärte in der »Welt«: »Die Opposition schläft.«[337] Notwendig sei vielmehr, die FDP »hart anzugreifen«. Diese Äußerung rief ein breites Presse-Echo hervor. Die CDU-Fraktionssitzung am 24. Mai 1977 wurde mit Spannung erwartet, zumal der Parlamentarische Geschäftsführer Philipp Jenninger zuvor von »Nestbeschmutzung« gesprochen hatte.

Es wurde eine lange Sitzung, eine Art »Generalbereinigung«, mit vielen Wortmeldungen und dem Bemühen des Vorsitzenden, keine Gräben aufzureißen.[338] Todenhöfer erhielt die Gelegenheit, seinen Standpunkt darzulegen. Er warf Kohl vor, die FDP nicht hart genug zu attackieren, sondern sie »mit Samthandschuhen anzufassen«. Die FDP werde nur umschwenken, »wenn sie« müsse, »weil sie in Existenzangst« komme. Das klang ganz nach Franz Josef Strauß. Überhaupt ist es auffallend, dass sich die CSU bei dieser Herausforderung Kohls durch Jürgen Todenhöfer völlig zurückhielt, statt dem bedrängten Gesinnungsfreund zu Hilfe zu eilen. Nur ein Abgeordneter trat Todenhöfer zur Seite: Kurt Biedenkopf, der anmerkte, dass Kohl angesichts seiner »gerühmten Fähigkeit, Nachwuchstalente zu entdecken«, eigentlich »mit Wohlgefallen« die Präsentation Todenhöfers beobachtet haben müsse.

Zum Schluss fasste Kohl die Diskussion zusammen; er sprach sich für einen »kommod-zivilen« Umgang miteinander aus und umriss die politischen Alternativen: Entweder könne man versuchen, die Koalition »in den nächsten zwei Jahren zu kippen«, oder man müsse die andere Möglichkeit in Betracht ziehen, dass im Frühjahr 1979 zu überlegen sei, was mit Blick auf die Bundestagswahl 1980 getan werden müsse. Das hieß also, dass in zwei Jahren die Frage der Kanzlerkandidatur zu entscheiden sei.

Es ist kennzeichnend für die Situation der Union, dass Kohl schon 1975 auf diese Entscheidungsfindung aufmerksam gemacht hatte. Dabei war ihm bewusst, dass aufseiten der CSU die gleiche Überlegung angestellt wurde. Einen früheren Koalitionswechsel der Freien Demokraten schloss er zwar nicht aus, schätzte aber die Wahrscheinlichkeit gering ein: »Die FDP wird nur gezwungen sein, aus dieser Koalition auszuscheiden, wenn sie Angst hat, dass sie am nächsten Tag von der Flutwelle weggespült wird.« Er wird damals allerdings kaum vorhergesehen haben, dass dieser Wechsel erst viel später, im September 1982, Wirklichkeit werden sollte.

Die Aussprache über die Attacke Todenhöfers auf der Fraktionssitzung im Mai 1977 hatte zur Reinigung der Atmosphäre beigetragen. Die kritischen Stimmen in der Presse wurden gedämpfter. Aber die politische Situation blieb für die Opposition unbefriedigend. Kohl war zudem ein Mann, dem das Regieren stets mehr gelegen hatte, als im Parlament die Regierung zu kritisieren. Daher suchte er nach Betätigungsmöglichkeiten außerhalb des Bundestages.

Hier boten sich die Universitäten an. In der Mitte der Siebzigerjahre gehörten die Studentenunruhen bereits der Vergangenheit an, doch die Situation an den Hochschulen war von einem geregelten Lehrbetrieb oft noch weit entfernt. Das hochschulpolitische Umfeld wurde an vielen Universitäten von den K-Gruppen bestimmt, die zwar miteinander konkurrierten, aber politischen Aktivitäten außerhalb des linken Spektrums entschlossenen Widerstand entgegensetzten.

Kohl war nicht entgangen, dass die Freiheit von Forschung und Lehre vielerorts beeinträchtigt wurde – Grund genug für den Oppositionsführer, durch sein Auftreten in Universitäten das Meinungsklima zu testen und das beschwichtigende Abwiegeln der sozialliberalen Koalition in Sachen Hochschulpolitik Lügen zu strafen. Die öffentliche Aufmerksamkeit war ihm in jedem Fall sicher.

Im Januar 1976 sprach er im überfüllten Auditorium Maximum der Universität Freiburg. Polizei musste ihm den Weg bahnen, aber er konnte sich gegenüber Sprechchören und Zwischenrufern behaupten. »Ich konnte auch in Freiburg zu Ende reden«, stellte er im Rückblick fest. Er rechtfertigte die Veranstaltung mit dem Argument, den Radikalen nicht die Hochschulen überlassen zu wollen: »Wir müssen unsere Karte abgeben, auch wenn wir einmal einen Farbbeutel oder einen Schlag abbekommen.« Sein Auftritt in Freiburg war nicht zuletzt deshalb ein Erfolg, weil die große Mehrheit des Publikums Kohl hören wollte und sich letztlich gegenüber den Störern mithilfe der Polizei durchsetzen konnte.[339]

In Berlin traf er ganz andere Verhältnisse an. Eine Rede im Auditorium Maximum der Freien Universität wurde durch einen bürokratischen Trick verhindert. Daraufhin zog der veranstaltende RCDS, der Ring Christlich Demokratischer Studenten, in die Technische Universität um. Das Auditorium war jedoch »besetzt«. Am Nachmittag hatte dort eine studentische Vollversammlung stattgefunden, deren Teilnehmer sich weigerten, den Saal zu verlassen. Kamerateams hatten selbstverständlich Drehverbot. Notgedrungen musste ein anderer Raum gesucht werden. Das hatte jedoch den Vorteil, dass die Linken nicht mitzogen. So kam eine »normale« Veranstaltung mit einer Ansprache Kohls und einer durchaus kritischen, aber sachlich bleibenden Diskussion zustande, die mit offenem Beifall für den CDU-Vorsitzenden endete.

Der Präsident der TU, ein ehemaliger Assistent des Faches Heizungstechnik, hatte für die Überlassung eines Saales an der

TU die Bedingung gestellt, dass auch er selbst zu Wort kommen müsse. Diese Ansprache hatte Kohl jedoch wegen der Niveaulosigkeit einigermaßen erschüttert. Nach seiner Ansicht stand der Präsident für das »linkssozialistisch, beinahe kommunistische Establishment, das unter der Herrschaft bestimmter Hochschulgesetze und bestimmter Regierungen in wichtige Ämter gekommen« war.[340] Das träfe, so Kohl, besonders auf die Berliner Verhältnisse zu. Man müsse sich »schaudernd abwenden«; denn es sei »eine Schande, wenn ein solcher Mann an einer deutschen Universität die Chance« habe, »Studenten jeden Tag zu beeinflussen und zu indoktrinieren«. Mit diesem Standpunkt überschätzte Kohl allerdings die Einwirkungsmöglichkeiten auch linker Präsidenten.

Der Zorn über diesen akademischen Würdenträger erklärt sich bei Kohl aus der veränderten Situation an den Hochschulen. Die Linken waren nicht mehr das Problem. Er erkannte »gegenwärtig eine psychologische Wendung an vielen Universitäten«, die sich aus der empfindlichen Verschlechterung der »Berufs- und Lebenschancen« der Studenten ergebe. Deshalb müsse man sich jetzt der Diskussion mit den Studenten »mit der inneren Bereitschaft stellen, ihnen in ihrer schwierigen Situation helfen zu wollen«.

Kohl hatte die Trendwende richtig eingeschätzt. Lehrermangel und offene Stellen in der Verwaltung wie in der Wirtschaft gehörten endgültig der Vergangenheit an. Es ist allerdings die Frage, ob auch die Studenten, die erfahrungsgemäß nur langsam von ihren Vorurteilen Abstand zu nehmen pflegen, diese fundamentale Verschlechterung ihrer Zukunftschancen auch schon erkannt hatten. Denn eine Änderung ihrer politischen Einstellung war noch nicht zu erkennen.

Der Terror der RAF

Das Jahr 1977 ist als Höhepunkt des linksradikalen Terrors in die bundesdeutsche Geschichte eingegangen. Die Mordanschläge veränderten das politische Klima. Eine »Umgründung der Republik« fand jedoch nicht statt. Der naive Fortschrittsglaube, dass alle Übel dieser Welt durch Reformen zu überwinden seien, erhielt allerdings einen Dämpfer. Für Kohl war freilich eine andere Erfahrung wichtiger. Er beobachtete eine »beinahe physisch spürbare Solidarisierung der Bürger mit ihrem Staat«.[341] Dieser Einstellung versuchte die Union, mit gesetzlichen Maßnahmen zur Bekämpfung der Rote Armee Fraktion gerecht zu werden, hatte aber damit wenig Erfolg.

Der Kampf gegen die terroristische Bedrohung stellte für die Politik eine Herausforderung dar, der sie bisweilen nicht gewachsen war. Die »klammheimliche Freude« über die Ermordung des Generalbundesanwalts Siegfried Buback, der in einem Göttinger Studentenblatt in besonders abstoßender Form Ausdruck verliehen worden war, empfand Kohl als unerträglich. Er forderte wiederholt Schritte gegen derartige Sympathiebekundungen, erreichte dadurch jedoch nichts.

Der Terror berührte Helmut Kohl nicht nur als Politiker und damit als Repräsentant des politischen Systems. Die persönliche Gefährdung spielte für ihn eine geringere Rolle. Ihn traf weit mehr, dass zwei der Opfer, Peter Lorenz und Hanns Martin Schleyer, seine persönlichen Freunde gewesen waren. Damit bekam seine Befassung als Politiker mit diesen Fällen ein anderes Gesicht. Denn die Entscheidung im Krisenstab für oder gegen die Erfüllung der Forderungen der Terroristen musste für ihn auch eine Entscheidung über Leben und Tod von Freunden sein. Im Falle Lorenz war die Lage relativ einfach. Es war die erste Entführung mit dem Ziel der Freipressung von Häftlingen gewesen. Für Kohl und die Union stand die Rettung des Lebens von Peter Lorenz im Vordergrund. Der Regierende Bürgermeister von Berlin, Klaus Schütz, vertrat den gleichen Standpunkt, während Bundeskanzler Schmidt »ablehnend gestimmt« war und sich deutlich zurückhielt.[342]

Die Geiselnahme Schleyers erhielt durch die Entführung der Lufthansa-Maschine »Landshut« am 13. Oktober 1977 in die somalische Hauptstadt Mogadischu eine ganz andere Dimension. Kohl stand unter schwerem Gewissensdruck. Schleyer hatte sich persönlich an ihn gewandt und ihn zum Handeln aufgefordert, um sein Leben zu retten. Die Familie Schleyer sollte ihm nicht verzeihen, dass er untätig blieb.

Die Familie Helmut Kohls hatte unter dem Druck des Terrors in den Siebzigerjahren besonders zu leiden, galt der Oppositionsführer doch als eine der am meisten gefährdeten Personen. Die Bedrohung führte zu Schutzmaßnahmen, die die persönliche Freiheit der Familienmitglieder enorm einschränkte. Haus, Garten und jedes Verlassen des Hauses unterlagen einer ständigen Kontrolle und Überwachung. Hannelore Kohl reagierte auf diesen Druck mit Sarkasmus. Sie pflegte zu sagen: »Jetzt habe ich keine Angst mehr vor Einbrechern.«[343]

Die Möglichkeit der Mitwirkung im Großen Krisenstab war für Kohl begrenzt. Denn es war die Stunde der Exekutive, und Helmut Schmidt war bemüht, aus dieser Ausnahmesituation politisches Kapital zu schlagen. Sein Biograf lobt das »Einfühlungsvermögen« des Kanzlers und die »große Aufmerksamkeit«, mit der er Helmut Kohl und Friedrich Zimmermann »bedachte« und sie sogar mit »zusätzlichen Informationen« versorgte.[344] Der Ernst der Lage hatte Schmidt jedoch keineswegs zu einer menschlichen Annäherung an den Oppositionsführer veranlasst. Dem »Spiegel«-Chefredakteur Erich Böhme war das aufgefallen. Er meldete nach Hamburg, bei der Auszeichnung des »Sonderkommando Landshut« der GSG 9 mit Bundesverdienstkreuzen für die erfolgreiche Befreiung der Maschine in Mogadischu habe der Kanzler Kohl »immer wieder an seine Seite« gezogen. Er durfte »nicht nur als Zweiter nach Schmidt ... sprechen, sondern auch die Hände der Ausgezeichneten schütteln«. Sollte dies eine Geste des Entgegenkommens gegenüber dem Oppositionsführer sein? Wohl kaum. Schmidt wusste, dass der riesige Zivilist Kohl neben ihm, dem kleinen »ehemaligen Flakoberleutnant und Verteidigungsminister«, keine gute Figur machte: »Während Schmidt, wenn sich die ausgezeichneten Soldaten bei ihm meldeten, jovial nickte, die Hand drückte und hin und wieder den Jungen väterlich wie ein Regimentskommandeur den Oberarm tätschelte, zuckte Kohl bei der Meldung jedes Mal erschrocken zusammen, drückte den Leuten die Hand und öffnete die Arme, als wolle er sie an die Brust drücken.«[345] Ob diese Darstellung wirklich zutreffend war, bleibe dahingestellt.

Das Jahr 1978 schien für Kohl ein ruhiges Jahr zu werden. Nach der fast gewonnenen Bundestagswahl 1976 war nun Halbzeit, und dramatische Zuspitzungen im Verhältnis zur CSU waren ausgeblieben. Gut unterrichtete Journalisten zeigten sich zwar skeptisch. Johannes Gross hielt Kohls Lage aber für nicht sonderlich bedenklich. Ihm war nicht entgangen, dass es einen »Affekt gegen Kohl« gebe. Der war in der »nicht recht leistungsfähigen, aber zugleich nörgelnd-unzufriedenen« Bundestagsfraktion zu Hause. Das bereite jedoch keine ernsthaften Schwierigkeiten, denn Kohl sei »Exponent, ja Symbol der CDU-Basis und des Funktionärskorps«, an deren Loyalität nicht zu zweifeln sei. Er könne von »Wettbewerbern gar nicht ausgestoßen werden«, weil er der Einzige sei, der die Führungsposition »unbedingt« wolle.[346] Carl-Christian Kaiser stellte demgegenüber in der »ZEIT« ein verbessertes Verhältnis fest zwischen der Fraktion und ihrem Vorsitzenden, die ihn »nicht mehr mit zugekniffenen Augen betrachtet, sondern ihn in wachsendem Maße zu respektieren« beginne. Zur Kontaktpflege habe Kohl bei den Landesgruppen »beharrlich die Runde gemacht«. Selbst das »Dauerduell mit Strauß« habe er »bisher ohne sonderliche Blessuren überstanden«. Es sehe also gut aus; je erfolgreicher er die Fraktion im Griff habe, »desto größer« seien »auch die Chancen für ihn, 1980 wieder zum Gipfelsturm antreten zu können«.[347] Aber es gab auch kritische Stimmen. Der »Rheinische Merkur«, alles andere als ein parteifernes Blatt, warnte: »Das elitäre Gehabe der Fraktion ... ist gnadenlos und zehrt an Kohls Nerven ... Wohl nur ein Übermensch kann die Fraktion in Zucht nehmen.«[348]

Kohl selbst beurteilte seine Position nach dem Sommerurlaub, den er wie gewohnt in St. Gilgen am Wolfgangsee verlebt hatte, durchaus optimistisch. Selbst die Krise um Hans Filbinger, der im August wegen seiner Tätigkeit als Marinerichter am Ende des Zweiten Weltkrieges als Ministerpräsident von Baden-Württemberg zurücktreten musste, konnte seine Zuversicht nicht beeinträchtigen. Kohl sah die Union bei etwa 50 Prozent, die Koalition 2 oder 3 Prozent darunter. Er zeigte unverhohlen seine Zufriedenheit und noch etwas mehr: »Etwas Fröhlichkeit darf auch dabei sein.«[349]

Nach der Sommerpause wurde es aber ungemütlicher. Die Landtagswahlen in Hessen und Bayern warfen ihren Schatten voraus. Deren Ergebnisse änderten freilich nicht viel. Was Kohl jedoch ärgerte, war die Begleitmusik des Wahlkampfes. Spannungen zwischen CDU und CSU waren immer wieder zu beobachten. Sie boten dem Gegner die Gelegenheit zu Spekulationen, wie lange die Union noch Bestand haben würde. Der Wähler stehe vor der Frage, erklärte Kohl vor der Fraktion: »Gehen die zwei wohl auseinander oder nicht?«[350] Mit solchen Zweifeln seien keine Wahlen zu gewinnen.

Was ihn aber ungewohnt scharf reagieren ließ, war das Verhal-

ten von Rainer Barzel. Dieser hatte im April die Einladung des
»Stern« zu einem ausführlichen Interview angenommen und
dem Magazin offensichtlich den Zeitpunkt der Veröffentlichung
überlassen. Es erschien Ende September, also während des Wahlkampfes in Hessen und Bayern und vier Wochen vor dem Bundesparteitag in Ludwigshafen. Der zentrale Punkt der Kritik
Barzels, der von den Medien begierig aufgegriffen wurde, bestand in dem Vorwurf, dass die Opposition zu lasch sei: »Noch
nie hat ein Bundeskanzler – was die Opposition betrifft – so
gemütlich regiert wie der jetzige.« Daher forderte er Kohl zu
mehr Aktivität auf: »Den Bundeskanzler Helmut Schmidt muss
man hetzen.«[351] Der im »Stern« Angegriffene, dem das Blatt
wiederholt sein bevorstehendes Ende angekündigt hatte, reagierte scharf und verbat sich »Kritik von Leuten, die in Wochen
an keiner Sitzung teilgenommen« hätten, »deren Mitarbeit sich
auf ein Mindestmaß beschränkt« habe und die sich bemüßigt
fühlten, »in ausgesprochen feindseligen Postillen ihre Dinge abzulassen«. Der Aufforderung zur Geschlossenheit folgte eine
Drohung: »Wer also glaubt, da aus der Reihe zu tanzen und eine
Funktion hat, muss damit rechnen, … dass ich die Fraktion bitte,
ihn von dieser Funktion zu befreien.«[352]

Geißler und der CDU-Bundesparteitag in Ludwigshafen

Der Bundesparteitag der CDU im heimatlichen Ludwigshafen
vom 23. bis 25. Oktober 1978 war als Erfolg für Kohl vorprogrammiert. Denn die Verabschiedung des Grundsatzprogram-
mes der Partei stand auf der Tagesordnung. Es war das Erste
seiner Art, und der Vorsitzende konnte mit Recht betonen, dass
das Zustandekommen vor allem auf sein eigenes Drängen zurückzuführen war. Das Programm, das die gesamte Partei diskutiert hatte, sollte ihre Geschlossenheit unterstreichen und die

Behauptung der politischen Gegner widerlegen, die Union sei ein opportunistischer Haufen, der kein anderes Ziel im Auge habe als die Rückgewinnung der Macht.

Alles deutete darauf hin, dass der Vorsitzende Helmut Kohl ein Heimspiel in Ludwigshafen haben würde, zumal Wahlen nicht auf der Tagesordnung standen. Tatsächlich aber entwickelten der Parteitag und sein Presseecho eine solche Dynamik, dass Kohl schließlich, wenn nicht als Verlierer, so doch als Beschädigter erschien.

Was war geschehen? Kohl eröffnete als Vorsitzender wie gewohnt den Parteitag und hielt eine sorgfältig ausformulierte Rede. Er begann mit einer scharfen Abgrenzung gegen parteiinterne Quertreiber: »Illoyalität ist kein Kavaliersdelikt, sondern Sabotage.«[353] Das zielte in Richtung Barzel. Dann folgte die Auseinandersetzung mit Helmut Schmidt, kritisch, aber ohne Entgleisungen. Sogar mit einem trefflichen Zitat von Max Weber konnte Kohl dabei aufwarten. Der Heidelberger Weise hatte in »Politik als Beruf« vor der Versuchung gewarnt, »selbst möglichst sichtbar in den Vordergrund zu treten«; dann sei man nämlich »stets in Gefahr, … zum Schauspieler zu werden«. Was lag näher, als bei diesem Satz an den »Staatsschauspieler« Schmidt zu denken, wie Franz Josef Strauß den Kanzler treffend zu bezeichnen pflegte?

Natürlich fehlte in Kohls Rede auch nicht die Ablehnung kommunistischer Lehrer, damals ein Standardargument der Union gegen linke Bildungspolitik, ebenso wenig die Versicherung, dass es weder Berufsverbote noch Gesinnungsschnüffelei gäbe. Kohl blieb aber nicht beim innenpolitischen Schlagabtausch, sondern zeigte viel Verständnis für die Nöte der jungen Generation, die von der Wirtschaftskrise besonders stark betroffen sei, und setzte sich schließlich mit Fragen der Umwelt, mit Energie und Wachstum und mit den Problemen der Dritten Welt auseinander. Selbst wenn man konzediert, dass Kohl vorbereitete Reden häufig eher lustlos vortrug, konnte diesmal niemand viel Anlass zur Kritik sehen.

Was Heiner Geißler im Anschluss bot, war jedoch kein Tätigkeitsbericht als Generalsekretär, sondern eine zündende große Rede, die die Delegierten begeisterte.[354] Geißler löste minutenlangen Beifall aus, als er sich mit der Behauptung des Kanzlers auseinandersetzte, die Opposition gefährde den äußeren und den sozialen Frieden. Hier lief er zu großer Form auf. Man müsse sich klarmachen, auf wen der Kanzler damit angespielt habe: »Er meint die Partei Konrad Adenauers, die Partei Ludwig Erhards und Kurt Georg Kiesingers, die Partei des Wiederaufbaus unseres Vaterlandes, die Partei der deutsch-französischen Aussöhnung, der atlantischen Gemeinschaft, die Partei der dynamischen Rente, die Partei der Vertragstreue und die Partei, aus deren Reihen im nächsten Jahr der Bundespräsident gewählt werden wird.« Und er setzte nach und fügte hinzu, das sage ein Kanzler, »der die bruttolohnbezogene Rente abgeschafft« habe, »dessen Regierungszeit durch Rentenlügen, Arbeitslosigkeit, Vertragsbruch und Wortbruch geprägt« sei. Hier hatte Geißler sein polemisches Talent vorgeführt, das fortan sein Markenzeichen werden sollte. Er sollte der SPD damit noch viele Schwierigkeiten bereiten und Willy Brandt schließlich zu der Bemerkung veranlassen, dass niemand seit Joseph Goebbels so gegen die SPD gehetzt habe wie Heiner Geißler.

Was der Generalsekretär bot, war knochenharte Oppositionspolitik, die Delegierte begeistern mochte, aber keineswegs ihrem Vorsitzenden zusagte. Schon im Juni 1974, in seiner strategischen Rede vor der gesamten Parteiführung, hatte Kohl sich ausdrücklich gegen eine Politik des »Draufhauens« ausgesprochen. Seinem politischen Stil entsprach die harte Konfrontation nicht. Darin stimmte er sogar mit Willy Brandt überein. Auch diesem wurde als Oppositionspolitiker vorgeworfen, »er produziere zu viele politische Allgemeinheiten«.[355]

Die Rede Heiner Geißlers war die Sensation des Parteitages. Sie beherrschte die Gespräche, aber zugleich wurde so die Rede Kohls abgewertet. Rasch bildete sich das Urteil, es sei »eine exemplarisch schwache Rede« gewesen. Geißler hatte Kohl vielleicht gar nicht schaden wollen. Aber sein Ehrgeiz und die Aussicht, zum ersten Mal auf einem Bundesparteitag eine große Rede halten zu können, hatten alle Bedenken verdrängt. So kam eine Rede zustande, »die der Parteitag eigentlich von dem Vorsitzenden hätte hören wollen, eine Rede, bei der die Delegierten davon träumen konnten, die Macht sei greifbar nahe«, wie Friedrich Karl Fromme schrieb, die milde, umfassend gebildete Autorität der »Frankfurter Allgemeinen Zeitung«.[356] Sein Kollege Karl Feldmeyer, der Bonner Korrespondent des Blattes, urteilte wesentlich schärfer, allerdings erst im zweiten Anlauf. Sein erster Artikel, der über den Vormittag und die Reden von Kohl und Geißler berichtet hatte, war nüchtern und farblos ausgefallen. Von der unterschiedlichen Wirkung der Reden war noch nicht die Rede gewesen. Feldmeyer hatte sich beim Abfassen des Artikels offensichtlich nur auf die schriftliche Fassung der Reden gestützt und war gar nicht selbst in Ludwigshafen gewesen. Das ist übrigens ein keineswegs ungewöhnliches Verfahren für die journalistische Behandlung derartiger Anlässe.

Das Aufsehen, das die Rede Geißlers hervorgerufen hatte, ließ Feldmeyer aber nicht ruhen. Am nächsten Tag schob er einen Artikel nach und konstatierte nun: »Weithin Unzufriedenheit mit dem Vorsitzenden«.[357] Das angebliche »Trauma Helmut Schmidt« war dabei nur der Aufhänger. Feldmeyer wollte klarmachen, wie die Rede Kohls gewirkt habe: »Schulterzucken, vielsagendes, gedehntes Schweigen waren noch die zurückhaltendsten Kommentare.« Die Wirkung sei so katastrophal gewesen, dass man schon an den nächsten Parteitag dächte, da dort »auch die Parteispitze gewählt« würde. Das zielte direkt auf Kohl. Fortan gehörte Feldmeyer für die nächsten beiden Jahrzehnte zu den einflussreichsten Kritikern Kohls und favorisierte eine Zeit lang sogar Franz Josef Strauß. 1996 sollte er mit seinem Leitartikel über das »System Kohl« als nicht mehr verfassungskonformer Herrschaftsform Furore machen.

Es ist im Grunde bezeichnend für das labile Gleichgewicht in der CDU, dass eine einzige negativ ausgedeutete Rede ausreichte, sofort den Parteivorsitzenden infrage zu stellen. »Kohl ist am Ende« orakelte wieder einmal der »Stern«, aber das besagte nicht viel. Ernster war hingegen die Warnung des »Münchner Merkur« zu nehmen, Kohl dürfe nicht damit rechnen, »automatisch Kanzlerkandidat zu werden«.[358]

Dem »Spiegel« blieb es vorbehalten, die abenteuerlichste Deutung der Rede Kohls zu veröffentlichen. Da sie stellvertretend für viele Artikel des Magazins stehen kann, soll hier etwas näher darauf eingegangen werden. Seit den Sechzigerjahren hatte das Blatt die Reformpolitik des Mainzer Politikers Kohl interessiert und mit herablassendem Wohlwollen begleitet. Als dieser dann den CDU-Vorsitz übernahm, änderte sich schlagartig die Haltung. Nun war er nur noch der »Gulliver im fröhlichen Weinberg«, dem jede Qualifikation für die Bonner Politik abgesprochen wurde.[359] Seitdem begegnete Kohl dem »Spiegel«-Leser häufig als Werkzeug von Strauß, fast als dessen Golem, aber nicht mehr als ernst zu nehmender Spitzenpolitiker der Union und ihr Kanzlerkandidat. Auf diese Weise wurde das Bild Kohls systematisch verzeichnet. Es wurde ein tölpelhafter, unfähiger Politiker präsentiert und dem Leser zugleich suggeriert, wie viel intelligenter als dieser Provinzler er selbst sei, was Menschen im Allgemeinen und »Spiegel«-Leser im Besonderen gern hinnehmen.

Der »Spiegel«-Redakteur Jürgen Leinemann hatte die Aufgabe, die redaktionellen Beiträge zur Bonner Politik, in denen Strauß, Kohl oder Alfred Dregger ihr Unwesen trieben, durch Reportagen aufzulockern. Leinemann lieferte keine Informati-

onen, sondern konstruierte ein Zerrbild. Er montierte aus Satz-
fetzen und allen möglichen Assoziationen den Eindruck völliger
Unfähigkeit Kohls. Auf dem Parteitag habe er ein Bild des Jam-
mers geboten. Er habe »immer mutloser gegen sein eigenes
Manuskript« angekämpft. Das Ergebnis sei eindeutig gewesen:
»Helmut Kohl, der gewöhnlich in drei Minuten das Gesten-
Repertoire eines ganzen Dick-und-Doof-Filmes herunterham-
pelt, verkriecht sich fast hinter dem Rednerpult.« Einen solchen
Satz gilt es, auf sich wirken zu lassen. Wie es der Riese Kohl
schafft, hinter dem Rednerpult zu verschwinden! Eine derartige
groteske Verzeichnung war notwendig, um den Lesern zu sug-
gerieren, der Kanzlerkandidat der Union sei »ausgebrannt«, sei
»misstrauisch geworden, isoliert und unkommunikativ«.[360]

Diese Probe von der »Genauigkeit« des »Spiegel« mag genügen. Ein anderer Gesichtspunkt verdient mehr Aufmerksamkeit. Der Parteitag hatte die Aufgabe, das erste Grundsatz-
programm der Partei zu beschließen. Alles deutete auf einen
ruhigen Verlauf hin, und Kohls Eröffnungsrede hatte dem bewusst Rechnung getragen. Als aber Geißler eine Rede hielt, als
ginge es darum, einen Wahlkampf fulminant zu eröffnen, jubelten die Delegierten. Das war es, was sie hören wollten und was
sie befriedigte: die Konfrontation mit dem politischen Gegner.
Die immer wieder von Kohl dargelegte Strategie, dass es gelte,
auf die FDP zu warten, bis die Liberalen im eigenen Interesse
kommen würden, wurde nicht nur von Franz Josef Strauß, sondern auch von Teilen der CDU verworfen. So viel Geduld hatten
sie nicht. Sie wollten nicht warten.

Auf dem Düsseldorfer Parteitag Anfang 1976 waren sich die
Beobachter einig gewesen, dass die Partei Kohl eine Frist von
zwei Jahren eingeräumt hatte. Die Zeit war fast abgelaufen. Nun
rüsteten sich seine Gegner, den ungeliebten Kandidaten zu stürzen.

Die bitterste Niederlage

Nach dem Ludwigshafener Parteitag begann in den Unionsparteien eine Phase aggressiver interner Konfrontation. Das war nicht auf den Parteitag oder gar dessen Beschlüsse zurückzuführen. Freilich mag die dort ins Kraut geschossene Kritik an dem Vorsitzenden und seiner angeblich misslungenen Rede nicht ganz zufällig gewesen sein, bot sie doch seinen Gegnern einen willkommenen Anlass, um Kohls angebliche Unfähigkeit zu demonstrieren.

Im Frühjahr 1979 musste die Entscheidung fallen, wer die Union in den Bundestagswahlkampf 1980 führen sollte. In der CSU war die Niederlage, die Kurt Biedenkopf den Bayern vier Jahre zuvor zugefügt hatte, unvergessen. Damals hatte der Generalsekretär die Anti-Strauß-Stimmung nach dem Bekanntwerden seiner »Sonthofen«-Rede geschickt ausgenutzt, um Kohl als Kanzlerkandidaten durchzusetzen. Derartiges sollte sich nicht wiederholen. Es galt vielmehr, eine Kampagne von langer Hand vorzubereiten und durchzuführen, die schließlich Strauß als Kandidaten der Union zum Ergebnis haben sollte.

Scheinbar unabhängig davon musste in diesem Herbst eine weitere wichtige Personalfrage entschieden werden, denn am 23. Mai 1979 stand die Wiederwahl des Bundespräsidenten an. Der amtierende Bundespräsident Walter Scheel stand zwar für eine zweite Amtszeit zur Verfügung, aber ihm fehlten die Wahlmänner, denn die Union würde – das zeichnete sich bereits im Herbst ab – über die absolute Mehrheit in der Bundesversammlung verfügen. In Scheel sah diese Mehrheit jedoch nicht den populären sangesfreudigen Bundespräsidenten, sondern den heftig abgelehnten Repräsentanten der sozialliberalen Koalition. Sie lehnte daher Spekulationen ab, man könne mit der Wiederwahl Scheels auch die FDP zu einem Koalitionswechsel bewegen. Wer immer in der CDU derartige Hoffnungen hegte, musste zur Kenntnis nehmen: Da war etwas viel Wunschdenken im Spiel.

Bundestagspräsident Karl Carstens galt in Unionskreisen weithin als ihr Kandidat, wenn auch die Parteigremien darüber noch nicht abgestimmt hatten. Aber gegen ihn wurden von der SPD und verstärkt von den Medien Vorbehalte geäußert. Carstens sei nicht wählbar, weil er Mitglied der NSDAP gewesen sei. Die Kampagne zeigte Wirkung – nicht nur in der Öffentlichkeit, sondern auch in der Union. Strauß hielt sich zurück. Was noch mehr überrascht, war die Art, wie Kohl reagierte. Er äußerte nicht nur Bedenken, sondern ließ Carstens durch Gerhard Stoltenberg »nahelegen«, auf seine Kandidatur zu verzichten.[361] Am Sachverhalt ist nicht zu zweifeln, denn der Bundespräsident selbst hat in seinen Erinnerungen über den Schritt berichtet. Dass daraus nichts wurde, war der Eigeninitiative von Friedrich Zimmermann, dem Vorsitzenden der CSU-Landesgruppe, zu verdanken, der Carstens bewog, an der Kandidatur festzuhalten.[362]

Die Vorwürfe waren nicht stichhaltig. Aus den Unterlagen ging hervor, dass Carstens nur auf Druck seines Vorgesetzten nach einigen Verzögerungsmanövern den Antrag auf Aufnahme in die NSDAP gestellt hatte, aber gar nicht aufgenommen werden konnte, weil er in der Zwischenzeit bereits zur Wehrmacht eingezogen worden war. Die publizistische Darlegung dieses Sachverhalts in einigen überregionalen Zeitungen erwies sich als hilfreich, mehr noch aber die von dem rührigen CSU-Pressereferenten Norbert Schäfer gestreute Nachricht, auch Walter Scheel sei Parteimitglied gewesen. Dieser habe davon freilich nichts gewusst, denn seine HJ-Oberen in der Hitlerjugend, hatten während des Krieges für ihn den Antrag gestellt. Mit diesem Gleichstand in Sachen Parteimitgliedschaft beruhigte sich dann der Streit.

Hermann Josef Abs, der große alte Mann der Deutschen Bank, rief in jenen Tagen Heiterkeit hervor, als er erzählte, man habe ihn gefragt, ob er nicht Bundespräsident werden wolle. Darauf habe er geantwortet, das ginge nicht: »... denn ich war doch nicht in der Partei!«

Warum aber bezog Kohl so deutlich gegen Carstens Stellung? Dafür gibt es keine eindeutige Erklärung. Es ist absolut unwahrscheinlich, dass er für die Wahl Scheels eintrat, um damit einen Koalitionswechsel der FDP in die Wege zu leiten. Es gab wohl Stimmen, die Derartiges empfahlen, aber Kohl selbst hatte wiederholt solche Spekulationen entschieden zurückgewiesen.

Es ist aber auch möglich, dass die Intervention bei Carstens zugunsten von Richard von Weizsäcker erfolgt ist. Dieser hatte 1974 chancenlos gegen Walter Scheel kandidiert. Hatte Kohl ihm versprochen, dass er bei der nächsten Wahl eines Bundespräsidenten an der Reihe sein würde?

Am 24. Mai 1977 hatte Kohl vor der Fraktion daran erinnert, dass Weizsäcker 1974 »in einer Wahlentscheidung, in der nicht viel zu holen war«, der Kandidat der Union gewesen sei, und hinzugefügt: »Und wir werden ihn 1979 wiederum, wie ich hoffe diesmal unter günstigeren Perspektiven, zu unserem Kandidaten benennen.«[363] Wann er diesen Plan aufgab – oder genauer – aufgeben musste, ist ungewiss. Mit Sicherheit hatte es mit der entschiedenen Ablehnung Weizsäckers durch die CSU zu tun.

Wenn Weizsäcker nicht als Nachfolger Scheels infrage kam, musste ihm ein Ausgleich geboten werden. Kohl wusste genau, wo er einzusetzen war. Im September 1978 hatte Kohl den Berliner CDU-Vorsitzenden Peter Lorenz mit viel Mühe bewegen können, auf den Spitzenplatz in Berlin zu verzichten und diese Position für Weizsäcker frei zu machen.[364] Er hatte sich große Mühe gegeben, obwohl er wusste, dass Weizsäcker ihm gegenüber sehr kritisch eingestellt war. Dieser warf ihm mangelndes Aktenstudium und eine zu weitgehende Konzessionsbereitschaft gegenüber der CSU vor. Weizsäcker sah es als einen Fehler an, dass Kohl nach dem Kreuther Trennungsbeschluss zu schnell eingelenkt habe. Man hätte anders taktieren müssen, »um Kreuth am Leben zu erhalten und endlich den Weg nach Bayern freizubekommen«.[365] Weizsäcker war also für die offene Konfrontation eingetreten und wollte schon 1976 die Trennung von der CSU durchfechten, während Kohl bis zur Selbstverleugnung für die Einheit der Union gekämpft hatte.

Trotz der kritischen Einstellung Weizsäckers ihm gegenüber wusste Kohl dessen politische Attraktivität richtig einzuschätzen, indem er ihm den Startplatz für den Kampf um Berlin verschaffte. Weizsäcker sollte dort das wiederholen, was Ernst Albrecht 1976 in Hannover gelungen war, nämlich die CDU zur stärksten Partei zu machen, mit der FDP zu koalieren und so den Weg für einen Koalitionswechsel in Bonn zu ebnen. Weizsäcker wurde die Entscheidung für Berlin leicht gemacht. Er musste nicht einmal in Berlin die harte Oppositionsbank drücken, sondern konnte in Bonn bleiben und durch seine Wahl zum Bundestagsvizepräsidenten eine ihm angemessen erscheinende Vergütung in Empfang nehmen.

Karl Carstens vergaß Kohl nicht, dass er ihn zum Rücktritt von der Kandidatur hatte bewegen wollen. Nach seiner glatt im ersten Wahlgang erfolgten Wahl zum Bundespräsidenten fiel der Dank an Kohl recht zurückhaltend aus. Hier zeigt sich noch die Verstimmung, dass es nicht Kohl, sondern Zimmermann und die CSU gewesen waren, die ihm die entscheidende Hilfe geleistet hatten. Der gewählte Präsident dankte Kohl für die Unterstützung, »die ich durch Sie und die CDU in meiner politischen Arbeit gefunden habe. Ich denke dabei an viele freundschaftliche Empfehlungen und gute Ratschläge der letzten Wochen und Monate«.[366]

Auch wenn Richard von Weizsäcker im Jahre 1979 nicht als Kandidat für das Amt des Bundespräsidenten in Erscheinung trat, entstand kurz vor dem Wahltag eine Situation, die einen anderen Weizsäcker auf das Kandidatenkarussell beförderte. Ohne einen Weizsäcker schien eine Präsidentenwahl nicht möglich zu sein. Willy Brandt war angesichts der Chancenlosigkeit eines Kandidaten der Koalition auf die Idee gekommen, Marion Gräfin Dönhoff, die Chefredakteurin der »ZEIT«, als Kandidatin zu gewinnen. Mit einer liberalen, allseits geachteten und weithin bekannten Frau glaubte er wohl, eine Alternative zu dem oft kritisierten »Gekungel« der Parteien anbieten zu können.

Die Gräfin Dönhoff sah weniger die ehrenvolle Aufgabe als den mit dem Amt verbundenen Verlust ihres gewohnten Lebens. Was sie in leichte Panik verfallen ließ, war die Möglichkeit, dass sie tatsächlich gewählt werden könnte. Was wäre, so ihre Vorstellung, wenn »einige Leute vielleicht ungültige Stimmen abgeben würden, um dem Kohl ihr Misstrauen auszudrücken«?[367] Dieses Risiko wollte sie nicht eingehen. Sie suchte und fand einen Ersatz in dem ihrer Meinung nach weit besseren Kandidaten, dem Atomphysiker und Philosophen Carl Friedrich von Weizsäcker. Der Bruder Richard von Weizsäckers war von dem Gedanken durchaus angetan, wurde umgehend von Brandt und Genscher empfangen und sogar zu Bundeskanzler Schmidt nach Hamburg geflogen, aber schließlich lehnte er doch ab. Nun nominierte die SPD in höchster Eile Annemarie Renger, ihre frühere Bundestagspräsidentin, die viel Lob für ihre Kandidatur erntete. Für Kohl waren die Begegnungen mit ihr die »erfreulichsten während meiner Tätigkeit im Deutschen Bundestag«.[368] Die Wahlmänner der Union wählten aber Karl Carstens in eindrucksvoller Geschlossenheit.

Die Reaktion Richard von Weizsäckers auf die überraschende Kandidatur seines Bruders ist aufschlussreich. Tief beunruhigt bestürmte er Kohl, er müsse seinen Bruder von dem Plan abbringen, denn zwei Mitglieder der Familie Weizsäcker könnten nicht nacheinander Präsident werden.[369] Seine Sorge stellte sich zwar rasch als unbegründet heraus, aber die Episode lässt darauf schließen, dass Kohl Weizsäcker tatsächlich zugesichert hatte, der nächste Präsidentschaftskandidat der Union zu werden. Auch das persönliche Verhältnis muss noch intakt gewesen sein, sonst hätte Weizsäcker Kohl nicht um Hilfe gebeten.

Das Memorandum des Kurt Biedenkopf

Neben der teilweise heftig geführten Auseinandersetzung um die Kandidatur von Karl Carstens vollzog sich der Kampf um die Kanzlerkandidatur zunächst eher verdeckt, aber nicht weniger kontrovers. Um die Jahreswende 1978/79 kam die erste Attacke von Kurt Biedenkopf. Sie wies Züge des Absonderlichen auf. Am 10. Dezember 1978 hatte er noch ein einvernehmliches Gespräch mit Kohl geführt. Nichts deutete darauf hin, dass er unmittelbar vor Weihnachten eine Aktion in Gang setzen würde, welche die Entmachtung Kohls zum Ziel hatte. Es scheint, als habe er wieder den Minenhund spielen wollen, diesmal aber für die andere Seite. Kurz vor Weihnachten muss in der CSU-Führung der Entschluss gefasst worden sein, Kohl abzuhalftern – Biedenkopfs Vorstoß war ohne bayerische Rückenstärkung nicht denkbar. In der CDU kursierte sogar die Nachricht, kurze Zeit vor Absendung seines Memorandums habe es ein vierstündiges Gespräch zwischen Biedenkopf und Strauß gegeben.[370] Strauß wiederum zeigte sich gegenüber dem früher so scharf Kritisierten erstaunlich positiv und hatte in einem Interview kurz vor Weihnachten Biedenkopf sogar Kanzlerqualitäten zugesprochen.[371]

In dem Memorandum Biedenkopfs, dessen Abdruck die »Die Welt« zwei volle Seiten widmete, verpackte der »kleine Professor« – das launige Strauß-Bonmot wurde damals häufig in der

Presse verwendet – seine Kritik an Kohl und die Forderung nach seinem Sturz in langatmigen Ausführungen zur politischen Lage. Im Kern ging es um die Trennung von Partei- und Fraktionsvorsitz. Kohl sollte nur die Führung der Partei belassen werden. Die Notwendigkeit zu dieser Operation ergab sich für Biedenkopf aus der gegenwärtigen Lage. Mache man so weiter wie bisher, so sei »nach Auffassung aller sachverständiger Beobachter ebenso wie nach Meinung der Mehrheit der Mandats- und Funktionsträger die Bundestagswahl kaum zu gewinnen«. Wie er zu diesem Ergebnis gekommen war, wurde nicht mitgeteilt. Auch schwieg er sich darüber aus, wer denn der neue Fraktionsvorsitzende werden solle. Auguren wollten wissen, dass Biedenkopf entschlossen sei, »selbst den Fraktionsvorsitz zu übernehmen«.[372]

Auch vor Drohungen schreckte Biedenkopf nicht zurück. »Sollte Helmut Kohl sich außerstande sehen, auf die Fraktionsführung zu verzichten, … so müsste auf dem kommenden Wahlparteitag in Kiel die Frage der Vereinbarkeit der Funktionen des Fraktionsvorsitzenden und des Parteivorsitzenden durch den Parteitag entweder in Form eines gesonderten Beschlusses oder aus Anlass der Personalwahlen entschieden werden.«[373] Hier zeigt sich die Kurzsichtigkeit und Oberflächlichkeit seines Manövers schon überdeutlich. Kohl hatte viele Gegner, in der Fraktion wie überhaupt unter den »Stabsoffizieren« der Partei, aber immer die Mehrheit des Parteivolkes hinter sich, das ihn auf dem Parteitag mit Sicherheit nicht im Stich lassen würde.

Auch die Art, wie er sein Papier lancierte, ist für Biedenkopf bezeichnend. Er schickte das Memorandum kurz vor Weihnachten an Kohls Privatadresse, um so sagen zu können, der Vorsitzende sei informiert, obwohl dieser erst am 6. Januar 1979 aus dem Weihnachtsurlaub zurückkehrte und das »Weihnachtsgeschenk« Biedenkopfs vorher nicht gesehen hatte. In der Zwischenzeit versandte Biedenkopf den Text an eine Reihe von Präsidiums- und Vorstandsmitgliedern der Partei, sodass bei der üblichen Bonner Durchlässigkeit schon eine ganze Reihe von Eingeweihten einschließlich der nicht fehlenden Journalisten mit Spannung auf die Bundesvorstandssitzung am 11. Januar wartete. Es scheint, dass Biedenkopf mit seinem Papier nicht Anhänger sammeln und eine gezielte Aktion vorbereiten wollte, sondern es sollte wie der ins Wasser geworfene Stein wirken. Unabhängig von seinem Werfer sollten die so erzeugten Wellen das von ihm beabsichtigte Ergebnis erzielen.

In der Tat erzeugte das Memorandum in der Presse erheblichen Wirbel. Der »Spiegel« brachte eilends eine Titelstory mit dem Aufmacher »Kohl kaputt«; »BILD« wusste: »Kohl kämpft um seinen Kopf«. Zugleich ließ sich das Blatt von Biedenkopf erklären: »Ich will Kohl nur helfen.«[374]

Die Vorstandssitzung, für die ausnahmsweise einmal ein Wortprotokoll vorliegt, erinnert mehr an eine aufgeregte Professorenrunde als an die Sitzung des Spitzenorgans einer großen Volkspartei.[375] Da war viel von Missverständnissen die Rede. Biedenkopf erklärte wortreich seine angeblich uneigennützige, nur dem Parteiwohl gewidmete Überlegung. Allgemein wurde die »entstandene Situation« bedauert, und das Bestreben zur Schonung des eigentlichen Urhebers war überdeutlich.

Nur der Vorsitzende machte eine Ausnahme. Er wies auf die unglaublichen Einzelheiten des Vorgehens von Biedenkopf hin und zeigte sich verwundert: »Es mag sein, dass ich von einem anderen Stern komme, aber meine Vorstellungen von Spielregeln sind in diesem Vorgang elementar anders.« Für ihn war das Verfahren »in jeder Weise unerträglich«. Mit solchen Auseinandersetzungen wollte er nichts zu tun haben und nahm eine überraschende Gegenposition ein: »Ich bin kein Roboter, sondern ein ganz normaler Mensch, der auch davon lebt, dass er einmal Zuspruch bekommt und der schon registriert, wie das so eisig ist in diesem Amt.« Das ist eine bemerkenswerte Aussage, die einiges über Helmut Kohls Seelenzustand erkennen lässt. Vor einer Reihe von Jahren hatte er die Frage, ob er Kanzler werden wolle, durchaus positiv beantwortet, aber schon damals seine Abneigung gegen die unterkühlte Atmosphäre, die den Kanzler umgibt, zum Ausdruck gebracht. Nun war er vom Kanzleramt noch weit entfernt und musste schon erleben, dass das menschliche Klima in seiner eigenen Partei auf einen solchen Tiefstand absinken konnte.

Heiner Geißler stand voll aufseiten Kohls, zerpflückte die Argumente Biedenkopfs und scheute sich nicht, die wahren Urheber der Kampagne zu benennen. Ohne Rücksicht auf die im Bundesvorstand weitverbreitete Leisetreterei erklärte er, »dass von der CSU seit zwei Jahren systematisch bei allen wichtigen Gelegenheiten der Versuch unternommen wird, den Partei- und Fraktionsvorsitzenden der CDU personalpolitisch anzugehen und in seinem Ansehen herabzusetzen«.

Die Sitzung hatte ein überraschendes, aber für die Partei bezeichnendes Ergebnis. Denn die Erklärung Kohls, den Vorsitz der Fraktion beizubehalten, die Arbeit der Fraktion zu straffen und die nächsten Vorstandswahlen schon auf den Kieler Parteitag vorzuverlegen, wurde einstimmig – auch mit den Stimmen Kurt Biedenkopfs und seines rheinischen Kollegen Heinrich Köppler – angenommen. Das hieß allerdings nicht, dass die Personaldiskussion damit beendet gewesen und der Friede eingekehrt wäre. Denn die Medien setzten ihre kritische Berichterstattung über Kohl und seine schwindenden Chancen fort. Dort wusste man wahrscheinlich, dass die Kampagne der CSU weiterging. So konnte Karl Feldmeyer unverzüglich berichten, »dass nunmehr der Kredit, den die Partei Kohl einräumt, weitgehend ausgeschöpft« sei.[376] Eine Woche später hatten seine Zweifel zugenommen. Die Reform der Fraktionsarbeit könne nicht funktionieren, ein Koalitionswechsel der FDP sei nicht mehr zu erwarten und »heute weniger denn je« sei Kohl der Mann, »der

Helmut Schmidt aus dem Sattel heben und selbst Bundeskanzler werden könnte«. Daher sei der Vorsitzende »für viele in der CDU heute das zentrale Problem«.[377]

Andere Blätter urteilten etwas zurückhaltender, stimmten aber in der Tendenz überein. Sie alle rechneten mit dem Scheitern Kohls. Georg Schröder, der Senior unter den Bonner Journalisten, erinnerte an das Schicksal Ludwig Erhards, der gezeigt habe, »dass auch guter Charakter die Politik verderben könne. Trifft solches Wort auch auf Kohl zu?«[378] Mainhardt Graf Nayhauss hörte das Gras wachsen, sah Kohls Misserfolg voraus und wusste bereits: »Dann wird der Ruf nach Strauß immer lauter werden.«[379] Kurt Becker machte in der »ZEIT« das Schicksal Kohls von den bevorstehenden Landtagswahlen abhängig. Bestehe er diese Prüfung nicht, trete »wohl Ende April das Scherbengericht zusammen«.[380] Wenn nicht offen das Scheitern vorausgesagt wurde, blieb doch Pessimismus vorherrschend.

Der Kieler Parteitag Ende März 1979 brachte keine Entlastung. Die Stimmung schlug nicht zu Kohls Gunsten um. Zudem gab es ärgerliche Pannen. Der Presseabend, der in einem malerischen Museumsdorf geplant war, musste verlegt werden, weil die Heizung der noch winterlichen Witterung nicht gewachsen war. Bei der ausgeprägten Larmoyanz der Presse kein guter Auftakt. Eine vom Generalsekretär geplante Stimmungsrakete erwies sich als Rohrkrepierer. Als Geißler ein Ballett barbusiger Mädchen aus Paris einfliegen ließ, wollte er sicherlich auch provozieren, aber nicht einen Skandal auslösen. In diese Richtung ging jedoch der Protest vor allem weiblicher Parteitagsdelegierter. Eine Dame verließ aus Protest sogar den Saal. Es ist leicht vorstellbar, wie Kohl über solche unliebsamen Zwischenfälle tobte. Selbst in den »Erinnerungen« ist der Zorn über die »strategische Meisterleistung« des Generalsekretärs noch zu spüren.[381] Ansonsten unterblieben auf dem Parteitag alle Versuche zu offener Kritik. Denn die Angriffe gegen Kohl wurden stets durch die Presse lanciert und beriefen sich auf die Stimmung in der Partei und die dort herrschende mangelnde Siegeszuversicht, ohne jedoch konkret zu werden. Kein Kritiker kam aus der Deckung heraus. Nur bei der Wiederwahl des Vorsitzenden machte sich die Missstimmung bemerkbar: 82 Delegierte stimmten gegen Kohl, er wurde mit 83,38 Prozent der Stimmen gewählt. Das war neu für ihn; er hat es als »herben Denkzettel« gewertet.

Der Verzicht auf die Kanzlerkandidatur 1979

Aber auch nach dem Parteitag gab es keine Ruhe. Walther Leisler Kiep und Richard von Weizsäcker betonten in Rundfunkinterviews, die Wiederwahl Kohls sei nur so zu interpretieren, dass sie nicht als Vorentscheidung für die Kanzlerkandidatur zu verstehen sei. Die »Frankfurter Allgemeine Zeitung« griff ausdrücklich diese Meldungen auf, und »BILD« mutmaßte, dass hinter dem Lächeln von Ernst Albrecht ein »eisenharter Ehrgeiz« stecke.[382] Es hat den Anschein, als ob hier bereits versucht wurde, Albrecht als Kanzlerkandidaten aufzubauen.

Es war eine eigenartige, für die Union jedoch nicht neue Situation. Alle zeigten sich überzeugt, dass Kohl es nicht schaffen würde. Eine Debatte darüber, ob er vielleicht doch Chancen hätte, fand gar nicht erst statt. Wer sich äußerte, wusste genau, dass es mit Kohl keinen Zweck mehr habe. Er selbst hatte vor der Fraktion im Januar 1979 noch gegen den um sich greifenden Defätismus anzukämpfen versucht. Er erinnerte daran, wie im Frühjahr 1976 in den eigenen Reihen der gleiche Kleinmut geherrscht habe. Schon damals hatte es geheißen, Helmut Schmidt sei nicht zu schlagen. Er selbst hatte das energisch bestritten und die persönliche Auseinandersetzung mit dem Kanzler erfolgreich gewagt. Das Ergebnis hatte ihm Recht gegeben.

Für die Bundestagswahl 1980 – so Kohls Prognose – plane die SPD, eine reine Kanzlerwahl zu inszenieren, mit dem Ziel, »dass die Parteien abgedrängt werden vom Kanzler«. Denn die Parteien, vor allem die SPD, böten zu viele Schwachstellen; allein der Kanzler solle glänzen. Kohl konnte dazu nur sagen: »Wir müssten verrückt sein, wenn wir uns auf diese Form der Auseinandersetzung einlassen.« Als ein Mann, der imstande war, seine eigene Lage zu reflektieren, waren ihm die Schwierigkeiten seiner Stellung als Oppositionsführer voll bewusst. Er machte sich keine Illusionen. Über die zweifelnden Fragen, die ihm gegenüber oft geäußert wurden, warum er es nicht genauso mache wie einst als Regierungschef, konnte er nur nachsichtig lächeln. Ein Regierungschef habe viele Einwirkungsmöglichkeiten, »ein Oppositionsführer« sei »weit mehr auf Überzeugung und auf Mitmachen, das Mitmenschliche angewiesen«. Dass es daran mangelte, hatte er immer wieder erfahren müssen. Angesichts der Kampagne gegen ihn konnte er die Fraktion nur warnen: »Jeder muss hier wissen, wenn demontiert wird, wird nicht einer demontiert. Wir werden alle demontiert.«[383] Er erhielt von der Fraktion für seine eindringlichen Worte großen Beifall. Den Trend umzukehren, gelang ihm jedoch nicht.

Denn die »verfasste öffentliche Meinung«, also die rund 70 Prozent der Journalisten, die die sozialliberale Koalition unterstützten, schrieb im Sinne der Stärkung des amtierenden Kanzlers. Da war es leicht, den in den eigenen Reihen umstrittenen Kanzlerkandidaten Kohl als sicheren Verlierer abzustempeln. Diese Einschätzung passte zugleich hervorragend ins Konzept der Blätter, die Franz Josef Strauß nahestanden. Denn auch sie gingen von der Unschlagbarkeit Schmidts aus, es sei denn, Strauß würde gegen ihn aufgestellt. Abwägende Stimmen, ob denn Kohl wirklich so chancenlos sei, fehlten.

Im Mai 1979 rückte in der Presse die Kandidatur von Ernst Albrecht immer mehr in den Bereich des Möglichen.[384] Dagegen zeigte die CSU-Seite wenig Aktivität, da in den eigenen Reihen über die Frage einer Vierten Partei noch keine Klarheit erzielt worden war. Strauß hatte noch zwei Tage vor der Wahl des Bundespräsidenten eine »Denkpause bis nach der Europawahl« verkündet. Diese würde am 10. Juni stattfinden; es bestünde also kein Zeitdruck.[385] Das zeigte den Zögerer. Wie sein Stellvertreter Friedrich Zimmermann, der ihn am besten kannte, schrieb: »Er spielte stets mit dem Feuer, aber dann steckte er die Streichhölzer immer wieder weg.«[386] In dieser Situation fand sich ein Kreis von CDU-Abgeordneten zusammen, die die politische Lage erörterten. Zu ihnen gehörten Philipp Jenninger, Anton Pfeifer, Wolfgang Schäuble, Horst Teltschik, Olaf Baron von Wrangel, Richard von Weizsäcker und Manfred Wörner. Sie kamen zu dem Ergebnis, dass Kohls Kandidatur chancenlos sei und stattdessen Ernst Albrecht infrage käme. Jenninger hat dann wahrscheinlich mit Kohl selbst darüber gesprochen. Diese Bemühungen, die Kohl gegenüber loyal waren und vor allem eine Lösung der Krise herbeiführen sollten, werden wahrscheinlich Kohls Entscheidung zum Verzicht erleichtert haben.[387]

Die Dinge waren noch in der Schwebe, als am 23. Mai 1979 Karl Carstens im ersten Wahlgang zum Bundespräsidenten gewählt wurde. Bei herrlichem Wetter machte auf dem anschließenden Gartenfest das Gerücht die Runde, dass Ernst Albrecht als Kanzlerkandidat von der CDU bestimmt worden sei. Der wahre Kern des Gerüchts war unbestreitbar, aber der Beschluss war noch nicht gefasst worden. Zuvor hatte zwar eine Klausurtagung des CDU-Präsidiums in Ascheberg bei Münster stattgefunden, bei der aber nichts entschieden worden war. Wahrscheinlich wollte Kohl unmittelbar nach der Wahl des Bundespräsidenten am Nachmittag seinen Rücktritt erklären. Die CSU-Spitze empörte sich mit gewohnter bayerischer Verve, dass sie wieder wie 1975 hintergangen worden sei. Friedrich Zimmermann räumte später ein, dass das Gerede »schon am

Tage zuvor wie ein Lauffeuer« durch Bonn gegangen sei, und dass deshalb am nächsten Tag »Präsidium und der Vorstand zusammenkommen sollten, um Ernst Albrecht zu nominieren«.[388]

Wie konnte man sich dann am nächsten Tag derart empört geben? Vor allem, wo vonseiten der CSU seit Monaten daran gearbeitet worden war, die Kandidatur von Franz Josef Strauß durchzusetzen? Denn all die Planspiele der CSU um ein Bündnis mit der Bürgerpartei von Hermann Fredersdorf hatten doch nur dem Zweck gedient, das Konzept für den Sieg des Kandidaten Strauß bei der nächsten Bundestagswahl sicherer zu machen. Es war wohl eher so, dass die Empörung geschürt wurde, um Strauß endlich zum Handeln zu veranlassen.

Franz Josef Strauß, Friedrich Zimmermann, Edmund Stoiber und der Starjournalist des Springer-Konzerns Peter Boenisch zogen sich nach dem Gartenfest zur Beratung in die Godesberger »Klopfstuben« zurück. Bei den Beratungen spielte Boenisch, der damals zum Redaktionsstab der »Welt« gehörte, als sympathisierender Außenseiter eine wichtige Rolle, denn Springers Flaggschiff hatte sich schon seit Jahren intensiv für die Kandidatur von Strauß eingesetzt. Das eigenartige Herrenquartett wurde noch durch die CSU-Abgeordnete Michaela Geiger verziert.

Die Zusammensetzung zeigte die Zufälligkeit des Treffens. Nicht einmal der Pressesprecher war anwesend, der zu seiner großen Verwunderung am nächsten Tag erst stückweise herausbekam, dass man Strauß endlich dazu hatte bewegen können, sich als Kandidat »zur Verfügung zu stellen«. Während dieser schweren Überzeugungsarbeit mussten die bayerischen Recken so viel trinken, dass Zimmermann am nächsten Morgen ganz vergessen hatte, dass er für die Verbreitung der Siegesnachricht sorgen sollte.[389]

Was am 23. Mai 1979 noch als sehr wahrscheinlich gelten konnte, stand mit dem Vorstandsbeschluss der CDU vom 28. Mai fest: Ernst Albrecht war der Kanzlerkandidat der Partei; Helmut Kohl hatte verzichtet.

Sicher ist Strauß in der Bundesversammlung von prominenten CDU-Abgeordneten wie von einfachen Wahlmännern zur Kandidatur aufgefordert worden. Von der versprochenen Unterstützung war aber in der Vorstandssitzung am folgenden Freitag nicht mehr die Rede. Selbst Kurt Biedenkopf und Alfred Dregger stimmten der Nominierung Albrechts zu. In München soll Betroffenheit darüber geherrscht haben, dass diejenigen, »die am Mittwoch Strauß noch fest zuredeten, die Sternstunde zu nutzen, nicht für ihn gestimmt« hatten.[390] Mut zum Vertreten einer abweichenden Position scheint in den Führungskreisen der CDU Seltenheitswert gehabt zu haben.

Nach dem Votum des Bundesvorstandes für Ernst Albrecht stand für die Medien fest: Kohl war erledigt. »Kohls letztes Gefecht«, schrieb die »Süddeutsche Zeitung«; »Das Ende der Ära Kohl«, verkündete »Die Welt«. Am ausführlichsten schrieb aber Karl Feldmeyer in der »Frankfurter Allgemeine Zeitung« über den »Verschleiß eines Kanzlerkandidaten« und wusste dabei sogar »Stufen beim Abschied von Helmut Kohl« herauszuarbeiten.[391] Der Artikel verdient einiges Interesse, vertritt er doch in auffälliger Einseitigkeit die Position des CSU-Vorsitzenden. Mit der »handstreichartigen« Nominierung zum Kanzlerkandidaten habe Kohl 1975 die schiefe Ebene betreten. Den »schlimmsten Fehler« habe er im Wahlkampf 1976 begangen, als er sich nicht für das Münchner Motto »Freiheit oder Sozialismus«, sondern für die Halbheit »Freiheit statt Sozialismus« entschieden habe. Keine Rede davon, dass auch die abgemilderte Formel in der CDU nur schwer durchsetzbar gewesen war – wer nach Feldmeyer die Führung anstrebte, musste die Autorität haben, auch schwierige Dinge zu bewältigen, denn sonst geriete seine Glaubwürdigkeit überhaupt ins Schwanken. Deren Abnutzung habe sich bei Kohl dann in einem jahrelangen Prozess vollzogen.

Die Darstellung des Niedergangs von Kohl schloss Feldmeyer mit einer Breitseite ab. Was er über den Vorsitzenden und
die Fraktion schrieb, darf allerdings bezweifelt werden. Kohls
»Auftritte vor der Fraktion« seien oft »Monologe« gewesen,
»weil sie nach dem Urteil seiner Zuhörer nur ausnahmsweise
noch nicht Bekanntes, schon früher Aufgefallenes und Erörtertes vorzutragen hatten«. Diskussionen seien selten gewesen,
»denn zu diskutieren lohnte sich nach dem Urteil der Beteiligten
meist nicht. Denn ihnen brannte ein Thema auf den Nägeln«;
das war »die Unzufriedenheit mit diesem Fraktionsführer, der
sie nicht zu faszinieren vermochte«. Dies entsprach der Grund-
haltung der Kohl-Gegner in Fraktion und Presse: Sie wollten
fasziniert werden. Der Vorsitzende sollte in der Fraktion eine
Vorstellung geben, die sie so begeisterte, dass sie sich mit der
Oppositionsrolle abfanden.

Aus dem Studium der Fraktionsprotokolle ergibt sich ein
ganz anderes Bild. Kohl war ein ungemein engagierter Vorsitzender, der die Fraktion mit Temperament, Ironie und einem
erstaunlichen Wissen führte. Diskussionen waren in der Tat selten, aber nicht weil der Vorsitzende sie verhinderte, sondern
weil die grundsätzlich kritische Minderheit es vorzog, entweder
gar nicht anwesend zu sein oder zu schweigen. Ihre Kritikpunkte tauschten sie lieber mit Pressevertretern aus, die Kohl
immer aus dem Blickwinkel betrachteten, dass er nicht so wie
Strauß sei, und dabei verdrängten, dass der Bayer nie daran gedacht hatte, einen so aufreibenden Posten wie den Fraktionsvorsitz anzustreben.

Auf welchem Niveau Helmut Kohl die Fraktion führte, wird
erst im Vergleich mit seinem Nachfolger Alfred Dregger deutlich, einem Strauß-Anhänger, der sich in diesem Amt redliche
Mühe gab, aber an seinen Vorgänger nicht heranreichte. Man
kann es auch so ausdrücken: Die CDU/CSU hat nie – weder
vorher noch nachher – einen Fraktionsvorsitzenden gehabt, der

derart engagiert und zugleich differenziert seine Fraktion informiert und zugleich wirklich geführt hat wie Helmut Kohl.

Mit der Nominierung von Ernst Albrecht und Franz Josef Strauß als Kanzlerkandidaten setzten unendlich komplizierte Verhandlungen und Überlegungen ein, auf welche Weise nun einer von beiden als der gemeinsame Kandidat der Union bestimmt werden sollte. Es war keinesfalls so, dass sich Albrecht als Zählkandidat zur Verfügung gestellt hatte, der wusste, dass die Entwicklung auf Strauß zulaufen würde und die CDU wenigstens aus Gründen der Selbstachtung einen eigenen Kandidaten präsentieren musste. Bei dem ausgeprägten Selbstbewusstsein Albrechts kam eine solche Einschätzung nicht infrage. Er wollte als Kanzlerkandidat ins Rennen gehen, und ihm eilte schon der Ruf voraus, »dass er im Falle einer einmütigen Nominierung durch die eigene Partei gegenüber der CSU einen harten Kurs einschlagen würde«.[392] So dauerte es Wochen, bis am 2. Juli 1979 die gemeinsame Bundestagsfraktion als das Gremium zusammentrat, das den Kandidaten bestimmen sollte.

Weit interessanter als das zähe Feilschen über Quoren und Termine erscheint das Verhalten von Kohl in dieser Situation. Vergleichbares hatte er noch nicht erlebt. Seit dem Angriff Biedenkopfs zu Jahresbeginn musste er tatsächlich eine Demontage auf Raten hinnehmen. Zugleich wusste er, dass eine erneute Niederlage als Oppositionsführer bei den nächsten Wahlen sein politisches Ende bedeuten würde. Dafür kannte er seine Partei mit ihrer »Tradition in Personalquerelen« zu gut, um nicht zu wissen, dass sie Sieger sehen wollte.

Wie er in dieser Zwangslage agierte, ist eindrucksvoll und für sein Politikverständnis aufschlussreich. Am 29. Mai verabschiedete sich Karl Carstens von der Fraktion mit noblen Worten. Er zeigte sich dankbar, wie sie ihn als »neugebackenen Parlamentarier« gestützt und ihm geholfen hatte, und schloss mit den beschwörenden Worten: »Bleiben Sie zusammen!« Kohl antwortete ihm auf überraschende Weise. Er erinnerte an die Vorgeschichte, an die Auseinandersetzungen um den geeigneten Kandidaten, dass die »Wochen und Monate vor diesem Ereignis« auch für ihn »besonders schwierig« gewesen seien. Es hätte viele falsche Freunde gegeben, und »der Versuch der Desorientierung« sei gemacht worden. Mit der Wahl von Carstens habe er selbst »ein wesentliches Stück Freiheit an diesem Tag gewonnen, weil man auch in diesem Amt ... vor Pressionen steht, ... die nicht ganz einfach zu ertragen sind«.[393] Was meinte er mit dieser Andeutung?

Kohl hatte im vergangenen Winter immer wieder erleben müssen, dass man ihn auf den Posten des Bundespräsidenten abschieben wollte, um so die Konfrontation mit Strauß aus der Welt zu schaffen. Axel Springer gehörte zu den einflussreichen Befürwortern dieser Art von Problemlösung. Er drängte Kohl in mehreren Gesprächen dazu, das Amt des Bundespräsidenten anzustreben. Ein solcher Vorschlag passte zu Springer und seiner Konzernstrategie, die für Journalisten in einer Führungsposition die Ablösung bei hoher Abfindung vorsah, wenn sie sich seiner Meinung nach nicht bewährt hatten. So ähnlich dachte sich wohl der Verleger die Übernahme des Bundespräsidentenamtes durch Kohl. Diesem war das Insistieren Springers auf dieser Lösung »letztlich sehr unangenehm«, denn er wusste: »Nur vom bayerischen Ministerpräsidenten konnte diese Idee stammen.«[394]

Als ein weiterer prominenter Konfliktlöser trat Eugen Gerstenmaier auf, der hoch respektierte ehemalige Bundestagspräsident, der nach seinem erzwungenen Rücktritt durchaus nicht das Interesse an der Politik verloren hatte. Er wollte vermitteln, denn angesichts der Entschlossenheit der CSU, im Januar 1979 die Vierte Partei zu gründen, sah er die Siegchancen der Union schwinden. Strauß muss ihn ebenfalls um eine Intervention gebeten haben, denn Gerstenmaier antwortete ihm, er wolle Kohl

fragen, »ob er nach ernster Prüfung sich vielleicht doch ent-
schließen könnte, für die Villa Hammerschmidt zu kandidieren«.[395] Daraus wurde freilich nichts, hatte sich die Partei doch
schon zwei Monate zuvor auf Karl Carstens festgelegt.

Nachdenklich stimmt aber die Egozentrik der Beteiligten.
Natürlich vor allem die von Strauß, aber auch der anderen. Es
gehörte doch wirklich nicht viel Menschenkenntnis dazu, um
zu erkennen, dass der Vollblutpolitiker Helmut Kohl niemals
das Amt des Bundespräsidenten angenommen hätte. Aber fixiert
auf das Bemühen, Strauß behilflich zu sein und damit selbst vielleicht Vorteile zu erlangen, verdrängten sie vollständig diesen
zweifelsfreien Sachverhalt und ließen sich von dem Bayern ein-
spannen. Auf jeden Fall ist es nachvollziehbar, dass Kohl im
Rückblick erklären konnte: »Das, was ich an schlanken Erpressungsversuchen erlebt habe vor dieser Bundespräsidentenwahl,
das spottet wirklich jeder Beschreibung!«[396]

Nachdem er seinen Verzicht auf die Kanzlerkandidatur ausgesprochen hatte und damit von vielen Zwängen und Rücksicht-
nahmen befreit war, ging Kohl am 12. Juni 1979 vor der Fraktion rückblickend auf die Zumutungen der letzten Monate ein.
Seine Gegner in der CSU und der eigenen Partei hätten geradezu
auf Niederlagen bei den Landtagswahlen gewartet. Schon zuvor
hätten sie behauptet, so etwa in Schleswig-Holstein, »die Wahl
sei überhaupt nicht zu gewinnen; Dutzende solcher Äußerungen« habe es gegeben.[397] Die eigenen Leute hätten im Wahlkampf »gegen eine Stimmung anrennen« müssen, die von Journalisten verbreitet worden wäre, die ihre Instruktionen von der
Gegenseite erhalten hätten. Im Falle der tatsächlich eingetretenen Niederlage habe man sofort auf Kohl als deren Urheber
verweisen wollen.

Doch nicht nur diese Wahl wurde, wenn auch knapp, gewonnen, sondern auch die Europawahl am 10. Juni, die zugleich für
die Sozialdemokraten eine empfindliche Niederlage brachte.

Kohls Gegner hätten ihm immer wieder über die Medien mangelnde Autorität und Führungsschwäche vorgeworfen. Dazu nahm er nachträglich Stellung – kurz, aber überzeugend: »Diese mangelnde Führungskraft hat dazu beigetragen, dass wir jetzt diese drei Ereignisse siegreich bestanden haben.« Seine Verachtung gegenüber Fraktionsmitgliedern, die in Bonner Zirkeln und Kneipen den Pressevertretern die Ergebnisse der Parteiberatungen mitteilten, fiel deutlich aus: »Sie sollten sich zunächst einmal im Spiegel angucken, und zwar in dem richtigen, physikalisch zu verstehenden Spiegel – in dem anderen stehen sie ja sowieso schon drin und sollten sich schlicht und einfach schämen!« Denn was er von diesen Heckenschützen erlebte, war »der fortdauernde Verstoß gegen Treu und Glauben, gegen vernünftige Loyalität untereinander«. Für ihn war diese destruktive Haltung »das eigentliche Erbübel«. Diese Einstellung habe nichts mit Führung oder mangelnder Führung zu tun, es gehe vielmehr um etwas Grundsätzliches: »Sie können nur führen, wenn Sie ein Mindestmaß von Sach- und personaler Loyalität vorfinden!« Loyalität war ein zentraler Begriff seines Politikverständnisses. Zu Parteifreunden konnte man ein kameradschaftliches oder freundschaftliches Verhältnis haben, aber stets musste ein gewisses Maß an Loyalität vorhanden sein. Was er in der Konfrontation der letzten Monate vermisst hatte, für die Fraktion jedoch für lebensnotwendig hielt, war die »Kompromissfähigkeit«.[398]

Kompromisse zu schließen und diese auch einzuhalten, wenn es Schwierigkeiten gab, setzte die Bereitschaft zum gegenseitigen Verständnis voraus. Eine Fraktion zu führen, in der diese Fähigkeit gering oder gar nicht ausgebildet war, bedeutete eine ungeheure Anstrengung. Mit Strauß als Gegner hatte Kohl diese Partie nicht gewinnen können. Aber er war von der Notwendigkeit der Kompromissfähigkeit, die zugleich »auch mit einer gelebten Loyalität verbunden ist«, zutiefst überzeugt. Wer diese

Loyalität ihm gegenüber gebrochen, vielleicht mehrfach gebrochen hatte, hatte bei ihm ausgespielt. Der Bruch war dann endgültig.

Kompromissfähigkeit und Loyalität waren vor allem bei der Abstimmung über die Kanzlerkandidaten gefragt. Denn sie konnte zur »ärgsten Zerreißprobe« zwischen den beiden Parteien werden.[399] Es galt im Falle der Niederlage von Strauß vor allem den Bruch zu vermeiden, aber auch der CDU den Identitätsverlust ihres liberalen Flügels zu ersparen, der durch das Scheitern Albrechts drohte. Für letzteren Fall tauchten bereits Spekulationen auf, dass dann auch Kohls Stellung unhaltbar würde.[400] Begründungen dafür fehlten; es reichte aus, dass solche Behauptungen die Runde machten. Mit dem Verzicht auf die Kanzlerkandidatur hatte Kohl eine Frontbegradigung vollzogen. Das hieß aber nicht, dass der kritische Druck nachgelassen hätte. Nun galt es, sich für den Kandidaten Albrecht zu engagieren, ohne den Fraktionsvorsitz aufs Spiel zu setzen, und die Führung der CDU in der Hand zu behalten.

In dieser schwierigen Situation wurde Kohl einsilbig; lange Erklärungen vermied er. Zum eigenen Rücktritt von der Kandidatur ließ er sich nur den Satz entlocken: »Es ist ein Akt der Klugheit.«[401] Seine Taktik für die nächsten Wochen fasste er in einem banal klingenden Satz zusammen. »Es ist wichtig, sich jetzt richtig zu verhalten.« Das hieß, er musste mit allen Eventualitäten rechnen. Bei den anstehenden Auseinandersetzungen gab es viele Faktoren und so viele Unsicherheiten, dass es darauf ankam, geschmeidig den Angriffen auszuweichen und die eigenen Leute bei der Stange zu halten. Kohl musste der Fraktion eine Botschaft vermitteln, die eher emotional als rational bestimmt war. Auf jeden Fall war es schwierig. Schon am 29. Mai 1979 sprach Kohl davon, dass die Wahl von 1980 keineswegs verloren sei. Verlieren würden »nur jene, die heute jetzt sich das einreden, einreden lassen und zu einem Mittel der Politik machen«. Dafür erhielt er »starken Beifall«. Er fügte »mit großer Gelassenheit« hinzu: »Wer mit zynischen Überlegungen der blanken Macht, wie sie personalpolitischen Karussellspielen und Querelen eigen sein mögen, an die Fragen einer historischen Dimension einer Wahl, die 1980 herangeht, der muss scheitern.«[402] Um zu zeigen, um was es ihm ging, argumentierte er moraltheologisch: Streit sei in einer Fraktion, wie in der Familie, »normal, menschlich«. In einer »C-Fraktion« müsse man das nicht erläutern, »da es sich aus dem Prinzip der Erbsünde« ergäbe, erklärte er und fügte hinzu: »Aber das bedeutet nicht, dass man den Sündenfall auch noch genießt!« Kohls Sprache ist häufig mit christlichen oder katholischen Wendungen durchsetzt, die auch in die Alltagssprache übergegangen sind. Das zeigt seine Eingebundenheit in christliches Milieu und christliche Gedankenwelt. Hier aber wurde er grundsätzlich: Wer »den Sündenfall auch noch« genieße, sei schlecht, das seien »Zyniker des Untergangs«.[403]

Zwei Wochen später kam er wieder auf »bösartige Zyniker« zu sprechen.[404] Nun wurde deutlicher, wen er damit meinte. Es seien die Leute, die sagen: »Ich bin jetzt für diesen Kandidaten, ich sage zwar unter der Hand, der gewinnt nie die Wahl, aber ich bin dafür, damit vielleicht dann 1980 dieses Personalproblem gelöst ist nach dem Motto: ›Den sind wir los‹. Ich kann nur sagen, dies ist eine verbrecherische Haltung.« Um zu betonen, dass er dieses starke Wort bewusst gewählt hatte, wiederholte er es und verlieh ihm damit eine noch stärkere Bedeutung: »Ich verwende dieses Wort, es ist ein Verbrechen an unserem Wählerauftrag, am Geist der CDU/CSU, dem Geist des Anfangs dieser Union.« Tatsächlich war es noch mehr, wenn die Union nämlich bei diesen zynischen Machtspielen Schaden nehme: »Wenn es diese große politische Kraft der Mitte nicht mehr gibt, wird dieser Staat genuin eine andere Struktur haben. Das ist das eigentlich Schlimmste.«

Was meinte Kohl mit diesen eindringlichen Worten? Warum bezeichnete er es als verbrecherisch, was Parteifreunde wie Gegner im Nachhinein als ein wirksames Konzept betrachteten, um Strauß in die Niederlage zu schicken und ihn auf diese Weise endlich loszuwerden? So mag sich der Gesamtvorgang im Rückblick darstellen. Für Kohl jedoch ging es im Juni 1979 um mehr. Vor der Abstimmung über die Kandidaten trat er mit Nachdruck für eine Entscheidung ohne taktisches Kalkül ein, denn die Überzeugung des Einzelnen sollte maßgebend sein, wobei er bei einer solchen Einstellung der Abgeordneten mit einem Sieg Albrechts rechnete. Das bedeutete für ihn, dass er damit die Hoffnung auf das Kanzleramt begraben konnte. Eine solche Bereitschaft zeigt hinlänglich, in welchem Maße er seine Person hinter der sachlich gebotenen Entscheidung zurückstellte.

Helmut Kohl verfolgte in dieser Situation nicht seine eigenen Interessen, sondern ihm ging es um die Union, um »die große politische Kraft der Mitte«, die er in höchster Gefahr sah. Nur so erklärte sich seine Wortwahl, die für ihn ganz ungewöhnlich war. Ihn schreckten politische Entwicklungen, die er kommen sah, wenn eine Rechtspartei entstand, die einen Teil der Union aufnahm.

Es war kein Theaterdonner, den er provozierte, um gegen eine taktische Entscheidung zugunsten von Strauß Stimmung zu machen, die er selbst aber im Grunde herbeiwünschte, weil sie ihm als lachendem Dritten schließlich zugutekommen musste. Solche Überlegungen lagen ihm absolut fern, als er diese dramatischen Warnungen aussprach. Es wird bei ihm eine emotionale Tiefenschicht sichtbar, die bei dem sonst so rational planenden Politiker Kohl selten festzustellen ist. Sein eindringliches Engagement, sein Werben für eine ehrliche Entscheidung für einen der beiden Kandidaten zeigt, dass er die Bundesrepublik selbst gefährdet sah, dass es ihm um eine grundsätzliche Entscheidung ging, für die er mit den ihm zur Verfügung stehenden Argumenten kämpfte. Dieses unbedingte Eintreten für die Sache, die bei Kohl immer wieder hervortrat, wenn auch nicht so stark wie in dieser Situation, ist auch eine Erklärung für den Erfolg des Wahlkämpfers Kohl überhaupt. Er glänzte nicht durch geschliffene Reden wie sein Kontrahent Helmut Schmidt. Er beeindruckte die Menschen weniger durch das, was er sagte, sondern dadurch, wie er es sagte. Sie spürten, dass er persönlich voll dahinterstand und nahmen ihm das ab.

In den kräftezehrenden Auseinandersetzungen über die richtige Entscheidung gab es auch heitere Momente. Dafür sorgte einmal der Abgeordnete Manfred Abelein, ein konservativer Querdenker und Kritiker Kohls, der aber eine beachtliche Zahl von Abgeordneten um sich versammeln konnte. Abelein hob in der Fraktion zu einer kunstvollen Laudatio an, die Franz Josef Strauß als besten Kandidaten ausweisen sollte, und zählte auf, welche Qualitäten ein Kanzlerkandidat haben müsse. Da war die Rede von ausgewiesener Kompetenz im Bereich der Außenpolitik, der Wirtschafts- und Finanzpolitik. Es brauche ein »geschärftes soziales Gewissen und last but not least ein(en) Mann, der kämpfen« könne – alles Eigenschaften, für die Abeleins Favorit Strauß stand. Bevor er jedoch dessen Namen aussprechen konnte, kam der Zwischenruf: »Kittelmann!« Die ganze Lobeshymne zugunsten von Strauß ging in tosendem Gelächter unter.[405] Denn der Berliner CDU-Abgeordnete Peter Kittelmann, ein besonders lebhafter Vertreter jener liberalen Großstadt-CDU von spezifisch Berliner Prägung, mochte viele Vorzüge und Verdienste aufweisen, die jedoch mit der Aufzählung Abeleins nur wenig zu tun hatten.

Die entscheidende Abstimmung der Fraktion fand am 2. Juli 1979 statt. Es war eine Mammutsitzung, die erst kurz vor Mitternacht endete. 92 Abgeordnete hatten sich zu Wort gemeldet. Das Ergebnis war klar: Auf Strauß entfielen 135, auf Albrecht 102 Stimmen. Aber war das wirklich ein überzeugender Sieg für

Strauß? Wie viele »bösartige Zyniker«, um Kohls Worte zu gebrauchen, mochten für den CSU-Vorsitzenden gestimmt haben, um ihn endlich als Kanzlerkandidaten los zu sein? Angesichts der tiefen Gegensätze zwischen den beiden Parteien war abzusehen, dass die norddeutschen Landesverbände im Wahlkampf eher gebremst für Strauß kämpfen würden. Das hatte die CSU schon 1976 kritisiert, und es war sicher davon auszugehen, dass besonders die Niedersachsen sich für diesen Kandidaten kein Bein ausreißen würden.

Die wochenlangen Auseinandersetzungen hatten tiefe Gegensätze hervorgerufen. Es ging den Anhängern von Strauß nicht bloß um Albrecht, sondern mehr noch um Kohl. Sie behaupteten plötzlich, dass der eigentliche Verlierer Kohl hieße. Dieser müsse nun die Konsequenzen ziehen und zurücktreten. Als schließlich kurz vor Mitternacht der Vorsitzende und sein Stellvertreter Friedrich Zimmermann vor der Presse das Abstimmungsergebnis der Fraktion bekannt gaben, rechnete man bei der CSU fest mit der Rücktrittserklärung Kohls. Als sie nicht erfolgte, war die CSU-Spitze so überrascht, dass sie darüber rätselte, wer sie verhindert hatte. Man fand die Erklärung in dem wendigen Pressesprecher Eduard Ackermann, der Kohl ein helfendes Stichwort zugeflüstert hatte.[406] Dessen hätte es überhaupt nicht bedurft, denn Kohl gab vor der Presse eine ganz souveräne Erklärung ab, betonte, dass es zur Demokratie gehöre, »wichtige Entscheidungen, auch und zuletzt Personalentscheidungen, nach einer kämpferischen Auseinandersetzung per Abstimmung« zu erledigen. Das hatte er selbst unzählige Male erlebt; es war für ihn eine Selbstverständlichkeit, und daher bestand für ihn auch kein Anlass zum Rücktritt. Er hatte zwar Ernst Albrecht vorgeschlagen und war für ihn eingetreten, aber das umfasste nicht eine Identifikation mit dessen Schicksal. Es gehörte zu Kohls Grundsätzen, dass die Sachpolitik vor der

Personalpolitik Vorrang haben musste. Er hatte dies zwei Wochen zuvor etwas umständlich mit den Worten ausgedrückt, »dass die Sache gut geraten« müsse »und dass dann erst die eigene Person gut geraten« könne.[407] Auf die Situation nach seinem Verzicht auf die Kanzlerkandidatur übertragen, hieß das: Ernst Albrecht hatte das richtige Konzept vertreten, das unbedingt zu unterstützen war. Es war also eine Unterstützung weniger für die Person als für die Sache gewesen, und nur deshalb konnte Kohl taktische Manöver als »Verbrechen« bezeichnen, weil sie von der Sachfrage ablenkten und auf Personen fixiert waren.

Nachdem der CSU-Vorsitzende die Abstimmung für sich entschieden hatte, galt es für Kohl, die Zeit nach Strauß in den Blick zu nehmen. Da war das Rennen offen. Nachdem er diese schwere Krise durchgestanden hatte, konnte er mit weit besseren Erfolgsaussichten darangehen, sein seit Langem angepeiltes Ziel, die Kanzlerschaft, doch noch zu erreichen.

Im Herbst 1979 vertraute Kohl einem Journalisten an, es sei ein tiefes Tal gewesen, das er durchquert habe, und sprach in diesem Zusammenhang undeutlich von Demut, die da vonnöten gewesen sei.[408] Der Winter und das Frühjahr 1978/79 waren für ihn eine Zeit, die den Tiefpunkt seiner Politikerexistenz markierte. Er sah sich permanenten Angriffen ausgesetzt, gegen die er sich kaum wehren konnte. Denn Strauß und seine Anhänger griffen ihn nicht mit offenem Visier an, sodass er dagegen hätte Front machen können. Die Kritik wurde meist über die Medien vorgetragen und lief darauf hinaus, dass Kohl als Oppositionsführer unfähig sei und keine Chance habe, Helmut Schmidt nach der nächsten Bundestagswahl abzulösen.

In einer solchen Situation zeigte sich, wie undankbar das Amt des Oppositionsführers war. Schließlich ist es kein Zufall, dass Kohl der erste Politiker war, der von dieser Position aus Bundeskanzler wurde. Denn der Oppositionsführer ist zur Erfolglosig-

keit verurteilt, wenn ein einflussreicher Teil der eigenen Fraktion über die Medien verkünden lässt, er werde sein Ziel nicht
erreichen. Die besondere Schwierigkeit lag für Kohl darin, dass
es nicht ein Parteiflügel oder eine Gruppierung in der Partei war,
die ihn herausforderte. Dagegen hätte er notfalls mobilmachen
können. Ihm stand jedoch eine Gruppierung gegenüber, die
vor allem der Glaube einte, dass allein Franz Josef Strauß in der
Lage wäre, die Union an die Macht zurückzubringen, und dieser
Glaube war durch rationale Gegenpositionen nicht zu erschüttern.

Das zeigte am besten die Vernachlässigung der demoskopischen Befunde. Diese waren zwar eindeutig, wurden aber nicht
zur Kenntnis genommen. Bereits die innerparteilichen Auseinandersetzungen der letzten Monate hatten beim Wähler deutliche Wirkung gezeigt. Hatte die CDU/CSU bis zum Oktober
1978 etwa die gleiche Stärke wie bei der Bundestagswahl 1976
aufgewiesen, war also um die absolute Mehrheit herumgekreist,
fiel sie im Juli 1979 auf 46,1 Prozent zurück, während die SPD/
FDP-Koalition nun über eine klare Mehrheit verfügte.[409] Das
war bereits ein warnender Hinweis auf die nächsten Bundestagswahlen, denn der Dissens innerhalb der Union war keineswegs
aufgehoben. Interner Streit aber, das lehrte unerbittlich die Erfahrung, war der sicherste Weg in die Niederlage.

Wahlkampf für Franz Josef Strauß

Manchmal entwickeln sich die Dinge noch ungünstiger, als es
ohnehin zu befürchten war. Das traf auch auf die Kanzlerkandidatur von Franz Josef Strauß zu. Der Widerstand in der CDU
gegen den Bayern beruhte neben den Vorbehalten gegen seine
Persönlichkeit und seinen politischen Stil vor allem auf der
Wahrscheinlichkeit, dass er es nicht schaffen würde, gegenüber

dem auf der Höhe seines Ansehens stehenden Amtsinhaber Schmidt die absolute Mehrheit zu erreichen. Dafür sprachen die von der Demoskopie gelieferten Befunde eine zu deutliche Sprache. Das Feindbild der Medien, besonders des »Spiegel«, und die mangelnde Akzeptanz des Bayern im Norden ließen Strauß' Chancen gering erscheinen. Die zunehmenden Spannungen der internationalen Lage, die die Entspannung der Siebzigerjahre beendeten, verringerten noch zusätzlich seine Chancen. Die Revolution im Iran und die Geiselnahme des amerikanischen Botschaftspersonals in Teheran 1979, der sowjetische Einmarsch in Afghanistan im gleichen Jahr und der Boykott der Olympischen Spiele in Moskau 1980 veränderten das politische Klima. Es ist aber eine Übertreibung, von einem »zweiten Kalten Krieg« zu sprechen, der nun begonnen habe.[410] Die Diskrepanzen nahmen zwar zu, erreichten aber nie die Dramatik des ersten Jahrzehnts nach dem Zweiten Weltkrieg. Die Konfrontation zwischen den Supermächten verstärkte sich jedoch wieder und führte schließlich mit der Wahl Ronald Reagans zum Präsidenten der Vereinigten Staaten zu einem klaren Kurswechsel der westlichen Führungsmacht. Die wachsenden internationalen Unstimmigkeiten bewirkten in den USA eine Wendung nach rechts.

Nicht so in der Bundesrepublik. Hier riefen der NATO-Doppelbeschluss von 1979, die Nachrüstung mit Pershing-II-Raketen und Cruise Missiles, falls die Sowjetunion nicht zu einem Abbau ihrer SS-20-Raketen bereit wäre, eine ganz andere Reaktion hervor. Statt der Entschlossenheit, die sowjetische Herausforderung anzunehmen, wuchs die Bereitschaft zur Nachgiebigkeit. Der Doppelbeschluss, der »die Handschrift Helmut Schmidts«[411] trug, bereitete seinem Architekten in der eigenen Partei wachsende Probleme und führte zu einem Erstarken der deutschen Friedensbewegung. Diese stellte nicht nur die Strategie des atomaren Gleichgewichts infrage, sondern rief zugleich tiefe Gegensätze in der SPD hervor und trug wesentlich zum Sturz des Kanzlers Schmidt bei.

Für Helmut Kohl bestand schon Mitte April 1980 kein Zweifel an der Reaktion in der Bevölkerung: »Es geht Angst durchs Land.«[412] Diese Grundstimmung, die in den nächsten Jahren noch erheblich zunahm und das deutsche Wort »Angst« als Markenzeichen deutscher Befindlichkeit, als »German Angst«, international bekannt machen sollte, wurde schon frühzeitig, und zwar bei den Landtagswahlen in Nordrhein-Westfalen im Mai 1980, wirksam. Die Union hatte den Landtagswahlkampf bewusst mit landespolitischen Themen geführt. Strauß hatte wenig Engagement im Wahlkampf gezeigt, die SPD dagegen hatte die Wahl als Probelauf für die Bundestagswahl betrachtet, warb vor allem mit ihrem Kanzler und propagierte: »Strauß rauswählen«.[413]

Für Helmut Kohl war dieser Wahlkampf gegen den SPD-Spitzenkandidaten Johannes Rau »die schmutzigste Wahlschlacht«, die er je erlebt hatte. »Kriegerwitwen, Kinder, Mütter oder Schwestern von Gefallenen des Zweiten Weltkrieges wurden mit ihren Aussagen über die Schrecken des Krieges in den Wahlkampf gezerrt«, um der Union zu unterstellen, einen dritten Weltkrieg zu riskieren, wenn sie sich für die Nachrüstung einsetzte.[414] Für die SPD freilich zählte nur der Erfolg; sie gewann die absolute Mehrheit.

Am Tage nach der Wahl warnte Kohl vor der Härte der kommenden Auseinandersetzungen, denn man habe es »mit einer blanken Irrationalität« zu tun, »an deren Ende der blanke Hass« stehe.[415] Mitten im Landtagswahlkampf hatte er aber auch einen Grund zum Feiern. Er feierte ihn auf seine Art. »Leider lässt es sich nicht verheimlichen«, schrieb er in der Einladung, »dass ich am 3. April meine Jugendjahre beende und in die Fünfziger eintrete«. Kohls Geburtstag fiel in die Karwoche, und er selbst nutzte im fernen Österreich die Fastenzeit zum Gewichtsverlust. Daher lud er seine »Freunde und Weggenossen« am 26. April 1980 zu einem »privaten Fest« ein – »nach meinem Herzen, mit guten Gesprächen, noch besserem Essen und Trinken und viel Fröhlichkeit«. Fröhlichkeit ist ein Schlüsselwort. Der stets planende Politiker, den auch beim Abendessen mit seinen engsten Mitarbeitern in der Pizzeria die Politik nicht losließ, wollte mit ihnen einmal ganz locker zusammenkommen. Von Fröhlichkeit des Herzens ist bei Kohl mitunter die Rede, es geht immer um entspannte Zusammenkünfte von Freunden ohne Reden und Stimmungsmache. Seine Neigung zum Frohsinn deutet zugleich die Distanz zum ideologisch fixierten Gegner an: »Linke können nicht lachen«, pflegte er häufig zu sagen.

Das Fest sollte in »Waibel's Landgasthaus Neckartal« bei Neckargemünd stattfinden. Das war ein Wirtshaus, das Helmut Kohl schon aus seiner Studentenzeit kannte. Der Ablauf des Tages war ganz simpel geplant: »Nach einem Breughel'schen Mahl – nach Art des Kurfürsten Friedrich von der Pfalz, in dessen Territorium wir tagen – besteigen wir ein Schiff und unternehmen eine Kreuzfahrt auf dem stürmischen Neckar.« Gegen Abend ging es dann wieder zurück zu »Waibel's Krippe«, und dann wollte er gemeinsam mit seinen Geburtstagsgästen »bis in die Nacht hinein essen und trinken und unsere Freundschaft pflegen«. Nur eine kleine Sorge hatte der Gastgeber: Man möge doch »die Polizeibegleitung zu Hause lassen«, denn für die Sicherheit sei »vorzüglich gesorgt«.[416]

Der Wahlkampf für den Bundestag stellte für den Fünfzigjährigen kein Problem dar. Natürlich war es eine ungeheure Strapaze; der CDU-Pressesprecher zählte insgesamt 123 Einsätze, das hieß, Kohl hielt oft drei große Versammlungen an einem Tag ab, etwa am Vormittag in Bad Nauheim, mittags in Göttingen und abends in Bremen. Selbst der unentwegt Strauß unterstützende »Welt«-Journalist Manfred Schell fand sein Auftreten beachtlich: »Kohl ist abgeklärter, unbefangener und rhetorisch

viel besser geworden. Er hat seinen eigenen Wahlkampfstil entwickelt.« Schell fiel noch etwas anderes auf: »Die verletzende
Schärfe fehlt ihm.«[417] Auch Karl Feldmeyer, der sich so bemüht
hatte, Kohl als Kanzlerkandidaten niederzuschreiben, staunte.
Er sah Kohl kämpfen, »als ginge es um seinen eigenen Sieg«. Er
bemerkte, was andere Beobachter auch schon festgestellt hatten:
Der Pfälzer machte seinen eigenen Wahlkampf. Er forderte zwar
zum Schluss seine Zuhörer auf, so zu wählen, dass »Franz Josef
Strauß und seine Mannschaft sich an die Arbeit machen können«, aber das wirkte aufgesetzt. Ganz im Gegensatz zu Strauß
pflegte er einen argumentativen Wahlkampf und bemühte sich,
»die politischen Probleme, abstrakt wie sie sind, in die Erfahrungswelt und den Alltag seiner Zuhörer zu übertragen«. Über
den Erfolg dieser Art zu kommunizieren, konnte kein Zweifel
bestehen: »Das macht die eigentliche Wirkung des Wahlkämpfers Kohl aus.«[418]

Es erscheint recht fraglich, ob Kohl tatsächlich innerhalb von
Jahresfrist seinen Wahlkampfstil derart weitreichend geändert
hatte. Eher ist zu vermuten, dass diese beiden Strauß-Enthusi-
asten Kohl zum ersten Mal als Wahlkämpfer wahrnahmen und
seine tatsächliche Form beurteilten, während sie ihn zuvor nur
an der Elle der eigenen Voreingenommenheit gemessen hatten.
Bei Kohl klangen auch schon andere Töne an. So holte er in
Marburg zu einem »idealistischen Plädoyer für die geistige
Wende« aus, für die eine »Abkehr vom zukunftslosen sozialistischen Weg« und eine »Renaissance alter sinngebender Tugen-
den« notwendig sei. Allerdings kritisierte der Schweizer Korrespondent, dem diese Wendungen aufgefallen waren, »solche
weitmaschigen Allgemeinbegriffe« und wünschte sich stattdessen ein »konkret fassbares, mit detaillierten Rezepten ausgefüll-
tes Konzept«.[419] Eine solche Verdeutlichung war im Wahlkampf
freilich nicht zu leisten. Dennoch war dem Journalisten etwas
Richtiges aufgefallen. Der CDU-Vorsitzende deutete mit Ent-

schiedenheit die Richtung an, in die die Abkehr von der bisherigen Politik gehen sollte, blieb aber dabei noch zu sehr im Allgemeinen stecken.

Der CDU/CSU-Kanzlerkandidat Strauß stand im Wahlkampf einer hoffnungslosen Situation gegenüber. Überall, wo er auftrat, war eine aggressive Gegnerschaft zur Stelle, die ihn mit Pfeifkonzerten und anderen Lärmerzeugern am Reden hindern wollte. Die Zuhörer, die ihn dennoch hören wollten, waren überzeugte Anhänger, die sich durch die rabiaten Gegner in ihrer Zustimmung zu Strauß eher bestätigt fühlten. Unentschiedene Wähler, die sich informieren wollten, fehlten weithin, denn Veranstaltungen mit Strauß konnten wie beispielsweise in Hamburg schnell bürgerkriegsähnliche Formen annehmen. So hatte der Kandidat Schwierigkeiten, seine vor allem wirtschaftspolitisch akzentuierte Botschaft zu vermitteln, in der es Wirtschaftswachstum, die Sicherung der Energie- und Rohstoffversorgung und die Förderung der Spitzentechnologie ging. Bei all diesen Forderungen wusste sich Strauß mit dem sozialdemokratischen Kanzler einig, der aber – so Strauß – durch seine Partei gehindert wäre, auf diesen Gebieten aktiv zu werden. Der bayerische Herausforderer wusste sich ebenfalls mit dem Kanzler wie mit der großen Mehrheit der bürgerlichen Wähler einig, wenn er über Demokratisierungsforderungen spottete: »Schließlich können die Krankenpfleger nicht mit Mehrheit entscheiden, wie der Chirurg operieren soll.« Diether Stolze, der Mitherausgeber der »ZEIT«, hatte in dem Hamburger Wochenblatt für Strauß geworben und damit die Liberalität und den Pluralismus des Blattes betont, was ein Menschenalter später kaum noch vorstellbar war. Stolze wusste, dass Strauß keine Chance hatte, denn die Deutschen wollten etwas anderes: »Helmut Schmidt an der Spitze einer ›bürgerlichen‹ Koalition. Einem Kanzlerkandidaten Schmidt wäre ein überwältigender Wahlsieg sicher.«[420]

In diese Richtung zeigte auch das Wahlergebnis. Die SPD

konnte von ihrem Spitzenmann nicht profitieren; der Amts-
bonus kam nicht der SPD zugute. Dagegen erhielt die FDP die
Stimmen der bürgerlichen Schmidt-Anhänger und konnte mit
einem hervorragenden Ergebnis aufwarten. Die Union erhielt
das schlechteste Wahlergebnis seit 1949, und es war kein Zufall,
dass der Verlust in Niedersachsen mit 5,9 Prozent am höchsten
ausfiel. Aber zugleich tat die Niederlage der Union nicht wirklich weh. Denn sie blieb stärkste Fraktion, und der hohe Wahlsieg der FDP verschob das Kräfteverhältnis im Regierungslager
erheblich. Das eröffnete für die Opposition interessante Perspektiven, zumal der Linkstrend in der SPD zunahm.

Es war ein Gebot der Klugheit, Schuldzuweisungen für die
Wahlniederlage zu vermeiden. Strauß musste geschont werden.
Eine »detaillierte Wahlanalyse« hielt Kohl für »wenig sinnvoll«;
die könne man im Winter nachholen.[421] Im Herbst 2005 nach
dem überraschend knappen Abschneiden der Union bei der
Bundestagswahl wurde ähnlich verfahren; auch hier sollte die
Spitzenkandidatin geschont werden.

Nach den Wahlen vollzog sich alles sehr schnell; die Wiederwahl Kohls als Fraktionsvorsitzender sowie die Vereinbarung
über die gemeinsame Fraktion gingen reibungslos über die
Bühne. Einen Konkurrenten hatte er nicht zu befürchten. Einem
Journalisten erklärte Kohl selbstsicher: »Wer gegen mich antreten möchte, soll aus der Herrentoilette kommen und sich
stellen.«[422] Wie die »ZEIT« zutreffend schrieb, war »nirgends
auch nur ein Hauch von Kreuth … zu spüren«. »BILD« hatte
die passende Schlagzeile gefunden: »Helmut Kohl: der Verlierer,
der gewonnen hat.«[423]

Mit dem Verstummen der Kritik gestaltete sich der Beginn
der Fraktionsarbeit einfacher. Kohl hielt sich nicht mit dem Entwurf großartiger Strategien auf. Denn die Zeit arbeitete für die
Union, wie er an den Zerfallserscheinungen der SPD feststellen
konnte. Daher schien es ihm wichtiger zu sein, auf einige grund-

sätzliche Fragen einzugehen. So forderte er mehr »Auseinandersetzung im Bereich der Semantik, der Politik und der Sprache«. Das hörte sich hochgestochen an; gemeint war die Abwehr der linken Strategie, wichtige Begriffe zu besetzen, worauf Kurt Biedenkopf schon 1973 so wirkungsvoll hingewiesen hatte. Eindringlich warnte Kohl davor, einem »vermeintlichen Zeitgeist« zu folgen und nicht zur Kenntnis zu nehmen, dass in der jungen Generation ein anderer Geist herrsche als in »der resignierten Generation zuvor«. Seit mehr als zwanzig Jahren habe er Erfahrung mit Schüler-Diskussionen, erklärte er, sodass er Vergleiche anstellen könne. Es wachse jetzt eine Generation heran, die sehr viel selbstverständlicher wieder die Einheit der Nation in Anspruch nehme und von der Politik der Union Antworten auf die »geistige Herausforderung« verlange. Das betreffe auch den politischen Nachwuchs der eigenen Partei, der nicht mehr in dem Maße wie früher »aus dem Bereich der Jugendgruppen beider Kirchen« komme. Auch den »intellektuellen Bereich« vergaß Kohl nicht in dieser Bestandsaufnahme. Dessen Bedeutung schätzte er hoch ein, denn »man könne keine Wahl gewinnen und auf die Dauer nicht stärkste Kraft sein, wenn das intellektuelle Feld überwiegend, aus welchen Gründen auch immer, gegen die eigene Sache« stehe. Hier müsse mehr getan werden. »Es ist ein zähflüssiger Arbeitsprozess, aber er muss geleistet werden.«[424]

In der Beschreibung des politischen Umfeldes und in der Wahrnehmung politischer Veränderungen zeigt sich die gewaltige geistige Kraft, die in diesem Mann steckte. Sie machte es möglich, dass er neben dem kräftezehrenden Geschäft der Politik auch Phänomene erkannte, die Langzeitwirkung hatten. Das galt für die junge Generation im Allgemeinen wie für den Nachwuchs der eigenen Partei im Besonderen. Er spürte die Veränderungen in der Gesellschaft, sah, wie sich die soliden Verhältnisse der ersten Jahrzehnte nach dem Krieg verändert hatten, und wusste, dass die Politik nicht einfacher wurde. Aber er fühlte sich in der Lage, auf diese Herausforderungen eine Antwort zu finden.

Vor allem auf einem zentralen Gebiet wusste er jedoch, dass der Zeitgeist eine Tendenz zeigte, die keineswegs seiner Auffassung entsprach, mit der er aber in wachsendem Maße rechnen musste.

In den Siebzigerjahren trat im öffentlichen Bewusstsein eine Veränderung ein. Die Ostverträge hatten so etwas wie einen Ausgleich mit dem Osten gebracht. Die internationale Anerkennung der DDR und die Erleichterungen im innerdeutschen Reiseverkehr hatten eine besondere Stimmung erzeugt: Viele meinten, die deutsche Frage sei im Grunde gelöst. Die Ostpolitik wurde in den Medien immer mehr als Friedenspolitik präsentiert, die ein Wert an sich sei und ohne Not nicht aufgegeben werden dürfe.

Der Herausgeber der »Frankfurter Allgemeinen Zeitung« Dolf Sternberger prägte das Wort vom »Verfassungspatriotismus«, das in den Achtzigerjahren eine beträchtliche Aufwertung erfuhr und zum Schlüsselbegriff wurde.[425] Dreißig Jahre nach Inkrafttreten des Grundgesetzes machte Sternberger eine seltsame Rechnung auf: Die Verfassungsväter hätten das Grundgesetz ohne »Begeisterung«, in einer »gedrückten Seelenlage« ausgearbeitet, in »Trauer um die Zertrennung der Nation«. Im Laufe der Jahre sei das Grundgesetz aber »aus der Verschattung herausgekommen«, ein Wandel habe sich vollzogen; »unmerklich« habe sich »ein neuer, ein zweiter Patriotismus ausgebildet, der eben auf die Verfassung sich gründet«. Das sei nicht ohne Folgen geblieben: »Das nationale Gefühl bleibt verwundet, wir leben nicht im ganzen Deutschland. Aber wir leben in einer ganzen Verfassung, in einem ganzen Verfassungsstaat, und das ist selbst eine Art von Vaterland.« Mit diesen Worten brachte Sternberger zum Ausdruck, was viele Menschen dachten – vielleicht nicht mit dieser Klarheit, aber doch in gleicher Richtung – das ganze Vaterland existiert nicht mehr, also bringen wir unsere patriotischen Gefühle dem Staatswesen entgegen, das sich erfolgreich im Geltungsbereich des Grundgesetzes entwickelt hat. Eine historische Dimension war bei Sternbergers Vorschlag nicht vorhanden, er wollte nur den bestehenden Staat in den Vordergrund rücken und aufwerten. Wie schnell seine Wortschöpfung bekannt und immer häufiger benutzt wurde, zeigte, dass der Herausgeber der »Zeitung für Deutschland« eine in Medien wie in der Politik vorhandene Einstellung auf den Punkt gebracht hatte. Der Begriff »Verfassungspatriotismus« machte eines deutlich: Er bot die Möglichkeit, sich von dem Ziel der Wiedervereinigung und all den komplizierten gesamtdeutschen Gegebenheiten zu verabschieden. Dies geschah nicht mit bekennerhaftem Pathos, sondern wirkte wie eine scheinbar vernunftbetonte Haltung, die als die Bereitschaft zum Ausstieg aus der Geschichte mit all ihren Belastungen verstanden wurde. Schon die Studentenbewegung hatte ihr deutliches Desinteresse an der Wiedervereinigung bekundet. Mit den Jahren war für einen Teil der nachwachsenden Generation die Vorstellung eines vereinten Deutschland zunehmend verblasst, sodass sich immer mehr Menschen ganz einfach mit der Bundesrepublik identifizierten und gar nichts anderes mehr wollten.

Einen ähnlichen Standpunkt wie Sternberger, nach dem die Bundesrepublik kein Provisorium mehr war, sondern ein neuer Staat mit eigener Identität, nahm im gleichen Jahr Hans-Peter Schwarz in seinem monumentalen Werk »Vom Reich zur Bundesrepublik« ein. Das Buch hatte die Entwicklungstendenzen und die verschiedenen Denkschulen zum Thema, die seit Kriegsende die politischen Debatten um die Zukunft Deutschlands beherrscht hatten. Niemand wird bei Schwarz mehr gelobt als Wilhelm Röpke, ein Nationalökonom, der in die Schweiz emigriert war und im Sommer 1945 – wohlgemerkt zwischen Kapitulation und Potsdamer Konferenz – das Buch »Die deutsche Frage« veröffentlicht hatte. Schwarz hat dieses Werk als »den in sich geschlossensten, fundiertesten Entwurf deutscher Politik« bezeichnet, der bei Kriegsende vorgelegen habe. Er kommt sogar zu der Aussage: »Kein Publizist kann mit größerem Recht die geistige Vaterschaft der Bundesrepublik in Anspruch nehmen als Wilhelm Röpke.«[426] Für Schwarz war Röpkes Buch damals »die prägnanteste Darstellung einer Westintegration Deutschlands bei gleichzeitiger Teilung des Landes entlang der Demarkationslinie zur sowjetischen Besatzungszone«. Zudem habe Röpke den Ost-West-Gegensatz hellsichtig vorausgesehen. Das trifft zwar zu, geschah aber nicht in dem Sinne, dass Röpke dessen Gefahren früher als andere erkannt und energisch davor gewarnt hätte. Ganz im Gegenteil – er hatte diesen sich abzeichnenden Gegensatz als eine Möglichkeit zur Verwirklichung eines neuen Staates begrüßt; denn durch die Teilung sei die Elbe »zu einem Limes des Abendlandes geworden, der die vollkommene Scheidung der moralischen, politischen, sozialen und wirtschaftlichen Grundsätze« bedeute.[427] Den Osten, dieses Kolonialland, sei man endlich los. Für das westliche Deutschland, für ihn »das Hauptland«, empfahl er die Gründung einer »westdeutschen Konföderation«, die sobald wie möglich in eine »atlantische Gemeinschaft« aufgenommen werden sollte. Die hohe Wertschätzung, die Schwarz hier für Röpke bezeugt, passt zu seiner inneren Reserve gegenüber dem Kanzler der Einheit in späteren Jahren.

Was Schwarz als weitsichtige Planung lobt, ist tatsächlich der Rückgriff in die historisch-politische Rumpelkiste. Röpke war ein Welfe, er gehörte zu jener Gruppe von Niedersachsen, die die preußische Annexion des Königreichs Hannover nie verwunden hatten und in Bismarck den dämonischen Übeltäter schlechthin erblickten. Deshalb durfte nach ihm die »von Bismarck geschmiedete Reichseinheit« von den Alliierten nicht aufrechterhalten werden. Es galt vielmehr, auf jene Entwicklungslinie der deutschen Geschichte zurückzukommen, die man 1866 mit den bekannten verhängnisvollen Folgen verlassen hatte. Man müsse wieder an eine frühere deutsche Staatlichkeit anknüpfen, die von einer Reihe selbstständiger Staaten geprägt worden sei, also so etwas wie einen Staatenbund anstreben.

Diese Einstellung war nicht neu. Sie wurde von den Gegnern der Bismarck'schen Reichsgründung unter Berufung auf Constantin Frantz kultiviert und erlebte nach 1945 eine begrenzte Wiederbelebung, die vor allem vom »Rheinischen Merkur« in der französischen Zone betrieben wurde. Auch Sebastian Haffner hatte im englischen Exil in seiner Propagandaschrift »Germany: Jekyll and Hyde«[428] eine ganz ähnliche Position vertreten.

Wilhelm Röpkes Rückgriff auf die Argumentation der Bismarck-Gegner war eine rückwärtsgewandte Utopie, kein vorwärtsweisender Blick in die Zukunft. Denn die Entwicklung seit 1871 hatte neue Wirklichkeiten entstehen lassen und dem neuen Reich einen unerwartet starken Zusammenhalt verschafft. Schon 1918 war das Reich nach seiner ersten Niederlage nicht auseinandergebrochen, und selbst die Katastrophe von 1945 hatte den Zusammenhalt der Deutschen nicht erschüttert. Aber am Ende der Siebzigerjahre, nachdem der Krieg schon lange zurücklag und die Teilung Deutschlands hingenommen wurde, lief Hans-Peter Schwarz als ehrgeiziger junger Politologe kein Risiko mehr, mit seiner Aufwertung Röpkes als Gegner der deutschen Einheit in Schwierigkeiten zu geraten. Er wollte der Bundesrepublik eine eigene Geschichte zurechtschneidern, indem er Wilhelm Röpke aus der Vergessenheit hervorholte.

Die Verfassungsväter waren noch vom Fortbestand des Deutschen Reiches ausgegangen, was im Laufe der Jahre zu einem bloßen Steckenpferd der Staatsrechtslehre abzusinken schien. Deutschland blieb aber – in welchen Grenzen und in welcher Staatsform auch immer – die Schöpfung Bismarcks, auch wenn diese Tatsache entweder den Menschen gar nicht bewusst war oder aber mit mehr oder weniger Leidenschaft bestritten wurde.

Es bedarf keiner umfassenden Darlegung für den Nachweis, dass Helmut Kohl diese Positionen nicht geteilt hat. Sternberger stand er ohnehin seit seiner Heidelberger Zeit kritisch gegenüber. Den »Rheinischen Merkur«, der ständig ähnlich wie Röpke zu argumentieren pflegte, lehnte er scharf ab, vielleicht nicht so polemisch-verächtlich wie Kurt Schumacher, der vom »Spucknapf von Rheinland-Pfalz« sprach. Kohl und seine Freunde hatten damals eine andere Informationsmöglichkeit als den »Rheinischen Merkur«, der anfangs das Sprachrohr der französischen Rheinpolitik gewesen war. Sie bezogen ihre Kenntnisse aus der »Neuen Zürcher Zeitung«, für die Ernst Lemmer als Berliner Korrespondent tätig war. Als engagierter CDU-Politiker konnte dieser ohne Behinderung durch die Zensur über die französische Deutschlandpolitik berichten, was in der Pfalz mit größtem Interesse verfolgt wurde.[429]

Der Pfälzer Kohl hatte ein völlig anderes Geschichtsbild. Für ihn war Berlin die historische Hauptstadt. Deshalb legte er auf die Berlin-Sitzungen der Fraktion im Reichstag größtes Gewicht und kritisierte die Drückeberger unter den Abgeordneten scharf. Für ihn stand die »geschichtliche Verantwortung, die man in diesem Hause besonders verspürt«, stets im Vordergrund. Das hatte nichts mit Nostalgie zu tun, denn dabei handele es sich, so erklärte er, um »etwas völlig anderes als jenes Geschichtsbewusstsein, das Voraussetzung für die Zukunft eines jeden Volkes« sei.[430]

Die gesamtdeutsche Gegenwart bot sicherlich wenig Ermutigendes. Die DDR schottete sich immer stärker ab. Mit Erich Honeckers Rede in Gera am 13. Oktober 1980, in der er die Anerkennung der DDR-Staatsbürgerschaft zur Voraussetzung jedes deutschlandpolitischen Fortschritts machte, war ein Tiefpunkt erreicht. Günter Gaus, der später die DDR nostalgisch verklären sollte, äußerte bei seinem Abschied als Leiter der Ständigen Vertretung in Ost-Berlin Anfang 1981, man müsse »möglicherweise sogar darauf verzichten, den Begriff der Nation weiter zu verwenden«, damit man sich nicht dem Vorwurf des Revanchismus aussetze.[431]

Dieser steigenden Tendenz zur Hinnahme, wenn nicht Rechtfertigung der Teilung verweigerte sich Helmut Kohl vehement. Bei der Berlin-Sitzung der Fraktion im Reichstag im Januar 1981 zeigte er sich vom Genius loci angerührt und merkte an, hier könne man »beinahe körperlich empfinden ..., was deutsche Teilung heißt, bei jedem Blick aus dem Fenster hinaus auf die Mauer und den Todesstreifen; eben das, was wir als Verantwortung unserer Generation auferlegt bekommen haben: unseren Beitrag für die Einheit unserer Nation zu leisten im Rahmen dessen, was geschichtlich gegeben und möglich ist«.[432] Das hatte nichts mit dem Pathos von Sonntagsreden zu tun, sondern es war das immer wiederholte Bekenntnis eines Mannes, der an der Einheit festhielt und der nicht zufällig zum Kanzler der Einheit werden sollte. Ihn leitete dabei das Bewusstsein, dass die Mehrheit der Bevölkerung genauso dachte. Allerdings blieb ihm nicht verborgen, dass in der Politik wie in den Medien die Zahl derjenigen zunahm, die die deutsche Frage für gelöst hielten. Da konnte ein Politiker schnell in den Ruf hoffnungsloser Rückständigkeit kommen, wenn er sich gegen den Trend stellte. Allerdings sollte es noch Jahre dauern, bis CDU-Generalsekretär Geißler von den deutschen Ostgrenzen als den »Grenzen von XY« sprechen sollte und damit nur seine grenzenlose Geringschätzung gegenüber einer Grundfrage deutscher Existenz artikulierte.

Die sozialliberale Koalition wankt – Genschers »Wende-Brief« und die Folgen

Kohl sprach zu Beginn der Legislaturperiode wie selbstverständlich davon, dass man sich wieder auf vier Jahre Opposition einrichten müsse. Ob er selbst so dachte, ist zweifelhaft. Er predigte Geduld, musste aber im eigenen Interesse ungeduldig sein. Denn falls es zu einem Bruch der Koalition während der Legislaturperiode käme, stünde er als Kanzlerkandidat fest. Seiner Wahl durch die Bundestagsfraktion konnte er sicher sein. Hielt die Koalition aber, würde es schwieriger; dann war erneut mit Auseinandersetzungen über den Kanzlerkandidaten zu rechnen.[433] Zur Lage der FDP äußerte er sich sibyllinisch. Nach wie vor gelte es, dass die FDP die Koalition nur beende, »wenn sie ihr eigenes Überlebensschicksal in dieser Koalition nicht mehr aufgehoben« fühle. Die FDP sei ein »Thema, über das man möglichst wenig reden soll und in der Sache möglichst früh handeln«. Was meinte er damit? Etwas dunkel deutete er an: »Wir müssen über die Sachpolitik den Grafen Lambsdorff jetzt in die Lage bringen, das, was er seinen Wählern versprochen hat … in der parlamentarischen Arbeit zu beweisen.«[434] Worauf zielte er mit dieser Bemerkung? Der Wirtschaftsminister Otto Graf Lambsdorff hatte vor den Wahlen die sich abschwächende Konjunktur verharmlost und eine »Wellentheorie« entwickelt. Tatsächlich geriet die Wirtschaft der Bundesrepublik in eine schwere Rezession, und damit rückte die Notwendigkeit in den Vordergrund, zur Finanzierung der steigenden Arbeitslosigkeit Einschnitte im sozialen Netz vorzunehmen. Der Streit um die Aufbringung brachte die Koalition in ernste Gefahr. Beim Kampf um die »Ergänzungsabgabe«, mit der die Linke die »Besserverdienenden« belasten wollte, krachte es schon gewaltig. Am 20. August 1981 hatte der FDP-Vorsitzende Hans-Dietrich Genscher seinen »Wende-Brief« an Führungsgremien und Mandatsträger geschrieben, in dem er verkündete, dass die »Anspruchsmentalität« gebrochen werden müsse. Das war ein deutliches Signal, aber es hatte keine unmittelbaren Auswirkungen. Das Ringen um Sparbeschlüsse ging weiter, die Ergänzungsabgabe scheiterte, die mühsam erreichten Kürzungen erwiesen sich schon nach kurzer Zeit als nicht mehr ausreichend.

Hans-Dietrich Genscher schreibt rückblickend: »Die Probleme suchen sich ihre Koalition.«[435] So einfach ging es jedoch nicht, denn die Opposition hielt still. Angesichts zunehmender Spannungen in der Regierungskoalition ergab sich für Kohl die Strategie der Opposition gleichsam von selbst. Es hieß, auf Zeit zu spielen und nicht durch wilde Attacken auf die Regierung Solidarisierungseffekte beim Gegner hervorzurufen. Er wollte »mit Gelassenheit und Geduld die Entwicklung abwarten«.

Das Jahr 1981 sah einen recht zufriedenen Helmut Kohl. Die Autorität seines Hauptgegners, des Bundeskanzlers, hatte deutlich gelitten. Der Mannheimer CDU-Parteitag im März zeigte ein hohes Maß an Zustimmung und der im selben Jahr stattfindende Programmparteitag in Hamburg sollte der jugendpolitischen Diskussion, auf die Kohl so großen Wert legte, gewidmet sein. Die Unzufriedenheit mit der Regierung nahm zu. Die Zukunftserwartungen in der Bevölkerung sanken rapide. Für den Oppositionsführer waren das ermutigende Zeichen.

Die Bilder jener Phase zeigen einen leicht veränderten Kohl; er wirkte älter und zeigte eine Neigung zur Gewichtszunahme. Daraus machte er im Gespräch mit Journalisten keinen Hehl. Bei einem Abendessen klagte er: »Ich esse zu viel Brot und viel zu oft Suppen.« Aus dem Willen zum Fasten wurde aber nicht viel, denn seine Bestellung umfasste schließlich eine große Salatplatte, ein Steak, trockenen Weißwein und noch mehr Brot. Sein Gesprächspartner hatte ihn vom Bundeshaus abgeholt und machte auf dem Weg zum Restaurant eine interessante Beobachtung, die einiges über Kohls Stehvermögen aussagt. Er habe noch nie einen Menschen erlebt, »der so schnell abschalten und umschalten kann. Gerade noch im ärgerlichen Gespräch mit seinen Mitarbeitern ... häutet er sich beim Verlassen seines Büros. Jeder Ärger scheint vergessen, die Erinnerung daran ist ihm lästig.« Dieser Selbstschutz durch Abschalten gehörte gewiss zum Überlebenstraining, ohne das er die ungeheure Beanspruchung durch die Politik kaum durchgehalten hätte. Bei jenem Essen machte er dann eine nicht nur für Kohl-Biografen wichtige Bemerkung. Auf die Frage nach seiner Durchsetzungsfähigkeit, ob er imstande sei, seinen Willen etwa bei Personalentscheidungen durchzusetzen, gab er die vielsagende Antwort: »Optimale Lösungen sind für mich solche, bei denen andere sich brüsten, sie hätten sie erfunden. Mein Bedarf an Eitelkeiten ist gedeckt.«[436] So muss sich der Historiker damit abfinden, dass viele wichtige Entscheidungen Kohls, die in langen Abendgesprächen oder am Telefon getroffen wurden, unbekannt bleiben.

Den »Wende-Brief« Genschers sah Kohl als interessanten Versuch zur liberalen Profilierung an, zog aber daraus vor der Fraktion einen überraschenden Schluss. Er sei nicht so zu verstehen, als wäre der FDP-Vorsitzende zur »Wende« bereit. Man solle vielmehr »draußen«, in der politischen Arbeit, den Brief heranziehen, denn er könne »über weite Passagen ... aus einem CDU/CSU-Programm stammen«. Man solle, fuhr Kohl fort, »der FDP die Chance nehmen, in dieser Weise Politik zu popularisieren, die sie in Bonn überhaupt nicht« mache. Und »auf manchen fragenden Blick« der vor ihm sitzenden Abgeordneten erklärte er, niemand wisse, was Genscher und die FDP zu tun beabsichtigen. Ob Genscher springen wolle, sei »eine völlig offene Frage«.[437] Zurückhaltung kennzeichnet überhaupt seine Beurteilung der Liberalen. Sorgsam vermied er das Aufkommen jeglicher Spekulationen.

Den Regierungswechsel in Berlin 1981, die Wahl Richard von

Weizsäckers zum Regierenden Bürgermeister und damit das Ende einer Ära des Niedergangs in der Hauptstadt feierte Helmut Kohl mit Begeisterung, ohne auch nur ein Wort darüber zu verlieren, dass er es gewesen war, der für Weizsäcker den Weg dorthin geebnet hatte, wie er schon 1976 bei der Weichenstellung für Ernst Albrecht in Hannover ebenfalls mit von der Partie gewesen war. Für ihn waren das Schritte auf dem Weg zur Macht in Bonn. Diese Strategie galt es fortzusetzen. Nachdem Walther Leisler Kiep sein Ministeramt in Niedersachsen aufgegeben hatte und nach Bonn gegangen war, ließ er sich von Kohl dazu bewegen, als Spitzenkandidat für die Bürgerschaftswahlen im Juni 1982 nach Hamburg zu gehen. Er war sehr erfolgreich, die CDU wurde stärkste Partei, aber zur Übernahme der Regierung reichte es nicht. Die FDP scheiterte an der Fünf-Prozent-Klausel, denn mit der Alternativen Liste war eine neue Partei angetreten.

Es ist erstaunlich, wie aufmerksam Kohl das Auftauchen der Grünen verfolgt und sofort in sein Kalkül einbezog. Da gab es keine Geringschätzung. Schon nach der Landtagswahl in Nordrhein-Westfalen 1980 hatte er erkannt, dass die Grünen im Begriff wären, »im Max Weber'schen Sinn wirklich die dicksten Bretter zu bohren«, dass sie dort in der »Mann-Arbeit«, in der »direkten Kontaktierung von Mann zu Mann ... dem Bürger am meisten aufgefallen« seien.[438] Im September 1981 stand für ihn fest, »dass die Vierte Partei da ist« – nicht das Phantomgebilde der CSU, sondern die Grünen –, »dass sich die Landschaft verändert« habe mit der Folge, dass sich »enorme Auswirkungen bei den Landtagswahlen ergeben« würden.[439]

Der Niedergang der sozialliberalen Koalition hatte zwei Schwerpunkte – im Bereich der Finanz- und Wirtschaftspolitik und in der Außen- und Sicherheitspolitik. Zum einen ging es um NATO-Doppelbeschluss und Nachrüstung, zum anderen um die Maßnahmen gegen die Wirtschaftskrise. Der Haushalt

1983 wurde im Sommer 1982 zur Bruchstelle der Koalition. Das ist eine nachträgliche Erkenntnis, keineswegs eine Vorstellung, die auf dem Markt der öffentlichen Meinung feilgeboten wurde. Denn immer wieder raufte sich die Koalition zu Kompromissen zusammen, ohne freilich tragfähige Lösungen zu finden. Es ist jedoch schwer vorstellbar, dass Kohl diese zwangsläufige Entwicklung nicht erkannt hat. Mit dem Zwang zum Sparen, der sich weitaus stärker auf die Klientel der SPD auswirken und damit deren Regierungsfähigkeit immer mehr infrage stellen musste, entfiel die Existenzgrundlage der sozialliberalen Koalition. Kohl hütete sich, diese Konsequenz auch nur anzudeuten.

Das vordergründige, politisch zunehmend aktueller werdende Angriffsziel wurde für die Opposition die Friedensbewegung, die sich im Aufwind befand und im Oktober 1981 über 200 000 Demonstranten im Bonner Hofgarten versammelte. Von kirchlichen Jugendgruppen über die unvermeidlichen Theologen, Pazifisten, Sozialdemokraten bis zu den Kommunisten verschiedener Spielarten reichte die Bandbreite des Protestes. Der einflussreiche SPD-Politiker Erhard Eppler war der prominenteste Sprecher; der SPD-Vorsitzende Willy Brandt zeigte viel Verständnis für jugendliche Ängste.

Der Oppositionsführer hielt dagegen. Kohl stellte eine »erhebliche Veränderung des politischen Klimas und der politischen Landschaft« fest. Mehr als die Großdemonstrationen beunruhigte ihn die linke Einflussnahme auf unterer Ebene, was Lokalzeitungen über »kleine Detailveranstaltungen ... in Kirchengemeinden und mit Jugendgruppen berichteten«, wo »Stück für Stück« der »Standort unserer Politik« ausgehöhlt werde mit dem Ergebnis, dass der Neutralismus als »Element deutscher Politik« inzwischen auch international auf der Tagesordnung sei.[440] Mit besonderem Nachdruck wies Kohl auf die Bemühungen der DKP hin, ihre Funktionäre »in die Aktionsgemeinschaften ›Friede ohne Waffen‹, in die ökologischen Be-

reiche, die Subkulturen der Alternativen und Grünen« einzu-
schleusen, mit dem Ziel, letztlich eine »Politik der Neutralisierung
zu betreiben«, die Nachrüstung zu verhindern und Zweifel an
der Bündnistreue der Bundesrepublik zu säen. Seine damaligen
Befürchtungen sah der Oppositionsführer durch die später bekannt gewordene Stasi-Unterstützung dieser Aktivitäten vollauf bestätigt.

Am 10. Oktober 1981 fand die Demonstration »für Abrüstung und Entspannung in Europa« im Bonner Hofgarten statt.
Am Tage zuvor hatte Kohl im Bundestag Position bezogen und
festgestellt, dass »neben vielen friedlichen, wohlmeinenden Mitbürgern der harte Kern der kommunistischen Bewegung in
Bonn« demonstriere. Dieser sei in Wahrheit »die Volksfront«.[441]
Für ihn war die gemeinsame Aktion von Kommunisten und Sozialdemokraten Volksfront. Diese alles andere als kühne These
rief aber in den eigenen Reihen Kritik hervor. Sie äußerte sich
bei der Jungen Union auf ihrem Deutschlandtag und wurde in
ihrer Wirkung ungemein dadurch verstärkt, dass auch Heiner
Geißler sich für mehr »Differenzierung« und gegen »Antworten mit dem Holzhammer« einsetzte – eine sorgfältig verpackte
Kritik, die der Generalsekretär an der Position Kohls übte.[442]
Hier wurde deutlich, dass auch bei den jungen Christdemokra-
ten die Propaganda der Friedensbewegung Wirkung zeigte. Damit bot sich zugleich die Möglichkeit, gegen den CDU-Vorsitzenden Stellung zu beziehen und für Unruhe zu sorgen,
nachdem es schon so lange ruhig um ihn geworden war. Aufmerksam hatten die Delegierten der Jungen Union registriert,
dass es der Generalsekretär war, der den Vorsitzenden kritisiert
hatte. In der Tat kam hier ein Dissens zum Vorschein, der zwar
in dieser Situation nicht weiter vertieft wurde, aber bei Geißler
eine Linkstendenz zeigte. Seine Einstellung fand in der Partei
zwar noch keine große Zustimmung, sollte sich aber als ent-
wicklungsfähig erweisen.

Die scharfe Abgrenzung von der Friedensbewegung zahlte sich für die Union aus. Kohl registrierte mit Genugtuung, dass Allensbach im November 1981 für die Unionsparteien 53 Prozent und für die SPD 32,5 Prozent ermittelt hatte.[443]

Der Oppositionsführer wollte den vielfältigen Aktionen gegen die Nachrüstung ein positives Signal entgegensetzen. Es sollte auch einmal *für* etwas demonstriert werden, für den Frieden selbstverständlich, für Abrüstung und für die Freundschaft mit den Vereinigten Staaten. Letzteres war weniger selbstverständlich. Es sprach für die Leistungsfähigkeit der Parteiorganisation, dass bei dieser Gegendemonstration mehr als hunderttausend Menschen zusammenkamen, die mit Bussen und Sonderzügen nach Bonn gebracht wurden. Kohl erkannte in diesem Zusammenhang ausdrücklich die Verdienste Heiner Geißlers an, der »mit großem Engagement« die Veranstaltung organisiert hatte. Die Betonung der hier erworbenen Verdienste macht deutlich, dass zur gleichen Zeit bei Geißler auch weniger Positives festzustellen war.

Ende Mai 1982 kam es dann zu einem schweren Zusammenstoß zwischen Kohl und Geißler. Der Anlass mutet auf den ersten Blick harmlos an: Geißler hatte in einer Presseerklärung der sozialliberalen Bundesregierung gesetzwidrige Praktiken beim Waffenexport nach Argentinien vorgeworfen und die Lieferung von Rüstungsgütern in Entwicklungsländer überhaupt scharf kritisiert. Vom heraufziehenden Falkland-Krieg ahnte damals in Bonn niemand etwas. Kohl stoppte die Veröffentlichung dieser Erklärung, sein Generalsekretär setzte sich jedoch darüber hinweg und ließ Kopien seiner Erklärung in Bonn verteilen. Das sorgte für erhöhte Aufmerksamkeit.

Der Anlass war nichtig, nicht aber die Rechtfertigung seines Tuns. Geißler vertrat nämlich den Standpunkt, er sei der Generalsekretär der Partei und von dieser auf dem Parteitag gewählt worden. Deshalb habe er sich verpflichtet gefühlt, »aus eigener

Initiative tätig zu werden, Stellung zu beziehen und politische Aussagen zu machen«.[444] Helmut Kohl dagegen verwies auf die Satzung, die eindeutig festlegte, dass der Generalsekretär vom Vorsitzenden vorgeschlagen, also in seinem Auftrag tätig wird. Hier brach zum ersten Mal der Konflikt auf, der schließlich 1989 zum Sturz Geißlers führen sollte. Im Kern ging es darum, wer in der Partei das Sagen hatte. Geißler wollte faktisch ihr Führer sein und in ihr vor allem »weiche« Themen propagieren wie Probleme der Dritten Welt und speziell die Zukunft Lateinamerikas. Er blieb im Grunde der Sozialpolitiker, der er immer gewesen war, seit er die Jesuiten verlassen hatte, und wollte nun Sozialpolitik im weltweiten Maßstab treiben, um überall die Not der Menschen lindern zu können.

Für diese Politik hatte er noch keine Mehrheit und musste viel Kritik einstecken, aber unter den Jüngeren und Parteilinken war der Anfang gemacht, und die Perspektive konnte nur darin bestehen, beharrlich weiterzuarbeiten und Teile der Mehrheit zu sich herüberzuziehen. Ob Geißler ein klar umrissenes Ziel hatte, ist ungewiss. Es ging ihm zuerst einmal um Offenheit der Partei für Fragen einer neuen Politik und für innovative Bestrebungen. Hier sollte die Partei mehr tun. Kohl dagegen sah sich bei der Frage des Waffenexports bereits als der künftige Bundeskanzler und wertete die Kritik Geißlers am Waffenexport vor allem als Beeinträchtigung des deutschen Exports, die er nicht hinnehmen wollte.

Auf ein Neues:
Die Frage der Kanzlerkandidatur

Der Generalsekretär war jedoch nicht der einzige Spitzenpolitiker, der Mitte 1982 für Unruhe sorgte. Drei Jahre hatte bei dem Thema Kanzlerkandidat Ruhe geherrscht, offensichtlich viel zu lange für manche, für die ein Kanzler Kohl – was doch jederzeit Wirklichkeit werden konnte – ein Gräuel war. Es war Ernst Albrecht, der sich schwach, aber vernehmlich zu Worte meldete. Der »Spiegel« wusste zwar darüber nichts Genaues, kolportierte aber das Albrecht-Zitat: »Helmut Kohl ist ein Unglück für die CDU«, und baute darauf einen Artikel auf, der so dünn war, dass alle Beteiligten ihn mühelos dementieren konnten.[445]

Die Kanzlerkandidatur war noch nicht entschieden worden. So bot sich die Möglichkeit, Kohl zu schaden, indem man die Frage in der Öffentlichkeit aufwarf, wer für die nächste Bundestagswahl, die erst 1984 anstand, als Kanzlerkandidat zu betrachten sei. Dabei hatten die Parteifreunde, die so argumentierten, tatsächlich nicht das Jahr 1984, sondern das jederzeit mögliche Ende der Koalition im Auge und wollten auf diese Weise nur versuchen, eine Kandidatendiskussion in Gang zu bringen. Der Streit von 1979 schien sich zu wiederholen. Weil plötzlich von Kanzlerkandidaten die Rede war, schob Karl Feldmeyer einen Artikel nach, der wenigstens eine Mitwirkung seines Favoriten Strauß in dieser Frage sichern sollte.[446]

Kohl wollte kein Risiko eingehen und ließ die Diskussion nicht ausufern. Er berief das Präsidium kurzfristig ein und erzielte dort so viel Klarheit, dass er der Fraktion am nächsten Tag berichten konnte, man habe »in einer ungewöhnlich freundschaftlichen Weise strittige Themen besprochen«. Er äußerte sich auch zum »Verhältnis zwischen Parteivorsitzendem und Generalsekretär« und versicherte, dass die »in den letzten Wochen aufgetretenen Meinungsverschiedenheiten einmütig beseitigt« worden seien.[447] Hier wird der Eindruck der wiederhergestellten Harmonie allerdings etwas zu stark betont, denn die Gegensätze bestanden weiter. Damit konnte Kohl leben. Das war er gewohnt. Bezüglich der Kanzlerkandidatur erinnerte er an die Vereinbarung, die ganz eindeutig sei: Sollte »während der Legislaturperiode diese Entscheidung zu fällen« sein, würde es die Fraktion sein, die sie fälle. Auf die Fraktion glaubte er sich verlassen zu können.

Die norddeutschen CDU-Fürsten Ernst Albrecht, Gerhard Stoltenberg, Walther Leisler Kiep und Richard von Weizsäcker trafen sich wiederholt und erörterten die Frage, wer von ihnen sich als Kanzler am besten eigne. Sie waren, wie Kiep es ausdrückte, einhellig der Meinung, »dass Kohl nicht« ausreiche. Im Juli traf sich Kiep mit Richard von Weizsäcker im Gästehaus des Berliner Senats. Der Hausherr hielt Ernst Albrecht für zu »machtbesessen« und plädierte deshalb für einen Kanzlerkandidaten Stoltenberg, da er selbst »zu wenig vom Willen zur Macht beseelt sei«. Aber er sei »unerbittlich … was Kohl« angehe.[448] Es musste also zuvor eine Verschlechterung der Beziehungen eingetreten sein, die einem Bruch gleichkam – egal, ob eine tief gehende sachliche Differenz aufgebrochen war oder ob der ungemein empfindliche Weizsäcker sich von Kohl beleidigt, möglicherweise von dessen lästerlichem Mundwerk verletzt gefühlt hatte, wenn dieser etwa vor der Fraktion ungeniert von seiner ausgeprägten Sparsamkeit sprach. Als Weizsäcker über die Preußen-Ausstellung berichtet und die Fraktion aufgefordert hatte: »Sie müssen natürlich alle kommen«, reagierte Kohl prompt: »Richard, da dein Geiz bekannt ist, nehme ich das als Einladung an.«[449] Auch seine einmal an einen Polizisten bei der Flughafenkontrolle in Tegel gerichtete Aufforderung, Weizsäcker sorgfältig zu kontrollieren, da dieser Mann »gefährlich« sei, mag übel aufgenommen worden sein. Was letztlich der Anlass war, ist gleichgültig; der Bruch war ein Faktum.

Der Oppositionsführer hielt eisern an seinem Grundsatz fest, nichts über eine mögliche Koalition mit der FDP verlauten zu lassen. Auch seine Ausführungen zur wirtschaftlichen Situation kamen über Allgemeinheiten nicht hinaus. Er wollte niemand mit der Ankündigung schrecken, wie radikal der Kurswechsel sein würde. Im Juni 1982 hatten mühselige Verhandlungen der

Koalition über den Haushalt 1983 nur zu Kompromissen geführt, die nicht viel wert waren. Denn sie schoben die Haushaltsprobleme vor sich her, statt sie wirklich anzupacken. In einem Brief an die CDU-Kreisvorsitzenden schrieb Kohl: »Weil beide Koalitionsparteien bereit waren, lieber das Gesicht zu verlieren als die Macht, kam es am 30. Juni noch einmal zu einer Einigung.«[450]

Immer mehr Mitglieder der SPD-Fraktion strebten aus der Regierungsverantwortung heraus. Zwischen Helmut Schmidt und seiner Fraktion wuchs die Entfremdung. Im Juli erklärte er vor den SPD-Abgeordneten, »dass die bisherige Steigerung der Sozialausgaben und Leistungen nicht mehr so fortgesetzt werden« könne.[451] Eine Erhöhung der Neuverschuldung käme für ihn nicht infrage. Das war das Eingeständnis des Scheiterns. Wie sollte ein sozialdemokratischer Kanzler in einer Krise agieren, wenn die eigene Partei ihm die Gefolgschaft verweigerte? Zudem wuchs in der Partei die Ablehnung des NATO-Doppelbeschlusses, und es war wenig wahrscheinlich, dass dessen Verwirklichung noch mit der SPD als Regierungspartei möglich sein würde. Bei der FDP gab es auch Vorbehalte gegenüber der Nachrüstung, aber die große Mehrheit der Fraktion war von deren Notwendigkeit überzeugt. Die Fortsetzung der sozialliberalen Koalition angesichts solcher Gegensätze bei einem fundamentalen Thema deutscher Politik war unmöglich, der Bruch nur eine Frage der Zeit und der Gelegenheit. Hinzu kamen die massiven Divergenzen auf wirtschafts- und finanzpolitischem Gebiet; sie konnten jederzeit für eine aktuelle Zuspitzung sorgen.

Die Sommerpause war die große Zeit von Pressesprecher Eduard Ackermann. Er hütete das Telefon in Bonn während des Urlaubs seines Chefs in St. Gilgen und hielt nach allen Seiten die Ohren offen. Schon Ende Juli 1982 konnte er melden, die ARD-Exzellenz Friedrich Nowottny, bekannt für seine guten Beziehungen zur FDP-Spitze, habe ihm »unter vier Augen« mitgeteilt,

»nach Lage der Dinge werde die Koalition nicht mehr lange bestehen bleiben können«.[452] Es herrschte im August die oft zitierte Ruhe vor dem Sturm; man wartete auf den Augenblick, in dem das Unwetter losbrechen würde. Bonn war voller Gerüchte und Prognosen; jederzeit wurde das Ende der Koalition für möglich gehalten. Kohl spottete über die Gerüchtebildung, dass diejenigen, »die sie morgens« erzeugten, sie selbst glauben würden, »wenn sie mittags« zurückkämen.[453]

Am 18. August beendete die Familie Kohl den gewohnten Urlaub am Wolfgangsee. Wie die Kontakte zwischen dem Oppositionsführer und der Führung der FDP in der Folgezeit liefen, lässt sich nicht im Einzelnen darstellen. Denn je mehr die Gerüchteküche an Hinweisen bot, desto schweigsamer verhielten sich die Akteure. Kohl predigte seinen Leuten »Gelassenheit«; es gelte vor allem, »zur Verfügung (zu) stehen, wenn die Stunde« gekommen sei. Es gelte also nicht, selbst aktiv zu werden und die FDP zu drängen, sondern abzuwarten, wie sich die Situation bei der FDP entwickele. Das lag ganz auf der Linie, die er seit 1980 vertreten hatte, nämlich sich auf vier Jahre Opposition einzurichten. Vor Antritt seines Urlaubs hatte er zu Genscher lediglich gesagt: »Im Übrigen musst du wissen, dass du nicht ohne Netz turnst.«[454] Das hieß, die FDP musste allein den Koalitionswechsel in die Wege leiten und ihn nicht als gemeinsame Verabredung planen, aber sie konnte dies mit der Zusicherung tun, dass sie auf den Partner rechnen konnte, wenn es zum Bruch kam. Das war die richtige Einschätzung, denn nur Hans-Dietrich Genscher konnte entscheiden, wann die Bundestagsfraktion der FDP bereit war, den Wechsel zu vollziehen.

Der FDP-Vorsitzende wurde von der SPD wegen seiner Schlüsselrolle am Ende der sozialliberalen Ära mit wütender Polemik zugedeckt.[455] Aber man darf das Gewicht der Entscheidung, die Genscher zu treffen hatte, nicht außer Acht lassen. Denn die Existenz der Partei stand auf dem Spiel, wenn der

Wechsel scheiterte. Deshalb musste er äußerst vorsichtig agieren und jeden Anschein von Gesprächen und Verabredungen mit Kohl vermeiden, um sich seinen linksliberalen Kritikern gegenüber keine Blöße zu geben. Daher fanden Kohls Treffen mit Genscher, aber auch mit Lambsdorff und Scheel, ganz unauffällig statt. Statt wie gewohnt mit seinen engsten Mitarbeitern abends essen zu gehen, fuhr Kohl ohne Begleitung zu seinen Gesprächspartnern mit dem Ergebnis, dass selbst die Öffentlichkeit in Bonn nichts davon erfuhr.

Während die zukünftigen Partner sich vorsichtig aufeinander zubewegten, wurde von interessierter Seite eine ganz andere Alternative erwogen. Am 7. September 1982 warnte Kohl »vor dem Vorschlag mit der Großen Koalition«, der von »redlichen Sozialdemokraten« gemacht werde, die der Meinung seien, auf diese Weise könne man die komplizierten Probleme »in Ordnung bringen«. Es war das letzte Mal, dass Kohl auf diese Möglichkeit hinwies. In den Jahren zuvor hatte er immer wieder vor der Großen Koalition gewarnt. Offensichtlich wusste er, wovon er sprach. Derartige Sondierungen hatten in Helmut Schmidt einen regen Förderer, der beispielsweise seinen Finanzminister Hans Matthöfer zu einschlägigen Kontakten ermunterte.[456]

Die Kontakte mit der FDP waren vor Ausbruch der Schlusskrise, die mit der Rede Schmidts zur Lage der Nation am 9. September begann und mit dem Lambsdorff-Papier den Bruch einleitete, schon so weit gediehen, dass Kohl der Fraktion bereits zwei Tage vorher eine Art Fahrplan für die Regierungsübernahme vorstellen konnte: »Ich persönlich glaube, dass für uns die optimale Lösung wäre: Dass wir im Falle einer Regierungsübernahme die Chance hätten, die Regierung ins Amt zu bringen; dass wir ein Programm vorstellen, dass eine wirkliche ›Eröffnungs-Bilanz‹ ist, ganz solid, wo wir den Leuten nicht ›Brei ums Maul schmieren‹, sondern ruhig sagen, was ist und was wir tun wollen – und dann in einem Zeitpunkt danach wählen, dass der Erwartungshorizont zeitlich noch nicht erfüllt werden kann und die Erinnerung an das, was die anderen angestellt haben, noch nicht verblasst ist. Das ist sozusagen der ›Goldene Schnitt‹ für einen solchen Termin.«[457] Von der FDP sei der Vorschlag gekommen, diese Wahl auf den 13. März 1983 zu legen, dem Tag der Wahlen in Schleswig-Holstein und Rheinland-Pfalz. Festgesetzt wurde dann aber der 6. März.

Diese Strategie entstand nicht erst in den Krisentagen des September. Schon im Sommer 1982, als das Ende der sozialliberalen Koalition absehbar war, hatte Kohl, ohne zu wissen, wann dies der Fall sein würde, seine Planung festgelegt. Elisabeth Noelle-Neumann berichtet, dass sie damals mit ihrem Plan, eine Gastprofessur in den USA wahrzunehmen, bei Kohl auf heftigen Widerstand gestoßen sei, der sich erst legte, als sie ihren Aufenthalt auf den März 1983 verschob. Noch im Rückblick wunderte sie sich: »Es war, als hätte er den gesamten weiteren Verlauf des Jahres 1982 schon im Kopf gehabt.«[458]

Mit dem Bericht des Kanzlers zur Lage der Nation war die Krise offenkundig. An diesem 9. September 1982 läutete Schmidt seine Abwahl mit der Aufforderung an Kohl ein, er solle das konstruktive Misstrauensvotum beantragen: »Lassen Sie uns nächste Woche darüber abstimmen!« Das war aber wegen der einzuhaltenden Fristen gar nicht möglich. Beobachter meinten, diesen »dramaturgischen Einfall« des Kanzlers habe schon sein Pressesprecher Klaus Bölling am Vortag angekündigt.[459] Schmidt wollte mit dieser Aufforderung den Freien Demokraten androhen, dass er bei einem abgewehrten Misstrauensvotum die Möglichkeit habe, den Bundestag aufzulösen und die Liberalen bei den folgenden Neuwahlen zu vernichten oder »wegzuharken«, wie er bald darauf im hessischen Landtagswahlkampf verkünden sollte.

Auch Kohl näherte sich dem Misstrauensvotum nur zögernd. »Freiwillige vor«, ermunterte er die Mitglieder der Fraktion, die das gescheiterte Misstrauensvotum Barzels aus dem Jahre 1972 schreckte. Doch Kohl schloss die Möglichkeit des Gelingens keineswegs aus – wenn die Bedingungen stimmten. Darunter verstand er eine eindeutige Koalitionsabsprache mit der FDP, »mit einem klaren Text, wo Sach- und Personalentscheidungen enthalten sind«, und diese Absprache »ratifiziert man auf dem Wege einer solchen Abstimmung« – also durch das konstruktive Misstrauensvotum –, eine ebenso originelle wie scharfsinnige Anwendung dieser Verfassungsbestimmung.

Das Ende der sozialliberalen Koalition war für den Herbst absehbar gewesen. Denn die Verabschiedung des Haushalts musste erfolgen, damit die notwendigen Kürzungen rechtzeitig in Kraft treten konnten. Aber gerade dafür gab es in der Regierung keine Mehrheit. Plötzlich öffnete sich mit dem Lambs-dorff-Papier vom 9. September die definitive Bruchstelle. Der Kanzler selbst hatte bei seinem Wirtschaftsminister ein Gutachten bestellt, das derart viele soziale Härten enthielt, dass es für Schmidt unannehmbar war.

Otto Graf Lambsdorff agierte als Einzelkämpfer. Kohl wusste am 7. September 1982 nur, dass der Minister der FDP-Fraktion eine Vorinformation gegeben hatte, und zeigte sich verwundert, »dass der Wirtschaftsminister erst die Fraktion informiert und nicht den Regierungschef«. Aus den kursierenden Gerüchten zog er jedoch den Schluss, dass die von Lambsdorff beabsichtigten Einschnitte »eine ganz andere Dimension« hatten als die bisher bereits umstrittenen Kürzungsvorschläge.[460] Eine Woche später ging Kohl zu dem Gutachten sogar auf Distanz; er sah darin »kein Papier, das eine soziale Ausgewogenheit enthält«, bestenfalls eine Diskussionsgrundlage.

Die neue Koalition musste im Votum gegen den amtierenden Kanzler ihre Feuerprobe bestehen. Sollte dies gelingen, könnte man durchatmen. Dann wäre der entscheidende Schritt geschafft. Denn über die Personal- und Sachfragen war schon vorher weitgehende Einigung erzielt worden. Das Hochgefühl des Sieges in der Abstimmung musste nicht durch zähes Feilschen mit einem misstrauischen Koalitionspartner gedämpft werden. Beide Seiten wussten: Es gab für diese Koalition aus CDU/CSU und FDP keine Alternative.

Der Kanzler Helmut Schmidt polierte inzwischen an dem Bild, das er in der Geschichte hinterlassen wollte. Überspitzt gesagt, bewies er dabei mehr Klugheit, als er häufig in seiner Politik hatte erkennen lassen. Er strebte in den Schoß der Partei zurück, obwohl sie ihn im Stich gelassen hatte, weil sie die Last der Regierungsverantwortung nicht mehr tragen wollte. Nun schloss er auch Frieden mit den Gewerkschaften, die kurz zuvor noch im Kampf gegen die Haushaltskürzungen der Regierung einen »heißen Herbst« angekündigt hatten.

Dem Friedensschluss mit den eigenen Leuten entsprach die moralische Infragestellung des Gegners. Nun behauptete Schmidt plötzlich, ein Bundeskanzler brauche »die geschichtliche Legitimation, die nur der Wähler geben kann«, also unverzügliche Neuwahlen – als ob Ludwig Erhard, Kurt Georg Kiesinger und schließlich er selbst nicht ebenfalls ohne Neuwahlen ins Kanzleramt eingezogen wären.

Den Vorgang der Abwahl einer Regierung, eine in einer funktionierenden Demokratie seltene, aber von der Verfassung ausdrücklich vorgesehene Regelung, führte Schmidt auf »Machenschaften« zurück auf dem Weg in die »Ellbogengesellschaft«, die mit allen Schrecknissen anbreche. So bediente er die den Linken teure Grundüberzeugung, dass es Unrecht sei, eine linke Regierung zu stürzen. Mit seiner Abschiedsrede vor der SPD-Fraktion fand er auch die emotional richtige Tonlage, um in die von Illusionen umhegte Welt der Genossen zurückzukehren. So konnte er in freundlicher Distanz zur Sozialdemokratie sein eigenes Leben führen und an seiner Erfolgsgeschichte basteln. Seinen 90. Geburtstag feierte er als höchst erfolgreicher und international angesehener Staatsmann. Die Erinnerung an sein Scheitern als Kanzler wurde vollkommen verdrängt.

Die Wende – Kohl wird Kanzler

Der Begriff ist im Bereich der Zeitgeschichte vielfach vorbelastet oder von anderen Ereignissen besetzt. Der allgemeine Sprachgebrauch hat ihn für den Untergang der DDR und den Einigungsprozess mit Beschlag gelegt – so wie die Deutschen die Ereignisse des Jahres 1945 schon bald als »Zusammenbruch« zu bezeichnen sich angewöhnt hatten.

Bezogen auf das Jahr 1982 gibt es zwei Deutungen des Begriffs »Wende«: Die eine ist entschieden negativ und wird meist in kritisch-ironischer Absicht gebraucht. Die andere ist positiv ausgerichtet, aber wegen der Kritik der Gegenseite eher vorsichtig gehalten und mehr aus der Defensive heraus argumentierend. Die negative Deutung des Ausdrucks stammt vornehmlich von sozialdemokratischer Seite und richtete sich vor allem gegen den als mutwilligen Zerstörer der sozialliberalen Koalition ausgemachten FDP-Vorsitzenden Hans-Dietrich Genscher, der mit seinem »Wende-Brief« und weiteren Appellen zur »Wende« das Signal zum Verlassen der Koalition gegeben habe.

Seitdem entwickelte sich die Infragestellung der Wende zum »intellektuellen Lieblingssport« eines »Heers von Journalisten und Kommentatoren«, die nicht müde wurden, auf deren Defizite hinzuweisen.[461] Denn für die kritischen Medien stellte dieses Ergebnis der politischen Entwicklung so etwas wie einen Pappkameraden dar, auf den sie jederzeit einschlagen konnten, obwohl die Union in der Praxis der Regierungsarbeit längst gelernt hatte, dass es leichter war, eine Wende zu verkünden, als solch ein Versprechen einzulösen.

Helmut Kohl war von der Notwendigkeit einer fundamentalen Neuorientierung überzeugt, aber seine Vorstellungen bewegten sich in eine andere Richtung. Ihm ging es nicht einmal um eine Wende in der Wirtschaftspolitik. Hier gab er sich eher zurückhaltend, denn er wusste, welche Besorgnisse die immer schlechteren Wirtschaftszahlen in der Bevölkerung auslösten. Er verstand sich nicht als Macher wie sein gescheiterter Vorgänger. Er wollte auch nicht nur den Regierungskarren weiterziehen, den Haushalt in Ordnung bringen und die Wirtschaft ankurbeln. Wenn mit der Abwahl von Helmut Schmidt eine Ära zu Ende ginge und mit ihr eine Phase des geistigen Niedergangs, wollte er auch hier neue Akzente setzen, eben eine Wende einleiten.

Noch als Oppositionsführer, aber bereits im Vorhof der Macht, umriss Kohl am 9. September 1982 vor dem Bundestag seine Vorstellungen. Es gehe um eine »Wende zur Vernunft«, die auch von den Bürgern erwartet werde. Die Überwindung der Wirtschaftskrise habe zwar unbedingte Priorität. Die Wirtschaft wieder in Schwung zu bringen und die Finanzen auf eine solidere Grundlage zu stellen, sei wichtig und müsse im Vordergrund stehen, sei aber nicht alles. Wirklich notwendig sei die »Mobilisierung der geistig-moralischen Kraft« des Volkes.[462] Wende heiße also, »eine grundsätzliche Neubesinnung einzuleiten«, denn neben den materiellen Problemen bestehe »eine geistig-moralische Krise«. Diese gelte es als eine Herausforderung zu erkennen und anzunehmen. Eine solche Haltung schlösse die Rückkehr zu traditionellen Werten keineswegs aus; sie beinhalte auch die Beseitigung von eingerissenen Missständen – etwa bei der mangelnden Wehrgerechtigkeit, der Schwarzarbeit, beim Krankfeiern und beim Steuerbetrug. Es müsse ein Ende haben, »dass die Redlichen, die Anständigen – dieses Wort verwenden wir ja schon kaum mehr – die Zeche für eine immer größer werdende Gruppe der Cleveren zahlen, die sich scheinbar mit vollem Einverständnis des Staates Vorteile verschaffen«. Kohl unterließ auch nicht den Hinweis auf die immer geringer werdende Bereitschaft, »das Land notfalls zu verteidigen«, und beharrte darauf, »dass es diesen für die Existenzfähigkeit unseres Staates so entscheidenden inneren Zusammenhang zwischen Nationalgefühl im besten Sinne des Wortes und Verteidigungsbereitschaft tatsächlich« gebe.

Für den kritischen, zum Pessimismus neigenden Zeitgenossen mochte das alles altmodisch klingen und den aktuellen Vorstellungen nicht mehr entsprechen. Galt das auch für Helmut Kohl? Er hatte in unzähligen Wahlversammlungen erlebt, dass seine Zuhörer diese Botschaft akzeptierten. Wie die Demoskopie im Herbst 1982 feststellte, hatten ihn diese simpel klingenden Wahrheiten in seiner Rede im Bundestag, bei der er übrigens kaum durch die SPD gestört wurde, in die unmittelbare Nähe der absoluten Mehrheit gebracht. Kanzler Schmidt wusste, dass diese Fragen die Menschen bewegten.

Als Willy Brandt 1969 mit seinem Wort »mehr Demokratie wagen« zum Aufbruch in neue Dimensionen der politischen Existenz aufrief, war Kohl damals gar nicht so weit von diesem Standpunkt entfernt. Er hatte in Rheinland-Pfalz eine Schulreform durchgeführt, die deutlich emanzipatorische Züge trug. Der Studentenbewegung begegnete er erstaunlich lange mit kritischer Sympathie, und dem begeisternden Schwung Willy Brandts gegenüber verhielt er sich zwar skeptisch, aber nicht einfach ablehnend.

Seitdem hatte Kohl mitansehen müssen, wie die Situation der Gesellschaft sich fortdauernd verschlechterte. Anfang der Siebzigerjahre hatten die Künder der schönen neuen Welt geglaubt, Wirtschaft und Gesellschaft seien planbar und permanentes Wachstum bei gleichzeitiger Aufblähung des Öffentlichen Dienstes möglich, ohne je an finanzielle Grenzen zu gelangen. Doch bald war der Katzenjammer gekommen – mit dem Ende des Wirtschaftswunders, der strukturellen Arbeitslosigkeit und der wachsenden Staatsverschuldung. Die Bekämpfung des Terrorismus machte Einschränkungen der persönlichen Freiheit erforderlich. Die immer gewaltbereiteren Teilnehmer an Protestdemonstrationen erforderten immer größere Polizeieinsätze. Vom »mehr Demokratie wagen« war kaum etwas übrig geblieben. Auf dem Berliner Parteitag von 1980 hatte Kohl diesen Wandel angesprochen, als er sagte: »Vor zehn Jahren herrschte Aufbruchsstimmung, die Kassen waren voll, die Vollbeschäftigung war gesichert, es ging aufwärts, die Menschen hatten Vertrauen in ihren Staat, sie sahen optimistischer in die Zukunft.« Inzwischen sei »die Gesellschaft anonymer, der Staat bürokratischer, seinen Bürgern fremder geworden«.[463]

Das Lambsdorff-Papier brachte das Ende der Koalition. Von Helmut Schmidt selbst in Auftrag gegeben, hatte der Wirtschaftsminister mit führenden Beamten seines Hauses ein »Konzept für eine Politik zur Überwindung der Wirtschaftsschwäche« ausgearbeitet, das dem Kanzler am 10. September 1982 vorlag. Das Papier forderte Entlastung von Unternehmen, Abbau von Subventionen und die Förderung von Investitionen, enthielt aber zugleich fühlbare Einschnitte bei Sozialpolitik und Sozialversicherung. Diese Kürzungen wären auch für die Union nicht akzeptabel gewesen. Kohl zeigte sich dem Konzept gegenüber sehr reserviert und stufte es zur »Diskussionsgrundlage« herunter, während es Schmidt mit der Regierungspolitik für unvereinbar erklärte und nach dem Rücktritt der FDP-Minister geschäftsführend im Amt blieb.

Den Freien Demokraten unterliefen in der Schlusskrise zwei taktische Fehler. Zum einen hatte Wirtschaftsminister Lambsdorff sein Papier nach flüchtiger Information der Parteiführung direkt an das Kanzleramt gesandt, ohne die Auswirkungen auf den hessischen Wahlkampf zu berücksichtigen. Denn es war naheliegend, dass der SPD-Kampagne ein »Verrat in Bonn« hervorragend ins Konzept passen würde.[464] Zum andern erklärten die FDP-Minister am 17. September 1982 ihren Rücktritt, statt es darauf ankommen zu lassen, von Schmidt entlassen, also gleichsam herausgeworfen zu werden. Das hätte den Vorwurf des Verrats abgeschwächt. Das Ergebnis der Wahlen in Hessen am 26. September – verlorener Sieg für die CDU und Rauswurf der FDP – stellte für die neue Koalition eine herbe Enttäuschung dar. Es mochte nur ein geringer Trost sein, dass der Misserfolg, wie Kohl interpretierte, der Tatsache geschuldet war, dass die Landtagswahl mit der Rekordwahlbeteiligung von 86,3 Prozent ein gänzlich unerwartetes Ergebnis gebracht hatte.

Am 20. September hatten die Partei- und Fraktionsvorsitzenden der drei Parteien ihren Fraktionen empfohlen, Helmut Kohl am 1. Oktober 1982 zum Bundeskanzler zu wählen. Am folgenden Tag erhielt Kohl in der CDU/CSU-Fraktion 228 Ja-Stimmen, eine Nein-Stimme und eine Enthaltung. Ein geschlossenes Votum.[465] Der Weg zur Kanzlerwahl war offen. Nichts erinnerte mehr an die demütigende Fraktionssitzung vom 2. Juli 1979, als eine tief gespaltene Fraktion Franz Josef Strauß zum Kanzlerkandidaten gewählt hatte.

In der Fraktionssitzung am 21. September 1982 fiel noch eine weitere Entscheidung. Obwohl ihr durchaus historische Bedeutung beizumessen ist, war dies den meisten Anwesenden nicht bewusst. Eine Weichenstellung ergab sich, die zur Selbstausschaltung von Franz Josef Strauß führen sollte. Der bayerische Ministerpräsident hatte einer Koalition mit der FDP stets heftigen Widerstand entgegengesetzt. Er wollte die Regierung Schmidt/Genscher »in den Sielen sterben lassen« und forderte möglichst rasche Neuwahlen, um der FDP den Garaus zu machen und Genscher als Außenminister zu beerben. Das Weitere würde sich finden: »Wer unter mir Bundeskanzler ist, ist mir egal.«[466] Eine solche Haltung musste massive Konflikte auslösen.

Für den Regierungswechsel war es außerordentlich vorteilhaft, dass Strauß durch den bayerischen Landtagswahlkampf gebunden war. So konnte er die Entwicklung der Situation in Bonn nicht aus der Nähe beobachten und entsprechend darauf einwirken. Am 21. September 1982 hatte er in der Fraktion dem geplanten Wahltermin am 6. März des kommenden Jahres zugestimmt – mit der üblichen Einschränkung, dass die CSU-Politiker »für diesen Termin … nicht die Verantwortung übernehmen, aber loyal diesen Termin mittragen werden«.

Als am 26. September die FDP in Hessen verlor, fühlte sich Strauß in seinem Willen zur Vernichtung der FDP bestätigt und wollte nicht mehr wahrhaben, dass er sein Einverständnis zur Koalition mit der FDP und zum Wahltermin im März 1983 gegeben hatte. Friedrich Zimmermann hatte sich in Vorahnung möglicher Reaktionen von Strauß eine Abschrift des Fraktionsprotokolls besorgt. Das löste zwar bei Letzterem einen Wutausbruch von besonderer Heftigkeit aus, änderte aber nichts an der Tatsache, dass er in Bonn ausgespielt hatte.[467]

Das Ende der sozialliberalen Koalition brachte seltsame Reaktionen hervor. Walter Jens, der Tübinger Rhetorikprofessor, eine »Koryphäe der Hochmoral« (Jan Fleischhauer), der schon auf dem SPD-Parteitag in München im April 1982 erkannt hatte, »dass für einen Großteil der kritischen Generation diese FDGO (i. e. die freiheitlich demokratische Grundordnung, d. Verf.) zur Panzerfaust des Staates geworden sei«, sah nun den »großen Rechtsruck«, »Illiberalität« und »Zensurpraktiken« heraufziehen.[468] Noch größere Sorgen machten sich einige Mitarbeiter der »taz«. Sie schrieben einen offenen Brief an Franz Josef Strauß, ihren ärgsten Feind, und baten ihn: »Retten Sie uns vor Herrn Kohl.« Denn der Mann müsse verhindert werden, »dieser Frankenstein des deutschen Spießertums, zusammengesetzt aus verschiedenen Elementen ungelüfteter deutscher Ecken«. Sie fürchteten Schlimmstes: »Reagan wird mit ihm Schlitten fahren, und er wird's nicht merken, und Breschnew wird ihn ausspielen. Im Élysée-Palast wird er einem Louis-XIV.-Sessel die Lehne abbrechen.«[469]

Der Bundestagsdebatte am 1. Oktober 1982 vor der Abstimmung über das konstruktive Misstrauensvotum fehlten die Höhepunkte. Der lange Niedergang der Koalition und ihre innere Zerrissenheit eigneten sich nicht für dramatische Schuldzuweisungen. Dennoch beeindruckte die Debatte durch den Ernst und die Leidenschaft, mit der die unterschiedlichen Positionen vertreten wurden. Nur einmal, als Heiner Geißler in seiner Argumentation allzu rechthaberisch wurde, drohte die von Nervosität und Verbitterung aufgeheizte Atmosphäre zu eskalieren. Da schaltete sich Helmut Kohl ein. Völlig ruhig, aber damit eine ungeheure Autorität ausstrahlend, mahnte er zur Besinnung: »Lassen Sie uns doch nicht in der ganzen Leidenschaft der Stunde das zerstören, was diese Republik in 30 Jahren auf unserer Verfassung aufgebaut hat!«[470]

Das Abstimmungsergebnis war knapp, aber eindeutig. Mit 256 Ja-Stimmen erhielt Kohl sieben Stimmen über der absoluten Mehrheit. Seine Frau Hannelore und seine beiden Söhne hatten von der Diplomatentribüne aus die Debatte verfolgt. Sie waren auch dabei, als Kohl nach der Ernennung und vor der Vereidigung seinen Abschied von der Fraktion nahm.

Bei diesem Anlass zeigte der neue Bundeskanzler Helmut Kohl Emotionen, als er an die gemeinsame »Last der Arbeit und des Ärgers« erinnerte und versprach, die Politik seiner Regierung »aus der politischen Mitte« des Volkes herauszuführen. Aber noch etwas anderes sei notwendig: Der Kanzler brauche Mut und Klugheit und noch mehr: »Es gehört die Gnade dazu.« Das war für Kohl eine ganz wichtige Aussage. Er wusste, dass er nicht aus eigener Kraft all das schaffen könne, was das Amt verlangte und was zu vollbringen er sich vorgenommen hatte. Die

Vorstellung, der Gnade zu bedürfen, hat bei ihm zentrale Bedeutung. Das sollte noch in anderen Situationen offenbar werden. Der scheidende Vorsitzende wollte seiner Fraktion noch etwas mit auf den Weg geben: »Ich sage das ganz zurückhaltend, weil das ein Ton ist, der nicht eben im Deutschen Bundestag, auch nicht in den Räumen von Fraktionen häufig ist: Wir sind auch als Christen in einer anderen Weise gemeinsam und vereint. Und das kann uns auch auf diesem schwierigen Weg für die Zukunft helfen.«[471]

Es ist eigenartig: Nachdem in den Fünfziger- und Sechzigerjahren der Streit um das »C« in der Partei, um den Bezug der Politik zur christlichen Botschaft und seine Rechtfertigung in der praktischen Politik, einige Mühen bereitet hatte, war die Diskussion darüber in den Siebzigerjahren abgeflaut. Denn es gab nicht mehr jene Politikergeneration, die mit Rainer Barzel vielleicht ihren letzten Vertreter gehabt hatte. Kohl unterschied sich davon. Er verkörperte einen anderen Politikstil. Er verbarg keineswegs die Prägung durch ein christliches Elternhaus und eine christliche Erziehung. Aber er vermischte nicht im Alltag die christliche Botschaft mit praktischer Politik. Als gewählter Kanzler jedoch, in einer Situation, in der es galt, nicht nur eine Wende in der Wirtschafts- und Finanzpolitik herbeizuführen, sondern auch in der geistig-moralischen Einstellung zu Staat und Gesellschaft, konkret zum Mitmenschen, Veränderungen zu bewirken, glaubte Helmut Kohl, auf eine solche Stärkung angewiesen zu sein. Man kann auch sagen, das eine bedingte das andere. Eine Wende in diesen empfindlichen, unwägbaren Bereichen zu erwarten, in denen Fortschritte nicht messbar waren, sondern es auf die Gesinnung ankam, ließ Unterstützung jeder Art willkommen erscheinen.

Die Feier am Abend im »Herrenhaus Buchholz« in Alfter, bei der Gerd Bacher, Kohls Medienberater der Oppositionsjahre, der bald wieder als Intendant des ORF nach Wien zurückkehrte, eine allseits geschätzte Rede hielt, umfasste den engeren Kreis von Mitarbeitern und Freunden. Am nächsten Morgen sah man die Familie Kohl, unterstützt von den Fahrern und den üblichen engsten Mitarbeitern beim Einräumen des Kanzlerbüros. Unbeobachtet von der Presse, die ihren freien Tag hatte, schleppten sie die persönliche Einrichtung hinein. Denn der Vorgänger hatte nach seiner Abwahl auch sein Zimmer komplett geräumt.

Für die Mitarbeiter gestaltete sich die Unterbringung freilich schwieriger. Die bisherigen Zimmerinhaber weigerten sich, halbwegs benutzbare Räume zur Verfügung zu stellen. Dreizehn Jahre sozialdemokratische Regierungsmacht und die laufende Verratskampagne der SPD hatten diesen bemerkenswerten Akt des »Widerstandes« durch das Verwaltungspersonal bewirkt. Eduard Ackermann, nun nicht mehr multifunktionaler Verbindungsmann zur Presse, sondern »Leiter der Abteilung für Kommunikation, Dokumentation und politische Planung«, wurde mit seiner wichtigsten Mitarbeiterin in einem Vorzimmer untergebracht. Horst Teltschik, der die wichtige Abteilung für auswärtige Angelegenheiten, Verteidigung und innerdeutsche Fragen übernahm, also der entscheidende außenpolitische Berater wurde, soll die erste Regierungserklärung des Kanzlers in einer Art Besenkammer geschrieben haben.[472] So hart traf es die anderen Mitarbeiter nicht. Sie konnten sich auch etwas mehr Zeit lassen, bis die Raumfrage geklärt war. Es sollte fast ein Jahr dauern, bis die wirtschaftspolitische Abteilung, im Hausjargon der Ära Schmidt »Rote Zelle« genannt, aufgelöst war.[473]

Kabinett und Kanzleramt

Staatssekretär im Kanzleramt und damit der Dreh- und Angelpunkt in der ersten Phase der Kohl'schen Kanzlerdemokratie wurde der in Speyer als Professor tätige Waldemar Schreckenberger, der schon in Mainz Kohls Staatssekretär gewesen war. Das Festhalten am Vertrauten war ihm wichtiger als das Funktionieren des Apparates. Schreckenberger, ein Jahrgangsgenosse, kein Schulfreund Kohls, war ein Beamter mit wissenschaftlichen Interessen, den Kohl in die Mainzer Staatskanzlei geholt hatte und der dort rasch bis zum Staatssekretär aufstieg. Er gehörte zum politisch-persönlichen Umfeld des Ministerpräsidenten in Mainz, aber war das die Garantie dafür, dass er auch in Bonn der richtige Mann war?

An der Spitzenbesetzung des Kanzleramtes fällt eines auf: Es waren kaum Verwaltungsbeamte darunter. Diese mied er eher. Es ist daher kein Zufall, dass Ackermann, der als Journalist angefangen hatte, aber Angestellter blieb und nun zum Ministerialdirektor ernannt wurde, anfangs »buchstäblich mit zitternden Händen« nach Hause ging, weil er »kein gelernter Beamter« war.[474]

Schreckenberger als Staatssekretär im Kanzleramt macht Eigentümlichkeiten der Personalauswahl des neuen Kanzlers deutlich. Hochqualifizierten und erfahrenen Spitzenbeamten ging Kohl lieber aus dem Weg. Darin unterschied er sich von Adenauer und Kiesinger, aber auch von Helmut Schmidt. Die Präzision von Spitzenbeamten, die juristischen Sachverstand mit langjähriger Erfahrung in der Verwaltung verbanden, ließ sich mit seiner Vorliebe für schnelles unbürokratisches Erledigen, das oft eine parteipolitische Schlagseite hatte, nur schlecht vereinbaren. Mit der Wahl von Schreckenberger wollte er nicht an goldene Mainzer Zeiten anknüpfen. Während seine Mainzer Crew, die mit ihm 1976 nach Bonn gegangen war, dort mit den Aufgaben gewachsen war und sich auf die Bonner Verhältnisse eingestellt hatte, musste der Nachzügler erst zeigen, dass er diese Schlüsselstellung ausfüllen konnte. Ergänzt wurde die Mannschaft im Kanzleramt durch einen Profi: Philipp Jenninger, bisher Erster Parlamentarischer Geschäftsführer der Fraktion, zog als Staatsminister in das Amt ein. Er hatte durch die Art, wie er die Fraktion managte, Kohls Vertrauen erworben.

Kohls Verhältnis zu Beamten war nicht unkompliziert. Gegen Beamte, die der Karriere wegen in die Partei eintraten, was nach dem 6. März 1983 verstärkt der Fall war, hegte er eine tiefe Abneigung. Aber auch Beamten gegenüber, die etwas konnten und ohne Parteibuch in hohe Stellungen gelangt waren, zeigte er sich oft befangen. Bei den höheren Chargen des auswärtigen Dienstes konnte diese Haltung zu Schroffheiten im persönlichen Umgang führen. Die Abwehrhaltung entstand wahrscheinlich aus dem Gefühl der Unsicherheit, die Kohl selbstbewusste und qualifizierte Beamte meiden ließ. Nicht zufällig hatte er sein Jurastudium frühzeitig abgebrochen.

Verhielt er sich gegenüber hohen Beamten reserviert, so hatte er – vielleicht als eine Art Kompensation – auf der anderen Seite die unangenehme Angewohnheit entwickelt, seine Spottlust an Leuten seiner engeren Umgebung auszulassen, wann immer sich ein Anlass dazu bot. Manche machten sich nichts daraus, andere litten darunter. Das Frotzeln in Gesellschaft mochte auch Ausdruck von Unsicherheit sein; Kohl wollte Distanz schaffen. Partys und der auf ihnen gepflegte Gesprächston, ein Lebenselixier der Bonner Gesellschaft, waren ihm ein Gräuel.

Die Zusammensetzung des Kabinetts bot keine Überraschungen. Vier FDP-Minister behielten ihre Ressorts. Nur auf Bundesinnenminister Gerhard Baum hatte man als überzeugten Vertreter der sozialliberalen Koalition verzichtet. Gerhard Stoltenberg stand als der starke Mann fest, der die finanzpolitischen Aufräumungsarbeiten anpacken sollte. Entgegen den Erwartungen wurde Friedrich Zimmermann, ein ausgewiesener Verteidigungspolitiker, nicht mit diesem Ressort betraut. Strauß hatte ihm dringend abgeraten, denn er fürchtete, ein Verteidigungsminister aus der CSU würde den Zorn der Nachrüstungsgegner in

besonderem Maße auf sich ziehen und dadurch die eher furcht-
same Schwesterpartei entlasten.[475] Die Absage aus Bayern veranlasste Kohl, auf Manfred Wörner zurückzugreifen, bei dem
Kohl auch schon Enttäuschungen erlebt hatte. Frischen Wind in
der Sozialpolitik versprachen Norbert Blüm als Arbeitsminister
und Heiner Geißler als Familienminister. Was die meisten Uni-
onsminister auszeichnete: Sie gehörten der gleichen Generation
wie der Kanzler selbst an. Rainer Barzel war freilich älter; seine
Aufnahme ins Kabinett sollte den Willen zur Kontinuität unterstreichen, war er doch einmal der jüngste Minister in Adenauers
Kabinett gewesen und zugleich ein Politiker, der in der Partei
über einigen Einfluss verfügte.

Das neue Kabinett hatte sich selbst unter ungeheuren Druck
gesetzt. Zur Wende, zur entschlossenen Abkehr von dem bisherigen Kurs gehörte Schnelligkeit. Kohl selbst legte ein Tempo
vor, von dem er sagte, es sei selbst dann nicht durchzuhalten,
wenn man wie er »vom lieben Gott mit einer Pferdenatur ge-
segnet« sei. Vorteilhaft war für ihn allerdings, dass er seine vertrauten Mitarbeiter um sich hatte. Als geradezu unerträglich
empfand er die Lage der neuen Minister, die in einer fremden,
wenn nicht feindlichen Umgebung ihre Tätigkeit aufnehmen
mussten und nicht wussten, »ob derjenige, der ihnen den Kaffee
besorgt, nicht auch sich im Zimmer rumdrückt, um mitzuhören
und mitzusehen, was da gerade« vor sich geht.[476] Ob die Minister unter fremden Mitarbeitern so stark litten, wie Kohl es darstellte, sei dahingestellt, denn hier schilderte er vor allem seine
eigene hoch entwickelte Aversion gegen eine fremde Umgebung,
gegen unbekannte Mitarbeiter und ein Milieu, das ihm unsympathisch war. In dieser Einstellung liegt wohl auch die Erklärung dafür, dass er auf Schreckenberger als Staatssekretär zu-
rückgriff, dessen Grenzen er kannte, die er aber in Kauf nahm,
weil er sich auf ihn verlassen konnte.

Bereits am 13. Oktober 1982 gab der neue Kanzler die Regierungserklärung ab – nicht einmal zehn Tage nach der Vereidigung der Minister! Der Zeitdruck war jedoch unvermeidlich.

Schon am 7. September 1982, mehr als drei Wochen vor seiner Wahl zum Kanzler, hatte Kohl der Fraktion seine Strategie der Regierungsübernahme, seinen »Goldenen Schnitt« mitgeteilt: Zunächst sollte die neue Koalition so schnell wie möglich eine »Eröffnungsbilanz« erarbeiten, eine Bestandsaufnahme, die rückhaltlos Aufschluss über die tatsächliche wirtschaftliche und finanzielle Lag gab, damit man darauf eine neue, solidere Politik aufbauen konnte.

Dann aber standen Neuwahlen an. Zu welchem Zeitpunkt sie anzusetzen seien, hing von zwei Faktoren ab. Sie müssten zu einem Zeitpunkt stattfinden, erklärte Kohl, »dass der Erwartungshorizont zeitlich noch nicht erfüllt werden« könne und »die Erinnerung an das, was die anderen angestellt haben, noch nicht verblasst« sei.[477] Alles müsse auf den Weg gebracht werden, um dem Wähler zu zeigen, dass die Regierung auf dem richtigen Weg sei. Konkret hieß das aber, Wahlen im Winter anzusetzen, wenn die Arbeitslosigkeit ihren Höchststand erreicht hätte und noch keine Verbesserung der Wirtschaftslage spürbar wäre. Das war ein hohes Risiko.

Kohls Regierungserklärung musste sich unter den gegebenen Umständen krass von der Normalform solcher Verlautbarungen unterscheiden. In dieser Situation konnte es nicht darum gehen, die Zielsetzungen der einzelnen Ressorts der kritischen Aufmerksamkeit der Interessenvertreter zu präsentieren und vorzutragen, welche Hilfe etwa für die Landwirtschaft oder das Zonenrandgebiet zu erwarten sei. Was sollte schon konkret versprochen werden, wenn in fünf Monaten wieder gewählt würde? Wichtiger war es in dieser Situation, die großen Linien der künftigen Politik aufzuzeigen, die für die Koalition über den nächsten Wahltermin hinaus bestimmend sein sollten.

Die erste Regierungserklärung

Der Kanzler begann mit der Eröffnungsbilanz. Es war eine nüchterne Präsentation der wirtschaftlichen Situation. Sie fiel düster aus, obwohl er auf Schuldzuweisungen an die Vorgängerregierung weitgehend verzichtete, schon um die FDP zu schonen, die stets den Wirtschaftsminister gestellt hatte.[478]

Die Regierungserklärung erregte Aufsehen. Damit stellt sich die Frage nach ihren Urhebern. Horst Teltschik hatte die Federführung, und die engsten Mitarbeiter wie Eduard Ackermann und Wolfgang Bergsdorf waren von Anfang an dabei. Natürlich fehlte auch nicht der neue Pressesprecher Diether Stolze. Ein wichtiger Helfer war Alfred Herrhausen, der Sprecher der Deutschen Bank. Er war dem Kanzler persönlich verbunden. Der Bankier war ein »ungemein gescheiter Mann«[479], dem auch gesamtwirtschaftliche Zusammenhänge und die Probleme der Weltwirtschaft vertraut waren. Er arbeitete an den Passagen zur Wirtschafts- und Finanzpolitik mit. Auch Johannes Gross, den Kohl seit seinen Mainzer Jahren kannte, half bei der Formulierung der Regierungserklärung. Die Mitwirkung der beiden Wissenschaftler, des Historikers Michael Stürmer und des Politologen Werner Weidenfeld, die in der Presse häufig erwähnt wurden, scheint eine Erfindung des gewitzten Eduard Ackermann gewesen zu sein. Ihm schien wohl etwas akademischer Glanz bei der Abfassung der Regierungserklärung nützlich zu sein. Er hielt auch in seinen Erinnerungen daran fest, und so sind die beiden »Mitautoren« sogar in die »Erinnerungen« des Kanzlers übernommen worden.[480] Tatsächlich hat es wohl Bestrebungen gegeben, die beiden näher heranzuziehen. Eine Mitwirkung an der Regierungserklärung erfolgte jedoch nicht.

Eine Arbeitslosigkeit von in der Bundesrepublik zuvor nie gekannten 2,5 Millionen Menschen, mit der im Winter 1982 zu rechnen war, kennzeichnete die Lage; hinzu traten eine bisher unbekannte Zahl von Firmenzusammenbrüchen und ein Rekordschuldenstand der öffentlichen Haushalte von insgesamt 700 Milliarden D-Mark. Der Hinweis auf die »Weltwirtschaftskrise«, Helmut Schmidts Lieblingsargument, zählte für seinen Nachfolger Kohl nicht, lenke es doch nur von den »hausgemachten Problemen« ab, die dadurch entstanden seien, dass man die »Grenzen der Belastbarkeit« der deutschen Wirtschaft »erst getestet und dann weit überschritten« habe. Ein Anspruchsdenken habe sich entwickelt, das »an der optimistischen Vorstellung eines ständigen und kräftigen Wachstums der Wirtschaft orientiert« gewesen sei, und als »diese hohen Wachstumsraten ausblieben«, habe man die rechtzeitige Korrektur der Politik vermieden, die »heute mit größeren Schmerzen und mehr Zeitaufwand nachgeholt« werden müsse. Der Kanzler machte also nicht in Optimismus, sondern stellte fest, dass der Tiefpunkt der Krise bevorstehe und »erste positive Wirkungen … in der zweiten Hälfte des Jahres 1983« zu erwarten seien. Bis dahin war es, politisch gesehen, noch eine lange Zeit.

Kohls Ausführungen zur »geistig-politischen Krise« fielen knapper aus, als es frühere Äußerungen von ihm hätten erwarten lassen. Er bestritt nicht, dass Angst die Gesellschaft durchziehe. Aber Angst gäbe es in vielfacher Form, nicht nur vor der Nachrüstung. Für ihn waren die »Ideologien der Macher und Heilsbringer« für den Verlust an Wirklichkeitssinn verantwortlich. Denn auf diese Weise könnten die Herausforderungen der Wirtschaft nicht bewältigt werden. Stattdessen gelte es, »Freiheit, Dynamik und Selbstverantwortung« zu entfalten. Auf diesen drei Begriffen gründe »die Koalition der Mitte«. Sie entspreche in ihrer parteipolitischen Zusammensetzung der Gründungskoalition der Bundesrepublik und erhebe damit zugleich den Anspruch, an deren einmalige Erfolgsbilanz von Westbindung, Sozialer Marktwirtschaft und sozialer Sicherung anzuknüpfen.

Das »Dringlichkeitsprogramm« der Regierung war umfangreich. Es sollte Arbeitsplätze schaffen – etwa beim Wohnungsbau –, aber auch Investitionen fördern und Ausbildungsplätze bereitstellen. Zugleich wurden auch ganz andere Projekte angesprochen, die erst in späterer Zeit einen arbeitsmarktpolitischen Effekt entfalten konnten. Dabei handelte es sich um die Entwicklung neuer Technologien im Kommunikationsbereich mit Ausbau der Kabelnetze und der Satellitentechnik.

Die Ausführungen zur Sozialpolitik verdienen es, als einzigartig hervorgehoben zu werden. Zugleich zeigen sie, dass der Ernst der Lage allen Beteiligten deutlich bewusst war. Denn sonst hätte Arbeitsminister Norbert Blüm nie der Formulierung zugestimmt, dass »eine Atempause in der Sozialpolitik« notwendig sei. Das hieß ganz einfach: keine Ankündigung neuer Wohltaten. Die Einschnitte betrafen vor allem die Renten, deren Erhöhung um die beschlossenen 5,6 Prozent um ein halbes Jahr hinausgeschoben wurde. Ebenso verfuhr man bei den Besoldungserhöhungen für Beamte. Außerdem wurde die Mehrwertsteuer erhöht.

Am schwächsten wirkte die Regierungserklärung in der Frage der Ausländerpolitik. Sie verkündete Absichtserklärungen, obwohl der Kanzler selbst zuvor erklärt hatte, dass dieses Problem in manchen Städten »auf einen Punkt« zutreibe, … das schwerwiegende politische Konsequenzen haben« müsse.[481] Nun wurde nur knapp die »Integration« befürwortet, wobei jedoch die »unbegrenzte, unkontrollierte Einwanderung« verhindert werden und der »Familiennachzug begrenzt« werden solle und Ausländern generell die Rückkehr in die Heimatländer zu erleichtern sei. Das waren allenfalls unverbindliche Absichtserklärungen.

Im Abschnitt zur Außen- und Sicherheitspolitik erregte ein Satz Aufsehen, rief zum Teil kritische Reaktionen hervor. Er lautete: »Das Bündnis ist der Kernpunkt deutscher Staatsräson.« Dieser Satz konnte, für sich genommen, den Eindruck erwecken, als gäbe es nichts anderes als die Westbindung. Im Bundestag kam bei den Sozialdemokraten »Unruhe« auf. Tatsächlich wird deutlicher, was gemeint war, wenn die folgenden Sätze hinzugenommen werden, die erläutern, dass dieser Kernpunkt beziehungsweise dieses Bündnis »die Grundwerte unserer freiheitlichen Verfassung, die wirtschaftliche und soziale Ordnung, in der wir leben, und die Sicherheit, die wir brauchen« verbindet. In der innenpolitischen Diskussion wurde die außenpolitische Signalwirkung des Satzes überhaupt nicht wahrgenommen. Denn angesichts der bevorstehenden Stationierung der US-Raketen konnte die Bündnistreue der Bundesrepublik gar nicht stärker zum Ausdruck gebracht werden als mit dieser Feststellung.

Bei der Formulierung »Perspektiven unserer Politik« handelte es sich keineswegs um die bei Regierungserklärungen schwer zu vermeidende Rhetorik guter Absichten. Denn die Ankündigung des Ausbaus moderner Kommunikationstechnologien und die Änderung der Medienordnung wiesen auf Kohls Entschlossenheit hin, in der Medienpolitik tief greifende Veränderungen vorzunehmen. Er strebte eine »wirkliche Konkurrenzsituation« im Fernsehen an. Die Maßlosigkeit, mit der das öffentlich-rechtliche Fernsehen Genscher und die FDP wegen des Koalitionswechsels angegriffen hatte, war für ihn der stringente Beweis, dass »eine neue Verfassungsdimension« entstanden sei, die sich »außerhalb der Kontrolle der normalen Verfassungsorgane« bewege.[482] Kohl hatte als Oppositionsführer immer wieder gefordert, der wachsenden Linkstendenz des Fernsehens etwas entgegenzusetzen. Das zu gründende Privatfernsehen sollte endlich eine Alternative bieten. Er dachte allerdings nicht an ein Kommerzfernsehen wie in den USA. Ihm schwebte vielmehr eine Reform vor, die ähnliche Verhältnisse wie in Großbritannien schaffen sollte. Das kritische Medienecho ließ freilich nicht lange auf sich warten.

Bei den Stichworten Subsidiarität, Jugend und Familie zeigte sich der Einfluss des neuen Familienministers Heiner Geißler. Auf verschiedenen Wegen wurde der Umkehr »zu einer Gesellschaft mit menschlichem Gesicht« das Wort geredet und die »Entfremdung eines anonymen, bürokratischen Wohlfahrtsstaates« abgelehnt. Damit war die sozialdemokratische Politik gemeint, die nun ein Ende haben sollte. Bei der Frauenpolitik verhielt man sich eher vorsichtig. Die Regierung sprach sich für »kein bestimmtes Leitbild der Frau« aus und betonte ihren Willen, »mehr Möglichkeiten zu schaffen, Familie und Beruf miteinander zu verbinden«. Die Familienpolitik war mittlerweile zum Aktivposten der Union geworden. Mit einem Minister wie Heiner Geißler, der schon in Rheinland-Pfalz auf diesem Gebiet kraftvoll neue Akzente gesetzt hatte, war dieses Ressort im Kabinett optimal besetzt.

Bei der Deutschlandpolitik war der Historiker Kohl in seinem Metier. Am Fortbestand der deutschen Nation ließ er keinen Zweifel; bei der Überwindung der Teilung mahnte er zur Geduld. Sie sei »nur in historischen Zeiträumen denkbar«. Aber das Jahr 1983 erinnere »an Höhen und Tiefen« der deutschen Geschichte; an den Geburtstag Luthers vor fünfhundert Jahren, den Beginn der deutschen Diktatur vor fünfzig Jahren und den Arbeiteraufstand in Ost-Berlin. Es komme ein besonderer Aspekt hinzu: Die Bundesrepublik habe »inzwischen ihre eigene Geschichte«. Recht vorsichtig – »wir wollen darauf hinwirken« – sprach er sich dafür aus, »dass möglichst bald in der Bundeshauptstadt Bonn eine Sammlung zur deutschen Geschichte seit 1945, gewidmet der Geschichte unseres Staates und der geteilten Nation«, entstehen solle. Das war die erste öffentliche Ankündigung einer Politik, die zur Gründung des »Hauses der Geschichte« in Bonn und zur Gründung des »Museums für Deutsche Geschichte« in Berlin führen und viel Streit um die nationale Geschichte hervorrufen sollte. Denn die vielfältigen

Tendenzen, die Bundesrepublik zu einem vollen, in sich ruhenden Staat zu machen, wie es Dolf Sternberger mittels des Verfassungspatriotismus listig vorgeschlagen hatte und was im politischen Milieu der Bundeshauptstadt immer offener vertreten wurde, waren Kohl wohl vertraut. Tatsächlich war nicht zu leugnen, dass dieser Bonner Staat inzwischen auf eine eigene, insgesamt sehr positiv verlaufene Geschichte zurückblicken konnte. Diese jüngste Geschichte anschaulich zu machen und zugleich die nicht teilbare deutsche Vergangenheit einzubeziehen, war ein Plan, wie ihn nur der Kanzler und Historiker Helmut Kohl entwerfen konnte.

Den Schlussstein im Gebäude der Regierungserklärung bildete Berlin. Auch das hatte es noch nicht gegeben, dass diese Stadt mit den für sie mehr oder weniger willig bereitgestellten Milliarden an Subventionen, die immer an Misswirtschaft erinnerte und mit Problemen zu kämpfen hatte, von denen man am liebsten nichts wissen wollte – dass nun ausgerechnet Berlin den krönenden Abschluss darstellen sollte. Der Stadt solle wirksam geholfen werden. Um zu unterstreichen, dass das auch sein eigener ganz persönlicher Wille war, benutzte der Kanzler plötzlich die Ich-Form: »Ich werde in Verfolg der Absprache, die mein Amtsvorgänger getroffen hat, gemeinsam mit dem Regierenden Bürgermeister von Berlin die Repräsentanten der deutschen Wirtschaft nach Berlin einladen, um mit ihnen die Möglichkeiten eines verstärkten Berlin-Engagements zu besprechen.« Er wollte den überdurchschnittlichen Rückgang der industriellen Arbeitsplätze nicht hinnehmen und wählte dafür die Methode, auf die er in den folgenden Jahren immer wieder zurückgreifen sollte: den direkten Kontakt und Appell an die Vertreter der Wirtschaft.

Denn Berlin war für ihn nicht, wie das manchmal bei Adenauer anklingt, so etwas wie ein Kind mit Behinderungen, um das er sich als »Familienoberhaupt« besonders kümmern musste, sondern stets die deutsche Hauptstadt und seit den letzten Jahrhunderten das faszinierende Zentrum deutscher Geschichte.

Schon 1947 war Kohl mit der Jungen Union zum ersten Mal in Berlin gewesen, und in der Folgezeit hatte er die Stadt unzählige Male besucht, mühte sich um die Berliner CDU und genoss als Ausgleich die kulturellen Attraktionen, ob es die Oper oder das Kabarett »Die Stachelschweine« waren. Beim Presseball war er ein regelmäßiger Besucher. Es war seine Stadt, aber er machte nicht viel Aufhebens davon, dachte nicht daran, es an die große Glocke zu hängen. Die Stadt Berlin und Helmut Kohl hängen auf hintergründige Weise zusammen, und so ist es kein Zufall, dass er in seiner ersten Regierungserklärung zum Schluss auf die geteilte Stadt zu sprechen kam, nicht, um Phrasen über die tapferen Berliner abzulassen, sondern um Hilfe zu organisieren. Es überrascht daher nicht, dass die bald darauf einberufene Konferenz, die Kohl bewusst im Sitzungssaal der Unionsfraktion im Reichstag eröffnete, um den Bossen die Abhörmethoden der Stasi vorzuführen, ein unerwartet positives Ergebnis hatte.

Bestätigung – die Bundestagswahl 1983

Vorgezogene Parlamentswahlen sind in der Bundesrepublik nicht einfach zu erreichen. Die Väter des Grundgesetzes hatten die Weimarer Republik als abschreckendes Beispiel vor Augen, als der Reichspräsident jederzeit den Reichstag auflösen konnte. Damit sollte Schluss sein. Überraschungen wie bei der vorgezogenen Septemberwahl von 1930, die die NSDAP mit einem Schlag zur zweitstärksten Partei gemacht hatte, galt es zu verhindern. Wahrscheinlich war aber der Parlamentarische Rat in seinem Bemühen, »Weimarer Verhältnisse« zu vermeiden, doch etwas übervorsichtig gewesen, denn das Grundgesetz kennt die einfache Auflösung des Bundestages nicht, die in anderen

Demokratien durch das Staatsoberhaupt oder eine qualifizierte Parlamentsmehrheit problemlos praktiziert wird.

Nach dem Grundgesetz gibt es nur die eine Möglichkeit der Auflösung durch den Bundespräsidenten, wenn der Bundestag nämlich dem Bundeskanzler auf dessen Antrag hin nicht das Vertrauen ausspricht. Nach diesem Verfahren hatte Willy Brandt 1972 den Bundestag aufgelöst, nachdem durch Übertritte von Bundestagabgeordneten eine Pattsituation entstanden war, die die Gesetzgebung blockierte. Angesichts der faktischen Lähmung des Bundestages stimmten die Regierungsfraktionen und die CDU/CSU-Opposition der Auflösung zu, sodass der Bundespräsident nur vollzog, was von beiden Seiten gewünscht oder zumindest hingenommen wurde.

Die Situation im Herbst 1982 war damit nicht vergleichbar. Noch als Oppositionsführer hatte sich Kohl für Neuwahlen ausgesprochen. Es war ein einsamer Beschluss. Er vermied in der Partei jegliche Beschlussfassung über diesen Punkt, und noch im Rückblick war er sich nicht sicher, »ob es im CDU-Bundesvorstand oder im CDU-Präsidium für meinen Weg eine eindeutige Mehrheit gegeben hätte«.[483] Denn die Abstimmung über das einzuschlagende Verfahren hätte im Vorstand und erst recht im Präsidium Bedenken und Vorbehalte hervorgerufen, die die notwendige Geschlossenheit infrage gestellt hätte. Letztlich ging es darum, möglichst wenig über den einzuschlagenden Weg zu diskutieren. Denn es galt, eine verfassungsrechtliche Hürde zu umgehen. Die Voraussetzung für die Auflösung des Bundestages war die Ablehnung des Vertrauensvotums und damit der Nachweis, dass der Kanzler keine Mehrheit mehr für seine Politik hatte.

Der Kanzler besaß aber eine Mehrheit, nicht groß, aber verlässlich. Diese Mehrheit hatte im Dezember ohne Zögern dem Haushaltspaket mit all seinen Härten zugestimmt, denn das war die Eröffnungsbilanz, die Grundlage für die Regierungspolitik der nächsten Jahre. Das Problem bestand nun darin: War es glaubhaft, dass wenige Tage später die Abstimmung nach Artikel 68 erfolgen und dem Kanzler das Vertrauen entziehen sollte, weil das von der Koalition verabredete Dringlichkeitsprogramm bereits erfüllt war und eine parlamentarische Grundlage für die Weiterarbeit der Koalition nicht mehr gegeben? Das war schwierig.

Die Entscheidung lag beim Bundespräsidenten. Karl Carstens, selbst Staatsrechtslehrer, machte es sich nicht einfach. Er führte ungewöhnlich viele Gespräche mit Mitgliedern der Regierung und Vertretern des Bundestages. Wie er berichtet, nahm der SPD-Vorsitzende Willy Brandt eine »sehr verantwortungsvolle Haltung« ein und habe ihm erklärt, er werde Kohls »Entscheidung respektieren«.[484] Hier zeigte sich, dass trotz der Rachegelüste des gestürzten Kanzlers Helmut Schmidt, der ähnlich wie Strauß rasche Neuwahlen gefordert hatte, um die FDP zu vernichten, die Gemeinsamkeit der Demokraten noch Bestand hatte. Die Vertreter der SPD äußerten zwar Bedenken, hatten aber gegen Neuwahlen prinzipiell nichts einzuwenden, sodass Carstens am 6. Januar 1983 den Bundestag auflöste. Ohne diese Entscheidung hätte eine schwere politische Krise kaum vermieden werden können.

Kohl und Genscher brauchten unbedingt Neuwahlen. Die FDP hatte 1980 ihren Wahlerfolg mit dem Versprechen errungen, dafür zu sorgen, dass Helmut Schmidt auch weiterhin Bundeskanzler bleiben würde. Die Partei brauchte nun dringend ein neues Wählervotum, um ihre Glaubwürdigkeit zu behalten. Dem Bundeskanzler wiederum ging es um den Auftrag der Wähler für den Vollzug der Nachrüstung. Kohl wusste, was politisch auf ihn zukam, und wollte diesen Angriffen mit einer stabilen Mehrheit begegnen. Vor der Abstimmung über die Vertrauensfrage hatte er möglichen Bedenkenträgern plastisch vor Augen geführt, wie sie ohne Neuwahlen dastehen würden: »Bei den Problemen, die auf uns zukommen in der Außen- und in der Sicherheitspolitik kann ich nur jedem raten, eine Minute darüber nachzudenken, wie er aussieht gegenüber einer Gruppe moralisierender Gegner der West-Bindung, gegenüber den Anhängern des Neutralismus in der Bundesrepublik, wenn er nicht auf ein Votum zu Hause bei sich im Wahlkreis verweisen kann.«[485]

Die verfassungsrechtliche Hürde wurde aus dem Weg geräumt. Denn die Entscheidung des Bundespräsidenten und ihre Bestätigung durch das Bundesverfassungsgericht hatten die Neuwahlen ermöglicht. Das bedeutete keineswegs eine Garantie für ein für die Regierung günstiges Wahlergebnis. Es gab erhebliche Risiken: Die Wirtschaftslage konnte die Stimmung der Bevölkerung negativ beeinflussen. Das Überleben der FDP war keineswegs gesichert; lange Zeit schien es, als ob die Partei nicht in den Bundestag zurückkehren könnte. Das hätte jedoch für die Union den Gewinn der absoluten Mehrheit erforderlich gemacht, was alles andere als sicher war, da sich die Grünen inzwischen fest etabliert hatten.

Der Optimismus der Union erhielt einen erheblichen Dämpfer, als die SPD bei der Wahl in Hamburg am 19. Dezember 1982 die absolute Mehrheit errang. Der Erfolg des Gegners wirkte für die Union demoskopisch gesehen wie ein »Wettersturz«, der bis Mitte Januar 1983 anhielt und ein erstaunliches Zwischenergebnis erbrachte. Bei der Frage: »Wer wäre Ihnen als Bundeskanzler lieber?«, hatte der Kanzlerkandidat der SPD Hans-Jochen Vogel einen knappen Vorsprung vor Kohl! Aber Interviews seit Jahresbeginn zeigten, dass die pessimistische Grundstimmung zurückging: »Ab Anfang Februar brach sich die Stimmung Bahn, jetzt komme der Aufschwung – Wochen bevor die CDU-Plakate mit dieser Parole angeschlagen wurden.«[486] Wahrscheinlich hatten während der Feiertage die Gespräche im Familienkreis diese Wendung bewirkt. Das politische Interesse und der

»Kampfeswille der CDU/CSU-Anhänger« hatten deutlich zugenommen. Die starke Politisierung der Wähler zeigte sich auch – ähnlich wie 1965 bei Ludwig Erhards überraschendem Wahlsieg und 1972 bei dem Triumph von Willy Brandt – in einem *last-minute-swing*, dem »Mitläufereffekt« zugunsten der Wahlsieger, der der Koalition noch einmal 3 Prozent einbrachte.

Die Union errang mit 48,8 Prozent ihr zweitbestes Ergebnis überhaupt und auch »das zweitbeste Wahlergebnis in der Parlamentsgeschichte der Deutschen«, wie sich Kohl etwas umständlich ausdrückte. Die FDP erhielt 7 Prozent. Die SPD landete bei 38,2 Prozent, und die Grünen erhielten 5,6 Prozent. Die hohe Wahlbeteiligung von 89,1 Prozent unterstrich das erfolgreiche Abschneiden der Union. Die Koalition verfügte nun über eine bequeme Mehrheit.

Dem Wahlsieger fiel nach der Wahl noch etwas anderes auf. Die Union hatte mit diesem Wahlergebnis auch die absolute Mehrheit in der Bundesversammlung erhalten, diesem »wirklichen Seismografen der politischen Struktur« des Landes. Noch mehr freute sich Helmut Kohl vermutlich über einen Erfolg, für den er seit Langem gekämpft hatte: »Die Union hat auch wieder eine Mehrheit bei den Frauen bekommen!« Damit war eine Entwicklung »rückgängig« gemacht, die 1969 eingesetzt und 1972 zum Erfolg Willy Brandts geführt hatte.

Mit dem Wahlsieg war der Weg frei für die Verwirklichung einer Politik, deren Grundlagen die Haushaltsgesetze von Gerhard Stoltenberg geschaffen hatten, aber auch – politisch weit wichtiger – für die Ingangsetzung der Nachrüstung.

War es eine Wende? Die Frage ist zu bejahen. Statt des immer deutlicheren Abrückens vom Doppelbeschluss und damit überhaupt von der seit den Fünfzigerjahren betriebenen Sicherheitspolitik war die neue Koalition entschlossen, diese Politik fortzusetzen und die damit verbundenen Bündnisverpflichtungen zu erfüllen. Jedes weitere Hinausschieben der Stationierung musste auf die Partner verheerend wirken. Für die sowjetische Politik bedeutete jedes Schwanken in der Nachrüstungsfrage eine Ermutigung, den Druck zu verstärken. Das musste verhindert werden. Die in langen Jahren erworbene Zuverlässigkeit als Bündnispartner des Westens stand auf dem Spiel, denn das latent vorhandene Misstrauen des Auslands gegenüber den Deutschen war jederzeit aktivierbar und konnte der deutschen Politik erheblich schaden.

Für die bereits in die Wege geleitete Finanz- und Wirtschaftspolitik, die sich deutlich von der bisher betriebenen unterschied, hatte die Koalition mit dem Wahlergebnis eine klare Legitimation erhalten. Selten ist dem Wähler so offen gesagt worden, wofür er sich entscheiden sollte. Die wirtschaftliche Entwicklung zeigte schon bald Anzeichen der Erholung.

Bei der »geistig-moralischen Wende« waren konkrete Ergebnisse kaum zu erwarten. Aber auch hier war der Stimmungsumschwung unübersehbar. »Leistung muss sich wieder lohnen«, wurde zum Motto des Aufschwungs und verwies zugleich auf das Ausmaß der Ablehnung, die es bei denen auslöste, die sich nicht davon angesprochen fühlten.

V.
DIE ÄRA KOHL (I)
1982–1990

Helmut Kohl war ein Mann der Planung. Was er plante, welche Lösungen er im Auge hatte, blieb aber oft selbst seinen engsten Mitarbeitern verborgen. Allerdings wussten manche Gesprächspartner schon in der Mitte der Sechzigerjahre, dass er Kanzler werden wollte. Aber das ist die große Ausnahme, die den Optimismus seiner Anfangsjahre widerspiegelt. Doch dann folgten nach dem rasanten Aufstieg in Rheinland-Pfalz die bitteren Jahre der Opposition und – schlimmer noch – die zermürbenden Auseinandersetzungen mit Franz Josef Strauß. Kein Kanzler hat als Oppositionsführer eine solche Durststrecke zurücklegen müssen, bevor er das Ziel erreichte.

Auch der Ablauf der Regierungsübernahme – Koalitionsabschluss mit der FDP, konstruktives Misstrauensvotum, Auflösung des Bundestages und im zeitlichen Abstand Neuwahlen – spricht nicht für Zufallsentscheidungen, sondern für ein von Kohl lange durchdachtes Szenario. Der Wahlkampf zeigte einen Kanzler, der mit »stupender Selbstsicherheit« agierte. Beobachter erkannten, »dass er zur beherrschenden Figur der deutschen Politik geworden« war. »Kanzler aus eigenem Recht.«[487]

Ein strahlender Sieg beflügelt, er lässt ein Hochgefühl entstehen. So geschah es am Dienstag nach dem Wahlsonntag. Es ist für Helmut Kohl charakteristisch, wie er sich vor der Fraktion geäußert hat. Es waren keineswegs Siegesfanfaren zu hören, die schmetternd den Aufbruch zu neuen Ufern ankündigten. Das entsprach weder seinem Temperament noch seinem politischen

Stil. Er war als Politiker der Mitte angetreten und wusste, dass
er als Kanzler der Mitte eine schwierige Koalition zusammenhalten musste. Da passten keine weit in die Zukunft gerichteten
Visionen, die mehr Fragen und Zweifel hervorriefen, als Siegeszuversicht auslösten.

Helmut Kohl kannte seine Parteifreunde und hielt sich zurück. Er brachte das, was er in dieser historischen Situation
sagen wollte, in einer sehr einfachen Form zum Ausdruck,
weshalb die tatsächliche Bedeutung seiner Worte weder in der
Fraktion noch in den Medien wahrgenommen wurde. Dabei
waren sie für seine Politik überaus aufschlussreich: Sie zeigen,
dass in der Stunde des Sieges und zu Beginn einer voraussichtlich langen Regierungszeit ein Thema im Vordergrund stand:
die deutsche Einheit.

Der Kanzler sprach von nichts Geringerem als der »Ära Kohl«.
Diese dürfe man freilich nicht »proklamieren«, sondern müsse
sie »begründen«. Eine Politik mit langem Atem hatte er im
Blick, von der er sagte: »Wenn am Ende einer solchen Ära – zumal dann, wenn mein Name damit verknüpft wäre – stünde,
dass die Deutschen bei aller Öffnung zur Weite der Welt und
beim klaren Ja zum Bau der Vereinigten Staaten von Europa den
Verlust der geschichtlichen Mitte überwunden hätten, den wir in
den letzten Jahren überall zu beklagen haben – und das bedingt
für mich immer auch das Ja zur Einheit der Nation, die Mitverantwortung für die Menschen draußen, die nicht in der Bundesrepublik sein können; das sind die in Weimar und in Dresden
genauso wie mancher, der da in Polen oder in Sibirien sitzt und
nach Deutschland in die Bundesrepublik kommen will – … und
wenn am Ende dann gesagt würde: Union – das ist Synonym für
die Deutschen, im besten Sinne des Wortes! In einem wirklich
patriotischen Sinne hätten wir dann vor der Geschichte etwas
geleistet, was vielleicht viel wichtiger ist – Sie verstehen das bitte
richtig –, als die tagespolitischen Fragen aufzunehmen.«[488]

Es ist das Bekenntnis eines Mannes nach der gewonnenen Wahl, der sich viel vorgenommen hatte. Er wollte in der Ära, die seinen Namen tragen sollte, den Bau Europas verwirklichen und die Wiedervereinigung erreichen. Denn was sollte die Überwindung des Verlustes der historischen Mitte und das Festhalten an der Einheit der Nation sonst bedeuten? Das war keine unverbindliche Absichtserklärung, sondern hier äußerte sich der Wille, etwas zu vollbringen, was Überwindung der Spaltung hieß. Helmut Kohl wusste, dass Demokratie Herrschaft auf Zeit ist. Angesichts der Dauerschwäche der Opposition rechnete er sich aber eine lange Regierungszeit aus. Das war eine Chance, die einem Politiker nur selten gewährt wird, und er wollte sie nutzen. Europa zu einigen war ein schwieriges Unternehmen, aber in gewisser Weise kalkulierbar. Ganz anders die Frage der Wiedervereinigung. Hier musste er zu Umschreibungen Zuflucht nehmen, denn am Horizont des Jahres 1983 gab es keinerlei Anzeichen, die das Ende der Teilung anzeigten.

Bei seinen Worten vor der Fraktion hatte Kohl mit Sicherheit nichts vorformuliert; er wollte nichts Staatsmännisches verkünden. Die »Geschichtsschreiber« sollten ja später erst herausfinden, ob es eine »Ära« gewesen war. Seinen Worten haftet jene Unschärfe an, die bei Kohls Äußerungen immer wieder anzutreffen ist, zugleich aber den Reiz seiner Aussagen ausmacht. Seine Formulierungen mochten unscharf sein, aber sie haben einen Vorteil: Sie sind authentisch. Sie zeigen einen Kanzler, der etwas vollbringen wollte.

Er wünschte sich weltoffene Deutsche, die zum Bau der »Vereinigten Staaten von Europa« bereit waren. Kühn sprach er von dem Endzustand des supranationalen Europa, an dessen Verwirklichung der Europäer Kohl immer interessiert war. Aber Europa war nur die eine Seite der Medaille.

Das vereinigte Europa passte nicht zu einem geteilten Deutschland. Von Teilung sprach Kohl aber nicht, sondern »vom Verlust der geschichtlichen Mitte« und ihrer Überwindung. Für ihn war die verlorene geschichtliche Mitte ganz einfach das geteilte Deutschland, dessen Teilung »überwunden« werden musste. Doch das lag nicht in der Macht eines deutschen Kanzlers. Er konnte immer nur für das Festhalten an der »Einheit der Nation« eintreten und sich verantwortlich fühlen für die Deutschen, »die nicht in der Bundesrepublik sein können«. Das waren Deutsche in Weimar oder in Dresden wie auch in Polen und selbst in Sibirien. Dass Kohl an die Aussiedler aus Osteuropa erinnerte, war kein Zufall. Er hatte mit seiner Frau kurze Zeit vorher das Lager Friedland besucht und dort erschütternde Schicksale kennengelernt.

Was aber besagte der Satz, der das Ziel der »Ära Kohl« umschrieb? Er hat es kühn formuliert: »Union – das ist synonym für die Deutschen, im besten Sinne des Wortes.« Diese Äußerung so zu verstehen, als solle es zum Schluss so etwas wie einen CDU-Staat geben, wäre ein völliges Missverständnis. Kohl als ein »Mann der Mitte« wusste aus Erfahrung nur zu gut, welche zentrifugalen Kräfte in der Union wirksam waren. Diese zusammenzuhalten, war schwierig genug – aber Sozialdemokraten, Jusos und Grüne auch noch in die Union zu pressen, lag ihm völlig fern. Er meinte etwas anderes: Union als »Synonym für die Deutschen« sollte heißen, dass die Union eine Politik machte, die – ob in Europa, in Deutschland oder in den verschiedenen Politikbereichen – alternativlos war.

Als Herbert Wehner 1960 mit seiner berühmten Rede im Bundestag die Wende in der Politik der SPD vollzog und auf den Regierungskurs in der Außen- und Sicherheitspolitik einschwenkte, war das zugleich das Eingeständnis, dass die Politik der Regierung richtig gewesen war und es keine Alternative dazu gab.

Warum sollte es anders sein, wenn das Vereinigte Europa auf den Weg gebracht, der »Verlust der geschichtlichen Mitte« überwunden und Deutsche, die der Krieg in alle Himmelsrichtungen verstreut hatte, nach Deutschland zurückkehren konnten? Wenn das gelungen sei, so zeigte Kohl sich überzeugt, würden die Deutschen die Politik der Union, also seine Politik, im Grundsatz ebenfalls akzeptieren.

Im Blick auf die sozialdemokratische Politik der Sechzigerjahre war das keine falsche Einschätzung. Man denke an die großen Plakate der SPD im Wahlkampf 1965, auf denen nur »Ja« stand. Aber das war nicht zu Ende gedacht. So viel Harmonie, verbunden mit der Vertreibung von Karl Marx und dem Abschluss der Großen Koalition als Krönung dieser Annäherung – das konnte in Deutschland nicht gut gehen. Am Ende standen der Bruch der Jungen mit der älteren Generation, die Wiederkehr der marxistischen Ideologie und schließlich eine linke Jugendbewegung, die den Konsens der deutschen Nachkriegsdemokratie dauerhaft aufkündigte.

Kohls Annahme, dass bei einer solch erfolgreichen Politik alle zur Union tendieren würden, war zu optimistisch. Für einen redlichen Sozialdemokraten gab es kein Problem; er blieb seiner Partei treu, wusste aber, dass die Politik der Union im Grunde richtig war. Kohls ausgeprägter Optimismus erklärt sich wohl aus seinem politischen Werdegang, der untrennbar mit dem Erfolg der Nachkriegsdemokratie verbunden war, durch den er, zumal in Rheinland-Pfalz, wesentliche Motivationen für linke Politik unterschätzte. Das Einfordern von Emanzipation und die Überwindung sozialer Not waren keine linken Themen mehr, Derartiges wurde von allen Parteien vertreten. Geblieben war jedoch der utopische Drang nach mehr Gleichheit, der Gedanke, dass es eigentlich keine Reichen geben dürfe und dass linke Politik im Grunde gut und damit moralisch höher anzusiedeln sei als die Politik der Union.

Mit den Achtundsechzigern war ein linkes Element in die Politik gekommen, das er lange zu gering veranschlagte. Er hatte die Grünen als neue politische Kraft früh erkannt und zeigte ihnen gegenüber keine Arroganz. In der Debatte über seine Regierungserklärung am 5. Mai 1983 hielt er den Grünen vor: »Sie sind mit Blumen hierhergekommen, aber Sie haben in diesen Tagen im Deutschen Bundestag viel Hass gesät. Wer von Gewaltlosigkeit spricht und wer sich die Embleme des Friedens – die Blumen – wählt, sollte hinsichtlich der Tonart und des Umgangs mit anderen überlegen, ob das friedlich ist.«[489] Das war eine Zurechtweisung, aber kein Angriff. Er schien die Hoffnung noch nicht aufgegeben zu haben, dass diese neue Partei bald eine realistischere Einstellung zur Politik finden würde. Er sollte sich irren.

Kommen wir auf das Gedankenspiel des Kanzlers über die »Ära Kohl« zurück. Es vermittelt die Erwartung auf eine lange Regierungszeit, und es zeigt die beiden Konstanten seiner Politik, die Einigung Europas und die Wiedervereinigung, die zwei Seiten einer Medaille, wie er immer wieder zu sagen pflegte.

Während Kohl schon optimistisch die Vereinigten Staaten von Europa am Horizont sah, tat er sich mit der Wiedervereinigung schwerer. In der Regierungserklärung vom 13. Oktober 1982 hatte er erklärt: »Die Überwindung der Teilung ist nur in historischen Zeiträumen denkbar.« Das war die nüchterne Feststellung des Regierungschefs, der keine unsinnigen Hoffnungen wecken wollte. In der Euphorie des Wahlsieges hatte er nun einmal diese Nüchternheit beiseitegelassen. Er formulierte stattdessen die vage Erwartung, dass der Verlust der »geschichtlichen Mitte« irgendwie auszugleichen sei, wobei immer zu berücksichtigen ist, dass er mit langen Zeiträumen rechnete.

Aber das ist das Interessante an seiner Vision: Er wusste, dass es lange dauern würde, aber die Einheit der Nation stand bei ihm immer auf der Tagesordnung. Das war etwas ganz anderes als die gebetsmühlenhafte Wiederholung dieser Forderung im politischen Alltag – es war ein wesentlicher Bestandteil seiner

1. In der Grund-
schule 1938

2./3. Hannelore Renner und Helmut Kohl Anfang der Fünfzigerjahre

4. Helmut Kohl auf dem Geburtstagsempfang für Konrad
Adenauer am 5. Januar 1967: Er erschien nicht als sein »Enkel«,
sondern als vielversprechender Landespolitiker.

5. Bei einer Sitzung des CDU-Bundesvorstandes: Helmut Kohl im Gespräch mit Bundeskanzler Kiesinger und Bundestagspräsident Gerstenmaier

6. Helmut Kohl und sein erstes Mainzer Kabinett 1969: links außen Bernhard Vogel, in der zweiten Reihe links neben Kohl Heiner Geißler

7. Bundestagswahlkampf 1976: Helmut Kohl als Herausforderer von Helmut Schmidt

8. Ein umstrittener Wahlslogan – dennoch sehr wirksam

9. Ein Unverhältnis: Helmut Kohl und Bundeskanzler
Helmut Schmidt im Bundestag

10. Eine »Männerfreundschaft«: Franz Josef Strauß
und Helmut Kohl bei einer Wanderung

11. Es ist erreicht: Helmut Kohl leistet am 1. Oktober 1982 den Amtseid.

12. Wahlkampf nach dem Machtwechsel im folgenden
Jahr: Bestätigung der Wende durch Wahlsiege

13. Kurt Biedenkopf als Generalsekretär 1973–1977

14. Norbert Blüm – das sozialpolitische Markenzeichen der Regierung Kohl mit Neigung zum Widerspruch

15. Heiner Geißler, CDU-Generalsekretär 1977–1989 – er plante den Putsch und scheiterte kläglich.

16. Der Kanzler und sein wichtigster Mitarbeiter: Horst Teltschik war seit 1972 der engste außen- und sicherheitspolitische Berater Helmut Kohls.

17. Helmut Kohl und Familie besuchen am 30. Januar 1976 Leipzig, links von ihnen Juliane Weber und Horst Teltschik.

Politik. Die Beziehungen zur DDR waren das Alltagsgeschäft, aber darin erschöpfte sich in seinen Augen gesamtdeutsche Politik nicht. Das große Ziel erschien ihm erreichbar – ganz im Gegensatz zur wachsenden Zahl von Politikern und Journalisten, die sich für den Verfassungspatriotismus entschieden hatten. Für den Kanzler Helmut Kohl blieb die Einheit, wie schemenhaft auch immer er sich ihr Zustandekommen vorstellen mochte, der realistische Wunschtraum. Und dieses Ziel galt es, niemals aufzugeben.

Die großen Herausforderungen: Wirtschaftliche Konsolidierung und Nachrüstung

Ein hoher Wahlsieg mit klaren Ergebnissen macht politisches Gestalten bedeutend leichter. Die Union hatte den zweithöchsten Wahlsieg überhaupt in der Bundesrepublik errungen. Die Koalition mit der FDP hatte erfolgreich abgeschnitten, aber der eigentliche Wahlsieger hieß Helmut Kohl. Seine Strategie des Koalitionswechsels hatte sich gegenüber all den ungeduldigen Kritikern als richtig erwiesen. Er hatte gewartet, bis die FDP zum Wechsel bereit war, und er hatte die Neuwahlen im März 1983 durchgesetzt, die seine Risikobereitschaft belohnten und zeigten, dass eine breite Mehrheit der Bevölkerung hinter dem Programm der Koalition stand.

Die Koalitionsverhandlungen waren rasch erledigt. Irgendjemand hat herausgefunden, sie seien in Rekordzeit abgelaufen – ein weiterer Beleg dafür, dass diese Koalition zu Beginn ein seltenes Maß an Geschlossenheit zeigte. Es sollte allerdings keine Erscheinung von Dauer werden, die Spannungen waren vorprogrammiert. Die Koalition zwischen Union und FDP war in sich brüchiger und konfliktreicher als eine SPD/FDP-Koalition.

Die letzte gemeinsame Regierung von Union und FDP war 1966 nicht am Wählerwillen oder an unlösbaren Sachproblemen gescheitert, sondern an der Aggression gegenüber dem liberalen Partner. Eine sozialliberale Koalition hatte es da leichter: Beide Partner bedienten eine ganz unterschiedliche Klientel und klammerten strittige Themen nach Möglichkeit aus. Die »Koalition der Mitte« dagegen zapfte dasselbe Wählerreservoir an, was die Konkurrenzsituation verschärfte. Daraus ergab sich ein verstärktes Profilierungsstreben, das sich im Besetzen linksliberaler Positionen bei der FDP und konservativer Positionen bei der Union, also hauptsächlich bei der CSU, manifestierte.

Mit Franz Josef Strauß musste die Koalition eine Dauerbelastung ertragen. Er sorgte ständig für Unruhe. Seit der »Spiegel«-Affäre 1962 hasste er die FDP, die seinen Rücktritt erzwungen hatte, und ertrug nur widerwillig die Zusammenarbeit mit dieser Partei. Die Folge war eine zumindest verbale Dauerfehde – meist mit deren Vorsitzendem Hans-Dietrich Genscher. Von der CDU und ihren »Nordlichtern« hielt Strauß allerdings auch nicht viel. Was er aber zeitlebens nicht verwinden konnte war die Tatsache, dass Helmut Kohl, von dessen mangelnden Fähigkeiten er zutiefst überzeugt war, Bundeskanzler geworden war.

Bei den Koalitionsverhandlungen wurden die Störversuche von Strauß abgewehrt. Seine Machtposition hatte bereits in der Formierungsphase der Koalition Schaden genommen, als er passiv blieb, statt seine Ansprüche energisch selbst durchzusetzen. Nachdem die Entscheidung gefallen war und er in München blieb, bemühte man sich um Besänftigungen, die nicht viel kosteten.

Ein Personalmanöver jedoch, das lediglich als Trostpflaster für den CSU-Vorsitzenden gedacht war, erwies sich als Gewinn für die gesamte Koalition. Kohl hatte Strauß als fünftes Ressort das Landwirtschaftsministerium angeboten und dafür gleich den bestqualifizierten Kandidaten genannt: den Kemptener

CSU-Abgeordneten Ignaz Kiechle, einen selbstständigen Land-
wirt, der bereits im Bundestag dem Fraktionsvorsitzenden, der
sich stets auf der Suche nach fähigen Köpfen befand, aufgefallen
war. Kiechle sollte sich »langfristig als Glücksfall« herausstellen.[490] Der reibungslose Verlauf der Koalitionsverhandlungen
veranlasste Kohl nach deren Abschluss, auf das Atmosphärische
und das Vertrauen zwischen den Partnern hinzuweisen, denn
eine Koalition, »wo Papiere vor allem produziert werden, um
das gegenseitige Misstrauen abzubauen«, sei »schon zu Beginn
gescheitert«.[491]

Eine wichtige Neuregelung führte der Kanzler gleich zu Beginn seiner Regierung ein – auch das ein Ergebnis seiner langen
Vorbereitung auf das Kanzleramt: Um Reibungsverluste zu vermeiden und die Kabinettsarbeit nicht mit Koalitionsproblemen
zu belasten, wurde ein Koalitionsausschuss gegründet, der regelmäßig, im Prinzip alle vierzehn Tage, unter dem Vorsitz des
Kanzlers zusammentrat. In ihm fielen die »wichtigsten politischen Entscheidungen«, die kurz und mittelfristig die gemeinsame politische Richtung bestimmen sollten.[492] Dem Ausschuss
gehörten die Parteivorsitzenden, die Fraktionschefs und die
Generalsekretäre der drei Parteien an. Der regelmäßig tagende
Ausschuss trat also nicht erst in Krisensituationen zusammen,
sondern war neben dem Kabinett eine Art Clearing-Stelle, verhinderte aber nicht die lautstarken Auseinandersetzungen, die
meist zwischen München und Bonn, genauer zwischen der CSU-
Spitze und der FDP oder CDU-Politikern des linken Flügels
ausgetragen wurden.

Der Kampf gegen die Rezession

Den harmonischen Beginn mit dem Wort erklären zu wollen,
dass jedem Anfang ein Zauber innewohne, hieße, die Dinge zu

unterschätzen. Die Euphorie des Sieges ließ die Koalition viel homogener erscheinen, als es ihrer unterschiedlichen Interessenlage entsprach. Es herrschte zwar noch nicht die Ruhe vor dem Sturm, aber die Bewährung stand noch aus. Tatsächlich befand man sich in einem Zwischenzustand. Die üblichen Anlaufschwierigkeiten blieben aus, denn das Übergangskabinett hatte bis Mitte Dezember 1982 die wichtigste Arbeit schon geleistet.

Unter ungeheurem Zeitdruck war das Sanierungsprogramm bis Mitte Dezember erarbeitet und durch den Bundestag gepeitscht worden. Sanierung hieß in erster Linie: Sanierung des Haushaltes. Der neue Etatentwurf für 1983 sah Einsparungen von 5,2 Milliarden D-Mark vor. Das war eine ungeheure Summe in Bezug auf das Unmaß an Arbeit, das es bedeutete, diesen Betrag bei vielen Einzelpositionen zu erwirtschaften. Hinzu kam, dass es oft politisch sensible Bereiche waren wie Renten, Kindergeld, Krankenversicherung und Schüler-BAföG. Zusätzlichen Druck auf die Abgeordneten hatte der Finanzminister ausgeübt, indem er in einer Presseerklärung die Einsparungen schon bekannt gegeben hatte, bevor die Vorlagen überhaupt in den Bundestag eingebracht worden waren.

Noch nie hatte eine neue Regierung mit einem rigorosen Sparkurs bei gleichzeitig angekündigten Neuwahlen begonnen. Das lud die Opposition geradezu ein, diese Politik als »Kaputtsparen« zu denunzieren und damit hervorragende Wahlkampfmunition zu erhalten. Derartig fühlbare Einschnitte in das soziale Netz hatte es in der Geschichte der Bundesrepublik noch nicht gegeben. Kohls Politik barg ein hohes Risiko. Daraus erklärte sich der Druck für die Koalition, bei der Verabschiedung des Programms unbedingte Geschlossenheit zu zeigen.

Der Kanzler entschuldigte sich nach der gewonnenen Wahl bei der Fraktion für diese Methoden und räumte ein: »Ich weiß, was ich Ihnen abverlangt habe: dass Sie hier in den Sitzungssaal kamen und komplizierte Vorlagen wurden vorgelegt, und die meisten konnten Sie nicht einmal lesen, geschweige denn überdenken und studieren.« Das solle sich nicht wiederholen: »Das ist nicht meine Vorstellung von Parlament.«[493]

Den Haushalt zu sanieren, die Kreditaufnahme zu begrenzen, aber dennoch eine aktive Wirtschaftspolitik zu verfolgen, um die Wirtschaft in Gang zu bringen, und zugleich eine Sozialpolitik zu betreiben, um den Arbeitnehmerflügel der eigenen Partei zum Stillhalten zu veranlassen – das erinnert an die Quadratur des Kreises. Für die »Regierung der Mitte«, wie Kohl sein Kabinett mit Bedacht nannte, stellte die Verwirklichung dieser gegensätzlichen Ziele die Existenzfrage dar. Wurde der Ankurbelung der Wirtschaft Priorität eingeräumt, waren Sparmaßnahmen nicht zu vermeiden. Politisch durchsetzbar war das jedoch nur, wenn auch überzeugende Zeichen aktiver Sozialpolitik erkennbar waren. Norbert Blüm hatte dem Satz von der »Atempause in der Sozialpolitik« in der Regierungserklärung zugestimmt, aber wie lange konnte oder wollte er dem Druck standhalten, der auf ihm lastete?

Im Frühjahr 1983, als die Etatkürzungen seinem Ressort am meisten zusetzten, hatte Blüm weiter gute Miene zu dem grausamen Spiel gemacht. Denn damals schwamm der Minister auf einer Welle der Zustimmung. Das zeigte der Bundesparteitag im Mai in Köln, mehr noch aber das Pressecho. Einen »fröhlichen Sanierer« sah man in ihm, »einen Stern des Dreigestirns«, das aus dem Kanzler, dem Finanzminister und dem Arbeitsminister bestehe.[494] Mit seinen lockeren Sprüchen strahlte er erstaunlich viel Vertrauen aus. Offensichtlich hatte die Zugkraft des Slogans »Mit 58 in Rente«, mit dem er in den Wahlkampf gezogen war, noch nicht nachgelassen. Die Losung hieß: »Die Verkürzung der Lebensarbeitszeit ist das wirkungsvollste Mittel zum Abbau der Arbeitslosigkeit.«[495] Das war eine Verheißung, die wie keine andere die Sozialpolitik der Ära Kohl prägte – sich aber schließlich doch als nur begrenzt wirksam erweisen sollte.[496]

Zu Beginn der Ära Kohl hatte Finanzminister Gerhard Stoltenberg das Sagen. An ihm kam niemand vorbei. Bei der Regierungserklärung Kohls am 4. Mai 1983 soll er »wie ein Schießhund« aufgepasst haben, dass der Kanzler keine Formulierungen verwendete, aus denen finanzielle Verpflichtungen abgeleitet werden konnten. Auch der Haushalt für 1984, den das Kabinett im Mai 1983 verabschiedete, stand unter dem Zwang zur Sparsamkeit. Eine »Steinbruchliste« enthielt die im Finanzministerium erarbeiteten Kürzungen, die bei Sitzungsschluss wieder eingesammelt wurde, damit sie nicht an die Presse gelangte.[497] Seit Fritz Schäffer, dem ersten Bundesfinanzminister von 1949 bis 1957, hat keiner seiner Nachfolger eine solche Energie beim Sparen entwickelt wie Gerhard Stoltenberg.

Im Gegensatz zu Schäffer lenkte dieser aber mitunter auch ein, um wenigstens die große Linie seiner Sparpolitik durchhalten zu können. Sparen war für ihn kein Selbstzweck. Zur Ankurbelung der Wirtschaft war er sogar zu höheren Entlastungen bereit, als es die Regierungserklärung versprochen hatte.

Die Ergebnisse von Stoltenbergs Sparpolitik waren beachtlich, aber keineswegs so spektakulär, dass in wenigen Jahren auf die Neuverschuldung verzichtet werden konnte. Die komplexen Bedürfnisse eines Wohlfahrtsstaates erlaubten wie bei einem Supertanker nur vorsichtige Kursänderungen. So stiegen die Ausgaben des Bundes lediglich um 0,9 Prozent. Das war eine starke Leistung, verglichen mit dem Haushaltswachstum der vorangegangenen Jahre. Das Wirtschaftswachstum nahm um 1,9 Prozent zu. Die Inflationsrate ging zurück und pendelte sich auf 2 Prozent ein; auch der Diskontsatz konnte fühlbar gesenkt werden.

Trotz der Erfolge im Einzelnen konnten bei den Sparzielen Abstriche nicht vermieden werden. So hatte die Regierung den Abbau von Subventionen angekündigt. Das pflegt eine Standardforderung von Oppositionsparteien zu sein, und die Union

hatte da keine Ausnahme gemacht. In der Regierungsverantwortung sah sie sich jedoch einer ganz anderen Situation gegenüber. Denn statt Abbau galt es, Subventionen für ganze Indust-
riezweige bereitzustellen. Dabei handelte es sich keineswegs um
nicht mehr konkurrenzfähige Betriebe, die künstlich am Leben
gehalten werden sollten. Vielmehr bestand das Problem in weltweiten Überkapazitäten, die in der Stahlindustrie und bei den
Werften auch hochmoderne Unternehmen traf, die mit massiven
Wettbewerbsverzerrungen zu kämpfen hatten.

Der Kanzler war von der Notwendigkeit zur Hilfe überzeugt.
Vor der Fraktion warnte er davor, »nicht das ›hohe Ross der
Sozialen Marktwirtschaft‹ zu besteigen«. Denn man stehe hier
vor Problemen, die mit der reinen Lehre – er sprach vom »akademischen Aufschreiben« – nicht zu lösen waren. Das sei auch
keine statistische Frage, sondern zunächst »auch eine Frage, bei
der wir in die Gesichter dieser Menschen blicken«. Man dürfe
nicht »die Existenzangst der Menschen außer Acht« lassen.[498]
Deutlicher lässt sich das Dilemma der Politik nicht darstellen.
Ohne das Prinzip der Sozialen Marktwirtschaft infrage zu stellen, musste die Regierung dennoch Wege finden, die ordnungs-
politisch problematisch sein konnten, aber in krisenhaften Zuspitzungen ohne Alternative waren.

Die wirtschaftliche Erholung hatte jedoch eine Schwachstelle:
Die Arbeitslosigkeit blieb hoch. Die Erklärung dafür ist relativ
einfach, denn seit den Siebzigerjahren hatte sich eine Sockelar-
beitslosigkeit von nicht mehr vermittlungsfähigen Arbeitslosen
gebildet. Der rasante technische Fortschritt setzte in wachsendem Maße weitere Arbeitskräfte frei. Tatsächlich spiegelte aber
der hohe Stand der Arbeitslosigkeit nicht den tatsächlichen Be-
schäftigungsstand in der Wirtschaft wider. Trotz Arbeitslosigkeit nahm die Zahl der Erwerbstätigen kontinuierlich zu und
erreichte 1987 den höchsten Stand seit 1973, dem letzten Boom-
jahr vor dem Ende des Wirtschaftswunders. Hinzu kam, dass

geburtenstarke Jahrgänge auf den Arbeitsmarkt drängten; auch die Frauenarbeit nahm zu.

Der Kanzler hegte keine Illusionen über die Schwierigkeiten, die Arbeitslosigkeit deutlich zu senken. Er sah ihre Ursache in Strukturverwerfungen, die eine längere Vorgeschichte hatten. Noch im November 1983 ging er davon aus, »dass wir auf Jahre mit einer ungewöhnlich hohen Arbeitslosenzahl auskommen müssen«. Eine fühlbare Besserung erwartete er durch Umrüstungen der deutschen Industrie »in ganz andere Bereiche wie Kommunikationstechnik und Zukunftstechnologien«. Energisch widersprach er der These, dass die Arbeitslosigkeit nach seinem Regierungsantritt, gleichsam als Folge der »Wende«, noch einmal angestiegen sei. Er verwies auf Hochrechnungen der Arbeitslosigkeit aus »der Mitte des Jahres 1982, die höher lagen für Ende 1983«.[499]

Die Gewerkschaften verursachten keine Probleme durch hohe Lohnforderungen. Die Wirtschaftslage bot dazu auch keinen Anlass. Sie fanden aber ein anderes Feld zu einer Kraftprobe mit der neuen Regierung. Norbert Blüm hatte mit der Ankündigung des Vorruhestandes ein Tor zur Entlastung des Arbeitsmarktes geöffnet. Das Gesetz war am 1. Mai 1984 in Kraft getreten. Die Gewerkschaften reagierten mit einer Alternativlösung: Nicht nur die Lebensarbeitszeit, sondern auch die Wochenarbeitszeit sollte verringert werden. Das Ziel war die 35-Stunden-Woche bei vollem Lohnausgleich. Das war eine Forderung, die nicht in die konjunkturelle Landschaft passte und auch bei den Gewerkschaftsmitgliedern keineswegs auf große Zustimmung stieß.

In den Reihen der Union gab es wie immer Bedenkenträger, die vor dem Arbeitskonflikt warnten. Innerhalb der Regierung bildete sich eine überraschende Konstellation. Die Minister Blüm und Geißler, die engagierten Sozialpolitiker, zeigten keineswegs Verständnis für diese Forderung, sondern lehnten sie rundweg ab. Zu ihnen gesellte sich der Bundeskanzler. Er neigte bei sozialpolitischen Streitfragen eher zum Ausgleich, aber in dieser Situation lehnte er jedes Nachgeben ab. Heiner Geißler machte aus seiner Einstellung keinen Hehl. In Wahlversammlungen qualifizierte er die Gewerkschaftsforderungen mit dem Spruch ab: »Weniger arbeiten, mehr verdienen – das ist Blödsinn.«[500]

Das Engagement des Kanzlers bei der Zurückweisung der Gewerkschaftsforderung war wohlüberlegt. Er hatte stets auf gute Beziehungen zur Gewerkschaftsbewegung großen Wert gelegt. Ihren Beitrag zum Aufbau der Bundesrepublik hatte er immer hoch eingeschätzt. Nach der Einführung des Vorruhestandes, die die Wirtschaft schon Erhebliches kostete, auch noch die Wochenarbeitszeit zu verkürzen und damit die Belastungen zu steigern, rief seinen Protest hervor. Aus diesem Grund wies er die ihm angetragene Rolle als Schlichter entschieden zurück.

Die Zustimmung zum Vorruhestand war ihm nicht leichtgefallen. Die Fraktion erinnerte er an seine Bedenken: »Ich habe einiges gebraucht für mich selbst, um über diese Hürde zu springen.«[501] Denn er sah vor allem die Belastungen für den Mittelstand, von dem und nicht von den Großbetrieben »die Wiederbelebung unserer Volkswirtschaft« ausgehe. Es sei entscheidend, dass »die breiten und mittleren Schichten unseres Volkes wieder die Dynamik gewinnen.« Das habe ihn dem Vorruhestand letztlich zustimmen lassen.

Kohl bewegten bei dieser Frage zudem noch ganz andere Gesichtspunkte, die nichts mit Ökonomie oder Lohnerhöhungen zu tun hatten. Es war ein moralisches Argument. Er dachte an die Jahrgänge, die in den Genuss des Vorruhestandes kommen sollten, vornehmlich an den Jahrgang 1925 »mit den meisten Gefallenen bei den Männern und mit der geringsten Heiratschance bei den Frauen«. Hier wird wieder deutlich, wie stark Kohl in der Geschichte lebte und wie vertraut ihm menschliche Schicksale waren – ob es die deutschen Umsiedler aus dem Osten, die von Arbeitslosigkeit bedrohte junge Generation oder die vom Krieg gezeichneten Jahrgänge waren.

Die IG Metall stilisierte jedoch die Auseinandersetzung zur Machtfrage und setzte in ihrer Hochburg Nordwürttemberg-Baden einen Streik durch, der sechs Wochen dauerte und das Ziel hatte, dass die Wochenarbeitszeit auf 38,5 Stunden verkürzt würde. Der Kanzler benutzte den Konflikt, um eine Neufassung des Paragrafen 116 des Arbeitsförderungsgesetzes durchzusetzen, um den es schon lange Streit gegeben hatte. Nun wurde der bisherigen Praxis ein Riegel vorgeschoben, dass die von einem Streik mittelbar Betroffenen – die nichts mehr zu tun hatten, weil Zulieferbetriebe bestreikt wurden – Arbeitslosenunterstützung erhielten und damit die Gewerkschaftskassen schonten.

Der rigorose Sparkurs von Stoltenberg war zu einem erheblichen Teil auf Kosten der Ressorts von Blüm und Geißler durchgeführt worden, ohne dass von dieser Seite große Gesten des Protests gekommen waren. In der Presse wurde kolportiert, Blüm habe sich bei den Sparmaßnahmen »selbst auf die Schlachtbank gelegt«.[502] Das war ein Irrtum. Blüm und Geißler hielten nur ihr Pulver trocken und warteten auf die Gelegenheit zum wirksamen Widerstand. Es dauerte denn auch nicht lange, und es bot sich ein Anlass: Es ging um das Mutterschaftsgeld, das von vier auf drei Monate gekürzt werden sollte. Besondere Brisanz erhielt diese Kürzungsforderung durch die scharfe Ablehnung von Strauß, der die vorgesehene Kürzung mit dem Geburtenrückgang in Verbindung brachte. Er drohte, die Regelung notfalls gemeinsam mit der SPD im Bundesrat zu Fall zu bringen, und formulierte in gewohnt überspitzter Weise: »Zum Schluss übergeben wir sonst einem sterbenden Volk konsolidierte Haushalte.«[503]

Das Störmanöver von Strauß scheiterte; es war aber ein Beispiel für die innere Labilität der Koalition. Der konservative

Partner war plötzlich bereit, mit dem normalerweise scharf kritisierten Arbeitnehmerflügel der CDU zusammenzugehen und sich gegen den Kanzler zu verbünden. Das Erscheinungsbild der Bundesregierung musste durch derartige Frontbildungen Schaden nehmen.

Rückblickend bezeichnete Kohl die Turbulenzen um das Mutterschaftsgeld als »Sommertheater«, denn es gäbe »mindestens noch zehn Punkte«, die man mit gleicher Dringlichkeit hätte vertreten können. Für ihn stand fest: »Wirkliche Sozialpolitik kann man erst machen, wenn man die Dinge in Ordnung gebracht«, das heißt, die Sanierung des Haushalts durchgeführt hat. Man benötige »einen festen Stand für die Zukunft«, um wirkliche Reformen anpacken zu können. Dem »ersten wichtigen Schritt« wollte er in der Familienpolitik tun, »in Beziehung auf die Frau und Mutter«.[504] An der Ernsthaftigkeit dieser Ankündigung Kohls ist nicht zu zweifeln – die Familienförderung wurde ein Schwerpunkt der ersten Legislaturperiode. Der Kanzler drängte den Finanzminister mit Geißler als dem zuständigen Ressortminister, ein mittelfristiges Konzept zu erarbeiten, was ohne Schwierigkeiten gelang.

Der Erfolg des Kollegen ließ den Arbeitsminister nicht ruhen, der plötzlich ein »Erziehungsjahr« im Rentenrecht forderte. Die Kindererziehung sollte also bei der Berechnung der Rente berücksichtigt werden. Norbert Blüms Plan zog nach sich, dass der Bundeshaushalt erst in späteren Jahren, dafür aber umso stärker belastet würde. Stoltenbergs Widerstand machte eine Sitzung beim Kanzler notwendig. Die Auseinandersetzung folgte dem üblichen Ablauf sozialpolitischer Verhandlungsrunden. Der Finanzminister stellte sich aus Kostengründen gegen den Vorschlag, aber auch mit Blick auf den absehbaren Ärger, der bevorstand, weil nicht alle Rentnerinnen in den Genuss dieser Neuregelung kommen würden. Blüm wehrte sich mit dem Standardargument: »Wäre man auch früher schon nach diesem

Prinzip verfahren, hätte eine Reform in der Sozialpolitik niemals stattgefunden.«[505]

Irgendeine Notwendigkeit für diese Reform bestand nicht. Es sollte vielmehr eine wählerwirksame sozialpolitische Wohltat werden, wie Sozialpolitiker sie lieben. Blüm fühlte sich stark, denn er hatte einen starken Verbündeten – den Bundeskanzler. Kohl wollte den Arbeitsminister, der für das soziale Profil des Kabinetts wichtig war, für die Hinnahme der Härten des Sanierungsprogramms belohnen. Wolfgang Schäuble erinnerte sich: »Helmut Kohl stimmte erstens dem Blüm'schen Argument zu und prophezeite zweitens: Die älteren Frauen werden sagen, bei uns gab es das leider noch nicht, aber Hauptsache, meine Tochter oder mein Enkelkind haben es einmal besser.«[506]

Diese auf dem Prinzip Hoffnung beruhende Einschätzung sollte sich als folgenschwerer Irrtum erweisen. Vielleicht haben Zyniker doch recht, die meinen, eine gute Tat räche sich immer. Denn aus dem Ganzen entstand die »Trümmerfrauenrente« mit erheblichen Folgekosten.

Es waren nicht die einzigen zusätzlichen Belastungen, die die Finanzpolitik schultern musste. Der von Gerhard Stoltenberg mit so viel Energie vorangetriebene Sanierungskurs zeitigte unerwartete und gänzlich unerwünschte Folgen. Die Kritik an seiner Politik nahm zu, hielt man doch den Zwang zum Sparen angesichts einer verbesserten Haushaltslage für überflüssig. Auch Tendenzen zur Steuersenkung machten sich bemerkbar, die vor allem von den Liberalen ausgingen.

Im Frühjahr 1985 stellte der Kanzler in einer Regierungserklärung fest, dass das Regierungsprogramm weitgehend verwirklicht worden sei. Natürlich nahm er die Gelegenheit wahr, den Erfolg seiner Politik zu verkünden. Allerdings ließ er einen Faktor in der Erfolgsbilanz seiner Regierung unerwähnt: die Bundesbankgewinne, die der Bundeskasse in diesem Jahr in der stolzen Höhe von 13 Milliarden D-Mark zuflossen. Sie entstan-

den vor allem durch die Kurssteigerung des Dollar. Ihre unerwartete Höhe bot die willkommene Gelegenheit, die Ausgaben-
steigerungen bei Subventionen, Arbeitslosigkeit und anderen
Feldern wenigstens teilweise auszugleichen.

Es war nicht allein die Finanzpolitik Stoltenbergs, sondern
eine Gemengelage von rigorosen Sparanstrengungen, notwendig gewordenen Ausgaben und zusätzlichen Einnahmen, die
eine Konsolidierung der Wirtschaft- und Finanzpolitik bewirkten. Auch wenn die »Atempause in der Sozialpolitik« nur relativ
kurz war, trug die Bereitschaft zur Sparsamkeit gerade auf diesem sensiblen Gebiet erheblich zum Erfolg der Regierung Kohl
bei.

Die Nachrüstung wird durchgesetzt

Wende und Nachrüstung gehören eng zusammen, sie bedingen
sich gegenseitig. Unter der Last des NATO-Doppelbeschlusses
und damit der Aussicht, im Herbst 1983 die Stationierung von
Kernwaffen mittlerer Reichweite auf dem Territorium der Bundesrepublik vornehmen zu müssen, verlor die SPD die Kraft zur
Fortsetzung der sozialliberalen Koalition. Der Bürde der Regierungsverantwortung enthoben, vollzog die Partei einen raschen
Kurswechsel, der die Vertreter der von Helmut Schmidt kon-
zipierten Politik auf dem Kölner Sonderparteitag zur winzigen
Minderheit schrumpfen ließ.

Helmut Kohl hatte schon vor dem Ende der sozialliberalen
Koalition Neuwahlen geplant, die in einigem zeitlichen Abstand
von der Kanzlerwahl stattfinden sollten. Er hielt sie für unbedingt notwendig, denn sie sollten ihm die Legitimation für die
Ingangsetzung der Nachrüstung geben. Nach der gewonnenen
Wahl im März 1983 wusste er, dass es zur Konfrontation mit
ihren Gegnern kommen würde. Deshalb bereitete er seine Partei

unermüdlich auf diese Kraftprobe vor, die zu bestehen nicht leichtfallen würde.

Auf welchen Gegner galt es sich einzustellen? Es war die Friedensbewegung, die seit Ende der Siebzigerjahre zu einer riesenhaften heterogenen Bewegung angewachsen war und die bei allen Unterschieden in der Auffassung und Bewertung von Teilaspekten nur von einem Ziel beherrscht wurde: die Stationierung amerikanischer Atomraketen zu verhindern. Die Aussage, dass die Friedensbewegung »durch die Konvergenz mehrerer politischer und gesellschaftlicher Entwicklungen«[507] geprägt worden sei, trifft nicht zu. Vielmehr gehören die im Laufe der Siebzigerjahre entstandenen neuen Bewegungen – Umwelt, Frauen, Schwule – als Folgeerscheinung zu der einen großen Konfrontation, für die die Chiffre »1968« steht. Diese bezeichnet den Zusammenstoß von Jugendlichen – vornehmlich Studenten – mit dem Staat, den sie als ein politisches System zu erkennen glaubten, demgegenüber tiefstes Misstrauen angebracht war. Die Friedensbewegung stellt den Höhepunkt einer Entwicklung dar, die von linken emotionalen Massenbewegungen geprägt war und die die Politik der Bundesrepublik stark beeinflusst hat. In keinem anderen Land gab es vergleichbare Strömungen – weder in Bezug auf den quantitativen Umfang noch auf die politische Wirkung, die sie ausübten.

Als Beginn dieses deutschen »Sonderweges« ist die von Gewerkschaften und SPD mitgetragene Bewegung »Kampf dem Atomtod« der Jahre 1957/58 anzusehen. Auf gleicher Linie lag zu Beginn die Agitation gegen die Notstandsgesetze, aber sie traf rasch auf ein völlig verändertes politisches Umfeld. Die Verabschiedung der Notstandsgesetze 1968 wurde erst durch die Große Koalition möglich, nachdem über zehn Jahre vergangen waren, ohne dass es ernsthafte Versuche gegeben hätte, durch eine deutsche Gesetzgebung für den Fall des Notstandes alliierte Vorbehaltsrechte abzulösen. Diese übergroße Koalition von CDU/CSU und SPD mit Kurt Georg Kiesinger an der Spitze, der nur eine winzige Opposition gegenüberstand, stellte die Notstandsgesetze für ihre Gegner unter Generalverdacht. Ihre Verabschiedung wurde als Wille zur Abschaffung demokratischer Grundrechte denunziert und verschaffte der sich bildenden außerparlamentarischen Opposition (APO) zunehmend Gehör.

Der Widerstand wurde wesentlich verstärkt durch die zur gleichen Zeit sich ausbildende Studentenbewegung, die mit bis dahin unbekannter Aggressivität gegen die Verabschiedung der Notstandsgesetze kämpfte. Die Studentenbewegung hatte die Universitäten verlassen und den Kampf gegen den Springer-Konzern, den Vietnamkrieg und den angeblich drohenden Notstand mit wachsendem Erfolg aufgenommen. Sie war in der Lage, Demonstrationen wirkungsvoll zu organisieren, die zu immer brutaleren Auseinandersetzungen mit der Polizei führten und ihr Feindbild schärften. Sie meinten einen Staat mit faschistoiden Strukturen zu erkennen, die zu »entlarven« mit einigem Fanatismus betrieben wurde.

Die Große Koalition als übermächtiger Staat und der Kampf gegen den Notstand als eine von seinen Gegnern empfundene Bedrohung schufen ein Feindbild, das für die Generation der Achtundsechziger eine prägende Wirkung haben sollte. Der Kampf gegen die Notstandsgesetze zeigte Züge von Massenhysterie. Was es bisher in Deutschland nicht gegeben hatte, sollte mit der Politisierung eines Teils der jungen Generation in der Folgezeit zum festen Bestandteil des Protestes gehören: die Vorstellung der Protestierenden, dass die geplanten Maßnahmen sich auch und vor allem gegen die eigene Person richteten.

Seit Mitte der Siebzigerjahre trat diese persönliche Betroffenheit mit verstärkter Emotionalisierung auch bei den Protesten gegen die friedliche Nutzung der Kernkraft auf. Die Gegenwehr reichte vom Autoaufkleber »Atomkraft – nein danke« bis zu

gewalttätigen Massendemonstrationen vor den im Bau befind-
lichen Atomkraftwerken. Die Proteste hatten Erfolg, denn die
Bundesregierung sah sich angesichts des wachsenden Widerstandes sowohl in der SPD als in der Bevölkerung insgesamt veranlasst, vom Bau weiterer Kernkraftwerke abzusehen.

In der Bevölkerung machte sich ein verändertes Politikverständnis bemerkbar. Es gab nicht mehr nur den Bürger an der
Wahlurne, sondern auch Bürger, die für sie wichtige Belange mithilfe neuer Organisationen durchzusetzen versuchten. Bürgerinitiativen wurden gegründet als Ausdruck des Misstrauens gegenüber staatlichen Maßnahmen, die als willkürlich oder als von
wirtschaftlichen Interessen geleitet angesehen wurden. Die Umwelt wurde als bedrohtes Gut entdeckt, das es zu schützen galt.
Der Schritt vom Umweltschützer in die Reihen der Atomkraftgegner war nicht groß – die ultimative Bedrohung des Lebens
von der für unbeherrschbar gehaltenen Atomkraft ging alle an.

Ein Beispiel für die Bereitschaft zur hemmungslosen Emotionalisierung zeigte sich im »Waldsterben«, eine im Südschwarz-
wald von privaten Waldbesitzern und Freiburger Studenten behauptete Umweltvergiftung durch industrielle Abgase. Zuvor
hatten schon Studenten ihren spektakulären Beitrag zur Verhinderung des Baus des Atomkraftwerkes bei Wyhl am Kaiserstuhl
geleistet. Das »Waldsterben« trat rasch seinen Siegeszug in den
Medien an mit der Folge, dass fortan in jedem kränkelnden
Baum der Vorbote einer Umweltkatastrophe gesehen wurde.

Die Bedrohung durch Atomkraftwerke und die Gefahren für
die Umwelt schufen ein weitverbreitetes Gefühl von Angst und
Verunsicherung, das im Ausland mit Verwunderung zur Kenntnis genommen wurde, da man gewohnt war, mit Deutschland
und deutscher Politik ganz andere Gefühle und mehr Rationalität zu verbinden.

Als mit dem NATO-Doppelbeschluss im Dezember 1979 das
westliche Antwortkonzept auf die Bedrohung durch sowjeti-

sche Mittelstreckenraketen fixiert wurde, war die Reaktion absehbar. Seit 1968, seit dem Kampf gegen den Notstand, der mit uferlosen Forderungen nach Demokratisierung verbunden wurde, hatte ein Teil der jungen Generation – keineswegs die Mehrheit, aber eine meinungsbildende Minderheit – den politischen Konsens aufgekündigt und neue politische Prioritäten gesetzt. Seitdem gehörten die radikale Infragestellung des politischen Systems und gewaltbereite Demonstrationen mit wachsendem Ideologisierungsdruck zum politischen Alltag. Massiver Antiamerikanismus löste die Bereitschaft zur Verteidigung der westlichen Demokratien ab. Der Kampf gegen den »Atomstaat« und seine Kernkraftwerke konnte nahtlos übergehen in den Kampf gegen die neue amerikanische Atomrüstung.

Die Friedensbewegung war »eine stark linke, aber doch keine ausschließlich linke Bewegung«.[508] Diese Aussage trifft die Vielgestaltigkeit der Bewegung und macht zugleich ihren Grundzug deutlich. Sie konnte auf den Initiativen und Strömungen aufbauen, die im vorangegangenen Jahrzehnt entstanden waren und sich aus unterschiedlichen Motiven zum Protest veranlasst sahen.

Die Regierung Kohl hatte es also bei den Gegnern des Doppelbeschlusses mit einer Bewegung zu tun, die kampferprobt war und auf zahlreiche Auseinandersetzungen mit dem Staat zurückblicken konnte. Zudem erhielt sie durch die weitverbreitete Abneigung der Bevölkerung gegen die Nachrüstung beträchtlichen Auftrieb. In den Medien kursierten Angaben, dass drei Viertel der Bevölkerung die Raketenstationierung ablehnten. Daraus konnte die Friedensbewegung durchaus Erfolgsaussichten ableiten. Es sei dahingestellt, ob diese Zahlen wirklich zutreffend waren. Weitaus erstaunlicher ist ein Befund, den die Allensbacher Meinungsforscher mitteilten. Regelmäßige, seit 1981 durchgeführte Befragungen hatten ergeben, dass in den Jahren 1981 bis 1983 ein deutlicher Wandel in der Einstellung der Bevölkerung zu verzeichnen war. Die Neigung, den Kalten Krieg als beendet anzusehen, hatte zugenommen. Der Begriff Äquidistanz kam auf. Die Einstellung, »mit Amerika und Russland gleich eng« zusammenzuarbeiten, war stärker geworden. Im Juni 1983 teilten bereits 47 Prozent der Bevölkerung diesen Standpunkt, während 42 Prozent ein engeres Verhältnis zu den USA für besser hielten. Im Juli 1981 hatte sich noch die Mehrheit, 47 Prozent, gegen die einseitige Abrüstung entschieden. Im August 1983 waren es dagegen 46 Prozent, die sich für die einseitige Abrüstung aussprachen.[509]

Für den Kanzler war diese Änderung in der Einschätzung des Ostens »fatal«. Ihn beunruhigte »der Verfall der Erkenntnis, dass wir überhaupt gefährdet sein könnten«. Der radikale Wandel in der Einschätzung der östlichen Großmacht nahm nicht genügend die Tatsache zur Kenntnis, dass die Abrüstung und ihr Ziel, »in Ost und West die Raketen abzubauen und möglichst auf null zu bringen«, im Frühling 1983 nur »ein ganz fernes Ziel, ein Wunschziel deutscher Politik« sein konnte. Es müsse Zwischenlösungen geben und man dürfe die Sicherheitsstandards nicht aufs Spiel setzen. In dieser Situation begegnete der Kanzler wieder seinem Schicksal, nämlich die Konfrontation mit dem Zeitgeist aufnehmen zu müssen. Über das endgültige Ziel bestand Einigkeit, aber verantwortliche Politik musste gegen die Irrtümer des Zeitgeistes Front machen.

Kohl versuchte, dem Wandel in der Einstellung der Bevölkerung Rechnung zu tragen. Er wusste, dass eine Politik der Konfrontation mit der Sowjetunion in der Bevölkerung nicht ankam. Um seine Offenheit gegenüber der sowjetischen Führung deutlich zu machen, hatte er im Juli die Einladung von Parteichef Jurij Andropow angenommen und mit dem kranken Parteiführer eine lange Unterredung geführt, die naturgemäß keinen Fortschritt in der Sache brachte, aber wenigstens die Gesprächsbereitschaft des deutschen Kanzlers unter Beweis stellte.[510]

Überhaupt war dessen Standpunkt hinsichtlich der Nachrüstung von Zurückhaltung bestimmt. Zwar betonte Kohl stets die Notwendigkeit, beim Doppelbeschluss und seinen Konsequenzen nicht zu schwanken. Für ihn stand fest, dass das strategische Gleichgewicht zwischen Ost und West die Voraussetzung für den Erhalt des Friedens in den letzten Jahrzehnten gewesen war. Daran hatte sich nichts geändert. Aber er wusste, dass in der Bevölkerung der Anteil derer wuchs, die dieses »Gleichgewicht des Schreckens« nicht mehr akzeptieren wollten. Daher vermied er jede Polemik gegen Nachrüstungsgegner, rechtfertigte aber immer wieder seine Politik als wirksamstes Vorgehen, um der sowjetischen Seite jede Hoffnung auf ein Ausscheren der Bundesrepublik aus dem Atlantischen Bündnis zu nehmen und Verhandlungserfolge auf dem Gebiet der Abrüstung wahrscheinlicher werden zu lassen.

Im Juni 1983 wurde in der Bundesrepublik eine Art Probelauf für den »heißen Herbst« veranstaltet, der im Oktober mit Massenprotesten die Nachrüstung verhindern sollte. Für den 22. und 23. November war eine große Bundestagsdebatte geplant, die mit der erneuten Beschlussfassung des Parlaments zur Politik der Regierung in Sachen Nachrüstung beendet werden sollte. Notwendig war dieser Beschluss nicht, denn schon 1981 hatte der Bundestag mit übergroßer Mehrheit – großen Teilen der sozialliberalen Koalition und der Opposition – für den Doppelbeschluss gestimmt.

In welchem Maße die Zweifel an der Atomrüstung inzwischen zugenommen hatten, zeigte sich an Aktivitäten ganz unterschiedlicher Art. Viele Gemeinden erklärten sich zur »atomwaffenfreien Zone«. Menschenketten vor US-Kasernen wurden gebildet, und Demonstranten verursachten Zwischenfälle, um amerikanische Transporte zu blockieren. Der Nürnberger Stadtrat beschloss etwa ein Verbot für Atomwaffenlagerung im Stadtgebiet und setzte seinen Kampf vor den Verwaltungsgerichten fort. Richter und Staatsanwälte, die in der ÖTV-Gewerkschaft organisiert waren, demonstrierten als »Friedensrichter« gegen die Raketen.

Während der Bundeskanzler zur Festigkeit mahnte und Angriffe auf die Friedensbewegung mied, sorgte Heiner Geißler für massive Polemik, die bei der Friedensbewegung auf empörten Protest stieß. Er bezog sich im Bundestag auf ein »Spiegel«-Gespräch mit Joschka Fischer und Otto Schily. Fischer hatte darin seine Betroffenheit erklärt, »dass es offensichtlich in der Systemlogik der Moderne, auch nach Auschwitz, noch nicht tabu ist, weiter Massenvernichtung vorzubereiten – diesmal nicht entlang der Rassenideologie, sondern entlang des Ost-West-Konflikts«.[511] Umsichtig argumentierend, begann Geißler mit der Mahnung, dass Regierung und Opposition sich »gegenseitig nicht Moralität absprechen« dürfen, wenn man sich in einer »moralischen Grenzsituation« befände. Dann aber landete er einen Tiefschlag von bemerkenswerter Wucht, als er Fischers These aufgriff, wendete und entgegnete: »Der Pazifismus der Dreißigerjahre, der sich in seiner gesinnungsethischen Begründung nur wenig von dem unterscheidet, was wir in der Begründung des heutigen Pazifismus zur Kenntnis zu nehmen haben, dieser Pazifismus der Dreißigerjahre hat Auschwitz möglich gemacht.«[512] Der Vergleich Geißlers war nicht nur schief, sondern einfach falsch, denn ein nennenswerter Pazifismus hatte damals nicht existiert. Die Appeasement-Politik der Zugeständnisse und Zurückhaltung gegenüber Hitler hatte mit der Wirtschaftskrise und innenpolitischer Schwäche, nicht aber mit Pazifismus zu tun.

Die Empörung der Grünen im Bundestag, wie überhaupt in der Friedensbewegung, war gewaltig und von Geißler gewiss einkalkuliert. Als er mit ähnlich emotionalen Verunglimpfungen konterte, hatte er gegen die Untergangsszenarien der Nachrüstungsgegner eine emotionale Gegenmine gelegt.

Ein eher zufälliges Zusammentreffen sorgte dann am 26. Juni 1983 für weltweites Aufsehen. Der Name der Stadt Krefeld hatte für die Friedensbewegung Symbolklang, war doch schon 1980 der »Krefelder Appell« verkündet worden. Das war ein Aufruf, der – »maßgeblich von der DKP organisiert«[513] – zum Gründungsdokument der Friedensbewegung befördert worden war. An diesem Tag sollte nun in Krefeld auf ganz besondere Weise etwas gefeiert werden, was mit diesem Aufruf nichts zu tun hatte, aber dennoch linke Emotionen mobilisieren konnte, und zwar die deutsch-amerikanische Freundschaft. Es war der Tag, an dem 300 Jahre zuvor die ersten Deutschen aus Krefeld – ihres Glaubens wegen ausgewanderte Mennoniten – in Amerika eintrafen und dort in der Nähe von Philadelphia die Siedlung Germantown gründeten.

Das Datum war zufällig gewählt, nicht aber der Motivationszusammenhang für diesen Festakt. Denn es war der Bundeskanzler, der dieses Tages mit Staatsakt und Volksfest gedenken wollte. Vizepräsident George Bush wurde als prominentester amerikanischer Gast erwartet. Für Kohl hatte der eher unscheinbare Anlass, der zudem weitgehend unbekannt war, eine eminent politische Bedeutung. Bei seinen Reisen in die USA war ihm immer wieder aufgefallen, wie stark andere Nationen, vornehmlich England und Frankreich, im amerikanischen Geschichtsbild verankert waren und wie wenig Kenntnisse über die wichtige Rolle der deutschen Einwanderer beim Aufbau und der Entwicklung des Landes vorhanden waren. Die politische Bedeutung solcher Erinnerungsarbeit, die von den betreffenden Nationen in der Regel sorgfältig ausgestaltet wurde, war ihm wohl bewusst.

Seit den Achtzigerjahren hat sich für diese spezifische Form der Erinnerung der Begriff Geschichtspolitik eingebürgert. Kohl hatte ihre Bedeutung in Washington sehr anschaulich kennengelernt. Damals befand sich das Projekt des Holocaust-

Museums, für das die amerikanischen Juden 120 Millionen US-Dollar gesammelt hatten, im Bau. Dieses Museum sollte laut Kohl einen nachhaltigen Eindruck vermittel, nämlich »den politischen Stachel in Amerika aufzurichten, dass der Holocaust sich nie wiederholen« dürfe »und dass deswegen der Staat Israel durch dick und dünn unterstützt werden« müsse. Das neue Museum würde Millionen Besucher, vor allem auch Schulklassen, anziehen. Welchen Einfluss es auf das Deutschlandbild der Besucher ausüben würde, war leicht vorstellbar. Dagegen anzugehen, hielt er für »töricht«. Der Bundeskanzler wollte als eine Art Ausgleich und zugleich zur Festigung der deutsch-amerikanischen Freundschaft etwas »danebenstellen, was deutsch-amerikanische Beziehungen in 300 Jahren Positives gebracht haben, acht Millionen Deutsche, die dorthin eingewandert sind im Laufe der Jahrhunderte: was dort an Bildung, was dort an Kultur über den Ozean gekommen ist«.[514]

Genau in diesen Zusammenhang gehörte die geplante Veranstaltung in Krefeld, aber in einen ganz anderen Zusammenhang gehörte es im Sinne des »Krefelder Appells« und als Antwort auf die angekündigte Anwesenheit des amerikanischen Vizepräsidenten, den »massenhaften« Protest zu organisieren. Und es kam, was kommen musste. Die »Friedensbewegung« rief zum Protest auf, dem 30 000 meist jugendliche Demonstranten folgten. Weniger friedliche Gruppen, die aus allen Teilen des Bundesgebietes herbeiströmten und für die sich der Begriff der »Reisechaoten« eingebürgert hatte, hatten andere Ziele: Sie suchten die gewalttätige Konfrontation mit der Polizei, um den Ablauf der Feierlichkeiten zu stören und vor allem die Fahrt des Konvois mit Bundespräsident, Bundeskanzler und Vizepräsident Bush zu unterbrechen. Die üblichen Krawallfolgen traten ein – Verletzte und Festgenommene in großer Zahl. Für mehr Aufregung und Kritik sorgten Zwischenfälle, die die Wagenkolonnen in der Stadt erheblich behinderten und den Bundes-

kanzler zu ungewohnt scharfen Angriffen gegen die sozialdemokratische Landesregierung veranlassten.

Es kam in der Tat einiges zusammen. Beim Festakt ging das
Licht aus, sogar das Notlicht, und natürlich auch die Lautspre-
cheranlage. Dann musste die Wagenkolonne in einer Tiefgarage
warten, da die Polizeiführung sich über die Fahrtroute nicht
einig war. Als die Wagen endlich losfahren konnten, trafen sie
prompt auf eine Gruppe von Chaoten, die sie mit Steinwürfen
begrüßten. Endlich im Hotel angekommen, hieß es, mehr als
eine Stunde auf das Essen warten. Die ohnmächtige Wut des
Kanzlers über all diese Pannen fasste er in dem Satz zusammen:
»Das unwürdige Schauspiel hätte vermieden werden können,
wenn man es gewollt hätte.«[515] Seine Absicht, den Tag zur Vertiefung der deutsch-amerikanischen Beziehungen zu nutzen
und auf die deutsche Einwanderung als wichtigen Aktivposten
für die Geschichte der Vereinigten Staaten aufmerksam zu machen, war durch die hysterischen Aktivitäten der friedensbewegten und gewalttätigen Gegner zunichtegemacht worden. Für die
Beteuerung der Grünen »Die Gewalt der Atomraketen ist viele
Tausend Mal schlimmer und gefährlicher als Steine, Stinkbom-
ben und Farbbeutel« hatte er nur Verachtung übrig.

Tatsächlich hatte Kohl in Krefeld in diesem Durcheinander
von Volksfest, Menschenketten und brutaler Gewalt einen ganz
wichtigen Verbündeten gewonnen. George Bush hatte mitansehen müssen, wie vielgestaltig, aber auch wie bedenkenlos in
Deutschland gegen die Nachrüstung gekämpft wurde. Was er in
Washington über die vermummten Chaoten und Kommunisten
erzählte, hatte den Reiz des Augenzeugen. Die Größe der Gefahr, mehr noch die Leistung des Kanzlers, der in seiner Bündnistreue nicht wankte und die Nachrüstung durchsetzte, vergaß
er jedoch nicht. Einige Jahre später sollte sich das Engagement
für die gemeinsame Politik auszahlen, als der Bundeskanzler
selbst eines verlässlichen Bündnispartners in Washington be-

durfte, um seine Politik der Wiedervereinigung im Kreis der europäischen Nachbarn erfolgreich ins Werk zu setzen.

Die Konfrontation in Krefeld war aber dann doch kein Auftakt für einen »heißen Herbst« gewesen. Die Aussichtslosigkeit des Widerstandes hatte den Aktionen der Friedensbewegung ihren Schwung genommen. Die große Bundestagsdebatte am 21. und 22. November 1983 stellte daher so etwas wie das letzte Gefecht der Friedensbewegung dar.

Der hohe Sicherheitsaufwand rund um den Bundestag entsprach dem Maß der Gefährdung durch die zu erwartenden Demonstrations- und Störversuche. Ähnliche Vorfälle wie in Krefeld sollten sich nicht wiederholen. Die hermetische Abriegelung des Parlaments gelang, aber dieser Erfolg der Polizei rief den Protest der Grünen hervor, die von einer »Polizeiorgie« sprachen. In der »ZEIT« schrieb Gunter Hofmann, der im Blatt allmählich zum eingefleischten Kanzlerkontrahenten aufrückte, mit indignierter Distanz, das Parlament schirme »sich hinter der Bannmeile und all seinen Sicherheitstüren ... vor einer betroffenen, unruhigen, widerspenstigen Gesellschaft ab«.[516] Sogar vom »Kanzlerbunker« war in diesem Zusammenhang die Rede, um auf das historische Vorbild eines die Außenwelt nicht mehr wahrnehmenden Politikers der jüngsten Geschichte hinzuweisen.

Der Bundeskanzler eröffnete die Debatte – abgewogen und ohne jede Polemik.[517] Er schilderte den Verlauf der Bemühungen, die Sowjetunion zum Einlenken zu bewegen, und betonte die Bereitschaft des Westens, jederzeit die Verhandlungen wieder aufzunehmen, machte aber auch deutlich, was er nicht hinzunehmen bereit war, nämlich das Ziel der Sowjetunion zu akzeptieren, »die Stationierung amerikanischer Mittelstreckensysteme zu verhindern und gleichzeitig ihr Raketenmonopol zu bewahren. Dies bleibt für uns unannehmbar.« Ebenso unannehmbar war für ihn die Aufgabe des parlamentarischen Systems: »Gerade in sogenannten Überlebensfragen gibt es nicht die geringste Legitimation für den Anspruch einer Minderheit, ihren Willen gegen eine Mehrheit durchzusetzen.«

Zum Schluss erinnerte an er an Tatsachen, die die Friedensbewegung nie zur Kenntnis nehmen wollte: »Der schon lange anhaltende Zustand erfolgreicher Kriegsverhütung in Europa ist ein Ergebnis verantwortlichen Handelns, eine Leistung der Vernunft, ja, ein Werk der Staatskunst, das es fortzuführen und zu stärken gilt.«

Es heißt hier nicht, die Nachtragsweisheit des Historikers zu bemühen, um den Nachweis zu führen, dass Kohl die richtige Entscheidung getroffen hatte. Die erstaunliche Geschlossenheit der Koalition sprach ebenso dafür wie die Zustimmung der Mehrheit der Bevölkerung. Gewiss ahnte der Kanzler nichts von dem nahen Ende des Sowjetsystems. Wie er seine Entscheidung begründete, am Bündnis mit dem Westen festzuhalten und gleichzeitig die Beziehungen zum Osten nicht einzufrieren, sondern weiter für die Entspannung einzutreten, ließ jeden Zeitgenossen, dem rationales Denken nicht völlig fremd war, erkennen, dass mit der Nachrüstung kein neues Element der Bedrohung oder gar die erhöhte Gefahr eines Atomkrieges in die Welt gekommen war. Ganz im Gegenteil ging es um einen weiteren Schritt »erfolgreicher Kriegsverhütung«, der in der Massenhysterie der Friedensbewegung nicht zur Kenntnis genommen wurde.

Selbst die politikfähigen Grünen erkannten das nicht. Otto Schily brachte es auf den Punkt: »Auflösung der Blöcke, Verbindung der europäischen Interessen, Neutralisierung Mitteleuropas als ein Anfang, Ersetzung der militärischen durch politische Sicherheitselemente – das sind die Perspektiven, auf die wir hinarbeiten müssen.« Das waren völlig unrealistische Vorstellungen, Schalmeienklänge aus den Fünfzigerjahren, die einen gewissen Bekanntheitsgrad erlangt hatten, aber wirkungslos

geblieben waren. Gustav Heinemann hatte diese Ziele damals
vertreten, bevor er ihre Undurchführbarkeit erkannte und in die
SPD überwechselte.

Gunter Hofmann offenbarte in seinem »ZEIT«-Artikel über
die Rede des Bundeskanzlers ein beachtliches Maß an Desinfor-
mation. Es lohnt sich, darauf einzugehen, weil es die in den folgenden fünfzehn Jahren noch zu verfeinernde Methode zeigt,
nicht über das, was der Kanzler sagte, zu berichten und dazu
– wie immer kritisch – Stellung zu nehmen, sondern in gezielten
Sticheleien mit moralisierendem Unterton ein Unbehagen an
der Unzulänglichkeit dieses Kanzlers zu formulieren, wie es
den Vorurteilen der Lesergemeinde entsprach. So bedauerte
Hofmann, dass es nicht »zur Versöhnung im Innern«, zu »einem
Ausgleich mit der Minderheit« gekommen sei. Er tat so, als habe
es das Alles oder Nichts der Nachrüstungsgegner nicht gegeben – tatsächlich hatte deren kompromisslose Feindschaft die
Auseinandersetzung bestimmt. Bei Kohl, klagte Hofmann, sei
alles vage geblieben. Dabei hatte der Kanzler sowohl durch den
Aufbau seiner Rede wie durch seine Argumentation, das Bekenntnis zum Westen und die nicht minder deutlich signalisierte
Verständigungsbereitschaft mit dem Osten ein klares Zeugnis
seiner politischen Absichten abgelegt.

Hofmann unterstellte, es sei bei der Bundestagsdebatte um
»Entspannungspolitik oder Politik der Stärke«, um »eigene Interessen oder Bündnistreue« gegangen. Für ihn war der strahlende Held der Debatte Helmut Schmidt gewesen, der »auf
kühle Weise« demonstriert habe, »wie Kanzlerpolitik Gestalt
gewinnen sollte«. Ein größeres Maß an Verdrehung ist schwer
vorstellbar. Der Auftritt des an der Nachrüstung kläglich gescheiterten Exkanzlers wurde dem amtierenden Kanzler gegenüber als vorbildlich dargestellt. Da ging es nicht mehr um Information, sondern um Demontage der besonderen Art, denn
schließlich musste der Autor zu der erhellenden Erkenntnis

kommen: »Politik darf man nicht bloß aussitzen.« Dieses Stichwort zur Bedienung des in den Medien eifrig kolportierten Vorurteils, dass Kohl als Bundeskanzler zu nichts anderem in der Lage sei, durfte nicht fehlen.

In seiner Rede hatte der Kanzler auf jede Polemik gegenüber der Opposition verzichtet. Er ließ sich auch nicht von Zwischenrufen stören. Die Grünen waren hier besonders eifrig, aber niemand zeigte einen solchen Eifer wie Joschka Fischer. Bereits beim ersten Satz Kohls erfolgte sein erster Zwischenruf. So ging es munter weiter. Als Kohl den sozialdemokratischen Außenpolitiker Karl Kaiser, der die Abkehr der SPD vom Doppelbeschluss dargelegt und festgestellt hatte, mit den Worten zitierte: »Die Position Helmut Schmidts wurde faktisch ins Gegenteil verkehrt«, kam der Zwischenruf Fischers: »Gott sei Dank!«, worauf Kohl schlagfertig fortfuhr: »Ich habe dem nichts hinzuzufügen.« Schließlich krönte Fischer seine alternative Ergänzung der Rede des Kanzlers mit dem Zwischenruf »Raketenkanzler«. Im Maß der Verunglimpfung entsprach das dem »Kanzler der Alliierten« Kurt Schumachers. Die Zeiten hatten sich allerdings geändert. Nicht einmal ein Ordnungsruf erging. Es war ein Ausbruch unverhohlener Ablehnung, die durch die Unbeirrbarkeit des Kanzlers noch verstärkt wurde.

Der Beschluss des Bundestages zur Nachrüstung bedeutete keineswegs eine Zunahme der Spannungen oder gar der Kriegsgefahr. Ganz im Gegenteil trug die Festigkeit des Bündnisses dazu bei, dass die Sowjetunion im Zuge des Wettrüstens immer schwächer wurde, bis schließlich feststand, dass sie sich tot gerüstet hatte.

Die größte Welle der westdeutschen Massenhysterie war abgeebbt. Wie viel echte Besorgnis oder antiwestliche Konfrontationsbereitschaft dabei im Spiel gewesen war, ist letztlich unwesentlich, denn all die aufgebauschten, wenn auch mitunter subjektiv ehrlichen Befürchtungen wurden nach der Beschlussfassung und Ingangsetzung der Nachrüstung gegenstandslos. Nichts von dem traf ein, was die Unheilsprognosen verkündet hatten.

Helmut Kohl konnte sich aber nicht als Sieger feiern lassen; selbst einen Zugewinn an Popularität konnte er nicht verzeichnen. Seine zahlreichen Gegner verziehen ihm nicht, dass er recht gehabt hatte. Denn gerade seine Sicherheit, dass keine Zweifel sichtbar an ihm nagten, wirkte aufreizend. Das Feindbild gewann an Schärfe.

Die kritischen Medien hatten ihn zuerst als Provinzpolitiker mit begrenzter Kompetenz wahrgenommen, dann als simples Werkzeug von Franz Josef Strauß. Sie ließen ihn als Leichtgewicht erscheinen, als Gegenstand arroganter Geringschätzung. Musste aus dieser Perspektive schon seine Wahl zum Kanzler Irritationen hervorrufen, so galt dies weit mehr noch für seine Haltung auf dem Feld der Nachrüstung.

Wie weit die Ablehnung durch die Gegner ging, mag ein Beispiel verdeutlichen. Kohls Sohn Walter berichtet, dass er im Zuge der Auseinandersetzungen um die Nachrüstung wegen der Politik seines Vaters von Mitschülern »mehrfach zusammengeschlagen« worden sei. Ein Lehrer habe seinen Vater vor der Klasse als »Massenmörder« beschimpft. Da der Kanzler über die Einstellung der Schulverwaltung keine Illusionen hegte, verzichtete er auf jede Beschwerde und sagte nur zu seinem Sohn: »Du musst stehen.«[518] Etwas anderes als durchzuhalten kam nicht infrage – weder für den Vater noch für den Sohn. Die Lehren, die sie aus diesen Erfahrungen zogen, sollten freilich unterschiedlich, wenn nicht gegensätzlich ausfallen.

Turbulenzen

Das Ringen um die Stationierung der US-Raketen beherrschte den bundesrepublikanischen Diskurs in den Monaten des Sommers und Herbstes 1983. Unheilsprognosen, dass nun ein »Raketenzaun« gezogen würde, machten die Runde. Zu dieser Stimmung wollte gar nicht passen, dass in die innerdeutschen Beziehungen plötzlich Bewegung kam.

Hatte die sozialliberale Koalition noch geglaubt, dass die Deutschland- und Ostpolitik ihre ureigenste Domäne sei, musste eine erstaunte Öffentlichkeit nun zur Kenntnis nehmen, dass mit der neuen Regierung keine Eiszeit in den deutsch-deutschen Beziehungen anbrach, sondern im Gegenteil eine neue Qualität im Verhältnis zu Ost-Berlin erreicht wurde. Denn die Tatsache, dass die Bundesregierung einen Milliardenkredit garantierte und dass Franz Josef Strauß die Schlüsselrolle des Vermittlers bei diesem Geschäft spielte, passte nicht in das gewohnte Bild.

Der Milliardenkredit an die DDR

Das Interesse der DDR an finanzieller Hilfe war in Regierungskreisen schon lange bekannt gewesen. Sondierungen bei der Regierung Schmidt hatten jedoch zu keinem Ergebnis geführt, da Ost-Berlin nicht bereit war, sich vertraglich auf Gegenleistungen festlegen zu lassen.

Der zweite Anlauf erfolgte über Bayern. Der Fleischgroßhändler und zeitweilige CSU-Schatzmeister Josef März, der im innerdeutschen Handel sehr erfolgreich tätig war, hatte seinen Freund Strauß informiert, dass Alexander Schalck-Golodkowski, der Chef des DDR-Außenhandels auf Devisengrundlage, also mit dem Westen, den Wunsch nach Kontakten zum bayerischen Ministerpräsidenten geäußert habe. Schon am 5. Mai 1983 hatte das erste Treffen stattgefunden, aber bereits im Spätherbst des Vorjahres hatte Strauß den Bundeskanzler über seine Kontakte unterrichtet. Kurz vor Weihnachten 1982 konnte er konkrete Vorstellungen mitteilen.

Angesichts des vorgelegten Tempos bekam der Kanzler »Bauchgrimmen« und äußerte Bedenken.[519] Er wollte etwas bremsen. Das war verständlich angesichts der mehr als gemischten Erfahrungen, die ihn mit dem CSU-Vorsitzenden verbanden – mehr noch aber wegen der unabsehbaren Risiken, die das mögliche Bekanntwerden des Projektes heraufbeschwor. Zum Jahresanfang 1983 stand der Erfolg bei den Bundestagswahlen am 6. März noch keineswegs fest. Das Engagement von Strauß in der Kreditfrage bot einen verlockenden Vorteil. Beim Zustandekommen des Geschäftes stand dieser selbst in der Verantwortung und konnte nicht nachträglich kritisieren, was er alles besser gemacht hätte.

In der Sache hatte Kohl keine Bedenken. Er war schon früher kein grundsätzlicher Gegner der Ostpolitik Willy Brandts gewesen, hatte es aber sorgfältig vermieden, seine Einstellung publik zu machen, denn in seiner Partei hätte das die Mehrheit nicht verstanden. Auch zum Vertrag mit Polen hatte er 1976 eine konstruktive Haltung eingenommen und sogar noch im letzten Augenblick Verbesserungen erreicht – gegen den erbitterten Widerstand von Strauß und konservativen Parteifreunden.

Die Verbesserung der innerdeutschen Beziehungen war Helmut Kohl eine Herzensangelegenheit. Er wollte vor allem – gegen den Trend der Zeit – das Zusammengehörigkeitsgefühl der Deutschen stärken. Für ihn bestand kein Zweifel: »Wer Ja sagt zur Einheit der deutschen Nation, muss dazu Ja sagen, dass die Menschen zueinanderkommen.« Das war sein deutschlandpolitisches Leitmotiv. Es ging ihm keineswegs nur darum, dass mehr Westdeutsche in die DDR reisten. Vielmehr sollten auch DDR-Bürger, die noch nicht im Rentenalter waren, Besuchsmöglichkeiten erhalten: »Was wir brauchen, ist das Knüpfen von neuen Bindungen. Das ist ganz ungeheuer wichtig.«[520] Um dieses Ziel zu erreichen, bedurfte es sowohl der Senkung des Mindestumtausches, um mehr Menschen den Besuch der DDR zu ermöglichen, als auch einer Lockerung der Bestimmungen für mehr Westreisen.

Der Kanzler ließ den Unterhändler Strauß gewähren, sicherte sich jedoch die Kontrolle. Als er am 24. Januar 1983 von Kontakten erfuhr, die »über München gelaufen« waren, telefonierte er noch am selben Tag mit Erich Honecker und sprach mit ihm über das Kreditprojekt. Zugleich meldete er – etwas unbestimmt, aber durchaus verständlich – Forderungen an, indem er »Verbesserungen im Reiseverkehr, humanitäre Anstrengungen« erwähnte und auch den Mindestumtausch nicht vergaß. Er hielt es für möglich, dass darüber »in aller Diskretion« gesprochen werden könne, und wies auf die »diskrete Schiene« für diese Zwecke hin.[521] Diese bestand in der geheimen Telefonverbindung, die 1973 zwischen Herbert Wehner und Erich Honecker installiert worden war und die später Bundeskanzler Schmidt für den direkten Kontakt zum SED-Chef benutzt hatte.

Kohls Hinweis, er halte »diesen Telefonkontakt für ganz wesentlich«, ist deutlich. Er ließ Strauß die Gespräche über den Kredit führen, setzte sich aber gleichzeitig mit Honecker in Verbindung, um jederzeit die Möglichkeit zu haben, sich unmittelbar einzuschalten. Die Notwendigkeit dazu sollte sich schnell ergeben.

Als ein westdeutscher Reisender im Grenzkontrollpunkt Drewitz zu Tode kam, reagierte »BILD« mit voraussehbarer Heftigkeit, und Strauß sprach in gewohnter Unbeherrschtheit von einem »Mordfall«. Eine massive Verschlechterung des politischen Klimas war zu befürchten, die Kohl jedoch unbedingt vermeiden wollte. Kaum aus Washington zurückgekehrt, rief er Honecker an und teilte ihm mit, dass ihm nichts daran liege, »dass aus dieser Sache ein bleibender Schaden« entstünde.

Mehrere Treffen zwischen Strauß und Schalck-Golodkowski fanden am Chiemsee statt. Die Art der Verhandlungen entsprach dem fast konspirativen Charakter des Unternehmens. Der Milliardenkredit als solcher, dem im selben Jahr noch ein weiterer Kredit über ebenfalls eine Milliarde folgte, bereitete keine Schwierigkeiten, ging es doch nur darum, dass die Bundesregierung die Bürgschaft für den von einem Bankenkonsortium aufgebrachten Betrag übernahm. Allerdings war es der erste Kredit in dieser Höhe, den die DDR überhaupt erhalten hatte. Mit ihm eröffnete sich den SED-Machthabern in Ost-Berlin der Zugang zu den westlichen Banken und damit zu einer steigenden Verschuldung.

Problematisch waren die Gegenleistungen – nur mündliche Zusagen für versprochene Verbesserungen. Schriftliches gab die DDR-Seite nicht aus der Hand. Ihr Unterhändler las lediglich einen Brief Honeckers vor, in dem der Abbau der Selbstschussanlagen, Erleichterung bei der Familienzusammenführung und die Befreiung vom Mindestumtausch für Kinder in Aussicht gestellt wurden. Mehr war nicht zu bekommen. Natürlich bestanden Zweifel, ob die DDR Wort halten würde, aber der Wille zum Abschluss war stärker.

Kurz vor dem CSU-Parteitag Mitte Juli 1983 wurde das Schweigen gebrochen. Die Bekanntgabe des Unternehmens rief ganz unterschiedliche Reaktionen hervor. Rechts von der Mitte herrschten Verwirrung bis Empörung. Strauß spürte deutlich die Verbitterung der Delegierten, die ihn mit 20 Prozent weniger Stimmen wieder zum Vorsitzenden wählten. Die Linken reagierten zurückhaltend und glaubten nicht recht an einen politisch geläuterten Strauß. Fritz Ullrich Fack, der Herausgeber der »Frankfurter Allgemeinen Zeitung«, wunderte sich:

»Die Sozialliberalen von ehedem wären für eine solche Aktion in der Luft zerrissen worden.« Wirtschaftsminister Otto Graf Lambsdorff mäkelte: »Kasse gegen Hoffnung«[522] – mehr sei das nicht gewesen.

Auch auf einer ganz anderen Seite zeigte sich Zurückhaltung, wo man eigentlich offene Zustimmung erwartet hätte. Noch im Rückblick wunderte sich Helmut Kohl, dass keiner von den »sogenannten progressiven Deutschlandpolitikern der Union und der Liberalen« das Unternehmen begrüßte und es gegenüber Kritikern verteidigte. Sie seien sogar »regelrecht beleidigt« gewesen, weil das Ganze ohne ihre Kenntnis so überaus diskret vorbereitet und durchgeführt worden war. Zu ihnen habe auch Richard von Weizsäcker gehört.[523] Dessen Zurückhaltung war leicht zu erklären. Als Befürworter der Ostpolitik der sozialliberalen Koalition hatte er das Lob der liberalen Medien genossen als eine rühmliche Ausnahme unter den Betonköpfen der Opposition. Mit Kohl und Strauß übereinzustimmen oder sie gar zu verteidigen, brachte dagegen nichts ein.

Die gedämpfte, eher skeptische Stimmung, mit der der Milliardenkredit aufgenommen wurde, erklärt sich aus der Verwirrung der Unionsanhänger und der Reserve der politischen Gegner, in deren Feindbild ein deutschlandpolitischer Pionier namens Strauß nicht hineinpasste. Hinzu kam, dass über die Gegenleistungen nicht viel gesprochen werden konnte. Daher wurden kleinste Zeichen des Entgegenkommens, dass etwa der Ton der DDR-Grenzorgane ziviler geworden sei, schon als Erfolg gewertet. Vor der Fraktion, in der auch keine rechte Begeisterung herrschte, gab der Kanzler freimütig zu, dass er ein Risiko eingegangen war. Es sei das Risiko der »ausgestreckten Hand« gewesen, die von der anderen Seite möglicherweise nicht ergriffen würde. Er habe vor allem die »Revitalisierung der Beziehungen« im Auge gehabt. Das Kreditgeschäft stellte er bewusst in die »konkrete Situation der Stationierung, vor der wir stehen«.[524] Er wollte also auch das Finanzgeschäft als Abbau der Konfrontation verstanden wissen.

Mit dem Milliardenkredit wurde die Union in der Ost- und Deutschland-Politik handlungsfähig. Es war ein Kurswechsel, der über den Einzelfall weit hinausging. Zum ersten Mal hatte die Union mit ihren führenden Repräsentanten Kohl und Strauß die Verantwortung für eine Abmachung übernommen, die wie alle derartigen Regelungen mit dem Osten kompromissbehaftet war und damit Kritik hervorrufen konnte. Denn in Teilen der Bevölkerung bestanden tief sitzende Angstgefühle gegenüber allem, was mit dem Osten zusammenhing – Marxismus, Kommunismus, Russen, Vertreibung. Misstrauen erschien angebracht, sodass möglichst wenig Kontakte und erst recht keine materielle Hilfe für den Osten ratsam schienen. Daher war es ein kaum zu überschätzender Glücksfall, dass Franz Josef Strauß, dessen wortgewaltige Attacken gegen den Osten immer wieder die beste Bestätigung für die eigene Einstellung zu bieten schien, nun derart spektakulär die Seite gewechselt hatte und als Hauptakteur für die Einfädelung des Kredits in Erscheinung getreten war. Als Vollblutpolitiker reizte ihn das Wagnis, mit diesem Schritt seine Außenwahrnehmung als säbelrasselnder kalter Krieger zu erschüttern.

Mit der Ermöglichung des Kredits war eine Geschäftsgrundlage geschaffen, die eine eminent politische Bedeutung besaß. Die deutsch-deutschen Beziehungen verbesserten sich. Das hatte auch zum Ergebnis, dass der immer wieder verschobene Honecker-Besuch in der Bundesrepublik 1987 stattfinden konnte. Viel wichtiger war jedoch die Tatsache, dass die Besucherzahlen aus der DDR seit 1984 ebenso wie die Zahl der Ausreisenden stiegen.

Damit hatte eine Bewegung eingesetzt, die wenige Jahre später alle Erwartungen übersteigen sollte. Tatsächlich war die »Revitalisierung« der Beziehung der Menschen aus Ost und West

eingetreten, auf die Kohl seine Hoffnung gesetzt hatte. So warf
der Kredit beträchtliche Zinsen ganz anderer Art ab und ist in
seiner politischen Bedeutung kaum zu überschätzen. Denn damit setzte die Reisewelle der DDR-Bürger ein, die wenige Jahre
später ein ungeahntes Ausmaß annehmen und zum Zusammenbruch der DDR wesentlich beitragen sollte.

Der Israel-Besuch im Januar 1984

Der Besuch das Staates Israel war in der Bundesrepublik seit
Jahrzehnten ein fester Bestandteil der politischen Bildungsar-
beit. So entstand ein Polittourismus von Angehörigen der verschiedensten politischen und gesellschaftlichen Organisationen,
der sich großer Beliebtheit erfreute. Sie erlebten ein Land im
Kampf ums Überleben, dessen Existenz ständig bedroht war
und das zugleich mit großen wirtschaftlichen Problemen zu
kämpfen hatte.

Für deutsche Kanzler war der Weg nach Israel schwieriger.
Konrad Adenauer war schon früh von der Notwendigkeit zur
Wiedergutmachung überzeugt gewesen und hatte mit dem 1952
geschlossenen Vertrag dem Staat Israel Wirtschafts- und Finanzhilfe in beträchtlicher Höhe verschafft. Dies geschah zu einem
Zeitpunkt, als selbst die USA mit der Hilfe für Israel noch sehr
zögerlich waren. Adenauer war als Freund Israels hoch geehrt,
besuchte das Land jedoch erst nach seinem Rücktritt 1966. Er
wurde dort wegen seiner immer wieder gezeigten Bereitschaft
zu schneller und wirksamer Hilfe sehr geschätzt, war aber nicht
bereit, ungerechtfertigte Verurteilungen der Deutschen hinzunehmen. So drohte er einmal nach einer für ihn nicht hinnehm-
baren Äußerung des israelischen Ministerpräsidenten Levi Esch-
kol mit seiner vorzeitigen Abreise, was zu verhindern einige
Mühe machte.

Mit Willy Brandt kam dann 1973 ein Kanzler nach Israel, dem
man keine Nähe zum Nationalsozialismus nachsagen konnte.
Seine Politik des Ausgleichs und der Verständigung war mit
dem Friedensnobelpreis gewürdigt worden. Dennoch rief sein
Besuch feindselige Demonstrationen hervor. Für viele Israelis
war alles Deutsche gleichbedeutend mit dem Nationalsozialismus. Ihnen war ein deutscher Kanzler weiterhin nicht willkommen.

Für Helmut Schmidt verbot sich ein Besuch, nachdem der
israelische Ministerpräsident Menachem Begin ihn wegen seines
Dienstes in der Wehrmacht mit unqualifizierten Äußerungen in
die Nähe des Holocausts gerückt hatte.[525] Ausgelöst wurden die
beleidigenden Angriffe Begins durch Nachrichten, die besagten,
Helmut Schmidt habe den Saudis Rüstungslieferungen zugesagt,
die sich zu der Behauptung verdichteten, es ginge um Panzer
vom Typ Leo II, dem Glanzstück deutscher Rüstungsproduk-
tion. Nachrichten von solcher Brisanz mussten auf schärfsten
Protest in Israel stoßen. Die Vorstellung, deutsche Waffen könnten gegen Israel eingesetzt werden, war für die israelische Politik
schwer erträglich. Auf der anderen Seite stand die Tatsache, dass
das ölreiche Königreich eine wichtige Rolle als Stabilisator der
Region spielte und kriegerischen Abenteuern fernstand.

Helmut Kohl hatte für seine Nahost-Reise 1983 ursprünglich
ein anspruchsvolles Besuchsprogramm geplant. Er wollte die
Vertreter beider Konfliktparteien treffen, also die konservativen
Staaten Saudi-Arabien und Jordanien und Israel. Sein politisches Konzept sah vor, nicht nur eine Seite zu hören und Gemeinsamkeiten mit ihr zu betonen, sondern auch die andere
Seite im Blick zu haben, die ganz andere Interessen vertrat. Seine
Reisediplomatie sollte von der Offenheit gegenüber den feindlichen Parteien geprägt sein. Er wollte nicht mit »verschiedenen
Zungen an verschiedenen Orten« sprechen – ein löblicher Vorsatz, den jedoch glaubhaft zu vertreten nicht einfach war.

Eine Regierungskrise in Israel, die zum Rücktritt Minister-
präsident Begins führte, verhinderte die geplante Doppelreise.
Der Besuch in Israel musste nachgeholt werden. Daher reiste
Kohl im Oktober 1983 in die arabischen Staaten, während der
Besuch in Israel für Ende Januar des nächsten Jahres ins Auge
gefasst wurde. Der Regierungswechsel in Israel bedeutete keine
Änderung des politischen Kurses – Begins Nachfolger Jitzchak
Schamir gehörte der gleichen Rechtspartei, dem Likud, an.

Als Kohl im Oktober 1983 die saudische Hauptstadt Dschid-
da besuchte, wurde auch eine »verteidigungspolitische Zusammenarbeit« vereinbart, die schon im Dezember zum Besuch
einer saudi-arabischen Expertengruppe in der Bundesrepublik
führte.[526] Diese Kontakte mussten in Israel auf Kritik stoßen
und möglicherweise das Besuchsklima belasten. Aber der Bundeskanzler war von der Notwendigkeit überzeugt, in der aktuellen politischen Situation alle Einseitigkeiten zu vermeiden.

Im Vorfeld des Besuches rechnete man angesichts des »freund-
lich-bescheidenen Medieninteresses« in Israel mit vereinzelten
Protesten nationalistischer Gruppen. Es wurde sogar die Vermutung geäußert, dass der Besuch des Kanzlers »kaum kontroverser und weniger harmonisch als der eines Skandinaviers oder
Holländers« verlaufen würde.[527] Das war angesichts der Vergangenheit und der Beunruhigung über die Waffenlieferungen mit
Sicherheit falsch. Was dem Besuch aber seine besondere Note
verlieh, war die Berichterstattung der Medien, wobei den deutschen Vertretern eine besondere Funktion zukam: Sie waren
vornehmlich darauf erpicht, über Pannen und Peinlichkeiten
des Kanzlers zu berichten.

Am 24. Januar 1984 traf Helmut Kohl zu einem sechstägigen
Besuch in Israel ein. Das Schwerste kam zuerst, der Besuch in
Yad Vashem. Als der Kanzler die Gedenkstätte betrat, umdräng-
ten ihn mehr als 150 Menschen – seine Begleitung, die Sicher-
heitsleute, Journalisten und Fotografen. Herbert Riehl-Heise

von der »Süddeutschen Zeitung« besorgte die Einstimmung des deutschen Pressekorps.[528] Sein Artikel schilderte einen Kanzler, der mit dem leibhaftigen Helmut Kohl wenig zu tun hatte. Er zeigte einen Besucher, der sich »vorzugsweise in verlegenen Sprechblasen Luft macht«, der sich vermeintlich nicht beeindrucken ließ durch »politische Parallelen« zur Gegenwart und der »wie eine Flagge sein gutes Gewissen vor sich her« trug. Den wirklichen Helmut Kohl zeigte diese Berichterstattung nicht, sollte ihn auch nicht zeigen, sondern mehr sentimentale Gefühligkeit verbreiten und nicht zur Kenntnis nehmen – so unabdingbar Schuld und Verbrechen im Vordergrund standen –, dass auch Politik und der Frieden im Nahen Osten auf die Tagesordnung gehörten. Das interessierte Riehl-Heise jedoch nicht, Und dementsprechend fiel sein Fazit des Besuches aus: »Auf der Brücke der deutsch-israelischen Verständigung wird sich das Glatteis der Realpolitik bilden.«

Die hier so geringschätzig angesprochene Realpolitik war aber bei Kohls Israel-Besuch von vorrangiger Bedeutung. Ging es doch um die für Israel wichtige Frage, dass sein Agrarexport in die Europäische Gemeinschaft nicht durch den Beitritt von Spanien und Portugal gefährdet wurde. Da war ein Freund Israels von dem verhandlungstaktischen Durchsetzungsvermögen Helmut Kohls ungeheuer viel wert, und man wusste in Israel, dass man sich auf ihn verlassen konnte. Die Gespräche mit dem Ministerpräsidenten fanden dann auch in einer Atmosphäre freundschaftlichen Einvernehmens statt.

Für den Journalisten Riehl-Heise hingegen war das nur »die ganz gewöhnliche Tagespolitik«, die mit seinen Vorstellungen von »historischer Schuld« und dem »notwendigen Neubeginn« nichts zu tun hatte. In der »Welt« wurde bemängelte, dass Kohl die »Überzeugungskraft persönlichen Engagements, die Bekräftigung moralisch und historisch unumgänglicher Solidarität mit Israel« fehle.[529] Das zielte auf die Tatsache, dass Kohl in Israel

auch auf den Nahostkonflikt und seine Lösungsmöglichkeiten
zu sprechen kam, was dort nicht gern gehört wurde. In seiner
Tischrede im »Hilton« in Jerusalem mahnte er eine Friedensregelung »im Rahmen einer einvernehmlichen Verhandlungs-
lösung« an und betonte, dass »weder das Selbstbestimmungsrecht des palästinischen Volkes noch das Existenzrecht Israels ...
auf Kosten des jeweils anderen« verwirklicht werden dürften.
Es gelte, Vertrauen zu schaffen; dazu sei aber notwendig, dass
»nicht einseitig Tatsachen geschaffen« würden, »die die Lösung
des Konflikts« erschwerten. Das zielte auf die israelische Siedlungspolitik und stieß in Israel auf Vorbehalte, war aber eigentlich eine Selbstverständlichkeit, wenn man wirklich zum Frieden kommen wollte. Kohl verstand sich als Freund Israels und
war überzeugt davon, »zu einer berechenbaren Politik« gehöre,
dass »man nicht mit verschiedenen Zungen an verschiedenen
Orten« spreche.[530] Die Lösung des Nahostkonflikts im Auge
zu haben und Lösungsmöglichkeiten anzumahnen, musste zu
den Aufgaben eines deutschen Kanzlers gehören, wenn er Israel
besuchte. Die explosive Lage in Palästina war kein israelisches
Sonderproblem, sondern wegen des arabischen Ölreichtums
wie der sowjetischen Präsenz in dieser Region ein Brennpunkt
der Weltpolitik.

In der Darstellung der »Süddeutschen Zeitung« erscheinen
die Ausführungen Kohls zu einer Friedenslösung in einem völlig anderen Licht. Die Einrahmung zeigt die Tendenz. Dort
heißt es, Kohl habe Friedensbemühungen und Siedlungspolitik
im »Hilton« angesprochen: »... nach Graved-Lachs und Jerusa-
lem-Salat mit einer Rede, in der er zuerst darauf hinweist, er sei
bei Kriegsende erst fünfzehn Jahre gewesen und dann so kühl
und ungeschminkt das Selbstbestimmungsrecht der Palästinen-
ser anmahnt, die Siedlungspolitik der Israelis verurteilt und ara-
bische Friedenspläne gutheißt, dass mit einem Schlag spürbar
die Temperatur im Saal ausgesprochen frostig wird«.

Hier wird ein Grundmuster der Berichterstattung sichtbar, wie es die Kohl-feindliche Presse ausgebildet hatte. Es wird erst gar nicht versucht, die Position des Kanzlers darzustellen und seine Politik verständlich zu machen, sondern es wird ein Bild montiert, das Kohl als Gegner Israels, schlimmer noch, als Verharmloser der NS-Verbrechen und als revisionistischen Politiker zeigt, der den Deutschen die Schuldgefühle nehmen wolle.

Der Kanzler hatte im »Hilton« von dem Willen gesprochen, »wiedergutzumachen, was wiedergutgemacht werden konnte«, und hinzugefügt: »Dabei mag es mir, der ich bei Kriegsende 1945 fünfzehn Jahre alt war, erlaubt sein zu sagen, dass die Mehrheit der heute lebenden Deutschen viele Verbrechen nicht erlebt hat.« Er fuhr aber sogleich fort, dass damit keine »Abkehr von der Verantwortung« gemeint sei: »Wir leben mit und aus unserer Geschichte. Und wir können und wollen die schwere Erbschaft einer besonderen Verantwortung nicht ausschlagen.« Schon bei seiner Ankunft hatte er auf dem Flughafen betont, er komme »als erster Bundeskanzler aus der Nachkriegsgeneration«. Vor der Knesset wies er auf die Bedeutungslosigkeit des Rechtsradikalismus hin und betonte, dessen Ablehnung gelte »besonders für die junge Generation, die die Geschichte nicht erlebt hat, … die aber begriffen« habe, »dass der Friede und die Freiheit unseres Landes auf den demokratischen Prinzipien ruhen, die unsere Politik begründen«.

Die Behauptung, Kohl habe mit seinen wiederholten Hinweisen auf die Jugend, die die NS-Zeit nicht miterlebt habe, ein Ende von Zerknirschung und Wiedergutmachung angekündigt, ist schlichtweg falsch. Der Kanzler wollte auf einen ganz anderen Sachverhalt aufmerksam machen. Kaum ein anderer deutscher Politiker stand in einem so engen Austausch mit jungen Leuten wie er. Er hielt regelmäßig Diskussionen mit Schülern ab und hatte sogar Kontakt zu verschiedenen Altersgruppen unter ihnen. Daher wusste er genau, was die Jugendlichen bewegte. Er erkannte sehr früh schon die verschlechterten Berufsaussichten der jungen Generation und wusste, dass die ideologische Fixierung auf »1968« nachgelassen hatte. In seinen Augen wurden andere Trends stärker – dazu gehörte auch eine größere Offenheit hinsichtlich der nationalen Frage. Er fühlte sich als Anwalt dieser Generation und wollte dafür eintreten, dass diese Jugend gegenüber der Geschichte und dem Nationalsozialismus mehr Unabhängigkeit zeigen könnte und nicht sofort mit dem Schlagwort des Rechtsextremen abzutun war.

Bei seinen häufigen Begegnungen mit jungen Menschen und seiner Vertrautheit mit den einschlägigen demoskopischen Befunden aus Allensbach ist seine Einschätzung durchaus ernst zu nehmen. Er konnte damals nur nicht wissen, dass diese Einstellung in der jüngeren Generation nicht die Meinungsführerschaft übernehmen, sondern von einer anderen Sichtweise in den Hintergrund gedrängt werden würde, die lustvoll die deutsche Kollektivschuld akzeptierte. Letztere beziehe sich nicht nur auf die abgetretene Großelterngeneration, sondern müsse allgemeine Verbindlichkeit beanspruchen. Die »Gegenwart der Vergangenheit« lautete später das Schlagwort für diese Einstellung. Das Weltbild war zweigeteilt: In der jüngsten deutschen Geschichte waren nur – moralisch streng geschieden – Täter und Opfer zu erkennen.

Kein Wort von Kohl während seines Israel-Besuchs ist so stark im öffentlichen Bewusstsein haften geblieben wie das Wort von der »Gnade der späten Geburt«.

Diese Wendung wirkte ungemein aufreizend und wurde zum Stein des Anstoßes. Als Eindruck blieb haften: Kohl habe mit Hinweis auf die Gnade einen Dreh gefunden, um sich und natürlich auch seine Anhänger von jeder Schuld freizusprechen. Das galt als ein für Kohl typisches Vorgehen und wurde heftig kritisiert.

Tatsächlich stammt das Wort von Günter Gaus, mit dem Kohl

während dessen Tätigkeit beim Südwestfunk Baden-Baden häufig Gespräche geführt hatte. Gaus sagte 1983 in einer Rede: »Ich habe verschiedentlich schon diese Jahrgänge in Deutschland als jene charakterisiert, die in der Gnade der späten Geburt leben: zu spät geboren, um vom Nationalsozialismus in Entscheidungssituationen gebracht zu werden, denen man vielleicht nicht gewachsen wäre.«[531] Kohl gebrauchte die Wendung vor der Knesset im Zusammenhang mit seinen Ausführungen zur jungen Generation und der Versicherung, dass diese immun gegen den Rechtsradikalismus sei. Dann fügte er – weit ausholend und die Älteren mit einbeziehend – »als einer, der in der Nazizeit nicht in Schuld geraten konnte, weil er die Gnade der späten Geburt und das Glück eines besonderen Elternhauses gehabt hat«, hinzu, »dass auch die vielen, die einmal anders gedacht hatten, die den Krieg überlebt haben, innere Einkehr gehalten haben«. Der Sachverhalt ist nicht spektakulär. Kohl meinte damit die zahlreichen Deutschen, die einmal an den »Führer« geglaubt, dann aber erkannt hatten, dass sie getäuscht worden waren und sich problemlos in das demokratische Nachkriegsdeutschland eingefügt hatten.

Ganz ähnlich hatte er nach seiner Wahl zum Kanzler von der Gnade gesprochen.[532] Der Christ Kohl hoffte damals, der Gnade teilhaftig werden zu dürfen, um sein Amt erfolgreich zu führen. Wenn er rückblickend auf die NS-Zeit von der Gnade der späten Geburt sprach, war das eine Formel der Bescheidenheit – es war kein eigenes Verdienst, an den Verbrechen des Naziregimes nicht mitgewirkt zu haben. Mit Selbstgewissheit hatte das nichts zu tun – ein Missverständnis der Journalisten. Der Kanzler verzichtete darauf, es richtigzustellen – es hätte auch wenig genutzt.

Der Besuch in Israel war für den Kanzler ein tiefes Erlebnis. Vor der Fraktion schilderte er seine Begegnungen und Eindrücke, die jenseits des Presserummels lagen, und ließ erkennen, wie stark sie auf ihn gewirkt hatten. Zugleich wird deutlich, dass er bei seinen Gesprächspartnern in schwierigen Situationen auf Verständnis traf, wenn er ihnen seine eigene Sicht vermitteln konnte. Es gelang ihm auch hier im direkten Gespräch, die Mauern des Misstrauens zu überwinden.

Von dem Besuch in einem Kibbuz im Norden unterhalb der Golan-Höhen sprach er als dem »eindruckvollsten Erlebnis«. Die Siedlung war 1935 von Einwanderern aus Deutschland gegründet worden. Auf der »Wiese der Toten« des Kibbuz hatte der Kanzler die Geschichte des Landes wie der Opfer ablesen können. Die ersten Toten waren schon früh am Sumpffieber gestorben, aber, so erzählt Kohl, »in der letzten Reihe lagen schon drei Soldaten, die vor ein paar Monaten im Libanon gefallen sind – und so konnten Sie jeden Krieg dort ablesen. Und ein Stück ›jener Festungsmentalität‹, die die Verständigung auch mit den Nachbarn so schwer macht, hat natürlich seinen Grund in dieser ganz persönlichen Erfahrung, dass sich diese Menschen förmlich ›in den Boden festgekrallt‹ haben, in den Boden, der ihnen verheißen wurde, wie sie es sehen, aus dem Alten Testament, und den sie nicht bereit sind aufzugeben, und wo es sehr schwer ist, mit logischen Argumenten ein Stück weiterzukommen.«[533] Für Kohl stand der Tod im Leben. An den Toten, den für Israel Gefallenen, erschloss sich ihm die Geschichte und zugleich das Dilemma Israels. Die Betroffenheit angesichts dieser Gräber zeigt aber auch, wie abwegig es war, Kohls Besuch in Yad Vashem als Demonstration der Unbefangenheit darzustellen.

Als die »wohl schwierigsten zwei Stunden« seines Besuches bezeichnete er eine Diskussion mit fünfzehn führenden Abgeordneten der Knesset, bei der man rasch auf die Waffen-SS zu sprechen kam. In jenen Tagen war das ein breit erörtertes Thema in Israel. Eine scheinbar unspektakuläre Nachricht hatte dort Furore gemacht. Der Verfassungsschutz hatte die HiaG, die Selbsthilforganisation von Angehörigen der Waffen-SS nach

1945, aus der Liste der zu beobachtenden Organisationen ge-strichen. In Israel wurde dieser Routinevorgang als eine »Legi-timierung der SS« missverstanden und sorgte für entsprechende Reaktionen. Dem Kanzler war bewusst, dass eine historische Diskussion über die Rolle der Waffen-SS, die den Unterschied zu den Totenkopfverbänden hervorhob, nicht möglich war. Die persönlichen Erlebnisse waren zu stark, als dass eine rationale Diskussion darüber erwartet werden konnte. Kohl fand einen ganz eigenen Zugang. Er hielte wenig von »Kollektivverurtei-lungen«, sagte er und nannte sie den falschen Weg zum Ver-ständnis der Naziverbrechen. Er leugnete in keiner Weise deren Ausmaß, machte jedoch zugleich auf die Zwänge aufmerksam, die in einem solchen System wirksam gewesen waren. Da gab es die Volksdeutschen außerhalb des Deutschen Reiches, unter denen die Waffen-SS rekrutierte wie die Wehrmacht im Reichs-gebiet. Da konnte beispielsweise ein Deutscher aus Siebenbür-gen 1942 »einberufen und ganz selbstverständlich, ohne gefragt zu werden«, zur Waffen-SS kommen. Er konnte sich dem nicht entziehen, weil die Konsequenzen der Weigerung absehbar wa-ren. Von dem Schicksal eines zur SS Zwangsrekrutierten ausge-hend, machte Kohl nun eine Wendung ins Persönliche und sagte, dieser SS-Mann sei »dann irgendwo am Ende des Krieges neben meinem Bruder gefallen, der als Fallschirmjäger gefallen ist«. Das Ergebnis dieser auf das Persönlich-Überschaubare gelenk-ten Diskussion sei erstaunlich gewesen: »Wir haben das intensiv, dann gar nicht mehr hart miteinander ausgetauscht.« Daran knüpfte der Kanzler die Mahnung, dass man dieser Auseinan-dersetzung nicht aus dem Weg gehen dürfe: »Das muss aus-getragen werden mit dem ganzen Takt, der gegenüber anderen möglich und notwendig ist.«[534]

Hier zeigte sich das bemerkenswerte Einfühlungsvermögen Kohls, das ihm später auch bei seiner Wiedervereinigungspolitik zugutekam – er vermochte es, die unlösbaren Probleme von

Schuld und der Anerkennung von Schuld mit persönlichem Schicksal zu verknüpfen und sie ein Stück weit verständlich zu machen.

So hatte der Israel-Besuch Helmut Kohls – jenseits der öffentlichen Erregtheit – eine Tiefenwirkung, die das Verhältnis zu Israel für die nächsten Jahre positiv beeinflussen sollte.

Die Wörner-Kießling-Affäre

Zum Zeitpunkt der Kanzlerreise nach Israel hatten die Auseinandersetzungen um Verteidigungsminister Manfred Wörner und dessen Verhalten gegenüber dem General Günter Kießling durch das Bekanntwerden immer neuer haarsträubender Einzelheiten aus dem Schwulenmilieu ein Stadium erreicht, das das Eingreifen des Kanzlers notwendig machte.

Natürlich hatten ihn die Schockwellen auch in Israel erreicht; wohlweislich hatte er aber jede Äußerung vermieden, da sie nur Verwirrung stiften und neue Spekulationen auslösen konnte. So entstand eine Situation – der Kanzler in Israel, während in Bonn die Gerüchteküche brodelte –, die für den Verlauf und das Ende der Affäre bestimmend sein, zugleich aber dem Bild Helmut Kohls in der Öffentlichkeit einige negative Züge hinzufügen sollte.

Die Vorgeschichte begann mit Klatsch und Gerüchten. Sie schienen aber ausreichend zu sein, um Ermittlungen durch den Militärischen Abschirmdienst (MAD) auszulösen. Damit begann eine »Sequenz ermittlungstechnischer Peinlichkeiten«[535]. General Kießling war einer von drei Vier-Sterne-Generälen der Bundeswehr und Stellvertreter des Obersten Alliierten NATO-Befehlshabers, General Bernhard W. Rogers. Mit diesem sollte Kießling angeblich Schwierigkeiten gehabt haben und wegen seiner Homosexualität geschnitten worden sein.

Der MAD war für die Aufklärung einer bis in die NATO-Spitze reichenden Affäre kaum geeignet. Seine Tätigkeit erstreckte sich neben der Routineüberprüfung von Geheimnisträgern hauptsächlich auf die Abwehr östlicher Unterwanderungsversuche. So gab es vielfältige Aktivitäten vonseiten der DDR, durch Hilfsangebote für Soldaten, die in eine persönliche Notlage geraten waren, diese in Wahrheit auszuhorchen. Eine solche Tätigkeit unterschied sich denkbar krass von der Aufgabe, herauszufinden, inwieweit die sexuelle Veranlagung eines der ranghöchsten Offiziere der Bundeswehr ein Sicherheitsrisiko darstellte. Die Tätigkeit des MAD hatte im Grunde mehr polizeilichen Charakter, aber gerade dieses Betätigungsfeld war ihm nach den Bestimmungen der Wehrverfassung untersagt. Da musste jeweils die Kriminalpolizei um Amtshilfe gebeten werden.

All das entsprach kaum dem traditionellen soldatischen Berufsbild. Daher konnte es kaum überraschen, dass der MAD Aufstiegschancen für Seiteneinsteiger bot. Bis zum September 1983, als die Affäre ihren Ausgang nahm, war der Chef des MAD jener Admiral Elmar Schmähling, der sich bis dahin der Förderung durch die SPD erfreut hatte und später nach seiner Verabschiedung als Wahlkreiskandidat der PDS in Berlin kurzfristig glänzte, nachdem er einige Zeit vorher wegen Betrugsverdachts in Untersuchungshaft genommen war. Der Grundsatz, dass der Fisch vom Kopf zu stinken beginnt, muss nicht immer zutreffen, hier aber vermutlich schon.

Der eher locker durchgeführten Untersuchung durch den MAD entsprach das unzureichende Krisenmanagement durch Verteidigungsminister Manfred Wörner. Dieser glaubte, im persönlich-vertrauensvollen Gespräch eine Lösung finden zu können, ohne aber zu bedenken, welche Risiken bei der Verabschiedung Kießlings auftreten konnten, wenn dessen Entlassung mit einem Sicherheitsrisiko begründet wurde. Denn unabhängig von seinem Bemühen um eine persönliche Regelung des Falles ließ der Minister die Ermittlungen des MAD weiterlaufen, ohne zu bedenken, welche Folgen diese Zweigleisigkeit haben konnte.

Mit dem Widerspruch des Staatssekretärs Joachim Hiehle nahmen die Dinge eine andere Wendung. Dieser war unter Helmut Schmidt und Hans Apel vom Finanzministerium auf die Hardthöhe gewechselt und stand dem Militär eher fremd gegenüber. Er berief sich auf den Grundsatz der Gleichbehandlung und argumentierte, nach den Sicherheitsrichtlinien wäre eine Hinausschiebung bis zum 31. März 1984, die Wörner Kießling vorgeschlagen hatte, nicht möglich. Denn der General könne bis dahin noch Zugang zu Verschlusssachen haben, was nicht hingenommen werden könne, da er somit ein Sicherheitsrisiko darstelle. Zur Begründung seines Standpunktes, dass Kießling schon am 31. Dezember 1983 in den einstweiligen Ruhestand zu versetzen sei, führte Hiehle weiterhin an, dass »dem Steuerzahler die Fortzahlung der Dienstbezüge nicht zugemutet werden könnte«.

Der Minister kapitulierte vor den bürokratischen Argumenten seines Staatssekretärs und stimmte der auf den 31. Dezember vorgezogenen vorgesehenen Versetzung in den einstweiligen Ruhestand zu.

Zwei Tage später, am 9. Dezember, informierte Verteidigungsminister Wörner den Kanzler. Das geschah ganz unauffällig – im Bundestag während der Haushaltsberatungen. Kohl schärfte ihm ein: »Überprüfen Sie alles sehr intensiv. Aber wenn Sie so handeln müssen, dann tun Sie Ihre Pflicht.« Wörner hätten bei diesen Worten die Ohren klingen müssen. Nichts anderes als zwei »Ergebnisse« der Kölner Kriminalpolizei waren vorhanden, die von einem Stabsfeldwebel des MAD gebeten worden war, mit einem retuschierten Foto Kießlings in der Kölner Homoszene zu ermitteln. Das Resultat war umwerfend gewesen. Der Wirt eines Lokals glaubte, auf dem Bild einen Mann zu erkennen, den er »seit zehn oder zwölf Jahren nicht mehr gesehen« habe. In der einschlägig bekannten Disco »Tom-Tom« machte der Geschäftsführer keine Angaben, aber ein »Buffetier« erkannte auf dem Foto einen Stammgast des Lokals, der als »Günter von der Bundeswehr« bekannt sei. Der »Quellenschutz«-Bericht des Stabsfeldwebels wurde im Detail noch konkreter, aber das waren die einzigen Anhaltspunkte für die so schnell und ohne weitere Überprüfungen beschlossene Verabschiedung.

Die befremdliche Oberflächlichkeit, mit der eine höchst sensible Personalentscheidung gefällt wurde, erklärt sich wohl aus der Einstellung zur Homosexualität, die damals im MAD, aber sicher nicht nur dort, bestimmend war. Hier galt der Standpunkt: »Homosexualität ist tatbestandsmäßig ein Sicherheitsrisiko«.[536] Die Abschaffung des Paragrafen 175 hatte man offensichtlich noch nicht zur Kenntnis genommen und verzichtete auf jede Differenzierung. Denn nicht die Homosexualität, sondern das Ausleben dieser Neigung in einer Weise, die den Betreffenden erpressbar machte, ließ ein Sicherheitsrisiko entstehen. Aber selbst in der Wissenschaft haben sich stereotype Feststellungen aus der Tradition der staatlichen Repression gehalten, heißt es doch in einem Standardwerk: »Niemand konnte bestreiten, dass die (uneingestandene) Homosexualität eines hohen NATO-Generals ein nicht tolerierbares Sicherheitsrisiko bedeutet hätte.«[537] Viel eher ist eine solche apodiktisch vorgetragene Meinung selbst bestreitbar.

Tatsächlich stellte die Unfähigkeit der Führung des Verteidigungsministeriums, einen Sachverhalt präzise und nüchtern zu analysieren und die Ermittlungsergebnisse einer kritischen Überprüfung zu unterziehen, ein sicherheitspolitisches, auf jeden Fall aber ein erhebliches politisches Risiko dar.

Die Entscheidung vom 8. Dezember 1983, Günter Kießling zum 31. Dezember zu verabschieden, erzeugte erheblichen Zeitdruck. Das Kabinett musste unterrichtet werden, ebenso der

Bundespräsident. Beides geschah am 19. Dezember durch Minister Wörner. Bundespräsident Karl Carstens sollte sich später tief erschüttert über die Erbärmlichkeit des Vorgangs zeigen.[538]

Der Minister war schon im Weihnachtsurlaub, als General Kießling am 23. Dezember im Empfangsraum des Verteidigungsministeriums seine Entlassungsurkunde in Empfang nahm. Er hatte immer wieder alle Kontakte zur Homoszene bestritten und sein Ehrenwort gegeben. Das war für Offiziere ein gewichtiger Akt, fand aber keine Beachtung.

Die Reaktion Kießlings auf seine Entlassung zeigte schon bald Wirkung. Er beantragte nämlich ein Disziplinarverfahren gegen sich, das die Klärung der gegen ihn erhobenen Vorwürfe zum Gegenstand haben sollte. Nun fühlte sich Manfred Wörner bemüßigt, selbst nach Beweismaterial zu suchen, um seine Entscheidung zu rechtfertigen. Dabei blamierte er sich bis auf die Knochen, als er einen homosexuellen Schweizer Journalisten, den man ungestraft einen »pathologischen Denunzianten«[539] nennen durfte, eigens nach Bonn fliegen ließ, um Material gegen Kießling zu erhalten. Aus der Affäre Kießling war die Affäre Wörner geworden.

Längst war die Affäre nicht mehr geheim. Schon allein die notwendige Unterrichtung des Kabinetts und des Bundespräsidenten hatte die Voraussetzung für die in Bonn übliche Durchlässigkeit geschaffen, die rasch Spekulationen über politische Konsequenzen für den Kanzler selbst und sein Kabinett ins Kraut schießen ließen. Letztlich kreisten sie um die Frage, wie Franz Josef Strauß die Krise nutzen könnte. Dass er selbst Wörner beerben könnte, wurde nicht ernsthaft erwogen. Für gefährlicher hielt man die Möglichkeit, Strauß könnte die Affäre zu einer Koalitionskrise ausweiten und eine Kabinettsumbildung fordern. Denn auch mit dem Rücktritt von Wirtschaftsminister Graf Lambsdorff war in Kürze zu rechnen, sobald das Hauptverfahren in Sachen Flick gegen ihn eröffnet wurde. Dann wäre er als Minister nicht mehr tragbar. Eine Kabinettsumbildung aber barg unvorhersehbare Risiken für den Kanzler und war daher unbedingt zu vermeiden.

Vor Beginn seiner Israel-Reise war Kohl in Bezug auf das Schicksal Wörners noch unentschlossen. Im Bundestag hatte er den mühsam um Rechtfertigung ringenden Verteidigungs-minister keineswegs unterstützt. Ganz im Gegenteil, »er schaute ostentativ, wie es schien, stracks und unverwandten Blickes, in eine andere Richtung«, um sein Desinteresse zu bekunden.[540] Das Verhältnis zwischen Helmut Kohl und Manfred Wörner war generell eher unterkühlt zu nennen. In den zurückliegenden Jahren war Wörner häufiger unter den Gegnern Kohls als unter seinen Unterstützern zu finden gewesen. Das fiel in der konkre-ten Situation aber nicht ins Gewicht. Für den Kanzler zählte nur, dass der Fall Kießling dauerhaft gelöst und eine Kabinettsum-bildung vermieden wurde.

Der Aufenthalt in Israel veränderte die übliche Bonner Affä-rendramaturgie. Statt die Entwicklung möglichst rasch auf den Höhepunkt, also den Rücktritt des von Medien und Opposition Angegriffenen zu treiben, brachte die Abwesenheit des Kanzlers ein retardierendes Moment ins Spiel. Für Kohl bot sich damit die Gelegenheit, fern von der Bonner Hektik seine Entschei-dung zu überdenken. Der Tempowechsel, das auf der Stelle tre-ten wegen der Abwesenheit des Kanzlers, sollte aber der Anlass sein, um in den Medien einen neuen Begriff heimisch zu machen, der untrennbar mit der Kennzeichnung des Regierungsstils von Kohl verbunden werden und eine ähnliche Bedeutung wie die »Gnade der späten Geburt« erhalten sollte. Die »ZEIT« stellte erstaunt fest: »Ein Begriff aus dem reitsportlichen Untergrund macht in Bonn Karriere: Zeit zum Aussitzen.«[541]

Die Presse war auf Vermutungen angewiesen. So orakelte Claus Gennrich, der in der Regel gut informierte Bonner Kor-respondent der »Frankfurter Allgemeinen Zeitung«: »Wörner

steckt in einer Zwickmühle, die auch Kohl zu erfassen droht.«[542]
In Bonn wussten alle – letztlich ging es um Helmut Kohl. Die
Opposition zeterte, dass er »entscheidungsschwach« sei, und
das Wort vom »Aussitzen«, entstanden aus der Ungeduld des
Wartens auf die Entscheidung des Kanzlers, begann seinen Auf-
stieg als Schlagwort zur Charakterisierung der Ära Kohl.

Ganz im Gegensatz zu der von den Medien verbreiteten Sicht
handelte Kohl. Er war entschlossen, Wörner zu halten. Sofort
nach seiner Rückkehr nahm er Gespräche mit dem Minister auf,
der ihm von sich aus sein Rücktrittsschreiben überreicht hatte,
dann mit Strauß, der durch Presseäußerungen für Verwirrung
sorgte und den Anschein erweckte, das Verteidigungsministerium wieder zu übernehmen.[543] Nach Strauß sprach Kohl mit
dem Koalitionspartner Hans-Dietrich Genscher und am Abend
viele Stunden im Kanzlerbungalow mit Politikern der CDU. Er
diskutierte, ließ aber nicht erkennen, wie er sich entscheiden
würde. Erst am Dienstagnachmittag wussten ausgesuchte Journalisten, dass der Kanzler Manfred Wörner halten wollte. Da
der Nachweis, dass General Kießling ein Sicherheitsrisiko sei,
so eklatant gescheitert war, musste dessen Rehabilitierung erfolgen.[544] Das war Kohls Linie, die er im Kanzleramt mit zwei
Briefen, die ausgetauscht wurden, festlegte. Es war allein Kohls
Entscheidung, nach vielfältigen Informationen letztlich seine
einsame Entscheidung – die erste in seiner Kanzlerschaft, der
noch viele folgen sollten.

Die Medien jedoch nahmen diese Entscheidungsfindung gar
nicht wahr, sondern waren auf den Rücktritt des Ministers fixiert. In jedem Fall aber rechneten sie mit der Fortdauer der
Krise. Der Kanzler dagegen wollte sich nicht einen Minister von
den Medien »abschießen« und erst recht nicht eine Kabinettsumbildung aufzwingen lassen. Da hieß es »stehen«, mit dem
Rücken zur Wand, um entschlossen seine Linie durchzusetzen.

Die Pressekonferenz am 1. Februar 1984, auf der Kohl seine

Entscheidung mitteilte, aber auch freimütig Fehler einräumte, war ein spektakuläres Ereignis. Der Kanzler trat »aus dem Unterstand des Kanzleramtes hochgestimmt an die Medienfront«.[545] Dem Ansturm gereizter Fragen hielt er gelassen stand. Mochten auch seine Antworten nicht immer überzeugend wirken, ihre Wirkung war doch durch die Art, wie er sie vortrug, mit oft ironischem Unterton und kaum verhohlener Geringschätzung für die Presse, nicht zu bestreiten.

Die Selbstsicherheit des Kanzlers war nicht gespielt. Sie beruhte auf Fakten, die er den Journalisten nicht vorenthielt. Er ging ihnen mit der Feststellung auf die Nerven, dass die Regierung »ungewöhnlich erfolgreich« sei, und fragte: »Wenn ich die Umfragen zu diesem Wochenende betrachte, liegen sie günstiger als das Wahlergebnis; warum soll ich mit dem Kabinett unzufrieden sein?«[546] Elisabeth Noelle-Neumann hatte die Zahlen geliefert, die auch der »Spiegel« zähneknirschend als richtig anerkennen musste.[547]

Wieder einmal war der Gegensatz von der »verfassten öffentlichen Meinung«, wie Kohl seine publizistischen Gegner zu bezeichnen pflegte, und der Mehrheit der Bevölkerung deutlich geworden. Das von den Medien vermittelte Bild entsprach nur einer, wenn auch meinungsbildenden Minderheit. Die Krise hatte ein schnelles Ende gefunden. Von Kabinettsumbildung war nicht mehr die Rede. Der Kanzler hatte fortan einen Verteidigungsminister, der ihm keine Schwierigkeiten mehr bereitete. »Le Figaro« urteilte: »Kohl schlug zwei Großmächte – die linke Presse und wieder einmal Franz Josef Strauß.«[548]

Ein Gegner im höchsten Staatsamt –
Richard von Weizsäcker wird Bundespräsident

Bei dem Versuch, das Verhältnis zwischen Helmut Kohl und Richard von Weizsäcker zu charakterisieren, muss eine Feststellung am Anfang stehen: Kein anderer Politiker wurde von Helmut Kohl ähnlich stark gefördert wie Richard von Weizsäcker. Ohne seine Hilfe wäre dieser weder Bundestagsabgeordneter noch Regierender Bürgermeister von Berlin geworden. Nur beim Erreichen der letzten Stufe, bei der Wahl zum Bundespräsidenten, war die Zustimmung des Kanzlers zwar noch immer notwendig, aber doch von ganz anderer Art, denn diesmal bremste er mehr, als dass er förderte. Dafür hatte Weizsäcker in den Sozialdemokraten neue Unterstützer gefunden.

Als im Frühjahr 1984 die Präsidentenwahl anstand, zeichnete sich eine seltsame Konstellation ab: Weite Teile der Union, die SPD wie auch die Liberalen, vor allem aber die Medien setzten sich für Richard von Weizsäcker ein, doch der Kanzler zeigte sich störrisch.

Die Ursache für sein Zögern ist vielschichtig; unterschiedliche Motive können angeführt werden. Zwischen beiden Politikern gab es ein immer wiederkehrendes Thema: Weizsäckers Kandidatur für das Amt des Bundespräsidenten. Schon im Winter 1968/69 hatte Kohl – damals noch CDU-Fraktionsvorsitzender in Rheinland-Pfalz, aber schon als Mitglied des Bundesvorstandes überaus aktiv in der Bundespolitik – seine Entdeckung Richard von Weizsäcker als Kandidaten gegen den sozialdemokratischen Bewerber Gustav Heinemann ins Spiel gebracht. Weizsäcker erwies sich bereits damals als recht eigenwillig und scheiterte bereits bei der internen Kandidatenauswahl gegenüber Gerhard Schröder.

Als er dann 1974 als chancenloser Bewerber gegen Walter Scheel, den Kandidaten der sozialliberalen Koalition, antrat, wird er das nicht ohne Zusicherungen für die nächste Präsidentenwahl getan haben. Tatsächlich hatte Kohl im Jahre 1977 von ihm als dem Kandidaten für die nächste Wahl gesprochen.[549] Das konnte jedoch nur die persönliche Präferenz Helmut Kohls oder zumindest der Wunschkandidat eines Teils der Union sein. Denn die CSU und insbesondere ihr Vorsitzender Franz Josef Strauß hatten an Weizsäcker viel auszusetzen: Das Eintreten des Freiherrn für der Anerkennung der Oder-Neiße-Linie, sein Votum für die Ostverträge, wie überhaupt seine politischen Äußerungen, die ihm zwar Sympathien bei den Sozialausschüssen sicherten, aber häufig den Zorn des CSU-Vorsitzenden erregten, schlossen jede Unterstützung aus. Mit seinen politischen Positionen, die immer wieder den konservativen Flügel herausforderten, entwickelte sich Weizsäcker im Laufe der Jahre zu einem »Reibebaum« des Bayern.[550] So entstanden Spannungen innerhalb der Koalition, die immer wieder zu heftigen verbalen Attacken führten.

Im Herbst 1978 war noch nichts entschieden, aber bei den Nordlichtern zeigten sich Sympathien für Weizsäcker, während die CSU und der konservative Teil der Union im Bundestagspräsidenten Karl Carstens den geeigneten Kandidaten erblickten.

Nach der Aufhebung der in Wildbad Kreuth beschlossenen Aufkündigung der Fraktionsgemeinschaft war 1976 eine Strategiekommission eingerichtet worden. Hier kam es frühzeitig zu einer Entscheidung: Die CSU kündigte ihr Veto gegen Weizsäcker an. Das musste respektiert werden. Für die Wahl des Bundespräsidenten 1979 hatte die Union in der Bundesversammlung zwar die absolute Mehrheit, doch ohne die bayerischen Stimmen war Weizsäcker chancenlos. Damit stellte sich für Kohl ein schwer zu lösendes Problem. Gegen die CSU konnte er Weizsäcker nicht durchbringen, aber er wollte ihn auch nicht als erneut gescheiterten Bewerber stehen lassen. Ein Politiker von der Statur Weizsäckers war in der politischen Landschaft eine seltene Erscheinung. Nach Kohls Überzeugung konnte es sich die CDU nicht leisten, auf solche, wenn auch schwierige, Politiker zu verzichten. Das war schon immer sein Standpunkt gewesen.

Der Oppositionsführer Kohl befand sich selbst in einer schwierigen Lage, denn die eigene Kanzlerkandidatur für die Bundestagswahl 1980 war noch keineswegs gesichert. Er wusste, dass Strauß ihm diese streitig machen würde, und konnte keineswegs sicher sein, aus diesem Kampf als Sieger hervorzugehen. In dieser Situation konnte die Kandidatur Weizsäckers für die Nachfolge Walter Scheels nur Schaden anrichten. Um diese sinnlose Konfrontation mit der CSU zu vermeiden, verfiel Kohl auf einen Ausweg, der für seine Methode der Problemlösung charakteristisch ist. Es gab keine internen Diskussionen, kein Brainstorming im Küchenkabinett und erst recht keine Besprechung mit Weizsäcker.

Kohl allein fand die Lösung und setzte sie durch. Dazu benötigte er keine Berater, die ihm zur Seite standen oder ihm gar Ideen eingaben. Er kannte die Partei wie kein Zweiter und hatte stets ihre Stärken und Schwächen und ihr gesamtes Personaltableau vor Augen. In Gesprächsrunden und zahllosen Telefongesprächen sammelte er Informationen. Welche Schlüsse er daraus zog, behielt er allerdings für sich. Selbst die engste Umgebung wusste meist nichts von manchen Plänen ihres Vorsitzenden. Dieser war zwar dauernd unterwegs, hatte viele Besprechungen, und die Tür zu seinem Arbeitszimmer war häufig offen, damit er sah, wer vorbeikam und mit wem er einen Schwatz halten konnte. Dennoch fand Kohl die Zeit, um nachzudenken und Problemlösungen auszubrüten.[551]

So geschah es auch im Fall Weizsäcker. Dieser galt als liberales Aushängeschild der Union und passte daher gut zu Kohls Strategie für das Wiedererlangen der Macht in Bonn. Sie zielte darauf ab, die FDP aus dem Bündnis mit der SPD zu lösen. In Bonn bestanden dafür wenig Aussichten, auf Landesebene sah Kohl die Situation optimistischer. In Niedersachsen war 1976 eine CDU/FDP-Koalition zustande gekommen. Warum sollte nicht auch in Berlin ein solcher Wechsel möglich sein? Dort war die CDU schon 1975 bei den Wahlen zum Abgeordnetenhaus stärkste Partei geworden, und die SPD zeigte erhebliche Abnutzungserscheinungen. Das waren günstige Voraussetzungen, aber es fehlte der CDU die attraktive Führungsfigur, um in der einstigen SPD-Hochburg den Durchbruch zu schaffen.

Helmut Kohl liebte Berlin, weniger jedoch die Berliner CDU. Die Partei hatte in seinen Augen nicht das Format zur politischen Führung. Der Berliner Landesvorsitzende Peter Lorenz war durch seine Entführung unmittelbar vor den Wahlen des Jahres 1975 bekannt geworden und hatte an Sympathie gewonnen, aber er hatte nicht das Zeug, in der Stadt den politischen Wandel zu schaffen. Und genau um den Wandel ging es Kohl – mit Blick auf die Lebensfähigkeit der Stadt wie als Signal für das Ende der sozialliberalen Koalition in Bonn.

Der Einzige, der nach Kohls Überzeugung Peter Lorenz ablösen konnte, war Richard von Weizsäcker. Zuvor musste jedoch Peter Lorenz für den Verzicht auf die Spitzenposition gewonnen werden. Das war nicht einfach. Kohl lud ihn nach Oggersheim ein, fast die halbe Nacht dauerte es, bis Lorenz einwilligte.[552]

In der Berliner CDU ahnte im Sommer 1978 noch niemand etwas vom bevorstehenden Wechsel an der Spitze. In Parteikreisen war freilich manchmal die Rede gewesen, wie willkommen Weizsäcker in Berlin wäre; aber solche Wünsche zu äußern, war das eine, den Kandidaten Weizsäcker tatsächlich nach Berlin zu holen, war eine andere, weit schwierigere Aufgabe.

Weizsäcker war in Bonn fest etabliert – mit Familie, Haus und Garten. Im Bundestag hatte er eine einflussreiche Stellung. Auch die sozialliberale Regierungskoalition betrachtete ihn mit großer Aufmerksamkeit. Das alles aufzugeben für die keineswegs sichere Aussicht, nach den Wahlen von 1979 Regierender Bürgermeister zu werden oder – was wahrscheinlicher war – im Berliner Abgeordnetenhaus die harte Oppositionsbank zu drücken und sich mit der kleinkarierten Berliner Politik herumzuärgern, konnte ihm nicht sehr attraktiv erscheinen.

Aber auch hier hatte Kohl vorgesorgt, um Weizsäcker den Weg nach Berlin zu erleichtern. Er erreichte dessen Wahl zum Vizepräsidenten des Bundestages. Weizsäcker konnte also in Bonn bleiben, auch wenn er das Schöneberger Rathaus im ersten Anlauf nicht erreichte. Dieser Rückfahrschein erregte zwar bei der SPD einigen Widerspruch, der aber bald überwunden werden konnte.

Auch das Vorgehen, wie Kohl der Berliner CDU seine Absicht vermittelte, Weizsäcker zum Spitzenkandidaten zu machen, verdient einiges Interesse, denn es war typisch für Kohl. Er verkündete nicht einem kleineren oder größeren Kreis diese Absicht, sondern ging eher konspirativ vor. Vor allem galt es, den Plan nicht vorzeitig bekannt zu machen und zu zerreden.

Sein Verbindungsmann zur geteilten Stadt war der Berliner Bundestagsabgeordnete Gerhard Kunz, seit 1969 im Bundestag und inzwischen in der Fraktion zu einem ihrer Geschäftsführer aufgestiegen.[553] Auf ihn konnte sich Kohl verlassen. Kunz gegenüber äußerte er sich nun eines Tages darüber besorgt, dass die CDU in Berlin keine Fortschritte mache, sondern um die 40 Prozent herumdümpele. Mit dieser Feststellung wollte Kohl eine Diskussion über die Berliner Situation herbeiführen und auf Weizsäcker als Alternative zu sprechen kommen. Aber Kunz machte nicht mit. Er wusste, dass das Gespräch auf die Erörterung der Führungsqualitäten von Peter Lorenz hinauslaufen würde, und wollte sich aus Loyalität zu diesem nicht kritisch dazu äußern. Kunz schwieg also und wurde daraufhin recht ungnädig entlassen. Bei einem zweiten Anlauf stellte sich Kunz wiederum störrisch an, sodass Kohl schließlich erklärte: »Richard wird es. Du hilfst beim Durchsetzen seiner Kandidatur.« Allein mit Eberhard Diepgen dürfe Kunz darüber reden.

Unbemerkt hatte Kohl Peter Lorenz zum Verzicht veranlasst und Richard von Weizsäcker eine überaus reizvolle Alternative zu seiner ohnehin hoffnungslosen Kandidatur für das Amt des Bundespräsidenten geboten. So war die Überraschung groß, als der »Tagesspiegel« meldete: »Berliner CDU wechselt ihren Spitzenkandidaten aus.«[554] Dass es sich tatsächlich um »Kohls Berliner Coup«, zugleich aber auch um eine Frontbegradigung für die Wahl des Bundespräsidenten handelte, blieb den Beobachtern nicht verborgen.[555]

Die Wahlen zum Berliner Abgeordnetenhaus am 18. März 1979 reichten zur absoluten Mehrheit nicht aus. Die FDP war zum Koalitionswechsel noch nicht bereit, und so entwickelte sich der Niedergang der SPD zum freien Fall. Nach dem Rücktritt des Regierenden Bürgermeisters Dietrich Stobbe konnte auch sein Nachfolger Hans-Jochen Vogel, der vom Rhein an die Spree geschickt wurde und dafür auf sein Amt als Bundesjustizminister verzichtete, das Schicksal der skandalgeschüttelten sozialliberalen Koalition nicht mehr wenden.

Die im Mai 1981 stattfindenden Neuwahlen brachten die CDU mit 48 Prozent in Führung. Die vier Stimmen, die für die absolute Mehrheit und damit zur Wahl Weizsäckers notwendig waren, kamen von Abgeordneten der FDP. Eine Koalition mit den Liberalen kam vorerst nicht zustande, aber auch als Minderheitsregierung hatte der neue Senat keine Probleme, zumal er weniger entschieden gegen die Hausbesetzerszene vorging, als es die CDU in der Opposition angekündigt hatte.

Auch als Bundeskanzler blieb Kohl später bemüht, in Berlin eine Koalition mit der FDP zu bilden. Sein Kontaktmann war der Berliner FDP-Fraktionsvorsitzende Walter Rasch, den er nach Bonn zur Besprechung einlud. In der kleinen Fraktion gab es schließlich noch Bedenken gegen Kohls Lieblingsprojekt, das Historische Museum in Berlin. Um auch diese Zweifel auszuräumen, lud er die neun Liberalen nach Bonn ein, klärte sie in einem überzeugenden Vortrag über Sinn und Zweck des Museums auf und räumte schließlich beim Essen die letzten Bedenken aus.[556]

In der Berliner Öffentlichkeit wurde 1981 der Wechsel dankbar begrüßt, auch wenn es sich nur um den ersten Schritt zu einer Koalition handelte. Schnell begann man, sich unter der sanften Führung Richard von Weizsäckers wohlzufühlen, und dieses in Berlin lange vermisste Gefühl – so der stille Wunsch der Berliner – sollte möglichst lange anhalten. Auch der Regierende Bürgermeister zeigte keine Neigung, Berlin in Richtung Bonn zu verlassen.

Anfang 1983 änderte sich die Situation. Am 8. März, dem Dienstag nach dem großartigen Wahlsieg, hatte der Kanzler in der Fraktion darauf hingewiesen, dass das stolze Ergebnis der Bundestagswahl auch bedeute, dass die Union im Mai 1984 in der Bundesversammlung die absolute Mehrheit hätte. Dieses Ergebnis war für ihn wichtig; es war gleichsam die Abrundung des Wahlsieges, denn die Mehrheitsverhältnisse in der Bundesversammlung waren für ihn der »wirkliche Seismograf der politischen Struktur unseres Landes, an dem der ganze Bundesstaat deutlich wird«.[557]

Der Hinweis auf die Mehrheitsverhältnisse in der Bundesversammlung war kein Zufall, denn schon zwei Tage später konnte »Die Welt« die Frage stellen: »Soll von Weizsäcker 1984 Bundespräsident werden?«[558] Das Blatt wusste zu berichten, dass Bundespräsident Carstens »den Kanzler hat wissen lassen, dass er … für eine zweite Amtsperiode nicht zur Verfügung« stehe.

Es war keineswegs Spekulation, kein Schuss ins Blaue gewesen, dass das Blatt sofort auf Weizsäcker wies. Der Kanzler war in der Euphorie des Wahlsieges geneigt, das Naheliegende zu erkennen und Weizsäcker als Nachfolger zu akzeptieren. Er hatte ihn am 8. März nach der Fraktionssitzung »in bester Laune«⁵⁵⁹ empfangen und seine Wahl zum Bundespräsidenten als geradezu selbstverständlich hingestellt. Aber es war wohl genau dieser Eindruck, der Weizsäcker nicht behagte. Er wollte nicht von Kohls Wohlwollen in das Amt getragen werden. Seine Einstellung gegenüber Kohl war seit Jahren überaus kritisch. So hatte er gegenüber einem Journalisten des »Spiegel« bemängelt, diesem fehle »politisches Fachwissen«, und er habe es nicht vermocht, »seine Lücken durch systematisches Aktenstudium auszufüllen«.⁵⁶⁰ Im Sommer 1982, also kurz vor dem Ende der sozialliberalen Koalition, war sich Richard von Weizsäcker mit seinen norddeutschen CDU-Kollegen einig gewesen, Kohl als künftigen Kanzler nach Möglichkeit zu verhindern.⁵⁶¹

Die Nachricht, dass Karl Carstens auf eine zweite Amtszeit verzichtete, veränderte die Situation schlagartig. Carstens war ein überaus beliebter Bundespräsident gewesen; seine Wiederwahl galt als sicher. Doch nun eröffnete sich eine unerwartete Chance für Weizsäcker, die ihn zu ungeahnter Aktivität antrieb. Zuerst war sein Vorgehen noch von Vorsicht geprägt. Auch gegenüber seiner Umgebung ließ er keine Ambitionen auf das Amt des Bundespräsidenten erkennen. Er verließ sich aber auch nicht auf das ihm gegenüber bezeugte Wohlwollen des Bundeskanzlers, sondern strebte einen Beliebtheitstest an. Obwohl ihm Kohl davon abriet, kandidierte er für einen Sitz im Parteipräsidium und wurde auf dem Bundesparteitag in Köln, der im Mai 1983 stattfand, prompt mit der höchsten Stimmenzahl gewählt. Das war eine gezielte Demonstration, um seine Popularität in der Partei zu zeigen und ein Zeichen zu setzen, dass er nicht von Kohl abhängig war, sondern von der Partei getragen wurde.

Den Sommer über brodelte die Gerüchteküche; Kandidaten wurden gehandelt, aber nichts wurde entschieden. Der Kanzler rührte sich nicht. Weizsäcker hatte öffentlich erklärt: »Für das Amt des Bundespräsidenten kandidiert man nicht.«[562] Tatsächlich tat er alles dafür. Er bewarb sich mit erstaunlicher Hartnäckigkeit bei Kohl und schrieb ihm schon im Juni 1983, er sei auf dem Bundesparteitag im Mai von wichtigen Politikern auf seine Kandidatur angesprochen worden. Daher bat er um einen Termin und betonte, dass es natürlich nicht um seine Person gehe, sondern um »eine Frage von erheblichem Gewicht für das, was die Union auch über den Kreis ihrer Wähler hinaus im Hinblick auf Staatsbewusstsein, Grundwerte und Offenheit der Gesellschaft erreichen will und muss«.[563]

Der Brief rief bei seinem Empfänger einiges Erstaunen hervor, denn Kohl hatte Weizsäcker noch nie so leidenschaftlich und wohlüberlegt bei der Vertretung seiner eigenen Interessen erlebt. Auch nahm er mit Verwunderung zur Kenntnis, dass Weizsäcker nicht nur für sich kämpfte, was er durchaus für legitim hielt, sondern die höchsten Güter der Nation für seine Kandidatur ins Feld führte. Kohl selbst sah die Sache einfacher: »Er wollte Bundespräsident werden, und diesem Ziel sollte die Partei, sollte der Parteivorsitzende folgen.«

Für die Bedenken des Kanzlers, dass sein Weggang aus Berlin dort eine schwer zu schließende Lücke aufreiße und die Gefahr des Machtverlustes heraufbeschwöre, was für die Stadt einen schweren Rückschlag bedeuten würden, zeigte Weizsäcker wenig Verständnis.

Kohl ließ die Bitte um einen Gesprächstermin unbeantwortet, aber das bedeutete keineswegs, dass er sich gegen Weizsäcker entschieden hatte. Es handelte sich auch nicht um das ihm häufig unterstellte »Aussitzen«, sondern um ein von politischer Erfahrung und der Bonner Tradition geprägtes Vorgehen, das darauf hinauslief, nicht vor dem Herbst 1983 die Kandidaten für den kommenden Mai zu nominieren. Im August ließ er erkennen, dass für ihn die Wahl auf Weizsäcker zulaufe. Er sah keine

Notwendigkeit zu einer schnellen Entscheidung, denn diese alle fünf Jahre fällige Staatsaktion konnte und wollte er nicht im Alleingang erledigen. Auch die Partei benötigte einige Zeit für die interne Diskussion.

Nach der Sommerpause begannen die Dinge schwieriger zu werden. Gegen Weizsäckers Weggang aus Berlin erhoben sich viele kritische Stimmen. Der originellste und hochgestochenste Artikel erschien anonym in der »Frankfurter Allgemeine Zeitung«.[564] Tatsächlich stammte er von Wolf Jobst Siedler und trug die Überschrift: »Die Zukunft hat noch nicht begonnen«. In epischer Breite wurde die Berliner Fehlentwicklung der vergangenen Jahrzehnte einer scharfen Kritik unterzogen. Weizsäcker habe es geschafft, »das Klima Berlins zu wenden«, aber die »eigentliche Aufgabe« liege noch vor ihm. Er dürfe die Stadt nicht verlassen: »Nichts ist für diese labile Stadt so verhängnisvoll wie ein Regierender Bürgermeister auf Abruf.« Zum Schluss wurde Siedler preußisch und versuchte, Weizsäcker bei der Ehre zu packen, indem er ihn an seine eigenen Worte erinnerte: »Von ihm ist der Satz überliefert, Rückzug sei Pflichtvergessenheit.«

Der prominenteste Berliner, der Kohl geradezu beschwor, Weizsäcker in Berlin zu halten, war Axel Springer. Der Verleger hatte zwar noch 1979 Franz Josef Strauß als Kanzlerkandidaten favorisiert und seine Presse gegen Kohl schreiben lassen. Die Bonner Wende, die im Herbst 1982 Kohl an die Macht brachte, hatte ihn aber eines Besseren belehrt. Angesichts der Erfolge auf sicherheits- und wirtschaftspolitischem Gebiet hatte er seinen Frieden mit dem Kanzler gemacht. Axel Springer war mit den Jahren zum überzeugten Berliner geworden und dachte nicht daran, die Stadt zu verlassen. Doch er lebte in ständiger Furcht vor Terroristen und der sowjetischen Bedrohung im weiteren Umfeld. In Richard von Weizsäcker sah er den Mann, der die Lage in Berlin dauerhaft stabilisieren konnte. Umso stärker drang er in Kohl, Weizsäcker in Berlin zu halten. Sicher hätte der Kanzler ihm gern den Wunsch erfüllt, konnte es aber aus übergeordneten Gesichtspunkten nicht, was zu heftiger Verstimmung führte. Aber das ging vorbei. Zwei Jahre später hielt Helmut Kohl für den Verleger die Traueransprache in der Kaiser-Wilhelm-Gedächtniskirche.

Es gab zahlreiche Appelle von Leuten, die die Vorstellung in Panik versetzte, es könnte eine gefährliche Leere entstehen, wenn Weizsäcker ginge. Deshalb sollte er unbedingt in Berlin bleiben. All diese Stimmen verkannten Weizsäckers eigene Interessenlage. Sie wollten nicht zur Kenntnis nehmen, welche Bedeutung das Amt des Bundespräsidenten für ihn hatte, passte es doch auf ihn wie kein anderes. Es war eine politische Spitzenposition, fernab von der Last der Alltagsarbeit und der politischen Zwänge, die ihm aber als Meinungsbildner die Aufmerksamkeit des Landes und damit politischen Einfluss sicherte. Die Pessimisten sollten nicht recht behalten: Sein Nachfolger Eberhard Diepgen machte seine Sache gut und gewann 1985 sicher die Wahlen zum Abgeordnetenhaus. Das mochte alles nicht so glanzvoll wie bei seinem Vorgänger gewesen sein, dafür war es solider und mehr auf die Probleme der Stadt bezogen.

Für Helmut Kohl stellte sich das Problem Weizsäcker noch in anderer Hinsicht dar. Die Landtagswahlen in Hessen endeten am 25. September 1983 mit einer empfindlichen Niederlage der CDU; bei den gleichzeitig abgehaltenen Wahlen in Bremen büßte die CDU nicht nur Stimmen ein. Die siegreiche Sozialdemokratie unter Hans Koschnick konnte sogar ihre absolute Mehrheit noch ausbauen. Eine schon absehbare weitere Niederlage in Berlin als Folge von Weizsäckers Weggang war ein Thema, das die Medien auf Kosten der CDU ausgiebig behandelten. Da hieß es, vorsichtig zu operieren und sich nach anderen Kandidaten umzusehen – auf keinen Fall aber eine frühe Entscheidung zu treffen.

Eine Taktik des Zeitgewinnens war jedoch das Gegenteil von

dem, was Weizsäcker von Kohl erwartete. Er wollte möglichst rasch zum Kandidaten der Union für die Präsidentenwahl gekürt werden. Ihm fehlte das Verständnis für die Sorgen und Probleme des Kanzlers und Parteivorsitzenden. Um den Kanzler in seinem Sinne zu beeinflussen, suchte Weizsäcker den direkten Kontakt. Schon im Juni hatte er um einen Gesprächstermin gebeten. Als er an einem Sonnabend Mitte September in Süddeutschland unterwegs war, versuchte er, den Kanzler telefonisch zu erreichen – zuerst mehrfach aus einer Telefonzelle, zum Schluss sogar aus einer Fleischerei, in der er um das Telefon gebeten hatte – aber alles war vergeblich.[565] Wie dies sein Verhältnis zu Kohl belasten musste, nämlich ihn, Richard von Weizsäcker, am Telefon verhungern zu lassen, kann man sich vorstellen.

Warum wollte Weizsäcker den Kanzler an diesem Sonnabend unbedingt erreichen? Da bietet sich eine einfache Erklärung an. Der Regierende Bürgermeister war kurz zuvor mit SED-Chef Honecker in Ost-Berlin zusammengetroffen. Das hatte manche Befürchtungen geweckt, der Berlin-Status könne Schaden nehmen. Der Kanzler aber hatte sich deswegen keine Sorgen gemacht. Das Ergebnis des Besuches war zudem keineswegs so positiv ausgefallen, dass eine telefonische Benachrichtigung notwendig geworden wäre. Warum dann die Eile? Es war nur ein weiterer Anlass, wieder einmal sein Hauptanliegen vorzutragen. Tatsächlich war seine Einstellung gegenüber Kohl unverändert negativ. Die Stasi hatte unmittelbar vor dessen Besuch bei Honecker erfahren, dass Weizsäcker Kohl bei dessen Amtsantritt »eine langfristige Verständigung mit der Sowjetunion« empfohlen, jedoch keinen Erfolg gehabt habe: »Kohl habe das immer noch nicht ganz begriffen. Ihm (Weizsäcker) missfalle des Weiteren an Kohl dessen unkritische Hörigkeit gegenüber den USA.«[566]

Einen Monat später rief Weizsäcker wieder bei Helmut Kohl an und drängte. Er forderte nun eine rasche Entscheidung, denn

»jeder Tag des Zögerns beschädige seine Autorität in Berlin«.
Kohl konnte das nicht erkennen und erklärte ihm, »was für ein
großartiger Politiker er sei«, ließ sich aber wieder nicht festlegen.
Am 27. Oktober 1983 kam es zu einer spektakulären Begegnung, aber zu keinem ergiebigen Gespräch. Im Berliner Olympiastadion fand das Fußball-Länderspiel Deutschland gegen die
Türkei statt. Die Pflicht zur Repräsentation zwang den Bundeskanzler wie den Regierenden Bürgermeister, in aller Öffentlichkeit zusammenzusitzen. Augenzeugen sahen auf der Ehren-
tribüne vor allem einen verärgerten scharf gestikulierenden
Weizsäcker, der auf den Kanzler einredete.[567] Eine Einigung kam
nicht zustande. Daher schrieb er am 4. November noch einmal
an den »lieben Helmut« und drängte, denn »der Druck« sei
»einfach zu stark«. Er wies auf die »große atmosphärische Bedeutung« der bisherigen Präsidentenwahlen hin, bei denen auch
»negative Auswirkungen« möglich seien, die »primär« den
Kanzler beträfen.[568] Das war ein Wink mit dem Zaunpfahl: Kohl
solle ihn endlich als Kandidaten aufstellen, sonst werde er sich
selbst schaden. Wenn es um einen anderen Kandidaten ginge,
würde er selbst »eine kräftige Kampagne« führen. Mit ruhigem
Selbstbewusstsein räumte Weizsäcker ein, »dass es nur von Berlin her besser wäre, wenn ich bliebe«, denn es gebe »keine Nachfolge ohne Risiko«. Aber es gäbe etwas anderes, was für ihn
wichtiger sei, nämlich »die politische Führungsaufgabe in einem
Widerstreit abzuwägen und Risiken verantwortlich einzuschätzen. Das ist primär Deine Aufgabe, aber auch die meinige. …
Ich habe Dir hierzu in voller persönlicher Verantwortung meine
Vorschläge gemacht. Sie sind in der Partei und in den Medien
dann durchzusetzen, wenn wir zwei sie zusammen tragen. Darum bitte ich Dich.« Was waren das für seltsame Vorstellungen!
Sie zeigten vor allem die hohe Selbsteinschätzung Richard von
Weizsäckers, weniger seine politische Urteilsfähigkeit. Bei nüch-
terner Einschätzung seiner Chancen galt es doch nur abzuwar-

ten, denn es gab keinen wirklichen Gegenkandidaten. Die Entwicklung musste also auf ihn zulaufen. Aber er konnte nicht warten. Er war nach den gescheiterten Kandidaturen darauf fixiert, auf jeden Fall sein Ziel diesmal zu erreichen.

War es aber nötig, mit so gestelzten Darlegungen von der gemeinsamen Verantwortung und ihren »Führungsaufgaben« auf eine rasche Entscheidung des Kanzlers zu drängen? Gewiss hätte es Kohl lieber gesehen, wenn Weizsäcker in Berlin geblieben wäre. Als das nicht zu erreichen war, ließ er sich Zeit und dachte gar nicht daran, seine Planung wegen der Aufgeregtheit Weizsäckers zu verändern. Zudem wird die Ungeduld des Kandidaten die Bereitschaft des Kanzlers nicht erhöht haben, ihm entgegenzukommen und beruhigende Zusicherungen zu geben. Weizsäcker empfand das Wartenmüssen als demütigend, was er Kohl nie vergaß.

Mitte November 1983 war die bittere Wartezeit zu Ende,[569] wenn auch die offizielle Verkündung der Kandidatur erst am Ende des Monats erfolgte. Schließlich ging die Wahl Weizsäckers dann am 23. Mai 1984 nach all den Schwierigkeiten im Vorfeld vollkommen glatt über die Bühne.

Ein Jahr später freilich sollte der neue Bundespräsident in seiner Rede zum 40. Jahrestag der Beendigung des Krieges in Europa am 8. Mai 1945 aller Welt zeigen, wie viel ihn von dem Kanzler und einem Großteil der Partei trennte, die ihn aufgestellt und gewählt hatte.

Die Flick-Spendenaffäre

Gelder aus der Industrie zur Finanzierung von Parteien stehen in Deutschland seit dem Ende der Weimarer Republik unter Generalverdacht. Sie gelten als eine Voraussetzung für den Aufstieg des Nationalsozialismus. Die Fotomontage von John Heartfield mit dem Titel »Millionen stehen hinter mir«, die einen Hitler zeigt, dem aus dem Hintergrund Geldnoten wie auf dem Fließband zuströmen, brachte zum Ausdruck, was viele dachten. Das waren nicht nur Anhänger der Linken; selbst bürgerliche Historiker zeigten sich nach 1945 davon überzeugt. Die schon von Karl Marx zum Untergang verurteilten Mittelschichten hätten gegen ihr vorbestimmtes Schicksal aufbegehrt und die Nazis gewählt, nachdem das Geld der Industrie diesen Haufen von gescheiterten Existenzen in die Lage versetzt hatte, eine schlagkräftige Propagandaorganisation aufzubauen.

Mit dem Ausbruch der Weltwirtschaftskrise schien sich der Zusammenbruch des kapitalistischen Systems abzuzeichnen, was Marx unentwegt gepredigt und die von seiner Theorie beeinflussten Sozialdemokraten geglaubt hatten. Die Folgen der Krise waren überall zu besichtigen: Massenarbeitslosigkeit, Betriebsschließungen und vor allem bei Agrarprodukten ein ruinöser Preisverfall.

In dieser Situation, in der die Opfer des Kapitalismus sich eigentlich um die Fahnen der Linken hätten scharen müssen, geschah in Deutschland das nicht für möglich Gehaltene: Eine rechtsradikale Splitterpartei machte das Rennen und konnte in einem unvergleichlichen Siegeslauf bis zum Juli 1932 zur weitaus stärksten Partei mit 37,4 Prozent der Wählerstimmen aufsteigen. Die Erklärung dieses Erfolges schien einfach und wurde auch in der Wissenschaft nach 1945 weithin vertreten. Es war das industrielle Geld, das diesen Erfolg möglich gemacht hatte. Seitdem hat sich in Deutschland die Vorstellung festgesetzt, dass Geld ein ungemein gefährliches Mittel zur Manipulation der Massen sei.

Es sollte Jahrzehnte dauern, bis der amerikanische Historiker Henry A. Turner überzeugend nachwies, dass die Großunternehmer keineswegs die Finanzierung der NSDAP übernommen hatten, sondern der Partei bis in die Endphase der Weimarer Republik hinein abwartend gegenüberstanden. Der Politikwissenschaftler Jürgen Falter entwarf in umfangreichen Untersuchungen ein ganz anderes Bild von der sozialen Zusammensetzung der Partei. Es war weit entfernt von Kurt Schumachers verächtlicher Zuordnung der NSDAP zum Lumpenproletariat, denn er präsentierte sie als erste Volkspartei in Deutschland. Aber das waren wissenschaftliche Befunde von begrenzter Wirkung. Denn auf der Linken, verstärkt mit dem Aufkommen der Achtundsechziger, galt weiterhin das Wort des Philosophen Max Horkheimer, des Vaters der Frankfurter Schule, dass Kapitalismus zum Faschismus führe und wer vom Nationalsozialismus spreche, dürfe vom Kapitalismus nicht schweigen.

Die Vorstellung von der besonderen Gefährlichkeit des Geldes in politisch falschen Händen ist die eine Grundkomponente des Parteispenden- und Flick-Skandals. Geld von Unternehmern, von den Reichen, die auch noch ihre Spenden von der Steuer absetzen konnten, war etwas zutiefst Böses, Verwerfliches.

Dieser Standpunkt gewann an Glaubwürdigkeit durch die Existenz des Gegenteils, des Vorhandenseins einer Partei, die mit derartigen Finanzpraktiken nichts zu tun hatte. Das war die deutsche Sozialdemokratie, die im Kampf gegen das kapitalistische System groß geworden war. Ihre Stärke lag auch in ihrer finanziellen Unabhängigkeit. Sie finanzierte sich überwiegend durch die Beiträge der Mitglieder. Die Beitragszahlung, genauer die Beitragsehrlichkeit, hatte einen zutiefst moralischen Charakter. Die Opferbereitschaft ihrer Mitglieder, bei schmalem Lohn dennoch Beitrag zu zahlen, unterschied sich deutlich von der Haltung der Unternehmer, die mit dem Einsatz von Geld in der Politik manipulative Zwecke verfolgten. So stellte sich die Situation noch in der Weimarer Republik dar. Allerdings verfügte die SPD in der Bundesrepublik inzwischen über erhebliche Eigenmittel, Medienkonzerne und Immobilien, die sie, anders als alle anderen Parteien, unabhängiger von Spendenzuflüssen machte.

Die Vorstellung der Gefährlichkeit von Geld in der Politik, das vor allem der Rechten zugutekam, auf der einen Seite, und andererseits das Beispiel einer »sauberen«, durch Mitgliedsbeiträge finanzierten Partei bestimmten in Deutschland die Einstellung zur Frage der Wirkung von Geld in der Politik.

Bei dieser Gegenüberstellung blieb allerdings unberücksichtigt, dass die Demokratiegründung in der Bundesrepublik, also die Ära Adenauer mit dem Wirtschaftswunder und der bis dahin unbekannten politischen Stabilität, durch Spenden von Handel und Industrie mit ermöglicht wurde. Die mitgliederschwache CDU mit geringen Mitgliedsbeiträgen, die ohnehin nur selten gezahlt wurden, hätte einen Wahlkampf ohne die großzügigen Spenden der Unternehmer nicht führen und erst recht nicht gewinnen können, wie es ebenso wenig wahrscheinlich ist, dass die SPD der Fünfzigerjahre mit größerem finanziellem Einsatz bei den Wahlen erfolgreicher gewesen wäre.

Sehr wahrscheinlich spielt Geld eine weit geringere Rolle in der Politik, als immer behauptet wird; wichtiger ist die Überzeugungskraft politischer Aussagen, die die Wahlentscheidungen beeinflussen. Ein Beispiel dafür, wie wenig Geld ausmacht, zeigt das lächerlich geringe Abschneiden der SED in West-Berlin, obwohl es an finanzieller Unterstützung aus dem Ostteil der Stadt nicht gefehlt hatte.

Seit den Sechzigerjahren begannen öffentliche Mittel für die Parteien zu fließen. Daneben gab es weiterhin »Staatsbürgerliche Vereinigungen« oder ähnlich lautende Einrichtungen, die als die politische Bildung fördernde Organisationen und Vereine anerkannt waren. Spenden an sie waren von der Steuer abzugsfähig.

In den Siebzigerjahren nahm die politische Kritik an dieser Art von Parteienfinanzierung zu. Es hatte sich mittlerweile eine

»Grauzone« gebildet, die aufzulösen schwerfiel. Die Situation war in sich völlig widersprüchlich. Da gab es ein Parteiengesetz, das mehrfach geändert wurde. Mithilfe des Gesetzes kam die staatliche Parteienfinanzierung auf Touren. Zugleich forderte das Gesetz jedoch Transparenz bei den Spenden, auch die Höhe der zulässigen Spenden für Parteien wurde festgelegt. Bei den großen Spendern ebenso wie bei den Schatzmeistern der Parteien trafen diese Regelungen auf wenig Gegenliebe, und die Schatzmeister klagten über geringer werdende Einnahmen. Bei der allgemeinen Geringschätzung der Parteien war es naheliegend, dass viele Spender kein Interesse hatten, ihren Namen veröffentlicht zu sehen. Kohl brachte die Schwierigkeiten mit dem Parteiengesetz auf die Formel, dass bei seiner Ausarbeitung »die besten Theoretiker der Republik am Werk waren, aber die, die es machen müssen, nie gefragt wurden«.[570]

Es war eine mehr als eigenartige Situation. Im Bundestag berieten und beschlossen die Parteien über Verschärfungen der Bestimmungen im Parteiengesetz, von denen die Eingeweihten aber wussten, dass sie umgangen werden konnten. Wie weit den Abgeordneten das Problematische ihres Tuns bewusst war, sei dahingestellt.

Bereits 1981, als noch die sozialliberale Koalition regierte, hatte man die »Grauzone« durch eine Amnestie aus der Welt schaffen wollen. Alle drei Parteien des Bundestages waren sich in der Sache einig, denn auch die SPD hatte inzwischen einen Finanzbedarf, der aus den Mitgliedsbeiträgen und ihrem erwähnten Grundvermögen allein nicht mehr zu decken war. Deshalb war man auch in ihren Führungsgremien an Spenden interessiert, obwohl sich ihre finanzielle Situation insgesamt solider darstellte als bei den anderen Parteien. Dennoch waren ihre Parteifinanzen recht undurchsichtig. Nur der langjährige Schatzmeister Alfred Nau hatte die Kontrolle und den Überblick. In der Partei scherzte man, Nau würde auch einen Putsch in der Partei wegen seiner Unentbehrlichkeit für die Finanzen überleben. Die von den Parteien angestrebte Amnestie scheiterte schließlich am innerparteilichen Widerstand der SPD. Die Genossen mussten passen und lösten damit eine schwere Koalitionskrise aus, die dem Willen zur Fortsetzung der Zusammenarbeit nicht dienlich war.[571]

Die neue Koalition der Mitte legte 1983 ein neues Parteiengesetz vor, das die Möglichkeit der Absetzung von Spenden zwar erhöhte, aber die nebenher laufende Spendenpraxis mit anonymen Spendern und höheren Beiträgen nicht unterband.

Das Kurieren an Symptomen bei Fortdauer der gesetzwidrigen Spendenpraxis geschah jedoch nicht aus purem Machtmissbrauch. Die Parteien hatten Geldsorgen. Die Personalkosten stiegen schneller als die Mitgliedsbeiträge und die Staatszuschüsse. Der Arbeitsmarkt hatte sich verändert. Der Öffentliche Dienst war nach der großzügigen Einstellungspolitik der sozialliberalen Koalition in ihren Anfangsjahren nicht mehr aufnahmefähig. Mit dem Ende des Wirtschaftswunders und wachsender Arbeitslosigkeit wurde auch eine Tätigkeit im Rahmen einer Partei durchaus attraktiv und deshalb vermehrt angestrebt. Das ließ die Kosten steigen.

Das ungelöste Problem der Parteispenden erhielt mit dem Bekanntwerden der Spendenpraxis des Flick-Konzerns eine ungeahnte politische Brisanz. Staatsanwaltliche Durchsuchungen förderten eine Unmenge von Belegen für ein jahrelang betriebenes System von Spenden an Politiker und Parteien zutage. Das Besondere an diesem Spendenverteilungssystem war die namentliche Zuordnung, an wen welche Summen gegangen waren. Da hatte Flicks Chefbuchhalter jeweils den Betrag notiert und Namen hinzugefügt: »wg. Matthöfer«, »wg. Lambsdorff« und auch »wg. Kohl«. Das gab der Angelegenheit zusätzlichen Schub – nicht nur Gelder waren geflossen, sondern man kannte auch die Empfänger, zum Teil prominente Politiker. Kohl soll diesen Angaben zufolge 565 000 D-Mark erhalten haben, die umgehend in die CDU-Kasse geflossen waren.[572]

Den Ermittlungen zufolge waren zwischen 1969 und 1980 rund 26,5 Millionen D-Mark über Fördergesellschaften und schwarze Kassen an die Parteien gelangt.

Der »Spiegel« wurde nicht müde, seinen Lesern klarzumachen, welche Motive diese spezielle Spenderfreude ausgelöst hatten. Die Version des Magazins traf in der Öffentlichkeit und in den Medien auf breite Zustimmung. Der »Spiegel« behauptete, es habe sich um eine massive Form der Einflussnahme gehandelt, um eine für den Konzern günstige Entscheidung des Bundesfinanzministers herbeizuführen: Flick hatte 1975 ein Paket Daimler-Aktien für 1,9 Milliarden D-Mark verkauft. Den Gewinn aus diesem Geschäft hätte fast zur Hälfte der Fiskus kassiert, wenn nicht durch Genehmigung des Finanzministers in Übereinstimmung mit dem Bundeswirtschaftsminister eine Steuerbefreiung erfolgt wäre. Eine solche Befreiung war möglich, wenn der Erlös für einen »volkswirtschaftlich besonders förderungswürdigen« Zweck verwendet wurde. Der Konzern hatte diese Bedingung erfüllt und mit dem Geld ein technologisches Spitzenunternehmen in den USA erworben. Wirtschafts- und Finanzministerium hatten den Vorgang gründlich geprüft und ihre Zustimmung erteilt.

Während der »Spiegel« ständig behauptete, die unzähligen »Flickumschläge« mit stattlichen Geldbeträgen seien nur geflossen, um das von dem Unternehmen gewünschte Resultat, nämlich die Steuerbefreiung, zu erhalten, war tatsächlich die Genehmigung erteilt worden, ohne dass eine Einflussnahme vonseiten der Parteien nachweisbar war. Erst vor Kurzem wurde durch Werner Abelshauser bekannt, dass der Spendensegen unabhängig von der Ministererlaubnis erfolgte.[573] Der Flick-Generalbevollmächtigte Eberhard von Brauchitsch hatte mehr aus persönlichen Motiven, »zur Pflege der politischen Landschaft«, die Gelder gestreut. Das entsprach auch der Firmentradition, denn schon der Konzerngründer Friedrich Flick hatte in den Zwanzigerjahren Gelder an die politischen Parteien verteilt, darunter am Ende auch an die NSDAP.

Über die Einzelheiten der Affäre wurde die Öffentlichkeit natürlich nicht durch eine Justizpressestelle informiert, nachdem die Bonner Staatsanwaltschaft 1983 gegen 1800 Personen Ermittlungen wegen Steuerhinterziehung eingeleitet hatte. Es war der »Spiegel«, der nicht nachließ, sich in einer unendlichen Geschichte über Flick und die »gekaufte Republik« zu empören, die Auflage zu steigern und den verderblichen Einfluss von Unternehmergeld auf die Politik anzuprangern. Die ihm verdächtig erscheinenden Politiker sollten unnachsichtig verfolgt werden.

Mit dieser Kampagne war das Magazin durchaus erfolgreich, passte sie doch hervorragend zu den vertrauten Vorstellungen von der Fördererrolle der Großindustrie in Bezug auf den Nationalsozialismus. Friedrich Flick, der Gründer des Unternehmens, schien nicht zufällig von den Amerikanern in Nürnberg zu einer langjährigen Haftstrafe verurteilt worden zu sein.

Das Wissen des »Spiegel« beruhte auf dem von dem Magazin virtuos betriebenen Scheckbuchjournalismus oder auf Durchstechereien der Staatsanwaltschaft. Aus »rechtswidrigen und selektiven Veröffentlichungen, aus vertraulichen Ermittlungsunterlagen der Staatsanwaltschaft« hatte das Magazin den Stoff für seine Anklagen bezogen.[574] Im Klartext hieß das: Geschützt durch die Immunität verleihende Pressefreiheit wurden durch Bestechung oder vertrauliche Zuwendungen die Unterlagen der Staatsanwaltschaft »erschlossen«. Ihr zurechtgestutzter Inhalt wurde dann mit moralischer Entrüstung zu massiven politischen Angriffen gegen die Politiker der Koalition und besonders gegen den Kanzler genutzt.

Helmut Kohl hatte Flick-Spenden in Empfang genommen und an die Schatzmeisterei abgeführt. Als Landesvorsitzender von Rheinland-Pfalz führte er einen Landesverband mit einer soliden finanziellen Basis, nahm gerne Spenden ein, war aber nicht auf sie angewiesen. Er hatte frühzeitig durch entsprechende Satzungsänderungen den Landesverband finanziell auf eine stabile Grundlage gestellt, wobei die rapide Zunahme der Mitgliederschaft diese Aufgabe beträchtlich erleichterte. Als Egon Bahr nach 1974 als Bundesgeschäftsführer der SPD tätig war, beeindruckte ihn die Organisationsdichte der rheinland-pfälzischen CDU stark.[575] Hohe Mitgliederzahlen und organisatorische Effektivität bedeuteten zugleich ein hohes Beitragsaufkommen. Aus Mainz hatte Kohl nach Bonn den Ruf mitgebracht, in finanziellen Angelegenheiten äußerst korrekt zu sein. Aber als Parteivorsitzender stand er vor neuen Herausforderungen, denn er musste nun auch die Finanzierung von Parteigliederungen und Vereinigungen im Auge haben, die über keine eigenen Einnahmen verfügten.[576]

Angesichts der Entschlossenheit der Staatsanwaltschaft zur Strafverfolgung galt es nun für den Bundesvorsitzenden der Partei, Schaden von den Spendern wie von denjenigen Parteifunktionären abzuwenden, die im Vertrauen auf die Straffreiheit der »Grauzone« gespendet oder Spenden entgegengenommen hatten. Als Ausweg erschien Kohl, was 1981 schon einmal versucht wurde, aber gescheitert war: eine Amnestie für Steuersünder. Der Parlamentarische Geschäftsführer Wolfgang Schäuble hatte schnell einen Gesetzentwurf gezimmert, und mit den Parteivorsitzenden von CSU und FDP, Strauß und Genscher, war rasch Einvernehmen hergestellt.

Vor der Fraktion betonte Kohl mit Nachdruck die Notwendigkeit, die Spender zu schützen. Für ihn waren das »Männer, die ein Leben lang nicht nur ihre unternehmerische Funktion im eigenen Unternehmen wahrgenommen haben, sondern in einer großen Zahl von öffentlichen Verpflichtungen ehrenamtlich tätig waren, und die jetzt plötzlich erleben, dass sie wegen Kriminaltaten angeklagt werden, die sie zu keinem Zeitpunkt aus Überzeugung – und sie haben allen Grund zu dieser Überzeugung – begangen haben«.[577] Das zielte eindeutig auf den Mittelstand, die Unternehmer, die nicht nur ihren Betrieb zum Erfolg führten, sondern auch aktiv am öffentlichen Leben teilnahmen. Ihnen galt stets sein Respekt, und der Wille, sie nicht im Stich zu lassen, war bei ihm stark ausgeprägt.

In der Fraktion gab es leichtes Grummeln, als er die Mitglieder davor warnte, zwischen denen zu unterscheiden, »die in der Drecklinie« stünden, und den »reinen Seelen«, die dann auch die »reine Lehre vertreten« könnten. Sein Appell wirkte, denn man wusste, dass eine solche Differenzierung nicht zutreffend war. Selbst auf dem Stuttgarter Parteitag wurde der Amnestieplan – wenn auch mit geringerer Zustimmung als gewohnt – gebilligt.

Der Partei wurde es jedoch erspart, ihre Standfestigkeit gegenüber dem massiven Mediendruck beweisen zu müssen, denn die FDP machte nicht mit. Sie verweigerte ihrem Vorsitzenden Genscher die Gefolgschaft, weil sie nur noch die Wahl zwischen »Selbstmord und Tod« sah.[578] Dennoch wollte sie nicht den Rest liberaler Glaubwürdigkeit aufs Spiel setzen und den Amnestieplan billigen. Das war zwar absurdes Theater, unter dem Eindruck der Medienkampagne gegen die Amnestie und durch die Nähe mancher Spitzenleute der FDP zum »Spiegel« aber verständlich. Selbst der ehemalige Präsident des Bundesverfassungsgerichts, das CDU-Mitglied Ernst Benda, hatte im Fernsehen wie im »Spiegel« das Amnestievorhaben scharf kritisiert und »für schlechthin unzulässig« erklärt.[579] Ein solches Wort hatte Gewicht.

Die Abschaffung der Grauzone bei Parteispenden durch Verabschiedung des Amnestiegesetzes war gescheitert. Der Druck der Medien hatte ausgereicht, um das Projekt zu stoppen. Kohl konnte auch hier wieder auf den Befund von Elisabeth Noelle-Neumann hinweisen, dass 70 Prozent der »verfassten öffent-

lichen Meinung ... es eben nicht gut mit uns meinen«.[580] Das
Scheitern des Gesetzes brachte jedoch auch keine Lösung des
Problems. Denn ein solches bestand zweifellos. Das zeigte vor
allem das Verhalten der Staatsanwaltschaft. Sie hatte forsch rund
1800 Ermittlungsverfahren eingeleitet, aber dann ließ der Eifer
nach. Die Abneigung, unbescholtene Mittelständler zu krimi-
nalisieren, muss wohl auch im Düsseldorfer Justizministerium
eine Rolle gespielt haben.

Rückblickend konnte Helmut Kohl über den Wankelmut, der
auch in der CDU vorhanden gewesen war, ironische Bemerkungen machen. Da habe es einen Kreisverband gegeben, berichtete
er der Fraktion, in dem Alfred Dregger, Wolfgang Schäuble und
alle die, die für die Amnestie eingetreten waren, »nicht gerade
als die Blödesten, aber als die ›beinahe Blödesten‹ ... geschildert
wurden. Jetzt finden in diesem Kreisverband ... die ersten Prozesse statt. Jetzt habe ich vom gleichen Gremium einen Brief
bekommen: ›Ja, wollt ihr dem allen tatenlos zusehen?‹ (Lachen,
Unruhe)«.[581] Die Union litt schwer unter den Anschuldigungen.
Der Kanzler stand im Mittelpunkt und wurde auch von dem
Untersuchungsausschuss des Bundestages in Sachen Flick wie
auch einem entsprechenden Ausschuss in Rheinland-Pfalz
vernommen.

Das Lachen der Abgeordneten in der Fraktion war kein fröh-
liches, eher ein bitteres gewesen. Es spiegelte mehr die Enttäuschungen wider, die die Politiker bei der Parteienfinanzierung
hinnehmen mussten. Immer neue Informationen über die Aktivitäten des Flick-Konzerns konnte der »Spiegel« aus den staatsanwaltschaftlichen Akten präsentieren. Sie bedeuteten auch das
politische Ende Rainer Barzels und seinen Rücktritt als Bundestagspräsident, als das Magazin genüsslich die Versorgung ausbreitete, die der Flick-Manager von Brauchitsch 1973 für den
Spitzenpolitiker organisiert hatte, nachdem Barzel von seinen
beiden Ämtern, dem des CDU-Bundesvorsitzenden und des

CDU/CSU-Fraktionsvorsitzenden, zurückgetreten war. Die Versorgung belief sich auf eine jährliche Honorierung von 250 000 D-Mark, die für die Tätigkeit Barzels in einem Frankfurter Rechtsanwaltbüro gezahlt wurde, insgesamt waren es 1,8 Millionen. Sein Rücktritt im Oktober 1984 erfolgte aber nicht primär auf Druck der Medien, sondern den der eigenen Fraktion, die eine derart hoch bezahlte Pseudobeschäftigung für untragbar hielt.[582]

Es konnte nicht überraschen, dass auch Helmut Kohl als der Nachfolger Barzels im Parteivorsitz in die Schusslinie geriet. Nun wurde gerätselt, inwieweit Kohl selbst mit der Abfindung Barzels zu tun gehabt habe. Sein alter Gegner Karl Feldmeyer sah den Druck auf Kohl »von Tag zu Tag« wachsen.[583] So gesehen, sprach der Grünen-Abgeordnete Jürgen Reents nur aus, was viele dachten, als er im Bundestag mit der Behauptung provozierte, der Weg dieses Kanzlers »an die Spitze seiner Fraktion und seiner Partei« sei »... von Flick freigekauft« worden.[584] Für diese Spitzenleistung menschlichen Anstands wurde er gemeinsam mit seinem Fraktionskollegen Joschka Fischer von der Sitzung ausgeschlossen. Kohl hatte mit der Versorgung Barzels nichts zu tun. Das hatte der nordrhein-westfälische CDU-Vorsitzende Kurt Biedenkopf von sich aus erledigt. Aber es war bezeichnend für die selektive Berichterstattung des »Spiegel«, dass der Name Biedenkopfs in diesem Zusammenhang nicht erwähnt wurde.

Das eigentliche Ziel all der Medienaktivitäten um Flick und die Parteispenden blieb der Kanzler. Hier schien sich plötzlich eine Gelegenheit zu bieten, ihn niederzuringen, nachdem er die Wahlen 1983 haushoch gewonnen und die Nachrüstungshysterie unbeschadet überstanden hatte. Der Grünen-Abgeordnete Otto Schily glaubte, einen juristischen Dreh gefunden zu haben: Im Januar 1986 erstattete er Anzeige gegen Kohl wegen des Verdachts der uneidlichen Falschaussage. Diese seien bei seinen

Vernehmungen in den Untersuchungsausschüssen in Bonn und Mainz gemacht worden. Einmal ging es um Flick-Spenden in Höhe von 25 000 und 30 000 D-Mark, die Kohl verschwiegen habe. Wenn aus den Flick-Akten hervorging, dass er zwischen 1974 und 1980 insgesamt 565 000 DM erhalten hatte, konnten die beiden inkriminierten Beträge allerdings nicht sonderlich relevant sein. Das war abzuhaken.

Mit der Aussage in Mainz hatte es sich anders verhalten. Schon vor seiner Vernehmung hatte Kohl dem Ausschussvorsitzenden schriftlich mitgeteilt, dass die Staatsbürgerliche Vereinigung »im Rahmen ihrer politischen Zielsetzung Parteien durch Spenden unterstützt« habe. Er machte also kein Geheimnis aus der Parteienfinanzierung. In Mainz wurde er dann direkt gefragt, »… ob Sie, Herr Bundeskanzler, als damaliger Ministerpräsident etwas davon wussten, dass diese Staatsbürgerliche Vereinigung, die ihren Sitz in Koblenz hatte, als Geld- und Spendenbeschaffungsanlage diente«. Kohls Antwort lautete: »Nein.«[585]

Warum verneinte er diese Frage, obwohl er doch zuvor die finanzielle Unterstützung durch die Staatsbürgerliche Vereinigung schriftlich bejaht hatte? Fürchtete er weitere Fragen, wenn er zugab, als Ministerpräsident davon gehört zu haben? Ein Nachbohren hinsichtlich seines Verhaltens als Ministerpräsident? Schon damals gab es Presseberichte, nach denen im Saal Unruhe und Verwirrung herrschten und Kohls Nein sich auf eine ganz andere Frage bezogen hätte, es sich also um ein Missverständnis gehandelt habe. Kohl hat diese Version in den »Erinnerungen« wiederholt. Das Protokoll stützt diese Darstellung jedoch nicht.

Es ist in dieser Situation aber verständlich, dass Kohl in einer Art Kurzschlussreaktion den sich möglicherweise anschließenden Fragen entgehen wollte und deshalb einfach »Nein« sagte.

Der Abgeordnete Schily hatte als intelligenter Rechtsanwalt und erfahrenes Mitglied des Bonner Untersuchungsausschusses die Schwachstellen bemerkt und Strafanzeige erstattet. Damit kam lediglich ein Automatismus in Gang, mehr nicht. Denn die Staatsanwaltschaft pflegt tätig zu werden, wenn eine Anzeige eine gewisse Schlüssigkeit aufweist. Dies genügt für die Eröffnung des Ermittlungsverfahrens – mehr nicht. Doch die »politische Diffamierungswirkung« – so Wolfgang Schäuble im »Spiegel« – war »ungeheuer«.[586] Gegen einen amtierenden Bundeskanzler zu ermitteln, ließ die Medien über ein Gerichtsverfahren und den möglichen Rücktritt des Kanzlers spekulieren. Der »Spiegel« sah bereits Krisenstäbe in der Union tätig werden, die prüfen sollten, ob der Kanzler schon vor den Wahlen »ausgewechselt« werden solle.[587] Diese Vorstellungen haben auch auf die Wissenschaft abgefärbt und zu der Einschätzung geführt: »Um ein Haar wäre die Parteispendenaffäre auch dem Bundeskanzler zum Verhängnis geworden.«[588] Hier wird der Zweckpessimismus der Medien für bare Münze genommen.

Allerdings hat dieser Schritt der Staatsanwaltschaft auch Kohl selbst erschüttert, und er hat unter dieser Drohung massiv gelitten. Nur so ist es verständlich, dass ihn die Deutung Heiner Geißlers, die dieser im Fernsehen in einem Streitgespräch mit Otto Schily geäußert hatte, dass Kohl nämlich einen Blackout gehabt habe, tief verletzte. Noch im Rückblick fragte er sich, »ob er (Geißler) mit dieser Feststellung schon damals das Ziel verfolgte, mich als Parteivorsitzenden zu beseitigen«.[589] Das ist wenig wahrscheinlich, denn Kohls Verhältnis zu Heiner Geißler unterlag seit Jahren schon heftigen Schwankungen. Die scharfe Reaktion auf das Wort Geißlers erklärt sich eher aus seinem verletzten Selbstverständnis: Ein Kanzler durfte keinen Blackout haben, folglich durfte ihm so etwas auch nicht unterstellt werden.

Die Spendenaffäre begann allmählich zu verblassen. Im Mai 1986 stellte die Staatsanwaltschaft zur großen Erleichterung des Kanzlers die Ermittlungsverfahren ein.

Stühlerücken – die personalpolitischen Konsequenzen

Zuvor hatte schon der Rücktritt Barzels als Präsident des Bundestages im Oktober 1984 ein Personalrevirement notwendig gemacht. Wer sollte sein Nachfolger werden? Allgemein wurde Alfred Dregger als Kandidat gehandelt, der es jedoch vorzog, weiterhin Fraktionsvorsitzender zu bleiben. Kohl entschied schnell. Philipp Jenninger, der neun Jahre Parlamentarischer Geschäftsführer gewesen war und den Parlamentsbetrieb genau kannte, sollte der Nachfolger werden. Der Kandidat war vollkommen überrascht: »Bis vorgestern Abend habe ich nicht im Traum daran gedacht, dass dieses Amt auf mich zukommt.« Vor der Fraktion führte der Kanzler Jenninger mit launigen Worten ein. Er sei sein Leidensgefährte beim vorösterlichen Fasten gewesen, zuerst in Schruns, später in Hofgastein, das beide bestenfalls mit vorübergehendem Erfolg beendet hatten: »Wenn er vor mir läuft, habe ich immer den großen Vorteil, dass ich besser abschneide, was den Umfang betrifft.«[590]

Philipp Jenninger war als Staatsminister im Kanzleramt vornehmlich mit der Deutschlandpolitik befasst gewesen. Dafür musste nun ein Nachfolger gefunden werden. Darüber hinaus galt es dort, endlich einen Missstand abzustellen: Es fehlte ein Chef. Dem Kanzler stand kein Staatssekretär zur Seite, der ein waches Auge auf die Ressorts hatte und das Kanzleramt selbst unter Dampf hielt, wie es Hans Globke unter Adenauer oder Manfred Schüler unter Schmidt getan hatten. Waldemar Schreckenberger war letztlich doch eine Fehlbesetzung gewesen. Kritik sickerte aus den Ministerien, wenn es hieß: »Wenn wir einen normalen Vorgang haben, gehen wir über den Dienstweg – wenn's wichtig ist, rufen wir Juliane an«. Juliane Weber war die eigentliche Schaltstelle im Kanzlerbüro, die keineswegs nur

Vorzimmerfunktionen ausübte, sondern oft wusste, wie ein Problem zu bewältigen war. Der Staatssekretär war für das harte Geschäft als Chef des Kanzleramtes nicht geeignet. Von ihm wurde berichtet, er sei »unerhört höflich, unerhört lieb, unerhört zeitraubend und sehr bedingt wirkungsvoll«. Einige Zeit später rätselte die »Frankfurter Allgemeine Zeitung«: »... ob Kohl jetzt im Kanzleramt alles lassen kann, wie es ist«?[591]

Mit Jenningers Wahl zum Bundestagspräsidenten bot sich die Möglichkeit des Stühlerückens, um das Kanzleramt endlich effektiver zu organisieren. Kohl sah durchaus die Notwendigkeit und fand eine Lösung, die für ihn, für seine Arbeitsweise und für seinen Umgang mit Mitarbeitern charakteristisch war. Die einfache Variante, Schreckenberger zu entlassen und einen anderen Staatssekretär an seine Stelle zu setzen, kam nicht infrage. Einen Beamten, der das Amt im Griff hatte, zugleich ihm loyal zuarbeitete, wollte Kohl nicht – ganz abgesehen davon, wie schwierig es war, einen solchen Mann zu finden. Das hätte dem Posten einen zu bürokratischen Zuschnitt gegeben, und das lag ihm fern.

Der Mitarbeiterstab des Kanzleramtes hatte während der sozialliberalen Koalition an Umfang erheblich zugenommen. Der Arbeitsstil Helmut Schmidts, der das intensive Aktenstudium bevorzugte, hatte auf das Amt abgefärbt. Es war ein großer bürokratischer Apparat mit knapp 500 Mitarbeitern, der auf den Kanzler zugeschnitten war. Bei Kohl war das anders. Wie schon in Mainz und als Fraktionsvorsitzender hatte er einen kleinen Kreis von Vertrauten um sich geschart – Horst Teltschik, Eduard Ackermann, Juliane Weber, Wolfgang Bergsdorf und Philipp Jenninger. Mit diesen Menschen war er ständig in Kontakt und sprach sich mit ihnen ab. Ein solcher persönlicher Regierungsstil gab dem Kanzler mehr Handlungsfreiheit. Es erlaubte ihm ein schnelles Hineinregieren in die Ressorts, wenn er aus seiner Tasche die kleinen Zettel oder das Notizbuch mit vielen

Stichpunkten hervorholte, die dann unter vier Augen oder am Telefon erledigt wurden.

Die konzentrierte Zusammenarbeit in der Führung bedeutete aber, dass dadurch verschiedenen Abteilungen der Bezug zur Spitze fehlte. Die Informationsstränge zwischen der Leitung und den Abteilungen seien »gekappt«, wurde geklagt, »sie dümpelten still vor sich hin, und der einzige Trost für manchen ehrgeizigen Beamten ist, dass er im Gegensatz zu früheren Zeiten pünktlich nach Hause kommt«.[592] Eine deutliche Trennung »zwischen der politischen Ebene und der Beamtenebene« sei eingetreten. Die mangelnde Koordinierung des Kanzleramtes musste sich auf lange Sicht als Sollbruchstelle erweisen, die dringend beseitigt werden musste.

Kohls Wahl fiel auf Wolfgang Schäuble, einen Juristen, der seit 1969 Mitglied des Bundestages war. Dessen Fähigkeiten und Arbeitskraft hatte der Kanzler im Rahmen der Fraktionsarbeit kennen- und schätzen gelernt. Mit Schäuble kam ein Politiker an die Spitze des Kanzleramtes, der als Bundesminister eine herausgehobene Stellung erhielt und in der Lage war, die bisher fehlende Koordination und Konzentration herzustellen. Der Fraktionsvorsitzende Dregger erläuterte, es sei darum gegangen, »für den Bundeskanzler … eine Lösung zu schaffen, bei der alle administrativen und politischen Fäden in einer Hand zusammenlaufen«.[593]

Mit Wolfgang Schäuble wurde das Kanzleramt funktionsfähig. Was für ihn, seinen Vorgänger Philipp Jenninger wie seinen Nachfolger Rudolf Seiters galt: Sie waren keine Beamten, sondern Politiker und kamen alle aus der harten Schule der Fraktionsführung, waren sie doch alle Parlamentarische Geschäftsführer gewesen. Dort hatten sie gelernt, mit komplizierten politischen Materien und ähnlich komplizierten Menschen umzugehen und schnell und umsichtig ganz unterschiedlichen Anforderungen zu genügen.

Waldemar Schreckenberger blieb aber Staatssekretär, nicht weiter auffällig unter den verschiedenen Parlamentarischen Staatssekretären, die sonst noch das Amt bevölkerten. Seine Tätigkeit bestand vor allem in der Dienstaufsicht über den Bundesnachrichtendienst (BND) – eine Aufgabe, die Kohl rückblickend als einen »der schwierigsten Jobs, die in Bonn zu vergeben waren«, bezeichnet hat.[594] Damit wollte er seinem Vertrauten aus Mainzer Tagen noch ein spätes Lob spenden. Tatsächlich zeigt das Abschieben auf diesen Posten nur die Geringschätzung des Geheimdienstes, die bei Kohl wie bei seinem Vorgänger Schmidt ausgeprägt war, aber auch von ihren Parteien geteilt wurde.

Mit Wolfgang Schäuble gewann das Kanzleramt an Effektivität. Im Sommerloch des Jahres 1984 waren nach den verschiedenen Turbulenzen wie der Wörner-Kießling-Affäre und dem Scheitern des Amnestieplanes bereits kritische Reaktionen bemerkbar geworden. Ihre Wirkung war allerdings begrenzt, weil der Erfolg der Anfangsjahre noch das insgesamt positive Urteil der Öffentlichkeit bestimmte. Das konnte sich schnell ändern. Mit Schäuble an der Spitze des Kanzleramtes waren jedoch die Chancen gestiegen, auch schwierigere Krisenlagen zu überstehen.

Das außenpolitische Szenario

Bismarck erklärte einmal seine Karte von Afrika folgendermaßen: Dieser Kontinent läge für ihn tatsächlich zwischen Frankreich, England und Russland.[595] Damit wollte er sagen, dass auch politisch eher marginale Probleme stets auf die Großwetterlage, auf die Interessengegensätze der Großmächte und ihre außenpolitischen Beziehungen zurückzuführen sind.

Die Kanzler der Bundesrepublik hatten bis zum Ende des Kalten Krieges auch eine spezifische Weltkarte: Sie bestand aus den USA und Frankreich auf der einen Seite und der Sowjetunion auf der anderen Seite. Großbritannien lief nebenher; mit seinen Vorbehalten gegenüber dem europäischen Einigungsprozess und der Betonung der besonderen Beziehungen zu den Vereinigten Staaten stand es nicht im Zentrum deutscher Außenpolitik.

Konrad Adenauer hatte die Grundlage zu seiner erfolgreichen Außenpolitik gelegt, als er schon früh – vor dem Bekanntwerden des Schumanplans und ganz im Gegensatz zu der Meinung seiner deutschen Landsleute – das Sicherheitsbedürfnis Frankreichs gegenüber seinem östlichen Nachbarn anerkannte. Deutschland müsse der Tatsache Rechnung tragen, dass es für seine neuen westeuropäischen Partner aufgrund seiner Geschichte wie seiner wirtschaftlichen Stärke eine mögliche Bedrohung darstelle. Das war seine stete Mahnung und bedeutete gleichzeitig, bereit zu sein, dem wirtschaftlich schwächeren Frankreich gegenüber Konzessionen zu machen oder sogar politische Kröten wie die französische Saarpolitik und eine dirigistische Ausrichtung des Agrarsektors in der EWG zu schlucken.

Adenauer wusste aber auch: Hinter Frankreich standen die USA. Die amerikanische Weltmacht hatte ihre Europapolitik seit der Verkündung des Marshallplans, der Formierung der NATO und der Montanunion auf Frankreich gegründet. Die Deutschen verdienten aus ihrer Sicht so wenige Jahre nach dem Krieg noch kein Vertrauen. Frankreich spielte auf dem europäischen Kontinent – wenn auch militärisch und wirtschaftlich sehr schwach – für die USA zunächst die erste Geige.

Die oft gerühmte Freundschaft zwischen dem amerikanischen Außenminister John F. Dulles und Konrad Adenauer entstand in dialektischer Umkehrung zu diesem Grundsatz. Die USA hatten seit 1950 auf Bonn Druck ausgeübt, das französische

Projekt der Europäischen Verteidigungsgemeinschaft (EVG) zu akzeptieren. Widerstrebend hatten die Deutschen schließlich nachgegeben und das Vertragswerk zügig ratifiziert. Frankreich dagegen zögerte die Abstimmung in der Nationalversammlung immer wieder hinaus, bis es die EVG im August 1954 endgültig scheitern ließ. Der Kanzler dagegen hatte dafür gesorgt, die eingegangenen Verpflichtungen auch zu erfüllen, und hatte dabei ein beträchtliches Durchsetzungsvermögen gezeigt. Das nötigte Dulles uneingeschränkte Hochachtung ab. Es war die Voraussetzung für die freundschaftlichen Beziehungen der Folgezeit.

In dem Maße, wie Westeuropa auf eigene Füße zu stehen kam, ließ der amerikanische Einfluss nach. Er war aber stets vorhanden. Die Beziehungen zwischen Adenauer und Charles de Gaulle waren keineswegs so harmonisch, wie es die »Erinnerungskultur« glauben macht. Der triumphale Deutschland-Besuch des Generals 1962, die Messe in der Kathedrale von Reims und der deutsch-französische Vertrag waren Marksteine der Aussöhnung zwischen den »Erbfeinden«. Dennoch ist zu beachten, was diese Politik Adenauer kostete: den Verzicht auf seine Vision des supranationalen Europas, als er dem »Europa der Vaterländer« de Gaulles unter Ausschluss Großbritanniens zustimmte. Er musste dafür teuer bezahlen, als er mit dieser Kursänderung im Bundestag scheiterte und die Präambel zum deutsch-französischen Vertrag hinnehmen musste, die den Dissens offenbarte und den Vertrag verwässerte.

Die Beziehungen zu den Vereinigten Staaten hatten stärkere Wurzeln als zu jedem anderen Partner. Kein Land war dem sowjetischen Druck so stark ausgesetzt gewesen wie das geteilte Deutschland. Mit der Luftbrücke nach Berlin wurde das Bündnis mit dem Westen geschlossen – in erster Linie aber mit der amerikanischen Schutzmacht, die allein die Freiheit zu garantieren imstande war. Dennoch blieben Spannungen nicht aus. Wurde Präsident John F. Kennedy 1963 in Berlin begeistert gefeiert, begann die Kennedy-Administration wenig später, auf deutsche Befindlichkeiten keine Rücksicht nehmend, mit der Sowjetunion eine Politik der Entspannung zu betreiben. Und US-Präsident Lyndon B. Johnson glaubte, von Kanzler Ludwig Erhard Finanzhilfen in einer solchen Höhe eintreiben zu kön-- nen, dass er damit mehr zum Sturze des Kanzlers beitrug als die US-Finanzen aufbesserte.

Willy Brandt nimmt in der Reihe der Kanzler eine besondere Stellung ein. Seine Verständigungsbereitschaft mit dem Osten traf auf eine sowjetische Führung, deren Hauptsorge die Festschreibung ihres Besitzstandes von 1945, also die Anerkennung der bestehenden Grenzen war. Letztlich ging es um eine Alternative: Handelte es sich tatsächlich um die Anerkennung des Status quo in Europa oder nur um dessen Hinnahme in der Hoffnung, ihn gerade dadurch infrage stellen und die Tür zu einer Wiedervereinigung mindestens spaltbreit offen halten zu können? Letzteres war das Kalkül, das dem Konzept einer »Wandlung durch Annäherung« zugrunde lag. Im Laufe der Siebzigerjahre sollten Willy Brandt und Egon Bahr von dieser Erwartung allerdings allmählich Abschied nehmen. Die Ostpolitik Brandts brachte aber nicht nur eine wesentliche Klimaverbesserung, sondern mit dem Berlin-Abkommen von 1971 zugleich eine wesentliche und ganz handfeste Verbesserung des Status von West-Berlin. All das gelang in einem Vorgang intensiver diplomatischer Ost-West-Aktivität, der knapp zwanzig Jahre später in ähnlicher Form, aber nun in weltgeschichtlichen Dimensionen, wieder aufleben sollte.

Helmut Kohl steht voll in der Kontinuität deutscher Außenpolitik, aber zugleich unterscheidet er sich von seinen Vorgängern. Es gelang ihm – entscheidend gefördert durch das Tauwetter in der politischen Großwetterlage –, die Beziehungen zu den drei wichtigsten Staaten – USA, Frankreich, Sowjetunion – durchgehend positiv zu gestalten und auch zu deren Staatschefs – Roland Reagan und ihm folgend George Bush, François Mitterrand und Michail Gorbatschow – ein stets persönlich gefärbtes, gutes bis herzliches Verhältnis aufzubauen. Dies gelang ihm nicht nur deswegen, weil die so oft beschworene »Chemie« stimmte – das war eine Erklärung für die Medien. Als weit wichtiger sollte sich erweisen, dass seine Begabung zur Kommunikation mit anderen Menschen gepaart war mit der im Grunde wichtigeren Fähigkeit, die Interessen und Probleme seiner Partner zu erkennen und ihnen möglichst wirksam Rechnung zu tragen.

Auch in der Außenpolitik zeigte sich Helmut Kohl als ein Politiker der Mitte – fest verwurzelt im Westen, aber auch offen gegenüber dem mächtigen Nachbarn im Osten. Ihm war bewusst, dass er als deutscher Kanzler angesichts der Vergangenheit vor allem eines glaubhaft machen musste – nämlich ein berechenbarer Partner zu sein. Das sei, sagte er einmal, »in der Außenpolitik eines der wichtigsten Güter, über das man verfügen kann«.[596]

Dabei wies sein außenpolitischer Kompass unbeirrt nach Westen. Er sah das sogar in historischer Perspektive. Schon die Außenpolitik Gustav Stresemanns, stellte er einmal fest, habe in der Weimarer Republik versucht, Deutschland nach Westen hin zu orientieren. Kohl erkannte deutlicher als viele Historiker und erst recht als die Außenpolitiker der Ära Adenauer, dass Stresemann keine »Schaukelpolitik« betrieben, sondern seine Politik auf den Westen ausgerichtet hatte.

Diese feste Westorientierung schloss jedoch die Offenheit gegenüber dem Osten nicht aus. Kohl wusste, dass Erfolge in der Deutschlandpolitik, überhaupt jede Bewegung in der deutschen Frage, nur im Einvernehmen mit der Sowjetunion möglich war. Er beharrte schon lange nicht mehr auf den plakativen Forderungen Adenauers. Schon beim sowjetischen Einmarsch in Prag 1968 hatte er sich wie Kurt Georg Kiesinger gegen die Propagandaformeln des Kalten Krieges gestellt, als es darum ging, dazu Stellung zu nehmen. Er kritisierte zwar die Ostpolitik der sozialliberalen Koalition, lehnte sie aber nicht ab. Sein freundschaftlicher Kontakt zu Gustav Heinemann beruhte auch auf der Übereinstimmung, dass eine Deutschlandpolitik gegen die Sowjetunion zum Scheitern verurteilt war. Als Ministerpräsident von Rheinland-Pfalz stand Kohl außenpolitisch nicht in vorderer Position und hütete sich, seine abweichende Haltung bekannt zu machen. Denn er konnte nicht gegen die Mehrheit seiner Partei Parteivorsitzender und Kanzler werden. Ein Lernprozess war notwendig, um die Partei mit neuen politischen Konstellationen vertraut zu machen.

Obwohl von den linken Medien als Provinztrottel geschmäht, hatte er tatsächlich bereits früh ein lebhaftes Interesse an der Außenpolitik gezeigt. Schon als junger Ministerpräsident des kleinen, politisch so unscheinbaren Rheinland-Pfalz in den Jahren 1969 bis 1976 hatte er jede Möglichkeit genutzt, auf diesem Gebiet Erfahrungen zu sammeln, zumal das Land mit seiner Grenze nach Frankreich zu Kontakten einlud. Zugleich befand sich in der Pfalz die größte US-Garnison in Europa. Damit boten sich viele Möglichkeiten, Ausflüge in die Außenpolitik zu machen.

Zu Frankreich ergaben sich nachbarliche Beziehungen, ähnlich wie sie sein Vorgänger Peter Altmeier mit Burgund gepflegt hatte. Die geborenen Partner auf französischer Seite waren die katholischen Volksrepublikaner (MRP), zu denen mit Robert Schuman auch die Galionsfigur der Europa-Politik der ersten Stunde gehört hatte. In den Siebzigerjahren hatte Kohl jedoch Probleme, nach dem Verschwinden der Volksrepublikaner französische Ansprechpartner zu finden. Zu den Gaullisten bestanden wenig Kontakte.

Das galt auch für die Républicains Indépendants des späteren Staatspräsidenten Giscard d'Estaing. Mit ihm hatte Kohl 1976 in

Hamburg eine scharfe Auseinandersetzung, auf die er im Gespräch rückblickend mitunter zurückkam. Wahrscheinlich hatte Giscard wenig Neigung gezeigt, öffentliche Sympathie für die Union zu äußern, da er sein Markenzeichen als Freund Helmut Schmidts nicht gefährdet wissen wollte. Die Beziehung zu Giscard muss erheblich gestört gewesen sein, sonst hätte Kohl in seinen »Erinnerungen« das Verhältnis zu ihm nicht als »durchweg unerfreulich« charakterisiert, wobei erschwerend hinzukam, dass der französische Staatspräsident es vermieden hatte, bei seinen verschiedenen Besuchen am Rhein das Grab Konrad Adenauers in Rhöndorf zu besuchen. Das hatte Kohl »maßlos geärgert«, denn Friedhöfe bedeuteten ihm viel.[597]

Die Politik des Sozialistenführers François Mitterrand verfolgte der deutsche Kanzler skeptisch. Dessen »Programme commun« der Zusammenarbeit mit den Kommunisten konnte er nichts abgewinnen.

Die USA und Ronald Reagan

Ganz anders und ungleich intensiver entwickelten sich die Beziehungen zu den USA. Schon früh, noch als Fraktionsvorsitzender in Mainz, konnte Helmut Kohl mit amerikanischer Förderung zum ersten Mal die USA kennenlernen. Seitdem fanden viele Besuche statt, die nichts mit dem Besuch von Land und Leuten zu tun hatten, sondern die Kontakte zur amerikanischen Politik suchten – im State Department, im Senat, im Council on Foreign Relations und wo immer sich Möglichkeiten zur politischen Diskussion boten. Wie gut sich Kohl in Washington auskannte, mag eine Bemerkung von ihm zeigen: Er kannte sich im Innern der Amtsgebäude so gut aus, dass er den härteren Kurs der amerikanischen Politik nach dem sowjetischen Einmarsch in Afghanistan im Dezember 1979 und dem Geiseldrama in

Teheran – 52 US-Diplomaten waren von November 1979 bis Januar 1981 als Geiseln gehalten worden – auch daran ablesen konnte, dass die handschriftlich signierten Fotos von Willy Brandt, die er in verschiedenen Zimmern von höheren Mitarbeitern im State Department gesehen hatte, nun verschwunden waren. Entspannungspolitik war nicht mehr gefragt.

Zu dem Präsidentschaftskandidaten Ronald Reagan entwickelte Kohl schon früh, als in Europa die Medien über diesen kalifornischen Cowboy bestenfalls spotteten, eine politisch wie menschlich enge Beziehung. Den Kontakt stellte Richard V. Allen her, der Reagans erster Sicherheitsberater werden sollte. Allen kannte Deutschland gut, hatte dort in den Sechzigerjahren studiert und sogar den tollkühnen Plan gefasst, über den Vermittlungsausschuss zwischen Bundestag und Bundesrat zu promovieren, was angesichts der Kompliziertheit der Materie nicht gelingen konnte, ihm aber dennoch genügend Einblicke in die Verfassungswirklichkeit der Bundesrepublik vermittelt hatte.

Allen hatte Kohl bereits als Ministerpräsident von Rheinland-Pfalz kennengelernt. Er war dabei, als der Kandidat Reagan 1978 seine erste Europa-Reise unternahm. Ihr Verlauf entsprach keineswegs den Erwartungen, die ein amerikanischer Präsidentschaftskandidat auf einer solchen Reise zu sammeln pflegte. Der britische Ministerpräsident James Callaghan ebenso wie der französische Staatspräsident Válery Giscard d'Estaing nahmen Reagan nicht zur Kenntnis, wohl aber die konservative britische Oppositionsführerin Margret Thatcher. In Bonn traf Reagan dann kurz Kanzler Schmidt und Wirtschaftsminister Graf Lambsdorff. Das zu organisieren, war für Allen nicht schwer, denn er kannte Schmidt schon seit den Sechzigerjahren, und auch Lambsdorff war ihm aus früheren Begegnungen bekannt.[598] Andere Quellen bieten eine abweichende Version. Da heißt es einmal: »In Bonn bekam er (Reagan) … keinen Termin mit irgendeinem Minister. Für die Bundesregierung war er ein Nichts,

eine Null.«[599] Dass er zur körperlichen Stärkung bei Helmut
Kohl Bratkartoffeln mit Rührei serviert bekam, gehört ebenfalls
in das Reich der Legende.

Die entscheidende Begegnung Reagans mit Kohl fand in
Bonn statt. Der amerikanische Präsidentschaftskandidat hatte
zuvor wenig Neigung zu dem Treffen verspürt, aber Allen überredete ihn mit dem Argument, »er müsse den Mann kennenlernen, der während seiner ersten Amtszeit als Präsident Kanzler
sein« werde. Eine Prophezeiung, die in Erfüllung gehen sollte.
Was wichtiger war: Hier trafen zwei Männer zusammen – unterschiedlich in Alter und Herkunft –, die nicht nur in den Grundfragen westlicher Politik und in ihrer Einstellung gegenüber der
Sowjetunion ein hohes Maß an Übereinstimmung feststellten.
Beide verband auch das Interesse an Menschen, beide besaßen
die Fähigkeit, auf andere zuzugehen und mit ihnen rasch in
Kontakt zu kommen. Sie waren vom Vorrang der Freiheit im
politischen Wertesystem überzeugt. Für Reagan war Freiheit
kein abstrakter Wert, sondern etwas durchaus Konkretes. Daraus ergab sich sein tiefer gehendes Interesse an Deutschland,
genauer, für das geteilte Deutschland, das ihm auf ganz elemen-
tare Weise den Gegensatz von Freiheit und Unfreiheit zu ver-
körpern schien.

Was bei aller Übereinstimmung im Grundsätzlichen vielleicht
Episode geblieben wäre, erhielt nach der Wahl Reagans zum
Präsidenten den Charakter drängender Aktualität. Denn der
NATO-Doppelbeschluss verlor in der Bundesrepublik an Zustimmung. Helmut Schmidt, der den Willen zur Nachrüstung
wie kein anderer betont hatte, musste sich mit der wachsenden
Opposition in der eigenen Partei und mit der Friedensbewegung auseinandersetzen. Der Oppositionsführer Helmut Kohl,
der 1979 auf die Kanzlerkandidatur seiner Partei notgedrungen
hatte verzichten müssen, befand sich dagegen nach der Niederlage seines Widersachers Strauß bei den Bundestagswahlen von

1980 im Aufwind. Ihm wurde in den USA wachsende Aufmerksamkeit zuteil, schien er doch der Einzige zu sein, der in der Lage war, die Nachrüstung durchzusetzen, wenn Schmidt scheiterte. Über eines herrschte in Washington Klarheit: Scheiterte der Doppelbeschluss in Bonn, dann war die Nachrüstung überhaupt gescheitert, denn kein NATO-Verbündeter würde für die Stationierung mehr eintreten, wenn die Deutschen nicht mitmachten.

Ein Zufall kam Kohl zustatten, um seine Stellung in Washington noch weiter aufzuwerten. Sein USA-Besuch war für Mitte Oktober 1981 vorgesehen. Er trat seinen Besuch in Washington an, als zwei Ereignisse für Aufsehen sorgten. Das eine war die Massenversammlung der Friedensbewegung im Bonner Hofgarten, das andere die Nachricht, dass Schmidt einen Herzschrittmacher erhalten hatte. Zuerst hieß es sogar, er habe einen Herzanfall erlitten.

Aber nicht nur das Treffen mit Reagan stand auf Kohls Programm. Zuvor hatte es Gespräche in New York mit UN-Generalsekretär Kurt Waldheim, Henry Kissinger und Vertretern jüdischer Organisationen gegeben. Kohl versicherte seinen Gesprächspartnern, »die überwältigende Mehrheit« der deutschen Bevölkerung habe Vertrauen zum Westen, aber die Gefahren der »neutralistisch und ökologisch bestimmten Bewegungen« seien nicht gering zu schätzen«. Kritik an Bundeskanzler Schmidt vermied er. Das gehörte sich nicht im Ausland. Die Friedensbewegung werde vor allem dadurch gefährlich, »dass die linken Flügel von SPD und FDP« mit ihnen kollaborierten.[600]

Das Wiedersehen Reagans mit Kohl wurde ein voller Erfolg. Der Präsident war »sehr persönlich, entspannt und glücklich, Kohl wiederzusehen«. Von dem, was Kohl zu berichten hatte, war er sehr beeindruckt, stimmte es doch mit seinen eigenen Informationen überein, gewann aber an Farbe und Überzeugungskraft durch die persönliche Darstellung. Es ist keine Frage,

dass Reagan in seiner Entschlossenheit zur Nachrüstung durch
die sich anbietende Möglichkeit, mit Kohl als künftigem Bundeskanzler zusammenzuarbeiten, erheblich gestärkt wurde.
Hier kam eine Übereinstimmung in der Sache wie in der persönlichen Beziehung zum Ausdruck, die beide Seiten bewusst von
Freundschaft sprechen ließ. Es war eine Freundschaft, die auch
von Krisen wie der Bitburg-Kontroverse – am 5. Mai 1985 hatten Kohl und Reagan auf dem Soldatenfriedhof, auf dem auch
Angehörige der Waffen-SS beerdigt sind, einen Kranz niedergelegt – nicht erschüttert wurde, und sie fand ihren krönenden Abschluss in dem Appell Ronald Reagans am 12. Juni 1987
vor dem Brandenburger Tor: »Mr. Gorbachev, open this gate!
Mr. Gorbachev, tear down this wall!«

Der französische Nachbar – François Mitterrand

War die Beziehung Kohls zu Frankreich in den Siebzigerjahren
notgedrungen schwach entwickelt und sogar eine erhebliche
Distanz zu François Mitterrand festzustellen, führte die Kanzlerwahl von 1982 auch hier zu einer Wende. Bei früheren Äußerungen über Frankreich und französische Politik war immer
sein Bedauern herauszuhören gewesen, dass die Beziehungen
abgekühlt seien und nicht mehr ein so enger Kontakt wie in den
Jahren zuvor bestünde. Der Unterschied wird deutlich, wenn
man sich vergegenwärtigt, dass Kohl schon 1950 mit einer
Gruppe von Jugendlichen vom französischen Außenminister
Robert Schuman in Paris am Quai d'Orsay empfangen wurde.
Als ein Politiker, der bewusst in der Nachfolge Konrad Adenauers stand und immer wieder dessen Vorbildrolle betont hatte,
war es für Kohl ganz selbstverständlich, dass er deutlich machen
musste, dass er die besonderen Beziehungen zu Frankreich fortsetzen und darüber hinaus intensivieren wollte, zumal im Januar

1983 der 20. Jahrestag des deutsch-französischen Vertrages zu feiern war. Ein überraschend früher Besuch in Paris konnte das am besten zum Ausdruck bringen.

Die kurzfristig erfolgte Anfrage in Paris war erfolgreich. Der französische Staatspräsident verschob sogar einen Staatsbesuch. Der Bundeskanzler nahm sich aller Terminnot zum Trotz die Zeit, am 4. Oktober 1982, nur drei Tage nach seiner Wahl zum Kanzler, zum Abendessen und ersten Gespräch nach Paris zu fliegen. Nichts kennzeichnet das deutsch-französische Verhältnis besser als die Tatsache, dass Kohl und Mitterrand sich an diesem Abend zum ersten Mal begegneten. Denn das deutsch-französische Verhältnis spielte sich tatsächlich zumeist auf Regierungsebene ab. Mit dem deutsch-französischen Jugendwerk wurde das Zusammenkommen bei den Jungen zwar gefördert, aber ein CDU-Vorsitzender hatte mit einem Sozialistenführer wenig zu schaffen. Deutsch-französische Parlamentariertreffen gab es ebenso wenig wie festliche Anlässe, zu denen auch Gäste aus dem Nachbarland geladen waren. Aus Mangel an Gelegenheiten konnte man sich nicht einmal bei Staatsbegräbnissen wie im Falle Leonid Breschnews in der Sowjetunion kennenlernen.

François Mitterrand war ein Gesprächspartner, wie ihn Kohl in Frankreich noch nicht erlebt hatte. Er entsprach keineswegs den Vorstellungen, die man sich gemeinhin von einem französischen Politiker machte. Er war 1916 als fünftes von acht Kindern eines Eisenbahnbeamten im Südwesten Frankreichs geboren, und schon diese Tatsache allein konnte damals im kinderarmen Frankreich fast als Sensation gelten. Er war kein Zögling der Grandes Écoles, der Eliteschulen, sondern hatte in Paris Rechts- und Literaturwissenschaften studiert. Die Frage des Studienabschlusses stellte sich nicht, denn mit Kriegsausbruch wurde er Soldat, bei Verdun verwundet und blieb nach dem Waffenstillstand in deutscher Kriegsgefangenschaft, aus der er Ende 1941 fliehen konnte.

Sein politischer Werdegang war vielfarbig; er war keineswegs ein ideologisch fixierter Linker. Den Niedergang Frankreichs hatte er als Soldat hautnah erleben können. Er akzeptierte wie die meisten Franzosen Marschall Pétain als Staatschef. Damals sah man in diesem vor allem den Patrioten, der sich für Frankreich geopfert hatte. Vergegenwärtigt man sich das bürgerlich-nationale Milieu, dem Mitterrand entstammte, verwundert es nicht, dass er nach seiner Flucht sich einige Zeit im Dunstkreis Pétains in Vichy aufgehalten hatte. Damit soll keine Anfälligkeit für faschistisches Denken angedeutet werden, sondern nur seine Verbundenheit mit der nationalen Tradition Frankreichs, für die Pétain als Symbol stand. Der Marschall war schließlich auch der Taufpate des Sohnes von de Gaulle – ganz unabhängig von dem Weg, den der General nach 1940 einschlug.

Aus Enttäuschung über Pétain und sein Vichy-Regime und in realistischer Einschätzung der Kriegslage schloss sich Mitterrand der Résistance an und war seit 1944 in vielen der meist kurzlebigen Kabinette der Vierten Französischen Republik vertreten. In ihrem verwirrenden Parteiensystem nahm er eine linksliberale Position ein. Mit der Rückkehr von Charles de Gaulle an die Macht im Jahre 1958 war seine politische Laufbahn aber noch nicht beendet. Dafür war er zu jung.

Die Fünfte Republik polarisierte. Es gab das bürgerliche Frankreich und die Linke. Für Mitterrand konnte sein Platz nur auf der Linken sein; seinem Selbstverständnis entsprach es, dass es die Spitzenposition sein musste. Der Erfolg gab ihm recht. Er kandidierte bei den Präsidentschaftswahlen 1965 und 1974 und unterlag jeweils erst im zweiten Wahlgang. 1981 gelang ihm schließlich der Machtwechsel – nicht wegen der Mehrheit des linken Lagers, sondern aufgrund der Uneinigkeit im bürgerlichen Lager. Mehr als zwanzig Jahre war in Frankreich kein Sozialist mehr an der Regierung gewesen – eine Durststrecke, die länger dauerte als die Ära Kohl. Generationen junger Franzosen waren groß geworden, ohne jemals linke Politik erlebt zu haben. Nun musste der Sieg gefeiert, mussten die Sieger belohnt werden.

In der westlichen Welt zeichnete sich seit Ende 1979 eine tief greifende Rezession ab, die nicht ohne politische Veränderungen blieb; sie beschleunigte auch das Ende der sozialliberalen Koalition in Bonn. Frankreich dagegen schien auf einer Insel des Wohlstandes zu leben. Die siegreiche Linke verteilte Wohltaten: Die Altersgrenze wurde auf 60 Jahre herabgesetzt, die Urlaubszeit verlängert, und die Löhne wurden erhöht. Aber auch die Kehrseite sozialistischer Wirtschaftspolitik war zu besichtigen: Unternehmen wurden verstaatlicht und neue Steuern für höhere Einkommen eingeführt.

Im Sommer 1982 war bereits absehbar, dass diese großzügige Ausgabenpolitik ein Ende haben musste. Die Schwierigkeit bestand nur darin, den Kurswechsel richtig zu verkaufen und seine ökonomischen Konsequenzen nicht zu stark fühlbar werden zu lassen.

Doch das war kein Thema beim ersten Zusammentreffen des deutschen Kanzlers und des französischen Ministerpräsidenten. Helmut Kohl begegnete im Elysée-Palast einem Staatsmann, der dem General de Gaulle, dieser Jahrhundertgestalt der französischen Geschichte, mehr ähnelte, als sein politischer Aufstieg auf der Linken vermuten ließ. Mitterrands Sinn für Geschichte, aber auch seine Vorstellungen von der Rolle Frankreichs in Europa und der Welt wie überhaupt sein Sinn für menschliche und politische Würde wiesen darauf hin. Sein Interesse an Deutschland, diesem für Franzosen ebenso reizvollen wie rätselhaften Nachbarn, war ausgeprägt. Für Kohl war er ein idealer Gesprächspartner – aber auch ein Verhandlungspartner, der die Interessen seines Landes mit allem Nachdruck vertrat, ohne es aber zum Bruch kommen zu lassen.

Es blieb nicht bei diesem ersten improvisierten Besuch. Bis

zum Jahresende kam es zu vier Treffen zwischen Mitterrand und Kohl. Das zeigte das außergewöhnliche Interesse auf beiden Seiten, möglichst rasch zu einer intensiven Zusammenarbeit zu kommen. Zugleich fällt auch Licht auf die Arbeitsweise des Kanzlers. Er schlug nämlich beim Treffen am 7. Dezember 1982 vor, »enge Mitarbeiter von beiden Seiten«, aber nicht aus den Ministerien, sondern aus dem Kanzleramt für die Klärung wirtschaftspolitischer Fragen einzusetzen.[601] Wieder tauchte Kohls Misstrauen gegen die Ministerialbürokratie auf, die er am liebsten aus dem Spiel ließ.

Volle Übereinstimmung konnten sie schon bei ihrem ersten Gespräch über die Nachrüstung feststellen, deren Notwendigkeit Mitterrand in seiner Rede vor dem Bundestag am 21. Januar 1983 dann spektakulär betonen sollte – was die Abgeordneten der Union bejubelten, die deutschen Genossen zwar betroffen aussehen, ihre Haltung aber nicht verändern ließ.

Schon im März 1983 bestand die Zusammenarbeit zwischen Bonn und Paris glanzvoll einen Härtetest.[602] Er entschied über das zukünftige Verhältnis. Größte Geheimhaltung war erforderlich, denn es ging um die Einleitung des wirtschafts- und finanzpolitischen Kurswechsels in Frankreich, konkret um die Abwertung des Franc. Dieser Schritt war zur Abkehr von der früheren Ausgabenpolitik unbedingt notwendig. Wie man dieses Problem in Bonn auffasste und rasch wirksame Hilfe organisierte, zeigte Mitterrand die Kooperationsbereitschaft, aber auch die Durchsetzungsfähigkeit seines deutschen Partners.

Bundesfinanzminister Gerhard Stoltenberg erhielt am 16. März 1983 auf höchst geheimnisvolle Weise einen Brief aus Paris. Der französische Finanzstaatssekretär Michel Camdessus selbst hatte ihn, unbemerkt von der Bonner Presse, dem deutschen Finanzminister überbracht. Es war eine persönliche Botschaft von Staatspräsident Mitterrand an den Bundeskanzler. Darin teilte der Präsident mit, dass sein Finanzminister Jacques

Delors im Begriff sei, einen Kurswechsel gegen die Linkstendenzen seiner Regierung einzuleiten. Zur Erleichterung dieser Operation erbat er flankierende Maßnahmen von deutscher Seite. Es ging also um Hilfe, aber diese sollte in einer Weise gewährt werden, dass nicht französische Probleme, sondern Besorgnisse um die europäische Kooperation im Vordergrund standen und das französische Selbstgefühl nicht beeinträchtigt wurde. Da derartige Schritte einer mehr oder weniger diskreten Unterstützung im deutsch-französischen Verhältnis in der Folgezeit keinen Einzelfall darstellten, mag die Darstellung der ersten Aktion dieser Art als Beispiel für die folgenden dienen.

Frankreich musste abwerten, aber Abwertungen waren nicht populär. Sie vermittelten den Eindruck einer verlorenen Schlacht, während die deutsche Währung nicht nur unverändert blieb, sondern häufig noch aufgewertet wurde. Im vorliegenden Fall war die Abwertung eindeutig auf die sozialistische Misswirtschaft zurückzuführen; umso mehr kam es darauf an, diesen Sachverhalt zu verschleiern und allgemeine Probleme der Währungspolitik in den Vordergrund zu rücken. Mitterrand wollte die Bundesrepublik zu einer Aufwertung der D-Mark bewegen, da auf diese Weise die Abwertung des Franc geringer ausfallen konnte.

Nach Erhalt des Briefes rief Kohl noch am selben Abend eine hochkarätige Expertenrunde zusammen, die einer Neufestsetzung der Wechselkurse im EWS, dem Europäischen Währungssystem, und damit auch der Aufwertung der D-Mark zustimmte. Finanzminister Stoltenberg flog bereits am nächsten Nachmittag nach Paris, um Mitterrand das Ergebnis mitzuteilen – alles so geheim, dass nicht einmal ein etatmäßiger Dolmetscher zur Verfügung stand, sondern ein Vertrauter des Präsidenten, der – relativ mühsam – das Übersetzen vornahm.

Das folgende Wochenende sah die Finanzminister und Notenbankpräsidenten der Staaten des EWS bei einer Sondersitzung in

Brüssel, auf der schließlich Stoltenberg, der diesen dramatischen Ausbruch aus der Tretmühle des Finanzministeralltags durchaus genossen hatte, als Lösung die Aufwertung der D-Mark und anderer starker Währungen und die geringer ausfallende Abwertung von französischem Franc und italienischer Lira verkünden konnte. Zuvor aber hatte Kohl seinem Finanzminister die »Weisung« erteilt, »sich für eine Aufwertung der D-Mark einzusetzen und damit die anderen Partner zur Zustimmung zu bewegen«.[603] Die wachsende Nervosität in der französischen Hauptstadt, die Sorge um einen schweren Rückschlag des europäischen Einigungsprozesses und die Überraschung darüber, dass die Aufwertungsinitiative von deutscher Seite kam, obwohl für Bonn keine Notwendigkeit dazu bestand, vermittelten das Erfolgserlebnis einer rasch bewältigten Krisenlage.

An diesem frühen und besonders wirksamen Beispiel deutschfranzösischer Zusammenarbeit wird die Rollenverteilung der Partner deutlich. Mitterrand stellte keine klaren Forderungen, sondern verharrte mehr unter dem Mantel der Geheimhaltung und der Dramatisierung bestehender Schwierigkeiten.[604] Kohl dagegen machte Nägel mit Köpfen. Er erkannte sofort das Problem und organisierte Hilfe, was ihm allerdings dadurch erleichtert wurde, dass er einen ausgezeichneten Finanzminister an der Seite hatte. Die Tatsache, dass die Bundesrepublik finanzielle Opfer bringen musste, störte ihn nicht, denn er wusste, dass ein wirtschaftlich wieder auf Kurs gebrachtes Frankreich auch für den deutschen Export wichtiger war als die Hinnahme vorübergehender finanzieller Nachteile.

Allerdings sollte die Opferbereitschaft des Kanzlers bald von mehr Zurückhaltung und Klagen über die deutschen Belastungen abgelöst werden. Die innenpolitische Brisanz der Entlastungszahlungen für Großbritannien ließ ihn vorsichtig werden. »Kein Deutscher kann begreifen«, klagte er, »dass die Bundesrepublik sich an der Entlastung von Großbritannien beteiligen solle, dass der größte Nettozahler dem zweitgrößten helfen solle.« Viel schwerer wog für ihn der Abbau des Währungsausgleichs. Er werde die Bundesrepublik sechs Milliarden kosten, was für ihn, Kohl, »eine große Kraftanstrengung bedeute«. Wahrscheinlich ahnte er schon, wie viele Stimmen der bäuerlichen Wähler ihn dies kosten würde. In seinem Ärger bemerkte er aber gar nicht den Widerspruch, als er betonte, »dass das langsamste Schiff nicht das Tempo des gesamten Geleitzuges bestimmen dürfe«.[605] Denn nehme man auf langsame Schiffe keine Rücksicht, sei es kein Geleitzug mehr. Ungewollt sprach er damit das Dilemma der Europäischen Gemeinschaft an: Nahm man nicht auf die langsamsten, nur auf Vorteile und Subventionen bedachten Mitglieder Rücksicht, kam man schnell auf das Europa der verschiedenen Geschwindigkeiten und damit an das Ende der Gemeinschaft. Kohl schimpfte zwar und warnte davor, was geschehen könnte, wenn die Deutschen die Gemeinschaft nur noch unter dem Gesichtspunkt der »monetären Opfer« sähen, aber im Grunde wusste er, dass es zu dieser Politik und zu den ungleich verteilten Belastungen keine Alternative gab. Was viel wichtiger war: Er nahm sie nicht bloß widerwillig hin, sondern verstand sie als notwendig, entsprachen sie doch seiner europäischen Überzeugung und vielleicht noch mehr seinem Naturell zum Ausgleich, zum Schließen von Kompromissen, mit denen alle leben konnten.

François Mitterrand wusste genau, wie wichtig der deutsche Kanzler für ihn war. Alle Bundeskanzler waren seit 1949 Frankreich entgegengekommen – ob aus Neigung oder schierer Notwendigkeit bleibe dahingestellt. Was hatte Adenauer für Probleme gehabt, mit Frankreich zu einer Lösung in der Saarfrage zu kommen! Kohl kannte genau die Härte der französischen Besatzungszeit nach 1945, und vielleicht nahm er es deshalb dankbar zur Kenntnis, dass zu Mitterrand ein so freundschaftliches Verhältnis entstanden war, das es ihm erlaubte, viele Aspekte der deutsch-französischen Beziehungen anzusprechen – mehr noch, aber weit wichtiger –, einen Partner zu haben, mit dem er auf dem Weg der europäischen Einigung vorankommen konnte. Das war bei aller Freundschaft keineswegs eine leichte Aufgabe. Auch wenn die beiden Politiker ein gemeinsames Ziel hatten, so konnten Wege und Methoden, diesem Ziel näher zu kommen, durchaus unterschiedlich sein. Frankreich war stets bestrebt, den deutschen Partner nicht zu stark werden zu lassen und die eigene Schwäche, vornehmlich auf wirtschaftlichem Gebiet, klug zu verschleiern.

Die französische Diplomatie hatte eine lange Tradition entwickelt, mit gezielten Gesten zu wirken. Die fehlten auch nicht im Verhältnis zum Bundeskanzler. So fand am 2. Februar 1984 ein ganztägiges Treffen auf Schloss »Villa Ludwigshöhe« statt, jenem Sommersitz der Wittelsbacher in der Pfalz, den Kohl als Ministerpräsident erworben hatte. Der Besuch war als »privat« bezeichnet worden. Tatsächlich war es zu Beginn der französischen Ratspräsidentschaft »das entscheidende Treffen, das im Wesentlichen auch die französische Taktik in allen Europafragen ... mitbestimmen« würde.[606] Für eine solch wichtige hochpolitische Begegnung kam der Präsident eigens in die Pfalz, wo ihn der Kanzler stolz als Hausherr empfangen konnte. Entsprach aber den Gesten auch der politische Wille zur Veränderung? Immo Stabreit, ein Referatsleiter in Horst Teltschiks Abteilung, wies schon vor dem Ludwigshöher Treffen auf die Wahrscheinlichkeit hin, dass die französische Seite »mit sehr weitgehenden Kooperationsvorstellungen kommen« werde – also mehr deutsch-französische Zusammenarbeit, aber weniger Engagement in Sachen Europa. Deshalb solle sich der Kanzler »umfassend« mithilfe eines Papiers über die »engere Zusammenarbeit mit Frankreich im Bereich der Industrie, der Wissenschaft und der Forschung« vorbereiten. Die außenpolitische Abteilung hatte das Papier ausgearbeitet, weil sie damit rechnete, dass die französische Seite auf diese Fragen ausweichen würde, weil sie die EG-Probleme nicht zu sehr vertiefen wollte.

François Mitterrand zeigte eine eigenartige Verhandlungstaktik. Bei diesem wie auch bei vielen anderen Treffen diskutierte er nicht im Sinne eines Austausches von Argumenten, sondern wich einer solchen Auseinandersetzung eher aus. Was er vorbrachte, hatte oft einen mehr impressionistischen Charakter. Seine Ausführungen wirkten manchmal einfach rätselhaft. Mitunter pflegte er seinen abweichenden Standpunkt hinter Allgemeinheiten zu verbergen.

Ohne deutsch-französische Zusammenarbeit lief in Europa wenig. Aber die Partnerschaft war ungleich, der Wille voranzukommen unterschiedlich stark ausgebildet. Der Kanzler drängte auf Fortschritte, aber der so häufig von ihm als »Freund« angesprochene und gefeierte Mitterrand war oft zurückhaltend. Er war auch nicht immer zuverlässig. Er liebte Extratouren. Ein Beispiel mag das verdeutlichen.

Der Europäische Rat tagte Ende Juni 1985 in Mailand. Nach dem ersten Tag der Verhandlungen herrschte Verstimmung. Der Bundeskanzler war mehr als enttäuscht, hatten doch beide Regierungen einen Beschlussentwurf ausgearbeitet, der vertragliche Festlegungen über die zu bildende politische Union enthielt. Von dieser Position war aber die französische Seite bereits am ersten Tag durch Äußerungen ihres Pressesprechers abgerückt. Außerdem hatten beide Regierungen wichtige Tagesordnungspunkte gemeinsam abgesprochen. Kohl war der Überzeugung, dabei müsse es bleiben. Mitterrand war nicht dieser Meinung, brachte aber als Gegenargument lediglich vor, dass nicht nur Frankreich und die Bundesrepublik, sondern auch Italiener und Niederländer eigene Vertragsentwürfe vorgelegt hätten. Außerdem kam er wiederholt auf den italienischen Ministerpräsidenten Bettino Craxi zu sprechen, der besorgt sei, »dass es ihm nicht gelingen könnte, auf diesem Gipfel Ergebnisse zu erzielen«. Dies schien Mitterrand wichtiger zu sein, als den gemeinsam ausgearbeiteten und vorgelegten Vertragsentwurf durchzusetzen. Der Bundeskanzler insistierte jedoch und wies darauf hin, »dass die Zeit verrinne. Wenn Präsident Mitterrand und er nicht in der Lage seien, eine neue Bewegung herbeizuführen, werde niemand etwas bewegen.«[607] Bei Mitterrand bewegte sich aber nichts, er wich nur aus.

Mochten solche Differenzen auch Momentaufnahmen gleichen, sie zeigten aber ein wiederkehrendes Muster. Sie gehörten zu den Erfahrungen des Kanzlers mit dem französischen Partner auf vielen Gebieten, nicht nur bei dessen robuster Interessenvertretung bei allen Fragen des Agrarmarktes. Helmut Kohl ließ sich dennoch durch den ernüchternden Alltag im Kampf um wirtschaftliche Vorteile nicht in seiner Entschlossenheit bremsen, die Einigung Europas weiter mit Nachdruck voranzutreiben. Rückschläge pflegte er fatalistisch hinzunehmen mit der Bemerkung, man müsse halt die Trikolore »dreimal« grüßen.

Mit dem Fall der Mauer und der Möglichkeit der Wiedervereinigung wurde die deutsch-französische Freundschaft auf eine harte Probe gestellt. Wie bei vielen nationalbewussten Franzosen und erst recht in der politischen Klasse schrillten die Alarmglocken, denn die alten Feindbilder tauchten fast zwangsläufig wieder auf. Man hatte so gut mit zwei Deutschlands gelebt, wie es der Schriftsteller François Mauriac einmal festgestellt hatte; die Teilung hatte das Wort von Georges Clemenceau in den Hintergrund treten lassen, dass es 20 Millionen Deutsche zu viel gäbe. Die waren nach 1945 in der DDR sicher unter Verschluss gebracht worden. Die Frage, wie man mit diesem stärkeren Deutschland auskommen könnte, in welchem Maße die Stellung Frankreichs durch den größer gewordenen Nachbarn gemindert werde, beschäftigte auch Mitterrand. Geschickt versuchte er, diese Entwicklung aufzuhalten, und es dauerte einige Zeit, bis er sein freundschaftliches Verhältnis zu Helmut Kohl wieder aufnahm – ganz wie in einer Partnerschaft, bei der sich der eine für einige Zeit von der Partnerschaft beurlaubt hatte.

Versöhnung über Gräbern:
Von der Normandie nach Bitburg

Am 6. Juni 1984 jährte sich zum 40. Male die alliierte Landung in der Normandie, die mit der Eröffnung der zweiten Front gegen Hitler-Deutschland die endgültige Wende des Krieges einleitete. Nichts sprach dagegen, an den Erfolg eines so gigantischen Landunternehmens zu erinnern, das das Ende des Krieges wesentlich beschleunigt hatte.

Das Besondere an den geplanten Feiern: Sie fanden zum ersten Mal überhaupt statt. 1954 verbot sich Derartiges angesichts der französischen Niederlage in Indochina; 1964 ließ General de Gaulle den Gedanken an das feierliche Begehen des Tages, der die amerikanische Übermacht so deutlich gezeigt hatte, gar nicht erst aufkommen, und 1974 war es die sich abzeichnende Niederlage der Amerikaner in Vietnam, die Festlichkeiten unmöglich machte.

Erst 1984 standen keine Hindernisse mehr im Weg. Es konnte nun das Ereignis mit erheblicher Demonstration militärischer Macht, der Anwesenheit von politischer Prominenz mit vielen Staatsoberhäuptern und den Veteranen feierlich zelebriert werden. Die Erinnerung an einen großen militärischen Sieg, seine Opfer und seine politische Bedeutung war gewiss auch eine, wenn auch schon von alters her geübte Form der Geschichtspolitik. Hinzu kam ein weiterer Anlass zur spektakulären Wahrnehmung dieses Tages. Die Amerikaner hatten bei der Invasion den weitaus größten Teil an Menschen und Material gestellt und mussten hohe Verluste bei der Landung hinnehmen. Vierzig

Jahre später stand ihr Präsident Ronald Reagan, zugleich der Oberbefehlshaber der Streitkräfte, vor seiner Wiederwahl. Was lag da näher, als die Invasionsfeierlichkeiten mit Truppendefilee und Flottenparade in die Strategie zur Gewinnung der Wiederwahl einzubeziehen? Zumal das amerikanische Fernsehen unermüdlich die Erinnerung an Krieg und Invasion durch eine Flut von Filmen wachhielt, sodass bei manchem Beobachter der Eindruck entstand, als würde Hollywood Regie führen.

Vierzig Jahre nach dem Krieg war die Welt allerdings verändert. Nun stellte die Bundesrepublik einen Eckpfeiler der gemeinsamen Verteidigung dar. Die fundamentale Auseinandersetzung des Zweiten Weltkrieges, der Kampf der westlichen Demokratien gegen ein mörderisches Verbrecherregime, war durch die gemeinsame Verteidigung gegen eine neue Bedrohung abgelöst worden. So konnte auch die Feier an der Küste der Normandie einen neuen Sinn erhalten. Die Gegner von damals, mittlerweile als Partner bei der Verteidigung der Freiheit voll akzeptiert, konnten durch ihre Teilnahme demonstrieren, dass auch sie nun zu den Kräften der Demokratie gehörten, dass die Deutschen aus dem alliierten Sieg großen Nutzen gezogen hatten. Schließlich hatte er ihnen die Gründung eines demokratischen Rechtsstaates ermöglicht, der in den vergangenen Jahrzehnten eine erstaunliche politische Stabilität gezeigt hatte.

Von solchen durchaus legitimen Überlegungen, die für eine deutsche Teilnahme – nicht von Truppen, sondern des Kanzlers – sprachen, war aber im Vorfeld nicht die Rede gewesen. Erst Ende Mai 1984, als alle Vorbereitungen für den D-Day, den 6. Juni, getroffen waren und nichts mehr zu ändern war, wurde die Vorfreude auf dieses Großereignis an der Kanalküste leicht getrübt. Die »International Herald Tribune«, ein seriöses Blatt mit einem Ruf für außenpolitische Kompetenz, meldete am 21. Mai, Kohl habe durch »Mittelsmänner« versucht, eine Einladung zu den Invasionsfeiern zu erhalten. Das Blatt berief sich

auf französische und amerikanische Quellen.⁶⁰⁸ Die alliierte
Seite habe den Schritt des Kanzlers mit einer »Mischung aus
Überraschung und Unbehagen«, aber auch »mit Sympathie für
Kohl« zur Kenntnis genommen, hieß es da. Engländer und
Amerikaner schoben den Schwarzen Peter den Franzosen zu –
diese seien schließlich die Gastgeber und hätten das zu entscheiden. Die französische Seite entschied, die Teilnahme Kohls sei
»nicht praktisch«; zudem sei die Anfrage auf relativ niedriger
Ebene erfolgt, und außerdem, so ein französischer Offizieller im
Kabinettsrang, müsse man auf die Veteranen Rücksicht nehmen,
deren Gefühlslage noch kriegerisch gestimmt sei. Damit sorgte
sich der Mann um die amerikanischen und englischen Veteranen,
denn Franzosen hatten an der Invasion bekanntlich nicht in
nennenswerter Zahl teilgenommen. Zudem stimmte das Argument psychologisch nicht: Bei solchen Treffen sind ehemalige
Kriegsteilnehmer in aller Regel erfreut, wenn sie dem Gegner
von einst wieder begegnen.

Am Sachverhalt kann nicht gezweifelt werden. Kohl hatte
versucht, eine Einladung zu bekommen. Die deutsche Presse
hatte sich recht vorsichtig verhalten; der Regierungssprecher
sprach routinemäßig von »Nonsens«. Dafür machte sich die
französische Opposition deutlich bemerkbar. Sie bedauerte die
Ablehnung Kohls. Auf diese Weise konnte sie den französischen
Staatspräsidenten kritisieren, der für die Absage zumindest mitverantwortlich war. Vor allem Ex-Präsident Giscard d'Estaing
bedauerte, dass der Kanzler nicht eingeladen worden sei. »Die
Erinnerung«, erklärte er, habe »nur Sinn, wenn sie in die Versöhnung« münde.⁶⁰⁹

Wo war der Ausweg aus dieser schwierigen Situation? Die
»New York Times« mutmaßte, eine »gesichtswahrende Geste«
könnte im Rahmen des Weltwirtschaftsgipfels in London, der
nach den Invasionsfeierlichkeiten auf der Tagesordnung stand,
erfolgen.⁶¹⁰ So lange wollten die Beteiligten aber nicht warten. Die

für Ende des Monats anberaumte deutsch-französische Konsultation bot den geeigneten Anlass. Der französische Staatspräsident und der deutsche Bundeskanzler gaben eine Pressekonferenz, auf der sie zu der Problematik Stellung nahmen. Mitterrand erklärte den überraschten Journalisten, er würde sich im September mit Helmut Kohl in Verdun treffen, um gemeinsam der Gefallenen beider Weltkriege zu gedenken: »Wir werden unserer Toten auf dem Felde der Ehre gedenken, an einem Ort, der von der Geschichte gezeichnet ist.« Um den Misston in Bezug auf die Invasionsfeiern vergessen zu machen, betonte der Präsident, das Treffen in Verdun werde zeigen, »dass wir auf der Grundlage der deutsch-französischen Freundschaft unumkehrbar auf die Zukunft, von der vieles abhängen wird, ausgerichtet sind«.[611] Der Bundeskanzler konnte dem nur zustimmen und vergaß nicht den Hinweis, dass auch sein Vater dort gekämpft habe.

Der nicht sonderlich sorgfältig vorbereitete Plan einer deutschen Teilnahme an den Invasionsfeierlichkeiten war gescheitert. Wahrscheinlich war die Sondierung derart vorsichtig angelegt gewesen, dass sie leicht abgebogen werden konnte. Nach dem Bekanntwerden in der Öffentlichkeit konnte es nur noch um Schadensbegrenzung gehen. Es wäre reizvoll, aus den Telefongesprächen zwischen Kohl und Mitterrand zu erfahren, wer das Treffen in Verdun zuerst angesprochen hat. Auf jeden Fall traf der Gedanke auf Kohls tiefes Einverständnis. Verdun stand für ihn stellvertretend für die Irrwege Europas, die Tragödie des deutsch-französischen Verhältnisses und zugleich das ihn ebenso anspornende wie beglückende Gefühl, den langen Weg der deutsch-französischen Gegnerschaft endgültig beendet zu haben. All diese Überlegungen verliehen dem Namen Verdun seine magische Kraft. Dieser Ort, der angesichts der dort gebrachten Opfer im Bewusstsein beider Völker tief verankert war, konnte tatsächlich Einmaligkeit und besondere Symbolkraft beanspruchen.

Mit der Aussicht auf einen Akt symbolträchtiger Versöhnung in Verdun im kommenden September war das Thema Invasionsfeier für Kohl ad acta gelegt. Da gab es nur noch vollmundige Zurückweisungen. Der »Frankfurter Allgemeinen Zeitung« erklärte er, »um eine Einladung habe er sich nie bemüht, gegenteilige Behauptungen seien unsinnig«. Er fand es geradezu empörend, dass es hieß, er habe an der Invasionsfeier teilnehmen wollen: »Es ist für den deutschen Bundeskanzler kein Grund zum Feiern, wenn andere ihren Sieg in einer Schlacht begehen, in der Zehntausende Deutsche elend umgekommen sind.«[612]

Am 22. September 1984 trafen sich dann der französische Staatspräsident und der deutsche Bundeskanzler in Verdun. Der Festakt wurde eindrucksvoll gestaltet: Die Weite des Schlachtfeldes war einbezogen, indem die beiden Regierungschefs zwei verschiedene Soldatenfriedhöfe besuchten, der erste mit überwiegend deutschen Soldaten, der zweite am Fort Douaumont mit seinem Beinhaus.

Helmut Kohl hatte ein enges Verhältnis zum Tod und zu Gräbern, war er ihm doch schon früh begegnet. Seit dem Bombenkrieg in Ludwigshafen und seinen Opfern, dem Tod seines Bruders Ende 1944 in Westfalen, dessen Grab in Haltern er immer besuchte, wenn er in der Nähe war, bis zum Familiengrab in Friesenheim, auf dessen Grabstein er schon vor Jahren seinen Namen und sein Geburtsdatum hatte eingravieren lassen – »damit man das nicht auch noch verfälscht«[613] –, immer wieder war ihm der Tod begegnet. Auf den Schlachtfeldern von Verdun der Toten zu gedenken, die hier begraben sind, und an all das Leid zu denken, das ihr Tod verursacht hatte, bewegte ihn sehr. Der Akt des Gedenkens der beiden Staatsmänner vor dem mit den Nationalfarben bedeckten Katafalk löste bei Kohl eine zutiefst persönliche Reaktion aus. Mitterrands Händedruck bedeutete ihm viel; es kam für ihn überraschend, war er doch vom Protokoll nicht eingeplant: »Noch nie verspürte ich eine solche Nähe zu unseren französischen Nachbarn. Die spontane Geste des Präsidenten hatte mich überwältigt.«[614]

Man mag vielleicht einwenden, dass die deutsch-französische Versöhnung bereits unter Adenauer und de Gaulle in der gemeinsamen Abwehr britischer und amerikanischer Pressionen stattgefunden hatte. Aber Versöhnung ist ein zerbrechliches Gebilde. Die alten Feindbilder erwachen schnell wieder zum Leben. Daher war die historische Bedeutung dieses die Versöhnung bekräftigenden Aktes hoch einzuschätzen. Die Botschaft dieses Händedrucks wird ihre Aussagekraft behalten. Die öffentliche Reaktion war insgesamt positiv.

Mit einer solch würdigen Veranstaltung der Opfer der Kriege zu gedenken, war nichts anderes als Geschichtspolitik, ein politisches Bestreben, viele Menschen dadurch anzusprechen, die im Kreise der Familie Tote zu beklagen hatten. Es stellte eine Ausweitung des Politikfeldes dar. Kohl war der Überzeugung, auch für diese Angehörigen politisch präsent sein zu müssen, denn Kriege gehörten zwar der Geschichte an, aber ihre Opfer waren nicht vergessen. Und so war es sein Bestreben, den Menschen auch in dieser Situation seine Anteilnahme zu zeigen.

Eine andere Frage war jedoch, ob der Erfolg des Gedenkens in Verdun übertragbar war – an anderer Stelle und mit anderen Partnern. Für Kohl bot der Erfolg in Verdun die Garantie dafür, dass eine deutsch-amerikanische Veranstaltung ein ganz ähnliches Ergebnis haben würde. Er muss von dem Gedanken so fasziniert gewesen sein, dass er die Probleme im deutsch-amerikanischen Verhältnis, die er bei anderer Gelegenheit selbst eindringlich angesprochen hatte, in diesem Zusammenhang außer Acht ließ.

Verdun hatte im Zentrum des Ersten Weltkrieges und des jahrelangen Stellungskrieges gestanden und wurde gleichsam eingerahmt vom Krieg 1870/71 und dem Zweiten Weltkrieg. Das war lebendige Vergangenheit, ohne Klagen und Bitternis, mit

der fast alle Deutschen etwas verbanden. Ein vergleichbarer
Anlass für eine Versöhnung über Gräbern mit den Vereinigten
Staaten war nicht gegeben. Einerseits war es nicht notwendig –
zu keinem Kriegsgegner pflegte Deutschland ähnlich freund-
schaftlich-offene Beziehungen wie zu den Amerikanern. Ande-
rerseits hatte Helmut Kohl selbst beklagt, dass die deutsche
Einwanderung so wenige Spuren in Geschichte und Kultur der
USA hinterlassen hatte, und deshalb 1983 den Gedenktag in
Krefeld angeregt. Zudem fehlte im deutsch-amerikanischen Verhältnis die militärische Tradition. Die massive amerikanische
Hilfe der Nachkriegszeit hatte stets im Vordergrund gestanden.
Im Bewusstsein der Menschen hatte der amerikanische Eintritt
in den Ersten Weltkrieg – obwohl kriegsentscheidend – kaum
Spuren hinterlassen. Das knappe Jahr des Kriegsverlaufs nach
der Invasion 1944 hatte mehr einem siegreichen Vormarsch als
einer harten militärischen Auseinandersetzung geglichen. Nur
die Ardennen-Offensive stellte mit den Kriegsverbrechen der SS
eine mehr als unliebsame Unterbrechung der alliierten Vorwärts-
bewegung dar.

Schon wenige Wochen nach seiner Wiederwahl im November
1984 hatte Ronald Reagan den Kanzler zu einem Arbeitsbesuch
empfangen. Der frühe Termin war Ausdruck der Wertschätzung. Damit bot sich Kohl die Gelegenheit, dem Präsidenten
ausführlich über das Treffen in Verdun zu berichten und ihn
zugleich zu einem Staatsbesuch einzuladen. Als Termin boten
sich die Tage nach dem Weltwirtschaftsgipfel in Bonn an, der
vom 2. bis 5. Mai 1985 stattfinden sollte.

Reagan und sein Außenminister George P. Shultz, der dem
Treffen beiwohnte, erlebten einen Kanzler, der mit sichtlicher
Befriedigung seine Eindrücke in Verdun schilderte und deutlich
anklingen ließ, dass er mit dem Präsidenten ebenfalls einen
Handschlag über Gräbern als Symbol der Versöhnung austau-

schen wolle. Auch von einem Besuch des Konzentrationslagers Dachau war die Rede, keineswegs nur von einem Soldatenfriedhof. Als Kohl begeistert von Verdun berichtete, dachte Reagan sofort an die Feiern in der Normandie, bei denen man die Deutschen »nicht zur Kenntnis« genommen hatte.[615] Außenminister Shultz sprach sogar von Kohls »Ausschluss bei der Zeremonie am Omaha Beach«. Das sollte diesmal vermieden werden. Der Präsident machte für ein solches Treffen einen eigenen Vorschlag: Man solle gemeinsam feierlich des Augenblickes gedenken, »als der Hass aufhörte und Frieden und Freundschaft begannen, die vierzig Jahre andauern«. Reagan liebte es nicht, auf die Vergangenheit zurückzublicken und sich in ihre Probleme zu vertiefen. Er zog es stets vor, in die Zukunft zu schauen. So sollte es auch bei einem solchen Treffen sein. Es ist erstaunlich, wie ausgeprägt bei dem amerikanischen Präsidenten die Rücksichtnahme auf den deutschen Partner war. Auf keinen Fall sollte es noch einmal zu einer Brüskierung des deutschen Kanzlers kommen.

Das war der Beginn des Weges, der nach Bitburg führte. Kohl wollte eine Zeremonie auf einem Soldatenfriedhof, während Reagan der Wendung zum Besseren, der Überwindung des Schrecklichen, den Vorzug gab. Beide Positionen schlossen sich nicht aus. Kohls rückblickende Äußerungen zeigen jedoch Unterschiede. In den »Erinnerungen« heißt es, den Präsidenten habe das Bild der Begegnung in Verdun »sehr beeindruckt, und er ließ sich eingehend über die Begegnung informieren. Auf seinen Vorschlag hin besprachen wir, welche Möglichkeiten es gebe, bei seinem Besuch in der Bundesrepublik am Vorabend des 40. Jahrestags der deutschen Kapitulation über Gräber hinweg eine Geste für Frieden und Aussöhnung zu finden.«[616] Einige Jahre später äußerte sich Kohl entschiedener: »Ronald Reagan war begeistert von den Bildern aus Verdun. Das hat ihm unheimlich imponiert, und er fand, wir sollten etwas Vergleichbares machen, er und ich. Wir vereinbarten, bei einem Besuch in Deutschland auf einem Soldatenfriedhof der Opfer des Zweiten Weltkrieges zu gedenken.«[617]

Ob die Initiative so eindeutig von Reagan ausging, ist zweifelhaft. Kohl hatte an einem solchen Akt sicher das größere Interesse. Es ist jedoch durchaus möglich, dass der Präsident einer Geste der Versöhnung grundsätzlich positiv gegenüberstand, aber zugleich alles vermeiden wollte, was in Verbindung mit dem Kriegsende auf deutscher Seite Empfindlichkeiten auslösen könnte.

Der Presse konnten im Dezember 1984 Hinweise entnommen werden, dass eine deutsch-amerikanische Geste der Versöhnung geplant sei.[618] Bei den Vorbereitungen von Reagans Deutschland-Aufenthalt spielte auch die Möglichkeit des Besuches von Dachau eine Rolle. Die Frage war zwar noch nicht entschieden, aber die Presse wusste bereits von unterschiedlichen Standpunkten auf Regierungsebene, was die Aufmerksamkeit naturgemäß steigerte. Auch bei den Vorbereitungsarbeiten ging einiges durcheinander. Reagan sorgte für Unruhe, als er Mitte März 1985 erklärte, er werde nicht ein Konzentrationslager besuchen. Auf bohrende Fragen blieb er bei seiner Meinung, die er schon im November des vergangenen Jahres gegenüber Kohl geäußert hatte, man solle den Tag des Kriegsendes begreifen »als den Tag, an dem vor vierzig seltsamen Jahren die Freundschaft begann, die wir jetzt erleben – und vierzig Jahre Frieden liegen dazwischen«.[619]

Der Reiseplan wurde geändert, der Aufenthalt in Deutschland verkürzt, denn Ronald Reagan wollte mit seiner Frau Nancy einen Zwischenstopp in Spanien einlegen. Wegen des gerafften Zeitplans wurde Dachau aus dem Programm herausgenommen, dafür kam Bitburg in den Blick als eine große amerikanische Luftwaffenbasis mit entsprechender Garnison, in deren Nähe auch ein Soldatenfriedhof lag. Als dann am 11. April 1985 gemeldet wurde, dass der Präsident und der Kanzler einen Kranz auf dem Soldatenfriedhof in Bitburg niederlegen würden, Reagan aber kein KZ besuchen wolle, brach in den amerikanischen Medien ein Sturm der Kritik los, der sich zwei Tage später zum Orkan steigerte, als bekannt wurde, dass auf dem Friedhof auch Angehörige der Waffen-SS begraben seien. Von jüdischer Seite war schon im März Klage darüber geführt worden, dass der Präsident dem Besuch eines Konzentrationslagers so deutlich abgeneigt war. Dass er keinen Ort besuchen würde, der für Opfer und insbesondere für jüdische Opfer stand, und nun sogar einen Kranz auf einem Soldatenfriedhof niederlegen sollte, auf dem SS-Männer begraben waren, war einfach unerträglich. Der Druck auf den Präsidenten wuchs, den Besuch insgesamt abzusagen.

Der Protest konnte auch deshalb so dramatische Formen annehmen, weil es in jenen Tagen in Washington verschiedene Holocaust-Gedenkfeiern gab, die live im Fernsehen übertragen wurden. Am 19. April 1985 fand ein besonders symbolträchtiger Festakt statt: Präsident Reagan verlieh die Goldmedaille des Kongresses an Elie Wiesel, den wirkungsmächtigsten Holocaust-Zeugen jener Jahre. Bei dieser Zeremonie hielt der Preisträger dem Präsidenten vor: »Ihr Platz ist nicht der Friedhof von Bitburg. Ihr Platz ist bei den Opfern der SS.«[620] Stärkerer Druck war kaum vorstellbar, aber Reagan ließ sich nicht umstimmen. Viele Mitglieder der Regierung und seines Arbeitsstabs, auch der amerikanische Senat, stimmten nicht mit ihm überein; die öffentliche Kritik war ungemein mächtig. Alle jedoch wussten, dass der Präsident kein Antisemit war. Sein Handeln beruhte auf Motiven, die man achtete, wenn auch nicht billigte.

Denn es war nicht allein der jüdische Protest, der diesen Aufruhr hervorrief. Die Massaker der SS während der Ardennen-Offensive, vor allem die Erschießung amerikanischer Kriegsge-

fangener, waren in den USA unvergessen. Für die Amerikaner
stand die Waffen-SS in einer Linie mit der SS, ihrem Vernich-
tungsapparat und darüber hinaus mit deutschem Militarismus
und der Verantwortung für zwei Weltkriege. Das alles vermischte sich zu einem Gefühl heftiger Ablehnung. Was ursprünglich
eine Geste der Versöhnung und Freundschaft hatte werden sollen, verursachte zwar keinen Bruch, aber doch eine tief greifende Störung der Beziehungen. Unter der Oberfläche zeigten
sich Risse und Verwerfungen, die man zuvor kaum für möglich
gehalten hätte.

Die Empörung über die SS-Gräber in Bitburg traf die deutsche Seite völlig unvorbereitet. Ähnliche Vorfälle, die zur Vorsicht mahnen konnten, waren unbekannt. Der Kanzler musste
in dieser Zwangslage kämpfen. Der Besuch musste stattfinden!
Die alten Gegner Kohls waren in Bonn bereits wieder zur Stelle
und attackierten ihn, indem sie die amerikanische Medienkritik
übernahmen und verstärkten. Nun wurde wieder die »Gnade
der späten Geburt« hervorgeholt und die angebliche Gefühllo-
sigkeit in Israel. Hinzu kam die immer wiederkehrende Unterstellung, Kohl vertrete eine Schlussstrichmentalität. Die Angriffe schmerzten ihn, waren aber nebensächlich.

Für den Kanzler war es von entscheidender Bedeutung, dass
Ronald Reagans Entschlossenheit nicht ins Wanken geriet. Am
15. April 1985 sandte Kohl ihm über einen Geheimkanal eine
Botschaft, in der er noch einmal seinen Standpunkt darlegte. Sie
beeindruckte Reagan tief.[621] Kohl hob vier Punkte hervor. Zuerst betonte er, dass die meisten der gefallenen SS-Männer noch
sehr jung waren und nicht freiwillig zur SS gegangen, sondern
von der Waffen-SS eingezogen worden waren. Der zweite Punkt,
den Kohl auch in den »Erinnerungen« wiederholte, war delika-
ter Natur. Er verwies auf die Gegenwart und die Soldaten der
Bundeswehr und fragte, was die Deutschen von einer Freundschaft halten sollen, die es dem amerikanischen Präsidenten

nicht gestattete, gemeinsam mit dem Bundeskanzler vierzig Jahre nach dem Krieg einen Kranz niederzulegen? Dann erinnerte er daran, dass er selbst schon bei den ersten Erörterungen des Besuchsprogramms Dachau vorgeschlagen habe. Er machte deshalb erneut den Vorschlag, Dachau oder einen anderen Ort zu besuchen, um der Opfer des »faschistischen Terrors« zu gedenken. Auch der Präsident war mittlerweile von der Notwendigkeit des Besuchs einer KZ-Gedenkstätte überzeugt; so wurde ein Besuch in Bergen-Belsen in das Programm eingefügt. Schließlich machte der Kanzler noch auf einen Punkt aufmerksam, der bisher wenig Beachtung gefunden hatte: die Reaktion Moskaus. Dort wüsste man sehr wohl, dass solch ein symbolischer Akt die Freundschaft und das Verständnis zwischen beiden Völkern fördern würde. Sein Scheitern würde im Kreml mit Freude zur Kenntnis genommen werden.

Am 19. April 1985, kurz vor der Ehrung von Elie Wiesel, erreichte Reagan ein Telefonanruf von Helmut Kohl. Der Kanzler wollte auf dem Höhepunkt der öffentlichen Erregung erfahren, ob der Präsident dem Druck noch standhalten konnte. Reagan beruhigte den Kanzler und bekräftigte seine Absicht, Deutschland zu besuchen.

Was war das Argument, das für Reagan den Ausschlag gegeben hatte? Die Überlieferung ist hier nicht eindeutig. In einer relativ späten Quelle von 1991 heißt es: »Wir müssen es tun. Helmut sagt, dass seine Regierung sonst gestürzt würde.«[622] Diese Begründung entspricht jedoch nicht Reagans Denken. Er notierte in seinem Tagebuch, Kohl habe betont, dass »den Friedhof zu streichen … eine Katastrophe in seinem Land und eine Beleidigung des deutschen Volkes« wäre, und er habe darauf geantwortet: »Ich werde nicht streichen.«[623] Kohl selbst berichtet, er habe es Reagan freigestellt, seinen Besuch zu verschieben. Er werde diese Entscheidung respektieren: »Ich sagte ihm aber auch, dass er von mir nicht erwarten könne, dass ich von mir aus die Initiative zur Verschiebung seines Besuches ergreifen würde.« Dann habe er noch einmal das Argument vorgetragen, was deutsche Soldaten wohl davon halten würden, »wenn der Präsident der Vereinigten Staaten nicht in der Lage sei, die Gefallenen zu ehren«?[624] Es gibt also keinen Hinweis auf einen dadurch möglichen Sturz des Kanzlers, wohl aber ist eine psychologisch geschickte Zuweisung der Verantwortung an den amerikanischen Präsidenten zu vermerken.

Kohl wusste, dass Ronald Reagan die Bürde auf sich nehmen würde. Er verließ sich auf diese indirekte Methode der Beeinflussung, die wirksamer war als der Hinweis auf die Gefährdung seiner Kanzlerschaft. Möglicherweise hat er diese gegenüber dem amerikanischen Botschafter Arthur Burns in den langen Gesprächen, die er mit ihm führte, aber auch nicht ausgeschlossen.

Die Umgebung des amerikanischen Präsidenten war überwiegend gegen den Besuch, sein Außenminister nahm einen dezidiert ablehnenden Standpunkt ein. Aber es gab auch wichtige Befürworter seiner Entscheidung. Zu ihnen gehörte Vizepräsident George Bush. Dieser hatte zufällig einen Teil des Telefongespräches Reagan-Kohl mitgehört und schrieb dem Präsidenten spontan eine kurze Notiz: »Ich war sehr stolz auf Ihren Standpunkt. Wenn ich helfen kann, um etwas Hitze zu absorbieren, schicken Sie mich in die Schlacht! Es ist nicht einfach, aber Sie haben recht!«[625] Der ehemalige US-Außenminister Henry Kissinger unterstützte den Präsidenten ebenfalls und sagte in der Öffentlichkeit, der amerikanischen Außenpolitik entstünde enormer Schaden, wenn der Besuch abgesagt werde. Auch Botschafter Burns war nach langem Abwägen zur gleichen Empfehlung gelangt.

Am 25. April 1985 ergriff der Kanzler im Bundestag das Wort und äußerte sich zum bevorstehenden Besuch des amerikanischen Präsidenten.[626] Er berichtete über die Entwicklung des

Plans, und wie man schließlich auf Bitburg gekommen sei, eine Stadt, »die beinahe in einer Symbiose mit ihrer amerikanischen Garnison lebt«, wo mehr als hunderttausend amerikanische Soldaten gedient hatten und weit über fünftausend Ehen geschlossen worden waren. Zu den SS-Gräbern stellte er fest, dass von den 49 namentlich aufgeführten SS-Soldaten 32 jünger als 25 Jahre gewesen seien. Viele von ihnen »hätten gar keine Chance gehabt, dem Einberufungsbefehl zur Waffen-SS zu entgehen«. Für die Feststellung konnte er einen überaus glaubwürdigen Zeugen zitieren. Der SPD-Vorsitzende Kurt Schumacher, der zehn Jahre KZ-Haft erdulden musste, hatte bereits 1951 zur Situation der Waffen-SS klare Worte gefunden: »Hunderttausende aber sind ohne ihr Zutun für die SS als Wehrmachtsteil eingezogen und dahin abkommandiert worden … Sie sind kollektiv haftbar für die Verbrechen des Sicherheitsdienstes, des SD und der Menschenvernichtungsaktionen gemacht worden, obwohl sie als Waffen-SS kaum nähere Berührung damit hatten als manche andere Wehrmachtsteile.« Schumacher sprach sich damals dafür aus, diesen Männern, die »in einer ausgesprochenen Pariarolle« lebten, »den Weg zu Lebensaussicht und Staatsbürgertum frei zu machen«.

Die Rede des Bundeskanzlers wurde – abgesehen von einigen Zwischenrufen der Grünen – nicht gestört. Die SPD-Fraktion spürte die Verantwortung, dem so scharf in den Medien kritisierten Kanzler im Bundestag die Gelegenheit zu einer Darlegung seines Standpunktes zu geben, zumal auch den meisten Abgeordneten bewusst gewesen sein dürfte, dass die Notwendigkeit zur Differenzierung in der öffentlichen Debatte nicht immer erkannt worden war. Die SPD-Abgeordnete Anke Fuchs betonte sogar für einen Augenblick die Gemeinsamkeit, als sie dem Bundeskanzler ausdrücklich dankte, dass er die Worte Schumachers in seine Rede aufgenommen hatte. Sie sagte: »Ich selbst erinnere mich sehr gut, dass in meiner Kindheit Kurt

Schumacher bei uns zu Hause war. Er war nie bereit, über seine Erlebnisse in den Konzentrationslagern zu sprechen; er sagte: ›Ich möchte euch die Zuversicht für die Zukunft und ich möchte euch den Glauben an die Menschen nicht nehmen.‹«

Der Besuch Reagans am 5. Mai 1985 lief ohne Zwischenfälle ab; in einer Situation, die von hohen Sicherheitsanforderungen und dem Bemühen geprägt war, alles zu vermeiden, was den Besuch weiter belasten könnte, war von »Versöhnung über Gräbern«, die Kohl eigentlich hatte feiern wollen, nicht viel zu spüren. Nur acht Minuten soll die Zeremonie auf dem Friedhof in Bitburg gedauert haben. Die Kameras waren exakt so ausgerichtet, dass der Präsident nicht mit dem Kranz ins Bild kam. Den Handschlag über dem Grab tauschten Soldaten aus; General Mathew Ridgeway, der frühere NATO-Oberbefehlshaber, hatte sich dazu angeboten und tat dies mit einem deutschen Kameraden, dem Bundeswehrgeneral und früherem Kampfflieger Johannes Steinhoff, was als Schonung des Präsidenten von amerikanischer Seite dankbar angenommen worden war.

Der Kanzler gab offen zu, »dass das, was ich wollte, psychologisch ziemlich danebengegangen ist«.[627] Aber hätte man das Ganze Mitte April – nach der Entdeckung der SS-Gräber – noch abblasen sollen? Im historischen Rückblick scheint es das geringere Übel gewesen zu sein, den Besuch mit all seinen unerwarteten und unglaublichen Begleitumständen durchzustehen. Als wichtigstes Ergebnis bleibt festzuhalten: Das persönliche Verhältnis zwischen Reagan und Kohl hatte keinen Schaden genommen. Des Präsidenten freundschaftliches Interesse an Deutschland blieb erhalten – im Gegenteil, es nahm noch zu: Selbst über einen Honecker-Witz konnte er sich herzlich freuen und ihn mit Begeisterung weitererzählen.

Deutschland von innen

Die Zustimmung in der deutschen Bevölkerung zum Besuch der Reagans war außerordentlich hoch und überschritt sogar die Parteigrenzen. Von einer nationalistischen Trotzreaktion war nichts zu spüren: 72 Prozent billigten den Besuch des Soldatenfriedhofes, aber mehr noch, 77 Prozent, den Besuch des Konzentrationslagers. Auch bei den Anhängern der Oppositionsparteien überwogen mit 57 Prozent die Befürworter.[628]

Eine Geschichtspolitik, die mehr auf die Pflege von Gefühlen setzte, musste in einer solchen Konfrontation Schiffbruch erleiden. Mit der Entdeckung der SS-Gräber war die Voraussetzung für eine stimmungsvolle Versöhnung über Gräbern entfallen. Was Kohl mit dieser Zeremonie erreichen wollte, hatte mit »Normalisierung« nichts zu tun. Denn Normalisierung unterstellt, dass die NS-Verbrechen den Charakter der Einzigartigkeit verlieren und als »normale« historische Vorgänge betrachtet werden. Die Feier, die Kohl im Sinn hatte, sollte das Gedenken für die Opfer beider Seiten fördern und damit den Akzent anders setzen. Daher überzeugt die Kritik nicht, Kohls Geschichtspolitik sei zu vordergründig angelegt gewesen, »als dass sie zum Leuchtturm eines gemeinsam akklamierten Umgangs mit der nationalsozialistischen Vergangenheit hätte werden können«.[629] Solche Erwartungen lagen dem Kanzler vollkommen fern, denn er kannte die Vorurteile der Linken. Einen Konsens in dieser Frage konnte es nicht geben.

Was Kohl wirklich anstrebte, wurde seit 1982 mit dem Begriff der Wende ironisiert und verächtlich gemacht: Sein Ziel war kein radikaler Wechsel, sondern ein allmählicher Wandel im Verständnis von Grundfragen der politischen Existenz der Deutschen. Für ihn waren es »Mosaiksteine«, und zu diesen

Mosaiksteinen gehörte in seinen Augen auch die Einstellung der Deutschen zu Bergen-Belsen und zu Bitburg. Für ihn ergab sich daraus: »Wenn man sieht, dass zwischen den unter 20-Jährigen und den über 60-Jährigen praktisch kein Unterschied ist, dann ist das Bild der deutschen Gesellschaft in Wahrheit anders«, als es »ein Teil der verfassten Meinung darbietet«.[630] Es erschien ihm äußerst wichtig, dass nicht die Älteren im Trotz verharrten und die Jüngeren sich den Opfern nahe fühlten, sondern dass die Generationen gemeinsam Trauer empfanden.

40 Jahre Kriegsende – der 8. Mai 1985

Ganz im Gegensatz zu dem politischen Beben der Reagan-Visite bewegten sich die Vorbereitungen für die Feiern zum 40. Jahrestag des Kriegsendes am 8. Mai in ruhigen Bahnen – gleichsam im Windschatten des geplanten Präsidentenbesuches. Mitte Dezember 1984 hatte der Kanzler vor der Fraktion ein ebenso bescheidenes wie würdiges Gedenken angekündigt. Der Bundespräsident solle »am Abend vorher das Wort nehmen«, und am 8. Mai werde im Kölner Dom ein ökumenischer Gottesdienst stattfinden – natürlich vom Fernsehen live übertragen –, aber ohne Politikerreden und militärisches Dekor.

Die Tragweite des Anlasses stand Kohl deutlich vor Augen. In einem Interview umriss er das »sehr schwierige Datum für uns, wenn wir auf unsere Befreiung von den Nazis zurückblicken, aber auch auf den Tag, an dem unser Land geteilt wurde; ein Tag, an dem unsere nationale Schande offenbart wurde, aber auch ein Ereignis, das dazu führte, dass mehr als zehn Millionen unserer Landsleute aus den Ostgebieten vertrieben wurden«.[631] Von Befreiung hatte er auch in der Rede gesprochen, die er im Rahmen der vom Zentralrat der Juden am 21. April in Bergen-Belsen veranstalteten Gedenkstunde gehalten hatte. Ohne Um-

schweife hatte er erklärt: »Der Zusammenbruch der NS-Dik-
tatur am 8. Mai 1945 wurde für die Deutschen ein Tag der
Befreiung.« Aber er fügte hinzu: »Nicht allen aber verhieß er,
wie es sich rasch erwies, neue Freiheiten« – ein Hinweis auf das
sich etablierende System in der sowjetischen Besatzungszone.
Mit dem kritischen Blick nach Osten unterschied er sich jedoch
von dem Redner, der den stärksten Eindruck am 8. Mai 1985 erzielen sollte, vom Bundespräsidenten. »Befreiung«, diese sowjetische Propagandaformel aus dem Jahre 1945 hatte im Lauf der
Jahre eine eher abschätzige, zumindest ironische Bedeutung erhalten. Das sollte sich nun ändern.

Es war absehbar gewesen, dass die Gestaltung des Gedenk-
tages nicht so umgesetzt wurde, wie es Kohl im Dezember angekündigt hatte. Die SPD hatte sich zudem beschwert, dass der
Kanzler nicht mit der Opposition darüber beraten hatte. Die
Abstimmung zwischen Bundespräsident, Bundestagspräsident
und dem SPD-Fraktionsvorsitzenden hatte die umgekehrte Ab-
folge zum Ergebnis: der Gottesdienst im Kölner Dom am 7. Mai
und eine Sondersitzung von Bundestag und Bundesrat mit dem
Bundespräsidenten als alleinigem Redner am 8. Mai.

Diese Rede wurde allerdings zum Ereignis. Sie schien im
wohltuenden Gegensatz zu allem zu stehen, was mit Kohl, Reagan und Bitburg zusammenhing. Richard von Weizsäckers
leicht süddeutsch gefärbte Sprache mit ihren Anklängen an
kirchliche Rhetorik, die sich von dem Pathos politischer Reden
abhob und einen ganz eigenen Stil der unaufdringlichen Bescheidenheit entwickelte, hatte gewinnenden Charakter. Er sprach
das Schuldigwerden der Deutschen an, aber auch das vielfältig
erfahrene Leid. Die Art, wie er den Redentext entwickelt hatte,
half, die Wirkung zu erhöhen. Die Rohfassung der Rede hatte
er mit vielen Menschen und Vertretern von Gruppen, Kirchen,
Vertriebenen, Juden, Presseleuten, Intellektuellen und selbst
Mitgliedern des Deutschen Frauenrates diskutiert.

Das SED-Zentralorgan »Neues Deutschland« hatte das Schlüsselwort der Rede – »Befreiung« – frühzeitig erfahren und konnte schon am 17. April melden, der »Bundespräsident der BRD« vertrete die Auffassung, »der 8. Mai 1945« sei »ein Tag der Befreiung« gewesen. Es sei eine zentrale Aufgabe der Bundesrepublik, ihr »Verhältnis zur Sowjetunion zu verbessern«.[632]

Es war gewiss eine Ausnahme, dass einer dieser kursierenden Redeentwürfe beim »Neuen Deutschland« landen konnte. Normalerweise wurden Anregungen und Verbesserungsvorschläge diskret eingearbeitet. Die zweite Fassung der Rede unterlag derselben Überprüfung und Beratung, bis die endgültige Fassung erst kurz vor dem 8. Mai fertig wurde. Damit erhielt die Rede mehr Anschaulichkeit und Farbe und erhöhte so ihre Wirkung. Dass die große Mehrheit der Deutschen, die die Rede gehört hatten, von ihrem von Trauer und Nachdenklichkeit geprägten Ton tief beeindruckt war, steht außer Zweifel. Die Rede wurde als Sensation empfunden, Weizsäcker gleichsam zur Ikone eines neuen Politikstils erhoben.

Der CDU-Politiker von Weizsäcker hatte eine Rede gehalten, die vor allem aufseiten der Linken begeisterte Zustimmung auslöste, während in den eigenen Reihen das Echo eher verhalten ausfiel. Auch die »Frankfurter Allgemeine Zeitung« war zu keinem Kommentar bereit. Worauf gründeten sich die Bedenken, die aber nicht offen geäußert wurden? Sie lagen in dem zentralen Satz, der dem 8. Mai eine neue, in der Bundesrepublik bisher unbekannte Bedeutung gab: »Und dennoch wurde von Tag zu Tag klarer, was es heute für uns alle gemeinsam zu sagen gilt: Der 8. Mai war ein Tag der Befreiung. Er hat uns alle befreit von dem menschenverachtenden System der nationalsozialistischen Gewaltherrschaft.« Das Gefühl der Befreiung traf gewiss auf alle Menschen zu, die unter der deutschen Besatzung gelitten hatten. Es galt erst recht für alle rassisch und politisch Verfolgten, die in der Illegalität leben mussten. Für sie war es der lang ersehnte

Moment der Befreiung. Aber galt das auch für die Mehrheit der deutschen Bevölkerung? Diese war vor allem von Erleichterung erfüllt, dass der Krieg zu Ende war, dass dieser furchtbare Druck von ihr genommen worden war. Aber fühlte sie sich tatsächlich von der »nationalsozialistischen Gewaltherrschaft« befreit? Mischte sich in die Erleichterung über das Ende des Bombenkrieges nicht weit mehr die bange Frage, wie die Deutschen von den Siegern behandelt würden, war doch selbst dem Naivsten klar, dass der Krieg von deutscher Seite mit einer Brutalität geführt worden war, die die Vergeltung fürchterlich erscheinen ließ?

Den 8. Mai zum »Tag der Befreiung« zu erklären, war ein Akt subtiler Geschichtspolitik. Konrad Adenauer hatte nach dem Krieg geschrieben: »Die Befreiung ist eine grausame und harte Enttäuschung.«[633] Auch Walter Scheel hatte 1975 noch klare Worte gefunden: »Aber wir vergessen nicht, dass diese Befreiung von außen kam, dass wir, die Deutschen, nicht fähig waren, selbst dieses Joch abzuschütteln, dass erst die halbe Welt zerstört werden musste, bevor Adolf Hitler von der Bühne der Geschichte gestoßen wurde.«[634]

Zehn Jahre später war alles anders. Weizsäcker verschwieg zwar nicht, was die Menschen damals bewegte; er stellte geschickt Schicksale einander gegenüber: »Der eine kehrte heim, der andere wurde heimatlos. Dieser wurde befreit, für jenen begann die Gefangenschaft.« Die Gesamtbefindlichkeit wurde überzeugend erfasst: »Erschöpfung, Ratlosigkeit und neue Sorgen kennzeichneten die Gefühle der meisten.«

All das ist nachvollziehbar; umso mehr überraschte aber die Wendung zur Gegenwart: »Und dennoch wurde von Tag zu Tag klarer, was es heute für uns alle gemeinsam zu sagen gilt: Der 8. Mai war ein Tag der Befreiung.« Was war das für eine eigenartige Wendung – »was es heute für uns alle gemeinsam zu sagen gilt«? War das eine gemeinsame Verpflichtung? Hatte eine

Offenbarung stattgefunden, über die jeder Zeugnis ablegen konnte?

Darüber wurde nichts verraten. Es wurde einfach eine Übereinstimmung verkündet, der gegenüber sich niemand verweigern sollte, ging es doch um das Schuldigwerden im Nationalsozialismus. Weizsäcker dekretierte geradezu – ziemlich weit entfernt von der historischen Realität –, Hitler habe seinen Judenhass »nie vor der Öffentlichkeit verschwiegen, sondern das ganze Volk zum Werkzeug dieses Hasses gemacht«.

Die Wirkung dieser Instrumentalisierung der Deutschen beim Mord an den Juden schilderte Weizsäcker in bedrückender Weise. Die Mordaktionen hätten zwar »in der Hand weniger« gelegen und seien vor der Öffentlichkeit »abgeschirmt« vollzogen worden: »Aber jeder Deutsche konnte miterleben, was jüdische Mitbürger erleiden mussten, von kalter Gleichgültigkeit bis zu offenem Hass.« Im nächsten Schritt fragte er, wer »arglos« hätte bleiben können »nach den Bränden der Synagogen, den Plünderungen, der Stigmatisierung mit dem Judenstern, dem Rechtsentzug, den unaufhörlichen Schändungen der menschlichen Würde?« Den Höhepunkt bildet die Feststellung, die einem Keulenschlag gleicht: »Wer seine Ohren und Augen aufmachte, wer sich informieren wollte, dem konnte nicht entgehen, dass Deportationszüge rollten.«

Alles wussten die Deutschen, sagte der Bundespräsident – von der Diskriminierung der Juden bis zum Transport in die Massenvernichtungslager. Mit historischen Forschungsergebnissen hat das freilich nichts zu tun. Aber eine solche Aussage wollten die Juden schon immer von den Deutschen hören. Auch die Linken sahen sich in ihrer politischen Abneigung gegen die Mehrheit ihrer Mitbürger durch diese Feststellungen bestätigt, als Weizsäcker die Deutschen als Mitwisser ansprach.

Weizsäcker benutzte für diese Schuldzuweisungen einen längst aus der Theologie bekannten Kunstgriff. Zuerst hielt er den Menschen all ihre Unterlassungen und ihr Versagen vor, aber dann verkündete er die Befreiung »von dem menschenverachtenden System der nationalsozialistischen Gewaltherrschaft« – gleichsam als Erlösung von allen Sünden. Musste man da nicht froh sein und sich befreit fühlen, anstatt kritische Fragen zu stellen? Nur so erklärt sich der Erfolg der Rede, die Einwände gar nicht aufkommen ließ.

Über diese Rede wurde der Redner selbst erst recht zur neuen Lichtgestalt. Dabei hätte man auch ihm Fragen stellen können, vergegenwärtigt man sich seinen familiären Hintergrund und Werdegang. Offizier in einem Eliteregiment an der Ostfront und bis zum Hauptmann aufgestiegen, war sein Vater Ernst von Weizsäcker 1938 mithilfe der SS zum Staatssekretär im Auswärtigen Amt gemacht worden und in dieser Stellung bestrebt gewesen, ohne Krieg, aber mithilfe einer auf Druck und Drohung beruhenden Politik das neue Großdeutsche Reich zu errichten. Wenn er auch in Nürnberg in einem unfairen Prozess verurteilt wurde, war doch sein Sohn wie die ganze Familie in zähem Bemühen bestrebt, Ernst von Weizsäcker als Mitglied des Widerstandes darzustellen. Das war allerdings nicht von Erfolg gekrönt. Man musste wohl von der Erwähltheit der eigenen Person durchdrungen sein und sich einem von gleichen Idealen beseelten Kreis verbunden gefühlt haben, dem Menschen wie Hellmut Becker, Hartmut von Hentig, Marion Gräfin Dönhoff und Robert Boehringer angehörten, um von der Banalität der tatsächlichen Existenz nicht mehr belastet und in der Lage zu sein, eine Botschaft fern von der eigenen Erfahrungswelt zu verkünden.

Die euphorische Reaktion der Medien machte Weizsäcker tatsächlich zu einer politisch-moralischen Leitfigur. Endlich war ihm in der breiten Öffentlichkeit die Rolle zuerkannt worden, die er schon immer angestrebt hatte. Und zum ersten Mal hatten die Medien ein Gegenbild zu Kohl, war doch unter den

Politikern der Opposition bislang eine solche Figur nicht aus-
zumachen. Nun gab es jemanden, den man als Alternative dem
Kanzler gegenüber präsentieren konnte: »In Kohls Kanzlerdemokratie wird der Präsident zu einer politischen Kraft«,
hoffte Gunter Hofmann in der »ZEIT«.[635] Er fand schnell heraus,
dass die »Trennlinien« zwischen dem handelnden Kanzler und
dem präsentierenden Bundespräsidenten »undeutlich« geworden seien: »Richard von Weizsäcker formuliert zunehmend die
Aufgabe der Politik, Helmut Kohl verbrämt sie.«

Die Medien hatten eine neue Möglichkeit gefunden, dem
Kanzler seine Defizite vorzuhalten, dass er etwa versucht hatte,
»die Geschichte unter einem Versöhnungswust zu begraben und
ein machtpolitisches Bündnis zu demonstrieren«, wie es in Bitburg geschehen sei, anstatt »der Wahrheit … ins Auge zu sehen«,
wie es der Bundespräsident getan habe. Niemals hatte Helmut
Kohl auch nur annäherungsweise dem Wunsch Ausdruck gegeben, einen Schlussstrich unter die NS-Zeit zu ziehen; für die
linken Medien stand eine solche Absicht aber unverrückbar fest,
und sie fehlte auch nicht nach dem 8. Mai. Hofmann resümierte:
»Das alles, Helmut Kohls Undeutlichkeiten, sein heimlicher –
populärer? – Wunsch, einen Schlussstrich ziehen zu können unter das düstere Gestern, die eigene Anhängerschaft bis hinein in
das neue deutschnationale Lager noch einzubinden – das ver-
trägt sich schlecht mit Richard von Weizsäcker«. Das »neue
deutschnationale Lager« war wohl als Reaktion auf die hohen
Zustimmungszahlen für Kohl zum Bitburg-Besuch entstandene
Schreckensvision, die die tolerante Grundbefindlichkeit der Bevölkerung nicht zur Kenntnis nahm, zeigten sich die Menschen
doch ebenso offen gegenüber einem Akt der Versöhnung über
Gräbern wie gegenüber der von Weizsäcker kreierten »Befreiung von der nationalsozialistischen Gewaltherrschaft«.

Die intellektuelle Linke hatte ihren Präsidenten gefunden,
den zu loben sie nicht müde wurde. Richard von Weizsäcker

war in der CDU eher ein Außenseiter gewesen, was er mit seiner Zustimmung zu den Ostverträgen öffentlichkeitswirksam demonstriert hatte. Aber das Lob von linker Seite kostete ihn nicht die Sympathie breiter Bevölkerungskreise. Auch nicht beim CDU-Parteivolk. Schon bei den Bundesparteitagen der CDU hatte er stets die meisten Stimmen für das Amt erhalten, für das er kandidiert hatte.

Ein Bundespräsident, der sich bei der heimatlosen Linken wohlfühlte und gleichzeitig eine hohe Akzeptanz in der Bevölkerung fand, musste ein Problem für den Bundeskanzler darstellen. Ihn hätte man sich auch so gewünscht, gelassen, heiter und entspannt – und in der Lage, ähnlich schöne Reden zu halten. Damit konnte Helmut Kohl aber nicht dienen – weder vom Naturell her noch von der Arbeitslast. Der sorgfältige Auftritt mit einer ausgefeilten Rede lag ihm nicht, und als Kanzler hatte er andere Sorgen. Er musste eine schwierige, zum Streit neigende Koalition führen, um Ausgleich bemüht sein und stets im Auge behalten, dass es die nächsten Wahlen zu gewinnen galt. Das war schwierig genug in Zeiten, in denen die wirtschaftliche Erholung für selbstverständlich gehalten wurde, die äußere Bedrohung vernachlässigenswert erschien und die Kritik aus den eigenen Reihen vor dem Kanzler nicht haltmachte.

Das erste Kanzlertief 1985

Nach Wochen der politischen Hochspannung kam der Spannungsabfall. Die medialen Auseinandersetzungen um den Präsidentenbesuch in Bitburg hatten zeitweilig ein Ausmaß angenommen, dass sogar der Sturz des Kanzlers möglich schien. Zugleich aber hatten ihm die ausgesprochen positiven Zustimmungswerte in der Bevölkerung zum Besuch des amerikanischen Präsidenten im Konzentrationslager Bergen-Belsen und auf dem Soldatenfriedhof von Bitburg deutlich gemacht, dass die große parteiübergreifende Mehrheit der Deutschen solche Gesten billigte und diese politischen Akte keineswegs ablehnte.

Aber die hohen Umfrageergebnisse waren nur die eine Seite. Für politisch Interessierte, aber nicht religiös orientierte Menschen wirkte die Vorstellung von der Versöhnung über Gräbern fremd und unbehaglich. Es entsprach nicht mehr ihrem Lebensgefühl. Hinzu kam, dass der Kanzler bei alldem keine glückliche Figur machte. Schließlich hatte die Weizsäcker-Rede vom 8. Mai – die Botschaft der Versöhnung bei aller Anerkennung von Schuld – für Kohl äußerst ungünstige Effekte. Eine solche auf Wirkung berechnete Präsentation war ihm selbst nicht möglich.

Eine ganz andere Sache als die Billigung der Versöhnungspolitik war jedoch die Zustimmung zur Partei des Kanzlers bei den Landtagswahlen in Nordrhein-Westfalen, die nur wenige Tage später, am 12. Mai 1985, stattfanden. Optimistische Einschätzungen im Vorfeld des Reagan-Besuches hatten sogar mit der Möglichkeit gerechnet, dass das internationale Flair eines solchen Ereignisses positive Auswirkungen auf die Wahlen haben könnte. Das waren jedoch eitle Hoffnungen, denn die Wahl endete mit einer schweren Niederlage für die Union. Die SPD errang die absolute Mehrheit, die CDU fiel auf 36,5 Prozent zurück.

Die Agitation der Medien gegen Bitburg und Kohl hatten mit dem Wahlausgang wenig zu tun. Selbst der »Spiegel« verzichtete darauf, in Richtung Bitburg nachzutreten. Das Magazin führte den SPD-Erfolg vornehmlich auf die Wahlkampfstrategie des neuen Politstars Bodo Hombach zurück.

Die Sitzung des Bundesvorstandes am Tag nach der Wahl stand unter Hochspannung. Es wimmelte von Medienvertretern, was Kohl zu einem ungewohnten Ausbruch veranlasste: »Ich bin nicht gewillt hinzunehmen, das Redakteure und Journalisten an der Tür stehen und die Sitzung abhören.« Noch mehr empörte ihn, dass Mitglieder des Vorstands Mitgeschriebenes an die Presse weitergaben. Er hatte sogar »konkrete Vorstellungen, wo die Quelle« liege.[636] Wer konnte das anders sein als Kurt Biedenkopf, der in den Sitzungen ständig schrieb und nach ihrem Ende die wartenden Journalisten empfing?

Das Debakel im größten Bundesland veränderte schlagartig die politische Landschaft. »Kohl in Gefahr«, titelte »BILD« zwei Tage später und wusste noch mehr zu berichten: »Nachts dachte Kohl über sein Schicksal nach.«[637] Das war charakteristisch für den Umgang mit dem Kanzler: In der Sache konnte er für die Niederlage kaum verantwortlich gemacht werden, aber das Faktum allein reichte aus, um sofort auf ihn zu zielen. Die bisher unter der Decke gehaltene innerparteiliche Missbilligung begann sich Luft zu machen. Die Kritik zielte hauptsächlich auf zwei Punkte. »Führungsschwäche« lautete der vornehmlich aus Bayern kommende Vorwurf, zu viel Rücksichtnahme auf die FDP der andere. Im vielstimmigen Chor der Kritiker war aber von einem möglichen Nachfolger noch nicht die Rede. Nur der in der Union gut vernetzte und als Gegner Kohls erfahrene Karl Feldmeyer von der »Frankfurter Allgemeinen Zeitung« hatte bereits einen Kandidaten im Blick, und zwar den baden-württembergischen Ministerpräsidenten Lothar Späth. Dieser würde, so Feldmeyer, in der Fraktion »von den Abgeordneten als Herausforderer und Konkurrent Kohls zwar akzeptiert, doch« rechne »man mit ihm erst zu einem späteren Zeitpunkt«.[638] Das ist ein bemerkenswert früher Beleg für die sich langsam entwickelnde innerparteiliche Opposition, die auf dem Bremer Bundesparteitag von 1989 die Machtfrage stellen sollte. Die »ZEIT« dagegen brachte Bundespräsident von Weizsäcker als Alternative ins Spiel; Kenner der Szene orakelten, so das Blatt, der Präsident »verspüre eine ›Mission‹«.[639] Aber das waren allenfalls Fingerübungen der Kritik.

Die massivste Attacke kam aus dem Kabinett selbst. Bundesinnenminister Friedrich Zimmermann zog in der ZDF-Sendung
»Bonner Perspektiven« ungehemmt vom Leder. Er vermisse
Führungskraft, klagte er und wünschte sich, die Politik des
Kanzlers könnte »den Eindruck vermitteln, dass Führung vorhanden« sei.[640] Sofort tauchte in den Medien der Hinweis auf
Ludwig Erhard und die Agonie seiner Kanzlerschaft 1966 auf;
seit dessen Sturz habe es derartige Brüskierungen eines Kanzlers nicht mehr gegeben. CSU-nahe Journalisten wie Feldmeyer
deuteten den Angriff des Innenministers als eine mit Strauß ab-
gesprochene Drohgebärde. Es habe sich »ganz offenkundig um
ein abgestimmtes Vorgehen« gehandelt, »hinter dem die gesamte
CSU« stehe.[641]

Das ist jedoch die nachträgliche Stilisierung einer individu-
ellen Fehlleistung. Zimmermann hatte sich nämlich an jenem
Wochenende auf einem Bezirksparteitag in Niederbayern die
geharnischte Kritik an der Regierungspolitik und dem Kanzler
anhören müssen. Ohne die gewohnte persönliche Begleitung,
die sein cholerisches Talent notfalls bremsen konnte, brach der
Frust aus dem Minister hervor und beeindruckte das Fernseh-
publikum. Der Auftritt wirkte umso nachhaltiger, als die Presseleute der Regierung am folgenden Tag nicht für die üblichen
Abschwächungen sorgten, sodass sich die Wirkung der Kritik
verstärkte.[642] Kohl war tief getroffen, zumal er bei der Regierungsbildung 1982/83 noch eng mit Zimmermann zusammengearbeitet und Strauß ausmanövriert hatte. Als Friedrich Zimmermann einige Wochen später seinen 60. Geburtstag beging,
unterließ Kohl jeden Glückwunsch und warf lediglich die zwei
ihm zugedachten Bücher über den Kabinettstisch. Es vergingen
Jahre, bis sich das Verhältnis zwischen beiden wieder normali-
sierte.

Die Öffentlichkeitsarbeit war kein Aktivposten. Ihre Wirkung litt unter der hohen Arbeitslosigkeit. Die anderen Leistun-

gen der Koalition wie die Sanierung des Haushalts, die Senkung der Inflation und die Schaffung neuer Arbeitsplätze wurden kaum anerkannt.

Was fehlte, war der gut geölte, personell starke Apparat, der während der sozialliberalen Koalition für Stimmung gesorgt hatte. Günther Henrich, der als CDU-Pressesprecher bis 1981 tätig war, erinnerte sich mit leichter Wehmut daran, wie damals Propaganda betrieben wurde. Was jetzt gemacht würde, sei »stümperhaft« im Vergleich zu dem, was Kohls Vorgänger »meisterhaft beherrschte: die Darstellung von Tatkraft und Energie, die Versicherung, es werde kraftvoll regiert, und die rastlose Betätigung der Blasebälge um den Widerschein der Gedankenglut weit ins Land leuchten zu lassen«.[643]

Die Meinungsumfragen signalisierten ein »Bonner Stimmungstief«[644]. Eine Infas-Umfrage zeigte für Kohl die schlechtesten Werte, seit Meinungen gemessen wurden: 53 Prozent hielten ihn für einen schlechten Kanzler, nur 30 Prozent waren vom Gegenteil überzeugt. Der Absturz des Kanzlers konnte nicht deutlicher ausfallen. Als Oppositionsführer war Kohl mehr als einmal in politisches Unwetter geraten – so nach der Aufkündigung der Fraktionsgemeinschaft durch die CSU und dann seit dem Herbst 1978 im Ringen um die Kanzlerkandidatur, die im Juni 1979 zu seinem Verzicht geführt hatte. Als Kanzler waren ihm derartige Prüfungen bisher erspart geblieben. In den ersten Jahren hatte er viel Kritik hinnehmen müssen, aber die Partei war ruhig geblieben, denn die Erfolge der Regierung – Nachrüstung, Haushaltssanierung und Wirtschaftsbelebung – ließen die Kritik der Medien hinnehmbar erscheinen, da die parlamentarische Opposition ohnehin keine Gefahr darstellte.

Als Bundeskanzler war Kohl unmittelbar nach der verlorenen Wahl in Nordrhein-Westfalen erstmals massiv in die negativen Schlagzeilen geraten. Die »Frankfurter Allgemeine Zeitung« versuchte zu beruhigen: »Kohl sucht Dämme gegen die von vie-

len Seiten anbrandende Kritik zu bauen.«[645] Die Hektik, die die
Koalition an den Tag legte, bewirkte jedoch nicht viel. Es war
mehr als der Warnschuss des Wählers in der Mitte der Wahlperiode; aber was es tatsächlich gewesen war, blieb offen.

Helmut Kohl zeigte erhebliche Vorsicht bei seinen Bemühungen, die Situation zu analysieren. Denn es gab keine offenkundigen, leicht abzustellenden Missstände. Er vermied Schuldzuweisungen. Das wurde schon bei seinem Versuch deutlich, die
Niederlage in Nordrhein-Westfalen zu erklären. Der Gegner,
die siegreiche SPD, wurde als ein im Ruhrgebiet unschlagbarer
Gegner dargestellt, die mit einem Mann wie Johannes Rau einen
Ministerpräsidenten aufbieten konnte, »der im Amt ist und der
sehr beliebt ist und der vor allem die Beliebtheit pflegt und
weniger die Sachgerechtigkeit«.[646] Das sei für jeden Herausforderer ein »Riesenproblem«. Zur Bestätigung berief sich Kohl
auf Kurt Biedenkopf, den Spitzenkandidaten bei früheren Wahlen, der diesmal von Bernhard Worms abgelöst worden war.
Dieser hatte allerdings noch weniger Erfolg gehabt. Biedenkopf,
ansonsten von Kohl eher als Unperson behandelt, war nun zur
Erklärung gut, hatte er doch »ganz gescheit« geäußert, dass Rau
neben der Personalisierung des Wahlkampfes »auch ein Stück
Entpolitisierung gelungen« sei. Das war eine These, die Kohl
gerne aufnahm, denn sie würde von seinen Kritikern eher akzeptiert, da sie von einem ausgewiesenen Kohl-Gegner stammte.

Ein Stück »Entpolitisierung« hatte bei den Wahlen stattgefunden – das konnte er übernehmen und damit eine Ursache für die
Wahlniederlage benennen. Die CDU hatte im Vergleich zu 1980
rund 800 000 Stimmen »verloren, und diese Wähler seien nicht
woanders« hingegangen, sondern »überwiegend zu Hause geblieben«. Dieser Sachverhalt war ihm schon bei vorangegangenen Landtagswahlen begegnet. Da hatte er sich noch mit der
Vorstellung getröstet, dass die zu Hause Gebliebenen wenigstens nicht eine andere Partei gewählt hätten.

Sorgfältig umschiffte Kohl die wesentlichen Ursachen für die Niederlage – den Anstieg der Arbeitslosigkeit, Alarmzeichen bei der Rentenversicherung sowie die Erhöhung der Sozialbeiträge. Das alles sorgte für Unsicherheit, die die Opposition geschickt ausnutzte, aber auch die eigenen Sozialpolitiker so einschüchterte, dass sie sich vor der politischen Auseinandersetzung drückten.[647] Faktisch war die Zahlung der Renten nie unsicher, und jeder erhielt seine Rente. Nur die Berechnungen der Rentenversicherung, aus welchen Einnahmen die Renten bezahlt werden konnten, waren oft unzutreffend, denn sie gingen von Voraussetzungen aus, die tatsächlich nicht erfüllt waren.

Der Kanzler regte sich wahrscheinlich zu Recht über die »ganz ungeheure Verhetzung« in der Rentenfrage auf, räumte aber ein, dass die Sozialpolitik »etwas Schicksalhaftes« habe. Es gelte nicht nur, die Rente zu sichern, sondern auch die Rentner selbst zu erreichen und ihnen klarzumachen, dass sie nicht besorgt sein müssten. Schon in der Nacht nach der verlorenen Landtagswahl hatte Kohl nicht nur über »sein Schicksal nachgedacht«, wie man es sich in der »BILD«-Redaktion vorgestellt hatte, sondern genau dieses Problem bereits mit Norbert Blüm diskutiert. Am Tage darauf versprach er der Fraktion: »Ich will mich selbst um die Sache kümmern.« Daraus sollte für den nächsten Bundestagswahlkampf die Kampagne des Bundesarbeitsministers entstehen, der eigenhändig das Plakat klebte: »Die Rente ist sicher.«

Vor der Fraktion gab der Kanzler die »bittere Niederlage« unumwunden zu, sah aber keinen Anlass, politische Konsequenzen zu ziehen. Er zeigte sich »nicht bereit, auch nach diesem Wahlergebnis eine Änderung vorzunehmen, weil die Grundlinien stimmen«. Also kein Kurswechsel, sondern der Appell an die Partei, intensiver für die Ziele der gemeinsamen Politik einzutreten und Defätismus nicht aufkommen zu lassen. Über die Zusammenarbeit in der Koalition äußerte sich Kohl eher vorsichtig; das Miteinander müsse »stimmiger« werden, womit er sagen wollte, es müsse besser werden – mehr nicht. Angesichts der permanenten Auseinandersetzungen in der Koalition hätte die Aufforderung zu größerer Einigkeit auch etwas nachdrücklicher klingen können.

Einen knappen Monat später wurde er vor der Fraktion deutlicher. Nun sprach er die Stimmung in der Partei offen an und bezeichnete sie als Mischung von »Resignation, einem Stück Depression bei manchen und auch Zorn«.[648] Energisch wandte er sich gegen die »ebenso törichten wie unnötigen öffentlichen Streitereien und Diskussionen, die das Bild völlig schief zeichnen«. Was für die Partei gelte, treffe auch auf die gesamte Koalition zu. Auch hier gebe es »große Zerstrittenheit«, denn die Profilierung auf Kosten des Partners habe nicht aufgehört. Daraus folge die »Absurdität«, »dass in Wahrheit die Sozialdemokraten total zerstritten« seien, »… aber im Augenblick als Nutznießer unseres Krachs und unseres öffentlichen Gelabers« dastünden.

Den Defätismus in den eigenen Reihen versuchte Kohl, mit dem Hinweis auf die eigene Erfolgsgeschichte zu entkräften. Er erinnerte daran, auf wie viel Pessimismus er gestoßen sei, als er kurz nach seiner Wahl zum Kanzler schon Neuwahlen anstrebte, wie oft er gehört habe, dass die Wahlen am 6. März 1983 nicht zu gewinnen gewesen wären oder dass es einen heißen Herbst wegen der Nachrüstung geben würde. Aus den Erfolgen von damals, die alle Befürchtungen hatten gegenstandslos werden lassen, leitete er die Zuversicht ab, dass er auch in dieser Situation recht behielte und seine Politik nicht ändern müsse.

Der Kanzler wusste natürlich, dass er selbst in der Kritik stand. Das Unbehagen an seiner Person war in den eigenen Reihen unbestreitbar vorhanden. Dabei ging es nicht um konkrete Vorwürfe, dass er dieses oder jenes falsch gemacht habe. Er zog ganz einfach die allgemeine Kritik auf sich. Da es ihm noch nie an Mut gefehlt hatte, sprach er vor der Fraktion das Problem von sich aus an und warnte, im Fernsehzeitalter sei die Personalisierung der Politik unvermeidlich. Daher habe »jede Demontage des Spitzenmannes ... ganz enorme Auswirkungen auf das Gesamte der Politik«. Man solle aber nicht glauben, dies sei »speziell eine Frage des Helmut Kohl«. Eine solche Annahme sei eine »große Illusion«, denn die »konzentrierten Angriffe der Linken, vor allem auch mit ihren publizistischen Helfershelfern«, richteten sich nicht nur gegen ihn allein: »Sie können da ein X hinmachen – jeder, der unsere Politik vertritt, das ist der entscheidende Punkt ... wird selbstverständlich in den Mittelpunkt der Angriffe kommen.«

Er, der Kanzler, sei bereit, seine Pflicht zu tun, wie er das immer getan habe, aber man solle nicht glauben, dass er selbst von der Situation unberührt bleibe. Die schwierige Lage, in der sich die Partei befinde, sei ihm wohl bekannt; er spüre sie »sehr genau, und zwar jeden Tag, denn wer steht unter einem größeren psychologischen, auch physischen Druck?« Es ist selten, dass Kohl auf seine psychologische Befindlichkeit zu sprechen kommt – ein untrügliches Zeichen, wie sehr ihn das plötzliche Meinungstief getroffen hatte. Aber zugleich warnte er: »Es gibt auch für den Helmut Kohl bestimmte Grenzen dessen, was zumutbar ist!«[649]

Das Stimmungstief weitete sich nicht zur Krise aus, die Lage stabilisierte sich. Auch das »Bonner Sommertheater« – oft mehr eine Beschäftigungstherapie der »Stallwachen«, die aber auch rasch in eine gefährliche Krise münden konnte – fiel aus. Ende Juli meldete die der Kohl-Sympathie eher unverdächtige »Süddeutsche Zeitung«, der Kanzler sei in seiner Partei »unumstritten«.[650] Für eine Beruhigung an der Medienfront sorgte auch ein Wechsel an der Spitze des Bundespresseamtes. Peter Boenisch trat im Juni wegen nicht gezahlter Steuern – nicht ganz freiwillig, aber doch ohne großes Aufsehen – zurück. Er war stets loyal gewesen und hatte die Politik des Kanzlers gegenüber seinen journalistischen Kollegen geschickt vertreten, auch wenn er von Kohl mit interessanten Nachrichten nicht gerade verwöhnt worden war. Aber irgendwie hatte er nicht gepasst. Ein Mann des Jetset in der Umgebung des Kanzlers – das war ein zu exotischer Farbtupfer, der vor allem auch mit Kohl selbst nicht harmonierte, der Menschen in seiner Umgebung haben wollte, die ebenso wie er selbst keinen gesellschaftlichen Ehrgeiz entwickelten und nicht in Kreisen verkehrten, wo das Leben angeblich seinen Glanz gewinnt.

Nachfolger Boenischs wurde der Wirtschaftsjournalist Friedhelm Ost, der im ZDF Chef der Hauptredaktion Aktuelles gewesen war und zuvor das Magazin WISO aufgebaut hatte. Die Art seiner Berufung ist für das »System Kohl« typisch. Der Kandidat ahnte nichts, als ein Anruf Juliane Webers ihn kurzfristig in das Kanzleramt zum Gespräch mit dem Bundeskanzler bestellte. Über den Gegenstand der Unterredung sagte sie nichts. Kohl bot Ost also die Leitung des Bundespresseamts an – mit einer Bedenkzeit von lediglich zwölf Stunden. Längere Verhandlungen gab es nicht. Friedhelm Ost war der richtige Mann, um das wirtschafts- und sozialpolitische Defizit auszugleichen, das der Kanzler nach der Niederlage in Nordrhein-Westfalen erkannt hatte. Damals hatte er vom »Schicksalhaften in der Sozialpolitik« gesprochen, jener immer wiederkehrender Situation, dass Einnahmeausfälle und Kürzungsnotwendigkeiten in der Bevölkerung für Beunruhigung sorgten.

Vom Presse- und Informationsamt hatte der Kanzler bisher nicht viel gehalten. Als er einmal von der Notwendigkeit sprach, die Politik der Regierung besser zu verkaufen, brach es aus ihm heraus: »Die ganzen Leute vom Bundespresseamt, wo Licht und Schatten dicht beieinanderwohnen, können Sie alle vergessen!«[651] Ein solch abschätziges Urteil sollte sich nicht wiederholen. Konnte es einen besseren Kandidaten geben, der im Publikum durch seine Sendungen bekannt war und die Fähigkeit besaß, wirtschaftliche, finanzielle und soziale Zusammenhänge verständlich zu machen? So bot sich die Chance, die Leistungen der Regierung wirkungsvoller als bisher darzustellen.

Ost hatte bei seiner Einführung vor der Fraktion auch die Herausforderungen genannt, auf die Antworten gefunden werden mussten. Sein letzter und wichtigster Punkt lautete: »Mit Kohl in die 90er-Jahre«. Ein solcher Slogan eröffnete eine ganz andere Perspektive als die Klagen über das Kanzlertief.

Mit Friedhelm Ost gewann Kohl zum ersten und einzigen Mal einen Regierungssprecher, der seine Politik wirklich verkaufen konnte. Er war ein verträglicher Typ mit guten Beziehungen zur Presse – auch zu politisch anders eingestellten Journalisten – und wurde von ihnen weiterhin als Kollege angesprochen. Vor allem zeichnete ihn seine profunde Kenntnis auf dem mittlerweile wichtigsten Politikfeld der Wirtschafts-, Finanz- und Sozialpolitik mit ihren gegenseitigen Abhängigkeiten aus. Die Vertrautheit mit dieser Materie war nicht nur zur Überwindung des Stimmungstiefs, sondern auch zur Sicherung des Erfolgs bei der bevorstehenden Bundestagswahl notwendig.

Im Sommer 1985 konnte noch eine weitere Schwachstelle im Regierungsapparat behoben werden. Der Bundesnachrichtendienst benötigte dringend eine neue Führung – nicht nur eine austauschbare Spitzenfigur, sondern eine Persönlichkeit, die nicht aus dem Geheimdienstmilieu kam und in der Lage war, tatsächlich die Leitung des Dienstes zu übernehmen. Denn eine Auffrischung tat not. Die Führungsschwäche im Geheimdienstbereich – erinnert sei an das eklatante Versagen des Militärischen Abschirmdienstes in der Affäre Kießling – scheint im umgekehrten Verhältnis zur Gefährdung der Bundesrepublik gestanden zu haben. Daher war wohl auch der Ehrgeiz, auf diesem Feld Karriere zu machen, nicht sehr stark ausgebildet. In der Spitze waren Persönlichkeiten nicht vorhanden, denen man eine Überqualifizierung nachsagen konnte.

Im Bundesamt für Verfassungsschutz war ein haarsträubender Missstand bekannt geworden. Hans-Joachim Tiedge, der Chef der Spionageabwehr, also der Mann, der die eingesickerten DDR-Spione aufspüren sollte, erwies sich als ein Mann der Gegenseite, der im August aus Köln verschwand und wenige Tage später in Ost-Berlin wieder auftauchte. Zugleich hatten sich weitere Agenten aus Bonn abgesetzt. Die Beunruhigung der Öffentlichkeit stieg, als Näheres über den geflüchteten Abwehrchef bekannt wurde. Trotz Bedenken der eigenen Sicherheitsabteilung hatte der Präsident des Bundesamtes für Verfassungsschutz Heribert Hellenbroich Tiedge gedeckt. Kurze Zeit vor der Flucht Tiedges war Hellenbroich zum Präsidenten des BND ernannt worden – eine auch später immer wieder zu beobachtende Form der überparteilich abgestimmten Beförderung. Präsidenten des Verfassungsschutzes übernahmen die Leitung des BND, also des Auslandsnachrichtendienstes, obwohl sie auf diesem Gebiet nie tätig gewesen waren.

Hellenbroichs Position wurde unhaltbar, als immer mehr Einzelheiten über Tiedge bekannt wurden. Der Kanzler wollte eine schnelle Lösung herbeiführen, um den BND aus den Schlagzeilen zu bringen. Außerdem hatte er einen Kandidaten, dem man nichts nachsagen konnte. Das war Hans-Georg Wieck, der deutsche Botschafter bei der NATO, ein Berufsdiplomat, der schon außerhalb des auswärtigen Dienstes tätig gewesen war: als Büroleiter bei Verteidigungsminister Gerhard Schröder und Leiter des Planungsstabes bei dessen Nachfolger Helmut Schmidt. Danach diente er drei Jahre als Botschafter in Moskau und hatte anschließend als deutscher Vertreter bei der NATO ständig mit Geheimdienstinformationen aus dem sowjetischen Machtbereich zu tun gehabt.

Der Kanzler wollte diese umfassend qualifizierte Persönlichkeit, die er schon 1982 als Staatssekretär für das Verteidigungsministerium vorgesehen hatte, unbedingt gewinnen. Daher er-

füllte er auch die Bedingung Wiecks, nach drei Jahren der
Leitung des BND wieder in den auswärtigen Dienst zurückkehren zu können. An diese Zusage sollte er sich später allerdings nicht mehr halten. Ebenso wenig ging seine Erwartung
in Erfüllung, dass der BND unter Wieck aus den Schlagzeilen
kommen würde. Allerdings war es das Kanzleramt und nicht
Wieck und der BND, das später durch das Taktieren über den
Bau einer Giftgasfabrik in Libyen negative Schlagzeilen auslösen sollte.[652]

Im Oktober 1985 gab es auch eine Veränderung im Kabinett.
Familienminister Heiner Geißler trat zurück und machte einer
in der Partei wie in der Öffentlichkeit wenig bekannten Frau
Platz: Rita Süssmuth. Die damit verbundene Umorientierung
des Ressorts sollte erst später sichtbar werden.

Im Herbst waren die Sorgen des Sommers erst einmal vergessen. Die Regierungserklärung des Bundeskanzlers am 16. Oktober über Preisstabilität, Wirtschaftswachstum und Beschäftigung
war eindrucksvoll. Sie wirkte wie aus einem Guss. Geschickt
wurde das Thema Arbeitslosigkeit umgangen, indem der Kanzler mehr auf den Rückgang der Kurzarbeiter, die Steigerung des
Lehrstellenangebots und die Zunahme der Beschäftigtenzahlen
abhob. Die sozialpolitischen Erfolge wurden ebenso präsentiert
wie die umweltpolitisch erfreuliche Zunahme abgasarmer Autos
bei den Neuzulassungen. Die Einführung des Katalysators –
wohlgemerkt in Europa – war ein beachtlicher politischer Erfolg von Friedrich Zimmermann, aber dieser konservative Bayer,
der für Grüne und Linke der Inbegriff des reaktionären Erzfein-
des war, wurde mit seinen positiven Leistungen auf diesem Gebiet nicht zur Kenntnis genommen.

Die SPD verhielt sich bei dieser selbstbewussten Aufzählung
der Erfolge auffallend ruhig; der Bundeskanzler ging auch relativ rücksichtsvoll mit den Sozialdemokraten um. Die Ursache

lag wahrscheinlich im Bankrott der gewerkschaftseigenen »Neuen Heimat«, jenes gigantischen Konzerns des sozialen Wohnungsbaus, der eigentlich krisensicher schien, aber durch eklatante Misswirtschaft zusammenbrach. Vor der Fraktion mokierte sich Kohl über den DGB-Vorsitzenden Ernst Breit, der ihm Ratschläge erteilen wollte: »Ich würde eigentlich mal gerne hören, wie die Ratschläge zur Sanierung der ›Neuen Heimat‹ aussehen.« Zugleich machte er auf die Parteilichkeit der Medien aufmerksam: Wie wäre deren Reaktion ausgefallen, wenn vonseiten der Union in sozialer Hinsicht ähnlich bedenkenlos vorgegangen worden wäre? »Überlegen Sie einmal, uns wäre Vergleichbares passiert, wenn wir in Bremen oder anderswo Tausende von sozial gebundenen Wohnungen verkaufen würden!«[653]

Am wichtigsten war für den Kanzler die Feststellung, dass man »aus diesem Tief heraus« sei; die Demoskopie wurde gelobt, täte es ihm doch gut, dass die CDU »wieder bei 47 (Prozent) angelangt« sei! Kohl war überzeugt, dass »der eigentliche Durchbruch« im Sommer 1985 gelungen war. »Sehr einsichtige kluge Leute« hätten sogar vorausgesagt, dass die Bundesregierung »alle Chancen habe, mit einer glänzenden Wirtschafts- und Sozialbilanz« bei den nächsten Bundestagswahlen anzutreten. Das musste nur noch unter die Leute gebracht werden.

Die Freude war verständlich, das erste Tief so schnell überwunden zu haben. Aber der rasche Stimmungswandel zeigte eine veränderte Einstellung der Bevölkerung, die den kritisch eingestellten Medien bessere Möglichkeiten der Beeinflussung boten, was von diesen zielstrebig ausgenutzt wurde. Ein diffuses Stimmungsbild war entstanden, das auch in Parteikreisen verbreitet war und den Kanzler vor eine schwierige Aufgabe stellte. Sein demoskopischer Befund war negativ, ein Kanzlerbonus war nicht vorhanden, aber es gab auch keine handfesten Erklärungen, wie es zu diesem Kanzlertief gekommen und wie es abzustellen war. Es wurde schnell überwunden, doch die Warnung blieb. Es konnte jederzeit wieder auftauchen.

Geschichtspolitik und Geschichtsmuseen –
Politik für die deutsche Einheit

In den Achtzigerjahren tauchte in der öffentlichen Diskussion ein neuer Begriff auf. Geschichte war nicht mehr bloß Vergangenheit, die zu bewältigen Aufgabe der politischen Bildung sein sollte, sondern wurde immer mehr selbst zum Gegenstand der politischen Auseinandersetzung. Geschichte wurde plötzlich wichtig, denn sie diente als Politikersatz und wurde so zur Geschichtspolitik. War das Wort in den Siebzigerjahren noch unbekannt, wurde es nun im politischen Sprachschatz rasch heimisch. Mittlerweile sind sogar schon Bücher über Geschichtspolitik erschienen.[654] Wie nicht anders zu erwarten, ist es ein deutscher Begriff, unübersetzbar, untrennbar mit dem Streit um die deutsche Geschichte und um das deutsche Selbstverständnis verbunden. Im Englischen und Französischen ist der Begriff unbekannt.

Was die Sache nicht leichter macht: Der Begriff ist keineswegs eindeutig. Ursprünglich richtete er sich kritisch gegen eine Politik, der unterstellt wurde, Geschichte im Sinne der Regierung zu manipulieren. In dieser Beziehung wurde der Begriff von den Grünen benutzt, um gegen die Museumspläne der Regierung Kohl zu polemisieren. Aber inzwischen deckt er weit mehr ab. Die Geschichtspolitik bezeichnet Sachverhalte, die in den Achtzigerjahren als Ergebnis politischer Veränderungen in den Vordergrund rückten. Der öffentliche Diskurs trug dem Rechnung.

Mit Geschichte kann man trefflich argumentieren, aber sie lässt sich auch für politische Zwecke instrumentalisieren. Damals bot sie die Möglichkeit, die Forderung nach der Wiedervereinigung Deutschlands oder auch nur deren Wünschbarkeit infrage zu stellen. Wer die Wiedervereinigung ablehnte, tat dies nicht mehr aus persönlicher Überzeugung, sondern weil die anscheinend so schwer fassbare deutsche Identität zu skeptischen Fragen Anlass gab. Fixpunkt dieser Diskussion war die These, der deutsche Nationalstaat sei 1945 zerbrochen und damit eine geschichtliche Bewegung an ihr Ende gelangt. Überhaupt sei die Existenz einer deutschen Identität fraglich, war doch die Teilung des Landes in einen Flickenteppich von Staaten eher der Normalfall als die Ausnahme in seiner Geschichte. Zudem sei Deutschland nur ein »unvollständiger Nationalstaat«, die Deutschen nur eine »verspätete Nation«, im Grunde gar keine, sondern mehr ein Konstrukt, ein Großpreußen, ein »Nationalismus ohne Nation«.[655] Constantin Frantz, der Kritiker Bismarcks und seiner Reichskonstruktion, hatte von einer großdeutschen, locker strukturierten Föderation geträumt; er fand nun diskrete Anerkennung.[656] Eine dünne amerikanische Studie machte zeitweilig Furore, weil sie die These aufstellte, das Deutsche Reich habe schon in geopolitischer Hinsicht nicht gepasst, es sei für das europäische Staatensystem zu groß, zu schwergewichtig gewesen.[557]

Der Abwertung des Bismarck-Reichs entsprach die Aufwertung der DDR, wie sie etwa Ralf Dahrendorf als einen Staat mit erheblichem sozialem Modernisierungsvorsprung vor der Bundesrepublik eindrucksvoll dargestellt hatte.[658] Dieser Art von Geschichtspolitik ging es vor allem darum, der jahrzehntelangen Vorstellung entgegenzuwirken, dass die deutsche Frage noch immer offen sei.

Helmut Kohl hatte von diesen Tendenzen nie etwas gehalten. Er war ein entschiedener Gegner der Bestrebungen, vom überkommenen Nationalstaat abzurücken. Er hielt unbeirrbar an der Einheit der Nation fest, wusste aber, dass die Gegentendenzen stärker wurden, und hütete sich deshalb, diese Bestrebun-

gen frontal zu attackieren. Er kannte die Allensbacher Ergebnisse, denen zufolge die Mehrheit der Bevölkerung in dieser
Frage hinter ihm stand. Elisabeth Noelle-Neumann hielt nichts
von intellektuellen Verrenkungen, wie sie Günter Gaus anstellte.
Dieser konnte sich die deutsche Zukunft nur als »entstaatlichte
Nation« vorstellen. Noelle-Neumann dagegen zog aus der Demoskopie ganz andere Schlüsse: »Nichts deutet auf ein Abnehmen der Gefühle nationaler Verbundenheit.« Gegenüber
dem Trend der Medien mahnte sie: »Die Bevölkerung erscheint
sicher viel geduldiger, als es sich viele Journalisten, Politiker und
Wissenschaftler vorgestellt haben.«[659]

Der Kanzler musste vorsichtig agieren; er registrierte deshalb
mit lebhafter Anteilnahme alle Anzeichen, die eine Belebung
des historischen Interesses anzeigten. Denn in seinen Augen
bedeutete das Interesse an der deutschen Geschichte die Verbundenheit mit der gemeinsamen deutschen Vergangenheit. Das
war für ihn von großer politischer Bedeutung. Im September
1984 wies er die Fraktion auf den Büchermarkt des Herbstes hin.
Er hatte bereits den Katalog der Frankfurter Buchmesse studiert
und zog daraus den Schluss: »Wenn Sie sehen, was dort deutsche Verleger auf den Markt bringen, dann werden Sie Geschichte, Geschichte und noch einmal Geschichte erleben. Und
da Verleger im Allgemeinen ›keine Vertreter karitativen Denkens‹ primär sind, sondern mit ihren Produkten ja Gewinne erzielen wollen, … und da Verleger Leute sind, die auch die Intuition haben, am Puls der Entwicklung zu spüren, was geht und
was nicht geht, ist das überdeutlich, was wir aus anderen Quellen auch wissen: dass wir eine Renaissance des Gedankens der
Einheit der Nation erleben – und das ist auch gut so.«[660]

Das seit Ende der Siebzigerjahre gewachsene Interesse an der
Geschichte war eine Tatsache. Aber dass dies zugleich eine Stärkung des Gedankens der Einheit der Nation bedeutete, war
Kohls eigene Überzeugung und traf keineswegs auf allgemeine

Zustimmung. Es war nicht das Ergebnis vorsichtigen Abwä-
gens – aus dem Interesse an der Geschichte wollte der Kanzler
den Willen zur Einheit herauslesen. Es war seine Überzeugung
und zugleich sein politischer Wille. Er wusste allerdings um die
Schwierigkeiten bei der Durchsetzung, dass im Zuge der allgemeinen Entspannung die DDR-Forderungen, etwa die Anerkennung ihrer Staatsbürgerschaft, nicht mehr als »Formelkram«
verharmlost werden konnten. Mit solchen Wertungen konnte
der Durchhaltewillen auch der eigenen Wählerschaft erschüttert
und von der »wirklichen Entscheidung« abgelenkt werden. Dies
war, so erklärte er im September 1984 vor der Fraktion, für ihn
das »Ja zur Einheit der Nation, die offene deutsche Frage – auch
unter der Voraussetzung, dass wir lange Zeiträume, vielleicht
sogar Generationen, in dieser Position durchhalten müssen!«

Schon 1983 hatte er die vor ihm liegenden Jahre als »Ära
Kohl« bezeichnet und als deren Ziel die Vereinigten Staaten von
Europa und die Wiedervereinigung genannt. Letztere hatte er
zwar nicht ausdrücklich als Ziel genannt, aber das war in einer
Situation, in der es noch keinerlei Anzeichen für eine mögliche
Wiedervereinigung gab, auch nicht zu erwarten. Dennoch wollte
Kohl klarstellen, dass seine Politik unbeirrbar dieses Ziel verfolgte. Eine Erklärung von solcher Tragweite, die den Willen
zum Ausdruck brachte, »den Verlust der geschichtlichen Mitte«
zu überwinden und am »Ja zur Einheit der Nation« festzuhalten, war nichts anderes als Geschichtspolitik. Sie erhielt grundsätzliche Bedeutung durch das Datum, an dem er dieses Ziel
formulierte. Es war der Tag nach seinem fulminanten Wahlsieg
am 6. März 1983. Der Erfolg an den Urnen hatte dem Planer
Kohl, der Termine Monate, mitunter Jahre im Voraus festzulegen pflegte, eine gewisse Planungssicherheit gegeben. Denn
angesichts der Schwäche der Opposition konnte er mit einer
langen Regierungszeit rechnen, in der es gelingen konnte, den
Verlust der »historischen Mitte« zu überwinden.

Kohl äußerte dieses Bekenntnis, das für ihn eine Verpflichtung war, im Hochgefühl des Sieges und in dem Bewusstsein, die Chance auf eine lange Amtszeit erhalten zu haben. Bekenntnisse, Äußerungen mit politisch-programmatischer Prägung waren bei ihm selten. Er zog es vor, die anderen zu befragen und mit der eigenen Meinung hinter dem Berg zu halten. Goldene Kanzlerworte waren von ihm nicht zu erwarten. Die Beharrlichkeit aber, mit der er am Ziel der Einheit der Nation festhielt, ist die Bestätigung dafür, dass die scheinbar unauffällige Bemerkung nach dem Wahlsieg tatsächlich so etwas wie die Leitlinie seiner Politik darstellte: Geschichtspolitik als eine der politischen Gesamtlage angepasste Wiedervereinigungspolitik. Sie konnte dieses Ziel freilich nie im direkten Zugriff erreichen, höchstens den Boden dafür vorbereiten. Dennoch war sie als Feld der Auseinandersetzung von erheblicher Bedeutung.

Andreas Wirsching ist anderer Meinung. In seinem Buch »Abschied vom Provisorium« stellt er Geschichte und Geschichtspolitik, die von ihm breit dargestellte »Rückkehr der Geschichte« in den Achtzigerjahren, lediglich als eine »spezifische Bewegung innerhalb des längerfristigen Rhythmus kollektiven Erinnerns« dar.[661] Von dieser hohen Warte aus sieht er die Geschichtspolitik des Kanzlers in anderem Licht. Sie sei nicht primär auf die Einheit der Nation gerichtet gewesen, vielmehr müsse man feststellen: »Spätestens seit dem Regierungsantritt Kohls lud sich die von ihm und ohne ihn in Gang gekommene Geschichtsbewegung politisch auf.« »Erregte Debatten« wurden geführt, tatsächlich aber noch mehr: »Das interessierte Publikum erlebte ein Schauspiel, das es bis dahin nicht gegeben hatte: Ein Regierungschef wurde zum Medium, aber auch zum umtriebigen Akteur einer umfassenden kulturellen Auseinandersetzung.« Es sei letztlich um die »kulturelle Hegemonie« gegangen.

Helmut Kohl kann mit allem Möglichen in Verbindung gebracht werden, hier wird aber das Wesentliche nicht erkannt: Geschichtspolitik war für ihn kein Schauplatz für kulturelle Auseinandersetzungen, sondern erfüllte eine Ersatzfunktion für eine zum damaligen Zeitpunkt nicht praktizierbare aktive Wiedervereinigungspolitik.

Die deutsche Geschichte bot Anschauungsmaterial und Einsichten vielerlei Art, auf helle wie auf dunkle Kapitel. Beschäftigung mit der Geschichte und Angesprochensein durch Geschichte sollten das Zusammengehörigkeitsgefühl stärken, selbst wenn man sich leidenschaftlich stritt. Das war Kohl wichtig. Keineswegs sollte ein bestimmtes Geschichtsbild vermittelt werden. Die Offenheit in der Betrachtung musste gewahrt bleiben. Blieb der Zusammenhalt bestehen, war das Wichtigste geschafft.

In seiner Regierungserklärung vom 13. Oktober 1982 und erneut in der Regierungserklärung am 4. Mai 1983 hatte Helmut Kohl Ankündigungen gemacht, mit denen die Öffentlichkeit wenig anfangen konnte, ging es doch um die Gründung von Museen. Museen zu gründen war damals in Mode; nirgendwo wurden so viele gegründet wie in der Bundesrepublik. Geschichte war wiederentdeckt worden. Die Gründergeneration hatte mit einer aufmüpfigen Folgegeneration zu kämpfen. Der Wiederaufbau war abgeschlossen. Was Krieg und Nachkriegszeit von der alten Bausubstanz übrig gelassen hatten, erschien den Zeitgenossen mehr und mehr als schützenswert. Der durchsetzungsfähiger gewordene Denkmalschutz half tatkräftig, das allgemeine Bewusstsein für die Bedeutung des historischen Erbes zu schärfen.

Der Bundeskanzler hatte den Bau von zwei Museen angekündigt – ein Haus der Geschichte in Bonn und das Deutsche Historische Museum in Berlin. Das Bonner Museum hatte Priorität. Es sollte der Geschichte der Bundesrepublik gewidmet sein und den Besuchern zeigen, wie sich dieser Staat entwickelt hatte.

Das hatten viele der künftigen Besucher selbst miterlebt, ohne dass dieser Zeitraum schon in den Geschichtsbüchern festgehalten und gedeutet worden wäre. Die lebendig dargestellte Entwicklung dieser Jahrzehnte konnte neue Kenntnisse vermitteln und die Wiederbegegnung mit der jüngsten Vergangenheit ermöglichen. Für das Museum in Berlin sah die Planung längere Zeiträume vor.

Die Kritik an den Museumsprojekten hielt sich anfangs in Grenzen, hatte man doch genug mit der Wende und den vielen angekündigten und vollzogenen sozialen Härten zu tun. Was Kohl ankündigte, war keineswegs als ein Verlegenheitsangebot, als ein schmückendes Beiwerk zur Regierungserklärung zu verstehen, das schnell in der Versenkung verschwinden konnte, zumal es sich um langfristige und zugleich um verfassungspolitisch schwierige Unternehmungen handelte. Kultur ist Sache der Länder – wie konnte eine Bundesregierung den Plan fassen, auf diesem sensiblen Gebiet den Ländern die Kulturhoheit streitig zu machen?

Dem früheren Ministerpräsidenten von Rheinland-Pfalz war das alles bekannt, und er wusste noch mehr. Nach seinem Wahlsieg am 6. März 1983 konnte er angesichts der Schwäche der Sozialdemokratie mit einer langen Regierungszeit rechnen, die er selbst damals schon als »Ära Kohl« angesprochen hatte. Das passte gut zum Bau von Museen, für die viel Zeit erforderlich ist. Der Kanzler rechnete nicht nur mit einer langen Regierungszeit, sondern hatte als Ziel stets die Einheit der Nation vor Augen, und diesem Ziel sollten die Museen dienen. Der Kanzler wollte mit den Museen kein bestimmtes Geschichtsbild propagieren – keinesfalls etwa jene »neokonservative« Horrorshow mit Schlussstrich-Tendenzen, die seine linken Kritiker ihm ohne den Schatten eines Beweises weiterhin unterstellten. Das war bei ihm ausgeschlossen.

Mit dem Interesse an der Geschichte – und das hieß auch im-

mer im Streit um die Geschichte – sollte der Gedanke an die
Einheit der Nation lebendig erhalten und möglichst gestärkt
werden. Wenn die beiden deutschen Staaten immer weiter aus-
einanderdrifteten und in der Bundesrepublik die Hinnahme der
Zweistaatlichkeit erheblich zunahm, musste die Geschichte an
Bedeutung gewinnen: Sie war das gemeinsame Erbe, das verbindende Element, das es zu pflegen galt.

Mit Oscar Schneider als Bundesbauminister hatte der Kanzler
eine wohlüberlegte Wahl getroffen: Schneider war ein Franke,
der in der CSU über respektablen Rückhalt verfügte, und – viel
wichtiger – zweifelsfrei an der Einheit Deutschlands festhielt. Er
war ein Mann von »politisch lauterem Charakter«. Kohl kannte
ihn schon aus den Fünfzigerjahren von den Treffen der Jungen
Union. Bereits vor der Bundestagswahl 1976 waren sie sich einig
gewesen, im Fall des Wahlsieges die kulturelle Präsenz des Bundes zu stärken.[662] Als langjähriger Vorsitzender des Bundes-
tagsausschusses für Raumordnung, Bauwesen und Städtebau
verfügte Schneider über eine keineswegs selbstverständliche
Sachkenntnis auf diesem Gebiet, die ihn schließlich sogar in die
Lage versetzte, bei der Rekonstruktion des Reichstages entschlossen die gläserne Kuppel durchzusetzen – gegen die Vorstellungen des Stararchitekten Norman Foster. Sie wurde rasch
zur unverzichtbaren und symbolträchtigen Attraktion, denn
hier konnten die Bürger im Wortsinne ihren Abgeordneten
»aufs Dach« steigen.

Wenn Oscar Schneider rückblickend sagte: »Alle kulturpolitischen Entscheidungen Helmut Kohls stehen in einem erkennbaren Zusammenhang zur deutschen Einheit, zur erhofften und
realisierten«, so wiegt ein solches Urteil schwer. Denn Schneider
stand dem Kanzler bei der Verwirklichung der Museumsbauten
als Ressortminister, aber auch als ein in der Sache selbst Überzeugter am nächsten. Bei der Verwirklichung dieser Pläne war er
auch in anderer Beziehung eine große Hilfe. Er konnte den bay-

erischen Widerstand zumindest abschwächen. Denn in München empfand man den Plan, Museen als Bundesbauten zu errichten, als einen unerhörten Angriff auf die Grundpfeiler der föderalen Ordnung, die die Kulturhoheit der Länder infrage stellte, wenn nicht gar offen bedrohte. In dieser Situation kam es darauf an, durch geduldiges Gegenhalten die bayerische Empörung so weit abzuschwächen, dass der Plan selbst nicht angefochten wurde. Der bayerische Ministerpräsident Strauß hatte sich anfangs heftig erregt, konnte aber nach langen Diskussionen von der politischen Konzeption überzeugt werden, während sein Staatssekretär Edmund Stoiber sich weiterhin widersetzte.

Wie viel Widerstand auch vonseiten der unionsgeführten Länder dem Berliner Projekt entgegengesetzt wurde, geht allein aus der Tatsache hervor, dass das Deutsche Historische Museum in der Rechtsform einer GmbH gegründet werden musste, um den Interessen der Länder Rechnung zu tragen. Eine GmbH bot den Ländern als Mitgesellschafter mehr Einfluss, ohne dass sie freilich an den Kosten beteiligt wurde, aber sie konnte auch schnell liquidiert werden, wie es 1960 jener Gesellschaft Adenauers ergangen war, mit der er das Zweite Fernsehprogramm gründen wollte. Das Bundesverfassungsgericht musste der Bundesregierung bestätigen, dass »die gesamtstaatliche kulturelle Repräsentation« auch zu den Aufgaben des Bundes gehöre. Erst später bekam das Museum in Berlin wie das Haus der Geschichte in Bonn den Status einer Stiftung öffentlichen Rechts.

Aber auch beim Haus der Geschichte, das in der Sache weniger Kritik hervorrief, da ein solches Museum auch von denjenigen gebilligt werden konnte, die eine Wiedervereinigung nicht mehr für möglich hielten, ging die Verwirklichung nur langsam voran. Erst im Juli 1985 wurde der Kabinettsbeschluss zu seiner Gründung gefasst.[663] Nach fünfjähriger Bauzeit wurde das Haus im Juni 1994 eröffnet und erwies sich rundum als Erfolg. Die

Besucher kamen in Massen, die internationale Museumswelt äußerte sich lobend, und die Befürchtungen der Opposition waren verstummt.

Das in Berlin zu errichtende Museum konnte das Interesse der Öffentlichkeit unter einem besonderen Aspekt beanspruchen. 1987 feierte die Stadt ihr 750-jähriges Jubiläum. Das war allerdings kein Anlass für die Berliner, das Ereignis gründlich vorzubereiten oder gar pomphaft zu feiern. Fünfzig Jahre zuvor hatte es im Dritten Reich lediglich einen behördlich angeordneten Festzug gegeben, der kaum wahrgenommen wurde, denn in Berlin hatte sich seit der Kaiserzeit keine historische Tradition ausgebildet. Das rapide Wachstum der Stadt und die späteren politischen Umwälzungen hatten stets mehr Bezug zur Gegenwart als zur Vergangenheit. Das Überlebenstraining lag den Berlinern näher als der Rückblick auf die Stadtgeschichte.

Was aber das Stadtjubiläum politisch interessant machte, waren die Planungen der Gegenseite. Die DDR hatte inzwischen die Nützlichkeit der Geschichte für ihre Kulturpropaganda entdeckt. Davon legte das Unter den Linden wieder aufgestellte Denkmal Friedrichs des Großen ein spektakuläres Zeugnis ab, das nach dem Krieg eher durch Zufall der Vernichtung entgangen und später lange zu einer Schattenexistenz im Park von Sanssouci verurteilt gewesen war. Die in Ost-Berlin frühzeitig begonnenen Vorbereitungen für die 750-Jahr-Feier ließen erkennen, dass die DDR beträchtlichen Ehrgeiz entwickelte, das Jubiläum glanzvoll aufzuziehen. Denn in ihrer Stadthälfte lagen die historische Altstadt und vor allem auch die preußische Residenz- und Hauptstadt mit einer trotz allen Verlusten immer noch beachtlichen Bausubstanz. In West-Berlin dagegen rührte sich nicht viel.

In seinem Bericht zur Lage der Nation am 27. Februar 1985 teilte der Kanzler mit: »Als Geburtstagsgeschenk der Bundesrepublik Deutschland wollen wir in Berlin das Deutsche Histori-

sche Museum bauen und einrichten.« Zweifel an der Bedeutung
des Bauwerkes ließ er gar nicht erst aufkommen: »Das Projekt
selbst ist eine nationale Aufgabe von europäischem Rang«, eine
»Stätte der Selbstbesinnung und der Selbsterkenntnis«, die den
Deutschen zeigen soll, »woher wir kommen, wo wir stehen und
wohin wir gehen werden«.

Das Presseecho war eher zurückhaltend. Es gab allerdings
eine gewichtige Ausnahme. Das war ein Artikel von Wolf Jobst
Siedler, ein gekürztes Memorandum, das er »den Entscheidungs-
trägern« – also dem Kanzler wie dem Regierenden Bürgermeister – zugeleitet hatte.[664]

Der Verleger Wolf Jobst Siedler war im Berlin der Nachkriegszeit eine singuläre Erscheinung. In Fragen von Architektur und
Stadtplanung hatte seine Stimme Gewicht. Im historischen Detail nicht immer überzeugend, imponierte er durch die Weite des
Blicks und die Kühnheit der Planung. Sein Ruf als Architektur-
experte gründete auf seinem Buch über »Die gemordete Stadt«,
in dem er den Wiederaufbau nach dem Bauhausschema einer
kritischen Prüfung unterzogen hatte. Dieser Generalangriff hatte
ihm jedoch nicht die Feindschaft, sondern eher die Zuneigung
der Architekten eingetragen.

Wolf Jobst Siedler machte nun auf Zusammenhänge aufmerksam, die von der damaligen Realität weit entfernt waren. Er
hatte das »Ödland zwischen Kongresshallen-Ruine und einem
Reichstagsgebäude, das durch seinen modernistischen Wiederaufbau in seiner historischen Substanz stark geschwächt ist«, im
Blick. Dieses Gelände im Spreebogen mit dem Platz der Republik als Zentrum, in Sichtweite der Mauer, sollte nichts weniger als »die eigentliche politische Mitte« der Stadt werden, die
freilich »auf kurzfristige Realisierungschancen nicht Rücksicht
nehmen« dürfe. Für das »geplante Geschichtsmuseum als eines
Platzes historischer Selbstvergewisserung« ergab sich »die
räumliche Zuordnung« gleichsam von selbst. Das Museum –

später wurde dort das Kanzleramt errichtet – sollte die westliche Begrenzung bilden wie der Reichstag die östliche. Nach Norden in Richtung Spree konnten weitere Regierungsbauten angefügt werden.

Siedlers Vorstellungen gingen von einer ganz wesentlichen Voraussetzung aus: »Die Planung eines so eminent politischen Raumes ist eine Sache des Bauherrn und nicht des Baumeisters.« Was man wolle, solle politisch definiert und nicht den Architekten überlassen bleiben. Für Kohl bedurfte es dieser Aufforderung nicht, »er hielt sich auch im Bereich der Kulturpolitik an die Richtlinienbefugnis des Bundeskanzlers«[665], aber er ordnete nichts an, sondern erzielte Übereinstimmungen in der Diskussion mit den Experten und überraschte immer wieder mit gelungenen Einfällen.

Siedlers Coup, zusammen mit dem Museum schon die Planung für das zukünftige Regierungsviertel einzufordern, stieß verständlicherweise auf Kritik, die jedoch seltsam verhalten blieb. Der »Spiegel« mokierte sich darüber, dass »die neokonservative Ein-Mann-Partei Wolf Jobst Siedlers sich in Memoranden, Essays und Glossen in einen nationalen Rausch schrieb«.[666] Arnulf Baring wunderte sich, dass der Reichstag in diesem Konzept solche Bedeutung haben sollte. Er sah den Bau in einem ganz anderen Licht: »Der Reichstag ist, was keiner sagen darf, ja selbst schon ein Museum, das man sehr gut ausbauen könnte. Wir alle wissen doch, dass dort niemals mehr ein deutsches Parlament tagen wird.«[667] Wie weit solch intellektueller Pessimismus von den tatsächlichen baupolitischen Aktivitäten entfernt war, mag der Hinweis zeigen, dass Kohl den Bundesbauminister Oscar Schneider im selben Jahr schon beauftragt hatte, »eine Konzeption für den Umbau des Reichstagsgebäudes« auszuarbeiten.[668]

Bei der feierlichen Grundsteinlegung für das Historische Museum im Oktober 1987 sangen Grüne und Alternative: »Das ist

die Berliner Gruft, Gruft, Gruft ...« Freimut Duve, der kulturpolitische Sprecher der SPD-Fraktion, bezeichnete die Pläne
Kohls als »Museumsfeudalismus eines Kanzlers, der das Ra-
scheln von Behördenpapieren für den Atem der Geschichte
hält«.[669]

Es ist erstaunlich, dass der »Historikerstreit«, der im Juli 1986
ausbrach, das Museumsprojekt nur vorsichtig streifte. Am
2. Juli hatte Jürgen Habermas, mit dessen fulminant polemi-
schem Artikel in der »ZEIT« – »Eine Art Schadensabwick-
lung« – die Auseinandersetzung begann,[670] bei der Anhörung
der SPD-Fraktion ausführlich über die »Rolle der revisionistischen Geschichtsschreibung« gesprochen, als deren Protagonis-
ten er die Historiker Michael Stürmer und Ernst Nolte hervorhob. Er unterstellte ihnen, das Geschichtsbewusstsein der
Bevölkerung nur als »Manövriermasse« zu behandeln, »um den
Legitimationsbedarf des politischen Systems zu bedienen«. Viel
bedenklicher sei aber etwas anderes: »Die Nazi-Verbrechen sollen ihre ›scheinbare Einzigartigkeit‹ einbüßen.« Bitburg sei der
Testfall gewesen. Die Argumentation war zwar abenteuerlich,
aber das machte nichts: Nur die Richtung musste stimmen. Und
so blieb es nicht aus, dass auch das geplante Museum ins Blickfeld rückte. Wie nicht anders zu erwarten, erblickte Habermas
in dem Projekt die Realisierung des von ihm scharf kritisierten
Geschichtsrevisionismus. Aber statt dramatisch vor dieser Fehlentwicklung zu warnen und alle möglichen Konsequenzen an-
zudrohen, fiel seine Distanzierung eher akademisch blass aus:
»Wenn aber die bisher in Umrissen erkennbare Konzeption nur
im Geiste von Bitburg, im Geiste von neokonservativen Historikern verbreiteten Ideen durchgeführt werden sollte, würde ich
der Nichterrichtung den Vorzug geben.«[671] Mit dieser Drohung
konnte man leben.

Immer wieder wurde von linker Seite der Verdacht geäußert,
einseitig parteipolitische Tendenzen könnten die Konzeption

des Museums prägen. Nichts dergleichen geschah. Die Sachverständigenkommission bestand aus ganz unterschiedlich ausgerichteten Historikern und Museumsfachleuten; keinerlei Nachrichten über Richtungskämpfe konnten das zu Beginn vorhandene Misstrauen bestätigen. Der Bundeskanzler versicherte in seiner Ansprache zur Gründung des Museums am 28. Oktober 1987 noch einmal mit Bestimmtheit, dass »Geschichte nach den bewährten Maßstäben wissenschaftlicher Seriosität so objektiv wie möglich dargestellt wird«. Darunter verstand er »auch die Auseinandersetzung mit kontroversen Deutungen und Diskussionen – mit der Vielfalt der geschichtlichen Betrachtungsmöglichkeiten, wie sie für eine offene Gesellschaft kennzeichnend ist«.[672] Das waren für ihn als Historiker Selbstverständlichkeiten, die zu erwähnen und für deren Einhaltung einzutreten er nicht müde wurde, um Missverständnisse auszuräumen. Er vergaß freilich auch nicht, auf die geschichtspolitische Bedeutung des Museums hinzuweisen. Im Berliner Jubiläumsjahr sei es für ihn spürbar geworden: »Das Bewusstsein für die Einheit der Nation ist in beiden Teilen Deutschlands nicht nur ungebrochen, es ist – wie jeder spürt – in den vergangenen Wochen und Monaten sogar deutlich stärker geworden.«

Der Historiker kann eine solche Empfindung nicht überprüfen. Es ist durchaus möglich, dass der Kanzler in Berlin einen solchen Eindruck gewonnen hatte. Aber es mag auch Zweckoptimismus im Spiel gewesen sein. Wie der Wahlkämpfer Kohl immer vom bevorstehenden Erfolg überzeugt war, so konnte für ihn in Berlin bei diesem Anlass die Einheit der Nation nicht bezweifelt werden. Ob er aber tatsächlich recht hatte, sei dahingestellt.

Das Echo auf den Besuch Erich Honeckers in Bonn wenige Wochen zuvor konnte allerdings einen ganz anderen Eindruck vermitteln. Denn die Anwesenheit des SED-Chefs in Bonn und das Abspielen der DDR-Hymne ließ in der Öffentlichkeit das

Bild von der mittlerweile vollendeten Zweistaatlichkeit Deutschlands entstehen, auch wenn der Kanzler gerade diesen Eindruck
vermeiden wollte und in seiner Tischrede gesamtdeutsche Akzente setzte.

Die Bestellung Christoph Stölzls zum ersten Museumsleiter im
Jahr seiner Gründung sorgte dafür, das Versprechen des Kanzlers, dass »Geschichte ein offener Prozess ist und Geschichtswissenschaft in einer freien Gesellschaft pluralistisch sein muss«,
einzulösen. Die Berufung Stölzls war ein Glücksfall – ein Fach-
historiker und Museumsfachmann, ein bayerischer Liberaler,
der im konservativen München dennoch großen Erfolg hatte,
vor allem aber ein Mann, der über nationale Enge hinaus stets
auch Europa im Blick hatte. Einen besseren Leiter als Stölzl
konnte sich der Kanzler nicht wünschen. Beide Männer stimmten sowohl in ihrer Liebe zum Anschaulichen und Konkreten
als auch in ihrer Vorliebe für großzügige Lösungen ohne viel
Bedenken über entstehende Kosten überein.

Das Verhältnis zwischen Kohl und Stölzl war harmonisch
und von tiefer Sympathie geprägt. Das ist keineswegs selbstverständlich und verdient daher, hervorgehoben zu werden. Aber
etwas anderes ist wichtiger. Das ist die Art, wie der Kanzler
Stölzl arbeiten ließ und nicht versuchte, seine eigenen Vorstellungen durchzusetzen. Er hatte sich stets gegen jede parteipolitische Einflussnahme auf die Geschichtsmuseen ausgesprochen – daran hielt er tatsächlich fest.

So ließ er seinem Direktor freie Hand, als dieser eine Ausstellung vorbereitete und durchführte, die dem Geschichtsbild des
Kanzlers keineswegs entsprach, sondern ihm direkt entgegengesetzt war. Denn Stölzl vertrat eine These, der Kohl immer skeptisch gegenüberstand. Es ging um die Bedeutung des »Schicksal-
jahres« 1866.

Im Jahre 1989 beging die Bundesrepublik den 40. Jahrestag ihrer Gründung. Aus diesem Anlass fühlten sich all diejenigen zum Feiern und zur Selbstbestätigung veranlasst, die bisher noch mit einiger Vorsicht oder eher verdeckt davon gesprochen hatten, dass die Bundesrepublik kein Provisorium mehr sei, sondern ein selbstständiger Staat mit eigener Geschichte, der weder aus Pflicht noch aus Neigung zur Wiedervereinigung mit dem anderen deutschen Staat bereit sein sollte.

Rückblickend ist festgestellt worden: »Seinen vierzigsten Geburtstag feierte dieser Staat in einem Ausmaß, als handele es sich um ein gründungsmythisches Jahrhundertereignis.«[673] Das Gefühl stand im Vordergrund, wie herrlich weit es die Bundesrepublik mit ihrem Lebensstandard und all ihren Errungenschaften wie dem Bürger in Uniform, der paritätischen Mitbestimmung und dem Bundesverfassungsgericht gebracht habe. Zur gleichen Zeit liefen die Vorbereitungen für eine andere historische Ausstellung. Als am 28. Oktober 1987 im Reichstag das Deutsche Historische Museum gegründet worden war, fragte Kohl den Gründungsdirektor Christoph Stölzl: »Was machen Sie denn als Erstes?«, worauf dieser, auf die Frage nicht vorbereitet, einfach »Bismarck« antwortete.[674] Die Ausstellung, die im August 1990 im Gropius-Bau mit dem Titel »Bismarck – Preußen, Deutschland und Europa« eröffnet wurde, stimmte mit der Realität nicht mehr überein. Sie gab den Bewusstseinsstand der Achtzigerjahre wieder ohne Hoffnung auf eine mögliche Wiedervereinigung und vertrat zudem eine geschichtspolitische Position, wie sie die Feiern zum vierzigjährigen Bestehen der Bundesrepublik zum Ausdruck gebracht hatten.

Das Hochgefühl dieses Jubiläums schien in der Ausstellung noch gesteigert zu sein durch eine neue Sicht auf die Vergangenheit. Stölzl zog im Berliner Gropius-Bau eine Ausstellung auf, die ihren Schwerpunkt im Jahre 1866 hatte. Sie trauerte der verlorenen Chance nach, dass Bismarcks kleindeutsche Lösung auf

dem Schlachtfeld gesiegt hatte und mit ihr die Bildung des
Nationalstaates, der 1945 in Trümmern versunken war. Preußen
hatte gesiegt, Süddeutschland und Österreich waren unterlegen.
Was Constantin Frantz, Sebastian Haffner, Wilhelm Röpke und
Paul Wilhelm Wenger schon immer beklagt hatten: Es war diese
Weichenstellung, die Deutschland in die falsche Richtung ge-
führt hatte.

Die Erinnerung an 1866 passte hervorragend zum 40. Geburtstag, denn die Anknüpfung an dieses Datum bot die Chance, an
die »wahre« deutsche Geschichte anzuknüpfen, die Constantin
Frantz und seine Nachfolger im Geiste so positiv ausgemalt hatten und die nichts mit Preußen, Großmachtstreben und Welt-
kriegen zu tun hatte.

Die Ausstellung feierte die Unterlegenen. Dänische, österreichische und süddeutsche Museen lieferten die Ausstellungs-
stücke – Wien war mit großartigen Bildern vertreten. Kein Wort
der Kritik war in der Presse über das Konzept der Ausstellung
zu lesen. Das deutlich artikulierte Bedauern allein über die
österreichische Niederlage in der Schlacht von Königgrätz
reichte vollkommen aus. Der entsprechend eingestimmte Besucher verstand die Botschaft: Leider hatte die andere Seite
gesiegt. Stölzl hatte Gefühle inszeniert, die damals noch verstanden und nicht kritisiert wurden, tatsächlich aber schon im
Begriff standen, durch die politische Entwicklung überholt zu
werden.

Das war eine ironische Umkehrung. Seine Gegner hatten
Kohl immer unterstellt, dass er mit dem Museum Geschichte
manipulieren wolle. Er selbst dachte nicht daran, aber sein
Direktor verstand es meisterhaft: Er präsentierte eine opulente
Ausstellung gegen die historische Entscheidung des Jahres 1866
und für die Bestätigung des Lebensgefühls eines Großteils der
westdeutschen Gesellschaft, die nichts von Einheit und Nationalstaat mehr wissen wollte.

Der Gegensatz konnte nicht größer sein. Der Fall der Mauer brachte die Realität zurück. Der schöne Schein des Jahres 1866 verschwand, aber das Deutsche Historische Museum und sein Direktor hatten doch gesiegt. Das Museum sah plötzlich mit der Übernahme des Zeughauses eine zuvor kaum für möglich gehaltene Zukunft vor sich, und Christoph Stölzl bemühte sich erfolgreich, das alte preußische Gemäuer in neuem Glanz erstrahlen zu lassen. Der Besucherandrang sollte ihm recht geben.

Die Bundestagswahl 1987 – ein unerwartetes Ergebnis

Selten sah es für den Kanzler und seine Koalition so gut aus wie Anfang 1986, ein Jahr vor der Bundestagswahl. Der Eindruck war weit verbreitet, dass nichts mehr schiefgehen könne. Selbst die »ZEIT«, die sich genug Mühe gemacht hatte, die Regierung zu kritisieren, begann das neue Jahr mit einer – allerdings nur bedingt positiven – Einschätzung Helmut Kohls. Er sei ein »Kanzler des guten Gewissens«, urteilte Rolf Zundel, der innenpolitische Experte des Blattes. Das war nur als eingeschränktes Lob zu verstehen, denn eigentlich durfte ein deutscher Kanzler kein gutes Gewissen haben, aber immerhin sei unter seiner Führung »Normalität« eingekehrt, die als »Rechtfertigung einer nicht erfolglosen, aber glanzlosen Politik« verstanden wurde. Damit es ein wenig positiver klang, bescheinigte Zundel der Politik des Kanzlers, »weit wirkungsvoller zu sein, als Sozialdemokraten dies zuzugeben bereit sind. Es hat eine Wende stattgefunden. Kohl hat der Normalität die Tür weit geöffnet.«[675] Das klang so, als wenn man die Büchse der Pandora geöffnet hätte. Gewundener konnte man ein bedingt positives Urteil nicht ausdrücken.

Trotz der positiven Stimmungslage war für die Regierung Kohl noch ein weiter Weg bis zur Wahl zurückzulegen. Bald sollte die Reaktorkatastrophe von Tschernobyl die politische Großwetterlage erheblich beeinflussen, aber schon vorher gab es Anlässe zur Besorgnis. So erregte die Strafanzeige des Grünen-Abgeordneten Otto Schily gegen den Bundeskanzler wegen »vorsätzlicher uneidlicher Falschaussage«[676] erhebliches Aufsehen. Die beanstandeten Aussagen lagen schon recht lange zurück, und der Beitrag zum Wahlkampf war offenkundig. Das minderte jedoch nicht die Wirkung, steigerte sie sogar noch, als CDU-Generalsekretär Geißler in einem Fernsehstreitgespräch mit Schily von einem möglichen »Blackout« des Bundeskanzlers sprach. Die Äußerung stieß auf entschiedenen Widerspruch in der Führung der CDU – Wolfgang Schäuble bezeichnete sie rundweg als »Quatsch«. Die Empörung der Union verstärkte aber bloß noch den negativen Eindruck, den allein die Tatsache hervorrufen musste, dass die Anzeige Schilys zu einem staatsanwaltschaftlichen Ermittlungsverfahren gegen den Bundeskanzler geführt hatte. »BILD« brachte in den Schlagzeilen die Reaktion der Parteiführung auf den Punkt: »›Blackout‹. Ein kleines Wort, das Bonn erschüttert. Kohl tobt. Geißler zerknirscht. Schäuble schäumt.«[677] Bis zur Einstellung des Verfahrens vergingen Monate, die den Medien genügend Gelegenheit boten, mögliche Konsequenzen zu erörtern und den Kanzler zu ärgern.

Ein anderes Thema, die Strategic Defense Initiative (SDI) von US-Präsident Reagan, die seit 1983 die internationale Politik beschäftigte, sorgte im Frühjahr 1986 für heftigere Auseinandersetzungen. Was den einen als »Krieg der Sterne« mit Hollywood-Nähe erschien, betrachteten die anderen als Chance, die deutsche Wirtschaft am technischen Fortschritt teilhaben zu lassen. Die Frontstellungen der Nachrüstungskonfrontation wurden rasch wieder sichtbar mit der kleinen Variante, dass Außenminister Genscher bemüht war, eine eigenständige, auf Distanz zum Kanzler bedachte politische Linie einzuhalten. Was zeitweilig auf den gewohnten innenpolitischen Schlagabtausch hinauszulaufen schien, verschwand aber nach wenigen Jahren von der politisch-strategischen Bildfläche. Die SDI erwies sich schlicht als nicht realisierbar.[678]

Bevor jedoch feststand, dass das Aufspannen eines riesigen Raketenschirmes im Weltraum nicht machbar war, hatte das SDI-Projekt in ganz anderer Hinsicht eine wichtige und äußerst positive Rolle gespielt. Es förderte die sowjetische Bereitschaft zu Abrüstungsverhandlungen mit den USA, die Mitte Oktober 1986 zum Treffen von Reykjavik zwischen Reagan und Gorbatschow führen sollte. Helmut Kohl war überzeugt, dass es neben der Nachrüstung die »amerikanische Proklamation zu SDI« gewesen sei, die Gorbatschow an den Verhandlungstisch gebracht hatte. Letztlich war es die Einsicht auf sowjetischer Seite, nicht über die wirtschaftliche Kapazität zu verfügen, um an dieser neuerlichen Steigerung des Rüstungswettlaufs teilnehmen zu können. Die SDI hatte sich als ein Rüstungsprogramm von optimalem Zuschnitt erwiesen – es führte nicht zum Wettrüsten, sondern zur Abrüstung.

Helmut Kohl zeigte seit Beginn des Jahres einen ungebrochenen Optimismus, der aber stets mit Mahnungen verknüpft war. Er wiederholte immer wieder dieselbe Botschaft: Die Partei müsse stehen, die Partei müsse kämpfen, und sie müsse auch selbst an ihren eigenen Erfolg glauben und »nicht in Selbstgerechtigkeit versinken nach dem Motto: wir haben es schon geschafft«.[679] Der Kanzler wusste, dass viele seiner Parteifreunde zur Bequemlichkeit neigten und den politischen Kampf mieden. Sie schauten lieber zu – aus der »Proszeniumsloge«, wie Kohl mitunter spöttisch anmerkte. Vor der Fraktion begründete er seinen Optimismus mit der Allensbach-Umfrage zu Weihnachten 1985, die das Institut seit 1949 immer wieder mit der gleichen

Frage durchführte, ob man nämlich dem neuen Jahr mit Hoffnungen oder Befürchtungen entgegensehe. Zu Weihnachten 1982 waren es 34 Prozent gewesen, die dem neuen Jahr mit Hoffnungen entgegenblickten. Das war ein fast so niedriger Wert wie 1973 unter dem Schock der Ölkrise. Weihnachten 1983 war mit 45 Prozent die Trendwende sichtbar, ein Jahr später waren es 55 Prozent und Weihnachten 1985 sogar 61 Prozent der Befragten, die dem neuen Jahr mit Hoffnung entgegenblickten. Kohl hielt es für »eine der wichtigsten Grundentscheidungen dieser drei Jahre, dass sich die Grundstimmung der Bevölkerung von einem ›tumben‹ Pessimismus zu einer so überwiegend positiven Meinung« geändert habe. Diesen rasanten Stimmungsumschwung von der pessimistischen Haltung im letzten Jahr der sozialliberalen Koalition bis zur fast verdoppelten Hoffnungszahl des Jahres 1985 konnte er durchaus als einen persönlichen Erfolg werten. Ihn hätten diese Zahlen, wie er vor der Fraktion freimütig bekannte, »persönlich bewegt«.

Drei Monate später beschwor der Kanzler seine leicht beeinflussbaren Fraktionskollegen erneut: »Wenn wir unsere Politik durchtragen, wenn wir durchstehen, wenn wir nicht bei jedem Wind anfangen zu wanken, weil der Wind uns ins Gesicht schlägt – dann, liebe Freunde, setzen wir uns glatt durch!« Für nicht ganz Überzeugte fügte er noch eine leise Mahnung hinzu. Er wandte sich an die, die »am Montag die Magazine lesen«, also die bekannten Hamburger Gazetten, und bat sie, diese doch »nicht so ernst zu nehmen, wie das der eine oder andere tut«. Auf jeden Fall sollten sie wissen, »dass ich die Absicht habe, liebe Freunde, noch eine ganze Reihe von Jahren in diesem Amt zu bleiben!«[680] An der Perspektive einer langen Regierungszeit, die er nach der Wahl vom 6. März 1983 erwähnt hatte, als er zum ersten Mal von der »Ära Kohl« sprach, hatte sich nichts geändert – höchstens, dass er diese Überzeugung diesmal schon *vor* der Wahl äußerte und sich des Sieges sicher war.

Was für den Wahlkämpfer Kohl festzustehen schien, weil alle Indikatoren Mitte April 1986 einen Wahlsieg mehr als wahrscheinlich machten, sollte jedoch nur Wochen später radikal infrage gestellt werden. Die Reaktorkatastrophe von Tschernobyl am 26. April veränderte grundlegend die politische Landschaft. Die Atomkraftgegner fühlten sich in grandioser Weise bestätigt; die rasant um sich greifende Verunsicherung erfasste breite Bevölkerungsschichten. Der Föderalismus zeigte Schwächen, »auf Länder- und Kommunalebene (agierten) zahlreiche ungefragte, zuständige oder sich für zuständig erklärende Behörden und Personen«.[681]

Die Bundesrepublik bewies wieder ihre Einzigartigkeit. In keinem anderen Land wurden ähnlich heftige Reaktionen beobachtet, obwohl der aufgetretene Schaden in Deutschland selbst vergleichsweise gering war. In der Bevölkerung setzte sich seitdem die Überzeugung durch, dass die Atomkraft keine Zukunft haben sollte. Der Baustopp für neue Atomkraftwerke erschien als der einzig hinnehmbare Kompromiss, wenn man die bestehenden Kraftwerke weiterlaufen ließ. Allein die Tatsache des sowjetischen Reaktorunfalles bestimmte die Urteilsbildung. Die Argumente, dass der Sicherheitsstandard deutscher Atomkraftwerke unvergleichlich höher und eine Katastrophe solchen Ausmaßes hierzulande äußerst unwahrscheinlich sei, verfingen nicht.

Zum Zeitpunkt des Unfalls nahm der Bundeskanzler am Weltwirtschaftsgipfel in Tokyo teil. Als er zurückkehrte, wurde ihm versichert: »Die Wahl ist verloren!«[682] Gemeint waren die Landtagswahlen in Niedersachsen, die am 15. Juni stattfanden. Wie konnte eine Partei in dieser Situation Erfolg haben, die der bisherigen Atompolitik stets zugestimmt hatte und von der Notwendigkeit der Nutzung von Atomenergie weiterhin überzeugt war? Angesichts dieser äußerst schwierigen Lage begann eine Aufholjagd, die dem Wahlkämpfer Kohl alles abverlangte.

Der Bundeskanzler erkannte sehr wohl die Betroffenheit der Bevölkerung und warnte vor Verharmlosungen. Es gelte, deutlich zu machen, »dass wir alles Verständnis für die Angst und die Sorge der Bevölkerung haben … Es hat keinen Sinn, so ›nassforsch‹ über dieses Thema hinwegzugehen! Es ist ein Stück der Urangst im Menschen gegenüber einer Entwicklung, die viele nicht begreifen können.«[683] Mit dem Verständnis allein für die Angst der Bevölkerung war jedoch schlecht Politik zu machen. Kohl verstand sehr gut, dass die Menschen Halt suchten – »Autorität im besten Sinne des Wortes« –, aber das konnte für ihn nur heißen, den eingeschlagenen Weg fortzusetzen, allerdings immer daran zu erinnern, dass die Atompolitik in den Siebzigerjahren von allen im Bundestag vertretenen Parteien gemeinsam getragen worden sei. Er betonte, die verschiedenen Programme seien von den Regierungen Brandt und Schmidt entworfen und von der CDU/CSU-Opposition gutgeheißen worden. Dieser Parteienkonsens sei zwar später von der SPD aufgekündigt worden, es gelte aber stets, sich diese gemeinsame Verantwortung ins Gedächtnis zu rufen.

Wichtiger war es für die Bundesregierung inmitten der allgemeinen Verunsicherung und Verwirrung, Führung zu zeigen und durch die Bildung eines neuen Ministeriums für Umwelt, Naturschutz und Reaktorsicherheit die Zuständigkeiten zu bündeln und zu straffen. Kohl kündigte nicht nur ein solches neues Ressort an, sondern konnte zugleich den Minister für diese Aufgabe benennen: Walter Wallmann, seit 1977 Oberbürgermeister in Frankfurt, der zuvor zur Fraktionsführung im Bundestag gehört hatte. Er war als besonnener Politiker bekannt, der zudem in Frankfurt schon Erfahrungen mit den Grünen auf kommunalpolitischer Ebene hatte sammeln können. Helmut Kohl lud ihn zum Wochenende nach Oggersheim ein, um ihn für das schwierige Amt zu gewinnen. Zugleich verkündete der Kanzler für das Ministerium, das bis zum Oktober 1985

Heiner Geißler geführt hatte, einen neuen Zuschnitt. Mit der Nachfolgerin Rita Süssmuth sollte die frauenpolitische Seite mehr Profil erhalten.

Mit der überraschenden Bildung des Umweltministeriums hatte der Kanzler Führungskraft gezeigt. Nichts verlautete über das übliche Kompetenzgerangel, das besonders bei der CSU stark ausgebildet war. Dabei musste Innenminister Zimmermann wichtige, umweltpolitisch relevante Abteilungen an das neue Ressort abgeben, wofür ihm der Kanzler »ein besonders herzliches Wort der Anerkennung und auch des Dankes« aussprach, um ihm den Verzicht erträglicher zu machen. Denn Zimmermanns Bilanz im Bereich der Umweltpolitik sah beachtlich aus; bei der Einführung des Katalysators wie bei der Novellierung der TA Luft waren Erfolge erzielt worden.

Allerdings war der Durchbruch beim Katalysator nicht von Friedrich Zimmermann, sondern vom Kanzler selbst erreicht worden. Kohl hatte den Widerstand der Automobilindustrie gegen die Einführung des Katalysators nie verstanden, denn warum sollte es in Deutschland und Europa nicht möglich sein, was die deutsche Automobilindustrie zur Aufrechterhaltung ihres Exports in die USA klaglos hingenommen hatte? Kohls Einstellung gegenüber dieser Branche war kritisch. Er hatte nicht vergessen, dass die Automobilindustrie eine Woche vor den Landtagswahlen in Nordrhein-Westfalen Kurzarbeit angekündigt hatte und darin eine Teilursache für die Wahlniederlage gesehen. Sein Hauptwidersacher war der VW-Vorstandsvorsitzende Carl H. Hahn gewesen, der sich am heftigsten gegen die Einführung des Katalysators gewehrt hatte. Kohl hatte die Auto-Bosse in den Kanzlerbungalow eingeladen, ihnen dort seine Position dargelegt und dann ihre Einwände einfach »vom Tisch gefegt«.[684]

Rasches Handeln war notwendig, denn am 15. Juni 1986 standen in Niedersachsen Landtagswahlen an, die in einer entsprechend emotionalisierten Atmosphäre stattfanden. Kohl sah dort »die gleichen Kräfte, die bei der Stationierung auftraten, ... die gleichen ›Offenen-Brief-Schreiber‹ ... und eine Menge anderer ›vertrauter Gesichter‹«. Aber obwohl viel Missbrauch mit der Angst der Menschen getrieben wurde, hatte der Wahlkämpfer Kohl schon Anfang Juni die richtige Witterung: »Und wenn mich mein Gefühl, mein Instinkt, nicht täuscht, ist im Augenblick der Wind dabei, vom Gegenwind in Rückenwind wieder einzutreten.«[685]

Von der Wahl in Niedersachsen hing vieles ab. Zuerst natürlich die Fortsetzung der Politik von Ernst Albrecht, wichtiger aber war der Erhalt der Bundesratsmehrheit. Von noch größerer Bedeutung war jedoch ein Wahlerfolg für die Stellung des Kanzlers. Denn schon wurde wieder gemunkelt, Kohl müsse abtreten, wenn die Niedersachsenwahl verloren gehe. Rüdiger Altmann, der Vertraute und Ideengeber Ludwig Erhards, äußerte im »Spiegel«, der Kanzler solle zurücktreten; er habe ein falsches Amtsverständnis und einen falschen Führungsstil. Daher konnte es nicht überraschen, dass der »Spiegel« wieder einmal von dem bevorstehenden Ende der Ära Kohl überzeugt war. Aber auch im »Rheinischen Merkur« hieß es: »Wochenlang konnte man von den Präsidiumsmitgliedern der Partei kein rückenstärkendes Wort für den Kanzler hören.«[686] Unter der Hand wurden Gerhard Stoltenberg und Lothar Späth schon als Nachfolgekandidaten gehandelt. Das war nicht ernst zu nehmen, aber es war bezeichnend für die nervöse Atmosphäre, dass beide Politiker in der Presse gegen derartige Spekulationen Stellung nahmen.

Die CDU/FDP-Koalition gewann am 15. Juni in Niedersachsen – knapp, aber es reichte. Die Union musste allerdings spürbare Verluste hinnehmen, »ein ziemlich kräftiges Minus«, wie der Kanzler am folgenden Dienstag feststellte. Wichtiger aber war das Gesamtergebnis. 1986 wurde die Wahl gegen Rot-Grün vor allem deshalb gewonnen, weil der Kanzler mit letztem Einsatz für die Notwendigkeit der Kernkraft eingetreten war. 25 Jahre später sollte eine übergroße Mehrheit gegen die Atomenergie bewirken, dass die politische Führung kampflos verzichtete.

Der Wahlkampf hatte bei Helmut Kohl Spuren hinterlassen. Er urteilte schärfer als gewohnt über den Gegner, aber auch über die eigene Partei. Der Gegner waren für ihn nicht mehr die Sozialdemokraten, die behaupteten, sie könnten die absolute Mehrheit gewinnen. Nach Kohls Ansicht gab es nur noch zwei Blöcke: die Koalition und auf der anderen Seite Sozialdemokraten und Grüne – das Schlagwort Rot-Grün war damals noch unbekannt. Für ihn stand fest: Sozialdemokraten und Grüne würden immer gemeinsame Sache machen, wenn sie die Chance hätten, gemeinsam den Kanzler zu wählen. Er zielte in die richtige Richtung, als er von dem Gegenkandidaten sprach, gegen den Ernst Albrecht kämpfen musste. Willy Brandt hatte dem SPD-Kandidaten bescheinigt, er habe mit dem guten Wahlergebnis am 15. Juni sein »Gesellenstück« abgeliefert. Kohl schätzte es höher ein. Für ihn war der SPD-Erfolg ein »Meisterstück«, aber von ganz anderer Art, ging es doch um »eine andere Republik, die da auf den Weg gebracht« würde.[687] Hier irrte er allerdings, denn der Gegenkandidat, der bei der Wahl je nach Einstellung ein Gesellen- oder Meisterstück geliefert haben sollte, wollte weniger eine andere Republik als einen anderen Posten, nämlich den des Kanzlers. Es war Gerhard Schröder.

Mit den Grünen rechnete der Kanzler harsch ab. In seinen Worten kam tiefe Verbitterung und noch etwas mehr zum Ausdruck. Nichts mehr sei mit »Blumenkindern mit Girlanden«. Die Kernschicht der Grünen präge »ein linker Faschismus«. Im Bundestag hätten sie sich kürzlich entlarvt, als sie die Ministerin Rita Süssmuth attackierten: »Ich habe selten in meinem Leben ein solches Bündel von Hass, von Menschenverachtung, von einer faschistoiden Gesinnung in Gesichtern gesehen, wie in den Gesichtern der vorderen Reihen der Grünen.«[688] War Kohls Urteil zutreffend? Zweifel sind angebracht. Der Ausdruck »linker Faschismus« ist als Äußerung gesteigerter Abneigung und Polemik zu werten und taugt nicht als Zuordnung zu einer politischen Bewegung: Linken Faschismus gibt es nicht.

In der gefühlsbetonten Abneigung des Kanzlers gegen die Grünen kam auch ein populistisches Ressentiment zum Tragen, als er auf spezifische Anhänger dieser Partei zu sprechen kam. Er glaubte sie in den »sog(enannten) Führungsschichten der Gesellschaft, der sozialen Oberschicht unseres Landes« ausfindig gemacht zu haben, unter den »frustrierten Ehefrauen von Leuten, die ... am vergangenen Montag vom Aktienanstieg des Wahlsieges profitiert haben«. Solche Zeitgenossen mag es gegeben haben, als Wähler waren sie jedoch unbeachtlich.

Kohl schätzte die Leistungsfähigkeit deutscher Unternehmer hoch, ihr politisches Urteilsvermögen eher skeptisch ein. Die Begegnung mit einem »namhaften deutschen Unternehmer« nach dem Wahlsieg von 1976, der aber zum Machtwechsel nicht gereicht hatte, sollte er nie vergessen. Kohl hatte zugegeben, sein Ziel nicht erreicht zu haben. Damit rief er aber den Protest des Wirtschaftsbosses hervor: »Was wollen Sie denn? Sie sind stärkste Fraktion, Sie haben die Mehrheit im Bundesrat. Und der Schmidt macht die richtige Politik.«[689]

Die Abneigung gegen die »Führungsschichten« beruhte auf Gegenseitigkeit. Der Publizist Johannes Gross berichtete von einer »Abendunterhaltung mit großen Unternehmern«, bei der Kohl scharf kritisiert und sein Rücktritt gefordert wurde: »In Wahrheit ergeht gegen Kohl kein politisches und kein moralisches Urteil, sondern ein ästhetisches – man kann den Typ nicht leiden ... und denkt gern an Helmut Schmidt, der zwar nicht viel Erfolg hatte, aber viel Prestige.« Dessen Auftreten wirkte also stärker als seine Politik und sein Scheitern. Das Urteil von

Gross über diese Leute: »Die werden sich bis zum Wahltag über Kohl mokieren und ihn in der Wahlkabine wählen.«[690]

Die Klagen über die eigene Partei klangen eher vertraut. Kohl hatte immer noch das Wunschbild einer aktiven Mitgliederpartei vor Augen, deren Angehörige man »auf die Straße bringen« könne, dass sie »Zeugnis geben für die Union und für die Politik«. Aber gleichzeitig wusste er und hatte es schon zehn Jahre zuvor gesagt, dass es an der Kampfbereitschaft mangele. Da war sie wieder, die Klage über die »kleine Gruppe, die auf der Bühne die ›Ringkämpfe‹ führt« und die »größere Gruppe, die vornehm in der Proszeniumsloge sitzt und guckt, wie die Kämpfe ausgehen«. Er wollte die gesamte Partei kämpfen sehen, vor allem forderte er aber von ihr mehr Selbstbewusstsein, dass man die eigenen Erfolge nicht zerredete und sich von Journalisten am Telefon nicht beeinflussen ließ. Je näher der Termin für die Bundestagswahl rückte, umso drängender wurden seine Aufforderungen, mehr Selbstsicherheit zu zeigen, »gegen den Zeitgeist zu stehen«[691] und um jede Stimme zu kämpfen. Die »sehr, sehr gute Chance«, von der er häufig sprach, schien ihm nicht so sicher zu sein, dass sie nicht noch verbessert werden konnte. Die Masse der Parteimitglieder betrachtete er sorgenvoll; sie kämpften nicht genug und hielten den Wahlsieg schon für errungen, obwohl doch »ein breiter Strom von Desorientierung« in die Partei hineinströmte.

Da konnte der persönliche Appell des Kanzlers und Parteivorsitzenden nur hilfreich sein, am besten in Form eines Briefes an die Mitglieder zu Weihnachten. Die Demoskopen hielten dieses Familienfest für hervorragend geeignet, weil während der Feiertage im Kreis der Familie auch über Politik geredet wurde. Ein Brief an die Mitglieder, der die Leistungen noch einmal überzeugend präsentierte, konnte aufmunternd wirken. Er sollte nicht nur an die Erfolge der vergangenen Legislaturperiode erinnern, sondern auch eine große Steuerreform ankündigen, die fühlbare Erleichterungen verhieß. Das war ein Thema, über das sich während der Feiertage erwartungsfroh diskutieren ließ. Wahrscheinlich erfüllte der Brief die in ihn gesetzten Hoffnungen, schuf aber ein delikates Problem in ganz anderer Hinsicht. Der »Spiegel« hatte erfahren, dass die Finanzierung der Aktion – man denke allein an die Portokosten – weder über den Regierungsapparat noch über die Parteifinanzen gelaufen war. Regierungssprecher Ost kostete es erhebliche Mühe, das Blatt von der Veröffentlichung der Meldung abzuhalten.[692]

Zuvor hatte noch Mitte Oktober 1986 ein »Newsweek«-Interview des Kanzlers für öffentliche Erregung gesorgt. Helmut Kohl wollte seine Politik und besonders seinen Standpunkt in der Abrüstungsfrage vor seinem Besuch in Washington vom 22. bis 23. Oktober der amerikanischen Öffentlichkeit vorstellen. Das Interview dauerte eineinhalb Stunden. Man kam auch auf den sowjetischen Generalsekretär Michail Gorbatschow zu sprechen. Kohl zeigte sich gegenüber dem sowjetischen Führer abwartend. Er sei »ein anderer Typ« als seine Vorgänger, ein »moderner kommunistischer Führer. Der war nie in Kalifornien, nie in Hollywood, aber er versteht was von PR. Der Goebbels verstand auch was von PR. Man muss doch die Dinge auf den Punkt bringen.«[693] Das war eine Bemerkung von der Art, wie Kohl sie liebte: spöttisch und leicht verächtlich. Auch manche seiner Mitarbeiter hatten unter dieser Laune zu leiden. Kein angenehmer Zug zweifellos, vielleicht aber eine Begleiterscheinung des harten politischen Alltags. Adenauer pflegte manche Mitarbeiter mit fragwürdigen Streichen zu piesacken.

Es war keine Frage, dass eine solche Bemerkung vor der Freigabe des Interviews entfernt werden musste. Der »Newsweek«-Korrespondent war aber dazu nicht bereit. So kam es zu einem Kompromiss, der die Sache nur noch verschlimmerte. Nachträglich wurde als Erläuterung eingefügt, dass Goebbels »einer von jenen, die für die Verbrechen der Hitler-Ära verantwortlich waren, gewesen sei«. Damit wurde der Hinweis auf Goebbels zum Vergleich aufgewertet.

Das Unheil nahm nun seinen Lauf.[694] Der sowjetische Protest kam allerdings erst langsam auf Touren: »So richtig wütend schienen die Sowjets erst in der zweiten Woche zu werden, nachdem sich Opposition und Medien des Themas bemächtigt hatten, sprich: nachdem man in Moskau politischen Profit gewittert hatte«, wunderte sich die sonst Kohl-kritische »Süddeutsche Zeitung«.[695] Die Empörung von Opposition und Medien in der Bundesrepublik war in der Tat nicht zu übertreffen. Der »Spiegel« behandelte das Thema in mehreren Heften unter verschiedensten Aspekten und kam zu dem Urteil, den »eigentlichen Schaden« habe Kohl »der außenpolitischen Glaubwürdigkeit der Republik zugefügt«. Die Unheilsprognose war das übliche Wunschdenken. Die tiefere innere Verbundenheit jedoch, die Kohl und Gorbatschow kaum zwei Jahre später in ihren Gesprächen zeigten, ließ keinen Zweifel daran, dass die bewusste Fehldeutung eines verunglückten Interviewsatzes keinen dauerhaften Schaden angerichtet hatte.

Tatsächlich schätzte Kohl die sowjetische Politik durchaus optimistisch ein. Er sah Veränderungen und wertete als Erfolg, »dass plötzlich ein Länderspiel in Berlin möglich ist, was vor einem Jahr bei der Planung der Europameisterschaften noch undenkbar war«. Moskaus Politik, die Bundesrepublik auszugrenzen, sei erfolglos gewesen. Ostblockbesucher hatte Kohl immer wieder an das Lenin-Wort erinnert: »Alle Wege nach Europa führen über Berlin.«[696] Innerhalb weniger Jahre sollte diese Erkenntnis der politischen Realität entsprechen.

Der Wahlkampf selbst verlief ohne dramatische Zuspitzungen. Die kleineren Parteien der Koalition, CSU und FDP, bekämpften sich erbittert, aber den Kanzler erreichten diese Auseinandersetzungen nicht. Er schien »über den Dingen« zu stehen.[697] Sein Erfolg bei der Bundestagswahl schien sicher zu sein.

Das Wahlergebnis vom 25. Januar 1987 geriet jedoch zur Enttäuschung. Man hatte mehr erwartet. Selbst die linksliberale, Kohl gegenüber kritisch eingestellte Presse, die sein Auftreten im Wahlkampf aber eher positiv begleitet hatte, war ein wenig überrascht. Die Union erhielt 44,3 Prozent und verlor damit 4,5 Prozent, während die FDP zunahm und mit 9,1 Prozent in den Bundestag zurückkehrte. Die SPD ging auf 37 Prozent zurück; die Grünen verbesserten sich von 5,6 auf 8,3 Prozent.

Die Koalition ging mit einem beruhigenden Vorsprung von 41 Sitzen aus der Wahl hervor. Bedenklicher als der Abstand zur Opposition war jedoch die Wahlbeteiligung. Sie war deutlich von 89,1 auf 84,3 Prozent zurückgegangen und war damit die niedrigste seit Bestehen der Bundesrepublik. Schien sich hier eine Trendwende abzuzeichnen, weg von der erstaunlichen Wahldisziplin der Bevölkerung, die so lange von der Bedrohungskulisse des geteilten Deutschlands geprägt gewesen war?

Der Kanzler zeigte sich vom Ergebnis tief enttäuscht. Seine Rede am Dienstag nach der Wahl ließ den Schwung und Optimismus vermissen, die seine Ausführungen vor der Fraktion in der Vergangenheit ausgezeichnet hatten. Nun beschwor er die »demografische Katastrophe, in die wir hineingetappt sind« und die »alle Daten unserer Gesellschaft total verändern« werde. Er konnte immerhin darauf verweisen, dass die Union das Thema Familie »in einer Summe von wichtigen Entscheidungen auf den Weg gebracht« habe und mit Recht für sich in Anspruch nehmen, diese Problematik erkannt, die Familienpolitik zum Schwerpunkt der Regierungsarbeit gemacht und erhebliche Mittel dafür bereitgestellt zu haben. Das war durchaus zutreffend, schien ihn aber selbst nicht wirklich zu befriedigen. Denn was nutzte es politisch, dass er die demografische Zeitbombe erkannt und mit den Mitteln, die der Regierung zur Verfügung standen, darauf reagiert hatte, wenn »die riesige Mehrheit unseres Volkes« sich verhielt, als ob das Problem gar nicht existierte?[698] Er »erhoffte« – man achte auf die Wortwahl, er erwartete also nicht – »dass wir die Fähigkeit aufbringen, bei diesen Themen, … den Familien, den Frauen, der jungen Generation und dem Kampf gegen den Zukunftspessimismus … das Notwendige fertig zu bringen«. Das klang keineswegs nach Optimismus; hier ließen sich Zweifel kaum verbergen.

Niemals zuvor hatte Helmut Kohl die innere Situation der Bundesrepublik in so düsteren Farben dargestellt wie an diesem Dienstag nach der Bundestagswahl im Januar 1987. Was bei ihm schon beim »Foto-Finish« nach der Niedersachsenwahl angeklungen war, wurde nun breit ausgemalt. »Unübersehbare Veränderungen innerhalb unserer Republik« seien festzustellen, sogar »Verwerfungen«. Selbst der kirchliche Bereich sei nicht mehr sicher. Er wollte einfach nicht hinnehmen, dass »soundsoviel Prozent der ordinierten Pfarrer in einer bestimmten Kirche die Friedensliste unterschrieben haben«. Da sei »eine neue Trennungslinie« entstanden. Mittlerweile gäbe es Zeitgenossen eigenen Zuschnitts, auf die man achselzuckend reagiere: »Na ja, das sind die Achtundsechziger.« Da müsse man sich fragen, ob diese einen Teil der »zukünftigen Leistungseliten« darstellten. In der Presse machten sich diese Zeitgenossen auch schon bemerkbar. Nur die Verleger hätten noch nicht erkannt, wen sie sich da eingekauft hätten.

Was den Wahlkämpfer Kohl besonders getroffen hatte, war »ein Punkt, eine Lektion aus dieser Wahl, mit der ich selbst noch nicht fertig geworden bin. Ich sage das ganz offen: Die alten Erfahrungen, dass ökonomisch gute Daten vom Wähler aufgenommen werden, stimmen bei diesem Ergebnis ja nicht.« Tatsächlich würde der ökonomische Erfolg durch ökologische »Stimmungswellen konterkariert … und zur Selbstverständlichkeit denaturiert«. Eine »Stimmungsdemokratie« sei die Folge.

Die »Einheit der Nation« als letztes Ziel seiner Politik wurde in diesem düsteren Szenario nicht thematisiert. Dafür beschrieb der Kanzler mehrfach die sich formierenden Gegenkräfte, die die Wiedervereinigung offen ablehnten, indem sie die Präambel des Grundgesetzes prinzipiell infrage stellten. Das war weit gefährlicher, als über die deutsche Identität zu diskutieren. Kohl war darauf vorbereitet und erwartete sogar in der kommenden Legislaturperiode »ein Paradebeispiel in der Herausforderung um die Präambel unseres Grundgesetzes«. Er sagte zwar nicht, aus welcher Richtung er diesen Angriff erwarte, aber da gab es verschiedene Möglichkeiten. Wahrscheinlich meinte er die Zentrale Erfassungsstelle für politische Straftaten der DDR in Salzgitter.

Ein anderer Sachverhalt betraf ihn unmittelbar. Er hatte seit seinem Eintritt in die Politik stets den Grundsatz von der »Gemeinsamkeit der Demokraten« geprägt, dem Zusammenstehen gegen Feinde der Demokratie. Nach seiner Überzeugung durfte es bei aller Härte in der politischen Auseinandersetzung nie so weit kommen, dass man sich nicht mehr gemeinsam an einen Tisch setzen konnte. Der Block von SPD und Grünen war für ihn das Ende der Gemeinsamkeit: »Sie wollen eine andere Republik! Sie wollen nicht die Bundesrepublik Deutschland (gemäß) der Verfassungsordnung des Grundgesetzes!« Das hatte zur Folge, dass es keinen Konsens mehr gab »in den Grundfragen der Republik« … – also bei NATO, Europa, Sicherheitspolitik, aber auch hinsichtlich »der Gewalt als Mittel der Politik«, da die Grünen »die Pflicht zum demokratischen Ungehorsam« betonten, auf die sie sich schon im Kampf um die Nachrüstung berufen hatten. Für die Wahlen im Jahr 1990 müsse man sich darüber klar sein, »dass die Alternative Herr Lafontaine ist«.

Das war eine düstere Prophezeiung für die kommende Zeit, die jedoch alles andere als unrealistisch war. Die Illusionslosigkeit der Lagebeurteilung des Kanzlers ist beeindruckend. Keine Verharmlosung des knappen Wahlerfolges im Sinne des »Wir sind noch einmal davongekommen«, sondern eine Prognose, die mit einer Entwicklung rechnete, die keinerlei Anlass für Optimismus bot. Hellsichtig hatte Kohl verschiedene Verwerfungen erkannt: die Aufkündigung des politischen Konsenses und die Ausbildung einer »Stimmungsdemokratie«, die es schwer machte, selbst bei unbestreitbaren wirtschaftlichen Erfolgen noch Wahlen zu gewinnen und schließlich als Höhepunkt »Herrn Lafontaine« als Herausforderer. Entscheidend war: Der Konsens in den Grundfragen deutscher Politik, der seit 1960 bestanden hatte, existierte nicht mehr. Der Fall der Mauer sollte diese grundlegend gewandelte Situation nur vorübergehend verändern. In den Jahren nach der Wiedervereinigung musste der Kanzler zur Kenntnis nehmen, dass er es mit einer »Freizeitgesellschaft« zu tun hatte, die nicht anerkennen wollte, dass der Kuchen, den es zu verteilen galt, für immer mehr Menschen ausreichen musste. Die Ansprüche stiegen, aber die ökonomische Leistungskraft der Republik stieß an Grenzen.

Das war die langfristige Perspektive. Zunächst galt es jedoch, mit den Koalitionspartnern das Programm für die nächsten Jahre festzulegen. Die Aussichten waren nicht gut. Der Kanzler hatte in dieser Stunde der Wahrheit nach dem Wahltag 1987 die »demografische Katastrophe« unverblümt angesprochen und auf den »zerbrochenen Generationenvertrag« und die dadurch notwendigen Reformen bei Rente und Gesundheitswesen aufmerksam gemacht. Dieser Sachverhalt schuf neue Realitäten, doch die große Mehrheit der Bevölkerung einschließlich Medien und Politiker wollte die veränderten Umstände nicht zur Kenntnis nehmen. Konflikte waren voraussehbar, denn Lösungen zu finden, wurde immer schwieriger, wenn Forderungen nach Steuersenkungen und nach Reduzierung der Lasten laut wurden und gleichzeitig am sozialen Besitzstand sich nichts ändern sollte. Verteilungskämpfe von bisher unbekannter Heftigkeit zeichneten sich ab, da das Ausweichen in immer höhere Staatsschulden nicht infrage kam.

Das war die Situation, mit der der Kanzler in Zukunft rechnen musste – keine leichte Aufgabe für einen Mann der Mitte.

Der schwierige Neustart der Koalition

Nach der Wahl ist es Sache der Parteien, über die zukünftige Regierung und ihr Programm Einigung herzustellen. In diesem Fall ging es um die Fortsetzung der Koalition, die von keinem Partner infrage gestellt wurde. Die Koalitionsverhandlungen dauerten dennoch lange – erst einen Tag vor der auf den 11. März terminierten Wahl des Kanzlers waren sie beendet. Für Kohl stellte die lange Dauer nichts Besonderes dar. Schon unter Adenauer hätten solche Verhandlungen lange gedauert, und schließlich forderte der rheinische Karneval sein Recht. Er hielt es für wichtiger, »dass wir bei aller Härte der Auseinandersetzung zur Sache in einem ungewöhnlich guten menschlichen Klima miteinander diese Verhandlungen zu Ende gebracht haben«.[699]

So viel Lob für die Atmosphäre macht eher misstrauisch, zumal der Kanzler selbst zugab, er habe es nicht als »Lustgewinn« betrachtet, »von morgens neun bis abends 0.30 Uhr über einen Sachgegenstand zu diskutieren – und auch die ganze menschliche Eitelkeit, die ja bei Politikern besonders intensiv ausgeprägt ist, in der Wiederholung von Thesen unentwegt zu erleben«.

Erst am Abend des 9. März war man mit den Sachfragen fertig. Dann begannen bis in die Morgenstunden die »Gespräche über Personalien« – einmal mehr kam der entscheidende Teil der Verhandlungen zum Schluss. Es herrschte ein unglaublicher Zeitdruck, wenn auch der Fraktionsvorsitzende Alfred Dregger die »gute Atmosphäre« betonte und glauben machen wollte, dass der Termin der Kanzlerwahl … festgelegt wurde, bevor die ›Knackpunkte‹ der drei Parteien entschieden waren«.[700] Wenn es sich tatsächlich so verhalten hat, wird der Kanzler, dem das frühzeitige Festlegen von Terminen und deren Einhaltung ein ganz wichtiges Organisationsprinzip war, diesen Termindruck bewusst erzeugt haben, um so zu einem Ergebnis zu kommen.

Der »Spiegel« wollte sogar wissen, dass der Kanzler zum ersten Mal mit Rücktritt gedroht habe, wenn die Koalition sich nicht einige.[701] Bei der notorisch negativen Tendenz des Magazins in Sachen Kohl, das immer wieder seinen Sturz oder seine Abwahl im Laufe der Jahre angekündigt hatte, ist allerdings erhöhte Vorsicht geboten. Keine andere Quelle berichtet darüber.

Am meisten Ärger gab es bei der Steuerreform. Die CSU war gut vorbereitet, die FDP fühlte sich durch ihren Wahlerfolg bestätigt und vertrat mit großer Entschiedenheit ihre steuerpolitischen Ziele, aber die CDU war zerstritten. Die Parteilinke entfachte scharfe Auseinandersetzungen um den Spitzensteuersatz, der rasch den Charakter eines »fiskalischen Glaubenskrieges« annahm.[702] Es war nicht das erste Mal, dass der Generalsekretär mit der ihm eigenen Radikalität für die Beibehaltung des Spitzensteuersatzes von 56 Prozent und gegen jeden Versuch einer Senkung Front machte. Jede Ermäßigung hielt Geißler für »nicht gerecht und nicht gerechtfertigt«. Ihm ging es weniger um sozialpolitischen Ausgleich als um linke Profilierung. Er wollte die CDU zur »Partei der kleinen Leute« machen und ging dem Konflikt mit CSU und FDP nicht aus dem Weg, war er doch bei seinem Vorgehen überzeugt, dass er von der Partei getragen wurde.

Dennoch einigten sich die Koalitionsvorsitzenden auf die Senkung des Spitzensteuersatzes. Der Kanzler hatte gegen die eigene Partei entschieden. Aber nicht nur das: Der »Spiegel« berichtete, dass er abermals ein Ultimatum gestellt habe. Wenn der Steuerstreit nicht bis zum 3. März 1987 entschieden sei, »dann stehe er für die Kanzler-Wahl am 11. März nicht mehr zur Verfügung«.[703] Diese Ankündigung habe er in »Einzelgesprächen« mit CSU-Chef Franz Josef Strauß und FDP-Chef Martin Ban-

gemann sowie gegenüber verschiedenen CDU-Politikern geäußert. Keine andere Quelle hat den Sachverhalt bestätigt. Tritt
auch hier das Wunschdenken des Magazins in Erscheinung, das
so oft schon das Ende von Kohls Kanzlerschaft angekündigt
hatte?

Das ist wahrscheinlich nicht der Fall, aber es gilt zu differenzieren. Es war keine dramatische Ankündigung in Form eines
Ultimatums, sondern mehr die nüchterne Ankündigung, dass
die Kanzlerwahl nicht stattfinden werde, wenn nicht die gegenseitige Blockade der Koalitionspartner überwunden würde. Tatsächlich wurde der Spitzensteuersatz gesenkt, natürlich nicht
ohne Ausgleich für die andere Seite. Geringverdienende sollten
eine Steuerentlastung bekommen. Wie das alles finanziert werden sollte, wurde allerdings nicht festgelegt.

Ob die Koalitionsverhandlungen tatsächlich ein »politisches
Desaster«[704] darstellten, sei dahingestellt. Auf jeden Fall zeigten
sie massive Gegensätze in der Koalition auf, die angesichts
der intensiver werdenden Verteilungskämpfe wenig Gutes ver-
hießen.

Die Verhandlungen über Personalien waren kurz, mussten
kurz sein, begannen sie doch erst am Abend des 9. März, während die Wahl des Kanzlers für den Vormittag des 11. März an-
gesetzt war. Zudem handelte es sich um Entscheidungen, die
nicht lange diskutiert werden konnten, sondern akzeptiert werden mussten.

Die FDP forderte und erhielt ein viertes Ressort – genau wie
die CSU. Da die FDP ungefähr genauso stark war, konnte die
Forderung schwerlich abgelehnt werden. Jürgen Möllemann,
bisher Staatsminister im Auswärtigen Amt, sollte Bundesminister werden. Als Lehrer, mehr noch als Vorsitzender des mächtigen FDP-Landesverbandes Nordrhein-Westfalen, wuchs ihm
das Bildungsressort gleichsam zu. Seit 1982 hatte es Dorothee
Wilms von der CDU innegehabt. Der Bundeskanzler, der be-

kannt war für seine Förderung von Frauen in der Politik, konnte eine Frau jedoch »nicht sang- und klanglos aus dem Kabinett werfen«.[705] Den Ausweg sah er in der Entlassung von Heinrich Windelen als Minister für innerdeutsche Beziehungen, dessen Ressort nun Dorothee Wilms übernahm. Für Windelen war das eine bittere Entscheidung. Der Schlesier hatte das Ressort mit großem Engagement geleitet und durfte auch auf einen Vertrauenskredit bei Kohl rechnen, war er doch als Vorsitzender des CDU-Landesverbandes Westfalen-Lippe stets eine Stütze gegenüber Kurt Biedenkopf gewesen.

Der Kanzler tat sich mit dieser Causa schwer. Er brachte es nicht fertig, Heinrich Windelen seine Entscheidung selbst mitzuteilen. Die Entlassung von Ministern gehört zu den unangenehmsten Pflichten eines Kanzlers. Helmut Kohl versuchte, sich nach Möglichkeit vor dieser Pflicht zu drücken; er zeigte in dieser Situation Züge von Hilflosigkeit. Menschen, die er kannte und schätzte, mit der Tatsache zu konfrontieren, dass ihre Existenz als Minister beendet war, ging er am liebsten aus dem Weg. Die Fraktion hatte rasch zur Kenntnis genommen, wie es Windelen ergangen war: Sie begrüßte ihn mit stürmischem Applaus.

Es konnte nicht überraschen, dass die langwierigen Koalitionsverhandlungen und die zum Schluss getroffenen Personalentscheidungen Auswirkungen auf die Kanzlerwahl hatten. Nicht absehbar war jedoch, dass der Denkzettel derart deutlich ausfiel. Fünfzehn Abgeordnete der Koalition sollten dem Kanzler ihre Stimme verweigern. Mit nur vier Stimmen über der absoluten Mehrheit wurde Helmut Kohl gewählt. Dennoch versuchte er, das Ergebnis schönzureden: »Das, was ich heute erlebe, ist das Schicksal aller Bundeskanzler gewesen, und das bedrückt mich nicht.«[706] Der hier zum Ausdruck kommende Gleichmut täuscht jedoch. Das Ergebnis der Kanzlerwahl hatte Kohl ebenso getroffen wie das enttäuschende Resultat der Bundestagswahl. Die politische Routine ließ den Schönheitsfehler vergessen, aber im

Elefantengedächtnis des Kanzlers blieb haften, dass so viele von der Fahne gegangen waren.

Der Streit um die Abrüstung

Am 12. Oktober 1986 endete in Reykjavik das Treffen zwischen Reagan und Gorbatschow. Es verdient wahrlich das Attribut »historisch«, bezeichnet es doch den Ausgangspunkt für Abrüstungsverhandlungen, die schon binnen Jahresfrist zu einem Abkommen über die weltweite Abschaffung von landgestützten nuklearen Mittelstreckenraketen führte. Der Abzug und die Vernichtung von Mittelstreckenraketen war in den Jahren zuvor, als es um die Nachrüstung ging, kaum vorstellbar gewesen.

Bevor es dazu kam, war jedoch eine innenpolitisch schwierige Wegstrecke zurückzulegen. Die »Null-Lösung« für Mittelstreckenraketen, deren Stationierung in Osteuropa überhaupt erst die Nachrüstung erforderlich gemacht hatte, war nicht das einzige Problem. Denn es verblieben sowjetische Raketen kürzerer Reichweite von unter 1000 Kilometern, die eine eminente Gefährdung der Bundesrepublik darstellten, und dann gab es noch die Raketen mit weniger als 500 Kilometern Reichweite. Auch für diese mit nuklearen Sprengköpfen ausgestattete Träger mussten Lösungen gefunden werden.

Der überraschende Fortschritt in Sachen Abrüstung wirkte sich jedoch keineswegs positiv auf die Sicherheitspolitik des Kanzlers aus. In der internationalen Öffentlichkeit, in Westeuropa wie in den USA, wurde der Durchbruch bei der Abrüstung nicht als Sensation gewertet, sondern beinahe als etwas ganz Normales, fast als Selbstverständliches hingenommen. Diese Sorglosigkeit entsprach keineswegs der tatsächlichen Lage. Die Reduzierung der Mittelstreckenraketen war unzweifelhaft ein großer Erfolg, aber es blieben noch mehr als genug

Raketen mit kürzeren Reichweiten übrig, deren Atomspreng-
köpfe zur vielfachen Vernichtung der Bundesrepublik ausgereicht hätten.

Was mit diesen für die Bundesrepublik besonders gefährlichen Waffen geschehen sollte, war umstritten. Auch hier gab
es ein sowjetisches Übergewicht. Was politisch schwerer wog:
Sie stellten vor allem für Deutschland eine große Gefahr dar. Bei
diesen Geschossen gab es keine Vorwarnzeiten. Aus deutscher
Sicht war es daher unbedingt notwendig, auch in diesem Bereich
abzurüsten.

Zu diesen Waffen gehörten die 72 Pershing IA der Luftwaffe,
die einzigen Raketen in deutschem Besitz, die für nukleare
Sprengkörper verwendbar waren. Sollte man auf diese Waffen
einfach verzichten? Über diese Frage entstand eine scharfe Auseinandersetzung in der Union. Die Konservativen – besonders
die CSU und ihr Vorsitzender Franz Josef Strauß – lehnten aus
Sicherheitsgründen die doppelte Null-Lösung ab. Es war die
übliche Konfrontation. Das tief sitzende Misstrauen gegenüber
möglichen sowjetischen Täuschungsmanövern traf mit der realistischen Einschätzung zusammen, dass die Frage der Raketen
kürzerer Reichweiten unbedingt noch auf dem Verhandlungs-
weg bereinigt werden müsse, nachdem der Durchbruch bei den
Mittelstreckenraketen erreicht war. Der Wille zu weiteren Abrüstungsverhandlungen durfte jedoch die Null-Lösung nicht
infrage stellen. Kohl hatte schon früh diese Position eingenommen, als er kurz nach dem Treffen von Reykjavik den amerikanischen Präsidenten Ronald Reagan besucht hatte.

Bei Strauß war es wie immer seine Furcht vor der sowjeti-
schen Bedrohung, mehr noch aber der Wunsch, dem von ihm als
Kanzler nie anerkannten Rivalen das Leben schwer zu machen.
Außenminister Genscher gehörte wie so häufig neben Kohl zur
Zielscheibe seiner Attacken, trat der Minister doch entschieden
für die doppelte Null-Lösung ein.

Anfang Mai 1987 kam es zu »offenen Meinungsverschiedenheiten zwischen den Koalitionsparteien«.[707] Die Wahrscheinlichkeit zeichnete sich ab, dass die große Lösung des Abzuges der
Raketen zwischen 100 und 1000 Kilometern Reichweite scheitern könnte, wenn die Bundesrepublik nicht zu einem Verzicht
auf ihre Pershing IA bereit sei. Unbeschadet der Spannungen in
der Koalition hatte der Kanzler die Flucht in die Öffentlichkeit
angetreten. Am 16. Mai meldete »BILD«: »Kohl übertrifft Gorbatschow: alle Raketen weg«, und die »Frankfurter Allgemeine
Zeitung« zitierte den Kanzler, der forderte: »Es müssen deshalb
Waffen aller Reichweiten zwischen null und tausend Kilometern
einbezogen werden.«[708] Kohl handelte jedoch nicht ohne Rückendeckung. Präsident Reagan hatte ihm am Telefon versichert,
dass man den sowjetischen Führer »nicht wegen der Kurzstreckenraketen unter Druck setzen« wolle.[709]

Die Forderung des Kanzlers nach umfassender Abrüstung
der Raketen war nicht so zu verstehen, dass er fest mit ihrer
Realisierung rechnete. Es war mehr ein Signal, mit dem er deutlich machen wollte, dass er mit Strauß nicht übereinstimmte.
Auch in der Fraktion hütete er sich, den sich abzeichnenden
Durchbruch bei den Abrüstungsverhandlungen bereits als Erfolg zu feiern. Die Vorsicht war begründet. Noch war es dem
Kanzler nicht gelungen, »die Außenpolitik zu seiner spezifischen Domäne zu machen und ihr seinen unverwechselbaren
Autoritätsstempel aufzudrücken«.[710] Erst im Prozess der Wie-
dervereinigung sollte dies geschehen.

Vor der Fraktion kritisierte Kohl am 19. Mai 1987 die öffentliche Meinung, die so tat, als sei schon die Abrüstung der Mittelstreckenraketen ein abgeschlossenes Thema, obwohl »dieser
Vertrag bis zu dieser Stunde noch nicht abschlussreif« sei.[711] Er
kannte die Bedenkenträger in den eigenen Reihen und wollte
eine große Debatte über Sicherheit und Raketen unbedingt vermeiden. Obwohl noch viele Probleme zu lösen waren, wusste er,

dass tatsächlich eine Trendwende eingetreten war, die die bisher ungelösten Fragen in einem anderen Licht erscheinen ließen. Sein Vertrauen zu Präsident Reagan sollte nicht enttäuscht werden. Er war sicher, dass weitere Fortschritte möglich waren, aber er wandte sich energisch gegen überzogene Forderungen: »Ich bin absolut gegen ein Junktim ... dass unter allen Umständen alles noch mit hinein muss.« Ihm ging es nicht um ein Alles oder Nichts: »Deswegen sage ich Ja zur Null-Lösung über 1000 Kilometern; ich sage Ja zu Verhandlungen zwischen 500 und 1000, ... aber ich will, dass auch gesprochen wird über 0 bis 500, und ich füge hinzu, selbstverständlich über die C-Waffen.« Er war vorsichtig in der Wortwahl, ließ aber keinen Zweifel an der Bedeutung der Abrüstung aufkommen. Zum Schluss wandte er sich mit aller Entschiedenheit an die Fraktion: »Und das Letzte, was ich sagen will – und das sage ich sehr persönlich für jeden, den es hier angeht und der es hier hören soll: Meine Damen und Herren, für mich ist dies eine der wichtigsten Entscheidungen in meiner Amtszeit.«

Strauß lenkte jedoch nicht ein, und so kam es im Sommer zu ständigen Auseinandersetzungen über die Raketenabrüstung. Sie spitzten sich Mitte August dramatisch zu – ein Musterbeispiel für die Gegensätze innerhalb der Koalition. Die sowjetische Seite beharrte mit einigem Recht auf der Einbeziehung der deutschen Pershing-IA-Raketen in die amerikanisch-sowjetischen Abrüstungsverhandlungen. Andernfalls könnte die doppelte Null-Lösung scheitern. Hans-Dietrich Genscher war nicht zur Infragestellung der Verhandlungen bereit. Im Gespräch mit dem Kanzler betonte er die Notwendigkeit zum Verzicht auf diese Raketen. Helmut Kohl stimmte mit seinem Außenminister in der Sache völlig überein, aber als Kanzler einer Koalitionsregierung, bei der ein Partner – Franz Josef Strauß – entschieden anderer Meinung war, konnte er nicht einfach die von ihm als richtig erkannte, koalitionspolitisch aber umstrittene

Lösung per Richtlinienkompetenz durchdrücken. Ein weitaus komplizierteres Vorgehen war notwendig. Es ging nicht »ohne öffentliches Geräusch« zwischen den Koalitionspartnern ab. Genscher schrieb rückblickend: Helmut Kohl stimmte »mir nicht zu, er lehnte meinen Standpunkt auch nicht einfach ab«.[712] Also so etwas wie ein Dialog der Stummen, allerdings bei Einigkeit in der Sache. Kohl habe nur um Vertraulichkeit gebeten, denn er wolle »die Erklärung von sich aus und aus freien Stücken abgeben«. Als Kohl dann am 26. August den Verzicht bekannt gab, war die Koalition in heller Aufregung, denn vonseiten der FDP wurde erklärt, der Verzicht sei vorher mit Genscher abgesprochen worden. »BILD« fragte: »Wer verkohlt wen in Bonn?« und konnte zugleich berichten, Strauß halte den Pershing-Verzicht für »nicht verbindlich«.[713]

Im Rückblick mag der Streit um die Abrüstung angesichts der wenige Jahre später eingetretenen Wende nebensächlich erscheinen, aber in der konkreten Situation hatten die Querelen mit Strauß erhebliches Gewicht und schadeten dem Ansehen des Kanzlers. Es war nicht das erste und noch nicht das letzte Mal, dass Kohl den unverrückbaren Ansichten des Bayern Rechnung tragen musste. Ihm blieb, nur Kompromissbereitschaft zu zeigen, was wiederum Anlass war, ihm Schwäche oder mangelnden Mut vorzuwerfen. Vor der Fraktion bezog er entschieden Stellung: »Ich habe keinen Nachholbedarf an Mut.« Mut beweise man nicht dadurch, »dass man die Muskeln zeigt, sondern eigentlich ganz ruhig seinen Weg zieht. Und die Karawane geht weiter – auch wenn links und rechts ein großer Lärm stattfindet.« Kritiker, die von ihm ein Durchgreifen forderten, nahm er nicht ganz ernst. Das seien »gescheite Leute«, die »natürlich nie eine Koalitionsregierung« geführt hätten. Dafür würden andere Fähigkeiten benötigt; man müsse »die Enden zusammenhalten – und nicht mit dem Prügel durch die Gegend laufen und den Leuten auf den Kopf schlagen!«[714]

Ein glücklicher Zufall kam ihm in der Auseinandersetzung mit Strauß zu Hilfe. Im Dezember 1987 erfuhr die erstaunte Öffentlichkeit, was intern schon viel früher bekannt war: Verteidigungsminister Manfred Wörner war als Generalsekretär der NATO vorgesehen. Ein Bonner Gerücht wollte zudem wissen, dass die Amerikaner Wörner vorgeschlagen hatten; Kohl wird in jedem Fall gegen die als Auszeichnung dargestellte Beförderung des Verteidigungsministers nichts einzuwenden gehabt haben. Wörner hatte in der Auseinandersetzung um die Raketen nicht Laut gegeben. Das war sicherlich der Tatsache geschuldet, dass Kohl ihn trotz seines Fehlverhaltens im Falle Kießling nicht entlassen hatte. Wörner muss die Zurückhaltung schwergefallen sein, denn kaum hatte er im Mai 1988 sein neues Amt in Brüssel angetreten, brachte er sein grundsätzliches Misstrauen über die Abrüstungspolitik Gorbatschows nachhaltig zum Ausdruck und zeigte offen, dass ihm die ganze Richtung nicht passte. Auf jeden Fall bedeutete der Weggang Wörners zur NATO eine koalitionspolitische Entlastung für den Kanzler. Ein Verteidigungsminister, der im Grunde zur Position von Strauß neigte, war keine große Hilfe. Nun stellte sich die Frage, wer als Nachfolger infrage kam. Kohl entschied sich für Rupert Scholz, einen Außenseiter, der in diesem schwierigen Ressort in einer sicherheitspolitisch prekären Konstellation nur scheitern konnte.

Deutschlandpolitik auf verschiedenen Bühnen

Berlins 750. Geburtstag und Honeckers Besuch in Bonn – beide Ereignisse haben auf den ersten Blick wenig miteinander zu tun. Sie stehen für unterschiedliche Positionen und Zielsetzungen in der Deutschlandpolitik. In West-Berlin ging es um die freiheitliche Selbstbehauptung unter der Garantie der westlichen

Schutzmächte. Die Spannungen hatten nach dem Viermächte-
abkommen im Laufe der Siebzigerjahre spürbar nachgelassen.
Die Berliner Politik war bemüht, das Nebeneinander von Ost
und West einfacher zu gestalten und auf verschiedenen Bereichen Fortschritte zu erzielen. Eine gewisse Normalität war entstanden, die die alliierten Vorbehaltsrechte für Berlin manchmal
als störend betrachtete.

Die Politik des Berliner Senats war darauf ausgerichtet, die
Beziehungen zur DDR zu »normalisieren«, so weit das Mauer
und Schießbefehl zuließen. Einer »Normalisierung« im Sinne
gutnachbarlicher Beziehungen stand auch der Status von Berlin
entgegen, der in Ost und West unterschiedlich ausgelegt wurde.
Die westliche Seite erkannte den Ostteil der Stadt nicht als
Hauptstadt der DDR an, während die östliche Seite West-Berlin
nicht als Bestandteil der Bundesrepublik, sondern als »besondere politische Einheit« betrachtete.

Die drei alliierten Stadtkommandanten waren die oberste
politische Autorität in West-Berlin. Die Schutzmächte, die ihre
Rechte aus der Besetzung von 1945 und aus der Übernahme der
obersten Regierungsgewalt ableiteten, nahmen ihre Verantwortung möglichst unauffällig, nichtsdestoweniger aber sehr wirksam wahr. Der Status von Berlin sollte nicht infrage gestellt
werden. So hatte der eigenmächtige Besuch des Regierenden
Bürgermeisters Richard von Weizsäcker im Herbst 1983 bei
SED-Chef Honecker in Ost-Berlin bei ihnen für erhebliches Befremden gesorgt.

Die Alliierten pochten auf die Einhaltung des Viermächtesta-
tus, während in Berlin die Neigung wuchs, die alliierte Haltung
als Bevormundung zu empfinden. Am stärksten war diese Einstellung bei der Alternativen Liste und Teilen der SPD ausgeprägt, aber auch, wenngleich in geringerem Maße, bei der CDU
und ihrem Regierenden Bürgermeister Eberhard Diepgen vorhanden. Die Einstellung der Berliner Politiker war verständlich.

Wenn man in Verhandlungen mit der östlichen Seite Verbesserungen erreichen wollte, die das Leben in der geteilten Stadt erleichterten, schienen Statusprobleme ihre einstige Bedeutung zu verlieren. Bei allen Bemühungen, das Nebeneinander von Ost und West erträglicher zu gestalten und Fortschritte auf verschiedenen Gebieten zu erzielen, schienen die alliierten Vorbehaltsrechte nicht mehr ganz in die Gegenwart zu passen.[715]

Die 750-Jahr-Feier Berlins 1987

Der 750. Geburtstag Berlins bot beiden Stadthälften die Gelegenheit, die eigene Hälfte möglichst attraktiv erscheinen zu lassen. Aber nicht nur das: Die Entspannungspolitik der Jahre zuvor hatte sogar den Gedanken aufkommen lassen, bei den Jubiläumsfeiern die Möglichkeit von Gemeinsamkeiten nicht außer Acht zu lassen. Der Bundeskanzler hatte diesen Wunsch auch in seiner Regierungserklärung geäußert: »Bei den Geburtstagsfeiern soll und muss die Einheit der Stadt zum Ausdruck kommen. Diese Feiern sollten die Teilung nicht vertiefen.«[716]

Als Metropole war Berlin eine junge Stadt – die meisten europäischen Hauptstädte sind älter. Der Westteil der Stadt hatte noch weniger zu bieten, da der historische Teil Berlins im Osten lag. Es war daher kein Zufall, dass die DDR, gleichsam als Auftakt zum Wettbewerb um die Repräsentation des historischen Berlins das Reiterstandbild Friedrichs des Großen Unter den Linden wieder aufstellte. Die DDR begann, mit der preußischen Vergangenheit Politik zu machen, und suchte so ihre internationale Anerkennung voranzutreiben.

Zum Feiern wurden die positiven Seiten herausgeputzt. West-Berlin wollte sich weniger als Relikt des Kalten Krieges darstellen, sondern verstand das Jubiläum als Möglichkeit, die Stadt in ihrer historischen Dimension als Einheit erscheinen zu lassen:

»Die Teilung sollte nicht im Vordergrund stehen, sondern Berlin als eine Stadt.«[717] Daher wollte man nicht die Feiern im Westen der Stadt gegen die östliche Konkurrenz inszenieren. Die Repräsentanten der einen Hälfte sollten auch bei der anderen Hälfte präsent sein.

Ein »Einladungspoker«[718] begann, mit dem Ziel, Erich Honecker zur Eröffnungsveranstaltung nach West-Berlin einzuladen, wie umgekehrt Eberhard Diepgen beim Festakt in Ost-Berlin anwesend sein sollte. Anfang des Jahres 1987 verbreitete sich erstaunlicher Optimismus, hatte doch die Ost-Berliner Seite deutliches Interesse hinsichtlich der Einladungen gezeigt und bei der besonders sensiblen Statusfrage bemerkenswertes Entgegenkommen signalisiert.

Doch die politische Realität war stärker. Die Gemeinsamkeit konnte jederzeit durch einen Toten an der Mauer brüsk beendet werden. So weit kam es zwar nicht, aber Mitte März 1987 gab es einen Fluchtversuch.[719] Die Reaktion darauf war auf beiden Seiten überraschend. Der Senat versuchte, den Zwischenfall herunterzuspielen, während ein Ost-Berliner Funktionär, der DDR-Unterhändler für die Vorbereitung der 750-Jahr-Feier, seinem West-Berliner Verhandlungspartner gegenüber den Fluchtversuch als »Störmanöver« der eigenen Leute bezeichnete, der zur Verhinderung des Besuches von Honecker inszeniert worden sei.[720]

Es folgte die Rückkehr zur Normalität. Mitte April lehnte der SED-Chef die Einladung mit fadenscheiniger Begründung ab. Er selbst wollte gewiss kommen, aber die Sowjets hatten abgelehnt, was zumindest bei den westlichen Schutzmächten auf Beifall stieß. Auch ihnen behagten die deutsch-deutschen Aktivitäten nicht.[721]

Helmut Kohl hatte von der Einladung Honeckers nicht viel gehalten, aber er unternahm nichts dagegen. Für Diepgens Berlin-Politik brachte er viel Verständnis auf und ließ ihn gewähren, denn er wusste, dass der Regierende Bürgermeister zur östlichen Seite offen und um Entgegenkommen bemüht sein musste. Denn für den Kanzler bedeutete Deutschland-Politik stets eine »Gratwanderung«. Wenn es nicht um »prinzipielle Fragen« ging, sprach für ihn wenig dagegen, »Entgegenkommen zu zeigen«.[722] Aber in der Grundfrage nationaler Existenz und Einheit blieb er fest.

Sein Engagement für Berlin ließ Kohl alle Versuche, Berlin wegen seiner exponierten Lage zu diskriminieren, energisch zurückweisen. Als im Februar 1985 der Spielplan für die 1988 in der Bundesrepublik stattfindende Fußball-Europameisterschaft bekannt wurde, ging ein Aufschrei durch Fußballdeutschland: Berlin war diesmal – anders als bei der WM 1974 – für kein einziges Spiel als Austragungsort vorgesehen. Die Funktionäre des Ostblocks hatten sich offenbar mit ihrer Forderung durchgesetzt, dass West-Berlin nicht zur Bundesrepublik gehöre. »BILD« gab die Parole aus: »Ohne Berlin keine Fußball-EM in Deutschland.«[723]

Der Kanzler konnte mit dieser Entschiedenheit nicht reagieren, aber seine Kritik war deutlich: »Sollte der DFB zu einem Verzicht auf ein Spiel in Berlin gezwungen werden«, sagte er in einem Interview, »dann täte es gut daran zu überlegen, ob eine Europameisterschaft diesen Preis wert ist.«[724] Zwei Tage später wiederholte er seine Kritik im Fernsehen, zeigte aber zugleich eine gewisse Erwartungshaltung. Er bat die Verantwortlichen, »diese Entscheidung noch einmal sehr, sehr zu bedenken und womöglich Konsequenzen daraus zu ziehen. Über mögliche Konsequenzen, über Details möchte ich mich jetzt hier nicht äußern, aber Sie merken ja meine Tendenz.«[725]

Ob die Zuschauer verstanden, was er meinte, ist zweifelhaft; denn der Sinn seiner Worte war eher dunkel. Er sprach nur von »möglichen Konsequenzen« – darunter konnte man sich vieles vorstellen. Wahrscheinlich spielte er auf die nächste Sitzung der

UEFA an, auf der das Problem erörtert werden musste. Diese Sitzung fand am 15. März 1985 statt. Konkrete Ergebnisse wurden nicht mitgeteilt. In den Folgetagen gab der Kanzler seinen Widerstand gegen den EM-Ausschluss Berlins auf. Was war geschehen? Wahrscheinlich hatte er inzwischen zur Kenntnis genommen, dass der Beschluss des DFB vom November 1984, der die Vergabe des DFB-Vereinspokals nach Berlin entschied, nicht nur für das Finale 1985, sondern für eine Fünfjahresperiode galt. Das war eine deutschlandpolitische Perspektive, die Kohl den EM-Ausschluss Berlins hinnehmen ließ.

Das Pokalfinale in Berlin wurde ein Riesenerfolg. Zehntausende Fans fuhren nach Berlin, oft zum ersten Mal in ihrem Leben, sahen im Olympiastadion ein spannendes Endspiel und lernten in der geteilten Stadt die Realität der Teilung kennen. Das war genau das, was Kohl auf verschiedenen Gebieten anstrebte, was aber mit dem Pokalfinale erheblich an Breitenwirkung gewonnen hatte. Wenn die Fans in den westdeutschen Fußballstadien jubelten: »Berlin, Berlin, wir fahren nach Berlin!«, hatte das auch eine deutschlandpolitische Bedeutung, die dem Fußballfan Helmut Kohl ganz besonders am Herzen lag.

Kein Kanzler der Bundesrepublik hatte ein so enges Verhältnis zu Berlin wie er. Er war schon 1947 mit der Jungen Union zum ersten Mal in der alten Hauptstadt gewesen und hatte seitdem die Stadt unzählige Male besucht. Als Kanzler absolvierte er dort viele offizielle Termine, aber noch mehr inoffizielle Besuche. Er bekannte einmal: »Wenn ich vier, sechs Wochen nicht hier war – und ich bin … in den letzten zehn, fünfzehn Jahren sicherlich zwölf, fünfzehnmal im Jahr hier gewesen – empfinde ich halt doch, dass mir eine sehr persönliche Erfahrung der deutschen Realität, eine beinahe physisch aufnehmbare Erfahrung fehlt.«[726] Im Ablauf glichen sich die Besuche oft. Der Kanzler flog mit einigen Mitgliedern seiner engsten Umgebung am Donnerstagnachmittag mit einer amerikanischen Militärmaschine von Köln nach Tempelhof. Weder der Senat noch die Partei hatten offiziell Kenntnis von seiner Anwesenheit. Vom Flugplatz ging es in der Regel zum Reichstag. Der Bummel auf dem Kurfürstendamm – eingeschlossen Gespräche mit Menschen auf der Straße, der Besuch der Konditorei Möhring, möglicherweise auch eine Stippvisite bei seinem dort ansässigen Schneider – durfte nicht fehlen. Verschiedene Möglichkeiten zu Streifzügen durch die Stadt boten sich an, die sogar eine Bootsfahrt auf der Havel in Sichtweite der DDR-Polizeiboote umfassen konnte.[727] Übernachtet wurde im alten Gästehaus der Bundesregierung aus den Zeiten Adenauers in Dahlem. Es war Urlaub von der Bonner Regierungsroutine und das Eintauchen in die ganz andere Atmosphäre der geteilten Stadt.

Der Kanzler machte seine inoffiziellen Aufenthalte bewusst nicht bekannt. Er wollte jedes Aufsehen vermeiden, wusste aber auch, dass seine Verbundenheit mit der Stadt im Zusammenhang mit dem Festhalten an der Einheit und seiner Überzeugung von Berlin als zentralem Geschichtsort Deutschlands nicht dem Zeitgeist entsprach, der sich mit Teilung und Zweistaatlichkeit bequem eingerichtet hatte.

Für das Stadtjubiläum hatte Kohl ein Präsent, das wie kein anderes seine Einstellung zu Berlin und zur deutschen Geschichte zum Ausdruck bringen sollte: das Deutsche Historische Museum, dessen Grundsteinlegung noch im selben Jahr erfolgte. Das Museum sollte seinen Sitz in der alten Hauptstadt haben. Der vorgesehene Ort erscheint im Rückblick ungewollt als Programm. Wo das Museum in der Ödnis des Spreebogens damals als Signal für die Zukunft geplant war, sollte später das Kanzleramt errichtet werden.

Es war kein Zufall, dass Kohl beim Festakt zur Eröffnung der 750-Jahr-Feier die deutschlandpolitischen Grundtatsachen zurechtrückte, die durch die Bemühungen um gegenseitige Einladungen und nachbarschaftliche Beziehungen nicht außer Kraft gesetzt werden konnten. Berlin war für ihn das »Symbol für die offene deutsche Frage« und der »Anspruch aller Deutschen auf Einheit und Selbstbestimmung«.[728] Für ihn waren das keine verstaubten Phrasen wie für die Sozialdemokraten, sondern unverzichtbare Grundsätze. Als zwei Wochen später der SPD-Fraktionsvorsitzende Hans-Jochen Vogel von Honecker empfangen wurde, fand der SED-Chef, es sei bei dem Festakt »unmöglich« gewesen, »dass der Bundeskanzler sich zum Hauptredner gemacht hatte«. Vogel pflichtete ihm bei, dass Kohls Verhalten für ihn »unverständlich« gewesen sei.[729] Die Offenheit der deutschen Frage wollten die Genossen nicht mehr wahrhaben; das war der eigentliche Stein des Anstoßes gewesen.

Die »operative« Deutschland-Politik Bonns ging in dem Bemühen auf, Erleichterungen für die Menschen zu erreichen, für die Lebensfähigkeit Berlins zu sorgen und große Baumaßnahmen wie den Autobahnbau und Stromleitungen zu verwirklichen. Konzessionen der Gegenseite waren nur mit hohen finanziellen Zugeständnissen zu erreichen. Darüber herrschte in Bonn politischer Konsens. Für die meisten der an diesen Operationen Beteiligten sprachen die Erfolge für sich. Auch in der Union und selbst im Kanzleramt war diese Einstellung zu finden, während Kohl selbst immer an der Einheit der Nation orientiert war und über die erreichten Verbesserungen hinaus dachte. Gewiss stand auch für ihn fest, dass die Einheit nur in langfristiger Perspektive zu verwirklichen war, aber dieses Ziel lag für ihn nicht in so weiter, letztlich unverbindlicher Ferne wie für die Sozialisten früher die Verwirklichung des Sozialismus. Dem Museum als Kristallisationspunkt deutscher Geschichte und damit als Forum für historische Auseinandersetzungen war beim Durchstehen der Durststrecke eine wichtige Aufgabe zugedacht.

Der Kanzler tat jedoch weit mehr, als mit dem Bau des Museums die historische Bedeutung der alten Hauptstadt aufzuwerten. Sein wichtigster Beitrag zum Stadtjubiläum lag auf einem anderen Gebiet. Auf seine ureigenste Initiative ging der Besuch der Staatsoberhäupter der drei Schutzmächte in Berlin zurück: Königin Elizabeth II., Staatspräsident François Mitterrand und Präsident Ronald Reagan. Dabei kam der Anwesenheit des amerikanischen Präsidenten besonderes Gewicht zu. Es war vor allem den ausgezeichneten Beziehungen Kohls zu verdanken, dass mit dem Besuch der Staatsoberhäupter im Westteil der Stadt in vielfacher Hinsicht deutlich wurde, wo tatsächlich die Musik spielte.

Der Besuch Reagans erinnerte an den triumphalen Besuch John F. Kennedys im Sommer 1963, als die Berliner ihm begeistert zujubelten. 1987 herrschte eine andere Stimmung. Reagan polarisierte. Nun mobilisierte der amerikanische Präsident vor allem seine zahlreichen Gegner, die in ihm den kalten Krieger hassten. Die Alternative Liste (AL), einige Gewerkschaften, kirchliche Gruppen, Jungsozialisten und Berliner Sozialdemokraten ebenso wie zahlreiche linksradikale Gruppierungen riefen zur Protestdemonstration auf. Der linksanarchistische Bodensatz trat wie gewohnt in Erscheinung. Das gehörte zum West-Berliner Lokalkolorit.

Der Besuch Ronald Reagans bedeutete aber weit mehr. Der Präsident wollte vor dem Brandenburger Tor sprechen. Er wollte eine Botschaft verkünden, und das erregte auch beim Senat und den ihn stützenden Parteien einige Besorgnis. Die Berliner Politik war daran gewöhnt, eher in kleinen Schritten zu denken und politischen Fortschritt mühsam im Aushandeln von Kompromissen zu erreichen. Für rhetorische Konfrontationen war das politische Verständnis abhandengekommen. Der Bundeskanzler hatte schon bei den Eröffnungsfeierlichkeiten auch auf westlicher Seite für Befremden gesorgt, als er die Offenheit der deutschen Frage betonte. Bei Reagan war nun schärferer Tobak zu erwarten. Sein Auftreten vor dem Brandenburger Tor barg zudem Risiken. Wie leicht konnte ein Zwischenfall ausgelöst werden! Das nicht sehr zahlreiche Publikum war handverlesen.

Alle Welt weiß, dass Reagan dort am 12. Juni 1987 an Gorbatschow die Aufforderung richtete, die Mauer zu öffnen. Gemeinhin wird das nicht als dramatischer Appell, sondern eher als Gag des auf diesem Gebiet besonders versierten Präsidenten angesehen. Tatsächlich steckte jedoch mehr dahinter. Der berühmte Satz stammte von dem damaligen Berliner US-Gesandten John Kornblum. Er war Ausdruck der amerikanischen Strategie, die Entspannung voranzutreiben und zugleich die Gegenseite unter Druck zu setzen.

Die Rede war kein schnell entworfenes Stück politischer Rhetorik, schon lange vorher war daran sorgfältig gearbeitet worden. Eberhard Diepgen war bereits bei seinem Besuch in Washington im März über die Arbeiten an der Rede unterrichtet worden.[730] Das State Department und Kornblum wollten das Unrecht der Mauer stärker hervorheben und die Berliner Politik zu etwas mehr Offensivgeist ermuntern. An eine Provokation der Gegenseite war nicht gedacht. Die sowjetische Botschaft in Ost-Berlin war über den Text vorab informiert worden.

Rede und Botschaft Reagans werden in der Regel ohne den politischen Hintergrund, ohne die sich wandelnden Beziehungen zwischen den Supermächten betrachtet und beurteilt. Die entscheidende Voraussetzung, die diese Botschaft erst möglich gemacht hatte, war die mit dem Treffen von Reykjavik veränderte weltpolitische Lage. Zum ersten Mal war ein wirklicher Durchbruch bei der Abrüstung gelungen, und die Verhandlungen im Anschluss daran berechtigten zu noch höheren Erwartungen. Die amerikanische Führung wusste, sie war auf dem richtigen Wege. Es konnte nicht schaden, wenn man etwas Druck machte – nicht als Drohung, sondern als Ermunterung auf dem von beiden Seiten als richtig erkannten Weg voranzuschreiten. In diesem Sinne ist der Satz »Herr Gorbatschow, reißen Sie diese Mauer nieder!« zu verstehen und sollte als noble Geste in Erinnerung bleiben.

Helmut Kohl hatte in den Jahren zuvor Ronald Reagan als einen Politiker kennengelernt, der an der Teilung Deutschlands und der besonderen Situation Berlins stets auch persönlich Anteil genommen hatte. Er trat den Deutschen vorurteilsfreier gegenüber als die meisten US-Präsidenten. Helmut Kohl war ihm in den Jahren gemeinsamer Politik, die sie auch Belastungen verschiedener Art gemeinsam bestehen ließen, ein persönlicher Freund geworden.

Anfang September 1987, wenige Tage bevor Erich Honecker nach Bonn kam, erklärte Kohl vor der Fraktion im Rückblick auf den Besuch Reagans: »Das Koordinatensystem dieses Mannes in allen Grundfragen, die die Deutschen berühren, war immer in Ordnung. Er war ein treuer Freund. Wer ihn in Berlin erlebt hat: Das war keine ›Schau‹ und kein PR-Trick. Das ist seine wirkliche Meinung!«[731] Beide, US-Präsident und deutscher Kanzler, strebten große Ziele an. Sie wussten noch nicht, wie lang die Strecke sein würde, um diese zu erreichen, aber sie wussten: Sie waren auf dem richtigen Weg.

Erich Honecker auf Deutschland-Besuch

Ganz anders war die Situation, als Erich Honecker nach Bonn kam. Das Interesse der Medien überstieg alle Erwartungen. Lediglich im Mai 1985, als der erste Weltwirtschaftsgipfel in Bonn mit dem heftig umstrittenen Besuch auf dem Soldatenfriedhof in Bitburg zusammengefallen war, hatte es eine noch größere Medienpräsenz gegeben. Der SED-Generalsekretär traf auf einen spezifischen Erwartungshorizont. Die Tatsache, dass er als Staatsgast anreiste, besiegelte für viele die deutsche Teilung.

Endlich war der andere deutsche Staat anerkannt. Zugleich kamen aber Befürchtungen auf. Die Hinnahme der Teilung war gewiss eine für die internationale Presse begrüßenswerte Tatsache. Dennoch blieb man skeptisch. Was konnte nicht alles bei einem solchen Treffen herauskommen? Kohl brachte diese Befürchtungen auf den Punkt, als er erklärte: »Wenn die Deutschen miteinander reden, kungeln sie etwas miteinander – und steigen womöglich aus dem Bündnis aus.«[732] Kurz vorher hatte er berichtet, er würde überall auf die Wiedervereinigung angesprochen: »Ich kann hinkommen, wohin ich will, da ist die erste Frage, seid ihr wieder unterwegs?«[733]

Die Einladung zu dem Besuch lag schon lange zurück. Helmut Schmidt hatte sie beim Treffen mit Honecker im Dezember 1981 in der Schorfheide ausgesprochen, nachdem in Polen das Kriegsrecht verhängt worden war. Kohl hatte die Sache geerbt und ließ sich Zeit, da auch die Sowjets dem Besuch misstrauisch gegenüberstanden und für Verzögerung sorgten.

Honecker in Bonn – das war ein Problem besonderer Art. Protokollarisch gesehen war es der Besuch eines »Staatsoberhauptes mit Exekutivgewalt«. Auch wenn er nur als Arbeitsbesuch deklariert war, hieß das: Ehrenspalier des Wachbataillons, Abspielen der DDR-Hymne und Aufziehen der DDR-Fahnen an den Masten. Kohl hatte sich lange mit dem Gedanken getröstet, es werde nur ein farbloser Arbeitsbesuch werden, aber vor dem Protokoll musste er klein beigeben. Drei Tage habe er die protokollarischen Vorschriften liegen gelassen, klagte er: Ich »habe das immer wieder studiert, habe immer wieder Rückfragen gehalten und dann kam der Zeitpunkt, wo ich mich bereit erklären musste, bestimmte Dinge zu tun – die getan werden müssen!« Um wenigstens ein kleines Zeichen seiner Abneigung zu geben, setzte er beim Abspielen der DDR-Hymne ein Gesicht auf, das keinen Zweifel über seine Ablehnung des Unrechtsstaates zuließ.

V. DIE ÄRA KOHL (I)

Die deutsch-deutschen Beziehungen hatten sich seit dem Milliardenkredit 1983 günstig entwickelt. Am deutlichsten war die positive Veränderung an den enorm steigenden Besucherzahlen aus der DDR abzulesen. Diese Entwicklung war für den Kanzler am wichtigsten. Für ihn war im Positiven gar nicht absehbar, was sich langfristig daraus ergeben könnte. Wenn man sich vergegenwärtige, erklärte er einmal, »dass jeder von denen, die hier rüberkommen, mit 20 Leuten hier spricht und zu Hause wieder mit 20 spricht, (dann) ist eine Kommunikation da, wie sie in nichts, aber auch wirklich in nichts ersetzbar ist«. Um kurzfristige Ergebnisse ging es ihm nicht – er verließ sich auf das wachsende Bewusstsein von der gemeinsamen Geschichte, das diese Besuche bewirkten; er war überzeugt, dass das »ein ganz großes mittel- und langfristiges Thema ist, wo viele Deutsche sich wieder finden werden diesseits und jenseits der Mauer«.[734]

Dieser Aspekt, das Zusammenkommen und Sichkennenlernen, war es vor allem, der den Kanzler den Honecker-Besuch akzeptieren ließ. Er biss in den sauren Apfel und machte ein entsprechendes Gesicht dazu, als die DDR-Hymne ertönte, aber er wusste, dass die steigenden Besucherzahlen aus der DDR wichtiger waren als der scheinbare Prestigegewinn Honeckers.

Der Besuch des SED-Chefs, der in den Medien als Ausdruck der Normalisierung gewürdigt wurde, wies dennoch auffällige Besonderheiten auf. Er fand nicht in der Öffentlichkeit statt, sondern hinter geschlossenen Türen. Es gab keine gemeinsame Pressekonferenz und keinerlei offizielle Ansprachen. Die Reden wurden beim Abendessen in der Godesberger Redoute gehalten – und vom Fernsehen in Ost und West übertragen. Hatte bei ähnlichen Anlässen das Abendessen im Kreis illustrer Gäste mehr den Charakter des schmückenden Beiwerks, so hatte die festliche Tafel mit den sorgfältig ausgewählten Gästen eine ganz andere Bedeutung. Sie stellte die Öffentlichkeit her, freilich in sehr begrenztem Maße und mit dem Vorteil, dass Störungen ausblieben. Das Abendessen wurde auf diese Weise protokollarisch, aber auch politisch zum wichtigsten Ereignis des Besuches aufgewertet.

Für den Kanzler war die Fernsehübertragung die wichtigste Forderung gewesen, von deren Erfüllung er den Besuch abhängig gemacht hatte. Überall in Deutschland sollte seine Rede empfangen werden – auch in den Teilen der DDR, die das Westfernsehen nicht erreichte.

Der Text der Rede hatte eine komplizierte Entstehungsgeschichte. Es gibt darüber zwei Versionen. Die eine behauptet, die Redenschreiber hätten Entwürfe geliefert, die von Claus-Jürgen Duisberg, Leiter des Arbeitsstabs Deutschlandpolitik im Bundeskanzleramt, und Staatssekretär Hans Otto Bräutigam, Leiter der Ständigen Vertretung in Ost-Berlin, »noch einmal überarbeitet«, dennoch aber nicht akzeptiert worden seien. Sie seien zu »diplomatisch distanziert« und »vorrangig konfliktumschreibend« formuliert gewesen.[735] Also wurde an dem Entwurf weiter herumgebessert. Der Kanzler nahm ihn ins Wochenende mit, bevor der Besuch des Generalsekretärs begann, überarbeitete ihn selbst und sorgte für die richtigen Akzente.

Demgegenüber wird vonseiten der Redenschreiber eingewendet, dass Duisberg und Bräutigam zwar Beiträge geliefert, aber mit der Rede selbst wenig zu tun gehabt hätten. Es habe vielmehr ein deutlicher, wenn auch unausgesprochener Gegensatz zwischen dem »Arbeitsstab« und den Redenschreibern bestanden. Letztere wussten, worauf es dem Kanzler ankam, sie schrieben die Rede, die der Kanzler erhielt und an der er einige Änderungen vornahm.[736]

Die Rede, die er dann in der Redoute vortragen sollte, unterschied sich erheblich von dem Entwurf. Der »Arbeitsstab« wollte unbedingt vermeiden, dass Honecker »sehr verärgert« reagieren könnte. Tatsächlich zeigt die Rede, dass der Kanzler an den Grundprinzipien seiner Deutschlandpolitik unverändert festhielt. Das begann mit der Präambel des Grundgesetzes und seinem Wiedervereinigungsgebot, auch wenn auf sozialdemokratischer Seite die Neigung bestand, im Interesse einer Verbesserung der Beziehungen zur DDR darauf zu verzichten. Die Einheit der Nation stand im Mittelpunkt: »Wir achten die bestehenden Grenzen, doch die Teilung wollen wir überwinden«, bekannte er und fuhr fort: »Die deutsche Frage bleibt offen«, ungeachtet der Tatsache, dass sie »zurzeit nicht auf der Tagesordnung steht«. Hans Apel, Finanzminister unter Helmut Schmidt, hatte einige Jahre zuvor als SPD-Spitzenkandidat in Berlin verkündet, die deutsche Frage sei nicht mehr offen. Damit war er kläglich gescheitert. Helmut Kohl wusste es besser, auch wenn die Medien eine ganz andere Einstellung hatten.

Die Realität der Teilung kennzeichnete er mit klaren Worten: »Die Menschen in Deutschland leiden unter der Trennung. Sie leiden an einer Mauer, die ihnen buchstäblich im Wege steht und die sie abstößt.«[737] Erich Honecker zeigte bei diesen Worten, die seiner eigenen Überzeugung diametral entgegengesetzt waren, keine Reaktion. Man darf davon ausgehen, dass er dem Kanzler, der seine Politik mit solchem Nachdruck vertrat, nicht unbefangen begegnete. Ganz anders war Honeckers Verhältnis zu Richard von Weizsäcker. Er hatte ihn schon 1983 kennengelernt und wusste, dass dieser Kohl schärfstens kritisierte.[738] Der BND meldete: »Honecker hat sich bei Gesprächen mit dem Bundespräsidenten ausgesprochen wohlgefühlt, in Begegnungen mit dem Bundeskanzler aber ständig unter Spannung gestanden.«[739] Kohl hatte seit seinem Regierungsantritt großen Wert darauf gelegt, zu erfahren, wie die Bevölkerung auf seine Politik reagierte. Das zuständige Referat im Kanzleramt wurde personell verstärkt, um die eingehende Post bearbeiten und beantworten zu können. Die Reaktion auf seine Rede beim Honecker-Besuch fasste er selbst so zusammen: »Da steht einer, der sich als deutscher Patriot versteht und dem anderen – zum ersten Mal in der Geschichte, dass der dabei saß – sagt in gemäßer Form, was er für richtig hält.« Was ihn überrascht habe, war das Ausmaß der Anteilnahme: »Ich habe in meinem Leben noch nicht eine solche Reaktion erlebt.«[740] Hier kommt wieder der Gegensatz zum Ausdruck zwischen der breiten Zustimmung zur Person und Politik des Kanzlers, die in der Bevölkerung vorhanden war, und der in den Medien weitverbreiteten Ablehnung durch eine entschiedene Minderheit.

Kohls Rede entsprach nicht dem Zeitgeist, jenem Trend zur Hinnahme der Teilung. Daher überrascht es nicht, dass die Medien diese Rede eher beiläufig als die Äußerung eines Kanzlers betrachteten, dessen Politik zunehmend – auch in den eigenen Reihen – kritisch bewertet wurde.

Klaus Böllings Kommentar zum Honecker-Besuch mag als Beispiel für diese Tendenz dienen. Er war ein enger Vertrauter Helmut Schmidts und der Regierungssprecher in dessen letztem Kabinett gewesen. Bölling sah mit dem Besuch Honeckers das »Ende einer Illusion« gekommen.[741] In der Ära Adenauer habe die Illusion bestanden, dass man glaubte, »wir könnten den Landsleuten drüben Freiheit und Einheit bescheren«; stattdessen gelte es heute, »dass sich nichts, reineweg gar nichts verändern wird, wenn wir nicht bereit sind, mit dem kommunistischen Überzeugungstäter Honecker von gleich zu gleich zu reden«. Die Vorstellungen von Duisberg und Staatssekretär Bräutigam, der später von Manfred Stolpe als Justizminister nach Potsdam geholt wurde, stimmten mit dieser Position gewiss überein, nicht aber mit den Positionen, die Kohl in seiner Rede bezogen hatte. Es ist jedoch bezeichnend, dass sogar im Kanzleramt Beamte in wichtigen Positionen tätig waren, die die These vom »Wandel durch Annäherung« verinnerlicht hatten und Fortschritte bestenfalls »auf dem Wege der allmählichen Öffnung der DDR«[742] für möglich hielten. Helmut Kohl war gewiss kein Einzelkämpfer in Sachen deutsche Einheit, aber man muss sich stets vergegenwärtigen, dass in der Union und selbst unter den Mitarbeitern im Kanzleramt die deutschlandpolitische Grundeinstellung des »Chefs« nicht immer verstanden und gebilligt wurde.

Der demoskopische Befund zeigt, dass die Bevölkerung das von den Medien vermittelte positive Bild der DDR mit ihrer idyllischen Nischengesellschaft und ihrer wachsenden industriellen Bedeutung durchaus akzeptierte. Im Großen und Ganzen hatte der Kanzler kein anderes Bild von der DDR. Auch er unterlag den Täuschungen, die die Medien in ihrer DDR-Berichterstattung transportierten. Wenn sich ihm jedoch weitere Informationsmöglichkeiten boten, die ein anderes Bild, vor allem von der Einstellung der DDR-Bevölkerung, vermittelten, zeigte er großes Interesse. Hier wurde der Unterschied »zur operativen Deutschlandpolitik«, wie sie von Wolfgang Schäuble und Claus-Jürgen Duisberg betrieben wurde, deutlich. Eine besondere Quelle waren auch die spezifischen Befragungen des BND, auf die der Kanzler wiederholt Bezug nahm, die ergeben hatten, dass die Bevölkerung der DDR die »erste Priorität« auf die Wiederherstellung der Einheit lege.[743] Es ist bezeichnend für die unterschiedlichen Positionen innerhalb der Regierung, dass diese Umfragen vom Kanzler und dem Außenminister mit großem Interesse zur Kenntnis genommen wurden, aber bei Duisberg, dem Leiter des Arbeitsstabs Deutschlandpolitik, auf Ablehnung stießen und bei Kanzleramtsminister Schäuble, der für die Beziehungen zur DDR zuständig war und durch seine Verhandlungen mit Ost-Berlin Erfolge einfahren wollte, ebenfalls wenig Sympathien weckte.

Im Anschluss an den Honecker-Besuch bot sich dem Kanzler ganz überraschend die Chance, die DDR selbst kennenzulernen. Der Anlass war eher zufällig. Regierungssprecher Friedhelm Ost hatte den Kanzler zur Trauerfeier für den schwedischen Ministerpräsidenten Olof Palme begleitet, der am 28. Februar 1986 bei einem Attentat ermordet worden war, und geriet beim Empfang ins Gespräch mit Erich Honecker. Man vermied das Politische und unterhielt sich über das Ruhrgebiet und die dortigen Fußballvereine – Dinge, die dem SED-Chef aus seiner jugendlichen KPD-Aktivität noch bekannt waren. Während seines Besuches in Bonn gab es wie üblich auch eine Gegeneinladung des Gastes, zu der sich die bundesdeutsche Prominenz einfand. Kohl hatte wenig Neigung zu politischen Gesprächen mit Honecker. So verfiel er wieder einmal – zusammen mit Friedhelm Ost – auf das neutrale Thema Fußball, entwickelte einigen Eifer auf diesem Feld und schlug schließlich Honecker und Ministerpräsident Willi Stoph vor, ob er und Ost nicht einmal in Dresden ein Fußballspiel ansehen könnten. Über ein so unpolitisches Thema zu sprechen, gefiel beiden Seiten, und so entwickelte sich aus dem nicht ganz ernst gemeinten Vorschlag Ende Mai 1988 die geheime Reise des Kanzlers in die DDR. Begleitet wurde er von seiner Frau, seinem Sohn Peter, Friedhelm Ost und Wolfgang Bergsdorf.

Die Stasi hatte alles gründlich vorbereitet; Fotos zeigen, wie intensiv die Gruppe beschattet wurde. Die Reise führte über Erfurt und weitere thüringische Städte schließlich nach Dresden. Kontakte mit der Bevölkerung waren nicht häufig, kamen aber durchaus zustande. Betroffen war der Kanzler von den immer wieder zugesteckten Adressen von Menschen, die die DDR verlassen wollten. Tatsächlich konnten Kohl und Ost ein Fußballspiel der DDR-Oberliga miterleben, waren aber im Stadion-Restaurant so platziert, dass sie nur von wenigen Zuschauern gesehen werden konnten.[744] Der improvisierte Besuch im Priesterseminar in Erfurt, die Kontakte zur Bevölkerung und der immer wieder festzustellende Wunsch zum Verlassen der DDR bewegten den Kanzler und stärkten seine Überzeugung, dass der Wille zur Einheit in der Deutschen Demokratischen Republik ungebrochen war.

Einige Tage nach der Rückkehr Kohls und seiner Begleitung erschienen Presseberichte über die Reise in westdeutschen Blättern. Sie waren nicht reißerisch aufgemacht und wurden kaum zur Kenntnis genommen. Was wenige Jahre zuvor noch als Sensation empfunden worden wäre – eine DDR-Reise des Kanzlers in eigenen Autos, von der Stasi zwar beschattet, aber nicht behindert –, stieß im Frühjahr 1988 nur auf geringes Interesse.

Doch die Ruhe an der Medienfront täuschte. Innerhalb der Union sollte sich in der Folgezeit mit wachsender Schärfe eine Kontroverse um die Deutschlandpolitik entwickeln. Sie ging von Heiner Geißler aus, der in seiner zunehmend heftiger werdenden Kritik an der Politik des Kanzlers auch dieses Feld nicht ausließ.

Die Spannungen nehmen zu –
Ärger mit Reformen und andere Stolpersteine

Die Opposition begleitete die Regierung Kohl mit der stereotypen Forderung, endlich mit den Reformen zu beginnen, hütete sich aber, selbst konkrete Vorschläge zu machen. Nahm die Regierung jedoch eine Reform in Angriff, kam postwendend die Ablehnung. Entweder klagte die Opposition, wenn es um Kürzungen ging, die Regierung wolle das Land kaputtsparen, oder aber sie warf ihr eine inflatorisch aufgeblähte Ausgabenpolitik vor. Dann wurde Bundesfinanzminister Gerhard Stoltenberg als »Dr. Schuldenberg« geschmäht. Solche Kritik war nicht ernst zu nehmen, denn eine glaubhafte Alternative zur Wirtschafts- und Finanzpolitik der Koalition konnte sie nicht anbieten.

Seit dem Ende des Wirtschaftswunders, seit den Jahren 1974/75, stand die Forderung nach Steuerreformen an vorderer Stelle der politischen Tagesordnung. Steuerreform ist dabei

gleichbedeutend mit Steuersenkung. Dem von einer steigenden
Steuerlast geplagten Bürger Erleichterungen zu versprechen, gehörte seit den Siebzigerjahren zu den wohlfeilen Versprechen
der Politik. Mit steigendem Einkommen, das durch die Inflation
noch aufgeblasen wurde, hatten immer mehr Bürger die Progression bei der Einkommensteuer zu spüren bekommen und
immer stärkere Abzüge hinnehmen müssen. Mittlere Einkommen waren in der Regel am stärksten betroffen. Daher wollte
schon SPD-Finanzminister Hans Matthöfer den »Mittelstands-
bauch« beseitigen. Durchschlagender Erfolg war den Bemühungen nicht beschieden, und noch weniger vermochten sie, die
Zufriedenheit der Steuerzahler zu erreichen. Ein Experte hat
festgestellt: »In der Geschichte der Bundesrepublik waren
Steuerreformen immer das beste Mittel einer Regierung, um
sich unpopulär zu machen.«[745]

Die Steuerreform

Auch die Regierung Kohl konnte trotz der eher abschreckenden
Erfahrungen auf die Verheißung einer Steuerreform nicht verzichten. Bei einem Koalitionspartner wie der FDP war das
Thema ohnehin nicht zu vermeiden. Allerdings konnte eine
Steuerreform der Koalition auch aus einem anderen Grunde
vertretbar erscheinen. Schließlich hatte die Regierung seit 1982
die Sanierung des Haushalts mit fühlbaren Kürzungen durchgesetzt. Daher stand die Steuerreform schon früh auf ihrer Agenda.
Über ihre Realisierung und insbesondere über die Frage, wer
aus einer Senkung der Steuer möglichst großen Nutzen ziehen
sollte, wurde in der Koalition von Anfang an heftig gestritten.
Das sollte sich bis zum Inkrafttreten der Steuerreform 1990
nicht ändern.

Nach Lage der Dinge war die Kontroverse, die ein durchaus

krisenhaftes Ausmaß annehmen konnte, unvermeidlich. Zwei Gesichtspunkte ließen die unter Kohl durchgeführte Steuerreform besonders problematisch erscheinen.

Da war zunächst die Frage, woher das Geld dafür kommen solle. Seit Mitte der Siebzigerjahre hatte mit großen Schritten der Marsch in Richtung Schuldenstaat begonnen. Die Regierung Kohl hatte zwar seit 1983 die Verschuldung erheblich gesenkt, aber die Aufnahme neuer Schulden – was mit dem neutral klingenden Begriff der Nettokreditaufnahme umschrieben wurde – hatte sich nicht vermeiden lassen.

Um Steuern senken zu können, auch wenn dafür kein Geld zur Verfügung steht, sind natürlich Kürzungen an anderer Stelle nötig. Der Begriff Gegenfinanzierung bedeutet, dass hier Einsparungen und sogar neue Steuern beschlossen werden müssen, damit dort steuerliche Wohltaten verteilt werden können.

Je höher aber die Steuersenkung 1990 ausfiel, desto lauter erklang der Protest von denen, die von der Gegenfinanzierung betroffen waren. Aber nicht nur dort regte sich Widerstand.

Steuersenkungen zielen in der Regel auf bestimmte Gruppen von Steuerzahlern, die einen Ausgleich für besondere Belastungen erhalten sollen. Dieses an sich löbliche Vorhaben hat jedoch zur Folge, dass diejenigen, die nicht in den Genuss der Steuersenkung kommen, sich aber ebenfalls belastet fühlen, massive Kritik üben. Für Unzufriedenheit gibt es also bei Steuerreformen reichlich Anlass. Die Nutznießer der Reform dagegen geben nicht Laut und genießen still die Verbesserung ihrer Lage.

So war es auch diesmal. Angesichts des bekannten Sachverhalts, dass sowohl Gegenfinanzierungen als auch Steuersenkungen Protest und Enttäuschung hervorrufen, stellt sich die Frage, warum die Regierung dennoch eine Steuerreform von einem bis dahin unbekannten Ausmaß plante. Musste ein solches Vorhaben nicht die voraussehbaren Schwierigkeiten geradezu potenzieren? Allerdings gab es tatsächlich genügend Schwachstellen,

die eine Reform rechtfertigten. Die Steuerlast war in der Bundesrepublik vergleichsweise hoch. Bei der Einkommensteuer bestand in der Tat Reformbedarf, da die Progression im Laufe der
Jahre zu Verwerfungen geführt hatte. Hinzu kam, dass sowohl
die CSU als auch die FDP auf Steuersenkungen drängten. Diese
auf vielen anderen Politikfeldern verfeindeten Parteien konnten
hier sogar eine »Koalition in der Koalition« bilden. Schließlich
befriedigte eine solche Reform das stete Bedürfnis der Politiker,
ihren Wählern die beständige Sorge um deren Wohlergehen vor
Augen zu führen.

Helmut Kohl stand diesem Bestreben der Politik keineswegs
gleichgültig gegenüber. Im Gegenteil, er stellte die Steuerreform
ins Zentrum seiner Politik, mit der er Ende 1990 die nächsten
Bundestagswahlen gewinnen wollte. Es war ihm durchaus bewusst, dass es dabei Schwierigkeiten geben würde, aber er hielt
die Reform für das wichtigste Vorhaben der Koalition und war
fest von ihrem Erfolg überzeugt. Vorerst galt es nur, abzuwarten,
bis der Streit der Interessenvertreter und die Unheilsprognosen
der Opposition abgeklungen waren. Dann konnte die Ernte im
Sinne des Gewinns von Wählerstimmen eingefahren werden.

Bereits im Februar 1987 war man sich im Zuge der Koalitionsverhandlungen einig geworden, die Steuerreform in zwei Stufen
zu verwirklichen. Die erste Stufe trat am 1. Januar 1989 in Kraft.
Sie verursachte keine Turbulenzen, handelte es sich doch vornehmlich um Senkungen der Lohn- und Einkommensteuer. Das
waren die »Bonbons«, wie Stoltenberg rückblickend feststellte;
danach kamen die »bitteren Pillen«.[746] Damit war die Gegenfinanzierung gemeint, die für die zweite Stufe der Reform im
Jahre 1990 zusammengebracht werden musste, die aber in diesem Jahr nach Ankündigung des Finanzministers eine Entlastung von 40 Milliarden D-Mark bringen sollte.

Als Voraussetzung dafür, dass man sich über diese steuerliche
Entlastung freuen konnte, mussten allerdings Hürden überwun-

den werden. Eine Umschichtung von 19 Milliarden D-Mark war notwendig, die tatsächlich weitgehend durch den Wegfall von Steuervergünstigungen aufgebracht werden sollte. Die erbitterte Gegenwehr der Betroffenen war vorprogrammiert.

Man bewegte sich auf vermintem Gelände. Im Jahre 1987 standen drei Landtagswahlen an. Darauf musste Rücksicht genommen, also stillgehalten werden, um die Wähler nicht zu verprellen. Daher wurde im Frühjahr nur der Grundsatzbeschluss gefasst.

Im Herbst geriet die Regierung dann in die von Kohl erwartete »publizistische Schleuderzone«.[747] In der Zwischenzeit hatte Stoltenberg – »vollkommen unbemerkt von der Öffentlichkeit und dem ansonsten umfassend informierten ›Spiegel‹«[748] – eine Gegenfinanzierung ausgearbeitet, deren Radikalität die Regierung tatsächlich ins Schleudern brachte. Der Finanzminister hatte die Tatsache der Geheimhaltung »fast ein Wunder«[749] genannt; die Schockwirkung danach war umso stärker. Insgesamt sollten mehr als vier Dutzend Steuervergünstigungen gestrichen werden. Selbst vor den Bewirtungskosten schreckte man nicht zurück.

Die tatsächliche Entlastung im mittleren Einkommensbereich konnte nicht bestritten werden, aber angesichts der komplizierten Materie gab es keine Faustregeln, die die Reform erklärten. Für die Reaktion der Betroffenen spielte das freilich keine Rolle. Es gab ein »publizistisches Sperrfeuer der Verbände, die ihre Privilegien behaupten wollten«.[750] Wen interessierte es da, dass die Reform ihren Namen insofern verdiente, als sie die Steuersystematik modernisierte und Verwerfungen des alten Einkommensteuertarifs beseitigte? Man hatte noch die Schalmeienklänge im Ohr, die von 1000 D-Mark Steuersenkung geflötet hatten, und war nun enttäuscht.

Die Kritik war vielgestaltig. Herbert Ehrenberg, Arbeitsminister unter Helmut Schmidt, wusste schon früh: »Die Steuerreform bringt nichts.« Hans Apel sah schlimme Folgen voraus. Der frühere Finanzminister hielt sogar den »Etat-Kollaps für unvermeidlich«.[751] Der Protest der Arbeitnehmer, denen die Steuervorteile bei Sonntags-, Feiertags- und Nachtarbeit gekürzt wurden, fand bei der Presse viel Aufmerksamkeit. Schließlich werden Zeitungen und Zeitschriften auch nachts und sonntags gedruckt. Da konnte man die Kollegen nicht im Stich lassen. Selbst die Steuergewerkschaft war mit dem Regierungsentwurf nicht einverstanden; sie beklagten nicht nur die »soziale Schlagseite«, sondern auch die zusätzliche Arbeitsbelastung.[752]

Politisch weitaus ernster musste die Kritik aus den Auto-Ländern Niedersachsen und Baden-Württemberg gewertet werden. Der Gewinn aus dem Verkauf von Jahreswagen sollte besteuert werden. Beide Länder hatten CDU-Ministerpräsidenten – Ernst Albrecht und Lothar Späth. Von solidarischem Verhalten gegenüber dem Kanzler konnte bei ihnen keine Rede sein. Die CDU-Finanzminister dieser Länder operierten schnell mit der Drohung, sich an das Bundesverfassungsgericht in Karlsruhe zu wenden, falls ihre Forderungen in Bonn kein Gehör fänden. Da zählte nur das politische Ego, zumal im »Ländle« im März 1988 Landtagswahlen stattfanden. Entsprechend entbrannte der Kampf um die Jahreswagen in voller Stärke. Denn die wurden mit einem erheblichen Rabatt an die Belegschaftsmitglieder abgegeben, die sie sogleich mit Gewinn weiterverkauften. Bei Daimler war es mehr als ein Viertel des Inlandabsatzes, der auf diese Weise den Weg zum Verbraucher fand.

Und mit der Steuerfreiheit für Jahreswagen sollte es nun ein Ende haben. Das machte aus denen, die »beim Daimler schafften«, wie die landläufige Formel hieß, zwar noch keine »Wutbürger«, aber auf jeden Fall erbitterte Zeitgenossen, die sich um ein Grundrecht geprellt fühlten.

Ministerpräsident Späth wurde schnell zum Wortführer des Protests. Es war nicht nur die Sorge um Wählerstimmen, die den

Landesvater zum Widerstand veranlasste. Er hatte weiter ge-
steckte Ziele. Er benutzte den Streit um die Steuerreform zur
eigenen Profilierung; er wollte den Kanzler selbst herausfor-
dern. Der niedersächsische Ministerpräsident Albrecht griff
schlicht zum Mittel der Erpressung, als er in der entscheidenden
Phase die Zustimmung Niedersachsens im Bundesrat von der
Zusicherung von Milliardenhilfen für die strukturschwachen
norddeutschen Länder abhängig machte.

Die Attacken der CDU-Ministerpräsidenten zu neutralisieren,
kostete viel Kraft und nächtelange Sitzungen. Bereits im November 1987 bemerkte der Kanzler einmal beiläufig, er sei »bei
17 Besprechungen oder Sitzungen Vorsitzender des Gremiums«
gewesen, in der über die Steuerreform verhandelt wurde.[753] Da
es zu seinem Politikstil gehörte, stets gut vorbereitet in Sitzungen zu gehen, ist der Zeitaufwand leicht vorstellbar. Zu diesem
Zeitpunkt ahnte er nicht, was im Zusammenhang mit der Steuerreform noch alles auf ihn zukommen sollte.

Für Kohl hatte das Jahr 1988 eine Schlüsselfunktion, was Reformen betrifft. Das galt nicht nur für die Steuerreform, denn
es stand auch wieder eine Rentenreform an. Es handelte sich um
das schwierige Unterfangen, die Renten nicht mehr an den
Bruttolohn, sondern an den Nettolohn zu koppeln. Die Notwendigkeit zur Reform ergab sich durch die steigenden Sozial-
abgaben, die eine andere Bemessungsgrundlage für die Renten
erforderlich machten. Hinzu kamen dringende Reformmaßnah-
men im Gesundheitswesen; die Kostenexplosion musste einge-
dämmt werden. Trotz des wütenden Protests von Ärzten und
Apothekern gelang es, die Gesundheitsreform so wirksam zu
gestalten, dass sie in den Jahren 1989 und 1990 sogar beträchtliche Überschüsse erzielte. Darüber hinaus ging es 1988 um
wichtige Entscheidungen auf europäischer Ebene. Auch die
Reform der Post, die Umwandlung des Staatsunternehmens in

ein modernes Dienstleistungsunternehmen, wurde energisch angepackt.

Im ersten Halbjahr 1988 hatte die Bundesrepublik in der Europäischen Gemeinschaft die Ratspräsidentschaft inne. Hier sah der Kanzler Handlungsbedarf, denn das Jahr 1987 hatte Rückschläge gebracht. Der Kopenhagener Gipfel galt als Misserfolg. Der bevorstehende Gipfel in Hannover sollte die Europapolitik nach Kohls Vorstellungen ein gewaltiges Stück voranbringen. Das Ziel war hochgesteckt: Im Jahre 1992 sollte der europäische Binnenmarkt Wirklichkeit werden. Für seine Einführung waren in Hannover bereits »wichtige Entscheidungen« zu treffen, die zugleich »unendlich viel Kleinarbeit« und zusätzliche Mittel für das Erreichen notwendiger Kompromisse erforderlich machten. Für den Kanzler war das Ziel aber der Mühe wert, denn für ihn stand fest, »dass erst mit dem Binnenmarkt der Weg nach Europa irreversibel geworden ist. Es gibt kein Zurück mehr.«[754]

Die verführerische Perspektive des europäischen Binnenmarktes erhöhte aber auch den Entscheidungsdruck: »Das Jahr 1988 wird deswegen ein wichtiges Jahr, vor allem, weil es das eigentliche Jahr der Gesetzgebung dieser Legislaturperiode ist. Was wir in 1988 nicht fertig bringen oder zumindest auf den Weg bringen, werden wir nicht mehr fertig bringen, das sage ich Ihnen voraus.«[755]

Die Verabschiedung der Steuerreform bereitete weit mehr Probleme, als Kohl vorausgesehen hatte. Mit dem ihm eigenen Fatalismus rechnete er durchaus mit dem Widerstand organisierter Interessen. Das war die »Schleuderzone«, die es zu passieren galt. Man musste nur in der Lage sein, dem Gegenwind standzuhalten und nicht einzuknicken. Das hatte der Kanzler seiner Partei immer wieder gepredigt, wenngleich er wusste, dass es damit nicht weit her war.

Besonderen Ärger verursachte die neu eingeführte Quellensteuer, die verharmlosend als »kleine Kapitalerstragsteuer« präsentiert wurde. Sie verbreitete weithin Unruhe und Verwirrung. Was in anderen Staaten längst hingenommene Praxis war – dass Zinseinkünfte von einer bestimmten Größenordnung an versteuert wurden –, löste in der Bundesrepublik Schockwellen aus. Die oft zitierten kleinen Sparer wollten nicht zur Kenntnis nehmen, dass sie aus diesem Anzug längst herausgewachsen waren. »Omas Sparbuch« konnte beträchtliche Beträge enthalten. Nach mehr als dreißig Jahren Wirtschaftswachstum und Geldstabilität hatte sich nicht nur in den oberen Einkommensschichten ein beachtliches Vermögen angesammelt. Angesichts des öffentlichen Finanzbedarfs war es auf lange Sicht unvermeidlich, die Einkünfte, wenn auch mäßig, zu besteuern.

Der Kanzler wusste, dass die von der Quellensteuer zu erfassenden Beträge eine gewaltige Summe darstellten. Er wollte daher alles vermeiden, was nach »Schnüffelei über die Finanzämter« aussehen könnte. Von der Notwendigkeit der Steuer war er jedoch überzeugt. Für ihn war es »eine Regelung in einem steuerlichen Bereich, die der mittleren und langfristigen Entwicklung in unserer Gesellschaft Rechnung trägt«. Damit sprach er die »demografische Katastrophe« an, die sich auch in finanzpolitischer Hinsicht in der Weise auswirke, »dass eine immer schmalere Schicht von den wenigen, die im Arbeitsprozess stehen, das Gesamte des Landes und der Gesellschaft durchzuschleppen« habe.[756] Zugleich wusste Kohl aber auch, dass sich die Vermögenssituation breiter Schichten grundlegend geändert hatte: »Jetzt kommt die erste Generation, die wirklich wieder etwas erben kann, weil die Generation ihrer Eltern etwas angeschafft hat.« Aus alledem ergab sich für ihn, dass die Quellensteuer »ein kleines Stück in die richtige Richtung« war.

Die große Mehrheit – auch seiner Wähler – war anderer Meinung. Die neue Steuer konnte nicht durchgesetzt werden. Unter dem Finanzdruck der deutschen Einheit erfolgt ihre Wiedereinführung – diesmal auf Dauer.

Volle drei Tage nahm eine Anhörung der Interessenvertreter in der Bonner Beethovenhalle in Anspruch, die ihre massive Kritik zum Ausdruck brachten. Stoltenbergs leitende Beamte aus der Steuerabteilung waren »betroffen von der Emotionalität zahlreicher Beiträge«.[757] 90 Prozent hatten eine Beibehaltung der Steuersubventionen oder Sonderregelungen verlangt.

Eine andere finanzpolitische Maßnahme entwickelte im Zusammenhang mit der Steuerreform eine unerwartete Brisanz. Für das Jahr 1988 mussten zusätzliche Mittel an die EG abgeführt werden. Damit komplizierte sich jedoch die Haushaltslage. Der Etat wies nämlich nach dem Wegfall der Bundesbankgewinne eine nicht unerhebliche Lücke auf. Für die Zahlungen an die EG wie auch zum Stopfen des Haushaltslochs mussten neue Einnahmequellen erschlossen werden. Über die zu leistenden EG-Zahlungen war bereits in der Koalitionsvereinbarung vom März 1987 Einigung erzielt worden. Es sollten »spezifische Verbrauchssteuern« angehoben werden.[758] Nun gedachte man, die zusätzliche Lücke im Haushalt auf die gleiche Weise zu schließen.

Was aber waren das für »spezifische Verbrauchssteuern«? Natürlich solche, die viel Geld einbrachten. Dafür bot sich in erster Linie die Mineralölsteuer an, von deren Anhebung Milliardenzuwächse erwartet wurden. Die Mineralölsteuer sollte also erhöht werden. Das bedeutete höhere Benzinpreise. Zur gleichen Zeit war im Zusammenhang mit der Steuerreform geplant, die Mineralölsteuer auf Flugbenzin zu streichen. Fluggesellschaften brauchten keine Steuern zu zahlen, nur die Privatflieger, ungefähr 7000 an der Zahl, waren davon betroffen. Das waren Hobbyflieger oder kleine gewerbliche Flugunternehmen. Die Besteuerung des Flugbenzins brachte etwa 15 Millionen D-Mark ein. Es hatte schon unter der sozialliberalen Koalition Versuche gegeben, zu einer einheitlichen Regelung zu kommen und die

Steuer abzuschaffen. Die absehbaren Komplikationen hatten den Versuch jedoch scheitern lassen.

Mit Franz Josef Strauß als Hobbyflieger, dem mächtigen bayerischen Ministerpräsidenten und rücksichtslosen Vertreter seiner Interessen, veränderte sich die Situation. Schon im November 1985 hatte er von Kohl die Zusage erhalten, dass die Steuer für Flugbenzin gestrichen würde. Strauß pflegte eine lange Liste von Forderungen zu Gesprächen mit dem Kanzler mitzubringen. Möglicherweise hatte Kohl diese Zusage gemacht, um andere Forderungen ablehnen zu können. Auch Finanzminister Stoltenberg sah kein Problem in der Streichung und hatte schon früh mit viel Verständnis die Angelegenheit in der Fraktion zur Sprache gebracht. Auch dabei gab es keinen Widerspruch.

Für sich genommen war die Steuerbefreiung für das Flugbenzin nichts Besonderes, ein typischer Coup von Interessenvertretern. Was dem Ganzen jedoch eine ungeahnte Publizität verschaffte, war das zeitliche Zusammentreffen: das Bekanntwerden der Steuerbefreiung mit der Nachricht von der Erhöhung der Mineralölsteuer. Während das Benzin an der Tankstelle teurer wurde, sollte eine kleine Gruppe von Privatfliegern einen finanziellen Vorteil erhalten. Es war die klassische Voraussetzung für eine Explosion des Sozialneids, die das Land erbeben ließ. Als Stichwortgeber schrieb der »Spiegel«, die Steuerbefreiung sei eine »Subvention für begüterte Mitbürger mit einer teuren Liebhaberei«; ihr wurde die Streichung des steuerbegünstigten Zuschusses für das Kantinenessen gegenübergestellt.[759] Es ging nicht mehr um die Steuerreform, sondern um das Flugbenzin. Eine neue Frontstellung war entstanden, das Volk gegen die Reichen. Die CDU war massiv getroffen. Die Basis wurde rebellisch. Einige Kreisverbände drohten, die Mitgliederbeiträge zurückzuhalten.

Zusätzlichen Auftrieb erhielt die Empörung, als bekannt wurde, dass Franz Josef Strauß der Urheber war. Der bayerische

Ministerpräsident mobilisierte nicht nur bei seinen politischen Gegnern ein festes Feindbild. Auch seine Parteifreunde in der CDU und selbst in der heimischen CSU hatte er zu oft vor den Kopf gestoßen oder gedemütigt, als dass sie sich jetzt schützend vor ihn gestellt hätten. In Unionskreisen sprach man abfällig davon, dass hier eine Regelung »wegen eines Einzelnen« gefunden worden sei, und meinte damit Strauß.[760] Dieser zeigte jedoch keine Kampfbereitschaft und trat nicht mit gewohnter Beredsamkeit und heftigen Schuldzuweisungen an andere für sein Vorhaben ein. Dem Regierungssprecher Friedhelm Ost erklärte er, persönlich sei er an der Steuerbefreiung gar nicht interessiert, denn »entweder zahlt ein Spezi von mir oder die CSU das Benzin für meine Flüge«.[761]

Es ist müßig, darüber zu diskutieren, ob Stoltenberg und seine Beamten nicht vor der Kollision von Mineralölsteuererhöhung und der Befreiung des Flugbenzins hätten warnen müssen. Derartige Pannen geschehen aber in politischen Entscheidungsfindungen immer wieder.

Die Bundestagsfraktion schwankte. Viele wollten die Kröte des Flugbenzins nicht schlucken. Sie ließen sich schließlich von dem eindringlichen Appell des Kanzlers beeinflussen. Mit einem »Blick zurück im Zorn«, der Suche nach den Schuldigen an diesem Desaster, sei niemandem gedient, erklärte er und räumte freimütig ein, dass es auch »sehr subjektive Gründe, die Sie alle auch kennen«, gäbe, und meinte damit keinen anderen als Franz Josef Strauß. Er bat die Abgeordneten inständig: »Stellen Sie jetzt Ihre Bedenken zurück, machen Sie auch keine lange Diskussion.«[762] Die Abgeordneten verschlossen sich der Notwendigkeit nicht und stimmten zu. In einer einfachen Abstimmung stellte der Fraktionsvorsitzende routiniert die Mehrheit fest, ohne zu ermitteln, wer dagegen gestimmt oder sich enthalten hatte. Der Abgeordnete Manfred Abelein erinnerte seine Kollegen nach der Sommerpause daran, wie schwer einigen die

Entscheidung gefallen sei, es habe »Gruppen verzweifelter Kollegen gegeben, mit ihrem Gewissen ringend, wie sie nun abstimmen sollten«.[763]

Um den offenen Aufstand in der Fraktion und im Bundesrat zu verhindern, gab sich die Regierung kompromissbereit. Es wurde sogar angekündigt, im Oktober die Steuerbefreiung für das Flugbenzin wieder rückgängig zu machen. An der ablehnenden Haltung zur Steuerreform konnte das nichts ändern.

Ein anderer Gesichtspunkt verdient mehr Aufmerksamkeit. Die hohen Überweisungen nach Brüssel erfolgten im Zusammenhang mit dem bevorstehenden EG-Gipfel und dem ehrgeizigen Ziel des Kanzlers, dort den europäischen Binnenmarkt im Jahre 1992 entscheidend voranzutreiben. Mit Gegenvorstellungen von Mitgliedsstaaten war zu rechnen. Diese hatten zumeist mit finanziellen Forderungen zu tun. Daher setzte Kohl die Überweisungen durch, um die für Kompromisse notwendige finanzielle Manövriermasse bereitzustellen.

Das geschah aber nicht im Einverständnis mit seinem Finanzminister, denn Stoltenberg sah darin vor allem Ausgaben, denen keine Einnahmen gegenüberstanden. Zu Anfang des Jahres hatte er schon gewarnt: »Es kann nicht so weitergehen, dass ... der Bund ständig Einnahmen ohne Ausgleich verliert.« Aber nicht nur das. Stoltenberg erinnerte auch an etwas anderes. Im Oktober 1987 hatte er zur allgemeinen Verblüffung die komplette Gegenfinanzierung für die Steuerreform vorgelegt. Damals waren die Steuerexperten einhellig dafür eingetreten, die Erhöhung der Verbrauchssteuern wegen Brüssel »*nach* den Beschlüssen über die Steuerreform vorzunehmen«. Das hieß also ein Nacheinander, nicht die Gleichzeitigkeit, um der Gefahr einer Kollision zu entgehen. Damit hatte Stoltenberg keinen Erfolg: »Die Koalition hatte das anders entschieden.«[764] Hier leuchtet ein Gegensatz auf zwischen dem korrekten, stets auf die Solidität des Haushalts achtenden Finanzminister und dem Kanzler, der in der Einführung des Binnenmarktes ein so wichtiges Ziel sah, dass er dafür sogar vorübergehende Haushaltskrisen in Kauf nahm. Es ist davon auszugehen, dass das Verhältnis zwischen Stoltenberg und Kohl, das nie durch menschliche Nähe bestimmt war, seit den Differenzen über die Steuerreform dauerhaften Schaden davongetragen hat.

Am 23. Juni 1988 passierte die Steuerreform ohne großes Aufsehen den Bundestag. Das Pulver war schon vorher verschossen worden, und die Regierungsmehrheit wankte nicht. Gerhard Stoltenberg ging aus dem Kampf um die Steuerreform schwer beschädigt hervor. Er hatte lange als der »große Kühle aus dem Norden« einen Spitzenplatz bei den Umfragen besetzt. Damit war es nun vorbei. Die Barschel-Affäre hatte ihn zugleich schwer getroffen und sein politisches Lebenswerk in Schleswig-Holstein infrage gestellt.

Aber auch der Kanzler gehörte zu den Verlierern. Die publizistische »Schleuderzone« hatte ihm bei der Steuerreform mehr zu schaffen gemacht, als er vorausgesehen hatte. Aber ihm war keine Alternative geblieben. Er musste die Steuerreform durchbringen. Sie sollte das Steuersystem insgesamt modernisieren und zugleich wichtigen Wählerschichten Vorteile bringen. Gleichzeitig wollte Kohl mit dem EG-Gipfel in Hannover ein großes Ziel ansteuern: den europäischen Binnenmarkt. Die Steuerreform sollte 1990 in Kraft treten, der Binnenmarkt 1992. Das waren Ziele, die für den Wähler in weiter Ferne lagen, aber in der Planung des Kanzlers Priorität hatten. Der Aufstand gegen das Flugbenzin zeigte, dass auch die CDU von der Ablehnung erfasst wurde. Nun rebellierten Landesparteitage, und der Bundesparteitag in Wiesbaden beschloss mit großer Mehrheit eine ablehnende Resolution. Die Junge Union Baden-Württembergs forderte sogar den Rücktritt des Kanzlers. Das war so wenig ernst zu nehmen wie die »Kanzlerdämmerung«, die der

»Stern« zu erkennen meinte. Es zeigte aber eine wachsende Distanz zwischen dem Parteivolk und dem Kanzler, die Kohl vor neue Herausforderungen stellte.

Der Kampf gegen Heiner Geißler

Seit den Bundestagswahlen im Januar 1987 entwickelte sich eine Konstellation, die letztlich auf den Sturz des Kanzlers abzielte. Das geschah nicht durch einen Wandel bei der Opposition, dass beispielsweise ein neuer Stern aufging oder eine veränderte Strategie für Aufmerksamkeit sorgte. Von dieser Seite drohte keine Gefahr. Die Probleme lagen anders. Es war die eigene Partei, in der sich ein Wandel vollzog, der immer stärker auf eine Konfrontation mit der Person und der Politik des Kanzlers hinauslief. Kamen Wahlniederlagen auf Landesebene hinzu, begann sich die Lage zuzuspitzen.

Die wichtigste Ursache für die wachsende Kritik an der Regierung und ihren Leistungen lag in den gründlich veränderten Rahmenbedingungen der Politik. Bis zum Kampf um die Nachrüstung war die deutsche Politik in letzter Konsequenz vom Ost-West-Gegensatz geprägt worden. Der Kalte Krieg setzte die Maßstäbe mit manchmal dramatischen Auswirkungen für die innere Politik. Das hatte nicht nur die Massenhysterie um die Nachrüstung gezeigt. Im Jahre 1985 war der Wehrdienst noch auf 18 Monate erhöht worden, ohne dass dies große Probleme verursacht hatte. Umso drastischer wirkte sich nun der Wandel aus.

Mit der nicht für möglich gehaltenen Entspannung zwischen den Supermächten, die eine wirksame Abrüstung in greifbare Nähe gerückt hatte, veränderte sich das politische Klima grundlegend. Wenn die große Mehrheit der Deutschen in der Sowjetunion keine Bedrohung mehr sah, verlor die Verteidigungs- und

Sicherheitspolitik dramatisch an Bedeutung. Damit entstand für den Kanzler ein Dilemma: Wenn seine Politik nicht unverzüglich der veränderten Situation Rechnung trug, geriet sein Handeln in den Generalverdacht der Kleinkariertheit und Geringschätzung. Helmut Kohl selbst war nicht davon ausgenommen, zumal er keinen großen Wert darauf legte, sich in der Öffentlichkeit in Szene zu setzen.

In Zeiten der Ratlosigkeit und Krise hatte man sich auf die Kompetenz des Kanzlers verlassen, so bei der Wende von 1982/83, als die Wähler ihn im Vertrauen auf seine Führung mit einer sicheren Mehrheit ausstatteten und selbst zu Einschränkungen bereit waren. Nach der wirtschaftlichen Erholung in der Folgezeit und im Zeichen einer Entspannungseuphorie, die die sich erst abzeichnenden Abrüstungsschritte bereits als gegeben ansah, geriet die Politik des Kanzlers zunehmend in die Kritik. Wenn die Wirtschaft gut lief und von außen keine Gefahren mehr drohten, war das für die Deutschen und selbst für Politiker seiner Partei kein Grund, sich zufrieden zurückzulehnen. Vielmehr begann man jetzt, der Regierung den Mangel an neuen Konzepten vorzuwerfen. Der alltägliche Kampf um die Durchsetzung der politischen Ziele befriedigte nicht. Man wollte mehr Abwechslung, öfter mal etwas Neues geboten bekommen.

Helmut Kohl gab sich redlich Mühe, gegen diese Haltung des kritischen Abwartens in den eigenen Reihen anzukämpfen. Wirklicher Erfolg war ihm allerdings dabei nicht beschieden. Immer wieder hielt er seinen Parteifreunden vor, sie wüssten, dass seine Politik in den vergangenen Jahren richtig gewesen sei. Es gelte deshalb, diese Politik fortzusetzen und weiter für sie einzutreten. Man solle nicht auf die Hamburger Magazine hören, sondern müsse dem Gegenwind trotzen und standhaft bleiben. Solche Mahnungen bewirkten aber nicht viel.

Die Situation hatte sich nicht geändert: derselbe Kanzler, dieselbe Politik, die statt der Sozialpolitik der ersten Legislaturperiode stärker auf Reformpolitik ausgerichtet war, und dieselbe kritische Begleitung durch die Medien, deren Mängelrügen in den höheren Rängen der Partei durchaus Wirkung zeigten.

Helmut Kohls Verhältnis zu seiner Partei war einzigartig. Wie kein anderer vor ihm lebte er für sie und verstand sich stets als Parteisoldat, der ihr diente. Er zeigte keine Scheu vor Wahlkampfeinsätzen, selbst wenn es sich nur um Kommunalwahlen handelte. Stets war er bemüht, »die Enden zusammenzuhalten«, also ausgleichend zu wirken.

Auf Parteitagen kam seine Verbundenheit mit dem Parteivolk zum Ausdruck; seine Mehrheit stand nie infrage. In den Parteigremien konnte das ganz anders aussehen. So hatte er im Parteipräsidium keine Mehrheit. Auch der Bundesvorstand verstand sich eher als Diskussionsorgan eines Honoratiorengremiums, das seine Politik nicht immer verstand oder ihr skeptisch gegenüberstand. Ähnliche Distanzierungen waren auch in der Fraktion vorhanden. Ein Kenner sprach vom »Maulen in der Anonymität«, das in Partei und Fraktion Kohls Regieren schon seit Langem begleitet hatte.[765] Das war keine angenehme Begleitmusik, aber Kohl war daran gewöhnt. Er ärgerte sich zwar darüber und ermahnte die Fraktionsmitglieder immer wieder, nicht auf Journalisten zu hören, die ihnen alles Mögliche am Telefon erzählten. Er wusste, dass er damit nicht viel erreichte.

Nach der enttäuschenden Bundestagswahl vom Januar 1987 änderte sich das Bild. Nun wurde Heiner Geißler aktiv. Seit der Regierungsübernahme im Jahre 1982 hatte er sich eher zurückgehalten. Als Familienminister konnte er trotz des Sparkurses der Bundesregierung manche Erfolge verbuchen und zeigte in der zugespitzten Polemik, im Anschwärzen des politischen Gegners seine einzigartige Bedeutung für seine Partei.

Das Verhältnis Geißlers zu Helmut Kohl war starken Schwankungen unterworfen. Es kam immer wieder zu scharfen, lautstark geführten Auseinandersetzungen, die aber stets beigelegt wurden. Kohl wusste, dass Geißler trotz seiner Eskapaden kaum zu ersetzen war. Bereits kurz vor Ende der sozialliberalen Koalition war der Gegensatz zwischen dem Parteivorsitzenden und dem Generalsekretär massiv aufgebrochen, mit Blick auf die bevorstehende Regierungsübernahme jedoch rasch zugedeckt worden. Zwei Punkte hatten Kohls Widerspruch hervorgerufen: Geißlers Vorliebe für »weiche« Themen und sein Anspruch, als Generalsekretär faktisch der Parteichef zu sein.[766] Der Konflikt war damals nur vertagt, aber nicht ausgetragen worden.

Das enttäuschende Wahlergebnis vom Januar 1987 veranlasste Geißler, nun aktiv zu werden. Während der Koalitionsverhandlungen probte er den Aufstand und mobilisierte die Partei gegen die vom Koalitionspartner geforderte und vom Kanzler zugestandene Senkung des Spitzensteuersatzes. Er konnte zwar dessen Reduzierung nicht verhindern, aber seine Niederlage wurde wie ein Sieg gefeiert. Der langjährige Kohl-Gegner Karl Feldmeyer sah in ihm bereits den Schöpfer einer neuen CDU, dessen Position in der Partei unumstritten war. Was Geißler letztlich anstrebe, nannte Feldmeyer »das ziemlich radikal bedachte Ideal des individualistisch-emanzipatorischen Menschen«. Das war unverständlich und sollte es wohl auch sein.

Viel eindrucksvoller klang die Erfolgsgeschichte des Generalsekretärs, habe er es doch fertig gebracht, »das Wohlwollen für die Partei bei CDU-fernen Wählerschichten wie den jungen Frauen und Jugendlichen zu erhöhen und sich ihnen und ihrem Lebensgefühl zu öffnen, auf die eigene Lösungskompetenz in den entscheidenden Bereichen der Politik zu setzen und sie auszubauen, statt vage Hoffnungen auf die schwankende Popularität des eigenen Spitzenkandidaten zu setzen«.[767] Damit meinte er niemand anderen als den Bundeskanzler. Das Wohlwollen von jungen Frauen und Jugendlichen und deren Streben nach Selbstverwirklichung sollten das Profil einer neuen CDU prägen, ohne einen Gedanken darauf zu verschwenden, wie die

Partei einen solchen Höhenflug mit der Bürde der Regierungsverantwortung verbinden konnte. Die Kampagne, die Geißler in
den nächsten beiden Jahren entwickelte, konnte nicht besser
charakterisiert werden, als es Feldmeyer getan hatte.

Im Sommer 1988 organisierte der Generalsekretär eine Medienkampagne in eigener Sache. Ausführliche Artikel und Interviews erschienen in den einflussreichen Wochenzeitschriften.
Sie waren durchweg positiv gehalten und sahen ihn zugleich in
der richtigen Perspektive: »Sollte einmal die CDU ihren Kanzler
und Vorsitzenden loswerden wollen, kann ihn nur einer stürzen:
Heiner Geißler.«[768] Im Juni zählte Geißler in seiner Wahlanalyse
im CDU-Bundesvorstand die Themen auf, mit denen er neue
Wähler gewinnen wollte. Da ging es um »Menschenrechte, Südafrika, Waffenexporte, Folterkonvention, menschliche Konzeption zur Lösung der Aids-Problematik und Asylfragen«. Mit
diesem bunten Strauß »weicher« Themen hatte er im Bundesvorstand keineswegs Ablehnung oder gar höhnisches Gelächter
ausgelöst. Niedersachsens Ministerpräsident Ernst Albrecht
betonte »die Richtigkeit« der angesprochenen Themen. Sein
Kollege, der baden-württembergische Ministerpräsident Lothar
Späth, stellte »die Frage nach der Verteilung des wirtschaftlichen Wohlstandes«. Er dachte aber noch nicht an seine Lan-
deskinder und ihre Jahreswagen, sondern nannte »die Stich-
worte: Dritte Welt, Umweltdiskussion und soziale Umwelt«.
Familienministerin Rita Süssmuth sah »das Thema Leben, und
zwar in seiner ganzen Spannweite ... als ureigenstes Thema der
CDU«.[769] Niemand warf die Frage auf, ob man mit den Themen
Geißlers auch die Stammwähler halten könne; das hielt man
wohl für selbstverständlich.

Für den Generalsekretär gab es keinen Zweifel, wo die neuen
Wähler zu suchen waren. Die »Lagertheorie«, die er eine Zeit
lang vertreten hatte, gelte nicht mehr, denn bei der SPD sah er,
»die Trennungslinie in der politischen Auffassung mitten durch

sie hindurchgehen«; er setzte vor allem auf die Arbeitnehmer, die »mit modernen Technologien« arbeiteten und die »deswegen eine Präferenz zur CDU bekommen«.[770] Nun sah er für eine in seinem Sinne richtig aufgestellte Union die Chance, nicht nur die Wähler des eigenen Lagers zu halten, sondern zugleich die viel interessantere Möglichkeit, im gegnerischen Lager Eroberungen zu machen. Der Bonner Korrespondent der »Frankfurter Allgemeinen Zeitung« konnte berichten, Geißler leite aus der Tatsache, dass die Zahl der Wechselwähler zunehme, die Erwartung ab, »dass der – größere – Teil der SPD-Wählerschaft grundsätzlich auch für die Politik der CDU zu gewinnen sei«. Feldmeyer hielt das für »ungewöhnlich bedeutsam«. Entscheidend sei es, die »richtigen Themen« und »glaubwürdige Personen« zu finden. Auch damit konnte Geißler dienen: »Wir müssen Ereignisse schaffen, an denen die Menschen erkennen, was wir wollen.«[771]

Das war schnell getan. Bundesarbeitsminister Norbert Blüm flog nach Chile; das geschah nicht, um sozialen Fortschritt zu fördern, sondern das Kabinettsmitglied Blüm reiste in den Andenstaat, um gegen das Pinochet-Regime zu protestieren. Ein besseres Ereignis konnte nicht erfunden werden. Es war eine ideale Konstellation. Publikumswirksam präsentierte sich Blüm als »Anwalt der Menschenrechte« und forderte Asyl für fünfzehn chilenische Häftlinge, denen nach Folter die Todesstrafe drohe.

War der Einsatz eines Bundesministers für die Menschenrechte in einer Militärdiktatur bereits ein Ereignis von beträchtlicher Medienwirksamkeit, so erhielt das Kommandounternehmen sein spezifisch politisches Gewicht durch den erbitterten Koalitionsstreit, der in Bonn über die Frage des Asyls für die Häftlinge entbrannte. Norbert Blüm erholte sich derweil in Brasilien. Innenminister Zimmermann von der CSU betrachtete die Häftlinge als Terroristen und lehnte die Asylanträge kategorisch ab. Der Druck des CSU-Ministers ließ den liberalen Gegenpart nicht ruhen. Hans-Dietrich Genscher setzte den deutschen Botschafter in Chile unter Druck, »die Foltervorwürfe pauschal zu unterschreiben und den hochkriminellen Charakter der Organisation MIR ... als irrelevant beiseitezuschieben«. Eine politische Intrige war eingefädelt worden, die den »Frankfurter Allgemeine Zeitung«-Herausgeber Fritz Ullrich Fack zu der Befürchtung veranlasste, die Koalition könnte darüber zerbrechen.[772]

Blüm hatte Geschmack an derartigen Missionen gefunden. Als Nächstes plante er eine Reise nach Südafrika. All diese Aktivitäten ließen das Bonner Sommertheater besonders lebendig erscheinen. Aber das Ansehen des Kanzlers und seiner Regierung litt. Streit in der Koalition und ein Linkstrend in der eigenen Partei mussten auf ihre Wähler abschreckend wirken.

Sollte der Kanzler dagegen Front machen? Das konnte nicht in seinem Interesse liegen; das hätte die Situation nur verschlechtert. Daher ließ er sich beim ZDF-Sommerinterview aus St. Gilgen am Wolfgangsee[773] nicht zu kritischen Äußerungen über die Strategie Geißlers verleiten und argumentierte auffallend defensiv. Es klang zwar nach einer Drohung und wurde von der Presse aufmerksam registriert, wenn er feststellte: »Wer eine andere Politik will, muss einen anderen Kanzler wählen.«[774] Er schob aber gleich den warnenden Hinweis hinterher, wie schwierig ein solches Vorhaben sei. Die Verfassung gebe dem Kanzler einerseits »eine klare Richtlinienkompetenz«, andererseits müsse man sich in einer Koalitionsregierung »zu den einzelnen Fragen abstimmen«.

Die Einschränkung kennzeichnete seine Lage. Es ist schon selten, dass Kohl die Richtlinienkompetenz überhaupt einmal erwähnt. Adenauer hatte sie als Herrschaftsmittel betrachtet und war mit ihr resolut umgegangen. Helmut Kohl dagegen wusste, dass die Richtlinienkompetenz in einer häufig zerstrittenen Koalition keine Hilfe war. Seine Führungskraft zeigte sich vor allem darin, dass er viele Ziele durch kluge Kompromisse erreicht hatte. Das schloss aber einsame Entschlüsse nicht aus, die nicht mehr zerredet werden konnten. Hinzu kam sein Stehvermögen, das ihn auch in Krisen nicht schwanken ließ, bis die Medienaufgeregtheit abgeklungen war.

Dieses Stehvermögen benötigte der Kanzler im Sommer 1988 in ganz besonderem Maße. Der Kampf um die Steuerreform setzte ihm mächtig zu. Der Generalsekretär stand gegen die Steuerbefreiung für Flugbenzin und gab sogar öffentlich zu, mit Kohl aneinandergeraten zu sein. In seiner blumigen Sprache hieß das, manchmal müsse »eben auch Rauch in der Küche sein. Ein Bundeskanzler braucht nicht nur Zustimmung, sondern auch Leute, die widersprechen.«[775]

Im Juni überstand Kohl den Parteitag in Wiesbaden ohne größere Schwierigkeiten. Es war unvermeidlich, dass die Delegierten mit großer Mehrheit einen Antrag gegen die Besteuerung des Flugbenzins billigten. Das gehörte zur Politfolklore jener Tage. Ein Abgeordneter klagte nach der Sommerpause: »In den Festzelten, durch die wir während der Sommerpause … gejagt wurden, hörte man nur eins: Flugbenzin.«[776] Sogar die »Süddeutsche« bestätigte dem Kanzler, dass er sich gut geschlagen habe, wenn er »aus dem Duktus der Regierungsprosa ausbrach, um kämpferisch und aggressiv in der ihm eigenen Mischung von handfester Fasslichkeit und alle umarmendem Pathos die Delegierten anzusprechen«.[777]

Nach der Verabschiedung der Steuerreform gab es keine Entwarnung. Im Gegenteil, die politischen Probleme häuften sich. Die sich ausbreitende »Stimmungsdemokratie«, die Geringschätzung politischer und wirtschaftlicher Erfolge, die der Kanzler auch in den eigenen Reihen feststellte, beunruhigte ihn. Er zeigte nach außen demonstrative Gelassenheit, nahm viele Gesprächstermine und Interviews wahr und ging in die Offensive, als die Konjunktur anzog und die Anfang des Jahres noch schwierige Haushaltslage sich überraschend entspannte. Er wetterte über den Kleinmut in der eigenen Partei: »Jeder sagt: ›Ihr macht 'ne prima Politik, ihr gewinnt auch die Wahlen, ihr müsst es nur ein bisschen besser verkaufen.‹ Und in der ersten Abteilung lese ich dann im Interview, ›besser verkaufen‹, und im zweiten Teil wird alles runtergemacht, was wir gerade beschlossen haben. Dann sagt man: ›Der Ost muss besser verkaufen.‹ Der Ost ist ein armer Hund, wenn er vor die Pressekonferenz geht und kriegt all die Presseartikel vorgelesen, die gerade hier vorgehalten wurden.«[778]

Die wirtschaftliche Aufhellung benutzte der Kanzler, um vor den Abgeordneten den Weg zum Wahlsieg im Jahre 1990 und zum großen Ziel des europäischen Binnenmarktes 1992 aufzuzeigen. Seine Strategie war einfach: Die verschiedenen Reformgesetze, die der Zukunftssicherung dienten, sollten »Mitte/Ende '89« verabschiedet sein, denn er wollte »den Herbst und das ganze Jahr '90 … dazu nutzen, um offensiv unsere Politik … dem Wähler vorzustellen und den Jungen zu sagen: Dies ist eure Chance! Es hat nie so viel Forschungsinvestition gegeben in der deutschen Geschichte wie jetzt – und ich weiß, von was ich rede; den Älteren sagen: Eure Rente wird sicher –; der mittleren Generation zu sagen: Ihr müsst jetzt ein Stück Last mehr tragen, wir können nicht nur verteilen, nicht mit der Gießkanne rumgehen. Wir müssen bei der Rente die Lebensarbeitszeit nach oben machen.«

Die überraschend zunehmende Zahl der Aussiedler hatte er nicht vergessen. Ein Wohnungsbauprogramm wurde mit Hochdruck verabschiedet. Über die mit den Aussiedlern ansteigende Arbeitslosigkeit machte er sich keine Sorgen, denn er war überzeugt, »dass diese Leute aus Rumänien in kürzester Zeit auf dem Arbeitsmarkt einen Platz finden«. Die Wirtschaftslage werde sich verbessern.

Die Darlegung seiner Strategie bis 1990 und sein Blick auf die nächsten Bundestagswahlen und auf den Binnenmarkt von 1992 sind einmalig. Eine solche Planung für die nächste Bundestagswahl, die bereits nach der Januarwahl von 1987 eingesetzt und es geschafft hatte, die unvermeidlich Widerspruch hervorrufenden Reformen so zu verabschieden, dass genügend Zeit blieb, die politische Ernte bei der nächsten Wahl einzufahren, hatte es noch nicht gegeben. Sie zeigte einen gesunden Optimismus, der selbst den »Spiegel« beeindruckte. Kohls Erfolgsrechnung basierte auf den positiven Auswirkungen der von ihm angepackten Reformen.

Der Ton herablassender Kritik fehlte diesmal in der »Spiegel«-Berichterstattung über die Fraktions- und Präsidiumssitzungen. Die Abgeordneten, die das Blatt normalerweise über den neuesten Stand der Kohl-Pannen zu informieren pflegten und dabei nach dem Strauß-Geißler-Motto »Der kann es nicht« verfuhren, berichteten diesmal sachlich. Dem CDU-Präsidium habe der Kanzler seine Erfolgszahlen präsentiert und so seinen Hauptkritiker Späth zu dem Eingeständnis veranlasst, er habe sich mit seiner Prognose geirrt. Das Auftreten des Kanzlers in der Fraktionssitzung muss erheblichen Eindruck gemacht haben, denn der »Spiegel« zitierte Kohl mit dem Ausspruch: »Ich gewinne die Bundestagswahl 1990.«[779] Im Fraktionsprotokoll ist der Satz zwar nicht enthalten, aber er traf genau die Absicht des Kanzlers; nichts anderes wollte er zum Ausdruck bringen. Die Fraktion dankte ihm mit »starkem Beifall«. Der Fraktionsvorsitzende Alfred Dregger reagierte erleichtert: »Jetzt stimmt's wieder.«

Ob Kohls Prognose für die Wahl von 1990 realistisch war und tatsächlich zum Wahlerfolg geführt hätte, bleibt der Spekulation überlassen. Denn mit dem Fall der Mauer entstand eine völlig neue Situation. Kohls Gegner behaupten seitdem, er hätte ohne Mauerfall und Wiedervereinigung die Wahlen verloren. Das ist nicht zu entscheiden.

Sein Gegenspieler Geißler hatte im Herbst 1988 seine Kampagne, die CDU müsse junge Wähler und vor allem junge Frauen gewinnen und in SPD-Wählerkreise einbrechen, noch zugespitzt. Im Laufe des Jahres hatten die Republikaner, die neue Rechtspartei unter Führung des ehemaligen CSU-Mitglieds und Rundfunkjournalisten Franz Schönhuber, durch ihre Agitation gegen den wachsenden Strom von Wirtschaftsasylanten auf sich aufmerksam gemacht. Nun stellte sich die Frage, wie mit diesem Gegner umzugehen sei. In einem Interview mit der »ZEIT« warnte Geißler davor, die Republikaner »hoffähig« zu machen, indem man sie bekämpfte: »Die Themen des rechten Randes dürfen nicht durch die Autorität einer großen Volkspartei legitimiert werden.« Man solle daher rechte Themen nicht aufgreifen; als Beispiel nannte er die Ausländerfrage. Eine »nationale Abschottung« hielt er für falsch. Mit »anthropologischem Optimismus« entwickelte er die Gegenposition: »Für ein Land in der Mitte Europas ist die Vision einer multikulturellen Gesellschaft eine große Chance.«[780]

Multikulturell – ein Schlagwort war aufgetaucht, das schnell weite Verbreitung finden sollte. Bald erinnerte sich niemand mehr, dass es der Generalsekretär der stärksten Regierungspartei geprägt hatte. Karl Feldmeyer hatte in der »Frankfurter Allgemeinen Zeitung« immer mehr die Rolle eines Förderers von Geißler übernommen. Sein Bonner Kollege Claus Gennrich nahm die Berichterstattung über die Regierungspolitik in souveräner Weise selbst wahr und machte ihn auf diesem Gebiet überflüssig.

Feldmeyer informierte seine Leser keineswegs in kritisch-abwertender Absicht, sondern er bemühte sich vielmehr um die Verdeutlichung und Popularisierung der Thesen Geißlers. Dieser wolle, so schrieb er, »dass möglichst zahlreiche Einwanderung einem offensichtlich als veränderungsbedürftig angesehenen Zustand abhilft, nämlich der Homogenität der Bevölkerung

der Bundesrepublik. Eine multikulturelle Gesellschaft hätte
jene Homogenität abzulösen. Und hierüber lohnt es sich zu diskutieren.«[781] Feldmeyer vergaß auch nicht den Hinweis, dass
»eine multikulturelle und vielrassige Bevölkerung in der Bundesrepublik ... die von der CDU beteuerte Absicht ... letzten Endes
infrage stellen (würde), am Ziele der deutschen Einheit festhalten zu wollen, ja ihm Vorrang zu geben«.

Helmut Kohl schreibt in den »Erinnerungen«, er habe Geißler am 7. November 1988 brieflich mitgeteilt, er werde ihn nicht
mehr zum Generalsekretär vorschlagen, »wenn sich unsere Beziehungen und die Arbeitsgrundlagen nicht von Grund auf in
den nächsten Monaten verändern«.[782] Kohl bezog sich in dem
Brief auf genau jenes Interview in der »ZEIT«, in dem Geißler
seine multikulturellen Thesen verkündet hatte. Er nahm aber
auf diese nicht eigens Bezug, sondern führte als Begründung an,
dass Geißler sich selbst im Interview als geschäftsführender
Vorsitzender bezeichnet habe. Das war schwerlich der wahre
Grund, denn es war nicht das erste Mal, dass Geißler diesen
Anspruch erhoben hatte.

Aber indem Kohl dies thematisierte, machte er deutlich, dass
er das eigentliche Problem, die multikulturellen Vorstellungen
Geißlers und ihre deutschlandpolitischen Konsequenzen, nicht
ansprechen wollte. Er lehnte die These, dass die Bundesrepublik
ein Einwanderungsland sei, strikt ab, aber er hütete sich, dies in
der Öffentlichkeit zu erklären. Deshalb beschränkte er sich gegenüber Geißler auf Drohungen. Tatsächlich war das Tischtuch
noch nicht durchschnitten, die grundsätzliche Auseinandersetzung über die Deutschlandpolitik weiterhin aufgeschoben.

Denn hier bestand der eigentliche Gegensatz zwischen dem
Vorsitzenden und seinem Generalsekretär, der im Laufe des Jahres immer deutlicher hervorgetreten war. Geißler hatte im Februar 1988 ein Papier zur Deutschlandpolitik verfasst, das in der
Öffentlichkeit für Befremden sorgte, in Teilen der Partei aber

scharfe Kritik auslöste. Der Text zeichnete sich keineswegs durch Radikalität aus, sondern wiederholte in gebetsmühlenartiger Form die Position der Partei zur deutschen Frage. Es war aber vor allem ein Satz, der Ärger erregte. Bei der Aufzählung der leitenden Prinzipien der CDU war zu lesen: »Das Ziel der Einheit ist von den Deutschen nur mit Einverständnis ihrer Nachbarn in West und Ost zu erreichen.«[783] Stein des Anstoßes war die ausdrückliche Abhängigkeit von der Zustimmung der Nachbarn in dieser Lebensfrage deutscher Politik. Was bei anderen gar nicht aufgefallen wäre, ließ im Falle Heiner Geißlers die Alarmglocken schrillen. In der Partei kannte man Geißlers geringes Engagement in der Deutschlandpolitik. In Verbindung mit seinen »weichen« Themen und seiner Vorliebe für das Multikulturelle erhielt der Satz eine ganz unerwartete Auslegung. Er wurde als Ausdruck des Verzichts auf jede Form der Wiedervereinigung verstanden, denn auf die Zustimmung aller Nachbarn konnte man schwerlich rechnen.

Interessant ist die Reaktion Helmut Kohls. Als die Abgeordneten Manfred Abelein und Mario Czaja in der Fraktion an dem Papier scharfe Kritik übten, wiegelte der Kanzler ab. Er sprach abwertend von einem Kommissionspapier, das noch viele Änderungen erfahren dürfte. Über Geißler sagte er nichts, kein Wort der Kritik, aber er versicherte leidenschaftlich: »Solange es mich als Parteivorsitzenden gibt, bitte ich mir wirklich aus – ich sage das in aller Härte –, dass kein Zweifel aufkomme über die Stellungnahme der Union zum deutschen Vaterland. Wer die letzten fünfzehn Jahre zurückblickt, der weiß, wer dieses Thema überhaupt wieder in der Bundesrepublik zu einem großen Thema gemacht hat.«[784] An Kohls Haltung gab es gewiss keinen Zweifel, wohl aber an der Einstellung seines Generalsekretärs, der überall das Leid in der Welt anklagte, aber am geteilten Deutschland nur wenig Interesse zeigte und damit immer wieder für Befremden sorgte. Das war etwa der Fall, als er in einer Diskussionsveranstaltung bemerkte, wer glaube, »die Nation lasse sich in den Grenzen von 19xy herstellen, unterliegt einem historischen Fehlurteil«.[785] Nach Äußerungen wie dieser wurde Geißler immer wieder Gleichgültigkeit in der Grenzfrage vorgeworfen.

Der Dissens in der nationalen Frage blieb bestehen, aber Kohl vermied es, Geißler deswegen anzugreifen. In der Fraktion wurden die kritischen Stimmen gegenüber dem Generalsekretär lauter. Der Ton wurde schärfer. Der Abgeordnete Dieter Weirich beklagte die »gehässigen Auseinandersetzungen« in der Partei und wollte den Generalsekretär ein wenig in Schutz nehmen. Er bezeichnete ihn als eine Kerze, »die von beiden Seiten brenne«. Als er bedauerte, »dass die Union zu wenig Kerzen« habe, »die von beiden Seiten brennen«, erfolgte der Zwischenruf: »Aber genügend Armleuchter.«[786]

Als Kohl im November 1988 Geißler brieflich drohte, ihn nicht wieder aufzustellen, hatte er nicht die nationale Frage als eigentlichen Kern des Konfliktes benannt. Auch in der Öffentlichkeit blieb er ihm gegenüber zurückhaltend. Bei vielen Gelegenheiten strich er sogar Verdienste Geißlers heraus, sodass der Eindruck entstehen konnte, das Verhältnis der beiden Spitzenpolitiker der Partei sei gar nicht so schlecht. Dieses Stillhalten Kohls ist nicht als Täuschung des Kontrahenten zu verstehen. Der Kanzler wusste: Käme es zu einem grundsätzlichen Konflikt über die Einheit der Nation und die Wiedervereinigung, würde der Riss offenbar, der in dieser Frage durch die Partei ging. Mit einer gespaltenen Partei konnte er aber keine Politik machen und nicht die Politik umsetzen, die er seit dem Beginn seiner Kanzlerschaft im Auge hatte – Europa und die Wiedervereinigung voranzubringen. Für ihn machte es keinen Sinn, einen lähmenden Streit in der Union auszulösen, wenn es um theoretische Probleme oder um Gesinnungen, nicht aber um praktische Politik ging. Nur so ist es zu verstehen, dass der

Kanzler der Auseinandersetzung auswich, bis sich die innerparteiliche Situation im Sommer 1989 zuspitzte und Geißler die Machtfrage stellte.

Im Laufe des Jahres 1988 hatten die CDU und ihr Bundesvorsitzender herbe Niederlagen einstecken müssen. Bei der Landtagswahl in Baden-Württemberg waren nur leichte Verluste zu verzeichnen gewesen. Bedenklich war aber, dass der Wahlkampf betont »gegen Bonn« und die Steuerreform geführt wurde und sich der baden-württembergische Ministerpräsident Lothar Späth als Herausforderer Kohls zu profilieren begann. In Schleswig-Holstein ergab die vorgezogene Wahl im Mai ein Debakel. Die CDU verlor 9,3 Prozent, und die SPD überstieg mit 54 Prozent mühelos die früher für unerreichbar gehaltene absolute Mehrheit. Die Niederlage war die Folge der Barschel-Affäre. Am Beginn hatte eine schmutzige Intrige des Ministerpräsidenten Uwe Barschel gegen die SPD-Opposition gestanden. Dann sorgten sein Ehrenwort, das sich schnell als wertlos erwies, und sein immer noch mysteriöser Tod für schwere Erschütterungen. Schließlich trat im Verfolg der Affäre ein politischer Sumpf zutage, der die schleswig-holsteinische CDU für lange Jahre die Regierungsfähigkeit kostete. Obwohl der Skandal primär ein Fall der Landespolitik war, ergaben sich negative Auswirkungen auf die CDU-Bundespartei und ihren Vorsitzenden.

Schlimmer noch traf es Kohl mit den Ereignissen in Rheinland-Pfalz. In diesem Bundesland war die CDU seit 1946 an der Macht gewesen. Helmut Kohl hatte das Land mit einer Modernisierungsstrategie aufgerüttelt und zugleich für klare Mehrheiten gesorgt. Sein Nachfolger Bernhard Vogel hatte 1976 ein sicheres Erbe übernommen, aber im Lauf der Achtzigerjahre verlor die Partei an Zugkraft. 1987 musste sie mit dem Verlust der absoluten Mehrheit eine schwere Niederlage hinnehmen, konnte aber mithilfe der FDP weiter an der Regierung bleiben. Die Ursachen lagen im allgemeinen Rückgang der CDU, wie es schon die Bundestagswahl im Januar gezeigt hatte, aber auch in der wachsenden Kritik an der Amtsführung des Ministerpräsidenten Bernhard Vogel.

Hinzu kam ein demografischer Faktor besonderer Art. Helmut Kohl hatte seit seiner Zeit als Führer der Jungen Union und wesentlich verstärkt als Ministerpräsident des Landes unermüdlich die Mitgliederwerbung für die Partei betrieben. Für ihn hatte eine hohe Mitgliederzahl zentrale Bedeutung. In Parteigremien fallen oft wichtige politische Entscheidungen. Kohl wollte, dass sie durch eine möglichst hohe Mitgliederzahl überzeugender legitimiert würde. Mit dieser Begründung war seine Werbung für die Partei sehr erfolgreich. Als Egon Bahr in den Siebzigerjahren Bundesgeschäftsführer der SPD war, stellte er fest, dass die Organisationsdichte der CDU in Rheinland-Pfalz so hoch war, dass die SPD nur in ihren Hochburgen Hamburg und Berlin an sie heranreichte.[787] Auf lange Sicht freilich schuf die hohe Mitgliederzahl ein Problem. Die neuen Mitglieder hatten oft mit einer Führung auf Kreis- und Landesebene zu tun, die mit Helmut Kohl schon in ihre Positionen gelangt waren und verständlicherweise nicht zu deren Aufgabe bereit waren. Die Masse der Jungen war frustriert und fand sich in der Kritik an der Führung zusammen. So geschah das, was es in der CDU überhaupt noch nicht gegeben hatte: Auf dem Landesparteitag in Koblenz stürzte die Partei am 11.11.1988 – kein Karnevalsscherz – den Parteivorsitzenden und Ministerpräsidenten und leitete damit den langen Marsch in die Opposition ein.

Am 9. November 1988 jährte sich zum 50. Male der Novemberpogrom, der Tausende jüdische Opfer gefordert hatte und mit dem die Judenverfolgung eine neue Dimension erreichte. Für diesen Tag war mit einigen schrillen Tönen zu rechnen, zumal der Kanzler durch die Kampagne um das Flugbenzin mitgenommen war. Die Linke und die ihr nahestehenden Medien hatten Kohl immer wieder hinsichtlich der NS-Vergangenheit eine Schlussstrichmentalität vorgeworfen. Das hatte der Streit um die Kranzniederlegung in Bitburg deutlich gezeigt. Hinzu kam, dass in jüdischen Kreisen die Vorstellung weit verbreitet war, der Antisemitismus sei in Deutschland tief verwurzelt gewesen. Daher sei auch gegenüber den in der Gegenwart um Verständigung bemühten Deutschen stets Misstrauen angebracht.

Der Kanzler hatte darauf bestanden, »dass der Jahrestag genauso begangen« werde »wie zehn Jahre zuvor: mit einer Rede in einer Synagoge«.[788] Er selbst sprach in der Frankfurter Synagoge. Dagegen hatte sich in der jüdischen Gemeinde Unmut bemerkbar gemacht, was Ernst Cramer, der allseits respektierte Doyen der Springer-Journalisten, von einer »erbärmlichen Kampagne« sprechen ließ. Kohl hielt dennoch die Rede, die auch in der Presse abgedruckt wurde, aber nur die ausländischen Zeitungen berichteten, dass es durch jüngere Zuhörer zu Störungen gekommen sei.[789]

Am folgenden Tag fand im Bundestag eine offizielle Gedenkveranstaltung statt. Bundestagspräsident Philipp Jenninger hielt selbst die Rede. Er hatte sich viel vorgenommen. Er wollte die Entwicklung nach 1933 aus der Sicht der damaligen Deutschen verständlich machen und erklären, wie es möglich gewesen war, dass Hitler so starken Zuspruch habe finden können. Jenninger mochte seine Rede schlecht vorgetragen und manchmal missverständlich formuliert haben – entscheidend war, dass sie auf das aggressive Nichtverstehenwollen zahlreicher Medienvertreter traf, deren vernichtende Kritik Jenninger schließlich zum Rücktritt zwang. Ignaz Bubis, der Vorsitzende des Zentralrates der Juden in Deutschland, hielt später die gleiche Rede noch einmal – und niemand nahm Anstoß!

Im Kanzleramt hatte man erkannt, dass Jenninger nicht im Amt bleiben konnte. Der Kanzler konnte ihm keine Rückendeckung geben. Er befand sich in einer Zwangslage, sollte er doch zwei Tage später in die USA fliegen, um Simon Wiesenthal zum 80. Geburtstag mit einer Rede zu ehren. Wie sollte er als deutscher Kanzler vor ein weitgehend jüdisches Publikum treten, wenn in Bonn zur gleichen Zeit versucht wurde, Jenninger zu halten und die gegen ihn erhobenen Vorwürfe zu widerlegen? Nach der medialen Hinrichtung hatte Philipp Jenninger keine Chance und musste gehen.

Die Nachfolgeregelung war nicht einfach. Im Kanzleramt hätte man gern Alfred Dregger als Bundestagspräsidenten gesehen. An seiner Loyalität war nicht zu zweifeln, und in der Fraktion schien er entbehrlich zu sein. Er hatte sie nicht mehr richtig im Griff, zumal die Fraktion schwieriger geworden war, weil sie sich vom Kanzler vernachlässigt und in ihrem Einfluss gemindert fühlte. Wolfgang Schäuble war interessiert, Dregger als Fraktionsvorsitzenden zu beerben, aber dieser zeigte Beharrungsvermögen. Schäubles Interesse verdient jedoch, festgehalten zu werden, denn ihm war bewusst, dass der Fraktionsvorsitz das Sprungbrett zur politischen Spitze sein konnte.[790]

Rita Süssmuth wurde schließlich die Nachfolgerin Jenningers. Damit gelangte eine Verbündete Heiner Geißlers in eine Spitzenposition, die ihr die Möglichkeit zu verstärkter Präsenz in der Öffentlichkeit bot. Kohl hatte dies in Kauf genommen, denn er hatte schon mit Ursula Lehr eine hochqualifizierte Nachfolgerin von Rita Süssmuth als Bundesministerin für Jugend, Familie, Frauen und Gesundheit im Blick. Wieder war die Fraktion nicht gefragt worden, was die Empfindlichkeit gegen Seiteneinsteiger verstärkte, den Kanzler aber nicht beeindrucken konnte.

Ein Kanzler im Sinkflug

Am Ende des Jahres 1988 bot sich für die Union ein vielfältiges Bild. Die Konjunktur hatte sich erholt, die Inflation blieb niedrig, und im Vergleich zu anderen europäischen Staaten befand sich die Bundesrepublik in einer beneidenswert günstigen Lage. Besonders bei der Jugendarbeitslosigkeit stellte sie geradezu die positive Ausnahme dar. Aber wie so oft in Deutschland gab es keine Zufriedenheit. Alfred Dregger meinte, die Stimmung unter Parteifreunden sei »eher schlecht«.

Weitaus drastischer äußerte sich der schwäbische Abgeordnete Manfred Abelein. Er nannte die Stimmung im Land »hundsschlecht«, wobei ein Unterschied festzustellen sei. Die Grundstimmung sei »eigentlich gar nicht schlecht. Die Leute haben das ganze Jahr über Bier getrunken, Hähnchen gegessen, Blasmusik gespielt; sie sind jetzt beinahe nahtlos übergegangen in die Advents- und Weihnachtsfeiern und weiter zu Festen mit anderen Ingredienzien. Nur wenn einer von uns dazukommt, dann wird die Stimmung plötzlich schlecht.«[791] Die Beschreibung der Wählerbefindlichkeit löste bei den Abgeordneten »große Heiterkeit« aus. Sie hatten ähnliche Erfahrungen gemacht. Ihre Wähler liebten Feiern und Gemütlichkeit mehr als die nüchterne Alltagspolitik und wollten von Steuerproblemen und steigenden Krankenkassenbeiträgen nichts mehr wissen.

Die Gemengelage von Parteiverdrossenheit und Partystimmung änderte sich schlagartig im Januar 1989 nach der massiven Schlappe der CDU bei den Berliner Wahlen. Nun leuchteten die Krisensignale wieder auf. Die CDU hatte völlig unerwartet mit einem Verlust von fast 9 Prozent eine schwere Niederlage hinnehmen müssen. Die FDP verschwand von der Bildfläche. SPD und Alternative Liste (AL) – Letztere aufgrund ihrer Kernwählerschaft im spezifisch Berliner Studentenmilieu ohne Studienzeitbegrenzung weniger grün als tiefrot – errangen eine solide Mehrheit. Die eigentlichen Gewinner waren aber mit 7,5 Prozent die Republikaner; ihr Aufstieg war den Demoskopen entgangen. Wahrscheinlich hatte ein ausländerfeindlicher Wahlspot im Fernsehen die Stimmungslage unzufriedener Wähler hervorragend getroffen und die Hinwendung zu der in Berlin faktisch unbekannten Partei bewirkt.

Asylanten waren ein Reizthema; sie kamen häufig über den Ost-Berliner Flughafen Schönefeld und setzten ohne jede weitere Kontrolle ihre Reise nach West-Berlin fort. Kontrollen innerhalb Berlins durften aus Statusgründen nicht stattfinden. Aber dieser Missstand reichte zum Protest allein nicht aus. Der Streit um die Gesundheitsreform beunruhigte die überalterte Bevölkerung; der Wohnungsmarkt zeigte erste Verknappungserscheinungen – all das suchte nach einem Ventil, um Dampf abzulassen.

Den Kanzler traf die Niederlage schwer. Er machte »keinen Hehl daraus, dass dieses Wahlergebnis für mich persönlich auch unter einem ganz anderen Gesichtspunkt eine bittere Enttäuschung ist, denn ich glaube, dass ich in diesen fast sieben Jahren an keinem anderen Platz so viel inneres und intensives Engagement gezeigt habe wie in Berlin«.[792] Das war zweifellos richtig; zu fragen ist nur, ob das den Berlinern auch bewusst war, denn die Berliner Politik rechnete es sich stets als eigenes Verdienst an, wenn in Bonn Gelder lockergemacht und so wirtschaftlicher Fortschritt für die Stadt reklamiert wurde. Ein halbes Jahr zuvor hatte Kohl in seiner frotzelnden Art die Berliner Begehrlichkeiten auf die Schippe genommen und von Eberhard Diepgen gesagt, »der Berliner Bürgermeister« komme »überhaupt nur die Tür rein und will neue Subventionen haben«, wobei dieser natürlich erwartete, dass der Kanzler ihm die Wünsche erfüllte.[793]

Klappern gehört zum Handwerk. Für Diepgen war es eminent wichtig, den Berlinern immer wieder deutlich zu machen, dass er als ihr »Regierender« die Subventionen heranschaffte, ohne die die Stadt nicht existieren konnte. Helmut Kohl dagegen lag es nicht, sich selbst in den Vordergrund zu schieben. Schon als Oppositionsführer hatte er kein Interesse gezeigt, als derjenige bekannt zu werden, der diese oder jene Problemlösung gefunden und durchgesetzt hatte. Kaum jemand wusste in Berlin, wie oft er die Stadt besucht und was er alles für ihre Lebensfähigkeit getan hatte. Er beherrschte die Regeln der Politik wie wenig andere. Nur die Maxime »Tu Gutes und rede darüber« gehörte nicht zu seinem Repertoire.

Nach Schleswig-Holstein hatte die Union mit Berlin ein weiteres Land verloren. Die Situation in Nordrhein-Westfalen, wo Norbert Blüm sich als Landesvorsitzender versuchte, erschien hoffnungslos. Bei den hessischen Kommunalwahlen musste die CDU eine weitere Niederlage hinnehmen.[794]

Mit dem Berliner Wahldebakel kam auch Heiner Geißler unter Druck. Die Politik der CDU in Berlin hatte er vorher als beispielhafte Großstadtpolitik gelobt, die neue Wählerschichten zu gewinnen versprach. Nun ruderte er zurück und warnte vor »Schönhuber-Imitatoren innerhalb der Union«[795], mehr noch vor einem Rechtsruck in der Partei. Damit versuchte er, der Kritik des rechten Flügels zu begegnen. Es verstand sich fast von selbst, dass er seinen »weichen Themen« wie der Offenheit in der Asylfrage keinen Anteil an der Niederlage eingeräumt hatte. Zum Einlenken war er keineswegs bereit. Schuld habe der Kanzler, ließ er gegenüber Journalisten verlauten.[796] Bei führenden CDU-Politikern wurde wieder eine Haltung sichtbar, die aus früheren Krisenlagen nicht unbekannt war. Es gelte, so der »Frankfurter Allgemeine Zeitung«-Herausgeber Johann Georg Reißmüller, »vorsichtig sein; sich nicht vorzeitig offenbaren; abwarten, was die nächsten Wahlen bringen – das ist jetzt in der CDU beliebt«.[797]

Der Personaldebatte, die auszuufern drohte, machte der Kanzler vorerst ein Ende. Er hielt nichts von einer Personalisierung und lehnte jede Art von Festlegung ab, wen er auf dem Bremer Parteitag im September 1989 als Generalsekretär vorschlagen werde. Zugleich lehnte er Schuldzuweisungen an Geißler strikt ab. Das war zu viel der Rücksicht. Tatsächlich war Geißler schon auf der Suche nach Bundesgenossen gegen den Kanzler. Im Januar hatte er einen Anlauf gemacht, Walter Wallmann für den Sturz Kohls als Parteivorsitzenden zu gewinnen. Im April hatte er ihm Parteivorsitz und Kanzlerschaft angetragen, »falls er helfen würde, Helmut Kohl zu stürzen«.[798] Wie viel der Kanzler von diesen Aktivitäten erfuhr, ist nicht eindeutig fest-zustellen, letztlich auch nicht entscheidend, denn er wusste, aus welcher Richtung die Angriffe kamen. Es ist sehr wahrschein-lich, dass Kohl über derartige Versuche Geißlers, Verbündete zu gewinnen, informiert worden war. So wie Geißler den hessi-schen Ministerpräsidenten angesprochen hatte, wird er das Gleiche bei anderen Politikern versucht haben. Ob die Ange-sprochenen ihm zustimmten, unentschieden blieben oder abge-lehnt hatten – auf jeden Fall werden sie in ihrer Umgebung über den Versuch der Anwerbung berichtet haben, und das wurde sofort weitererzählt und wird früher oder später auch einen »Kohlianer« erreicht haben, der das Gehörte an den Kanzler selbst weitergab.

Die Niederlage bei den hessischen Kommunalwahlen 1989 verstärkte den Druck. In den Großstädten verlor die CDU zwei-stellig, während die NPD überdurchschnittlich abschnitt. In der Bundestagsfraktion herrscht erhebliche Aufregung. Im Juni stand die Europawahl an; musste mit der nächsten Niederlage gerechnet werden? Kritik an der Parteiführung kam auf, die sich jedoch nicht recht entscheiden konnte, ob die Schuld beim Vor-sitzenden oder dem Generalsekretär lag.

Die Panik, die sich breitmachte und nach Sündenböcken suchte, führte zu überraschenden Entladungen. Plötzlich geriet die FDP in die Schusslinie. Den Anlass gaben familienpolitische Beschlüsse der Regierung, die von der FDP abgelehnt wurden, aber in der CDU/CSU-Fraktion solche Erbitterungen auslösten, dass ein Koalitionsgespräch notwendig wurde, an das sich eine Sondersitzung der Fraktion anschloss. Die Auseinandersetzungen verliefen so aggressiv, dass Kohl zum zweiten Mal – nach den Koalitionsverhandlungen Anfang 1987 – am 15. März mit Rücktritt drohte: »Am liebsten wäre es mir, wenn die sich einen anderen suchen und wählen würden.« Eine andere Version lautet: »Die können mir alle den Buckel runterrutschen. Ich muss ja nicht Kanzler sein.«[799] In der Morgenlage des nächsten Tages war er kampfbereit: »Entweder setze ich mich durch oder ich fahre die Sache an die Wand.« Es kam schließlich in der Fraktion zu einer Einigung, die er selbst als die »äußerste denkbare Grenze des Verantwortbaren« bezeichnete. Überrascht meldete die Presse, dass der Kanzler nicht bei Personalfragen, sondern sogar bei Sachfragen der umstrittenen Beschlüsse zum Rückzug gezwungen worden sei.[800]

Das traditionelle »Osterfasten« in Hofgastein schuf Zeit zum Nachdenken. Zur Entlastung der eigenen Position erschien dem Kanzler eine Kabinettsumbildung als geeignetes Mittel, um die Stimmung in der Öffentlichkeit aufzulockern. In den Jahren zuvor hatte Kohl solche Forderungen stets zurückgewiesen. Sie stammten in der Regel von Strauß und hatten nicht der Entlastung, sondern der weiteren Belastung des Kanzlers dienen sollen. In dieser angespannten Situation beabsichtigte Helmut Kohl aber selbst, mit neuen Köpfen oder altbekannten Köpfen mit neuen Aufgaben für Entspannung zu sorgen. Gerhard Stoltenberg verließ tief verletzt das Finanzministerium und wurde Verteidigungsminister. Der CSU-Vorsitzende Theo Waigel wurde sein Nachfolger. Das war ein wichtiger Schritt zur Einbindung der CSU. Innenminister Friedrich Zimmermann wechselte in das Verkehrsministerium. Damit erstrebte der Kanzler auch eine Verbesserung des Koalitionsklimas, da Zimmermann liberalen Übertreibungen der FDP stets energisch entgegengetreten war.

Mit dem Innenressort hatte Kohl ursprünglich eine ganz andere Absicht verfolgt. Er hatte dieses Ministerium Heiner Geißler angeboten, der aber abgelehnt hatte. Die Begründung, er habe sich nicht in die Zucht des Kabinetts einbinden lassen wollen, überzeugt nicht. So streng war die Disziplin dort nicht. Aber Geißler wollte nicht das komplizierte Innenressort übernehmen, das an seine Führung ganz andere Anforderungen stellte als das Familienministerium. Damals hatte er neben dem leichtgewichtigen Ministerium noch als Generalsekretär fungiert und sich von Kabinettssitzungen immer wieder dispensiert, um im Siebengebirge zu joggen.

Das Innenministerium ging schließlich an Wolfgang Schäuble, der das Kanzleramt nicht ungern verließ; es hatte seinem Ehrgeiz zunehmend Schranken gesetzt. Der Regierungssprecher Friedhelm Ost schied aus dem Bundespresseamt aus. Schon seit Längerem hatte er Rücktrittsabsichten gezeigt. Als die Wogen im März in der Fraktion hochgingen, hatte er dem Kanzler seinen Rücktritt mit den Worten angeboten, er räume gern seinen Platz »für neue Politikverkäufer im neuen Gewande«. Der Kanzler hatte das brüsk abgelehnt.[801] Osts Nachfolger wurde »Johnny« Klein, der zwei Vorteile mitbrachte. Er gehörte der CSU an und konnte daher in Richtung München für Entspannung sorgen. Was viel wichtiger war: Er war ein umgänglicher Mensch, der keine Feinde hatte. Als neuer, dringend benötigter Verkäufer der Politik kam er freilich nicht infrage. Das hatte auch niemand von ihm erwartet. Bis zum Ende der Ära Kohl sollte man nach einem solchen Wundermann suchen, aber nie einen finden.

Betrachtet man lediglich den innerparteilichen Stellungskrieg dieser Tage, dass sich das Schicksal Kohls bei der Europawahl entscheiden sollte, verliert man die große Politik aus dem Blick. Diese Tage innenpolitischer Hochspannung, in denen der Kanzler um sein Amt kämpfen musste, sahen ihn zugleich als heiteren, gelösten Gastgeber Michail Gorbatschows bei seinem umjubelten Staatsbesuch in der Bundesrepublik. In diesen Tagen, schließlich am nächtlichen Rhein, entstand zwischen Kohl und

Gorbatschow das beglückende Gefühl menschlicher und politischer Übereinstimmung, das sie befähigte, die deutsche Teilung zu überwinden. Das Nebeneinander von innenpolitischem Grabenkrieg und dem Auftakt zu weltpolitischer Zusammenarbeit zeigt das Format des Kanzlers in ganz einzigartiger Weise.

Geißlers Ablehnung des Innenressorts war »der Auftakt zum Machtkampf«. So sahen es erfahrene Journalisten.[802] Gespannt wurde auf die Europawahl am 18. Juni 1989 gewartet. Schon einmal, zehn Jahre zuvor, hatte eine Landtagswahl in Schleswig-Holstein über Kohls Schicksal entscheiden sollen. Damals war es um die Kanzlerkandidatur gegangen, die ihm Strauß streitig gemacht hatte. Jetzt ging es um die Kanzlerschaft, die seine Kritiker im Falle der Fortsetzung der Niederlagenserie beenden wollten. So wusste etwa Karl Feldmeyer, dass im Falle einer erneuten Schlappe »nur ein Wechsel in der Führung von Partei und Regierung« übrig bliebe.[803] Indem er einen Wechsel in Partei und Regierung erwartete, scheint er bereits Lothar Späth als Kanzler auf der Rechnung gehabt zu haben.

Wie 1979 brachte auch dieses Mal die Wahl für Kohl keine Niederlage. Ironisch merkte der Kanzler an: »Im Blick auf diesen Wahlsonntag haben sich ja hinter einer Menge von Büschen alle möglichen Gestalten versammelt, um dann hervorzubrechen.«[804] Diese wären wohl zu Hause geblieben. Die CDU verlor zwar wie erwartet, blieb aber knapp vor der SPD. Wichtiger als das Wahlergebnis war die Tatsache, dass die CDU in Baden-Württemberg unerwartet hoch verloren hatte. Überrascht schrieb die »Süddeutsche« über Lothar Späth: »Der Reservekanzler hat abgedankt.«[805] Vermutlich waren damit aber dessen Ambitionen nicht richtig wiedergegeben. Er hoffte noch. Schon im Mai hatte er in einem »informellen Gespräch« mit dem DDR-Devisenbeschaffer Schalck-Golodkowski in Ost-Berlin erklärt, »dass der persönliche Druck auf ihn wachse, sich für die Funktion als Bundeskanzler zur Verfügung zu stellen«. Natürlich

18. Krefeld, 25. Juni 1983: ein Höhepunkt im Kampf gegen
die Nachrüstung, die Umfunktionierung einer deutsch-
amerikanischen Freundschaftsveranstaltung

19. Staatsakt in Krefeld zur Erinnerung an die ersten deutschen
Auswanderer vor 300 Jahren. Von links nach rechts: Hannelore und Helmut
Kohl, Veronica Carstens, George Bush, Karl Carstens, Barbara Bush

20. 12. September 1984: Versöhnung über Gräbern. Helmut Kohl und François Mitterrand im Gedenken an die Opfer und im Zeichen der deutsch-französischen Freundschaft auf dem Schlachtfeld von Verdun

21. Ronald Reagan 1987 in Berlin: Seine berühmte Aufforderung an Gorbatschow war kein »PR-Trick«.

22. Kaum verhüllte Gegensätze: SED-Chef Honecker
am 17. September 1987 in Bonn

ERICH ADE
EGON BITTE GEH

23. 6. November 1989: Massendemonstration in Leipzig

24. Nach dem Mauerfall: Der Kanzler, Walter Momper und Willy Brandt sprechen vor dem Schöneberger Rathaus.

25. Kohl im Kreml: Fototermin vor dem entscheidenden Gespräch am 10. Februar 1990 mit Michail Gorbatschow

26. Frohe Gesichter nach erreichter Einigung am 15. Juli 1990 im Kaukasus

27. Am 3. Oktober 1990 ein Fest am Reichstag: Die Einheit ist Wirklichkeit.

28. Das erste gesamtdeutsche Kabinett im Januar 1991

29. Kohl und »sein Mädchen«: Angela Merkel als Bundesministerin

30. Kohl und sein engster politischer Gefährte Wolfgang Schäuble

31. Ein denkwürdiger Augenblick: Verabschiedung
der russischen Truppen am 31. August 1994

32. Aufbau Ost: Der Kanzler besucht das BASF-Werk Schwarzheide
im Süden Brandenburgs am 19. Juni 1992.

33. Spätes Glück: Helmut Kohl und Maike Kohl-Richter

wolle er sich »dieser Verantwortung nicht entziehen«, falls ein »entsprechender Wunsch der Führungsgremien« an ihn herangetragen werde.[806] Wahrscheinlich dachte er, als Kanzler einer Großen Koalition in die Geschichte einzugehen.

Wenn auch die Absage Geißlers an Kohl als Kampfansage verstanden wurde, so blieben in der Folgezeit Kampfhandlungen aus. Es war im April um die grundsätzliche Entscheidung gegangen. Kohl hatte im Laufe des Jahres 1988 immer deutlicher zur Kenntnis nehmen müssen, dass zwischen ihm und Geißler in der für ihn zentralen Frage der deutschen Einheit keine gemeinsame Basis mehr bestand. Dieser Dissens durfte jedoch nicht zum Gegenstand der öffentlichen Auseinandersetzung werden. Das hätte der Partei schwer geschadet und ihre Akzeptanz erheblich vermindert. Daher war der Kanzler jedem Streit mit Geißler bewusst aus dem Weg gegangen. Für seine Vertrauten bestand jedoch kein Zweifel, dass es in erster Linie um die nationale Frage, letztlich um die Wiedervereinigung ging.[807] Die Übernahme des Innenministeriums sollte eine Neutralisierung Geißlers bewirken, die dieser jedoch bewusst abgelehnt hatte.

Im Sommer wusste der innere Kreis um Kohl allerdings, dass der Entschluss zur Trennung gefallen war. Die Gegenseite, Geißlers Anhang, wiegte sich jedoch weiter in Sicherheit, war von der Stärke ihres Matadors überzeugt und rechnete mit seiner neuerlichen Beauftragung als Generalsekretär. Es kam anders. Vor dem Abschied in den Sommerurlaub nach St. Gilgen hatte Kohl in einer kleinen Journalistenrunde bereits angedeutet, dass er eine Entscheidung getroffen habe. Nach seiner Rückkehr ging es dann Schlag auf Schlag. Am 21. August unterrichtete er Geißler von seiner Entscheidung. »Das kannst du nicht machen«, war alles, was dieser hervorbrachte, bevor er eilends eine Pressekonferenz einberief, in der er seiner Verbitterung freien Lauf ließ.[808]

Der Parteitag in Bremen, der am 11. September 1989 begann, hätte die Antwort auf Kohls einsame Entscheidung bringen müssen. Geißler und seine publizistischen Helfer hatten immer wieder betont, dass die Mehrheit der Partei hinter dem Generalsekretär stehe. Das war aber nichts als leeres Gerede. Schon frühzeitig zeichnete sich die Unfähigkeit der »Verschwörer« zum Putsch ab. Denn keiner wagte die Kandidatur gegen den Vorsitzenden, weil sie von der Aussichtslosigkeit überzeugt waren. Sie kandidierten erneut für das Präsidium und wurden ebenso wiedergewählt wie Heiner Geißler, der sogar mit großer Mehrheit das Amt eines Stellvertretenden Parteivorsitzenden erreichte. Wenigstens einen Sündenbock musste es jedoch geben: Lothar Späth fiel bei der Wahl zum Präsidium durch.

Helmut Kohl hatte mit der Präsentation von Volker Rühe als neuem Generalsekretär ein taktisches Meisterstück geliefert. Die Überraschung war vollkommen, als er am 22. August vor der Presse den Namen bekannt gegeben hatte. In Bonn war zuvor nicht die geringste Andeutung bekannt geworden. Schon das war außergewöhnlich. Zugleich überraschte Kohls Wahl, galt doch Rühe nicht als rechter, sondern als linker Politiker, als ein Mann der Außen- und Sicherheitspolitik, der vor einiger Zeit noch einigen Ärger in der Partei verursacht hatte, als er die Bindewirkung der Ost-Verträge hervorhob.

Das Presseecho war überraschend positiv. Die »Süddeutsche« schrieb anerkennend: »Dieser Tag gehört Helmut Kohl.« Hermann Rudolph kommentierte treffend: »Mit dem Kraftakt dieser Entscheidung, einsam ausgebrütet, alle Auguren wieder einmal ins Leere laufen lassend, setzte der CDU-Vorsitzende alles auf eine Karte: auf sich selbst.«[809]

Der Sturz Heiner Geißlers und das Zusammenfallen der innerparteilichen Opposition sollten für das Kohl-Bild in den Medien nachhaltige Folgen haben. Er war nun nicht mehr bloß ein Politiker, der durch Pannen und Peinlichkeiten auffiel und den zu stürzen als ein Vorhaben betrachtet wurde, das – wie die positive Einstellung zu Geißler zeigte – zumindest Verständnis, wenn nicht Billigung fand. Damit hatte es nun ein Ende. »BILD« titelte bedeutungsschwer: »Weh dem, der sich mit Kohl anlegt« – das Bild des eiskalten Machtpolitikers war geboren und sollte nicht mehr verschwinden.[810] Jetzt war von seiner »unsichtbaren Faust« und dem »unschlagbaren Netz von Günstlingen« die Rede, das sich später zum »System Kohl« verfestigen sollte. Noch Jahre später schrieb Johannes Gross, der Kohl seit Jahrzehnten persönlich kannte, in seiner »Berliner Republik«, »der lange Gebrauch der Macht« habe »eine Aura des Machthabers um ihn gelegt, die er aus freien Stücken gar nicht mehr ablegen« könne.[811]

Die Langmut, mit der der Kanzler den Linkskurs Heiner Geißlers, sein Propagieren von Multikulti und sein Desinteresse an der nationalen Frage hinnahm und erst zu reagieren begann, als die Absicht zu Putsch und Kanzlersturz feststand, vermittelt eigentlich ein ganz anderes Bild. Es ist das Bild eines Kanzlers, der lange nicht handelte, weil er Geißlers Sprunghaftigkeit kannte, und die offene Konfrontation vermied, weil er wusste, dass die Regierungsfähigkeit der Partei durch Richtungskämpfe gefährdet war. Mit dem Angebot des Innenministeriums und damit dem Verzicht auf den Posten des Generalsekretärs hatte er Geißler die Chance zum honorigen Rückzug geboten. Als dieser aber die Machtfrage stellte, hatte Kohl ganz unauffällig einen Nachfolger ausgewählt. Selbst auf dem Parteitag war er dafür eingetreten, Geißler zum Stellvertreter zu wählen und ihn in der Parteispitze zu halten – keine Spur von Rache oder Vernichtungswillen.

Das Bild des Machtpolitikers war aber nicht mehr zu erschüttern. Es gewann noch schärfere Konturen durch den weltpolitischen Wandel, den der Zusammenbruch des Ostblocks bewirkte und in dem Kohl eine herausragende Rolle spielte. Die jämmerliche Inszenierung des Kanzlersturzes zeigte die Bonner Froschperspektive. Alles blickte wie gebannt auf den Countdown eines vermeintlichen Machtkampfes. Partei und Medien verloren darüber aber die Veränderungen aus dem Blick, die sich in Osteuropa ankündigten und die unabsehbare Folgen für die Mitte Europas wahrscheinlich werden ließen.

Der Parteitag in Bremen wurde mit einem Paukenschlag eröffnet. Er rückte ein viel wichtigeres Thema in den Vordergrund. Am Presseabend vor der Eröffnung des Parteitags am 11. September 1989 erklärte der Kanzler den auf seinen Sturz fixierten Journalisten, dass die ungarische Regierung die Grenze nach Österreich geöffnet habe. Der Vorhang zum Drama der deutschen Einheit begann sich zu heben.

Die Wiedervereinigung

Das Jahr der Wiedervereinigung sieht Helmut Kohl auf dem Höhepunkt seines Lebens. Was er nie aus den Augen verloren und immer erstrebt hatte, die deutsche Einheit, verwirklichte sich in einem Tempo, das er nie für möglich gehalten hatte. Die politische Großwetterlage, die ganz allgemein für Entspannung und Abrüstung stand und damit den Willen zu Reformen im Ostblock wachsen ließ, schuf die Voraussetzung. Aber es war Helmut Kohl, der in der internationalen Politik die Enden zusammenfügte und die widerstrebenden Interessen der Beteiligten so aufeinander abzustimmen vermochte, dass sie am Ende Lösungen zustimmten, die sie ursprünglich nicht zu akzeptieren bereit gewesen waren. Das betraf die Sowjetunion ebenso wie die europäischen Verbündeten und die Opposition im eigenen Land. Nur er und der US-Präsident George Bush wollten etwas erreichen, die anderen eher etwas verhindern.

Außenpolitische Erfahrung und sichere Kenntnis der handelnden Personen waren auch bei Helmut Kohl von ausschlaggebender Bedeutung. Das gilt in besonderem Maße für George Bush, den amerikanischen Präsidenten. Die beiden Staatsmänner hatten sich 1983 in Krefeld kennen- und schätzen gelernt, als sie – Bush war damals US-Vizepräsident – erlebten, wie eine deutsch-amerikanische Festveranstaltung zur Erinnerung an die ersten deutschen Auswanderer durch die vereinten Bemühungen von Friedensbewegten und Chaoten verhindert werden sollte, und Helmut Kohl sich diesem Ansinnen mutig widersetzte. Eindrucksvoller konnte Bush die Standfestigkeit des deutschen Bündnispartners nicht kennenlernen. Zwei Jahre später half Bush tatkräftig mit, das Zustandekommen des Präsidentenbesuches in Bitburg gegen die vehemente Kritik im eigenen Land zu ermöglichen.[812]

Seit dem Januar 1989 im Amt, hatte Bush mit einem Team hoch motivierter Mitarbeiter eine politische Strategie entwickelt. Sie sollte die Teilung Europas überwinden. Im Mai hielt er in Mainz eine wichtige Rede, in der er feststellte, »es könne kein gemeinsames europäisches Haus geben, wenn sich nicht alle seine Bewohner von Raum zu Raum frei bewegen können«.[813] Er besaß schon ein Konzept für Europa, als in dessen östlicher Hälfte die Dinge in Bewegung gerieten, und er wusste, dass er in Helmut Kohl einen Partner gefunden hatte, auf den er sich verlassen konnte. Das war für die kommenden Monate für beide Seiten ein kaum zu überschätzender Vorteil.

Wenige Wochen später, vom 12. bis zum 15. Juni 1989, absolvierte Michail Gorbatschow seinen triumphalen Staatsbesuch in der Bundesrepublik. Die Begeisterung, die bisweilen Züge von »Gorbimanie« annahm, war nicht gering zu veranschlagen. Bei einem Mann wie dem sowjetischen Generalsekretär, der im eigenen Land mit immer größeren wirtschaftlichen Problemen und wachsender Opposition zu kämpfen hatte, bedeutete eine solche Woge der Zustimmung zumindest in emotionaler Hinsicht viel. Die politischen Gespräche mit dem Kanzler fanden in einer freundschaftlichen Atmosphäre statt, die aber keinen Wandel in der politischen Einstellung des Gastes offenbarten. Über die Einrichtung einer direkten Telefonverbindung wurde rasch eine Einigung erzielt. Sie war für Kohl immens wichtig, da sie den schnellen mündlichen Kontakt ermöglichte. Sie gab ihm die Möglichkeit, bei »irgendeiner Entwicklung ..., die dies erforderlich« machte, »sofort zu telefonieren«.[814]

Am dritten Tag des Besuches kam es am späten Abend im Park des Kanzleramtes zu einem Gespräch, dem Kohl im Rückblick zentrale Bedeutung beigemessen hat. Die Szene ist oft erzählt worden, wie beide in der Nacht am Rhein auf der Mauer saßen und auf den breiten Strom blickten, als Kohl von der ruhigen Strömung des Flusses auf die Geschichte und die deutsche Teilung zu sprechen kam: »Aber so sicher wie der Rhein zum Meer fließt, so sicher wird die deutsche Einheit kommen – und auch die europäische Einheit.«[815] Neuerdings wird den Worten Kohls nur »legendäre Bedeutung« zugesprochen.[816] Aber ist denn an diesem Wortlaut zu zweifeln? Es ist doch schwerlich zu bestreiten, dass dieser Satz für den Kanzler ebenso unvergesslich war wie die noch wichtigere Reaktion seines Gesprächspartners. Gorbatschow, so berichtete Kohl, habe sich seine »Überlegungen angehört und nun nicht mehr widersprochen«. Kein Einlenken, aber eben auch kein Widerspruch. Das war ein wichtiges Ergebnis, wichtiger aber noch die Gespräche über persönliche Belange und die Geschichten der Familien. Das mag intellektuell nicht anspruchsvoll scheinen, war aber in anderer Hinsicht bedeutsam. Es schuf Vertrauen, und das war im Blick auf die weiteren Entwicklungen ein unschätzbares Kapital. Denn es ging nicht nur um scheinbar banale Familiengeschichten. Helmut Kohl lebte in der Geschichte, und so war es für ihn ganz selbstverständlich, Einzelschicksale in den historischen Zusammenhang einzubeziehen und ein waches Gefühl für Unrecht zu haben, das auf beiden Seiten erlitten worden war.

Was Kohl und Gorbatschow miteinander verband, war das Verständnis für die historische Situation und die Herausforderungen, vor die sie gestellt waren. Gorbatschow hatte am Tage zuvor im Gespräch mit Kohl eine für einen Sowjetführer erstaunliche Überzeugung geäußert: »Moderne Politik ohne Menschlichkeit wäre unseriös und nicht moralisch.«[817] Deshalb lobte er das »Vertrauen, das jetzt entstanden sei«. Es gelte für die Zukunft, »persönliche Lösungen« zu suchen. Dem konnte der Bundeskanzler nur zustimmen und machte gleich einen Vorschlag, wie man vorgehen solle. Die Zusammenarbeit solle nicht »über die Ämter erfolgen«, denn auch für die Sowjetunion gelte: »Je mehr Perestroika, desto weniger« gibt »es Vertraulichkeit«.[818] Vertrauen zwischen den Staatsmännern herzustellen, betrachtete er als wichtigste Aufgabe. Eine mündliche Botschaft solle die gleiche Glaubwürdigkeit haben wie eine schriftliche Botschaft; man sollte sich auf ihn verlassen können.

Vertrauen ließ sich auch durch Taten untermauern. Der in alle Finessen eingeweihte Eduard Ackermann berichtet, der Kanzler habe bei diesem Treffen die schnelle Lieferung von Fleisch und Textilien zur Verbesserung der Versorgungslage angeboten, die dankbar akzeptiert wurde.[819] Im Januar 1990 sollte Gorbatschow auf das Angebot zurückkommen.

Unterdessen wurde die Lage in der DDR schwieriger. Die Zahl der Aussiedler stieg laufend, und die Sommerzeit veranlasste viele DDR-Urlauber, in den sozialistischen Bruderländern nach Fluchtmöglichkeiten Ausschau zu halten. In erster Linie bot sich hier Ungarn an. Es war das beliebteste Urlaubsland der DDR-Bürger und empfahl sich zugleich als der Staat im Ostblock, in dem ein wesentlich liberalerer Geist als in der DDR herrschte. Die ungarische Regierung hatte bereits im Mai 1989 erklärt, die Grenzsicherungen zum Westen abzubauen. Das bedeutete zwar nicht den freien Grenzübertritt, aber machte Hoffnung. Immer mehr DDR-Bürger reisten nach Ungarn mit dem Gedanken an Flucht. Zur gleichen Zeit setzte der Massensturm auf die bundesdeutschen Botschaften in Warschau, Budapest und Prag dramatische Zeichen.

Helmut Kohl hatte schon früh die Bedeutung Ungarns als Schrittmacher der Reformpolitik im Osten erkannt und über seinen Berater Horst Teltschik den Kontakt vor allem zu Außenminister Gyula Horn gepflegt. So hatte der ungarische Außenminister Teltschik über die Stimmungslage in Moskau auf dem Laufenden gehalten und mitgeteilt, dass das verunglückte Kohl-Interview von 1986 mit dem schiefen Vergleich Gorbatschows mit Goebbels dort wesentlich ruhiger aufgenommen worden und keineswegs zu vergleichen war mit der lang anhaltenden Empörung, die SPD und Medien in der Bundesrepublik zelebriert hatten.

Die Beziehungen zu Ungarn entwickelten sich so positiv, dass bereits 1987 die Rechte der deutschen Minderheit vertraglich festgelegt werden konnten.[820] Die Intensivierung der Beziehungen verfolgte auch deutschlandpolitische Zielsetzungen. Der in Ungarn erreichte Fortschritt sollte als Vorbild für andere Ostblockstaaten – vornehmlich Polen – dienen und damit Druck auf die DDR ausüben, ihre starre Reformfeindlichkeit zu überwinden.

Wie Kohl im Juli 1989 einem kleinen Kreis von Journalisten anvertraute, wollte er die »Beweglichkeiten um die DDR herum so fördern, dass sie schließlich von ihnen ergriffen« würde.[821] Die vertrauensvollen, aber stets diskreten Beziehungen bewährten sich vier Wochen später auf einzigartige Weise, als Krisenzeichen in der Wirtschaft nicht mehr zu übersehen waren. Mit ihrem »Gulaschkommunismus« hatten die Ungarn zu aufwendig gelebt und standen nun vor schwierigen Finanzproblemen.

Am 25. August 1989 kamen Ministerpräsident Miklós Németh und Außenminister Gyula Horn zu einer Geheimkonferenz nach Schloss Gymnich bei Bonn. Die vorliegenden Aufzeichnungen nennen neben Kohl nur noch Außenminister Genscher als weiteren Gesprächspartner. Sie vermitteln einen offenen Meinungsaustausch beim Mittagessen zur politischen Lage, wo nur ein Mal die Rede ist von finanziellen Verbindlichkeiten im Milliardenmaßstab, die die ungarische Regierung drückten.

Der Kanzler hatte die Erörterung dieser Frage mit der Bemerkung abgeschnitten, »das übersteige die Kompetenz der Bundesregierung. Er werde Herrn Herrhausen von der Deutschen Bank bitten, zur Erörterung dieser Frage nach Ungarn zu reisen.«[822] Daraus entwickelte sich der »Rahmenkredit Bayern/ Baden-Württemberg/Bundesregierung«, dessen Unterzeichnung durch die Anwesenheit der beiden Ministerpräsidenten Max Streibl und Lothar Späth einige Wochen später gekrönt werden sollte. Nicht zum ersten Mal hatte Alfred Herrhausen in Absprache mit Kohl wirksame Abhilfe bei Problemen geleistet, die zwischen Finanzen und Politik lagen. Zusammen mit Teltschik war er schon ein Jahr zuvor nach Budapest geflogen, um eine Finanzoperation in Milliardenhöhe abzuwickeln. Er gewann Profil als Finanzdiplomat in den Spuren von Hermann J. Abs. Was dieser in den ersten Jahren der Bundesrepublik geleistet hatte, als er mit dem Israel-Vertrag und dem Londoner Schuldenabkommen die Kreditfähigkeit der Bundesrepublik wieder herstellte, setzte Alfred Herrhausen Jahrzehnte später fort, als er in geheimen Aktionen Finanzhilfe leistete, die den Einigungsprozess in wirkungsvoller Weise ergänzte. Seine Ermordung durch die RAF am 30. November bereitete auch diesem Handeln ein brutales Ende. Sein Nachfolger Hilmar Kopper und Wolfgang Röller, der Chef der Dresdner Bank, sollten im Frühjahr 1990 diese besondere Art von Finanzdiplomatie fortführen.

Der Anlass zu dem Geheimtreffen betraf also die ungarischen Finanznöte. Mit dem Hinweis auf Herrhausen hatte der Kanzler das Thema im ersten Anlauf angesprochen. Wie und in welchem Zusammenhang sich das Gespräch dem Problem der deutschen Flüchtlinge in Ungarn zuwandte, ist unklar. Man kann davon ausgehen, dass Hans-Dietrich Genscher nicht mehr daran teilnahm, da seine Aufzeichnung darüber nichts enthält. Die andere Aufzeichnung stammt von einem Beamten aus der Abteilung Horst Teltschiks, die auch nicht die Flüchtlingsfrage erwähnt.

Sollte über diese wichtige Frage tatsächlich nicht gesprochen worden sein, oder wurde die Angelegenheit als so geheim betrachtet, dass sie auch in der Aufzeichnung keine Erwähnung fand? Letzteres ist wahrscheinlich. Auf dem Exemplar der Aufzeichnung von Genscher, das sich in den Akten des Kanzleramtes befindet, steht der Hinweis, Kohl wolle »wegen der Problematik der DDR-Bürger in Ungarn mit BM Schäuble sprechen sowie mit dem österreichischen Außenminister Mock«.[823] Also wird das Thema zur Sprache gekommen sein. Es fragt sich nur, in welchem Zusammenhang. Mit Sicherheit wird nicht in Genschers Anwesenheit darüber gesprochen worden sein; dazu war das Misstrauen ihm gegenüber, dass er über die Aktion etwas verlauten lassen könnte, zu groß. Es wird also im Anschluss an das allgemeine Gespräch beim Mittagessen noch eine weitere Besprechung zwischen Kohl und seinen ungarischen Gästen stattgefunden haben. Es ging weiterhin um Finanzhilfe, aber auch um die Flüchtlingsfrage. Wie viele DDR-Bürger zu diesem Zeitpunkt in Ungarn auf eine Gelegenheit zur Flucht warteten, war bestenfalls zu schätzen. Man wird eine relativ geringe Zahl angenommen haben. Mit Sicherheit gab es kein Feilschen um Geld für Menschen, wie es die DDR über Jahrzehnte hinweg zur Meisterschaft entwickelt hatte. Die guten Beziehungen zwischen Ungarn und der Bundesrepublik schlossen das aus. Zwischen ihnen war ein Vertrauenskapitel entstanden, das nicht durch überzogene Forderungen aufs Spiel gesetzt werden sollte. Schließlich kam die für Kohl »erlösende Nachricht«. Németh erklärte: »Eine Abschiebung der Flüchtlinge zurück in die DDR kommt nicht infrage. Wir öffnen die Grenzen. Wenn uns keine militärische und politische Kraft von außen zu einem anderen Verhalten zwingt, werden wir die Grenze für DDR-Bürger geöffnet halten.« Ungarn werde »alle Deutschen bis Mitte September ausreisen lassen«.[824]

Auf diese Zusage hatte der Kanzler Bezug genommen, als er mit dem Dank für die Öffnung der Grenze die Zusicherung gab: »Auch ich stehe meinerseits zu dem, was wir während Ihres kürzlichen Besuches in der Bundesrepublik Deutschland beschlossen haben.«[825]

Es war naheliegend, dass Kohl dabei sofort an die Eröffnung des CDU-Parteitages dachte. Deswegen schlug er als Termin den 10. September, den Tag vor seiner Eröffnung, vor. Aber das blieb alles noch in der Schwebe. Erst am Mittag des 10. September 1989 erfuhr er, dass in der Nacht tatsächlich die Grenze geöffnet werden würde. Selbstverständlich hatte Kohl ein starkes Interesse daran, den Parteitag mit diesem Paukenschlag zu eröffnen. Seine Wiederwahl als Parteivorsitzender hing davon aber nicht ab. Er hatte in den Tagen zuvor bereits erkennen können, dass Volker Rühe als Nachfolger Heiner Geißlers positiv aufgenommen worden war. Außerdem war es mehr als zweifelhaft, ob Kohl tatsächlich die Abstimmung verloren hätte, denn auf Parteitagen konnte er immer mit einer Mehrheit rechnen. Dass ihm die Hilfe aus Ungarn aber hochwillkommen war, steht außer Frage.

Der Dank des Kanzlers an Ministerpräsident Németh fiel würdig und zugleich herzlich aus: »Was Ungarn in diesen Tagen für uns geleistet hat, werden wir nie vergessen. Sie haben in überwältigender Weise Ihr Wort gehalten, sich für die menschliche Lösung eines Problems einzusetzen, das in der deutschen Teilung begründet ist.«[826]

Auch Michail Gorbatschow wurde über die Absprache mit den Ungarn in Kenntnis gesetzt. Das deckte sich mit der von Kohl betriebenen Informationspolitik. Der Partner in Moskau sollte wissen, was er mit einem sowjetischen Bündnispartner vereinbart hatte, um Misstrauen nicht aufkommen zu lassen. Er rief den Generalsekretär an und erhielt von ihm eine charakteristische Antwort: »Die Ungarn sind gute Leute«, sagte er – mehr nicht.[827] Seine Reaktion zeigte eher ein verlegenes Gewährenlassen als Zustimmung in der Sache; es war aber keine Ablehnung.

Mit der Öffnung der ungarischen Grenze wurde das letzte Kapitel der Geschichte der DDR eingeläutet. Was der Bau der Mauer verhindern sollte und fast drei Jahrzehnte in der Tat verhindert hatte – die Massenflucht aus dem »Arbeiter- und Bauernstaat« und damit seinen Zusammenbruch –, stand nun mit dramatischer Dringlichkeit erneut auf der politischen Agenda. Aber Krisen können zählebig sein. Die Situation in den besetzten bundesdeutschen Botschaften mochte sich zuspitzen, Demonstrationen in der DDR immer größeren Umfang annehmen und politische Opposition sich bemerkbar machen – all das musste keineswegs auf ein rasches Ende hindeuten. Für die politische Führung in Bonn galt es, Vorsicht zu üben, um das im Ausland bereits vernehmliche Misstrauen nicht zu verstärken.

Der Bundeskanzler fühlte sich durch den sich abzeichnenden Wandel bestätigt und zugleich freudig erregt: »Das Thema Deutschland ist da!« Darauf hatte er lange warten müssen, weil er wusste, wie stark der Zeitgeist gegen die Einheit eingestellt war. Nun konnte er verwundert feststellen: »Ich bin ja jetzt in der seltsamen Lage, dass ich mir förmlich die Augen wische an manchen Tagen, wer jetzt alles von Deutschland schreibt!« Aber er wusste auch, dass höchste Vorsicht angebracht war. Mitte Oktober warnte er die Fraktion davor, »mit Patentrezepten an eine Entwicklung heranzugehen, von der wir nicht wissen, was

am Ende herauskommen wird.« Für ihn stand als Voraussetzung fest: »Die Entscheidung zur politischen Reform muss in
der DDR erfolgen.«[828] Die Bereitschaft zur Hilfe stelle dann
kein Problem dar.

Zurückhaltung zu üben, war nicht nur in Bezug auf die DDR
notwendig. Das traf auch für das westliche Ausland zu. Statt
von Wiedervereinigung sollte man vielmehr von Selbstbestimmung für die Menschen in der DDR sprechen. Das war ein un-
bestreitbares Recht, das auch die Ostdeutschen beanspruchen
konnten und das völkerrechtlich verankert war.

Drei Wochen später ging der Kanzler einen Schritt weiter und
stellte die Frage: »Wer gibt uns eigentlich das Recht zu zweifeln,
dass auf dem Weg der Selbstbestimmung nicht die Wiedervereinigung zu erreichen ist?« Wenn man diesen Weg einschlage,
gelte es aber vorsichtig zu sein: »Wiedervereinigung wird es nur
geben, wenn beide Teile Deutschlands ihr Ja dazu sagen. Dazu
brauchen wir auch die Bürger im anderen Teil Deutschlands.
Und dann brauchen wir viel Sympathie draußen.«[829]

Die Betonung der Selbstbestimmung geschah nicht zufällig,
sondern war wohl erwogen. Sie nahm Bezug auf den »Brief zur
deutschen Einheit«, der dem Moskauer Vertrag von 1970 bei-
gefügt war, nach dem »das deutsche Volk in freier Selbstbestimmung seine Einheit wiedererlangt.« Immer wieder sollte
Kohl darauf verweisen. Auch im Zehn-Punkte-Programm vom
28. November 1989 hatte dieser Bezug zentrale Bedeutung.

Zugleich rückte der Kanzler schon zu diesem frühen Zeitpunkt die Bedeutung der europäischen Einigung in den Vordergrund. Die sich abzeichnenden Veränderungen sah er vor
dem Hintergrund des europäischen Einigungswerkes:»Alles,
was jetzt in Mittel-, Südost- und Osteuropa passiert, wäre nicht
passiert, das ist meine felsenfeste Überzeugung, wenn wir nicht
im Westen die Kraft zur Einigung Europas gefunden hätten.«
Daher müsse man auch in Zukunft an dieser Politik festhalten:

»Wer jetzt den Prozess der europäischen Einigung abbrechen würde, der würde dem ganzen Reformgebäude schwersten Schaden zufügen.«[830] Es ist eindrucksvoll, dass Kohl schon zu diesem frühen Zeitpunkt neuralgische Punkte im Blick hatte, die seiner Politik der Wiedervereinigung gefährlich werden konnten und die er deshalb zu entschärfen suchte.

Der Nachdruck, mit dem er in der noch offenen Situation wenige Wochen vor dem Fall der Mauer die zentrale Bedeutung der europäischen Einigung betonte, zeigte sein unverändert starkes Engagement für Europa. Er begann nicht erst, seine europäische Schulter zu belasten, als die Lokomotive in Richtung Wiedervereinigung Fahrt aufnahm, um den kooperationsbereiten Europäer herauszukehren, sondern er war ganz einfach der engagierte Europäer, der die zentrale Bedeutung der europäischen Gemeinschaft auch dann nicht vergaß, als die nationale Stunde schlug.

Die Mauer fällt

Den Fall der Mauer am 9. November erlebte der Kanzler in Warschau, am ersten Tag seines bis zum 14. November geplanten Besuches mit großer Delegation und hohen Erwartungen. Die Belastungen aus der Vergangenheit und die angespannte Wirtschaftslage des Landes ließen einen schwierigen Gesprächsverlauf erwarten. Die polnische Seite rechnete mit umfassender Wirtschaftshilfe. Schon bei seiner ersten Unterredung am Nachmittag mit dem Solidarnoćś-Führer Lech Wałesa wurde er mit polnischen Befürchtungen konfrontiert. Die Entwicklung in der DDR, hörte er, komme für Polen »nicht gelegen«. Die Bundesrepublik werde gezwungen sein, »ihren Blick in erster Linie auf die DDR zu richten – womit die polnischen Reformen zwangsläufig in den Hintergrund gerieten«.[831] Am nächsten Morgen, dem 10. November, traf Horst Teltschik zufällig mit Wałesa zusammen, der ihn nur fragte: »Was habe ich gestern gesagt?«

Der Kanzler wollte mit dem Besuch ein neues Verhältnis zu Polen begründen, und er kannte die polnische Empfindlichkeit. Vor diesem Hintergrund muss das Bekanntwerden vom Fall der Mauer in der polnischen Hauptstadt gesehen werden. Die Befürchtungen, die Wałesa mit Blick auf die DDR geäußert hatte, schienen schon nach wenigen Stunden Wirklichkeit geworden zu sein.

Was sollte der Kanzler tun? Sofort abreisen und die Gastgeber brüskieren? Die Entscheidung fiel ihm nicht leicht, denn er hatte kein klares Bild von der Situation in Berlin. Die Kommunikation zwischen Bonn und Warschau war schwierig. Im Blick zurück sah er es viel einfacher: »Für mich stand sofort fest, dass ich meinen Besuch trotz seiner Wichtigkeit unterbrechen musste, denn der Platz des Bundeskanzlers konnte in dieser historischen Stunde nur in der deutschen Hauptstadt sein.«[832] Die Fama will wissen, dass er keineswegs so entschlossen war, sondern schwankte und erst ein tatkräftiger Mitarbeiter, der neben Kanzleramtsminister Rudolf Seiters in Bonn am Telefon stand, mit einer für Untergebene zu lauten Stimme den Kanzler aufforderte, sich an den Fehler Adenauers nach dem 13. August 1961 zu erinnern, als er nicht nach Berlin kommen wollte. Das habe gewirkt; der Kanzler entschloss sich zur Abreise. Natürlich weiß die Fama auch, dass diese Episode nur hinter vorgehaltener Hand im Kanzleramt erzählt wurde.[833]

Helmut Kohl, der nicht nach Berlin fliegen wollte? Bei seiner Verbundenheit mit dieser Stadt erscheint das ausgeschlossen. Um den Widerspruch aufzuklären, gilt es, sich den zeitlichen Ablauf zu vergegenwärtigen. Als Eduard Ackermann euphorisch den Fall der Mauer meldete, geschah das am frühen Abend, nachdem das Politbüromitglied Günter Schabowski im Fernsehen zu sehen gewesen war und die »unverzügliche« Erteilung von Ausreisevisa verkündet hatte. Was als Ankündigung für die nächsten Tage gedacht war, verstand die Berichterstattung der westlichen Medien als sensationelle Sofortlösung. Im Bundestag erweckte die Meldung eine so große Begeisterung, dass spontan das Deutschlandlied angestimmt wurde. Sogar manche Grüne sangen mit. Es war ein ungemein produktives Missverständnis, dass über die Medien eine Botschaft als Realität vermittelt wurde, die noch nicht eingetroffen war, aber durch die Ankündigung bereits die Realisierung bewirkte. Das geschah zu einem Zeitpunkt, als in Warschau die deutschen Gäste zum Staatsbankett gebeten wurden.

Aufgrund der ständig wiederholten Meldungen von der Öffnung der Grenze nahm in Ost-Berlin der Druck der Menschen an den Kontrollpunkten immer mehr zu, bis die uninformierte und demoralisierte Grenzpolizei den Schlagbaum öffnete. Es war also ein Vorgang von mehreren Stunden Dauer, von der Meldung von der vermeintlichen Öffnung am frühen Abend bis zu der Nachricht von der tatsächlichen Öffnung der Grenze. Währenddessen saß der Kanzler beim Staatsbankett und hörte bruchstückhaft die eingehenden Meldungen. Ein klarer Überblick war nicht zu erhalten. In dieser Situation zögerte er noch vor allem mit Rücksicht auf die Empfindlichkeit seiner Gastgeber. Zu diesem Zeitpunkt kam die Mahnung aus Bonn, an das Schicksal Adenauers zu denken, die seinen Entschluss sicher beeinflusst hat. Über die Bedeutung der Maueröffnung hatte er keinen Zweifel: »Jetzt wird Weltgeschichte geschrieben«, rief er aus, aber zugleich wusste er auch, wie vorsichtig er sein musste. In Ost und West beobachtete man, »ob die Deutschen aus der Geschichte gelernt hatten«.[834]

Am Morgen des 10. November verkündete Kohl seinen Entschluss zur Unterbrechung des Besuches. Als er am Vormittag erfuhr, der Regierende Bürgermeister Walter Momper (SPD) habe für den Nachmittag zu einer Kundgebung vor dem Schöneberger Rathaus aufgerufen, an der auch der Bundeskanzler teilnehmen werde, war dieser »außer sich«. Es war nicht allein die Unverfrorenheit, über den Kanzler einfach zu verfügen, sondern mehr noch der Hintergedanke, durch die frühe Terminsetzung den Bundeskanzler daran zu hindern, in der deutschen Hauptstadt zu sprechen und sein Nichterscheinen als Desinteresse auszugeben. Momper hielt damals noch nicht viel von der Einheit, sondern freute sich viel eher darüber, dass das »Volk der DDR« seine Freiheit erhielt. Es gehe nicht um Wiedervereinigung, sondern um Wiedersehen.

Die Berliner CDU bot in Kohls Augen ein jämmerliches Bild. Momper hatte resolut an die Berliner Versammlungskultur der Fünfziger- und Sechzigerjahre angeknüpft. Als Hausherr und Regierungschef im Schöneberger Rathaus hatte er einen Vorteil gegenüber der nach ihrer Wahlniederlage im Januar 1989 ohnehin darniederliegenden Opposition. Sie verfügte auch nicht über eine schnell zu aktivierende Mitgliederbasis, und Momper wusste wahrscheinlich, dass die spezifische Berliner Linke als politisch radikalste Minderheit der Versammlung ihren Stempel aufdrücken würde. Aus diesem Grunde hatte die CDU ihre eigene Demonstration für den Abend an der Gedächtniskirche geplant – wahrscheinlich ohne Kenntnis, dass der Kanzler nach Berlin kommen würde.

Nach einer Rückreise mit Hindernissen kam der Kanzler kurz vor Beginn der Kundgebung in Berlin an. Zuvor hatte er den Widerstand des polnischen Ministerpräsidenten Tadeusz Mazowiecki gegen die Unterbrechung des Besuches überwinden und noch ein langes Gespräch mit Staatspräsident Wojciech Jaruzelski führen müssen. In den Mittagsstunden begann der Rückflug nach Hamburg über schwedischen Luftraum zur Vermeidung des DDR-Territoriums; von dort stieg er auf eine alliierte Maschine um, die ihn gerade noch rechtzeitig nach Berlin brachte.

Was war das für ein Flugzeug? Kohl berichtet, es sei eine Maschine der US-Air Force gewesen, die der amerikanische Botschafter Vernon A. Walters zur Verfügung gestellt habe. Kohls Mitarbeiter Stephan Eisel weiß es besser. Er schreibt, er sei im Kanzleramt für die Flugbereitschaft des Kanzlers zuständig gewesen und hätte, um sicherzugehen, insgesamt drei alliierte Flugzeuge für den Flug von Hamburg nach Berlin gechartert.[835]

In der Stadt angekommen, musste Kohl eine in seinen Augen unfähige CDU-Führung erleben, die nichts unternommen hatte, um ihre Anhänger auf die Kundgebung zu bringen. Überdies erfuhr er erst jetzt, dass er im Anschluss noch auf einer weiteren Versammlung sprechen sollte. Kohl hatte die Neigung, sich schnell zu erregen, aber auch sich schnell wieder zu beruhigen. Der Wutausbruch bei seiner Ankunft in Berlin muss aber eine ganz besondere Intensität gehabt haben.

Während der Rede Willy Brandts, in der er die Situation mit den berühmt gewordenen Worten charakterisierte, »wo zusammenwächst, was zusammengehört«, nahm Horst Teltschik für den Bundeskanzler eine Botschaft Gorbatschows entgegen, die vor einer »chaotischen Situation« in Berlin warnte, »deren Folgen unabsehbar wären«.[836] Das war ein Ausdruck echter Besorgnis, aber keine Drohung.

Als Kohl das Wort ergriff, löste er massiven Protest und ohrenbetäubenden Lärm aus. Das berührte ihn aber nicht sonderlich; dergleichen war er aus den Nachrüstungskämpfen gewohnt. Viel wichtiger war es ihm, der internationalen Öffentlichkeit mitzuteilen, dass alles darauf ankomme, »besonnen zu bleiben und klug zu handeln. Klug handeln heißt, radikalen Parolen und Stimmen nicht zu folgen«.[837] Das war zugleich die Antwort auf die Befürchtungen Gorbatschows. Mochte er auch den »tobenden Pöbel« vor dem Schöneberger Rathaus beschämend finden, hatte die missglückte Kundgebung dennoch einen Nutzeffekt. Sie zeigte: Von diesen Deutschen ging keine Gefahr aus.

Es gab noch eine weitere Versammlung in Berlin. Sie fand an der Gedächtniskirche statt. Viel Werbung war für sie nicht betrieben worden, aber sie zog mehr als hunderttausend Menschen an. Kohl sprach auch hier. In seinen Telefongesprächen am Abend betonte der Kanzler das Nacheinander dieser beiden Kundgebungen. Im Gespräch mit George Bush arbeitete er den Unterschied heraus. Die erste »sei nicht das wirkliche Berlin gewesen«, dafür umso mehr die zweite, bei der »eine unglaubliche Stimmung geherrscht habe. Die Menschen seien optimistisch gewesen und freundlich miteinander umgegangen.«[838]

In den Telefonaten mit Bush wie mit Gorbatschow sprach er auch die Fluchtbewegung aus der DDR an. Dem amerikanischen Präsidenten teilte er »mit großem Bedacht« mit, er habe den Eindruck, dass »die Öffnung der Mauer nicht zu einem dramatischen Anstieg von Übersiedlern führen werde«. Das sollte zur Beruhigung der Lage beitragen; Kohl wollte damit deutlich machen, dass die Fluchtbewegung nachlasse, wenn die Menschen wüssten, dass sie nach einem Besuch im Westen wieder zurückkehren könnten. Gorbatschow gegenüber betonte er einen Tag später, »er wünsche vor allem, dass die Menschen in der DDR bleiben«. Er hielt es für »eine absurde Entwicklung, wenn zu viele herüberkämen«, da ein solcher Exodus »mit schweren ökonomischen Schäden und Problemen verbunden sei«. Zu diesem frühen Zeitpunkt wollte er keine Destabilisierung durch das Ansteigen der Flüchtlingszahlen. Später sollte der Flüchtlingsstrom sein stärkstes Argument für die Beschleunigung des Einigungsprozesses werden. Aber in den ersten Tagen stand das Bemühen im Vordergrund, die Lage nicht zu dramatisieren.

Das Zehn-Punkte-Programm

In den ersten beiden Wochen nach dem Fall der Mauer herrschte eine diffuse Atmosphäre. Im Ausland überschlugen sich die Medien mit ihren Spekulationen über eine rasche Wiedervereinigung und die damit verbundenen Gefahren. Im Inland begannen die Medien auch unruhig zu werden und Fragen zu stellen, wie es denn weitergehen solle. Der Bundeskanzler hatte immer wieder Zurückhaltung gefordert. Alles sei zu vermeiden, was zu einer Destabilisierung der Lage führen könnte – das war seine Devise. Man würde erst wirksam helfen können, wenn das SED-Regime zu grundlegendem politischem Wandel bereit sei. Davon hänge alles Weitere ab. Der Vorschlag des neuen Ministerpräsidenten Hans Modrow, der DDR mit einem 15-Milliarden-Kredit zu Hilfe zu kommen, fand deshalb keine Berücksichtigung.

Der Kanzler war überzeugt, wie er am 17. November 1989 an Bush schrieb, »dass ohne wirkliche Reformen die Regierung der DDR sich nicht halten könne«.[839] Auch dieses Argument war jedoch mehr taktischer Natur. Es enthielt einen Widerspruch, der dem Kanzler stets bewusst war. Für ihn war es absolut sicher, dass die überwältigende Mehrheit der DDR-Bevölkerung in freien Wahlen und ohne kommunistisches Machtmonopol die Wiedervereinigung wählen würde. Aber die komplizierte Lage der internationalen Politik forderte Zurückhaltung und verbot ihm, diese Grundüberzeugung offen auszusprechen.

In diesen Tagen passierte nicht viel in Deutschland. Der DDR-Ministerpräsident Modrow kündigte zwar Reformen an, die aber das tiefe Misstrauen gegenüber seiner Regierung nicht beseitigen konnten. In der Bundesrepublik, in Bonn wie in den Ländern, war man vollauf damit beschäftigt, mit der so überraschend geänderten Lage und ihren praktischen Konsequenzen fertig zu werden. Die Stimmung war euphorisch, die Menschen besuchten sich und feierten lang verhindertes Wiedersehen. Tatsächlich bereitete die Fluchtbewegung aber den Verantwortlichen erhebliche Probleme. Bundesinnenminister Schäuble zeigte sich ratlos: »Wie das weitergehen wird, weiß niemand. Ich will mich da auch mit Prognosen gar nicht aufhalten.«[840] So klang ein Minister, der seit dem Fall der Mauer mit ständig neuen Problemen konfrontiert war.

Horst Teltschik dachte anders. Er war als Leiter der Abteilung für Auswärtige und Innerdeutsche Beziehungen im Kanzleramt der wichtigste Berater des Kanzlers. Seit fast zwanzig Jahren hatten sie – zuerst in Mainz – zusammengearbeitet. Wie bereits die Bezeichnung seiner Abteilung verriet, ging es ihm und dem Kanzler um das zentrale Thema: die deutsche Einheit im internationalen Umfeld. Er gehörte selbstverständlich zur Morgenlage und hatte dort immer wieder für Anregungen und Initiativen gesorgt. Teltschik hatte am 21. November ein Gespräch mit dem sowjetischen Diplomaten Nikolai Portugalow geführt und von diesem ein Papier[841] erhalten, das er für sensationell hielt. Es zeigte ihm, dass die Überlegungen in Moskau zur deutschen Frage schon viel weiter fortgeschritten waren, als man in Bonn angenommen hatte. Wenn aber auf sowjetischer Seite bereits konkrete Planungen bestanden, war es notwendig, sich in Bonn rasch darüber klar zu werden, wie man sich die politische Zukunft vorstellte. Teltschik hielt eine eigene Perspektivplanung für notwendig. Mit dieser Vorstellung konnte er sich im Beraterkreis durchsetzen und dafür auch rasch die Zustimmung des Kanzlers gewinnen. Beide waren überzeugt, dass »schier Unglaubliches in Gang gekommen« sei.

Tatsächlich handelte es sich auch hier um ein produktives Missverständnis. In Moskau mochte es viele Pläne und Überlegungen gegeben haben, aber sie wurden nicht in Politik umgesetzt und hatten keinerlei Realisierungschance. Die nächsten Wochen und Monate zeigten, dass Moskau tatsächlich über kein deutschlandpolitisches Konzept verfügte.

Im November 1989 wirkte aber die Überschätzung der sowjetischen Politik überaus anregend. Eine Arbeitsgruppe wurde im Kanzleramt gebildet. Die Praktiker aus dem »Arbeitsstab Deutschlandpolitik« äußerten Bedenken und schieden faktisch aus. Sie waren, wie ein Insider es schonend ausdrückte, »im mentalen Bezugsrahmen des Grundlagenvertrages von 1972 gefangen«.[842] Zum Kern der Gruppe gehörten neben Horst Teltschik als Chef die wichtigsten Mitglieder der Redenschreibergruppe. Was bei Helmut Schmidt noch die »Schreibstube« gewesen war, die für alle möglichen Anlässe Reden verfasste, hatte unter Kohl mit anderem Personal auch eine andere Funktion bekommen.

Es wurde eine »Denk- und Schreibstube« eingerichtet, von Kohl ironisch als »Höhle der Dichter und Denker« bezeichnet. Die Redenschreiber mit Norbert Prill, Michael Mertes, Klaus Gotto und Stephan Eisel bildeten einen intellektuellen Zirkel, der beachtliches Format hatte, zugleich aber in der Lage war, im täglichen Umgang mit dem Kanzler dessen politischen Vorstellungen und Pläne kennenzulernen und diese in ihren Texten zu berücksichtigen.

Am Abend des 23. November fand im Kanzlerbungalow mit dem Kanzler die erste Vorklärung statt. Teltschiks Drängen, dass Bonn selbst in die »Offensive« gehen und die Meinungsführerschaft in der Deutschlandpolitik übernehmen müsse, verband sich mit der Überlegung, auf den Vorschlag des DDR-Ministerpräsidenten eingehen zu müssen, der von einer »Vertragsgemeinschaft« gesprochen hatte. Schon an diesem Abend kam die Diskussion auch auf die Möglichkeit einer Konföderation zu sprechen. Kohl äußerte Bedenken mit Blick auf den Konföderationsplan Walter Ulbrichts von 1958. Norbert Prill, der Chefplaner und Kenner des Völkerrechts, führte deshalb zur Vermeidung von Missverständnissen den Begriff der »konföderativen Strukturen« ein, mit dem die Offenheit der staatsrechtlichen Situation zum Ausdruck kommen sollte.

Nach knapp zwei Tagen, an einem Sonnabend, war die Arbeit getan. Teltschik pflegte bei Texten die Absätze zu nummerieren. Zufällig waren es zehn.[843] Der Entwurf ging nach Oggersheim, wo der Kanzler am Wochenende den Text gründlich durcharbeitete, sich mit den Brüdern Erich und Fritz Ramstetter, die zu seinen ältesten und engsten Freunden zählten, beriet und mit dem Staatsrechtler Rupert Scholz in Verbindung stand.

Das ist die Entstehungsgeschichte des Zehn-Punkte-Programms, die Teltschik, Mertes und weitere Zeitzeugen schildern und die bisher keinen Widerspruch gefunden hat. In seiner Kohl-Biografie bietet Hans-Peter Schwarz jedoch einen ganz anderen Hergang an.[844] Demzufolge habe Kohl nach dem 23. November eine Unterredung mit Rupert Scholz, dem im Frühjahr geopferten Verteidigungsminister, gehabt. Dieser habe ihm erklärt, der Bundeskanzler habe die »historische Pflicht«, »ein Programm zur Einheit auszurufen«. Kohl sei »aus allen Wolken gefallen«; dann wurde es »fast gespenstisch. Er sackte immer tiefer in seinen Sessel und sagte kein Wort.« Auf die Frage Kohls, wie Scholz sich das vorstelle, habe dieser geantwortet: »Ja, wir machen ein schrittweises Programm. Vielleicht muss man zunächst mit konföderativen Strukturen beginnen. Das Hauptproblem wird natürlich die NATO-Mitgliedschaft sein, da muss man vielleicht irgendeine vorsichtige Form wählen. Etwa so: Deutschland muss in übergeordnete Sicherheitsstrukturen eingeordnet werden. Irgend so etwas, aber ein Programm. Ein Mehrpunkteprogramm, wie wir Schritt für Schritt die deutsche Einheit erreichen.« Kohl habe lange geschwiegen. »Dann plötzlich kam er aus seinem Sessel raus mit seinem ganzen Schwergewicht: ›Du hast mich überzeugt. Ich mache das.‹«

Was Schwarz so ausführlich zitiert, ist eine Gesprächsaufzeichnung aus dem Jahre 2009, also lange nach dem Ereignis. Es gibt keine weiteren Quellenzeugnisse, die über dieses Gespräch berichten, auch keine Bestätigung, dass eine solche Zusammenkunft im Kanzleramt überhaupt stattgefunden hat. Selbst das Datum ist nicht gesichert. Ein Quellenzeugnis, das eine so unsichere Überlieferung aufweist, aber die in sich schlüssige Überlieferung wichtiger Zeitzeugen infrage stellt, verdient keine Glaubwürdigkeit.

Am Dienstag, dem 28. November 1989, fand im Bundestag eine Debatte über den Haushalt statt. Das war die richtige Gelegenheit, das Programm der Öffentlichkeit vorzustellen. Bei der Haushaltsdebatte konnte alles angesprochen werden, auch Grundsätzliches, denn für den Haushalt kam alles in Betracht – auch die Bekanntgabe des deutschlandpolitischen Konzepts des Bundeskanzlers. Über den Zweck der Erklärung herrschte im Kreis der Mitwirkenden kein Zweifel. Die Verkündung des Zehn-Punkte-Programms sollte die Meinungsführerschaft bringen.

Die Geheimhaltung des Plans war dafür die wichtigste Voraussetzung. Kohl legte genau fest, wer wann benachrichtigt werden sollte. Das entsprach seinem Sinn für Termine, bedeutete aber auch, dass den Medien gegenüber besonders kommunikative Politiker wie François Mitterrand oder Hans-Dietrich Genscher nicht vorab informiert wurden. Die Überraschung glückte – eine Sensation im geschwätzigen Bonn. Das CDU-Präsidium, der CDU-Bundesvorstand und die CDU/CSU-Bundestagsfraktion hatten ebenso wie einige ausgesuchte Journalisten eine Vorinformation erhalten, von der – wie nicht anders zu erwarten – einiges durchsickerte, was aber die Spannung nur erhöhte.

Gegen 11 Uhr nahm der Kanzler das Wort. Zuerst sprach er zur Lage der Wirtschaft, von der der Haushalt schließlich abhängig war. Was er vortrug, war nichts anderes als die Erfolgsbilanz seiner Wirtschaftspolitik, die die mühsam zustande gekommene Steuerreform ebenso würdigte wie die Gesundheitsreform, die trotz einer »gewaltigen Diffamierungskampagne« verwirklicht worden sei.

Von der wirtschaftlichen Erfolgsbilanz kam er auf den politischen Wandel der letzten Jahre zu sprechen. Auch hier schenkte er der Opposition nichts, als er feststellte: »Zu den Ursachen der jüngsten Veränderungen gehört vor allem auch die konsequente Politik für den Zusammenhalt unserer Nation. Wenn wir etwa den Aufforderungen – auch aus Ihren Kreisen – gefolgt wären, die Geraer Forderungen von Herrn Honecker zu akzeptieren, wären wir längst nicht dort, wo wir heute – Gott sei Dank – stehen.«[845] Das Lob, zum Zusammenhalt der Nation beigetragen zu haben, konnte Kohl vor allem für sich selbst in Anspruch nehmen, denn auch in seiner eigenen Partei war die Zahl derer, die so unbeirrt wie er an der Einheit festhielten, nicht gerade dicht gesät.

Der Übergang von der Darstellung der wirtschaftlichen Erfolge zu den Zehn Punkten erfolgte ziemlich abrupt. Nach der Feststellung, »dass der Weg zur deutschen Einheit … nicht vom ›grünen Tisch‹ oder mit einem Terminkalender in der Hand zu planen« sei, kam der Kanzler zum Wesentlichen: »Aber wir können … schon heute jene Etappen vorbereiten, die zu diesem Ziel hinführen.«

Die Zehn Punkte stellten keinen Forderungskatalog dar. Sie enthielten auch keinen Zeitplan, wann welche Ziele zu erreichen seien. Sie stellten ein sorgfältig ausgearbeitetes Konzept dar, das von der Gewährung humanitärer Hilfe ausging, dann großzügige Wirtschaftshilfe für den Fall eines grundlegenden politischen Systemwandels in der DDR in Aussicht stellte, um schließlich als Kernpunkt »die Entwicklung konföderativer Strukturen« vorzuschlagen. Bewusst wurde keine Konföderation angestrebt, denn diese konnte als Endziel missverstanden werden. Mit Absicht war von Strukturen die Rede, denn damit sollte lediglich ein Übergangsstadium gekennzeichnet werden, ein in absehbarer Zukunft anzustrebendes Miteinander, während die deutsche Einheit noch in ferner Zukunft lag. Sie setzte, so die abschließende Feststellung in Punkt 10, eine »organische Entwicklung« voraus, die zu einem »Zustand des Friedens in Europa« führen solle, »in dem das deutsche Volk in freier Selbstbestimmung seine Einheit wiedererlangen« könne, wobei »den Interessen aller Beteiligter Rechnung getragen« werde.

Die Botschaft lautete also, keine Konföderation, denn das wäre zu statisch und führte in die Sackgasse, sondern »konföderative Strukturen« zur Verfestigung der Beziehungen als Übergangslösung und in fernerer Zukunft dann – Kohl rechnete damals mit mehreren Jahren – mit allgemeiner Zustimmung die Einheit.

Mit den Zehn Punkten und der Art ihrer Präsentation hatte der Kanzler für eine Sensation gesorgt. Auch in der SPD-Fraktion zeigte sich Zustimmung. Der Abgeordnete Carsten Voigt signalisierte die Unterstützung seiner Partei, die in der Abstimmung jedoch nur noch zur Stimmenthaltung ausreichte. Die Union war überglücklich, nun endlich einen Kanzler zu haben, der Führungsstärke bewies; auch in den Medien fand das Programm unverhofft großen Anklang. Es war ein Programm von innerer Schlüssigkeit und ohne falsche Ansprüche. Es war ein diplomatisches Meisterstück – ohne allerdings von Diplomaten entworfen zu sein –, das den Deutschen einen Weg aufzeigte, wie sie zur Einheit gelangen konnten, und dem Ausland keine sachliche Begründung zu seiner Ablehnung bot.

Im Bonner Alltag kehrte dennoch keine Beruhigung ein. Im Gegenteil. Der Erfolg des Kanzlers ließ die SPD in der Zustimmung schwanken. Auch in der FDP nahm das Bestreben zu, »künstlich Anlässe zum Widerspruch zu finden«.[846] Das wichtigste Argument lautete: Ein Wort zur polnischen Westgrenze habe gefehlt. Ein elfter Punkt sei notwendig. Das war eine Forderung, die auch in Frankreich und vor allem in Polen erhoben wurde. Sie wurde beredt und variantenreich von Bundesaußenminister Genscher vertreten. Das zeigte einen unübersehbaren Gegensatz zum Kanzler, der aber weithin folgenlos blieb, weil es zum geregelten Nebeneinander mit der FDP gehörte, die Extratouren des Außenministers nach Möglichkeit zu übersehen. Der Bundeskanzler hatte demgegenüber eine Erklärung zur polnischen Westgrenze erst zu einem späteren Zeitpunkt angekündigt, sie konnte in der Sache nichts anderes sein als die Bestätigung der vorbehaltlosen Anerkennung des deutschen Verzichts, den die Bundesrepublik im Warschauer Vertrag ausgesprochen hatte. Für Kohl kam die erneute Verzichtleistung erst nach der Vereinigung beider deutscher Staaten, also erst für die Regierung und das Parlament des vereinigten Deutschlands, infrage. Daran hielt er eisern fest und widerstand allen politischen Erpressungsversuchen, obwohl er sich damit viel Ärger einhandelte.

Die Grenzfrage bot eine hervorragende Handhabe, um dem Kanzler Schwierigkeiten zu bereiten. Claus Gennrich, der Bonner Korrespondent der »Frankfurter Allgemeinen Zeitung« stellte es so dar: Die Grenzfrage war »faktisch längst abgeschlossen, aber rechtlich kompliziert, und deshalb eignet sie sich für die FDP und die SPD umso besser, Kohl in eine Ecke zu drängen«. Aber nicht nur darin bestand der Gegensatz. Das Verhältnis zwischen Kohl und Genscher war schon durch die Auseinandersetzungen um die Kurzstreckenraketen mehr als gespannt. Schließlich sollte die Ausarbeitung und Verkündung der Zehn Punkte ohne jede Vorinformation des Ministers deutlich zeigen, wie schlecht die Beziehungen waren.

Der Streit um die polnische Westgrenze, genauer die Forderung, dass der Kanzler im Vorgriff auf die endgültige Regelung eine Verzichtserklärung abgeben müsse, sollte während des Einigungsprozesses anhalten und immer wieder für Krisen sorgen, die das Koalitionsklima negativ beeinflussten.

Die Aufnahme der Zehn Punkte im Ausland war – abgesehen von der Reaktion der amerikanischen Regierung – kritisch bis ablehnend. Um den deutschen Standpunkt darzustellen, machte Genscher in der folgenden Woche die Runde durch die wichtigsten europäischen Hauptstädte.[847] Er flog nach London, Paris und Moskau. Der Minister musste den Standpunkt zu einem deutschlandpolitischen Schlüsseldokument seiner Regierung vortragen, an dessen Zustandekommen er nicht mitgewirkt hatte und dem er nicht ohne Bedenken gegenüberstand. Die Protokolle über die von ihm geführten Gespräche werden noch lange geschlossen bleiben.

Man wird sagen können, dass er bei diesen Reisen vor allem die Ablehnung der Zehn Punkte registrieren konnte. Die Haltung von Margret Thatcher war schlicht negativ. François Mitterrand zeigte eine eigenartige Reaktion: Er verband seine persönliche Empfindlichkeit, nicht vorab vom Kanzler informiert worden zu sein, mit dem spätestens seit 1918 feststehenden Grundsatz französischer Außenpolitik, die Einheit Deutschlands liege nicht im Interesse Frankreichs. Er verstieg sich sogar zu der absurden Behauptung, die Situation in Europa ähnele der des Jahres 1913 am Vorabend der »Urkatastrophe« des Ersten Weltkriegs.[848]

Der EG-Gipfel in Straßburg am 8. und 9. Dezember 1989 vermittelte dem Kanzler einen herben Anschauungsunterricht über die Einstellung seiner europäischen Partner. Es ist kein Zufall, dass der Dokumentenband »Deutsche Einheit« über den Verlauf des Gipfels nichts mitteilt. Bei all seiner Bereitschaft, Europa zu helfen und Zugeständnisse zur Förderung der Integration zu machen, hatte sich Helmut Kohl einen gesunden Realismus bewahrt. Dem amerikanischen Präsidenten hatte er die Lage nüchtern beschrieben: Das »wahre Problem« der EG bestehe darin, »dass die Schere der Wirtschaftskraft zwischen der Bundesrepublik Deutschland und den anderen EG-Ländern sich immer weiter öffne. Alle hatten jedoch einen Vorteil davon, weil die Bundesrepublik Deutschland immer mehr zahle.«[849]

Diese Geschäftsgrundlage hatte Kohl immer akzeptiert. Er war stets ein Mann des Ausgleichs gewesen und hatte auch bei den Gipfeltreffen die Interessen und Eitelkeiten der Kollegen im Auge gehabt. Nun aber erlebte er einen Gipfel »in so eisiger Atmosphäre« wie nie zuvor und musste sich sogar einer »fast tribunalartigen Befragung« unterziehen.[850] Eine sachliche Auseinandersetzung über die Zehn Punkte fand nicht statt; das Vorurteil triumphierte. Was Margret Thatcher von der jüngsten Entwicklung hielt, erfahren wir bei Kohl erst aus seinen »Erinnerungen«: »Zweimal haben wir die Deutschen geschlagen! Jetzt sind sie wieder da!«[851]

Wesentlich zurückhaltender war Kohl jedoch bei der Frage, wie sich sein Freund François verhielt. In den »Erinnerungen« erfahren wir nicht, welche Position Mitterrand auf dem Straßburger Gipfel bezogen hatte. Eher zufällig wird deutlich, dass Kohl die Haltung des französischen Ministerpräsidenten sehr wohl kannte. So berichtet Kohl an einer Stelle, er habe im Frühjahr 1989 mit Mitterrand häufig über die dramatischen Entwicklungen in Osteuropa telefoniert, aber dieser sei »kein einziges Mal auf die DDR zu sprechen« gekommen, »die deutsche Einheit war kein Thema für meinen französischen Freund«.[852] Anfang November 1989, also noch vor dem Fall der Mauer, hatte eine deutsch-französische Konsultation in Bonn stattgefunden. Nachträglich räumt Kohl ein, dass bei den Äußerungen Mitterrands damals eine »Distanzierung« mitgeschwungen habe, »auf die wir in der Euphorie jener Tage vielleicht nicht genügend geachtet haben«. Kohl zitiert ihn folgendermaßen: »Ich fürchte mich nicht vor der Wiedervereinigung … Frankreich wird seine

Politik danach messen, wie es am besten den Interessen Europas und den seinigen entspricht.«[853] Das waren keine leeren Worte, fast schon Drohungen.

Davon konnte sich Kohl in den folgenden Wochen immer wieder überzeugen. Es war nicht nur die Ablehnung der Zehn Punkte, die ihm Sorge bereitete. Mehr noch beunruhigte ihn das Treffen des französischen Staatspräsidenten mit Gorbatschow in Kiew, über das der deutsche Partner nicht informiert wurde. Dazu gehörte auch Mitterrands »Staatsbesuch« in der DDR kurz vor Weihnachten, den er als Erwiderung des früheren Besuches von Honecker in Frankreich dargestellt hatte. Die Tendenz war deutlich: Mitterrand und Thatcher setzten auf Gorbatschow, der – im eigenen, aber auch in ihrem Interesse – die Wiedervereinigung Deutschlands verhindern sollte.

Ganz anders verhielt sich der amerikanische Präsident. Auf der Tagung des NATO-Rates nahm er eindeutig im Sinne der Zehn Punkte Stellung. Am Abend zuvor hatte er sich von Kohl ausführlich über die Lage in der DDR unterrichten lassen. Bush hatte zwar auch Bedenken, aber diese gingen in eine ganz andere Richtung. Er machte sich Sorgen um seinen sowjetischen Kontrahenten. Gorbatschows »Problem sei die Geschwindigkeit«, mit der sich die Entwicklung vollziehe. Deshalb wollte Bush ihm nicht zu viel zumuten. »Man müsse«, meinte er, »eine Formel finden, die Gorbatschow nicht in Bedrängnis bringe und den Westen trotzdem zusammenhalte.«[854]

Gorbatschow war in der Tat von den Zehn Punkten tief berührt. Diese zeigten einen Weg auf, den er ablehnte, ja ablehnen musste, denn die so präzise dargelegten Stufen mussten letztlich zum Verschwinden der DDR und damit zum Verlust eines wichtigen Bündnispartners führen. Damit änderte sich die Stellung der Sowjetunion in Europa; zugleich war seine eigene politische Stellung gefährdet. Der Verlust der DDR war eine ungeheure Herausforderung des Sowjetpatriotismus, die nur die Ablehnung zur Folge haben konnte. Wie konnte die sowjetische Politik kampflos auf ein Gebiet verzichten, das mit so ungeheuren Opfern erobert worden war!

Der Generalsekretär hatte auch auf eine Perestroika in der DDR gesetzt und in Hans Modrow einen Mann des Wandels gesehen, der die Regierung übernommen hatte. Das schien nun infrage gestellt. Als Genscher am 5. Dezember nach Moskau kam, war für ihn der Klimawandel überaus deutlich: »Niemals zuvor habe ich Gorbatschow so erregt und bitter erlebt.«[855] Fast zwei Wochen später wählte Michail Gorbatschow in einem Brief an Kohl dramatische Formulierungen. Er bezeichnete die Zehn Punkte als »ultimative Forderungen« und warf dem Kanzler vor, »politischen Sprengstoff in das noch glühende Feuer zu werfen«. Das waren starke Worte; wichtiger aber war, dass er tatsächlich auf massive Drohungen wie die Ankündigung eines politischen Kurswechsels verzichtete. Sein Brief endete mit einem persönlichen Appell, der seine Wirkung nicht verfehlt haben wird: »Ich bitte Sie, Herr Bundeskanzler, diese meine Botschaft ganz ernst zu nehmen und sie als die Fortsetzung unseres politischen Dialoges zu betrachten, der für unsere Beziehungen und für das Schicksal Europas so wichtig ist.«[856] So hatte noch nie ein Sowjetführer an einen deutschen Regierungschef geschrieben.

Zwei deutsche Stellungnahmen mögen das Bild zur Aufnahme der Zehn Punkte abrunden. Ministerpräsident Modrow reagierte zwar ablehnend in Bezug auf das Ziel der Wiedervereinigung, fand aber lobende Worte hinsichtlich des vorgeschlagenen Weges. Die zunehmende Zusammenarbeit mit der Bundesrepublik wollte er mit der Bildung einer Konföderation abgeschlossen wissen.

Die andere, nicht in das allgemeine Bild passende Stimme stammte von Richard von Weizsäcker. Horst Teltschik hatte ihn über die Zehn Punkte informiert, als er den Bundespräsidenten einen Tag vor der Kanzlerrede zu einem Gespräch aufgesucht hatte. Der Termin stand schon länger fest. Teltschik hatte keinerlei amtliche Weisungen vorzutragen, denn Kohl hatte niemals im Sinne gehabt, Weizsäcker vorab zu informieren. Aber Teltschik hielt es für eine Stilfrage; für ihn war es nicht angemessen, bei einem Treffen mit dem Präsidenten so kurz vor der Bekanntgabe kein Wort über diese wichtige Kanzlerbotschaft zu verlieren. Weizsäcker lauschte den Erläuterungen »aufmerksam und interessiert«, schien »aber nicht besonders beeindruckt zu sein«, wie sich Teltschik leicht irritiert notierte.[857]

Richard von Weizsäcker selbst stellt diese Episode nachträglich anders dar. Er habe in dem Text vor allem einen Bezug zur Oder-Neiße-Grenze vermisst und Teltschik danach gefragt, als er ihm »den Zehn-Punkte-Plan unmittelbar vor seiner Bekanntgabe überbrachte«.[858] Das ist unwahrscheinlich, denn Teltschik dachte nicht daran, dem Präsidenten den Text zu überreichen.

Wie ist das geringe Interesse Weizsäckers zu verstehen? Sein früheres Engagement in den Diskussionen um die deutsche Frage war unbestritten. Wie konnte es geschehen, dass ein Plan, der die Wiedervereinigung im Blick hatte, bei ihm keine positive Reaktion auslöste? Wahrscheinlich hatte Weizsäcker andere Vorstellungen von der Lösung der deutschen Frage. Wenige Wochen später gab der Bundespräsident dem DDR-Fernsehen ein Interview, in dem ihm die Zeitung »Neues Deutschland« eine »staatsmännische Haltung« bescheinigte.[859] Weizsäcker betrachtete die DDR als eine »Schicksalsgemeinschaft«, der gegenüber »wir mit großer Achtung uns zu verhalten haben«. Nach blumigen Ausführungen über Parteien, menschliche Fehler und Warnungen vor materiellen Bedürfnissen kam er in seiner holzschnittartigen Sichtweise schließlich zum für ihn Wesentlichen: »Meine Meinung ist, dass wir eine Nation sind. Und was zusammengehört, wird zusammenwachsen. Es darf nicht der Versuch gemacht werden, dass es zusammenwuchert. Wir brauchen die

Zeit. Wenn es zusammenwachsen soll, dann kann es ja nur aus der jetzigen Lage heraus zusammenwachsen, nämlich zwei Staaten einer Nation. Und nur, wenn sie beide sich auf einem gesunden Weg befinden, nur dann können sie in gesunder Weise zusammenwachsen. Also müssen wir sehen, was die beiden Staaten miteinander zustande bringen.« Zwei Wochen später hielt er es sogar für »denkbar«, Präsident eines deutschen Staatenbundes zu werden, bei dem die Mitglieder »ihre Souveränität behalten und dennoch ein gemeinsames Oberhaupt« haben.[860] Diese Einstellung, ein Nebeneinander von Bundesrepublik und totalitärer DDR, die man nur in sehr rücksichtsvoller Weise etwas aufpäppeln müsse, erklärt, warum Weizsäcker bei den Zehn Punkten so wenig Begeisterung geäußert hatte. Er sprach sich für ein Nebeneinander der beiden deutschen Staaten aus, ohne viel Interesse zu zeigen, wann und wie sie zur Vereinigung kommen würden. Das war eine für den Präsidenten der Bundesrepublik Deutschland doch überraschende Haltung. Sie lässt vermuten, dass er in diesem Augenblick die Interessen des anderen deutschen Staates mehr im Auge hatte als die der Bundesrepublik samt dem Wiedervereinigungsgebot des Grundgesetzes.

Die Reaktion des Kanzlers war eindeutig. Über Weizsäckers Interview, hieß es in der Presse, sei er »verärgert«[861] gewesen. Mit Sicherheit wird er getobt haben, wusste er doch, dass sein alter Gegner Weizsäcker auch bei der jüngsten Verschwörung gegen ihn dabei gewesen war – »am wärmenden offenen Kamin ... war er Ratgeber für diejenigen, denen es um meinen Sturz ging«.[862] Wahrscheinlich werden aus den DDR-Archiven noch Aufschlüsse zu gewinnen sein, wie sich Weizsäcker das »Zusammenwachsen« vorstellte.

Der Mord an Alfred Herrhausen am 30. November 1989 traf Helmut Kohl schwer. Er hielt die Trauerrede im Frankfurter Dom. Über der Trauergemeinde hing die Frage: »Wer könnte der Nächste sein?«[863] Die Antwort fiel nicht schwer. Denn kein anderer war so gefährdet wie der zum europäischen Staatsmann aufsteigende deutsche Kanzler. Kohl war sich dessen bewusst: »Wenn sie das System treffen wollen, müssten sie den Spitzenmann treffen«, sagte er einige Tage später zu Teltschik. Für sich selbst hatte er längst die Entscheidung getroffen, im Falle der Geiselnahme sich nicht austauschen zu lassen. Seine Frau Hannelore hatte das nie verstanden und entschieden abgelehnt, damit aber nur den Riss sichtbar gemacht, der in dieser Frage durch die deutsche Gesellschaft ging. Kohl blieb hinsichtlich der Möglichkeit eines Mordanschlags auf ihn selbst Fatalist. Die Sicherheitsbestimmungen pflegte er häufig zu umgehen, um sich die persönliche Freiheit nicht allzu sehr beschränken zu lassen.

Der Tod seines Freundes Herrhausen ging ihm sehr nahe, aber was konnte er tun? Sollte er einen schärferen Kurs in der Justizpolitik oder im Strafvollzug ankündigen? Das würde nur die Koalition gefährden – mehr nicht. Sollte er die Forderung erheben, dass irgendetwas gegen die publizistischen Verharmlosungsversuche unternommen werden sollte, die nach dem Motto vorgingen, »wenn man in dieser Funktion ist, muss man eben damit rechnen«? Das hielt er für »völlig inakzeptabel«. Er stellte die Verfassungsordnung nicht infrage, indem er in aktivistische Drohgebärden verfiel. Kohl wusste, dass er letztlich nichts tun konnte. Ihm blieb nur, warnend auf die negativen Folgen hinzuweisen – »auf die politische Kultur unseres Landes und damit auf die Zukunft«. Seine Prognose war düster: »Wenn es in einem Lande nicht Männer und Frauen gibt, die nicht nur einen Job machen, sondern ihre Pflichterfüllung in einer ganz besonderen Weise sehen, ist das Land verloren.«[864]

Für den Kanzler war die Situation im Dezember 1989 alles andere als einfach. Das Konzept der Zehn Punkte schien nicht zu greifen; er kam kaum voran. Seine Botschaft an Gorbatschow vom 14. Dezember[865] war ein Versuch, dem sowjetischen Führer, von dessen Zustimmung so viel abhing, noch einmal zu verdeutlichen, was er in der Regierungserklärung vom 28. November hatte sagen wollen. Das »Leitmotiv meiner zehn Punkte«, so versicherte er, sei nichts anderes gewesen als der Versuch, »die künftige Architektur Deutschlands in die künftige Architektur Gesamteuropas einzubetten«, also nicht einseitig deutsche Interessen durchzusetzen, sondern um eine für ganz Europa verträgliche Lösung bemüht zu sein.

Geschickt ging der Kanzler auf die Krise in der DDR ein, die er auf die Verweigerung notwendiger Reformen zurückführte. Er erinnerte Gorbatschow an sein Wort: »Wer zurückbleibt, den bestraft das Leben.« Als Folge dieser Politik seien rund 500 000 Menschen im letzten halben Jahr in die Bundesrepublik gekommen. Das sei keineswegs »im Interesse der Bundesregierung«, versicherte der Kanzler im Bestreben, derartige Unterstellungen von vornherein zurückzuweisen. Das Gegenteil sei richtig: »Die Menschen selbst haben die deutsche Frage auf die Tagesordnung gesetzt.«

Es war ein sehr langer Brief, mit dem er die Bedenken Gorbatschows auszuräumen suchte. Zum Schluss kam er auf die stärksten Trümpfe seiner persönlichen Diplomatie zurück, indem er ein baldiges Treffen im »informellen Rahmen« vorschlug, um dort »insbesondere auch den Ausbau der Wirtschaftsbeziehungen (zu) erörtern«. Der Vorschlag wurde in Moskau nicht abgelehnt. Das Treffen kam allerdings erst im Februar zustande. In Moskau brauchte alles seine Zeit. Wahrscheinlich war das Tempo zu hoch gewesen, das Kohl mit den Zehn Punkten vorgelegt hatte. Es ließ die sowjetischen Alarmglocken schrillen und löste negative Reaktionen aus, die erst nach einiger Zeit an Heftigkeit nachlassen sollten.

Mitte Dezember erlebte Kohl einen Tiefpunkt. Er wusste nicht, wie es weitergehen sollte. Er konnte nicht geduldig die Dinge auf sich zukommen lassen, sondern musste stets zu neuen Initiativen bereit sein. Die politisch Verantwortlichen auf der anderen Seite – in Ost wie in West – zogen es dagegen vor, die Entwicklung abzuwarten.

Diese Situation gilt es, im Blick zu haben, um zu verstehen, dass der Kanzler auch ganz andere Möglichkeiten ins Auge fasste. Nach seiner Rückkehr aus Ungarn äußerte er am 18. Dezember Teltschik gegenüber den »Gedanken eines Moratoriums, das er möglicherweise der Sowjetunion im Hinblick auf die Wiedervereinigung anbieten müsse«. Wahrscheinlich müsse er beim nächsten Treffen mit Gorbatschow – ähnlich wie es Adenauer in der Berlin-Krise getan hatte – »ein Stillhalteabkommen in der deutschen Frage anbieten«.[866] Das ist eine überraschende Wendung, die freilich nicht überbewertet oder gar als Alternative betrachtet werden sollte. Tatsächlich wurde der Gedanke nicht weiter verfolgt. Die Erwägung beleuchtet aber die Situation, in der sich Kohl zu diesem Zeitpunkt befunden hatte, als die Entwicklung zur deutschen Einheit selbst für ihn noch nicht klar erkennbar war.

Am 11. Dezember fand in Berlin der kleine Parteitag der CDU statt. Dort verkündete Kohl unter dem Jubel der Delegierten: »Nicht wir oder andere in Ost und West bestimmen heute Inhalt, Richtung und Tempo dieser Prozesse. Die Entwicklung in der DDR wird von den Menschen dort gestaltet, sie kann nicht vom ›grünen Tisch‹ oder mit dem Terminkalender in der Hand geplant werden.«[867] Das war der Königsweg zur deutschen Einheit. Die Menschen in der DDR sollten bestimmen, wohin die Reise ging. Das war schon immer seine Überzeugung gewesen, aber er war vorsichtig und hatte seit dem Oktober die Betonung mehr auf die Selbstbestimmung gelegt und weniger von der Wiedervereinigung gesprochen, um nicht die üblichen Befürchtungen zu erwecken. Aber für ihn lief es stets auf das Gleiche hinaus, wie er den Delegierten des kleinen Parteitages als persönliche Überzeugung wie als Maxime seines politischen Handelns vermittelte – und womit er Ovationen auslöste.

Schon Anfang Dezember war mit dem DDR-Ministerpräsidenten Modrow ein Treffen in Dresden vereinbart worden, das am 19. Dezember stattfinden sollte. Der Monat Dezember war in der DDR relativ ruhig verlaufen. Die neue Regierung und der Parteitag der SED bewirkten nicht viel und lösten keine Emotionen aus. Die Fluchtbewegung setzte sich ebenso fort wie die Demonstrationen in den Städten der DDR, vornehmlich in Sachsen, bei denen die Parole »Wir sind das Volk« immer vernehmlicher in »Wir sind ein Volk« abgewandelt wurde.

Das Treffen mit Hans Modrow[868] und seinen Regierungsmitgliedern brachte nicht viel. Modrow war in praktischen Fragen zur Zusammenarbeit bereit, lehnte aber die Wiedervereinigung als »nicht aktuell« ab. Wichtiger als diese Zusammenkunft war die Rede, die Kohl in Dresden halten sollte. Die Begleitumstände des Besuchs sprachen für sich. Ein Besuchsprogramm gab es nicht, aber die Bevölkerung begrüßte den westdeutschen Gast schon nach seiner Landung auf dem Flughafen. Der freundliche Empfang veranlasste den Kanzler zu dem Satz: »Rudi Seiters, die Sache ist gelaufen.« Das bedeutete aber keineswegs, dass er den Aufenthalt in Dresden oder gar die Einheit schon als »gelaufen« ansah. Er kannte ja das Publikum überhaupt nicht und hielt Provokationen der Stasi nicht für ausgeschlossen.

Der Kanzler zum ersten Mal auf einer öffentlichen Versammlung in der DDR – das war ein Anlass, der im In- und Ausland höchstes Interesse finden musste. Das Bild war einmalig: der Kanzler allein auf der schnell errichteten Tribüne, ohne jeden DDR-Vertreter. Für Kohl war es »die schwierigste Rede überhaupt in meinem Leben«[869]. Das ist ohne Weiteres nachvollziehbar. Sein Auftritt hatte Signalwirkung. Er wusste nicht, wie die Zuhörer reagieren würden. Er durfte die Teilnehmer mit einer Rede nicht enttäuschen, die sie nicht verstanden, aber er durfte sie auch nicht zu gefährlichen Gefühlsausbrüchen aufputschen. Das Ausland würde sehr aufmerksam verfolgen, was er sagte.

Es war eine Gratwanderung, die er vor sich hatte. Daher kann man kaum davon sprechen, dass die Rede »in Bonner Regie sorgfältig vorbereitet« war.[870] Allerdings ist Kohls Angabe, dass er erst nach seiner Ankunft in Dresden den Entschluss zum Reden gefasst habe, falsch. Er hatte am Abend zuvor bis Mitternacht mit Teltschik und dem Kanzleramtschef Rudolf Seiters, der für die Beziehungen zur DDR zuständig war, an der Rede gearbeitet, wobei sich Kohl noch handschriftliche Notizen machte. Der späte Zeitpunkt ihrer Konzipierung zeigt vielmehr die ungeheure Anspannung der beteiligten Akteure.

Über die Zahl der Dresdener Teilnehmer gibt es unterschiedliche Angaben. Kohl selbst spricht forsch von hunderttausend Menschen, die gekommen waren. Richtiger sind Schätzungen, die von 20 000 Teilnehmern sprechen. Der Platz vor der Ruine der Frauenkirche, auf dem die Veranstaltung stattfand, war nicht sehr groß. Dort pflegte auch das jährliche Gedenken an die Dresdener Bombennacht 1945 stattzufinden. Wer mehr Zuschauer als Gradmesser für das öffentliche Interesse erwartet, sollte allerdings die späte Bekanntgabe des Termins, die begrenzte Leistungsfähigkeit der städtischen Verkehrsbetriebe und die geringe Motorisierung der Bevölkerung bedenken, zumal die Rede auch im Ost-Fernsehen übertragen wurde. Am lebhaften Interesse der Bevölkerung am Besuch des Kanzlers gab es nichts zu zweifeln; es kam schon bei seiner Fahrt in die Stadt und vor dem Hotel Bellevue zum Ausdruck, vor dem die Wartenden sich mit Sprechchören bemerkbar machten.

Für den Bundeskanzler und seine Begleitung wurden Zimmer frei gemacht. Ein westdeutscher Geschäftsmann, allerdings mit sächsischen Wurzeln und der entsprechenden Neigung zum Widerspruch, protestierte gegen die Umquartierung, worauf die Chefin des Hotels, selbstverständlich eine bewährte Genossin mit ebenso zuverlässiger Beziehung zum Ministerium für Staatssicherheit (MfS), empört reagierte und dem Gast vorhielt, man müsse doch »für unseren Bundeskanzler« bereit sein, auch sein Zimmer zu räumen.[871] Die Einheit war auf dem Vormarsch.

Helmut Kohl hatte als Redner eine überaus reiche Erfahrung. Er spürte rasch, wie ein Publikum einzuschätzen war. Für ihn herrschte in Dresden eine »unglaubliche, emotionsgeladene, aber überhaupt nicht fanatische Stimmung«.[872] Dazu passte gut seine Rede, die den Anwesenden Komplimente machte für ihre »friedliche Revolution«, kein böses Wort über Modrow enthielt, mit dem er seine Bereitschaft zur Zusammenarbeit erklärte, aber nicht verschwieg: »Mein Ziel bleibt – wenn die geschichtliche Stunde es zulässt – die Einheit der Nation.« Er bekannte sich zum Selbstbestimmungsrecht, »das allen Völkern dieser Erde zusteht – auch dem deutschen«, betonte aber zugleich die Notwendigkeit, die »Sicherheitsbedürfnisse der anderen nicht außer Acht zu lassen«. Er sprach sich nachdrücklich für den Frieden aus, vergaß aber nicht den Hinweis, dass »wahrer Friede ohne Freiheit nicht möglich« ist, um dann nach einer lobenden Erwähnung Gorbatschows zum kommenden Weihnachtsfest überzuleiten, bei dem »wir uns in Deutschland wieder als eine deutsche Familie empfinden«.

Die Wirkung auf die Menschen war stark. So eine Rede hatten sie noch nie gehört, ganz abgesehen davon, dass viele noch immer gar nicht fassen konnten, dass der Kanzler zu ihnen nach Dresden gekommen war. In den regelmäßigen Pausen nach einer kurzen Satzsequenz brandete Beifall auf, der jedoch nie auszuarten drohte. Der Kanzler im Scheinwerferlicht vor den Trümmern der Frauenkirche, die wehenden schwarz-rot-goldenen Fahnen, die rasch herbeigeschafft waren, die Menge zwischen andächtigem Zuhören und freudiger Zustimmung – das alles sorgte für einen unvergesslichen Eindruck.

Helmut Kohl auf einer Kundgebung in Dresden, mit einer Rede, an der niemand Anstoß nehmen konnte und die jubelnde Zustimmung fand – das war ein Ereignis, dass die Situation in der DDR veränderte. Was jedermann am Fernseher selbst erleben konnte – ein Kanzler, der mit dem DDR-Ministerpräsidenten einige Themen behandelt hatte, aber dann auf einer Kundgebung zu den Menschen sprach, zeigte die veränderte Lage. Es gibt allerdings Historiker, die Kohls Auftreten in Dresden immer noch nicht begriffen haben. Es zeugt von erheblichen Verständnisschwierigkeiten, wenn die Zustimmung zu Kohls Rede so interpretiert wird, dass er »in einem Akt quasi-ritueller Akklamation von den Ostdeutschen als Heilsbringer empfangen« worden sei.[873]

Drei Tage später verstärkte die Öffnung des Brandenburger Tores den Eindruck des Wandels in Deutschland. Die internationalen Fernsehstationen hatten seit Wochen auf diesen Augenblick gewartet. Die Symbolwirkung war beträchtlich. Das Tor, das wie kein anderes Bauwerk Spaltung und Mauerbau bewusst gemacht hatte, war nun für den Fußgängerverkehr geöffnet. Keine Frage, dass neben den Bürgermeistern beider Stadthälften auch Kohl im dichten Gedränge stand, um bei der Öffnung des Tores dabei zu sein, das er vom Reichstag aus seit Jahren im Blick gehabt hatte, für ihn aber so lange unerreichbar geblieben war.

Das Weihnachtsfest bot Zeit zum Nachdenken. Aber niemand konnte voraussehen, dass der Einigungsprozess im neuen Jahr ein solches Tempo aufnehmen würde, dass nicht einmal ein Jahr später die ersten Wahlen zu einem gesamtdeutschen Parlament stattfinden konnten. Das lag für alle, auch den Kanzler, außerhalb der Planungen.

Die Bevölkerung der Bundesrepublik befand sich in einem Stimmungshoch. Wie das Allensbacher Institut in seiner seit 1949 betriebenen Umfrage im Dezember ermittelte, hatten 68 Prozent der Bevölkerung für das kommende Jahr »gestiegene Hoffnungen«. Das war eine noch nie erreichte positive Erwartungshaltung. Tatsächlich sollte sie sich als eine schwere Hypothek für die Politik des Kanzlers erweisen, denn das waren wenig realistische Hoffnungen. Sie konnten nicht alle in Erfüllung gehen. Enttäuschungen waren unvermeidlich.

Weichenstellungen im Januar 1990

Nach dem ersten gesamtdeutschen Weihnachtsfest begann die Politik erst langsam, wieder Fahrt aufzunehmen. Die politische Entwicklung des Monats Januar 1990 bewegte sich im Vorfeld von politischen Entscheidungen, die einen Monat später dem Einigungsprozess eine unerwartete Beschleunigung verleihen sollten.

Für Helmut Kohl standen mehrere Aspekte im Vordergrund. Es ging um die Beilegung der Spannungen, die seit der Bekanntgabe der Zehn Punkte zwischen ihm und Mitterrand bestanden hatten, dem Offenbarwerden der Krise in der DDR im Zusammenhang mit den Auseinandersetzungen um die Staatssicherheit und schließlich um eine überraschende Weichenstellung in den deutsch-sowjetischen Beziehungen. Was im Januar eher unscheinbar mit Lebensmittellieferungen begann, sollte bald in politischer Hinsicht eine kaum zu überschätzende Bedeutung erhalten.

Im Dezember 1989 waren die betont freundschaftlichen Beziehungen zwischen Kohl und Mitterrand infolge der Zehn Punkte deutlich abgekühlt. Die Treffen des französischen Staatspräsidenten mit Gorbatschow in Kiew und der »Staatsbesuch« Mitterrands in der DDR am 20. Dezember hatten stattgefunden, ohne dass der Kanzler darüber in der Weise informiert worden wäre, wie er es als langjähriger Verbündeter erwarten konnte. Das Verhalten Mitterrands zeigte Außenpolitik in der Tradition von de Gaulle. Aber Kohl gab sich nicht enttäuscht, kannte er doch seinen Partner viel zu lange, um davon überrascht zu sein.

Die Initiative für ein Treffen ging von François Mitterrand aus; man traf sich in der Ruhe der Weihnachtsferien in seinem Landhaus in Latché, einem Ort an der Atlantikküste.[874] Der französische Präsident gab sich entgegenkommend. Die kritische Einstellung der überregionalen Presse in der Bundesrepublik gegenüber Frankreich und seinem Präsidenten zeigte offenbar Wirkung. Mitterrand unternahm im Gespräch lange Ausflüge in die Geschichte, deren historische Stichhaltigkeit zwar nicht immer überzeugend war, aber dennoch versöhnlich stimmte. Er verfolgte die für ihn typische Argumentationsweise, indem er Positionen nebeneinanderstellte, die sich im Grunde ausschlossen. Für ihn sei die »Wiedervereinigung Deutschlands kein Problem, sie sei eine Realität«, erklärte Mitterrand, stellte dann aber dieser »Realität« unvermittelt etwas ganz anderes gegenüber: »das russische und das deutsche Problem«. Er sah die Gefahr, dass Gorbatschow scheitern könnte. Die Folgen würden schwerwiegend sein: »Keine Kommunisten, aber eine harte Militärdiktatur« könne sich daraus ergeben. Die »nationalistischen Elemente« würden in Moskau nach vorn drängen; diese würden aber beim deutschen Problem nicht nachgeben. Ließe man Gorbatschow mehr Zeit, könnte dieser für das deutsche Problem »bei geschicktem Vorgehen Verständnis entwickeln«. Mitterrand schlug also vor, sich in Geduld zu fassen, Gorbatschow nicht unter Druck zu setzen und eine vorsichtige Politik des Entgegenkommens zu betreiben – dann könnte es möglich sein, dass er »Verständnis« zeige. Das war eine Perspektive, die Kohl nicht akzeptieren konnte, denn er wusste, dass weder so viel Zeit zur Verfügung stand und noch eine solche Entwicklung im deutschen Interesse lag.

Mitterrand beharrte zwar nicht auf diesem Standpunkt, sondern lenkte ein und erklärte, Frankreich habe kein Interesse daran, dass Gorbatschow verschwinde. Das Schicksal Gorbatschows hänge mehr von Helmut Kohl ab als von Ligatschow –

Letzterer war Gorbatschows innenpolitischer Gegner –, aber welch kühnes Bild wählte der Präsident! Der Bundeskanzler sei der entscheidende Staatsmann, der Gorbatschow an der Macht halten könne. Der Regierungschef einer Mittelmacht stieg zu weltpolitischer Verantwortung auf. Das war eine unerwartete Wendung. Noch mehr überrascht jedoch vielleicht die Replik Kohls, sagte er doch einfach, »er wisse das, und Gorbatschow wisse dies auch«. Erstaunlich ist das ruhige Selbstbewusstsein des Kanzlers, das hier zum Ausdruck kommt. Er war sich seiner Verantwortung bewusst und machte zugleich deutlich, dass er diese Aufgabe auch bewältigen werde.

Der Kanzler hielt sich bei der Erörterung dieser Frage nicht lange auf, sondern schlug den Bogen zum deutsch-französischen Verhältnis. Gerade weil er um die Situation Gorbatschows wisse, »sehe er die deutsch-französischen Beziehungen als besonders wichtig an. Er empfinde es als sympathisch, wie Präsident Mitterrand sich geäußert habe, als ob er Deutscher wäre«. Das war ein Kompliment, das Mitterrand für Kohls stärkstes Argument empfänglich machen sollte, dass es vor allem auf die Menschen in der DDR ankomme. Entscheidend sei, »dass die Menschen in der DDR bleiben. Das Problem sehe man leider außerhalb Deutschlands nicht. Wir würden nicht durchhalten, wenn zu viele aus der DDR davonliefen.« Dem stimmte Mitterrand zu und befand, »es sei richtig, dass der Bundeskanzler sage, die Deutschen müssten Licht am Ende des Tunnels sehen. Man müsse gemeinsam vorgehen und die deutsche und die europäische Einheit gleichzeitig anstreben.« Da konnte Kohl nur antworten, »dies sei das Schlüsselwort«, womit das alte Einverständnis zwischen den beiden Staatsmännern wiederhergestellt war.

Was aber bei Mitterrand wie eine Forderung klang, dass die Deutschen nämlich die Einheit Europas voranbringen müssten, war für Kohl kein Zugeständnis, das er sich abhandeln lassen musste, sondern seine ureigenste Überzeugung, die er schon immer vertreten hatte. In der Öffentlichkeit konnte mitunter der Eindruck entstehen, als sei die französische Seite der fordernde Partner, der Druck auf die deutsche Seite ausübe, wenn es um die Fragen der europäischen Integration, des Binnenmarktes und der Währungsunion ginge. Das war eher eine Form der französischen Prestigepolitik, die als die vorwärtstreibende Kraft in der Europapolitik in Erscheinung treten wollte, was der deutsche Partner geduldig hinnahm, da er wusste, dass es von der deutschen Wirtschaftskraft und Kompromissbereitschaft abhing, in diesen Fragen zu Lösungen zu gelangen.

Mit dem Treffen von Latché war das alte Vertrauensverhältnis wieder weitgehend hergestellt. Damit war ein Störfaktor auf dem Weg zur Einheit zwar nicht völlig beseitigt, aber keine ernst zu nehmende Gefahr mehr.

Das zweite Ereignis, das im Januar 1990 nicht nur Schlagzeilen machte, sondern eine weitreichende Wirkung entfaltete, war der Sturm auf die Stasizentrale in der Berliner Normannenstraße.[875] Die Begleitumstände – welche Geheimdienste ihre Hand im Spiel hatten und wie diese die im Vordergrund agierenden Bürgerrechtler manipulierten – sind hier nicht wesentlich. Wichtig war vor allem, dass diese gewaltsame Aktion – die einzige in der »friedlichen Revolution« – einen Missstand beleuchtete, den auszuschalten die Regierung Modrow weder fähig noch willens gewesen war. Es wurden Machtverhältnisse aufgedeckt, die die Reformbereitschaft Modrows nachhaltig diskreditieren mussten. Seit Wochen war es am »runden Tisch« um das Fortbestehen der Staatssicherheit in Form eines »Amtes für nationale Sicherheit« gegangen. Das Amt hatte nach der Wende vor allem die Vernichtung von MfS-Akten betrieben, aber in ihrer Substanz blieb der Apparat der Staatssicherheit unangetastet.

Das Publikwerden dieses Sachverhaltes hatte Signalwirkung. Die Fluchtbewegung setzte sich verstärkt fort, denn die Hoffnung, dass die amtierende DDR-Regierung die Situation meistern könnte, hatte den entscheidenden Stoß erlitten. Die sich mehrenden Ausfallerscheinungen in Wirtschaft und Verwaltung verstärkten den Eindruck des Niedergangs, der auch von der Regierung nicht geleugnet wurde und sie zur Vorverlegung der Volkskammerwahlen vom 6. Mai auf den 18. März veranlasste.

Helmut Kohl wertete das Verhalten der Regierung Modrow bei der Auflösung des Staatssicherheitsdienstes als einen »der fast irreparablen Fehler«, die zum Anstieg des Übersiedlerstromes geführt hatten. Dabei hatte er zugleich im Blick, ohne es freilich auszusprechen, dass sein notgedrungen akzeptierter »Partner« Lothar de Maizière, der Vorsitzende der Ost-CDU, in dieser Regierung stellvertretender Ministerpräsident blieb. Das war in der CDU-Führung wiederholt kritisiert worden.

Der Kanzler hatte die Wendung zum Schlechteren in der DDR rasch erkannt, warnte aber davor, daraus voreilig weitergehende Forderungen abzuleiten. Es ginge nicht darum, sagte er im CDU-Bundesvorstand am 23. Januar, »jetzt einen Kalender für die Einführung einer Wirtschafts- und Währungsunion aufzustellen«.[876] Er wusste, welche Risiken damit verbunden waren, und winkte ab. Zwei Wochen später war es der Kanzler selbst, der dieses Projekt ankündigte, weil die veränderte politische Lage es notwendig machte. Das ist ein Beispiel mehr dafür, wie rasch die politische Situation Planungen über den Haufen warf.

Die DDR hatte nach der Öffnung der Mauer eine Phase des Atemholens erlebt, in der noch eine Chance zur Reform, zu einer »besseren« DDR, zu bestehen schien, obwohl außer Absichtserklärungen tatsächlich wenig geschah. Mit der Besetzung der Normannenstraße am 15. Januar rückte die hässliche Seite des SED-Regimes wieder ins Blickfeld. Damit begann die letzte Phase der DDR als eigenständiges Staatswesen, die mit den Volkskammerwahlen endete. Diese letzte Phase hatte jedoch für den Einigungsprozess zentrale Bedeutung. Sie zeigte den Gegnern der Einheit im In- und Ausland, dass eine Entwicklung eingesetzt hatte, die ohne entschlossene Hilfe der Bundesrepublik nicht mehr zu meistern war. Helmut Kohl war immer überzeugt gewesen, dass die Menschen in der DDR der Motor der Entwicklung waren und unmissverständlich die Einheit anstrebten. Dennoch vermied er es in den ersten Wochen nach der Maueröffnung, diese Überzeugung in der Öffentlichkeit zu vertreten. Er wollte den Verdacht nicht aufkommen lassen, die Bundesregierung oder westdeutsche Politiker wollten diese Situation herbeireden und politisch ausnutzen.

Nun aber, seit Mitte Januar, war allgemein bekannt, dass nur freie Wahlen in der DDR zu einer politischen Lösung führen konnten. Damit stellte sich für Helmut Kohl ein anderes, sehr schwieriges Problem. In welcher Formation sollte sich die CDU an der Wahl beteiligen? Diese Frage musste ihn voll in Anspruch nehmen, nachdem der Wahltermin auf den 18. März vorverlegt worden war.

Ein dritter Sachverhalt im Januar 1990 wirft erstes Licht auf einen Aspekt der deutsch-sowjetischen Beziehungen, der selten zur Kenntnis genommen wird, aber wachsende Bedeutung erhalten sollte. Es ist keine Staatsaktion mit großem Medienaufwand, sondern ganz im Gegenteil ein Vorgang, über den wahrscheinlich gar nicht viele Akten vorhanden sind, der dafür aber eindrucksvoll die Handlungsweise des Kanzlers zeigte.

Am 8. Januar 1990 berichtete Horst Teltschik in der Morgenlage, der sowjetische Botschafter Julij Kwizinskij bäte »dringend um ein Gespräch mit Helmut Kohl«. Es ging auf dem Höhepunkt des Winters um Lebensmittel. Interesse verdient das Vorgehen des Botschafters. Sein Anknüpfungspunkt war der Besuch Gorbatschows im Juni 1989 in Bonn gewesen. Damals schien die Welt noch vergleichsweise ruhig, aber trotz der heiter-gelösten Stimmung während Gorbatschows Aufenthalt in der Bundesrepublik hatte Kohl auch an schlechtere Zeiten gedacht und dem sowjetischen Gast materielle Hilfe in Aussicht gestellt. Obwohl dieses Angebot gar nicht im Gesprächsprotokoll festgehalten wurde, hatte die sowjetische Seite diese Bemerkung aufmerksam registriert. Der Botschafter wollte nun wissen, »ob diese Zusage noch« gelte.[877] Moskau benötigte Lebensmittellieferungen, vor allem Fleisch für die Versorgung von Moskau und Leningrad.

Kohl reagierte unverzüglich, er rief sofort Landwirtschaftsminister Ignaz Kiechle an, damit dieser prüfte, »wie viel Fleisch in kürzest möglicher Zeit geliefert werden könnte«. Warum die Eile? Der Kanzler sah darin eine »Chance, das Klima im Verhältnis zur Sowjetunion zu verbessern«. Die Schnelligkeit, mit der Kohl reagierte und selbst aktiv wurde, entspricht der Bedeutung, die er der Nahrungsmittelhilfe beimaß. »Nur eine Stunde später« erfuhr er, dass Kiechle »die Lieferung von 120 000 Tonnen Fleisch innerhalb von vier bis sechs Wochen für möglich« hielt. Dabei blieb es jedoch nicht. Um Schwierigkeiten auf der EG-Ebene zu vermeiden, nahm Kohl mit Jacques Delors, dem EG-Präsidenten, selbst Kontakt auf, um dessen Zustimmung einzuholen. Der Kanzler war überzeugt, je rascher die Hilfe erfolgte, »desto größer wird die Wirkung.« Man müsse Gorbatschow unterstützen, sonst »könne man alles – einschließlich der Wiedervereinigung – vergessen«.

Es kommt selten vor, dass ein Regierungschef so zügig und umsichtig eine beträchtliche Lebensmittellieferung in Gang bringt. Aber hier war der Einsatz hoch und lohnte den Aufwand. An diesem Beispiel zeigt sich anschaulich die Regierungsmethode Kohls: Er wusste sofort, wie vorzugehen war, dass man auch die EG-Ebene einschalten und Delors persönlich informieren müsse, um für Tempo zu sorgen – das alles zeigte seine seit Mainzer Tagen ausgebildete Technik, selbst die richtigen Leute anzusprechen und mit ihnen, möglichst am Telefon, die Dinge so vorzubereiten, dass deren Erledigung kein grundsätzliches Problem mehr darstellte.

Am 24. Januar konnte Teltschik das Ergebnis dieses Einsatzes notieren. Der Kanzler gab die Genehmigung zu einem »Sonderverkauf von Lebensmitteln« an die Sowjetunion. Eine ganze Palette von Lieferungen wurde vereinbart: von Rindfleischkonserven über Schweinefleisch und Butter bis zu Käse. Die Bundesregierung subventionierte das Geschäft mit 220 Millionen D-Mark aus dem Bundeshaushalt.

Lebensmittelhilfe ist nach Jahrzehnten internationaler Hilfeleistungen eine Routineangelegenheit. Die von der Sowjetunion dringend benötigten Lebensmittel hatten 1990 ein ganz anderes Gewicht. Die diskrete Abwicklung zu günstigen Bedingungen eignete sich hervorragend, um die Beziehungen zu verbessern. Die erste, im Januar begonnene deutsche Hilfe für die Sowjetunion war im Umfang noch relativ gering; wichtig war das schnelle Handeln des Kanzlers. Das wirkte in Moskau und führte zu einer ganz überraschenden Reaktion: Am 2. Februar 1990 erschien der sowjetische Botschafter wieder im Kanzleramt – diesmal mit einer Botschaft von Generalsekretär Michail Gorbatschow.[878] Sie enthielt die sehr persönlich gefasste Einladung des Bundeskanzlers nach Moskau. Es ist müßig, entscheiden zu wollen, welchen Anteil die Nahrungsmittelhilfe an der Einladung gehabt hat. Wichtiger ist die Tatsache, dass die Einladung nach Moskau und damit die Aufnahme von intensiven Gesprächen im Zusammenhang mit der bereits geleisteten Hilfe stand. Was im Juni 1989 in Bonn bereits angesprochen worden war – dass zur politischen Verständigung auch die Bereitschaft zu materieller Hilfe gehöre –, wurde nun zur Grundlage der Beziehungen beider Staatsmänner zueinander, damit auch zur Grundlage der deutsch-sowjetischen Beziehungen – zunächst jedoch zur ganz wesentlichen Voraussetzung für die deutsche Einheit.

Der Kanzler im Kreml

Ende Januar 1990 wurde die Lage der DDR ganz allgemein als hoffnungslos eingeschätzt. Es gab aber keine Vorschläge, wie die Krise zu bewältigen sei. Alle wussten, dass es im Grunde nur eine Möglichkeit gab, um die DDR nicht dem freien Fall zu überantworten: die Vereinigung mit der Bundesrepublik.

In Moskau hatte im Verlauf des Monats ein Klärungsprozess eingesetzt, der eine Bewegung in der deutschen Frage nicht mehr unmöglich erscheinen ließ. Ende Januar wurde Ministerpräsident Modrow in Moskau erwartet. Er führte dort intensive Gespräche, kam aber mit leeren Händen zurück. Es blieb ihm nichts anderes übrig, als nun auch auf »Deutschland einig Vaterland« zu setzen. So nannte er den verschachtelten Stufenplan, mit dem er die Einheit erreichen wollte. »Deutschland einig Vaterland« gehörte zum Text der DDR-Hymne; deswegen durfte sie auf Anordnung der SED allerdings über zwanzig Jahre lang nicht mehr gesungen werden.

Anfang Februar trafen Kohl und Modrow auf dem World Economic Forum in Davos zusammen. Die Begegnung festigte die Einschätzung Kohls, dass der Ost-Berliner Regierungschef kein Partner war, mit dem man vernünftige Lösungen aushandeln konnte, sondern ein SED-Funktionär, der seinem alten Feindbild treu blieb. Den Sturm auf die Normannenstraße bezeichnete Modrow als Aktion des BND und sorgte sich, dass die »früheren Großgrundbesitzer durch Mecklenburg fahren und ihre alten Besitzungen besichtigen«, als ob die Rückkehr der Junker unmittelbar bevorstünde. Abenteuerlich war auch seine Behauptung, dass Bundesbürger jetzt »so billig und gut wie nie in der DDR lebten«.[879] Das war zweifellos richtig, wenn man die Preise für Grundnahrungsmittel auf der Basis des geltenden

Wechselkurses betrachtete. So kostete ein Dreipfundbrot umge-
rechnet nur 0,20 D-Mark, aber von Brot allein konnte man nicht
leben. Von diesem Mann und seiner Partei war nichts Konstruktives zu erwarten.

In der Grauzone der Ungewissheit, wie der Stillstand in der
deutschen Frage überwunden werden könnte, erwies sich der
amerikanische Bündnispartner von größter Wichtigkeit. In Washington hatte bei den entscheidenden Leuten nie ein Vorbehalt
gegenüber der deutschen Einheit bestanden. Die amerikanische
Außenpolitik war vielmehr bemüht, Konzepte zur Lösung des
deutschen Problems im internationalen Kontext zu erarbeiten.
Es war kein Zufall, dass in Washington auch die Zwei-plus-Vier-
Formel entwickelt wurde.

Der Bundeskanzler wurde am 10. Februar 1990 in Moskau
erwartet. Bevor er im Kreml mit Michail Gorbatschow zusammentraf, erhielt er von US-Präsident Bush wie von Außenminister James Baker wertvolle Informationen. Bush übersandte
ein Schreiben, das Kohl später zu den »großen Dokumenten
deutsch-amerikanischer Freundschaft« gezählt hat.[880] Es ist eindeutig in seinem festen Eintreten für die Wiedervereinigung, die
NATO-Mitgliedschaft und die amerikanische Truppenpräsenz
in Deutschland. Das amerikanische Programm stellte Maximalforderungen auf. Von möglichen Kompromissen oder Konzessionen an die Gegenseite war nicht die Rede. Die These, dass
Bush »die Westbindung zur Bedingung für die Wiedervereinigung«[881] gemacht habe, trifft nicht den Punkt. Tatsächlich stellten diese Bedingungen eine ganz wichtige Stärkung der Position
des Kanzlers im Gespräch mit Gorbatschow dar. So konnte er
stets auf die amerikanische Position verweisen und alle Kompromisse ablehnen. In der Sache selbst gab es zwischen der amerikanischen und der deutschen Position hinsichtlich der NATO-
Mitgliedschaft und der fortdauernden Präsenz amerikanischer
Truppen in Deutschland keine Differenzen. Aber für die sowje-

tische Seite war die Haltung Washingtons von großer Bedeutung, denn die Amerikaner waren die entscheidenden Verhandlungspartner, wenn es um die großen Fragen der Abrüstung ging. Wenn Washington auf Maximalforderungen beharrte, hatte das ein ganz anderes Gewicht, als wenn der deutsche Kanzler allein darauf bestanden hätte.

Außenminister Baker hatte seinen Besuch in Moskau gerade beendet, als Kohl ankam. Er ließ dem Kanzler einen Brief übermitteln, in dem er seine Moskauer Erfahrungen schilderte und Kohl informieren konnte, wie er die Haltung Gorbatschows einschätzte. Seine wichtigste Information lautete: Die sowjetische Führung hielte die Vereinigung Deutschlands für »unvermeidlich«, habe jedoch eine Reihe von Einwänden und Bedenken hinsichtlich ihrer Durchführung.[882]

Am 10. Februar, nur wenige Tage nach der spektakulären Ankündigung der Wirtschafts- und Währungsunion in Bonn, flog der Kanzler zu dem kurzfristig anberaumten Besuch nach Moskau. Wie von Gorbatschow vorgesehen, war es ein Arbeitstreffen, »inoffiziell und frei von Protokoll«. Der Kanzler nahm nur seinen engsten außenpolitischen Berater Horst Teltschik mit. Mehr als Dekor begleitete ihn auch Bundesaußenminister Genscher, ohne bei dem entscheidenden Treffen anwesend zu sein. Die große Zahl der begleitenden Journalisten erklärte sich aus der Tatsache, dass seit dem Besuch in Bonn im Juni 1989 kein weiteres Treffen zwischen Kohl und Gorbatschow stattgefunden hatte. Es war zudem bekannt, dass Gorbatschow die Zehn Punkte heftig kritisiert hatte. Außerdem hatte er im Januar außer Modrow keine ausländischen Gäste empfangen.

Der Kanzler hatte vor seinem Abflug keinerlei Hinweise erhalten, was die sowjetische Seite beabsichtigte. Selbst ein vorbereitendes Telefonat hatte nicht stattgefunden. Kohl hatte erst in Moskau von Außenminister Baker die Nachricht erhalten, dass der Kreml grundsätzlich positiv zur Einheit stehe. In Bonn war das noch nicht bekannt gewesen. Die begleitenden Medienvertreter wussten also nicht, was sie in Moskau erwartete.

Die Flugzeit nach Moskau war kürzer als gewohnt. Zum ersten Mal konnte die direkte Route über die DDR und Polen genommen werden. Den internationalen Gepflogenheiten entsprechend, sandte der Kanzler ein Grußtelegramm an den polnischen Ministerpräsidenten, als die Maschine der Bundesluftwaffe den polnischen Luftraum überquerte. Gegenüber dem komplizierten Manöver vom 10. November des Vorjahres, als es galt, von Warschau über Umwege nach Berlin zu gelangen, war das ein deutlicher Unterschied.

Das Gespräch zwischen Kohl und Gorbatschow begann am Nachmittag im Arbeitszimmer des Generalsekretärs.[883] Es herrschte eine eigenartige Atmosphäre – nicht zu vergleichen mit Verhandlungen, die nach Darstellung der Ausgangspositionen und dem Austausch von Argumenten mit einem Kompromiss zu enden pflegen. Hier war es anders. Kohl begann mit einem Bericht über den Absturz der DDR. Bis Mitte Januar sei die Situation »noch kontrollierbar« gewesen, aber seit der Auseinandersetzung um die Staatssicherheit »sei die Staatsautorität zusammengebrochen«. Um dieser Feststellung noch mehr Gewicht zu verleihen, fügte er hinzu, »es gebe kein anderes Wort für diese Entwicklung«. Das Argument, dass ein deutscher Staat keine Autorität mehr habe, sollte gewiss den Gesprächspartner beeinflussen. Kohl belegte den Zustand der DDR mit einleuchtenden Beispielen. Der Hinweis auf die ungeheuren Übersiedlerzahlen fehlte ebenso wenig wie die Versicherung, dass alle Parteien in der DDR für die Einheit einträten.

Immer wieder betonte der Kanzler, er sei im Grunde ein Getriebener. Was er erreichen wolle, welche politischen Ziele er verwirklichen wolle, sei nicht mehr wichtig. Seine »zeitlichen Vorstellungen« würden über den Haufen geworfen, »inzwischen sei eine Lage eingetreten, dass er nicht mehr gefragt werde.

Die Menschen würden mit ihren Füßen entscheiden. In Wochen oder Monaten könne ein Chaos eintreten, wenn er nicht auf diese Entwicklung reagiere.« Wieder hatte Kohl eindrucksvoll die Menschen in der DDR als die handelnden Personen in den Vordergrund gerückt. Seit dem vergangenen Oktober hatte er diese Linie vertreten. Die Entwicklung hatte ihm recht gegeben.

Man mag einwenden, dass Kohl die Situation dramatisierte, aber er hatte nicht übertrieben. Was wichtiger war: Gorbatschow hatte dieser Darstellung nichts entgegenzusetzen. Die politische Lage hatte sich entscheidend verändert. Mit der Ankündigung der Wirtschafts- und Währungsunion waren die Zehn Punkte faktisch überholt und die Vereinigung der beiden deutschen Staaten ein großes Stück näher gerückt. Die gemeinsame Währung hatte ein ganz anderes Gewicht als die »föderativen Strukturen«, die die Zehn Punkte situationsbedingt als eine Stufe des Zusammenwachsens anvisiert hatten. Die veränderte politische Lage zeigte auch die ausländische Reaktion auf die Ankündigung der Wirtschafts- und Währungsunion, denn diesmal hatte keine Regierung die fehlende Unterrichtung kritisiert, wie es bei den Zehn Punkten der Fall gewesen war. Sie alle wussten, dass nur die Bundesrepublik zu schneller Hilfe fähig war; eine Alternative war nicht in Sicht.

Gorbatschow erhob keine Einwände gegen die Darstellung Kohls. Ihm war die Versicherung des Kanzlers wichtiger, »er werde alles tun, um einen Kollaps der DDR … zu verhindern«. Er wollte vor allem wissen, »ob der Bundeskanzler die Währungsunion und Währungsgemeinschaft sofort nach den Wahlen beginnen wolle«, und er hatte keine Einwände, als der Kanzler dies bejahte.

Gorbatschow akzeptierte also die Währungsunion als ersten Schritt zur Vermeidung einer Katastrophe in der DDR und kam von selbst auf die Konsequenzen zu sprechen, die sich aus dieser Situation ergaben, und erklärte, »er glaube, dass es zwischen der

Sowjetunion, der Bundesrepublik und der DDR keine Meinungsunterschiede über die Einheit gebe und über das Recht der Menschen, die Einheit anzustreben und über die weitere Entwicklung zu entscheiden«. Was wie die nüchterne Schlussfolgerung aus der hoffnungslosen Situation der DDR klang, war tatsächlich die Zustimmung zur deutschen Einheit!

Was die Herrscher im Kreml seit den Fünfzigerjahren strikt abgelehnt hatten, den Menschen in ihrem Teil Deutschlands das Recht auf Selbstbestimmung einzuräumen, bot Gorbatschow nun von sich aus an. Horst Teltschik, der den Gesprächsverlauf festhielt und mit jedem Detail der sowjetischen Deutschlandpolitik vertraut war, erkannte sofort die Bedeutung des Satzes. »Innerlich jubelnd«, notierte er: »Das ist der Durchbruch!«[884]

In der Anfangsphase des Gesprächs war der Kanzler auf die »zwei Schienen für die weitere Entwicklung« zu sprechen gekommen. Die eine betreffe »die Zusammenarbeit zwischen den Deutschen«. Mit der Erklärung Gorbatschows zur deutschen Einheit war diese Frage im Grundsatz geklärt. Mit der zweiten Schiene meinte er »den internationalen Rahmen, ... die Frage der Sicherheit und der europäischen Einbettung«. Auf diesem Gebiet war keine schnelle Einigung zu erzielen. Das war auch nicht notwendig und von Gorbatschow nicht beabsichtigt. Sein Bestreben war es gewesen, bei diesem Treffen grünes Licht für die Vereinigung zu geben. Wie die internationale Einbettung aussehen sollte, müsse noch geklärt werden. Aber unlösbar schienen ihm die Probleme offenbar nicht. Allerdings formulierte er diesen Punkt erstaunlich vage: »Er wisse nicht, wie der Status aussehen solle, wenn nicht neutral, so vielleicht blockfrei ...« Er habe da keine festen Vorstellungen und meinte selbst, »dieser Gedanke müsse weitergedacht und durchgespielt werden«. Teltschik wunderte sich, dass Gorbatschow sich nicht auf strikte Bedingungen festlegte: »Keine Einforderung eines Preises und schon gar keine Drohung. Welch ein Treffen!«

Helmut Kohl hatte während des Gesprächs keine Gefühlsregungen gezeigt. Seine Äußerungen fielen in der Regel knapp aus. Man hat den Eindruck, als wollte er durch Präzisierungen die Ergebnisse dieser beispiellosen Unterredung festhalten. Das betraf vor allem die Entscheidung, dass die Einigung Deutschlands Sache der Deutschen sei, die berechtigten Interessen der Nachbarn aber zu berücksichtigen blieben und dass »in der Frage der Bündnisse befriedigende Lösungen« gefunden werden müssten. Der Generalsekretär bestätigte, »dass alles, was der Bundeskanzler gesagt habe, sehr nahe an seinen Ausführungen liege«.

Der Kanzler fragte daraufhin den Generalsekretär, »ob er diese Zusammenfassung öffentlich berichten könne«. Zugleich kündigte er an, »was er nicht öffentlich sagen werde«. Welche Gesprächsinhalte wollte er in seiner Presseerklärung ausblenden? Schon bei ihrem Treffen in Bonn im Sommer 1989 hatte Kohl mit Blick auf ihr künftiges Verhältnis die Besorgnis geäußert, dass zu viel Transparenz und Mitteilsamkeit gegenteilige Wirkungen auslösen könnten: »Je mehr Perestroika, desto weniger gebe es Vertraulichkeit.«[885] Wirklich stabile Beziehungen, das war seine feste Überzeugung, konnten nur in einer Atmosphäre des persönlichen Vertrauens entstehen.

Was der Kanzler Gorbatschow anbot, war in der Tat nicht geeignet, um in der Öffentlichkeit zerredet zu werden. Kohl hatte als zentrales Element, das ihr Verhältnis zueinander bestimmte, seit dem Treffen in Bonn die Bereitschaft zur Hilfe auf wirtschaftlichem Gebiet nie aus dem Auge verloren. Deshalb hatte er im Januar so energisch auf den zügigen Beginn der Lebensmittellieferungen gedrungen. Das unerwartet schnelle Einverständnis Gorbatschows zur deutschen Einheit wollte Kohl durch Zusagen auf wirtschaftlichem Gebiet verbindlicher machen. Er wollte attraktive Lösungen anbieten, die auf sowjetischer Seite den Verzicht auf die DDR erträglich werden ließen. Von sich aus, ohne von Gorbatschow dazu aufgefordert worden

zu sein, schlug er vor, die wirtschaftlichen Verpflichtungen der
DDR gegenüber der Sowjetunion zu übernehmen. Er war bereit,
»in diese Vereinbarungen einzutreten, wenn die deutsche Einheit erreicht werde«. Er wollte unbedingt vermeiden, »dass in
der sowjetischen Führung Misstrauen aufkomme, weil bestimmte Dinge nicht funktionieren würden, obwohl die Verantwortung nicht bei der Bundesrepublik liege«. Ihm war klar, »dass im
Falle der Vereinigung Deutschlands Bereiche der DDR für die
Sowjetunion nicht mehr ansprechbar seien und dies die Gefahr
von Missverständnissen erhöhe«. Er fürchtete also Lieferaus-
fälle und ähnliche Störungen, die die Lage komplizierten.

Gorbatschow nahm das Angebot Kohls zustimmend zur
Kenntnis. Auch für ihn stand fest, »dass die Wirtschaft vorrangig sei«.

Der Kanzler hatte mit seiner Zusage, in die Lieferungsverpflichtungen der DDR einzutreten, ein Thema angeschnitten,
mit dem sich auch Gorbatschow bereits beschäftigt hatte. Für
ihn sah die Sache allerdings einfach aus. Der Generalsekretär
sagte, »er habe sich das genau überlegt. Die Bundesrepublik
müsse jetzt von der DDR eine große Bürde übernehmen.« Weil
auch Kohl davon überzeugt war, dass erhebliche Lasten ge-
schultert werden mussten, war er mit der Erklärung einverstanden, »dass sie vereinbart hätten, aufgrund der speziellen Wirtschaftsbeziehungen der Sowjetunion mit der DDR eine diskrete
Bestandsaufnahme zu machen, um in die Verpflichtungen der
DDR einzutreten«.

Das war ein mehr als bemerkenswerter Vorschlag. Der Kanzler selbst bot die Übernahme der DDR-Verpflichtungen an und
schlug eine gemeinsame Bestandsaufnahme vor. Er hielt sich
damit an den Grundsatz, den er ein halbes Jahr zuvor gegenüber
Gorbatschow als eine Maxime politischen Handelns aufgestellt
hatte. Es sei »das Wichtigste, klug zu sein und Verständnis füreinander zu haben«.

Der Verlauf des Gesprächs im Kreml und seine Ergebnisse müssen auch im historischen Rückblick als sensationell bezeichnet werden. Kohl und Teltschik flogen nach Moskau, ohne von sowjetischer Seite einen Hinweis erhalten zu haben, was sie dort erwartete. Als Gorbatschow im Laufe des Gesprächs erklärte, die Einheit sei Sache der Deutschen, beließ es Kohl nicht bei der erfreuten Hinnahme dieser Konzession. Um die Zusage möglichst wasserdicht zu machen, bot Kohl im Gegenzug von sich aus an, in die Verpflichtungen der DDR einzutreten. Gorbatschow hatte das nicht gefordert. Vielleicht hatte er von Kohl eine solche Erklärung erwartet und war darin nicht enttäuscht worden. Was Gorbatschow politisch zusagen konnte, war die Bereitschaft zum Verzicht auf die DDR. Kohl erkannte in dieser Situation, dass er von sich aus etwas anbieten musste, das so gewichtig war, dass Gorbatschows innenpolitische Gegner das Angebot akzeptieren mussten. Es gab zu dem, was er vortrug, keine realistische Alternative, nur den absehbaren Zusammenbruch der DDR ohne jede Aussicht auf Entschädigung.

Einen Monat später kam der Kanzler in der Fraktion auf die tatsächliche Bedeutung der Wirtschaftsbeziehungen zu sprechen: »Für die Sowjetunion sei ein Thema viel wichtiger, als viele glauben, nämlich: die bisherigen wirtschaftlichen Bindungen und Beziehungen zwischen der DDR und der Sowjetunion. Sie müssen wissen, dass es hier ganz spezielle Verträge gibt, auch im wirtschaftlichen Bereich. Und ich muss Ihnen sagen: Nach der ungefähren Vorstellung, die ich davon gewonnen habe, ist das kein unlösbares Problem. Und es ist besser, wir können es auf diese Weise lösen als auf eine irgendeine andere Weise.«[886]

Auf jeden Fall empfahl es sich, die Frage nicht an die große Glocke zu hängen, bevor man konkret wusste, mit welchen Schwierigkeiten zu rechnen war. Hier wird wieder Kohls außenpolitische Strategie deutlich, die er schon im Jahre 1983 bei Mitterrands Währungsproblem verfolgt hatte. Damals war er dem französischen Partner zu Hilfe gekommen, um die Abwertung des Franc abzumildern, ohne dies jedoch in der Öffentlichkeit bekannt zu machen. So handelte er auch im Juni 1989, als er in Bonn gegenüber Gorbatschow seine Bereitschaft zur wirtschaftlichen Hilfe signalisiert hatte, zugleich aber sich dafür aussprach, dass die Perestroika nicht übertrieben werden sollte. Ähnlich verhielt er sich bei komplizierten EG-Verhandlungen in Brüssel. Warum sollte er lauthals verkünden, dass viele Engpässe durch deutsches Entgegenkommen überwunden wurden? Es genügte ihm, dass die Nutznießer das wussten und nicht vergaßen.

Nun stellt sich die Frage, ob Kohl sein Angebot, in die Lieferungsverpflichtungen der DDR einzutreten, machte, nachdem er in Bonn die Realisierungsmöglichkeit und vor allem die voraussichtlichen Kosten schon vorher ermittelt hatte. Davon ist nichts bekannt – und es ist wenig wahrscheinlich. Vielleicht mögen in Jahrzehnten Doktoranden, die in den dann hoffentlich zugänglichen Akten forschen dürfen, noch das eine oder andere Detail finden. Bis dahin ist davon auszugehen, dass dieses Angebot allein auf die Initiative Helmut Kohls zurückging. Er verstand mehr von der Wirtschaft, als die Allgemeinheit ihm zutraute, und war überzeugt, für sich selbst das Risiko abschätzen zu können. Mehr als einmal hatte er bei anderen Anlässen Bedenken zur Kenntnis genommen, die von wirtschafts- oder finanzpolitischer Seite vorgetragen wurden, wenn ein Problemfall nicht in den gewohnten Bahnen zu lösen war. Immer wieder hatte er feststellen können, dass für zunächst nahezu unlösbar erscheinende Probleme doch eine Lösung gefunden wurde. Es musste nur der Wille vorhanden sein, mit der notwendigen Energie darauf zu dringen.

Das Treffen am 10. Februar im Kreml unterschied sich von Begegnungen der Regierungschefs im Allgemeinen und deutsch-sowjetischen Treffen im Besonderen. Spitzenbegegnungen werden oft als Möglichkeit genutzt, um Entscheidungen zu treffen, die auf Ministerebene allein nicht erreichbar waren. Da bot das Spitzengespräch die Gelegenheit, über eine in groben Zügen vorbereitete Lösung Einvernehmen zu erzielen. Bei diesem Treffen war aber nichts vorbereitet. Es ging auch nicht um einen Kompromiss, der für beide Seiten tragbar erschien. Es war eine vom Normalfall sich gänzlich abhebende Situation. Jeder der beiden Partner vertrat die eigenen Interessen, hatte aber zugleich die Interessen des anderen im Blick. Der Verlauf des Gesprächs zeigte ein tastendes Voranschreiten, bis Gorbatschow mit dem langen Satz, dass es keine Meinungsunterschiede über die Einheit gebe und dass die Deutschen das Recht hätten, die Einheit zu wollen und über die weitere Entwicklung selbst zu entscheiden, die erlösende Formel fand.

Nach dem zentralen Treffen zwischen Gorbatschow und Kohl fand im Kreml noch eine Gesprächsrunde statt, an der auch die beiden Außenminister Hans-Dietrich Genscher und Eduard A. Schewardnadse teilnahmen.[887] Nach dem Abendessen stand als letzter Termin die internationale Pressekonferenz auf dem Programm. Der Kanzler gab vor der Presse nur eine knappe Erklärung ab. Ihr Kernsatz lautete: »Generalsekretär Gorbatschow hat mir unmissverständlich zugesagt, dass die Sowjetunion die Entscheidung der Deutschen, in einem Staat zu leben, respektieren wird; und dass es Sache der Deutschen ist, den Zeitpunkt und den Weg der Einigung selbst zu bestimmen.« Er schloss mit dem Bekenntnis: »Dies ist ein guter Tag für Deutschland und ein glücklicher Tag für mich persönlich.«[888]

Die Wendung ins Persönliche überrascht. Bei Kohls öffentlichen Stellungnahmen ist Derartiges selten anzutreffen. Es lag ihm nicht, seinen Anteil an der Lösung eines Problems herauszukehren oder Emotionen aufscheinen zu lassen. Für ihn war der Erfolg in der Sache selbst wichtiger. Aber in dieser Situation drängte es ihn, nicht nur den persönlichen Erfolg zum Ausdruck zu bringen, sondern auch das tiefe Gefühl der Freude und

Befriedigung. Von diesem Tag hatte er jahrzehntelang geträumt und jahrelang dafür gekämpft. Schon zu Beginn seiner Regierung, am 8. März 1983, hatte er als Ziel der »Ära Kohl« die Überwindung der Teilung und das Ja zur Einheit der Nation genannt. Nun war er diesem Ziel schon sehr nahe gekommen. Als Politiker wusste er, wie schnell Erfolge kleingeredet oder gar in das Gegenteil verkehrt werden. Daran hatte er sich gewöhnt. Aber hier, vor seinem größten Erfolg, wollte er einmal auf den eigenen Anteil hinweisen und auf das Glücksgefühl, das ihn erfüllte.

Von der »Allianz für Deutschland« zum Sieg bei der Volkskammerwahl

Am 16. Januar 1990 berichtete Helmut Kohl in der Fraktion, er sei am vergangenen Sonntag in Köpenick gewesen – »weit draußen in Berlin, wo man normalerweise überhaupt nicht hinkommt« – und habe dort mit »ganz normalen Menschen« gesprochen. Da sei er gefragt worden: »Herr Kohl, sagen Sie mal, was soll ich denn wählen?«[889] Das war eine durchaus berechtigte Frage. Von einer Antwort wurde allerdings nichts berichtet. Das ist kein Zufall, denn Kohl wusste zu diesem Zeitpunkt selbst noch nicht, in welcher Formation die Union bei den Volkskammerwahlen antreten würde. Die Frage hatte ihn beschäftigt, seit in der DDR Wahlen angekündigt worden waren. Neidvoll hatte er schon im November 1989 festgestellt, dass »SPD und FDP mit ihrem unverbrauchten Namen auftreten konnten, während der Name CDU mit dem Begriff Blockpartei belastet sei«.[890] Damit war der Wahlerfolg des Kanzlers infrage gestellt. Wer würde ihn wählen, wenn er für eine Partei kandidierte, deren Mitglieder verächtlich als »Blockflöten« bezeichnet wurden? Es war die erste Bewährungsprobe für den neuen Generalsekretär Volker Rühe, in dem Durcheinander von Vereinigungseuphorie, Information und Denunziation einen kühlen Kopf zu bewahren. Ob er dabei den kühlen Charme des Hamburgers im Umgang mit den neuen Parteifreunden überstrapazierte, ist schwer zu entscheiden.

Mitte Januar 1990 hatte Kohl noch keine »abschließende Meinung, ob er zum Wahlkampf in die DDR gehe und für wen er reden werde«.[891] Mit der Ost-CDU allein ginge es nicht; sie sei »der Garant für eine schwere Wahlniederlage«. Notwendig sei das Zusammengehen mit mehreren Gruppen, dass man sagen könne, die Ost-CDU habe sich gewandelt. Aber die Besprechungen kamen nicht von der Stelle. Gegen Ende des Monats, als die Vorverlegung der Volkskammerwahlen auf den 18. März die Notwendigkeit einer raschen Einigung noch stärker betont hatte, nahm Kohl die Sache selbst in die Hand. In der Pücklerstraße in Dahlem, dem alten Gästehaus der Bundesregierung aus den Zeiten Adenauers, das Kohl regelmäßig bei seinen Berliner Besuchen als Quartier zu benutzen pflegte, fanden die abendlichen Treffen statt.

Von der Ost-CDU erschienen Lothar de Maizière und der Oberkirchenrat Martin Kirchner, von der Deutschen Sozialen Union der Leipziger Pfarrer Hans-Wilhelm Ebeling und der Rechtsanwalt Peter Michael Diestel; der Rechtsanwalt Wolfgang Schnur und der Pfarrer Oswald Wutzke, der später von seinem Amtsbruder Rainer Eppelmann ersetzt wurde, kamen vom Demokratischen Aufbruch. Die Verhandlungen gestalteten sich schwierig. Denn die Parteienvertreter, die in Dahlem zusammentrafen, kannten sich kaum und mussten erst lernen, ihre abweichenden Standpunkte aufeinander abzustimmen. Kohl erinnerte sich, dass Peter Michael Diestel, der mit dem Pfarrer Ebeling als Vertreter der Deutschen Sozialen Union gekommen war, den CDU-Vorsitzenden de Maizière und seinen Generalsekretär Kirchner als »rote Socken« bezeichnete. Zum ersten Mal habe er damals diese Bezeichnung gehört.[892] Kirchner hatte zu Beginn des Gesprächs sofort den Posten des Ministerpräsidenten für de Maizière gefordert. Kohl erzählte im Rückblick: »Ich stelle mir den zuständigen Stasi-General vor, wie er am Tag danach die verschiedenen Berichte über unser Treffen studiert hat.« Damit meinte er die Berichte zumindest einiger der Gesprächspartner.

Erst am 5. Februar 1990 konnte die »Allianz für Deutschland« als Wahlkampfbündnis von CDU, Deutscher Sozialer Union und dem Demokratischen Aufbruch verkündet werden. Es war eine mehr als seltsame Vereinigung. Die wartenden Journalisten lachten schallend, als sie das mühsam zustande gekommene Ergebnis erfuhren. Es lässt sich leicht vorstellen, welche Gefühle Helmut Kohl bei den Verhandlungen bewegten. Denn zumindest von einigen seiner Partner wusste er, dass sie belastet waren. Die spektakulärste Enthüllung betraf den Vorsitzenden des Demokratischen Aufbruchs Wolfgang Schnur, als dieser nur wenige Tage vor den Wahlen seine Tätigkeit als informeller Mitarbeiter (IM) der Staatssicherheit bestätigen musste.

Als Helmut Kohl in der Fraktion am 6. Februar die Gründung der Allianz »nach einer sehr schwierigen und ungewöhnlich arbeitsreichen Woche« verkündete, vermied er jeden Überschwang. Es sei »nicht um einen glanzvollen Alleingang, sondern um einen sinnvollen Kompromiss« gegangen. Über Lothar de Maizière, den CDU-Vorsitzenden, äußerte er sich zurückhaltend; es sei ein Mann »ohne Tadel«, aber doch der Vorsitzende einer Partei, »die im Wahlkampf sich zu wehren hat gegen den Vorwurf, Blockpartei zu sein«. Deswegen sei es so »ungeheuer wichtig« gewesen, »zu dieser Gruppe andere Gruppen zu bekommen, wo genau dieser Vorwurf nicht gemacht werden« konnte.[893] Die kaum verhohlene Abneigung Kohls gegen Lothar de Maizière wird meist nicht zur Kenntnis genommen oder als ty-

pische Rücksichtslosigkeit kritisiert. Stattdessen wird auf de
Maizières bürgerlich-protestantischen Hintergrund verwiesen,
der ihn vom überkommenen Typ des Parteipolitikers unterschieden habe. So wusste der für Politik zuständige Abteilungsleiter in der Ständigen Vertretung in Ost-Berlin schon am 1. Dezember 1989 zu berichten, die CDU habe »die Weisheit besessen,
in de Maizière einen untadeligen Vorsitzenden zu küren, der
eher durch seine Redlichkeit als durch seine Ausstrahlungskraft
überzeugt«.[894] Das war ein bemerkenswertes Fehlurteil, das wenig Kenntnis über die Ost-Berliner Verhältnisse verriet. Neben
solch sympathischer Weichzeichnung wird de Maizière zumeist
als ein Opfer von Kohls Antipathie dargestellt, weil der Machtpolitiker Kohl nichts mit »Laienspielern« wie de Maizière anfangen konnte.[895]

Als Objekt des Mitleids kommt Lothar de Maizière jedoch
kaum infrage; eher ist seine Schonung durch Politik und Medien
bemerkenswert. Als stellvertretender Vorsitzender des Berliner
Anwaltskollegiums, zu dessen Vorsitzendem Gregor Gysi er »in
durchaus freundschaftlich-kollegialen Beziehungen« stand, war
er im SED-Staat kein großes, eher ein kleines, aber nicht un-
wichtiges Rad gewesen.[896] In totalitären Regimen besteht für
Rechtsanwälte kein echter Bedarf. Dem Absolutheitsanspruch
der DDR-Ideologie folgend, waren Anwälte Relikte des bürgerlichen Rechtsstaates; ihre politische Zuverlässigkeit war wichtigste Voraussetzung für die Tätigkeit als Verteidiger in Prozes-
sen. De Maizière war auch als Pflichtverteidiger in politisch
hoch brisanten Fällen tätig gewesen. Seine Beziehung zum MfS
war eine Selbstverständlichkeit und keineswegs von der Abgabe
einer Erklärung als IM abhängig. Wie sein Vater Clemens, dessen Zusammenarbeit mit dem MfS über Jahrzehnte bestanden
hatte, war Lothar de Maizière Synodaler der evangelischen Kirche und zugleich Mitglied der CDU. Das alles war für sein
Erscheinungsbild wichtig. Er gehörte in jedem Fall zum DDR-

Establishment – auch wenn der Begriff vielleicht zu anspruchsvoll erscheint –, war in der Öffentlichkeit wenig bekannt und
galt politisch als nicht verdächtig.

Unter dem Einfluss Gorbatschows wuchsen auch in politischen Kreisen der DDR die Zweifel an der Führung Honeckers
und seiner starren Ablehnung eines »Tapetenwechsels«. Der
Versuch, in der DDR ebenfalls die Perestroika durchzusetzen, ist
vor allem mit dem Namen des früheren Spionagechefs Markus
Wolff verbunden. Vielleicht gehörte auch de Maizière zu Seilschaften, die sich in dieser Konstellation bildeten. Sie wollten
die DDR im Sinne des sowjetischen Vorbildes von innen heraus
umgestalten. Sie bauten Kontakte auf und versuchten, möglichst
unauffällig Positionen zu besetzen, um bereit zu sein, wenn der
politische Wandel eintrat. Ein Risiko gingen sie nicht ein, da sie
der sowjetischen Hilfe im Notfall sicher sein konnten.

Im Oktober 1989 betonte der Sturz Erich Honeckers die
Notwendigkeit zu politischen Reformen und Änderungen in
Richtung Perestroika. Die Blockparteien, besonders die CDU
als die größte Partei neben der SED, konnten nicht weiter in
ihrer bisherigen Passivität verharren.

Bei der CDU war eine Wandlung besonders notwendig, denn
der Parteivorsitzende Gerald Götting hatte seit Anfang der Fünfzigerjahre ungefährdet als Parteivorsitzender amtiert, nachdem
die CDU von der SED durch brutale Verfolgung zur Blockpartei
deformiert und der CDU-Vorsitzende und DDR-Außenminis-
ter Georg Dertinger für lange Jahre im Zuchthaus verschwunden war.

Götting musste also abtreten. Wie man dabei vorging, zeigte
allerdings deutlich die alten Praktiken. Auf der Sitzung des
Hauptausschusses der CDU am 2. November wurde sein Rücktritt verkündet, und ein einschlägig vernetzter Parteifreund namens Wolfgang Heyl präsentierte zwei Kandidaten für die Neuwahl. Der eine war Lothar de Maizière; er wurde auch prompt

am 10. November gewählt. Kritik aus den Reihen der Mitglieder oder das Aufbegehren einer Minderheit ist nicht bekannt. Es handelte sich nur um das Auswechseln der Führungsfigur. Zum Bild der »gewandelten« DDR-Führung sollte es gehören, dass Ministerpräsident Modrow den neuen CDU-Vorsitzenden schon bald als stellvertretenden Ministerpräsidenten in das Kabinett aufnahm. Er hatte keine Funktion, war aber ein sicherer Verbündeter in dem Bemühen, die DDR zu erhalten. Die Tatsache des Eintritts in die Regierung hatte Kritik bei der West-CDU hervorgerufen, da auf diese Weise die Vergangenheit als Blockpartei sich nur schwer abstreifen ließ. Entsprechende Bedenken wurden von verschiedenen Seiten geäußert, bewirkten aber nichts.

Helmut Kohl hatte bereits Ende 1989 erfahren, dass gegen Lothar de Maizière der Verdacht der Zusammenarbeit mit dem MfS bestand.[897] Er war also gewarnt, hatte aber mit dieser Kenntnis ein besonderes Problem. Wie sollte er sich ihm gegenüber verhalten? Er hatte bisher als Parteivorsitzender jeden Kontakt mit der Ost-CDU strikt abgelehnt. Für ihn gehörten deren Funktionäre zum Unrechtssystem der SED; deshalb waren politische Beziehungen mit ihnen ausgeschlossen. Eine Reaktion des Kanzlers auf die Wahl von de Maizière zum Parteivorsitzenden ist nicht bekannt. Dieser wiederum verspürte keine Neigung, mit Kohl als Parteivorsitzendem Kontakt aufzunehmen, sondern wählte Umwege, bis sich ein Gespräch mit Wolfgang Schäuble ergab. Es fand Anfang Dezember im Büro des Konsistorialpräsidenten Manfred Stolpe in Ost-Berlin statt. Schäuble zeichnete die Vorurteilslosigkeit des Juristen aus, die mitunter politischer Naivität nicht unähnlich war. Jedenfalls störte es ihn nicht, dass de Maizière verbissen die Vorstellung vertrat, »dass sich die DDR aus eigener Kraft in Ordnung bringen müsse und dass erst danach eine Vereinigung beider deutscher Staaten infrage kommen könne«.[898] Schäuble sah auch kein Problem,

Manfred Stolpe, den wichtigsten Kirchenpolitiker in der DDR, für die CDU zu gewinnen. Das stieß allerdings bei Kohl auf Ablehnung.

Zum Treffen mit Schäuble erschien de Maizière in Begleitung der damaligen SED-Wirtschaftsministerin Christa Luft. Was anders konnte das bedeuten als die Kontrolle des Gesprächs durch den SED-Koalitionspartner? Am 22. Januar fand eine weitere Besprechung zwischen Schäuble und de Maizière in einem Besprechungsraum auf dem Flughafen Tegel statt. Auch das überrascht etwas. Warum konnte der Ost-Berliner nicht einfach in Schäubles Berliner Büro kommen?

De Maizière beklagte sich bitter: »Warum redet Kohl mit allen anderen, nur nicht mit mir?« Für Kohl löste die Möglichkeit des Kontaktes mit diesem Mann ähnliche Gefühle aus wie bei den Begegnungen mit Honecker. Eisernes Verschweigen seiner tatsächlichen Einstellung war hier oberstes Gebot. Schon die langen abendlichen Verhandlungen in der Villa in Dahlem müssen quälend für ihn verlaufen sein. Zu diesen Treffen erschien de Maizière mit einer Frau Silvia Schulz, seiner wohl »engsten Mitarbeiterin«, mit der sich Eduard Ackermann in den Stunden des Wartens lange unterhalten hatte.[899] In der Tat war es eine enge Mitarbeiterin. Sie arbeitete zunächst als gemeinsame Sekretärin von Gysi und de Maizière, bis sie im Spätsommer 1989 in das CDU-Hauptquartier übersiedelte und dort mit de Maizière in die Politik einstieg.

Unsympathisch auf ihn wirkende Parteifreunde kannte Kohl in genügender Zahl. Das störte ihn nicht. Aber bei Lothar de Maizière war es anders. Er wusste, dass dieser zum Unrechtssystem der SED gehört hatte. Das schuf einen Graben, der nicht zu überbrücken war. Doch diese unangenehmen Empfindungen mussten beiseitegeschoben, der Wahlerfolg durfte nicht gefährdet werden.

Nach Abschluss der Allianz am 5. Februar 1990 bemühte sich

der Kanzler um eine optimistische Haltung, wusste aber, dass das von ihm zustande gebrachte Bündnis recht wackelig war – alles andere als ein Selbstläufer. Von einem Wahlsieg konnte man vielleicht träumen, sicher war er nicht. Noch gab es keine Strategie für den Wahlkampf und erst recht keine zündende Wahlparole. Diese Situation gilt es, im Blick zu haben, wenn man Kohls Reaktion am folgenden Tag verstehen will. Er hörte von Horst Teltschik, dass sein alter Gegner Lothar Späth von Stuttgart aus Einfluss auf die politische Entwicklung nehmen wollte.[900] Der baden-württembergische Ministerpräsident, so erfuhr er, wollte am Nachmittag des 7. Februar im Landtag die Schaffung einer Wirtschafts- und Währungsunion fordern. Kohls Reaktion auf diese Information war für ihn charakteristisch. Hier wurde von dem falschen Mann das richtige Thema angesprochen. Er musste handeln.

Mit der Einheit war die Währungsfrage auf das Engste verbunden. Mit der Information über Späths Vorpreschen wurde Kohl schlagartig bewusst, was zu tun sei. Einen erfolgreichen Wahlkampf konnte er nur mit einer überzeugenden Parole führen. Nichts interessierte aber die Menschen in der DDR in diesen Wochen der sich steigernden Unsicherheit mehr als die Frage des Geldes, genauer, ob sie auch die harte D-Mark bekamen. Da gab es nur eine Möglichkeit: Er musste den Wahlkampf mit dieser Losung führen. Das gab den Menschen ein Ziel, das sie sehnlichst erwarteten, und den Sachverständigen eine Aufgabe, die sie unter erheblichen Zeitdruck setzte. Aber er wusste auch, dass die Währungsunion ein ganz großer Schritt in Richtung Einheit war. Der Stufenplan der Zehn Punkte war damit überholt. Eine »dramatische Verkürzung des Zeithorizonts«[901], wie er es nannte, war eingetreten. Wieder waren es die Menschen in der DDR, die die Entscheidung letztlich bestimmten.

Es war einmal mehr eine einsame Entscheidung, nicht das Ergebnis von Koalitions- und Expertenrunden. Am Nachmittag des 6. Februar sprach Helmut Kohl zum ersten Mal in der Fraktion über die Währungsunion. Dabei hatte er auch den in Bonn bevorstehenden Besuch von Hans Modrow im Blick, bei dem erhebliche finanzielle Forderungen zu erwarten waren, die er ohnehin nicht akzeptieren wollte, da er sie für nutzlos hielt.

Stattdessen schlug der Kanzler einen anderen Weg vor. Man müsse der DDR-Regierung »ganz einfach sagen, dass wir bereit sind, ... mit der DDR unverzüglich in Verhandlungen über eine Währungsunion mit Wirtschaftsreformen einzutreten«.[902] Ihm ging noch nicht das Wort von der »Wirtschafts- und Währungsunion« glatt von den Lippen. Was er als »Währungsunion mit Wirtschaftsreformen« bezeichnet hatte, setzte genau den richtigen Akzent. Die Währungsunion war die eine Seite, ein mehr technisches Problem, die notwendigen Reformen aber, dass die Wirtschaft mit dem neuen Geld auch den Aufschwung schaffte, waren schwieriger durchzuführen als die Währungsreform, dennoch ebenso unvermeidlich.

Es blieb nicht bei der Ankündigung, sondern bereits am nächsten Tag war die Wirtschafts- und Währungsunion der wichtigste Punkt der Kabinettssitzung. An ihr nahmen auch die Partei- und Fraktionsvorsitzenden der Koalitionsparteien und der Präsident der Bundesbank teil. Der Bundeskanzler begründete überzeugend seinen Entschluss und erntete volle Zustimmung – von der finanzpolitischen Seite allerdings mit der verständlichen Einschränkung, dass man ein stufenweises Vorgehen vorgezogen hätte.

Mit dem Abschluss der »Allianz für Deutschland« und der fast gleichzeitig getroffenen Entscheidung des Kanzlers, die Wirtschafts- und Währungsunion in der DDR anzukündigen, waren die Voraussetzungen für einen erfolgreichen Wahlkampf gegeben. Schon am 6. Februar 1990 verkündete Kohl in der Fraktion: »Ich selbst habe die Absicht, in sechs großen Kundgebungen in der DDR aufzutreten.«[903] Er startete mit der ersten Versammlung auf dem Domplatz zu Erfurt – »mitten in Deutschland und mitten in Europa«. Dann folgten weitere Versammlungen in Chemnitz, Magdeburg, Rostock, Cottbus und zum Abschluss in Leipzig. Insgesamt erreichte er weit mehr als eine halbe Million Menschen.

Die Kampagne zeigte den Wahlkämpfer Helmut Kohl in der Form seines Lebens. Nie wieder sprach er vor so vielen Menschen, erhielt so viel Beifall und zog so viel Kraft aus der Begegnung mit Menschen, die Hilfe von ihm erwarteten. Er stellte ihnen den raschen Wiederaufbau in Aussicht, wie er nach 1948 mit der Währungsreform begonnen hatte, nun aber noch schneller und wirksamer. Darin war er sich vollkommen sicher. Es war keines der üblichen Wahlversprechen, sondern die Ankündigung des raschen Wandels, der einfach kommen musste. Das bestätigte auch Hans Ulrich Kempski in seiner Wahlkampfreportage: »Billige Versprechen sind von Kohl nicht zu haben.« Aber er verstehe es, »seiner Aussage die ganze Autorität einer knappen Kanzler-Erklärung zu geben, auf deren Haltbarkeit gewiss Verlass ist«.[904]

Kohls Rede, die er, leicht variiert, in allen Städten vortrug, klang nicht nach Wahlkampf.[905] Die Aufforderung, zur Wahl zu gehen, stand im Vordergrund. Vollmundige Versprechen gab er nicht ab. Wiederholt betonte er, dass die »richtigen Rahmenbedingungen« geschaffen werden müssen. Wirtschaftsreformen seien zügig in Angriff zu nehmen. Der Abschied vom Sozialismus mache jedoch eine Übergangszeit notwendig, aber hier konnte er auf die »bewährten sozialen Sicherungssysteme« für Alter, Krankheit und Arbeitslosigkeit verweisen. Es waren Selbstverständlichkeiten, die er in Aussicht stellte: Arbeitslosenunterstützung, Krankengeld, berufliche Fortbildung und Umschulung. Er wusste von den Ängsten der älteren Menschen und versicherte ihnen, dass Renten und Erspartes sicher seien. Er gab den Menschen gegenüber keine konkreten Versprechungen ab;

er machte ihnen vielmehr Mut und zollte ihnen Respekt: »Sie sind genauso fleißig, genauso klug, genauso einsatzbereit wie die Menschen in der Bundesrepublik Deutschland.« Gemeinsam werde man es schaffen.

Als Folge der Einführung der Sozialen Marktwirtschaft und ihrer sozialen Absicherung erwähnte er an mehreren Stellen der Rede eher beiläufig, wie das Land dann aussehen werde. Es werde ein »blühendes Land« sein. Das war keine dramatische Ankündigung, kein hochgepuschtes Wahlkampfversprechen, sondern für ihn eine Selbstverständlichkeit. Die deutsche Sprache kennt kein anderes Wort, um ein Land mit schmucken Häusern, gepflegten Gärten, sicheren Straßen und zufriedenen Menschen zu bezeichnen.

Die jubelnden Menschen, denen der Kanzler überall begegnete, passten aber nicht zu den Meinungsbefragungen und dem Tenor der Medienberichterstattung. Deren Botschaft lautete: Die große Mehrheit in der DDR ist gegen die Einheit eingestellt. Dort war man sich sicher, dass die SPD die Wahlen gewinnen werde. Schließlich waren Sachsen und Thüringen schon immer sozialdemokratische Hochburgen gewesen. Zweifelnde Stimmen wurden nicht wahrgenommen.

Die Überraschung, genauer: der Schock, konnte nicht größer sein, als die »Allianz für Deutschland« – diese zusammengewürfelte Truppe mit einem Kanzler an der Spitze, den seine Partei noch sechs Monate zuvor hatte stürzen wollen – am 18. März einen gewaltigen Erfolg errang. Die Allianz verzeichnete mit 48 Prozent der Stimmen einen triumphalen Wahlsieg, die SPD mit 21,9 Prozent eine bittere Niederlage, während die zur PDS gewandelte SED immerhin 16,4 Prozent erhielt. Es war ein Sieg des Kanzlers, aber was diesen Sieg noch wichtiger machte: Angesichts der Rekordwahlbeteiligung von 94,3 Prozent war es ein Plebiszit für die möglichst rasch zu vollziehende Einheit, denn keine Partei hatte sich dagegen ausgesprochen.

Das Wahlergebnis war nicht für alle eine völlige Überraschung. Der Kanzler wusste bereits in den letzten Tagen vor dem Wahlsonntag, dass er einem großen Sieg entgegenging. Elisabeth Noelle-Neumann hatte ihr Meisterstück abgeliefert. Allensbach war mit einem größeren Team in der DDR tätig geworden und hatte die Befragung den ganz anderen Bedingungen angepasst.

Die Meinungsforscher fanden heraus, dass die Wahlabsichten sich in der ersten Märzhälfte »mit einer Geschwindigkeit verschoben, die wohl historisch einmalig bleiben wird«.[906] In der letzten Woche vor den Wahlen wusste Elisabeth Noelle-Neumann, dass die Allianz weit vorn lag. Natürlich hütete sich der Kanzler, über den nahen Sieg etwas verlauten zu lassen. Die Überraschung gelang vollkommen. Seinen Partner de Maizière hatte er aus dem Auge verloren. Selbst am Wahlabend hatte der sich nicht bei Kohl gemeldet. In dem Lokal in Ost-Berlin, wo die Union ihren Sieg feierte, hatte der Wahlsieger de Maizière einen bedrückten Eindruck gemacht, »hatten seine Siegesposen nicht bloß linkisch, sondern geradezu gekünstelt gewirkt«. Sogar einen »Schwächeanfall« soll er erlitten haben, wie die »Süddeutsche Zeitung« berichtete.[907] Ob es die Scheu vor der Verantwortung war, die auf ihn zukam, oder die Befürchtung, seine Vergangenheit als Stasi-Zuträger könnte ihn einholen, bleibe dahingestellt. Als letzter Ministerpräsident der DDR sollte er der Politik des Bundeskanzlers viele Schwierigkeiten bereiten – beispielsweise in der Frage der polnischen Westgrenze die polnische Seite unterstützen.[908]

Für Kohls politische Gegner und die ihm feindlich gesonnene Medienfront war es die empfindlichste Niederlage. Man war so sicher gewesen; die SPD hatte bereits für die von ihr geführte Regierung »einen Strukturplan ... bis auf die Staatssekretärsebene« entworfen.[909] Tief enttäuscht hatte sich Willy Brandt am Wahlabend schon frühzeitig zurückgezogen. Der Grünen-Abgeordnete Otto Schily zeigte intellektuelle Arroganz, als er eine Banane vor die Kamera hielt.

Bei dem üblichen Fernsehauftritt der Spitzenpolitiker am Wahlabend in Bonn konnte der Kanzler seine Neigung zu spöttischen Bemerkungen nicht unterdrücken und sagte zu den Journalisten, die sichtlich enttäuscht waren, weil sie ein anderes Wahlergebnis erwartet hatten: »Wenn ich Sie so vor mir sitzen sehe und Ihre Gesichter betrachte, ist das ein besonders schöner Abend.«[910] In dieser siegesfrohen Stimmung machte Kohl eine folgenschwere Bemerkung. Er erklärte: »Dieses Land wird in fünf Jahren ein blühendes Land sein.« Im Wahlkampf hatte es anders geklungen. Da erschien das Bild von den blühenden Landschaften als ganz natürliche Folge der Einführung der sozialen Marktwirtschaft. Nun hatte er die Aussage durch die Fristsetzung von fünf Jahren zugespitzt. Wollte er damit die Journalisten ärgern, die ihn mit Fragen bestürmten?

Aber Journalisten reagieren schnell. Der »Spiegel« orakelte schon in der Berichterstattung über die Wahl, die DDR-Bürger könnten nur hoffen, »dass Kohl die vielen Versprechungen, die er den Menschen gemacht hat, auch halten wird – etwa dieses, dass die DDR ›in etwa fünf Jahren ein blühendes Land sein‹ werde«.[911] Damit war die Formel gefunden, die den Aufbau Ost und seine langsamer als erwartet eintretenden Erfolge vorsätzlich abwerten sollte.

Der strahlende Wahlsieg ließ den Kanzler jedoch nicht vergessen, welche Zitterpartie er hinter sich hatte. Vor der Fraktion bekannte er: »Für mich war das Ganze seit diesem ›herrlichen Empfang‹ vor dem Schöneberger Rathaus Mitte November eine einzige Partie ... über sehr dünnes Eis.«[912]

Am 3. April 1990 feierte Kohl seinen 60. Geburtstag. Ein solcher Anlass wurde in der Ära Kohl nicht mehr zur Kenntnis genommen. Das endlose Geburtstagsdefilee aus den Zeiten Adenauers war längst vorbei. Aber der runde Geburtstag, kurz nach dem Sieg bei den Volkskammerwahlen und in einer politischen Situation, die die Wiedervereinigung in fast greifbare Nähe rückte, war etwas anderes. Am Vormittag fand für das offizielle Bonn ein Festakt statt, in der die üblichen Würdenträger ihre Glückwünsche vorbrachten. Mit einer Ausnahme: Bundespräsident Richard von Weizsäcker stand nicht auf der Liste der Gratulanten. Von ihm wollte der Jubilar nichts hören, nachdem er sich über dessen Interview im DDR-Fernsehen im Dezember 1989 mächtig geärgert hatte. Dort hatte Weizsäcker ähnliche Vorstellungen wie de Maizière geäußert und sich gegen das »Zusammenwuchern« ausgesprochen. »Unangemeldet« hatte sich der Bundespräsident aber doch noch mit Glückwünschen zu Wort gemeldet und sogar von »bleibender Dankbarkeit« über den gemeinsam mit dem Kanzler zurückgelegten Weg gesprochen.[913]

Am Abend fand im Bungalow die private Geburtstagsfeier statt, zu der bewährte Freunde und die engsten Mitarbeiter mit ihren Frauen eingeladen waren. Ebenso unangemeldet, aber hochwillkommen, hatte Kohls ältester Sohn Walter eine Rede auf seinen Vater gehalten, »in der er aus seiner Sicht das Leben und politische Werk Helmut Kohls würdigte. Die Art, in der das geschah, ließ auf ein Verhältnis zwischen Vater und Sohn schließen, wie man es sich als Vater nur wünschen kann«.[914] So urteilte Eduard Ackermann in seinen Erinnerungen aus dem Jahre 1994, also zu einem Zeitpunkt, als niemand sich ein Zerwürfnis zwischen Vater und Sohn vorstellen konnte. Damals gab es zwischen den beiden keine Probleme. Im Gegenteil, bei der Öffnung des Brandenburger Tores war Walter an der Seite seines Vaters und unterstützte von sich aus die Sicherungsgruppe in ihrem Bemühen, der politischen Führung den Weg durch die Menschenmenge zu bahnen. Da gab es keine Klage über das »Gelebtwerden«. Das gemeinsame Erlebnis und die Gespräche mit dem Vater in der Folgezeit beglückten den Sohn, der sich »erstmals von ihm als erwachsener Gesprächspartner ernst genommen fühlte«[915], als ob nicht unzählige Söhne auch Verständigungsprobleme mit ihren Vätern hätten.

Das alles war zu diesem Zeitpunkt noch weit entfernt. Präsent war vor allem der Wahlkampf des Kanzlers. Hans Ulrich Kempski, der Chefreporter der »Süddeutschen« und kein unkritischer Beobachter, zeichnete damals ein interessantes Bild: »Kohls Augen haben ihr ruheloses Flattern verloren. Kohl raucht nicht mehr, Kohl ist nicht mehr immerzu hungrig und durstig. Er hat es so in jüngster Zeit dahin gebracht, um die Hüften herum etwas abzuspecken. Er bringt seinen 1,93 Meter langen Körper in Ruhestellung, wenn er im Flugzeug zwei Sesselreihen benötigt. Dann fällt er sofort in Tiefschlaf. Wieder einmal hat er beweisen können, dass seine Vitalität nicht ausgelaugt ist ... Er wirkt robust und behände wie einer, der fit ist für neue Kämpfe.«[916]

Das war nicht schlecht beobachtet. Aber weder der Journalist noch der Kanzler konnten sich vorstellen, was das nächste Jahrzehnt für Helmut Kohl an Erfolgen, Niederlagen und Katastrophen bringen würde.

Kohl in Camp David und die polnische Westgrenze

Nach dem Durchbruch in Moskau galt es, das Erreichte zu sichern sowie für die weiterhin offene Frage des internationalen Status des vereinigten Deutschlands eine Lösung zu finden. Die Probleme fingen bereits damit an, dass erst einmal eine Einigung darüber herbeigeführt werden musste, in welchem Rahmen überhaupt die Verhandlungen stattfinden sollten, bei denen es nicht zuletzt darum ging, Antworten auf all die Fragen zu finden, die seit der Potsdamer Konferenz 1945 unbeantwortet geblieben waren. Kohl lehnte alle Vorschläge, die auf eine große

Friedenskonferenz hinausliefen, kategorisch ab, denn das hätte bedeutet, die Gesamtheit der deutschen Kriegsgegner zur Teilnahme aufzufordern, selbst wenn sie erst in den letzten Kriegstagen hinzugekommen sein mochten. Ähnlich problematisch war der Vorschlag einer Viermächtekonferenz, die als Friedenskonferenz dienen sollte. In Moskau, Paris und London zeigten sich dafür einige Sympathien, aber die amerikanische und deutsche Seite lehnten solche Vorstellungen entschieden ab. Eine Viermächtekonferenz – vielleicht noch mit den beiden deutschen Staaten an Katzentischen wie bei der Genfer Außenministerkonferenz von 1959 – erinnerte den Kanzler an »eine vergangene Zeit«. Daran wollte er nicht anknüpfen.

In Washington hatte man sich schon im Januar über diese Frage Gedanken gemacht und war zu dem Ergebnis gekommen, dass nur die beiden deutschen Staaten und die Vier Mächte mit der endgültigen Regelung des deutschen Status befasst sein sollten. Ähnliche Überlegungen wurden auch in Moskau angestellt.[917] Außenminister Baker hatte im Februar bei seinem Besuch in Moskau für den Plan geworben, aber noch keine volle Zustimmung erreicht. Kohl hatte jedoch mit Gorbatschow am 10. Februar 1990 grundsätzliche Übereinstimmung erzielt. Nun ging es darum, dass dieser Vorschlag international akzeptiert wurde.

Die zufällig zur gleichen Zeit in Ottawa stattfindende Konferenz über den »Offenen Himmel«, auf der die Außenminister von NATO und Warschauer Pakt versammelt waren, bot Gelegenheit, im Rahmen dieser Zusammenkunft zu verbindlichen Abmachungen zu gelangen. Ursprünglich sollte die Konferenz über die Einrichtung von regelmäßigen Beobachterflügen über dem Territorium der jeweils anderen Seite verhandeln. Nun hatte sie eine wichtigere Aufgabe. Das Ministertreffen erhielt durch die stille, aber wirksame Diplomatie von James Baker eine neue Ausrichtung.[918] Nunmehr ging es um die Zustimmung aller Beteiligten zu dem Plan, dass allein die Außenminister beider deutscher Staaten sich mit ihren Kollegen aus Frankreich, Großbritannien, der Sowjetunion und den Vereinigten Staaten treffen würden, »um die äußeren Aspekte der Herstellung der deutschen Einheit, einschließlich der Fragen der Sicherheit der Nachbarstaaten, zu besprechen«.[919] Bei diesen Zwei-plus-Vier-Treffen handelte es sich um einen Ersatz für die Friedenskonferenz, ohne dass die Verhandlungsrunden so bezeichnet wurden.

Der Bundeskanzler stand mit Hans-Dietrich Genscher in Ottawa in ständiger Verbindung und wusste, wie wichtig es war, den Teilnehmerkreis auf die sechs Staaten zu begrenzen. Ihm war nicht unbekannt, dass es auch unter Deutschlands »befreundeten Nachbarn und unter weniger befreundeten Nachbarn« Interessenten gab, die bestrebt waren, »diesen Kreis zu erweitern«.[920] Als in Ottawa von holländischer und italienischer Seite die Forderung auf Teilnahme an den Gesprächen erhoben wurde, sollte Genscher mit undiplomatischer Klarheit antworten: »You are not part of the game.«[921] Eine solche Direktheit des sonst so verbindlichen Außenministers blieb nicht ungerügt. Sogar James Baker fühlte sich zu der Warnung veranlasst, dass auf diese Weise der Eindruck eines »insensitiven« Deutschlands hervorgerufen werde. Es gelte die Vorstellung zu vermeiden, als würden die »USA und Deutschland über die Zukunft Europas entscheiden«.[922]

Die förmlichen Zwei-plus-Vier-Gespräche begannen am 5. Mai 1990 in Bonn, erbrachten aber keine Lösung in der Bündnisfrage. Diese musste in Spitzengesprächen gefunden werden. Über die volle Mitgliedschaft Deutschlands in der NATO begann ein zähes Ringen. Dem zuzustimmen, fiel der Sowjetunion schwer. Aber die schließliche Lösung war schon insofern vorgezeichnet, als alle Beteiligten wussten, was sie *nicht* wollten – die Neutralität Gesamtdeutschlands. Weder Ost noch West waren bereit, eine so beunruhigend starke Nation in die Bündnislosigkeit zu entlassen. Da schrillten sämtliche Alarmglocken. Die

Bündnisfrage war zwar ein ungemein kompliziertes Problem, konnte aber ohne dramatische Zuspitzungen verhandelt und schließlich gelöst werden.

Ein anderes Thema sollte dagegen im Frühjahr und Sommer 1990 für immer neue Beunruhigung und Spannung sorgen: Polen forderte die verbindliche Anerkennung der polnischen Westgrenze schon vor der Wiederherstellung der Einheit. Eine sachliche Notwendigkeit zu einem solchen Schritt bestand nicht. Beide deutschen Staaten hatten zu unterschiedlichen Zeitpunkten die Oder-Neiße-Linie als Grenze anerkannt. Die Bundesrepublik hatte es 1970 mit dem Warschauer Vertrag getan. Helmut Kohl hatte immer wieder den Standpunkt vertreten, dass eine endgültige völkerrechtliche Anerkennung dieser Grenze erst durch das Parlament des vereinigten Deutschland, des neuen gesamtdeutschen Souveräns, erfolgen könne. Die polnische Seite forderte dagegen mit ungeheurer Hartnäckigkeit bereits vor der vollzogenen Vereinigung beider Staaten eine nochmalige Anerkennung der Oder-Neiße-Linie. Es sollte vor aller Welt noch einmal die Verpflichtung der Bundesrepublik zur Anerkennung dieser Grenze demonstriert werden, als ob der anvisierte völkerrechtlich bindende Vertrag zwischen Deutschland und Polen, der erst nach der Vereinigung ratifiziert werden würde, nicht ausreichend sei. Die Bundesrepublik und die DDR sollten vor der Wiederherstellung der Einheit gleichsam im Vorgriff noch einmal die Grenze anerkennen.

Mit dieser Forderung stieß die polnische Regierung auf viel Verständnis, vor allem bei den früheren Bündnispartnern Frankreich und Großbritannien, aber auch in den USA, wo eine gut organisierte polnische Lobby beachtlichen Druck im Kongress erzeugen konnte. Nachdem schon die ausländische Reaktion auf die Zehn Punkte gezeigt hatte, welche massiven Vorbehalte gegenüber den Deutschen trotz vierzig Jahren stabiler Demokratie und loyaler Mitgliedschaft im Bündnis bestanden, konnte es nicht überraschen, dass Polen als erstes Opfer deutscher Aggression international viel Zustimmung fand – vor allem in Frankreich und bei François Mitterrand.

In der Bundesrepublik hatte es wegen der polnischen Grenzfrage schon im Herbst 1989 Angriffe der Opposition gegeben, die durchaus ernst zu nehmen waren, nicht zuletzt, weil auch Teile der FDP sich dieser Kritik anschlossen. Der Parteivorsitzende Genscher zeigte als Außenminister so viel demonstratives Verständnis für die polnischen Wünsche, dass nicht nur der Koalitionsfriede ernsthaft gefährdet wurde, sondern auch das persönliche Verhältnis zum Bundeskanzler weiter litt. In Erinnerung an diese Spannungen konnte der Kanzler seinen Außenminister abfällig als »neuen Stresemann« bezeichnen, dem es gleichgültig war, wer unter ihm Kanzler sei, solange er seine eigene Außenpolitik zu betreiben vermochte.[923]

Von allen Seiten wurde der Kanzler bestürmt, seinen Widerstand gegen den vorgezogenen Akt der Anerkennung der polnischen Westgrenze aufzugeben. Daher gilt es, verständlich zu machen, was Kohl zu seinem monatelangen Widerstand gegen den politischen Druck im In- und Ausland veranlasst hat. Das allseits bekundete Verständnis für das polnische Anliegen und die vielfach vertretene Auffassung, dass es vor allem Rücksicht auf die Gefühle der polnischen Bevölkerung und ihre Sorge vor erneuter deutscher Bedrohung zu nehmen gelte, trug in Kohls Augen nicht der Tatsache Rechnung, dass die endgültige Anerkennung der bestehenden Grenze auch in Deutschland Probleme aufwarf. Er dachte an die vielen Millionen Heimatvertriebenen und ihre Angehörigen. Sie wussten alle, dass ihre Heimat verloren war, aber es kam darauf an, auf welche Weise der Schlussstrich unter dieses Kapitel deutscher Geschichte gezogen wurde. Der Kanzler wollte nicht auf polnisches Drängen zu einer erneuten Verzichtleistung gezwungen werden. Gewiss wusste er als Politiker, dass diese Menschen auch Wähler waren, aber Spekulationen, dass er den Vertriebenenverbänden entgegenkommen wollte, greifen zu kurz. Für ihn ging es nicht um organisierte Interessen, sondern um den »nationalen Flügel« der deutschen Gesellschaft, der sich politisch nicht zu Wort meldete, parteipolitisch auch nicht gebunden war, aber bei politisch umstrittenen Entscheidungen wie im Mai 1985 bei der Kranzniederlegung in Bitburg sehr sensibel reagierte und der Politik des Kanzlers zustimmte.[924]

Helmut Kohl lebte in der Geschichte und wusste genug über das Ende des deutschen Ostens und seine vielhundertjährige deutsche Geschichte und Kultur, um den völkerrechtlich verbindlichen Abschluss dieses Kapitels nicht als Vorauszahlung auf polnisches Drängen zu vollziehen. Er hatte tiefes Verständnis und Mitgefühl für die Vertriebenen. Sein ausgeprägtes Heimatgefühl, das ihn selbst in einer Chemiemetropole wie Ludwigshafen festhielt, vermittelte ihm, was der Verlust der ostdeutschen Heimat bedeutete. Für ihn gehörten sie zu den Opfern des Krieges, die ein härteres Schicksal als die große Mehrheit der Deutschen getroffen hatte. Es war für ihn ganz selbstverständlich, an Vertriebenentreffen teilzunehmen, auch wenn seine Anwesenheit mitunter nicht ohne Konflikte mit den Veranstaltern ablief – wie beim Schlesier-Treffen 1985, als Kohl sie zur Änderung des Mottos »Schlesien bleibt unser« zwang.

Für den Kanzler waren solche Treffen »eine beispielhafte Möglichkeit, Geschichte und Gegenwart in eine Übereinkunft zu bringen«. Es sei »keine Versammlung des Jetset oder des Demi-Jetset der Republik« gewesen, mehr »eine Versammlung von vielen Leuten auch aus den sozial schwächeren Schichten«. Aber entscheidend wäre, dass bei diesen Menschen »die Idee der Einheit der Nation, die Idee der Heimat, alles was da mitschwingt, eben eine große Gewalt, eine emotionale Gewalt über Menschen hat und dass wir klug beraten sind, neben unseren Sorgen des Alltags dies nie aus dem Blick zu verlieren«.[925]

An dieser Grundeinstellung hielt Kohl fest, als er dem vereinten Druck der polnischen Regierung und ihrer Freunde im Westen und nicht zuletzt der Opposition und der ihr zuneigenden
deutschen Medien zu widerstehen suchte. Ihm drohte aber auch
Gefahr von der CDU/CSU-Bundestagsfraktion. Diese bestand
keineswegs nur aus anpassungswilligen Berufspolitikern, sondern es gab in ihren Reihen genug Konservative, denen die
Anerkennung der Oder-Neiße-Linie Schwierigkeiten machte,
wenn nicht gar unmöglich erschien.

Vor diesem Hintergrund ist der Besuch des Kanzlers am
23./24. Februar 1990 in Camp David zu sehen. Nach dem
Durchbruch in Moskau stand ein Treffen mit dem amerikanischen Präsidenten auf der Tagesordnung. Durch den Ort des
Treffens wurde der Besuch protokollarisch aufgewertet. In
Camp David, dem Landsitz des Präsidenten in den Bergen von
Maryland, war noch nie ein deutscher Bundeskanzler empfangen worden. Ein pikantes Detail sorgte für weitere Aufmerksamkeit: Washington hatte im Vorfeld zu erkennen gegeben,
dass Außenminister Baker an dem Treffen nicht teilnehmen
werde; das war ein klarer Hinweis, dass seinem deutschen Kollegen der Gesprächspartner fehle, auf Genschers Anwesenheit
mithin verzichtet werden könne.

Tatsächlich war es dann aber James Baker, der, lässig im Coun-
try Look, die deutsche Delegation auf dem Flugplatz abholte
und nach Camp David begleitete. Die gezielte Brüskierung des
deutschen Außenministers war nicht nur auf die Abneigung
Washingtons gegenüber »Genscherism« zurückzuführen, auf
die weitverbreitete amerikanische Kritik an seiner Bereitschaft,
der östlichen Seite stets etwas mehr Entgegenkommen zu zeigen, als die Amerikaner für notwendig hielten. Mehr noch hatte
der am 31. Januar 1990 von Genscher in seiner Rede in der Evangelischen Akademie in Tutzing geäußerte Vorschlag für Verstimmung gesorgt, als er für einen militärischen Sonderstatus

des DDR-Territoriums eintrat und damit einen Misston in die deutsch-amerikanische Verhandlungslinie einbrachte. Daher legte die amerikanische Seite keinen Wert auf seine Anwesenheit.

Bei dem Treffen in Camp David spielte US-Außenminister Baker dagegen eine wichtige Rolle. Beide, Bush und Baker, zeigten sich bei Verhandlungen als eingespieltes Team. Sie nahmen dabei verschiedene Rollen ein. Baker war der schärfere, fordernde Partner, aber absolut loyal gegenüber dem Präsidenten, während George Bush mehr den verbindlichen Part übernahm, der für einvernehmliche Lösungen sorgte.

Der Kanzler stand unter Druck. Seine amerikanischen Gastgeber wollten ihn zum Nachgeben veranlassen; er sollte endlich die polnische Forderung akzeptieren. Sie besaßen wenig Kenntnisse über die deutsche Innenpolitik und hielten die deutsch-polnische Grenzfrage für ein längst gelöstes Problem. Daher verstanden sie nicht den zähen Widerstand des Kanzlers und standen sogar einer teilweisen Beteiligung Polens an den Zwei-plus-Vier-Verhandlungen und der endgültigen Anerkennung der Oder-Neiße-Linie durch einen Vertrag *vor* der Vereinigung positiv gegenüber. Sogar von der »Unantastbarkeit«, nicht nur von der »Unverletzlichkeit« der Grenze war die Rede. Das war eine gefährliche Wendung und konnte auf eine Veto-Position Polens hinauslaufen. Die Polen könnten versuchen, so stellte ein Vermerk aus dem Kanzleramt fest, »die Grenzfrage zum letzten Stolperstein für die Vereinigung aufzubauen«.[926]

Vor dem Abflug in die USA hatte der Kanzler mit dem polnischen Ministerpräsidenten telefoniert und von ihm die polnischen Forderungen erfahren. Mazowiecki hatte als Begründung die psychologischen Gegebenheiten in Polen dargestellt, was Kohl zu der Replik veranlasste: »Sie haben eine schwierige innenpolitische Situation und ich auch. Und eigentlich gehört ja zu freundschaftlichen Beziehungen, dass man versucht, den

anderen zu verstehen und sich gegenseitig zu helfen.«[927] Dieses
Grundprinzip Kohl'scher Außenpolitik zeigte bei Mazowiecki
jedoch keine Wirkung. Der Kanzler sollte das nicht vergessen.
Als ihm später der polnische Staatspräsident Karol Bielecki erzählte, »dass Mazowiecki ihm gesagt habe, man müsse zwischen
Warschau und Paris Pingpong spielen – über das deutsche Netz
hinweg«, war er nicht überrascht. Für Kohl war das eine Politik,
die er geringschätzig als »das alte Spiel« bezeichnete, als Polen
nach 1918 zusammen mit Frankreich eine Politik gegen Deutschland betrieben hatte. Er konnte nur warnen, nicht wieder »dieselben Dummheiten wie damals« in der Zwischenkriegszeit zu
machen.

In Camp David wollte der Kanzler die Grenzfrage eingangs
als »kein großes Problem« darstellen und hinsichtlich der Zwei-
plus-Vier-Gespräche »in engster Abstimmung mit den USA eine
besondere Lösung für Polen zu suchen«. Für ihn konnte die
Lösung des Problems nur darin bestehen, »dass eine völkerrechtlich verbindliche Entscheidung über die Grenze in Form
eines Vertrages zustande« käme, den eine gesamtdeutsche Regierung aushandele und ein gesamtdeutsches Parlament ratifi-
ziere.[928]

Der Kanzler musste jedoch bald feststellen, dass seine amerikanischen Gastgeber diese Sicht der Dinge nicht teilten. Für
sie war die Oder-Neiße-Grenze kein Problem mehr, denn die
Frage der Grenzziehung war bereits 1945 faktisch gelöst worden. Die aktuellen polnischen Forderungen hatten für sie allenfalls symbolische Bedeutung, auf die man entgegenkommend
reagieren konnte.

Das vorliegende deutsche Gesprächsprotokoll ist unvollstän-
dig; die Diskussion über die polnische Westgrenze erscheint als
ein Punkt unter vielen anderen, über den wie auch sonst freundschaftliche Übereinstimmung herrschte. Nur an einer Stelle
blitzt der Gegensatz in der Grenzfrage auf, als Bush mahnte,

dass »über die Behandlung der polnischen Grenzfrage« allerdings zu sprechen sei. »Der Bundeskanzler habe von ›Grenze, wie sie ist‹ gesprochen – je klarer er hier sei, desto weniger Probleme ergäben sich für die deutsche Wiedervereinigung insgesamt.«⁹²⁹ Das hieß ziemlich unverblümt, bei mangelnder Klarheit könnten in dieser Frage Schwierigkeiten beim Vereinigungsprozess entstehen. Kohl mühte sich dagegen, den amerikanischen Partnern die Probleme der deutschen Innenpolitik zu veranschaulichen und auf die Millionen Deutsche hinzuweisen, die aus diesen Gebieten vertrieben worden waren. Daher sollte man den endgültigen Verzicht in Würde völkerrechtlich verbindlich festschreiben. Der Kanzler fühlte sich ziemlich allein in Camp David und musste mühsame Überzeugungsarbeit leisten, um seine amerikanischen Freunde wenigstens zum Stillhalten zu veranlassen. Er behielt das Treffen nicht in positiver Erinnerung. Bush habe damals die Anerkennung der polnischen Grenze gefordert und dies »trotz seiner Freundlichkeit in einer großen Direktheit ausgedrückt«⁹³⁰, sagte er nach seiner Rückkehr vor der Fraktion. Rückblickend empfand Kohl die lange Diskussion als »Lungern« auf dem Sofa. Wenn es sich tatsächlich um ein entspanntes Gespräch gehandelt hätte, wäre die Wortwahl eine andere gewesen.⁹³¹

Zu Hause erwartete ihn eine vielgliedrige Front der Ablehnung – von den Gegnern in der eigenen Fraktion über die mit der Opposition zusammengehenden Liberalen mit Außenminister Genscher an der Spitze, der rot-grünen Opposition bis hin zu den Medien, die in ihrem Polen-Engagement nicht zu überbieten waren. Angesichts dieser Gegnerschaft erkannte der Kanzler schließlich die Notwendigkeit zu taktischer Beweglichkeit. So ließ er erkennen, dass er keine Einwände gegen den Plan habe, der Bundestag und die am 18. März 1990 gewählte Volkskammer sollten gleichlautende Erklärungen zur Unverletzlichkeit der deutsch-polnischen Grenze verabschieden.⁹³² Wenige

Tage später wurde eine entsprechende Resolution im Bundestag eingebracht.

Die öffentliche Diskussion über die Grenzfrage nahm an Schärfe zu, als bekannt wurde, dass Genscher den Vorschlag Mazowieckis unterstützte. In seiner Begründung war er überaus zurückhaltend. Offensichtlich wollte Genscher den Druck auf Kohl erhöhen und sich deutlich von dessen Position abheben. Der Kanzler betrachtete die Extratouren seines Außenministers als Auftakt zu den verschiedenen Wahlen, die in der Bundesrepublik in diesem Jahr anstanden. Als der französische Außenminister Roland Dumas »seinen Freund Genscher« öffentlich unterstützte, nahm die Kritik an Kohl zu. Der Koalitionsfriede wurde erheblich gestört, als Genscher »deutlich« von Kohl abrückte. Auch ein Vier-Augen-Gespräch mit ihm brachte keine Einigung. Kohl äußerte sich sibyllinisch: »Es wird in der Koalition sehr schwer.« Die Koalitionskrise gewann weiter an Schärfe, als das FDP-Präsidium sich die polnische Forderung zu eigen machte und für förmliche Vertragsverhandlungen vor der Einheit eintrat.[933]

Im Mittelpunkt der Kritik stand der Kanzler, und diese Kritik erhielt vor allem durch das im Ausland weitverbreitete Unbehagen über den Grenzstreit an Gewicht. Es beruhte auf der Empfindung, dass die Deutschen viel zu schnell mit der Einheit vorankommen wollten und deshalb alle Welt unter Druck setzten.

Am 6. März beruhigte sich überraschend die Lage. Von Union und FDP wurde eine gemeinsame Erklärung ausgearbeitet, die zwei Tage später im Bundestag diskutiert, von der Opposition heftig kritisiert, aber ohne Probleme angenommen wurde. Die Erklärung nahm die Position ein, für die Kohl immer eingetreten war, dass nämlich die endgültige Anerkennung der polnischen Westgrenze erst nach der Einheit von dem »obersten Souverän«, also von Parlament und Regierung Gesamtdeutschlands, vorzunehmen sei.

Die Krise ging so schnell, wie sie gekommen war. Kohl muss der FDP-Spitze eindringlich vor Augen geführt haben, was ein Bruch in dieser Situation bedeutet hätte. Es war »eine sehr, sehr eingehende Aussprache«, die zum Einlenken führte. Er hielt es für »falsch, wenn diese Koalition, die gerade jetzt vom Verhältnis zu den Grundwerten der Gesellschaft her eigentlich prädestiniert« sei, um »im Moment des Zusammenschlusses der Deutschen zu einem Land die Geschäfte zu führen, sich darüber zerstreiten würde«.[934] In der Tat war es schwer vorstellbar, dass eine sozialliberale, noch durch die Grünen ergänzte Regierung zur Schaffung der Einheit, die sie mehrheitlich gar nicht wollte, hätte fähig sein sollen.

Die Kritik der Leitmedien war in ihrer Empörung kaum zu überbieten, wenn auch in der Sache eigenartig substanzlos. Gunter Hofmann beschwor in der »ZEIT« wieder einmal die Gefahr eines »neuen Nationalismus« und befürchtete, »dass fortan die Polengrenze kompensatorisch dafür herhalten sollte«. Für Kohl sei die Grenzfrage eine Frage der Beliebigkeit: »Er spricht von Geschichte, aber blickt auf den Stammtisch.« Aber es kam noch schlimmer. »Kaum Reparables« richte Kohl im Verhältnis zu Polen an; »der Kniefall Willy Brandts wird von ihm ungeschehen gemacht«. Rudolf Augstein schoss den Vogel ab, als er feststellte: »Der Bundeskanzler ... versteht Außenpolitik nicht, nimmt sie gar nicht zur Kenntnis.«[935]

Die Weigerung Kohls, die Forderungen der polnischen Regierung zu erfüllen, wurde zum Anlass genommen, um der tiefen Abneigung gegen ihn, die durch seine kaum zu bestreitenden Erfolge vorübergehend zurückgestaut war, wieder freien Lauf zu lassen. In der »Welt« wurde immerhin kritisch angemerkt, dass der Druck dieser Medien »nicht in brennender Sorge um das deutsche Ansehen in der Welt ausgeübt wurde, sondern in der bewussten Absicht, den Bundeskanzler zu desavouieren und wider besseres Wissen als unbelehrbaren, den Reaktionären hörigen Gegner einer eindeutigen deutsch-polnischen Grenzregelung hinzustellen«.[936]

Die von Genscher ausgelöste Koalitionskrise hatte wahrscheinlich noch einen anderen Hintergrund. Es war nicht nur die Sorge um das Wohlergehen Polens und damit die Schärfung seines Profils als Anwalt der Verständigung, sondern ein innenpolitisches Kalkül, das den Außenminister bei diesem Manöver leitete. Anfang März war der Wahlkampf in der DDR auf Touren gekommen. Die Demoskopen sagten einen klaren Wahlsieg der SPD voraus. Die »Frankfurter Allgemeine Zeitung« wusste nach der Wahl zu berichten, Genscher habe in der DDR mit einer sozialliberalen Koalition gerechnet und gesagt, »dies werde Wirkungen auf die Bundesrepublik haben«. Auch habe er vor den Wahlen »nicht zufällig« Ibrahim Böhme, den Vorsitzenden der SPD in der DDR, empfangen. Der unerwartete Erdrutschsieg der »Allianz für Deutschland« freilich habe »Spielereien mit unterschiedlichen Koalitionsmodellen für Bonn zunächst wirklichkeitsfremd« werden lassen.[937] Die Rückkehr zur koalitionspolitischen Vernunft war unabdingbar. Aber außenpolitische Scheinprobleme und innenpolitische Manöver konnten in den Monaten des politischen Wandels seltsame Blüten treiben.

Keines der vielen vom Vereinigungsprozess zu lösenden Probleme hat so viel Emotionen ausgelöst, Konfrontationen heraufbeschworen und längst vergessene außenpolitische Konstellationen wiederauferstehen lassen wie der Streit um die polnische Westgrenze. Kohl selbst hat wenig später die Auseinandersetzungen als »eine der schwierigsten Operationen seiner politischen Laufbahn« bezeichnet.[938] Im Nachhinein gewinnt man den Eindruck, ein solches Scheinproblem sei notwendig gewesen, um der Vereinigung, die im Inland, vor allem aber im Ausland mehr Bedenken und Ablehnung als Zustimmung gefunden hatte, einen dramatischen Akzent zu verleihen. Der Kanzler hingegen ließ sich nicht beirren und hielt an seinem Standpunkt fest. Erst im November 1990, einen Monat nach Vollzug der Einheit, wurde der Grenzvertrag verhandelt. Die deutsche Seite gab nicht den geringsten Anlass, an der Ernsthaftigkeit des Verzichts zu zweifeln. Der Kanzler hatte recht behalten: Erst nach der Einheit erkannte das nunmehr souveräne Deutschland die endgültige Grenze an.

Finale im Kaukasus

Wann hat Michail Gorbatschow der deutschen Vereinigung mit voller Mitgliedschaft Deutschlands in der NATO zugestimmt? Hatte er am 15. Juli 1990 in Moskau die entscheidende Konzession gemacht, die dann vor der imposanten Kulisse des Kaukasus medienwirksam besiegelt wurde, oder hatte er schon vorher grünes Licht gegeben, bei seinem Staatsbesuch in Washington am 31. Mai?

In Helmut Kohls Erinnerungsbuch »Ich wollte Deutschlands Einheit«, das 1996 erschien, fand die Möglichkeit eines früheren Einlenkens noch keine Erwähnung. Stattdessen wurde von einem zähen Feilschen mit offenem Ausgang berichtet, das in Moskau stattgefunden habe.[939] Im folgenden Jahr erschien der faszinierende Bericht der amerikanischen Diplomaten Philip Zelikow und Condoleezza Rice über die »Sternstunde der Diplomatie«, der mit einer Fülle unbekannter Details aufwartete und zugleich durch die Unmittelbarkeit der Erzählung wirkte, denn die Autoren gehörten zum Mitarbeiterkreis des Nationalen Sicherheitsrates. Sie schildern, dass das entscheidende Zugeständnis von Gorbatschow am 31. Mai gegenüber George Bush gemacht wurde. Er habe zuerst die Moskauer Linie vertreten, dass Deutschland nicht der NATO beitreten dürfe, sei aber dann von dem US-Präsidenten in die Enge getrieben worden, der argumentierte, dass gemäß der KSZE-Schlussakte alle Staaten das Recht hätten, ihre Bündniszugehörigkeit frei zu wählen. Als Bush darauf insistierte, habe Gorbatschow dem Argument nichts entgegenzusetzen gehabt und ihm schließlich zugestimmt, »dem vereinten Deutschland selbst die Entscheidung zu überlassen, zu welchem Bündnis es gehören« wolle.[940] Mit dieser Äußerung habe er in der sowjetischen Delegation verständliche Verwirrung ausgelöst.

Die deutsche Aktenedition enthält nichts über den Zwischenfall: Kein Telefonanruf des amerikanischen Präsidenten ist dort dokumentiert. Möglicherweise ist die Erklärung darin zu suchen, dass der »Durchbruch« im Kaukasus nichts von seinem Glanz verlieren sollte. Hier muss man sich jedoch vor Überinterpretationen hüten. Alle Informationen aus Washington, Moskau und Bonn wiesen in der Frage des Status in Richtung Einigung. Daher erscheint es fragwürdig, ob diesem kurzen Wortgefecht zwischen Bush und Gorbatschow tatsächlich eine solche Schlüsselfunktion zukommt. Der episodenhafte Bericht vom plötzlichen Einlenken Gorbatschows ist vor allem deshalb erwähnenswert, weil daraus falsche Schlüsse gezogen worden sind. Andreas Wirsching ist der Meinung, Kohl habe »nicht ganz die Tragweite der sowjetischen Konzession begriffen«.[941] Das ist die übliche Unterschätzung, gehört aber untrennbar zum Bild von Helmut Kohl in der Öffentlichkeit.

Die Monate vom Februar, als Kohl in Camp David war, bis zum Besuch des Kanzlers in Moskau und im Kaukasus im Juli 1990 zeigten ein Aufeinanderzugehen beider Seiten zur Lösung des deutschen Problems. Im Juni hatte Gorbatschow zum ersten Mal in Washington die volle NATO-Mitgliedschaft zugestanden, als ihn Bush mit dem Verweis auf die Schlussakte von Helsinki unter Druck gesetzt hatte. Da er über kein Alternativkonzept verfügte, gab er nach und sprach die Konzession aus, die spätestens beim Treffen mit Kohl zu verhandeln gewesen wäre. Es entsprach den Machtverhältnissen, dass der Präsident der westlichen Führungsmacht zuerst von der Konzession erfuhr. Aber schon zuvor war die Haltung Gorbatschows »Stück um Stück aufgeweicht worden«.[942] Viel interessanter und aufschlussreicher ist jedoch die sofortige Benachrichtigung des deutschen Kanzlers durch den US-Präsidenten, während auf der anderen Seite Washington ganz unamerikanische Zurückhaltung zeigte und nicht bestrebt war, das Einlenken des Sowjetführers medienwirksam an die große Glocke zu hängen.

Als George Bush in seiner Mainzer Rede am 31. Mai 1989 die Bundesrepublik als »partner in leadership« angesprochen hatte, war diese Würdigung in den deutschen Medien nicht zur Kenntnis genommen worden. Auch Helmut Kohl selbst hat sich auf dieses Lob nie berufen. Es schienen ihm zu große Schuhe zu sein, die der amerikanische Präsident den Deutschen anbot. Tatsächlich aber entwickelte sich in den dramatischen Monaten nach dem Fall der Mauer zwischen der amerikanischen und der deutschen Regierung eine Partnerschaft, die einmalig war, was die gemeinsamen Ziele wie auch die vertrauensvolle Zusammenarbeit auf dem Weg dorthin betraf. Der Bundeskanzler sollte Bush nicht von ungefähr wiederholt als »Glücksfall für Deutschland« bezeichnen.

Noch nie hatte Deutschland eine solche weltpolitische Schlüsselstellung eingenommen, denn auch für Gorbatschow war der deutsche Kanzler ein wichtiger und vor allem verlässlicher Partner, war er doch wie kein anderer zu wirtschaftlicher Hilfe bereit und zugleich ein wirkungsvoller Mittler in den Beziehungen zu den USA. Was dieses Trio besonders auszeichnete: Bush wie Kohl waren bereit, auf ihren russischen dritten Mann Rücksicht zu nehmen. Hat es jemals schon so viel Schonung des Kontrahenten gegeben wie vor dem USA-Besuch, als Bush und Kohl sich gegenseitig versicherten, Gorbatschow soll wissen, »dass wir seine Schwäche nicht ausnützen wollen«? Zwei Wochen zu-

vor hatte sich Kohl gegenüber Bush dafür ausgesprochen, dass
man alles tun müsse, damit der russische Präsident »vor der
Weltöffentlichkeit nicht als ›minderer Bruder‹ gegenüber den
USA dastehe«.[943]

Der Bundeskanzler beließ es nicht bei Appellen. Wieder wurden bei ihm die menschliche Verbundenheit und das zwischen
ihnen bestehende Vertrauen durch die Bereitschaft zu wirtschaftlicher Hilfeleistung ergänzt. Die Sowjetunion stand kurz
vor der Zahlungsunfähigkeit und benötigte dringend finanzielle
Hilfe zur Refinanzierung ihrer westlichen Kredite. Nur die
Bundesrepublik war dazu in der Lage. Unter strenger Geheimhaltung verhandelten die Spitzenbankiers Hilmar Kopper von
der Deutschen Bank und Wolfgang Röller von der Dresdner
Bank über einen Finanzkredit in Höhe von fünf Milliarden
D-Mark. Das war damals eine beträchtliche Summe. Der erste
Milliardenkredit für die DDR hatte nur eine Milliarde betragen.

Die Terminierung des Kreditgeschäfts war wohlbedacht. Anfang Juli fand in Moskau der Parteitag der KPdSU statt, der angesichts wachsender Opposition im Lande wie in der Staatspartei ein beträchtliches Risiko für Gorbatschow darstellte. Die
deutsche Finanzhilfe trug dazu bei, dass der Parteitag zu einem
unerwartet deutlichen Erfolg für den Generalsekretär wurde,
der seinen Handlungsspielraum erweiterte.

Am 9. Juni hatte Gorbatschow den Kanzler zu einem Besuch
nach Moskau, zu einem »vertieften Dialog« eingeladen. Das
Schreiben würdigte die deutsche Finanzhilfe und drückte zugleich die Überzeugung aus, dass »eine komplexe Regelung der
äußeren Aspekte der Vereinigung« noch vor Ende des Jahres
möglich sei.[944] Eine weitere wichtige Hilfsmaßnahme war die
stillschweigende Übernahme der Stationierungskosten für die
sowjetischen Streitkräfte in der DDR. Seit der Einführung der
D-Mark in der DDR war für die Sowjets ein neuer und gewichtiger Kostenfaktor aufgetaucht.

Die betont herzlich gehaltene Einladung und die zugleich
übermittelte Ankündigung, dass die entscheidende Frage der
Lösung des Bündnisproblems erst zu einem späteren, relativ unbestimmten Zeitpunkt zu erwarten sei, passten nicht ganz zusammen, aber es war nur ein scheinbarer Widerspruch. Helmut
Kohl wurde nachgesagt, er sei ein Meister des Understatements,
der gegenüber allen werbewirksamen Auftritten eine tiefe Abneigung hegte. In diesem Falle, in Bezug auf den bevorstehenden Besuch in Moskau, wusste er, dass der zu erwartende Erfolg
einen spektakulären Rahmen verdiente. Er hatte nicht vergessen,
welche Schwierigkeiten die Journalisten am 10. Februar 1990 gehabt hatten, um die tatsächliche Bedeutung der Erklärungen
Gorbatschows zu erfassen. Das sollte diesmal vermieden werden. Auch die Medien setzten nun auf den Erfolg. Ein zweites
Flugzeug war nötig, um alle Journalisten nach Moskau mitzu-
nehmen.

Wenige Tage zuvor wusste der Kanzler bereits, dass sein Besuch den Durchbruch bedeuten würde. Vier Tage vor Beginn
des Treffens traf die Nachricht ein, dass Gorbatschow seinen
deutschen Gast einlud, gemeinsam die Stadt Stawropol, seine
Heimat, zu besuchen. Eine solch freundschaftliche Geste kam
nur in Betracht, wenn zuvor für die noch offenen Fragen eine
Lösung gefunden war. Im Mai hatte Horst Teltschik die deutschen Bankiers zu Gorbatschow begleitet und für den nächsten
Kanzlerbesuch einen solchen Ausflug vorgeschlagen. Gorbatschow hatte die Anregung wohlwollend zur Kenntnis genommen. Als dann kurz vor Beginn des Moskau-Besuches im Juli
die sowjetische Seite tatsächlich den Abstecher in den Kaukasus
bekannt gab, in die Stadt, in der der politische Aufstieg Gorbatschows begonnen hatte, vermerkte Teltschik hoch befriedigt:
»Es ist geschafft.«[945] Die andere Seite hatte klar zu erkennen gegeben, dass das Treffen ein Erfolg werden sollte.

Der Besuch begann am 14. Juli 1990 in Moskau und endete

zwei Tage später in Archys, einem malerischen Ort im Kaukasus. In Moskau empfing der sowjetische Präsident den Bundeskanzler zu einem langen Gespräch, das viele Punkte berührte und weitgehende Einigung ergab. Das Ergebnis wurde dann den überraschten Medienvertretern in Archys mitgeteilt. Anders als im Februar in Moskau, als die Journalisten mit den Erklärungen Gorbatschows zur deutschen Einheit wenig anfangen konnten, war nun allen Beteiligten einsichtig, dass die deutsche Frage gelöst war.

Der politische Status Gesamtdeutschlands, der so lange umstritten gewesen war, spielte tatsächlich keine Rolle mehr. Das war kein Thema für langwierige Verhandlungen. Denn alle Beteiligten in Ost und West lehnten ein neutrales Deutschland mehr oder weniger entschieden ab. Zur deutschen Mitgliedschaft in der NATO gab es keine Alternative. Die von sowjetischer Seite geäußerten Gegenvorschläge waren Spiegelfechtereien. So ging es in Moskau vor allem darum, sich mit den Konsequenzen auseinanderzusetzen.

Als Kohl drei Punkte nannte, über die man sich noch verständigen müsse – die Abwicklung des sowjetischen Truppenabzuges aus der DDR, die Mitgliedschaft des geeinten Deutschlands in der NATO und die künftige Obergrenze der deutschen Streitkräfte – reagierte Gorbatschow gelassen und zitierte Heraklit mit den Worten: »Man könne nicht zweimal in den gleichen Fluss steigen.«[946] Mittlerweile habe sich die politische Situation grundlegend geändert und »jetzt sei der Zeitpunkt und die Notwendigkeit gekommen, alle Fragen zu klären und die Entscheidungen für die weitere Arbeit zu treffen«. Er war zur Lösung der noch offenen Fragen bereit, hatte aber wie der Kanzler bereits die Zukunft im Auge. Beide wollten das deutsch-sowjetische Verhältnis auf eine neue, freundschaftlich ausgerichtete Basis stellen. Sie hatten deshalb »persönliche Überlegungen« mitgebracht – zwar noch keinen Vertragsentwurf, aber schon deutliche Absichtserklärungen. Der Bundeskanzler wollte die Beziehungen auf eine ganz neue Ebene heben. Nun sollte die Westintegration ihre Entsprechung im Osten finden. Was ihm mit seinen »Überlegungen« vorschwebte, beschrieb er »als Vision des umfassenden Vertrages, eine neue Qualität der Beziehungen einzuleiten. Wir wollten aus dem Teufelskreis der jüngsten Geschichte herauskommen«.[947] Der deutsch-sowjetische Vertrag sollte in eine neue Ära weisen.

Die Frage der deutschen Mitgliedschaft in der NATO war kein Thema der Gespräche. Das hatte die sowjetische Seite akzeptiert. Geklärt werden musste nur noch, welche Zuständigkeiten die NATO in Ostdeutschland haben sollte. Denn noch standen dort sowjetische Truppen. Aber ein Kompromiss war schnell gefunden; solange sowjetische Truppen stationiert waren, wurde festgelegt, dass »die Strukturen der NATO nicht auf dieses Gebiet erstreckt« würden.[948]

Weder in den Zwei-plus-Vier-Verhandlungen noch auf einer anderen Verhandlungsebene war ein Termin festgelegt worden, wann die Vier-Mächte-Rechte endeten. Wahrscheinlich rechnete man mit Übergangsfristen. In Moskau ergriff Kohl die Gelegenheit, von sich aus diese Frage anzusprechen. Sein Kalkül war einfach: Wenn er mit Gorbatschow zu einer Einigung gelangte, war es für ihn leichter, auch bei der britischen und französischen Seite Zustimmung zu finden. Sein Engagement in dieser Frage war kein Geheimnis. Ihn interessierte vor allem, wann Deutschland wieder gänzlich souverän sein würde. Für ihn war es wichtig, »die Vier-Mächte-Rechte so früh als möglich zu beenden und die volle Souveränität für Deutschland zu erreichen«.[949] Die ersten gesamtdeutschen Bundestagswahlen am 2. Dezember 1990 sollten in einem souveränen Staat stattfinden. Tatsächlich waren die alliierten Rechte schon abgelöst, als die Deutschen am 3. Oktober die Einheit feierten.

Der Aufenthalt in Archys verlief ohne Misston. Auch der

Bundesaußenminister kam in der erweiterten Gesprächsrunde bei der Zusammenfassung der Ergebnisse wiederholt zu Wort. Die Koalition rückte ins Bild. Genscher nahm neben Gorbatschow und dem Kanzler auf einem der klobigen Holzsessel im Freien Platz und war so auch als Koalitionspartner präsent, während die CSU-Minister – Finanzminister Theo Waigel und der Bundesminister für besondere Aufgaben und Leiter des Presse- und Informationsamtes der Bundesregierung Hans Klein – mehr im Hintergrund blieben. Der Koalitionsfriede war aber selbst in dieser Ausnahmesituation nicht ungefährdet.

Auf dem Hinflug nach Moskau hatte Kohl »buchstäblich einen Streit vom Zaun« gebrochen, als er die FDP und insbesondere ihren Bildungsminister Jürgen Möllemann beschuldigte, eine niedrigere Obergrenze für die Bundeswehr anzustreben, um auf diese Weise dem Ziel einer Berufsarmee näher zu kommen. Derartige plötzlich auftretende Streitereien waren nicht selten und ließen bei ihrer Beilegung eine gewisse Routine erkennen. Als nämlich Kohl einen Beschluss des FDP-Präsidiums in dieser Frage forderte, lehnte Genscher dies mit der Begründung ab, dass die FDP keine Beschlüsse über Selbstverständlichkeiten fasse, »er müsse sonst die CDU auffordern, einen Beschluss zu fassen, dass sie eine christliche Partei sei«.[950] Aber solche Sticheleien gehörten zum Koalitionsgeschäft. Kohl zögerte später nicht, die Verdienste Genschers hervorzuheben. Auf dem Rückflug, als mit den Journalisten auf den Erfolg angestoßen wurde, lobte der Kanzler ausdrücklich den Außenminister, der »wesentlichen Anteil« am Erfolg habe.[951] Die Harmonie am Ende des Weges kann aber nicht verdecken, dass bis zum Erreichen des Zieles massive Gegensätze zwischen Kohl und Genscher bestanden haben.

Noch im Kaukasus gab Kohl das Ergebnis der Besprechungen von Moskau und Archys den zahlreichen Medienvertretern bekannt. Es war in acht Punkten zusammengefasst. Souveränität und Bündnisfreiheit waren geschickt miteinander verknüpft und so der Öffentlichkeit verständlich gemacht. Demnach erhielt Deutschland »nach Vollzug der Einigung« und der vollständigen Ablösung der Viermächterechte »seine volle und uneingeschränkte Souveränität«. Ein souveräner Staat könne »frei und selbst entscheiden, ob und welchem Bündnis er angehören« wolle, was im konkreten Fall nur das atlantische Bündnis sein konnte. Dann folgten Vereinbarungen über die Truppenpräsenz, die Obergrenze der deutschen Streitkräfte und den Verzicht auf ABC-Waffen.

Als der Kanzler die Punkte vorlas, »nahm das Raunen der Journalisten vernehmlich zu«. Das Ergebnis war tatsächlich eine »riesengroße Überraschung«.[952] Nun gab es keinen Zweifel mehr, dass das Ziel erreicht war. Es ist müßig, darüber streiten zu wollen, wann die entscheidende Wende in der sowjetischen Haltung eintrat. Die Entwicklung war ebenso bestimmt von der Zuspitzung der politischen und wirtschaftlichen Krise im Innern wie von den Begegnungen Gorbatschows im Westen, dem Besuch in den USA und den Möglichkeiten westlicher Hilfe. Es war sicher nicht allein der Hinweis von George Bush auf die KSZE-Akte und der dort vorgesehenen Möglichkeit der Bündnisfreiheit, die bei Gorbatschow ein Einlenken bewirkt hatte. Dafür hatten sich schon zu viele auf diese Akte berufen, ohne viel damit bewirken zu können. Gorbatschow hatte in Moskau Kohl gegenüber freimütig eingeräumt, »dass seine Reise in die USA für ihn viel Neues erbracht hätte. Innerhalb der letzten zwei Monate habe sich vieles verändert. Alles sei in Bewegung gekommen.«[953] Seit Mai hatte es Anzeichen gegeben, dass die sowjetische Seite zum Einlenken neigte, aber darauf konnte man nicht bauen. Man musste sorgfältig die politische Situation beobachten, realisierbare Ziele im Auge haben und gegebenenfalls schnell reagieren.

Zum Auftakt des Gesprächs in Moskau hatte Kohl das bekannte Wort Bismarcks angeführt, es gelte in entscheidender Situation, »dass man den Mantel der Geschichte ergreifen müsse«. Das war nicht ganz korrekt zitiert und sollte wohl eher die historische Situation umschreiben. Aber der Kanzler hatte selbst viel getan, um eine Konstellation herbeizuführen, die dem Bismarckschen Bild entsprach.

Allen Beteiligten war bewusst, dass die sowjetische Zustimmung mit hohen Kosten verbunden war. Unterhalt, Abzug und Unterbringung der Truppen und ihrer Familien in der Heimat verursachten riesige Kosten. Über Geld wurde in Moskau nicht geredet, aber man kannte ungefähr die Größenordnung. Finanzfragen sollten die euphorische Stimmung nicht trüben. Sie konnte in Archys im Kaukasus kaum besser sein angesichts der rustikalen Gastfreundschaft, die die sowjetische Seite völlig überraschend und zugleich ungemein gewinnend anbot. Gemeinsam mit Michail Gorbatschow erschien Kohl in dieser Umgebung und nach einem so erfolgreichen Treffen als der bedeutende Staatsmann. Was seine deutschen Gegner ihm immer abgesprochen hatten, stand nun vor der Geschichte fest. Auch die Medien vermittelten diesen Eindruck. »Le Figaro« brachte sogar die Schlagzeile: »Helmut Kohl, der Erbe von Bismarck und Adenauer«.[954] So viel Geschichtsverständnis war in Deutschland zwar nicht vorhanden, dafür fiel die Kritik aber ungewohnt milde aus. Lediglich der Grünen-Abgeordnete Hans-Christian Ströbele bemängelte, »Kohl habe die innenpolitische Situation Gorbatschows eiskalt für sein eigenes machtpolitisches Kalkül ausgenützt«.[955]

Am 12. September 1990 wurde in Moskau der Zwei-plus-Vier-Vertrag unterzeichnet. Die alliierten Rechte und Verantwortlichkeiten für Deutschland waren zu Ende. Die Unterzeichnung des Vertrages war kein mediales Großereignis mehr, sondern eher Routine. Sie fand in einem Moskauer Hotel statt. Zuvor musste jedoch der Preis ausgehandelt werden. Darüber wurde in den letzten Tagen erbittert gestritten. Das deutsche Angebot und die sowjetischen Forderungen lagen weit auseinander. Die deutsche Seite hatte 8,2 Milliarden D-Mark angeboten, aber die sowjetische Seite forderte 18,5 Milliarden. Die Einigung musste bis zum 12. September erfolgt sein. Das war der Termin für die Unterzeichnung des Zwei-plus-Vier-Vertrages.

So entstand eine imposante Drohkulisse. Die Einheit konnte nicht vollzogen, alles konnte infrage gestellt werden, wenn die Sowjets den Vertrag nicht unterzeichneten. Nur Kohl und Gorbatschow konnten am Telefon einen Ausweg finden.[956] Gorbatschow hatte auf den »unverletzlichen Zusammenhang« zwischen dem Zwei-plus-Vier-Vertrag und den Abmachungen über Stationierungskosten und Truppenabzug hingewiesen. Er erklärte die Situation »für sehr alarmierend« und stellte mit Blick auf den 12. September die Frage, »welche Weisungen« er Außenminister Eduard Schewardnadse geben solle. Kohls Entgegnung auf diese Drohung war »dezidiert«: »So können und wollen wir nicht miteinander reden.«[957] Zugleich bot er ein weiteres Telefongespräch an, nur zwei Tage vor dem 12. September. Schließlich einigte man sich auf 15 Milliarden D-Mark, gerade noch rechtzeitig, um das Ergebnis zu kodifizieren.

Mit diesem Vertrag vom 12. September 1990 wurde jene »Erklärung der Übernahme der obersten Regierungsgewalt« vom 5. Juni 1945 außer Kraft gesetzt, die als Grundlage der unbeschränkten Besatzungsherrschaft konzipiert war, im Laufe der Jahrzehnte aber zur wichtigsten rechtlichen Klammer für Deutschland als Ganzes wurde. Mit dem Vertrag endete eine Epoche. Vor seinem Inkrafttreten setzten die Alliierten ihre Vorbehaltsrechte außer Kraft. Nun konnten in Berlin zum ersten Mal Bundeswehreinheiten anwesend sein. Die Übernahme der Nationalen Volksarmee fand im NVA-Hauptquartier in Strausberg statt.

Die Feier vor dem Reichstag, der wie kein anderes Bauwerk

die Höhen und Tiefen der deutschen Geschichte im 20. Jahrhundert verkörpert, vereinigte Hunderttausende von glücklichen Deutschen mit der politischen Führung auf dem Balkon des Reichstages. Rückblickend verglich Helmut Kohl den Weg zur Einheit mit der »Durchquerung eines Hochmoores«, bei der man nur wusste, »dass es irgendwo einen festen Pfad gab«. Das klingt dramatisch, bringt aber nicht einmal die tatsächliche Dimension der Schwierigkeiten zum Ausdruck.

Auf dem Rückflug aus dem Kaukasus zitierte der Kanzler im Gespräch mit dem Journalisten Graf Nayhauß prägnant die Stationen des Weges: »Ich will mein eigenes Licht nicht unter den Scheffel stellen, aber ohne George Bush, der ein Glücksfall für uns ist, weil er in Europa auf die Deutschen setzt; ohne Gorbatschow, der die Altlasten des furchtbaren Krieges vom Tisch haben und mit uns eine neue Zukunft anstreben will; ohne die Menschen der Dresdner Frauenkirche; ohne die Reformbewegungen in Ungarn und Polen wäre all das (was ich erreicht habe) nicht möglich gewesen. Und Fortune habe ich auch gehabt.«[958] Das Unmaß der Mühen, das bei der Verfolgung dieses Zieles zu überwinden war, muss man hinzudenken.

Der Einheit entgegen

Überblickt man die Entwicklung vom Fall der Mauer bis zum 3. Oktober, erscheint das unerwartet klare Ergebnis der Volkskammerwahl vom 18. März als die wichtigste Weichenstellung in Richtung Einheit. Alle Vorstellungen, die mit längeren Fristen etwa durch Bildung einer Konföderation rechneten, waren überholt. Die Vereinigung beider Staaten nahm Konturen an.

Der Durchbruch in Moskau und das eindeutige Votum der Volkskammerwahlen für die deutsche Einheit veränderten nachdrücklich die politische Landschaft. Nun schien möglich, was zuvor eher banges Hoffen gewesen war. Die große Lösung zeichnete sich in schwachen Konturen ab; bevor es aber so weit war, mussten in kürzester Zeit Lösungen gefunden, gesetzliche Regelungen ausgearbeitet und beschlossen werden, für die man unter normalen Bedingungen Jahre benötigt hätte. Der politische Druck und die Arbeitslast waren immens.

Dem Kanzler war die Belastung bewusst: »Wir halten alle, auch rein physisch, diese Art von Druckkulisse, die sich jetzt jeden Tag für uns ergibt, auf eine lange Zeit nicht aus.«[959] Der Druck der zu bewältigenden Arbeiten zeigte zugleich, wenn auch unfreiwillig, in den Medien Wirkung. Der Kanzler wunderte sich, dass die Kritik verstummt war: »Es wird kein Problem ausgesessen. Das hören Sie kaum mehr.«[960]

Im Frühjahr 1990 wusste niemand, wann das Werk der Einheit vollbracht sein würde. Die »äußere Schiene«, wie Kohl sich auszudrücken pflegte, also der internationale Status Deutschlands konnte noch in recht weiter Ferne liegen. Vorerst standen die innenpolitischen Probleme und das schwierige Verhältnis zur Opposition im Vordergrund.

Die Wirtschafts-, Währungs- und Sozialunion, deren Ankündigung dem Wahlkampf sein Gepräge gegeben und wesentlich zum Wahlerfolg beigetragen hatte, sollte bereits im Sommer Wirklichkeit werden. Die Regierung setzte sich selbst unter Zeitdruck. Der 1. Juli wurde als Stichtag für die Währungsreform festgesetzt.

Der Wahlsieg in der DDR brachte dem Kanzler auch in der Bundesrepublik dringend benötigte innenpolitische Entlastung. Der nicht enden wollende Strom der Übersiedler hatte ihn in eine schwierige Lage gebracht. Die Unterbringung und Versorgung von mehreren Hunderttausend Menschen, die seit dem Mauerfall in die Bundesrepublik gekommen waren, muss als großartige Leistung von Ländern und Gemeinden anerkannt werden. Spätestens seit dem März zeichnete sich jedoch ein Wandel in der Haltung der Bevölkerung ab. Je mehr Turnhallen, Heime und verfügbare Räume von Übersiedlern belegt wurden, desto lauter wurde die Forderung, das Notaufnahmeverfahren mit seinen sozialen Vergünstigungen abzuschaffen. Da eine politische Verfolgung nicht mehr vorhanden sei, handele es sich nur noch um einen Umzug wie von Hamburg nach München. Die große Mehrheit der Bevölkerung – Innenminister Schäuble sprach von 80 Prozent – stand hinter dieser Forderung. Das bedeutete, dass keineswegs nur Anhänger von Oskar Lafontaine diesen Standpunkt teilten. Der saarländische Ministerpräsident, der nach der Volkskammerwahl faktisch zum Kanzlerkandidaten der SPD aufgerückt war, setzte auf Polarisierung und machte Stimmung gegen die Übersiedler.[961] Aber nicht nur seine Propaganda war dafür verantwortlich, sondern die tatsächlich unhaltbaren Zustände rechtfertigten eine solche Haltung. Gerhard Schröder, der Oppositionsführer in Niedersachsen, hatte am Wahlsonntag, unberührt von der SPD-Niederlage in der DDR, optimistisch angekündigt, Kohl werde es nicht gelingen, »die Wähler im Westen zu begeistern«.[962] Mit dieser Voraussage lag er zumindest bei der Niedersachsen-Wahl am 13. Mai richtig. Ministerpräsident Albrecht hatte vergeblich immer wieder Maßnahmen gegen den Übersiedlerstrom gefordert. Nun wurde Schröder sein Nachfolger und sollte mit seinem saarländischen Kollegen Lafontaine dann im Bundesrat gegen den Staatsvertrag über die Wirtschafts-, Währungs- und Sozialunion stimmen.

Auch in der Union wuchs die Kritik an der Beibehaltung des Aufnahmeverfahrens. Es waren vor allem die Ministerpräsidenten, die von Kohl und seinem Innenminister Wolfgang Schäuble, der engagiert die bestehende Regelung verteidigte, eine Änderung verlangten. Die deutschlandpolitische Bedeutung der Übersiedlerfrage wollten die Ministerpräsidenten nicht zur Kenntnis nehmen. Immer wieder hatte der Kanzler betont, dass die Menschen in der DDR ihr Recht auf Selbstbestimmung wahrnahmen, und dazu gehörte auch die Übersiedlung in die Bundesrepublik. Immer wieder hatte er darauf hingewiesen, dass es die Menschen in der DDR waren, die die politische Entwicklung bestimmten. Wenn man nun aus verständlichen, aber nachgeordneten Gründen die Übersiedlerbewegung stoppte, konnte im Ausland der Eindruck entstehen, als würde sich die Lage in Deutschland auch ohne Vollzug der Einheit stabilisieren.

Am Montag nach der Volkskammerwahl am 18. März 1990 hatte es im Parteipräsidium fast einen regelrechten Aufstand gegen Kohl und Schäuble gegeben. Es herrschte »beträchtliche Erbitterung« unter den Ministerpräsidenten, die nicht länger das Aufnahmeverfahren hinnehmen wollten. Auch hier zeigte Kohl Stehvermögen und verhinderte als erfahrener Leiter widerspenstiger Versammlungen eine Abstimmung.[963] Das Wahlergebnis ließ jedoch den Übersiedlerstrom sinken. Das war wirksamer als bürokratische Gegenmaßnahmen.

Am 18. Mai fand die feierliche Unterzeichnung über die Wirtschafts-, Währungs- und Sozialunion statt. Der Bundeskanzler wertete das Vertragswerk als die »Geburtsstunde des freien und einigen Deutschlands«, als »ersten bedeutsamen Schritt zur Wiederherstellung der staatlichen Einheit Deutschlands«.[964] Faktisch war es auch der entscheidende Schritt zum Beitritt der DDR nach Art. 23 des Grundgesetzes. Kohl wiederholte bei diesem Anlass seine Verheißung der »blühenden Landschaften«; sie war nun zum Markenzeichen geworden.

Einen Monat zuvor hatte er zur Finanzierung der Einheit das Wort ergriffen. Bei der Feier des 125-jährigen Bestehens der BASF, jener Ludwigshafener Weltfirma, in der er schon als Student tätig gewesen war, hatte er Steuererhöhungen ausgeschlossen; sie würden »den wirtschaftlichen Aufschwung unnötig bremsen und kontraproduktiv wirken«. Die konjunkturelle

Situation erlaube es, »die anstehenden Anschubfinanzierungen der Arbeitslosen-, der Rentenversicherung und der Infrastrukturaufgaben ohne Steuererhöhung zu leisten. Ebenso falsch wäre es, die Einheit mit der inflatorischen Notenpresse finanzieren zu wollen.«[965] Das klang vollmundig, war aber falsch und konnte nicht wirklich überzeugen, vor allem nicht die Bedenkenträger, denen alles viel zu schnell ging und die sich bereits über zukünftige Belastungen Sorgen machten.

Für den Kanzler stand der Beitritt der DDR nach Art. 23 nie infrage. Interessant ist jedoch seine Begründung, die über verfassungspolitische Zweckmäßigkeitserwägungen hinausreichte. Er zeigte sich skeptisch, ob »das politische Führungspersonal – das sind wir alle, auch in der DDR – heute bei den sonstigen Belastungen … in der Lage« sei, »mit der entsprechenden Überlegenheit und politischen Kultur eine neue Verfassung jetzt zu machen«. Die Väter des Grundgesetzes betrachtete er als »Glücksfall in unserer Geschichte«. Sie wären von Krieg und Verfolgung geprägt und besäßen »eine Gesprächsfähigkeit auch untereinander, bei unterschiedlichen Meinungen, die wir angesichts der Ideologisierung gar nicht haben«.[966]

In der relativen Ruhe der Frühjahrsmonate verfestigte sich die Ansicht, »im Langsamgang sei die Vereinigung billiger zu haben«.[967] Diese Einstellung mochte dem Kalkül der Sozialdemokraten entsprechen, die kommenden Probleme abzuwarten und damit ihre Wahlchancen zu verbessern. Kohl dagegen empfand es »schlicht als Schande«, dass »Deutschland in der Politik ein so klägliches Bild« böte, »weil ein wirklich vernünftiges Gespräch zwischen den Demokraten gar nicht möglich« sei.[968] Das war immer schon seine Grundeinstellung gewesen, dass bei wirklich wichtigen Fragen, bei denen die sachliche Lösung wichtiger war als das Beharren auf parteipolitischen Positionen, Regierung und Opposition zusammen wirken müssen. Aber schon bei Helmut Schmidt hatte er für diese Einstellung wenig

Verständnis gefunden, und im Frühjahr 1990 war die Opposition nicht bereit, die Lasten der Einheit gemeinsam zu schultern.

Für Kohl redeten die Sozialdemokraten mit gespaltener Zunge. Sie hatten zwar dem Vertrag über die Wirtschafts-, Währungs- und Sozialunion zugestimmt und stellten dies als Beleg für die Gemeinsamkeit dar, aber sie taten dies öffentlich mit so vielen Bedenken und Einwänden, dass sie stets den Hintergedanken im Kopf gehabt hatten: »Alles, was sich negativ entwickelt, ist dann die Privatsache ... des Helmut Kohl und noch von ein paar anderen.« Ungemein reizte den Kanzler die Tatsache, dass Oskar Lafontaine mit »den Parolen des blanken Egoismus, des blanken Neids und des blanken Opportunismus« einen beachtlichen Erfolg verzeichnete, »dass er ein gewisser Hoffnungsträger« sei, »was immer wir davon halten mögen«.[969] Allerdings tröstete ihn die Tatsache, dass die Union in den Meinungsbefragungen erfolgreich abschnitt.

Bei der Frage nach möglichen Terminen für die ersten gesamtdeutschen Wahlen hielt sich der Kanzler bedeckt. Vonseiten der DDR-Regierung wurde Druck ausgeübt, um einen möglichst frühen Termin zu erreichen. Die SPD nahm die entgegengesetzte Position ein, sie spekulierte auf Baisse. Bereits Ende Mai hatte Kohl, dem das zeitige Festlegen von Terminen stets ein Bedürfnis war, im kleinen Kreis erstaunlich früh seinen Zeitplan offengelegt.[970] Er strebe im Dezember anstelle der turnusmäßigen Bundestagswahlen für die alte Bundesrepublik die erste gesamtdeutsche Wahl an. Die DDR könne »die bestehenden Probleme« allein nicht lösen. Bis zu diesen Wahlen müssten allerdings noch wichtige Entscheidungen fallen, nämlich der Beitritt nach Art. 23, die Neubildung der Länder und die Landtagswahlen.

Die öffentlichen Debatten der Frühjahrswochen zeigten eine den Kanzler beunruhigende Sorglosigkeit, als ob die großen Probleme schon gelöst seien und man nun mehr Zeit hätte, um sich mit innenpolitischen Problemen zu beschäftigen. Kohl warnte immer wieder: »Die Zeit arbeitet im Moment nicht für uns.« Zur Gelassenheit bestehe kein Anlass. Dabei dachte er auch an die politische Situation in der Sowjetunion, die sich jederzeit zum Nachteil für die deutschen Interessen ändern konnte. Zur Charakterisierung der Situation benutzte er ein überraschendes Bild: »Der Zug der deutschen Geschichte fährt jetzt durch den deutschen Bahnhof. Er fährt langsam, und wir müssen aufsteigen.«[971] Die Gelegenheit käme so schnell nicht wieder.

Im Juni machte er wiederholt auf eine Diskussion aufmerksam, die ihn als den entschiedenen Befürworter der deutschen Einheit nicht unberührt lassen konnte. Es gebe nämlich »nicht wenige, die Gefallen daran finden, dass es einen dritten deutschen Staat geben könnte, auch einen demokratischen dritten deutschen Staat mit unserer deutschen Muttersprache«. Eine solche Lösung würden »nicht wenige in Ost und West für ganz nützlich halten«.[972] DDR-Ministerpräsident de Maizière hatte schließlich nicht umsonst einen Besuch in Wien gemacht und dort eine herzliche Aufnahme gefunden. Der »Zug der deutschen Geschichte« drohte jedoch nie zu entgleisen; so blieb es bei der episodenhaften Erwähnung einer alternativen Lösung des deutschen Problems, die in Wien auf große Sympathie traf.

Alle Planungen zur innerdeutschen Vereinigung hingen jedoch von einer entscheidenden Voraussetzung ab. Für die »äußere Schiene«, den Status Gesamtdeutschlands und die Ablösung der Vier-Mächte-Rechte musste eine befriedigende Lösung gefunden werden. Diesen Gesichtspunkt hatte Helmut Kohl immer im Auge. Er sagte deutlich, was er nicht wollte, nämlich eine Friedenskonferenz oder ähnlich langwierige Veranstaltungen, denn er wusste immer: Das Zeitfenster der Einheit war nicht lange geöffnet.

Seine Befürchtungen waren nicht unbegründet. Die Dynamik der innerdeutschen Entwicklung konnte nachlassen, je mehr sich die Dinge zu regeln schienen und die Gefahr eines chaotischen Zusammenbruchs geringer wurde. Diese Normalität zeigte sich auch in der sich im Juli 1990 ausbreitenden Ferienstimmung. Diese gefiel ihm auch nicht. Seine Beobachtung, wie auf dem Düsseldorfer Flughafen der Urlaub »ausbrach«, wo man sehen könne, »wie die Deutschen wirklich leben«, für die Einheit aber nicht belastet werden wollten, ließ eine gewisse Bitterkeit spüren.[973] Weltpolitik und Badefreuden lassen sich schwer auf einen Nenner bringen. Seine Reaktion ist ein Indiz dafür, dass er die tatsächliche Lage kritischer einschätzte, als es der in der Öffentlichkeit gezeigte Optimismus vermuten ließ.

Seit dem Frühjahr 1990 war Kohl unablässig bestrebt gewesen, Zuversicht zu verbreiten und den Menschen Mut zu machen. Er war überzeugt, dass sich die Lage in der DDR mit der Einheit rasch zum Besseren wenden würde. Zweifel ließ er nicht aufkommen. Er betonte das Wir-Gefühl und war ständig bemüht, den Menschen in der DDR das Gefühl zu vermitteln, mit dem Westen verbunden zu sein, da sie nun nichts mehr trennte. Politiker an der Macht sind zum Optimismus verpflichtet. Das galt in besonderem Maße für den Kanzler, der keinen Zweifel an seinem politischen Kurs aufkommen lassen durfte.

Das gestürzte SED-Regime war nach dem Triumph in der Volkskammerwahl für Kohl kein Gegner mehr. Das so jämmerlich gescheiterte System mit besonderem Nachdruck als Unrechtssystem anzuprangern, schien nicht mehr notwendig. Die Auseinandersetzung mit den dunklen Seiten der Diktatur und ihres Herrschaftsapparates war kein Thema für Politiker. Kohl machte da keine Ausnahme. Nur selten äußerte er sich dazu. Mit Lothar de Maizière hatte er selbst fragwürdige Erfahrungen gemacht, bemühte sich aber, seine Abneigung gegen den Vorsitzenden der Ost-CDU nicht deutlich werden zu lassen. In der Zusammenarbeit mit ihm hatte er genügend Gelegenheit gehabt, dessen Verbundenheit mit der DDR und ihren sozialistischen Errungenschaften kennenzulernen. Gleichwohl bemühte er sich um eine gedeihliche Zusammenarbeit und neigte zur Rücksichtnahme.

Bei der Aufarbeitung von Straftaten des Regimes zeigt der Kanzler wenig Interesse – darin Adenauer nicht unähnlich. Er war zwar völlig damit einverstanden, dass diejenigen, »die wirklich was gemacht haben, auch vor den Kadi kommen«. Aber er warnte vor Übereifer: »Wenn wir jetzt beginnen, auf Jahrzehnte hinaus immer wieder Akten zu öffnen und immer wieder Vorwürfe zu machen, werden wir uns in einer schlimmen Verfassung wiederfinden. Wir brauchen nicht eine heile Welt, die gibt es nicht, aber wir brauchen die Kraft zu einem Stück inneren Frieden.«[974] Es blieb bei seinem Wunsch – ohne jede Chance der Realisierung. Das in der Folgezeit etablierte System der Stasi-Überprüfung, das Kohl damals vermeiden wollte, war auch nach mehr als zwanzig Jahren noch in Kraft. Es hatte eine zähe Widerstandskraft entwickelt. Ob sein Wegfall dem inneren Frieden gedient haben könnte, ist eine offene Frage.

Das riesige Netzwerk der Stasi-Akten stellte die eine beträchtliche Belastung der Einheit dar. Ein anderes Problem waren die sowjetischen Enteignungsmaßnahmen zwischen 1945 und 1949. Mit ihnen hatte es eine besondere Bewandtnis. Für die Industrie waren die Enteignungen kein großes Problem, denn es konnte an anderer Stelle Ersatz beschafft und neue Fertigungsstätten aufgebaut werden. So blieb das Daimler-Benz-Werk für die Lastwagenproduktion in Ludwigsfelde südlich von Berlin weiter ein »volkseigener Betrieb«. Daimler-Benz erwarb aber in der Nachbarschaft ein anderes Areal, baute ein neues Werk und übernahm nur die Arbeiter, die das Unternehmen für geeignet hielt.

Anders sah es in der Landwirtschaft aus. Da hatte 1945/46 die sowjetische Bodenreform stattgefunden, durch die alle landwirtschaftlichen Grundbesitzer über 100 Hektar entschädigungslos enteignet, vertrieben, viele ermordet worden waren. Für die Sowjets waren das Großgrundbesitzer, die als »Junker« diskriminiert wurden, deren Land nun in Bauernhand übergehen sollte. Tatsächlich umfasste der adelige Grundbesitz weit weniger als 50 Prozent. Die auf dem enteigneten Land angesetzten Siedler sollten aber keineswegs Bauern werden. Es war nur die erste Stufe zur Kollektivierung der Landwirtschaft. Diese »Neubauern« sollten nach einigen Jahren in Produktionsgenossenschaften überführt werden. Im Jahre 1990 waren die meisten keine Bauern mehr, sondern landwirtschaftliche Facharbeiter.

Mit der Aufnahme der Verhandlungen zwischen Bonn und Ost-Berlin über die Vereinigung beider Staaten, die schließlich zum Einigungsvertrag führten, musste auch diese heikle Frage, wie die sowjetischen Enteignungsmaßnahmen mit der Eigentumsordnung des Grundgesetzes zu vereinbaren waren, geregelt werden. Für das komplizierte Unternehmen der Ausarbeitung des Einigungsvertrages, der festlegte, zu welchen Bedingungen die Vereinigung für die DDR akzeptabel war, kam aus der Bonner Führungsriege nur Wolfgang Schäuble infrage. Er hatte als Kanzleramtsminister und anschließend als Innenminister die operative Deutschlandpolitik der Bundesrepublik geleitet und sogar mit dem DDR-Devisenbeschaffer Alexander Schalck-Golodkowski intensive Gespräche geführt, was dessen Untertauchen in Westdeutschland nach dem Fall der Mauer erleichtern sollte.[975] Schäuble hatte die Unbefangenheit des Politikers, der ohne ideologische Scheuklappen mit der Gegenseite handelseinig werden wollte. Darin unterschied er sich von Helmut Kohl, der dem SED-Staat und seinen Funktionären, selbst wenn diese nicht der SED angehörten, misstrauisch gegenüberstand. Das betraf, wie erwähnt, vor allem Lothar de Maizière, zu dem Kohl keineswegs, wie Schäuble behauptet, »eine wirkliche Vertrauensbeziehung« aufgebaut hat.[976]

Die Auseinandersetzungen um das Eigentum in der DDR betrachtete Helmut Kohl ohne Illusionen. Er erkannte hier die tatsächliche Auseinanderwicklung der gesellschaftlichen Normen: »Es ist eine andere Vorstellung von Eigentum, wenn man 40 Jahre in einem Land lebt, in dem der Begriff Eigentum eher belastet war, und zwar von den Schülertagen an durch die Ideologie ganz bewusst in eine bestimmte Richtung verfärbt wurde.«[977] Er sah auch Probleme in der Fraktion.

Rechtzeitig zu Beginn der Verhandlungen meldete sich Moskau, um den sowjetischen Standpunkt darzulegen. Ein Aide-Mémoire vom 28. April klang eindeutig. Es war eine »typische Fleißarbeit« aus der »Betonfraktion« des sowjetischen Außenministeriums, die jede Konzession an Bonn bekämpfte und die »SED-Nomenklatura« nach Kräften unterstützte.[978] Das Papier stellte fest, der Einigungsvertrag dürfe die Maßnahmen der Besatzungsmächte nach 1945 nicht infrage stellen; ihre Rechtmäßigkeit, »insbesondere zu den Vermögens- und Bodenfragen«, unterläge »keiner Neuüberprüfung oder Neubewertung durch die deutsche Gerichte oder anderen deutschen Staatsorgane«.[979] Dabei berief man sich in allgemeiner Form auf das Potsdamer Abkommen; gemeint waren die berühmten drei Begriffe der Entnazifizierung, Entmilitarisierung und Demokratisierung.

Ein Aide-Mémoire ist die schwächste Form einer diplomatischen Entgegnung, die zeigt, dass die Sowjetunion an dieser Frage nicht ernsthaft interessiert war.

Der tatsächliche Widerstand kam von anderer, nicht unbekannter Seite. Nicht zufällig hatte Ministerpräsident Modrow, Moskaus Mann für die Perestroika in der DDR, schon am 1. März 1990 die »Rechtssicherheit in den Eigentumsverhältnissen« mit Berufung auf das Potsdamer Abkommen gefordert.[980] Für einen Spitzenmann der SED, einer Partei, die ein grundsätzlich negatives Verhältnis zum Privateigentum hatte, waren das ganz ungewohnte Töne.

Hans Modrows Nachfolger Lothar de Maizière, der politisch

seinem Vorgänger trotz anderer Parteizugehörigkeit recht nahe-
stand, betonte »sowjetische Widerstände« in dieser Frage und
zeigte keine Anzeichen von Kompromissbereitschaft. Schäuble
vermutete, »dass ihn die Sowjets kräftig unter Druck gesetzt
hatten«.[981] Es war für ihn schlechthin »unvorstellbar, dass die
DDR den Vertrag ohne die spezielle Eigentumsgarantie unterschrieben hätte«. Man sollte allerdings vorsichtig sein, wenn Politiker etwas für unvorstellbar halten; das klingt nach Ausreden.

Tatsächlich hat die Bundesregierung nicht ernsthaft versucht,
die sowjetische Position in dieser Frage kennenzulernen: »Der
Versuch, die Standhaftigkeit Gorbatschows in dieser Frage zu
testen, wird nicht unternommen.«[982] Die Sowjetunion hatte seit
dem November 1989 viele Positionen geräumt – warum sollte
sie auf einer »Bodenreform« beharren, wenn das Modell des Sozialismus überhaupt als gescheitert angesehen werden musste?
Man mag kritisch einwenden, dass die sowjetische Haltung
nicht ausgelotet wurde, aber aus der Unterlassung des Härte-
tests sollte man keine weitreichenden Schlussfolgerungen ziehen. Für die sowjetischen Konservativen im Zentralkomitee wie
in der Regierung war es sicherlich schmerzlich, auf diese Errungenschaft sowjetischer Politik verzichten zu müssen. Aber wenn
im Zuge der Perestroika selbst Todesurteile am laufenden Band
aufgehoben und damit Justizmord als Mittel der Politik offengelegt und gebrandmarkt wurde, konnte doch die Revision einer
Bodenreform, die zudem ihren Zweck verfehlt hatte, bestenfalls
auf gemäßigten Protest stoßen. Selbst in der Sowjetunion war
man dabei, die Landwirtschaft umzugestalten – weg von dem
Kolchosensystem der Stalin-Zeit. Warum sollte dann nicht zugegeben werden, dass auch diese Reform in der sowjetischen
Besatzungszone revidiert werden konnte?

Seit seiner Wahl zum letzten Ministerpräsidenten der DDR
hatte sich Lothar de Maizière eisern entschlossen gezeigt, an der
Bodenreform festzuhalten und keine Abstriche zuzulassen. War

es nur vorauseilender Gehorsam im Blick auf die sowjetischen »Freunde«, was ihn so entschieden auftreten ließ? Das mag eine Rolle gespielt haben, war aber nicht ausschlaggebend. Für die Beurteilung seiner Haltung ist es wichtiger, sich zu vergegenwärtigen, dass er ein überzeugter DDR-Bürger war, ein Produkt des Systems. Sein Vater hatte schon dem SED-Staat als Stasispitzel gedient. Er selbst durfte nach Aufgabe seines Musikerberufes an der Humboldt-Universität, der Renommieruniversität der DDR, Jura studieren. Als stellvertretender Vorsitzender des Berliner Anwaltskollegs nahm er eine hochpolitische Stellung ein und wurde im November 1989 schließlich von einschlägigen Seilschaften zum Vorsitzenden der Ost-CDU bestimmt. Da konnte es nicht verwundern, dass er der Einheit mit erheblichen Vorbehalten gegenüberstand. Sie sollte, gleichsam auf Augenhöhe, erst dann stattfinden, wenn sich die DDR konsolidiert hätte.[983] Schäuble muss davon so beeindruckt gewesen sein, dass er keinen Versuch machte, das tatsächliche Engagement in dieser Frage zu prüfen.

Der DDR-Patriotismus, der im Laufe der Zeit unter geschickter Anleitung durch die Propaganda entstanden war, sah die Bodenreform als Errungenschaft des Sozialismus. Diese Sicht wurde von der DDR-Bevölkerung allgemein akzeptiert. Es war schließlich der »Arbeiter- und Bauernstaat«, dem sie angehörten und dessen Aufbauleistung sie mit gewissem Stolz zur Kenntnis nahmen. Die Bodenreform und die ihr folgende Kollektivierung der Landwirtschaft hatte die DDR-Bevölkerung hingenommen. Die bäuerliche Bevölkerung, die das alles abgelehnt hatte, war in den Westen abgewandert.

Das Schlagwort »Junkerland in Bauernhand«, unter dem die Bodenreform durchgeführt worden war, hatte tief sitzende ideologische Wurzeln. Sie reichen bis ins Kaiserreich zurück, als die Sozialdemokratie in den »Junkern« ihren Hauptfeind erblickte, der für politischen Rückschritt, Schutzzölle und da-

mit für hohe Brotpreise verantwortlich gemacht wurde. Dieses
Zerrbild hatte die SED-Propaganda übernommen. Aber nicht
nur in der DDR wirkte die überzogene Kritik der Zustände
im Kaiserreich nach. Auch in der Bundesrepublik fand sie viele
Befürworter. Nicht nur für die SPD gehörte der Kampf gegen
Dreiklassenwahlrecht, Schutzzölle und Junker zum Traditions-
gut der Partei; in der Union war die Junkerschelte gleichfalls
populär. In den föderalistischen Anfängen der Union war das
Bestreben unübersehbar, zu Preußen und seiner Geschichte auf
Distanz zu gehen und beispielsweise den preußischen Landrat
als Personifikation einer politischen Vergangenheit darzustellen,
mit der man nichts mehr zu tun haben wollte.

Weder im Osten noch im Westen Deutschlands war die Bereitschaft vorhanden, die stalinistische Maßnahme der Bodenreform von 1945 aufzuheben, die Enteignungen als Unrecht anzuerkennen und für eine angemessene Entschädigung zu sorgen.
In dieser Situation war nicht zu erwarten, dass die Bundesregierung angesichts der ohnehin starken Inanspruchnahme durch
die Einheit ein so kompliziertes Thema anfasste. Die frühe Entscheidung Schäubles, angesichts der geschlossenen Front »aller
relevanten politischen Gruppen in der DDR« stillzuhalten, mag
politisch vernünftig und taktisch richtig gewesen sein. Die Frage,
inwieweit diese Haltung aber mit der Eigentumsgarantie des
Grundgesetzes zu vereinbaren war, sollte später das Bundesverfassungsgericht beschäftigen. Die Bundesregierung berief sich
im Verfahren auf das sowjetische Aide-Mémoire, das die Ablehnung Moskaus einwandfrei zum Ausdruck gebracht habe. Das
Gericht akzeptierte den Standpunkt, dass die UdSSR »die Unantastbarkeit und Unumkehrbarkeit der genannten Enteignungen
gefordert« habe.[984] Als sich dann die Stimmen mehrten, die behaupteten, die Sowjets hätten gar nicht bedingungslos auf den
Enteignungen bestanden und sogar Gorbatschow als prominentester Zeuge dies ausdrücklich bestätigte, war es längst zu spät.

Helmut Kohl wusste genug von der Geschichte des deutschen Ostens, um die Rolle des ostdeutschen Adels richtig einzuschätzen. Denn das war nicht einfach eine Klasse von reaktionären Großgrundbesitzern, sondern eine Oberschicht, die auch in Militär und Verwaltung eine tragende Rolle eingenommen hatte und deren Fehlen sich in den neuen Ländern empfindlich bemerkbar machte. Der Kanzler konnte dank seiner Kenntnis des deutschen Widerstands gegen Hitler differenzieren und Schwarz-Weiß-Zeichnungen vermeiden. Aber in der offenen Situation des Sommers 1990 diese Frage bei Gorbatschow anzuschneiden, verbot sich von selbst. Kohl hatte immer den Willen der DDR-Bevölkerung als Leitschnur seines Handelns ausgegeben. Als de Maizière unwidersprochen die geschlossene Front der DDR in Sachen Bodenreform betonte, konnte und wollte man in Bonn nicht viel dagegen tun.

Die Kritik an der Bundesregierung und letztlich am Kanzler, nicht ausgelotet, nicht in Moskau versucht zu haben, die sowjetische Führung zum Einlenken zu bewegen, überzeugt auch aus einem anderen Grunde nicht. Kohls Wiedervereinigungspolitik hatte stets die Übereinstimmung mit der Bevölkerung der DDR und nach der Volkskammerwahl mit der neuen Ost-Berliner Übergangsregierung betont. Aus diesem Grunde hatten sich Kohl und Schäuble auch nicht dem Drängen de Maizières verschlossen und am 15. Juni 1990 der Gemeinsamen Erklärung beider Regierungen zugestimmt, wonach die »auf besatzungsrechtlichen und besatzungshoheitlichen Grundlagen vollzogenen Enteignungen ... ›nicht mehr rückgängig zu machen‹ wären«. Im Zwei-plus-Vier-Vertrag war diese Erklärung übernommen und in einem Schreiben der beiden deutschen Außenminister eigens bestätigt worden.[985] Die Tabuisierung der Bodenreform wurde also in das Vertragswerk aufgenommen. Dieser Verzicht war durch die wiederholten Bestätigungen der Enteignungsmaßnahmen zwischen 1945 und 1949 faktisch unaufhebbar geworden. Jeder Versuch der Veränderung musste das gesamte Vertragswerk infrage stellen und alarmierend wirken, als ob nun eine spezifisch deutsche Revisionspolitik wieder aufgenommen würde. Lothar de Maizière und seine Hintermänner hatten gesiegt.

Mit der Einführung der D-Mark am 1. Juli 1990 und den Fortschritten in Moskau bewegte sich die Politik in Deutschland auf der Erfolgsspur. Die Dinge liefen in die richtige Richtung, aber nicht alle teilten diese Einschätzung. Es gab Politiker, die die politische Situation ganz anders beurteilten. Zu ihnen gehörte der DDR-Ministerpräsident de Maizière. In der Ferienzeit, als die Menschen in der DDR mit dem neuen Geld zum ersten Mal Urlaub machten und die Politik weit entfernt schien, peinigten ihn schwere Sorgen. Die Lage schien ihm so bedrohlich, dass er keine andere Möglichkeit sah, als den Bundeskanzler in seinem Feriendomizil am Wolfgangsee aufzusuchen. Kohl hatte von dem Besuch erst erfahren, als er von einer Wanderung zurückkam und der Gast bereits unterwegs war.[986] Was das Außergewöhnliche des Besuches noch betonte: Der Ministerpräsident wurde von Günther Krause begleitet, dem wirtschaftspolitischen Ass der Ost-Berliner Regierung, der deshalb seine Verhandlungen mit Schäuble abrupt unterbrechen musste.

Die ungebetenen Gäste kamen in »Panikstimmung«, denn de Maizière rechnete »trotz der Bonner Milliarden ... mit dem baldigen wirtschaftlichen Kollaps seines Landes«. Klaus Dreher bietet als Erklärung an, de Maizière habe erst zu diesem Zeitpunkt begriffen, dass der drohende Zusammenbruch der Wirtschaft »das eigentliche Problem« gewesen sei.[987] Das ist jedoch nur eine Umschreibung für seine Unfähigkeit, die Situation halbwegs realistisch zu erfassen, denn mit den Bonner Milliarden im Rücken konnte es vielleicht Störungen geben, aber ein Zusammenbruch war nunmehr ausgeschlossen. De Maizières

Vorschlag, die von ihm erwartete Katastrophe zu vermeiden, bestand darin, dass die gesamtdeutschen Wahlen vom 2. Dezember auf den 14. Oktober vorgezogen und am selben Tag auch der Beitritt der DDR zur Bundesrepublik nach Art. 23 erfolgen sollte. Er wollte in der Volkskammer einen entsprechenden Antrag stellen. Kohl war nicht gegen den Vorschlag eingestellt. Die Wahlen zu einem früheren Termin stattfinden zu lassen, lag im Interesse der Union. Wenn er selbst einen solchen Vorschlag machte, würde die SPD entschieden dagegen sein. Etwas anderes war es jedoch, wenn die Volkskammer sich dafür ausspräche. Damit meldete sich die DDR-Bevölkerung zu Wort. Das hatte ein ganz anderes Gewicht.

Der überraschende Besuch bei Kohl in St. Gilgen endete harmonisch. Man trank einige Schoppen Wein, Günther Krause setzte sich ans Klavier, spielte »herrliche Melodien, und die anderen sangen dazu«.[988]

Noch in der Nacht, wie die »ZEIT« zu berichten wusste, um 0.50 Uhr, also kurz nach seiner Ankunft in Berlin, hatte Lothar de Maizière seine Meinung wieder geändert und Kohl noch einmal angerufen.[989] Er teilte ihm mit, er könne sich an das verabredete Vorgehen nicht mehr halten. Er könne nicht warten, bis die Volkskammer in der nächsten Woche zusammentrete, sondern müsse noch am selben Tag auf einer Pressekonferenz den Plan des Vorziehens von Wahl und Beitritt auf den 14. Oktober bekannt geben.

Mit dem Vorpreschen de Maizières änderte sich die politische Situation. Dessen ursprüngliches Anliegen – den Zusammenbruch der DDR aufzuhalten –, war in den Hintergrund getreten. In der Öffentlichkeit rückte die Tatsache, dass er mit Kohl über das Vorziehen der Wahlen gesprochen hatte, in den Vordergrund. In erster Linie wurde darin ein Manöver gesehen, die Wahlchancen der Union zu verbessern. Wer anders konnte sich ein so durchsichtiges Wahlmanöver ausgedacht haben als Hel-

mut Kohl? Dem »Spiegel« war es sogar eine Titelstory wert:
»Kohls Coup«.⁹⁹⁰

Die Motive für de Maizières Positionswechsel sind nicht einsichtig. Seine Behauptung, der Bundeskanzler habe ihn selbst zu
der Bekanntgabe auf der Pressekonferenz »ermächtigt«, ist so
unglaubwürdig wie die nachgeschobene Behauptung, es wäre
der »erste massive Abbau« seiner Autorität gewesen.⁹⁹¹ Jedenfalls zeigt sein Verhalten – der überfallartige Besuch bei Kohl
und das Abrücken von der mit Kohl getroffenen Vereinbarung
am nächsten Tag – kein Augenmaß. Seinen Mitarbeitern, die ihn
bei der Rückkehr begleiteten, erschien er »völlig verstört«. Sie
hatten den Eindruck, »als sei ihm bewusst geworden, dass er in
einem panikartigen Ausbruch all das über Bord geworfen hatte,
was ihm bis dahin am Herzen lag, und dass er sich unnötig und
vorzeitig hinreißen ließ, ›allen Widerstand‹ gegen die rasche und
bedingungslose Vereinnahmung aufzugeben«.⁹⁹² Das Vorhaben
der vorgezogenen Wahlen verschwand allerdings so schnell, wie
es auf der Agenda erschienen war. Es war rechtlich nicht durch-
führbar.

De Maizières Ausflug nach St. Gilgen sollte noch eine andere
unerwartete Folge haben. Die SPD fühlte sich hintergangen und
reagierte heftig. Die Partei war an den Einigungsverhandlungen
beteiligt und musste in mehrheitsfähige Lösungen eingebunden
werden, denn im Bundesrat verfügte sie über die Mehrheit. Innerhalb der SPD gab es erhebliche Gegensätze. Die Befürworter
der Einheit mühten sich redlich, die Partei in schwieriger Überzeugungsarbeit für Kompromisse mit der Regierung zu gewinnen. Das war auf einmal infrage gestellt. Wolfgang Clement, der
Wortführer der SPD in der Verhandlungsdelegation, fühlte sich
»reingelegt«. Als er hörte, dass der Vorschlag de Maizières von
Kohl übernommen worden sei, geriet er – freilich ohne den
Hintergrund zu kennen, wie Wolfgang Schäuble berichtet – »in
einen Zustand der Erregung, wie ich es bei ihm weder vorher

noch später je erlebt habe«.[993] Clements Reaktion ist verständlich. Er musste sich in der Partei gegen Oskar Lafontaine und dessen Politik der strikten Verneinung jeder Gemeinsamkeit behaupten. Eine Veränderung des Wahltermins zugunsten der Union musste in der Partei als Bestätigung der Verweigerungshaltung von Lafontaine gewertet werden.

Das Klima der Großen Koalition in Ost-Berlin war außerordentlich belastet. Schäuble berichtet, Krause habe dem Finanzminister und dem Landwirtschaftsminister »Sabotage« vorgeworfen und »den Rausschmiss der SPD aus Kabinett und Koalition« gefordert. Andernfalls wüssten er und seine Freunde, was zu tun sei. Sie hätten bereits »die Taschen gepackt« und drohten, »wenn wir hier nicht vorankommen, … gehen wir rüber in den Westen«.[994] Mit solchen Drohungen war das Ende der Koalition gekommen. Zuerst entließ de Maizière vier Minister; am 20. August erklärten die übrigen ihren Rücktritt.

Die Bundesregierung hatte angesichts des Streits um Wahltermine und Wahlchancen unbemerkt von der Öffentlichkeit ihren Standpunkt festgelegt. Am 9. August beschloss das Kabinett, am Wahltermin des 2. Dezember 1990 festzuhalten. Das war eine klare Prioritätensetzung. In der Frage des Beitritts war es nun leichter, eine Einigung mit der Opposition zu erzielen.

Nach dem Austritt der SPD-Minister kam die Politik in Ost-Berlin in Bewegung. In der Nacht vom 22. zum 23. August beschloss die Volkskammer nach langer leidenschaftlicher Diskussion mit überwältigender Mehrheit, den Beitritt der DDR zur Bundesrepublik. Datum des Beitritts sollte der 3. Oktober sein. Der Zeitpunkt war kein Zufall. Es war der frühestmögliche Termin nach der am 1. Oktober stattfindenden KSZE-Konferenz, der Sondergipfelkonferenz über Sicherheit und Zusammenarbeit in Europa in Paris, die die Ergebnisse der Zwei-plus-Vier-Beratungen absegnen sollte. Die Präsidentin der Volkskammer, Sabine Bergmann-Pohl, übersandte den Beschluss als amtierendes Staatsoberhaupt der DDR »mit großer Freude« an den Bundeskanzler.[995] Allerdings nur mit der normalen Post, die erst am 28. August in Bonn eintraf. Der Kanzler selbst war schon in der Nacht von Rudolf Seiters über den Beschluss telefonisch informiert worden.

Der 3. Oktober als Termin des Beitritts überrascht. In den Diskussionen, die von dem St.-Gilgen-Besuch ausgelöst worden waren, war wiederholt vom 14. Oktober die Rede gewesen. Gunter Hofmann hatte in der »ZEIT« noch wenige Tage vor dem Beschluss nicht mit der Möglichkeit gerechnet, es könne noch vor dem 14. Oktober zu einer »raschen Notvereinigung« kommen.[996]

Der Kanzler hatte längst andere Prioritäten. Er wollte den Beitrittstermin zum künftigen Nationalfeiertag machen und hatte deshalb Erkundigungen eingezogen, selbst beim Deutschen Wetterdienst, die ergaben, dass Anfang Oktober mit einer stabilen und warmen Wetterlage zu rechnen sei. So ergab sich der 3. Oktober als frühester Termin nach der KSZE-Konferenz und meteorologisch aus der Überlegung, dass es besser sei, einen Feiertag bei schönem Wetter zu begehen.

Für den Kanzler hatte der Beitrittstermin schon lange festgestanden. Wie aber konnte die Volkskammer für diesen Tag gewonnen werden, wo in Ost-Berlin noch immer mit dem 14. Oktober gerechnet wurde? Er verfügte über einen durchsetzungsfähigen Mittelsmann: »Wieder war es der DDR-Unterhändler Günther Krause, der sich bei den Fraktionen der DDR-Volkskammer mit Erfolg für meinen Vorschlag einsetzte.«[997] Es ist schon eigenartig, überall tauchte Helmut Kohl auf, wenn es um die Einheit ging, aber niemand würde wohl auf den Gedanken kommen, dass er es war, der den Volkskammerbeschluss in die Wege geleitet hatte mit dem Ziel, den 3. Oktober auch zum Nationalfeiertag zu machen.

Vor dem Beitritt der DDR zur Bundesrepublik musste noch ein anderer Beitritt erfolgen: der der Ost-CDU zur Bundespartei. In Hamburg fand am 1. Oktober der Vereinigungsparteitag statt. Emotionaler Höhepunkt war die Beitrittserklärung der ostdeutschen CDU-Landesverbände. Helmut Kohl erhielt mit 943 von 957 gültigen Stimmen ein Traumergebnis. Der mecklenburgische Pastor Oswald Wutzke, in Kohls Erinnerung ein sympathischer, aber schwer erträglicher Schreihals, störte durch Zwischenrufe: »Wer hat keine Akte? Es gibt es nicht, dass einer keine Akte hat.«[998] Das war ein Hinweis auf Lothar de Maizière und andere Aktivisten der Wende, die bald von ihrer Vergangenheit eingeholt werden sollten. Der überschäumenden Freude tat es keinen Abbruch.

V.
DIE ÄRA KOHL (II)
1990–1998

Für Helmut Kohl gab es nach dem 3. Oktober 1990 kein entspanntes Zurücklehnen. Wer glaubte, dass nach den Feiern zur
Einheit die Bundestagswahlen in den Vordergrund rücken würden, war doch bis zum 2. Dezember nicht mehr viel Zeit, verkennt die vielseitige Inanspruchnahme des Kanzlers. Ein Beispiel mag das verdeutlichen. Schon am nächsten Tag nahm er
eine Aufgabe in Angriff, die er selbst als »ein strategisches Jahr-
hundertwerk« bezeichnet hatte – die Reform der Bahn. Das bedeutete nicht nur die Zusammenlegung der Bundesbahn mit der
Reichsbahn der DDR, sondern viel mehr: die Umwandlung des
hochdefizitären Staatsunternehmens in ein modernes Verkehrs-
unternehmen, in eine Aktiengesellschaft, die auf eigenen Füßen
stehen sollte.

Die Mühen der Ebene

Für den Kanzler stand seit Jahren fest, dass die Bahn einer radikalen Reform bedurfte. Mit der Einheit hatte sich die Situation
zugespitzt. Nun ergab sich die einmalige Chance, das System
der Bahn in Deutschland insgesamt zu modernisieren. Wie Kohl
dieses Vorhaben anpackte, ist charakteristisch für seine Art der
Problemlösung. Das Wichtigste war die Auswahl der geeigneten
Persönlichkeit an der Spitze. Über eine Unternehmensberatung

wurden Kontakte geknüpft und ein Termin vereinbart. In der Nacht vom 3. zum 4. Oktober, als in Berlin die Sektkorken knallten und ausgelassene Stimmung herrschte, traf der Kanzler im Hotel Kempinski am Kurfürstendamm zufällig den Kandidaten, den er im Auge hatte, und erinnerte ihn an den gemeinsamen Termin. Im Hinausgehen sagte er: »Ich hoffe, dass wir morgen zur Sache kommen.«

Der Mann war Heinz Dürr, ein Spitzenmanager der Industrie mit einer imponierenden Karriere. Von Hause aus Unternehmer, hatte er außerhalb seiner Firma öffentliches Profil gewonnen, als er 1975 den Vorsitz des Arbeitgeberverbandes Nord-Württemberg/Nord-Baden übernahm, der durch die Härte der Tarifauseinandersetzungen mit der IG Metall immer wieder in die Schlagzeilen rückte. Dürr stand vollends im Zentrum des öffentlichen Interesses, als er 1980 an die Spitze der AEG trat, des zweitgrößten deutschen Elektrokonzerns, der von der Insolvenz bedroht war. Nach Jahren harter Arbeit sollte es ihm gelingen, nicht nur den Zusammenbruch der AEG zu vermeiden, sondern den abgespeckten Konzern so weit zu stabilisieren, dass Daimler-Benz die Konzernmehrheit erwarb und Dürr in den Daimler-Vorstand einrückte.

Das Angebot Kohls, die Bahnreform in die Hand zu nehmen, traf Dürr zu einem Zeitpunkt, als Daimler sich mit großem Ehrgeiz, aber ohne zielstrebige Führung zum Großkonzern zu entwickeln begann. Der Ausbau der Luft- und Raumfahrttechnik, der mit großem Engagement betrieben wurde, ließ erkennen, dass die von Dürr eingebrachte AEG innerhalb des Konzerns an Gewicht verlieren musste. Daher eröffnete ihm das Angebot, die Bahn zu reformieren, eine neue gigantische Herausforderung und Chance, die er entschlossen annahm.

Heinz Dürr war für den Kanzler kein Unbekannter. Schon 1981 hatte er den AEG-Vorsitzenden getroffen und ihm den baldigen Regierungswechsel vorausgesagt. Als Kanzler zeigte er lebhaftes Interesse an Dürrs Überlebenskampf bei der AEG: »Ihren Husarenritt habe ich ganz genau beobachtet«, sagte er, »weil ich selbst so etwas durchgestanden habe.«[999] Damit meinte er die Risiken des Koalitionswechsels, der ähnlich wie die Rettung der AEG an nicht vorhersehbaren Einzelheiten hätte scheitern können.

Helmut Kohl kam im Gästehaus in Dahlem am 4. Oktober schnell zur Sache. Auf die Frage, wann er antreten solle, erhielt Dürr die Antwort: »Übermorgen.« Auch das Gehalt war kein Problem: 600 000 D-Mark sollten es sein, was Kohl mit dem Spruch »mehr als der Bundeskanzler« kommentierte. Als Dürr die Frage stellte, ob er als Bahnchef weiter Aufsichtsratsvorsitzender der Dürr AG bleiben könnte, wurde Kohl ironisch: »Ich will ja nicht, dass sie an der Fürsorgegrenze entlangschrammen.«[1000]

Der Start zur Bahnreform unmittelbar nach Vollzug der Einheit zeigte den Willen des Kanzlers, nicht nur auf die Zwänge der Vereinigung zu reagieren, sondern zugleich lange mitgeschleppte Strukturprobleme der alten Bundesrepublik tatkräftig in Angriff zu nehmen. Das hieß, an die Fortsetzung der Reformarbeit der Jahre 1988/89 anzuknüpfen, obwohl diese mit dem Mauerfall andere Prioritäten erhalten hatte.

Fast zur gleichen Zeit, am 12. Oktober, machte das Attentat auf Wolfgang Schäuble den Menschen bewusst, dass auch ganz andere Faktoren die Politik bestimmen konnten. Schäuble wurde bei einer Wahlveranstaltung in seinem badischen Wahlkreis von einem geistesgestörten Mann durch zwei Schüsse an der Wirbelsäule und am Kiefer schwer verletzt. Helmut Kohl war tief getroffen. Nach dem Besuch am Krankenbett erklärte er mit tränenerstickter Stimme: »Hier lernt man das Beten.«[1001] Schäubles Entschlossenheit, sich von dem künftigen Leben im Rollstuhl nicht unterkriegen zu lassen und weiter in der Politik tätig zu bleiben, traf sich mit der Erkenntnis Kohls, dass die Position

des Fraktionsvorsitzenden, die Schäuble selbst schon früher angestrebt hatte, die Tätigkeit war, die er im Vergleich zu anderen
Regierungsämtern am besten wahrnehmen könnte.

Das war zwar eine mittelfristige Lösung, die aber zugleich die
richtige Perspektive für die künftige Zusammenarbeit zwischen
Kohl und Schäuble bot. Vorerst blieb dieser Innenminister. Sehr
wahrscheinlich wäre der Fraktionsvorsitz aber auch ohne das
Attentat auf Schäuble zugekommen, denn es gab keinen anderen
Bewerber – zumindest keinen besseren. Wie der Kohl-Biograf
Klaus Dreher die Sache darstellt, ist typisch für die Art, die
Handlungsweise Kohls bewusst herabzusetzen: »Er litt mit dem
halbgelähmten Mann und behandelt ihn gleichzeitig als Werkzeug zur Ausführung seiner Absichten.«[1002] Mit dem Fraktionsvorsitz bot sich der ganz seltene Fall, dass hier in absehbarer
Zeit ein Posten frei wurde, den Wolfgang Schäuble ohne die
Behinderung von sich aus angestrebt hatte und den Kohl nun
dankbar für ihn freihielt. Aber Kohl kannte ihn auch gut genug,
um zu wissen, dass Schäuble diese Stellung benutzen würde, um
eigene politische Vorstellungen durchzusetzen – selbst im begrenzten Konflikt mit dem Kanzler.

Bereits wenige Wochen nach dem Attentat zeigte Schäuble
seinen Behauptungswillen – gegenüber seiner Verletzung wie
gegenüber dem Kanzler. Er verabredete mit den »Spiegel«-Redakteuren Klaus Wirtgen und Dirk Koch vom Bonner Büro des
Magazins, gemeinsam ein Buch über die Vertragsverhandlungen
mit der DDR zu schreiben. Helmut Kohl hat diese überraschende Partnerschaft sicher nicht gefallen, tat aber nichts dagegen.
Als Schäuble jedoch für das Buch den Untertitel wählte »Wie ich
über die deutsche Einheit verhandelte«, reagierte Kohl empfindlich und wollte das Buch nicht in der Öffentlichkeit präsentieren.[1003] Wahrscheinlich wurde hier eine Grundspannung im Verhältnis zu Schäuble sichtbar, die nicht neu war, aber erst in den
folgenden Jahren an Bedeutung gewinnen sollte.

Zum Auftakt noch einmal Erfolg: die Bundestagswahl 1990

Bei den ersten gesamtdeutschen Wahlen am 2. Dezember 1990 konnte es am Sieg Helmut Kohls keinen Zweifel geben. Nur seine Höhe stand noch nicht fest. Das Erreichen der absoluten Mehrheit, das von den Medien angesichts der wachsenden Popularität des Kanzlers ins Gespräch gebracht wurde, war jenseits aller realistischen Erwartungen. Aber auch um einen »ordinären« Sieg musste noch zäh gekämpft werden; 28 Kundgebungen absolvierte der Kanzler im miesen Novemberwetter – nicht mit dem Sonderzug, sondern mit dem Hubschrauber gelangte er diesmal zu den überfüllten Versammlungen. Die Journalisten, die ihn bei seinen Wahlkämpfen seit vielen Jahren begleitet hatten, bemerkten respektvoll gewisse Veränderungen an seinem Auftreten: »Seine Sprache hat an Ruhe gewonnen, ohne an Kraft zu verlieren. Kurze Sätze, klare Gedankenführung, sparsame Gestik.«[1004]

Der Sieg fiel eindeutig aus: 43,82 Prozent für die Union; die SPD deutlich abgeschlagen mit 33,46 Prozent. Ihr Spitzenkandidat Oskar Lafontaine hatte von »40 Prozent plus X« geträumt. Nach einer solchen Niederlage war der Streit in der Parteispitze der SPD unvermeidlich. Die FDP hatte mit 11 Prozent sehr erfolgreich abgeschnitten. Die Grünen scheiterten als offene Gegner der Einheit an der Fünf-Prozent-Klausel, während die in den neuen Ländern angetretene Gruppierung von Bündnis 90/Die Grünen zwar nur 1,2 Prozent erhielt, dennoch mit acht Abgeordneten im Bundestag vertreten war, weil die Sperrklausel bei dieser Wahl in den neuen Ländern noch keine Gültigkeit besaß.

Zum ersten Mal konnte Kohl den »Kanzlerbonus« für sich in Anspruch nehmen. Die in Umfragen ermittelte Zustimmung zu seiner Politik lag höher als die Wahlabsicht für die CDU/CSU.

Das signalisierte auch der Vorsprung vor seinem Herausforderer Lafontaine, der weit deutlicher ausfiel, als es das Wahlergebnis zeigte. Das Medienklima hatte sich zum ersten Mal geändert. Willy Brandt und Helmut Schmidt hatten immer vom Kanzlerbonus profitieren können, auch bei Adenauer und Erhard war das 1957 und 1965 der Fall gewesen.

In seinem Wahlkreis Ludwigshafen feierte Kohl mit dem Gewinn des Mandats einen historischen und zugleich höchst persönlichen Wahlsieg. Seit 1898 hatte die Sozialdemokratie in Ludwigshafen immer gesiegt. Als Kohl 1976 zum ersten Mal angetreten war, hatte der SPD-Kandidat mit riesigem Vorsprung gesiegt. Letzterer schrumpfte zwar in der Folgezeit, aber erst im Zuge der Wiedervereinigung sollte es für einen christdemokratischen Sieg reichen.

Die Wahlbeteiligung lag 1990 bei 78 Prozent – so niedrig wie bei keiner Bundestagswahl zuvor. Da mögen die Jahreszeit und die Gewissheit, dass der Kanzler die Wahl ohnehin gewinnen werde, eine Rolle gespielt haben, aber das reicht als Erklärung nicht aus. In seinen »Erinnerungen« nennt Kohl das Ergebnis einschränkend »einen überwältigenden Sieg über das sozialdemokratische Lager«.[1005] Vor der Fraktion am Dienstag nach der Wahl fiel seine Bewertung nicht so vollmundig aus. Da kam stärker das Gefühl der Dankbarkeit zum Ausdruck, dass wir »viel Glück hatten, viel Segen erfahren haben, aber dass viele uns geholfen haben in diesem Jahr«. Der Dankbarkeit entsprach die Milde gegenüber den politischen Gegnern. Die geringe Wahlbeteiligung störte den ausgepichten Wahlforscher Kohl nicht – auch nicht die Tatsache, dass die FDP im Windschatten der siegreichen Union mit 11 Prozent ein erstaunlich gutes Ergebnis erzielen konnte. Dafür würdigte der Kanzler ausführlich die Mehrheitsverhältnisse im neuen Bundestag, durch die die Union die strategische Mehrheit habe und keine Koalition gegen sie möglich sei.

Es ist auffallend, dass der Historiker Kohl, der häufig auf frühere Wahlergebnisse zu verweisen pflegte, in diesem Fall keine Neigung zeigte, das vorliegende Resultat mit dem Ergebnis von 1987 zu vergleichen. Auch andere Unionspolitiker übten keine Kritik. Nur Heiner Geißler erlaubte sich einige Monate später einen kritischen Hinweis:»Auch die letzte Bundestagswahl ist eigentlich nicht so ausgegangen, nicht wie sie eigentlich hätte ausgehen müssen, angesichts der ökonomischen und nationalen Daten.«[1006] Kohl hatte darauf mit der resignierenden Formulierung geantwortet, »dass Leistungen nicht mehr zählen«. Die Wähler hätten sich »nach neun Jahren wirtschaftlichem Erfolg daran gewöhnt, dass der Erfolg selbstverständlich« sei. Damit müsse man sich abfinden.

Tatsächlich hätte der Vergleich der beiden Wahlergebnisse nahegelegen, denn im Januar 1987 hatte die Union 44,3 Prozent erhalten, also etwas mehr als 1990. Bei Kohl hatte dieses Ergebnis aber tiefe Enttäuschung hervorgerufen. Er sah eine »Stimmungsdemokratie« mit rot-grüner Tendenz heraufziehen. Nach der Dezemberwahl war davon kein Wort mehr zu hören, keine Äußerung dazu, dass das Ergebnis für die Union ohne die neuen Länder noch schlechter ausgefallen wäre. Denn gerade im Osten konnte die CDU ihre Stärke behaupten.

Wie ist es zu erklären, dass Helmut Kohl nach dem Jahrhundertereignis der Wiedervereinigung keinen haushohen Wahlsieg einfuhr, sondern sogar noch unter dem Ergebnis von 1987 blieb, das damals als das schlechteste Resultat seit 1949 gering geschätzt worden war? Man ist auf Vermutungen angewiesen. Eine Erklärung für Kohls dankbare Hinnahme mag darin liegen, dass er zwischenzeitlich in der Wählergunst massiv zurückgefallen war. Elisabeth Noelle-Neumann berichtet: »Im Sommer 1988 und im Sommer 1989 unterstützten Kohl nur noch ein Viertel der Wähler.«[1006] Bei einem solchen Rückgang in der Zustimmung mag Kohl über die erfolgreiche Aufholjagd seit dem

Herbst 1989 zufrieden gewesen sein und wollte nicht Wahlergebnissen nachtrauern, die nicht mehr erreichbar waren.

Die Wahl von 1990 war auch ein Beleg für die »Stimmungsdemokratie« in der Bundesrepublik. In der fehlenden Zustimmung für den Kanzler kam Besorgnis vor den Belastungen und Unbehagen für die veränderte Stellung Deutschlands zum Ausdruck. Kohl war das Unbehagen in der Bevölkerung wohl bewusst. Es war für ihn weniger ein Problem der kleinen Leute als eines der gehobenen Schichten. Die Fraktion warnte er eindringlich, »nicht jeden Rückfall in den Provinzialismus weiter Teile der deutschen ›Führungsschichten‹ mitzumachen!« Er wusste, wovon er sprach: »Es kommt eigentlich niemand zu mir von morgens bis abends, der nicht zuletzt sagt: Eigentlich geht es nicht. Und manche denken schon heimlich: Vielleicht wäre es besser gewesen, es wäre alles nicht so gekommen, wie es gekommen ist.«[1007] Vor »diesen Verzagtheiten und Kleinmütigkeiten« warnte er unaufhörlich, ohne viel Wirkung zu erzielen.

Der Lernprozess, um die veränderte Stellung Deutschlands in der Welt zu verstehen, benötigte Zeit, und die Entscheidungshilfe 1994 durch das Bundesverfassungsgericht über Auslandseinsätze der Bundeswehr war notwendig, um die Konsequenzen hinzunehmen, dass ein normaler Staat in einem Defensivbündnis Rechte und Pflichten hat und auch Militäreinsätze »out of area« akzeptieren muss. Das mäßige, aber schöngeredete Wahlergebnis von 1990 war auch als Ausdruck des damit verbundenen Unbehagens zu verstehen, das jedoch keine nachteiligen Folgen hatte. Die Regierungsmehrheit stand und wackelte auch nicht, als Kohl bei der Kanzlerwahl feststellen musste, dass er nur von 378 Abgeordneten gewählt worden war, obwohl die Koalition doch über 398 Mandate verfügte. Aber das war angesichts der Sitzverteilung eine hinnehmbare Abweichung und kein Anlass zur Sorge. Die Aufgaben, vor denen die Koalition stand, waren ebenso umfangreich wie kompliziert. Der Aufbau

Ost war das zentrale Thema im Innern, während die Außenpolitik mit ganz neuen Problemen aufwartete.

Die Hauptstadtfrage

Am 20. Juni 1991 fällte der Bundestag nach intensiver Debatte eine leidenschaftlich umkämpfte und überaus knappe Entscheidung für Berlin als Sitz von Bundestag und Bundesregierung. Die mit harten Bandagen geführte Auseinandersetzung um die Hauptstadt zeigte am Ende des Einigungsprozesses noch einmal Gefahren auf, die die innere Einheit infrage stellten und zu einer schweren Belastung für die Zukunft führen konnten.

Letztlich ging es um die Frage, ob Bonn, seit vierzig Jahren Hauptstadt, nach der Gründung als Provisorium, das sich zum selbstzufriedenen Zentrum eines blühenden Staatswesens entwickelt hatte, in dieser Eigenschaft mit vielversprechenden Zukunftsperspektiven bestätigt oder von Berlin abgelöst werden sollte. Verglichen mit der Stadt am Rhein mit all ihren Ministerien und Verwaltungshochhäusern konnte Berlin wenig bieten. Es war eine mühsam durch Subventionen erhaltene Stadt mit der früheren DDR als Hinterland, die nur einen Trumpf ins Feld führen konnte, nämlich das von der Politik unzählige Male wiederholte Versprechen, dass sie nach Überwindung der Teilung wieder ihren alten Rang als Hauptstadt einnehmen würde. Allerdings sprachen auch wirtschaftliche Gründe für die Verlegung der Hauptstadt. Als Regierungssitz des vereinigten Deutschlands war sie zugleich ein kräftiges Dienstleistungszentrum, das für den strukturschwachen Osten eine wichtige Starthilfe darstellte, um den Anschluss an den Westen schneller zu erreichen.

Bonn hatte in der handfesten Auseinandersetzung starke Argumente, die zudem mit imponierendem Engagement vertreten wurden. Nicht nur die Stadt Bonn, sondern auch das Rheinland war in seltener Einmütigkeit entschlossen, energisch für den Erhalt der Hauptstadtfunktion zu kämpfen. Die nordrhein-westfälische Landesregierung unterstützte nach Kräften den Kampf um Bonn. Darüber hinaus zeigten sich auch andere Landesregierungen besorgt, dass sie mit Berlin als Hauptstadt an Einfluss verlieren könnten. Das starke Bundesland Bayern sah mit Berlin schon wieder eine preußische Überlegenheit heraufziehen.

Die Vorstellungen des DDR-Ministerpräsidenten Lothar de Maizière hatten sich als wenig hilfreich erwiesen. Er hatte bereits im Juli 1990 bei den Verhandlungen um den Einigungsvertrag durchgesetzt, dass Berlin als Hauptstadt Deutschlands festgeschrieben wurde. Die entscheidende Frage nach dem endgültigen Sitz von Parlament und Regierung sollte aber erst nach Vollzug der Einheit Deutschlands entschieden werden. Als Rechtsanwalt und Musiker hatte sich de Maizière wohl mehr Gedanken über eine veränderte Nationalhymne und die Nationalfarben gemacht, die Metropole Berlin primär als Staatssymbol betrachtet, und weniger zur Kenntnis genommen, dass es bei der Hauptstadtfrage um handfeste Interessen ging.[1009]

Helmut Kohl hatte sich im Kampf der Meinungen bewusst zurückgehalten – viel zu sehr, wie manche Politiker in Berlin wie in Bonn beklagten. Eberhard Diepgen behauptete sogar, Kohl sei »mit sich uneins« gewesen: »Berlin zog ihn an und schreckte ihn zugleich.«[1010] Bei diesem Urteil wirkt vermutlich noch die Enttäuschung nach, dass der Kanzler die Berliner nicht offener unterstützt hatte. Vergegenwärtigt man sich jedoch Kohls fast lebenslange Bindung an Berlin und sein Engagement als Kanzler für diese Stadt, ist eine solche Sicht nur ein Beispiel mehr, wie oft Kohl missverstanden wurde. Die Schwierigkeiten lagen auf anderem Feld. Als Politiker der Mitte ergab sich für ihn das Dilemma, wie er seiner Partei seine Entscheidung verständlich machen sollte. Er wusste, dass in der CDU eine große, wenn nicht mehrheitliche Neigung zu Bonn herrschte. Wenn er nun in der Öffentlichkeit für Berlin eingetreten wäre, hätte er damit die Befürworter Bonns provoziert – nicht zu vergessen die Beamten – und auch die ebenfalls für Bonn eingestellten Medien. Ein offenes Bekenntnis zu Berlin hätte nicht zu einer Stärkung der Berlin-Anhänger geführt, sondern zum Streit innerhalb der Partei entlang den bekannten innerparteilichen Kräftelinien. Einfach nur schweigen konnte er aber auch nicht. Nicht in der Öffentlichkeit, sondern in der Fraktion, dem politischen Entscheidungszentrum, legte er schon früh, fast zwei Monate vor der Abstimmung im Bundestag, seinen Standpunkt dar.

Der Kanzler nutzte dazu die Sitzung, als die Fraktion im Reichstag tagte und sein Wort zur künftigen deutschen Hauptstadt besonderes Gewicht beanspruchen konnte. Seine Ausführungen waren wohlüberlegt. Er kam nicht sofort zum eigentlichen Thema, sondern nahm zu verschiedenen Fragen Stellung, so auch zu der bitteren Niederlage der CDU in Rheinland-Pfalz. Nach diesen Bemerkungen zu ganz unterschiedlichen Themen erinnerte er sich an den Abend des 3. Oktober 1990. Da habe er in seinem Zimmer im Reichstag gesessen und auf die Menschen geschaut, die sich vor dem Reichstag versammelten. Er habe sich damals gesagt: »Was immer jetzt geschieht, ich habe den Landsleuten in den neuen Bundesländern, in der damaligen DDR, bestimmte Versprechungen gegeben. Ich will die halten, und zwar auf alle Fälle und mit aller Entschiedenheit.« Das war die Einstimmung für seine Worte über die Hauptstadtfrage. Es dürfe »kein Gefühl von Siegern und Besiegten aufkommen«, man müsse Verständnis für die tief greifenden Folgen dieser Entscheidung haben«, betonte er und fuhr fort: »Wir müssen für beide Städte, egal wie die Entscheidung ausgeht … Verantwortung tragen.« Und dann sagte er schlicht: »Ich will ein Wort zu meiner persönlichen Entscheidung sagen. Ich werde für Berlin stimmen.« Er wies auf die Position hin, die er »in Berlin einge-

nommen habe in all diesen Jahrzehnten«, auch in der »Zeit der
Teilung, als die Bevölkerung vor allem West-Berlins für den Ge-
samtstaat, für alle Deutschen, eine bestimmte Verantwortung
sehr lebendig gelebt hat«. Wichtig sei ihm »die geschichtliche
Lage der Einheit Deutschlands«, und es bedeute für ihn die bindende Verpflichtung, »dass die Deutschen, wie wir damals sagten, im anderen Teil Deutschlands, auch in dieser Entscheidung
sich wieder« fänden. »Und ich glaube, sie finden sich im Großen
und Ganzen in dieser Entscheidung mehr wieder, und das ist
eben meine persönliche Position.« Er warnte vor optimistischen
Kalkulationen des Umzugs und sagte mit Nachdruck: »Dies
wird viel Geld kosten.« Als ein Mann, der stets in Fristen und
Terminsetzungen dachte, scheute sich Kohl nicht, ein realisti-
sches Datum für den Umzug zu nennen. Er rechnete mit einem
Zeitraum, »der wenigstens an der unteren Grenze bei zehn Jahren« beginne »und auf fünfzehn Jahre etwa ausgerechnet sein«
könne. »Alles andere halte ich für nicht machbar.« Starker, anhaltender Beifall begleitete die Worte des Kanzlers.[1011]

Eine dazu völlig konträre Beurteilung ist bei Hans-Peter
Schwarz zu lesen. Für ihn ist es eine ganz andere Motivation,
die den Kanzler zu seiner Entscheidung veranlasste. Da habe
es einerseits parteipolitische Beweggründe gegeben, denn, so
Schwarz, Kohl »outet sich genau in dem Moment für Berlin, als
der CDU die Verantwortung in den westlichen Ländern weg-
bricht«. Das ist sachlich falsch; tatsächlich signalisierten die
Wahlniederlagen der CDU in den Ländern der alten Bundesrepublik einen Trend, der schon vor dem Fall der Mauer eingesetzt hatte. Es ist zudem reine Spekulation, dass Kohl mit
seinem Votum für Berlin auf die Erfolge der CDU in den neuen
Ländern gesetzt habe. Aber das ist nur die eine Erklärungsmög-
lichkeit. Die andere unterstellt eine mehr als problematische
Verbindung zur Vergangenheit. Schwarz schreibt: »Möglicherweise hatte die nostalgische Erinnerung an die Reichshauptstadt

seiner Jugendjahre, aus der dann das Bollwerk des Westens im Kalten Krieg wurde, ... das entscheidende Gewicht.«[1012] Eine politisch-historische Verpflichtung oder die Verantwortung für die Menschen im Osten ist für Schwarz nicht vorhanden. Er trauert der alten Bundesrepublik nach, »deren Schwerpunkt im Rheinland liegt«.

Auch wenn sie stürmisch beklatscht wurden, brachten die Worte des Kanzlers vor der Fraktion aber keine Wende zugunsten von Berlin. Die Chancen Berlins standen nicht gut. Die Mehrheit der Abgeordneten in den beiden großen Parteien glaubte wohl, mit einem Votum für Bonn der Auffassung ihrer Wähler eher zu entsprechen. Die »Bonner Partei« gab sich siegesgewiss. Tendenzen zur Polarisierung bei den Kämpfern für Bonn oder Berlin waren unübersehbar.

In dieser Situation wuchs unter den Abgeordneten der Wunsch nach einer Lösung, die das harte Entweder-oder vermeiden könnte. Es war der Wunsch nach einem dritten Weg, der die Möglichkeit eröffnete, die zunehmende Konfrontation abzubauen. Ausgerechnet Heiner Geißler, der Meister der Polarisierung, war diesmal friedfertig und machte einen Vorschlag zur Überbrückung der Gegensätze. Von ihm stammte der »Konsens-Antrag«. Er versprach sich von ihm eine breite Zustimmung, weil er für beide Seiten etwas bot: für Berlin den Bundestag, für Bonn Sitz der Bundesregierung und der Ministerien. Aber ein solcher Antrag konnte die engagierten Anhänger beider Richtungen nicht überzeugen. Sie wollten keine halbe Lösung. Zudem standen die Chancen für Bonn recht günstig, was den Verzicht doppelte schwer machte.

Angesichts der absehbaren Niederlage für Berlin war es das Kalkül des Berliner CDU-Abgeordneten Peter Kittelmann, das einen Ausweg zu bieten schien. Kittelmann, kein Parlamentarier der ersten Reihe, sondern ein geschäftiger, kontaktstarker Mann mit vielen Beziehungen, gewann den Regierenden Bürgermeister Eberhard Diepgen für einen Plan, der riskant war, aber Aussicht auf Erfolg bot. Die Berliner Abgeordneten sollten aus taktischen Gesichtspunkten für den Konsens-Antrag stimmen. Den Vorschlag Geißlers hielt Kittelmann im Grunde nicht für mehrheitsfähig. Die »rheinische Lobby« sei »siegessicher und nicht kompromissbereit«. Wenn aber die Berliner Abgeordneten zum Verzicht bereit seien, könnten sie die Stimmen von Abgeordneten gewinnen, die zum Kompromiss neigten. So könnte man eine Reihe von unentschiedenen Parlamentariern gewinnen. Daraus ergab sich die Marschrichtung: »erst Zustimmung zum Konsens und dann, sollte er erwartungsgemäß abgelehnt werden, Ja zum Berlin-Antrag«.[1013]

Am 20. Juni 1991 beriet der Bundestag bis spät in den Abend. Es war eine Sternstunde des Parlaments ohne Stimmempfehlungen der Fraktionsführungen und ohne Fraktionszwang. Viele Abgeordnete präsentierten ganz unterschiedliche Auffassungen. Die Redezeit war begrenzt, um möglichst viele Abgeordnete zu Wort kommen zu lassen. Ziemlich spät erst ergriff Wolfgang Schäuble das Wort. Ohne Polemik und mit viel Verständnis für Argumente, die schon einmal hin- und hergewendet waren, erinnerte er noch einmal daran, dass Berlin immer »das Symbol für Einheit und Freiheit, für Demokratie und Rechtsstaatlichkeit« gewesen sei. Stärker als seine Worte beeindruckte die Art seines Vortrages. Der süddeutsche Abgeordnete, der für den Aufbruch nach Berlin so nachhaltig eingetreten war, strahlte eine moralische Autorität aus, die ihre Wirkung nicht verfehlte.

Um 21.47 Uhr stand das Ergebnis fest: Berlin wurde Hauptstadt. Wie häufig bei wichtigen Entscheidungen war das Ergebnis mit 338 zu 320 Stimmen knapp, aber die Entscheidung war nicht umstritten. Stimmenkauf oder andere Manipulationen, die das Klima vergiften konnten, wurden nicht festgestellt. Berlin ist inzwischen von den Deutschen in einer Weise als Hauptstadt anerkannt, wie es sich selbst viele Befürworter Berlins nicht vorstellen konnten, als diese Frage zur Abstimmung gestanden hatte.

Absturz – mit einem Hoffnungszeichen

Das Ergebnis der Bundestagswahl am 2. Dezember schloss das Erfolgsjahr 1990 ab – für den Kanzler nicht gerade glanzvoll, aber dennoch zufriedenstellend. Im neuen Jahr sollte sich die Lage schlagartig ändern. Vorbei waren die Erfolgsmeldungen, die ungläubiges Erstaunen hervorgerufen hatten. Nun traten ganz andere Nachrichten in den Vordergrund. Sie meldeten einen Stimmungsabfall in den neuen Bundesländern und mit dem Ausbruch des Golfkrieges ein ganz neues Gefühl: »Angst kroch in die deutschen Wohnstuben.«[1014] Ansätze zur Rückkehr in die Hysterie der Nachrüstungskampagne zeigten sich überall. Den Kanzler empörte besonders die Haltung der Kirchen. In Hessen hatte er bei einer Demonstration einen »Kinderfeldzug von 14-15-Jährigen« erlebt, »die von ihrem Pfarrer dorthin geführt werden, mit der Jugendfahne dabei und die dann rufen: ›Nie wieder Auschwitz, nie wieder Krieg, nieder mit Präsident Bush.‹«[1015] Er hielt nichts von der Neigung seiner Landsleute, die nach der Wiedervereinigung immer stärker wurde, als »internationale Aussteiger« die Welt um sich herum zu vergessen. Das konnte er nicht akzeptieren; vielmehr gelte es, »einen vernünftigen Mittelweg für eine Friedenspolitik und für einen deutschen Beitrag zum Frieden zu finden«.

Nach den konfliktfreien Koalitionsverhandlungen bot auch die Regierungsbildung wenig Aufregendes. Der Frauenanteil wurde etwas erhöht, sodass Angela Merkel, die frühere Vizesprecherin der Regierung de Maizière, ein Miniressort »für Frauen und Jugend« erhalten konnte. Damit wurde zugleich der geringe Anteil von Kabinettsmitgliedern aus dem Osten etwas angehoben.

Was der Kanzler am 30. Januar 1991 im Bundestag verkündete, war keine Regierungserklärung im üblichen Sinne, bei der die neue Regierung sich vorstellte und mit programmatischem Gestus ihre Pläne für die neue Legislaturperiode darlegte. Es waren Ankündigungen ohne nähere Begründung. Es galt einfach nur, Zeichen zu setzen. Die Begründungen kamen erst einen Monat später, wahrscheinlich sollte sich die Aufregung erst einmal legen. Denn nun sollte endlich das geschehen, was Oskar Lafontaine und die Opposition seit Langem gefordert, Kohl aber stets abgelehnt hatte: die Finanzierung der Einheit durch höhere Steuern. Bisher hatte die Regierung den Standpunkt vertreten, Wirtschaftswachstum und steigende Steuereinnahmen würden ausreichen, um die notwendigen Mittel bereitzustellen. Daraus war dann schnell die Redewendung entstanden, die Regierung wolle die Einheit aus der Portokasse finanzieren.

Der Golfkrieg hatte die internationale Lage verändert und die Bundesrepublik in Schwierigkeiten gebracht. Truppen nach Nahost zu schicken, kam aus »verfassungsrechtlichen Gründen« nicht infrage – so lautete das offizielle Argument, hinter dem man sich verschanzte. Tatsächlich war es die scharfe Gegnerschaft der SPD, zugleich aber auch das tiefe Unbehagen in der Bevölkerung, die ein solches Engagement verhinderte. Hinzukam ein weiteres Argument. Der aus den Vereinigten Staaten zu erwartenden Kritik – »Bonn auf der Anklagebank« – musste begegnet werden. »BILD« meldete: »Dicke Luft im Kanzleramt«[1016] und sah das Ansehen des Kanzlers in Gefahr. Die Regierung brauchte zusätzliche Mittel und tat sich schwer, dies einsichtig zu begründen. Da bot ein neuer, riesiger Ausgabenposten die Begründung für neue Einnahmen. Das waren die wenigstens 15 Milliarden, die als finanzielle Unterstützung für die USA anstelle einer aktiven Beteiligung am Krieg zu zahlen wa-

ren. Als weitere Belastung nannte Kohl die krisenhafte Schrump-
fung des Osthandels der früheren DDR. »Niemand konnte damit rechnen, dass es nahezu zum völligen Zusammenbruch
des RGW-Handels kommen würde.« Das war alles andere als
schlüssig und musste vor allem als Begründung dafür dienen,
dass die unerwartet hohen Ausgaben nicht nur durch den Golfkrieg entstanden waren. Der Golfkrieg also und der verheerende
Absatzeinbruch machten Aufwendungen notwendig, die »für
zusätzliche Maßnahmen zugunsten der neuen Länder nicht
mehr zur Verfügung« stünden.

Um aber weitere Schulden zu vermeiden, kämen nur Steuererhöhungen infrage. Die Steuererhöhung geschah in Form eines
»Solidaritätszuschlages«. Er war auf ein Jahr begrenzt und
bedeutete einen Zuschlag auf die Steuerschuld in Höhe von
7,5 Prozent. Die Befristung auf ein Jahr war ein Kompromiss,
den die FDP erzwungen hatte. Der Kanzler hatte der Lösung
zugestimmt, erkannte aber schnell, dass die Einmaligkeit ein
Fehler war. Der »Soli« wurde zur Dauererscheinung. Um den
Schmerz zu lindern, wurde zugleich ein »Gemeinschaftswerk
Aufbau Ost« verkündet. Das war ein milliardenschweres Ar-
beitsbeschaffungsprogramm.

Die Begründung Kohls für diese vorsichtige Steuererhöhung
war wenig überzeugend. Es darf bezweifelt werden, ob der
Kanzler tatsächlich daran geglaubt hat, die Einheit ohne Steuererhöhungen finanzieren zu können. Aber vor den Wahlen
wollte er das nicht zugeben. Der Wahlkämpfer, der seine Wahlchancen mindert, indem er Finanzierungsprobleme einräumt
und damit die Opposition zu scharfer Kritik geradezu einlädt,
muss erst noch erfunden werden. Wie immer Kohls tatsächliche
Beurteilung ausfiel, musste er den einmal eingeschlagenen Kurs
fortsetzen. Mit einem »Blut-Schweiß-und-Tränen-Appell«[1017],
wie ihn rückblickend sein Intimfeind Weizsäcker gefordert
hatte, wäre nichts zu holen gewesen. Befragungen zeigten ein-

deutig die geringe Bereitschaft in der Bevölkerung, fühlbare Belastungen zur Finanzierung der Einheit hinzunehmen.[1018]

Die folgenden Wochen und Monate bedeuteten für Kohl einen Härtetest besonderer Art. Mit der Ankündigung der Steuererhöhung schien der Bann gebrochen. So fühlten sich alle bestätigt, die schon immer mehr Opfer gefordert hatten. Das alte, vorübergehend in den Hintergrund getretene Feindbild gewann wieder an Schärfe. Explosionsartig machte sich die Enttäuschung in den neuen Ländern Luft. In den ostdeutschen Medien hatte Kohl schon Mitte Februar eine neue, ziemlich einheitliche Linie beobachtet; sie sei »ganz eindeutig auf Demotivation«, also auf Kritik ausgerichtet.[1019] In Leipzig wurden die Montagsdemonstrationen wieder aufgenommen und fanden großen Zuspruch in der Bevölkerung. Der Ton in der Presse wurde maßlos. Die »Leipziger Volkszeitung« beschuldigte Kohl, den »größten Wahlbetrug in der bundesdeutschen Geschichte« begangen zu haben: »Er hat Champagner gepredigt und verfaultes Wasser eingeschenkt.« Nach diesem Hassausbruch wirkte die Klage über das, was dem Osten genommen sei, geradezu rührend: »Alles, auch das Positive, die Gesundheitsversorgung und die Sekundärrohstoffversorgung«, sei unter den »Westhammer« gekommen.[1020]

Der Bundeskanzler besuchte die neuen Länder, um sich ein eigenes Bild von der Situation zu verschaffen. In Halle kam es zu einem Zwischenfall, der in zweifacher Hinsicht von Interesse ist. Linksradikale Jugendliche – unter ihnen soll auch der örtliche Juso-Vorsitzende gewesen sein – bewarfen den Kanzler mit Eiern und Farbbeuteln und entzündeten Feuerwerkskörper. Die Polizei war hilflos dagegen; die Absperrung erwies sich als völlig ungenügend. Kohl wurde von Eiern getroffen, ging auf die Demonstranten los und versuchte, »einen Demonstranten am Kragen zu packen«.[1021] Der Gegenangriff des Kanzlers löste den unvermeidlichen parteipolitischen Schlagabtausch aus. Ernster zu nehmen war die Tatsache, dass die Polizei nicht einsatzfähig gewesen war. Zusätzliches Befremden löste die Nachricht aus, dass das für den Schutz des Kanzlers vorgesehene Sicherheitspersonal zum Teil aus ehemaligen Stasi-Leuten bestanden hatte. Peter Boenisch gewann dem Zwischenfall eine mehr persönliche Note ab: »Noch nie war mir der angeblich alles aussitzende Helmut Kohl so sympathisch wie in diesem Augenblick.«[1022]

Der Zwischenfall in Halle mochte als Momentaufnahme ostdeutscher Verhältnisse einige Aufmerksamkeit beanspruchen. Kritische Äußerungen wie die von Bundesbankpräsident Karl Otto Pöhl wogen schwerer. Dieser hatte an entlegener Stelle, nämlich in einem Ausschuss des Europäischen Parlaments in Brüssel, die Währungsunion als eine »Katastrophe« bezeichnet. Diese Beurteilung löste in der ohnehin nervösen Atmosphäre nach dem Kurswechsel der Regierung in der Finanzierung der Einheit »ein politisches Beben« aus.[1023] Kohl reagierte auf diese Kritik in »ungewöhnlich scharfer Form«, um jeden Zweifel an seiner Ablehnung auszuräumen. Im Mai trat Pöhl zurück und machte seinen Platz frei für den bisherigen Vizepräsidenten Helmut Schlesinger. Damit wiederholte sich die Regelung der Nachfolge bei der Bundesbank, wie sie schon unter Karl Klasen und seinem Vizepräsidenten Otmar Emminger praktiziert worden war. Klasen und Pöhl waren Sozialdemokraten, als Banker jedoch ohne große Bedeutung. Beiden standen aber als Vizepräsidenten ausgezeichnete Fachleute zur Seite, die großen Einfluss auf die Politik der Bundesbank ausübten, allerdings jeweils erst kurz vor dem Erreichen der Altersgrenze an die Spitze rückten.

Schlesinger sollte dann als Präsident der Bundesbank mit einer scharfen Hochzinspolitik die Inflationstendenzen in Deutschland wirkungsvoll bekämpfen. Das entsprach zwar weder den Vorstellungen der Bundesregierung noch der Währungspolitik der europäischen Partnerländer, erwies sich aber als notwendig.

Der Stimmungsumschwung im Frühjahr 1991 wurde durch nichts deutlicher unterstrichen als durch den Mordanschlag auf den Präsidenten der Treuhandanstalt Karsten Rohwedder. Er wurde am 1. April in seinem Haus in Düsseldorf von der RAF erschossen. Mit dem Mann sollte nicht nur die von ihm geleitete Einrichtung, sondern auch die Politik der Umstrukturierung der DDR-Wirtschaft getroffen werden. Die Treuhand war bereits unter der Regierung Modrow gegründet worden »zur treuhänderischen Verwaltung des Volkseigentums«. In der Folgezeit, als in Bonn der Optimismus hinsichtlich des raschen Wandels in der DDR kaum zu überbieten war, hatte auch die Bundesregierung, genauer das Bundesfinanzministerium, die Treuhand als Wertobjekt betrachtet, das so viel Veräußerungsgewinn versprach, dass damit sogar Altlasten getilgt werden könnten. Zu Beginn der Privatisierung wurden relativ solide Objekte angeboten, die rasch einen Käufer fanden. Deren Erlöse deckten aber nur einen kleinen Teil der Milliardenkosten, die die Aufrechterhaltung der anderen Betriebe verschlang. Die Verkaufszahlen erweckten dennoch im Osten den Eindruck, das Ganze sei ein besonders brutales Manöver westdeutscher Kapitalisten. Im Ergebnis mischten sich »wirkliche Fälle von Wirtschaftskriminalität mit der Frustration über die Abwicklung nicht sanierbarer Betriebe«.[1024] Diese Vorstellungen trugen ganz wesentlich zu der weitverbreiteten Verbitterung und Enttäuschung in den neuen Ländern bei und bildeten ein explosives Gemisch, das die Terroristen für ihre Zwecke nutzen wollten.

Als die CDU im April bei den Landtagswahlen in Rheinland-Pfalz eine weitere schwere Niederlage hinnehmen musste, wuchs die Tendenz, nun auch den Kanzler in Gefahr zu sehen. »Nach Niederlage Unruhe in der Union«, stellte die »Welt« fest und befürchtete sogar, dass »die Macht entgleitet«.[1025] Kohl selbst war nicht überrascht; er hatte mit einer Niederlage gerechnet, denn der Machtkampf innerhalb der CDU-Spitze des

Landes, der zum Sturz Bernhard Vogels geführt hatte, musste sich negativ auswirken. Hinzu kam die geringe Kampfbereitschaft bei den etablierten »Parteifreunden«, die Kohl wieder in der »Proszeniumsloge« sitzen sah. Sie hätten sich eher als Zuschauer gefühlt und keinen Anlass gesehen, für den Wahlsieg zu kämpfen oder wie Kohl es nannte, im Wahlkampf zu »laufen«. Das habe den Unterschied zu dem Wahlsieger Rudolf Scharping gezeigt. Ihm bescheinigte der Kanzler: »Der ist acht Jahre gelaufen, und zwar rund um die Uhr.«[1026] Gewiss räumte er ein, dass es Gründe gebe, »die in der Verursachung auch in der Bundespolitik« lägen, und umschrieb damit mehr als zurückhaltend das Thema Steuererhöhung, also das unumgängliche Eingeständnis, zur Finanzierung der Einheit Steuern und Abgaben anheben zu müssen.

Was Kohl aber noch mehr ärgerte, und worüber er sich wirklich aufregte, war die »von der ganzen linken Medienmafia gestützte Unruhe«. Damit meinte er eine geheuchelte Besorgnis um die neuen Länder, indem man vor Überforderung warnte und selbst die Währung in Gefahr sah. Diese bewusste Verzeichnung der Situation verbitterte ihn vor allem deshalb, weil er keine Möglichkeit zur Gegenwehr sah. »Linke Medienmafia« war ein Kampfbegriff, der bei ihm nicht gebräuchlich ist – ein Zeichen dafür, wie sehr ihn diese vorgetäuschte Betroffenheit reizte. Für den »Spiegel« beispielsweise war alles klar: »Glück und Gespür haben den Einheitskanzler längst wieder verlassen.«[1027] Es würde mit Pech und Pannen, wie das Magazin stets behauptet hatte, also weitergehen.

Helmut Kohl konnte sich über vieles aufregen, doch der radikale Stimmungsumschwung im Frühjahr des Jahres zeigte ihn eigenartig gelassen. So erklärte er dem Bundesvorstand, dass er »mit einer gewissen inneren Freiheit das Ganze betrachte«.[1028] Eine ähnliche Stimmungslage klang in seinem Bericht über den Wahlkampf in Rheinland-Pfalz an. Er erzählte ganz unpräten-

tiös, dass er sich erinnert habe, wie oft er in den Orten, in denen
er nun wieder gesprochen hatte, schon früher aufgetreten war,
und fügte hinzu: »Man sieht in die Gesichter der alten Weggenossen – viele sind jetzt Pensionisten und kommen aus diesem
Anlass.« Das war so etwas wie ein Rückblick auf sein Leben als
Politiker. Aber wegen dieser Verbundenheit mit den Menschen
im Lande wertete er die Wahlniederlage als ein Ergebnis, das ihn
»tief auch persönlich« in seinen Gefühlen getroffen habe.[1029]
Diese Äußerungen waren kein Ausdruck von Resignation oder
gar von Altersmüdigkeit. Nur der Standpunkt hatte sich etwas
geändert. Es ging ihm nicht mehr darum, noch etwas zu werden
oder Großartiges zu erreichen, sondern das Begonnene musste
zu Ende gebracht werden.

In der Presse gab sich der Kanzler freilich unerschütterlich. In
einem großen Gespräch mit der »ZEIT« legte er seine Positionen dar, ohne sich von den Fragen der Journalisten beirren zu
lassen und Fehler zuzugeben. Selbst ein Stoßseufzer der Inter-
viewer – »selbst Siegfried hatte noch eine verwundbare Stelle« –
konnte ihn nicht erweichen.[1030]

Im Vollzug der Einheit gab es im Sommer 1991 eine für den
Kanzler überaus reizvolle Begegnung mit der deutschen Geschichte. Sie beleuchtete zugleich die Schwierigkeiten, die in
Deutschland unvermeidlich waren, wenn es um die Vergangenheit und ihre Traditionen ging. Wenn von Preußen und Potsdam
die Rede war, gab es Alarm.

Am 17. August fand Friedrich der Große auf der Terrasse
seines Schlosses Sanssouci die letzte Ruhestätte. So hatte er es
testamentarisch festgelegt, ohne dass sein Letzter Wille erfüllt
worden wäre. Wie sein Vater Friedrich Wilhelm I. war er in der
Potsdamer Garnisonkirche beigesetzt worden. Dort hatte schon
Napoleon nach der preußischen Niederlage von 1806 dem Toten seine Referenz erwiesen. Adolf Hitler wollte mit seinem

Besuch in der Garnisonkirche am 21. März 1933 – vor der Abstimmung über das Ermächtigungsgesetz – mit dem Besuch am Grabe Friedrichs die Verschmelzung altpreußischer Tradition mit der nationalsozialistischen Massenbewegung aller Welt vor Augen führen. 1943 wurden die Sarkophage der beiden Könige wegen zunehmender Bombengefahr in einem Bergwerksschacht in Thüringen in Sicherheit gebracht. Dort fanden die Amerikaner im April 1945 die Beutestücke und nahmen sie bei ihrem Rückzug aus Thüringen mit. Gemäß alliierter Vereinbarung sollte das Land zur sowjetischen Zone gehören. Die US-Truppen deponierten die Särge in der Marburger Elisabethkirche. Von dort kamen sie 1952 auf die Burg Hohenzollern bei Hechingen.

Der Wunsch des Hauses Hohenzollern nach Überführung der Sarkophage nach Potsdam löste Reaktionen vielfältiger Art aus. Natürlich fehlten keine Bedenken. Sorgfältig wurde darauf geachtet, alles zu vermeiden, was an preußischen Militarismus erinnerte. Der Historiker Hans Mommsen befürchtete, dass aus solcher Traditionspflege »ein verquerer deutscher Nationalismus entstehen könnte«, und der Publizist Sebastian Haffner, der wenige Jahre zuvor sich eine Wiedervereinigung nur im Massengrab vorstellen konnte, sah nun schon wieder einen neuen »Tag von Potsdam« heraufziehen.[1031]

Die Beisetzung Friedrichs erfolgte keineswegs im Rahmen eines Staatsaktes. Die Rücksichtnahme auf vermeintliches Befremden im Ausland war allgegenwärtig. Die Bundesregierung war nicht vertreten – wohl aber der Kanzler, der allerdings als »Privatmann und Freund des Hauses Hohenzollern«[1032] an der mitternächtlichen Grablege auf der Terrasse von Sanssouci teilnahm. Man wird getrost vermuten können, dass Kohl bei der Vorbereitung und Durchführung des Unternehmens beteiligt, zumindest aber genau informiert war. So lässt sich auch leicht vorstellen, dass die Präsenz der Bundeswehr bei der Überführung und Beisetzung, für die gegenüber der Presse niemand so recht die Verantwortung übernehmen wollte, auf seine Initiative zurückging. Kohl faszinierte die Heimkehr des großen Königs. Er genoss die nächtliche Szenerie im Gewölbe von Sanssouci. Aber er wusste, dass jedes Hervortreten von seiner Seite Gegenreaktionen hervorgerufen hätte. Auf jeden Fall zeigte die Überführung samt den Begleitumständen, dass man von einem entkrampften Umgang mit der eigenen Geschichte noch weit entfernt war.

Erfolgreiche Integration der Nationalen Volksarmee

Die Klagen über die Misserfolge beim Aufbau Ost standen im Vordergrund der Diskussionen über die neuen Länder. Weitgehend unbemerkt blieb dagegen der Erfolg in einem besonders sensiblen Bereich, bei der Auflösung und Übernahme der Nationalen Volksarmee (NVA). Unzufriedene Soldaten, die vor der Entlassung stehen und für sich keine Zukunft sehen, stellen stets ein Bedrohungspotenzial dar, das gar nicht erst entstehen durfte. Die Truppen der DDR waren ideologisch scharf ausgerichtete Streitkräfte, die genau auf den Gegner fixiert waren. Und diesem Gegner wurden sie nun ausgeliefert. Das Militärsystem der DDR – Waffen, Ausbildung und Moral – war nicht übertragbar, ganz abgesehen davon, dass Grundsätze wie Innere Führung und Bürger in Uniform unbekannt waren. Die Streitkräfte der DDR waren Teil des sowjetischen Militärsystems, das bis in die Einzelheiten, vor allem bei seinem Geheimhaltungsregime und der planmäßigen Bespitzelung, erkennbar war.

Mitleidige Seelen hatten in der Öffentlichkeit gefordert, mindestens einen General der NVA zu übernehmen, um so einen Anschein von Kontinuität zu ermöglichen. Das war Sentimentalität am falschen Platz. Schon am 1. Oktober 1990 hatte Rainer Eppelmann, der letzte DDR-Verteidigungsminister, alle Gene-

räle und Admirale der Volksarmee und alle Soldaten über
55 Jahre entlassen. Die NVA hatte sich am 2. Oktober 1990 selbst
aufgelöst. Die noch vorhandenen Bestandteile der NVA wurden
nach dem 3. Oktober nur in die Bundeswehr eingegliedert, um
vollständig aufgelöst zu werden. Es gab dann keine Verbände
mehr, sondern nur Offiziere und Soldaten, die bei Eignung
übernommen wurden.

Die Übernahme der NVA, wie überhaupt die Gesamtsitua-
tion der Bundeswehr, war zu diesem Zeitpunkt von einer ganz
wichtigen Vorgabe bestimmt. Die Bundeswehr umfasste nach
Beendigung des Kalten Krieges nur noch 370 000 Soldaten, von
denen 25 000 Soldaten der NVA in die Bundeswehr integriert
werden konnten. Eine schwere Aufgabe stand der Bundeswehr
bevor, aus den noch vorhandenen knapp 90 000 Soldaten der
NVA die für die Bundeswehr geeigneten Kräfte herauszufinden,
wobei der Grundsatz gelten sollte, dass jeder eine »faire Chance«
erhalten sollte.

Auf das Auftreten von Bundeswehrangehörigen im »Bei-
trittsgebiet« wurde größter Wert gelegt. Generalleutnant Jörg
Schönbohm, vorher Leiter des Planungsstabes unter Gerhard
Stoltenberg, wurde Befehlshaber des neu errichteten »Bundes-
wehrkommando Ost«. Das war die zentrale Kommandobe-
hörde in der früheren DDR für die drei Teilstreitkräfte – ein
Sonderfall in der Geschichte der Bundeswehr, die ganz im Gegensatz zur westdeutschen Spitzengliederung »die wesentlichen
Führungs-, Überleitungs- und Abwicklungsaufgaben zentral«
wahrnahm. Schönbohm schärfte den Kommandeuren und
Stabsoffizieren ein, sie hätten die Aufgabe, »eine ehemals feindlich gesinnte Armee zu übernehmen, kontrolliert aufzulösen
und neue Truppenteile der Bundeswehr mit ehemaligen NVA-
Angehörigen aufzubauen«. Es gelte deutlich zu machen, »dass
wir nicht als Sieger, sondern als Deutsche zu Deutschen kommen und für alle Sorgen und Nöte ein offenes Ohr haben«.[1033]

Die Bundeswehr marschierte also nicht mit klingendem Spiel, sondern nur mit 1200 Offizieren und Unteroffizieren in die frühere DDR ein. Sie übernahmen am 3. Oktober die Befehlsgewalt in der »beigetretenen« NVA. Der Inspekteur des Heeres, Generalleutnant Henning von Ondarza, forderte die Offiziere auf, im Geiste von Clausewitz vorzugehen. Das hieß, selbstständig und nach den bewährten Grundsätzen zu handeln, nämlich erst eine Lage zu beurteilen und dann trotz aller Ungewissheiten zu entscheiden. Dabei müsse man sich immer bewusst sein, dass »das Ungewisse die Regel und Friktionen das Unvermeidliche sind«. Die Worte lösten bei den Offizieren einen »Ruck der Befreiung« aus. Sie erkannten darin nach der gewohnten bürokratisierten Führung im Rahmen der NATO die »wunderbare Auferstehung der Auftragstaktik«.[1034]

Die Aufgabe der Auflösung und Übernahme der geeigneten NVA-Angehörigen wurde ohne skandalträchtige Zuspitzungen durchgeführt. Zum Erfolg trug die überall sich entwickelnde Zusammenarbeit bei. Die ostdeutschen Truppenteile erhielten als Couleur einen Truppenteil im Westen, durch die Ad-hoc-Unterstützungen bei Personal und Gerät schnell und unbürokratisch geleistet werden konnten.

Auf die Integration der Wehrpflichtigen wurde besonderer Wert gelegt. So war es möglich, dass bis 1995 mehr als 200 000 junge Männer aus den neuen Bundesländern ihren Grundwehrdienst bei westdeutschen Einheiten leisteten. Westdeutsche Offiziere und Unteroffiziere gingen in den Osten, und ostdeutsche Wehrpflichtige begannen ihren Dienst im Westen – das war das Konzept für die gelungene Integration. Eine Konfrontation von »Wessis und Ossis« gab es nicht.

Schönbohm rückte schon nach einem Jahr zum Inspekteur des Heeres auf. Sein Nachfolger wurde Werner von Scheven, der bereits seit dem 3. Oktober 1990 als Vertreter Schönbohms an der Übernahme der ostdeutschen Streitkräfte tatkräftig mitgewirkt hatte. Scheven war ein Experte des militärischen Personalwesens, der bis 1989 Kommandeur der Führungsakademie in Hamburg gewesen war.

Helmut Kohl hatte die militärische Entwicklung in Ostdeutschland mit großem Interesse verfolgt. Die Bundeswehr stand ihm nahe. Er hatte sie einmal als sein »Lieblingskind« bezeichnet. Der schwierige, aber glänzend gelungene Aufbau der Bundeswehr im Osten befriedigte ihn außerordentlich. Es war der Lichtblick in der trüben Szenerie des »Aufbau Ost«. Bei einem Besuch des Korps- und Territorialkommando Ost würdigte er die geleistete Arbeit »als eines der erfolgreichsten, vielleicht das erfolgreichste Kapitel des deutschen Einigungsprozesses«.[1035] Trotz seiner Sympathie für die Bundeswehr war er nicht blind für manche Schwächen. So bekannte er im CDU-Bundesvorstand einmal freimütig, er wünschte sich »bisweilen den einen oder anderen General, der auf der Hardthöhe wirklich einmal ›Nein, Herr Staatssekretär‹ oder ›Herr Minister‹ sagt … mir ist es lieber, wenn die Generäle sich um die Soldaten kümmern statt den Nachweis zu liefern, dass sie auch in einem PR-Büro eintreten können.«[1036] Das waren Wunschträume, die mit der Realität eines Parlamentsheeres nicht zusammenpassten.

Personalpolitische Probleme

Wenn die Stimmung sinkt, wird der Personalpolitik gesteigerte Aufmerksamkeit zuteil. Die Ankündigung der Steuererhöhung und die enttäuschenden Meldungen aus den neuen Ländern ließen die Union in der Wählergunst deutlich absinken. Der Kanzler sprach unbeeindruckt nur von einer »Durststrecke«, die es zu überstehen gelte. Bei der Berichterstattung über die Situation im Osten sah er vor allem Übertreibungen. Sie bezogen sich auch auf seine Person: »Was medienmäßig rüberkommt, stimmt mit der Wirklichkeit nur bedingt überein. Wenn irgendein Esel ein paar Eier wirft, ist das ein Großereignis.«[1037]

Die Nachricht über den beabsichtigten Wechsel Wolfgang Schäubles vom Innenministerium an die Spitze der Fraktion schien hervorragend geeignet, die Stimmung zu heben und der Partei eine positive Botschaft zu übermitteln. Tatsächlich war es keine Neuigkeit. Kohl hatte den Wechsel ja schon bald nach dem Attentat mit ihm besprochen. Dank Schäubles erstaunlich schneller Rekonvaleszenz konnte sein Aufrücken in den Fraktionsvorsitz für den November angekündigt werden.

Das Echo in der Öffentlichkeit war beträchtlich. Wolfgang Schäuble nahm in jenen Wochen und Monaten im öffentlichen Bewusstsein eine außergewöhnliche Stellung ein. Die schwere Verletzung und die ungeheure Energie, mit der er sich aus diesem Tief emporgearbeitet hatte, verlieh ihm eine besondere Aura. Auch sein Votum für Berlin als Hauptstadt hatte im Bundestag seine gewinnende Wirkung aus dem Charme der Verletzlichkeit bezogen. Da er in den Führungsrängen der Union außerdem der Einzige war, der für diese schwierige Aufgabe infrage kam, war das Medieninteresse vorprogrammiert.

Die Nachricht von der Übernahme des Fraktionsvorsitzes regte Spekulationen an, wie sich das Verhältnis des neuen Fraktionsvorsitzenden zum Kanzler entwickeln werde. Das galt umso mehr, nachdem Kohl mitgeteilt hatte, er sehe in Schäuble seinen Nachfolger. Schnell kamen Vermutungen auf, der »Kronprinz« diene der »Parteidisziplinierung«.[1038] Ungewöhnlich zurückhaltend berichtete der »Spiegel« über den bevorstehenden Wechsel. Die intensive Zusammenarbeit Schäubles mit den Bonner »Spiegel«-Korrespondenten für sein Buch über den Einheitsvertrag hatte das übliche Feindbild des Magazins in den Hintergrund treten lassen. Die Botschaft, die Schäuble über den »Spiegel« verkünden wollte, war deutlich. Er wolle »die Fraktion zum bundespolitischen Kraftfeld der Partei ausbauen«, genauer »die Partei an die Leine der Fraktion legen«. Einen Putschversuch, wie von Geißler inszeniert, sollte es nicht noch einmal geben. In seinem Verhalten gegenüber seiner Umgebung stellte das Magazin einen erfreulichen Wandel fest. Der früher wegen seiner »schneidenden Arroganz« gefürchtete Politiker habe sich verändert. Er sei zwar »erfolgsverliebt« wie immer, »aber jetzt einer, der zuhören, der sogar Fehler verzeihen« könne.[1039]

Wolfgang Schäuble hatte mit dem Abschluss des Einigungsvertrages seinen herausragenden Anteil am Erfolg der deutschen Einheit für alle sichtbar gemacht. Sein offizieller Verhandlungspartner war der DDR-Ministerpräsident de Maizière, tatsächlich aber hatte er den Vertrag mit dem aus dem politischen Nichts aufgetauchten Günther Krause ausgearbeitet, der Parlamentarischer Staatssekretär im Büro des Ministerpräsidenten war und eine erstaunliche Fähigkeit zur Bewältigung der komplizierten und für ihn gänzlich neuartigen Materie gezeigt hatte. Bedeutend mehr Schwierigkeiten hatte Schäuble mit de Maizière, der sich weiterhin als Vertreter der DDR verstand und einen eher begrenzten Willen zur Einheit zeigte. Dennoch hatte Schäuble seinen Kontrahenten am Verhandlungstisch stets rücksichtsvoll behandelt und den Vertrag zustande gebracht, ohne dass es zu Krisen und dramatischen Zuspitzungen gekommen war. Auf die deutsch-deutsche Harmonie sollte kein Schatten fallen.

Wie sein Buch über den Vertrag deutlich macht, hatte Schäuble volles Vertrauen in die politische Integrität de Maizières. Tatsächlich waren aber schon im Kanzleramt seit den ersten Monaten des Jahres 1990 Kenntnisse vorhanden, dass der DDR-Ministerpräsident in engen Beziehungen zum MfS gestanden hatte.[1040] Im Laufe der nächsten Monate und Jahre hatte vor allem der »Spiegel« wiederholt stichhaltige Belege über diese Tätigkeit veröffentlicht. Der Betroffene hatte empört dementiert, blieb zudem aber Bundestagsabgeordneter, Vorsitzender des CDU-Landesverbandes Brandenburg und der einzige Stellvertreter des CDU-Vorsitzenden. In der Öffentlichkeit bestand weitgehendes Desinteresse an der Klärung des Sachverhalts. Man registrierte die Meldungen über Stasi-Verstrickungen, verzichtete aber auf gründliche Aufklärung. Auch der Kanzler hatte kein Interesse an einer Klärung. Denn dann wäre auch sein frühes Wissen um den politischen Hintergrund seines Partners de Maizière in der »Allianz für Deutschland« bekannt geworden. Das war nicht unproblematisch; es konnte ihm als Täuschung der Wähler vorgehalten werden.

Die Öffentlichkeit zeigte wenig Interesse, aber in der Partei gab es Probleme. CDU-Generalsekretär Volker Rühe, dem man im Osten schon früh mangelndes Verständnis für die Befindlichkeit der Ost-CDU vorgeworfen hatte, befand sich in einer Zwangslage. Die Vorwürfe gegen Lothar de Maizière und andere Politiker waren bekannt und riefen Kritik in der Partei hervor, weil darauf nicht wirksam reagiert wurde. Dem Kanzler war das Problem im Frühjahr 1991 wohl bewusst. Seine anfängliche Neigung, die Stasi-Verstrickung gering zu schätzen, war geschwunden. Vor dem Bundesvorstand erklärte er freimütig: »Ich sehe mit großer Sorge, dass mit der Zeit das Problem der Vergiftung durch die Stasi nicht abzunehmen, sondern zuzunehmen scheint. Das ist in unserer Partei spürbar, sodass wir hier auch über die zukünftige Entwicklung in den neuen Bundesländern zu reden haben.«[1041]

Lothar de Maizière hielt dem Druck, der wegen seiner Vergangenheit auf ihm lastete und der nicht nachließ, sondern stärker wurde, nicht stand. Wie er aber die Reißleine zog, war nur das letzte Beispiel für seine politische Unfähigkeit. Am 30. August hatte er im Bundesvorstand »ohne jede Vorankündigung« seinen Rücktritt angekündigt mit der Begründung, die Bundes-CDU habe den östlichen Landesverbänden aus dem früheren

Vermögen der Ost-CDU einen Betrag von 26 Millionen vorenthalten. Er schloss seine Erklärung, die schon vor der Sitzung an die Presse verteilt worden war, mit den Worten: »Ich möchte nicht mehr.«[1042] Kohl bemühte sich redlich in mehreren Gesprächen um einen »Modus des Miteinanders«, hatte damit aber wenig Erfolg. Anfang September trat de Maizière zurück. Seine Rücktrittserklärung unterschrieb er wie abwesend. Sein kurzes Gastspiel in der Politik, immer wieder von Hintermännern gesteuert und fremden Interessen dienend, war zu Ende.

Wer sollte sein Nachfolger werden als einziger Stellvertreter des CDU-Vorsitzenden und damit nach außen als sichtbare Vertretung der ostdeutschen Partei? Kohl hatte inzwischen eine Persönlichkeit gefunden, die aus dem Osten kam, mit der Blockflötenvergangenheit der Partei nichts zu tun hatte und die ihre politischen Fähigkeiten schon unter Beweis gestellt hatte. Er fand sie in Angela Merkel, seiner jungen, patenten Ministerin aus der Uckermark, die den Forderungen nach jüngerem Führungspersonal voll entgegenkam. Ob manche Funktionäre, die den politischen Hintergrund von beiden kannten, tatsächlich einen grundsätzlichen Unterschied zwischen dem Zurückgetretenen und der neuen Stellvertreterin des Parteivorsitzenden erkannt haben, mag dahingestellt bleiben. Auf dem Dresdner Parteitag im Dezember 1991 war ihre Wahl nur noch eine Formsache.

In Thüringen gab es auch Schwierigkeiten mit dem 1990 gewählten Ministerpräsidenten Josef Duchač.[1043] Bei der Suche nach einem Nachfolger kamen Thüringer Parteifreunde zum Kanzler, um ihn um Hilfe zu bitten. Rita Süssmuth hatte von den Personalproblemen in Thüringen erfahren und machte sich bereit, als Ministerpräsidentin in Erfurt ihrer Karriere neuen Schub zu verleihen, nachdem sie durch ihre Teilnahme an Geißlers Putschversuch in Misskredit geraten war. In der Thüringer Delegation wusste man nichts von dem Bruch zwischen Kohl und Süssmuth, was die mangelhafte Informationslage zwischen Ost und West einmal mehr deutlich macht. Dem Kanzler bot sich plötzlich die Chance, den Thüringern statt Süssmuth seinen alten Freund Bernhard Vogel zu empfehlen.[1044] Dieser war im Herbst 1988 nicht ohne eigenes Verschulden von seiner eigenen Partei in Rheinland-Pfalz gestürzt worden, hatte aber aus den Fehlern gelernt und brachte mit einer fast zwanzigjährigen Erfahrung als Regierungschef eines westdeutschen Landes die besten Voraussetzungen mit, um die Herausforderung in Thüringen glänzend zu bestehen.

In Sachsen startete währenddessen ein anderer, in der alten Bundesrepublik ebenfalls gescheiterter Politiker ein glänzendes Comeback. Kurt Biedenkopf, der einmal Ministerpräsident von Nordrhein-Westfalen werden wollte, um von dort aus in Bonn die Machtfrage zu stellen, war im Sommer 1990 als Gastprofessor nach Leipzig gekommen. Dort hatte er in der für ihn charakteristischen Personalunion von Hochschullehrer und Politiker, zudem als glänzender Rhetoriker, bei den als helle geltenden Sachsen so viel Eindruck gemacht, dass seine Wahl zum Ministerpräsidenten schließlich fast als Selbstverständlichkeit erschien. Er blieb ein erbitterter Gegner Kohls, was diesen nicht allzu sehr störte. Weit wichtiger war sein politischer Erfolg in Sachsen, der ihn rasch in die Rolle des Landesvaters hineinwachsen ließ.

Kurswechsel in der Wirtschaftspolitik

Mit dem »Aufschwung Ost«, dem Programm, das im Herbst 1991 anlief, ging es weniger um Arbeitsbeschaffung als um Beschäftigung von Arbeitslosen. ABM hieß das Schlagwort. Solche Maßnahmen wurden überall eingerichtet; »Arbeit bis Mittag«, spottete man in der Bevölkerung. Die vielfältigen Tätigkeiten, die das Programm finanzierte, führten jedoch zu einer gewissen Beruhigung. Sie veranlasste den Kanzler, der ohnehin zum Optimismus verurteilt war, die Verhältnisse im positiven Licht zu sehen. In einem Spitzengespräch mit Vertretern von Industrie und Gewerkschaften wies er auf die Verbesserungen der Lage hin. Nur der Arbeitsmarkt »hinke noch etwas hinterher«.[1045] Einen knappen Monat später kündigte er vor der Presse sogar ein »zügiges Voranbringen des Aufschwungs« an und vergaß auch nicht, sein Markenzeichen der »blühenden Landschaften« wieder anzubringen, die im Osten entstehen würden.

Solche optimistischen Verheißungen verkannten die tatsächliche Lage. Fehlentwicklungen und Fehlentscheidungen verschiedener Art verhinderten den raschen Aufschwung und ein entsprechendes Erfolgserlebnis. Auf diese Fehler aufmerksam zu machen, heißt nicht, irgendwelche neuen Schuldzuweisungen aufzustellen, sondern unter Auswertung neuer Forschungsergebnisse die Weichenstellungen aufzuzeigen, die dazu führten, dass die »blühenden Landschaften« erheblich mehr Zeit benötigten, ehe sie in den neuen Ländern besichtigt werden konnten.

In den Monaten nach dem Mauerfall stand die überall geäußerte und von Helmut Kohl mit besonderem Nachdruck vertretene Auffassung im Vordergrund, man müsse nur an Ludwig Erhard und die Währungsreform von 1948 anknüpfen, um wie damals – nur diesmal schneller – ein »Wirtschaftswunder« zu erleben. Im Jahre 1948 stellte sich die Situation jedoch ganz anders dar. Damals gab es in Westdeutschland eine hoch entwickelte Industrie, die nach Ausbesserung der Kriegsschäden und der entsprechenden Umrüstung voll leistungsfähig war, wenn man sie mit Rohstoffen versorgte und ein Absatzmarkt vorhanden war. Management und Arbeiterschaft waren nach der Währungsreform hoch motiviert, ihre Leistungsfähigkeit unter Beweis zu stellen und die erlittenen Verluste möglichst rasch wieder aufzuholen. Im Jahre 1990 dagegen war die DDR-Wirtschaft hoffnungslos veraltet und wies eine hohe verdeckte Arbeitslosigkeit auf. Was schwerer wog: Nach vierzig Jahren Sozialismus war auch eine entsprechende Arbeitsauffassung entstanden.

Für westdeutsche Unternehmer war es wenig reizvoll, in den neuen Ländern zu investieren. Die oft ungelösten Fragen des Eigentums und die bürokratische Schwerfälligkeit der Verwaltung waren Hinderungsgründe. Viel entscheidender aber war die Tatsache, dass die Unternehmen nicht auf Investitionen in Ostdeutschland angewiesen waren, um Zugang zu diesem Markt zu gewinnen. Sie konnten das Gebiet auch von ihren westdeutschen Standorten aus beliefern. Investitionen, um dort Fuß zu fassen, schienen nicht notwendig zu sein. Die »Wirtschaftswoche« urteilte etwas überpointiert, aber nicht falsch: »Wer seine Unternehmenskapazitäten wegen des Booms im Westen erweitern will, wählt eher Portugal als Potsdam.«[1046] Tatsächlich wurden mehr Neuinvestitionen im Ausland getätigt. Osteuropäische Länder boten sich eher an, weil dort das Investitionsklima freundlicher und die Löhne niedriger waren.

Ein wichtiger Gesichtspunkt für Investitionsentscheidungen ist stets das Lohnniveau. In den neuen Ländern konnte das jedoch kein Anreiz, sondern eher ein Hinderungsgrund sein, denn die Gewerkschaften, genauer die IG Metall mit ihrem Vorsitzenden Franz Steinkühler, besaßen aufgrund der Industriestruktur der früheren DDR eine Schlüsselfunktion. Die IG Metall nahm einen extrem westdeutschen Standpunkt ein. Der Gewerkschaft ging es nicht um die Solidarität mit ihren ostdeutschen Kollegen, nicht um die möglichst rasche Schaffung gleicher Lebens- und Arbeitsbedingungen wie im Westen, sondern sie betrachtete die Industrie in den neuen Ländern als potenzielle Gefährdung ihrer Position in der alten Bundesrepublik. Die Gewerkschaftsführung wollte unbedingt verhindern, »dass

sich niedrige Löhne als Hauptanreiz für den privaten Kapital-
transfer durchsetzen würden«.[1047] Um eine »Billiglohnkonkur-
renz« in den neuen Ländern zu verhindern, nutzte die Gewerkschaft ein wirksames Mittel: Die ostdeutschen Löhne mussten
in die Höhe getrieben werden.

Die Arbeitgeber waren konfliktscheu und wollten keinen
Streit riskieren. Gesamtmetall, der Arbeitgeberverband der
Metallindustrie, stimmte daher schon im Dezember 1990 »heimlich« einem Stufenplan mit der IG Metall zu, der »bis 1994 eine
Lohnsteigerung in Schritten von 30 Prozent im Jahr vorsah«.[1048]
Es ging also um einen vertragsmäßig vereinbarten Lohnanstieg
ohne Rücksicht auf die wirtschaftliche Ertragslage, ob die Unternehmen tatsächlich so viel verdienten, um diese Lohnsteige-
rungen zu bezahlen. Die Bundesbank hatte eine rasche Anpassung der ostdeutschen Löhne und Gehälter »nur bei entsprechend
zügiger Angleichung der Arbeitsproduktivität« für möglich
gehalten.[1049] Für die Gewerkschaft galt diese Regel nicht. Aber
mit einer solchen Lohnpolitik wurde ein sich selbst tragender
Aufschwung faktisch verhindert. Wenn die Lohnkosten sich
nicht am Produktivitätsniveau der Arbeitnehmer orientierten,
war der ostdeutsche Standort für Investoren nicht attraktiv:
»Eine dauerhaft hohe Arbeitslosigkeit war damit vorprogrammiert.« Daraus ergab sich eine weitere fatale Konsequenz. Die
Anpassung des Lebensstandards erfolgte nicht aus eigener Kraft,
sondern durch Transferleistungen aus dem Westen. Da dieser
Ausweg aber nur begrenzt funktionieren konnte, war steigende
Arbeitslosigkeit schon vor dem Einbruch der Rezession von
1992 die Folge. Für Steinkühler war das Argument, dass hohe
Löhne eine Ursache von Arbeitslosigkeit sein können, »kalter
Kaffee«.[1050] Seine Tarifpolitik hatte Folgen. Eine wachsende Zahl
kleinerer Unternehmen verließ den Arbeitgeberverband. Die IG
Metall verlor rund die Hälfte ihrer ostdeutschen Mitglieder. Der
von ihrem Vorsitzenden durchgedrückte Stufenplan hatte einen

Großteil der von ihm vertretenen Arbeitnehmer nicht zu erhöhtem Einkommen, sondern in die Arbeitslosigkeit geführt.

Der IG-Metall-Vorsitzende hatte mit dem Ergebnis seiner Politik kein Problem. Sein Schicksal ereilte ihn dennoch – allerdings auf einem Gebiet, das Gewerkschaftern fremd ist und nach Möglichkeit gemieden wird. Das Bekanntwerden von Aktienspekulationen, die mit Insiderwissen betrieben wurden, zwang ihn 1993 zum Rücktritt.[1051]

Der Stufenplan der IG Metall gehört zu den schwersten Fehlern, die beim wirtschaftlichen Wiederaufbau Ostdeutschlands gemacht worden sind. Sein geringer Bekanntheitsgrad ändert nichts an der falschen Weichenstellung, die damit vorgenommen wurde.

Es wäre wahrscheinlich richtiger gewesen, wenn man statt der IG-Metall-Strategie der Verhinderung des Niedriglohngebietes die Alternative in Angriff genommen hätte, nämlich die neuen Länder zum Niedrigsteuergebiet zu erklären und damit die Investitionsneigung zu fördern. Der FDP-Vorsitzende Otto Graf Lambsdorff hatte diese Forderung unmittelbar nach den Bundestagswahlen im Dezember 1990 aufgestellt, war aber damit auf die entschiedene Ablehnung des Kanzlers gestoßen. Das war verständlich, aber nicht unbedingt richtig. Allerdings hätte die Erklärung der früheren DDR zu einem Niedrigsteuergebiet, also einer Art Notstandsgebiet, nach der so erfolgreich abgeschlossenen Vereinigung keineswegs gepasst. Damit hätte man der früheren DDR einen Sonderstatus eingeräumt, ähnlich wie Berlin vor dem Mauerfall. Entscheidungen müssen eine Mehrheit haben. Das gilt erst recht für richtige, aber unpopuläre Entscheidungen. Eine solche Mehrheit war in der Euphorie der Wiedervereinigung nicht vorhanden; sie zu gewinnen, wurde nicht einmal versucht. Die negativen Folgen dieser Unterlassung erwiesen sich als dauerhaft.

Zum 1. Juli 1990 war die Währungs-, Wirtschafts- und Sozialunion in Kraft getreten. Die Währungsunion wurde rundweg zum Erfolg. Bei der Wirtschaft war der Erfolg fragwürdig. Die Interessenpolitik war stärker als das Engagement für das Gemeinwohl ausgebildet. Am nachhaltigsten wirkte sich in den neuen Ländern das Fehlen eines tatkräftigen und innovativen Mittelstandes aus. Darauf hatte der Kanzler wiederholt verwiesen, um die Schwierigkeiten im Osten zu erklären.

Ganz anders stellte sich die Situation bei der Sozialpolitik dar. Hier gab es keine eigensüchtigen Interessen wie bei den Gewerkschaften und kein zögerliches Engagement der Industrie. In der Sozialpolitik für die neuen Länder stand die Bereitschaft im Vordergrund, Geld mit vollen Händen auszugeben. Die althergebrachte Vorstellung von Sozialpolitik, derzufolge nur das zu verteilen sei, was die Wirtschaft erarbeitet habe, hatte bis in die Siebzigerjahre hinein ihre Gültigkeit behalten. In den Siebziger- und Achtzigerjahren war die Sozialpolitik aber schon erfolgreich bemüht gewesen, eine aktive Rolle zu übernehmen und Schrittmacherdienste für den sozialen Fortschritt zu leisten. Norbert Blüm und Heiner Geißler hatten in der Ära Kohl bis 1989 auf diesem Gebiet Beachtliches geleistet.

Die Einheit stellte die Sozialpolitiker in ein einmaliges günstiges Aktionsfeld. Die Kämpfe, die sie bis dahin mit liberalen Wirtschaftspolitikern und konservativen Haushältern ausgetragen hatten und die sie oft als Trittbrettfahrer der Leistungsgesellschaft erscheinen ließ, waren vergessen: »Die Sozialpolitik konnte ... im Jahre 1990 und den folgenden 18 Monaten aus dem Vollen schöpfen.«[1052] Zur Verteilung der Mittel aus den gefüllten westdeutschen Sozialkassen hatte sich schon frühzeitig eine einzigartige Koalition der Sozialpolitiker gebildet. In der Regierung de Maizière hatte Regine Hildebrandt für die SPD das Arbeitsministerium übernommen. Weit mehr noch als de Maizière identifizierte sie sich mit der DDR und betrachtete den Westen mit tiefem Misstrauen. Nur das westdeutsche Geld nahm sie wie

selbstverständlich in Empfang und konnte davon gar nicht genug bekommen. Von Sozialpolitik verstand sie wenig, aber ihre
Berater aus der SPD-Fraktion des Bundestages verfügten über
einschlägige Kenntnisse. Sie steuerten nicht nur Hildebrandts
Sozialpolitik, sondern brachten auch eigene Initiativen in den
Einigungsvertrag hinein. Im Grunde ging es darum, die westdeutschen sozialpolitischen Standards ohne Rücksicht auf die
finanziellen Folgen frühzeitig auf die neuen Länder zu übertragen und dort festzuschreiben.

Es ist keine Frage, dass die Sozialleistungen in den neuen Ländern stets an der Höhe des westdeutschen Niveaus orientiert
sein mussten. Mit der »Koalition der Sozialpolitiker«, diesem
seltsamen Bündnis von inkompetenten Sozialpolitikern in der
DDR-Regierung und der SPD-Opposition in Bonn unter wohl-
wollendem Gewährenlassen durch das Bonner Arbeitsministerium, bildete sich – an der Bundesregierung und dem Finanzminister vorbei – ein System der großzügigen Förderung aus, das
den Bundeshaushalt schonte, aber die Sozialkassen des Westens
voll in Anspruch nahm, bis die Quellen erschöpft, die Arbeitslosigkeit aber dennoch erheblich angestiegen war. Eine rechtzeitig begonnene Sozialpolitik des sparsamen Wirtschaftens, die
auf die begrenzten Ressourcen Rücksicht nahm, hätte der tatsächlichen Situation mehr entsprochen und hätte die später ein-
getretene Empörung mindern können. Gérard Bökenkamp liegt
im Grunde richtig, wenn er etwas überspitzt schreibt, der gesamte politische Prozess nach der Wende sei durch eine »nie
gekannte Expansion der Sozialpolitik und eine Zurückdrängung
... der Sanierungspolitik« der Achtzigerjahre gekennzeichnet.[1053]

Die ersten Jahre nach der Wende sind auf jeden Fall das schla-
gende Beispiel für das Misslingen einer Konjunkturpolitik, die
reales Wirtschaftswachstum durch staatliche Transferleistungen
ersetzen zu können meinte. Die Lücke zwischen geringer Pro-
duktivität und steigenden Konsumansprüchen konnte mit so-

zialpolitischen Maßnahmen nicht dauerhaft überbrückt werden – vor allem dann nicht, wenn eine Rezession in bisher unbekanntem Ausmaß heraufzog, mit der niemand gerechnet hatte. Stattdessen wurden großzügige Zahlungen in der Hoffnung auf einen baldigen »sich selbst tragenden Aufschwung« geleistet, der nie eingetreten ist.

Es waren jedoch nicht nur die ungelösten Probleme im Osten, die den Kanzler zum Handeln zwangen. Auch in der alten Bundesrepublik lief die Entwicklung aus dem Ruder. In den Jahren bis 1992 war ein Boom von einmaliger Dynamik entstanden. Seine Kraft bezog er aus zwei Quellen: Da war zuerst der kräftige Konjunkturaufschwung, der 1989 einsetzte und hauptsächlich auf dem Export westdeutscher Industrieprodukte beruhte. Im Laufe des Jahres 1990 war dann die Versorgung der DDR hinzugekommen. In den neuen Bundesländern hielten die westdeutschen, aber auch europäischen Massenwaren Einzug. Wenn auch die Bevölkerung erstaunliche Besonnenheit zeigte und sich keinem Kaufrausch hingab, stellte die Einführung der D-Mark – beispielsweise bei der Ausstattung des ganzen Landes mit westlichen Autos – einen gewaltigen Konjunkturanstoß dar. Darüber hinaus entwickelte sich in Deutschland ein hitziges Konjunkturklima; eine Goldgräberstimmung begann sich breitzumachen, die beispielsweise die Immobilienpreise im Osten in ungeahnte Höhen schießen ließ und die Menschen in dem Glauben wiegte, so könnte es weitergehen und noch besser werden. Die Inflation nahm Fahrt auf und stieg über 4 Prozent, eine Zahl, die schon lange nicht mehr erreicht worden war.

Die Hektik des Booms forderte Gegenreaktionen heraus. So entstand im Frühjahr 1992 eine gegenläufige Wirtschaftsentwicklung, die Ähnlichkeit mit dem Ende der Ära Brandt im Jahre 1974 zeigt. Beträchtliche Lohnerhöhungen in anderen Branchen und steigende Preise hatten im Öffentlichen Dienst zu hohen

Lohnforderungen im Frühjahr 1992 geführt. 9,5 Prozent und ein Zuschlag zum Urlaubsgeld – so lautete die Forderung der Gewerkschaften. Die Kampfbereitschaft der Arbeitnehmer traf auf den überraschend starken Widerstand der Arbeitgeber, die keine Möglichkeit zur Finanzierung derartiger zusätzlicher Personalkosten sahen. So kam es im April und Mai 1992 zum ersten flächendeckenden Streik seit 1974. Selbst die Flughäfen wurden lahmgelegt. Die Arbeitgeber zeigten bei der Abwehr der Forderungen ungewohnte Entschlossenheit. Das Angebot des Schlichters auf 5,4 Prozent wurde von ihnen abgelehnt, aber schließlich einigte man sich eine Woche später auf diese Zahl. Die Kampfbereitschaft kam direkt vom Kanzler, der Bundesinnenminister Rudolf Seiters angewiesen hatte, festzubleiben. Für Kohl stand viel auf dem Spiel: »Wenn wir in der Tarifrunde im Öffentlichen Dienst in die Knie gehen und die Partie verlieren, haben wir die entscheidende Voraussetzung für die Wahlniederlage 1994 geschaffen.«[1054]

Die nächsten Bundestagswahlen, sein strategisches Nahziel, konnte aus Sicht des Kanzlers von zwei Seiten gefährdet werden: Die Finanzierung des Ostens musste auf eine neue tragfähige Grundlage gestellt und der ungehinderte Zustrom von Asylbewerbern musste gestoppt werden. Ohne die Erfüllung dieser beiden Voraussetzungen war ein Wahlsieg ausgeschlossen.

Seit den Achtzigerjahren hatte in der Bundesrepublik die Zuwanderung von Wirtschaftsflüchtlingen zugenommen, die politisches Asyl beantragten und bis zur Entscheidung ihres Antrags eine auskömmliche Unterstützung und Aussicht auf spätere Arbeitsmöglichkeiten erhielten. Mit den Veränderungen in Osteuropa und vor allem im Zuge des Auseinanderfallens von Jugoslawien wuchs der Flüchtlingsstrom erheblich an, dessen Unterbringung wachsende Probleme und in der Bevölkerung wachsenden Unmut schuf. 1992 sollten es rund 450000 Menschen sein, die auf diese Weise nach Deutschland kamen. Die

SPD hatte Forderungen der Union auf Änderung des einschlägigen Asylartikels immer wieder abgelehnt, sodass die Zahl der Asylsuchenden ungebremst zunahm. Das politische System zeigte sich unfähig, eine missbräuchliche Auslegung der Verfassung zu verhindern. Damit wurde ungewollt das System selbst infrage gestellt.

Die Wahlen am 5. April 1992 in Baden-Württemberg und Schleswig-Holstein veränderten die Lage. Sie brachte den großen Parteien erhebliche Verluste. Nach dem deutlichen Anstieg rechtsextremistischer Stimmen in Baden-Württemberg musste sich die SPD zu der Einsicht bequemen, dass an der Neufassung des Artikels 16 kein Weg vorbeiführte. Aber es dauerte noch weit mehr als ein Jahr, bis die Verfassungsänderung in Kraft trat.

Die Härte des Arbeitskampfes im Öffentlichen Dienst mit der Forderung nach überzogenen Lohnerhöhungen, als die wirtschaftliche Lage bereits in die Rezession steuerte, war gleichsam die Begleitmusik für das Ringen um die Verfassungsänderung. Das Wahlergebnis, das unübersehbar die Unzufriedenheit der Wähler wegen der Asylfrage zeigte, verstärkte aber auch für die CDU den Druck zum Handeln. Kohl hatte wiederholt betont, dass auch die Union Schaden nehmen werde, wenn das Asylproblem nicht gelöst würde. Wie recht er damit hatte, zeigte eine »Spiegel«-Umfrage im Oktober. Danach hielten 96 Prozent der Deutschen, »das Problem der Ausländer in den Griff zu bekommen«, für »wichtig« oder »besonders wichtig«.[1055]

Das Ergebnis der Landtagswahlen im April war ein Weckruf in der Innenpolitik, der die Asylfrage in den Vordergrund rückte. Zugleich mussten die Arbeiten vorangetrieben werden, die die Finanzierung der ostdeutschen Länder auf eine neue Ebene stellten. Daraus entstand im folgenden Jahr der Solidarpakt. Mit den Ländern und damit auch mit der SPD mussten Lösungen gefunden werden. Das geschah ohne große öffentliche Auseinandersetzungen. Das Absinken der Konjunktur, die bald in eine

seit 1975 nicht mehr erlebte Rezession führen sollte, machte die
Notwendigkeit, zu konstruktiven Lösungen zu kommen, mehr
als deutlich. Denn die Lage der neuen Länder wurde durch
den Konjunktureinbruch noch problematischer, da auch die Arbeitslosigkeit im Westen anstieg.

Die Enttäuschung in den neuen Ländern und die zutage tre-
tenden wirtschaftlichen Probleme, die nicht kurzfristig zu überwinden und auf jeden Fall mit erheblichen Ausgaben verbunden
waren, ließen es Kohl empfehlenswert erscheinen, rechtzeitig
nach einem Partner zu suchen, der die Lasten mittragen sollte.
Das konnte nur die Sozialdemokratie sein. Sie war nach ihrer
schweren Niederlage bei den Bundestagswahlen und im Bewusstsein, mit Oskar Lafontaine den falschen Mann mit dem
falschen Konzept präsentiert zu haben, zumindest ansprechbar
auf die Probleme in den neuen Ländern, die ein gewisses Maß
an Gemeinsamkeit nötig machten.

Auf der Klausurtagung des Bundesvorstandes Ende Mai 1992
waren von Kohl versöhnliche Töne über die SPD zu hören, die
in den Jahren zuvor nicht vernehmbar gewesen waren. So erschien plötzlich Hans-Jochen Vogel in positivem Licht: »Bei
allem Ärger, den man miteinander hatte, gibt es auch immer
Grund, menschlichen Respekt zu bezeugen.«[1056] Lafontaine
hatte er sogar zu einem Gespräch empfangen, von dem der
»Spiegel« ein betont freundliches Bild abdruckte. Über Willy
Brandt sagte der Kanzler nicht ohne Mitgefühl, dieser sei zwar
»internationaler sozialistischer Präsident, daheim aber völlig allein«. Der neue Mann bei der SPD sei Björn Engholm; man solle
ihn nicht »von vornherein miesmachen«, sondern anerkennen,
»dass der Mann seine Chance sucht und dass er auch Chancen
hat«. Mit Hans-Jochen Vogel zeigte er in einem Punkt überraschende Gemeinsamkeit. Beide hatten sich über Engholms
freimütiges Bekenntnis im Fernsehen gefreut, der erklärt hatte:
»So viel zu arbeiten wie der Helmut Kohl und der Hans-Jochen

Vogel habe ich nicht die Absicht.«[1057] Solche Worte waren Signale zur Klimaverbesserung. Der Kanzler wusste, dass er zur Lösung des drängendsten aktuellen Problems, des ungehinderten Zustroms von Asylanten, auf die Hilfe der SPD bei der notwendigen Änderung des Grundgesetzes angewiesen war.

Die Verhandlungen mit den Ministerpräsidenten und dem Bundesfinanzminister wurden im September aufgenommen. Es ging um die Reform des Länderfinanzausgleiches mit dem Ziel, die neuen Länder in den Finanzausgleich aufzunehmen und auf diese Weise ihre finanzielle Lage zu festigen. Nach diesen Verhandlungen bemerkte der Kanzler gleichsam nebenbei: »Dann werden auch natürlich bald Gespräche mit mir notwendig sein.« Was bedeutete das? Die verbindliche Einigung über das Ergebnis der Verhandlungen musste wieder einmal mit dem Kanzler getroffen werden.

Auf dem CDU-Parteitag in Düsseldorf Ende Oktober 1992 machte der Parteivorsitzende den Solidarpakt mit seinen erhöhten Belastungen – dazu gehörte auch die Wiedereinführung des Solidaritätsbeitrages – zum Thema und zur Beschlussfassung mit den Worten: »Ihr habt Führung gewollt, jetzt habt ihr sie. Ich nehme alles auf meine Kappe.«[1058] Der Zustimmung konnte er sicher sein. Hier kam ein deutlicher Unterschied zum Ausdruck. Vier Jahre zuvor hatten sich die Delegierten auf dem Wiesbadener Parteitag über die Besteuerung des Flugbenzins bis zur Weißglut erregt. Nun jubelten sie dem Parteivorsitzenden zu, der die Partei zu unpopulären, aber notwendigen Belastungen aufforderte.

Hans-Peter Schwarz sieht das alles ganz anders. Ob er aus metahistorischen Quellen schöpfte oder aus dem nur ihm zugänglichen Tagebuch des Kohl-Feindes Biedenkopf besondere Aufschlüsse bezog, bleibe dahingestellt. Auf jeden Fall behauptet er kühn: »Die eigentlichen Architekten dieser weitreichenden Reform sind die Ministerpräsidenten der Länder«, und –

noch abwegiger – Biedenkopf habe »maßgeblichen Anteil am Solidarpakt«.[1059] Tatsächlich spielte die Musik ganz woanders.

Im Winter 1992/93, als die Arbeitslosigkeit erstmals auf 3,4 Millionen stieg, zeigte auch der Kanzler nicht seinen üblichen Optimismus. Er sah die geringeren Steuereinnahmen und die schwierige Lage im Allgemeinen. »Sparen und Umschichten«[1060], mehr zu tun sei nicht möglich. Daher sei der Solidaritätszuschlag eine Notwendigkeit, auch wenn viele in den eigenen Reihen das nicht akzeptieren wollten. Dieser sollte jedoch erst 1995, nach der Bundestagswahl erneut eingeführt werden.

Im Mai 1993 sah Kohl die Situation schon etwas positiver. Die Wirtschaftslage sei »ganz gewiss kritisch«, aber er hielt die augenblickliche Rezession für »nicht besonders tief greifend«. Woher hatte er dieses Wissen? Er bezog sich auf seine eigenen Konjunkturindikatoren, die zwar nicht der professionellen Konjunkturforschung entsprächen, die er aber für aussagekräftig hielt. Sein Konjunkturbarometer stand auf dem »Mannheimer Maimarkt«, der »größten Binnenmesse« Deutschlands, die »ausgesprochen positiv« geendet habe. Das ließ ihn bei seiner »heftig angefochtenen« These bleiben, »dass wir Ende des Jahres eine gute Chance haben, wenn wir jetzt nicht schwerste Fehler begehen, aus dieser Entwicklung langsam herauszukommen«.[1061] Wie begründet seine Einschätzung der konjunkturellen Entwicklung auch immer gewesen sein mag, bleibe dahingestellt. Viel wichtiger war es, dass er daraus die Zuversicht gewann, die Krise sei überwindbar.

Im März nahm der Solidarpakt endgültige Gestalt an. Kohl wollte in mehrtägigen Verhandlungen einen »vernünftigen Kompromiss« mit den Ministerpräsidenten und den Fraktionsvorsitzenden erzielen. Das konnte nur gelingen, wenn der Bund die Schulden der verschiedenen Fonds, unter anderem von der Treuhand, übernahm, ein großzügiges Wohnungsbauprogramm auflegte und zugleich die Finanzkraft der Länder stärkte. Es war ein »großer persönlicher Erfolg des Bundeskanzlers«. Er hatte »im Alleingang ... eine tragfähige Lösung mit der Opposition und den Ländern für das schwelende Finanzierungsproblem der neuen Länder gefunden«.[1062] Die Arbeitsmaschine Kohl mahnte aber, nunmehr nicht nachzulassen. Er hatte weitere dringende Reformen im Auge – die Privatisierung von Post und Bahn und die Förderung der Infrastruktur durch energischen Autobahnausbau.

Stühlerücken – Veränderungen in Kabinett und Kanzleramt

Im Januar 1993 kam es zur Kabinettsumbildung – genauer zu dem, was von den beabsichtigten Wechseln noch nicht vollzogen worden war. Normalerweise pflegt ein solches Vorhaben im Alltag des Regierens ein spannendes Ereignis zu sein, denn die Balance des Kabinetts konnte durch Ministerwechsel verändert oder gestört werden. In den ersten Jahren der Kanzlerschaft Kohls hatte Strauß seinen verhassten Konkurrenten immer wieder mit der Forderung nach Änderungen im Kabinett in Schwierigkeiten gebracht. Mit der Kabinettsumbildung vom Frühjahr 1989 hatte Kohl den verzweifelten Versuch unternommen, gegenüber der wachsenden Opposition in seiner Partei etwas Luft zu gewinnen.

Mit einer Gefährdung seiner Position war diesmal nicht zu rechnen, aber zu einer Kabinettsumbildung in einem Zug war es dennoch nicht gekommen. Die spektakulären Wechsel im Kabinett traten schon vorher ein, ohne dass der Kanzler Regie geführt hätte.

Den Anfang machte Gerhard Stoltenberg am 31. März 1992. Der Anlass war läppisch, wurde aber als so schwerwiegend hingestellt, dass er zurücktrat. Das Verteidigungsministerium hatte

15 ausgemusterte Leopard-Panzer an die Türkei geliefert, obwohl der Haushaltsausschuss einen Sperrvermerk angebracht hatte. Stoltenberg hatte als Finanzminister auf die vertrauensvolle Zusammenarbeit mit den leitenden Beamten seines Ministeriums stets großen Wert gelegt, was jedoch mit den Herren auf der Hardthöhe nicht mehr funktioniert hatte. Der Minister sah kein persönliches Verschulden, wollte aber nicht um seinen Posten kämpfen und auch der Partei angesichts der bevorstehenden Landtagswahl in Baden-Württemberg keine Schwierigkeiten bereiten.

Kohl äußerte ihm gegenüber die üblichen Ermunterungen zum Bleiben, aber seinen Worten fehlte der Nachdruck. Die Sorge vor den Landtagswahlen wurde beschworen, aber das klang nicht überzeugend. Kohl wollte Stoltenberg loswerden. Dieser hatte sich durch die Ablösung als Finanzminister 1989 tief verletzt gefühlt. Das Verteidigungsressort hatte er aus Pflichtgefühl übernommen, aber zur Bundeswehr kein inneres Verhältnis gefunden. Die politische Herausforderung des notwendigen Umbaus der Bundeswehr nach dem Ende des Kalten Krieges hatte ihn offensichtlich nicht gereizt. Sein Hauptinteresse galt der Finanzpolitik. Die Steuerreform hatte er 1988 in vertrauensvoller Zusammenarbeit mit den führenden Beamten seines Ministeriums in Angriff genommen. Nichts zeigt deutlicher den Unterschied zu Helmut Kohl, der schon in Mainz als Fraktionsvorsitzender und dann in Bonn die Fraktion wiederholt gewarnt hatte, dass ein Minister nicht »von den Herren seines Hauses« abhängig werden dürfe, sondern stets seinen politischen Führungsanspruch gegenüber der Ministerialbürokratie betonen müsse. Auf der Hardthöhe nun war Stoltenberg von seinen Spitzenbeamten bei dem Panzerexport im Stich gelassen worden.

Im Gegensatz zu Stoltenbergs Verhältnis zur Bundeswehr war Helmut Kohls Interesse hier breit gefächert – von der Ausrüstung der Soldaten, deren Mängel ihm Anlass boten, den Verteidigungsminister im Kabinett unter Druck zu setzen, bis zu den sicherheitspolitisch stark umstrittenen Fragen der atomaren Kurzstreckenraketen. Für den Kanzler war es nicht hinnehmbar, dass der Bundeswehr und ihren Problemen nicht genügend Aufmerksamkeit entgegengebracht wurde. Daher gab er sich keine Mühe, den Minister zu halten, denn der Nachfolger stand schon bereit: Zwei Tage später wurde Volker Rühe als neuer Verteidigungsminister vereidigt.

Stoltenbergs Rücktritt war der Auftakt des Stühlerückens im Kabinett. Als der nächste Fall eintrat, verursachte er wesentlich mehr Lärm. Es war ein Paukenschlag von ganz anderer Wirkung. Am 27. April gab Hans-Dietrich Genscher seinen Rücktritt bekannt, der für den 18. Mai 1992 vorgesehen war, den Tag seiner Ernennung zum Außenminister achtzehn Jahre zuvor. Er wollte, wie Kohl es verstand, »den großen Abgang«.[1063] Die Nachricht musste ungläubiges Staunen auslösen, da ein Rücktrittsgrund nicht bekannt war. In Journalistenkreisen hechelte man die über Genscher kursierenden Gerüchte durch, die der »Spiegel« mit der Frage andeutete, ob es »dunkle Flecken in seiner Vergangenheit« gäbe: »Sollte Genscher, der als Innen- und Außenminister Jahr für Jahr die alte Heimat in der DDR besucht hatte, sich mit dem System eingelassen haben und zu kompromittieren sein?«[1064]

Die Überraschung der Rücktrittsankündigung war glänzend gelungen. Der Kanzler war zwar vorher informiert worden, aber das politische Bonn war vollkommen verblüfft. Was danach folgte, war eine Krise, die die eigene Partei zutiefst erschütterte und auch in der Koalition erhebliche Spannungen auslöste. Genscher war seinem Ruf als umsichtig planender und geschickt taktierender Politiker nicht gerecht geworden. Er hatte seine Nachfolge nicht geregelt und glaubte wohl an die problemlösende Kraft der Vernunft, musste aber erleben, dass in der FDP-Spitze in liberalster Weise die Fetzen flogen.

Genscher hatte sich die Bauministerin Irmgard Adam-Schwaet-zer als Nachfolgerin im Auswärtigen Amt vorgestellt. Vorstand und Fraktion der FDP lehnten sie jedoch strikt ab und nomi-nierten mit großer Mehrheit den bisherigen Justizminister Klaus Kinkel als Außenminister. Der Bundeskanzler hielt sich bei die-sen liberalen Machtkämpfen völlig zurück.[1065] Die Auswahl der Minister war allein Sache der jeweiligen Koalitionspartner, so stand es in den Koalitionspapieren. Da spielte die Richtlinien-kompetenz des Bundeskanzlers keine Rolle. Eine Koalitions-regierung, das hatte Kohl wiederholt erklärt, musste anderen Regeln folgen. In diesem Fall war das Ergebnis sehr beachtlich, indem Klaus Kinkel vom Justizministerium in das Auswärtige Amt wechselte und dort sehr erfolgreich war.

Am 5. Mai 1992 trat die Gesundheitsministerin Gerda Hassel-feldt von der CSU zurück. Ihr kurzes Gastspiel in der Bundes-regierung fand mit Horst Seehofer einen Nachfolger, der das Gesundheitsressort bis 1998 unter Helmut Kohl leiten sollte, und unter Angela Merkel ab 2005 Ernährungsminister war, bis er 2008 von Berlin nach Bayern zurückkehrte.

Im Juni erschien ein Buch mit Interviews Richard von Weiz-säckers durch zwei »ZEIT«-Journalisten.[1066] Es stellte die Kritik an der »Machtvergessenheit« der Parteien in den Mittelpunkt – unbeschadet der Tatsache, dass Weizsäcker selbst seinen Auf-stieg nur einer Partei verdankt hatte – und beklagte dann den Kleinmut des Kanzlers, der nicht die große Geste zum Appell an die Opferbereitschaft des Westdeutschen gefunden habe. Das Echo auf das Buch fiel nicht überraschend aus – die gegenseitige Abneigung von Bundespräsident und Bundeskanzler war hin-länglich bekannt. Aufmerksamen Journalisten entgingen jedoch nicht einige spitze Bemerkungen Weizsäckers, etwa »ein Berufs-politiker sei im Allgemeinen weder ein Fachmann noch ein Di-lettant, sondern ein Generalist mit dem Spezialwissen, wie man politische Gegner bekämpft«.[1067]

Mit der Bildung der Großen Koalition in Baden-Württemberg als einzig möglicher Konstellation war ein Thema gefunden, das die Diskussionen in Bonn ungemein belebte. Das Interesse daran lag stärker bei der SPD, die auf diese Weise wieder regierungsfähig werden wollte. Wie ernst diese Pläne zu nehmen waren, die immer wieder auftauchten, ist schwer zu entscheiden. Helmut Kohl nahm sie jedenfalls ernst und warnte die Fraktion immer wieder, sich auf Derartiges einzulassen. Als Ansprechpartner bei der CDU kamen vor allem Abgeordnete infrage. Das Kalkül war simpel. Was in Stuttgart mit der Einigung auf eine Große Koalition zustande gekommen war, konnte auch in Bonn gelingen. In der CDU/CSU-Bundestagsfraktion gab es zahlreiche Anhänger einer Koalition mit der SPD. Das waren beispielsweise Abgeordnete, die glaubten, dass die notwendigen finanz- und sozialpolitischen Sparmaßnahmen mit sozialdemokratischer Beteiligung leichter durchzubringen seien. Selbst ein solch guter Kenner der Bonner Szene wie der Korrespondent der »Frankfurter Allgemeinen Zeitung« Claus Gennrich berichtete, man treffe »namhafte CDU-Abgeordnete, die erzählen, ... irgendwann werde eine fällig«.[1068]

Das Zustandekommen des Solidarpaktes machte Verhandlungen mit der SPD notwendig. Solche Verhandlungen konnten schnell Gemeinsamkeiten oder die Bereitschaft zu engerer Zusammenarbeit aufzeigen. Bei Wolfgang Schäuble konnte der Eindruck entstehen, er suche die Gemeinsamkeit, weil es ihm vor allem um die Sache ging. Er war auch zu Problemlösungen bereit, die nicht unbedingt entlang der Parteilinie laufen mussten. Daraus konnte schnell eine Bereitschaft zur Großen Koalition herausgelesen werden. Vor dem Hintergrund dieser Bereitschaft Schäubles zur Kooperation und angesichts der Skepsis, die bei den mit den Journalisten zusammensteckenden Abgeordneten vorhanden war, die die Sorge um ihre Wiederwahl bedrückte, konnte eine Meldung von »BILD« für Furore sorgen.

Das Blatt hatte bohrend gefragt: »Stürzt er Kohl?« Das zielte auf Schäuble. Von ihm wurde behauptet, er sei überzeugt, dass »ohne die SPD die ›innere Einheit‹ nicht zu schaffen« sei.[1069]

Schäuble dementierte in der Fraktion all diese Behauptungen und Unterstellungen mit einer Verbitterung, die zeigte, dass die Kampagne des Blattes in der Öffentlichkeit für glaubwürdig gehalten wurde. Er bezeichnete sie als »ohne jeden realen Bezug, frei erfunden gegen jede Wirklichkeit ... wider alles besseres Wissen, ... ein Stück aus dem Tollhaus«. Weiter wetterte er: »Manchmal habe ich das Gefühl, ich bin bei einer ganz anderen Veranstaltung gewesen als denen, von denen ich dann in der Zeitung lese.« Schäuble war kein Mann der schnellen Sprüche: »Aber wer mir unterstellt, ich würde eine Große Koalition wollen, betreiben oder mitmachen, kennt mich nicht.«[1070]

Der nächste Minister, der zurücktrat, und zwar am 14. Dezember 1992, war Christian Schwarz-Schilling. Er war für Post und Telekommunikation zuständig und ebenso wie Stoltenberg und Genscher seit 1982 Mitglied der Bundesregierung gewesen. Schwarz-Schilling hatte gegen den erbitterten Widerstand der SPD das Privatfernsehen eingeführt und auch die Umwandlung der Post in ein modernes Dienstleistungsunternehmen energisch vorangetrieben. Ein Anlass zum Rücktritt bestand nicht; niemand forderte, dass er den Hut nehmen sollte.

Was seinen Rücktritt interessant machte, war die Begründung: Er stimmte grundsätzlich mit der Jugoslawien-Politik der Bundesrepublik nicht überein. Der Dissens kam offen zum Austrag, als die Fraktion eine Sondersitzung zum Thema Jugoslawien anberaumt hatte.[1071] Schwarz-Schilling verlangte mehr Engagement in humanitären Fragen und mehr Druck von deutscher Seite zur Lösung des Konfliktes, vor allem aber zur Verhinderung serbischer Verbrechen in Bosnien-Herzegowina. Er forderte also keineswegs ein stärkeres militärisches Eingreifen, sondern ihm ging es um größere Anstrengungen zur Beilegung der Kämpfe, ohne jedoch konkrete Vorschläge aufzuzeigen. Man konnte denken, dass die Kritik an der Jugoslawien-Politik im Vordergrund gestanden hat. Das wurde auch durch sein humanitäres Engagement in Bosnien nach seinem Rücktritt eindrucksvoll unterstrichen.

Aber das war nicht der alleinige Grund. Es gab auch grundsätzliche Kritik, mit der er seinen Rücktritt begründete. Ihm gefiel nicht mehr die Art, wie in Bonn Politik gemacht wurde, dass beispielsweise »Parteitagsbeschlüsse wie imperative Mandate« benutzt würden. Dadurch sei die »Regierungsunfähigkeit einer pluralistischen Demokratie vorprogrammiert«.[1072] Schwarz-Schilling bedauerte zugleich die »Abnutzung der großen Mehrheitspartei«, also der CDU, in der Koalition und warf dem Kanzler sogar »Führungsschwäche« vor. Das war ein Vorwurf, der viele Jahre lang ein Standardargument der Kohl-Kritik gewesen war, bevor der Horror vor dem »Machtmenschen« Kohl in den Vordergrund rückte.

Es waren unbestreitbar massive Kritikpunkte, die der Minister erst im Augenblick seines Rücktritts geäußert hatte. Zuvor war er nie als Kritiker des Kanzlers oder des Regierungskurses aufgefallen. Tatsächlich war ein Jahr zuvor, eher zufällig, in einem Gespräch mit dem Kanzler ein Gegensatz zwischen ihnen aufgetreten, der das Verhältnis zueinander änderte. Schwarz-Schilling hatte auf die Notwendigkeit von Reformen auch in der alten Bundesrepublik hingewiesen und gemeint, man müsse strukturelle Reformen anpacken. Er äußerte ganz unbefangen: »Sie können es jetzt als Kanzler machen, denn Sie sind doch auch gar nicht mehr der Betroffene, wenn es nachher zu den Wahlen geht.« Als Kohl nicht verstand, stieß er nach und sagte: »Ja, wollen Sie denn 1994 noch mal in den Wahlkampf gehen?«, worauf prompt die Antwort kam: »Ja, was denken Sie denn?« Das Gespräch nahm dann eine eher unfreundliche Wendung, da Kohl den Sinn des Reformvorschlags und erst recht nicht den

Hinweis auf seinen Rückzug vor den nächsten Wahlen verstehen wollte, sondern Schwarz-Schilling angeblich nur »entsetzt« anschaute.[1073]

Wie ist dieser Bericht einzuordnen? Macht er einen Sachverhalt publik, der bisher unbekannt war? Rechneten viele in Bonn ähnlich wie Schwarz-Schilling damit, dass Kohl vor den Wahlen zurücktreten würde? Das ist nicht zu vermuten. In einem wohl informierten Hintergrundbericht vom April 1992 hieß es: »Zweifel an der Absicht, 1994 noch mal den Wahlkampf mit dem Willen zur Fortführung der Regierung zu betreiben, lässt er nicht aufkommen.«[1074] Schwarz-Schilling hatte aber offenbar von dieser alles andere als unbekannten Einstellung des Kanzlers keine Ahnung, ein drastisches Beispiel für das Desinteresse eines Fachministers an der politischen Gesamtlage und an den Planungen des Kanzlers.

Hier kommt ein Missverständnis zum Ausdruck, das einigermaßen verblüfft. Da ist ein Minister, der Kohl seit Jahrzehnten kennt und ihn in unterschiedlichen Funktionen und Situationen – in der Fraktion, im Kabinett und bei vielen anderen Anlässen – erlebt hat. Dennoch scheint er nicht erkannt zu haben, welche Leidenschaft in dem Kanzler steckte, dass er eine Mission erfüllen wollte, die Einheit Deutschlands und Europas zu erreichen oder wenigstens voranzubringen. Mit der deutschen Einheit konnte für ihn die Aufgabe nicht erfüllt sein, denn Deutschland musste in einem anders strukturierten Europa noch seinen Platz finden und Europa damit auf eine solide Basis stellen.

Aber wenn Christian Schwarz-Schilling nicht so weit denken mochte und nur Kohls baldigen Rückzug im Sinn hatte – wer sollte denn 1994 antreten? Wer sollte als Kanzler die Wahlen gewinnen und dann die Politik weiterführen? Auch die Vorstellung des Postministers, dass Kohl als neue Herkulesaufgabe die Bundesrepublik einer Generalüberholung unterziehen sollte, zeigt wenig Sinn für die Realität. Eine Überholung des politischen Systems mochte sinnvoll, möglicherweise auch notwendig sein, aber eine solche Reform konnte nur nach einer vollständigen Niederlage wie 1945 oder durch einen »Reformer« wie Napoleon durchgeführt werden. Das konnte nicht aus eigener Kraft geschehen, weil der Wähler für solche wirklich fundamentalen Veränderungen schwerlich zu gewinnen ist. Die Vereinigten Staaten zum Beispiel leben mit einer immer anachronistischer wirkenden Verfassung. Sie sind zu einer Reform aus eigener Kraft nicht fähig, weil in breiten Schichten die Einsicht zu solchen Reformen nicht vorhanden ist.

Die Vorstellungen Schwarz-Schillings sind ein Beispiel dafür, dass auch die relative Nähe und Vertrautheit zum Kanzler keineswegs die Gewähr bot, seine wirklichen Beweggründe zu erkennen. Schon bei Eugen Gerstenmaier war ein solches Missverständnis festzustellen, als der ehemalige Bundestagspräsident Kohl zu überreden versuchte, für das Amt des Bundespräsidenten zu kandidieren. Damit wollte er 1979 der Konfrontation mit Franz Josef Strauß die Spitze nehmen. Man muss sich das vorstellen! Wie hätte eine Kraftnatur wie Helmut Kohl, zudem in seinen besten Jahren, mit einem solchen Amt zufriedengestellt werden können?

Aber auch das Verhalten Kohls bei diesem Gespräch mit seinem Postminister ist für ihn charakteristisch. Er hatte mit einem solchen Angriff – und als solchen verstand er ihn – nicht gerechnet. Bei einem Journalisten wäre er auf der Hut gewesen, aber er konnte sich nicht vorstellen, dass ein so loyaler und intelligenter Mann wie Schwarz-Schilling daran zweifeln konnte, dass er weitermachen wollte und konnte. Er hatte wiederholt zu erkennen gegeben, dass er sein Amt mit großer Gelassenheit, aber ohne jeden Anflug von Müdigkeit ausübe. Selbst im engeren Kreis hatte er zwar nicht ausdrücklich verlauten lassen, dass er wieder antreten würde. Aufhören kam für ihn nicht infrage, darüber redete er erst gar nicht. Die Vertrauten seines engsten

Kreises aber kannten ihn so gut, dass sie wussten, er macht weiter. Allerdings wussten sie auch, dass das kein Thema für politischen Klatsch war.

Im Herbst 1992 galt es, noch von einer anderen Persönlichkeit Abschied zu nehmen, zu der Helmut Kohl über viele Jahre – unbemerkt von der Öffentlichkeit – eine von gegenseitigem Respekt und freundschaftlicher Zuneigung geprägte Beziehung unterhalten hatte. Am 4. Oktober 1992 starb Willy Brandt. Ihr Verhältnis zueinander bewegte sich jenseits der Parteigrenzen auf verschiedenen Ebenen. In den Turbulenzen des Jahres 1968 hatte Kohl für Willy Brandts Einstellung gegenüber den aufbegehrenden Jungen unerwartet viel Verständnis gezeigt. Auf Brandt aufmerksam geworden war er in den Jahren der Großen Koalition durch Kurt Georg Kiesinger, als dieser bei gemeinsamen Wanderungen auch auf seinen Koalitionspartner zu sprechen kam. Dabei war auch von der Ostpolitik die Rede, bei der Kiesinger ein Maß an Übereinstimmung erkennen ließ, die die Auseinandersetzungen in der Öffentlichkeit kaum vermuten ließen.

Der Ostpolitik Brandts nach 1969 stand Kohl keineswegs ablehnend gegenüber. Bei dessen Sturz zeigte er tiefe Betroffenheit. Er muss von Brandts Werben für »Compassion«, für ein verändertes, mehr auf Verständnis und Rücksicht ausgerichtetes Verhalten der Menschen tief berührt gewesen sein, da für ihn Politik nicht nur aus Machtgewinn und materiellen Verbesserungen bestand. Auch er hatte immer für Veränderungen im geistig-kulturellen Bereich geworben.

Die beiden Männer kamen sich als Parteivorsitzende näher; damit waren sie »auf Augenhöhe« und fanden genügend Gemeinsamkeiten in dieser nicht immer angenehmen Funktion. Seit 1982 kam Brandt in regelmäßigen Abständen zu Kohl ins Kanzleramt; sie sprachen dann über aktuelle Fragen. Was Brandt vornehmlich interessierte, waren die Dritte Welt und die Europapolitik.

All seine Zweifel und Kritik an der Deutschlandpolitik waren bei Brandt vergessen, als die Mauer fiel. Sein verschachtelter und vieldeutiger Satz von der »Lebenslüge« der Bundesrepublik sagt mehr über die Zwänge eines Politikerlebens aus als über seine tatsächliche Einstellung. Mit dem Wort von dem Zusammenwachsen, was zusammengehört, brachte er überzeugend zum Ausdruck, was die Menschen bewegte. Zugleich zeigten seine Reden in der DDR, wie sehr er mit Helmut Kohl übereinstimmte, während seine Partei sich umso mehr von ihm entfernte. Das wurde auch bei seinem letzten Besuch im Kanzleramt deutlich, als sie über die Situation und die Probleme in den neuen Ländern sprachen und Brandt dem Kanzler bestätigte, dass er an seiner Stelle »genauso gehandelt hätte«.[1075]

Als Helmut Kohl Willy Brandt zum letzten Mal in Unkel besuchte, fand er den Kranken nicht im Bett, sondern komplett angezogen vor: »Wenn mein Bundeskanzler kommt, bleibe ich nicht im Bett liegen.« Sie führten ein sehr bewegendes Gespräch über die letzten Dinge. Brigitte Seebacher-Brandt beschreibt, was für ein idealer Gesprächspartner Helmut Kohl gewesen war: »Er hatte diese unbefangene, warmherzige Art, mit einem Kranken umzugehen. Leid und Tod gehörten zum Leben, warum also den Kopf senken.«[1076] Gegen Ende des Gesprächs gab Brandt genaue Anweisungen für die Trauerfeier. Das führte nach seinem Tod zu Befremden und Empfindlichkeiten. Die SPD-Führung war verärgert und fühlte sich übergangen. Der französische Ministerpräsident Mitterrand war beleidigt, dass er nicht die Trauerrede halten sollte, und schließlich sorgte der Bundespräsident, dem es oblag, den Staatsakt für Trauerfeier und Beisetzung anzuordnen, für mehr als Befremden, als er den Standpunkt vertrat, dass »auf eine militärische Ehrung durch die Bundeswehr« verzichtet werden solle.[1077] Der Kanzler musste erst auf den »ausdrücklichen Wunsch« des Verstorbenen hinweisen. Weizsäcker wollte nicht zur Kenntnis nehmen, dass zu dem trauernden Volk, in dessen Namen das Staatsbegräbnis stattfand, auch und in besonderem Maße die Bundeswehr gehörte.

Im Januar 1993 fand dann endlich die Kabinettsumbildung statt, die nach den vorangegangenen Rücktritten nicht mehr viel Eindruck machte. Überdies sollte sie noch immer nicht ihren Abschluss finden. Vorerst war es der FDP-Politiker Günter Rexrodt, der zum Wirtschaftsminister ernannt wurde; Ignaz Kiechle wurde verabschiedet, der sich als Ernährungsminister hochverdient gemacht hatte. Er hatte das Ressort seit 1982 geführt. Ihm folgte Jochen Borchert.

Heinz Riesenhuber, der als Minister für Forschung und Technologie auch zur Gründergeneration des Kabinetts gehörte, fühlte sich weder zu alt noch zu belastet von dem Amt und seinen Anforderungen, erhielt aber dennoch seinen Abschied. Riesenhuber war ähnlich wie Schwarz-Schilling ein Politiker von einem Format, das seitdem immer seltener geworden ist. Als promovierter Akademiker hatte er sich wirtschaftlich selbstständig gemacht, war aber zugleich in der Politik so engagiert, dass er ein Mandat im Bundestag erringen konnte. Helmut Kohl hatte seine Bedeutung für die Fraktion schnell erkannt. Die Großforschung hatte seit den Sechzigerjahren durch die Nukleartechnik große Bedeutung gewonnen. Ein so qualifizierter Mann wie Riesenhuber war als Minister für dieses Ressort hervorragend geeignet.

Politik lebt vom Wechsel und von neuen Gesichtern – auch von solchen, die gern nach vorn rücken wollen. Riesenhubers Ende als Minister kam entsprechend dem Gesetz des politischen Wandels auf leisen Sohlen. Die CDU-Landesgruppe von Baden-Württemberg hatte seit Schäubles Wechsel in den Fraktionsvorsitz keinen Minister mehr im Kabinett und litt unsäglich unter diesem Mangel. Dabei wird die Landesgruppe auf Schäuble genügend Druck ausgeübt haben, dass mit Matthias Wissmann ein

Württemberger ins Kabinett einrückte. Helmut Kohl hatte Riesenhuber gegenüber ein schlechtes Gewissen, konnte aber am Verteilungsschlüssel von Ministerposten in diesem Fall nichts ändern. Er hätte sonst seinem engsten Mitarbeiter Schäuble eine Niederlage zufügen müssen.

Wissmann hielt nicht lange als Forschungsminister aus, denn es winkte ein anderer Posten, der ihm mehr zusagte. Verkehrsminister Günther Krause, der sich gemeinsam mit Schäuble große Verdienste um den Einigungsvertrag erworben hatte, worauf Schäuble nicht müde wurde, immer wieder hinzuweisen, hatte als Bundesverkehrsminister eine weniger glückliche Hand. Er kam relativ rasch wegen verschiedener Unregelmäßigkeiten in die Schlagzeilen, hatte Schwierigkeiten mit seinem eigenen Ministerium, und schließlich gab es Unstimmigkeiten bei Spesenabrechnungen. Es ist im Grunde schwer verständlich, dass ein Mann, der so verblüffende Fähigkeiten beim Durchdringen und Verstehen der komplizierten Materie des Einigungsvertrages gezeigt hatte, als Minister an derart kleinkarierten Fehlern scheiterte. Schäuble unterstützte seinen früheren Partner bis zuletzt. Wiederholt versuchte er, ihn vom Rücktritt abzuhalten, aber als Krause erklärte, »er möchte jetzt nicht nur seinen Rücktritt erklären, sondern er möchte jetzt auch, dass er angenommen« würde, wollte ihn niemand mehr daran hindern.[1078]

Die Nachfolge war schnell geregelt. Matthias Wissmann wurde Krauses Nachfolger als Verkehrsminister, und als neuer Forschungsminister wurde Paul Krüger aus Mecklenburg im Kohl'schen Schnellverfahren ausgewählt. Der Kanzler überfiel diesen mit der Frage: »Kommen Sie einmal her, trauen Sie sich zu, Forschungsminister zu machen?« Die Frage »haute ihn erst einmal vom Stuhl«, aber Schäuble warnte energisch davor, Kandidaten aus dem Osten wegen mangelnder Erfahrung für nicht ministrabel zu halten: »Dieses Argument schließt im Grunde alle aus den neuen Ländern aus.«[1079]

Wie aus all diesen Ministerwechseln abzulesen ist, konnte politische Notwendigkeit, die zur Ernennung oder zur Entlassung
von Ministern führte, ganz unterschiedlich interpretiert werden.
Mal war es der politische Druck einer starken Landesgruppe,
mal der Zwang, jemanden ins kalte Wasser zu werfen, weil in
erster Linie nicht die persönliche Eignung gefragt war, sondern
die Präsenz von Vertretern aus den neuen Ländern. Damals
konnte sich gewiss niemand vorstellen, dass zwanzig Jahre später Deutschland einen Bundespräsidenten und eine Kanzlerin
aus dem Osten haben würde.

Der problematischste Rücktritt in der Reihe der Auswechs-
lungen, die mit dem Rücktritt Stoltenbergs begonnen hatte, war
der letzte. Rudolf Seiters warf am 4. Juli 1993 das Handtuch,
nach der, wie Kohl in den »Erinnerungen« mit seltener Schärfe
schreibt, »größten Desinformationskampagne deutscher Mas-
senmedien in der Geschichte der Bundesrepublik«.[1080] In Bad
Kleinen in Mecklenburg-Vorpommern war es am 27. Juni zu
einer Schießerei zwischen Terroristen und Angehörigen der
GSG 9 gekommen, in deren Verlauf ein Grenzschutzbeamter
und der RAF-Terrorist Wolfgang Grams erschossen wurden.
Die Aufklärung des Sachverhalts bereitete nicht nur wegen der
örtlichen Gegebenheiten Schwierigkeiten, sondern wurde von
zwei Seiten behindert: Zum einen wurde vonseiten der Sicher-
heitsbehörden nach Verhängung einer Nachrichtensperre die
notwendige Information der Öffentlichkeit verzögert. Zum andern stellten das ARD-Magazin »Monitor« und der »Spiegel«
unter Hinweis auf angebliche Zeugen und Spezialisten die Behauptung auf, die Tötung des RAF-Mitglieds habe einer »Exe-
kution« geglichen. Die »Spiegel«-Berichterstattung von Hans
Leyendecker löste eine beispiellose Kampagne der Medien aus.
Rudolf Seiters wollte seine Familie dem ungeheuren Druck von
öffentlicher Verleumdung und verschärften Sicherheitsvorkeh-
rungen nicht länger aussetzen und trat zurück. Leyendecker

musste den »Spiegel« verlassen und wurde auch dann nicht wieder eingestellt, nachdem er sich in der Spendenaffäre durch eifriges »Recherchieren« gegen Kohl »verdient« gemacht hatte.

Nicht nur die Minister wechselten, auch das Kabinett war ein anderes geworden. Es gab nicht nur eine Reihe neuer Gesichter; wichtiger war die größere Homogenität. Der neue Außenminister Klaus Kinkel zeigte nicht das Profilierungsstreben seines Vorgängers und bereitete damit weniger Schwierigkeiten. Mit Theo Waigel als Finanzminister hörte endlich die Fernsteuerung aus München auf, die das Regieren in Bonn nicht immer leicht gemacht hatte. Waigel arbeitete loyal mit Kohl zusammen, nicht nur in ihrer Eigenschaft als Parteivorsitzende, sondern auch in dem potenziell spannungsreichen Verhältnis von Kanzler und Finanzminister.

Friedrich Bohl hatte nach dem Attentat auf Wolfgang Schäuble die Leitung des Kanzleramtes übernommen. Als Fraktionsgeschäftsführer hatte der hessische Abgeordnete wie seine Vorgänger Schäuble und Seiters seine Eignung für diese Aufgabe bewiesen. Weder er selbst noch seine Vorgänger waren »auf Pfiff dressiert«, wie Hans-Peter Schwarz glauben machen will.[1081] Bohls zurückhaltende, aber effektive Arbeitsweise sorgte für eine unaufgeregte Atmosphäre.

Auch im Kanzleramt selbst hatte es Veränderungen gegeben. Horst Teltschik hatte das Amt verlassen. Die von Kohl angebotene Begründung überzeugt nicht recht.[1082] Da schwingen Töne von persönlicher Betroffenheit mit. Allgemein heißt es, der Trennungsgrund sei die Weigerung Genschers gewesen, der Ernennung Teltschiks zum Staatssekretär im Kanzleramt zuzustimmen. Das hätte der Öffentlichkeit noch deutlicher gemacht, dass der wirklich wesentliche Teil der Außenpolitik im Kanzleramt gemacht würde. »Eher hätte die FDP die Koalition mit uns platzen lassen«, behauptet Kohl, aber es leuchtet nicht ein, dass

die Beförderung eines Ministerialdirektors zum Staatssekretär
bei gleichem Tätigkeitsgebiet und einigen hundert D-Mark
höheren Gehalts an den bestehenden Verhältnissen irgendetwas
geändert hätte. Wenn Kohl schreibt, Teltschik habe es ihm
»lange Jahre verübelt«, dass er »ihn nicht zu Höherem berufen
habe«, klingt das, als ob Kohl sich nicht wirklich dafür eingesetzt hätte. All diese Erklärungsversuche bringen jedoch nicht
viel. Schließlich ist es verständlich und entspricht vor allem amerikanischer Praxis, dass die Fortsetzung der Karriere in einer
weit besser bezahlten Position in der Wirtschaft eine willkommene Alternative nach erfolgreicher Tätigkeit im Staatsdienst
darstellt.

Nach der Wahl vom Dezember 1990 hatte es im Zuge der Regierungsbildung einige Veränderungen im Kanzleramt gegeben.[1083]
Es waren nun zwei Staatsminister tätig. Der eine war der Abgeordnete Bernd Schmidhuber, der als Geheimdienst-Koordinator
endlich diese wichtige, bisher aber sträflich vernachlässigte
Aufgabe wahrnahm. Der andere war der Abgeordnete Anton
Pfeifer. Das Regieren war im wiedervereinigten Deutschland
schwieriger geworden und erforderte mehr Aufwand, wenn
man allein an die internationalen Verpflichtungen des Kanzlers
denkt, aber auch an die Entwicklung der Beziehungen zu den
neuen Ländern wie überhaupt an die Kontaktpflege im größer
gewordenen Regierungsapparat. Mit Pfeifer erhielt das Amt
eine Persönlichkeit, die in der vergrößerten Regierungszentrale
eine wichtige Aufgabe zu erfüllen hatte.

Eine zentrale Figur an der Spitze, bei der alles zusammenlief,
konnte es nicht mehr geben. Die Zeiten von Hans Globke und
Manfred Schüler waren vorbei. Es gab zu viele Arbeitsgebiete,
zu denen Verbindung gehalten werden musste. Hier sah Pfeifer
seine Aufgabe: Kontakt zu halten zur Unionsfraktion, zum Koalitionspartner, aber auch zu den Ländern und dem Bundesrat.

Er war ein langjähriges Mitglied des Bundestages, »eher still und kein Mann der lauten Kameraderie am Biertisch«, der aber Kohls »besonderes Vertrauen« besaß. Er hatte zu ihm engen Kontakt gehalten, seit dieser die Fraktion führte, und war ein ebenso vertrauenswürdiger wie verschwiegener Berater. Pfeifer verstand sich aber keineswegs nur als Vollstrecker des Kanzlerwillens. Er war unablässig bemüht, für Abgeordnete und Beamte da zu sein, der für Anregungen ebenso offen war wie als ein Ansprechpartner, der für Empfindlichkeiten und Beschwerden ein offenes Ohr hatte.

Zur Verbesserung der internen Kommunikation im Kanzleramt hatte Friedrich Bohl die Konferenz der Abteilungsleiter aktiviert, die morgens um 8.15 Uhr zusammentraf. Eduard Ackermann rückte langsam mit der näher kommenden Altersgrenze zur »Seele des Kanzleramtes« auf, unterstützt von Andreas Fritzenkötter, der Kontakt zu den Journalisten hielt. Nachfolger Horst Teltschiks wurde Peter Hartmann, ein Karrierediplomat, der schon in den Achtzigerjahren zu Teltschiks Abteilung gestoßen war. Als er 1993 die Botschaft in London übernahm, folgte ihm Joachim Bitterlich, ein Diplomat, der zwar aus dem Ministerbüro Genschers kam, aber keine Zweifel an seiner Loyalität aufkommen ließ.

Die Abteilung für Wirtschaft und Finanzpolitik hatte seit 1991 an Bedeutung gewonnen. Wenn die Lage der Wirtschaft, insbesondere in den neuen Ländern, in den Vordergrund des politischen Interesses rückte, musste auch der Leiter der dafür zuständigen Abteilung an Einfluss gewinnen. Das war Johannes Ludewig, ein Diplomkaufmann; er kam aus dem Wirtschaftsministerium und bereitete für den Kanzler internationale Konferenzen auf diesem Gebiet und Beratungen mit Vertretern der Wirtschaft vor. Er war zudem der Koordinator für die neuen Bundesländer und damit der Mann, der in der Umgebung Kohls für den »Aufschwung Ost« zuständig war. Ludewig erstrebte, wie es Teltschik schon vor ihm versucht hatte, die Ernennung zum Staatssekretär, was aber wiederum am Widerstand der FDP scheiterte. Die Liberalen fürchteten die Aufwertung des Kanzleramtes zu einer Art »Weißem Haus«. Das hätte den ohnehin blassen Wirtschaftsminister Rexrodt, der wie alle Nachfolger Lambsdorffs nicht viel Profil gewonnen hatte, beschädigen können. Der Leiter der Redenschreibergruppe wurde Michael Mertes, ein glänzender Stilist, der ähnlich wie sein Vater Alois, einst Staatsminister im Auswärtigen Amt, überaus vorsichtig operierte.

Daneben gab es wie gewohnt die kleine Morgenrunde beim Kanzler und abends häufig die Gesprächsrunde »mit den Getreuesten« im Kanzlerbungalow. Claus Gennrich kommt zu einem für die Medien, die eher Kritisches zu berichten pflegten, überraschenden Ergebnis: »Der Apparat des Kanzlers arbeitet still, wirksam und geschmeidig.«[1084] Diese Aussage bedeutet aber nicht, dass der Kanzler in der Öffentlichkeit davon profitieren konnte. Sein Erscheinungsbild blieb schwach. Im Politbarometer nahm er stets einen hinteren Platz ein.

Deutsche Befindlichkeiten

Von Zeit zu Zeit, ungefähr im Sechs-Monate-Abstand, sah die Presse den Kanzler in der Krise, wenn nicht am Ende. Im Herbst 1992 hieß es »Stürzt Kohl?« (»BILD«), »Kanzlerdämmerung in Bonn« (»Stern«); Theo Sommer sah noch »Für Helmut Kohl eine letzte Chance«, aber am »Herbst des Dinosauriers« änderte sich nichts (»ZEIT«). Schließlich sah Klaus Dreher »Die Koalition im Chaos« (»Süddeutsche Zeitung«).

Als im März 1993 ein widersprüchliches Konzept zur Einführung einer Autobahngebühr Unmut und Protest in der Fraktion auslöste, der zugleich auch die quälenden Zweifel mancher Abgeordneter über die Chancen ihrer Wiederwahl zum Ausdruck brachte, wurde daraus in der Presse schnell ein »Aufstand der Hinterbänkler«; »BILD« fragte besorgt: »Was passiert, wenn Kohl stürzt?«

Selbst der Herausgeber der »Frankfurter Allgemeinen Zeitung« Fritz Ullrich Fack fühlte sich veranlasst, über die »Revolte in der Fraktion« zu rätseln.[1085] Fack schrieb, der demoskopische Befund sei eindeutig, die SPD liege vor der Union, und ein Umschwung sei nicht in Sicht. Die Ursache für diese »Abwendung der Wähler von den Regierungsparteien« liege, so Fack, in den »Lasten und Mühseligkeiten des deutschen Einigungsprozesses, der Rezession, der industriellen Krise, dem wachsenden Heer der Arbeitslosen und dem allgemeinen Stimmungstief«. Das alles sei nicht einfach zu beseitigen. Sein Fazit: »Der erhoffte Stimmungsumschwung ist weder im laufenden noch im nächsten Jahr zu erwarten.« Das war keine Einzelstimme; so klang der Chor der politischen Beobachter. Fazit: Der Kanzler war fertig.

Die öffentliche Stimmung konnte kaum schlechter sein; zu diesem Zeitpunkt befand sich Helmut Kohl in Asien und wurde in Bonn heftig vermisst. Die Lage sah man weiterhin als so bedrohlich an, dass er das Vergnügen hatte, nach dieser ebenso anstrengenden wie erfolgreichen Reise »vom Flugplatz unmittelbar in ein Koalitionsgespräch zum Thema Verkehrspolitik zu kommen«. Ironisch zog Schäuble daraus die Schlussfolgerung: »So werden Weltpolitik und Bonner Realitäten von einer Minute auf die andere verknüpft.«[1086]

Der Kanzler ergriff in der Fraktionssitzung erst spät das Wort und sprach sich für die Annahme eines Kompromisspapiers aus. Die Einzelheiten sind hier uninteressant. Er wies auf das anschließend erforderliche europäische Genehmigungsverfahren in Brüssel hin und machte auf die dortige Gefahrensituation aufmerksam, dass »die Entscheidungen in Brüssel von ganz anderen Ereignissen ... gebremst sind«. Wenn aber mit den deutschen Anträgen Schwierigkeiten entstünden, wäre es notwendig, »dass in Brüssel das am Ende einer durchsetzen muss!« Es war wohl Ausdruck der extremen Belastung, dass er in dieser Situation einmal persönlich wurde: »Es landet inzwischen alles in der Bundesrepublik an einer Adresse. Und nun kann man ja sagen ... der hat einen breiten Buckel! Es gibt irgendwann eine natürliche Grenze. Und ich muss von morgens bis abends auch in den europäischen Dingen, auch im Zusammenhang mit anderen Ländern, nicht nur in unserem eigenen Interesse, Verantwortung übernehmen.«[1087]

Für Helmut Kohl war die Woche der Strapazen nach der Asienreise und dem Ärger in der Fraktion noch nicht zu Ende. Am Sonntag fanden die hessischen Kommunalwahlen statt. Das war keine nebensächliche Angelegenheit, sondern ein gefährliches Barometer der politischen Stimmungslage, die es zu beeinflussen galt. 1989 war die schwere CDU-Niederlage bei dieser Wahl der Auftakt zu einer für ihn existenzbedrohenden Regierungskrise in Bonn gewesen. Keine Frage also, dass er zum Abschluss des Wahlkampfes in Frankfurt sprechen würde. Mit Erfolg: Die SPD verlor stärker als die CDU, und Kohl freute sich wieder einmal über die »langen Gesichter« am Wahlabend, die schon seinen Sturz erhofft hatten.[1088]

Angesichts solcher Belastungen und der Fähigkeit, wenn schon nicht Lösungen, so doch Kompromisse zu finden, wird an Einzelfällen ablesbar, wie Kohl es schaffte, so lange an der Regierung zu bleiben: Trotz schwindender Akzeptanz in der Bevölkerung, versteckter Gegnerschaft in den eigenen Reihen und einer schwierigen Wirtschaftslage war er der Einzige, der die Lage zu meistern imstande war. Die ständigen Ankündigungen seines Sturzes kümmerten ihn nicht. Er hatte die Gesamtlage im Blick, und in dieser Perspektive interessierten ihn die glimpflich ausgegangenen Wahlen in Hessen mehr als die zahlreichen Unheilsprognosen in der Presse. Das Wahlergebnis war aussagekräftiger. Es war für ihn ein Indiz, »dass wir wirklich gute Chancen haben für '94 unter der Voraussetzung, dass wir jetzt konsequent unsere Hausaufgaben bis zum Sommer gemacht … (und) die politischen Grundentscheidungen geschaffen haben«. Neben »dem eigentlichen Wirtschaftsthema« kündigte er eine »Bündelung« der Themen unter den Stichworten »Asyl« und »innere Sicherheit« an. Der Wahlslogan der CDU hieß daher nicht zufällig: »Sicher in die Zukunft.«

Mit der Neufassung des Asylrechtsartikels im Mai 1993 ließ in der zweiten Jahreshälfte die Zahl der Asylbewerber nach; immerhin betrug ihre Zahl für das ganze Jahr 1993 noch 322 842 Antragsteller.[1089] Grundsätzliche Bedenken bei SPD und FDP, aber auch vorsichtiges Lavieren bei der Union hatten zu unhaltbaren Zuständen geführt. Die Passivität der Parteien angesichts der steigenden Beunruhigung in der Bevölkerung gab Elementen Auftrieb, die das Zögern des Sicherheitsapparates für eigene Zwecke nutzten. Im Sommer 1992 war es in Rostock zu beschämenden Gewaltakten gegen Ausländer gekommen. Von der Gewalt gegen Asylbewerber war es nur ein Schritt, um gegen Ausländer überhaupt in gleicher Weise vorzugehen. Im November 1992 forderte eine Brandstiftung in Mölln drei Todesopfer. Ein Anschlag am 29. Mai 1993 auf ein von Türken bewohntes Haus in Solingen mit fünf Todesopfern stellte den Höhepunkt der Gewalt gegen Ausländer dar.

Der Bundeskanzler hatte die Anschläge stets entschieden verurteilt und sie rundheraus als Schande bezeichnet. Das Deutschland-Bild im Ausland nahm erheblichen Schaden, da die rassistisch motivierten Verbrechen zum Vergleich mit den Morden der NS-Zeit einluden. Im Ausland war man zu derartigen Unterstellungen schnell bereit, und es blieb nicht aus, dass in Deutschland linke Kreise ebenfalls nach Verantwortlichen suchten, denen ein Maß von mehr oder weniger großer Mitschuld an diesen Verbrechen anzulasten sei.

Gunter Hofmann brauchte in der »ZEIT« nicht lange zu suchen.[1090] Für ihn stand Helmut Kohl als die zentrale Figur für die Verharmlosung und Ablenkung vom eigentlichen Problem deutscher Schuld im Mittelpunkt. Er konnte ihm zwar kein konkretes Verschulden nachweisen, aber durch vielfältige Assoziationen stärkte er bei seinen Lesern die Überzeugung, dass der Kanzler im Grunde der Schuldige sei. Er habe es nicht für nötig befunden, nach Solingen zu fahren oder an der Trauerfeier teilzunehmen. Als Kohl eine Woche später zur Einweihung des Doms nach Berlin reiste, skandierte man »Mörder, Mörder!«[1091] Kohl habe nicht die richtige Trauer gezeigt und abwiegelnd reagiert, als bei der Solinger Tat kein rechtsradikaler Bezug nachweisbar gewesen war. Hofmann wusste es besser: »Auch Einzeltäter kamen nicht aus dem Nichts.« Kohl verkörpere, wann immer es um »Vergangenheit, Minderheiten, Fremde und rechte Militärs« gehe, den »Mehrheitsdeutschen« und mutiere zum »Taubstummen«, wenn es gelte, Schuld zu bekennen. Was Hofmann Kohl vorwarf, war ganz einfach: Der Kanzler hatte sich geweigert, ein individuelles Verbrechen als Teil der deutschen Schuld anzuerkennen. Kohl und mit ihm ein großer Teil der Deutschen standen bei den Linken seit Übernahme der Regierung im Jahre 1982 im Generalverdacht, nicht nur eine andere politische Einstellung zu vertreten, sondern den Nährboden für rechtes Gedankengut vorzubereiten. Deshalb fiele es ihnen schwer, deutsche Schuld betroffen anzuerkennen. Der Hass auf Kohl, der bei der Spendenaffäre so massiv hervortreten sollte, gründet auch in diesen Vorstellungen.

Fast zum gleichen Zeitpunkt wie der Brandanschlag in Solingen zeigte Kohl auf ganz andere Art, dass er sich einem anderen großen Kreis von Deutschen, wahrscheinlich »Mehrheitsdeutschen«, verbunden fühlte. Das waren die Opfer von Krieg und

Gewaltherrschaft.[1092] Schinkels Neue Wache in Berlin neben dem Zeughaus sollte »zentrale Gedenkstätte« werden, nachdem sie 1931 von der preußischen Regierung als Ehrenmal für die Gefallenen des Weltkrieges eingeweiht und von der DDR den »Opfern von Faschismus und Militarismus« gewidmet war, weswegen Soldaten des Stasi-Regiments »Friedrich Engels« im Stechschritt vor der Gedenkstätte aufzuziehen pflegten.

Helmut Kohl fühlte sich den Opfern wie den Überlebenden tief verbunden. Deshalb drängte er zu rascher Fertigstellung der Gedenkstätte, was in der zerklüfteten Berliner Kulturlandschaft nur für noch mehr Skepsis und Ablehnung sorgen konnte. Wie schon bei der Planung für die Museumsbauten in den Achtzigerjahren nahm der Kanzler engagiert an der Planung und Verwirklichung der Gedenkstätte Anteil. Als Christoph Stölzl, der Direktor des Deutschen Historischen Museums, ihm den Originalgips der Kollwitz-Skulptur »Mutter mit totem Sohn« aus dem Jahre 1937 zeigte, wusste er sofort, dass durch die Vergrößerung des Originals eine Statue entstehen konnte, die als Mittelpunkt der Gedenkstätte das darstellen würde, was er sich als Denkmal für diesen Ort vorgestellt hatte.

Für Helmut Kohl war die Skulptur »von einer großen Ausdruckskraft«. Ein Aspekt, der bei den Opfern gewidmeten Denkmalen in der Regel fehlt, faszinierte ihn besonders: »das Wissen um die Frauen als Opfer von Krieg und Gewalt, um die Frauen, die als Mütter oder Witwen von den Schrecken dieses Jahrhunderts in besonderer Weise betroffen waren und sind«. Von Käthe Kollwitz ist die Verbindung zu Ernst Barlach gegeben, dem großen Bildhauer der Zwischenkriegszeit, der bedeutende Kunstwerke zur Erinnerung an die Opfer des Ersten Weltkrieges schuf. Barlach beschrieb einmal sein Anliegen bei der Schaffung dieser Skulpturen, deren ausdruckvollste das Magdeburger Denkmal ist, als das Bemühen, darin die Gefallenen »symbolisch« wiederkehren zu lassen, um zu zeigen, »wie unausgelöscht ihr Wirkliches und Letztes ... im Gedächtnis haftet«.[1093]

Wenn Kohl in seiner Rede im Bundestag davon sprach, dass die Trauer der Mutter »mehr als Schmerz« ausdrückt, sondern die Aufforderung enthält, »uns die personale Würde des Einzelnen zu vergegenwärtigen«, so lag das ganz auf der Linie Barlachs. Aber es entsprach nicht dem Zeitgeist und löste deshalb viel Kritik aus. Die innere Widersprüchlichkeit der Kritik lässt sich am Streit um die »Pietà« ablesen.[1094] So hieß es, die vergrößerte Statue würde die Gefühle nicht christlicher Zeitgenossen verletzen. Das traf jedoch nicht den Sachverhalt. Käthe Kollwitz hatte ihr Werk als »eine Art Pietà« bezeichnet, später aber hinzugefügt, »diese Mutterfigur ist nicht religiös ... sie ist eine alte, einsam und dunkel nachsinnende Frau«. Dennoch wurde weiter um die Pietà gestritten, obwohl Kollwitz als eine der radikalen Linken nahestehende Künstlerin eine religiöse Figur gerade *nicht* schaffen wollte.

Stölzl hielt nichts von den Einwänden der Kritiker, die glaubten, »in der Ausbreitung der Schuldproblematik sich mal wieder abarbeiten zu müssen«. Er blieb weiterhin der künstlerische Berater des Kanzlers und war glücklich, als Kohl mit souveräner Sicherheit des Urteils und zugleich in souveräner Umgehung einschlägiger Ausschreibungsvorschriften den Architekten Ieoh Ming Pei gewann, der mit dem Anbau an das Zeughaus einen genialen Erweiterungsbau für das Museum schuf.

Am 23. Mai 1994 musste ein neuer Bundespräsident gewählt werden. Helmut Kohl wusste um die Verlegenheiten, aber auch um mögliche Signalwirkungen, die bei der Wahl des Staatsoberhauptes schon aufgetreten waren. Er selbst hatte schon 1959 an der Wahl Heinrich Lübkes teilgenommen. Es galt also, rechtzeitig nach einem geeigneten Kandidaten Ausschau zu halten, um nicht jemanden wählen zu müssen, den man eigentlich nicht haben wollte. Der amtierende Präsident Richard von Weizsäcker, dessen Amtszeit sich dem Ende zuneigte, war 1984 mangels einer Alternative gewählt worden. Kohl hatte bei diesem Kandidaten lange gezögert, weil er wusste, er würde ein Gegner, ein Präsident der Linken sein.

Für die 1994 anstehende Wahl konnte er einen eigenen Kandidaten präsentieren. Nach den Sommerferien sprach er im August 1993 zum ersten Mal das Thema im Bundesvorstand an, kurz bevor die Sozialdemokraten Johannes Rau als Kandidat für das Amt des Bundespräsidenten nominierten und sich damit festgelegt hatten. Fortan stand für Kohl fest, dass es bei dieser Wahl um eine »beinharte politische Entscheidung« gehen würde. Ließe sich die Partei auf Verhandlungen über eine Einheitskandidatur von Rau ein, galt es, auf der Hut zu sein. Dann würde es schnell um das »Gesamtspiel um eine Große Koalition und personelle Veränderungen in der Partei« gehen.[1095] Daher müsse die Union im Vertrauen auf ihre Stärke einen eigenen Kandidaten aufstellen. Er nannte keinen Namen, sondern sprach sich für einen Politiker aus den neuen Ländern aus. Er ließ keinen Zweifel daran, worauf es ihm ankam: das »menschliche Miteinander« sei wichtiger als die »ökonomische Frage«. Die Jahrzehnte der Teilung seien »viel gravierender«, als er erwartet hatte. Er lehnte vor allem das Argument entschieden ab, »jemand aus den neuen Ländern könnte das doch gar nicht«.

Der Name »seines« Kandidaten wurde bald bekannt. Ein Entrüstungssturm von seltener Intensität erhob sich gegen ihn. Es war der sächsische Justizminister Steffen Heitmann, der als Kirchenjurist in Sachsen tätig gewesen war und im Unterschied zu vielen kirchlichen Amtsträgern strikte Distanz zum SED-Regime gehalten hatte. Kohl hatte einen positiven Eindruck von ihm gewonnen, als er mit ihm die Haftanstalt Bautzen besichtigt hatte. Dann folgten intensive Gespräche mit Heitmann. Das sächsische Kabinett und selbstverständlich auch Ministerpräsi-

dent Biedenkopf hatten seine Kandidatur nachdrücklich empfohlen. Von Biedenkopfs Unterstützung war aber nichts mehr
spürbar, als die öffentliche Kritik losbrach. Äußerungen über
Mutterschaft, dass Deutschland ein normales Land werden
müsse, dass er sich weniger als Europäer fühlte, schürten die
Empörung. Der »Spiegel« berichtete, dass Weizsäcker von ihm
als »unbescholtenem, konturenarmem Nischen-Ossi«[1096] gesprochen habe, was den empörten Kohl im Bundesvorstand zu
der Erklärung veranlasste: »Mir sind jedenfalls Leute, die sich in
eine Nische zurückgezogen und versucht haben, mit Anstand
zu überleben, weit angenehmer als solche, die zum Teil Land
und Leute verraten haben und unangefochten in wichtigsten
Stellungen sitzen.«[1097]

Die Beurteilungsmaßstäbe, die in Bezug auf Heitmann angelegt wurden, hätten vierzig Jahre lang nicht gegolten. Vielmehr
sei es oft vorgekommen, dass ein Kandidat keineswegs die allgemeine Zustimmung gefunden hätte. Es habe schließlich einen –
Gustav Heinemann – gegeben, der seine Wahl 1969 als ein Stück
»Machtwechsel« betrachtet, also keineswegs den Konsens angestrebt habe. Der Kritik an Heitmann entsprach bei den Kritikern ihre Präferenz für Rau. Die Kampagne verfolgte den
Zweck, Heitmann vor der Wahl zur Aufgabe zu veranlassen, da
angesichts der Stärke der Union seine Wahl in der Bundesversammlung relativ sicher war.

Am 19. Oktober 1993 stellte sich der Kandidat in der Fraktion
vor. Kohl führte ihn ein, widerlegte noch einmal die gegen ihn
erhobene Kritik und appellierte schließlich an die Fraktion:
»Lassen Sie uns diese schwierige Frage sachlich und mit großem
Ernst betrachten, aber investieren wir auch ein bisschen inneres
Engagement und Herz in diese Frage. Es geht nicht nur um das
Staatsoberhaupt. Es geht um die Chance im Blick auf das ver-
einte Deutschland, das ist das, was mich persönlich umtreibt,
ein Signal zu setzen, auch wenn es viele der Landsleute in den

neuen Ländern vielleicht noch nicht begreifen. Das ist eine Chance, und meine Bitte ist: Nutzen wir sie!«[1098]

Die Fraktion nutzte sie. Ihr gefiel die Art, wie Steffen Heitmann sich vorstellte »mit seiner ruhigen sachlichen, aber zugleich menschlich bewegenden Art«. Noch wichtiger: Die Abgeordneten erkannten, »für diesen Ostdeutschen könne man sich im Wahlkreis einsetzen«. Rita Süssmuth, die Heitmann auch in der Fraktion scharf kritisiert hatte, erntete »Pfiffe, Buhrufe, Sprechchöre ›Aufhören, Aufhören!‹ von fast allen Abgeordneten«. So einen Aufstand hatte es bisher noch nicht gegeben.[1099]

Angela Merkel nahm eine ganz andere Position ein. Sie war kritisch gegenüber Heitmann in frauenpolitischer Hinsicht, aber selbstbewusst als Ostdeutsche, denn sie wusste, dass die Ablehnung Heitmanns auch darauf beruhte, dass er aus dem Osten kam und im Westen viele einen »Ossi« nicht an der Spitze des Staates sehen wollten. Sie berichtete, sie habe sich mit Heitmann »in aller Sachlichkeit« über die Frauenpolitik gestritten, und das könne fortgesetzt werden. Wogegen sie sich verwahrte, war die Art, wie Westdeutsche mitunter aufträten. Deshalb forderte sie, »diese Unterschiedlichkeiten durch einen vernünftigen Streit … zu begradigen und zu begleichen und daraus etwas neues Gemeinsames zu machen, dann wird das vielleicht eine bessere Form von Integration sein als der über allem schwebende Engel, der kein Problem wirklich zur Sprache bringt.«[1100]

Nach dieser Darlegung ihres Standpunktes kanzelte sie noch Friedbert Pflüger ab, den Weizsäcker-Vertrauten, der aus durchsichtigen Gründen die Position von Rita Süssmuth verteidigt hatte. Merkel empörte sich über »die Vergleiche insbesondere aus dem Reich des Fußballs, die eine Art von Minderwertigkeit von Menschen aus dem Osten … darstellen«. Bei aller Kritik zeigte sie ein gesundes Selbstbewusstsein: »Ich möchte Ihnen einfach nur sagen: Es sind nicht mehr nur die Westdeutschen, die bestimmen, wer in der Nationalmannschaft spielt.«

Das war ein Blick in die Zukunft. Tatsächlich kapitulierte Heitmann einen Monat später. Der mediale Druck war zu stark geworden. Man hatte ihm keine Zeit gelassen, bekannt zu werden. War seine Präsentation aber eine »Schnapsidee« von Kohl gewesen, wie Hans-Peter Schwarz meint?[1101] Ein solches Urteil kann nur fällen, wer nicht zur Kenntnis nehmen will, dass Helmut Kohls Politik seit seiner Wahl zum Bundeskanzler immer auf das Ziel der deutschen Einheit ausgerichtet war und er stets nach Wegen suchte, die innere Einheit zwischen Ost und West zu fördern. Dieses unermüdliche Bestreben, das auch durch einen Bundespräsidenten aus dem Osten wirkungsvoll unterstützt werden konnte, als »Schnapsidee« zu bezeichnen, zeigt nur das Beharren auf Maßstäben, die aus der alten Bundesrepublik stammen.

Nach dem bitteren Streit um Steffen Heitmann einigte sich die Koalition rasch auf einen neuen Kandidaten. Mit Roman Herzog konnte sie einen Bewerber präsentieren, der sämtlichen Ansprüchen – als Professor, Minister, Präsident des Bundesverfassungsgerichts und schließlich als evangelischer Bayer – mehr als gerecht wurde.

Im Vorfeld der Bundestagswahl 1994

Betrachtet man die Jahre seit 1991, drängt sich die Vermutung auf, es seien Jahre der Enttäuschungen gewesen, die eigentlich mit einer empfindlichen Wahlniederlage hätten enden müssen. Der Verzicht Steffen Heitmanns Mitte November 1993 auf die Kandidatur zum Bundespräsidenten war ein Sieg der Medien über einen Kandidaten, den man verhindern wollte. Zugleich war es ein willkommener Sieg über den Hauptgegner, dessen Schwächung sich durch kräftige Übertreibungen ausschlachten ließ. »Wenn der Chef zur ›lahmen Ente‹ wird«, sorgte sich Gunter Hofmann in der »ZEIT«; »Kanzlerdämmerung« konstatierte wieder einmal die »Süddeutsche Zeitung«, und der »Spiegel« sah die CDU »Bereit zum Aufstand«. Karl Feldmeyer entdeckte in der »Frankfurter Allgemeinen Zeitung« sogar »Untergangsstimmung in der CDU«.[1102] Er wusste zu berichten, dass »erfahrene Unionspolitiker« resigniert und niedergeschlagen seien: »Sie sehen keine Chancen mehr, die Bundestagswahl zu gewinnen.«

Das war die allgemeine Stimmung, aber wie ist es zu erklären, dass trotz des blühenden Pessimismus in den eigenen Reihen dennoch die Wahl im Oktober 1994 gewonnen werden konnte? Und das in einer im Vergleich zur Wahl davor völlig veränderten Situation.

Bei der anstehenden Wahl konnte der Kanzler nicht mit einer Erfolgsbilanz wie im Jahre 1990 vor die Wähler treten. Mit den »blühenden Landschaften« klappte es nicht, und der als Dauerbrenner eingeschätzte Wiedervereinigungsboom hatte sich überraschend schnell verabschiedet.

Helmut Kohl sah es anders. Er hatte eine Strategie der kleinen Schritte entwickelt, keinen großen Wurf, aber er konnte eine Reihe von beachtlichen Erfolgen vorzeigen. Er hatte in den zurückliegenden Monaten die Finanzierung der neuen Länder auf eine neue Grundlage gestellt. Damit fielen die Horrornachrichten der letzten Jahre über krisenhafte Zuspitzungen im Osten erst einmal weg. Die verständlichen, aber nicht finanzierbaren Tarifforderungen im Öffentlichen Dienst waren abgeblockt und konnten nicht mehr als schlechtes Beispiel für Lohnforderungen in anderen Branchen angeführt werden. Noch wichtiger aber war die Übereinstimmung mit der Politik der Notenbank. Bundesbankpräsident Helmut Schlesinger erwarb in den Jahren seit 1992 als im Ausland gefürchteter, aber in seiner Sachkenntnis und Erfahrung nicht zu erschütternder Chef der Bundesbank große Verdienste um die Stabilität der D-Mark. Als die Inflation in Deutschland Rekordmarken erreichte, hob er den Diskontsatz so radikal an, dass andere europäische Staaten in Schwierigkeiten gerieten. Die Inflationsmentalität aber wurde gebrochen.

Das alles gehörte zu den Voraussetzungen. Immer wieder hatte der Kanzler erklärt, wenn es nicht gelänge, bei den Tarifforderungen hart zu bleiben und die Inflation unter 4 Prozent zu drücken, hätte die Koalition bei der Wahl keine Chance. Die Zusammenarbeit zwischen Regierung und Bundesbank war dem Ausland schwer zu vermitteln. Niemand hielt Letztere für tatsächlich unabhängig. Kohl betonte stets die Unabhängigkeit des Instituts, was den »engsten Kontakt« zu der Bank nicht ausschloss. Damit schuf sich der Kanzler aber zusätzliche Schwierigkeiten bei seinen zähen Bemühungen, Frankfurt als Sitz der Europäischen Zentralbank durchzusetzen: »Da bauen sich psychologische Wände auf, das ist unglaublich.«[1103]

Im September 1993 in der ersten Sitzung nach den Ferien stimmte er die Fraktion auf die kommenden Auseinandersetzungen ein. Ohne gewundene Einleitung platzte er heraus: »Ich will es noch einmal wirklich rundum wissen und Sie können sich darauf verlassen: Die Schlacht wollen wir schlagen!«[1104]

Was nun folgte, war keine Wahlkampfstrategie im üblichen Sinne, sondern eine Tour d'horizon, die die Fraktion auf die kommenden Schwierigkeiten einstimmen sollte. Die Stabilität der D-Mark stand an erster Stelle – denn ein Konjunkturaufschwung plus eine stabile D-Mark sei die Voraussetzung für einen Wahlsieg: »Wenn wir auf beides verzichten, brauchen wir zur Wahl überhaupt nicht anzutreten.« Bei der Konjunktur blieb Kohl aber vorsichtig. Er sah nur »erste positive Ansätze« zu einer Aufwärtsentwicklung. Im Frühjahr hatte es noch optimistischer geklungen; nun sprach er von einem »strukturellen Einbruch« und führte ein interessantes Beispiel an. Von Opel würde in der Pfalz ein Motorenwerk gebaut, in dem die Maschinenlaufzeiten ohne Protest der Gewerkschaften verlängert wurden, damit Kaiserslautern und nicht Budapest den Zuschlag bekomme. Das war, an einem simplen Beispiel aufgezeigt, das Problem, dem sich die Wirtschaft gegenübersah. Die strukturelle Krise, von der in zunehmendem Maß gesprochen wurde, bestand in der verstärkten Rationalisierung und der Auslagerung von Produktionen in Billiglohnländer im Zuge der machtvoll heraufziehenden Globalisierung. Daher werde erhöhte Arbeitslosigkeit auch bei konjunktureller Erholung nicht verschwinden. Kohl zog daraus einen überraschenden Schluss. Für ihn hing der Wahlsieg entscheidend davon ab, dass man »den Leuten jetzt die Wahrheit« sage, »mithin nicht in billigem Optimismus« mache. Es gehe um den »Standort Deutschland«, um die Erkenntnis, was sich alles in Deutschland ändern müsse, um die Schwierigkeiten zu überwinden.

Aber Kohl zielte nicht nur auf das Ökonomische ab. Ein »Umdenken« sei notwendig, erklärte er, »ein Stück Nachdenklichkeit im Verhältnis zur Gemeinschaft und zum Staat«. Zu den »geistigen Herausforderungen«, auf die es ankäme, gehörten auch Dinge wie »die Zugehörigkeit zur eigenen Nation« oder »das Nationalgefühl, das nichts mit Chauvinismus zu tun« habe. Wie schon bei der »geistigen Wende« des Jahres 1982 oder bei den Appellen zum Vollzug der inneren Einheit 1990 kommt auch hier wieder sein Appell an geistige Werte, die Aufforderung zu Änderungen im mitmenschlichen Verhältnis zum Ausdruck. Ob die Politik überhaupt in dieser Hinsicht etwas bewirken kann, mag eine offene Frage sein. Hier zeigt sich bei Kohl eine überraschende Ähnlichkeit mit Willy Brandt, der ja im Wahlkampf von 1972 mit dem Begriff der »Compassion« ähnliche Vorstellungen geäußert hatte. Für Helmut Kohl gehörte dieser Appell zur Mitmenschlichkeit ganz wesentlich zur Vorbereitung auf das kommende Wahljahr. Das war für ihn nicht irgendein gefühlsbetontes Beiwerk, sondern er machte sogar den Erfolg davon abhängig: »Der Wahlkampf zur Bundestagswahl 1994 wird nicht zuletzt auf diesem Feld geschlagen.« Die Radikalen von rechts und links müssten abgewehrt werden, »aber nicht in der Form, dass wir unsere nationale Identität leugnen«. Für ihn ging es darum, »aus der Mitte, aus der die Union durch Jahrzehnte hindurch erfolgreich war, unsere Wähler und Bürger anzusprechen«.

Bemerkenswert ist, wie vorsichtig, beinahe abwehrend er auf den Begriff des Nationalen zu sprechen kam, dass selbst die »Zugehörigkeit zur eigenen Nation« ein Punkt war, der beim »Standort Deutschland« thematisiert werden müsste. Die Vorsicht spiegelte seine Erfahrungen mit der »verfassten öffentlichen Meinung« wider, bei der es »chic« sei, »jemand, der so eine Meinung vertritt, als altmodisch oder als reaktionär zu verschreien«.

Die Aufforderung zum Umdenken, zur Nachdenklichkeit und auch die Zurückhaltung bei dem Ansprechen der nationalen Befindlichkeit passen eigentlich nicht zur Einstimmung auf einen Wahlkampf, bei dem man gemeinhin Handfesteres erwartet. Aber Kohl war sich seiner Sache sicher. Er hatte mittlerweile eine unvergleichliche Erfahrung als Wahlkämpfer. Er wusste wie kaum ein anderer, welche Fragen die Menschen bewegten. Selbst die erfahrene Demoskopin Elisabeth Noelle-Neumann räumte einmal ein, dass Helmut Kohl besser als die Meinungsforscher wisse, »was die Bevölkerung denkt«.[1105] Kohl kam immer wieder auf diesen Aspekt zurück. Mitte Januar räumte er ein: »Die Sinnfrage des Lebens ist kein Wahlkampfthema fürs Plakat.« Das hieß aber nicht, sie auszusparen: »Aufgrund meiner täglichen Erfahrung bin ich der festen Überzeugung, dass diese Frage von einer großen Bedeutung ist.« Er empfahl daher nachdrücklich, »dies bei der Politikgestaltung und bei der Vertretung unserer Politik nach draußen zu bedenken«.[1106]

Die Sinnfrage hat ihn seit der »Wende« immer wieder beschäftigt. Er wollte immer Themen ansprechen, die weniger die Gesellschaft als Ganze, sondern eher den Einzelnen umtrieben, für den Politik oft mehr sei als das tägliche Brot.

Die Vorbereitung auf die Wahlauseinandersetzung fand bereits im Winter 1993/94 statt. Es konnte dabei nicht nur um ein Programm für die Bundestagswahl gehen, die erst im Oktober stattfand. In den Monaten zuvor standen bereits weitere Wahlen an; neben Landtagswahlen war dies vor allem die wichtige Europawahl. Es musste frühzeitig ein Konzept vorliegen, wie die großen politischen Fragen zu behandeln seien.

Eines war notwendig: Der Pessimismus in den eigenen Reihen musste ein Ende haben. Es musste Schluss sein mit den Mitteilungen an die Presse, dass ein Wahlsieg nicht zu erwarten sei. Vor allem aber mussten die Schuldzuweisungen aufhören, dass nur einer für die verfahrene Situation verantwortlich sei. In der Vorbereitungsphase auf die Wahlen regte sich bereits Widerstand gegen diese Umtriebe.

Heiner Geißler war der bevorzugte Ansprechpartner der Medien. Er hatte im ZDF erklärt, dass die Union mit Werten von 30 bis 35 Prozent im Dauertief sei. Außerdem – und noch schlimmer – sei sie im Begriff, »ihren Charakter als Volkspartei zu verlieren«.[1107] Diese Thesen trafen in der Fraktionssitzung am 7. Dezember 1993 auf scharfe Kritik. Gerhard Stoltenberg, die verkörperte Mäßigung in der Politik, widersprach ihm entschieden, aber Geißler beharrte auf seiner Position und entgegnete, »noch nie in der Wahlkampfgeschichte der Christlich-Demokratischen Union« sei man »zehn Monate vor einer Bundestagswahl in einem längerfristigen Zeitraum zwischen 32, 33, 34, 35 Prozent – das hatte es noch nie gegeben«. Das sei ein »Vertrauensverlust«, weil die Partei den Zugang zu den sozial Schwachen verloren habe. Als er auch noch den Vorwurf erhob: »Wir führen diese Debatte ohne Herz!«, fühlte sich Helmut Kohl angesprochen und verwahrte sich temperamentvoll gegen diesen Angriff: »Wie kommen wir eigentlich dazu, Heiner, uns gegenseitig die moralische Grundlage zu bestreiten?« Bei jeder Entscheidung sei es »selbstverständliche Pflicht«, auch die moralische Seite zu bedenken. Bei dieser Art von Kritik entstehe zudem eine »politische Schieflage«. Wenn die eigenen Leute so etwas sagen, »was sollen dann eigentlich unsere politischen Gegner sagen?« Die Zahlenspielereien von Geißler wies er zurück. Gewiss sei die Lage schwierig: »Wir haben den Wind im Gesicht«, und wir haben »ein schweres Pensum vor uns«. Deshalb müsse die Partei »im Januar anfangen mit dem Konzept und wie wir das als Ganzes schaffen«. Was Geißler im Fernsehen erklärt habe, sei »keine Ermutigung für die CDU-Leute, sondern eine Demotivation«.

Diese Fraktionssitzung bildete die innerparteiliche Situation präzise ab: Es gab den politisch einflussreichen Außenseiter Geißler, der pauschale und nicht substanziell begründete Kritik äußerte, deren Wirksamkeit aber durch die Medienunterstützung verstärkt wurde, und einen Vorsitzenden, der die schwierige Lage der Partei einräumte, aber nicht nach Schuldigen suchte, sondern auf die Notwendigkeit der gründlichen Vorbereitung für den Wahlkampf hinwies. Er hatte keinen Zweifel daran, dass die verschiedenen Kritikpunkte sich vor allem gegen ihn selbst richteten, und sagte ironisch: »Dass das alles überhaupt nichts mit Personalfragen zu tun hat, das ist so allgemein bekannt, dass ich das nicht zu kommentieren brauche.«

Um die Jahreswende stand bei Kohl das Motto fest. Es ging um Sicherheit – um innere und äußere Sicherheit. Das war der umfassende Begriff. Die äußere Sicherheit war in den vergangenen Jahren kein Anlass zur Besorgnis gewesen, aber mittlerweile würde die äußere Sicherheit in der Bevölkerung ernster genommen, die Vorgänge auf dem Balkan wirkten als warnendes Beispiel. Zur inneren und äußeren Sicherheit müsse noch etwas hinzukommen: die wirtschaftliche Sicherheit. Von Aufschwung sprach er nicht und warnte sogar vor »einem unangebrachten Optimismus«. Die Wirtschaftslage ließe das nicht zu. Wichtiger seien konkrete Maßnahmen. Mit Hochdruck wurde im Januar 1994 ein »Programm für Wachstum und Beschäftigung« ausgearbeitet, das von Kanzleramtsminister Bohl koordiniert wurde. Die wirtschaftliche Sicherheit sei vor allem durch die Erfolge der Bundesregierung bei der Senkung der Inflation unter 4 Prozent und bei der Währungsstabilität gegeben.

Ein »großer Pluspunkt« als Faktor der wirtschaftlichen Sicherheit sei auch das gute Verhältnis zur Bundesbank, die D-Mark als Leitwährung in Europa, wodurch es gelungen sei, die Europäische Zentralbank nach Frankfurt zu holen und schließlich ein Aktivposten, bei dem der Kanzler Selbstbewusstsein zeigte: »Wir übernehmen in der zweiten Jahreshälfte just zu dem Zeitpunkt, an dem wir Bundestagswahl haben, die Präsidentschaft in der EG. Das heißt, der Vorsitz in der Europäischen Gemeinschaft geht an mich über.«

Die Sicherheit besonders hervorzuheben, sei in den kommenden Wahlkampagnen deshalb so wichtig, weil Angst das »wichtigste Syndrom in der deutschen Gesellschaft« wäre. Das Bedürfnis nach Sicherheit führte auch zu einer positiven Reaktion innerhalb der Partei. Man stieß sich an oppositionellen Manövern, die für Unsicherheit sorgten. Kohl berichtete Mitte Januar: »Es gibt eine steigende Erbitterung, weil viele erkennen, dass wir, wenn Eitelkeit, Egoismus und Mangel an Fähigkeit, sich selbst zurückzunehmen, dominieren, über einen Wahlsieg gar nicht zu reden brauchen.«[1108]

820 V. DIE ÄRA KOHL (II)

Gestärkt in den Wahlkampf – der Hamburger Parteitag

Der Bundesparteitag vom 20. bis 23. Februar 1994 in Hamburg stand ganz im Zeichen der bevorstehenden Wahlen, war aber kein Programmparteitag, der die Partei für den Wahlkampf rüsten sollte. Tatsächlich hatte das Treffen zentrale Bedeutung für die Partei wie für ihren Vorsitzenden. Fiele seine Rede enttäuschend aus, dann würden sich die zahlreichen Kritiker, die durch ihren Kontakt zu den Medien so gefährlich waren, bestätigt fühlen: Mit Kohl sei es vorbei.

Tatsächlich geschah das Gegenteil. Kohl hielt eine fulminante Rede. Er sprach frei und behandelte all die Themen, die er bereits in den Führungsgremien vorgetragen hatte. Er wollte kein wirtschaftspolitisches Referat halten, sondern Emotionen wecken und wichtige Fragen ansprechen: »Hier eine Spitze gegen die SPD, dort die Absätze aus dem Wirtschaftsprogramm, da die außenpolitischen Grundsätze, die Warnung vor der Isolation in Europa und schließlich der geschichtliche Rahmen, dessen sich der Kanzler von Tag zu Tag mehr bedient.«[1109] Die Delegierten dankten ihm mit nicht enden wollendem Beifall. Früher hatte die CSU die Zeit des Beifallklatschens für Kohl gemessen, um das im Vergleich zu Strauß geringere Echo bei Kohl hervorzuheben. Das war vorbei. Das Parteivolk dankte dem Vorsitzenden, »weil er neuen Mut gemacht hat für den Kampf im Wahljahr, weil er die Verzagtheit, die Niedergeschlagenheit und die schlechten Umfrageergebnisse vergessen ließ«. Genauso viel Beifall erntete er, als er gegen seine innerparteilichen Gegner ausholte. Bis zum Ende des Parteitages, drohte er, habe jeder die Möglichkeit, die von seiner Politik abweichenden Vorstellungen zu entwickeln, »und wer danach kommt, steht im Abseits«. Und weiter: »Wer sich jetzt profiliert zulasten des Ganzen, der schließt sich selbst aus der Gemeinschaft aus.«[1110]

Der Parteitag diente jedoch nicht nur der Demonstration von Führungskraft, sondern die Delegierten diskutierten auch den Programmentwurf. Schäuble war sehr zufrieden: »Wir haben ... zum Erstaunen vieler einen ganzen Tag lang eine intensive Programmdiskussion geführt, ohne dass der Eindruck der Zerstrittenheit oder der Zerrissenheit der Union entstanden wäre, sondern wir haben es gut miteinander verbunden.«[1111] Die Frauenministerin Angela Merkel war begeistert: »Auf diesem Parteitag haben mir die Diskussionen endlich einmal richtig Spaß gemacht.«[1112]

Die »Frankfurter Allgemeine Zeitung« wich von der allgemein positiven Berichterstattung der Medien deutlich ab. Ihr Kohl-Spezialist Karl Feldmeyer vermisste Wesentliches, nämlich: »Klare Antworten darauf, weshalb man den Anspruch erhebt, die Regierungsverantwortung weitere vier Jahre ausüben zu können.« Neben diesem grundsätzlichen Defizit präsentierte Feldmeyer auch ganz andere Beobachtungen. Eine Erinnerung an die Trümmerlandschaft nach 1945 und den Aufbauwillen der damaligen Generation, die Kohl in seiner Rede sichtlich bewegt erwähnt hatte, veranlasste Feldmeyer zu einem Ausflug in die Psychologie des Kanzlers: »Auch jene, die in dem hünenhaften gewichtigen Mann ansonsten nur den harten, bisweilen furchterregenden Machtpolitiker erkennen können, waren von dieser Wandlung nicht unbeeindruckt, denn es kommt selten vor, dass Kohl die Maske, die er vor sich trägt, entgleitet, und noch seltener ist es, dass er sie selbst lüpft.«[1113] Selbst unscheinbare Anlässe genügten, um dem Kanzler am Zeuge flicken zu können.

Bei seiner Hamburger Rede hatte Kohl nicht den Hinweis vergessen: »Die neuen Länder werden bald blühende Landschaften werden.« Das war charakteristisch für ihn. Er bemühte sich nicht, das Wort, das ihm so viel Häme eingetragen hatte, vergessen zu machen. Ganz im Gegenteil beharrte er auf dieser Ankündigung, weil er wusste, dass sie sich als zutreffend erweisen würde.

Der Parteitag hatte für die Mobilisierung der Partei eine kaum zu überschätzende Bedeutung. Wenn Schäuble rückblickend bemerkte, dieser Parteitag habe »nicht nur uns selber das Gefühl vermittelt, dass wir die Wahlen nicht nur gewinnen wollen, sondern auch gewinnen können, sondern dass wir dieses Gefühl auch ein Stück weit nach außen vermittelt haben«, so beleuchtet eine solche Aussage, wie tief man in der Krise gesteckt hatte und wie gering die Erwartungen gewesen waren, aus diesem Loch herauszukommen.

Zum Ende des Winters sollte der Parteitag die Botschaft aussenden: Es geht aufwärts – nicht spektakulär, aber an vielen kleinen, dennoch wichtigen Einzelheiten ablesbar. Damit sollte dem zu erwartenden Konjunkturaufschwung mehr Nachhaltigkeit gegeben werden.

Der Niederlage der CDU am 13. März 1994 bei der Landtagswahl in Niedersachsen maß Kohl nicht viel Bedeutung bei.[1114] Er setzte auf die Zukunft und lobte den neuen Spitzenkandidaten Christian Wulff: »Er verdient unseren vollen Respekt und unsere Hochachtung.«

Nach langen komplizierten Verhandlungen war es am 11. März zu einem Kompromiss mit der SPD über die Pflegeversicherung gekommen. Das war ein Ergebnis, das bei den Wählern zählte. Damit hatte ein Problem eine Lösung gefunden, das immer mehr Menschen, die Betroffenen wie ihre Angehörigen, aufatmen ließ. Die Konjunkturlage hellte sich langsam auf. Kohl sprach vorsichtig vom »allmählichen Aufschwung« und setzte verstärkt auf den Ausbau der Teilzeitarbeit. Er verschwieg aber nicht, dass die Arbeitslosigkeit trotz des zu erwartenden konjunkturellen Aufschwungs »höher sein wird als zuvor«, also vor der Rezession. Was er vor Jahresfrist am »Mannheimer Maimarkt« ablesen zu können geglaubt hatte, dass die Wirtschaft Fahrt aufnähme, wiederholte er nicht mehr – da war wohl der

Wunsch der Vater des Gedankens gewesen. Dafür verbreitete er sich höchst anerkennend über die Hannover-Messe. Mut machen, kampfbereit sein, die eigenen Erfolge herausstreichen – das war seine vordringlichste Aufgabe in diesen Wochen.

Viel wichtiger war für ihn der Rückgang der Inflation – im März auf 3,2 Prozent –, der auch die Senkung des Diskontsatzes erlaubte. Beides waren Indikatoren für eine günstige Wirtschaftsentwicklung. Schon im März hatte Kohl den gründlich von ihm studierten Umfragen entnommen, dass sich Optimismus in der Bevölkerung ausbreite. Daraus zog er den Schluss: »Wir haben gegenwärtig den Höhepunkt einer bewusst geführten Kampagne überschritten, die das Land in allen Punkten niedermacht.«[1115]

Das war eine Einschätzung, die zu den vorsichtig optimistischen Ausführungen des Kanzlers nicht ganz passen wollte. Gewiss hatten Opposition und Medien kein Interesse, die Leistungen der Regierung möglichst objektiv darzustellen. Aber aus dieser Einstellung eine bewusste Kampagne ableiten zu können, war übertrieben. Es fehlte auch die Notwendigkeit, zu solchen Erklärungen Zuflucht zu nehmen.

Die Wahl von Roman Herzog zum Bundespräsidenten war ein weiterer wichtiger Schritt zum Wahlerfolg. Es war jedoch kein müheloser Sieg. Der SPD-Kandidat Johannes Rau hoffte auf Stimmen aus der CDU und der FDP. Die Liberalen hatten zur Betonung ihrer Eigenständigkeit Hildegard Hamm-Brücher als Kandidatin aufgestellt. In den Monaten zuvor war immer wieder mit der Möglichkeit der Großen Koalition gerechnet worden, sodass bei den Sozialdemokraten die Erwartung entstand, »dass sie zwischen 40 und 50 Stimmen aus dem Lager der Union bekommen«, also im dritten Wahlgang siegen könnten. Das wäre eine fatale Wendung gewesen. Die Unionsfraktion der Bundesversammlung stimmte jedoch geschlossen ab.

Hinter dem Stichwort Große Koalition verbarg sich für die Gegner in der Unionsfraktion die Möglichkeit, den ungeliebten Kanzler loszuwerden. Dieser hatte keinerlei Illusionen in dieser Hinsicht: »Ich bin sicher, dass wir auf dem Wege zum Bundestagswahlkampf noch viele schmutzige Dinge erleben, auch beim Thema, wer mit wem geredet hat.«

Als nach dem zweiten Wahlgang die FDP ihre Kandidatin zurückzog und der FDP-Vorsitzende Klaus Kinkel seinen Delegierten die Wahl Herzogs empfahl, war die Sache entschieden. Allerdings folgte die FDP bei dieser Entscheidung nicht allein besserer Einsicht, denn auch ein personalpolitisches Angebot half nach: Ein FDP-Politiker sollte Mitglied der EG-Kommission werden.

Ein knappes Drittel der FDP-Wahlmänner wählte Rau, die anderen den Unionskandidaten Roman Herzog, der eine klare Mehrheit erhielt. Der Kanzler war zufrieden und scheute sich nicht, die Wahl »als gutes Omen für den Herbst« zu bezeichnen und an die Bauernregel zu erinnern: »Im April und im Mai wird gesät ... und im Oktober geerntet.«

Stimmungsbarometer Landes- und Europawahlen

Bei der Europawahl am 13. Juni 1994 konnte die Union einen klaren Erfolg verbuchen. Sie kam auf knapp 40 Prozent der Stimmen und ließ die SPD um fast 8 Prozent hinter sich. Nun warnte Kohl vor Euphorie und verfrühter Siegeszuversicht. Er wollte das Ergebnis nur als »eine gute Ausgangssituation für die Bundestagswahl« werten. Das hieß für ihn nichts anderes als verstärkte Anstrengungen, die günstige Ausgangslage in den sicheren Erfolg zu verwandeln.

Ein prominenter Parteifreund, dessen Name aber nicht genannt wurde, hatte Kohl als »Auslaufmodell« bezeichnet. Darauf wies er selbst hin, aber er bog die gegen ihn gerichtete Spitze ab, indem er versicherte, »auch auslaufende Modelle« könnten »mitunter noch über viele Jahre gefahren werden«.

Sein Einsatz in den vielen Wahlkämpfen des Jahres 1994 war ohne Beispiel. Der Fraktion erklärte er schon im April: »Ich habe jetzt die meisten meiner Termine, jedenfalls bis September, geplant. Ich sage das nicht, um mich zu rühmen. Ich habe noch nie in meinem Leben ... eine solche Verpflichtung auf mich genommen. Und ich nehme sie auf mich, weil ich zutiefst davon überzeugt bin, dass die Entscheidungen, die jetzt in Europa und in Deutschland anstehen, unsere Handschrift brauchen, die Handschrift der Christlich-Demokratischen Union.«[1116]

Der Dauerstress in den Wahlkämpfen konnte beispielsweise so aussehen: Am 22. Juni fand in Halle ein außerordentlicher Parteitag der SPD statt. Diesen wollte Kohl nicht unbeachtet vorbeigehen lassen, deshalb kündigte er eine Woche vorher an: »Ich werde am Vortag des Bundesparteitages in Halle auftreten und am Nachabend in Magdeburg, um die Sache in eine richtige Relation zu bringen.« Das ist eine Schlüsselszene. Der deutsche Kanzler, mit Regierungsgeschäften aller Art überladen, die Deutschland, die europäische Gemeinschaft und darüber hinaus weltpolitische Zusammenhänge betrafen, fühlte sich nicht zu erhaben, in einem relativ kleinen Bundesland nicht einfach nur zum Wahlkampf anzutreten, sondern an Ort und Stelle dem Vorsitzenden der Oppositionspartei Paroli zu bieten, weil er wusste, dass er dem Gegner keine Chance lassen durfte. Dieses beispiellose Engagement verdeutlicht, wie ihm die erbärmliche Situation der vergangenen Jahre zugesetzt haben muss: die Schwierigkeiten in den neuen Ländern, die Rezession in Gesamtdeutschland und das Abgeschriebensein in der eigenen Partei und den Medien. »Ich will's wissen«, hatte er der Fraktion im September 1993 verkündet und seitdem sorgfältig seine Strategie für die Wiederwahl entwickelt und deshalb Terminverpflichtungen in nie gekanntem Umfang für Wahlkampfeinsätze übernommen.

Kohl wusste, dass die SPD mit ihrem Spitzenkandidaten Rudolf Scharping außer sterilen Politikansätzen wenig zu bieten hatte. Für ihn war das »Miesmacherei«, die er hasste. Aber er war überzeugt, »dass die Deutschen ... nicht von der Art sind, dass sie in einem Land leben möchten, in dem alles mies, alles übel und ohne Zukunft ist«. Und er kannte das Erfolgskonzept in dieser Situation: »In dem Maße, in dem es uns gelingt, das Ja zu Deutschland und das Ja zu Europa mit einem Ja zur Zukunft zu verbinden, bin ich überzeugt, dass wir bei der Bundestagswahl hervorragende Chancen haben.«[1117] Aus dieser Überzeugung entstand bei ihm ein Selbstbewusstsein, das auf die kleinmütigen Parteifreunde im Lande bei den Versammlungen, auf denen er sprach, wie eine Botschaft aus einer fremden Welt wirkte. Er berichtete, dass er »häufig ungläubige Gesichter unserer Parteioberen vor Ort erlebt habe«, die überrascht waren, »dass wieder viele Tausende zusammengekommen sind und dass wir eine gemeinsame Chance haben, in Deutschland Politik zu gestalten, Politik aus der Mitte«.

Sein Auftreten mochte bei den eigenen Leuten unerwartet positive Wirkungen zeitigen. Bei den Gegnern konnte die Attraktivität des Kanzlers fast schon Verzweiflung hervorrufen. In den Sommermonaten entstand der »Mythos der Unbesiegbarkeit«, der »zum politischen Faktor« wurde. Die »Frankfurter Rundschau« klagte: »Er lähmt Kohls Gegner. Wie soll man gegen einen gewinnen, der über schier unerschöpfliche Kräfte und ungeahntes taktisches Geschick verfügt?«[1118]

Die politische Entwicklung in Sachsen-Anhalt bot schließlich noch aktuellen Zündstoff für die Auseinandersetzung mit dem politischen Gegner. Bei den Landtagswahlen hatte die CDU ein ordentliches Ergebnis erzielt. Eine Große Koalition wäre sinnvoll gewesen. Aber die SPD konnte der Versuchung zur Zusammenarbeit mit der SED-Nachfolgepartei PDS nicht widerstehen. Denn in dieser Konstellation konnte sie den Ministerpräsidenten stellen. Zu stark wirkte bei der dortigen SPD die gemeinsame DDR-Vergangenheit und bei dem mithilfe der PDS gewählten Ministerpräsidenten Reinhard Höppner die Abneigung gegen den Westen.

Es war eine Übergangserscheinung, die bei der nächsten Wahl ihre Korrektur finden würde. Bei der Union traf die SPD-Entscheidung erwartungsgemäß allenthalben auf scharfe Ablehnung, aber niemand verurteilte die Zusammenarbeit mit der PDS so scharf wie Helmut Kohl. In seinen Augen verstieß das Zusammengehen mit der Nachfolgepartei der SED gegen das Prinzip der Gemeinsamkeit der Demokraten. Er sah darin eine »Grundsatzentscheidung«. Für ihn ging es um »ein Stück Achse der Republik«, die nach links verschoben wurde.[1119] Das war sicher nicht der Fall. Viel deutlicher zeigt sich an diesem Beispiel, wie fest und unerschütterlich sich die Positionen aus seinen politischen Anfängen erhalten hatten.

Die Aufholjagd der Union verlief vielversprechend. Dennoch kannte Kohl keine Zufriedenheit. Kein Gedanke, den Sieg für sicher zu halten. Er wusste, dass die Union »Rückenwind« hatte, aber das reichte ihm nicht. Jeder müsse ran, selbstverständlich auch die Mitglieder des Bundesvorstandes. Er sprach sie direkt an: »Ich erwarte schon in dieser Runde hier, dass alle … auch ihren Mund aufmachen, und zwar vor Ort, auch in den kleinen Versammlungen.«[1120] Er scheint aber selbst von der Wirksamkeit seines Appells nicht völlig überzeugt gewesen zu sein, denn er verfiel wieder in die übliche Klage über die fehlende Kampfbereitschaft der Prominenz. Da seien die Kämpfer auf der Straße, während die anderen in der Proszeniumsloge säßen und »auf die Bühne schauen, was sich da tummelt«. Solche Beschwerden waren von ihm schon seit fast zwanzig Jahren zu hören. Diesmal klagte er aber nicht nur, sondern er drohte: »Da ich durch lang-jährige Erfahrung diejenigen gut kenne, die sich rechtzeitig schon nach allen Seiten absichern«, kündigte er an, er werde nach der Wahl überprüfen, »wer also da mit in die Arena gestie-gen ist und wer nicht«. Die Differenz zwischen den Honorati-oren in den sicheren Positionen und den anderen, den aktiven Wahlkämpfern, die erst die Voraussetzungen für jene Positionen schufen, trat schärfer hervor. Tatsächlich änderte sich nichts.

Die besinnliche, mit Kohl als »immerwährendem« Kanzler rechnende Stimmung brachte auch die »ZEIT« zum Ausdruck, die unter der Rubrik: »Meine Jahre mit Helmut Kohl« Beiträge brachte, in der Zeitgenossen unterschiedlicher Observanz zu Wort kamen. Jürgen Habermas[1121] war milde gestimmt und deu-tete seine Geringschätzung durch paradoxe Feststellungen an, indem er sich dafür dankbar zeigte, dass Kohl nicht den »sub-limierten deutschen Geist von (Wolf Jobst) Siedler & (Joachim) Fest« und auch nicht »die unpolitische Innerlichkeit und den Dostojewski-Blick der ostdeutschen Intelligenz« verkörpert habe. Er sei »weder gefährlich noch einschüchternd« gewesen. Das klang ganz anders als sein Vorwurf, Kohl fördere eine kon-servative NATO-Philosophie zur Entsorgung der Vergangen-heit, der seinerzeit den Historikerstreit ausgelöst hatte.

Robert Gernhardt gehörte zu den Titanic-Autoren, die nach verschiedenen Anläufen 1982 den Ausdruck »Birne« in Umlauf gebracht und damit bei der »Generation Golf« auf großen An-klang gestoßen waren. Nun aber musste er zugeben, dass diese Erkennungsmarke verschwunden sei. Er ließ es offen, ob »Kohl ›Birne‹ ausgesessen oder aufgegessen« hat, räumte aber ein, dass der Kanzler »erstmals … einen Wahlkampf ohne jeden ›Birne‹-Bonus« bestreiten müsse.[1122]

Nach den Sommerferien und zum Auftakt der heißen Phase des Wahlkampfes fand in Berlin die Verabschiedung der alliierten

Streitkräfte statt. Es entsprach der neuen Qualität der deutsch-
russischen Beziehungen, aber auch dem russischen Prestige-
denken, dass am 31. August 1994 zuerst die russischen Truppen
feierlich verabschiedet wurden. Keine Militärparade wurde veranstaltet, sondern Kränze wurden am sowjetischen Ehrenmal in
Treptow niedergelegt. Präsident Boris Jelzin gab der entspann-
ten Situation sichtbar Ausdruck, als er eine Berliner Polizeika-
pelle dirigierte, die fröhlich swingte. So endete die Anwesenheit
russischer Truppen in Deutschland.

Eine Woche später wurden in sorgfältiger Unterscheidung
und mit wesentlich mehr Herzlichkeit die Truppen der westlichen Alliierten verabschiedet, deren Anwesenheit in Berlin seit
1945 eine wichtige Voraussetzung dafür gewesen war, dass es zur
Einheit kommen konnte. Vier Jahre waren seitdem vergangen –
Jahre voller Enttäuschungen und Probleme, die in der Öffentlichkeit die Größe des Erfolges zu verdecken drohten. Der Zeitpunkt für den Abzug der Truppen war sorgfältig gewählt und
zeigte den Kanzler als beherrschende Figur. Das belebte noch
einmal die Erinnerung an das glückliche Ende der Teilung.

Die Zufriedenheit, die sich in diesem Sommer ausbreitete,
sollte nicht durch kritische Stimmen gestört werden. So kam es,
dass zwei bekannte Kritiker Kohls aus dem Bonner Pressekorps
in den Wochen vor der Wahl Pause machten. Weder von Karl
Feldmeyer in der »Frankfurter Allgemeinen Zeitung« noch von
Klaus Dreher in der »Süddeutschen Zeitung« gab es Einschlä-
giges zu lesen. Die Vermutung dürfte nicht fehlgehen, dass
ein Anruf aus dem Kanzleramt die »Kohl-Kritiker« gebremst
hat.

Im September 1994 fand der Historikertag in Leipzig statt, zu
dem Kohl bereits im Februar 1993 eingeladen worden war. Der
Kanzler hatte umgehend akzeptiert. Zum letzten Mal hatte Helmut Schmidt als Kanzler auf dem Historikertag in Hamburg
gesprochen und sich große Mühe gegeben, vor diesem Publi-

kum deutsche Politik im geteilten Deutschland in historischer Dimension zu veranschaulichen. Das war mit freundlichem Beifall aufgenommen worden. Zehn Jahre später regierte ein deutscher Kanzler in einer veränderten Welt, dem selbst seine politischen Gegner nicht absprachen, ein Historiker zu sein und der häufig das Wort »Geschichte« in den Mund nahm, wenn er es auch mit seinem pfälzischen Akzent so verformte, dass es fremdartig klang. Daher konnte erwartet werden, dass die Teilnehmer am Historikertag einiges Interesse zeigen würden, den Kanzler anzuhören. Die Einladung rief jedoch den Protest einer Gruppe von Historikern unter Führung von Hans Ulrich Wehler hervor, die befürchteten, der Verbandstag der Historiker könne zu einem »wahlkampfpolitischen Ereignis« herabgewürdigt werden, was diese Gruppe angesichts des »zu politischer Neutralität« verpflichteten Verbandes nicht hinnehmen wollte. Man muss sich den Scharfsinn der Begründung vor Augen halten: Ein halbstündiger Vortrag über »Nationale Identität im vereinigten Europa« könnte zur Wahlpropaganda genutzt werden. Der Kanzler konnte bei so viel Sinn für Geschichte nur eines tun: Er sagte den Termin ab.[1123]

Der Vertrag von Maastricht

Europa stand zu allen Zeiten im Zentrum des politischen Denkens von Helmut Kohl. Das ist zwar eine Binsenweisheit, an die aber immer wieder erinnert werden muss, um Fehldeutungen zu vermeiden. Was seine Einstellung zu Europa jedoch in ganz einzigartiger Weise bestimmt hat, war sein zumindest gleich großes Engagement für die nationale Einheit.

Schon nach dem überzeugenden Wahlsieg vom März 1983 hatte er vor der Fraktion diese zwei wichtigsten Ziele seiner Politik angesprochen. Das waren der »Bau der Vereinigten Staaten von Europa« und die Überwindung des Zustandes, den er den »Verlust der geschichtlichen Mitte« genannt hatte, tatsächlich aber die Wiedervereinigung meinte.[1124] Die Einigung Europas stand damals an erster Stelle. Das war eine Aufgabe der aktuellen Politik, die ständigen Einsatz forderte, während das nationale Hauptanliegen nur vage umschrieben werden konnte, weil es in einer unbestimmten Zukunft lag.

Nach dem Fall der Mauer 1989 hatten sich die Prioritäten verkehrt. Die Wiedervereinigung war mit einer nicht für möglich gehaltenen Schnelligkeit über die Deutschen gekommen, die sie voll in Anspruch nahm, Begeisterung weckte, zugleich aber Besorgnis vor den damit verbundenen Belastungen auslöste. Zur gleichen Zeit verlor Kohl auch Europa nicht aus dem Blick. Als im Sommer 1989 der politische Wandel die östlichen Volksdemokratien erfasste, betonte er die Notwendigkeit, den Prozess der europäischen Einigung jetzt erst recht fortzusetzen. Die politische Zukunft der Reformstaaten könnte nur in der Annäherung an die Europäische Gemeinschaft gestaltet werden. Ohne deren Einbeziehung in die europäische Integration könnten die begonnenen Reformen nicht Bestand haben. Damit wuchs Europa eine wichtige neue Aufgabe zu.

Kohl wusste aber, dass die Bundesrepublik sich auch aus einem anderen Grunde kein Nachlassen in der Europapolitik leisten konnte. Das hätte sofort alle Befürchtungen bestätigt, dass Deutschland auf dem Weg in das »Vierte Reich« sei. Derartige Sorgen mussten unbedingt verhindert werden. Schon frühzeitig, noch vor dem Fall der Mauer, hatte sich der Kanzler energisch für eine Fortführung der Europapolitik ausgesprochen. Bei ihm ging es nicht nur um Worte, sondern auch um Taten, hatte er doch selbst im Jahr zuvor beim Europäischen Rat in Hannover die Weichen dafür gestellt, dass der Gemeinsame Markt 1993 Wirklichkeit werden konnte. Selbst im Zehn-Punkte-Pro-

gramm hatte er gefordert, »mit Offenheit und Flexibilität auf
die reformorientierten Staaten Mittel-, Ost- und Südeuropas
zuzugehen«.

Deutsche Einheit und europäische Einigung – das waren für
Helmut Kohl, wie er immer wieder betonte, die »zwei Seiten
einer Medaille«; das Eine war von dem Anderen nicht zu tren-
nen. Diese Überzeugung blieb unerschütterlich, obwohl er seit
der Übernahme der Kanzlerschaft oft Gelegenheit gehabt hatte,
bei anderen Mitgliedern die robuste Wahrnehmung der eigenen
Interessen kennenzulernen. Er wusste, welch mühseliges Feilschen nötig war, um die Zustimmung einzelner Mitglieder zu
gemeinsamen Projekten zu erkaufen, und kannte auch das »stillschweigende Problem, inwieweit in den einzelnen Ländern die
Verfügungen und Gesetze tatsächlich eingehalten werden«.[1125]
In dieser Hinsicht machte er sich keine Illusionen. Er konnte die
Hauptschwierigkeit der Gemeinschaft, den mangelnden Zusammenhalt und die resolute Wahrnehmung der eigenen Interessen,
auch wesentlich nüchterner formulieren. Auf dem Brüsseler
Treffen Anfang Oktober 1989 erklärte er dem amerikanischen
Präsidenten George Bush, »das wahre Problem« der Gemeinschaft sei, »dass die Schere der Wirtschaftskraft zwischen der
Bundesrepublik Deutschland und den anderen EG-Ländern
sich immer weiter öffne. Alle hätten jedoch einen Vorteil davon,
weil die Bundesrepublik immer mehr zahle.«[1126] Das war eine
bemerkenswerte Aussage. Sie zeigt, wie realistisch er die Situation in der EG einschätzte, ohne dass er daran Kritik übte oder
die Absicht erkennen ließ, diese Situation zu verändern. Er
wusste, es gab zu dieser Politik der helfenden Hand keine Alternative, auch wenn er damit zu Hause auf wenig Verständnis
stieß. So fühlten sich die deutschen Bauern im Stich gelassen
und reagierten mit Stimmenthaltung. Um 1988 beim Europäischen Rat in Hannover mit dem Gemeinsamen Markt voranzukommen, akzeptierte er zusätzliche Milliardenüberweisungen

nach Brüssel und riskierte zugleich eine schwere innenpolitische Krise, die unter dem Stichwort »Flugbenzin« hohe Wellen schlug.

Europäische Politik war fortdauerndes Feilschen, war das zähe Ringen um materielle Vorteile, die politische Konzessionen auf der anderen Seite hinnehmbar erscheinen ließen. Mit dem vereinigten Deutschland nahmen die Sorgen in Europa zu, dieser Staat könnte übermächtig werden. Es gelte daher, ihn einzubinden und vor allem seine Wirtschaftskraft unter Kontrolle zu halten.

Frankreich hatte schon früh versucht, seine währungs- und finanzpolitischen Probleme im Rahmen der Gemeinschaft in den Griff zu bekommen. So war es schon Anfang der Siebzigerjahre zur Bildung der »Schlange«, einem lockeren Währungsverbund, gekommen, der 1979 vom EWS, dem »Europäischen Währungssystem«, abgelöst wurde. Beide Unternehmen dienten dem Zweck, durch ein System fester, aber veränderbarer Wechselkurse mehr Stabilität in Europa zu erreichen, hatten dabei aber wenig Erfolg. Das Kernproblem, die inflationäre Finanzpolitik einzelner Mitgliedsstaaten abzustellen, wurde nicht gelöst.

Beim EWS, das von Valéry Giscard d'Estaing und Helmut Schmidt aus der Taufe gehoben und mit viel Propaganda auf den Weg gebracht war, zeigten sich grundsätzliche Auffassungsunterschiede. Die französische Seite wollte die Bundesbank »stärker indirekt in die Interventionsverpflichtungen für die schwächeren Währungen einbinden«, während die Bundesbank selbst sich dem »Ziel der Inflationsbekämpfung in der Bundesrepublik« vor allem anderen verpflichtet fühlte.[1127]

Der Gegensatz war unübersehbar. Frankreich wollte die D-Mark zur Stützung des Franc und anderer schwacher europäischer Währungen heranziehen, aber die Ursache für deren immer wieder notwendig werdende Abwertung wollte man jedoch nicht erkennen und erst recht nicht abstellen. Letzten Endes lag es an der mangelnden Bereitschaft zur Bekämpfung der Inflation. Steigende Preise verteuerten die Einfuhr und erschwerten die Ausfuhr der eigenen Wirtschaftsgüter. Die Folge: Die eigene Wirtschaft kam in Schwierigkeiten, was wiederum Auswirkungen auf die Gesamtwirtschaft hatte. Aus dieser Abwärtsentwicklung glaubte man, indem man die eigene Währung abwertete, für einige Jahre herauskommen zu können. Die Bundesrepublik dagegen musste als Exportnation auf die Stabilität der Währung größtes Gewicht legen. Auch die Tarifpartner waren zum Maßhalten verpflichtet. Die Wirtschafts- und Finanzpolitik musste dem Inflationstrauma Rechnung tragen, das in der Bevölkerung weiterhin stark war. Daher war man sogar bereit, die Aufwertung der D-Mark in Kauf zu nehmen und damit die eigene Ausfuhr zu verteuern, wenn die Inflation in Schach gehalten wurde.

Jacques Delors hatte als französischer Finanzminister 1983 der sozialistischen Ausgabenwirtschaft Mitterrands ein Ende gemacht. Er war dann als Präsident der EG-Kommission nach Brüssel gegangen, hatte aber die Währungsproblematik nicht aus dem Auge verloren. 1989 legte er einen Bericht vor, der die Notwendigkeit wirtschafts- und währungspolitischer Zusammenarbeit betonte und die Bildung einer unabhängigen europäischen Notenbank vorschlug.

Dem Vorschlag war überraschend schneller Erfolg beschieden. Auf dem Europäischen Rat in Madrid führte er zu dem Beschluss, die Wirtschafts- und Währungsunion einzuführen und ihre erste Stufe schon im Juni 1990 beginnen zu lassen. Die Eile, mit der hier verfahren wurde, zeigt ein hohes Maß an Oberflächlichkeit und Opportunismus. Vielleicht spürte der Rat schon das Beben, das bald in Europa zu grundlegenden Veränderungen führte. Man wollte die Währungsfront absichern – natürlich mit dem Hintergedanken, dadurch die Dominanz der D-Mark zu beseitigen oder doch wenigstens zu mindern. Thilo

Sarrazin erinnert sich, dass im Bundesfinanzministerium »alle Überlegungen für eine europäische Währungsunion als Anschlag auf die deutsche Stabilitätskultur«[1128] verstanden und abgelehnt wurden. Aber in dieser prekären politischen Situation wollte die deutsche Seite nicht als Störenfried auffallen. Sie wusste, dass sie Hilfe von den europäischen Mitgliedsstaaten benötigte, um mit der Einheit voranzukommen.

Die deutsche und die französische Währungspolitik schlossen einander aus. Währungsstabilität auf der einen Seite, die auch zur Aufwertung der D-Mark führen konnte, und eine Währungspolitik auf der anderen Seite, die von Zeit zu Zeit mit Abwertungen rechnete, waren nicht auf einen Nenner zu bringen. Eine aufeinander abgestimmte Finanz- und Wirtschaftspolitik war die Voraussetzung für eine erfolgreiche Währungsunion, aber das wurde nicht einmal versucht. Man machte den zweiten Schritt, die Währungsunion, vor dem ersten in der Hoffnung, dass die Währungsunion den notwendigen Druck für eine gemeinsame Wirtschaft- und Finanzpolitik schaffen würde.

Das französische Engagement für die Wirtschafts- und Währungsunion sollte auch die Weiterentwicklung des Projekts bestimmen. Kohl bemühte sich dagegen, andere Gesichtspunkte in den Vordergrund zu rücken. Vor allem ging es ihm um Fortschritte bei der politischen Union. Er plädierte gegenüber Mitterrand für die »Ausfüllung« der »sozialen Dimension« des Binnenmarktes und für die Erweiterung der Rechte des Europäischen Parlamentes – komplizierte Projekte, die mehr Bedenken als Zustimmung hervorriefen. Es kam zur Einsetzung von zwei Regierungskonferenzen, die Vorschläge für die Sitzung des Europäischen Rats ausarbeiten sollten, der im Dezember 1991 in Maastricht zusammentreten sollte. Tatsächlich gab es keine Parallelität bei diesen Konferenzen. Das Hauptgewicht lag auf der Vorbereitung der Währungsunion, während die politisch-institutionelle Weiterentwicklung in Richtung auf die politische

Union »nur begrenzte Fortschritte« machte.[1129] Das war lediglich eine Umschreibung der Ergebnislosigkeit dieser Veranstaltung. Bei den Verhandlungen um die politische Union hatte Kohl vor allem das Grundprinzip, nämlich das Prinzip der föderalen Ordnung und das Prinzip der Subsidiarität in den Vordergrund gerückt. Das klang nach Prinzipienreiterei, die in der Union zur Perfektion entwickelt wurde. Sie klang gut, hatte aber keinen Realitätsbezug.

Bei Helmut Kohl ist in Bezug auf Europa eine eigenartige Mischung festzustellen. Er war zum einen ein Vernunfteuropäer, der keine Illusionen über die Langsamkeit des Einigungsprozesses und die Probleme bei der mühsamen Suche nach Kompromissen hatte. Andererseits blieb bei ihm der Traum vom vereinigten Europa aus seinen Jugendjahren lebendig. Dieses Nebeneinander von nüchterner Realpolitik und hochfliegenden Erwartungen trat in den Monaten vor dem Maastricht-Gipfel deutlicher als sonst in Erscheinung. Er verklärte die europäische Vergangenheit, um ihre Zukunft attraktiver erscheinen zu lassen.

An den »Vereinigten Staaten von Europa« hielt er fest – wenn auch im Vorfeld von Maastricht in vorsichtiger Differenzierung. Er sah in ihnen keineswegs eine Kopie der USA und warnte: »Den guten Begriff dürfen wir nicht aufgeben«, man müsse weiterhin von den Vereinigten Staaten von Europa »als Ziel« sprechen, aber er hielt es für »töricht«, den Vergleich mit den Vereinigten Staaten anzustellen: »Wir werden nie eine Ordnung haben wie die USA, ... weil wir Franzosen bleiben oder Briten oder Dänen, oder was immer Sie wollen.«[1130]

Was für eine Struktur dieses staatliche Gebilde erhalten sollte, welches weder einem Staatenbund noch einer Zollunion gleichen sollte, sagte er nicht, sondern deutete nur an, dass »die Sicherheitspolitik, die mit zur Außenpolitik gehört, gemeinsam gesehen werden muss«. Da durfte die Anleihe bei Bismarck nicht fehlen, die bei Kohl häufiger in diesen Jahren zu finden ist: »Das

Schicksal einer Nation, auch der Deutschen, wird entschieden in der Außen- und Sicherheitspolitik.« Nähere Ausführungen, wie die gemeinsame Sicherheitspolitik auszugestalten sei, fehlten jedoch. Diese Zurückhaltung war erklärlich. Denn er hatte selbst einräumen müssen, »das außenpolitische Themen immer mehr in breiten Kreisen unserer Bevölkerung ... als weniger interessant, weniger bedeutsam angesehen werden«.[1131]

Ähnlich widersprüchlich war das, was Kohl über das Europaparlament sagte. Er stellte fest, dass »die Bereitschaft, dem europäischen Parlament mehr Rechte zu geben, dramatisch abgenommen habe«, und klagte, »kein Parlament in Europa habe weniger Rechte«. Dennoch wurde diese Frage ausführlich auf der Vorbereitungskonferenz für Maastricht behandelt, wenn auch konkrete Ergebnisse nicht erzielt wurden.

Angesichts solcher Widrigkeiten flüchtete er lieber in die Vergangenheit und erinnerte an die von Europapolitikern oft gerühmte Rede von Winston Churchill, die dieser 1946 in Zürich über die »Vereinigten Staaten von Europa« gehalten hatte. Für Kohl war das »eine der ganz großen Reden des Jahrhunderts, die in jedes Schulbuch gehört«. Der Titel ist irreführend, ging es doch weniger um Europa als um Frankreich, dem Churchill einen Ausgleich dafür bieten wollte, dass Großbritannien allen Versuchen der Annäherung an Europa eine Absage erteilt hatte. Deshalb sein Rat: Frankreich solle sich Deutschland zuwenden. Die Frage war nur, was er unter Deutschland verstand. Es war ein idyllisches Deutschland, das der frühere Kriegspremier skizzierte; es bestehe aus »alten Staaten und Fürstentümern, die sich freiwillig zusammengeschlossen hätten. Nichts von Trümmern oder Teilung. Das mag dem jungen Kohl im Gedächtnis geblieben sein. Churchill sah das künftige Deutschland als Staatenbund, die ... in einem föderalen System ihren jeweils eigenen Platz innerhalb der Vereinigten Staaten von Europa einnehmen könnten«. Es ging also nicht um den zwar zerstörten, aber im-

mer noch bedrohlichen modernen Industriestaat, sondern um
ein Deutschland, das in den Zustand vor 1866 zurückzuver-
setzen sei und keine Gefahr mehr darstellte. Was die Rede den
Zeitgenossen so hoffnungsvoll erscheinen ließ, war etwas ganz
Anderes. Der britische Staatsmann vertrat nämlich den Standpunkt, dass nach der Bestrafung der für die Verbrechen des
Dritten Reiches Schuldigen ein »gnädiger Akt des Vergessens«
erfolgen müsse.[1132] Auf diese Empfehlung kam man später freilich nicht mehr zurück.

Die Europa-Rhetorik seit den Fünfzigerjahren schwärmte
vom supranationalen Europa, ohne auch nur eine schwache
Vorstellung von den Problemen seiner Realisierung zu haben.
Von Kohls jugendlicher Begeisterung der Fünfzigerjahre war
einiges haften geblieben, das in seinen Äußerungen zu Europa
wieder durchklang.

Im Zusammenhang mit der politischen Union setzte er sich
dafür ein, dass auch »die Verteidigungsidentität unseres alten
Kontinents« stärker hervorgehoben werden sollte. Er bedauerte
in diesem Zusammenhang das Scheitern der Europäischen Verteidigungsgemeinschaft (EVG) im Jahre 1954 – also ein Ereignis
aus europapolitisch grauer Vorzeit –, denn mit ihr »hätten wir
heute eine völlig andere Perspektive«. Sein Argument lautete:
»Wenn damals Mendès France in der französischen Kammer
und manche in Deutschland die Sache nicht zum Einsturz gebracht hätten, hätten wir längst diese integrierten Verbände.«[1133]
Diese Feststellung wird auch dadurch nicht richtiger, dass sich
Kohl dabei wie so oft auf Konrad Adenauer berief. Dieser habe
vor der Ablehnung der EVG in Paris gewarnt; bei ihrem Scheitern würde es »länger als eine Generation dauern«, bis ein »solches Werk« erneut geschaffen werden könnte. Tatsächlich dauerte es viel länger, und noch immer ist nicht abzusehen, wann in
Europa eine integrierte Verteidigung aufgebaut sein wird. Wenn
Kohl sich in seinem Werben für die politische Union auf das

gescheiterte Projekt der EVG berief, zeigt das eine bei Kohl seltene Leichtfertigkeit im Umgang mit den historischen Fakten. Tatsächlich hatte Adenauer die EVG immer abgelehnt und sich nur widerstrebend und unter amerikanischem Druck zur Beteiligung bereit erklärt. Kohl folgte dagegen den europapolitischen Legenden der frühen Adenauer-Forschung, die Adenauer zum gebrochenen Europäer stilisiert hatte – »mein Gott, was soll aus Deutschland werden« –, während der Alte nach ihrem Scheitern tatsächlich sofort die Mitgliedschaft in der NATO angestrebt hatte.[1134]

Immer wieder betonte Kohl: »Ich bin ganz sicher, dass wir die einmalige Chance haben, die europäische Einigung zu erreichen.« Sie müsste selbstverständlich »unumkehrbar« sein. Nur Europa könne die drängenden Probleme wie die wachsende Drogenkriminalität und den wachsenden Asylantenstrom bewältigen. Das war eine trügerische Hoffnung. Zugleich hob er die wachsende Attraktivität der Europäischen Gemeinschaft hervor. Tatsächlich blieb es beim Namenswechsel. Sie wurde nach dem Maastricht-Gipfel, auf der zwar die politische Union nicht vorankam, aber die Währungsunion beschlossen wurde, in Europäische Union umbenannt.

Im Juni 1991 konnte der Kanzler als Ergebnis persönlicher Diplomatie mitteilen, dass der schwedische Ministerpräsident Ingvar Carlsson ihm telefonisch mitgeteilt habe, dass Schweden den Antrag auf Aufnahme in die Gemeinschaft stellen werde.[1135] Damit sei der Vorwurf, die Union würde »südlastig«, widerlegt. Finnland und Österreich würden folgen, und selbst die Schweiz und Norwegen sah er schon als Beitrittskandidaten. Ende Juni 1992 kam er geradezu ins Schwärmen: »Es ist im Prinzip heute so, dass nahezu alle in Europa möglichst morgen der Gemeinschaft beitreten wollen.«[1136]

In der zweiten Hälfte des Jahres 1991 lag die Ratspräsidentschaft bei den Niederlanden. Daher fand das zweitägige Gipfeltreffen, das über die Wirtschafts- und Währungsunion beraten und entscheiden sollte, in Maastricht statt. Es war die Weichenstellung für die Entscheidung, die – wie Kohl immer wieder betonte – »irreversibel« sei. Der Übergang zur europäischen Währung sollte in Stufen erfolgen, die zweite Stufe sollte 1994 beginnen, und die dritte Stufe wurde für 1999 festgelegt. Während dieser Zeit musste bei der Währungspolitik der Mitgliedsstaaten ein Prozess der Angleichung erfolgen. Diese Konvergenz sollte zeigen, dass die Staaten ganz bestimmten Qualitätsanforderungen genügten. Erst wenn diese Konvergenzkriterien erfüllt waren, sollten die Mitglieder für die Währungsunion qualifiziert sein.

Nach Abschluss des Europäischen Rates in Maastricht gab sich Kohl rundum zufrieden. In der Fraktion freilich war die Lage nicht ganz einfach. Da gab es Gegner, zumindest Skeptiker, die der Währungsunion kritisch gegenüberstanden. Es galt also, die Punkte herauszustreichen, die die deutschen Befürchtungen entkräften konnten.[1137] Mit allem Nachdruck erklärte der Kanzler, die Währungsunion komme nur »zu unseren Bedingungen« zustande. Sie sei eine Stabilitätsgemeinschaft, die es »noch nie vergleichbar in Europa gegeben« habe. Die Konvergenzkriterien seien »schärfer als das, was in der deutschen Verfassung und in deutschen Gesetzen vorgesehen ist«. Kritiker warnte er vor der Illusion, »wir könnten in dieser unruhigen Zone um uns herum eine ›Insel der Seligen‹ sein«. Eine stabile europäische Währung sei notwendig, damit die Mitglieder der EU den deutschen Export, der »mit unserer starken Währung und unserer starken Wirtschaft« produziert werde, auch bezahlen könnten.

Für den Kanzler hatte das positive Votum von Bundesbankpräsident Schlesinger über die Ergebnisse von Maastricht ausschlaggebende Bedeutung. Er zitierte ihn mit den Worten, »dass hier mehr erreicht worden sei, als er sich vorgestellt hätte, und die Deutsche Bundesbank mit diesem Vertragstext, mit dieser Organisation und mit diesen Kriterien vollauf zufrieden« sei. Die Frage ist nur, was Schlesinger zuvor alles befürchtet haben musste, dass er das Ergebnis von Maastricht mit solcher Erleichterung zur Kenntnis nehmen konnte.

Gegenüber den »Südländern«, insbesondere den Griechen, zeigte sich Kohl sehr misstrauisch und rechnete damit, dass sie die Konvergenzkriterien nicht einhalten und an der Endstufe noch nicht teilnehmen könnten, aber dennoch »jeden Trick anwenden« würden, »um hier bereits eine Mitwirkung zu haben«. Da wurde der Kanzler kategorisch: »Wer die Dinge nicht erreicht, kommt natürlich in die Endstufe überhaupt nicht hinein.« Mit »dem ständigen Druck der Südländer« glaubte er aber, fertig werden zu können.

Vor der Fraktion schloss er mit der Versicherung: »Meine Damen und Herren, wenn diese Stabilitäts- und Währungsgemeinschaft in Europa entsteht, braucht niemand Angst um seine Mark zu haben, sondern im Gegenteil, die Mark wird dann gesicherter sein, als man sie auf nationaler Ebene im Augenblick nur sichern kann.«

Man wird Helmut Kohl nicht Blauäugigkeit vorwerfen können. Er kannte die Probleme wie wenige andere, hielt aber die Sicherungen für ausreichend. Das betraf die Unabhängigkeit der Europäischen Zentralbank ebenso wie die Wirksamkeit der Konvergenzkriterien. Sie schienen die Gewähr zu bieten, dass die schwachen Mitgliedsstaaten das Ziel nicht erreichten. Aber die Frage blieb: Musste er nicht damit rechnen, dass das höchst erstrebenswerte Ziel der vollen Mitgliedschaft in der Währungsunion zu Manövern führte, die mit den Grundsätzen korrekter Haushaltsführung nicht zu vereinbaren waren? Die Rechtsstellung der Europäischen Zentralbank sollte als Abbild der Bundesbank die Unabhängigkeit des Instituts garantieren. Was aber geschah, wenn der Mehrheit der Mitglieder des Zentralbankrats der EZB nationale Interessen wichtiger waren als die Finanzlage der Gemeinschaft?

Es ist jedoch historisch falsch, die Schwächen der Währungsunion, die zwanzig Jahre nach ihrer Beschlussfassung in Maastricht im Jahre 1991 krisenhaft in Erscheinung traten, den politisch Verantwortlichen im Allgemeinen und Helmut Kohl im Besonderen vorzuhalten. Damals hatte man einen langen Zeitraum von acht Jahren bis zur Einführung des Euro vorgesehen – genug Zeit, um die Realisierbarkeit des Projektes zu testen. Aber die Schwächen zeigten sich in der Vorbereitungsphase noch nicht, sondern erst nach dem tatsächlichen Start der Währungsunion und auch dann noch mit zeitlicher Verzögerung. Selbst der Euro-Kritiker Sarrazin hat rückblickend eingeräumt, »dass alle Kandidaten für die Währungsunion im Verlauf der Neunzigerjahre erhebliche Konvergenzfortschritte machten. Der bis 1998 erzielte Konvergenzerfolg war staunenswert und konnte Anlass sein für begründeten Optimismus«.[1138]

Helmut Kohl konnte sich bestätigt fühlen. Im Blick auf Maastricht erklärte er im Bundestag: »Wir haben jetzt eine geschichtliche Chance. Wir haben von 1989 bis zum 3. Oktober 1990 die einmalige Chance gehabt, die deutsche Einheit zu erreichen. Ich bin ganz sicher, dass wir jetzt die einmalige Chance haben, die europäische Einigung zu erreichen. Das war das Ziel, das er für realisierbar hielt. Die Sicherungen des Vertrages schienen ihm ausreichende Gewähr zu geben. Er wusste allerdings auch, dass die Deutschen andere Sorgen hatten. Sie wollten an der D-Mark festhalten. Der Kanzler aber hatte keine Alternative. Deutschland konnte nicht nach Erreichen der Einheit wie Bismarck nach 1871 sagen, Deutschland sei ein saturierter Staat. Eine solche Versicherung hätte im Europa für ungeheure Empörung gesorgt. Der Vorwurf, Deutschland wolle sich aus seiner Verantwortung für Europa stehlen, hätte massiven politischen Druck erzeugt.

Deutschland konnte nicht auf dem erreichten Stand der europäischen Einigung stehen bleiben, sondern musste die Einigung vorantreiben und die Konvergenz der Wirtschafts- und Währungspolitik fördern. Am Ziel der politischen Union hielt der Kanzler unbeirrbar fest und betonte immer wieder, sie sei unumkehrbar. In Maastricht war nicht viel herausgekommen. In sein Bedauern darüber mischte sich die dramatische Warnung vor der Unterschätzung der Gefahren, die hier drohten. Ein halbes Jahr nach Maastricht sagte er voraus: »Wenn zu dieser EG der politische Einigungsrahmen nicht hinzutritt, wird spätestens in fünfzehn Jahren die Wirtschaftsunion zerbrechen.«[1139] Eine kühne Voraussage, aber es lässt sich nicht leugnen, dass er mit dieser Einschätzung weitaus richtiger lag, als die meisten sich vorstellen konnten. Die Euro-Schuldenkrise hat auf bestürzende Weise deutlich gemacht, wie zerbrechlich die Solidarität in der Gemeinschaft ist und wie schnell alte Feindbilder wiederkehren können.

Der Maastricht-Vertrag war nicht die Ursache der Krise. Aber was nutzt ein Vertrag, wenn seine Vorschriften von den Mitgliedsstaaten nicht eingehalten werden, wenn kein Wort der Kritik aus den Reihen des Zentralbankrats an der Politik der EZB zu hören ist, vor allem aber, wenn die Verschuldungsgrenzen von den Mitgliedsstaaten nicht eingehalten werden? Der Rückfall wichtiger Mitgliedsstaaten in die überkommene Schuldenwirtschaft, bei der es aber nicht mehr den gewohnten Ausweg gab, nämlich die eigene Währung abzuwerten und so wieder konkurrenzfähig zu werden, war keineswegs ausgeschlossen.

Der Teufel steckte, wie so häufig, auch hier im Detail. Kohl hatte in der Terminsetzung Mitterrand nachgegeben – der italienische Kollege Giulio Andreotti war dabei auch beteiligt – und einer Regelung zugestimmt, die harmlos aussah, tatsächlich aber Gefahren barg. Der Eintritt in die Endstufe der Währungsunion wurde verbindlich festgelegt, statt den Termin offenzulassen und sich an der erreichten Konvergenz zu orientieren. Diese »absolute Terminfestlegung« war problematisch. So konnte der Eindruck entstehen, »dass die notwendigen Vorbereitungen nicht mehr ernst genug genommen wurden nach dem Motto: Der Termin ist wichtiger als die Erfüllung der Kriterien.«[1140] Erst recht hatte man sich nicht darum gekümmert, wie die inflationäre Entwicklung in den Einzelstaaten unter Kontrolle gebracht werden konnte. Aber das konnte nicht per Knopfdruck geschehen, sondern nur als Ergebnis gemeinsamer Haushaltsdisziplin.

In dieser Situation schien ein Mechanismus wirksam zu werden, über den sich Kohl früher lustig gemacht hatte, als er die Politik der Europäischen Gemeinschaft ironisch charakterisierte. Demnach würden »Italiener Vorschriften ersinnen, Franzosen sie formulieren – und die Deutschen sie einhalten«.[1141] Der Vergleich traf auch auf die Finanzpolitik zu – allerdings mit der Einschränkung, dass der Kanzler Deutschland für stark genug hielt, um die entstehenden Lasten, die auf die deutsche Seite bei dieser Art der Verteilung zukamen, auch schultern zu können.

Erfüllung in der Außenpolitik: Der ehrliche Makler

Im Februar 1997 sprach Helmut Kohl ein großes Wort gelassen aus. Vor der Fraktion erklärte er eher beiläufig und von der Öffentlichkeit nicht wahrgenommen, es sei eine Tatsache, »dass wir zu keinem Zeitpunkt in unserer Geschichte – und das ist unser Stolz – gleichzeitig bessere Beziehungen hatten zu London, zu Paris, zu Washington und zu Moskau«.[1142] Es ist auch eine Tatsache, dass Kohl eine eigenartige Zurückhaltung zeigte, wenn es darum ging, politisch erfolgreiche Aktionen ins rechte Bild zu rücken. Schon Peter Boenisch hatte früh auf diese Eigenschaft Kohls hingewiesen. Auch nach seinen großen Erfolgen hatte er es nicht gelernt, sich wirkungsvoll zu verkaufen, obwohl es in der Sache wohlbegründet war. Mit allen Großmächten ein gleich gutes Verhältnis zu haben – das war ein Sachverhalt, der es verdiente, den Deutschen in überzeugender Form vermittelt zu werden und nicht nur als beifällig aufgenommene Bemerkung in einer Fraktionssitzung mitgeteilt zu werden.

Mit den einflussreichsten und mächtigsten Staaten der Welt gleich gut zu stehen – das hatte es noch nie gegeben. Das Deutsche Reich hatte seit seiner Gründung und bis zu seinem Untergang ein gespanntes Verhältnis zu Frankreich gehabt, das den Status von 1871 nicht hinzunehmen bereit war und seine Revision erstrebte. Mit Russland hatte schon Bismarck erhebliche Schwierigkeiten gehabt. Sein »Draht nach Russland« war eine Behauptung aus der Zeit nach seinem Sturz und nostalgisch verfärbt. Nach dem Ersten Weltkrieg gab es mühsame und nicht erfolglose Versuche, das Verhältnis zum Westen zu verbessern und dabei die schwierigen Beziehungen mit Moskau unter Kontrolle zu halten. Der Vertrag von Rapallo 1922 war in erster Linie eine Abwehrmaßnahme gegenüber der von den Versailler Vertragsmächten geplanten Isolierung Deutschlands gewesen. Mit der Teilung der Welt rückte die Bundesrepublik als Frontstaat in das politisch-propagandistische Schussfeld Moskaus. Die Bedrohung aus dem Osten hatte feste Konturen.

Und nun war alles anders! Sogar die geopolitische Situation Deutschlands sah Kohl nicht mehr als Nachteil an. Die Mittellage, die einmal als Ursache für das Scheitern des deutschen Nationalstaates gegolten hatte, war für Kohl ganz im Gegenteil ein großer Gewinn: »Wir sind Durchgangsland für Ideen, für Menschen, und wir haben einen großen Vorteil davon, am Ende dieses Jahrhunderts ein Deutschland bauen zu können, in dem viele Vorurteile an der Realität zerschellen.«[1143]

Die Zufriedenheit mit der außenpolitischen Stellung Deutschlands, die Kohl selbstbewusst, aber ohne jeden Anspruch auf

Großmachtgeltung zum Ausdruck brachte, war gewiss auch das Ergebnis der weltpolitischen Veränderung. Es war aber zugleich in einem Ausmaß, das als einmalig zu bezeichnen ist, das Werk des deutschen Kanzlers. Wenn Deutschland mit allen Mächten entspannte und harmonische Beziehungen unterhielt, so bedeutete das für Kohl immer auch ein persönliches Verhältnis zu den Staats- und Regierungschefs vieler Länder. Das war eine ganz wesentliche Ergänzung und Vertiefung. Im Zeitalter der Medien gilt Freundschaft unter führenden Politikern als unentbehrlicher Bestandteil ihrer öffentlichen Existenz, auch wenn die proklamierte Herzlichkeit der Realität keineswegs entspricht. Bei Kohl war das anders.

Der Kanzler entwickelte im persönlichen Verkehr einen eigenen Stil. Bei ihm begegnet eine einmalige Mischung von spontaner Herzlichkeit, sorgfältiger Pflege der persönlichen Beziehungen und intensiven politischen Beratungen. Freundschaft unter Staatsmännern war in seinen Augen nichts Besonderes. Sein Grundsatz war: »Alles, was im privaten Leben im Umgang miteinander wichtig ist, ist auch in der Politik wichtig.« Natürlich dürfe man nicht erwarten, dass »persönlich herzliche Beziehungen wirkliche Probleme beseitigen könnten«. Es gehe immer um die Interessen des eigenen Landes, aber »wenn die Chemie stimmt ... erleichtert es die Sache schon ganz ungemein«. Man könne dann bei einem strittigen Punkt sagen: »Ich habe eine innenpolitische Situation, wo das den Leuten zu Hause überhaupt nicht verständlich zu machen ist.«[1144]

Die Beziehungen zu George Bush waren stets exzellent gewesen. Kohl hat immer wieder betont, wie außerordentlich wichtig die amerikanische Politik in den Jahren 1989/90 für die deutsche Vereinigung gewesen sei. Als Präsident Bush 1992 ganz unerwartet aus innenpolitischen Gründen die Wiederwahl nicht schaffte, hatte Kohl mit dem Nachfolger Bill Clinton von Anfang an keine Probleme, obwohl er engagiert für Bush eingetreten war. Diese Vergangenheit trat aber schnell in den Hintergrund. Schon bei der ersten Begegnung mit dem neuen Mann, diesem politischen Naturtalent, hatte der Kanzler Clintons Fähigkeiten und seine Gemütslage richtig eingeschätzt. Bei diesem Kennenlernen wurde auch der familiäre Hintergrund beider Partner angesprochen, wie es bei Kohl häufig der Fall und schon im Kontakt zu Gorbatschow aufgefallen war. Kohl sagte ganz einfach: »Wir sollten darüber sprechen, wer wir sind«, und rasch wurde eine tiefe menschliche Übereinstimmung festgestellt mit dem Ergebnis, dass Clinton am nächsten Tag seine Mutter mitbrachte und damit die politisch-menschliche Beziehung zwischen beiden Männern noch vertiefte. Kohl sah darin eine Bestätigung dessen, was er schon zuvor beobachtet hatte, dass nämlich bei Politikern »die Beziehungen zur eigenen Frau, aber auch zur eigenen Mutter« zur Beurteilung ihrer Persönlichkeit aufschlussreich seien. Das traf zumindest auf ihn selbst zu. Seine Frau Hannelore war seine Vertraute, die mit ihm nicht in allem übereinstimmte, aber immer zu ihm stand. Ob eine solche Beobachtung allgemeine Gültigkeit beanspruchen kann, ist eine andere Frage. Viel interessanter ist es, an diesem Beispiel nachzuvollziehen, auf welche Weise Kohl zu seinen Partnern einen emotionalen Zugang fand, der für ihr persönliches Verhältnis, aber auch für die politischen Probleme, die er mit ihnen zu diskutieren und möglichst auch zu lösen hatte, von erheblicher Bedeutung sein konnte.

Menschen im Gespräch kennenzulernen mit dem Ergebnis, dass ein starker persönlicher Kontakt entstand, stellt eine Fähigkeit Kohls dar, die nicht allzu häufig ist. Er verstand es, mit Menschen umzugehen und sie zu gewinnen. Wenn er den ausländischen Besuchern seine Erlebnisse im Krieg und in der Folgezeit schilderte und er dann ein ähnliches Schicksal hörte wie bei Gorbatschow oder eine vom Krieg zwar verschonte, aber von schwierigen Verhältnissen geprägte Jugend wie bei Clinton vernahm, konnte eine tiefe menschliche Bindung entstehen, weil Kohl ein echtes ungeheucheltes Interesse an Menschen hegte. Sein stupendes historisch-politisches Verständnis half ihm, die individuelle Situation des Partners in die allgemeine Entwicklung einzuordnen und von ihr beeindruckt zu sein. Kohl konnte mitempfinden, konnte sein eigenes Schicksal mit dem des anderen in Beziehung setzen und von dieser Gemeinsamkeit bewegt sein. Dann konnte es geschehen, dass er feuchte Augen bekam. Mitgefühl war für ihn kein leeres Wort.

Die lockere Gesprächshaltung, die Kohl bei den Unterredungen bevorzugte, schloss keineswegs die genaue Beobachtung des Partners aus. So imponierte ihm bei Clinton dessen Kompetenz bei Sachfragen. Er fand es erstaunlich, dass der Präsident bei den Gesprächen sein Wissen nicht aus vielen Dossiers schöpfte, sondern »mit einem winzigen Notizzettel die ganzen Sachverhalte kompetent« bestritt. Er fand ihn auch »ungewöhnlich aufgeschlossen, im Gespräch Argumente auszutauschen, sie nicht nur entgegenzunehmen«.[1145] Das erschien ihm als willkommene Abweichung von dem üblichen Verlauf von Gipfelbegegnungen.

Zugleich hatte Kohl sehr professionell einen telefonischen Kontakt angeknüpft. Er rief den amerikanischen Präsidenten einfach an, als Clinton wegen des Haushalts erhebliche Schwierigkeiten mit dem Kongress hatte. Kohl bestärkte ihn in seiner Haltung, gegenüber dem Haus festzubleiben, was Clinton als willkommene Ermutigung empfand. Seine Hochschätzung stieg, als der Routinier Kohl dem Neuling Clinton auf dem Weltwirtschaftsgipfel in Tokyo im Sommer 1993 geschickte Hilfestellung leistete. Vom Temperament, von der Vielseitigkeit und dem Gespür für Menschen her passten die beiden hervorragend zusammen. Clinton bezeichnete Kohl als »world-class story teller with a good sense of humor«.[1146]

Der Kontakt zu einem wichtigen politischen Partner konnte auch von ganz anderer Art sein, und es musste nicht immer

Freundschaft sein, sondern ein eher freundschaftlicher Respekt, der zum Beispiel in sorgfältig ausgesuchten Geschenken zum Ausdruck kam. Bei Deng Xiaoping, dem chinesischen Staatsmann, der das Reich der Mitte für die Marktwirtschaft geöffnet hatte, sprach Kohl bewusst nicht von Freundschaft, »aber wir kennen uns. Er hat mir immer Grüße ausrichten lassen«. Die Gemeinsamkeit lag auf einem besonderen Gebiet: »Er ist ein großer Fußballfan, ein großer Beckenbauer-Anhänger.« Seine Tochter, eine stellvertretende Ministerin, besuchte 1996 Deutschland. Kohl war durch andere Geschäfte unabkömmlich, lud sie aber zum Essen ins Kanzleramt ein und hatte sich dann für kurze Zeit frei gemacht – »eine Viertelstunde rausgeschnitten« –, ihr die Weltmeisterschaft-Kassette der deutschen Fußball-Nationalmannschaft überreicht und ihr gesagt, sie möge ihren Vater bitten, »dass er der deutschen Fußballmannschaft den Daumen« drücke.[1147]

Persönliche Geschenke waren für Helmut Kohl eine Selbstverständlichkeit, keineswegs immer aufwendig, aber möglichst auf den Empfänger zugeschnitten. Mitterrand pflegte er zu Weihnachten eine Kiste mit Hausmacherwurst und deutschem Wein zu übersenden. Auf den Wein käme es weniger an, davon hätten die Franzosen genug, aber der Feinschmecker Mitterrand wusste die deutsche Wurst wohl zu schätzen. Von Geschenken in Form von Büchern hielt Kohl viel, am meisten von Werken zur deutschen Geschichte und dem deutschen Widerstand. Bücher mit dieser Thematik pflegte er an befreundete europäische Politiker zu schicken, von denen er wusste, dass sie von diesen Dingen wenig Ahnung hatten.

Für die persönliche Diplomatie Kohls war das Telefon vielleicht noch wichtiger als in der Innenpolitik. Ohne die vielen Informationen und Beratungen per Telefon wäre die politische Entscheidungsfindung mühseliger oder langsamer verlaufen. Neben politischen Gesprächen hatte das Telefon bei Kohl auch die normale Funktion als Mittel der Kommunikation. Auch ohne konkreten Anlass telefonierte er oft mit befreundeten ausländischen Politikern zum Kontakthalten und als Zeichen der Aufmunterung. Er sah das ganz einfach: »Wenn man dann sieht, der andere hat Trouble, dann ruft man an und sagt: ›Hör mal, ich wollte dir nur sagen, Kopf hoch, ich drücke dir die Daumen‹.« Aber er rief nicht nur an, wenn es den anderen schlecht ging: »Ich halte viel davon, von Zeit zu Zeit anzurufen, auch wenn überhaupt nichts anhängt.«[1148]

Die Freundschaft mit François Mitterrand war etwas Einzigartiges und hielt bis zum Tod des Franzosen Anfang Januar 1996 an. Ihre Treffen waren vielfältig – von Staatsakten und Staatsaffären über das Kennenlernen verschiedener Gegenden Deutschlands und Frankreichs bis zu zahlreichen Besuchen und Besichtigungen. Der gemeinsame Besuch bei Ernst Jünger stand gleichnishaft für das vergangene Jahrhundert, seine Kriege und die dennoch vorhandene kulturelle Verbundenheit. Zeugnisse für eine ähnlich intensive Beziehung zwischen zwei ausländischen Staatsmännern sind nicht bekannt.

Kohl und Mitterrand hatten ein nicht nachlassendes Interesse aneinander und das Bedürfnis, sich auszutauschen, Anregungen zu vermitteln und auch die angenehmen Seiten des Lebens zu genießen, zu denen nicht zuletzt »une bonne table« gehörte. Die Aufnahmefähigkeit Kohls bei diesem kulturellen Eintauchen in ganz unterschiedliche Milieus ist ebenso erstaunlich wie für ihn charakteristisch. Zwei Männer wurden zu Freunden, die wenig Ähnlichkeit aufzuweisen schienen – nicht in der äußeren Erscheinung, nicht in weltanschaulichen Positionen und nicht in der Politik. Der engagierte Europäer Kohl begegnete hier einem Vernunfteuropäer, bei dem Rückfälle in nationalistisches Denken nicht ausgeschlossen waren.

Doch wichtiger waren die Übereinstimmungen. Beide waren von der ausschlaggebenden Rolle Deutschlands und Frankreichs für Europa überzeugt. Beide wussten, dass die Abstimmung zwischen ihnen absolut notwendig war, wenn auch ihre Vorstellungen über das zu schaffende Europa durchaus unterschiedlich waren. Was sie verband und die häufigen Kontakte zwischen ihnen erklärte, war das eine große unerschöpfliche Thema: das deutsch-französische Verhältnis und seine historische Dimension, ihre gemeinsame Geschichte und die gegeneinander geführten Kriege, aber auch das rätselhafte Deutschland mit seinem Rückfall in die, wie Kohl es nannte, Barbarei des Nationalsozialismus. Mitterrand wollte alles Mögliche wissen, und der neugierige Kohl freute sich über das, was der französische Präsident an Skandalen und Hintertreppengeschichten aus der IV. und V. Republik erzählte. Aber er war auch für symbolische Gesten sehr empfänglich und geneigt, Derartiges vielleicht zu überschätzen. Als am 14. Juli 1994 bei der traditionellen Parade auf den Champs-Élysées auch das Eurokorps teilnahm, also französische und deutsche Soldaten gemeinsam paradierten, strahlte der Kanzler auf der Gartenparty im Élysée-Palast vor »Glück und Dankbarkeit«. Einige Wochen später dankte er dem französischen Präsidenten im Bundestag für diese »großartige Geste« und machte den fundamentalen Wandel in den Beziehungen mit der Bemerkung deutlich, dass fünfzig Jahre zuvor »deutsche Soldaten als Kriegsgefangene über die Champs-Élysées getrieben wurden«.[1149]

Die Freundschaft, die sich zwischen Kohl und Mitterrand entwickelt hatte, war auch in Bezug auf ihr Alter und ihre Stellung einmalig und wurde von ihnen als Glücksfall empfunden. Denn in dieser Position und ihrer vielfältigen Beanspruchung pflegen Freunde immer seltener zu werden; man hat bestenfalls Gefährten und Mitkämpfer, die loyal in verschiedenen Bereichen tätig sein können. Kohl hatte schon in jungen Jahren davon gesprochen, dass ein Kanzler in einer Höhe lebt, in der die Luft »eisig« ist. An diesem Bild hielt er fest. Er selbst sah für sich durchaus die Gefahr des Abhebens, dass nicht genug Leute »zu einem kommen, die einem sagen, was ist, und nicht das, was man gerne hört«.[1150]

Mit François Mitterrand war das anders. Das war eine Persönlichkeit aus eigenem Recht und mit noch größeren Machtbefugnissen, die zwar nicht immer sehr sorgfältig mit der Wahrheit umging, aber dennoch ein Gesprächspartner war, mit dem Kohl wie mit keinem anderen einen Gedankenaustausch über ganz verschiedene, aber gemeinsam berührende Themen pflegen konnte. Es war eine einmalige Freundschaft, die Kohl ganz außerordentlich genossen hat. Zu wissen, nur eine knappe Flugstunde entfernt einen Partner von seinem politischen Gewicht und seiner intellektuellen Brillanz zu haben, mit dem ein Telefongespräch, eine Wanderung oder ein gutes Essen immer möglich waren, tat ihm gut. Kohl verstand nach eigener Angabe das Französische »ganz leidlich«. Umso wichtiger waren die Dolmetscher, die den regen Gedankenaustausch zwischen beiden übersetzten. Mit deren Leistung war der Kanzler sehr zufrieden; in diesem Zusammenhang fiel sogar ein Lob auf das in der Regel mit Nichtbeachtung bestrafte Auswärtige Amt, lautete doch sein Urteil, dass »wir die besten Dolmetscher im Auswärtigen Amt haben«.

Der Tod von Mitterrand am 6. Januar 1996 traf Helmut Kohl schwer. Er wusste, was er mit diesem Freund verloren hatte. Hubert Védrine, einer der engsten Mitarbeiter des Präsidenten, schrieb über die Trauerfeier in Notre-Dame: »Die Tränen des Kanzlers haben Frankreich bewegt.«[1151]

Ihre Freundschaft hatte nicht das Aufbrechen von Gegensätzen verhindert. Die sich abzeichnende Wiedervereinigung im Herbst 1989 hatte in Paris alte Befürchtungen von der deutschen Gefahr aufkommen lassen. Kohl neigte dazu, die französische Haltung damals als Einstellung der politischen Klasse abzutun, die aber Mitterrand nicht geteilt und die er deshalb nicht wirk-

lich ernst genommen habe. Das war wenig glaubhaft. Noch
schärfer reagierte Mitterrand zu Beginn der Jugoslawienkrise.
Als jugoslawische Streitkräfte auf die Selbstständigkeitsbestre-
bungen von Kroatien und Slowenien mit Luftangriffen reagierten, war Mitterrand aufseiten Serbiens und behauptete von der
deutschen Politik, dass sie Einflussgebiete auf dem Balkan ab-
zustecken suche und im Grunde die Politik der Doppelmonar-
chie fortsetze. Das war souveräne Einseitigkeit, die nicht zur
Kenntnis nehmen wollte, dass die französisch-serbische Kolla-
boration vor 1914 ganz wesentlich zum Kriegsausbruch beigetragen hatte.

Helmut Kohl vertrat einen ganz anderen Standpunkt. Ihm
waren die schweren Fehler und Versäumnisse bewusst, die die
Friedensmacher 1919 in Paris begangen hatten, als sie zugunsten
Serbiens und unter Missachten der Vierzehn Punkte Wilsons ein
Staatswesen gründeten, dessen Mitglieder untereinander verfeindet waren. Zudem hatte er schon im Juni 1990 von österreichischen Politikern Informationen erhalten, die die Verhältnisse
an der slowenischen Grenze als »zutiefst besorgniserregend«
beurteilten. Seine Position war defensiv, aber entschieden. Sie
nahm auf die deutschen Erfahrungen Bezug: »Wenn die Deutschen für sich in Anspruch nehmen, auf dem Weg der Selbstbestimmung zur Deutschen Einheit zu kommen, kann man nicht
das Selbstbestimmungsrecht anderer Völker außer Acht lassen.«
Von dieser Position aus konnte er vorsichtige Kritik an »Äußerungen, auch von westlichen Staatsmännern« üben.

Die Zurückhaltung der Mehrzahl der EU-Mitglieder beruhte
nicht zuletzt darauf, dass sie selbst Minderheitenprobleme hatten. Der im Herbst einsetzende Verhandlungsmarathon der europäischen Außenminister bewirkte wenig, sodass der Kanzler
und sein Außenminister sich für die völkerrechtliche Anerkennung Kroatiens und Sloweniens aussprachen und diese kurz vor
Weihnachten 1991 vollzogen.[1152]

Kohl wusste schon in der frühen Phase des Konflikts, dass eine »einfache Lösung« nicht wahrscheinlich war. Über das serbische Vorgehen hatte er keine Illusionen. Die Bestialitäten, die im Bürgerkrieg traurige Wirklichkeit werden sollten, übertrafen seine Vorstellungen. Bei der Anerkennung von Kroatien und Slowenien war Deutschland nicht eigenmächtig vorgeprescht, sondern hatte früh die prinzipiell richtige Entscheidung getroffen und keinen Zweifel daran gelassen, dass man an ihr festhalten werde. Kein Land nahm so viele Bürgerkriegsflüchtlinge auf wie Deutschland; Wirtschaftssanktionen gegen Serbien fanden deutsche Zustimmung. Zusammen mit Bill Clinton sprach sich Kohl später für die Aufhebung des Waffenembargos auf, das unter anderen Bedingungen zu Beginn der Krise verhängt worden war, aber jeden Sinn verloren hatte, da es sich im Fortgang des Krieges vor allem gegen die ohnehin schwächeren Bosnier ausgewirkt hatte. Den Einsatz der Bundeswehr schloss er wegen der historischen Belastungen entschieden aus und mühte sich nach Kräften, die zögerlichen europäischen Partner zu mehr Aktivität zu drängen. Mit der Forderung nach Aufhebung des Waffenembargos stieß die deutsche Seite schnell an Grenzen. Auf diese Forderung hatte Mitterrand einmal gegenüber Schäuble sehr spitz reagiert: »Haben Sie Soldaten da unten, deren Leben dadurch gefährdet wird?« Da musste sich Schäuble eingestehen, er sei »als deutscher Politiker immer ein wenig kleiner geworden«.[1153] Für Kohl gab es keine Alternative, als diese »endlosen Gespräche« zu führen und zu versuchen, »auf diese Art und Weise ein kleines Stück vorwärtszukommen«.

Eine Lösung der Balkanprobleme sah er nur auf lange Sicht durch eine nicht bedingungslos gewährte Wirtschaftshilfe für die dort verwüsteten Regionen. Vor der Fraktion erklärte er im September 1995, »dass eine unserer Waffen, die nicht jeden Tag greift, aber bei nüchterner Betrachtung dem einen oder anderen Akteur auch langsam dort aufgeht, ist, dass der Wiederaufbau der einzelnen Länder des früheren Jugoslawiens ohne europäische und das heißt: ohne Auslandshilfe überhaupt nicht möglich ist«. Als Voraussetzung für jede Art von Hilfe ließ er jedoch keinen Zweifel daran, dass nicht über die Köpfe der Beteiligten, also von Serbien, Kroatien und Bosnien-Herzegowina, entschieden werde, sondern dass diese Länder in der Lage sein müssen, »ihr Wort zu machen und mit zuzustimmen«. Man müsse sie an einen Tisch bekommen und zu einem vernünftigen Abschluss gelangen, »der die Interessen berücksichtigt«. Wenn diese Bedingungen erfüllt seien und niemand versuche, eine der drei Parteien »über den Tisch zu ziehen«, könne die Wirtschaftshilfe erfolgreich eingesetzt werden.[1154]

Was meinte er aber mit »Auslandshilfe«, die man sogar wie eine »Waffe« benutzen konnte? Kohls Ausführungen können schwerlich als Glanzstück politischer Rhetorik betrachtet werden; sie sind aber aussagekräftig für seinen Politikansatz – man kann auch sagen, für seinen politischen Stil als deutscher Kanzler. Sein Konzept bestand in der wirksamen Hilfe nicht nur für Freunde und Verbündete, sondern als Hilfs-, vielleicht auch Druckmittel zur Lösung von Problemen. Er wusste, dass Hilfe umso willkommener ist, je weniger von dem Helfer die Rede ist.

Nach diesem Grundsatz hatte er schon Mitterrand 1983 geholfen, als er bereit war, die Last der Franc-Abwertung, die nach der Verteilung sozialistischer Wahlgeschenke unausweichlich geworden war, zu einem erheblichen Teil von der Bundesrepublik übernehmen zu lassen. Sein spöttischer Spruch, dass man die Trikolore drei Mal grüßen müsse – mag er nun von Adenauer stammen oder nicht –, enthüllt ein Grundprinzip der deutschen Außenpolitik seit 1949, das bei Kohl besonders stark in Erscheinung tritt und im Umgang mit Mitterrand viele Varianten aufweist. Kein französischer Präsident – sieht man von Charles de Gaulle ab – hat so bewusst und oft anmaßend politische Forderungen mit dem Anspruch vertreten, sie seien im

Grunde nicht verhandelbar, weil es um französische Essentials ginge. Seit Adenauer hatte niemand in Deutschland diesen Anspruch infrage gestellt, aber kein anderer als Kohl hatte es so geschickt verstanden, die Hilfe für den französischen Partner nicht publik zu machen und als Freundschaftsdienst zu verklären.

Was mit der Währungshilfe für Mitterrand schon zu Beginn der Ära Kohl begonnen hatte, setzte sich bei vielen anderen Partnern fort. Selten ist davon etwas bekannt geworden. Für Kohl hatte der politische Grundsatz des »Tue Gutes und rede darüber« keine Geltung. Ihm kam es auf den Erfolg, nicht auf das Bekanntwerden seines Urhebers an.

Kohl war überzeugt, dass richtig eingesetzte Wirtschaftshilfe auf dem Balkan ein wichtiges, wenn nicht ausschlaggebendes Mittel darstellte, um politische Ziele wirkungsvoll zu fördern. Mit dieser Einstellung hatte er schon die Beziehungen zu Gorbatschow seit seinem Bonner Besuch im Juni 1989 positiv beeinflusst. Daher sprach er mit Bezug auf den Balkan von Wirtschaftshilfe als einer »Waffe«, die das Ende des Krieges herbeiführen konnte, wenn zuvor am Verhandlungstisch akzeptable Lösungen gefunden wurden.

Die deutsche Wirtschaftshilfe musste bei diesen Verhandlungen als ihr wichtiges Ziel stets präsent sein. Denn eine Friedensregelung ohne wirksame Hilfe zum Wiederaufbau blieb ein toter Buchstabe; sie musste scheitern. Hier sah Kohl die Möglichkeit für eine vermittelnde Politik: »Wenn klar ist, dass wir nicht honorieren, was (unseren) Prinzipien nicht entspricht, haben wir auch eine gute Chance – ich lasse jetzt einmal das Wort ›Druck‹ weg –, unseren Einfluss in einer guten und richtigen Richtung auszuüben.«[1155] Nicht durch Drohungen Druck zu erzeugen, sondern durch den Beginn von Verhandlungen eine neue Ausgangslage zu schaffen, die nicht durch unerfüllbare Bedingungen belastet war, dafür aber als lohnendes Ziel die deutsche und auch die EU-Wirtschaftshilfe erwarten ließ – das war sein Konzept. Es folgte einer induktiven Methode. Die beteiligten Parteien sollten selbst erkennen, dass eine friedliche Beilegung in ihrem eigenen Interesse lag und nicht ausländischen Interessen diente.

Führen durch Helfen und Vermitteln – so lässt sich das strategische Prinzip Kohls charakterisieren. Helfen, damit ein Projekt überhaupt vorankommt und schließlich erfolgreich ist, gehörte gleichsam zu Kohls Naturell. Schon in jungen Jahren pflegte er mit anzupacken. Mit den Jahren kam die Erkenntnis hinzu, dass man beim Helfen auch Einfluss ausüben kann, da der Ratschlag eines Mithelfers mehr wiegt als der eines Zuschauers.

Was in der nicht korrigierten Fassung des Fraktionsprotokolls von der Hilfe als »Waffe« so umständlich klingt, ist tatsächlich so etwas wie eine strategische Anleitung zum politischen Handeln – in den späten Jahren vor allem auf dem Gebiet der Außenpolitik. In Kohls Worten klingt das Konzept irgendwie verfremdet. Tatsächlich handelt es sich um nichts anderes als um praktische Außenpolitik, die Kohl auf die besondere Situation des Balkans bezogen hatte. Wirtschaftliche Hilfe zu leisten und damit zugleich – mehr oder weniger direkt – politischen Einfluss auszuüben, war spätestens seit dem Ende des Zweiten Weltkrieges ein wichtiger Faktor der Außenpolitik geworden. Man denke nur an die US-Wirtschaftshilfe für Europa.

»Hilfreich, aber nicht federführend«

Politischer Einfluss durch praktische Hilfsangebote findet sich bei Kohl auch in anderen Situationen, bei denen man eine solche Überlegung kaum erwartet. So machte sich Kohl Sorgen über die europäische Ratspräsidentschaft für das Jahr 1996, dem europapolitisch wichtigen Jahr, in dem die Folgekonferenz des Maastricht-Vertrages anstand. Im ersten Halbjahr 1996 hatte die Ratspräsidentschaft Italien inne. Hier lag ein Unsicherheitsfaktor, denn es war nicht abzusehen, ob Italien zu diesem Zeitpunkt eine handlungsfähige Regierung haben würde. Im zweiten Halbjahr war Irland an der Reihe, ein Land, das nicht zum »Kernbestand der Gemeinschaft« zählte, aber wegen der Europakonferenz die »Hauptlast der Verhandlungen« zu tragen hatte. Welche Schlussfolgerung zog der Kanzler daraus? Für ihn stand fest: »Wir müssen alles tun, um den irischen Kollegen zu helfen.« Das klang ganz einfach, aber wer anders als er selbst konnte diese Aufgabe übernehmen? Auch hier wird das Prinzip deutlich. Nicht führen, sondern helfen; indem man hilft und vermittelt, rückt man ganz von selbst in das Zentrum des Geschehens.[1156]

Wenn hier zur Erklärung der Strategie Kohls das Helfen als Mittel der Politik im Vordergrund steht, ist das nicht als Geringschätzung oder gar als Verharmlosung seiner politischen Leistung zu verstehen. Der Hinweis ist vielmehr notwendig, um zu zeigen, dass er mit dieser Einstellung richtig lag. Die relative Ruhe in den letzten Jahren auf dem Balkan ist nicht zuletzt der Einsicht zu verdanken, dass nur die Aufnahme oder die enge Anlehnung an die EU eine Zukunftsperspektive bildet.

Schließlich zeigte sich dieses strategische Konzept in den letzten Jahren seiner Kanzlerschaft bei der Frage der NATO-Osterweiterung. Das war ein Problem, das unter den Mitgliedsländern nur begrenzte Zustimmung fand. Kohl sagte einmal, dass er nicht wüsste, wie eine Abstimmung über die Osterweiterung ausgehen würde, wenn alle Mitglieder unter Klausurbedingungen über diese Frage abstimmen könnten.[1157] Nur Deutschland trat vorbehaltlos für die Aufnahme ost- und südosteuropäischer Staaten ein. Die deutsche Politik, die seit dem Fall der Mauer energisch für die Einbindung und Sicherheit der östlichen

Nachbarn eingetreten war, war von der Notwendigkeit einer Mitgliedschaft dieser Länder auch in der NATO überzeugt,

Aus naheliegenden Gründen erwies sich Russland als der entschiedenste Gegner. Schon die Sowjetunion hatte auf die militärische Aufrüstung und Integration der Staaten des Warschauer Paktes größten Wert gelegt. Nun sollten diese Staaten Mitglieder eines Militärbündnisses werden, das Russland als gegen sich gerichtet einschätzte. Für das ausgeprägte russische Sicherheitsbedürfnis war eine solche Vorstellung schwer erträglich. Kohl betrachtete das Problem nicht aus der Sicht eines NATO-Mitglieds, sondern der des Europäers. Er sah beide Seiten und war überzeugt, dass die bestehende Stagnation überwunden werden musste.

Es ging aber nicht nur um Russland. Dem Kanzler war auch das Sicherheitsbedürfnis Polens bewusst, das in ausgeprägtem Maße nicht nur gegenüber Deutschland, sondern auch gegenüber Russland vorhanden war. Notwendig war ein »Interessenausgleich« für beide Seiten. Kohl verstand diesen Ausgleich als eine besonders wichtige Aufgabe der deutschen Politik: »Weil wir hier besonders enge Beziehungen nach zwei Seiten haben, nach Washington und nach Moskau«, müssen »wir jetzt zu Methoden und Mitteln finden, um die Sicherheitsbedürfnisse wirklich aufeinander abzustimmen«.[1158]

Mit den westlichen Partnern hatte Kohl verabredet, die Frage der Erweiterung vorerst ruhen zu lassen, da »der russische Präsident nicht voll einsatzfähig« sei, um keine »unnötigen Schwierigkeiten« zu verursachen. Jelzin stand eine schwierige Herzoperation bevor. Für Kohl gab es keinen Zweifel, dass auch in der NATO Veränderungen unabdingbar waren. Für die Beitrittskandidaten müsse gelten: »Es gibt kein Veto für niemanden. Es kann niemand sagen, er legt sein Veto für den NATO-Beitritt eines Nachbarn ein.« Kohl äußerte die feste Überzeugung: »Wir wollen diese NATO-Erweiterung nicht, um neue Gräben aufzureißen, sondern um alte Gräben zu schließen.« Von Diskussionen, »ob etwa östlich der Bundesrepublik irgendwie geartete Atomwaffen stationiert werden«, hielt er gar nichts. Das war auch eine Warnung an Washington, nicht in Drohgebärden des Kalten Krieges zurückzufallen.

Es gelte Rücksicht nach verschiedenen Seiten zu üben und der Tatsache eingedenk zu sein, dass »wir als Deutsche mehr Position beziehen müssen als andere, die weiter weg sind«, also immer daran zu denken, dass Deutschland im Interesse beider Seiten einen Mittelweg einschlagen müsse.

Wieder war also geduldiges Vermitteln des Kanzlers gefragt. Er kannte die Interessen wie auch die Vorbehalte beider Seiten genau, hatte aber bei Clinton wie Jelzin viel persönlichen Kredit. Man wusste in Washington und Moskau, dass er im Interesse der Sache für faire Lösungen eintrat, mit der beide Seiten leben konnten. Von Hans-Peter Schwarz wird allerdings Kohls Verhältnis zu Clinton und Jelzin auf groteske Weise verzeichnet, wenn er schreibt: »Bald kennt er Jelzin und Clinton mit allen ihren Stärken und ihren leider viel zu wenig verborgenen Schwächen, die Rückschlüsse auf tief sitzende Neurosen erlauben. In diesem Trio der drei Großen ist er der Normalste.«[1159]

Deutschland sei in der Pflicht, sich um diese Fragen mehr als andere zu kümmern, erklärte der Kanzler, aber das sei kein Nachteil. Ganz im Gegenteil könne Deutschland seine Position in Europa und der Welt ganz wesentlich verbessern: »Wenn es uns gelingt, in '97 die NATO-Erweiterungsfrage … zu schaffen, haben wir im Blick auf das beginnende 21. Jahrhundert eine Ausgangsposition, wie wir sie noch nie hatten.« Was musste Deutschland tun, um diesen Erfolg zu erringen? Es klang bescheiden, war aber tatsächlich durchaus anspruchsvoll, und folgte wieder der Strategie, die Kohl selbst schon mehrfach angesprochen hatte. Bloß nicht vordrängen – könnte man als sein Motto angeben: »Wenn wir als Deutsche in dieser Sache – nicht federführend, um Gottes willen – hilfreich sind in den verschiedensten Bereichen, haben wir ein Stück erreicht, von dem wir eigentlich in den letzten Jahren dieses Jahrhunderts nur träumen konnten.«

Er sprach sich also wieder für das Helfen aus, damit politische Lösungen gefunden wurden, wo immer es nötig war. Aber immer wieder derselbe Vorbehalt, »um Gottes willen« nicht »federführend« in Erscheinung treten, keinen Führungsanspruch anmelden. Kohl wusste nur zu gut – im Umgang mit seinem Freund Mitterrand hatte er genügend Beispiele erlebt –, wie eifersüchtig die Reaktionen ausfallen konnten, wenn die Deutschen auftrumpfend sagten: »Wir sind wieder wer.« Vielleicht reagierte Kohl hier überempfindlich, denn in dieser Hinsicht musste er sich nicht um seine Landsleute sorgen – deren Drang nach nationaler Geltung war wenig entwickelt. Sie waren zufrieden, wenn die finanziellen Lasten nicht zu sehr drückten, die Urlaubszeit ausreichend erschien, aber genügend Probleme vorhanden waren, die zu ausführlichen Diskussionen einluden.

Es hat nicht den Anschein, als ob Kohl sich wegen der Belastungen aus der deutschen Vergangenheit bewusst zurückgehalten hätte. Er hatte einfach nicht das Bedürfnis, seine außenpolitischen Erfolge in den Vordergrund zu rücken. So konnte er ironisch anmerken, was Helmut Schmidt und sein Propagandaapparat aus den Erfolgen gemacht hätten, die dieser errungen hatte. Stattdessen lag ihm die indirekte Führung mehr, dass »alle mit Helmut stimmten«, wie der britische Premier John Major einmal launisch angemerkt hatte. Oder dass die Mitglieder des Europäischen Rats, die mit ihren gepanzerten Limousinen zu den Sitzungen anzureisen pflegten, dem Beispiel Kohls folgten und gemeinsam in einem Bus zum Tagungsort fuhren, was viel angenehmer war und die Möglichkeit zur Unterhaltung während der Fahrt bot. Schon 1994 befand Christoph Bertram: »Wenn der Kanzler an einer Sitzung des Europäischen Rats teilnimmt, dann gleicht sie inzwischen einem Familientreffen, und so hat er es gern.«[1160]

In einer Nebensächlichkeit unterschieden sich die europäischen Regierungschefs freilich vom Kanzler, der durch sein Verhandlungsgeschick, seine gut gelaunten Scherzereien und seine imposante Erscheinung gleichsam von selbst zum allseits akzeptierten Anführer aufgestiegen war. Im Gegensatz zu ihnen war er Herr über seine Zeit. Er führte nämlich seinen Terminkalender selbst. Wenn er zu seinen europäischen Kollegen sagte, »wir machen den Termin gleich aus, würde jedes Mal eine Welt zusammenbrechen«, freute er sich. Für Kohl war das kein Trick, um Eindruck zu schinden, sondern ein sinnvolles Vorgehen: »Das ist mein Leben. Ich spare ja viel mehr Zeit, wenn ich es selber mache.«[1161] Nur Juliane Weber und seine Frau kämen an seinen Kalender heran.

Telefon und Kalender gehörten zusammen. Das war wichtiges Handwerkszeug nicht nur im deutschen Bereich, mit dem er die Ministerial- und Parteibürokratie umgehen konnte, um direkt an die richtige Person zu kommen, von der er etwas wissen wollte. Der Personenkreis, den er im Ausland erreichen wollte, war erheblich kleiner, dafür aber hochkarätiger. Wann er mit wem was besprach, blieb unbekannt. Nur er wusste es, und er schwieg in der Regel.

Kohls strategische Formel »hilfreich, aber nicht federführend« bewährte sich hervorragend in den Beziehungen zu Boris Jelzin und Russland. Nach dem Ende der Sowjetunion war Russland die Macht im Osten – nach wie vor eine Weltmacht –, von der aber niemand mit Sicherheit voraussagen konnte, wie sie sich entwickeln würde. Das galt auch für Boris Jelzin, einst ein mächtiger Parteifunktionär in Sibirien, der als erklärter Gegner Gorbatschows im Juni 1991 mit großer Mehrheit an die Spitze Russlands gewählt worden war. Jelzin konnte den Putsch von

Kräften des alten Regimes im August 1991, der gegen Gorbatschow gerichtet und reaktionär im Wortsinne war, mit Mut und
taktischem Geschick nutzen, indem er die Putschisten ins Leere
laufen ließ, breite Unterstützung in der Bevölkerung gewann,
Gorbatschow entmachtete und ein Verbot der KPdSU durchsetzte.[1162]

Die Radikalreformer unter Jelzin übernahmen die Macht,
aber ihre überstürzte Aufgabe des Sowjetsystems mit seiner
Kommandowirtschaft war kein Erfolg. Chaotische Verhältnisse
waren die Folge, als in immer neuen Anläufen versucht wurde,
die wirtschaftlichen Zusammenhänge in Richtung Marktwirtschaft zu verändern. Die verschiedenen Reformversuche hatten
teilweise abschreckende Ergebnisse; sie führten zur Entstehung
der neuen Klasse der Oligarchen, die Korruption blühte in bis
dahin unbekanntem Maße und die Inflation nahm ein beängsti-
gendes Tempo auf.

Das Echo im Westen konnte nur kritisch sein, unterschied
sich doch das, was über die Zustände in Russland berichtet
wurde, zu deutlich von den naiven Erwartungen, die mit der
Marktwirtschaft und den sie begleitenden politischen Reformen
verbunden waren. Ein Präsident wie Boris Jelzin, der sehr robust seine ohnehin weitreichenden Rechte wahrnahm und sich
wenig darum kümmerte, ob das, was er anordnete oder durchsetzte, auch eine gesetzliche Grundlage hatte, konnte im Westen
nur auf begrenzte Sympathie stoßen. In Bezug auf Russland
herrschte eher ein Desinteresse vor. Man wollte mit diesem
Land möglichst wenig zu tun haben.

Helmut Kohl beurteilte die Situation grundsätzlich anders. Er
hatte vor allem die Konsequenzen im Blick, die sich aus einer politischen Katastrophe Russlands ergeben konnten. In Deutschland standen noch russische Truppen. Würden sie, wie vertraglich zugesichert, abziehen, wenn in Russland keine Regierung
mehr vorhanden war und das Land auseinanderfiel? Er sah

Deutschland aufgrund seiner geopolitischen Lage »auf Gedeih und Verderb mit dem Schicksal Russlands verbunden«, Russland sei Deutschlands »mächtigster und wichtigster Nachbar im Osten«. Für den Kanzler kam eine abwartende Haltung nicht infrage. Die verbreitete pessimistische Einstellung gegenüber Jelzin – »Der Mann schafft das nie!« – lehnte er als eine »fantastische Philosophie« entschieden ab.[1163] Genauso falsch wäre es, wenn man einfach abwarte, »bis der Nächste« komme, und warnte, dieser würde »auf gar keinen Fall ... von einer Art sein, dass er für uns die Situation erleichtert«. Deshalb »müssen wir das Menschenmögliche tun, von dieser westlichen Nabelschau wegzukommen und im Rahmen unserer Möglichkeiten zu helfen«. Eine halbwegs funktionierende staatliche Ordnung war wichtiger als der Zerfall des Landes. In dieser prekären Situation boten Jelzin und das Vertrauen, das er ausstrahlte, die wichtigste Gewähr für eine positive Entwicklung des Landes. Später hat Kohl immer wieder lobend und zu dessen Verteidigung angeführt, dass Jelzin »auf die Minute die russischen Zusagen über den Abzug der Soldaten eingehalten« habe.[1164]

Ein anderer Gefahrenpunkt, der Kohl sehr beunruhigte, war der Zustand der russischen Kernkraftwerke. Er hatte bei den westlichen Partnern vergeblich versucht, die Mittel für die absolut notwendigen Sicherungsmaßnahmen zu beschaffen: »Ein paar Hundert Millionen Dollar, es ist gar nichts, ... um die einfachsten Vorkehrungen, Management-Training zu treffen.« Amerikaner und Japaner lehnten ab, ganz anders die schwedische Regierung, die sich seit Tschernobyl der Gefahren bewusst war und an deren Spitze ein Ministerpräsident wie Paul Bildt stand, der sich, wie Kohl lobend hervorhob, »seit Jahrzehnten mit dem Thema beschäftigt« habe.[1165] Die Gleichgültigkeit im Westen, die den Aufwand zur Überholung der Kernkraftwerke scheute, erboste ihn. Diese Kosten seien nichts anderes als Hilfe zur Selbsthilfe: »Denn ich muss Ihnen nicht sagen, was passiert,

wenn wir eine zweite Dimension ›Tschernobyl‹ haben würden.«
Die erste hatte Kohl 1986 politisch nur mühsam überstanden.

Am 15. und 16. Dezember 1991 hatte die erste entscheidende
Begegnung zwischen Kohl und Jelzin in Bonn stattgefunden. Sie
dauerte »viele Stunden« und sprach auch die Gefahren an, »was
sich dort im Einzelnen entwickeln« konnte.[1166] Kohls Verständnis für Russland und seine Probleme hatte seitdem zugenommen, aber auch die Einsicht, wie schwierig die Hilfe zu organisieren war. Daher bemühte er sich, mehr Offenheit für Russland
und seine Probleme zu schaffen. Er wusste aber auch um die
Grenzen deutscher Hilfsmöglichkeiten, denn er war immer der
Ansprechpartner für alle Hilfsgesuche; an ihn wurden Erwartungen gerichtet, »denen man überhaupt nicht gerecht werden«
konnte. Dabei zeigten die Russen wieder eine Neigung, mit der
schon Bismarck auf dem Berliner Kongress seine Schwierigkeiten gehabt hatte. Für die Hilfe bei der glücklich erreichten
Einheit hätten die Deutschen »ein Stück Dankesschuld« an die
Russen abzustatten, wobei sich die Erwartungen in Richtung
»Dukatenesel« bewegten. Das seien unerfüllbare Forderungen,
befand der Kanzler, aber Deutschland könne etwas anderes tun,
nämlich eine wichtige Hilfestellung für die Russen zu leisten,
indem man vor allem den Amerikanern klarmachen müsse, dass
mehr Geduld vonnöten sei und Kontakte nach Russland aufrechterhalten und ausgebaut werden müssten. In Russland und
in anderen Nachfolgestaaten der Sowjetunion fänden »jetzt
Entscheidungsprozesse statt, die wir nicht entscheiden können,
die wir vielleicht sogar nur in einem minimalen Ausmaß mit-
entscheiden können«, bei denen aber westliche Hilfe und Ratschläge enorm wichtig seien.

Wenn Kohl ständig die Notwendigkeit betonte, zu helfen und
die russischen Partner zu beraten, wusste er, wovon er sprach.
Seit seiner ersten Begegnung mit Jelzin hatte sich ein Verhältnis
herausgebildet, das Kohl selbst »eine ganz ungewöhnliche, sehr

freundschaftliche Beziehung« genannt hat. Kaum notwendig erscheint der Hinweis auf die regelmäßige Kontaktpflege: »Mit Boris Jelzin telefoniere ich regelmäßig, auch wenn gar nichts Besonderes ist. Ich frage einfach, wie es ihm geht.« Für den russischen Präsidenten sei es »ganz wichtig und entscheidend gewesen, dass er gemerkt hat, dass er sich fest darauf verlassen kann, was ich mache«. Für Kohl galt immer die Devise: »Die Beziehung ist gut, wenn der Partner merkt, das ist einer, da muss man kein Dokument machen oder schreiben. Wenn er das sagt, wir machen das so, dann wird das so gemacht.« Kohl hatte diese Art der Vertrauensbildung schon mit Michail Gorbatschow seit dessen Besuch in Bonn im Sommer 1989 erprobt. Ein weiteres Zeremoniell, das die Freundschaft zwischen Kohl und Jelzin festigte, war die gemeinsame Vorliebe für die Sauna. Die zahlreichen Besuche Kohls in Russland waren oft mit gemeinsamen Besuchen in dieser nordischen Einrichtung verbunden. Das konnte 1995 im Winter nach einer großen Jagd mit Essen am offenen Feuer oder am Baikalsee bei einer Wassertemperatur knapp oberhalb des Gefrierpunktes stattfinden.

Noch deutlicher wird die Herzlichkeit ihrer Beziehungen bei einem improvisierten Besuch im Winter 1993. Kohl war auf dem Rückflug von China. Die Zeit war knapp bemessen, denn er hatte noch am selben Abend einen wichtigen Termin in Bonn und deshalb angekündigt, bei diesem Treffen müsse der Saunabesuch leider ausfallen. Doch er hatte die Rechnung ohne Jelzin gemacht: »Da gab es einen Flugplatz bei seiner Datscha; dann steht er schon da und sagt, gehen wir gleich in die Sauna. Moment, habe ich gesagt, also das ist jetzt nicht mein allererstes Ziel. Doch er wollte in die Sauna. Dann sind wir halt in die Sauna gegangen, haben unsere drei, vier Gänge gemacht. Nebenan ein Schwimmbad, dann haben wir unsere ganzen Sachen, die wir bereden wollten, (erledigt), dann anständig gegessen und getrunken.«[1167]

Diese Sauna-Treffen klingen etwas folkloristisch, aber ihre politische Bedeutung kann kaum überschätzt werden. In diesem schwierigen Land war eine solche vertrauensvolle Partnerschaft ungemein wertvoll. Das hatte nicht nur positive Auswirkungen auf die wirtschaftlichen Beziehungen, sondern auch auf die internationale Politik. Der Krisenherd Balkan war weit davon entfernt, befriedet zu sein. Russland war dort ein wichtiger Spieler, und panslawistische Gefühle, die sich gegen Deutschland richten konnten, waren schnell zu aktivieren.

Kohl wusste, dass Jelzin in Belgrad erheblichen Einfluss hatte. Als er seinen Vorschlag ansprach, dass man mit den drei Bürgerkriegsparteien ernsthaft verhandeln müsse und das Angebot der Wirtschaftshilfe in diesem Zusammenhang als »Waffe« zu benutzen sei, hatte er hinzugefügt: »Ich habe vor allem Boris Jelzin gebeten ... seinen ganzen Einfluss einzusetzen, damit die Serben mit an den Tisch gehen.«[1168] Wer außer Kohl konnte den russischen Präsidenten um so etwas bitten? Der Kanzler kannte Jelzin so gut, dass er erläuternd hinzufügen konnte: »Er hat, wie ich sicher bin, begriffen und weiß, dass eine Ausweitung des Krieges zur fürchterlichen Folge für die Weltpolitik führen würde.« Man kann getrost annehmen, dass seine Bitte eine positive Wirkung ausgeübt hat.

Am 9. Mai 1995, bei der 50. Wiederkehr des Tages der Kapitulation der Wehrmacht vor der Roten Armee in Karlshorst, hielt sich der Kanzler zusammen mit der internationalen politischen Prominenz in Moskau auf. Er war jedoch nicht bei der Siegesparade anwesend – das machten erst seine Nachfolger –, sondern besuchte während dieser Zeit einen deutschen Soldatenfriedhof. Einen Tag zuvor hatte eine feierliche Veranstaltung in Berlin stattgefunden – alles in größter Harmonie ohne Misstöne. Der amerikanische Vizepräsident Al Gore hatte in seiner Rede einen Passus eingebaut, der dem Kanzler ausnehmend gut gefiel, und damit unter Beweis gestellt, dass auch ein Vizepräsident

kluge Redenschreiber haben konnte. Für Kohl war es »ein
hinreißendes Zitat«. General Eisenhower, der Oberbefehlshaber
der westlichen Streitkräfte in Europa, habe genau fünfzig Jahre
zuvor in Paris auf einer Pressekonferenz auf die Frage, wann
wirklich Frieden sei, geantwortet: »In fünfzig Jahren – die Deutschen als gleichberechtigte Demokratie.« Wer wollte an diesem
9. Mai 1995 bezweifeln, dass Eisenhowers Voraussage richtig
gewesen war? Kohl war ungemein glücklich und zugleich dankbar, wusste er doch, dass das letzte Dutzend Jahre unter seiner
Führung ganz erheblich dazu beigetragen hatte, dass aus den
fünfzig Jahren eine solche Erfolgsgeschichte geworden war. Für
ihn bestand »die wichtigste Botschaft dieser Tage« in der Erkenntnis: »Wir haben einen Standard an Vertrauen in der Welt
gewonnen, … wie wir ihn noch nie hatten.«[1169]

Im September 1996 war er wieder in Moskau. In seinem Bericht über den Besuch kam noch einmal seine Hochachtung für
den russischen Präsidenten zum Ausdruck. Jelzin, sagte er, sei
»keine Ikone«, aber er habe es nie erlebt, »dass er seine Zusagen
nicht eingehalten« habe.[1170] Das war ein großes Lob, wenn man
sich die politischen Verhältnisse in Russland vergegenwärtigt
und wie schwierig es sein konnte, einmal gemachte Zusagen
auch zu erfüllen.

Ob Jelzin gegenüber Kohl eine Zusage zur Rückgabe deutscher Kulturgüter, der »Beutekunst«, gegeben habe, ist nicht
sicher. Kohls Bericht über diesen Punkt klingt sehr optimistisch,
vielleicht zu optimistisch. Er sagte: »Ich hoffe sehr, dass wir dieses Thema mit ihm weiterführen und abschließen können.« Dazu ist es bekanntlich nicht gekommen. Kohls Vorstellungen erscheinen im Rückblick jedoch nicht unrealistisch. Er strebte eine
Lösung dieser umstrittenen Frage an, »in der beide Seiten miteinander leben«. So konnte er sich vorstellen, dass ein Austausch
möglich sei, dass besondere Prestigeobjekte »ein paar Jahre in
diesem … und ein paar Jahre in einem anderen Museum ausge-

stellt werden« könnten. Als Voraussetzung für eine solche Lösung seien allerdings zwei Dinge notwendig, zum einen »eine große Geste des Miteinanders«, zum andern aber die Vermeidung eines Vorgehens, das zum Scheitern führen müsse: »Wenn dieses Thema in die Mühlen der Bürokratie gerät, wird es aussichtslos, das sage ich Ihnen ganz klar voraus.« In den Jahren danach sind Fortschritte in dieser Frage nicht bekannt geworden; es ist wohl davon auszugehen, dass die Bürokratie damit befasst ist.

In einem ARD-Interview wurde Kohl 1994 gefragt, was er von dem Wunsch hielte, den der US-Präsident geäußert hatte, dass nämlich Deutschland eine Führungsrolle übernehmen solle – also eine Aufgabe, die schon Clintons Vorgänger George Bush den Deutschen 1989 zugedacht hatte. Kohl antwortete ausweichend: »Bill Clinton kann das gut sagen.« Darauf erwiderten die Journalisten im Tone typisch deutscher Wehleidigkeit: »Und wir müssen es akzeptieren.« Das wollte Kohl so nicht stehen lassen und sagte ganz gelassen: »Wir haben es längst akzeptiert.« Er wollte damit unmissverständlich andeuten, dass Deutschland diese Führung schon übernommen habe. Gleich hinterher kam die Zurechtweisung, für Kohl typisch: »Aber wir dürfen um Gottes willen doch nicht dauernd darüber reden. Lassen Sie das doch andere sagen.«[1171]

War Helmut Kohl, wie Hans-Peter Schwarz es nahelegt, »die mächtigste Führerpersönlichkeit in Europa«?[1172] Ein solches Urteil verkennt Kohls Politikansatz wie seine Taktik. Führen durch Helfen unterschied sich grundsätzlich von einer machtbetonten Führung. Kohl hatte diese Rolle nie angestrebt, zum einen, weil sie ihm von seiner Veranlagung her nicht lag, zum anderen, weil er wusste, dass ein deutscher Kanzler in Europa nur etwas bewirken konnte, wenn er gerade nicht den Eindruck von Macht, geschweige denn von »Machtbesessenheit« vermittelte. Der »Machtmensch« Kohl ist eine Erfindung seiner poli-

tischen und medialen Gegner, hält aber der historischen Überprüfung nicht stand.

In den Neunzigerjahren erblickte er in der Außenpolitik seine
wichtigste Aufgabe. Er wollte die Einigung Europas entscheidend voranbringen und zugleich den Frieden in der Welt sicherer machen. Wenn er auf diesen Feldern erfolgreich wirken
konnte, dann vor allem aus dem Grunde, weil er für sich und
sein Land keine Sonderinteressen verfolgte, sondern zuerst und
vor allem den Blick auf das Ganze richtete und akzeptierte, dass
Deutschlands finanzielle Leistungen unentwegt anstiegen.

Ein kritischer Beobachter wie Christoph Bertram hat ein klu-
ges Urteil gefällt. Man müsse – auch wenn viele es »nur zähneknirschend einräumen« – zu dem Schluss kommen: »Helmut
Kohl ist neben Adenauer der erfolgreichste, wenn nicht gar der
bedeutendste Außenpolitiker unter den bisherigen Kanzlern der
Republik.« Die Umstände hätten ihm geholfen – aber er habe sie
genutzt, »mit sicherem Instinkt, mit Einfühlungsgabe und ohne
Triumphgeheul«.[1173]

Mit der Beurteilung des Kanzlers der Einheit stellt sich fast
zwangsläufig die Frage nach dem Reichsgründer Otto von Bismarck. Was hat Kohl mit dem Schöpfer des Deutschen Reiches
von 1871 gemein, das die Nationalsozialisten in verbrecheri-
schem Wahn verspielten und dessen verbliebene Teile Kohl wieder zusammengefügt hat? Die Vergleichbarkeit erscheint gering.
Es besteht zwischen beiden Männern keinerlei Ähnlichkeit in
der Herkunft, sozialen Stellung und politischen Einstellung.
Nur als Beispiel: Bismarck hasste das parlamentarische System
und versuchte, sein konstitutionelles Regierungssystem gegen
dieses möglichst krisenfest zu machen. Kohl dagegen wuchs in
den Parlamentarismus hinein, kannte dessen Schwächen, verspürte aber nie die Neigung zu seiner Änderung. Es war das
System, das zu ihm passte und in dem er trotz aller Widrigkeiten
so große Erfolge errungen hatte.

Nur in einem, allerdings zentral wichtigen Punkt besteht eine große innere Nähe. Bismarck hat sich mit Blick auf den von ihm einberufenen Berliner Kongress als »ehrlichen Makler«, der das Geschäft zustande bringen wollte, bezeichnet. Er verstand also seine Aufgabe auf dem Kongress in der Weise, dass er unter den Großmächten vermittelte und den drohenden Krieg auf dem Balkan verhinderte, selbst aber keine eigenen Interessen verfolgte. Bismarcks Politik als Reichskanzler war auf die Erhaltung des Friedens in Europa gerichtet. Was Helmut Kohl in der internationalen Politik erreichen wollte, diente dem gleichen Ziel. Was er mit »Helfen, aber um Gottes willen nicht federführend« bezeichnete, lief auf das Gleiche hinaus. Es war nichts anderes als die Rolle des Vermittlers, nur mit weniger aufwendigen Mitteln als mit denen der Diplomatie des 19. Jahrhunderts.

Bismarck und Kohl sind große Staatsmänner, die jeder für sich in einer veränderten Welt die zentrale Aufgabe verantwortlicher deutscher Politik begriffen hatten. Politik für Europa konnte nur im Bemühen um ständigen Ausgleich Bestand haben. Bismarck verhinderte durch seine Politik kriegerische Auseinandersetzungen, während Kohl für die politische Einigung Europas kämpfte, um den Frieden auch in Zukunft zu erhalten.

Ein knapper Sieg

Die Aufholjagd war erfolgreich gewesen. Helmut Kohl hatte es wieder geschafft. Bei den Bundestagswahlen am 16. Oktober 1994 hatte die Union etwas – 2,4 Prozent – verloren und kam auf 41,4 Prozent. Verglichen mit den niedrigen Zahlen vom Anfang des Jahres war es jedoch ein stolzes Ergebnis. Die FDP kam trotz der Leihstimmen der Union nur auf 6,9 Prozent. SPD und Grüne gewannen leicht.

Die eigentliche Überraschung stellte die PDS dar. Sie erhielt zwar nur 4,4 Prozent und lag damit unter der Fünf-Prozent-Klausel, aber sie errang in Ost-Berlin vier Direktmandate. Diese wurden von dem Schriftsteller Stefan Heym, dem Rechtsanwalt und einflussreichen SED-Politiker Gregor Gysi, der den Übergang von der SED zur PDS bewerkstelligt hatte, und zwei ehemaligen Funktionärinnen eingenommen. Mit diesen Direktmandaten unterlief die Partei die Sperrklausel und kam mit insgesamt dreißig Abgeordneten in den Bundestag. Ohne den Gewinn der Direktmandate wäre der Stimmenanteil der PDS den im Bundestag vertretenen Parteien zugeschlagen worden. Das hätte die Zahl ihrer Mandate entsprechend erhöht und besonders für die CDU einen beruhigenden Vorsprung gebracht.

Mit diesem unerwarteten Wahlausgang war die Mehrheit der Koalition geschrumpft. Helmut Kohl hatte frühzeitig auf die im Osten Berlins drohenden Gefahren aufmerksam gemacht. In der früheren »Hauptstadt der DDR« gäbe es genügend Menschen, die dem vergangenen Regime nachtrauerten. Bereits Mitte Juni hatte er auf die Gefahr hingewiesen, dass in einigen Berliner Wahlkreisen »gewaltige Konzentrationen« von PDS-Wählern vorhanden waren.[1174] Noch am 5. September warnte er in der Fraktion, die Bevölkerung habe nicht begriffen, dass drei Direktmandate »sich umrechnen zu je nachdem zwischen zwanzig und dreißig Bundestagssitzen«. Er wollte die eigene Partei und insbesondere die Berliner CDU auf diese Risiken aufmerksam machen, denn sie konnten den eigenen Sieg infrage stellen.

Hier werden Grenzen des Wahlkämpfers Kohl deutlich. Er wies unermüdlich auf die Probleme hin, aber das reichte nicht, um in der Partei etwas zu bewegen. Nachdem das Unglück bei der Wahl geschehen war, äußerte er nur milden Tadel und merkte an: »Wir müssen das Berliner Ergebnis sehr ernst nehmen, viel ernster, als es manche auch in Berlin genommen haben …«, um dennoch Unterstützung für die träge Berliner

Partei »durch die Gesamtpartei und die Gesamtfraktion« anzukündigen. Was sollte er auch tun? Als Mann der Mitte musste er
auf indirekte Weise Führung ausüben. Er konnte nicht mit
schneidender Kritik die Verantwortlichen zusammenstauchen.
Das wäre die falsche Methode gewesen. Sie hätte nur Frontstellungen hervorgebracht, die besser zu vermeiden waren.

Das Ergebnis der Bundestagswahl war denkbar knapp ausgefallen. Nur mithilfe von Überhangmandaten brachte es die
Koalition auf eine Mehrheit von vier Mandaten. Aber würde
diese geschlossen für den Kanzler stimmen? Zweifel waren angebracht. Kohl dagegen betrachtete die Mehrheit als »natürlich
ausreichend« und verwies auf die sozialliberale Koalition von
1969, deren Mehrheit ähnlich knapp war und die dennoch erfolgreich ihre Politik durchgeführt hatte. Für das Wahlergebnis
hatte er eine überraschende Erklärung: »Wir haben im Mittelstand gesiegt.« Wo aber die Verluste eingetreten waren, sagte
er nicht. Stattdessen machte er auf einen reizvollen, zur Erfor-
schung des Wählerwillens jedoch nicht hilfreichen Sachverhalt
aufmerksam, dass die Union nämlich bereits zum zweiten Mal,
1990 und 1994, »über 40 Prozent in ganz Deutschland bei Wahlen gekommen« war. Das sei einmalig »in der deutschen Parlamentsgeschichte seit der Bismarck'schen Reichstagsreform«,
denn nur die Sozialdemokraten seien 1919 mit 37 Prozent in die
Nähe dieser Marke gekommen.[1175]

Die knappen Mehrheitsverhältnisse wirkten sich auf die Koalitionsverhandlungen positiv aus, zumal die Begehrlichkeit der
FDP angesichts ihres mageren Ergebnisses nachgelassen hatte.
Bereits vor der Kanzlerwahl waren die Koalitionsverhandlungen abgeschlossen. Das hatte es in der Bundesrepublik noch nie
gegeben. Wichtiger als die schnelle Einigung mit den Liberalen
war die innere Geschlossenheit der Union, bei der Kohl ein
»Höchstmaß an Gemeinsamkeit« feststellte, in der »die Beziehungen und das Miteinander in einer Weise sich entwickelt ha-

ben, ... wie es nie war seit Gründung von CDU und CSU«. Das klang überaus optimistisch.

Die Fraktion hatte erhebliche Schwierigkeiten, mit der ungewohnten Situation zurechtzukommen. Für ihren Vorsitzenden Wolfgang Schäuble sah die bevorstehende Kanzlerwahl aber ganz einfach aus. Es ginge »jetzt nicht um irgendwelche Befindlichkeiten«, sondern darum, »dass wir, jeder Einzelne und wir alle miteinander, unserer Verantwortung gerecht werden«. Es bedürfe »auch keiner Appelle, denn jeder von uns weiß das«.[1176] So einfach war das. Diese Feststellung brachte Schäubles trockene Rationalität zum Ausdruck, wurde aber der Situation nicht gerecht. Offenbar hielt er es nicht für notwendig, mit Nachdruck an die Verantwortlichkeit des Einzelnen zu appellieren und die Gefahren zu beschwören, wenn nicht alle ihre Stimme für Helmut Kohl abgaben.

»BILD« war skeptisch und wies auf »mindestens ein Dutzend enttäuschter Hoffnungen, ... Unzufriedene und Verdrossene« hin. Heiner Geißler gab sich alarmiert: »Die Wahl des Kanzlers steht auf des Messers Schneide. Fünf Stimmen Mehrheit sind bei 672 Abgeordneten sehr wenig.«[1177]

Am Tag vor der Wahl war die Stimmung noch heiter, obwohl einige Abgeordnete fehlten. Schäuble tröstete sich mit der Erkenntnis, »dass nur zehn im Stau stecken«. Er versuchte, alles locker zu nehmen. Aber er hatte die Fraktion nicht im Griff. So beklagte er sich, »dass man aus Jux und Tollerei, wenn wir einen Zählappell machen, sich nicht in die Liste einträgt, um festzustellen, ob die es merken«. An seiner optimistischen Einschätzung der Wahlchancen hielt er jedoch fest; er war überzeugt, »dass die Wahl mit 341 Stimmen enden« werde.[1178]

Die Abgeordneten waren am 16. Oktober schließlich alle versammelt, selbst der letzte Nachzügler hatte es noch knapp geschafft. Beim Ergebnis hatte sich Schäuble aber deutlich verschätzt. Der Kanzler wurde gewählt, aber nicht mit 341, sondern mit lediglich 338 Stimmen. Nur eine Stimme über der absoluten Mehrheit hatte er erhalten. Wenigstens drei Abgeordnete der Koalition hatten ihm ihre Stimme verweigert. Wahrscheinlich waren es noch mehr, denn der Abgeordnete Anton Pfeifer glaubte, aus persönlicher Kenntnis zu wissen, dass zwei Abgeordnete der Opposition für den Kanzler gestimmt hatten.[1179]

Kohl gab sich dennoch unbeeindruckt und erklärte, er habe »fest damit gerechnet, dass der erste Wahlgang läuft« und fühle sich geehrt, dass er in den »berühmten Club ... der mit einer Stimme Mehrheit Gewählten« eingetreten sei. Damit meinte er Konrad Adenauer, dem dies 1949 gelungen war, aber er rechnete auch Willy Brandt hinzu, obwohl dieser 1969 mit zwei Stimmen und Helmut Schmidt, der 1976 auch nur mit einer Stimme Mehrheit gewählt worden war.

Während des Wahlaktes selbst zeigte er weniger Siegeszuversicht als deutliche Nervosität: »Ruhelos wandert er im Saal umher, ... schaute zu seiner Frau auf der Diplomatentribüne, ... ging in die Wahlkabine zur Stimmabgabe, kehrte auf seinen Platz zurück, rollte mit dem Stuhl hin und her«, bis ihm Jürgen Rüttgers das knappe Ergebnis vorab mitteilte. Seine Reaktion: »Lächelnd lehnt sich Kohl zurück; zügelt seine Freude. In Stunden persönlicher Triumphe nimmt sich Kohl merkwürdig zurück.«[1180]

Schon vor dem Wahltag stand Helmut Kohl in der Öffentlichkeit als Sieger fest. Mit dem absehbaren Erfolg rückte eine Frage immer mehr in den Vordergrund, die zu diskutieren er selbst keine Notwendigkeit sah, die aber die Medien nicht losließ. Wenn schon der Kanzler weitermachen würde, wollte man doch wenigstens wissen, ob ein Ende absehbar sei. Musste er auf unbestimmte Zeit weiter ertragen werden, oder gab es in ferner Zukunft eine Terminierung oder gar die Bestimmung eines Nachfolgers? Bereits vor dem Wahltag hatte er sich mit diesem

Problem auseinandergesetzt – allerdings auf merkwürdige Weise, die mehr Verwirrung als Klarheit schuf. Auf der Bundespressekonferenz hatte er erklärt, bei einem günstigen Wahlausgang beabsichtige er, »die nächsten vier Jahre im Amt zu bleiben«.[1181] Was danach folgen sollte, blieb widersprüchlich. Er ließ offen, ob er nach 1998 weiter im Amt bleiben oder lediglich für ein Mandat im Bundestag kandidieren wollte. Mit keinem Wort jedoch war bei ihm von einem Rücktritt nach der Halbzeit der Legislaturperiode die Rede. Er wollte sich nicht festlegen. Das galt auch für die Regelung der Nachfolge. Da hieß es nur, sie werde »zum gegebenen Zeitpunkt in vernünftiger und würdiger Weise geregelt« werden. Nichts war festgelegt, wie lange er im Amt bleiben und wer der Nachfolger sein würde.

Das neue Kabinett bot keine Überraschungen. Bereits eine Woche nach seiner Wahl nahm der Kanzler zur Regierungserklärung im Bundestag das Wort. Er machte keine spektakulären Ankündigungen, sondern setzte begrenzte, aber wichtige Ziele, wie die Rückführung der Schulden und die Senkung der Staatsquote, die infolge der Wiedervereinigung mit 52 Prozent wieder eine Höhe erreicht hatte, die an die Schlussphase der sozialliberalen Koalition erinnerte und deshalb zu senken war. Von einer Fortsetzung der Steuerreform war eher beiläufig die Rede, ebenso vom gerade wieder eingeführten Solidaritätszuschlag. Von dem hieß es nur, sein Abbau werde »baldmöglichst« in Aussicht gestellt – man glaubte selbst nicht daran, dass man auf diese neue Steuer verzichten könnte.

Das Thema Arbeitslosigkeit kam in der Regierungserklärung faktisch nicht vor. Nur in abgeleiteter Form wurde ihre Bekämpfung durch die Schaffung von mehr Teilzeitbeschäftigung angesprochen. Dass Kohl nichts über die Arbeitslosigkeit und ihre Bekämpfung sagte, war kein Zufall. Er verfolgte hier einen anderen Weg. Er wollte in dieser Situation, die von einem hohen Stand der Arbeitslosigkeit, aber von keinen Konzepten zu ihrer

Überwindung geprägt war, auf die Gewerkschaften zugehen und die gespannte Atmosphäre zwischen den Sozialpartnern auflockern. Der Kanzler strebte einen Beschäftigungspakt der Tarifparteien an. Das erste Gespräch mit »namhaften Repräsentanten« aus Gewerkschaft und Wirtschaft fand Ende Januar 1995 statt. Die Sozialpartner verständigten sich auf eine Absichtserklärung. Sie wollten – so das anspruchsvolle Ziel – bis zum Jahr 2000 zwei Millionen neue Arbeitsplätze schaffen. Das hieß schlicht und einfach, die Zahl der Arbeitslosen bis zum Ende des Jahrhunderts zu halbieren – eine mehr als kühne Ankündigung. Die Medien feierten bereits ein »Bündnis für Arbeit«. Die IG Metall hatte dieses Bündnis lebhaft propagiert, aber in der Folgezeit stellte sich rasch heraus, dass die unterschiedlichen Positionen von Arbeitgebern und Gewerkschaften nicht überwunden werden konnten.[1182] Die Gewerkschaft hatte Mäßigung bei den Lohnforderungen angeboten, wenn die Arbeitgeber 30 000 neue Arbeitsplätze bereitstellten und auf Kürzungen bei der Sozialhilfe verzichteten.

Die Regierungserklärung wollte nicht viel Aufmerksamkeit erregen. Der SPD-Fraktionsvorsitzende Rudolf Scharping las nur die Botschaft heraus: »Er soll so weitergehen wie in den letzten zwölf Jahren.«[1183] Das klang nach dürftiger Routine. Tatsächlich legte der Kanzler keinen Wert darauf, die Opposition im Bundestag über seine Pläne zu informieren. Scharping war kein Kontrahent. Er hatte im Wahlkampf mangelnde Kompetenz in Wirtschaftsfragen gezeigt, als er im Zahlenmaterial eines SPD-Vorschlags Brutto mit Netto verwechselt hatte. Einen solchen Gegner behandelte Kohl mit Nachsicht und gutmütiger Ironie. Bei der Aussprache über den Haushalt gab er ihm gute Ratschläge: »Wissen Sie, viele Jahre haben Sie mir vorgehalten, ich würde die Probleme aussitzen. Ich kann Ihnen nur empfehlen: Sitzen Sie sie auch intelligent aus. Dann kommen und gehen die Gestalten, und dann hat vielleicht auch der Kollege (Joschka)

Fischer irgendwann wieder die Hoffnung – die er heute seiner Mimik nach offensichtlich sinken ließ –, dass er bei Ihnen irgendwann Vizekanzler werden kann.«

Der Eindruck, dass Scharping für den Kanzler keine Gefahr darstellte, wurde auch in seiner eigenen Partei geteilt, und so geschah es, dass Oskar Lafontaine auf dem SPD-Parteitag im November 1994 Scharping in einer überraschenden Kampfabstimmung besiegte und nun selbst im Bundestag und Bundesrat einen verschärften Oppositionskurs steuerte.

Es war nicht allein die innere Lähmung der größten Oppositionspartei, die die Koalition bequem in die neue Legislaturperiode kommen ließ. Die Konjunkturerholung, die Kohl im Sommer eine so willkommene Hilfe für seinen Wahlsieg gebracht hatte, hielt auch im folgenden Jahr an und entspannte die Situation. Im Juli 1995 stellte er befriedigt fest, dass die »Reputation« der Regierung zehn Monate nach der Wahl nichts zu wünschen übrig lasse. Selbst das politisch gefährliche Sommertheater, das in Bonn so oft für erhebliche Probleme gesorgt hatte, schien seinen Schrecken verloren zu haben. Überall könne man hören: »Bonn ist im Augenblick nicht schuld!«[1184]

Das entspannte politische Klima in Deutschland war der passende Hintergrund für die Pflege auswärtiger Beziehungen. Kohl war als Gast überall willkommen. Ein Staatsmann mit solchen Erfolgen, dem nicht nur die Wiedervereinigung in eindrucksvoller Weise gelungen war, sondern der auch die schwierigen ökonomischen Probleme im Griff zu haben schien. Er repräsentierte damit ein Land, das im Vergleich zu anderen Staaten ganz vorn stand. Ein solcher Staatsmann traf überall in der Welt auf Interesse. Im Frühjahr 1997 hatte er zwei Auslandsbesuche absolviert, die besondere Aufmerksamkeit beanspruchen durften.

Im Juni fuhr der Kanzler nach Israel. Der Verlauf der Reise unterschied sich deutlich von der kritischen Aufnahme, die ihm bei seinem ersten Besuch 1984 bereitet worden war und die durch die Berichterstattung in den deutschen Medien noch verschärft worden war. Nun war es der europäische Staatsmann Helmut Kohl, dem man Respekt erwies. Die »Frankfurter Allgemeine Zeitung« staunte: »Noch nie hat Israel einen lebenden Staatsmann auf diese Weise geehrt.«[1185] Das im Aufbau befindliche Europäische Institut der Hebräischen Universität in Jerusalem erhielt den Namen »Helmut-Kohl-Institut«; eine Ehrendoktorwürde der Ben-Gurion-Universität im Negev rundete die Ehrungen für einen Mann ab, der sich immer wieder als Freund Israels bewährt hatte und nun als der Motor der europäischen Einigung für Israel ein noch wichtigerer Partner geworden war. Der Kanzler selbst sah den politisch-menschlichen Gewinn der Reise in der Freundschaft zu Jitzhak Rabin, dem wenige Monate später ermordeten Ministerpräsidenten, dessen Politik des Ausgleichs er sich tief verbunden fühlte. Freundschaften in der Politik waren für ihn wichtig: »Wenn man weiß, er ist dein Freund, dann schafft das Vertrauen, einen persönlichen Anteil, mit dem man Probleme lösen kann.«[1186]

Wenige Wochen später, Anfang Juli 1995, folgte der Staatsbesuch in Polen. Zum ersten Mal nach dem durch den Fall der Mauer unterbrochenen Besuch war der Kanzler wieder im östlichen Nachbarland.

Auch hier hatte sich die Atmosphäre gewandelt. Die polnischen Gastgeber waren bemüht, durch entsprechende Gesten die Bedeutung des Gastes hervorzuheben. So wurde ihm die Ehre zuteil, vor beiden Häusern des Parlaments eine Ansprache zu halten, was bis dahin nur Staatsoberhäuptern vorbehalten war und Kohl tief bewegte. Die polnische Seite war durch seine Zusicherung hoch befriedigt, dass Polen »noch in diesem Jahrzehnt« der Europäischen Union und der NATO beitreten werde. Das war ein Wort, das den Polen ungemein wichtig war. Es hatte deswegen besonderes Gewicht, weil sie wussten, dass keine andere Regierung so viel Engagement gezeigt hatte, um Polen und die anderen ehemaligen Satellitenstaaten an die westliche Gemeinschaft heranzuführen. Selbstverständlich wurden die Lasten der Vergangenheit gewürdigt; dennoch prägte den Besuch eine erstaunliche Leichtigkeit. Das zeigte sich auch, als die deutsche Seite einen großen Empfang in Warschau gab. Schon die Lokalität deutete das an. Kohl empfing die polnischen Gäste im wiederaufgebauten Warschauer Königsschloss. Die in diesen Tagen herrschende Bruthitze veranlasste ihn zu dem Bekenntnis, »eigentlich wäre er lieber im Schwimmbad, aber nun werde man gemeinsam für die deutsch-polnische Freundschaft schwitzen«. Diese Offenheit gefiel den polnischen Gästen. Der polnische Ministerpräsident Józef Oleksy erwiderte mit feiner Ironie: »Wir wollen noch oft als Gäste des deutschen Kanzlers ins Schloss kommen«, und meinte damit, andere Formen der Behandlung habe man zur Genüge kennengelernt.

Der im Ausland gezollte Respekt unterschied sich vom innenpolitischen Klima in Deutschland. Hier galten andere Prioritäten. Die Frage eines möglichen Rücktritts des Kanzlers und damit der Regelung seiner Nachfolge war zwar kein offen diskutiertes Thema, fand aber in den Medien und bei manchen Politikern in den eigenen Reihen stets genügend Interesse. Kohl selbst gab sich gelassen; über seinen Ruhestand würden die Wähler entscheiden, und auf die sei Verlass. Das hieß, vor 1998 würde nichts geschehen. Selbst sein alter Widersacher Heiner Geißler war nicht für einen raschen Wechsel. Er hielt die Kanzlermehrheit für zu gering, um sie »bei einem Führungswechsel auf die Probe zu stellen«.[1187] In Wirtschaftskreisen war ebenfalls keine Neigung vorhanden, auf Kohl zu verzichten. Er wurde als unverzichtbares Vertrauenskapital eingeschätzt. In den Sommermonaten 1995 wuchs die Erkenntnis, »dass nur Kohl mit einer nochmaligen Kanzlerkandidatur das Weiterregieren möglich machen könne«.[1188]

Für Wolfgang Schäuble hatte die nicht zu leugnende Uner-
schütterlichkeit der Position Kohls die Konsequenz, unverdrossen weiter auf seine Chance zu warten und zugleich ein umfangreiches Reformprogramm zu bewältigen. Nur so konnte er den
Anspruch auf die Nachfolge aufrechterhalten. Durch das Bohren der wirklich dicken Bretter, die Inangriffnahme innen- und
sozialpolitischer Reformvorhaben, wollte er diesen Nachweis
führen und damit zugleich die Auseinandersetzung mit der SPD
suchen. Kohl und Schäuble erschienen als »routiniertes Team,
als perfekte Ergänzung für das politische Geschäft«: »Schäuble
treibt und Kohl wägt ab.« Das klang nach vollendeter Harmonie, aber da waren Abstriche zu machen. Ein Präsidiumsmitglied wurde mit den Worten zitiert: »Schäuble leidet an der
Langsamkeit des Seins in Bonn«, am Stillstand in der Koalition
und am Kanzler, der ihm »jeden Tag aufs Neue die Beschränkt-
heit seiner Macht vor Augen führt«.[1189] Später sagte Schäuble
schroff: »Wir sind kein Duo.«

Das Murren über den Kanzler konnte für ihn wenig bewirken. Alle Beteiligten wussten, dass die bayerische Schwesterpartei ihn nicht als Kanzlerkandidaten akzeptierte. Schäuble fehle
das Zeug zum Kanzler, meinte man in der CSU, und außerdem
fürchtete man, er könne mit den Sozialdemokraten zusammengehen.

Wiederholt hatte Kohl auf den wichtigen Zwischenwahlter-
min im Frühjahr 1996 hingewiesen. Die Landtagswahlen in
Baden-Württemberg, Rheinland-Pfalz und Schleswig-Holstein
waren für ihn der »wichtigste Wahltag« vor der nächsten Bundestagswahl; sie »bestimmen ganz entscheidend das Klima für
den Rest der Legislaturperiode«.[1190] Die Wahlen gingen für die
Union glimpflich aus. Dennoch brachten sie nicht die von Kohl
erwartete Stabilisierung, sondern eine Verdüsterung der Lage.
Die wirtschaftliche Entwicklung, insbesondere die Arbeitslosigkeit, gab zu Sorgen Anlass.

Die »Chaostage« in Hannover konnten als schrille Unterbrechung der Sommermonate gelten. Ein Treffen von Punkern
brach im August wie ein Gewitter über die eher als ruhig gel-
tende Landeshauptstadt herein und führte zu Gewaltexzessen
und umfangreichen Plünderungen, die die niedersächsische Landesregierung schlecht aussehen ließen. Kohl teilte durchaus die
Schadenfreude über die Blamage, die Ministerpräsident Gerhard Schröder und seine rot-grüne Koalition zu verantworten
hatte, warnte aber vor der Unterschätzung der SPD: »Sie werden sich wieder fangen, das ist eine alte große traditionsreiche
Partei, und sie werden viel Rückenwind in den Medien bekommen.«[1191] Diese Einschätzung war zwar nicht falsch, aber Kohl
dürfte zu diesem Zeitpunkt noch kaum geahnt haben, zu welcher Stärke der Rückenwind der Medien in den kommenden
Jahren anschwellen würde.

Wieder lag das Hauptproblem im Anstieg der Arbeitslosigkeit. Die rasanten technologischen Fortschritte dieser Jahre und
die vom Kostendruck bestimmten Rationalisierungen setzten
immer mehr Arbeitskräfte frei. Im Winter 1996/97 überschritt
die Zahl der Arbeitslosen die Vier-Millionen-Grenze und bewegte sich bald in Richtung auf die fünf Millionen, erreichte
diese aber nicht ganz.

Es war eine vertrackte Situation. Das Wirtschaftswachstum
war befriedigend, und es gab keinen Konjunktureinbruch wie
im Herbst 1992, doch die Arbeitslosigkeit blieb unvermindert
hoch. Für die Regierung war dieser Zustand nicht hinnehmbar,
aber Konjunkturprogramme versprachen keinen Erfolg. Der
Kanzler sah in der wirtschaftlichen Situation »keine normale
Wirtschaftskrise, die bald wieder vergehen wird. Wir befinden
uns in einem großen Umbruch. Wir werden uns umstellen müssen.«[1192] Notwendig waren konkrete Maßnahmen, die Abhilfe
schaffen konnten. So wurde das Programm aus dem letzten
Wahlkampf für »Wachstum und Beschäftigung« weiterentwi-

ckelt. Die Bezeichnungen wechselten; mitunter war auch von
»Wachstum und Stabilität« die Rede. Schließlich wurde daraus
das »Aktionsprogramm für Investitionen und Arbeitsplätze«.
Es bildete den Rahmen für eine Fülle ganz unterschiedlicher
Maßnahmen, die alle einem Ziel dienten – der Kostensenkung
durch Sparmaßnahmen. Für Kohl war der Abbau der Arbeitslosigkeit »das stärkste innenpolitische Thema«, aber der Weg
dorthin war nicht einfach festzulegen. Denn auch ein konjunktureller Aufschwung würde die Arbeitslosigkeit nicht wirksam
reduzieren.

Es klang wie eine Wiederholung der Strategie vergangener
Wahlkampagnen. Einsparungen seien notwendig, aber eine
Steuerreform solle schließlich auch dem Bürger eine Entlastung
bringen, die Belastungen ausgleichen und sie letztlich akzeptabel machen. Die Zielsetzung ähnelte dem Programm der Jahre
1987/88, das seine Wirksamkeit aber nicht beweisen musste, da
sich mit dem Fall der Mauer und der Wiedervereinigung ganz
neue Perspektiven auftaten. Zuvor jedoch hatte der mühsame
Kampf um die für notwendig erachteten Reformen Kohl selbst
an den Rand des Scheiterns gebracht. Die Kohl-Gegner waren
seitdem überzeugt, dass er die Wahlen von 1990 ohne Wiedervereinigung verloren hätte. Mitte der Neunzigerjahre aber, nach
der glücklich überstandenen Rezession von 1993, waren die
Aussichten schlecht, bei hoher Arbeitslosigkeit sichere Erfolge
zu erzielen.

Am 26. April 1996 trug der Kanzler im Bundestag sein Konzept vor. Er vermied lange Begründungen und Rechtfertigun-
gen. Seine Botschaft war einfach: Das »Verhältnis sozialer
Leistungen zur wirtschaftlichen Leistungskraft« müsse neu aus-
balanciert werden. Es sei bei den öffentlichen Haushalten ein
»Konsolidierungsbedarf« von rund 50 Milliarden D-Mark entstanden, der nur durch »eine sparsame Haushaltspolitik und
Einsparungen auch bei den Sozialversicherungen« auszugleichen

sei.[1193] Die spektakulärste Ankündigung betraf die Änderung bei der Lohnfortzahlung im Krankheitsfall, eine früher einmal schwer erkämpfte Errungenschaft der Gewerkschaften, bei der nun auch gespart werden sollte. Zur Begründung hatte Fraktionschef Schäuble im Anschluss an Kohls Ausführungen nüchtern auf die Tatsache hingewiesen, dass »pro Mitarbeiter und Jahr etwa fünfzehn Arbeitstage durch Arbeitsunfähigkeit verloren gehen«. Das sei nicht hinzunehmen. Natürlich sollte die Lohnfortzahlung nicht wegfallen, sondern nur bei den ersten Fehltagen zu einer geringfügigen Minderung der Bezüge führen. Selbst die Beamten waren in gleicher Weise von der Neuregelung betroffen. Man zeigte sich entschlossen, auch Besitzstände infrage zu stellen, die bisher als unantastbar galten.

Die Opposition war nicht überrascht, denn sie kannte die Finanzlage und blieb eigentümlich zurückhaltend. Kein flammender Protest oder die Ankündigung schärfster Gegenmaßnahmen war zu hören. Eher machte sich Betroffenheit und Zweifel an den geplanten Maßnahmen breit. Joschka Fischer beispielsweise bejammerte die »schwerste Strukturkrise« der Bundesrepublik – was keineswegs zutraf – und befürchtete schon »erste Schritte zum Abbau, zur Zerschlagung des Sozialstaates«.[1194]

Die Gewerkschaften dagegen ließen sich die Gelegenheit nicht entgehen, ihre Muskeln zu zeigen und zugleich ihren Mitgliedern einen Ausflug nach Bonn zu finanzieren. Sie organisierten in der Bundeshauptstadt eine Protestkundgebung, die 350 000 Teilnehmer umfasste, aber den Kanzler wenig beeindruckte.

Nach kompliziertem Zickzack zwischen Bundestag, Bundesrat und Vermittlungsausschuss gelangten die in vier Pakete zusammengefassten Gesetzesentwürfe im September zur Abstimmung in den Bundestag. In der tagespolitischen Auseinandersetzung fand die Frage wachsendes Interesse, ob die knappe Mehrheit der Koalition halten würde. Denn Einwände gegen die vorgeschlagenen Maßnahmen gab es auch in den eigenen Reihen.

Am 13. September 1996 stand die Abstimmung auf der Tagesordnung. Für Helmut Kohl war es »ein Schlüsseltag, auch wenn es Freitag, der 13., ist«. Er setzte auf den Erfolg bei der Abstimmung. Die gewonnene Abstimmung sollte zugleich ein Signal für seine erfolgreiche Wiederwahl sein. Mit dem Erfolg im Bundestag lag er richtig; mit der Kanzlermehrheit von 341 Stimmen wurde das Paket verabschiedet.

Der Sieg bei den umkämpften Abstimmungen sorgte für vorübergehende Entlastung. Sie passte gut zum wenig später erreichten Überschreiten der von Konrad Adenauer gesetzten Bestmarke der Regierungszeit eines Kanzlers. Keiner seiner Nachfolger hatte eine ähnlich lange Amtsdauer erreicht. Kohl selbst nahm die Sache gelassen. Schon früher hatte er bemerkt, dass er nie daran gedacht hätte, einmal länger als Adenauer zu regieren. Als es nun doch geschehen war, sah er darin keinen Anlass zum Feiern. Er wusste, »dass das Auf und Ab immer sehr nahe beieinanderstehen«, und war verwundert, »wer sich jetzt alles zu Wort« melde, »auch solche, die ich früher nicht gelesen habe und jetzt auch nicht lese«.[1195]

Der Weg in die Niederlage

Die politische Situation im Herbst 1996 eignete sich nicht zum Feiern. Der Kampf um die Spargesetze, die zugleich Reformen beinhalteten – bei den Renten, bei den Steuern und bei der Sozialversicherung –, hatte in Bonn eine gereizte Stimmung erzeugt. Ein Kenner der Bonner Szene urteilte: »Der innenpolitische Reformzwang schafft schon jetzt eine Atmosphäre des Vorwahlkampfes. Die Koalitionspartner suchen einander mit

Vorschlägen zu überholen, Vorwürfe werden zunehmend giftig vorgetragen; der Streit zwischen Sozialpolitikern und Finanzpolitikern entzweit Personen und Gruppen.«[1196]

Norbert Blüm war in den erbitterten Auseinandersetzungen oft der Verlierer. Er musste nachgeben. Aus der FDP wie der CSU kamen immer wieder Störmanöver. Bei den Renten konnte Blüm nach unendlichen Mühen wenigstens den demografischen Ansatz im System verankern. Er hatte schwer gegen Kurt Biedenkopf und dessen anspruchsvolle Rentenpläne zu kämpfen und sah sich steigendem Druck ausgesetzt. Am Tage der Verabschiedung des Gesetzespakets wirkte er auf der Regierungsbank verbittert und isoliert. Während seine Kabinettskollegen »die Aussprachen im Plenum zum fröhlichen Gespräch nutzen«, machte der Sozialpolitiker den Eindruck, »als gehöre er nicht dazu«.[1197]

Die Auseinandersetzung um die notwendigen, aber oft heftig umkämpften Reformen hatte den Begriff »Reformstau« ungemein populär gemacht. Die Verantwortung für den beklagten Stillstand hatte freilich kein anderer als der Kanzler zu tragen. Ob die Opposition nicht auch durch ihre Obstruktionspolitik an diesem Reformstau zumindest mitverantwortlich war, wurde verdrängt. Stattdessen bildete sich in den Medien durch ständige Wiederholung die zur Glaubenswahrheit verdichtete Vorstellung, Kohl sei für einen »Reformstau« verantwortlich gewesen.

Nach der gewonnenen Abstimmung im September 1996 stand für den Kanzler fest, dass die Sozialdemokraten zu »einer Politik der totalen Konfrontation und Blockade« entschlossen seien. Mit ihrer starken Bundesratsmehrheit wollten sie »den Eindruck erwecken, diese Koalition sei nicht mehr in der Lage, die politischen Probleme, die ökonomischen Prozesse hinreichend zu beherrschen und ist deswegen am Ende; sie bekommen auch nichts mehr hin«.[1198] Es war verständlich, dass er die erkennbaren Probleme bei der Durchsetzung des Regierungsprogramms dramatisch zuspitzte, denn die Strategie der Opposition zeigte Wirkung. Die Regierungsvorhaben, die im Laufe der kommenden Monate im parlamentarischen Schlagabtausch verändert wurden oder auch in der Versenkung verschwanden, ließen die Absichten der Regierung nicht deutlich werden. Man sah vor allem komplizierte Umverteilungen, deren Vorteile schwer erkennbar waren. Immer wieder warb Kohl um Verständnis für die Notwendigkeit der Vorhaben. Dabei schreckte er vor Übertreibungen nicht zurück. Im Februar 1997 malte er düster die Konsequenzen beim Scheitern der Projekte aus: »Mit allem Ernst – wer glaubt, dass wir uns jetzt in die Büsche schlagen, … muss wissen, dass ohne diese beiden großen Reformwerke die Frage der zukünftigen Entwicklung Deutschlands negativ zu beantworten ist.«[1199] Einige Wochen später wurde er noch deutlicher: »Wenn wir … Steuerreform, Rentenreform und die Entscheidungen im Gesundheitsbereich jetzt nicht schaffen, wird das Land seine Zukunft verspielen. Ganz einfach gesagt, da gibt es kein Wenn und Aber.«[1200] Beide Äußerungen machte er vor dem Bundesvorstand, dessen Mitglieder erfahrene Politiker waren. Sie waren durch solche Beschwörungsformeln kaum zu beeindrucken. Der Wahlkampf machte sich bereits bemerkbar, aber die zündende Parole fehlte.

Zur Buchmesse in Frankfurt überraschte Kohl das Publikum mit einer Neuerscheinung. Mit Kai Diekmann und Ralf Georg Reuth, zwei Journalisten von »BILD«, hatte er ein Buch über seine Sicht des Geschehens während des »deutschen Jahres« veröffentlicht. Der Titel brachte sein Hauptanliegen treffend zum Ausdruck: »Ich wollte Deutschlands Einheit«. Das Buch beruhte auf ausgedehnten Interviews und einer begrenzten Einsicht in Akten des Kanzleramtes. So entstand wenige Jahre nach den Ereignissen bereits eine quellennahe Darstellung, die Neues bot und von den ersten Biografen Kohls dankbar ausgeschrieben werden konnte. Der Name Kohl zog; es wurde ein Bestseller.

Im Laufe des Jahres 1997, bei den Auseinandersetzungen um die Reformen, setzte der Abwärtstrend der Union ein, der diesmal nicht mehr ausgeglichen werden konnte. Hatte ihr Jahresdurchschnitt 1996 bei der Zweitstimmen-Wahlabsicht noch bei 37,1 Prozent gelegen, so fiel er im folgenden Jahr auf 33,9 Prozent.

Der Parteitag im Oktober 1997 in Leipzig brachte keinen Stimmungsumschwung, dafür aber Irritationen über den Parteivorsitzenden. Die politische Situation hatte sich verändert. Vier Jahre zuvor hatte Kohl im September 1993 die durch schlechte Umfrageergebnisse mutlos gewordene Partei mit der Ankündigung hochgerissen: »Ich will es noch einmal wissen.« Bei der Aufholjagd, die der Hamburger Parteitag im Februar 1994 eingeleitet hatte, war Kohl die beherrschende Figur gewesen. Das nicht für möglich gehaltene Comeback des Kanzlers hatte die eigentliche Überraschung dargestellt.

Danach waren die Medien vorsichtig geworden und nahmen es fatalistisch. Mit Kohl werde man wohl noch lange leben müssen. »Kanzler bis ins nächste Jahrtausend«, graulte sich Gunter Hofmann von der »ZEIT«.[1201] Zu ihm schien es keine Alternative zu geben. Auch als die Stimmung kritischer wurde und in den Medien immer öfter von der »Kanzlerdämmerung« zu lesen war, bedeutete das noch keine ernsthafte Gefahr.

Wolfgang Schäuble hatte dem »Stern« Anfang Januar 1997 ein ausführliches Interview gegeben. Es erregte beträchtliches Aufsehen, weil der Fraktionsvorsitzende erstmals den Wunsch erkennen ließ, selbst nach dem Kanzleramt zu streben. Im Stil der akademischen Jugend nach 1968 versicherte er: »Helmut Kohl weiß, dass ich ihn niemals bescheiße.« Wenn sich aber nach Kohls Abgang die Frage der Kanzlerschaft stelle, sähe es anders aus: »Wahrscheinlich würde ich der Versuchung nicht widerstehen.«[1202] Obwohl es als ein Signal verstanden werden konnte, dass er sich nicht als Konkurrent von Kohl betrachten wolle, erweckte seine Äußerung in der Öffentlichkeit gesteigerte Aufmerksamkeit. Aber nicht nur dort. Kohl selbst fühlte sich angesprochen und reagierte auf seine Weise.

Ursprünglich wollte Kohl seine Kandidatur erst im Herbst 1997 auf dem Leipziger Parteitag verkünden, aber die Fragen, wann er endlich die Entscheidung bekannt geben würde, ob er bei der nächsten Wahl wieder antreten wolle, wurden drängender. Mochten seriöse Quellen auch versichern, es gebe keinen Zweifel an seiner Absicht, ließ das Bohren und Drängen nicht nach. Man wollte den Kanzler unter Druck setzen, weil auch die Partei unter dieser Ungewissheit litt. Das zeigte Wirkung. Ganz unerwartet sprach Kohl am 18. Februar das Thema vor der Fraktion an. Er gab allerdings auch hier keine klare Antwort.

Es wurde eine »denkwürdige Veranstaltung«.[1203] Leidenschaftlich und mit innerer Bewegung verwahrte er sich gegen die Behauptung, es gäbe ein »System Kohl«. Sein alter Gegner Karl Feldmeyer hatte in einem so überschriebenen Leitartikel in der »Frankfurter Allgemeinen Zeitung« die These aufgestellt, Kohl sei »als einziges Machtzentrum« in Bonn übrig geblieben, inmitten eines »politischen Raums, der Fragen, Vorwürfe und Kritik ohne Echo verschluckt«.[1204] Wie die wirksame Blockadepolitik der Opposition im Bundestag zeigte, war diese Behauptung unsinnig. Das Schlagwort von dem »System Kohl« sollte dennoch eine lange Wirkungsgeschichte haben, weil es sich als Vehikel der Kritik an Kohl ohne jede nähere Begründung hervorragend eignete. Der Kanzler bürstete Feldmeyers Behauptungen mit einem Satz ab: »Wer mit Menschen umgeht, baut kein System auf.«

Der mediale Druck, der auf dem Kanzler lastete, sich endlich zu erklären, ließ ihn die sonst gewahrte ironische Distanz vergessen. Er erinnerte an die ungehemmte Feindschaft der Medien und führte dafür drastische Beispiele an. Anfang 1983, als noch keineswegs sicher war, dass Kohl sich als Kanzler halten könne, habe der Chefredakteur des »Stern« seine Leute scharfgemacht und erklärt: »Wir wären schlechte Journalisten, wenn wir den nicht in sechs Monaten heruntergeschrieben hätten!« Kohl merkte dazu trocken an, das sei »eine beachtliche journalistische ethische Grundlage« gewesen. Es war eine Erinnerung an vergangene Kämpfe. Mehr noch hatte ihn die frische Falschmeldung des »Spiegel« verletzt. Das Magazin hatte in der Woche zuvor gemeldet, Kohl habe Prostatakrebs.[1205] Kohl beklagte »Tiefstand der Auseinandersetzung, der inzwischen in Deutschland möglich ist«. Solche Tiefschläge konnte er nicht einfach wegstecken, denn sie betrafen nicht nur ihn, sondern auch seine Familie.

In einer für ihn sehr wichtigen Angelegenheit bat er die Fraktion um Verständnis – auch mit Blick auf seine Familie. »Es stellen viele«, sagte er, »ganz zu Recht an mich eine ganz bestimmte Frage, und ich nehme diese Frage überhaupt nicht leicht.« Damit meinte er die heftig diskutierte Frage, wann er sich zu seiner Kandidatur erklären werde. Wegen seiner familiären Situation bat er um Rücksicht. Er lebe »in einem Umfeld, das seine eigenen Sorgen« habe, und deshalb müsse er »sehr sorgfältig überlegen … nicht unter einem öffentlichen Druck eine Äußerung zu machen«. Deshalb bat er um Verständnis dafür, »dass es Entscheidungen« gebe, die einen menschlich sehr anrühren, die man dann ganz persönlich treffen« müsse.

Was meinte er damit? Er war in einer äußerst schwierigen Situation. Es ging um seine Frau. Hannelore Kohl hatte nie viel Verständnis für die Politik gezeigt und wollte endlich seinen Rückzug aus der Politik, aus all den Kämpfen und Verletzungen, die dabei unvermeidlich waren. Aber es war nicht nur die Abneigung gegen den Politikbetrieb. Sie war krank. Die schon seit längerer Zeit aufgetretene Lichtempfindlichkeit, die sich in zunehmenden Beeinträchtigungen auswirkte, machte ihr immer mehr zu schaffen. Kohl stand vor einer entsetzlichen Wahl, aber hatte er überhaupt eine Wahl? Es war ihm schon immer schwergefallen, Entscheidungen zu treffen, die auch menschlich tief verletzen konnten. Deshalb nahm er die öffentliche Kritik am Herauszögern seiner Entscheidung in Kauf und bat tief bewegt die Fraktion um Verständnis, das sie ihm in lang anhaltendem Beifall bekundete.

Seine Entscheidung in der Kandidatenfrage teilte er erst am 3. April 1997, seinem Geburtstag, mit. Am Ende seiner jährlichen Fastenkur in Hofgastein legte er sich öffentlich fest, als er im Interview mit zwei ARD-Chefredakteuren die diesbezügliche Frage mit einem »ganz klaren Ja« beantwortete. Die sofort folgende Frage: »Sie haben das mit ihrer Familie abgesprochen?«, war nicht ohne Hintersinn gestellt. Es konnte kein Geheimnis bleiben, dass seine Frau »ihn nach sechzehn Jahren Kanzlerschaft zum Ausstieg drängen« wollte.[1206] Kohl antwortete prompt: »Mit meiner Familie natürlich abgesprochen.« Das klang ebenso glatt und eindeutig, wie es der Realität nicht entsprochen hat.

Der Hannelore-Kohl-Biograf Heribert Schwan macht daraus ein Drama. Er stellt es als »unumstößliche Tatsache« dar, dass Kohl nach dem Wahlsieg 1994 den Verzicht auf eine weitere Kandidatur »unmissverständlich formuliert« habe. Das ist schlicht falsch, denn er hatte damals nur ein Mal – und das noch im Wahlkampf – eine Äußerung in dieser Richtung getan, war aber nie wieder darauf zu sprechen gekommen. Was Kohl an seinem Geburtstag in Hofgastein erklärt hatte, so stellt es Schwan dar, sei daher »eine glatte Lüge« gewesen, die bei Hannelore einen »seltenen Wutausbruch« ausgelöst habe. Sie habe dagegen das Ende der Kanzlerschaft erhofft, weil dann »eine Zeit mit mehr Entspannung, Genuss und Zweisamkeit« anbrechen würde.[1207]

Sie konnte nicht verstehen, dass für ihren Mann der Rücktritt nicht infrage kam, solange er das politische Mandat hatte und er selbst im Vollbesitz seiner Arbeitskraft war. Er hielt sich – ähnlich wie Adenauer – inzwischen für unersetzlich, wie es bei

Männern in solchen Positionen überhaupt häufig vorkommt und gleichsam als Begleiterscheinung ihres Erfolges zu betrachten ist. Kohl konnte allerdings zu seinen Gunsten in Anspruch nehmen, dass niemand über so viele Erfahrungen in der Europapolitik verfügte wie er.

Es war nicht das erste Mal, dass das Ehepaar über seinen politischen Einsatz zerstritten war. Kohl scheint auf die Enttäuschung seiner Frau auf dieselbe Weise reagiert zu haben, die die Medien ihm selbst stets unterstellt und höhnisch als die Substanz seines politischen Handelns überhaupt hingestellt hatten: Er saß die Ablehnung seiner Frau aus und wartete ab, denn er konnte sie ebenso wenig von der Notwendigkeit des Weitermachens überzeugen, wie sie ihn zum Abschied von der Politik bewegen konnte.

Nachdem also nach ungeduldigem Warten feststand, dass Kohl zu den Wahlen wieder antreten würde, konzentrierte sich das öffentliche Interesse auf seinen Auftritt auf dem nächsten Parteitag, der vom 13. bis 15. Oktober 1997 in Leipzig stattfand. Konnte er es schaffen, durch eine überzeugende, ja mitreißende Rede wieder das Blatt zu wenden und Siegeszuversicht zu verbreiten, wie es ihm auf dem Hamburger Parteitag 1994 geglückt war? Das gelang ihm nicht. Man merkt jedoch der Berichterstattung über den Parteitag an, welchen Respekt er den Journalisten abnötigte. Sie waren von seiner Rede nicht begeistert, kritisierten sie aber nur zurückhaltend. Sie sei »ohne wirklichen Dampf«, eher im »Kammerton« gehalten gewesen. Peter Boenisch sah sich sogar zu der skeptischen Bemerkung veranlasst: »Zweifel bleiben auch nach Leipzig – und trotz Helmut Kohl.«[1208]

Die Rede von Wolfgang Schäuble war dagegen das Ereignis des Parteitages. »Schäubles Inthronisation«, jubelte Heribert Prantl in der »Süddeutschen« und zeigte sich überzeugt, dass der Fraktionsvorsitzende »die Ansprüche« erfülle, »die seine Partei an eine Kanzlerrede und an ein Regierungsprogramm«

stelle. Eckhard Fuhr war in der »Frankfurter Allgemeinen Zeitung« der Meinung, »die wegweisende Rede Schäubles, die Delegierte wie Journalisten« gefesselt habe »wie kaum je eine Parteitagsrede«, habe den Charakter einer »Regierungserklärung« gehabt.[1209] Bei solchem Lob kam gewiss auch das Wunschdenken der Journalisten zum Ausdruck, die das Ende der Ära Kohl herbeisehnten. Diese Hochschätzung ist jedoch keineswegs gleichzusetzen mit einem Votum der Mehrheit der Partei oder gar der CDU-Wähler für Schäuble und gegen Kohl.

Es ist für den Historiker schwierig, die Wirkung einer Rede zu beurteilen, wenn nur die schriftliche Fassung vorliegt und das Engagement des Redners und die Atmosphäre der Veranstaltung nicht spürbar werden. Schäuble hatte im Grunde nicht viel Neues verkündet; er hatte sich für Deregulierung und Entbürokratisierung ausgesprochen und war voller Lob für die Steuer- und Rentenreform, die allerdings erst nach der gewonnenen Wahl Wirklichkeit werden sollten. Die beifallswütigen Delegierten waren mit allem zufrieden gewesen und hatten selbst dann mit dem Klatschen nicht aufgehört, als Schäuble die Verschlechterung der Lohnfortzahlung im Krankheitsfall als »eigenverantwortliche Absprachen« der Tarifpartner lobte. Tatsächlich sollten diese die gesetzliche Neuregelung bald schlichtweg sabotieren.

Schäubles Rede fand den richtigen Ton, um die Delegierten zu begeistern. Seine Energie und Tatkraft rissen das Publikum mit. Selbst Helmut Kohl muss von der Rede so beeindruckt gewesen sein, dass er sich veranlasst sah, in seiner Weise dazu Stellung zu nehmen. Nach der Beendigung des Parteitages, als Delegierte und Presseleute im Aufbruch waren, Schäuble schon im Flugzeug saß und auf Kohl wartete, um endlich losfliegen zu können, hatte dieser noch etwas anderes zu tun: Bei verschiedenen Fernsehstationen gab er Interviews. So konnten die völlig überraschten Teilnehmer – Delegierte wie Journalisten –

um 19 Uhr in der »heute«-Sendung das hören, was sie während des Parteitages von ihrem Vorsitzenden gern gehört hätten, nämlich seinen Wunsch, »dass Wolfgang Schäuble einmal Bundeskanzler« würde.[1210] Dieser Ankündigung war keinerlei Information an die Medien vorausgegangen, sodass die Verwirrung unter den Bonner Journalisten beträchtlich war. Schnell zog man aus dieser Erklärung den Schluss, dass Kohl vielleicht schon Mitte der nächsten Legislaturperiode zurücktreten werde. Dieser Wunschvorstellung machte der Kanzler ein Ende, indem er am nächsten Tag im ZDF verkündete, er sei kein Kanzler »auf Abbruch«, sondern für die ganze Legislaturperiode angetreten. CDU-Generalsekretär Hintze verstärkte diesen Eindruck, indem er der Presse versicherte, der Kanzler richte »seinen Blick weit ins nächste Jahrhundert«, aber auf jeden Fall bleibe er bis zum Jahre 2002 im Amt.

Kohl hatte allerdings einen schweren Fehler begangen. Unter dem Eindruck des Erfolgs, den Schäuble auf dem Parteitag feiern konnte, wollte er von sich aus ein Zeichen setzen, dass auch für ihn Schäuble als Nachfolger feststand. Das sollte aber keine aktuelle Nachfolgeregelung signalisieren, sondern bezog sich nur auf den Eventualfall, dass er selbst plötzlich nicht mehr zur Verfügung stünde. Schon früher hatte er im engsten Kreis diese Frage angeschnitten. Er könnte durch einen Unfall oder ein Attentat ausfallen, wer sollte dann an seine Stelle treten? In der ersten Hälfte seiner Kanzlerschaft pflegte er stets auf Gerhard Stoltenberg als den in diesem Fall besten »Ersatz« hinzuweisen. In den neunziger Jahren gab es diese Gedankenspiele nicht mehr, denn je länger die »Ära Kohl« dauerte, desto drängender schob sich die Frage nach dem Nachfolger in den Vordergrund. Aber gerade diese heftig diskutierte Frage zu beantworten, sah Kohl keinen Anlass. Der sonst so umsichtig agierende Kanzler hatte bei seinen Interviews im Anschluss an den Parteitag den Aktualitätsbezug der Frage schlichtweg verdrängt, den Eventualfall früherer Jahre im Auge gehabt und dadurch selbst den Anlass zu weiteren unbequemen Fragen geboten.

Für Wolfgang Schäuble war diese »Nominierung« durch Kohl auch alles andere als vorteilhaft. Die Medien machten aus der Ankündigung eine Sensation. Das zeigte den Willen zur Übertreibung. Sie nutzten den Fehler Kohls aus, indem sie Schäuble in eine Kronprinzenrolle rückten und bei ihm schon ein »Prince-Charles-Syndrom« zu erkennen meinten. Als Nachfolger eines Kanzlers betrachtet zu werden, der bis 2002 an der Macht zu bleiben gedachte, war alles andere als angenehm. Joschka Fischer etwa lästerte: »Der ewige Kanzler inthronisiert den ewigen Nachfolger.«[1211] Heiner Geißler sah darin ein besonders perfides Manöver Kohls; er habe zeigen wollen, dass Schäuble »nicht mehr der aus eigener Kraft Anspruch Erhebende, sondern wieder einmal der Kronprinz von Kohls Gnaden war«.

Die Niedersachsenwahl am 1. März 1998 veränderte mit einem Schlag die politische Landschaft. Der überzeugende Sieg von Gerhard Schröder war mehr als ein Hoffnungsstrahl, es war die Ankündigung eines politischen Wandels, im Grunde des Machtwechsels. Das Ende der Ära Kohl war eingeläutet. Jan Ross wusste den Jubel richtig zu deuten. Es sei auch ein Sieg der »Generation der Achtundsechziger, die Ende der Achtzigerjahre in der Bundesrepublik ihre Stunde schon gekommen sah und dann im welthistorischen Wirbel für ein Jahrzehnt unterging, aber nun doch noch, mit historischer Verspätung, zum Zuge kommen« wolle.[1212]

Nun standen jene politischen Kräfte vor den Toren, vor denen Kohl seit mehr als zehn Jahren so vehement gewarnt hatte, sie wollten eine andere Republik, das Grundgesetz durchlöchern und die Westbindung lockern. Diese bedrohliche Situation stärkte aber nicht den Widerstand der Union, sondern sorgte für tiefe Verunsicherung. Angesichts des »gewaltigen

Aufschwungs der SPD« kamen kritische Fragen auf, ob die Partei es mit Kohl noch einmal schaffen könne. Diejenigen, die dem Kanzler nicht mehr den Sieg zutrauten, setzten als Alternative auf Schäuble. Der Fraktionsvorsitzende geriet in eine schwierige Lage. Er hatte Kohls Fernsehinterview nach dem Leipziger Parteitag als »abträglich für sich und unsere Wahlchancen« empfunden. Nichts spricht jedoch dafür, dass er schon damals »endgültig« begriffen habe, »dass er nur strategische Verfügungsmasse in der politischen Lebensplanung Kohls war«.[1213]

Schäuble hatte als Fraktionsvorsitzender bei verschiedenen Reformvorhaben die Federführung übernommen, die teilweise, wenn auch aus unterschiedlichen Gründen, stecken geblieben waren. Das Wahlprogramm sollte durch ein »Zukunftsprogramm« ergänzt werden, das eine mittlere Lösung vorschlug, die für die anstehenden Probleme einen »weitaus substanzielleren Lösungsansatz« aufzeigte als das, was die politische Konkurrenz anbot.[1214]

Das Zukunftsprogramm sollte jedoch keine Zukunft haben. Die Auseinandersetzungen zeigten kein Ringen um die beste Lösung, keinerlei Bemühen, die Wahlchancen ein halbes Jahr vor der Bundestagswahl noch zu verbessern. Schäuble mochte sein Programm selbst für »bemerkenswert gut« halten, aber die scharfe Ablehnung durch die CSU schuf eine veränderte Situation. Der Schwesterpartei erschien das Programm als zu »grün«, und als sie darin noch den Plan für eine Öko-Steuer zu erblicken meinte, war die Hölle los. In Bayern standen zwei Wochen vor den Bundestagswahlen Landtagswahlen an. Die CSU hatte den Wahlkampf zur Stärkung der bayerischen Identität strategisch auf Distanz zu Bonn und zu alldem ausgerichtet, was aus dieser Ecke kam und den bayerischen Menschen verdrießen konnte. Das Zukunftsprogramm passte daher hervorragend, um Empörung und scharfe Angriffe auf dieses CDU-Papier hervorzurufen. Nun war das keine Privatarbeit von Schäuble gewesen, sondern das Ergebnis der unter seiner Leitung tagenden Programmkommission, die dem Papier mit großer Mehrheit zugestimmt hatte.

Es entwickelten sich die »Osterfestspiele«, ein lautstarker Protest der CSU, der den inneren Zustand der Union krass beleuchtete. Schäuble hatte den voraussehbaren Widerstand aus Bayern völlig verkannt. Diese Fehleinschätzung wog umso mehr, da er wusste, dass die bayerischen Parteifreunde ihm gegenüber ohnehin erhebliche Vorbehalte hegten, weil sie ihn verdächtigten, insgeheim ein Zusammengehen mit der SPD vorzubereiten. Das Programm von Schäuble trieb die CSU auf die Barrikaden. Sie torpedierte es schließlich mit der Behauptung, es solle eine »Öko-Steuer« eingeführt werden.

Helmut Kohl blieb es vorbehalten, die Wogen halbwegs zu glätten, indem er vor dem CDU-Bundesvorstand die Dinge zurechtrückte und zugleich Schäuble energisch in Schutz nahm. Der Kanzler sagte, er habe sich »maßlos« über die »unsinnigen, ungerechtfertigten und ungerechten Angriffe auf Wolfgang Schäuble« geärgert und forderte die Partei auf, die »führenden Leute« nicht länger »öffentlich zu demontieren«. Hinsichtlich der Wahlchancen gab er sich noch immer optimistisch, aber das klang nicht überzeugend. Er räumte ein, »dass das demoskopische Bild alles andere als gut« sei, begründete jedoch seine Hoffnungen auf den hohen Prozentsatz noch unentschlossener Wähler, die es zu gewinnen gelte.

Die von der CSU provozierte Auseinandersetzung war eine Lappalie, aber sie wirkte verheerend, als es darum ging, Geschlossenheit im bevorstehenden Wahlkampf zu zeigen. Auf diese Weise wurde nur der Streit in den eigenen Reihen nach außen getragen. Was Kohl in dieser Situation tatsächlich dachte, ist nicht überliefert. Als Kanzler und Parteivorsitzender musste er sich optimistisch zeigen und jeden Zweifel am Sieg von sich weisen, obwohl ihm als einem ausgewiesenen Kenner der

Demoskopie die unerfreulichen Befunde zu denken geben mussten. Andererseits war eine Wahl erst am Wahltag verloren – was konnte bis dahin alles passieren? Er selbst hatte schon Wahlen überlebt, die von den meisten bereits verloren gegeben waren. Für ihn war der Erfolg noch nicht abgeschrieben – solange die Partei bereit war zu kämpfen. Wenn er im Wahlkampf den Beifall genoss und die alten Kämpen sah, die noch an den Sieg glaubten, dann konnte auch er noch Hoffnung schöpfen. Ein hellsichtiger Kritiker wie Heribert Prantl sah das anders: »Die CDU ist keine kämpfende Truppe mehr, sie ist ausgebrannt.«[1215]

Zu Beginn des Jahres galt Schäuble als ein Mann, der Kohl zwar loyal unterstützte, dennoch aber mit seinem scharfen Profil »als der Mann der Lösungen für morgen« eingeschätzt wurde. Die von der CSU veranstalteten »Osterfestspiele« hatten ihn allerdings beschädigt und Kritik laut werden lassen. Es hieß, er unterschätze die Reformunwilligkeit der Bevölkerung, er sei »unduldsam ... wolle zu viel zu schnell, und dabei unterliefen ihm schwere Fehler«.[1216] Die Kritik schreckte Schäuble jedoch nicht ab. Er hielt an dem Konzept fest, der »Medieninszenierung« von Gerhard Schröder konkrete Verbesserungsvorschläge auf verschiedenen Gebieten gegenüberzustellen. Man müsse einfach besser sein. Um seine Position zu verdeutlichen, veröffentlichte der »Spiegel« den Text einer Rede, die er Mitte März vor dem CDU-Bundesvorstand gehalten hatte.[1217] Das Magazin wollte Schäubles Programm offenlegen, aber damit zugleich deutlich machen, dass nicht mehr Kohl, sondern nur Schäuble in der Lage sei, auf der Grundlage dieses Konzeptes den Wahlkampf zu führen und zu gewinnen. Seine Rede stand unter dem Motto: »Anstrengend statt bequem«. Man müsse den Menschen sagen: »Ihr dürft euch nicht nach dem Hergebrachten sehnen, nach einer falschen Sicherheit, die nach rückwärts gewandt ist.« Stattdessen müsse die Wettbewerbsfähigkeit, die Öffnung für das Neue Vorrang haben. Ob das alles vom Wähler akzeptiert werden würde, war eine andere Frage. Misstrauisch hatte Kohl Schäuble gefragt, »wie der Text in das Magazin hineingeraten sei«. Schäuble ließ das natürlich offen, aber schon die Frage sagte etwas über das Verhältnis von Kohl zu Schäuble aus. Wenn der »Spiegel« eine Rede Schäubles nicht nur abdruckte, sondern auch lobend kommentierte, bedeutete das eine klare Frontstellung gegen den Kanzler.

In der Bundesvorstandssitzung am Montag, dem 27. April 1998, kam Verschiedenes zur Sprache. Es war der Tag nach der schweren Niederlage der Partei in Sachsen-Anhalt. Am selben Morgen war der »Spiegel« mit der Rede Schäubles erschienen, und am Vormittag fand die Vorstandssitzung statt. In seinen einleitenden Bemerkungen[1218] ging Kohl auf den Defätismus in den eigenen Reihen ein. Er sprach von »Machenschaften«, die »zum Teil … aus der Union« Unterstützung fänden. Er erinnerte auch daran, dass Schäubles Rede, die der »Spiegel« am selben Tag veröffentlicht hatte, vor sechs Wochen im Bundesvorstand allgemeine Zustimmung gefunden hatte, also nichts Sensationelles darstellte. Kohl wollte auf etwas anderes hinaus, aber auch das umschrieb er nur vorsichtig. Er wollte Klarheit darüber, »was die CDU hinsichtlich ihres Spitzenkandidaten« wolle, »und zwar ohne Wenn und Aber«. Das war schlicht und einfach die Frage, ob die Partei ihn noch haben wolle. Ein überraschendes Bild: War das Schlachtross, als das er sich selbst zu bezeichnen pflegte, müde geworden? Das wahrscheinlich nicht. Es war eher die Reaktion auf die Art, wie der »Spiegel« die Rede Schäubles kommentierte, hieß es doch dort: »Schäubles Memento … ist ein Plädoyer für den Kurswechsel, eine Absage an Kohl'sche Wahlkampfstrategie.«

Diese Behauptung hielt Kohl für klärungsbedürftig, aber die Diskussion blieb unbefriedigend. Wieder appellierte er an Geschlossenheit und Kampfbereitschaft. Der Sieg sei möglich, aber man könne die Partie nur gewinnen, »wenn klar ist, dies ist der Mann, dem wir das zutrauen und dem wir die volle Unterstützung geben«. Das waren nicht Kraftworte eines siegesgewissen Parteiführers, sondern hier sprach ein Mann, der sich dagegen wehrte, von den eigenen Leuten mehr oder weniger offen zum Rücktritt gedrängt zu werden. Die Ablehnung des Kanzlers in den eigenen Reihen muss zu diesem Zeitpunkt schon erheblich gewesen sein. So wurde die Möglichkeit kolportiert, die Partei solle Plakate mit der Aufschrift »Danke schön, Helmut Kohl« herstellen.

Kohl sagte in der Vorstandssitzung noch etwas, das nachdenklich stimmt. Er sprach von gegenseitiger Achtung und Würde: »Und jeder von uns verdient es, in dieser Würde respektiert zu werden.« Was wollte er damit sagen? Nichts anderes, als dass auch der Parteivorsitzende ein Anrecht darauf habe und nicht zum Gegenstand hämischer Spekulationen herabgewürdigt werden dürfe.

Mit den fallenden Umfragewerten gewann die Frage nach einem Wechsel an der Spitze der Union zunehmend an Bedeutung. Innerhalb der Partei wurde die Möglichkeit ventiliert, »ob nicht die Ankündigung eines Kanzlerwechsels nach der Wahl das Blatt doch noch wenden« könne. Es waren prominente Parteimitglieder, die so redeten, denen aber der Mut fehlte, Kohl diese Forderung persönlich vorzutragen. Der Kanzler hatte diese Parteifreunde oft als »Leute in der Proszeniumsloge« bezeichnet, die Wahlkämpfe oder politische Auseinandersetzungen aus sicherer Entfernung beobachteten, ohne selbst aktiv zu werden. So blieb kein anderer als Schäuble übrig, der Kohl zu diesem Zweck aufsuchte. Schließlich war er es, der die Nachfolge übernehmen sollte.

Schäuble hatte keinen Erfolg. Kohl lehnte seine Lagebeurteilung und die sich daraus ergebende Schlussfolgerung rundweg ab und erklärte ohne Umschweife, »er sei im Gegenteil sicher zu gewinnen«.[1219] Es war im Grunde der Bruch zwischen diesen beiden Politikern, auch wenn er nicht offen ausgesprochen wurde. Zumindest entstand eine tiefe Entfremdung, die sich auch darin äußerte, dass Kohl, wie Schäuble berichtet, »mit einem engen Beraterzirkel« den Wahlkampf vorbereitete, ohne ihn einzubeziehen.

Einem Kanzler mit einer Erfolgsbilanz wie Kohl nahezulegen, er solle freiwillig zurücktreten, um Schäuble eine Chance zu geben, zeigte wenig Gespür. Es gab keine verlässlichen Daten, die belegten, dass dieser bessere Erfolgsaussichten hatte. Auch die Fraktion zeigte keine Neigung zum Wechsel. Gewiss gab es dort eine Reihe überzeugter Kohl-Gegner, aber keine Mehrheit, nicht einmal eine sich vernehmlich machende Minderheit, die für Schäuble eintrat. Dieser hatte jedoch in der Fraktion etliche Gegner, die durch sein persönliches Auftreten verletzt waren. Wichtiger waren politische Bedenken, die gegen ihn erhoben wurden. Sie waren vor allem bei der CSU und FDP zu finden und bezogen sich auf die ihm nachgesagte Bereitschaft, eine Große Koalition mit der SPD nicht auszuschließen.

Als Adenauer 1963 zum Rücktritt gedrängt wurde, stand die große Mehrheit der Fraktion hinter Erhard. Von ihm erhoffte sie sich eine Wende zu mehr Liberalität nach der mittlerweile als Last empfundenen Ära Adenauer und zugleich erhöhte Chancen für die eigene Wiederwahl. In Falle von Schäuble galt das nicht. Das Kalkül, das er anbot, konnte nicht überzeugen. Warum sollte die von ihm vorgeschlagene Ankündigung, Kohl werde nach der Wahl zurücktreten, eine positive Wirkung auslösen? War nicht eine solche Meldung eher geeignet, Verwirrung zu verbreiten und potenzielle Wähler abzuschrecken?

Die Konjunktur zeigte im Sommer 1998 Zeichen der Erholung; die Arbeitslosenzahlen gingen erstmals seit 1996 wieder zurück. Diese Besserung verpuffte jedoch wirkungslos. Die Wahlkampagne der SPD, langfristig von Franz Müntefering organisiert, orientierte sich am Vorbild des Wahlkampfes von Bill Clinton. Dieser hatte bereits 1992 erfolgreich ein Konzept praktiziert, das zur Nachahmung einlud.[1220] Die Strategie beruhte auf der Erkenntnis, dass nicht die tatsächliche wirtschaftliche Entwicklung, sondern die Vorstellung der Wähler von der wirtschaftlichen Situation entscheidend sei. Daher gelte es, zielstrebig den Eindruck zu erwecken, dass es mit der Wirtschaft bergab gehe. Diese Botschaft wirkungsvoll zu vermitteln, übernahm das Fernsehen in seinen Nachrichtensendungen. Auf die Frage nach den Ursachen der Arbeitslosigkeit und den Möglichkeiten ihres Rückganges wurde keine Zeit verwandt. Allein die Tatsache der Arbeitslosigkeit stand im Vordergrund. Für Steuern, Renten und Krankenversicherung wurde die Union verantwortlich gemacht, während Gerhard Schröder als strahlende Lichtgestalt mit all dem nichts zu tun hatte.

Die Fernsehkampagne gegen Kohl zeigte Wirkung, war aber nicht entscheidend. Sie verstärkte den allgemeinen Eindruck, dass die Zeit für einen Wechsel reif sei. Das Erscheinungsbild der Koalition war auch nicht geeignet, die Bedenken gegen eine erneute Wahl Kohls zu überwinden. Die Kampfbereitschaft, die Kohl stets eingefordert hatte, ließ mitunter zu wünschen übrig. Der Umschwung in der Schlussphase, der »last swing« der Wahlforscher, blieb aus. So kam, was kommen musste, und die Medien jubeln ließ: Die SPD gewann 40,9 Prozent mit deutlichem Abstand vor der Union, die 35,1 Prozent erhielt, im Osten aber noch empfindlichere Verluste hinnehmen musste.

Eine Einzelheit am Wahlabend beleuchtet das Verhältnis zwischen Helmut Kohl und Wolfgang Schäuble. Dieser berichtet, Kohl habe mit seinen engsten Mitarbeitern schon relativ früh die Parteizentrale verlassen, um – wie nach Wahlabenden gewohnt – den Abend im Kanzlerbungalow zu verbringen. Schäuble wunderte sich, dass er ebenso wie Volker Rühe »diesmal nicht eingeladen war«, und er überredete Rühe, sich »auch uneingeladen im Kanzlerbungalow« einzufinden. Um »Peinlichkeiten auszuschließen«, sollte Generalsekretär Hintze ihr Kommen ankündigen.[1221] Solche protokollarischen Feinheiten hatte es in der Ära Kohl für die wichtigsten Mitarbeiter nie gegeben. Das lässt auf erheblich gestörte Beziehungen schließen.

Es war die erste Abwahl einer Bundesregierung in der Geschichte der Bundesrepublik, und so normal, wie dieser Vorgang in einer Demokratie zu sein hat, vollzog sich der Wandel an der Spitze. Helmut Kohl erklärte auf dem zum 7. November 1998 einberufenen Parteitag seinen Rücktritt als Parteivorsitzender, nachdem er »die volle Verantwortung« für die Niederlage übernommen hatte. Norbert Blüm als Laudator nannte ihn ein Beispiel für »Grundsatztreue und Handlungsstärke«. Er sei »ein anständiger Kerl, ein vorbildlicher Demokrat und ein großer Patriot«. Seinem Antrag, ihn zum Ehrenvorsitzenden der Partei zu wählen, stimmte der Parteitag einstimmig zu. Trotz Niederlage schien das Band zwischen der Partei und ihrem langjährigen Vorsitzenden unzertrennbar zu sein. Der eigentliche Bruch stand noch bevor.

Die Ächtung durch die Spendenaffäre

Wahltermine hatte Helmut Kohl immer im Kopf. Er wusste stets, wann und wo Landtagswahlen und selbst Kommunalwahlen stattfanden. Schon am Tag nach der verlorenen Bundestagswahl hatte er bereits das kommende Jahr im Blick. Und nicht nur das. Er hatte sogar im Bundesvorstand »nicht ohne Grund« eine Aufstellung aller Wahlen im kommenden Jahr verteilen lassen, die zeigte, dass das Jahr 1999 »ein einziges Wahljahr« sein werde.[1222] Das war noch keine Ankündigung der siegreichen Revanche für die gerade erlittene Niederlage, sondern eher der gewohnte Appell an die Partei, angesichts der bevorstehenden Wahlen wieder Tritt zu fassen und zu »stehen«, also von Neuem um die Wähler zu kämpfen.

Auch bei Kohl war aber die Enttäuschung über das Wahlergebnis nicht zu übersehen. Er räumte ein, »dass die Vorstellung, dass Rot-Grün in weiten Teilen der Bevölkerung noch nicht akzeptiert ist, oder umgekehrt, dass Rot-Grün Furcht und Schrecken verbreitet, so nicht mehr stimmt«.[1223] Wichtiger war für ihn die Erkenntnis, »dass die politische Mitte, die unser zentraler Punkt bleiben muss, … auch anfällig ist für Parolen«. Ihn ärgerten manche Anpassungen an die neue Richtung, etwa die »Frankfurter Allgemeine Zeitung«, die »jahrzehntelang gepredigt habe, wir seien in der Rechtspolitik schwach auf der Brust«, aber »nie eine Glosse über den Innenministerkandidaten Otto Schily« geschrieben habe. Diese Bemerkungen waren Anzeichen dafür, dass er sich mit der Niederlage abgefunden und keineswegs mit einem so schlechten Start von Rot-Grün gerechnet hatte. Das konnte auch nicht erwartet werden. Noch nie hatten die Wähler auf eine neue politische Richtung, die in überzeugender Weise die Macht errungen hatte, so rasch und so eindeutig negativ reagiert.

Was Rot-Grün nach den Wahlen an Reformen ankündigte, war oft unausgegoren und sogar für viele Bürger mit Nachteilen behaftet. Was jedoch den meisten Unmut hervorrief, war die von der Regierung geplante Änderung des Staatsbürgerrechts. Vornehmlich die Grünen wollten auf diesem Gebiet einen Durchbruch erzielen. Im ersten Anlauf war eine Teilreform geplant, die vor allem die Einbürgerung erleichterte. Der Erwerb der doppelten Staatsbürgerschaft sollte einfacher werden.

Gegen die geplante Reform machte die Union mobil und beschloss eine Unterschriftenaktion gegen die doppelte Staatsbürgerschaft. Sie stieß zwar in der eigenen Partei auf Kritik, wurde aber von der Bevölkerung mit großer Zustimmung aufgenommen. Die geplante Änderung des Staatsbürgerrechts wurde als Scheinlösung abgelehnt, weil sie statt Integration doppelte Loyalitäten schuf.

Hessen wurde zum Zentrum einer unerwartet heftig geführten Auseinandersetzung. Dort fanden am 8. Februar 1999 Landtagswahlen statt, die Roland Koch knapp gewann. Er konnte zusammen mit der FDP eine neue Regierung bilden. Die politische Bedeutung der Wahl war beträchtlich. Rot-Grün verlor die Mehrheit im Bundesrat und war bei ihrer Ausländerpolitik auf Kompromisse angewiesen. Der überraschende Rücktritt von Oskar Lafontaine sechs Wochen später war ein weiterer empfindlicher Rückschlag. Obwohl der Saarländer keine Begründung für diesen Schritt gab, vermutete man wirtschaftspolitische Gegensätze mit Gerhard Schröder. Im Regierungslager machten Zweifel über die Lebensfähigkeit des »Reformprojektes Rot-Grün« die Runde. Von der im Wahlkampf gezeigten Geschlossenheit der SPD war nicht viel übrig geblieben. Die alten Gegensätze traten wieder hervor.

Die Landtagswahlen im Saarland, in Brandenburg, Thüringen und Sachsen brachten für die Regierungskoalition schwere Verluste. Die Kommunalwahlen in Nordrhein-Westfalen schließlich zeigten die CDU zum ersten Mal nach bitteren Jahren der Opposition als strahlenden Sieger. Das war nicht das Ergebnis fleißiger kommunaler Oppositionsarbeit, sondern des Protestes gegen Rot-Grün.[1224] Das neue Regierungsbündnis stand unter schwerem Beschuss.

Helmut Kohl nahm auch vor diesen Wahlen seine gewohnte Rolle als Wahlkämpfer wahr und genoss die Zustimmung, die ihm die in Massen erschienenen Anhänger entgegenbrachten. Fast schien es, als ob mit seiner Rückkehr in Kürze zu rechnen sei. Im Politbarometer waren Kohls Sympathiewerte weit besser als während seiner Amtszeit. Aber er war nicht nur im Wahlkampf präsent. Als Ehrenvorsitzender der Partei hatte er Sitz und Stimme im Präsidium und Vorstand, die er in gewohnter Weise wahrnahm, als ob er noch immer der Chef wäre. Es ist leicht vorstellbar, dass nicht nur Schäuble diese »Dominanz« mühsam ertrug.

Die fabelhaften Umfragewerte weckten bei Kohl Hoffnungen auf ein Comeback. Seine Anhänger bestärkten ihn darin – sehr zum Unwillen von Juliane Weber, die Besucher ermahnte, ihn nicht in diesem Irrtum zu bestärken.

Im Oktober 1999 stand die Union wieder bei rund 44 Prozent; die SPD war auf 30,4 Prozent abgestürzt. Schon im Sommer war die Mehrheit der Bevölkerung der Meinung, »nur Zeuge eines kurzen politischen Zwischenspiels zu sein«. Die rot-grüne Regierung werde »nicht lange Bestand haben«.[1225]

Diesen rasanten Stimmungsabfall, diese schnelle Entzauberung von Rot-Grün, die ihren Anhängern die Selbstgewissheit raubte, gilt es, im Auge zu behalten, wenn man die Spendenaffäre in den Blick nimmt. Diese wirkte für die bedrängte Regierungskoalition wie ein Geschenk des Himmels. Sie brachte der Regierung die dringend benötigte politische Entlastung. Mit den Spenden der CDU kam die unverhoffte Chance zum Gegenangriff, der so wirksam war, dass als Ergebnis die moralische Vernichtung des abgewählten Kanzlers feststand. Ein nicht gekanntes Maß an öffentlicher Empörung veränderte die politische Landschaft und prägte nachhaltig das Bild von Helmut Kohl. Zur Erklärung der Langzeitwirkung der Affäre kommt ein weiterer Gesichtspunkt hinzu. Um was es konkret ging, wurde nicht recht verständlich. Über Treuhandkonten, Geldtransfers und Schweizer Verstecke las man viel, ohne dass wirklich aufgeklärt wurde.

Das Unheil kam auf leisen Sohlen. Es schien zu Beginn nur eine Affäre von Walther Leisler Kiep zu sein, der bis 1992 als Schatzmeister die Finanzen der Partei verwaltet hatte und als millionenschwerer Geschäftsmann aus der Versicherungsbranche den Eindruck von Solidität und Tüchtigkeit zu verbreiten wusste. Als die Augsburger Staatsanwaltschaft am 4. November 1999 einen Haftbefehl gegen ihn erließ, stiftete das erhebliche Verwirrung. Es ging um Provisionsgelder aus dem Jahre 1991, die der Lobbyist Karlheinz Schreiber im Zusammenhang mit einem Panzergeschäft gezahlt haben sollte. Kiep bestritt das und erklärte, Schreiber habe nicht ihm, sondern dem Wirtschaftsberater der CDU Horst Weyrauch einen Koffer mit einer Million D-Mark übergeben. Der Haftbefehl gegen Leisler Kiep überraschte umso mehr, als er schon einen Tag später außer Kraft gesetzt wurde. Das war ein mehr als zweifelhaftes Vorgehen der Augsburger Ankläger. Aber es hatte Signalwirkung, die auf ganz anderes hindeutete. Denn Kiep erklärte, die Million habe nichts mit Panzern zu tun gehabt, sondern das Geld sei an die CDU gegangen. Als weiter bekannt wurde, die Schatzmeisterei habe die Spende nicht in ihrem Rechenwerk erfasst, sie sei also nicht vorschriftsmäßig verbucht worden, war damit der Start für die Suche nach Schuldigen und schwarzen Kassen gegeben. Sie sollte zu überraschenden Ergebnissen führen.

Im November 1999 war es vornehmlich die »Süddeutsche Zeitung«, die, wie Schäuble feststellte, »unglaublich gut informiert« war und über schwarze Konten und ein »breit gefächertes Anderkontensystem« zu berichten wusste – also über ein Wissen verfügte, das sicher nicht nur auf die räumliche Nähe zwischen München und Augsburg zurückzuführen war.[1226] Es war naheliegend, dass die anderen Medien dieser Quelle folgten und den Stoff jeweils mit einigem Beiwerk anreicherten.

Der Druck der Medien, aber auch der Partei, zielte vor allem auf einen – auf Kohl. Das war zu erwarten und zeigte bald Wirkung. Schäuble als Parteivorsitzender verfolgte eine problematische Linie. Er war uneingeschränkt bereit, die Staatsanwaltschaft bei der Aufklärung zu unterstützen, zugleich aber bemüht, Kohl zu schonen. Schäuble scheint die politische Sprengkraft der Affäre anfangs unterschätzt und negative Konsequenzen für sich selbst nicht erkannt zu haben. Ein ihm nahestehender Journalist berichtet, es sei »unstrittig, dass Schäuble bis Anfang des Jahres 2000 fest damit kalkulierte, doch noch Kanzler werden zu können«.[1227]

Schäubles Haltung war widersprüchlich. Seine Bereitschaft zur Zusammenarbeit mit der Staatsanwaltschaft zeigt zugleich eine gewisse Naivität. Offensichtlich glaubte er, als neuer Parteivorsitzender mit der ganzen Affäre nichts zu tun zu haben, da es sich um Angelegenheiten der Ära Kohl handelte – als ob er nicht selbst zum engsten Kreis der damaligen Führung gehört hätte. Wenn er aber bereitwillig an der Aufklärung mitarbeiten wollte, konnte das keine Schonung für Kohl bedeuten, sondern eher das Gegenteil. Schließlich ist die Überlegung nicht völlig auszuschließen, dass Schäuble hier eine Möglichkeit sah, den am Ende nur noch widerwillig ertragenen, noch immer mächtigen Vorgänger endgültig aus dem Weg zu räumen. Wie auch immer die Motivation gewesen sein mag, ließ die überaus kooperative und hilfsbereite Haltung Schäubles gegenüber der Staatsanwaltschaft auch die Interessen von großen Teilen der Partei völlig außer Acht, die anderer Meinung waren. Da gab es Empfänger von Zuwendungen aus Spendenmitteln, die nicht zu den Gegnern Kohls gehörten und seine Demontage nicht hinnehmen wollten. Der Bremer Parteivorsitzende Bernd Neumann hatte schon früh gewarnt, es gebe eine Zweiteilung in der Partei. Die einen wollten radikale Aufklärung, die anderen plädierten für einen friedlichen Umgang mit dem großen Erbe der Partei und ihrem langjährigen Vorsitzenden.[1228]

Das Spendensystem der CDU, das zentrale Anliegen der Akteure, wurde in seinen Mechanismen nicht aufgeklärt. Opposition wie Medien zielten darauf weniger – schon wegen der Schwierigkeit, die komplizierte Materie verständlich darzulegen – als auf die Hauptperson, die man als Spinne im Netz eines kriminellen Systems zu denunzieren glaubte. Die Affäre bezog ihre Dramatik aus vier Eröffnungen, die wie Paukenschläge wirkten. Das war einmal die Erklärung Kohls nach der Sitzung des Präsidiums am 30. November 1999. Dann folgte der Abdruck des staatsanwaltschaftlichen Vernehmungsprotokolls über die Aussagen von Weyrauch in »BILD« am 6. Dezember, dann und vor allem die ZDF-Sendung am 16. Dezember, der eigentliche Höhepunkt, in der Kohl den Erhalt von nicht abgeführten Spenden bekannt gab, die rund zwei Millionen umfassten, aber sich weigerte, die Namen der Spender zu nennen. Schließlich erfolgten am 18. Januar 2000 der endgültige Bruch mit Schäuble und die Aufforderung an Kohl, den Ehrenvorsitz niederzulegen, was noch am selben Tag geschah und zugleich den Bruch mit der Partei bedeutete.

Der Druck der Öffentlichkeit hatte im Laufe des Novembers immer mehr zugenommen. Daher sah sich Kohl veranlasst, Ende des Monats vor dem Präsidium der Partei eine Erklärung abzugeben. In ihr nahm er zum ersten Mal ausführlicher zu dem Spendenkomplex Stellung. Er räumte ein, dass es »Sonderzuwendungen an Parteigliederungen und Vereinigungen« gegeben habe, die allerdings »unabweisbar« notwendig gewesen seien. Für diese Hilfe habe er eine »getrennte Kontenführung« für »vertretbar« gehalten und bedauerte nun, dass dadurch »möglicherweise Verstöße gegen Bestimmungen des Parteiengesetzes« erfolgt sein könnten. Das war keine Aufklärung, sondern eine vorsichtige Umschreibung eines Sachverhaltes, den man aus Presseinformationen bereits kannte.[1229] Seine Erklärung konnte nicht entlastend wirken, da sie wie ein zögerliches Teilgeständnis anmutete. Dennoch verbreitete sie in der Öffentlichkeit einiges Aufsehen. Sein alter Gegner Feldmeyer schrieb in der »Frankfurter Allgemeinen Zeitung« triumphierend: »Jetzt ist die Ära Kohl auch für die CDU zu Ende.«[1230] Die Möglichkeit seiner Rückkehr zur Macht sei definitiv ausgeschlossen.

Glaubte Kohl tatsächlich, mit einer solchen Aussage durch die Krise hindurchkommen zu können? Das ist wenig wahrscheinlich, denn er wusste damals bereits, dass Horst Weyrauch der Staatsanwaltschaft das parteiinterne Kontensystem erklärt hatte. Das Protokoll über dessen Vernehmung war ihm bekannt. So konnte er sich ausrechnen, dass diese Informationen nicht lange geheim bleiben würden.

Der Steuerberater Weyrauch hatte auch ausführlich die Verwendung der Schreiber-Million dargestellt, die 1991 von Schreiber an Kiep übergeben worden war und mit deren Bekanntwerden die Affäre überhaupt begonnen hatte. Das waren aber nur nebensächliche Informationen, bei denen es um Anwaltshonorare und Gratifikationen ging. Der tatsächliche Wert des Protokolls lag in der Darstellung des Spendensystems der CDU. Bei der Firma Weyrauchs wurden Treuhandanderkonten geführt. Sie dienten als Vorkonten, bei denen wieder zwei Arten von Konten zu unterscheiden waren. Über die eine Kategorie wurde die Bundesschatzmeisterei informiert. Überweisungen von diesen Konten wurden auch von der Buchführung der Bundespartei erfasst; sie betrafen allgemeine Spenden (Massenspenden). Daneben gab es »Vorkonten im engeren Sinne«, von denen die Bundesgeschäftsstelle keine »unmittelbare Kenntnis« erhielt. Sie waren nur dem Generalbevollmächtigten Uwe Lüthje und Horst Weyrauch bekannt.

Für Lüthje kam nach 1990 Hans Terlinden als Hauptabteilungsleiter der Bundesgeschäftsstelle und Brigitte Baumeister als neue Schatzmeisterin. Terlinden kannte die Partei wie wenige andere und hatte schon in Rheinland-Pfalz mit Kohl eng zusammengearbeitet. Er war es, der eingegangene Spenden nach Bedarf stückelte und als »sonstige Einnahmen« in das Finanzsystem der Bundespartei einschleuste.

Brigitte Baumeister war eine Entdeckung Schäubles; die Bundestagsabgeordnete war rasch zur Parlamentarischen Geschäftsführerin aufgestiegen. Schäuble überzeugte Kohl, sie 1992 dem Parteitag als Schatzmeisterin vorzuschlagen. Nach ihrer Wahl hatte Kohl ihr erklärt: »Ab jetzt arbeiten wir eng zusammen. Das heißt, wir vertrauen uns gegenseitig.«[1231] Das war, wie immer für ihn, die unabdingbare Grundlage der Zusammenarbeit. Von den schwarzen Kassen erfuhr Baumeister nach eigenen Angaben nichts. In den Neunzigerjahren hatten Terlinden und Weyrauch bei dieser Tätigkeit keinen Kontakt zu der Bundesgeschäftsstelle wie zur Bundesschatzmeisterei unterhalten. Von ihrer Tätigkeit sollte nichts bekannt werden, vor allem nicht die Namen der Spender. Sie sollten »nicht auf dem öffentlichen Markt gehandelt werden«.[1232] Die Bundesgeschäftsstelle erhielt von der Existenz dieser Konten »grundsätzlich keine Kenntnis«.

Diese »sonstige Einnahmen« waren dringend nötig, denn die Bundespartei hatte ein strukturelles Defizit. Für immer mehr Aufgaben und neue Parteigliederungen entstanden Kosten, die zu decken immer schwieriger wurde. In den neuen Ländern fehlten die zahlenden Mitglieder. Der größte politische Konkurrent, die SPD, verfügte dagegen über ein weitverzweigtes Unternehmenskonglomerat, das ihr kontinuierlich nicht unbeträchtlicher Mittel zuführte. Die CDU war eine Partei der Länder, wie schon ihre Gründungsgeschichte zeigt. Erst 1950 wurde die Bundespartei gegründet. Sie blieb in finanzieller Hinsicht schwach, während die Landesverbände je nach Mitgliederzahl und Organisation stärker waren und sorgsam darauf achteten, dass die Abführung ihrer Anteile für die Bundespartei nicht erhöht wurde. Die Abhängigkeit der Bundespartei von Spenden war nicht von vornherein als negativ zu betrachten. Erst recht bedeutete es keine Gefährdung der Demokratie, wenn sich eine Partei auf diese Weise finanzierte. Es ist in diesem Zusammenhang daran zu erinnern, dass die CDU in der Ära Adenauer, also bei der Begründung der parlamentarischen Demokratie in Deutschland, weitgehend mit Spenden finanziert wurde. Demokratische Defizite sind durch diese Art der Finanzierung nicht festgestellt worden. Aber es verfestigte sich bei den Parteien auf der linken Seite des politischen Spektrums der Eindruck – schon allein zur Begründung ihrer andauernden Erfolglosigkeit –, dass die ungehinderte, sogar steuerlich geförderte Finanzierung von Parteien durch die Wirtschaft gefährlich sei, wobei ohne gesicherte Kenntnis der historischen Fakten stets der Aufstieg der NSDAP als abschreckendes Beispiel beschworen wurde.

Die Finanzlage der Bundespartei blieb trotz diesen spezifischen »Vorkonten« keineswegs befriedigend; seit 1994 trat eine fühlbare Verschlechterung der Einnahmen ein. Helmut Kohl machte den Bundesvorstand schon im Februar 1994 darauf aufmerksam. Im kommenden November könne »wegen der Kostenlage« nur ein eintägiger Parteitag veranstaltet werden. Mehr sei nach den voraussichtlichen Kosten für den Bundestagswahlkampf selbst »bei sparsamster Wirtschaftsführung« nicht möglich. Er machte in diesem Zusammenhang eine Bemerkung, die das Verhältnis der Partei zu ihren Einnahmen treffend beleuchtete. Er wisse, sagte er, dass im Bundesvorstand »die Finanzen meist als gegeben betrachtet werden«.[1233] Das war die weitverbreitete Einstellung in der Partei. Man dachte, die Finanzen seien geregelt, man müsse sich keine Sorgen machen, letztlich habe der »Dicke« – neben dem »Alten« die zunehmend leicht abwertende Bezeichnung für Kohl im Parteijargon – die Lage im Griff. Die Notwendigkeit zu strikter Sparsamkeit war für die Partei neu und nicht recht begreiflich. Deshalb fühlte Kohl sich im November 1994 noch einmal veranlasst, auf das »Gemosere« wegen der kurzen Parteitage einzugehen und das Verhältnis der Partei zu ihren Finanzen noch einmal kurz zu umreißen. »Ich weiß«, sagte er, »es gibt einige in unserer Partei, die der Grundauffassung sind, es gebe in den Kreis-, Bezirks- und Landesparteien und in der Bundespartei eine Gruppe von vielleicht 10 Prozent, die für die Finanzen zuständig seien – nach dem Motto, die sind selbst daran schuld – und 90 Prozent seien mehr dafür verantwortlich, dass das ausgegeben werden kann«.[1234]

Kohl kannte seine Parteifreunde. Als man hörte, der Bundesparteitag, diese wundervolle Einrichtung zum Wiedersehen alter Freunde und zu fröhlicher Zecherei nach den anstrengenden Sitzungen, solle auf einen Tag gekürzt werden, konnte das nur zu »Gemosere« führen.

Im August 1998 beleuchtete Kohl die Finanzsituation der Partei durch den Vergleich mit den Wahlkampffinanzen bei der SPD. Diese Partei, so erklärte er im Bundesvorstand, könne und werde im Wahlkampf »rund 100 Millionen ausgeben«, während »unsere 50 Millionen nur eine Fortschreibung vom letzten Mal sind«. Diese Zahlenangabe muss gewiss nicht auf die Goldwaage gelegt werden, aber sie kann als weiteres Indiz für die Finanzsituation angeführt werden. Sie zeigt das strukturelle Defizit, das auch die eingeworbenen Spenden nicht decken konnte.

Anfang Dezember 1999 stand die Partei und damit ihr Ehrenvorsitzender vor einer schwierigen Situation. Kohl hatte die Nichtbeachtung, also die Umgehung des Parteiengesetzes, in seiner Erklärung zugegeben. Aus dem Vernehmungsprotokoll Weyrauchs war ihm ersichtlich, dass der Staatsanwaltschaft die Praxis der Einschleusung von Spenden als »sonstige Einnahmen« bekannt war. Er wusste allerdings nicht, wie die Staatsanwaltschaft auf diesen Sachverhalt reagieren würde, ob eine ähnliche Verfolgung wie bei der Flick-Affäre mit unzähligen Ermittlungsverfahren erwartet werden musste. Zur Abwehr dieser gefährlichen Möglichkeiten galt es, eine wirksame Verteidigungsstrategie zu entwickeln. Man musste sich irgendwie aus dem Schlamassel herauszuwinden versuchen.

Die erste Bedingung dafür wäre die innere Geschlossenheit der Partei gewesen. Diese war jedoch keineswegs gegeben. Das gestörte Verhältnis zwischen Kohl und Schäuble, wie es schon im Wahlkampf sichtbar geworden war und das schließlich in der

Aufforderung Schäubles gipfeln sollte, dass Kohl als Ehrenvor-
sitzender zurücktreten müsse, wirkte sich jetzt negativ aus. Man
ging sich aus dem Weg, statt zusammen die Krise zu bewältigen.
Nur so ist es wohl zu erklären, dass Kohl von sich aus keinen
Anlass sah, Schäuble über das Finanzsystem der Partei reinen
Wein einzuschenken. Das hätte aber zu einer sachgemäßen
Übergabe der Geschäfte gehören müssen, dass der scheidende
Vorsitzende den Nachfolger auch in die problematischen Be-
reiche seines Amtes einführte. Kohl wird sich vor dieser Infor-
mationspflicht gedrückt haben, denn er scheute die arrogante
Logik seines Nachfolgers.

Andererseits ist nicht bekannt, dass Schäuble selbst nach seiner Wahl zum Vorsitzenden von Kohl Aufklärung über die Parteifinanzen verlangt hätte. Ihm durfte kaum verborgen geblieben sein, dass bei den Parteifinanzen, die von Kohl und Terlinden
gemanagt wurden, nicht alles mit rechten Dingen im Sinne des
Parteiengesetzes zuging. Man wird auf beiden Seiten tatsächlich
wenig Interesse an der Erörterung dieser heiklen Frage vermuten dürfen. Das Desinteresse an den Finanzen betraf Schäuble
nicht allein. Weder im Präsidium noch im Vorstand diskutierte
man darüber.

Wenn Schäuble nach Bekanntwerden der Spendenaffäre immer wieder seine Bereitschaft zur Aufklärung der Affäre und
zur Zusammenarbeit mit der Staatsanwaltschaft erklärte, klang
das so, als ob es nur um Unregelmäßigkeiten ginge, die gemeinsam rasch aufgeklärt werden könnten. Aber bei Spenden, die
nicht versteuert waren, ging es nicht um Ordnungswidrigkeiten
wie beim Parteiengesetz, sondern um Vergehen, die streng bestraft wurden. Nicht nur die Steuerhinterzieher selbst, sondern
auch die Empfänger solcher Gelder liefen erhebliche Risiken.
Aber die Staatsanwaltschaft Bonn zeigte zunächst wenig Eifer,
diesen Tatbestand aufzuklären. Sie eröffnete lediglich ein Verfahren gegen Kohl wegen Untreue, das bald eingestellt wurde.

Wahrscheinlich wirkten die Erfahrungen der Flick-Affäre abschreckend. Aber das konnte sich ändern, wenn handfeste Beweise auftauchten.

Der 2. Dezember 1999 war ein ereignisreicher Tag. Der Bundestag beschloss die Einsetzung eines Untersuchungsausschusses in dieser Sache. Schäuble stimmte als Vorsitzender der CDU/CSU-Bundestagsfraktion dem Antrag zu, machte aber einen wichtigen Vorbehalt. Bei diesem Untersuchungsausschuss könne es nicht darum gehen, »die Finanzpraxis einer Partei mit den Mitteln eines Untersuchungsausschusses aufzuklären«. Untersuchungsausschüsse hatten nämlich weitgehende Rechte. Ihnen standen die Möglichkeiten der Strafprozessordnung zur Verfügung, die Schäuble für die Spendenaffäre gerade nicht angewandt wissen wollte. Für die Untersuchung der Parteienfinanzierung müssten Regeln gelten, die »durch Urteile des Verfassungsgerichtes« festgelegt seien, und »an diese Regeln müssen wir uns halten«, denn diese seien »abschließend«. Schäuble fuhr fort: »Es kann nicht sein, dass die eine Partei strengeren Maßstäben oder anderen Mitteln, zum Beispiel denen der Strafprozessordnung oder denen eines Untersuchungsausschusses, (Zuruf von der SPD: Unglaublich!) anderen Regelungen von Transparenz, Öffentlichkeit und Rechnungslegung als die anderen Parteien unterliegt.«[1235] Es sollten also nur die milden Bestimmungen des Parteiengesetzes herangezogen werden, das als oberste Instanz nur den Bundestagspräsidenten kennt, der Verwaltungsakte, aber keine Strafbescheide erlassen konnte. Mit dem Parteiengesetz wollte der Bundestag den Vorgaben des Verfassungsgerichts nachkommen, ohne den Parteien wirklich wehzutun. Damals waren Verstöße gegen das Parteiengesetz bloße Übertretungen – mehr nicht. Erst nach der Spendenaffäre wurden die Bestimmungen des Gesetzes verschärft.

Schäubles frühzeitige Warnung, die allerdings der Rechtslage entsprach und von der Koalition nicht infrage gestellt wurde, bestimmte auch die Arbeit des Ausschusses. Vier Vorgänge sollten untersucht werden. Sie hatten mit Parteispenden nur indirekt etwas zu tun. Das war das Panzergeschäft mit Saudi-Arabien, die Privatisierung der Leuna-Raffinerie sowie Flugzeug- und Hubschrauberlieferungen in verschiedene Länder.

Der Untersuchungsauftrag war komplex. Der Ausschuss sollte vor allem klären, ob Korruption im Spiel gewesen sei, »inwieweit Spenden, Provisionen, andere finanzielle Zuwendungen oder Vorteile an die Bundesregierung, Regierungsparteien oder sonstige Personen geflossen seien«.[1236] Jedes Schlupfloch sollte verstopft werden, um die Schuldigen zur Verantwortung zu ziehen.

In den Sitzungen des Ausschusses fanden leidenschaftliche Auseinandersetzungen statt, aber das Ergebnis war mager. Längst bekannte Vorwürfe wurden erhoben, aber Beweise nicht erbracht. Die Herkunft der Spenden wurde bis auf eine Ausnahme nicht aufgeklärt. Der Medienaufwand stand in keinem Verhältnis zu dem Ergebnis. Dies gilt es festzuhalten, um das Verhalten Kohls im Dezember richtig einordnen zu können.

Schäuble hatte an diesem 2. Dezember 1999 im Bundestag nicht nur vorsorglich unerwünschte Tendenzen bei der Tätigkeit des zu bildenden Untersuchungsausschusses abgeblockt. In anderer Hinsicht zeigte er eine Sorglosigkeit, die für ihn verhängnisvoll werden sollte. Auf einen Zwischenruf des Grünen-Abgeordneten Hans-Christian Ströbele erklärte er, er sei 1994 einmal dem Lobbyisten Schreiber begegnet. »Das war es«, sagte er, und auf die Entgegnung Ströbeles: »Mit oder ohne Koffer?«, antwortete er: »Ohne Koffer, das heißt: Ich habe vielleicht einen Aktenkoffer dabei gehabt.« So glaubte er, die Neugier des Abgeordneten befriedigt zu haben, ohne zu bedenken, dass er selbst aus der 100 000-D-Mark-Spende Schreibers in Parteikreisen keinen Hehl gemacht hatte. Helmut Kohl war schon seit Langem darüber informiert, dass Schäuble von Schreiber eine

Spende in dieser Höhe erhalten hatte. Etwas anderes war es jedoch, dass er Schäuble wenige Tage zuvor, am 29. November, noch einmal gezielt danach gefragt hatte.[1237] Am folgenden Tag hatte Kohl dann vor dem CDU-Präsidium seine Erklärung abgegeben, dass er »möglicherweise Verstöße gegen Bestimmungen des Parteiengesetzes« begangen habe. Dachte er bei diesem Eingeständnis daran, dass auch Schäuble ein Spendenproblem hatte, dass also in gewisser Weise hier ein Gleichstand zwischen ihnen bestand und Schäuble nicht glauben sollte, er befinde sich in einer moralisch besseren Situation? Später hatte Kohl seine Erklärung vor dem Präsidium als »an Selbstbezichtigung grenzend« charakterisiert, womit er zum Ausdruck bringen wollte, dass er sie unter Druck abgegeben hatte.

In der Bundestagssitzung am 2. Dezember geschah auch anscheinend Nebensächliches, was im Plenarsaal nicht auffiel, aber für das Binnenverhältnis der CDU-Führung nachhaltige Folgen haben sollte. Die Generalsekretärin Angela Merkel, die in der ersten Phase der Affäre voll mit Schäuble übereinstimmte und ebenso wie er zu scharfem Vorgehen neigte, teilte Schäuble mit, sie habe soeben erfahren, dass Weyrauch gegenüber der Staatsanwaltschaft viele Aussagen gemacht hätte und dass das Protokoll darüber Terlinden bekommen habe. Dieser habe es aber nicht dem Parteivorsitzenden Schäuble, sondern an Helmut Kohl, seinen alten Chef, übergeben. Dieser habe es jedoch nicht an Schäuble weitergereicht.

Die Art, wie Schäuble auf diese Information reagierte, war bezeichnend. Er explodierte. All der aufgestaute Ärger über Kohl, verbunden mit dem Gefühl, durch den Ehrenvorsitzenden bewusst getäuscht worden zu sein, brach durch. Der ohnmächtige Zorn gegenüber einem Apparat, den er nicht beherrschte, machte sich Luft. Er suchte und fand sein Opfer in Hans Terlinden. Dieser hatte das Protokoll Kohl übergeben in der Annahme, dass dieser darüber mit Schäuble reden würde. Für ihn war Helmut Kohl der Chef, mit dem er jahrzehntelang zusammengearbeitet hatte. Kohl war für das System letztlich verantwortlich gewesen. Für Terlinden war es als ausführende Kraft undenkbar, dass er Wolfgang Schäuble das Protokoll aushändigte und ihm zugleich die bisherigen Praktiken erklärte und rechtfertigte. Das musste Kohls Aufgabe sein. Deswegen war für ihn die Sache erledigt, als er Kohl das Papier übergab. Er nahm an, dass Kohl Schäuble darüber informieren werde.

Bezeichnend war auch die Form, wie Schäuble gegenüber Terlinden reagierte. Diesen traf der volle Zorn des Vorgesetzten gegenüber einem pflichtvergessenen Untergebenen. Er ordnete an, Terlinden »umgehend vom Dienst zu suspendieren«; sogar Hausverbot soll er gegen ihn verhängt haben.[1238] Dieser autoritäre Sprachgebrauch zeigt eigenartige Vorstellungen, wo es doch schlimmstenfalls nur um die fristlose Kündigung oder die Beurlaubung eines Angestellten gehen konnte.

Kohls Begründung für die Nichtübergabe des Protokolls an Schäuble wirkt wenig glaubhaft. Er habe es diesem bei der Weihnachtsfeier der Fraktion am 1. Dezember 1999 geben wollen, sei aber dazu nicht gekommen – als ob das die passende Gelegenheit gewesen sei, eine derart wichtige Information zu übermitteln. Wahrscheinlich handelte es sich um simples Hinausschieben einer voraussichtlich sehr unangenehmen Begegnung, wozu Kohl mitunter neigte.

Seine Situation wurde immer schwieriger. Mit dem Aussitzen war es nicht getan. Selbst auf der Weihnachtsfeier der Fraktion gab es Ärger. Kohl glaubte, einige Abgeordnete ermahnen zu müssen, »sich mit kritischen Äußerungen zurückzuhalten, schließlich hätten ihre Landesverbände ja auch nicht immer die Bestimmungen eingehalten und gerne mal zwischendurch Geld von ihm angenommen«.[1239] Das war ein knapper, aber prägnanter Hinweis, wozu Spenden verwandt werden konnten.

Die Publikation des Weyrauch-Protokolls durch »BILD« am

6. Dezember und die darauf folgende Ankündigung Schäubles, die Affäre um geheime Spendenkonten »rücksichtslos« aufzuklären, komplizierten Kohls Lage. Die Stimmen aus der Partei nahmen zu, die von Kohl forderten, er solle zu den verdeckten Konten Stellung nehmen. Seine Person rückte immer stärker ins Zentrum. Wann er in dieser Situation anwaltliche Betreuung gesucht hat, ist nicht genau datierbar. In seinen als »Mein Tagebuch« bezeichneten Aufzeichnungen von Ende 2000 heißt es, dass er nach Diskussionen »in kleinem Kreis« zu der Essener Kanzlei Holthoff-Pförtner gekommen sei und dort einen »außerordentlich positiven Eindruck« gewonnen habe. Der Kontakt wurde wahrscheinlich von dem jungen CDU-Abgeordneten Ronald Pofalla hergestellt, der Partner in dieser Kanzlei war. Er hatte sich Schäuble gegenüber als Kohls Anwalt »nur im Innenverhältnis, nicht nach außen« bezeichnet.[1240] Es besteht aber kein Zweifel, dass auch Pofalla Kohl in der Spendenaffäre beraten hat.

Was Kohl am 16. Dezember in der ZDF-Sendung »Was nun, Herr Kohl?« mitteilte, war das Ergebnis sorgfältiger Abwägung, keineswegs ein Akt der Improvisation oder die unüberlegte Reaktion auf provozierende Fragen. Er hatte sogar Schäuble den Termin vorher mitgeteilt. Seine Erklärung vor einem Millionenpublikum stellte den Höhepunkt der Spendenaffäre dar. In schlichten Worten stellte er fest, er selbst habe Spenden in bar angenommen; es sei ein Betrag zwischen 1,5 und 2 Millionen D-Mark gewesen, der nicht ordnungsgemäß verbucht worden sei und den er für die Betriebsgruppenarbeit der CDU-Sozialausschüsse in den neuen Ländern weitergeleitet habe. Die Namen der Spender werde er nicht nennen, weil er ihnen sein Ehrenwort gegeben habe. Im Übrigen verwahrte er sich erneut gegen die Unterstellung der Medien, seine Regierung sei käuflich gewesen oder er selbst hätte mit Geld versucht, die Unterstützung bestimmter Delegierter zu gewinnen.

Mit der ZDF-Erklärung Kohls nahm die Affäre eine andere Wendung. Kohl selbst und nicht die schwarzen Kassen standen nun im Mittelpunkt. Er hatte nicht nur hohe Spendenbeträge nicht ordnungsgemäß abgeliefert, was schon allein Anlass zur Empörung war, sondern die Unverfrorenheit besessen, sich zu weigern, die Namen der Spender zu nennen. Das war die sensationelle Wendung in der Affäre. Endlich gab es nicht nur einen Verdacht, sondern das »Geständnis« des Täters. Durch dessen Weigerung, die Spender zu identifizieren, wurde seine Aussage allerdings entwertet. Wichtiger war, dass die öffentliche Empörung in eine bestimmte Richtung gelenkt wurde. Es ging nun nicht mehr um illegale Parteispenden, sondern um Kohls Weigerung, die Namen der Spender zu nennen. Sein Schweigen verstärkte nur den seit Beginn der Affäre bestehenden Verdacht, bei den Spenden handelte es sich um Geld, »das staatliche Entscheidungen belohnte«. Es wären also »keine Spenden, sondern Schmiergelder« gewesen.[1241] Das war das kriminelle Fundament der Beschuldigungen: Bestechlichkeit durch Elemente, die das Licht der Öffentlichkeit scheuten.

Kohls Erscheinen vor dem Untersuchungsausschuss brachte keine Aufschlüsse. Nachdrücklich betonte er seinen Rechtsstandpunkt: »Gegenüber weitergehenden Fragen des Ausschusses hinsichtlich dieser anonymisierten Spenden und insbesondere hinsichtlich der Identität der Spender verweigerte Dr. Kohl die Aussage und berief sich auf ein nach Ansicht seines Rechtsbeistandes umfassendes Schweigerecht, ... wonach er wie ein Beschuldigter in einem Strafverfahren zu behandeln sei.« Das würde bedeuten, es stünde ihm »völlig frei, sich zur Sache zu äußern oder eben nicht zu äußern ...«.

Bei der Befragung durch die Ausschussmitglieder zeigte Kohl die übliche ironisch-herablassende Distanz gegenüber seinen Kritikern. Als der SPD-Abgeordnete Rainer Wend ihm vorhielt, er würde »durch sein Schweigen die Chance verweigern, der

Frage nachzugehen, ob es einen Zusammenhang zwischen politischen Entscheidungen und Spenden gebe«, antwortete Kohl trocken: »Herr Abgeordneter, Sie müssen mit diesem schweren Schicksal leben.«[1242]

Man konnte aber auch die Schuld Kohls auf einem anspruchsvolleren Niveau ansiedeln und feststellen, dass es sich um moralisch schwerwiegende Verfehlungen handelte. Das Verhalten Kohls verstoße gegen Amtseid und Grundgesetz. Diese Erkenntnis wurde schnell zum Allgemeingut von Politik und Medien, die von niemandem infrage gestellt wurde. Diese gefühlsbetonte Reaktion übersah vollkommen, dass ein Gesetz durch seinen Inhalt, nicht aber durch sein formales Zustandekommen, dass es eben ein Gesetz ist, definiert wird. Das Parteiengesetz, das sorgfältig jeden Strafcharakter vermeidet und nur Sanktionen durch Rückzahlungen kennt, hat als verfassungsrechtlich ohnehin problematische Subventionsmaßnahme politischer Parteien keinen höheren Rang als die vielfältig ausgebildete, stets auf gesetzlicher Basis beruhende Subventionswirtschaft, die fast alle Bereiche des Wirtschaftslebens erfasst. Es war ein Gesetz wie viele andere, die Subventionsleistungen regelten. Nur dass in diesem Fall nicht etwa landwirtschaftliche Produkte, sondern Parteien subventioniert wurden. Diesen Sachverhalt pflegten die politischen Gegner Kohls – von Alt-Bundespräsident Richard von Weizsäcker über jeden sich selbst als verantwortungsbewussten Staatsbürger einschätzenden Publizisten bis zu der Anti-Kohl-Riege in der CDU – konsequent zu übersehen. Sie zeigten sich betroffen bis empört über die Haltung Kohls, nahmen aber die politische Wirklichkeit nicht zur Kenntnis.

Helmut Kohl hatte vor der Erklärung im Fernsehen mit seinem Anwalt gesprochen. Angesichts der negativen Reaktion in der Öffentlichkeit sagte Pofalla danach zu Schäuble, er habe Kohl zwar rechtlich beraten, dieser habe sich »jedoch nicht an seine diesbezüglichen Empfehlungen gehalten«. Eine solche Erklärung mochte sich in dieser Situation anbieten; sie besagte aber nicht viel. Kohls Strategie folgte einem eigenen Kalkül. Das CDU-Spendensystem war Mitte Dezember etwas in den Hintergrund des Interesses getreten, aber die von dieser Seite drohenden Gefahren waren keineswegs behoben. Da mochten noch Minen verborgen sein, die eine ganz andere Sprengkraft auslösten als die Verstöße gegen das Parteiengesetz. So hatte beispielsweise der Steuerberater Horst Weyrauch auf die Bemerkung, die CDU könne rechtliche Schritte gegen ihn einleiten, einfach geantwortet: »Dann wackelt die Republik.«[1243] Angesichts der Doppelbödigkeit der Affäre und ihrer möglichen Risiken galt es, sich abzusichern.

In dieser schwierigen Situation wird die Rolle, die Kohl freiwillig mit seiner Fernseherklärung auf sich nahm, erst deutlich. Er hatte seine Verfolger auf eine falsche Fährte gesetzt. Durch die Erklärung im ZDF hatte er ihr Interesse auf die Spender gelenkt, deren Namen sie unbedingt wissen wollten. Ob diese Spender tatsächlich existierten und von Kohl durch sein Ehrenwort geschützt wurden, war für seine Strategie nicht von Bedeutung. Ihm ging es in erster Linie um das »umfassende Schweigerecht«, das er vor Gericht in Anspruch nehmen konnte. Niemand konnte ihn jetzt noch zwingen, sich selbst zu belasten. Zwangsmaßnahmen wie Beugehaft sah das milde Parteiengesetz nicht vor. Von dieser Seite konnten ihm keine Gefahren drohen. Wohl aber die moralische Verurteilung durch politische Gegner und die Medien, die durchaus den Charakter der Ächtung annehmen sollte. Indem er aber den Hass der Empörten auf sich nahm und damit in den Mittelpunkt der Auseinandersetzungen rückte, traten die Spendenaffäre und ihre Aufklärung in den Hintergrund.

Auch die Staatsanwaltschaft zeigte bei ihren Ermittlungen nicht viel Eifer, sodass keine neuen Kenntnisse über den Spendenkomplex ermittelt werden konnten. Was sollte sie auch mit Kohl anfangen, der den Verstoß einräumte, aber als Beschuldigter schwieg und damit nur sein Recht wahrnahm? Wie wollte man ein Verfahren durchführen, wenn die Hauptperson jede Mithilfe bei der Aufklärung verweigerte? Das waren komplizierte Aussichten, die eher abschreckend wirkten – und das bei einem Kanzler, dessen Verdienste um die nationale Einheit in keinem Verhältnis zu Unregelmäßigkeiten bei der Parteifinanzierung standen.

Im Rückblick erscheint der Spendenkomplex relativ unspektakulär zu sein. Die Bestechungsvorwürfe im großen Maßstab, von denen die Medien und der Untersuchungsausschuss sich leiten ließen, bewahrheiteten sich nicht. Weder mit Panzern noch mit Leuna hatte die CDU Geld eingenommen. Schon 1994, noch als Regierungspartei, war die Finanzlage so angespannt, dass Kohl den Bundesparteitag auf einen Tag zusammenkürzen musste. Da gab es keinen Spender, der die notwendige Million kurzerhand zur Verfügung stellte. Die CDU hatte über ihre Verhältnisse gelebt, das war bedauerlich, aber kein Verbrechen. Nicht nur Parteien, sondern auch viele Staaten sind nicht in der Lage, mit ihren Haushaltsmitteln auszukommen und retten sich deshalb in die Schuldenwirtschaft.

Es gab sicherlich Juristen, die schon damals den Ausweg erkannten, den Kohl gewählt hatte, aber kein Bedürfnis verspürten, einer emotionalisierten und verhetzten Öffentlichkeit den Sachverhalt darzulegen. Im historischen Rückblick erkennt man den Weg, den Kohl eingeschlagen hatte, und das Opfer, das er auf sich genommen hatte, um von seiner Partei den Druck zu nehmen, der wegen der Spenden und der damit verbundenen Gefahren auf ihr lastete.

Am 18. Januar 2000 kam es zwischen Kohl und Schäuble zum endgültigen Bruch. Das Verhalten in den Wochen zuvor, bis es zum Eklat kam, erinnert an den Showdown in einem Western. Seit Wochen hatten sich die beiden Kontrahenten misstrauisch belauert. Der eine, Schäuble, forderte Aufklärung in der Spendenaffäre, der andere, Kohl, fragte immer wieder nach der Spende, die Schäuble von Schreiber erhalten hatte. Am Morgen vor der Sitzung der Führungsgremien war das Herumreden vorbei. Schäuble forderte nun ultimativ von Kohl die Namen der Spender. Kohl reagierte darauf nicht und wiegelte ab, indem er darauf hinwies, ein Großteil der Bevölkerung habe Verständnis für sein Verhalten und hielt Schäuble vor, einzig und allein die Spende, die er von Schreiber erhalten hätte, »habe diese Affäre zu einer so dramatischen Krise werden lassen«. Diese kaltschnäuzige Schuldzuweisung Kohls war für Schäuble zu viel. Er beendete abrupt das Gespräch und fasste seine Enttäuschung über Kohl in dem Satz zusammen, »dass ich wohl schon zu viel meiner knapp bemessenen Lebenszeit mit ihm verbracht hätte«.[1244]

Ist Schäuble nach Biedenkopf und Geißler der dritte Kampfgefährte Kohls, mit dem die Zusammenarbeit ihr Ende im Streit fand? Das trifft nur bedingt zu. Die beiden Generalsekretäre waren ehrgeizige und geltungssüchtige Politiker, die aus ihrer Position als Generalsekretäre den Anspruch und die Kompetenz für die Entwicklung und Durchsetzung der von ihnen als richtig erkannten Politik ableiteten. Schäuble dagegen kam aus der praktischen Politik der Fraktionsarbeit und war immer bestrebt, politische Ideen in realistische Lösungen umzusetzen. Das unterschied ihn von den beiden Generalsekretären. Schäuble war aber keineswegs nur ein Pragmatiker der Macht, sondern ein Politiker, der große Ziele im Blick hatte. Sie zu verwirklichen, setzte er seinen ganzen Ehrgeiz ein und sah in den letzten Jahren der Ära Kohl, dass der Kanzler immer mehr zur Kritik herausforderte. Es war der klassische Gegensatz zwischen dem Jüngeren, der drängte und etwas werden wollte, und dem Älteren, der die Dinge gelassener sah. Schäuble wusste, dass kein anderer Kandidat als er für die Kanzlernachfolge infrage kam. So entstand ein nur mühsam unterdrückter Gegensatz zu Kohl, als dieser keine Anstalten machte, weder mit letztem Einsatz für seine Wiederwahl zu kämpfen, noch Neigung zeigte, irgendetwas zur Regelung der Nachfolgefrage zu tun. In dieser Situation mussten Kritik und Entfremdung wachsen.

In der Spendenaffäre kam man nicht weiter. So suchte sich die Empörung ein anderes Opfer. Das konnte nur Wolfgang Schäuble sein. Er hatte eine Spende von Schreiber entgegengenommen – das war übrigens die einzige Spende, deren Herkunft geklärt wurde –, aber er hatte den schweren Fehler begangen, über diesen Sachverhalt ungenaue Angaben zu machen. Seine Glaubwürdigkeit war dadurch erschüttert worden. Die Medien hatten ihn als nächstes Opfer ausgemacht und erbarmungslos verfolgt, während in der Fraktion wie überhaupt in der Partei die Unterstützung für ihn immer geringer wurde. Schäuble glaubte rückblickend, einer Intrige zum Opfer gefallen zu sein, die von Kohl ihren Ausgang genommen habe. Das ist wenig überzeugend, zumal Schäuble selbst seine Informationen mitunter von einer Seite empfing, die mit der Wahrheit nicht sehr sorgsam umging.[1245]

Die internen Parteiquerelen waren Nachhutgefechte. Schon im Dezember, kurz vor Weihnachten, hatte die Generalsekretärin ein Hoffnungszeichen gesetzt, an dem sich die Partei orientieren konnte. Angela Merkels Artikel in der »Frankfurter Allgemeinen Zeitung« vom 22. Dezember 1999 war von Feldmeyer angenommen und sofort zum Druck gebracht worden, musste er doch noch vor Weihnachten erscheinen, um in der Ruhe der Festtage seine Wirkung entfalten zu können. Er erschien dem verstörten Parteivolk wie ein Lichtstrahl in der Finsternis. In der Führungsriege der Partei herrschte dagegen zuerst Kritik bis Empörung. Das war ein Vorgang, der unerhört schien: Ohne den Vorsitzenden zu informieren oder im Führungskreis darüber zu diskutieren, hatte Angela Merkel in der Presse ihren eigenen Standpunkt dargelegt. Sie schrieb fast einen Nachruf auf Helmut Kohl – ohne polemische Angriffe oder Schuldzuweisungen. Es gelte Abschied zu nehmen, und das hieß: »Die Partei muss also laufen lernen, muss sich zutrauen, in Zukunft auch ohne ihr altes Schlachtross, wie Helmut Kohl sich oft selbst gerne genannt hat, den Kampf mit dem politischen Gegner aufzunehmen.« Kein böses Wort über Kohl, sondern nur die Empfehlung, für eine »fließende Weiterentwicklung« offen zu sein, die die Partei vielleicht verändern würde, »aber sie wird in ihrem Kern noch dieselbe bleiben«.

Es war kein »Emanzipationsbrief«, wie Merkels Artikel später oft genannt wurde, sondern der unauffälligste, aber wirksamste Putsch, den man sich denken konnte. Sie hatte mit diesem Stück keinen Führungsanspruch angemeldet, sondern einfach die Führung übernommen, indem sie der führungslosen Partei den Weg in eine bessere Zukunft aufzeigte.

Der Artikel wirft Fragen auf. Hat jemand Merkel bei der Abfassung geholfen? Gab es vielleicht eine Gruppierung, die die endgültige Ablösung Kohls geplant hatte?

Bei ihrer Kandidatenrede auf dem Dresdener Parteitag im Jahre 1991 hatte Angela Merkel auf eine ostdeutsche Erfahrung aufmerksam gemacht, auf die Fähigkeit nämlich, »auf leise Töne zu hören, das Unausgesprochene wahrzunehmen«. Ihr behutsam formulierter Entschluss, die Ära Kohl für beendet zu erklären, war von der Partei verstanden worden. Auch sie konnte auf leise Töne hören. Einige Wochen später empfing man Merkel auf der Regionalkonferenz in Recklinghausen mit »einem tosenden Beifallssturm«. Das Tor zum Parteivorsitz und schließlich zur Kanzlerschaft war aufgestoßen.

Die persönliche Katastrophe

Kann man die Schicksalsschläge, die Helmut Kohl seit der Spendenaffäre heimsuchten, »das Ende eines Glückskindes« nennen?[1246] Dem Glückskind fällt alles zu, sagt die Volksmeinung. Trifft es auch hier zu? Man kann Kohl schwerlich als so Begünstigten erkennen. Als Kind stand er im Schatten seines älteren Bruders, der Krieg und die ersten Nachkriegsjahre setzten ihm schwer zu, und erst mit dem frühen Start in der Politik formte sich dieses Leben. Es war bestimmt von großen Zielen, aber zugleich von harter Arbeit, um sie zu erreichen. Da gab es keine untergelegte Hand und keine ihm zugedachte Kronprinzenrolle. Rheinland-Pfalz war in politischer Hinsicht ein steiniger Acker. Mit beispielloser Kraftanstrengung gelang es ihm, das Land auf ein Niveau zu heben, von dem es sich längst wieder in gewohnte Durchschnittlichkeit verabschiedet hat.

Kein Oppositionsführer oder Kanzlerkandidat musste so zäh kämpfen und so viele Widerstände überwinden wie er, bis er im Herbst 1982 am Ziel war, und kein Kanzler hatte vor ihm und bislang nach ihm so viel Feindschaft vonseiten der Medien zu ertragen. Immer wieder läuteten sie das Ende der Ära Kohl ein und verzweifelten fast an ihrer eigenen Erfolglosigkeit.

Helmut Kohl kannte seine Gegner innerhalb und außerhalb seiner Partei und wusste, dass sie auf ihre Chance warteten. Nur durch ständige Präsenz in den verschiedensten Parteigremien bis hin zur Konrad-Adenauer-Stiftung und den unermüdlichen Einsatz in allen Wahlkämpfen konnte er sich behaupten. Die Erfolge waren hart erarbeitet und beruhten auf dem Vertrauen, das er ausstrahlte, und der Zuverlässigkeit, die er immer wieder bewies. Was er seinen Verhandlungspartnern zugesagt hatte, hielt er ein. Darauf konnten sie sich verlassen.

Sein politisches Ende, die Ächtung durch Politik und Medien, kam ebenso unerwartet wie in seiner Bösartigkeit bedrückend. Kohl selbst nahm die Angriffe mit stoischer Gelassenheit hin. Ihn schien nichts zu erschüttern. Der »schwarze Riese«, sein Markenzeichen aus den Mainzer Jahren, zeigte nach außen hin keine Schwäche. Wie es in ihm selbst aussah, ließ er nicht erkennen. Nur selten gab es Anzeichen dafür, wie sehr er unter den Verhältnissen litt. In dieser bedrückenden Situation fand er im Glauben Halt. Was im Alltag der Politik nicht hervortrat und selten vermutet wurde, war dennoch stets vorhanden. Es war der christliche Glaube, der für ihn »eine sehr wichtige, entscheidende Grundlage« seines Lebens darstellte.

Sein Verhältnis zu den Kirchen war im Laufe der Jahre zunehmend kritisch geworden. Was er aus diesem Bereich zur Kenntnis nehmen musste, konnte ihm nicht gefallen. So monierte er verhalten, aber deutlich, die Weigerung der Kirchen, am 3. Oktober 1990, dem Tag der Deutschen Einheit, die Glocken zu läuten. Das konnte er nicht verstehen, aber solche Irritationen vermochten es nicht, seinen Glauben zu erschüttern. Das Gebet bedeutete ihm »ein Stück Lebenshilfe«, für das er dankbar war: »Wenn man eine extreme Lebenssituation hat wie ich und vieles erlebt und vieles entscheiden muss, dann ist dieses Bitten um Hilfe oder um Gnade, warum soll ich es nicht so nennen, eine sehr wichtige Chance.«[1247] Diese seltene Aussage aus dem Jahre 1996 zeigt seine innere Verfassung. Die feste Verankerung im Glauben macht es auch verständlich, dass er dem ungeheuren Druck standhalten konnte, der seit der Spendenaffäre und ihren Folgen auf ihm lastete.

Seine Frau hatte es viel schwerer, mit der Flut von Verdächtigungen fertigzuwerden, mit der sie seit der Spendenaffäre zu kämpfen hatte. Für Hannelore Kohl war es eine Katastrophe, die die ganze Familie erfasste, sie selbst aber am meisten traf. In der trügerischen Ruhe des Sommers 1999 war sie mit dem Umbau und der Renovierung der Berliner Wohnung beschäftigt, mit der endlich ein neuer gemeinsamer Lebensabschnitt eröffnet werden sollte. Umso härter trafen sie die Anschuldigungen der Bestechung und Käuflichkeit in den Medien. Sie stand immer hinter ihrem Mann und unterstützte ihn, als es darum ging, die Sanktion von 6,3 Millionen D-Mark für die nicht ordnungsgemäß verbuchten Spenden einzuwerben. Einmal mehr bewies sie hier ihr Pflichtgefühl und ihre Bereitschaft, ihm zu helfen, indem sie diese Tortur der Bitten um Beiträge auf sich nahm, bei der sie auch schroffe Ablehnung erfahren musste. Was sie an Feindschaft und Gehässigkeit während der Spendenaffäre erlebte, belastete sie schwer.

Große Enttäuschungen musste sie bei Menschen erleben, bei denen sie eine positive Einstellung gegenüber ihrem Mann angenommen hatte. So erschütterte sie der Artikel von Angela Merkel, der 1999 kurz vor Weihnachten in der »Frankfurter Allgemeinen Zeitung« erschien. Für sie »war es unvorstellbar, dass jemand so handelt, den man vierundzwanzig Stunden vorher noch persönlich getroffen und der sich bei dieser Gelegenheit mit keinem Wort dazu geäußert hat«.[1248] Für Hannelore Kohl war Korrektheit auch in geschäftlichen Dingen geradezu ein Grundbedürfnis. Nun musste sie häufig das Gegenteil erleben. Den Höhepunkt stellten Versuche von WDR-Journalisten dar, die ihr telefonisch mit Enthüllungen drohten und in erpresserischem Unterton behaupteten, dass die von ihr seit Jahrzehnten geleitete ZNS-Stiftung, die Menschen mit Schädigungen des Zentralen Nervensystems und ihre Angehörigen unterstützt, zur Spenden- und Geldwäsche gedient habe.[1249] Eine solche Anschuldigung war für sie ungeheuerlich. Sie konnte nicht begreifen, wie man ihr so etwas vorwerfen konnte, wo sie doch stets peinlichst um Korrektheit bemüht war und keinerlei Entgelt für diese Tätigkeit erhielt.

Seit 1993 litt sie an einer Lichtallergie, die ihr zunehmend

Schmerzen bereitete. Im April 2000 erfolgte eine dramatische Verschlechterung ihres Zustandes. Sie lebte schließlich in einem verdunkelten Haus und konnte es nur nach Sonnenuntergang verlassen. Atembeschwerden machten ihr zusätzlich zu schaffen. Sie suchte bei vielen Ärzten Rat und begann verschiedene Therapien. Nichts half. Sie wollte aber nicht das absehbare Fortschreiten der Krankheit abwarten und traf nach umsichtigen Vorbereitungen ihre Entscheidung. Sie schrieb zwanzig Abschiedsbriefe an die Mitglieder der Familie und ihren engsten Freundeskreis. Am Abend des 4. Juli 2001 nahm sie eine Überdosis Schlaftabletten zusammen mit einem starken Schmerzmittel und starb in der folgenden Nacht.

Ihr Abschiedsbrief an ihren Mann ist ein Dokument menschlicher Größe. Keine Klagen, sondern die Darlegung ihres Zustandes und die Versicherung ihrer Liebe: »Es fällt mir sehr schwer, Dich nach über 41 Ehejahren zu verlassen, aber ein langes Siechtum in Dunkelheit will ich mir und Dir ersparen ... Ich danke Dir für viel Hilfe, Zuspruch und Deine Versuche, mein Leben zu erleichtern. Zusammen mit Dir habe ich viele gute Jahre gehabt und auch schlechte Zeiten haben wir durchgestanden. Ich danke Dir für ein Leben mit Dir und an Deiner Seite – voller Ereignisse, Liebe, Glück und Zufriedenheit. Ich liebe Dich und bewundere Deine Kraft. Möge sie Dir erhalten bleiben. Du hast noch viel zu tun.«[1250]

Helmut Kohl war zutiefst erschüttert: Er war nicht ansprechbar. Er, der sonst immer alles anordnete, blieb diesmal stumm. Die Söhne übernahmen die Vorbereitungen für die Trauerfeierlichkeiten. Nur der Speyerer Dom kam für die Trauerfeier infrage. Kohl hatte eine ganz persönliche Beziehung zu diesem Bauwerk – die Einfachheit seiner Architektur und die Ruhe, die es ausstrahlte, waren seiner Frömmigkeit gemäß. Die Trauergemeinde entsprach, was Prominenz und die Zahl der Anwesenden betraf, einem Staatsbegräbnis. Ein kenntnisreicher Beobachter merkte an: »Was Helmut Kohl mit ihr verlor, lassen die Bilder vom Ende des Trauergottesdienstes im Kaiserdom zu Speyer erahnen, als der große alte Mann dem Sarg seiner Frau folgend, Halt bei seiner Schwiegertochter Elif suchte. Ohne Hannelore Kohl wäre sein Erfolg so nicht möglich gewesen.«[1251]

Nach der Beerdigung sicherte das Projekt der Hannelore-Kohl-Biografie, zu dem die ganze Familie nach Überwindung einiger Schwierigkeiten zusammengefunden hatte, einen Burgfrieden. Die Mitarbeit des Vaters erwies sich als unentbehrliche Hilfe. Das Buch erschien bereits im Februar 2002 und wurde ein Bestseller. Die Söhne berichten, dass ihr Vater damals beschäftigt gewesen sei, um Bilder seiner Frau auszusuchen, zu rahmen und im Haus aufzuhängen. Außerdem kümmerte er sich um die Umgestaltung des Familiengrabes.

Der Friede hielt nicht lange vor. In Oggersheim wartete auf Helmut Kohl das leere Haus. Die Söhne waren beruflich an anderen Orten tätig – Peter in London und Walter in Frankfurt. Im Haus waren infolge von Hannelores Krankheit viele Dinge liegen geblieben. Walter arbeitete den Berg von Unerledigtem in enger Absprache mit dem Vater durch. Es war mehr die Abwicklung eines Pflichtpensums, ohne dass es viel persönlichen Kontakt gab. Man verständigte sich oft per Fax. Während dieser Zeit fühlte er sich immer mehr als Assistent seines Vaters, als dienendes Glied in der gleichen Weise vereinnahmt, wie Kohl »in Kanzlerzeiten seine Mitarbeiter behandelt hatte«. Ein »heftiger Streit« beendete die Zusammenarbeit.[1252] Das Verhältnis war schon vorher nicht spannungsfrei gewesen. Hinzu kamen bei Walter Probleme in seiner Ehe und in seiner beruflichen Stellung. Ein Vorgesetzter habe ihm einmal gesagt: »Herr Kohl, was Sie mit der rechten Hand aufbauen, das zerstören Sie sogleich mit der linken.«

In dieser Phase zunehmender familiärer Entfremdung gewann Kai Diekmann, ein Journalist der »BILD«-Zeitung, den Kohl seit vielen Jahren kannte, wachsende Bedeutung für ihn. Diekmann hatte den Kanzler wiederholt interviewt und bei Auslandsreisen zum begleitenden Tross gehört. Sein Aufstieg im Springer-Konzern hatte weniger mit seinem Kontakt zu Kohl zu tun als mit den Personalveränderungen, die den Auseinandersetzungen mit Leo Kirch gefolgt waren. 2001 wurde er Chefredakteur bei »BILD«. Von Diekmann war auch der Vorschlag gekommen, mit Kohl ein Buch über die Einheit zu schreiben. Da mit Ralf Georg Reuth ein promovierter Historiker im Verlag zur Verfügung stand, gelang es in Rekordzeit, das Buch »Ich wollte Deutschlands Einheit« zu verfassen, das ein Bestseller wurde.

Diekmanns Verhältnis zu Kohl war im Laufe der Jahre enger geworden. Es war eine auf journalistischer Basis gewachsene Verbindung, die nach dem Tod von Hannelore Kohl und dem wachsenden Angewiesensein auf Hilfe und Beratung immer herzlicher wurde. Auf jeden Fall trug sie zur Stabilisierung Kohls erheblich bei. Der »Spiegel« lag nicht falsch, wenn er vermutete, »dass der ›BILD‹-Chefredakteur eine Art Ersatzsohn« darstellte und für seine Frau »ein Berater ist, der ihr beim Navigieren durch die Untiefen des Mediengeschäftes half«.[1253]

Eine tief greifende Veränderung im Verhältnis Kohls zu seinen Söhnen trat 2004 ein, als er ihnen mitteilte, dass er »eine neue Lebenspartnerin« gefunden habe. Diese Nachricht wandelte die Situation grundlegend. Die Beziehung war nie innig gewesen, sondern durch die Stellung des Vaters und das mangelnde Verständnis der Söhne für die Politik bestimmt gewesen. Für sie war die Mutter stets die zentrale Bezugsperson in der Familie.

Kohls Partnerin Maike Richter, die sie nun zur Kenntnis nehmen mussten, hatte ein ganz anderes Verhältnis zur Politik. Sie war schon als Schülerin in die Junge Union und später in die CDU eingetreten. Die erste Begegnung mit Walter und Peter

Kohl fand im April 2004 in Berlin statt. Peter Kohl gibt eine anschauliche Schilderung dieses Treffens, das die Einstellung der Söhne zur Gefährtin ihres Vaters dauerhaft prägen sollte. Er entdeckte in ihrer kleinen Berliner Wohnung »eine Art privates Helmut-Kohl-Museum«, das »nach jahrzehntelanger, akribischer Sammelleidenschaft zum Zwecke der Heldenverehrung« aussah. Noch mehr machte ihm zu schaffen, wie sie ganz selbstverständlich als Haltung eine »Kohlianerin« charakterisierte. So wurden in der pluralistischen CDU, in der es selbstverständlich auch Kohl-Gegner gab, Mitglieder genannt, die durch ihr Auftreten und vor allem in Diskussionen als entschiedene Kohl-Anhänger auffielen. Als Maike Richter ihm erklärte, ihr Bruder sei auch ein »Kohlianer«, verstand er das zuerst nicht, sodass sie leicht irritiert das Wort mit lauter Stimme buchstabierte.[1254] Was für sie selbstverständlich war, rief bei ihm »Scham und Peinlichkeit« hervor.

An diesem Einzelfall lässt sich das Problem erkennen, das zunehmend den Familienfrieden zerstören sollte. Der Sohn, der keinen Wert darauf legte, auf seinen Vater angesprochen zu werden oder gar Stolz auf ihn zu zeigen, begegnete einer fast gleichaltrigen Frau, die sich schon seit Jahrzehnten als Kohl-Fan gefühlt und seitdem in ihrer Bewunderung nicht nachgelassen hatte. Peter Kohl hatte kein Interesse an der Politik und wenig Verständnis für seinen Vater, sodass er nicht begriff, wie man ein »Kohlianer« sein konnte, noch viel weniger, dass ausgerechnet eine solche Frau an die Stelle der Mutter treten sollte.

Hier zeigte sich ein Gegensatz, der ein geregeltes Nebeneinander wenig wahrscheinlich machte. Die Söhne akzeptierten nicht, dass ihr Vater die Beziehung zu einer Frau aufgenommen hatte, während sie an ihrer Mutter hingen und keinen Wandel, keine Veränderung dulden wollten.

Am 5. April 2005 wurde im Hof des Berliner Zeughauses der 75. Geburtstag Helmut Kohls gefeiert. Fünf Jahre zuvor hatte es inmitten der Anti-Kohl-Hysterie keinen Anlass zum Feiern gegeben. Nun hatte sich die Situation entspannt. Es war wie ein großes Familienfest – in beschwingter Stimmung ohne offiziellen Pomp. Altbundespräsident Roman Herzog hielt eine kluge, doch zugleich bewegende Rede. Auch Maike Richter war anwesend und auf der Anwesenheitsliste aufgeführt. Kai Diekmann traf zu Beginn einige der Herausgeber der »Frankfurter Allgemeinen Zeitung«, die ihm als Neuigkeit eröffneten, Kohl habe eine Freundin. Er aber wusste mehr, hatte er sie doch selbst zum Zeughaus begleitet.

Maike Richter war seit Mitte der Neunzigerjahre im Kanzleramt tätig. Sie war eine promovierte Volkswirtin, die in der Abteilung Wirtschaftspolitik als Referentin arbeitete. Im Amt wusste man, dass sie den Kanzler »offenbar verehrte«[1255] und bestrebt war, in seiner Nähe zu sein, was jedoch keineswegs einfach war, da ihr Zimmer im Abteilungsbau außerhalb des Kanzlerflügels lag.

Nach der Geburtstagsfeier im Zeughaus konnte für wenige Jahre im Verhältnis Kohls zur Öffentlichkeit eine gewisse Normalität eintreten. Die Tatsache, dass er eine Lebensgefährtin hatte, erweckte nicht viel Neugierde. Über Beschäftigungsmangel brauchte er nicht zu klagen, als Redner war er nach wie vor willkommen. Nicht auf Parteiveranstaltungen, aber bei Feiern – Geburtstagen oder Jubiläen – oder zu Trauerfeiern für verstorbene Freunde und Gefährten war er zur Stelle. Ebenso genoss er Auslandsreisen zu Vorträgen oder zur Entgegennahme von Ehrungen. Die Arbeit an den Memoiren ließ ihn stöhnen, aber immerhin war im Herbst 2007 der dritte Band über die Jahre von 1990 bis 1994 erschienen, etwas schmaler als die vorhergehenden, wobei der Band einen kürzeren Zeitraum abdeckte und zudem Partien aus dem Buch »Ich wollte Deutschlands Einheit« übernommen hatte.

Durch den zweiten Wohnsitz in Berlin gewann Kohl auch

neue Freunde. Zu ihnen gehörte Friede Springer, zu der sich eine herzliche Beziehung entwickelte. Sie war später überaus hilfreich und bemüht, Kohls Lage nach Möglichkeit zu erleichtern.

Zur Tagespolitik entstand bei ihm eine gewisse Distanz. Das Bundestagsmandat hatte er aufgegeben. Wenn politische Freunde ihn um Rat fragten, war er wie immer dazu bereit. In der Einschätzung der führenden Politiker seiner Partei schien er nicht mehr die frühere Sicherheit des Urteils zu besitzen. So unterschätzte er Angela Merkel; ihr traute er wenig zu und gab ihr 2005 höchstens noch zwei Jahre. In Roland Koch sah er ihren Nachfolger.[1256] Zunehmend plagten ihn gesundheitliche Probleme. Das Übergewicht machte Knieoperationen notwendig, Herzbeschwerden kamen hinzu. Das alles behinderte, war aber noch nicht gefährlich.

Der Unfall in seinem Oggersheimer Haus am 23. Februar 2008 veränderte schlagartig die Verhältnisse. An jenem Abend stürzte er auf der Treppe seines Hauses. Sein Fahrer Ecki Seeber fand ihn und transportierte ihn mithilfe des Sicherheitspersonals umgehend in das Krankenhaus. Dort hatte man zuerst den Eindruck, es handele sich um von dem Sturz herrührende Platzwunden. Während der Behandlung fiel er jedoch ins Koma, sodass die Ludwigshafener Ärzte ihn mit dem Hubschrauber in die Heidelberger Universitätsklinik transportierten. Dort wurde er operiert.[1257] Er hatte ein Schädel-Hirn-Traum erlitten, das ihn zum Pflegefall werden ließ und monatelange Aufenthalte in Klinik und in Rehabilitationszentren erforderlich machte.

Was dem Unfall Kohls eine so spektakuläre Wirkung verlieh und seinen Namen wieder in die Schlagzeilen beförderte, war die bald darauf folgende Nachricht seiner Hochzeit mit Maike Richter. Die Begleitumstände der Eheschließung wurden als sensationell bis skandalös empfunden; sie trugen Züge des Außergewöhnlichen. Die Trauung fand am 8. Mai 2008 in der Ka-

pelle der Klinik statt. Als Trauzeugen fungierten Leo Kirch und
Kai Diekmann. Kohls Söhne waren nicht anwesend; sie waren
telegrafisch über die Eheschließung informiert worden. Die
Kargheit der Trauungszeremonie fern jeder Öffentlichkeit kon-
trastierte zu der ausführlichen Berichterstattung durch die
»BILD«-Zeitung. Der angegriffene Gesundheitszustand Kohls,
der Altersunterschied von 34 Jahren zu seiner Frau und der
Bruch mit den Söhnen – all das sorgte für Aufsehen.

Die öffentliche Aufregung ließ in den Hintergrund treten,
was bürgerlich-christlicher Tradition entsprach, nämlich den
Partner zu heiraten, wenn dieser durch Unfall oder Krankheit
pflegebedürftig ist und dadurch ein stärkeres Angewiesensein
entsteht, das durch die Eheschließung noch immer am besten
abgesichert wird. Angesichts der persönlichen Situation Kohls
war die Heirat nach dem Unfall auch aus einem anderen Grund
naheliegend. An wen sollten sich die Ärzte wenden, falls ärztliche Entscheidungen für den Patienten notwendig wurden, die
in der Regel mit Zustimmung der Angehörigen getroffen werden? Wer kam in diesem Fall infrage? Da waren die Lebensgefährtin Maike Richter auf der einen Seite und die beiden Söhne,
die ihr entschieden ablehnend gegenüberstanden, auf der anderen Seite. Söhne und Töchter haben jedoch keinen Anspruch
auf Mitwirkung in Bezug auf den Vater, solange ein verantwortlicher Partner vorhanden ist.

Als der Unfall sich ereignete, traf Helmut Kohl mit der Eheschließung eine klare Entscheidung. Für die Frau, die er liebte
und mit der er zusammenlebte, und gegen die Söhne, die wenig
Verständnis für ihn hatten. Mit welchen Problemen bei den Söhnen gerechnet werden konnte, zeigt die Darstellung Peter Kohls
fünf Jahre nach dem Unfall, die noch immer ganz unreflektiert
seinen damaligen Standpunkt wiedergibt: »Ich bin über den Ablauf der medizinischen und diagnostischen Entscheidungen an
diesem Tag bzw. ihre mangelnde Geschwindigkeit, einschließ-

lich einer Klinikverlegung, sehr unglücklich. Ich wurde nicht gefragt und zu spät informiert.« Er war zum Zeitpunkt des Unfalls in London. Seine nachträgliche Besserwisserei kann nicht überzeugen, auch dann nicht, wenn er sich pauschal auf Sachverhalte beruft, die »jeder Neurochirurg bestätigen wird« und die »uns auch unsere Mutter immer eingetrichtert« hat.[1258] Das ist eine fragwürdige Art der Argumentation.

In den nächsten Jahren entstand ein zwiespältiges Bild vom Altkanzler und seinem Oggersheimer Haushalt. Zweifel wurden allerdings nicht geäußert, ob er geistig noch auf der Höhe sei. Die Sprachschwierigkeiten waren jedoch deutlich. Seine seltenen Auftritte in der Öffentlichkeit erregten große Aufmerksamkeit. Zudem gab es Veränderungen in seinem Umfeld. Meldungen, dass sein Fahrer Ecki Seeber und dessen Frau, die den Haushalt geführt hatte, verabschiedet worden seien – mehr noch, dass die Kündigungen unpersönlich durch ein Schreiben des Anwalts erfolgt seien –, sorgten für mehr als Irritationen. Eine solche Verabschiedung nach jahrzehntelangem treuem Dienst auf einer geradezu freundschaftlichen Basis wollte zu der Art, wie Helmut Kohl Menschen zu behandeln pflegte, gar nicht passen. Auch die Meldung, dass Heribert Schwan, der Bearbeiter der »Erinnerungen«, sich von Kohl getrennt habe und nicht mehr für den vierten Band zur Verfügung stehe, gehörte zu den Informationen, die Aufsehen erregten.

In dieser Gemengelage unfreundlicher Nachrichten intensivierte das Buch von Walter Kohl »Leben oder gelebt werden« noch ein letztes Mal die entschiedene Frontstellung gegen den Altkanzler. Obwohl der Sohn auch »Schritte zur Versöhnung« aufzeigen wollte, stellte sein Buch eine gefühlsbetonte Abrechnung mit dem Vater dar, die es umgehend auf die Bestsellerliste beförderte. Die Kritik an Kohl erhielt wieder scharfe Konturen. Zum gewohnten Bild des »Machtmenschen«, das schon seit Jahrzehnten im Mittelpunkt der Medienkritik stand, kam nun das Bild eines Vaters hinzu, der weder Gefühle noch Interesse für seine Söhne wie überhaupt für die Familie gezeigt hatte. Bei ihm sei alles auf »die einfache Frage« hinausgelaufen, »ob er sich als die unangefochtene Nummer eins fühlen« durfte.[1259]

Walter Kohl schätzte sich selbst nicht als Nummer eins, sondern viel weiter hinten ein. Er fühlte sich als »Sohn vom Kohl« als Opfer, dem aus dieser Beziehung nur Nachteile erwuchsen. Schon bei seiner Einschulung sei er von der Lehrerin misshandelt worden, später in der Schule von Mitschülern zusammengeschlagen, und bei der Bundeswehr habe er »eine Ehrenrunde auf der Hindernisbahn für den Bundeskanzler« drehen dürfen. Die Aufforderung dazu erfolgte im Ton kumpelhaften Duzens, was schon zu Kaisers Zeiten verboten, aber für den »Sohn vom Kohl« geradezu selbstverständlich war.

Das Bild, das Walter Kohl von seiner Mutter und ihrer Rolle in der Familie zeichnete, musste die Abneigung gegen Helmut Kohl verstärken: »Sie hatte zu dienen«, heißt es einmal[1260] und schlimmer noch – an anderer Stelle: »Meine Mutter war eine Gefangene«. Sie habe mitunter aufbegehrt und über ihren Mann geklagt, der seine Familie im Zuge des Kampfes gegen den Terror »durch seinen politischen Ehrgeiz erst in diese Lage gebracht habe«. Ob das alles so stimmt, ist fragwürdig. Auf jeden Fall wirkte es auf die Leser. Entscheidend war der Charakter des Buches als Abrechnung mit dem Vater und Befreiung von einer übermächtigen Vaterfigur, die aber auch die Mutter mit einbezog. Mit dem Verweis auf die Opferrolle der Mutter erhielt das Buch eine Wirkung, die es allein durch die Anklagen des Sohnes, der mit seinem Vater nicht zurechtgekommen war, wahrscheinlich nicht erreicht hätte.

Hannelore Kohl dagegen war eine Persönlichkeit, deren Schicksal die Menschen beschäftigte. Nicht umsonst hatte ihre schon 2002 erschienene Biografie einen solch erstaunlichen Erfolg erzielen können. Sie zeigte eine intelligente, aber zurückhaltende Frau, die mit vielen Schwierigkeiten fertig werden musste, bis die Krankheit stärker war und sie den Freitod wählte. Das Bild ihres Mannes war damals sehr positiv gezeichnet, wenn auch die Belastungen durch die Politik nicht verschwiegen wurden.

Es konnte nicht ausbleiben, dass das desillusionierende Bild, das Walter Kohl von seinem Vater, aber auch von seiner Mutter gezeichnet hatte, Folgen zeitigte. Kaum jemand konnte sich jedoch vorstellen, dass es Heribert Schwan sein würde, der die Demontage effektvoll fortsetzen sollte. Der Journalist hatte in den Achtzigerjahren für den WDR einen Fernsehbericht über Hannelores ZNS-Stiftung gemacht, der von ihr und ihrem Mann sehr positiv aufgenommen wurde. Die Beziehungen wurden enger, als Schwan im Zuge der Spendenaffäre die Abfassung von Kohls Verteidigungsschrift »Mein Tagebuch. 1998–2000« übernahm, die die höchste Auflage aller Bücher von Kohl erreichte. Das kleine Werk muss offenbar in seiner Einfachheit des Tones, obwohl nichts Konkretes über Parteispenden und ihre Spender zu erfahren war, überzeugend gewirkt haben. Hannelore Kohl hatte an der Entstehung des »Tagebuches« regen Anteil genommen.

Das Buch von Heribert Schwan über Hannelore Kohl trägt den Titel »Die Frau an seiner Seite«. Es erschien im gleichen Jahr wie Walter Kohls Jammerschrift und betonte noch ihre Opferrolle. Ansonsten stützte sich Schwan in vielerlei Hinsicht auf die Biografie von Peter Kohl und Dona Kujacinski, hob aber die Eigenheiten Hannelore Kohls stärker hervor, wie ihre Verachtung für Journalisten im Allgemeinen und den Versuch, ihre Söhne möglichst perfekt vor der Öffentlichkeit abzuschirmen.

Mit der durch viele Fotos bekannt gewordenen Urlaubsidylle räumte Schwan auf. Hannelore habe die Ferien am Wolfgangsee regelrecht gehasst. Sie seien für sie »eine einzige Qual« gewesen.[1261] Sie habe auch innigen Kontakt mit einem großen Kreis von Freundinnen gehalten, auch habe sie sich um das Personal einschließlich der Köche, die im Kanzler-Bungalow sich selbst verwirklichen konnten, gekümmert. Diese und viele andere Einzelheiten konnten nur begrenztes Interesse wecken. In zwei Punkten ging Schwan aber über das bisher mehr oder weniger Bekannte hinaus und betrat sensationelles Neuland. Er berichtete, Hannelore Kohl habe ihm auf einem der nächtlichen Spaziergänge im letzten Stadium ihrer Krankheit anvertraut, sie sei im Mai 1945 auf der Flucht von Döbeln nach Leipzig von sowjetischen Soldaten vergewaltigt worden. Fortan habe alles Russische tiefste Beklemmungen in ihr hervorgerufen. Das war eine Mitteilung, die nicht nachprüfbar ist, aber erhebliche Skepsis auslösen muss. Ist sie doch durch andere Zeugen weder bestätigt noch auch nur wahrscheinlich gemacht.

Auf jeden Fall ist jedoch zu betonen, dass Hannelore Kohl dem Journalisten Schwan niemals etwas von dem damaligen Geschehen berichtet hätte, wenn sie auch nur geahnt hätte, dass er darüber schreiben könnte. Heribert Schwan rechtfertigte den Vertrauensbruch mit der Begründung, »dass die Kanzlergattin genau gewusst habe, dass ein Journalist immer ans Schreiben denke«.[1262] Das ist völlig unglaubwürdig und kann nicht den Verdacht entkräften, dass Schwan mit diesen Einzelheiten vor allem Aufsehen erregen wollte.

Mit dem Buch über Kohls erste Frau zielte Schwan zugleich und vor allem auf die andere Frau, auf Maike Kohl-Richter. Von ihr behauptete er, sie tue alles, um die Erinnerung an Hannelore Kohl, »diese außergewöhnliche Frau auszulöschen«. Das zeige auch die Verdrängung langjähriger Mitarbeiter, vor allem »die brutale Entlassung von Ecki Seeber« als langjährigem Chauffeur und Vertrautem. Die schwerwiegendste Behauptung hob sich Schwan bis zum Ende des Buches auf. Juristisch gut abgesichert, wusste er zu berichten, Hannelore Kohl habe sich »zutiefst verletzt und entwertet gefühlt, als sich Gerüchte häuften, wonach ihr Mann seit Längerem eine Liebesbeziehung zu einer bedeutend jüngeren Frau unterhalte«.[1263]

Das Buch von Schwan und das überaus lebhafte Medienecho hatten die Schuldzuweisungen verändert. Nun begegnete Maike Kohl-Richter als diejenige, die für den Streit um Kohl verantwortlich war. Auf sie zielte die Kritik, die in den Medien laut wurde. Sie erschien als die Frau, die ihren Mann beherrschte. Schnell entstand der Verdacht, sie strebe nach »Einfluss und Macht« und das alles aus einer »Mischung aus Ehrgeiz und Fürsorge«. Sie fühle sich verpflichtet, für ein authentisches Kohl-Bild einzutreten. Deshalb wolle sie den vierten Band der »Erinnerungen« in eigener Regie fertigstellen. Ein mit dem Theodor-Wolff-Preis prämierter Artikel in der »Süddeutschen Zeitung« wusste sogar zu berichten: »Sie redigiert jetzt die Vergangenheit.«[1264] Helmut Kohl erschien immer mehr als Opfer eines ihn umgebenden »Hofstaates«.

Eine solche Darstellung überzeugt nicht. Gewiss ist es in den ersten Jahren der Ehe zu Schwierigkeiten gekommen, und nicht immer wurden richtige Entscheidungen getroffen. Es sind jedoch die Begleitumstände nicht aus dem Blick zu lassen. Besucherwünsche, dem Altkanzler auch im Rollstuhl die Anhänglichkeit zu beweisen, waren zahlreicher, als es die gegebenen Möglichkeiten zuließen. Helmut Kohl war immer ein Kanzler zum Anfassen gewesen. Nun wollten manche Anhänger nicht zur Kenntnis nehmen, dass er mehr Rücksichtnahme als früher in Anspruch nehmen musste. Die Folge waren Gefühle der Zurücksetzung und Enttäuschungen.

Walter und Peter Kohl versuchten in der Presse, den Vater und seine von ihnen abgelehnte Frau auf die ihnen gemäße Art anzugreifen. Sie klagten über den abgebrochenen Kontakt und vertraten den Standpunkt, es ginge nicht um sie als Söhne, »sondern auch um Helmut Kohls Enkelkinder«.[1265]

Es ist viel getuschelt und geklatscht worden in den Jahren seit

Kohls Unfall in seinem Haus in Oggersheim. Niemals aber ist eine Klage laut geworden, dass er sich nicht mit seiner jungen Frau wohlfühle oder gar unter ihrer Pflege leide. Muss das nicht zur Beurteilung seiner Lebenssituation die wichtigste Frage sein? Mehrfach ist Kohls Ausspruch überliefert: »Ohne sie wäre ich nicht mehr.«[1266] Das ist eine Äußerung, die es zu respektieren gilt. Auch die immer wieder auftauchende Vermutung, er sei vereinsamt, ist nicht aufrechtzuerhalten. Alte Gefährten sind regelmäßige Besucher. Ein Triumvirat von Freunden steht seiner Frau zur Seite. Es sind dies der Journalist Kai Diekmann, der Rechtsanwalt Stephan J. Holthoff-Pförtner und der Mediziner Walter Möbius. Sie sind zur Stelle, wenn es gilt, zu informieren, zu beraten und zu behandeln.

Die politische Ächtung, der Tod seiner Frau Hannelore und die Entfremdung von seinen Söhnen mochten ihm erheblich zusetzen, aber trotz des Unfalls blieb er geistig rege. Gemeinsam mit seiner Frau Maike hat er sein Leben so eingerichtet, das es ihm den Frieden bringt. Er hat ihn sich redlich verdient.

EIN LEBEN
FÜR DIE POLITIK

Die frühe Begegnung mit der Politik bei den ersten Kommunalwahlen im Jahre 1946 sollte für Helmut Kohl zur Berufung werden: ein Leben für die Politik. Es ist nicht nur sein rasanter Aufstieg, der fasziniert, sondern mehr noch die Art, wie er diesen
Aufstieg vollzog, Krisen meisterte und wie es ihm gelang, für
eine so lange Zeit die Spitzenposition innezuhaben.

Als Fraktionsvorsitzender, nicht als Minister oder als Ministerpräsident, verwirklichte er zwei zentral wichtige Reformen
in Rheinland-Pfalz. Das eine war eine Verwaltungsreform zur
Angleichung der unterschiedlichen Landesteile, das andere die
weit kompliziertere Schulreform. In keinem anderen Bundesland war die Bekenntnisschule mit ihren einklassigen Volksschulen in kleinen Gemeinden so fest verankert wie in Rheinland-Pfalz. Kohl schaffte es, die notwendige Verfassungsänderung
durchzuführen – mit Zustimmung von SPD und FDP, aber gegen einen erheblichen Teil der eigenen Partei einschließlich des
Ministerpräsidenten Peter Altmeier, die widerstrebend zustimmen mussten. Er zeigte die Fähigkeit, konstruktiv mit politischen Konkurrenten zusammenzuarbeiten, wobei die FDP als
Koalitionspartner immer willkommen war. Zugleich bewies der
Erfolg bei der Schulreform nicht nur erhebliches politisches
Geschick und stupende Sachkenntnis. Sie hinderten SPD und
FDP auch daran, in alte Kulturkampfparolen zurückzufallen.

Zugleich erprobte Kohl als Fraktionsvorsitzender schon früh
eine Strategie, der er im Grunde bis zum Schluss treu blieb,

nämlich gegenüber der Bürokratie seine Selbstständigkeit zu bewahren. Schon 1963 warnte er Fraktion und Minister vor der
Ministerialbürokratie, vor der Neigung, sich »auf die Herren
meines Hauses« zu verlassen und von ihnen abhängig zu werden. Diese Warnung hat er später mehrfach wiederholt; ob sie
immer befolgt wurde, muss offenbleiben. Er selbst jedenfalls
hielt sich daran und blieb sein eigener Herr – bis hin zur Führung seines Terminkalenders.

Ministerpräsident Altmeier räumte die Staatskanzlei nach
zähem Widerstand erst 1969. Während dieser nicht spannungs-
freien Jahre zeigte Kohl, dass er warten konnte und nicht durch
Ungeduld für Unruhe sorgte. Das war eine Fähigkeit, die er im
Umgang mit Franz Josef Strauß in noch stärkerem Maße benö-
tigt hätte. Auf persönliche Angriffe pflegte er nicht zu reagieren.
Er hielt nichts von polemischen Auseinandersetzungen, son-
dern schwieg. Er schwieg auch als Zeichen der Kritik und der
Zurechtweisung, die dem Betroffenen mitunter schlaflose
Nächte bereiten konnte.

Sein Verhältnis zu den Medien war anfangs von gegenseitiger
Sympathie geprägt. Diese hatten mit einigem Wohlwollen die
Reformen Kohls in Rheinland-Pfalz zur Kenntnis genommen.
Es endete ziemlich abrupt, als mit diesem Politiker aus Rheinland-Pfalz als CDU-Vorsitzendem und wahrscheinlichem Kanzlerkandidaten zu rechnen war. Da hielt es der »Spiegel« für geboten, andere Seiten aufzuziehen. Mit »Gulliver im fröhlichen
Weinberg«[1267] landete das Magazin 1973 einen Tiefschlag, der
den Auftakt bildete für eine veränderte Einstellung des Magazins gegenüber Kohl. Das Blatt schrieb, Kohl sei ein schwacher
Politiker in der ohnehin schwachen Regionalliga Südwest. Er
wurde mit dem Satz charakterisiert: »Wenn er Grundsätzliches
aufsagt, so tut er es mit der bemühten Redlichkeit jener Leute,
die am Straßenrand den ›Wachtturm‹ feilhalten.« Ein solches
Urteil zeigte den Willen zur Verzeichnung. Man wollte diesen

Politiker erledigen, nicht weil er eine Gefahr darstellte, vor dem die Gesellschaft zu bewahren sei, sondern weil er einfach nicht passte.

Franz Josef Strauß wurde Kohls Schicksal. Seit 1975 führte die CSU eine oft verdeckte, aber wirksame Kampagne gegen Kohl. Der Frontverlauf war eindeutig: Ungeduld stand gegen Wartenkönnen, der feste Glaube des CSU-Vorsitzenden an den Sieg über die regierende Linkskoalition gegen die nüchterne Einsicht Kohls, dass man auf die Liberalen warten müsse und keine Politik der Konfrontation machen dürfe.

Kohl galt als Siegertyp. Der »schwarze Riese« war sein Markenzeichen, doch 1979 musste er seine bitterste Niederlage hinnehmen, als er erkannte, dass er die Kanzlerkandidatur für 1980 gegen Strauß nicht erreichen konnte. Wie er auf diese deprimierende Tatsache reagierte, ist für den Menschen und Politiker Helmut Kohl von großer Aussagekraft. Ihm ging es in dieser Situation nicht um die eigenen Erfolgsaussichten, sondern um die Zukunft der Union, »dieser großen politischen Kraft der Mitte«. Kohl wandte sich entschieden gegen das in der Partei verbreitete Kalkül, Strauß mit dem Hintergedanken zu wählen, »den sind wir los«, weil er doch nie Kanzler würde. Eine solche Haltung hielt er für ein »Verbrechen«. Deshalb trat er für Ernst Albrecht aus Niedersachsen ein, der sich keineswegs als Zählkandidat verstand, sondern diese Chance resolut genutzt hätte. Kohl zeigte hier ein Maß an Opferbereitschaft für die Partei, das in der Politik selten anzutreffen ist.

Ende der Siebzigerjahre erfand der Publizist Dolf Sternberger einen neuen Begriff – den »Verfassungspatriotismus«. Er forderte – allerdings mit kümmerlicher Begründung – einen Patriotismus, der nicht mehr auf dem Land und seiner Bevölkerung, sondern auf der Verfassung beruhte.[1268] Das war der stillschweigende Abschied von dem Ziel der Wiedervereinigung. Bei Medien und Politik wurde der Begriff schnell heimisch. Helmut

Kohl hatte mit solcher Art von Patriotismus nichts zu tun. Er sah sich und seine Generation in der Pflicht, »unseren Beitrag für die Einheit unserer Nation zu leisten im Rahmen dessen, was geschichtlich gegeben und möglich ist«.[1269]

Die Abwahl Helmut Schmidts im Oktober 1982 erfolgte im Rahmen einer riskanten Inszenierung des Machtwechsels. Die Rechnung Kohls ging auf: Bei den Wahlen vom 8. März 1983 konnte er einen triumphalen Wahlsieg erringen und damit »Kanzler aus eigenem Recht« werden. Am Dienstag nach der Wahl sah er eine lange Regierungszeit vor sich, die ihn von der »Ära Kohl« sprechen und – was interessanter ist – große Ziele erkennen ließ. Wir müssen, so erklärte er, beim »klaren Ja zum Bau der Vereinigten Staaten von Europa den Verlust der geschichtlichen Mitte überwinden, den wir in den letzten Jahren überall zu beklagen haben – und das bedingt für mich immer auch das Ja zur Einheit der Nation, die Mitverantwortung für die Menschen draußen, die nicht in der Bundesrepublik sein können«.[1270]

Tatsächlich hieß das die Überwindung der deutschen Teilung. Kohl strebte sie nicht als Nahziel an. Für ihn blieb aber die Einheit der realistische Wunschtraum, an dem er unerschütterlich festhielt. An diesem Punkt zeigt sich der Gegensatz zwischen Kohl und dem Zeitgeist am deutlichsten. Es war der grundsätzliche Gegensatz zwischen dem Kanzler, der die Einheit der Nation nicht aus dem Auge verlor, und der großen Zahl derer, die die Teilung als mehr oder weniger endgültig betrachteten und ihre Haltung als Anerkennung der Realitäten rechtfertigten. Das war nichts anderes als die Kapitulation vor dem Zeitgeist.

Was aber konnte der Kanzler tun, wenn keinerlei Hoffnungszeichen am politischen Horizont auftauchten? Kohl setzte auf zwei Möglichkeiten. Zum einen mussten die Menschen zueinanderkommen, und das Gemeinschaftsgefühl unter ihnen sollte gestärkt werden. Die in dem Zusammenhang mit dem Milliardenkredit an die DDR entstandenen Verbesserungen der Beziehungen boten die Möglichkeit, die Besucherregelung für DDR-Bürger, die noch nicht das Rentenalter erreicht hatten, zu lockern. Bis zum Jahre 1989 sollte die Besucherzahl eine nie für möglich gehaltene Größenordnung erreichen.

Den zweiten Ansatz zur Verbesserung des Zusammenhalts erblickte der Kanzler in dem neu entdeckten Interesse an der Geschichte. Diesen Trend wollte er nutzen und kündigte schon in seiner ersten Regierungserklärung ein Museum für deutsche Geschichte an, für das er zum Berliner Stadtjubiläum 1987 den Grundstein legte. Helmut Kohl lebte in der Geschichte. Er war ungeheuer belesen und hatte, was bei modernen Historikern immer seltener zu finden ist, ein tief gehendes Verständnis für Welt und Umwelt und die Lösbarkeit ihrer Probleme aus der historischen Erfahrung heraus.

Der Besuch Erich Honeckers in Bonn im gleichen Jahr zeigte den Gegensatz zwischen Kohl und den Medien, der »verfassten öffentlichen Meinung«, wie er sich auszudrücken pflegte. In der Öffentlichkeit wurde der Besuch als etwas Endgültiges, als die Besiegelung der Teilung dargestellt, während Kohl in seiner Rede ohne Umschweife betonte, dass die deutsche Frage »offen« sei und einer friedlichen Lösung bedürfe.

Helmut Kohl hatte immer innerparteiliche Gegner, insbesondere solche in der bayerischen Schwesterpartei einschließlich ihres Vorsitzenden, der nie zu begreifen imstande war, wie Kohl Kanzler werden konnte. Die Kritik von rechts warf Kohl Führungsschwäche vor, und auf der Linken waren Klagen zu vernehmen, dass der Kanzler dem Leid der Welt nicht genügend Aufmerksamkeit schenke, überhaupt eine falsche Politik mache und die Partei vernachlässige. Zum Ende der Achtzigerjahre wuchs ihm mit dem Generalsekretär Heiner Geißler ein Herausforderer heran, der mit rührigem Anhang und massiver Unterstützung der Medien die Machtfrage stellte. Das war ein dürftiger Versuch zur falschen Zeit, ließ doch der gleichzeitige Besuch Michail Gorbatschows in der Bundesrepublik eine grundlegende Veränderung des deutsch-sowjetischen Verhältnisses und damit der Situation in Europa möglich erscheinen.

Der vergebliche Aufstand von Heiner Geißler, Lothar Späth und Rita Süssmuth sollte dennoch bleibende Wirkung erzielen: Der Machtpolitiker Kohl war geboren, denn nur ein Mensch mit solchen Charaktereigenschaften konnte es wagen, den Generalsekretär, der ihn stürzen wollte, nicht dem Parteitag zur Wiederwahl vorzuschlagen, sondern ihn nur zum Stellvertreter wählen zu lassen! Für die Medien war das fast ein Verbrechen. »BILD« titelte bedeutungsschwer: »Weh dem, der sich mit Kohl anlegt«. Mag eine solche Vorstellung verständlich erscheinen – ein Mann von diesem Umfang, diesem Erfolg und einer solch langen Amtszeit könne nur ein Machtpolitiker sein, sie ist dennoch falsch. Als Politiker der Mitte musste Helmut Kohl ausgleichen und mit der Kritik von links und rechts leben und notfalls warten, bis der Gegner aufgegeben hatte.

Die Akten zur »Deutschen Einheit« zeigen die Vorsicht des Kanzlers gegenüber dem Misstrauen des Auslands, wie er in den ersten Wochen nach dem Mauerfall Begriffe wie Wiedervereinigung vermied und keineswegs fordernd auftrat. Neben den politischen Lösungen hatte Kohl auch die wirtschaftlichen Probleme im Auge, die er bei den Beratungen mit den Staatsmännern in Ost und West nie vergaß. Schon bei Gorbatschows sommerlichem Besuch in Bonn hatte er dem sowjetischen Gast Wirtschaftshilfe in Aussicht gestellt. Als die sowjetische Seite im Januar 1990 darauf zurückkam, nahm Kohl die Sache persönlich in die Hand und organisierte in Rekordzeit eine umfangreiche Lebensmittelsendung.

Anfang Dezember 1989 hatte er gegenüber US-Präsident George Bush über die Europäische Gemeinschaft Klartext gesprochen: »Das wahre Problem der Europäischen Gemeinschaft sei«, so sagte er, »dass die Schere der Wirtschaftskraft zwischen der Bundesrepublik Deutschland und den anderen EG-Ländern sich immer weiter öffne. Alle hätte jedoch einen Vorteil davon, weil die Bundesrepublik Deutschland immer mehr zahle.«[1271]

François Mitterrand, dessen irrlichterndes Agieren in den ersten Monaten nach dem Mauerfall 1989 für Misstrauen gesorgt hatte, akzeptierte bei einem Treffen auf seinem westfranzösischen Landsitz in Latché Kohls dominierende Stellung in Europa, als er ihm gegenüber einräumte, das Schicksal Gorbatschows hänge von Helmut Kohl mehr ab als von Ligatschow, dessen innenpolitischem Gegner. Ein solches Kompliment hatte ein französischer Präsident noch nie einem deutschen Kanzler zuteilwerden lassen.

Der Kanzler machte in Sachen deutscher Einheit Druck, konnte aber nur Erfolg haben, weil die an diesem Prozess Beteiligten in Deutschland sich den Herausforderungen stellten und ihnen in der Regel gewachsen waren. Beamte beispielsweise liefen zu historischer Höchstform auf und opferten ihre Wochenenden.

An dem 1992 geschlossenen Vertrag von Maastricht über die Schaffung des Euro wird unentwegt Kritik geübt. Es war kein Schönwettervertrag, sondern wie immer auf europäischer Ebene ein mühsam zustande gekommener Kompromiss, dessen Defizite in der Eurokrise dramatisch zutage treten sollten. Mit der Währungsunion hatte Helmut Kohl in Maastricht den entscheidenden Schritt hin zur Europäischen Union geschafft: die Unumkehrbarkeit des Euro. Seitdem hat sich gezeigt: Dieser europäischen Währung in Maastricht und auf den Folgekonferenzen zuzustimmen, war für die Mitglieder leichter, als der Kritik zu folgen und die Verantwortung für das Scheitern zu übernehmen.[1272]

Erfüllung fand Helmut Kohl in der Außenpolitik. Mit ihm als Kanzler hatte Deutschland eine Stellung in der Welt erreicht wie nie zuvor – von allen Seiten akzeptiert und als wichtiger Partner willkommen geheißen. Seit es einen Nationalstaat in der Mitte Europas gab, hat es eine vergleichbare Situation nicht gegeben. Kohl selbst machte nicht viel Aufhebens von dieser einzigartigen Position Deutschlands. Er sah sich wie Bismarck als der ehrliche Makler, der vermittelte und stets um Lösungen bemüht war. In dieser Rolle war er auch bestrebt, ausgleichend zwischen Moskau und Washington zu wirken und die Probleme Russlands unter Boris Jelzin der amerikanischen Hegemonialmacht verständlich zu machen. So half er tatkräftig bei der Überwindung der zahlreichen Schwierigkeiten bei der Osterweiterung der NATO. Noch nie waren die deutsch-russischen Beziehungen so gut wie unter Kohl und Jelzin. Sie erregten aber nie das Misstrauen der USA, weil alle wussten, dass Kohl in erster Linie um die Abstimmung der Sicherheitsbedürfnisse beider Großmächte bemüht war. Es war typisch für ihn: Er wollte nicht als Führer dastehen, sondern in der Sache selbst erfolgreich sein. Ihm kam es darauf an, »hilfreich, aber um Gottes willen nicht federführend zu sein«. Damit konnten alle leben.

Helmut Kohl wusste immer, was die Menschen dachten – sogar besser als die Demoskopen, wie Elisabeth Noelle-Neumann einmal eingeräumt hat. Zu Weihnachten 1989 waren die Erwartungen der Bevölkerung für das neue Jahr so überwältigend positiv wie nie zuvor ausgefallen. Der Kanzler gab sich – wider besseres Wissen? – ungebrochen optimistisch, obwohl es schon früh Anzeichen für das Gegenteil gab: wachsende Abneigung gegen die Kosten der Einheit und angesichts des aufziehenden Irak-Krieges die strikte Ablehnung jedes Engagements in dieser Region.

Die ersten gesamtdeutschen Wahlen 1990 waren enttäuschend. Es gab keinen Bonus für den Kanzler der Einheit. Das unerwartet rasche Ende des Wiedervereinigungsbooms und die wachsende Arbeitslosigkeit, vor allem in den neuen Ländern, veränderten das Bild. Die Jahre nach 1990 zeigten einen Kanzler, der gegen den Abwärtstrend kämpfte, sein eigener Wirtschaftsminister wurde und die verbreitete Vorstellung widerlegte, er sei ein Laie auf dem Gebiet von Wirtschaft und Finanzen. Aufmerksam beobachtete er verschiedene Konjunkturindikatoren, hatte den Diskontsatz der Bundesbank im Auge und registrierte sorgfältig alle Anzeichen für einen Konjunkturaufschwung. Der Fraktion rief er im September 1993 zu: »Ich will's noch mal wissen«, und eröffnete die Aufholjagd, die zu einem knappen Wahlsieg führen sollte.

Helmut Kohl wollte noch die Jahrtausendwende im Amt und im neuen Kanzleramt in Berlin erleben, an dessen Bau und Ausgestaltung er lebhaften Anteil genommen hatte. Aber in seiner Partei, besonders bei den Parteifreunden in der »Proszeniumsloge«, sah man das anders. Ein Kanzler, der nicht an Rücktritt dachte, obwohl er schon so lange an der Macht war, geriet unvermeidlich in Schwierigkeiten. Wolfgang Schäuble machte sich eher zurückhaltend bemerkbar und vermied die offene Konfrontation. Aber in den eigenen Reihen fehlte die Geschlossenheit. Der strahlende Herausforderer Gerhard Schröder und der nur mühsam verdeckte Zwist im eigenen Lager reichten aus, um die Wahlniederlage perfekt zu machen.

Man kann die »Spendenaffäre« als pressegeschichtliches Schulbeispiel dafür anführen, wie Emotionen solide Recherche überdecken und ersticken. Sie kann auch als eine fulminante Entlastungsoffensive für eine durch eigene Unfähigkeit in Bedrängnis geratene Regierung betrachtet werden. Sie zeigt aber vor allem das ganze Ausmaß an Ablehnung und Verbitterung der Kohl-Gegner. Sie mussten im Laufe von fast dreißig Jahren immer wieder Niederlagen hinnehmen – in den großen Entscheidungen wie bei der Nachrüstung und erst recht bei der Wiedervereinigung.

Die Spendenaffäre erscheint bei genauer, historischer Betrachtung in einem anderen Licht. Tatsächlich, so ist in diesem Buch deutlich geworden, hat sich Kohl für seine Partei geopfert. Er hat Verstöße gegen das Parteiengesetz zugegeben. Indem er aber die Namen der Spender verweigerte, lenkte er von den Spenden ab und zog die Ächtung auf sich. Denn es ging nur gegen Kohl – nicht gegen die Spender oder die Partei.

Es ist endlich an der Zeit, die grandiose politische Leistung dieses Mannes zu würdigen. Er hat die Modernisierung Deutschlands energisch angepackt und das Land gegen die konjunkturellen und einheitsbedingten Herausforderungen der Neunzigerjahre krisenfest gemacht, sodass die pessimistischen Prognosen von ökonomischer Seite wie von der Opposition nicht in Erfüllung gingen.

Noch größer sind seine Verdienste um Europa. Als er antrat, beklagte man die »Eurosklerose«. Als er aus dem Amt schied, stand der Euro vor seiner Einführung. Ohne seine souveräne Verhandlungsführung und seine Kompromissbereitschaft wäre dieser europapolitische Durchbruch nicht möglich gewesen. Die seitdem aufgetretenen Probleme zeigen nicht das Scheitern, sondern nur die Notwendigkeit zu stärkerer Integration der Euro-Länder. Das sollte machbar sein.

ANHANG

Zeitzeugen und Gesprächspartner

Eduard Ackermann
Richard V. Allen
Egon Bahr
Walter Bajohr
Wolfgang Bergsdorf
Günter Buchstab
Kai Diekmann
Eberhard Diepgen
Heinz Dürr
Johann Wilhelm Gaddum
Georg Gafron
Klaus Gotto
Wighardt Härdtl
Günther Henrich
Klaus-Peter Junge
Heinz Hermann Koelle
Helmut Kohl
Gerhard Kunz
Volkhard Laitenberger
Günther von Lojewski
Hans Neusel
Hans Joachim Noack

Friedhelm Ost
Anton Pfeifer
Erich Ramstetter
Walter Rasch
Ralf Georg Reuth
Heinz Riesenhuber
Michael Roik
Wolfgang Schäuble
Werner von Scheven
Jörg Schönbohm
Hannes Schreiner
Klaus Schütz
Rudolf Seiters
George P. Shultz
Friede Springer
Horst Teltschik
Hans Terlinden
Bernhard Vogel
Walter Wallmann
Juliane Weber
Richard von Weizsäcker
Hans-Georg Wieck

Abgekürzt zitierte Quellen und Literatur

ACDP – Archiv für Christlich-Demokratische Politik.

Deutsche Einheit – Dokumente zur Deutschlandpolitik. Deutsche Einheit. Sonderedition aus den Akten des Bundeskanzleramtes 1989/90, München 1998.

Klaus Dreher: Helmut Kohl – Klaus Dreher: Helmut Kohl. Leben mit Macht, Stuttgart 1998.

Helmut Kohl: Erinnerungen I – Helmut Kohl: Erinnerungen. 1930–1982, München 2004.

Helmut Kohl: Erinnerungen II – Helmut Kohl: Erinnerungen. 1982–1990, München 2005.

Helmut Kohl: Erinnerungen III – Helmut Kohl: Erinnerungen. 1990–1994, München 2007.

Helmut Kohl: Einheit – Helmut Kohl: Ich wollte Deutschlands Einheit, Berlin 1996.

Helmut Kohl: Berichte zur Lage I – Helmut Kohl: Berichte zur Lage 1982–1989. Der Kanzler und Parteivorsitzende im Bundesvorstand der CDU Deutschlands. Hrsg. v. Günter Buchstab und Hans-Otto Kleinmann

(Forschungen und Quellen zur Zeitgeschichte, Bd. 65), Düsseldorf 2013.

Helmut Kohl: Berichte zur Lage II – Helmut Kohl: Berichte zur Lage 1989–1998: Der Kanzler und Parteivorsitzende im Bundesvorstand der CDU Deutschlands, Düsseldorf 2012.

Gérard Bökenkamp: Das Ende des Wirtschaftswunders – Gérard Bökenkamp: Das Ende des Wirtschaftswunders. Geschichte der Sozial-, Wirtschafts- und Finanzpolitik in der Bundesrepublik 1969–1998, Stuttgart 2010.

Hans-Peter Schwarz: Helmut Kohl – Hans-Peter Schwarz: Helmut Kohl. Eine politische Biographie, 3. Aufl. München 2012.

Christoph Stölzl: Deutsches Historisches Museum – Christoph Stölzl (Hrsg.): Deutsches Historisches Museum. Ideen – Kontroversen – Perspektiven, Frankfurt a. M. 1988.

Horst Teltschik: 329 Tage – Horst Teltschik: 329 Tage. Innenansichten der Einigung, Berlin 1991.

Andreas Wirsching: Abschied vom Provisorium – Andreas Wirsching: Abschied vom Provisorium 1982–1990, München 2006.

Anmerkungen

I. DIE ANFÄNGE

1 Helmut Kohl: Erinnerungen I,
S. 15–45; Werner Filmer, Heribert
Schwan: Helmut Kohl, Düssel-
dorf 1991, S. 17–32.

2 Helmut Kohl: Erinnerungen I,
S. 99.

3 Werner Filmer, Heribert Schwan:
Helmut Kohl, Düsseldorf 1991,
S. 21.

4 Helmut Kohl: Erinnerungen I,
S. 515.

5 Klaus Dreher: Helmut Kohl, S. 19.

6 Frankfurter Allgemeine Zeitung,
12. Oktober 1978.

7 Helmut Kohl: Erinnerungen I,
S. 36.

8 Ebd., S. 40.

9 Ebd., S. 45.

10 Werner Filmer, Heribert Schwan:
Helmut Kohl, Düsseldorf 1991,
S. 34 f.

11 Ebd., S. 35.

12 Gespräch mit Helmut Kohl.

13 Werner Filmer, Heribert Schwan:
Helmut Kohl, Düsseldorf 1991,
S. 45.

14 Peter Altmeier (1899–1977)
war von 1947 bis 1969 Ministerpräsident von Rheinland-Pfalz.

15 Helmut Kohl: Erinnerungen I,
S. 52.

16 Aufzeichnung von Johannes Finck
aus dem Jahr 1944. Zit. nach:
Helmut Kohl: Die politische
Entwicklung in der Pfalz und das
Wiederentstehen der Parteien nach
1945, Phil. Diss., Heidelberg 1958,
S. 62.

17 Zit. nach: ebd., S. 77.

18 Helmut Kohl: Erinnerungen I,
S. 52.

19 ACDP II-120-048.

20 Helmut Kohl: Erinnerungen I,
S. 28.

21 Helmut Kohl: Erinnerungen I,
S. 61 f.; Werner Filmer, Heribert
Schwan: Helmut Kohl, Düssel-
dorf 1991, S. 49.

22 Helmut Kohl: Erinnerungen I,
S. 60 f.

23 ACDP II-180-048.

24 Helmut Kohl: Erinnerungen I,
S. 71.

25 Henning Köhler: Adenauer.
Eine politische Biographie. Berlin
1994, S. 514.

26 Helmut Kohl: Erinnerungen I,
S. 72.

27 Heinrich Küppers: Staatsaufbau
zwischen Bruch und Tradition.
Geschichte des Landes Rheinland-
Pfalz 1946–1955, Mainz 1990,
S. 232.

28 Udo Wengst: Auftakt zur Ära
Adenauer. Koalitionsverhand-
lungen und Regierungsbildung,
Düsseldorf 1985, S. 40.

29 Henning Köhler: Adenauer. Eine
politische Biographie, Berlin 1994,
S. 580 ff.

30 Interview Helmut Kohls mit
Günter Jauch (RTL plus) am
28. September 1992.

31 Erwin Faul: Heidelberger Jahre,
in: Werner Filmer, Heribert
Schwan: Helmut Kohl, Düsseldorf 1991, S. 73.

32 Helmut Kohl: Erinnerungen I,
S. 89.

33 Ebd.

34 Werner Filmer, Heribert Schwan:
Helmut Kohl, Düsseldorf 1991,
S. 81.

35 ACDP II-120-048.

36 Landeshauptarchiv Koblenz 663/2,
Nr. 982.

37 Helmut Kohl: Erinnerungen I,
S. 60.

38 Gespräch mit Helmut Kohl.

39 ACDP VIII-001-1084/3, Fraktionsprotokoll vom 8. März 1987.

40 Interview mit Bernhard Vogel.

41 Werner Filmer, Heribert Schwan:
Helmut Kohl, Düsseldorf 1991,
S. 55.

42 Helmut Kohl: Erinnerungen I,
S. 9.

43 Landeshauptarchiv Koblenz 663/2,
Nr. 982.

44 Klaus Dreher: Helmut Kohl,
S. 42 ff.

45 Landeshauptarchiv Koblenz 663/2,
Nr. 982.

46 Konrad Adenauer: »Wir haben
wirklich viel geschaffen«. Die
Protokolle des CDU-Bundesver-
bandes 1953–1957, bearb. von

Günter Buchstab, Düsseldorf
1990, S. 619–636.

47 Frankfurter Allgemeine Zeitung,
23. Mai 1979.

48 Werner Filmer, Heribert Schwan:
Helmut Kohl, Düsseldorf 1991,
S. 67.

49 Helmut Kohl: Erinnerungen I,
S. 99.

50 Klaus Dreher: Helmut Kohl, S. 49.

51 ACDP V-011 (6).

52 Helmut Kohl: Erinnerungen I,
S. 112.

53 Die Rheinpfalz, 4. April 1959;
Helmut Kohl: Erinnerungen I,
S. 113 f.

54 Kopie der Rede im Archiv
der Stiftung Bundeskanzler-
Adenauer-Haus.

55 Klaus Dreher: Helmut Kohl,
S. 52 f.

56 ACDP II-120-250/3.

57 ACDP II-120-241/1.

58 ACDP II-120-211/7.

59 ACDP II-120-157.

60 Klaus Dreher: Helmut Kohl,
S. 50 ff.

61 Dona Kujacinski, Peter Kohl:
Hannelore Kohl. Ihr Leben,
München 2002, S. 61 f.

62 Wolfgang Fleischer: Das Kriegsende in Sachsen 1945, Wölferts-
heim-Berstad 2004, S. 27 ff.

63 Dona Kujacinski, Peter Kohl:
Hannelore Kohl. Ihr Leben,
München 2002, S. 88.

II. DIE MODERNISIERUNG VON RHEINLAND-PFALZ

64 Peter Brommer (Bearb.): Quellen
zur Geschichte von Rheinland-
Pfalz während der französischen
Besatzung, Mainz 1985, S. 195.

65 Rainer Hudemann: Zur Politik der französischen Besatzungsmacht, in: Franz-Josef Heyen (Hrsg.): Rheinland-Pfalz entsteht. Beiträge zu den Anfängen des Landes Rheinland-Pfalz in Koblenz 1945–1951, Boppard am Rhein 1984, S. 31–58; Heinrich Küppers: Staatsaufbau zwischen Bruch und Tradition. Geschichte des Landes Rheinland-Pfalz 1946–1955, Mainz 1990, S. 34 ff.

66 Werner Filmer, Heribert Schwan: Helmut Kohl, Düsseldorf 1991, S. 56.

67 Heinrich Küppers: Staatsaufbau zwischen Bruch und Tradition. Geschichte des Landes Rheinland-Pfalz 1946–1955, Mainz 1990, S. 107.

68 Vgl. den biografischen Abriss von Winfried Baumgart: Adolf Süsterhenn (1905–1974), in: Jürgen Aretz, Rudolf Morsey, Anton Rauscher (Hrsg.): Zeitgeschichte in Lebensbildern, Band 6, Mainz 1984, S. 189–199.

69 Peter Brommer: Kirche und Verfassung. Zum rheinland-pfälzischen Verfassungsentwurf Süsterhenns aus dem Jahre 1946, in: Jahrbuch f. westdt. Landesgeschichte 16 (1990), S. 435 f.

70 Heinrich Küppers: Staatsaufbau zwischen Bruch und Tradition. Geschichte des Landes Rheinland-Pfalz 1946–1955, Mainz 1990, S. 129 f.

71 Franz-Josef Heyen: Peter Altmeier (1899–1977). Ministerpräsident von Rheinland-Pfalz, in: Franz-Josef Heyen (Hrsg.): Rheinland-Pfalz entsteht. Beiträge zu den Anfängen des Landes Rheinland-Pfalz in Koblenz 1945–1951, Boppard am Rhein 1984, S. 199–208.

72 Franz-Josef Heyen: Wilhelm Boden (1890–1961), in: ebd., S. 194 f.

73 Heinrich Küppers: Staatsaufbau zwischen Bruch und Tradition. Geschichte des Landes Rheinland-Pfalz 1946–1955, Mainz 1990, S. 143 ff.

74 Franz-Josef Heyen: Peter Altmeier (1899–1977). Ministerpräsident von Rheinland-Pfalz, in: Franz-Josef Heyen (Hrsg.): Rheinland-Pfalz entsteht. Beiträge zu den Anfängen des Landes Rheinland-Pfalz in Koblenz 1945–1951, Boppard am Rhein 1984, S. 206 f.

75 Henning Köhler: Adenauer. Eine politische Biographie, Frankfurt/Berlin 1994, S. 464.

76 ACDP V-011/17/2, Fraktionsprotokoll vom 13. Juni 1960.

77 Werner Filmer, Heribert Schwan: Helmut Kohl, Düsseldorf 1991, S. 123 f.

78 Klaus Dreher: Helmut Kohl, S. 123 f.

79 Helmut Kohl: Erinnerungen I, S. 119.

80 ACDP V-011/17/2, Anwesenheitsliste vom 3. Dezember 1959.

81 Klaus Dreher: Helmut Kohl, S. 60.

82 Oberst Rudel im Angriff, Die Welt, 16. April 1959.

83 Sten. Berichte des Landtages von Rheinland-Pfalz, IV. Wahlperiode, S. 284.

84 ACDP V-011, Fraktionsprotokoll vom 18. Januar 1960.

85 Sten. Berichte des Landtages von Rheinland-Pfalz, IV. Wahlperiode, S. 284 ff.

86   ACDP V-011, Fraktionsprotokoll vom 23. Mai 1960.

87   Ebd., Fraktionsprotokoll vom 29. Mai 1960.

88   Susanne Hermanns, in: Werner Filmer, Heribert Schwan: Helmut Kohl, Düsseldorf 1991, S. 125.

89   ACDP V-011/5, Fraktionsprotokoll vom 8. Januar 1963.

90   ACDP II-120-107.

91   ACDP II-120-151.

92   Ebd.

93   Sten. Berichte des Landtages von Rheinland-Pfalz, IV. Wahlperiode, S. 2168.

94   Landeshauptarchiv Koblenz 860, Nr. 471–473.

95   Elisabeth Noelle-Neumann: Die Erinnerungen, München 2006, S. 219 ff.

96   Ebd., S. 223.

97   ACDP 02-120-151.

98   Frankfurter Allgemeine Zeitung, 2. April 1963.

99   Helmut Kohl: Erinnerungen I, S. 150 ff.

100 ACDP V-011/17/2, Fraktionsprotokoll vom 8. Mai 1963.

101 Landeshauptarchiv Koblenz 663/2, Nr. 583.

102 ACDP 03-026-408/3, Rede Kohls auf dem Landesparteitag 1964 in Trier, S. 7.

103 ACDP V-U11(5), Fraktionsprotokoll vom 21. Mai. 1963.

104 Ebd., Fraktionsprotokoll vom 8. Januar 1964.

105 Landeshauptarchiv Koblenz 663/2, Nr. 583.

106 Ebd.

107 Manuskript Hannes Schreiner, S. 1 ff.

108 Rede Kohls auf dem Landesparteitag in Trier 1964, ACDP 03/026-408/3.

109 Landeshauptarchiv Koblenz, 663/3/785.

110 Ruhrwoche, 24. März 1966.

111 Zit. nach: Helmut Kohl, Erinnerungen I, S.176.

112 ACDP V-011-5.

113 Rede Kohls auf dem Landesparteitag in Trier 1964, ACDP 03/026-408/3, S. 28.

114 Klaus Dreher: Helmut Kohl, S. 76.

115 ACDP V-011-17/2, Fraktionsprotokoll vom 20. Oktober 1965.

116 Ebd.

117 Helmut Kohl: Erinnerungen I, S. 188; ACDP III-026-28/2.

118 Landeshauptarchiv Koblenz, 663/2, Nr. 1069.

119 ACDP III-026-28/2.

120 Helmut Kohl: Erinnerungen I, S. 206 ff.

121 Daniel Koerfer: Kampf ums Kanzleramt. Erhard und Adenauer, Stuttgart 1987, S. 669 ff.

122 Christ und Welt, 11. März 1966.

123 ACDP II-120-022; Günther von Lojewski: Operationsgebiet Rheinland-Pfalz, Frankfurter Allgemeine Zeitung, 25. März 1967; Der Spiegel, 16/1967, S. 65.

124 ACDP V-011-06.

125 Helmut Kohl: Erinnerungen I, S. 282.

126 ACDP V-011-05.

127 Manuskript Hannes Schreiner, S. 33 f.

128 Günter Gaus: Helmut Kohl – Machtantritt in Etappen, Christ und Welt, 23. Juni 1967.

129 Klaus Dreher: Helmut Kohl, S. 88.

130 Gerhard Rietz: Helmut Kohls Stern beginnt zu verblassen,

Frankfurter Rundschau,
16. Mai 1967.

131 Sten. Berichte, V. Wahlperiode,
20. Sitzung vom
14. März 1967, S. 25–43 ff.

132 Ebd. S. 2470.

133 Landeshauptarchiv Koblenz,
860/1968; Brief Peter Altmeiers an
den Landtagspräsidenten vom
14. Januar 1965.

134 Landeshauptarchiv Koblenz,
860/4757.

135 ACDP III-029/2.

136 Landeshauptarchiv Koblenz,
860/4752.

137 Heinrich Siedentopf: Verwal-
tungsreform, in: 40 Jahre
Rheinland-Pfalz. Eine politische
Landeskunde, hrsg. v. Peter
Haungs, Mainz 1986, S. 365–382,
hier S. 375.

138 Landeshauptarchiv Koblenz
860/4800; Vermerk der Staatskanzlei über die Sitzung vom
16. Juni 1967.

139 Helmut Kohl: Erinnerungen I,
S. 220.

140 Landeshauptarchiv Koblenz,
860/4814.

141 Helmut Kohl: Erinnerungen I,
S. 220.

142 Helmut Kohl: Erinnerungen I, S. 99.

143 Hermann Dexheimer, Der
pfälzische Hannibal, in: Werner
Filmer, Heribert Schwan: Helmut
Kohl, Düsseldorf 1991, S. 115.

144 Helmut Kohl: Erinnerungen I,
S. 231.

145 Manuskript Hannes Schreiner,
S. 52.

146 Sten. Berichte d. Landtages von
Rheinland-Pfalz, VI. Wahlperiode,
37. Sitzung vom 20. Mai 1969,
S. 1397 ff.

147 Landeshauptarchiv Koblenz,
860/5622.

148 ACDP III-026-30/5.

149 Helmut Kohl: Einnerungen I,
S. 225.

150 Sten. Berichte d. Landtages von
Rheinland-Pfalz, VI. Wahlperiode,
Sitzung vom 25. März 1968, S. 420.

151 Ebd., S. 684.

152 ACDP V-011.

153 Sten. Berichte ebd., S. 1009.

154 ACDP V-011.

155 ACDP I-451-A 43.

156 Landeshauptarchiv Koblenz,
860/8207; Kabinettspotokoll vom
9. Juni 1969.

157 Helmut Kohl: Erinnerungen I,
S. 256.

158 Hartmut Soell: Helmut Schmidt,
1918–1969. Vernunft und
Leidenschaft, München 2003,
S. 669.

159 Landeshauptarchiv Koblenz,
860/8210.

160 Interview mit Hannes Schreiner.

161 Frankfurter Allgemeine Zeitung,
4. Juni 1973.

162 Landeshauptarchiv Koblenz,
860/ Nr. 8208, 8211, 8214.

163 Kurt-Georg Kiesinger: Wir leben
in einer veränderten Welt, zit.
nach: Die Protokoll des CDU-
Bundesvorstandes 1965–1969,
bearb. von Günter Buchstab,
Düsseldorf 2005, S. 1452 f.

164 Landeshauptarchiv Koblenz,
860/ Nr. 8208; ACDP 03–028/2;
Helmut Kohl: Erinnerungen I,
S. 192.

165 Der Spiegel, 23/1970, S. 46.

166 Helmut Kohl: Erinnerungen I,
S. 260 f.

167 Ebd., S. 273 f.

168   Edzard Reuter, Schein und
      Wirklichkeit. Erinnerungen,
      Berlin 1998, S. 141 f.; Helmut
      Kohl: Erinnerungen I, S. 467.
169   Gespräch mit Johann Heinrich
      Gaddum.
170   Vortragstext Kohls aus dem Jahr
      1970, ACDP III−026−207/1.
171   Der Spiegel, 23/1970.
172   Henning Köhler: Adenauer.
      Eine politische Biographie, Berlin
      1994, S. 204.
173   Helmut Kohl braucht einen
      eindeutigen Sieg, Stuttgarter
      Zeitung, 29. Januar 1971.
174   Helmut Kohl: Erinnerungen I,
      S. 279 f.
175   Der Spiegel, 28/1973, S. 36 ff.
176   ACDP VIII-001-1072/1,
      Fraktionsprotokoll vom
      22. Mai 1974, S.14.
177   Der Spiegel, 24/1973, S. 36−41.
178   ACDP VIII-001-1072/1,
      Fraktionsprotokoll vom 22. Mai
      1974, S.14.

III.   POLITIK AUF
       BUNDESEBENE

179   Manfred Schell: Die Kanzler-
      macher, Mainz 1986, S. 49.
180   Daniel Koerfer, Kampf ums
      Kanzleramt. Erhard und
      Adenauer, Stuttgart 1987, S. 650 ff.
181   Helmut Kohls Beitrag auf dem
      Dortmunder Parteitag, Landes-
      hauptarchiv Koblenz, 663,3/74/6.
182   ACDP II-120-017.
183   ACDP II-120-150.
184   Konrad Adenauer: »Stetigkeit in
      der Politik«. Die Protokolle des
      CDU-Bundesvorstands 1961–1965.
      Bearbeitet von Günter Buchstab,
      Düsseldorf 1998, S. 751 ff.

185   Ebd., S. 750.
186   Ebd., S. 872.
187   ACDP V-011-329.
188   ACDP VII-001-1021.
189   Frankfurter Allgemeine Zeitung,
      4. Mai 1966.
190   Philipp Gassert, Karl Gerry:
      Kiesinger, München 2006, S. 479 f.
191   Die CDU/CSU-Fraktion im
      Deutschen Bundestag, Sitzungs-
      protokolle 1961–1966, Düsseldorf
      2004, S. 2135.
192   CDU-Vorstandsprotokolle
      1965–1969, S. 370.
193   Ebd., S. 403.
194   Ebd.
195   Helmut Kohl: Erinnerungen I,
      S. 241 f.
196   ACDP I-483-099/1; Abschrift
      eines Berichts Richard von
      Weizsäckers an den CDU-Kreis-
      vorstand Düsseldorf/Mettmann
      vom 15. Oktober 1964.
197   Manfred Görtemaker: Geschichte
      der Bundesrepublik Deutschland,
      München 1999, S. 460 f.
198   Helmut Kohl: Erinnerungen I,
      S. 247.
199   Klaus Dreher: Kohl, S. 132 f.
200   Helmut Kohl: Erinnerungen I,
      S. 250.
201   Ebd., S. 264 ff.
202   ZDF, Zur Person, 4. Oktober 1970.
203   Helmut Kohl: Erinnerungen I,
      S. 277 f.
204   ACDP 07-001-11396.
205   Jürgen Tern: Zwei gegen Barzel,
      Dt. Zeitung/Christ und Welt,
      25. Juni 1971; Der Spiegel,
      26/1971, S. 24 f.
206   Torsten Oppelland: Gerhard
      Schröder, Düsseldorf 2002, S. 721 f.
207   Gespräch mit Günter von
      Lojewski.

208 Carl-Christian Kaiser: Kohl: Den Mut nicht verloren, Die ZEIT, 8. Oktober 1971.

209 Knut Barrey: Kohl führt den Wahlkampf bis zur Erschöpfung, Frankfurter Allgemeine Zeitung, 13. November 1972.

210 Der Spiegel, 6/1973, S. 21 ff.

211 Bundesarchiv Koblenz, Nr. 1371/385, 106.

212 Ebd., Nr. 1371/213.

213 Frankfurter Allgemeine Zeitung, 21. Mai 1973.

214 Der Spiegel, 20/1973, S. 22.

215 ZDF, 27. Januar 1972.

216 CDU-Vorstandsprotokolle 1965–1969, S. 1037 ff.

217 Ebd.

218 Bulletin der Bundesregierung vom 12. Februar 1972, Nr. 20, S. 211–215.

219 Olaf Ihlau: Mainzer Hühner zwischen Barzel und Strauß, Süddeutsche Zeitung, 7. Februar 1972.

220 Frankfurter Allgemeine Zeitung, 10. Februar 1972.

221 Landeshauptarchiv Koblenz, 860, Nr. 6411.

222 Gespräch mit Günther Henrich.

223 Frankfurter Allgemeine Zeitung, 13. November 1972.

IV. **ZEHN HARTE JAHRE**

224 Friedrich Zimmermann: Kabinettstücke. Politik mit Strauß und Kohl, 1976–1991, München 1991, S. 15.

225 Ebd., S. 322.

226 Der Spiegel, 25/1973.

227 Vorwärts, 29. Mai 1973.

228 Die Welt, 14. Mai 1973.

229 21. Bundesparteitag 1973 in Bonn, S. 61.

230 Handelsblatt, 13. Juni 1973.

231 Helmut Kohl: Erinnerungen I, S. 326.

232 Frankfurter Allgemeine Zeitung, 22. November 1973; Dt. Zeitung/Christ und Welt, 23. November 1973.

233 ACDP 07-001-12038.

234 22. Bundesparteitag der Christlich Demokratischen Union Deutschlands, 1973, S. 61 f.

235 Bundesarchiv Koblenz, Nr. 337/213.

236 Ebd.

237 ACDP 07-001-11038.

238 Der Spiegel, 42/1984, S. 17 ff.

239 Der Spiegel, 42/1986, S. 25 ff.

240 ACDP 001-1056/2, Fraktionsprotokoll vom 7. Mai 1974, S. 5 ff.

241 Elisabeth Noelle-Neumann: SPD-Abwanderer von Brandt enttäuscht, Der Spiegel, 9/1974, S. 38.

242 ACDP VIII-001-1056/2, Fraktionsprotokoll vom 7. Mai 1974.

243 Kopie in Bundesarchiv Koblenz, AK Nr. 337/213.

244 ACDP, Helmut Kohl: Rede zur Strategie der Union, 10. Juni 1974.

245 Eduard Neumaier: Rollenprobe in Niedersachsen, Die ZEIT, 31. Mai 1974.

246 Hans-Joachim Noack: Der Mann schaufelt sich vom Rivalen und vom Vorbild frei, Frankfurter Rundschau, 11. März 1975.

247 Helmut Kohl: Erinnerungen I, S. 302.

248 Hans-Joachim Noack: Der CDU-Professor und die Sehnsucht nach Führung, Frankfurter Rundschau, 25. Mai 1974.

249   ACDP, Helmut Kohl: Rede zur Strategie der Union, 10. Juni 1974.

250   Karl Carstens: Erinnerungen und Erfahrungen, Boppard 1993, S. 426 u. 430.

251   Bundesarchiv Koblenz, Nr. 337/213.

252   Der Stern, 3. Oktober 1974.

253   Friedrich Zimmermann: Kabinettstücke. Politik mit Strauß und Kohl, Berlin 1994, S. 38.

254   Helmut Kohl: Erinnerungen I, S. 356.

255   ACDP III-026-568/2.

256   Der Spiegel, 11/1975, S. 34 ff.

257   Klaus Dreher: Helmut Kohl, S. 172.

258   Gespräch mit Wighardt Härdtl.

259   Karl Carstens: Erinnerungen und Erfahrungen, Boppard 1993, S. 469.

260   Deutschland Union Dienst, Nr. 57 (1975), S. 1 f.

261   Helmut Kohl: Erinnerungen I, S. 368 f.

262   Welt am Sonntag, 14. September 1975.

263   Helmut Kohl: Erinnerungen I, S. 376.

264   Hans Ulrich Kempski: Franz Josef Strauß macht's möglich, Süddeutsche Zeitung, 25. Juni 1975.

265   Verhandlungen des Deutschen Bundestages, 7. Wahlperiode, 17. September 1975, S. 12916 ff.; Kohl macht die Debatte zur Stunde der Opposition, Frankfurter Allgemeine Zeitung, 18. September 1975; Der Kanzlerkandidat beeindruckt auch seine Gegner, Stuttgarter Zeitung, 18. September 1975.

266   Wolfgang Jäger, Werner Link: Republik im Wandel 1974–1982, Stuttgart 1987, S. 32 ff. u. S. 49.

267   Kurt Biedenkopf: Die Politik der Union, Alternative '76, Bonn 1975, S. 17.

268   Helmut Kohl: Erinnerungen I, S. 373.

269   Der Stern, 15. Juni 1975.

270   Der Spiegel, 40/1975.

271   Zit. nach: Die Welt, 9. Oktober 1975.

272   WDR Fernsehen, 12. Oktober 1975, 20.15 Uhr, Klaus Bresser, Johannes Gross, Rüdiger Altmann: Die Kraftprobe des Prof. Biedenkopf; Eduard Neumaier, Speerspitze – doch zeitweilig ohne Schaft, Die ZEIT, 17. Oktober 1975.

273   Die Welt, 18. Oktober 1975.

274   Helmut Kohl: Erinnerungen I, S. 390; Der Stern, 27. November 1975.

275   Spiegel-Dokumentation Helmut Kohl, Band 4; Fernschreiben Erich Böhme an das »Spiegel«-Büro Bonn vom 20. November 1975.

276   Süddeutsche Zeitung, 4. Dezember 1975.

277   ACDP VII-001-066/2.

278   WDR Fernsehen, 12. Oktober 1975, 20.15 Uhr, Klaus Bresser, Johannes Gross, Rüdiger Altmann: Die Kraftprobe des Prof. Biedenkopf; Eduard Neumaier, Speerspitze – doch zeitweilig ohne Schaft, Die ZEIT, 17. Oktober 1975.

279   Bundesarchiv Koblenz, Nr. 337/213.

280   ACDP, Bestand Reden Helmut Kohl, 10. Juni 1974, S. 16 f.

281   ACDP VIII-001-1045/1, Fraktionsprotokoll vom 27. Januar 1976, S. 5 f.

282 Ebd., S. 8.

283 Robert Markus Ratz, Die deutsch-polnischen Beziehungen in den 70er Jahren, FU-Magisterarbeit 2006, S. 64–67.

284 Sten. Berichte, 12. Wahlperiode, S. 13945 ff.

285 Hartmut Soell: Helmut Schmidt. Vernunft und Leidenschaft, Band 2, München 2012.

286 Frankfurter Allgemeine Zeitung, 9. März 1976.

287 Hans-Dietrich Genscher: Erinnerungen, Berlin 1995, S. 260 ff.

288 Franz Josef Strauß: Die Erinnerungen, Berlin 1989, S. 460 ff.

289 BILD, 15. März 1976.

290 ACDP, Bestand Reden Helmut Kohl, 16. Juni 1974, S. 9; vgl. ebd. VIII-001-1045/1, Fraktionsprotokoll vom 27. Januar 1976, S. 5.

291 Süddeutsche Zeitung, 21/22. Februar 1976; Deutsche Welle, 21. Februar 1976.

292 ACDP VIII-001-1045/1, Fraktionsprotokoll vom 17. Februar 1976, S. 7 f.

293 Gespräch mit Johann Wilhelm Gaddum.

294 ACDP VIII-001-1064/1, Fraktionsprotokoll vom 9. August 1981, S. 6.

295 Gespräch mit Gerhard Kunz.

296 ACDP Bundesgeschäftsstelle, Wahl 1976, Schmidt, Helmut.

297 Helmut Herles: Kohl – als wär's ein Stück von ihm, Frankfurter Allgemeine Zeitung, 29. September 1976.

298 Hans-Joachim Noack: Zu Hannover wurde der »Schwarze Riese« ein Stückchen kürzer, Frankfurter Rundschau, 21. Mai 1976.

299 Institut für Demoskopie Allensbach: Bundestagswahl 1976, Ergebnisse einer Nachwahlanalyse, S. 34 f.

300 Hans Ulrich Kempski: Ich kann überhaupt nicht verlieren, Süddeutsche Zeitung, 27. September 1976.

301 Nina Grunenberg: Sicher ist noch immer nichts, Die ZEIT, 17. September 1976.

302 ACDP VIII-001-1047/1, Fraktionsprotokoll vom 29. Juni 1976, S. 8; vgl. auch ebd., 1047/2, Fraktionsprotokoll vom 11. März 1975, S. 6.

303 Johannes Gross: Der schwarze Riese, Korrekturen an einem Klischee, Frankfurter Allgemeine Zeitung, 12. Juni 1976.

304 ACDP VIII 001-1047/1, Fraktionsprotokoll vom 19. Juni 1976, S. 1.

305 Institut für Demoskopie Allensbach: Bundestagswahl 1976, Ergebnisse einer Nachwahlanalyse, S. 9.

306 ACDP VIII-001-1045/1, Fraktionsprotoll vom 27. Januar 1976, S. 30.

307 Hans-Joachim Noack: Und nun sieht man, wie er denkt, Frankfurter Rundschau, 5. Oktober 1976.

308 ACDP VIII-001-1048/1, Fraktionsprotoll vom 7. Oktober 1976.

309 Friedrich Zimmermann: Kabinettstücke. Politik mit Strauß und Kohl, Berlin 1994, S. 25.

310 ACDP VIII-001-1048/1, Fraktionsprotoll vom 22. Januar 1976, S. 10.

311 Der Spiegel, 29. November 1976.

312 Kopie des Fernschreibens in: Bundesarchiv Koblenz Nr. 1371/414; Süddeutsche Zeitung, 26. November 1976; Frankfurter Allgemeine Zeitung, 27. November 1976.

313 Frankfurter Neue Presse, 27. November 1976.

314 Bundesarchiv Koblenz, Nr. 1371/412.

315 ACDP VIII-001-1048/1, Fraktionsprotoll vom 7. Dezember 1976, S. 10.

316 Ebd., S. 16.

317 Hans Ulrich Kempski: Ich kann überhaupt nicht verlieren, Süddeutsche Zeitung, 27. September 1976.

318 Gespräch mit Helmut Kohl.

319 ACDP, Bestand Reden Helmut Kohl, Zur Strategie der Union, 10. Juni 1974.

320 ACDP, Helmut Kohl, Bestand Wahl, Planungsgruppe, 20. September 1976.

321 ARD, Bericht aus Bonn, 10. Dezember 1976.

322 Carl Christian Kaiser, Das Glück verhalf zum glatten Start, Die ZEIT, 24.12.1976.

323 Helmut Kohl: Erinnerungen I, S. 443.

324 Eduard Ackermann, Mit feinem Gehör, Bergisch Gladbach 1994, S. 30 und 118.

325 ZDF, Heute, 21.00 Uhr, 19. Januar 1977.

326 Bonner Rundschau, 26. Januar 1977.

327 Lother Bewerunge: Biedenkopfs Kraftproben im Ruhrgebiet, Frankfurter Allgemeine Zeitung, 17. August 1976; ders., Fehdehandschuh für die Filzokraten, Frankfurter Allgemeine Zeitung, 9. September 1976; vgl. Die Welt, 17. August 1976.

328 Hans Ulrich Kempski: Ein Tag, an dem Helmut Kohl Glück hat, Süddeutsche Zeitung, 9. März 1977.

329 Helmut Kohl: Erinnerungen I, S. 446 f.

330 Süddeutsche Zeitung, 9. März 1977; Frankfurter Rundschau, 9. März 1977; vgl. 25. Bundesparteitag der CDU Deutschland, Düsseldorf 1977, S. 52.

331 Der Stern, 3. März 1977.

332 Friedrich Karl Fromme: Der doppelte Kohl, Frankfurter Allgemeine Zeitung, 10. März 1977; Hans Reiser: Zwei Jahre Frist für Kohl, Süddeutsche Zeitung, 10. März 1977.

333 ACDP VIII-001-1048/2, Fraktionsprotokoll vom 19. April 1977.

334 Ebd., Fraktionsprotokoll vom 8. Februar 1977 und 24. Mai 1977.

335 Ebd., Fraktionsprotokoll vom 22. März 1977, S. 9.

336 ACDP VIII-001-1049/2, Fraktionsprotokoll vom 24. Mai 1977, S. 15.

337 Die Welt, 18. Mai 1977.

338 ACDP VIII-001-1049/2, Fraktionsprotokoll vom 24. Mai 1977; Ein Erfolg von Helmut Kohl, Frankfurter Allgemeine Zeitung, 26. Mai 1977.

339 Badische Zeitung, 20. Januar 1976; CDU-Pressemitteilung vom 19. und 20. Januar 1976.

340 Günther Heckelmann: Großer Erfolg. Helmut Kohl in Berlin, Deutschland Union Dienst, Nr. 228 vom 30. November 1977; ACDP VIII-001-1051/1,

Fraktionsprotokoll vom
6. Dezember 1977, S. 6.

341 Helmut Kohl: Erinnerungen I,
S. 473.

342 Hartmut Soell: Helmut Schmidt.
Vernunft und Leidenschaft, Band
2, München 2012, S. 65 ff.

343 Walter Kohl: Leben und gelebt
werden, München 2011, S. 61.

344 Hartmut Soell: Helmut Schmidt.
Vernunft und Leidenschaft, Band
2, München 2012, S. 689.

345 Spiegel-Dokumentation, Helmut
Kohl, Band 8; Fernschreiben vom
21. Oktober 1977.

346 Johannes Gross: Warum Kohl
bleibt, Frankfurter Allgemeine
Zeitung, 29. März 1978.

347 Carl-Christian Kaiser: Kohl
gewinnt an Konturen, Die ZEIT,
21. April 1978.

348 Friedrich Machnow, Hinter den
Kulissen der Solidarität, Rheinischer Merkur, 9. Dezember 1977.

349 Helmut Herles: »Ich bin jetzt fit
wie selten in meinem Leben.« Ein
Gespräch mit dem CDU-Vorsitzenden, Frankfurter Allgemeine
Zeitung, 12. August 1978.

350 ACDP VIII-001-1054/1, S. 10.

351 Bundesarchiv Koblenz,
Nr. 1371/415; Jürgen Mer-
schmeier: Barzels Zeitbombe
explodiert zehn Tage vor der
Hessenwahl, Bonner Rundschau,
28. September 1978.

352 ACDP VIII-001-1054/1, S. 10.

353 26. Bundesparteitag der CDU
Deutschland, Ludwigshafen,
23.–25. Oktober 1978, S. 24 ff.

354 Ebd., S. 45 ff.

355 Rolf Zundel: Kein Ersatz für
Kohl – leider? Einen besseren
Oppositionsführer kann die

Union nicht finden, Die ZEIT,
3. November 1978.

356 Friedrich Karl Fromme, Es bleibt
bei Kohl, Frankfurter Allgemeine
Zeitung, 26. Oktober 1978.

357 Frankfurter Allgemeine Zeitung,
25. Oktober 1978.

358 Münchner Merkur vom
31. Oktober 1978.

359 Vgl. oben, S. 162 ff.

360 Jürgen Leinemann: Ein bißchen
Heilsarmee und viel Gefühl, Der
Spiegel, 30. Oktober 1978.

361 Karl Carstens: Erinnerungen und
Erfahrungen, hrsg. von Kai von
Jena und Reinhard Schmoeckel,
Boppard 1983, S. 522 f.

362 Friedrich Zimmermann: Kabinettstücke. Politik mit Strauß und
Kohl, München 1994, S. 66 f.

363 ACDP VIII-001-1049/2,
Fraktionsprotokoll vom
24. Mai 1977, S. 10.

364 Helmut Kohl: Erinnerungen I,
S. 586 f.

365 Spiegel-Dokumentation Richard
von Weizsäcker, Band I.

366 Bundesarchiv Koblenz,
Nr. 337/70.

367 Haug von Kuenheim, Theo
Sommer (Hrsg.): Ein wenig
betrübt, Ihre Marion. Marion
Gräfin Dönhoff und Gerd
Bucerius. Ein Briefwechsel über
fünf Jahrzehnte, Berlin 2003,
S. 209 ff.

368 Helmut Kohl: Erinnerungen I,
S. 438.

369 Gespräch mit Helmut Kohl.

370 Süddeutsche Zeitung,
25. Januar 1979.

371 ZDF, 11. Januar 1979, 22.30 Uhr,
Tagesthemen; Die ZEIT,
12. Januar 1979.

372 Frankfurter Allgemeine Zeitung, 10. Januar 1979.

373 Helmut Kohl: Erinnerungen I, S. 504.

374 Der Spiegel 3/1979; BILD, 11. Januar 1979.

375 ACDP 07-001-353; vgl. Helmut Kohl: Erinnerungen I, S. 507 ff.

376 Die CDU schont Kohl und auch ihren »Rebellen« Biedenkopf, Frankfurter Allgemeine Zeitung, 13. Januar 1979.

377 Karl Feldmeyer: Die Zweifel der CDU an Kohl, Frankfurter Allgemeine Zeitung, 20. Januar 1979.

378 Georg Schröder: Ist der gute Mensch aus Mainz nur hart im Nehmen?, Die Welt, 13. Januar 1979.

379 Welt am Sonntag, 21. Januar 1979.

380 Die ZEIT, 21. Januar 1979.

381 Helmut Kohl: Erinnerungen I, S. 513 f.

382 Frankfurter Allgemeine Zeitung, 26. März 1979; BILD, 27. März 1979.

383 ACDP VIII-001-1055/1, Fraktionsprotokoll vom 16. Januar 1979, S. 27 f.

384 Die CDU sucht den Kanzlerkandidaten. Wird Albrecht gerufen?, Frankfurter Allgemeine Zeitung, 19. Mai 1979,

385 Münchner Merkur, 22. Mai 1979.

386 Friedrich Zimmermann: Kabinettstücke. Politik mit Strauß und Kohl, Berlin 1994, S. 82.

387 Gespräch mit Anton Pfeifer.

388 ACDP VIII-001-1056/1, Fraktionsprotokoll vom 29. Mai 1979, S. 6.

389 Friedrich Zimmermann, Kabinettstücke. Politik mit Strauß und Kohl, Berlin 1994, S. 77 ff.

390 Walther Leisler Kiep: Was bleibt, ist große Zuversicht, Berlin 1999.

391 Karl Feldmeyer: Der Verschleiß eines Kanzlerkandidaten, Frankfurter Allgemeine Zeitung, 29. Mai 1979.

392 Frankfurter Allgemeine Zeitung, 22. Mai 1979.

393 ACDP VIII-001-1056/1, Fraktionsprotokoll vom 29. Mai 1979, S. 3.

394 Helmut Kohl: Erinnerungen I, S. 522.

395 ACDP I-210-042; abweichend Helmut Kohl: Erinnerungen I, S. 530.

396 ACDP VIII-001-1057/1, Fraktionsprotokoll vom 12. Juni 1979, S. 60 f.

397 ACDP VIII-001-1055/1, Fraktionsprotokoll vom 16. Januar 1979, S. 25.

398 Ebd.; ACDP VIII-001-1057/1, S. 61.

399 Fritz Ullrich Fack: Auf Biegen oder Brechen?, Frankfurter Allgemeine Zeitung, 21. Juni 1979; ders.: Im Zirkel der Ratlosigkeit, Frankfurter Allgemeine Zeitung, 18. Mai 1979.

400 Gespräch mit Wighardt Härdtl; Manfred Schell: Wer folgt auf Kohl?, Die Welt, 29. Juni 1979.

401 ACDP VIII-001-1056/1, Fraktionsprotokoll vom 29. Mai 1979, S. 4.

402 Ebd., S. 5.

403 Ebd., S. 6.

404 Ebd., Fraktionsprotokoll vom 12. Juni 1979, S. 62.

405 ACDP VIII-001-1057/1, Fraktionsprotokoll vom 19. Juni 1979.

406 Gespräch mit Wighardt Härdtl; Walther Leisler Kiep: Was bleibt,

ist große Zuversicht, Berlin 1999, S. 241.

407 ACDP VIII-001-1057/1, Fraktionsprotokoll vom 12. Juni 1979, S. 62.

408 Gespräch mit Hans Joachim Noack.

409 Allensbacher Berichte Nr. 8/1979.

410 Eckart Conze: Die Suche nach Sicherheit, Berlin 2009, S. 533 ff.

411 Ebd., S. 537.

412 ACDP VIII-001-1061/1, Fraktionsprotokoll vom 15. April 1980, S. 2.

413 ZDF, Wahlsondersendung, 11. Mai 1980.

414 Helmut Kohl: Erinnerungen I, S. 562 f.

415 ACDP VIII-001-1061/1, Fraktionsprotokoll vom 12. Mai 1980, S. 3.

416 ACDP VII-001-220/2.

417 Manfred Schell: Bei Störern wird Kohl väterlich, Die Welt, 20. September 1980.

418 Frankfurter Allgemeine Zeitung, 17. September 1980.

419 Neue Zürcher Zeitung, 17. September 1980.

420 Diether Stolze: Plädoyer für den besseren Mann, Die ZEIT, 26. September 1980.

421 ACDP VIII-001-1061/1, Fraktionsprotokoll vom 7. Oktober 1980, S. 12.

422 Hans-Joachim Noack: Der Bonner Kohl-Kiep-Coup, Frankfurter Rundschau, 10. Oktober 1980.

423 Carl-Christian Kaiser: Hoffen auf neues Glück, Die ZEIT, 10. Oktober 1980; BILD, 9. Oktober 1980.

424 ACDP VIII-001-1062/1, Fraktionsprotokoll vom 3. November 1980.

425 Dolf Sternberger: Verfassungspatriotismus, Frankfurter Allgemeine Zeitung, 23. Mai 1979.

426 Hans-Peter Schwarz: Vom Reich zur Bundesrepublik, Stuttgart 1980, S. 393 ff.

427 Wilhelm Röpke, Die deutsche Frage, Zürich 1945, S. 248 f.

428 Sebastian Haffner, Germany: Jekyll & Hyde, London 1940; dt. Ausgabe: Sebastian Haffner, Germany: Jekyll & Hyde. 1939 – Deutschland von innen betrachtet, Berlin 1996.

429 Gespräch mit Helmut Kohl.

430 ACDP VIII-001-1058/1, Fraktionsprotokoll vom 11. September 1979, S. 4.

431 Zit. nach Gordon A. Craig: Über die Deutschen, München 1985, S. 337 f.

432 ACDP VIII-001-1062/1, Fraktionsprotokoll vom 20. Januar 1981, S. 1 f.

433 Hans Ulrich Kempski: Die sanfte Strategie im Rosengarten, Süddeutsche Zeitung, 11. März 1981.

434 ACDP VIII-001-1062/1, Fraktionsprotokoll vom 3. November 1980, S. 6.

435 Hans-Dietrich Genscher: Erinnerungen, Berlin 1995, S. 447.

436 Carl Schmidt-Polex: Leisler Kiep muß nach Hamburg, Welt am Sonntag, 21. Juni 1981.

437 ACDP VIII-001-1064/1, Fraktionsprotokoll vom 8. September 1981, S 9 f.

438 ACDP VIII-001-1061/1, Fraktionsprotokoll vom 12. Mai 1980, S. 6.

439 ACDP VIII-001-1064/1, S. 8.

440 Ebd., S. 2.

441 Sten. Berichte, 9. Wahlperiode, 9. Oktober 1981, S. 3332.
442 Süddeutsche Zeitung, 19. Oktober 1981.
443 Helmut Kohl: Erinnerungen I, S. 605.
444 Karl Feldmeyer: Wer führt die CDU?, Frankfurter Allgemeine Zeitung, 5. Juni 1982; Die Welt, 5. Juni 1982.
445 Der Spiegel, 14. Juni 1982.
446 Karl Feldmeyer: Ein Kanzler-kandidat der Union bedarf der Zustimmung von Strauß, Frankfurter Allgemeine Zeitung, 26. Juli 1982.
447 ACDP VIII-001-1062/1, Fraktionsprotokoll vom 15. Juni 1982, S. 15.
448 Walther Leisler Kiep: Was bleibt, ist große Zuversicht, Berlin-Wien 1999, S. 305 f.
449 ACDP VIII-001-1062/1, Fraktionsprotokoll vom 20. Januar 1981, S. 15.
450 ACDP VII-001-220/2.
451 Frankfurter Rundschau, 22. Juli 1982.
452 Eduard Ackermann: Mit feinem Gehör, Bergisch Gladbach 1994, S. 232 f.
453 ACDP VIII-001-1068/1, Fraktionsprotokoll vom 7. September 1982, S. 7 f.
454 Helmut Kohl: Erinnerungen I, S. 622.
455 Klaus Bölling: Die letzten Tage des Kanzlers Helmut Schmidt. Ein Tagebuch, Reinbek 1982.
456 Werner Abelshauser: Nach dem Wirtschaftswunder, Bonn 2009, S. 450.
457 ACDP VIII-001-1068/1, Fraktionsprotokoll vom 7. September 1982, S. 9.
458 Elisabeth Noelle-Neumann, Die Erinnerungen, München 2006, S. 229 f.
459 Sten. Berichte, 9. Wahlperiode, 9. September 1982, S. 6755 f.
460 ACDP VIII-001-1068/1, Fraktionsprotokoll vom 14. September 1982, S. 2 ff.
461 Andreas Wirsching: Abschied vom Provisorium, S. 49.
462 Sten. Berichte, 9. Wahlperiode, 9. September 1982, S. 6765–6773.
463 CDU-Bundesparteitag 1980 in Berlin, S. 33.
464 Manfred Schell: Die Kanzler-macher, Mainz 1982, S. 20 ff.
465 ACDP VIII-001-1068/1, Fraktionsprotokoll vom 21. September 1982, S. 17.
466 Helmut Kohl: Erinnerungen I, S. 623.
467 Friedrich Zimmermann: Kabinett-stücke. Politik mit Strauß und Kohl, Berlin 1994, S. 134 f.
468 Deutschlandfunk, 23. September 1982, 7.45 Uhr.
469 taz, 24. September 1982.
470 Sten. Berichte, 9. Wahlperiode, S. 1982.
471 ACDP VIII-001-1068/1, Fraktionsprotokoll vom 1. Oktober 1982, S. 3.
472 Klaus Dreher: Helmut Kohl, Stuttgart 1998, S. 284.
473 BILD, 7. September 1983.
474 Eduard Ackermann: Mit feinem Gehör, Bergisch Gladbach 1994, S. 185.
475 Friedrich Zimmermann: Kabinett-stücke. Politik mit Strauß und Kohl, Berlin 1994, S. 125 f.

476 ACDP VIII-001-1068/2, Fraktionsprotokoll vom 12. Oktober 1982, S. 5.

477 Vgl. oben S. 347 f.

478 Bulletin der Bundesregierung, Nr. 93 vom 14. Oktober 1982, S. 853–868.

479 Gespräch mit Horst Teltschik.

480 Eduard Ackermann: Mit feinem Gehör, Bergisch Gladbach 1994, S. 187; Helmut Kohl: Erinnerungen II, S. 49.

481 ACDP VIII-001-1068/1, Fraktionsprotokoll vom 21. September 1982, S. 4.

482 ACDP VIII-001-1070/2, Fraktionsprotokoll vom 23. März 1983, S. 24; Helmut Kohl: Berichte zur Lage I, S. 17 ff. und 36 ff.

483 Helmut Kohl: Erinnerungen II, S. 67.

484 Karl Carstens: Erinnerungen und Erfahrungen, Boppard 1993, S. 558 f.

485 ACDP VIII-001-1076/1, Fraktionsprotokoll vom 13. Dezember 1982, S. 16.

486 Elisabeth Noelle-Neumann: Es war kein Überraschungssieg, Archiv des Instituts für Demoskopie Allensbach, S. 3.

V. DIE ÄRA KOHL (I)

487 Die ZEIT, 11. März 1983.

488 ACDP VIII-001-1070/1, Fraktionsprotokoll vom 8. März 1983, S. 6 ff.

489 Bulletin der Bundesregierung, Nr. 45 vom 10. Mai 1983, S. 422.

490 Helmut Kohl: Erinnerungen II, S. 122 f.

491 ACDP VIII-001-1070/2, Fraktionsprotokoll vom 23. März 1983, S. 13.

492 Helmut Kohl: Erinnerungen II, S. 42.

493 ACDP VIII-001-1070/1, Fraktionsprotokoll vom 8. März 1983, S. 13.

494 Die ZEIT, 3. Juni 1983; Welt am Sonntag, 29. Mai 1983; Die Welt, 16. Juni 1983.

495 BILD, 15. Januar 1983.

496 Andreas Wirsching: Abschied vom Provisorium, S. 259.

497 Gérard Bökenkamp: Das Ende des Wirtschaftswunders., S. 220 ff.

498 ACDP VIII-001-1071/1, Fraktionsprotokoll vom 27. September 1983, S. 14 ff.

499 ZDF vom 17. November 1983, Die Bonner Runde; Verhandlungen des Bundestages, Sten. Berichte, 10. Wahlperiode, 7. Dezember 1983, S. 3049.

500 Gérard Bökenkamp: Das Ende des Wirtschaftswunders, S. 240.

501 ACDP VIII-001-1071/2, Fraktionsprotokoll vom 7. Februar 1984, S. 7 ff.

502 Der Spiegel, 43/1983, S. 29 ff.

503 Der Spiegel, 35/1983, S. 21.

504 ACDP VIII-001-1071/1, Fraktionsprotokoll vom 6. September 1983, S. 16 ff.

505 Gerhard Stoltenberg: Wendepunkte, Berlin 1997, S. 292.

506 Wolfgang Schäuble: Und der Zukunft zugewandt, München 1995, S. 34 ff.

507 Andreas Wirsching: Abschied vom Provisorium, S. 80.

508 Eckart Conze: Die Suche nach Sicherheit, Berlin 2009, S. 542.

509 Allensbacher Jahrbuch der Demoskopie 1978–1983, S. 621, 633, 645.

510 Helmut Kohl: Erinnerungen II, S. 148 ff.; ACDP VIII-001-1070/2, Fraktionsprotokoll vom 23. März 1983, S. 15 f.

511 Der Spiegel, 24/1983, S. 26.

512 Sten. Berichte, 10. Wahlperiode, 15. Juni 1983, S. 753 ff.

513 Wolfgang Jäger: Die Innenpolitik der sozialliberalen Koalition, in: Geschichte der Bundesrepublik Deutschland, Band 5/ II, S. 199 f.

514 ACDP VIII-001-1070/2, Fraktionsprotokoll vom 26. April 1983, S. 26 f.

515 Michael Schwelien: »Das sieht nach Sabotage aus«, Die ZEIT, 1. Juli 1983; Joachim Sobotta: Bittere Nachlese, Rheinische Post, 28. Juni 1983.

516 Gunter Hofmann: Gefeit gegen den Zweifel, Die ZEIT, 25. November 1983.

517 Sten. Berichte, S. 2321–2332.

518 Bunte, 33/2003, S. 56 ff.

519 Helmut Kohl: Erinnerungen II, S. 175 f.

520 ACDP 001-1070/ 2, Fraktionsprotokoll vom 26. April 1983, S. 32 f.

521 Heinrich Potthoff (Hrsg.): Die »Koalition der Vernunft«. Deutschlandpolitik in den 80er Jahren, München 1995, S. 101 ff. und S. 112 ff.

522 Frankfurter Allgemeine Zeitung, 15. Juli 1983; Süddeutsche Zeitung, 26. Juli 1983.

523 Helmut Kohl: Erinnerungen II, S. 185.

524 ACDP VIII-001-1071/1, Fraktionsprotokoll vom 6. September 1983, S. 41 f.

525 Hartmut Soell: Helmut Schmidt. Die Biographie, Band 2, München 2008, S. 833 ff.

526 Frankfurter Allgemeine Zeitung, 20. Januar 1984; Die Welt, 18. Januar 1984; Rheinische Post, 20. Januar 1984.

527 Anne Ponger: Helmut Kohls Reise in ein besonderes Land, Süddeutsche Zeitung, 24. Januar 1984.

528 Herbert Riehl-Heyse: Der Kanzler läßt sich nicht erschüttern, Süddeutsche Zeitung, 26. Januar 1984.

529 Die Welt, 26. Januar 1984.

530 ACDP VIII-001-1071/2, Fraktionsprotokoll vom 7. Februar 1984, S. 17.

531 Günter Gaus: Reden über das eigene Land: Deutschland 1983–1987, Sonderausgabe München 1988, S. 131.

532 Vgl. oben S. 357.

533 ACDP VIII-001-1071/2, Fraktionsprotokoll vom 7. Februar 1984, S. 24.

534 Ebd., S. 18.

535 Andreas Wirsching: Abschied vom Provisorium, S. 60 ff.

536 Verhandlungen des Bundestages, 10. WP, Drucksache 10/1604 (Bericht des Untersuchungsausschusses), S. 23.

537 Andreas Wirsching: Abschied vom Provisorium, S. 60.

538 Karl Carstens: Erinnerungen und Erfahrungen, Boppard 1993, S. 584.

539 Robert Leicht: Für Kohl geht es ums Ganze, Süddeutsche Zeitung, 28. Januar 1984.

540 Bei der Verteidigungsrede des Ministers blickt der Kanzler weg,

Frankfurter Allgemeine Zeitung,
21. Januar 1984; Fall Kießling:
Kanzler befürchtet eine Belastung
für sein Kabinett, Die Welt,
20. Januar 1984; Bulletin der
Bundesregierung vom 2. Februar
1984.

541 Die ZEIT, 10. Februar 1984.

542 Claus Gennrich: Was Kohl vor
sich hat, Frankfurter Allgemeine
Zeitung vom 28. Januar 1984.

543 Die Welt, 31. Januar 1984.

544 Frankfurter Allgemeine Zeitung,
1. Februar 1984.

545 Eduard Neumaier: Zur Schlach-
terplatte die Lösung serviert,
Stuttgarter Zeitung, 2. Februar
1954; Georg Schröder: »Wir lassen
uns die Lebensfreude nicht ver-
gällen«, Die Welt, 2. Februar 1984.

546 Hamburger Abendblatt, 2. Februar 1984.

547 Der Spiegel, 7/1984, S. 17 ff.

548 Zit. nach: Rheinischer Merkur,
3. Februar 1984.

549 Vgl. oben S. 297 f.

550 Gespräch mit Helmut Kohl.

551 Gespräch mit Wolfgang Bergsdorf.

552 Helmut Kohl: Erinnerungen II,
S. 48 f.

553 Gespräch mit Gerhard Kunz.

554 Der Tagesspiegel, 9. September
1978.

555 Frankfurter Allgemeine Zeitung,
11. September 1978; Klaus Dreher:
Weizsäckers neue Aufgabe,
Süddeutsche Zeitung, 11. September 1978.

556 Gespräch mit Walter Rasch.

557 ACDP VIII-001-1070/1,
Fraktionsprotokoll vom
8. März 1983, S. 6 f.

558 Die Welt, 10. März 1983.

559 Friedbert Pflüger: Richard von
Weizsäcker, Stuttgart 1980, S. 10.

560 Spiegel-Dokumentation, Helmut
Kohl, Band II, 25. August 1977

561 Vgl. oben S. 344.

562 Friedbert Pflüger: Richard von
Weizsäcker, Stuttgart 1980, S. 87.

563 Helmut Kohl: Erinnerungen II,
S. 250.

564 Frankfurter Allgemeine Zeitung,
27. September 1983.

565 Friedbert Pflüger: Richard von
Weizsäcker, Stuttgart 1980, S. 92.

566 Uwe Müller: Abfällige Worte über
Kohl in neu freigegebenen
Stasi-Unterlagen, Berliner
Morgenpost, 2. März 2012.

567 Süddeutsche Zeitung, 28. Oktober
1983; Friedbert Pflüger: Richard
von Weizsäcker, Stuttgart 1980,
S. 97.

568 Helmut Kohl: Erinnerungen II,
S. 255 ff.

569 Die Welt, 17. November 1983;
Frankfurter Allgemeine Zeitung,
18. November 1983; Rheinischer
Merkur, 18. November 1983.

570 Helmut Kohl: Berichte zur Lage I,
S. 98.

571 Wolfgang Jäger, Werner Link:
Republik im Wandel 1974–1982,
Geschichte der Bundesrepublik
Deutschland Band 5/II, S. 228.

572 Helmut Kohl: Erinnerungen II,
S. 300 f.

573 Werner Abelshauser: Nach dem
Wirtschaftswunder. Der Gewerk-
schafter, Politiker und Unternehmer Hans Matthöfer, Bonn 2009,
S. 496 ff.

574 Ebd., S. 5 f.

575 Gespräch mit Egon Bahr.

576 Helmut Kohl: Erinnerungen II,
S. 308.

577 Zit. nach: Andreas Wirsching,
     Abschied vom Provisorium, S. 69.
578 Der Spiegel, 21/1984, S. 7–13.
579 Die Welt, 11. Mai 1984.
580 ACDP VIII-001-1072/ 2,
     Fraktionsprotokoll vom
     20. September 1984, S. 35.
581 Ebd.
582 Helmut Kohl: Erinnerungen II,
     S. 304; Der Spiegel, 42/1984,
     S. 17 ff.
583 Frankfurter Allgemeine Zeitung,
     19. Oktober 1984; zu Barzels
     Versorgung vgl. oben S. 221 f.
584 Sten. Berichte, 10. Wahlperiode,
     vom 18. Oktober 1984, S. 66, 87.
585 Der Spiegel, 21/1986, S. 22 f.
586 Ebd., S. 26 ff.: »Die Fragestellung
     war mißverständlich.«
587 Ebd., S. 17 ff.
588 Andreas Wirsching: Abschied
     vom Provisorium, S. 76 f.
589 Helmut Kohl: Erinnerungen II,
     S. 305.
590 ACDP VIII-001-1673/1;
     Fraktionsprotokoll vom
     26. Oktober 1984, S. 4 ff.
591 Süddeutsche Zeitung, 14. Juni
     1984; Frankfurter Allgemeine
     Zeitung, 27. August 1984.
592 Jochen Thies: Über die Arbeit des
     Kanzleramtes, N/WDR/ 18. März
     1984, 22 Uhr; Manfred Schell: Wo
     es in Bonn fehlt, Die Welt,
     9. August 1984.
593 ACDP VIII-001-1073/1,
     Fraktionsprotokoll vom
     13. November 1984.
594 Helmut Kohl: Erinnerungen II,
     S. 334.
595 Willy Andreas (Hrsg.): Bismarck
     Gespräche, Band 2, Bonn 1965,
     S. 525.
596 ACDP VIII-001-1073/1,
     Fraktionsprotokoll vom
     11. Dezember 1984, S. 8.
597 Helmut Kohl: Erinnerungen II,
     S. 102 f.
598 Brief von Richard V. Allen an der
     Verfasser vom 10. Oktober 2009.
599 Heribert Schwan, Rolf Steininger:
     Helmut Kohl. Virtuose der Macht,
     Mannheim 2010, S. 200.
600 Manfred Schell: Kohl in den USA:
     Die NATO aufwerten, Die Welt,
     15. Oktober 1981.
601 Bundesarchiv Koblenz,
     136-30064/211-30104.
602 Gerhard Stoltenberg: Wende-
     punkte, Berlin 1997, S. 316 ff.;
     vgl. Gérard Bökenkamp: Das
     Ende des Wirtschaftswunders,
     S. 233 f.
603 Helmut Kohl: Erinnerungen II,
     S. 110.
604 Zur Verdeutlichung dieser Taktik
     vgl. Bundesarchiv Koblenz,
     136-30064/211-30104.
605 Bundesarchiv Koblenz,
     136/30066/211-30104.
606 Bundesarchiv Koblenz, 136-30255.
607 Bundesarchiv Koblenz,
     136-530876.
608 Allies Refused Kohl on Invitation
     to D-Day Ceremonies in France,
     International Herald Tribune,
     21. Mai 1984.
609 Le Figaro, 30. Mai 1984; Stuttgar-
     ter Zeitung, 28. Mai 1984.
610 New York Times, 28. Mai 1984.
611 Le Figaro, 30. Mai 1984.
612 Johann Georg Reißmüller, Wie
     könnte ein deutscher Regierungs-
     chef in der Normandie mitfeiern?,
     Frankfurter Allgemeine Zeitung,
     5. Juni 1984.
613 Gespräch mit Helmut Kohl.

614 Helmut Kohl: Erinnerungen I,
     S. 309 ff.

615 Ronald Reagan: The Reagan
     Diaries, New York 2007, S. 283;
     George P. Shultz: Turmoil and
     Triumph. My Years As Secretary
     Of State, New York 1993, S. 541.

616 Helmut Kohl: Erinnerungen II,
     S. 349.

617 Heribert Schwan, Rolf Steininger:
     Die Bonner Republik, Berlin 2009,
     S. 316.

618 Die Welt, 17. Dezember 1984;
     Neue Zürcher Zeitung, 18. De-
     zember 1984.

619 George P. Shultz: Turmoil and
     Triumph. My Years As Secretary
     Of State, New York 1993, S. 542 f.

620 Ebd., S. 551.

621 Ebd., S. 545 f.

622 Werner A. Perger, Neues aus
     Bitburg, Die ZEIT, 18. April 1991,
     zit. bei Klaus Dreher: Helmut
     Kohl, S. 364; Andreas Wirsching,
     Abschied vom Provisorium, S. 480.

623 Ronald Reagan: The Reagan
     Diaries, New York 2007, S. 317.

624 Helmut Kohl: Erinnerungen II,
     S. 355.

625 Abgedruckt in: Ronald Reagan:
     The Reagan Diaries, New York
     2007, S. 317.

626 Sten. Berichte, 10. Wahlperiode,
     S. 10002 ff.

627 Die Rheinpfalz, 30. April 1985.

628 Blitzumfrage Infas, ARD,
     26. April 1985, 22.30 Uhr.

629 Andreas Wirsching: Abschied
     vom Provisorium, S. 480.

630 ACDP VIII-001-1073/2,
     Fraktionssitzung vom 13. Mai
     1985, S. 18.

631 Bulletin der Bundesregierung vom
     30. April 1985.

632 Neues Deutschland, 17. April
     1985.

633 Adenauer Briefe 1945–1947,
     Berlin 1983, S. 419.

634 Bulletin der Bundesregierung,
     13. April 1975.

635 Gunter Hofmann: Der Präses
     und der Populist, Die ZEIT,
     24. Mai 1985.

636 Helmut Kohl: Berichte zur Lage I,
     S. 298.

637 BILD, 14. Mai 1985.

638 Frankfurter Allgemeine Zeitung,
     25. Mai 1985.

639 Gunther Hofmann: Der Präses
     und der Populist, Die ZEIT,
     24. Mai 1985.

640 Manfred Schell: Dass Führung
     vorhanden ist, Die Welt, 22. Mai
     1985; Walter Bajohr: Kohl muss
     die Zügel straffen, Rheinischer
     Merkur, 25. Mai 1985.

641 Frankfurter Allgemeine Zeitung
     22. Mai 1985.

642 Gespräch mit Wighardt Härdtl.

643 Funkreport, 6. Juni 1985, S. 9.

644 ARD-Brennpunkt, 19. Juni 1985,
     22.00 Uhr.

645 Frankfurter Allgemeine Zeitung,
     23. Mai 1985.

646 ACDP VIII-001-1074/1,
     Fraktionsprotokoll vom
     13. Mai 1985, S. 2–20.

647 Gérard Bökenkamp: Das Ende
     des Wirtschaftswunders, S. 243 ff.

648 ACDP VIII-0011-1074/1,
     Fraktionsprotokoll vom
     11. Juni 1985, S. 17.

649 Ebd., S. 28 ff.

650 Süddeutsche Zeitung, 25. Juli 1985.

651 ACDP VIII-0011-1074/1,
     Fraktionsprotokoll vom
     11. Juni 1985, S. 26.

652 Gespräch mit Hans-Georg Wieck.

653 ACDP VIII-001-1075/1, Fraktionsprotokoll vom 24. September 1985, S. 18.

654 Edgar Wolfrum: Geschichtspolitik in der Bundesrepublik Deutschland, Darmstadt 1999.

655 Johannes Willms: Nationalismus ohne Nation, Düsseldorf 1983.

656 Heinrich Lutz: Österreich-Ungarn und die Gründung des Deutschen Reiches – Europäische Entscheidungen 1867–1871, Frankfurt 1979.

657 David P. Calleo: The German Problem Reconsidered, Cambrige 1980.

658 Ralf Dahrendorf: Gesellschaft und Demokratie in Deutschland, München 1965.

659 Elisabeth Noelle-Neumann: Im Wartesaal der Geschichte, Frankfurter Allgemeine Zeitung, 14. März 1983.

660 ACDP VIII-001-1072/2, Fraktionsprotokoll vom 10. September 1984, S. 15.

661 Andreas Wirsching, Abschied vom Provisorium, S. 470 ff.

662 Oscar Schneider, Kulturpolitische Schwerpunkte in den 1980er Jahren. Die Ära Kohl im Gespräch, Köln 2010, S. 270 f.

663 Ebd., S. 272 f.; Frankfurter Allgemeine Zeitung, 25. Juli 1985.

664 Wolf Jobst Siedler: Zurück zur Stadtmitte. Der Ort des geplanten Berliner Geschichtsmuseums, Frankfurter Allgemeine Zeitung, 29. Mai 1985.

665 Oscar Schneider: Kulturpolitische Schwerpunkte in den 1980er Jahren. Die Ära Kohl im Gespräch, Köln 2010, S. 273.

666 Wir planen hier nicht Kleinkleckersdorf, Der Spiegel, 48/1985.

667 Der Spiegel, 1/1987.

668 Oscar Schneider: Kulturpolitische Schwerpunkte in den 1980er Jahren. Die Ära Kohl im Gespräch, Köln 2010, S. 275.

669 Christoph Stölzl: Deutsches Historisches Museum, S. 335.

670 Die ZEIT, 11. Juli 1986.

671 Christoph Stölzl: Deutsches Historisches Museum, S. 339.

672 Ebd., S. 652.

673 Edgar Wolfrum: Geschichtspolitik in der Bundesrepublik Deutschland, Darmstadt 1999, S. 343.

674 Frankfurter Allgemeine Zeitung, 15. Februar 2014.

675 Rolf Zundel: Der Kanzler des guten Gewissens, Die ZEIT, 5. Januar 1986.

676 Frankfurter Allgemeine Zeitung, 4. Februar 1986.

677 BILD, 21. Februar 1986; vgl. Friedrich Karl Fromme: Wenn gegen einen Kanzler ermittelt wird, Frankfurter Allgemeine Zeitung, 15. März 1986; Eduard Neumaier: Die Union wittert eine politische Intrige, Stuttgarter Zeitung, 13. März 1986.

678 Gespräch mit Heinz Hermann Koelle.

679 ACDP VIII-001-1076/1, Fraktionsprotokoll vom 14. Januar 1986, S. 9 ff.

680 ACDP VIII-001-1077/1, Fraktionsprotokoll vom 15. April 1986, S. 17 f.

681 Andreas Wirsching, Abschied vom Provisorium, S. 385.

682 ACDP VIII-001-1077/2, Fraktionsprotokoll vom 4. November 1986, S. 27 f.

683 ACDP VIII-001-1077/1,
Fraktionsprotokoll vom 13. Mai
1986, S. 12 ff.; Helmut Kohl,
Berichte zur Lage I, S. 440 f.

684 Brief von Friedhelm Ost,
10. Oktober 2010; Andreas
Wirsching: Abschied vom
Provisorium, S. 373 ff.

685 ACDP-001-1077/1, Fraktionsprotokoll vom 3. Juni 1986, S. 37.

686 Der Spiegel, 26/1986; Rheinischer
Merkur, 7. Juni 1986.

687 ACDP-001-1077/1, Fraktionsprotokoll vom 17. Juni 1986, S. 17.

688 Ebd., S. 13 ff.

689 ACDP VIII-001-1077/2,
Fraktionsprotokoll vom
27. Januar 1987, S. 11.

690 Frankfurter Allgemeine Zeitung,
18. April 1986, Notizbuch
Johannes Gross, Neue Folge,
23. Forts.

691 ACDP VIII-001-1077/2, Fraktionsprotokoll vom 27. Januar 1987.

692 Gespräch mit Friedhelm Ost.

693 Der Spiegel, 46/1986, S. 19.

694 Eduard Ackermann, Mit feinem
Gehör, Bergisch Gladbach 1994,
S. 265.

695 Süddeutsche Zeitung, 3. November 1986; Die Welt, 3. November
1986.

696 ACDP VIII-001-1077/1,
Fraktionsprotokoll vom
23. September 1986, S. 9.

697 Werner A. Perger: Ein Mann steht
über den Dingen, Deutsches
Allgemeines Sonntagsblatt,
21. Dezember 1986.

698 ACDP VIII-001-1077/2,
Fraktionsprotokoll vom
27. Januar 1987, S. 10–27.

699 ACDP 08-01-1081/1,
Fraktionsprotokoll vom
10. März 1987, S. 14 f.

700 Ebd., S. 1.

701 Der Spiegel, 4. Februar 1987; vgl.
Gérard Bökenkamp, Das Ende
des Wirtschaftswunders, S. 273.

702 Die ZEIT, 13. Februar 1987, S. 27.

703 Der Spiegel, 2. Mai 1987, S. 17 ff.

704 Gérard Bökenkamp: Das Ende
des Wirtschaftswunders, S. 275.

705 Handelsblatt, 16. März 1987;
Frankfurter Allgemeine Zeitung,
12. März 1987.

706 ARD, 11. März 1987, 22.30 Uhr.

707 Hans-Dietrich Genscher:
Erinnerungen, Berlin 1995,
S. 566 ff.

708 BILD, 16. Mai 1987; Frankfurter
Allgemeine Zeitung, 16. Mai 1987.

709 Ronald Reagan, The Reagan
Diaries, New York 2007, S. 321 f.

710 Neue Zürcher Zeitung, 4. Juli
1987.

711 ACDP 08-01-1082/1,
Fraktionsprotokoll vom
19. Mai 1987, S. 22 ff.

712 Hans-Dietrich Genscher:
Erinnerungen, Berlin 1995, S. 574;
Günther Nonnenmacher: Ein
vermeintliches Faustpfand,
Frankfurter Allgemeine Zeitung,
31. August 1987; vgl. Karl-Rudolf
Korte: Deutschlandpolitik in
Helmut Kohls Kanzlerschaft,
Stuttgart 1989, S. 328 f.

713 BILD, 5. September 1987.

714 ACDP 08-01-1082/3,
Fraktionsprotokoll vom
2. September 1987, S. 22.

715 Ralf Georg Reuth: Der Zeitgeist
in Berlin, Frankfurter Allgemeine
Zeitung, 14. März 1987.

716 Regierungserklärung des Bundeskanzlers, 18. März 1987, Bulletin der Bundesregierung Nr. 27, 19. März 1987, S. 214.

717 Gespräch mit Eberhard Diepgen.

718 Eberhard Diepgen: Zwischen den Mächten. Von der besetzten Stadt zur Hauptstadt, Berlin 2004, S. 85 ff.

719 Frankfurter Allgemeine Zeitung, 23. März 1987.

720 Eberhard Diepgen: Zwischen den Mächten. Von der besetzten Stadt zur Hauptstadt, Berlin 2004, S. 89 f.

721 Ralf Georg Reuth: Die Besucher-diplomatie im Schatten status-rechtlicher Überlegungen, Frankfurter Allgemeine Zeitung, 8. Mai 1987.

722 ACDP VIII-001-1082/3, Fraktionsprotokoll vom 2. September 1987, S. 8.

723 BILD, 23. Februar 1985.

724 Die Welt, 23. Februar 1985.

725 Tagesschau, 27. Februar 1985.

726 ACDP VIII-001-1076/1, Fraktionsprotokoll vom 21. Januar 1986, S. 12.

727 Gespräch mit Friedhelm Ost.

728 Frankfurter Allgemeine Zeitung, 2. Mai 1987.

729 Heinrich Potthoff: Die Koalition der Vernunft, München 1995, S. 543 ff.

730 Eberhard Diepgen: Zwischen den Mächten, Berlin 2004, S. 70 ff.; Frankfurter Allgemeine Zeitung, 8. Februar 2011.

731 ACDP VIII-001-1082/3, Fraktionsprotokoll vom 2. September 1987, S. 8 ff.

732 Ebd.

733 Helmut Kohl: Berichte zur Lage I, S. 550.

734 ACDP VIII-001-1082/3, Fraktionsprotokoll vom 2. September 1987, S. 12.

735 Karl-Rudolf Korte: Deutschland-politik in Helmut Kohls Kanzler-schaft, Stuttgart 1998, S. 324 ff. und 345 f.; BILD, 9. September 1987.

736 Gespräch mit Klaus Gotto; Stephan Eisel: Helmut Kohl. Nahaufnahmen, Bonn 2010, S. 98 ff.

737 Abgedruckt in: Texte zur Deutschlandpolitik, Band III/5, S. 194–189.

738 Vgl. oben S. 466.

739 Karl-Rudolf Korte: Deutschland-politik in Helmut Kohls Kanzler-schaft, Stuttgart 1998, S. 36 f.

740 ACDP VIII-001-1082/3, Fraktionsprotokoll vom 15. September 1987, S. 22.

741 Abendzeitung, 7. September 1987.

742 Claus J. Duisberg: Das deutsche Jahr, Berlin 2005, S. 16.

743 Karl-Rudolf Korte: Deutschland-politik in Helmut Kohls Kanzler-schaft, Stuttgart 1998, S. 385 ff.; Hermann Wentker: Die DDR in den Augen des BND (1985–1990), in: Vierteljahrshefte für Zeitge-schichte 56 (2008), S. 323 ff.

744 Gespräch mit Friedhelm Ost; vgl. Jan Schönfelder, Rainer Erices: Westbesuch. Die geheime DDR-Reise von Helmut Kohl, Plauen 2007, S. 62 ff.; vgl. Frankfurter Allgemeine Zeitung 31. Mai 1988; BILD, 3. Juni 1988.

745 Gérard Bökenkamp: Das Ende des Wirtschaftswunders, S. 99.

746 Die ZEIT, 21. April, 1989.

747 ACDP VIII-001-1083/2, Fraktionsprotokoll vom 10. November 1987, S. 33.

748 Gérard Bökenkamp: Das Ende des Wirtschaftswunders, S. 279.

749 ACDP VIII-001-1083/2, Fraktionsprotokoll vom 6. Oktober 1987, S. 19.

750 Gerhard Stoltenberg: Wendepunkte, Berlin 1997, S. 30f.

751 Die ZEIT, 8. Januar 1988; Süddeutsche Zeitung, 1. Juni 1988.

752 Die Welt, 15. Dezember 1987; Frankfurter Allgemeine Zeitung, 15. Dezember 1987.

753 ACDP VIII-001-1083/2, Fraktionsprotokoll vom 10. November 1987, S. 32.

754 ACDP VIII-001-1083/3, Fraktionsprotokoll vom 8. Dezember 1987, S. 14.

755 Ebd., S. 26.

756 ACDP VIII-001-1083/1, Fraktionsprotokoll vom 13. Oktober 1987, S. 31 ff.

757 Gerhard Stoltenberg: Wendepunkte, Berlin 1997, S. 300.

758 ACDP VIII-001-1084/1, Fraktionsprotokoll vom 12. Januar 1988, S. 45 f.

759 Der Spiegel, 6. Juni 1988.

760 ACDP VIII-001-1085/2, Fraktionsprotokoll vom 7. Juni 1988, S. 59.

761 Brief von Friedhelm Ost, 8. August 2011; leicht abgeschwächte Version im Stern, 30. Juni 1988; Frankfurter Allgemeine Zeitung, 1. Juli 1988.

762 ACDP VIII-001-1085/2, Fraktionsprotokoll vom 7. Juni 1988, S. 62.

763 ACDP VIII-001-1086/2, Fraktionsprotokoll vom 5. September 1988, S. 25.

764 ACDP VIII-001-1084/1, Fraktionsprotokoll vom 12. Januar 1988, S. 49.

765 Frankfurter Allgemeine Zeitung, 4. Juli 1988.

766 Vgl. oben, S. 341 f.

767 Karl Feldmeyer: Der Beitrag des Generalsekretärs, Frankfurter Allgemeine Zeitung, 7. März 1987.

768 Walter Bajohr: Das Herzstück seiner Partei, Rheinischer Merkur, 16. August 1988.

769 ACDP 07-001-1086, Ergebnisprotokoll vom 18. Juni 1988.

770 »Aber was heißt Zeitgeist?« Der Streit um den Kurs in der Union, Die ZEIT, 18. September 1987.

771 Karl Feldmeyer: Schein oder Wirklichkeit, Frankfurter Allgemeine Zeitung, 8. August 1987.

772 Frankfurter Allgemeine Zeitung, 30. Juli 1987.

773 ZDF-Sommerinterview, 16. August 1987.

774 Die Welt, 17. August 1987; BILD, 18. August 1987.

775 BILD am Sonntag, 10. Juli 1988.

776 ACDP 08-001-1082/2, Fraktionsprotokoll vom 5. September 1988, S. 24.

777 Hermann Rudolph: Kohl neutralisiert die Spannung, Süddeutsche Zeitung, 15. Juni 1988.

778 ACDP 08-001-1082/2, Fraktionsprotokoll vom 5. September 1988, S. 41 ff.

779 Der Spiegel, 37/1988.

780 Die ZEIT, Nr. 44, 28. Oktober 1988; vergl. Die ZEIT, 14. April 1989; Günter Bannau: Geißler fürchtete den »Volksgeist«, Frankfurter Allgemeine Zeitung, 28. März 1990.

781 Karl Feldmeyer: Geißler und die
    Ausländer, Frankfurter Allge-
    meine Zeitung, 2. November 1988;
    Manfred Schell: Generalsekretär
    XY, Die Welt, 11. November 1988.

782 Helmut Kohl: Erinnerungen II,
    S. 925 f.

783 ACDP CDU-Bundesgeschäfts-
    stelle, 18. Februar 1988, Unsere
    Verantwortung in der Welt. Christ-
    lich-demokratische Perspektiven
    zur Außen-, Sicherheits-,
    Europa- und Deutschlandpolitik,
    S. 20.

784 ACDP 08-001-1084/2,
    Fraktionsprotokoll vom
    23. Februar 1988, S. 24.

785 Die Welt, 3. November 1988; vgl.
    dazu Geißler in ACDP 08-001-
    1087/2, Fraktionsprotokoll vom
    8. November 1988.

786 ACDP 08-001-1085/3,
    Fraktionsprotokoll vom
    12. April 1988, S. 44.

787 Gespräch mit Egon Bahr.

788 ACDP 08-001-1088/1,
    Fraktionsprotokoll vom
    6. Dezember 1988, S. 63.

789 Die Welt, 1. November 1988; The
    Times, 10. November 1988.

790 Gespräch mit Friedhelm Ost;
    Ulrich Reitz: Wolfgang Schäuble,
    Bergisch Gladbach 1996, S. 79 ff.;
    Stephan Eisel: Helmut Kohl.
    Nahaufnahme, Bonn 2010, S. 78 f.

791 ACDP 08-001-1088/1,
    Fraktionsprotokoll vom
    6. Dezember 1988, S. 47 f.

792 ACDP 08-001-1088/2,
    Fraktionsprotokoll vom
    14. Februar 1989, S. 40 f.

793 ACDP 08-001-1086/2, Fraktions-
    protokoll vom 19. September
    1988, S. 133.

794 Walter Wallmann: Im Licht der
    Paulskirche, Potsdam 2002,
    S. 175 f.

795 Süddeutsche Zeitung, 31. Januar
    1989.

796 Frankfurter Allgemeine Zeitung,
    14. April 1989; Die Welt, 16. Mai
    1989.

797 Frankfurter Allgemeine Zeitung,
    15. März 1989.

798 Walter Wallmann: Im Licht der
    Paulskirche, Potsdam 2002,
    S. 180 f.; Stephan Eisel: Helmut
    Kohl. Nahaufnahme, Bonn 2010,
    S. 90 f.

799 Mainhardt Graf Nayhauss:
    15. März, Der Tag an dem Kohl
    zurücktreten wollte, Bunte,
    17. August 1989; Mitteilung von
    Friedhelm Ost.

800 Frankfurter Allgemeine Zeitung,
    23. März 1989; ACDP 08-001-
    1089/1, Fraktionsprotokoll vom
    15. März 1989.

801 Mitteilung von Friedhelm Ost; vgl.
    Frankfurter Allgemeine Zeitung,
    16. März 1989; Süddeutsche
    Zeitung, 16. März 1989; Frankfur-
    ter Allgemeine Zeitung, 17. März
    1989; In den Kulissen macht der
    Name des Schwaben die Runde,
    Die Welt, 19. März 1989.

802 Frankfurter Allgemeine Zeitung,
    14. April 1989; Der Auftakt zum
    Machtkampf, Die Welt, 18. April
    1989; Süddeutsche Zeitung,
    15. April 1989; BILD am Sonntag,
    16. April 1989.

803 Kurt Feldmeyer: Was für Geißler
    spricht, Frankfurter Allgemeine
    Zeitung, 10. Mai 1989.

804 ACDP 08-001-1090/1, Fraktions-
    protokoll vom 20. Juni 1989, S. 11.

805 Süddeutsche Zeitung, 21. Juni 1989.
806 Spiegel-Dokumentation, Lothar Späth.
807 Mitteilung von Wolfgang Bergsdorf und von Klaus Gotto.
808 Frankfurter Allgemeine Zeitung, 22. August 1989; Die Welt, 22. August 1989; General-Anzeiger, 23. August 1989; Frankfurter Allgemeine Zeitung, 23. August 1989.
809 Süddeutsche Zeitung, 23. August 1989.
810 BILD, 13. September 1989.
811 Johannes Gross: Begründung der Berliner Republik, Stuttgart 1995, S. 71.
812 Vgl. oben S. 498.
813 Philip Zelikow, Condoleezza Rice: Sternstunde, S. 231 ff.; James A. Baker: Drei Jahre, die die Welt veränderten, Berlin 1996, S. 62 f.
814 Deutsche Einheit, Nr. 60, S. 449.
815 Helmut Kohl: Einheit, S. 44.
816 Andreas Rödder: Deutschland einig Vaterland, München 2009, S. 19.
817 Deutsche Einheit, Nr. 3, S. 292.
818 Ebd.
819 Interview mit Eduard Ackermann, Material Reuth.
820 Gespräch mit Horst Teltschik.
821 Claus Gennrich: Was Kohl vor sich hat, Frankfurter Allgemeine Zeitung, 21. Juli 1989.
822 Deutsche Einheit, Nr. 28, S. 379.
823 Ebd., S. 377.
824 Helmut Kohl: Einheit, S. 74.
825 Deutsche Einheit, Nr. 40, S. 404.
826 Ebd.
827 Helmut Kohl, Einheit, S. 75.
828 ACDP 08-001-1091/1, Fraktionsprotokoll vom 17. Oktober 1989, S. 6 ff.
829 ACDP 08-001-1091/2, Fraktionsprotokoll vom 7. November 1989, S. 8.
830 ACDP 08-001-1091/1, Fraktionsprotokoll vom 17. Oktober 1989, S. 20.
831 Deutsche Einheit, Nr. 76, S. 493.
832 Helmut Kohl: Einheit, Berlin 1996, S. 128.
833 Gespräch mit Klaus Gotto.
834 Horst Teltschik: 329 Tage, S. 15; zum Zeitpunkt der Maueröffnung vgl. Günther von Lojewski: Einigkeit und Recht und Freiheit …, München 2000, S. 163 ff.
835 Helmut Kohl: Einheit, S. 130; Stephan Eisel: Helmut Kohl. Nahaufnahme, Bonn 2010, S. 121.
836 Horst Teltschik: 329 Tage, S. 191; Deutsche Einheit, Nr. 80, S. 504.
837 Helmut Kohl: Einheit, Berlin 1996, S. 132 ff.
838 Deutsche Einheit, Nr. 82, S. 507 f.
839 Deutsche Einheit, Nr. 87, S. 515 ff.
840 ACDP 08-01-1091/2, Fraktionsprotokoll vom 14. November 1989, S. 36.
841 Horst Teltschik: 329 Tage, S. 42 ff.
842 Michael Mertes: Zur Entstehung und Wirkung des Zehn-Punkte-Programms vom 28. November 1989, Forum Politicum Jenense 9/2001, S. 4 ff.
843 Gespräch mit Horst Teltschick.
844 Hans-Peter Schwarz: Helmut Kohl, S. 533.
845 Sten. Berichte, 11. Wahlperiode, 28. November 1989, S. 13502-135014.
846 Claus Gennrich: Kohl und Genscher, Frankfurter Allgemeine Zeitung, 9. Dezember 1989.

847 Hans-Dietrich Genscher: Erinnerungen, Berlin 1995, S. 675–688.

848 Jacques Attali: Verbatim, Band 3: Chronique des années 1988–1991, Paris 1995, S. 354; Hans-Dietrich Genscher: Erinnerungen, Berlin 1995, S. 678.

849 Deutsche Einheit, Nr. 109, S. 603.

850 Helmut Kohl: Einheit, S. 199 ff.

851 Helmut Kohl: Erinnerungen II, S. 1013.

852 Ebd., S. 871.

853 Ebd., S. 956 f.; leicht abweichende Fassung in: Deutsche Einheit, Nr. 70, S. 472.

854 Deutsche Einheit, Nr. 109, S. 600 ff.

855 Hans-Dietrich Genscher: Erinnerungen, Berlin 1995, S. 684; Rafael Biermann: Zwischen Kreml und Kanzleramt, Paderborn 1998, S. 340.

856 Deutsche Einheit, Nr. 126, S. 658 f.

857 Horst Teltschik: 329 Tage, S. 53.

858 Richard von Weizsäcker: Der Weg zur Einheit, München 2009, S. 103.

859 Frankfurter Rundschau, 15. Dezember 1989; Neues Deutschland, 17. Dezember 1989.

860 BILD am Sonntag, 31. Dezember 1989.

861 Hamburger Abendblatt, 15. Dezember 1989.

862 Helmut Kohl: Erinnerungen II, S. 929.

863 Horst Teltschik: 329 Tage, S. 69 und S. 84.

864 ACDP 08-001-1092/1, Fraktionsprotokoll vom 5. Dezember 1989, S. 12 ff.

865 Deutsche Einheit, Nr. 123, S. 645 ff.

866 Horst Teltschik: 329 Tage, S. 83.

867 Zit. nach: ebd., S. 74.

868 Deutsche Einheit, Nr. 129, S. 669.

869 Helmut Kohl: Einheit, S. 217; Erinnerungen II, S. 1022 ff.

870 Andreas Rödder: Deutschland einig Vaterland, München 2009, S. 145; Horst Teltschik: 329 Tage, S. 86.

871 Gespräch mit Klaus-Peter Junge.

872 Helmut Kohl: Erinnerungen II, S. 1023.

873 Andreas Rödder: Deutschland einig Vaterland, München 2009, S. 145.

874 Deutsche Einheit, Nr. 135, S. 682–690.

875 Andreas Rödder: Deutschland einig Vaterland, München 2009, S. 182 ff.

876 CDU-Bundesvorstandssitzung, 23. Januar 1990; Material Reuth.

877 Horst Teltschik: 329 Tage, S. 100 ff.; vgl. Philip Zelikow, Condoleezza Rice: Sternstunden der Demokratie, Berlin 1997, S. 235.

878 Deutsche Einheit, Nr. 155 und Nr. 156, S. 747 ff.

879 Deutsche Einheit, Nr. 158, S. 754.

880 Ebd., Nr. 361, S. 1401 f. und Nr. 170, S. 784.

881 Ebd., S. 97 f.

882 Ebd., Nr. 173, S. 793 f.

883 Ebd., Nr. 174, S. 795 ff.

884 Horst Teltschik: 329 Tage, S. 140 f.

885 Deutsche Einheit, Nr. 3, S. 292.

886 ACDP 08-001-1092/3, Fraktionsprotokoll vom 6. März 1990, S. 10.

887 Deutsche Einheit, Nr. 175, S. 808 ff.

888 Ebd., S. 813.

889 ACDP 08-001-1092/1, Fraktionsprotokoll vom 16. Januar 1990, S. 14

890 CDU-Bundesvorstandssitzung vom 27. November 1989; Material Reuth.

891 Ebd., Bundesvorstandssitzung vom 15. Januar 1990.

892 Helmut Kohl: Einheit, S. 288.

893 ACDP 08-001-1092/2, Fraktionsprotokoll vom 6. Februar 1990, S. 8 ff.

894 Deutsche Einheit, Nr. 105, S. 593.

895 Gerhard A. Ritter: Der Preis der deutschen Einheit, München 2006, S. 36.

896 Wolfgang Schäuble: Der Vertrag, Stuttgart 1991, S. 16.

897 Uwe Müller: Die Familie de Maizière – eine deutsche Dynastie, Welt am Sonntag, 6. März 2011, S. 7.

898 Wolfgang Schäuble: Der Vertrag, Stuttgart 1991, S. 34 ff.

899 Eduard Ackermann: Mit feinem Gehör, Bergisch Gladbach 1994, S. 326 f.

900 Horst Teltschik: 329 Tage, S. 129 ff.; Dieter Grosser: Das Wagnis der Währungsunion, Wirtschaftsunion und Sozialunion. Politische Zwänge im Konflikt mit ökonomischen Regeln, München 1998, S. 180 ff.

901 ACDP-001-1092/1, Fraktionsprotokoll vom 13. Februar 1990, S. 43.

902 Ebd., Fraktionsprotokoll vom 6. Februar 1990, S. 6.

903 Ebd., S. 11.

904 Süddeutsche Zeitung, 12. März 1990.

905 CDU-Dokumentation 8/1990, Wir wollen gemeinsam die Zukunft gestalten.

906 Elisabeth Noelle-Neumann: Ein demokratischer Wahlkampf gab den Ausschlag, Frankfurter Allgemeine Zeitung, 23. März 1990.

907 Olaf Ihlau: Der Sieger scheut das Rampenlicht, Süddeutsche Zeitung, 27. März 1990; Gespräch mit Ralf Georg Reuth; vgl. Helmut Kohl: Erinnerungen III, S. 52.

908 Deutsche Einheit, Nr. 298, S. 1177 f.

909 Gerhard A. Ritter: Der Preis der deutschen Einheit, München 2006, S. 38 f.

910 Hans Werner Scheidl, Wolfgang Böhm: Der Triumph des Riesen in Dunkelblau, Presse Wien, 20. März 1990.

911 Der Spiegel, 12/1990, S. 21.

912 ACDP 05-001-1093/1, Fraktionsprotokoll vom 27. März 1990, S. 11.

913 Eduard Ackermann: Mit feinem Gehör, Bergisch Gladbach 1994, S. 331.

914 Ebd., S. 332.

915 Walter Kohl: Leben oder gelebt werden, München 2011, S. 13.

916 Süddeutsche Zeitung, 12. März 1990.

917 Philip Zelikow, Condoleezza Rice: Sternstunde der Diplomatie: Die deutsche Einheit und das Ende der Spaltung in Europa, Berlin 1999, S. 231 ff.; James A. Baker: Drei Jahre, die die Welt veränderten, Berlin 1996, S. 216 ff.

918 Ebd., S. 187 ff.

919 Zit. nach: Rafael Biermann, Zwischen Kreml und Kanzleramt, Paderborn 1998, S. 426.

920 ACDP 08-001-1092/3, Fraktionsprotokoll vom 13. Februar 1990, S. 39.

921 Hans-Dietrich Genscher:
Erinnerungen, Berlin 1995, S. 729.

922 Deutsche Einheit, Nr. 192, S. 866.

923 Mitteilung Ralf Georg Reuth.

924 Vgl. oben S. 501 f.

925 ACDP 08-001-1074/1, Fraktionsprotokoll vom 25. Juni 1985,
S. 10 f.

926 Deutsche Einheit, Nr. 216,
S. 937 ff.

927 Ebd., Nr. 192, S. 863.

928 Helmut Kohl, Einheit, S. 324.

929 Deutsche Einheit, Nr. 192, S. 867.

930 ACDP 08-001-1094/1, Fraktionsprotokoll vom 19. Juni 1990,
S. 11.

931 Gespräch mit Ralf Georg Reuth;
Kohl selbst verharmloste später
den Gegensatz, vgl. Helmut Kohl:
Einheit, S. 305 ff. und Helmut
Kohl: Erinnerungen II, S. 1079 ff.

932 Frankfurter Allgemeine Zeitung,
1. und 5. März 1990.

933 Werner Weidenfeld: Politik für die
Einheit, Stuttgart 1998, S. 488;
Frankfurter Allgemeine Zeitung,
5. und 6. März 1990.

934 ACDP 03-001-1092/3, Fraktionssitzung vom 6. März 1990, S. 16.

935 Gunter Hofmann: Zäher
Abschied von einer fixen Idee, Die
ZEIT, 9. März 1990; Rudolf
Augstein: Er kann es wirklich
nicht, Der Spiegel, 12. März 1990,
S. 27.

936 Joachim Neander: Wie Kohl in der
Grenzfrage aufs Kreuz gelegt
werden sollte, Die Welt, 9. März
1990.

937 Missstimmung in der FDP,
Frankfurter Allgemeine Zeitung,
21. März 1990; Genscher muss
wohl bei Kohl bleiben, Bremer
Nachrichten, 23. März 1990.

938 Deutsche Einheit, Nr. 322, S. 1242.

939 Helmut Kohl: Einheit, S. 421 ff.

940 Philip Zelikow, Condoleezza Rice:
Sternstunde der Demokratie,
Berlin 1997, S. 384.

941 Andreas Wirsching: Abschied
vom Provisorium, S. 688; ähnlich
Eckart Conze: Die Suche nach
Sicherheit. Eine Geschichte der
Bundesrepublik Deutschland von
1949 bis in die Gegenwart,
München 2009, S. 740.

942 Philip Zelikow, Condoleezza Rice:
Sternstunde der Demokratie,
Berlin 1997, S. 386.

943 Deutsche Einheit, Nr. 281, S. 1128.

944 Deutsche Einheit, Nr. 302,
S. 1199 f.

945 Horst Teltschik: 329 Tage, S. 310;
Deutsche Einheit, Nr. 277, S. 1118.

946 Deutsche Einheit, Nr. 350, S. 1343.

947 Deutsche Einheit, Nr. 353, S. 1362.

948 Ebd., S. 1358.

949 Deutsche Einheit, Nr. 350, S. 1346.

950 Horst Teltschik: 329 Tage, S. 317 f.

951 Helmut Kohl: Einheit, S. 441.

952 Horst Teltschik: 329 Tage, S. 340 f.

953 Deutsche Einheit, Nr. 350,
S. 13444.

954 Le Figaro, 18. Juli 1990.

955 Neue Zürcher Zeitung, 19. Juli
1990

956 Deutsche Einheit, Nr. 413, S. 1527.

957 Ebd., S. 1529.

958 Bunte, 26. Juli 1990, S. 23.

959 ACDP VIII-001-1094/1,
Fraktionsprotokoll vom
12. Juni 1990, S. 19.

960 ACDP VIII-001-1093/1,
Fraktionsprotokoll vom
8. Mai 1990, S. 13.

961 Wolfgang Jäger: Die Überwindung der Teilung, Stuttgart 1998,
S. 165 ff.

962 Presse Wien, 20. März 1990.

963 Wolfgang Schäuble: Der Vertrag, Stuttgart 1991, S. 72 ff.

964 Frankfurter Allgemeine Zeitung, 19. Mai 1990.

965 Süddeutsche Zeitung, 7. April 1990.

966 ACDP VIII-001-1094/1, Fraktionsprotokoll vom 12. Juni 1990, S. 4.

967 Dieter Schröder: Einheit – ein demokratisches Gebot, Süddeutsche Zeitung, 19. Mai 1990.

968 ACDP VIII-001-1094/1, Fraktionsprotokoll vom 12. Juni 1990, S. 4.

969 Ebd., S. 18.

970 Horst Teltschik: 329 Tage, S. 252.

971 ACDP VIII-001-1093/2, Fraktionsprotokoll vom 15. Mai 1990, S. 9; vgl. Horst Teltschik: 329 Tage, S. 243.

972 ACDP VIII-001-1093/2, Fraktionsprotokoll vom 12. Juni 1990, S. 8.

973 Ebd., S. 16.

974 ACDP VIII-001-1093/1, Fraktionsprotokoll vom 27. März 1990, S. 14.

975 Edgar Reitz: Wolfgang Schäuble, Bergisch Gladbach 1996, S. 325 ff.

976 Wolfgang Schäuble: Der Vertrag, Stuttgart 1991, S. 107.

977 ACDP VIII-001-1094/1, Fraktionsprotokoll vom 12. Juni 1990, S. 15.

978 Joachim von Arnim: Zeitnot. Moskau, Deutschland und der weltpolitische Umbruch, Bonn 2012, S. 330 f.

979 Hans-Jürgen Küsters: Entscheidung für die deutsche Einheit, Einführung in die Edition, in: Dokumente zur Deutschland-politik. Deutsche Einheit. Sonderedition aus den Akten des Bundeskanzleramtes 1998/90, München 1998, S. 148.

980 Wolfgang Jäger: Die Überwindung der Teilung, Stuttgart 1998, S. 508.

981 Wolfgang Schäuble: Der Vertrag, Stuttgart 1991, S. 103 f.

982 Hans-Jürgen Küsters: Entscheidung für die deutsche Einheit, Einführung in die Edition, in: Dokumente zur Deutschlandpolitik. Deutsche Einheit. Sonderedition aus den Akten des Bundeskanzleramtes 1998/90, München 1998, S. 148.

983 Wolfgang Schäuble: Der Vertrag, Stuttgart 1991, S. 34.

984 Zit. nach: Andreas Rödder: Deutschland einig Vaterland, München, 2009, S. 328 ff., S. 443.

985 Werner Weidenfeld: Außenpolitik für die deutsche Einheit, Stuttgart 1998, S. 611 f.

986 Helmut Kohl, Einheit, S. 452 ff.; Wolfgang Schäuble: Der Vertrag, Stuttgart 1991, S. 157 ff.; Klaus Dreher: Helmut Kohl, S. 536 ff.

987 Ebd., S. 540.

988 Helmut Kohl: Einheit, S. 453.

989 Die ZEIT, 10. August 1990, S. 5.

990 Der Spiegel, 32/1990.

991 Klaus Dreher: Helmut Kohl, S. 544.

992 Ebd., S. 547.

993 Wolfgang Schäuble: Der Vertrag, Stuttgart 1991, S. 160.

994 Ebd., S. 159.

995 Deutsche Einheit, Nr. 397, S. 1497; Stephan Eisel: Helmut Kohl. Nahaufnahme, Bonn 2010, S. 142 ff.

996 Die ZEIT, 24. August 1990.

997   Helmut Kohl: Erinnerungen III, S. 200 f.

998   Material Reuth.

VI. DIE ÄRA KOHL (II)

999   Heinz Dürr: In der ersten Reihe, Berlin 2008, S. 212.

1000 Ebd., S. 35 f.

1001 Klaus Dreher: Helmut Kohl, S. 551.

1002 Ebd., S. 553.

1003 Gespräch mit Wighardt Härdtl; Wolfgang Schäuble, Der Vertrag: wie ich über die deutsche Einheit verhandelte, Stuttgart 1991.

1004 Hans Ulrich Kempski: »Ich stand als Kanzler in der Pflicht«, Süddeutsche Zeitung, 30. November 1990.

1005 Helmut Kohl: Erinnerungen III, S. 277.

1006 ACDP VIII-012-106/2, Fraktionsprotokoll, 23. April 1991, S. 8.

1007 Elisabeth Noelle-Neumann: Der Optimismus hat gesiegt, Frankfurter Allgemeine Zeitung, 5. Dezember 1990.

1008 ACDP VIII-012-105/1, Fraktionsprotokoll vom 9. Dezember 1990, S. 16.

1009 Wolfgang Schäuble: Der Vertrag, Stuttgart, 1991, S. 129 ff.

1010 Eberhard Diepgen: Zwischen den Mächten, Berlin 2004, S. 169.

1011 ACDP VIII-012-106/2, Fraktionsprotokoll vom 23. April 1991, S. 27–30.

1012 Hans-Peter Schwarz: Helmut Kohl, S. 644 f.

1013 Eberhard Diepgen: Zwischen den Mächten, Berlin 2004, S. 167 ff.

1014 Der Spiegel, 4/1991, S. 18.

1015 Helmut Kohl: Berichte zur Lage II, S. 241 ff.

1016 Frankfurter Allgemeine Zeitung, 21. Januar 1991; vgl. New York Times, 10. September 1990.

1017 Richard von Weizsäcker im Gespräch mit Gunter Hofmann und Werner A. Perger, Frankfurt a. M. 2001, S. 178.

1018 Gérard Bökenkamp, Das Ende des Wirtschaftswunders, S. 392 ff.

1019 ACDP 012-105/2, Fraktionsprotokoll vom 19. Februar 1991, S. 25.

1020 Leipziger Volkszeitung, 27. März 1991.

1021 Neue Zürcher Zeitung, 15. Mai 1991.

1022 Neue Zeit, 13. Mai 1991; Frankfurter Allgemeine Zeitung, 13. Mai 1991; BILD, 14. Mai 1991.

1023 Gérard Bökenkamp, Das Ende des Wirtschaftswunders, S. 324; Frankfurter Allgemeine Zeitung, 21. März 1991.

1024 Ebd., S. 334 ff.

1025 Die Welt, 23. April 1991.

1026 ACDP VIII-012-106/2, Fraktionsprotokoll vom 23. April 1991, S. 14–17.

1027 Der Spiegel, 18/1991.

1028 Helmut Kohl: Berichte zur Lage II, S. 267.

1029 ACDP VIII-012-106/2, Fraktionsprotokoll vom 23. April 1991, S. 14–17.

1030 Die ZEIT, 3. Mai 1991.

1031 Der Spiegel, 33/1991.

1032 Frankfurter Allgemeine Zeitung, 19. August 1991.

1033 Jörg Schönbohm: Zwei Armeen und ein Vaterland, Berlin 1992, S. 61.

1034 Werner von Scheben: Die wunderbare Auferstehung der Auftragstaktik, in: Truppenpraxis 6 (1992), S. 532–540.

1035 Rede Helmut Kohls vor der Bundeswehr in Potsdam am 6. Juli 1993.

1036 Helmut Kohl: Berichte zur Lage II, S. 702.

1037 Helmut Kohl, Berichte zur Lage II, S. 279 ff.

1038 Süddeutsche Zeitung, 25. April 1991.

1039 Der Spiegel, 31/1991.

1040 Welt am Sonntag, 6. März 2011.

1041 Helmut Kohl: Berichte zur Lage II, S. 279 f.

1042 Ebd., S. 314 f.; Die Welt, 2. September 1991; Helmut Kohl: Erinnerungen III, S. 35.

1043 Der Spiegel, 11. Februar 1992.

1044 Die ZEIT, 14. Februar 1992; Die Welt, 10. Februar 1992; Frankfurter Allgemeine Zeitung, 11. Februar 1992.

1045 Die Welt, 3. Dezember 1991.

1046 Wirtschaftswoche, 23/1990.

1047 Gerhard A. Ritter: Der Preis der deutschen Einheit, München 2006, S. 281.

1048 Gérard Bökenkamp: Das Ende des Wirtschaftswunders, S. 345 ff.

1049 Monatsberichte der Bundesbank, Februar 1991, zit. nach: Gérard Bökenkamp: Das Ende des Wirtschaftswunders, S. 348.

1050 Der Spiegel, 4/1993, S. 82 ff.

1051 Der Spiegel, 22/1993; Gérard Bökenkamp: Das Ende des Wirtschaftswunders, S. 355.

1052 Gerhard A. Ritter: Der Preis der deutschen Einheit, München 2006, S. 373.

1053 Gérard Bökenkamp: Das Ende des Wirtschaftswunders, S. 364.

1054 Helmut Kohl: Berichte zur Lage II, S. 351.

1055 Der Spiegel, 44/1992, S. 58.

1056 Helmut Kohl: Berichte zur Lage II, S. 290 f.

1057 Ebd., 5. Oktober 1992, S. 388.

1058 Helmut Kohl auf dem CDU-Bundesparteitag 1992 in Düsseldorf, S. 24 f.

1059 Hans-Peter Schwarz: Helmut Kohl, S. 135.

1060 Helmut Kohl: Berichte zur Lage II, S. 413.

1061 Ebd., 3. Mai 1993, S. 446 f.

1062 Gérard Bökenkamp: Das Ende des Wirtschaftswunders, S. 414 f.

1063 Helmut Kohl: Erinnerungen III, S. 416.

1064 Der Spiegel, 19/1992.

1065 Frankfurter Allgemeine Zeitung, 30. April 1992; Die Welt, 30. April 1992; Süddeutsche Zeitung, 30. April 1992.

1066 Richard von Weizsäcker im Gespräch mit Gunter Hofmann und Werner A. Perger, Frankfurt am Main 1992.

1067 Neue Zürcher Zeitung, 21. Juli 1992; vgl. Helmut Kohl: Erinnerungen III, S. 492; Frankfurter Allgemeine Zeitung, 20. Juli 1992.

1068 Frankfurter Allgemeine Zeitung, 12. Mai 1992.

1069 BILD, 7. September 1992.

1070 ACDP 012-123/2, Fraktionsprotokoll, 8. September 1992, S. 7.

1071 Ebd., Fraktionsprotokoll vom 27. Juli 1992.

1072 Archiv der Gegenwart, 14. Dezember 1992.

1073 Hans-Peter Schwarz: Helmut Kohl, S. 732.

1074 Claus Gennrich: Vorerst vertraut Kohl dem Tag, seinem Instinkt und dem bewährten Willen zu fleißiger Arbeit, Frankfurter Allgemeine Zeitung, 15. April 1992.

1075 Helmut Kohl: Erinnerungen III, S. 484 ff.

1076 Brigitte Seebacher-Brandt: Willy Brandt, München 2004, S. 369.

1077 Helmut Kohl: Erinnerungen III, S. 487 f.

1078 ACDP VIII-012-119/2, Fraktionsprotokoll vom 11. Juni 1993, S. 3.

1079 Ebd., S. 5.

1080 Helmut Kohl: Erinnerungen III, S. 590 ff.

1081 Hans-Peter Schwarz: Helmut Kohl, S. 721.

1082 Helmut Kohl: Erinnerungen III, S. 420 f.

1083 Claus Gennrich: Vorerst vertraut Kohl dem Tag, seinem Instinkt und dem bewährten Willen zu fleißiger Arbeit, Frankfurter Allgemeine Zeitung, 15. April 1992; ders.: Der enge Kreis um Kohl, Frankfurter Allgemeine Zeitung, 13. Juni 1994.

1084 Ebd.

1085 Frankfurter Allgemeine Zeitung, 6. März 1993.

1086 ACDP VIII-012-118/1, Fraktionsprotokoll vom 4. März 1993, S. 2.

1087 Ebd., S. 88 f.; Süddeutsche Zeitung, 6. März 1993.

1088 ACDP VIII-012-118/1, Fraktionsprotokoll vom 9. März 1993, S. 8 f.

1089 Archiv der Gegenwart, S. 38515.

1090 Gunter Hofmann: Fatal normal, Die ZEIT, 11. Juni 1993.

1091 Frankfurter Allgemeine Zeitung, 7. Juni 1993.

1092 Bulletin der Bundesregierung Nr. 42, 21. Mai 1993, S. 397 ff.; Frankfurter Rundschau 19. Juli 1993.

1093 Peter Paret: Ernst Barlach. Ein Künstler im Dritten Reich, Berlin 2007, S. 54.

1094 Der Spiegel, 40/1993.

1095 Helmut Kohl: Berichte zur Lage II, S. 480 ff.

1096 Der Spiegel, 39/1993.

1097 Helmut Kohl: Berichte zur Lage II, S. 496 ff.

1098 ACDP VIII-012-122/3, Fraktionsprotokoll vom 19. Oktober 1993, S. 42–48.

1099 Wolfgang Stock: Heitmann gewinnt, Süssmuth verliert, Frankfurter Allgemeine Zeitung, 21. Oktober 1993.

1100 ACDP VIII-012-122/3, Fraktionsprotokoll vom 19. Oktober 1993, S. 54 f.

1101 Hans-Peter Schwarz: Helmut Kohl, S. 752.

1102 Frankfurter Allgemeine Zeitung, 1. Dezember 1993.

1103 Helmut Kohl: Berichte zur Lage II, S. 377.

1104 ACDP VIII-012-121/3, Fraktionsprotokoll vom 7. September 1993, S. 16 ff.; Frankfurter Allgemeine Zeitung, 8. September 1993.

1105 Elisabeth Noelle-Neumann.

1106 Helmut Kohl: Berichte zur Lage II, S. 522.

1107 ACDP VIII-012-123/3, Fraktionsprotokoll vom 7. Dezember 1993, S. 35–69.

1108 Helmut Kohl: Berichte zur Lage II, S. 511 ff.

1109 Stefan Kornelius: Das Rollen einer großen Gefühlswoge, Süddeutsche Zeitung, 22. Februar 1994.

1110 CDU-Bundesparteitag, Hamburg 1994, S. 23 f.

1111 ACDP VIII-012-125/1, Fraktionsprotokoll vom 24. Februar 1994, S. 3.

1112 Die Welt, 24. Februar 1994.

1113 Karl Feldmeyer: Nicht eigene Ideen, sondern das Schreckgespenst der Opposition, Frankfurter Allgemeine Zeitung, 22. Februar 1994.

1114 Helmut Kohl: Berichte zur Lage II, S. 539.

1115 Ebd., S. 564.

1116 ACDP VIII-012-126/1, Fraktionsprotokoll vom 26. April 1994, S. 19 f.

1117 Helmut Kohl: Berichte zur Lage II, S. 564 f.

1118 Frankfurter Rundschau, 21. Juni 1994.

1119 ACDP VIII-012-127/2, Fraktionsprotokoll vom 22. Juli 1994, S. 18; vgl. Helmut Kohl: Berichte zur Lage II, S. 587 f.

1120 ACDP VIII-012-127/2, Fraktionsprotokoll vom 5. September 1994, S. 13.

1121 Die ZEIT, 11. März 1994.

1122 Die ZEIT, 15. Juli 1994.

1123 Frankfurter Rundschau, 15. September 1994; Frankfurter Allgemeine Zeitung, 17. September 1994 und 23. September 1994.

1124 Vgl. oben, S. 378 ff.

1125 ACDP VIII-001-1081/2, Fraktionsprotokoll vom 11. März 1987, S. 13.

1126 Deutsche Einheit, Nr. 109, S. 603.

1127 Thilo Sarrazin: Europa braucht den Euro nicht, München 2012, S. 67 ff.

1128 Ebd., S. 68.

1129 Hans Tietmeyer: Herausforderung Euro, München, Wien 2005, S. 141; Deutsche Einheit, Nr. 111, S. 614 f.

1130 ACDP VIII-012-107/2, Fraktionsprotokoll vom 13. Juni 1991, S. 31.

1131 Helmut Kohl: Berichte zur Lage II, S. 335 f.

1132 Winston Churchill: His complete speeches 1897–1963, Vol. 8; New York, London 1974, S. 738; vgl. Henning Köhler: Adenauer, Berlin 1994, S. 452 f.

1133 ACDP VIII-012-107/2, Fraktionsprotokoll vom 13. Juni 1991, S. 32; vgl. Bulletin der Bundesregierung Nr. 136 vom 28. November 1991, S. 111 f.

1134 Henning Köhler: Adenauer, Berlin 1994, S. 834 ff.

1135 ACDP VIII-012-107/2, Fraktionsprotokoll vom 13. Juni 1991, S. 11.

1136 ACDP VIII-012-113/1, Fraktionsprotokoll vom 30. Juni 1992, S. 11.

1137 ACDP VIII-012-110/2, Fraktionsprotokoll vom 10. Dezember 1991, S. 14 ff.

1138 Thilo Sarrazin: Europa braucht den Euro nicht, München 2012, S. 79.

1139 ACDP VIII-012-113/1, Fraktionsprotokoll vom 22. Juli 1992, S. 6.

1140 Hans Tietmeyer: Herausforderung Euro, München, Wien 2005, S. 171.

1141 ACDP VII-001-1081/2, Fraktionsprotokoll vom 11. März 1987, S. 13.

1142 ACDP VIII-013-013/2, Fraktionsprotokoll vom 18. Februar 1997, S. 11; vgl. Bulletin der Bundesregierung Nr. 81/1994, S. 762.

1143 ACDP VIII-013-010/1, Fraktionsprotokoll vom 19. September 1995, S. 29.

1144 Material Reuth, Interview vom 20. Juni 1996, Z. 56 ff.

1145 Helmut Kohl: Erinnerungen III, S. 557 ff.; Helmut Kohl: Berichte zur Lage II, S. 438.

1146 Süddeutsche Zeitung, 2. Februar 1994; ACDP VIII-012-114/1, Fraktionsprotokoll vom 20. April 1993, S. 12; Bill Clinton: My Life, New York 2004, S. 527.

1147 Material Reuth, Interview vom 20. Juni 1996, Z. 338 ff.

1148 Ebd., Z. 392 ff.

1149 Sten. Berichte, 12. Wahlperiode, S. 21, 436.

1150 ZDF, 27. Dezember 1992, Sonntagstreff.

1151 Hubert Védrine: Mitterrand – Kohl: Le roman d' une amitié, Le Nouvel Observateur, 18. Januar 1996; Ulrich Lappenküper: Mitterrand und Deutschland. Die enträtselte Sphinx, München 2011, S. 343 f.

1152 Hans-Dietrich Genscher: Erinnerungen, Berlin 1995, S. 958 ff.

1153 ACDP VIII-012-125/3, Fraktionsprotokoll vom 19. April 1994, S. 46.

1154 ACDP VIII-013-010/1, Fraktionsprotokoll vom 4. September 1995, S. 13 ff.

1155 Ebd., S. 15 f.

1156 Ebd., S. 10.

1157 ACDP VIII-013-013/2, Fraktionsprotokoll vom 18. Februar 1997.

1158 ACDP VII-013-008/2, Fraktionsprotokoll vom 9. September 1996, S. 14; vgl. Frankfurter Allgemeine Zeitung, 9. September 1996.

1159 Hans-Peter Schwarz: Helmut Kohl, S. 740.

1160 Christoph Bertram: Kanzlers Händchen, Die ZEIT, 23. September 1994.

1161 Material Reuth, Interview vom 20. Juni 1996, Z. 268 ff.

1162 Manfred Hildermeier: Geschichte der Sowjetunion 1917–1991. Entstehung und Niedergang des ersten sozialistischen Staates, München 1998, S. 1652 ff.

1163 ACDP VIII-012-117/1, Fraktionsprotokoll vom 9. Februar 1993, S. 71.

1164 ACDP VIII-013-008/1, Fraktionsprotokoll vom 17. Januar 1995, S. 12.

1165 ACDP VIII 012-117/1, Fraktionsprotokoll vom 9. Februar 1993, S. 70 f.

1166 ACDP VIII 012-108/1, Fraktionsprotokoll vom 2. September 1991, S. 4 f.; ACDP VIII-012-117/1, Fraktionsprotokoll vom 9. Februar 1993, S. 74 f.

1167 Material Reuth, Interview vom 20. Juni 1996, Z. 385 ff.; vgl. Frankfurter Allgemeine Zeitung, 23. November 1993.

1168 ACDP VIII-013-010/1, Fraktionsprotokoll vom 4. September 1995, S. 15 f.

1169 ACDP VIII-013-009/1, Fraktionsprotokoll vom 16. Mai 1995, S. 23 ff.

1170 ACDP VIII-013-012/1, Fraktionsprotokoll vom 9. September 1996, S. 9 ff.

1171 ARD, 8. Dezember 1994, 21.30 Uhr, »Farbe bekennen«.

1172 Hans-Peter Schwarz: Helmut Kohl, S. 737.

1173 Christoph Bertram: Kanzlers Händchen, Die ZEIT, 23. September 1994.

1174 ACDP VIII-012-127/2, Fraktionsprotokoll vom 5. September 1994, S. 8; Helmut Kohl: Berichte zur Lage II, S. 567.

1175 ACDP VIII-013-008/1, Fraktions-
     protokoll vom 18. Oktober 1994,
     S. 26–28.

1176 Ebd., Fraktionsprotokoll vom
     14. November 1994, S. 8.

1177 BILD, 24. Oktober 1994;
     Frankfurter Allgemeine Zeitung,
     9. November 1994.

1178 ACDP VIII-013-008/1, Fraktions-
     protokoll vom 15. November
     1994, S. 2.

1179 Gespräch mit Anton Pfeifer.

1180 Mainhardt Graf Nayhauss:
     Welcher Händedruck war falsch?,
     BILD, 17. November 1994.

1181 Frankfurter Allgemeine Zeitung,
     8. November 1994; Süddeutsche
     Zeitung, 11. Oktober 1994.

1182 Gérard Bökenkamp: Das Ende
     des Wirtschaftswunders, S. 445 ff.;
     Welt am Sonntag, 26. November
     1995.

1183 Bulletin der Bundesregierung,
     7. September 1995, S. 679.

1184 ACDP VIII 013-009/2, Fraktions-
     protokoll vom 4. Juli 1995, S. 4.

1185 Frankfurter Allgemeine Zeitung,
     9. Juni 1995; Die Welt, 9. Juni
     1995.

1186 Frankfurter Allgemeine Zeitung,
     10. Juni 1995.

1187 Frankfurter Rundschau, 10. Juli
     1995; vgl. Frankfurter Allgemeine
     Zeitung, 6. Juli 1995; Süddeutsche
     Zeitung, 7. Juli 1995.

1188 Claus Gennrich: Tritt Kohl noch
     einmal an?, Frankfurter Allge-
     meine Zeitung, 19. April 1995;
     Frankfurter Allgemeine Zeitung,
     18. Juli 1995 und 30. August 1995.

1189 Stefan Kornelius: Die Getrieben-
     heit der Sphinx, Süddeutsche
     Zeitung, 24. November 1995; Der
     Spiegel, 14. April 1998.

1190 ACDP VIII-013-009/2, Fraktions-
     protokoll vom 4. Juli 1995, S. 13.

1191 ACDP VIII-013-010/1, Fraktions-
     protokoll vom 4. September 1995,
     S. 9.

1192 Helmut Kohl: Berichte zur Lage
     II, S. 720 f.

1193 Sten. Berichte, 13. Wahlperiode,
     S. 8975 ff.; Fraktionsprotokoll
     012/1 vom 18. Juni 1996, S. 5 ff.

1194 Ebd., S. 8979.

1195 ACDP VIII 013-012/1, Fraktions-
     protokoll vom 8. Oktober 1996,
     S. 11 ff; vgl. Länger als Konrad
     Adenauer, Neue Zürcher Zeitung,
     5. Oktober 1996.

1196 Claus Gennrich: Reformzwang
     und Vorwahlkampf, Frankfurter
     Allgemeine Zeitung, 17. Oktober
     1996.

1197 Günter Bannas: Vor jeder
     Abstimmung liegt im Bonner
     Plenarsaal Ungewissheit in der
     Luft, Frankfurter Allgemeine
     Zeitung, 14. September 1996; vgl.
     Gérard Bökenkamp: Das Ende
     des Wirtschaftswunders, S. 468 ff.

1198 ACDP VIII-013-012/2, Fraktions-
     protokoll vom 30. Oktober 1996,
     S. 4.

1199 Helmut Kohl: Berichte zur Lage
     II, S. 809.

1200 Ebd., S. 833.

1201 Die ZEIT, 20. Oktober 1995.

1202 Der Stern, 9. Januar 1997.

1203 Frankfurter Rundschau, 20. Feb-
     ruar 1997; ACDP VIII 013-013/2,
     Fraktionsprotokoll vom 18. Feb-
     ruar 1997.

1204 Frankfurter Allgemeine Zeitung,
     31. Juli 1996.

1205 Der Spiegel 37/1997; BILD,
     11. Februar 1997.

1206 Handelsblatt, 20. Februar 1997.

1207 Heribert Schwan: Die Frau an seiner Seite, München 2011, S. 237 ff.

1208 BILD, 14. Oktober 1997.

1209 Süddeutsche Zeitung, 15. Oktober 1997, Frankfurter Allgemeine Zeitung, 16. Oktober 1997.

1210 Frankfurter Allgemeine Zeitung, 16. Oktober 1997; Frankfurter Rundschau, 17. Oktober 1997.

1211 Bonner Rundschau, 17. Oktober 1997; Der Spiegel, 43/1997.

1212 Jan Ross: Die Rache der abgewählten Generation, Berliner Zeitung, 3. März 1998.

1213 Wolfgang Schäuble: Mitten im Leben, München 2000, S. 26 f.; Hans Peter Schütz: Wolfgang Schäuble. Zwei Leben, München 2012, S. 145 f.

1214 Helmut Kohl: Berichte zur Lage II, S. 965 ff.

1215 Heribert Prantl, Schäubles Inthronisation, Süddeutsche Zeitung, 15. Oktober 1997.

1216 Der Spiegel, 16/1998, S. 24.

1217 Der Spiegel, 18/1998; Wolfgang Schäuble: Mitten im Leben, München 2000, S. 35.

1218 Helmut Kohl: Berichte zur Lage II, S. 976 ff.

1219 Wolfgang Schäuble: Mitten im Leben, München 2000, S. 34.

1220 Elisabeth Noelle-Neumann: Kampa. Meinungsbildung und Medienwirkung im Bundestagswahlkampf 1998, Freiburg-München 1999, S. 221.

1221 Wolfgang Schäuble: Mitten im Leben, München 2000, S. 41 f.

1222 Helmut Kohl: Berichte zur Lage II, S. 1057.

1223 Ebd., S. 1050 f.

1224 Renate Köcher: Der Kanzler und seine Basis, Frankfurter Allgemeine Zeitung, 15. August 1999.

1225 Wolfgang Schäuble: Mitten im Leben, München 2000, S. 197 f.

1226 Hans Peter Schütz: Wolfgang Schäuble. Zwei Leben, München, S. 185.

1227 Wolfgang Schäuble: Mitten im Leben, München 2000, S. 201 f.

1228 Ebd., S. 206 f.

1229 Erklärung des CDU-Ehrenvorsitzenden Dr. Helmut Kohl vor dem CDU-Präsidium am 30. November 1999, S. 4.

1230 Frankfurter Allgemeine Zeitung, 2. Dezember 1999.

1231 Brigitte Baumeister: Welchen Preis hat die Macht?, München 2004, S. 125.

1232 Kohl: Das Geheimpapier. Die schwarzen Kassen der CDU, BILD, 6. Dezember 1999.

1233 Helmut Kohl: Berichte zur Lage II, S. 534.

1234 Ebd., S. 609.

1235 Sten. Berichte, 14. Wahlperiode, 2. Dezember 1999, S. 6978.

1236 Deutscher Bundestag, Drucksache 14/9300, Beschlussempfehlung und Bericht des 1. Untersuchungsausschusses nach Art. 44 GG, S. 28.

1237 Wolfgang Schäuble: Mitten im Leben, München 2000, S. 199; Helmut Kohl: Mein Tagebuch 1998–2000, München 2000, S. 124.

1238 Wolfgang Schäuble: Mitten im Leben, München 2000, S. 246.

1239 Ebd., S. 202 f.

1240 Helmut Kohl: Mein Tagebuch, München 2000, S. 130 f.; Wolfgang Schäuble, Mitten im Leben, München 2000, S. 210 f. und 217.

1241 Der Tagesspiegel, 24. November 1999; Der Spiegel, 2/2000.

1242 Deutscher Bundestag, Drucksache 14/9300, Beschlussempfehlung und Bericht des 1. Untersuchungsausschusses nach Art. 44 GG, S. 204.

1243 Wolfgang Schäuble: Mitten im Leben, München 2000, S. 246.

1244 Ebd., S. 235.

1245 Wolfgang Schäuble: Mitten im Leben, München 2000, S. 281.

1246 Hans-Peter Schwarz: Helmut Kohl, S. 863.

1247 Materialien Reuth; Interview vom 15. August 1996.

1248 Dona Kujacinski, Peter Kohl: Hannelore Kohl. Ihr Leben, akt. Neuaufl. München 2013, S. 313; Heribert Schwan: Die Frau an seiner Seite, München 2011, S. 261.

1249 Dona Kujacinski, Peter Kohl: Hannelore Kohl, München 2013, S. 315–319; Heribert Schwan: Die Frau an seiner Seite, München 2011, S. 264ff.

1250 Heribert Schwan, ebd., S. 299

1251 Ralf Georg Reuth: Wer war Hannelore Kohl?, Welt am Sonntag, 24. Februar 2002, S. 31f.

1252 Walter Kohl: Leben oder gelebt werden, München 2011, S. 192 u. 176.

1253 Jan Fleischhauer, Dirk Kurbjuweit: Der Gefangene, Der Spiegel, 39/2012.

1254 Peter Kohl: Anstatt eines Vorwortes, in: Dona Kujacinski, Peter Kohl: Hannelore Kohl. Hannelore Kohl, München 2013, S. 24f.

1255 Mitteilung Klaus Gotto.

1256 Gespräch mit Helmut Kohl.

1257 Maike Kohl-Richter: »Wir gehören zusammen«, Welt am Sonntag, 1. Juni 2008.

1258 Peter Kohl: Anstatt eines Vorwortes, in: Dona Kujacinski, Peter Kohl: Hannelore Kohl. Hannelore Kohl, München 2013, S. 27f.

1259 Walter Kohl: Leben oder gelebt werden, München 2011, S. 212.

1260 Ebd., S. 75ff.

1261 Heribert Schwan: Die Frau an seiner Seite, München 2011, S. 142.

1262 Jan Fleischhauer, Dirk Kurbjuweit: Der Gefangene, Der Spiegel 39/2012.

1263 Heribert Schwan: Die Frau an seiner Seite, München 2011, S. 298.

1264 Jochen Arntz: Mein Kanzler, Süddeutsche Zeitung, 21./22. Juli 2012.

1265 Severin Weiland: Der nächste Akt im Familiendrama Kohl, Spiegel Online, 28. Februar 2013.

1266 Vgl. Jan Fleischhauer, Dirk Kurbjuweit: Der Gefangene, Der Spiegel 39/2012.

EIN LEBEN FÜR DIE POLITIK

1267 Der Spiegel, 11. Juni 1973.

1268 Frankfurter Allgemeine Zeitung, 23. Mai 1979.

1269 ACDP VIII-001-1062/1, Fraktionsprotokoll vom 20. Januar 1981, S. 1f.

1270 ACDP VIII-001-1070/1, Fraktionsprotokoll vom 8. März 1983, S. 6ff.

1271 Deutsche Einheit, Nr. 109, S. 603.

1272 Gespräch mit Maike Kohl-Richter.

Personenregister

Bildnachweis

Bundesarchiv, B 145 Bild-F049337-0005/Fotograf: Detlef Gräfingholt: Bild 7
Fotoagentur Sven Simon: Bild 1, 3
Presse- und Informationsamt der Bundesregierung:

    Detlef Gräfingholt: Bild 5, 7
    Klaus Lehnartz: Bild 21, 24
    Sieghard Liebe: Bild 23
    Roberto Pfeil: Bild 26
    Engelbert Reineke: Bild 25
    Lothar Schaack: Bild 9, 22
    Arne Schambeck: Bild 28, 31
    Richard Schulze-Vorberg: Bild 10, 20
    Christian Stutterheim: Bild 27
    Ulrich Wienke: Bild 8, 16
    Ludwig Wegmann: Bild 4, 11
picture-alliance:

    ASSOCIATED PRESS: Bild 29
    dpa: Bild 6, 13, 14, 30
    landov: Bild 19
    Hermann Wöstmann: Bild 15
    zb: Bild 12, 32, 33
privat: Bild 2
ullstein bild:

    dpa: Bild 17
    Klaus Rose: Bild 18

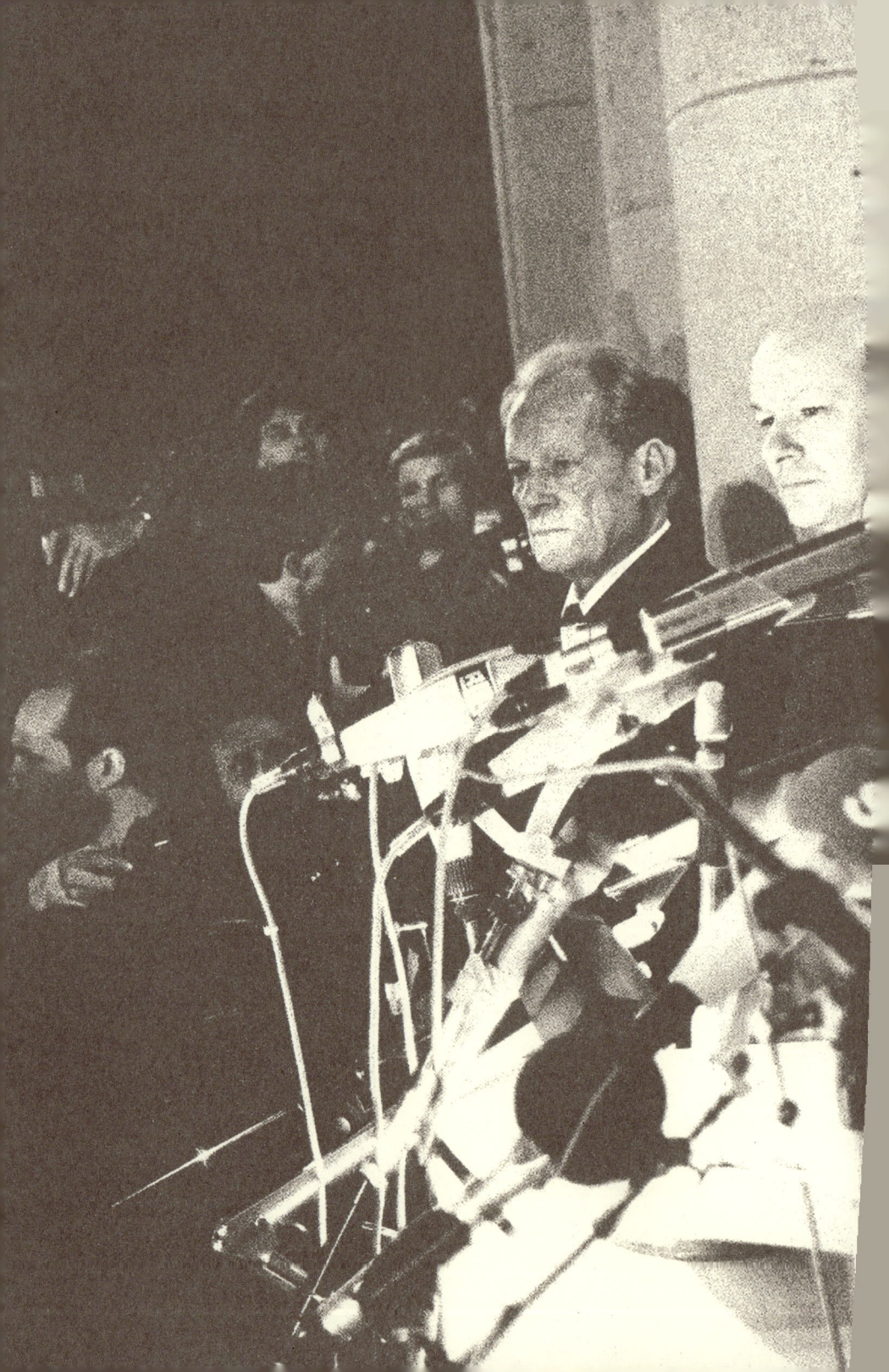